전자
증거법

오기두

박영사

책머리에

　　전자증거(電子證據)는 컴퓨터의 입력장치, 기억장치, 중앙처리장치, 보조기억장치, 출력장치 등 컴퓨터의 기본구조에 관련되어 작성되는 증거방법을 말하고 좁은 의미로는 전자기억매체에 전자적으로 저장된 데이터 내지 전자정보를 의미한다. 수사절차상 데이터를 압수할 수 있는지 여부에 관하여, 2011. 7. 18. 법률 제10864호로 개정된 형사소송법 제106조, 제215조에 비추어 당해 데이터가 범죄혐의 내지 요증사실을 증명할 수 있는 자연적 관련성이 있는가 하는 점 및 당해 데이터를 압수해야 하는 경우인지 아니면 압수를 위한 전단계로 수색하는 경우인지에 따라 결정해야 한다. 즉, 당해 범죄행위와 관련된 자료만이 저장된 디스크등 컴퓨터 장비는 그것이 당해 데이터와 일체 불가분으로 결합되어 있으므로 그 컴퓨터 장비를 형사소송법 제106조, 제215조의 증거물 또는 몰수할 것으로 사료되는 물건에 해당된다고 보아 위 법률 규정에 의해 압수할 수 있다고 보면 된다. 그러나 당해 범죄행위와 무관한 자료와 유관한 자료가 함께 저장된 컴퓨터 장비는 위와 같이 당해 데이터와 컴퓨터 기억매체 등이 일체불가분으로 결합되어 있다고 볼 수 없으므로 형사소송법 제106조 제3항에 의해 범죄행위와 관련된 데이터만 출력하거나 복제하여 압수해야 한다. 또는 그 데이터가 통신비밀보호법 규정에 의해 감청이 허용되는 요건을 충족하고 있으면 위 법률에 의한 감청의 방법으로 취득하여야 한다. 그러나 압수의 경우와 달리 형사소송법 제109조의 수색대상이 되는 "물건"에는 범죄행위와 관련된 자료만이 저장된 컴퓨터 장비뿐만 아니라 범죄행위와 무관한 자료와 유관한 자료가 함께 저장되어 있는 컴퓨터 장비도 포함된다고 해석해야 한다.

　　그리고 영장주의의 원칙은 컴퓨터 기록을 압수·수색할 때도 적용되어야 한다. 전자증거의 압수·수색범위를 결정함에 있어서는 주관적, 객관적, 시간적 관련성요건을 고려하지 않을 수 없는데, 전자증거(電子證據)가 당해 범죄행위와 관련성이 있고 따라서 압수·수색의 대상이 되는지 여부는 피의사건의 존재를 전자증거에 의해 최소한도의 증명력으로 입증할 수 있는지 여부, 피의사건의 중대성이나 혐의의 존재, 당해 증거의 중요성과 그 취득의 필요성, 다른 수단의 유무, 상대방이 입는 손해의 정도 등을 종합해서 판단해야 한다. 그리고 법원이 제3자가 소유하고 있는 증거물에 대한 압수를 영장발부에 의해 허가한 이상 피처분자의 컴퓨터를 사용하여 출력하는 것까지도 허용한 것이라고 해야 하며, 따라서 별도의 영장 없이도 압수, 수색영장의 집행에 必要한 處分으로 피처분자의 컴퓨터를 이용하여 전자기록을 출력할 수 있다고 하겠다. 현행 형사소송법 제215조, 제106조 제3항에 의하면, 데이터가 컴퓨터 내부에 기억된 상태로 존재하는 경우 수사기관은 이를 출력, 복제의 방법으로 압수할 수 있으되, 법관의 영장을 발부받아야 하며, 혐의를 받고 있는 피의자의 해당 범죄 사실을 입증할 전자증거에 한해 압수할 수 있다. 피의자의 범죄행위와 무관한 전자증거의 압수로 인한 피압수자의 사회, 경제적 손실을 최소화하도록 해야 한다.

그리고 컴퓨터 通信의 探索에 관하여 헌법상 인정되는 情報에 대한 自己決定權이 존중되어야 하고, 현행 通信秘密保護法을 적용하면서 컴퓨터 통신에 대한 수색에도 개인의 프라이버시 보호의 원칙이 적용되어야 한다. 즉, 컴퓨터 통신의 탐색에 대해서도 통신비밀을 보장하는 헌법상의 보호가 이루어져야 한다. 이것을 위해 컴퓨터 통신의 자유권이 보장되어야 하고, 그와 더불어 컴퓨터 통신을 통한 표현의 자유가 보장되어야 하며, 한 걸음 더 나아가 컴퓨터 통신을 통해 전파되거나 국가기관에 의해 수집, 저장된 개인의 정보에 대해 그 내용 및 저장과정을 통제할 수 있는 '정보에 대한 자기결정권'이 보장되어야 한다. 通信秘密保護法에 규정된 요건을 충족하지 못하고 컴퓨터 시스템 이용자의 동의를 얻지 않고 행해지는 컴퓨터 통신 탐색행위는 위법이며, 그에 기해 수집된 전자증거는 위법한 절차에 기해 수집된 증거로서 증거능력이 부정되어야 한다.

전자증거의 서면성 인정여부에 관해서는, 전자기록물은 시각적 지각가능성이 없고, 또 다수인에 의하여 만들어지는 경우가 많으므로 명의가 없거나 분명하지 않은 경우가 있어서 보장성을 결하는 경우가 많아 이를 문서로 보기 어렵고, 형사소송법상으로도 증거서류와 동일하게 보기에 의문이 있으므로 여러 전자증거는 개별 논점별로 서류에 준하는 물건으로 보거나 검증 또는 감정대상물로서 취급하여야 한다. 컴퓨터에 기억된 데이터와 출력물과의 관계에 관해, 전자기록 자체는 가시성, 가독성을 구비하고 있지 못하여 그 자체를 증거로 사용하는 경우는 드물다는 점에서 보면 이를 문서내지 문서의 원본으로 보는 것은 무리라고 할 것이므로, 이를 출력한 문서를 읽고, 그 내용을 이해하여 요증사실 인정 자료로 사용하는 이상 출력된 문서 자체를 문서의 原本으로 보면 된다. 다만, 그 출력된 문서와 전자데이터 사이에 동일성이 인정되어야 한다. 그리고 전자증거에 대한 전문법칙 적용여부에 관해서는, 전자기록매체 자체는 문서성을 갖고 있지 못하므로 타인의 진술을 기록한 매체가 문서임을 전제로 하는 현행 형사소송법상의 전문법칙에 관한 규정을 그대로 적용하기는 어렵다고 할 것이나, 전자기록매체가 문서를 대체하면서 광범위하게 확산되어 이용되는 현실을 고려하고, 반대신문권의 보장이라는 전문법칙의 이상을 전자증거에 대하여 배제할 이유가 없다고 볼 때, 전자기록매체에 대해서도 전문법칙을 적용하여야 한다. 다만, 수사기관이 작성한 피의자나 참고인에 대한 신문과정을 촬영녹화한 영상녹화물은 아동 등의 성폭력 사건 공판 이외에는 증거능력을 부정해야 권력 분립원칙이나 정당한 재판청구권 보장을 규정한 헌법에 합치된다.

전자증거의 증거조사 방법에 관하여 문서의 형태로 출력된 전자증거 出力物은 당해 정보의 입력자나 출력자에 의해 전자기억매체에 내장된 정보와 出力物 사이의 同一性이 증명된다면 이를 文書原本으로 보고 위 형사소송법 규정에 의해 이를 證據書類에 관한 증거조사의 방식에 따라 신청인, 소지인, 재판장, 법원사무관 등이 낭독하거나 내용고지, 제시, 열람 등으로 증거조사를 하면 되나 전자기억매체에 내장된 정보가 전자기억매체의 형태로 증거로 제출된 때는 그 기억매체 자체는 문서의 특징인 가시성, 가독성이 없는 것으로 보아 기본적으로 검증이나 감정방식에 의하여 증거조사를 하면 된다.

이 책은 저자가 1995년 12월 法院圖書館이 펴낸 司法論集 제26집에 "컴퓨터關聯 犯罪의 刑事訴訟法上 問題點"이라는 論文을 발표한 이래 1997년 2월 서울대학교에서 "刑事節次上 컴퓨터 關聯證據의 蒐集 및 利用에 關한 硏究"로 박사학위를 받은 이후 2015년까지 형사절차상의 전자증거법해 관해 연구해 온 결과를 집적한 책이다. 저자가 1994년부터 법관으로서 형사공판실무를 직접 해 오면서 겪은 경험을 합친 책이기도 하다. 전자증거에 관해 연구를 하시거나 실무를 하시는 분들에게 작은 도움이라도 된다면 한없이 기쁘겠다. 이 책의 출판을 위해 애써 주신 박영사 안종만 회장님과 편집을 맡아 준 배우리 씨, 디자이너 홍실비아 씨께도 깊은 감사를 드린다. 무엇보다도 이 책의 출간을 독려해 준 한세대학교 홍숙영 교수에게도 감사를 드린다.

2015. 6.
저　자

차   례

제1편   전자증거에 관한 일반론

제3장 전자증거와 전문법칙 / 559

제 1 편

전자증거에 관한 일반론

서 론*

 컴퓨터는 많은 양의 데이터를 인간의 요구에 따라 정확하고 신속하게 처리 가공하여 필요한 정보를[1] 제공하는 정보처리시스템(information processing system)이 라고 할 수 있는데, 1950년대에 등장한 컴퓨터는 극히 다양한 종류의 자료를 믿기 어려울 만큼의 많은 양과 어마어마한 속도로 분석, 전파하는 전대미문의 능력으로 지식획득의 속도를 가속화시켜 주는 도구로 작용하고 있다.[2] 즉, 과학기술의 발달과 산업사회의 급격한 변화로 정보가 물질보다 중요한 가치를 지닌 상품으로 유통되고 있으며, 우리는 이러한 정보를 획득하기 위해서 데이터를 수집하고 정리하며 새로운 정보를 산출하여 이용하는 정보화 사회에 살고 있는 것이다. 이러한 정보화 사회에서는 대부분의 사람들이 정보의 생산 및 유통과정에 종사하게 되고, 사회전체가 거대한 통신망(network)으로 연결되어 다량의 정보가 생산되자마자 즉시 소비자에게 전달되므로, 최신의 정보는 어떤 유형의 재화보다도 높은 가치를 갖게 된다. 더욱이 통신망과 결합된 인터넷 등 컴퓨터 시스템은 국제적인 수준에서 정보이동을 순식간에 全地球的인 규모로 처리할 수 있게 하고 있으므로[3] 오늘날은 그 어느 때보다도 컴퓨터 활용의 필요성이 강조되고 있는 시대라고 할 수 있다.[4]

 예컨대 국제거래에 있어서 海上貨物運送契約上 船荷證券과 같은 書面을 電子式資料交換方式(Electronic Data Interchange: EDI)으로 代替하고 있는 것과 같이 컴퓨터 시스템은 尖端 科學 技術의 하나로서 인류사회를 이끌어가는 주도적인

---

* 이 책의 제1편은 저자의 서울대학교 법학박사학위 논문인 「刑事節次上 컴퓨터 關聯證據의 蒐集 및 利用에 關한 硏究」(1997년 2월)를 2015년 현재의 법 상황에 맞게 업데이트한 것이다.
1) 컴퓨터에서 사용되는 모든 정보는 0과 1을 조합해서 표현하며, 8비트를 모아서 문자정보를 표현하는 바이트(byte), 이러한 바이트를 2개, 4개, 8개로 묶어서 명령등을 표현하는 워드(word) 등의 정보표현단위가 있다.
2) Alvin Toffler, 「Future Shock」, 李揆行 監譯, 「미래쇼크」, 韓國經濟新聞社(1994), 46쪽.
3) 安富 潔(やす とみ きよし), 「刑事手續と コンピュータ 犯罪」, 慶應義塾大學 法學硏究會叢書 (52)(平成 4年), 3面.
4) 김병기, 박재년, 장옥배, 황종선 共著, 「컴퓨터의 이론 및 응용」, 博英社(1994), 3-6쪽.

도구가 되었다. 소리나 그림, 글자 등의 여러 가지 정보전달매체를 이용하여 정
보를 전달하고 교환하는 멀티미디어(Multimedia)시대라는 말로 현대사회를 특징지
을 수 있는 점에 비추어 보더라도 이점을 분명히 알 수 있겠다. 이에 따라 전자
정보기술에 관련된 一群의 법현상을 대상으로 하는 '컴퓨터법'(Computer Law), 혹
은 '정보법'(Information Law)이라고 불리는 법현상이 나타나게 되었는 바, 여기에
는 컴퓨터에 관련된 지적재산권의 보호, 컴퓨터 하드웨어 또는 소프트웨어에 관
련된 계약, 전자자금이동, 컴퓨터 데이터의 보호 내지 보안(시큐리티), 컴퓨터 데
이터에 관련된 프라이버시 보호, 컴퓨터 범죄 분야 등이 포함되고 있다. 그중
컴퓨터 범죄 분야는 컴퓨터를 둘러싸고 나타나는 사회병리현상을 형사법적으로
어떻게 규율하고 예방할 것이냐에 관련된 문제를 다루는 분야라고 할 수 있다.
그리고 전자기술에 관련된 법현상이 재판의 대상으로 나타나는 경우, 즉, 컴퓨
터 데이터의 수사방법, 전자증거의 증거능력, 그 書面性 인정여부 및 전문법칙
의 적용여부 등에 관련된 문제가 컴퓨터 활용에 따라 대두되는 형사소송법상의
문제점이라고 하겠다.

　　전자증거가 수사 및 재판업무에서 사용되는 정도가 강화될수록 기존의 전
통적인 형사소송법규정으로 대처하기 어려운 사태가 발생하리라는 점도 명약관
화하다. 즉, 펀치카드나, 컴퓨터 매뉴얼, 컴퓨터 운용프로그램, 각종 응용프로그
램, 키보드나 마우스, 전자펜, 음성인식기, 스캐너, 자기드럼, 하드디스크나 플로
피디스크 등 전자기억매체, 컴퓨터 내의 데이터, 그 데이터를 출력한 서면이나
데이터의 일부 또는 전부를 복제한 자기디스크, 그 데이터를 새로이 가공처리한
데이터 내지 그 가공처리된 데이터를 저장한 자기디스크, 컴퓨터 모니터에 떠
있는 문자나 화상, 동화상, 컴퓨터 스피커에 출력되는 소리, 음악, 전선이나 광
섬유를 통해 전자적 방식으로 이동되는 컴퓨터 통신 데이터, 데이터베이스, 전
자우편, 전자게시판에 있는 데이터, 심지어 프린터, 컴퓨터 책상과 같은 주변기
기 등 전자증거나 오늘날 대다수 국민들이 사용하고 있는 피처폰이나 스마트폰
등에 대해 전통적인 형사소송법이론과 조화로운 해석을 하는 것이 중요함은 분
명하다. 그러므로 오늘날의 전자증거 사회에서 시민생활과 경제활동의 안녕을
확보하고 사회질서를 유지하기 위해 필요한 형벌법령이 적정하고 신속하게 적
용, 실현되기 위해서는 그에 관련된 형사소송법상의 문제점을 검토하는 것이 필
수적이라고 하겠다.[1]

---

1) 安富 潔, 「刑事手續と コンピュータ 犯罪」, 5面.

전자증거에 특수한 절차법적 문제는 컴퓨터 범죄를 기소함에 있어서 뿐만
아니라 전자화된 자료의 수집, 사용에 대한 요구가 증대하고 있는 전통적인 범
죄를 수사함에 있어서도 중요하다. 컴퓨터에 의해 정보처리된 전자기록이 증거
가 되는 때는 그것이 가시성, 가독성을 갖고 있지 않기 때문에 종래의 법적 대
응만으로는 충분하지 않다.[1] 예컨대 대부분의 증거가 컴퓨터 시스템에 내장되
어 있는 은행에서 행해지는 전통적인 경제범죄를 수사할 때도 전자증거에 관련
된 특수한 문제가 발생하는 것이다. 그리고 현대형의 범죄는 과학기술의 발전을
포함한 현대사회의 급격한 변화에 대응하여 도시화, 광역화, 스피드화, 다양화,
교묘화 되는 경향을 보이고 있고, 고도로 컴퓨터화된 정보화 사회에 있어서는
그와 같은 경향을 더욱 뚜렷이 드러내고 있다고 할 수 있겠는데, 이에 따라 전
자증거를 수집하기 위해서는 최신의 과학기술 및 전문적 지식을 동원한 과학수
사의 필요성이 요구되고 있다. 또한 인권보장을 위해서는 적법한 절차에 기한
수사도 역시 강조되어야 한다. 수사에 있어서 컴퓨터에 관계된 범죄증거인 전자
기록을 수집하기 위해 강제처분을 이용하면, 전자기록은 가시성, 가독성이 없어
성질상 일반적, 탐색적인 증거수집이 행해질 우려가 있으므로 어떤 요건 하에
강제수단을 사용할 수 있는가 하는 문제가 수사절차상 주로 검토되어야 할 사
항이다. 그리고 공판절차에서는 가시성, 가독성 없는 전자기록을 증거로 이용하
기 위해서는 어떤 요건에 의해 증거능력이 부여될 수 있는가 하는 문제 등이 검
토대상이 되는 것이다.[2] 위와 같은 문제의식 하에서, 이하에서는 우선 電子證據
의 蒐集에 관한 搜査節次上의 問題點을 檢討해 본다. 이 책에서 사용할 "電子
證據"라는 用語는, 컴퓨터의 입력장치, 연산·제어·기억장치, 출력장치 등 컴퓨
터의 기본구조에 관련된 증거방법, 그리고 컴퓨터 통신에 관련된 증거방법, 등
디지털 방식에 의한 전자적 기억매체에 수록된 전자정보나 그 전자기억매체 내
지 그 전자정보의 출력물 등을 총칭하는 말이다. 또는 그 전자정보의 전부나 일
부를 복제한 자기디스크, 그 데이터를 새로이 가공처리한 데이터 내지 그와 같
이 가공처리된 데이터를 저장한 자기디스크, 컴퓨터 모니터에 떠 있는 문자나
화상, 동화상, 컴퓨터 스피커에 출력되는 소리, 음악, 전선이나 광섬유를 통해
전자적 방식으로 이동되거나 무선방식으로 이동하는 컴퓨터 통신 데이터나 음
성, 데이터베이스, 전자우편, 전자게시판에 있는 데이터 등을 일컫는 용어이다.

---

[1] 安富 潔, 「刑事手續と コンピュータ 犯罪」, 6面.
[2] 安富 潔, 「刑事手續と コンピュータ 犯罪」, 5面.

그러나 좁은 의미로 쓸 때는 전자기억매체에 입력, 저장되어 있는 데이터들, 예컨대, 컴퓨터 서버나 USB, 하드디스크 등 전자적 기억매체에 저장되어 있는 전자적인 정보 자체를 의미한다.

이러한 전자증거 수집에 관한 수사절차상의 문제점에 관해서는, 그 수집절차상의 특징, 그에 대한 임의수사, 전자기억매체에 내재되어 있는 데이터를 압수할 수 있는지 하는 문제, 영장주의의 적용문제, 압수·수색의 범위, 수사기관의 검증, 형사소송법 제184조의 증거보전절차에 의한 전자증거의 보전, 컴퓨터 이용자의 수사에 대한 협력의무 인정문제 등 및 일반 도청과 원격통신 시스템의 탐색에 관련된 문제, 전자적 통신의 자유와 정보에 대한 자기결정권, 전자적 통신상 표현의 자유, 프라이버시 보호문제 등 헌법상 전자적 통신에 관련된 기본권을 형사소송법상으로 보장하는 문제를 다루고 이어 우리 통신비밀보호법 규정을 검토하기로 한다.

다음으로 전자증거에 대한 공판절차상의 문제점으로 電子證據의 書面性 인정문제, 電子證據의 眞正成立, 一般的 證據能力 等에 關한 問題, 傳聞法則의 適用問題, 證據調査의 方法, 電子證據의 證明力에 관한 問題 等을 검토해 본다. 그리고 퍼스널 컴퓨터가 인터넷등 국제정보통신망을 통해 서로 연결됨으로써 컴퓨터 범죄가 국제화 되어 가고 있는 추세에 맞추어 그에 따른 국가간 컴퓨터 범죄관련 수사 및 외국정부가 수집한 전자증거의 증거능력 등에 대한 형사소송법상의 문제점을 검토해 보기로 한다.

제2장

수사절차상 전자증거의 수집

제1절 전자증거 수집의 특징

電子證據를 蒐集하기 위한 搜查節次上의 特徵을 살펴보면 다음과 같다.[1]

첫째, 磁氣테이프 등의 매체에 기록된 '情報'는 그 자체로는 눈으로 보고 읽을 수 없어 證據로 사용하기 곤란하므로 그 '情報'를 프린트 아웃된 書面의 형태로 하여 可視性, 可讀性 있는 상태로 만들지 않으면 안 된다.

둘째, 컴퓨터 操作은 녹음 테이프나 비디오 테이프의 再生, 또는 필름 現像과 다른 特殊한 專門知識이나 技術이 필요하며, 전자증거에는 保安裝置가 마련되어 있어 수사기관이 독자적으로 당해 '情報'에 接近하기 어려운 경우가 많아 專門家나 컴퓨터 관계자의 협력을 얻어야 한다.

셋째, 프린트 아웃된 文書는 일정한 정보처리 명령어에 의해 데이터를 可視化한 것으로 전자기록과 프린트 아웃한 文書 사이의 논리적 관련성을 객관적으로 증명하여야 한다. 이는 수사상의 문제일 뿐만 아니라 증거법상의 문제이기도 하다.

넷째, 컴퓨터는 日常的인 業務處理에 불가결한 수단이 되고 있고, 대량의 정보처리 능력을 갖고 있기 때문에 그에 보존된 전자기록을 搜查(특히 押收)하는 것으로 인해 피처분자나 제3자는 막대한 불이익을 입을 수 있다. 뿐만 아니라 하나의 전자기억매체에 당해 범죄와 무관한 資料가 범죄와 관련된 資料와 물리적으로 불가분하게 결합되어 있으면, 그러한 범죄와 무관한 情報에 대한 수사로 인해 프라이버시 침해 우려가 상존한다. 따라서 당해 범죄와 무관한 정보의 保護나 搜查機關에 의한 프라이버시 侵害의 危險을 防止하는 대책을 강구할 필요가 있다.

---

1) 岩田 研二郎, "捜査手續上の問題", 日本辯護士連合會 刑法改正對策委員會, 「コンピュータ犯罪と現代刑法」(1990. 5.) 191, 192面; 的場純男, "コンピュータ 犯罪と捜査", 松尾浩也·井上正仁 編, 「刑事訴訟法の爭點」(新版), ジュリスト 增刊, 有斐閣(1991), 94面.

다섯째, 전자기록에 수록된 資料는 쉽게 消去되거나 改變될 수 있고, 더욱이 그 흔적이 남지 않는 경우도 적지 않다. 예컨대, '論理爆彈'(logic bomb)[1]이 범죄수단으로 이용되는 경우에는 범죄가 실현되는 시점에서 범인은 이미 도피한 상태에 있고, 논리폭탄이 설치된 전자기록에 범인의 지문이나 성문 기타 범인을 특징지을 수 있는 증거가 남아 있지 않는 경우가 많을 것이다. 이와 같은 점을 수사기관의 입장에서 본다면 범인을 밝히는 것이 곤란하다는 점을 의미하겠지만, 피의자의 입장에서 본다면 압수된 전자기록이 수사기관에 의해 改變될 위험이 크다는 점을 의미한다고 할 수 있으며, 압수처분을 당하는 자의 입장에서 본다면 압수된 전자기록에 수록되어 있는 情報를 管理, 保存하기에 不安感을 느낄 수 있다는 것을 말한다고 할 수 있다.

여섯째, 근거리통신망이나, 국내원격통신망, 국제통신망 등 컴퓨터 통신망의 급속한 확산으로 데이터를 처리, 보존하고 이용하는 장소가 서로 다른 경우가 많아 컴퓨터 통신의 비밀이나 컴퓨터 통신상 표현의 자유 등을 보장해야 하는 헌법상의 문제가 있다.

제 2 절 전자증거에 대한 임의수사

형사소송법 제218조에 의해 檢事 또는 司法警察官은 必要性과 相當性의 원칙에 비추어 합당하다고 인정되면 컴퓨터 사용자로부터 임의의 協力을 얻어 필요한 증거를 제출받아 이를 수사 및 재판에 이용할 수 있다. 이처럼 전자증거의 소지자가 이를 임의로 수사기관이나 법원에 제출하는 경우에는 압수영장 없이도 수사나 재판이 가능하겠지만 이때 당해 증거를 임의로 제출할 수 있는 자는 누구인가 하는 문제가 발생한다. 이는 당해 전자증거의 수집이 영장 없이 가능한 임의수사의 방법으로 행해졌는가를 판단하는 기준이 되는 문제이다. 예컨대 은행 컴퓨터에 의해 저장된 고객의 신용 정도에 관한 정보는 은행과 고객에 의

---

1) 논리폭탄이란 프로그램 안에 어떤 조건을 주고 그 조건이 충족될 때마다 정기적으로 또는 예정된 시간에 불법행위가 실행되도록 하는 수법이다. 예컨대 컴퓨터에 있는 시계의 날짜를 제어하는 프로그램에 조건을 주어 2일 후 같은 날 오후 3시에 모든 터미널에 결과가 실행되도록 하여 犯人이 컴퓨터 설치 장소와 사용자로부터 도피할 수 있도록 한 다음 시스템을 파괴하도록 하는 수법이 이에 해당한다. 菅野文友, "コンピュータ犯罪の メカニズム", 7面, 李 哲, "컴퓨터 犯罪와 소프트웨어 保護", 190쪽, 주 19)20).

해 공유되고 있다고 할 수 있는데, 이를 고객의 동의 없이 그 정보소지자인 은행이 임의로 제출할 수 있는지, 그와 같이 제출받은 정보가 적법한 절차에 기해 수집한 증거인지 문제되는 것이다. 이는 전기통신사업자 등과 같은 時分割(타임쉐어링) 컴퓨터의 所有者나 오퍼레이터와 時分割使用者間의 관계에도 그대로 적용된다고 할 수 있다.

　앞서 든 例에서 은행고객의 신용정보에 관해서는 은행과 고객이 공유하고 있는 신용정보를 고객의 동의 없이 정보소지자인 은행이 임의로 수사기관에 제출할 수는 없다고 하겠다. 현행 「금융실명거래 및 비밀보장에 관한 법률」 제4조 제1항도 그러한 취지를 표현하여 금융회사 등에 종사하는 자들에 대해 명의인의 서면상의 요구나 동의를 받지 아니하고는 원칙적으로 금융정보를 누설하지 못하게 하고 있다.

　그리고 時分割制에 의한 中央 컴퓨터 이용의 경우 이를 使用하는 者의 데이터 내용은 使用者의 승낙을 받아야만 公開될 수 있다고 해야 하며, 中央 컴퓨터에 대해 所有權을 가지고 있음에 불과한 所有者나, 컴퓨터 使用料의 계산이나 데이터의 滅失에 대비한 백업카피 작업 등을 하기 위하여 使用者 파일의 이름과 저장장소, 데이터量 등이 記錄된 디렉토리(directory)에 접근할 수 있을 뿐인 오퍼레이터 등이 使用者의 데이터를 임의로 법원이나 수사기관에 제출할 수는 없다고 하겠다.[1]

　그리고 被處分者의 任意의 協力을 얻어 컴퓨터 記憶媒體의 物理的 複製物, 파일의 카피본 내지 출력물 등을 제출받아 이들을 押收하는 것은 영장 없이도 가능하다고 하겠다. 이때 당해 피처분자에게 임의성이 있었는지 여부를 판단함에 있어서 피처분자가 거부권의 존재를 알지 못했다는 것만으로 임의성이 부정되는 것은 아니라고 할 것이나 수사기관은 그 거부권의 존재를 고지해야 하며, 만약 기망수단을 이용하여 동의를 획득한 경우에는 그 임의성을 인정하기 어렵다고 해야 한다.[2] 미국의 한 판례에 의하면 수색장소에 대해 공동이용권을 갖고 있거나 그 장소와 상당한 관계를 갖고 있는 사람이 동의한 경우는 영장 없이도 수색을 할 수 있다고 하는 바,[3] 그 이유에 관해 화이트 대법관이 집필한 법정의견은 이렇다. 즉, 공동이용권은 제3자가 그 재산에 대하여 재산적 이익을 공유하고 있다고 해서 인정되는 권한이 아니다. 제3자의 동의를 정당화하는 권

---

1) 李 哲, "컴퓨터 犯罪의 法的規制에 대한 研究", 220, 221쪽.
2) 同旨, 安富 潔, 「刑事手續과 コンピュータ 犯罪」, 61面.
3) United States v. Matlock, 415 U.S. 164, 94 S.Ct. 988, 39 L.Ed.2d 242(1974), 安富 潔, 前揭書, 60面 參照.

한은 역사적, 법적으로 형성되어온 "재산법"에 근거를 구하는 것이 아니라 본래의 이용목적에 따라 공동으로 접근하거나 제어할 수 있는 사람이 그 재산을 상호이용하고 있다는 점에서 그 근거를 구해야 하는 것이다. 그러므로 공동이용자의 일방이 자기의 권리범위 내에서 수색활동에 동의할 권리를 갖고 있는 경우 타방은 공동이용자중 누군가가 그 공동이용 하고 있는 장소의 수색을 허가할 수도 있다는 危險을 引受하였다고 볼 수 있는 것이다.[1]

이와 같은 정보공개의 위험인수 이론은 우리 법상황에서도 적용해 볼 수 있다고 생각한다. 수색에 대한 동의권은 사생활의 자유권 내지 주거의 자유권의 향유주체 스스로가 그 기본권을 제한할 것을 동의하는 권한인데, 정보공개의 위험을 인수하였다고 볼 수 있는 사정이 있으면 정보수집을 위한 수색에 동의하였다고 추정할 수 있기 때문이다. 따라서 컴퓨터 이용자들이 저장한 자료가 내장된 컴퓨터를 관리하는 관리인은 이용자들이 저장정보의 공개위험을 인수하였다고 볼 수 있는 것이 일반적이므로 그 컴퓨터 수색에 동의할 수 있는 권한이 있다고 함이 타당하다. 컴퓨터 오퍼레이터도 컴퓨터를 작동하게 하는 전자기록을 그 목적에 좇아 사용할 수 있으므로 컴퓨터를 수색함에 동의할 수 있는 권한이 있다고 할 것이다.[2] 그러나 단지 재산적 이익을 갖고 있음에 불과한 컴퓨터 관리자나, 컴퓨터를 제어할 수 있을 뿐 그에 저장되어 있는 개인정보에 접근하는 것이 제한되어 있는 오퍼레이터는 개인의 전자기록을 수색하는데 대해 동의할 수 있는 권한이 없다고 해야 한다.[3] 그 구체적인 구별기준은 금융정보나 통신정보 등 개별 논점별로 논의되어야 한다.

제 3 절   전자증거의 압수·수색

1. 개   설

컴퓨터 내부에 보관되어 있는 자료 및 프로그램을 수사상, 재판상 증거로 활용하기 위해서는 그 자료 및 프로그램이 저장되어 있는 전자기적 기록을 직접 증거로 사용할 수도 있겠지만, 일반적으로는 아직도 조서재판이 중심이 되고

---

1) United States v. Matlock, 415 U.S. at 171 n. 7. 安富 潔, 前揭書, 62面, 註 126) 參照.
2) 同旨, 安富 潔, 前揭書, 62面.
3) 同旨, 安富 潔, 前揭書, 62面.

있는 우리나라 형사재판 실무관행에 비추어 이를 프린트 아웃하여 가시적인 形態의 문서로 변형시켜 놓아야 한다고 하겠다. 그리고 컴퓨터에 저장된 자료를 압수, 수색함에 있어서도 영장주의 및 강제처분 법정주의의 원칙이 적용되어야 한다는 점에 대하여는 異論이 있을 수 없겠다(헌법 제12조, 형사소송법 제215조). 다만, 그 압수, 수색에 관해서는 헌법규정에 의한 令狀主義의 요청에 따라 범죄를 명시한 正當한 理由와 수색장소, 압수대상물 등이 영장에 명시되어야 하는데, 전자기록에 관한 押收方法과 押收對象의 특정이 가능한가 하는 점에서 비롯된 몇 가지 특수한 문제가 제기된다. 즉, 첫째 전자증거 그 자체는 無體情報에 해당한다고 할 수 있는데 이러한 無體情報인 데이터에 대한 押收가 가능한가 하는 문제이고, 둘째는 전자증거를 수색·압수하기 위해 헌법이나 형사소송법상 영장주의 원칙이 어떻게 적용될 수 있는가 하는 문제, 셋째, 데이터에 대한 압수·수색의 범위와 관련된 요증사실과의 관련성 요건, 압수·수색의 물리적 범위, 넷째, 컴퓨터에 입력된 자료를 出力하기 위해 법원이나 수사기관이 피처분자의 컴퓨터를 사용하기 위해 압수, 수색영장과는 별도로 영장이 필요한지 여부 및 압수, 수색영장에 의해 전자증거의 保管者에게 그 자료의 出力을 强制할 수 있느냐 하는 문제 등이 그것이다.[1]

　　이러한 문제들을 해결함에 있어 傳統的인 刑事訴訟法 規定을 무리하게 유추해석하여 적용하려는 태도는 지나치게 안이한 법해석이며 위험한 생각이라고 말할 수 있다. 왜냐하면 刑事訴訟法은 刑法과 더불어 被疑者와 參考人의 市民的 自由를 保障하는 마그나카르타이어야 하기 때문이다. 또한 수사기관의 强制力使用에 관한 刑事訴訟法 規定을 깊은 검토 없이 마음대로 유추해석하는 것은 市民의 自由를 侵害할 뿐만 아니라 刑事訴訟法에 의한 市民의 自由制限과 새로운 强制處分의 허용여부는 國會가 결정해야 한다는 權力分立의 原則에도 반하는 태도라고 해야 한다.[2]

2. 데이터의 압수가능성

가. 문 제 점

　　데이터 처리 시스템 내에 저장되어 있거나 처리중인 데이터를 수집함에 있어서는 컴퓨터 시스템이 설치되어 있는 건조물에 들어가서 이를 수색하고("건조

---

1) 李 哲, "컴퓨터 犯罪의 法的 規制에 대한 硏究", 213쪽 參照.
2) Council of Europe, 「Computer-related Crime」, p. 82.

물에의 침입과 수색권한"), 데이터를 압수할 수 있어야 한다("압수권한"). 그런데 現行刑事訴訟法 제219조, 제106조는 압수의 대상으로서 "證據物" 또는 沒收할 것으로 思料되는 "物件"을 들고 있다(제106조 제1항). 이때 "證據物" 또는 "物件"이라 함은 그 일상 언어관념상 有體物을 의미한다고 할 것이다.[1] 따라서 데이터나 프로그램을 기록한 자기테이프나 컴퓨터용디스크, 그 밖에 이와 비슷한 정보저장매체 등이 그 자체로 증거물이 되는 경우에도 그것은 유체물이므로 이를 압수대상으로 하여 그 점유를 취득할 수 있다는 견해에 대해서는[2] 일응 이를 긍정해야 할 것이다. 2011. 7. 18.에 신설된 형사소송법 제106조 제3항의 규정도 위와 같은 견해에 입각하여 만들어진 것이다.

그러나 이 문제는 이처럼 단순하게 처리하는 것으로 끝날 문제가 아니다. 자기테이프나 자기디스크를 압수하려고 할 때는 그에 내장되어 있는 데이터를 취득하려는데 주요한 목적이 있는 것이지 당해 데이터를 담고 있는 容器인 기억매체 자체를 압수하려고 하는 것이 아니기 때문이다. 전자정보 기억매체 자체만을 압수목적물로 하여 압수하려는 경우도 많지 않을 것이다. 따라서 압수, 수색대상이 자기테이프, 자기디스크, 자기드럼, 기타 전자정보 저장매체 등의 기억매체가 아니고 "無體情報" 그 자체일 때 본래 물리적으로 관리 가능한 "有體物"을 압수, 수색의 대상으로 규정하고 있는 형사소송법 규정을 그대로 적용할 수 있느냐가 문제된다. 먼저 데이터 자체의 압수가능성을 긍정하는 견해를 살펴본 후에 우리 형사소송법을 해석해 보기로 한다.

나. 긍 정 설

이와 같은 형사소송법 규정에 관하여 만일 有體物인 데이터 전달매체를 압수하고 검사하는 권한에 데이터 자체를 조사하는 권한도 포함되어 있다고 해석하는 입장에 선다면 데이터 저장매체에 영구적으로 저장되어 있는 컴퓨터 데이터 조사는 유체물을 대상으로 하고 있는 전통적인 압수, 수색권에 의한 수사방법에 의하더라도 특별한 문제점이 없다고 말하게 될 것이다. 달리 말하면 종이에 잉크로 인쇄되어 있는 데이터와 전자데이터 저장매체에 자기적인 임펄스로[3] 저장되어 있는 데이터와의 사이에 차이가 없다고 하게 될 것이다. 정보 그 자체

---

1) 이하의 논의는 오기두, "컴퓨터관련 범죄의 형사소송법상 문제점", 사법논집 제26집(1995), 543쪽 이하의 일부 내용과 같다.
2) 的場純男, "コンピュータ 犯罪と捜査", 松尾浩也·井上正仁 編, 「刑事訴訟法の爭點」(新版), 「ジュリスト 增刊」, 有斐閣(1991), 94面.
3) 임펄스(impulse)란 파형의 폭과 높이가 무한대, 면적이 1인 상상적인 파형으로 실제로는 순간적인 충격파를 말한다. 크라운출판사, 「컴퓨터용어대사전」, 360쪽.

는 언제나 무형적인 것으로 그것이 이용 가능한 형식으로 기억매체상에 물리적
으로 변화되어 기록된 이상 직접적으로 가시성이나 해독 가능성이 없다는 점을
제외하면 이를 수사하는 것은 장부, 전표, 일기장, 나아가 흉기, 遺留物 등을 보
고 읽거나 조사하는 것과 동일하기 때문이다. 이러한 입장에 서면 전통적인 압
수, 수색은 데이터가 有體物인 저장매체에 영구적으로 저장되어 있지 않는 경우
에만 문제로 될 것이다. 이하에서는 미국과 일본에서 주장되고 있는 이 긍정설
을 소개한다.

1) 미   국

종래 미연방 형사소송규칙 제41조 제(h)항은 압수, 수색의 대상이 되는 "물건"
(property)을, 문서(documents), 장부(books), 서류(papers), 기타 유체물(tangible objects)
을 포함한다고 정의하고 있었다. 위 정의 규정 대로라면 전자기록과 같은 무체
물(intangible objects)은 압수대상이 아니라고 해야 할 것이지만, 미국 연방대법원
은 United States v. New York Telephone Co. 판결에서[1] 위 규정은 한정적 열
거규정이 아니어서 압수대상이 될 수 있는 사항(items)을 전부 열거하고 있는 규
정도 아니므로 위 규정이 압수대상물을 유체물에 한정하고 있는 것은 아니라고
판시하였다.[2] 이밖에 전자증거의 압수대상성을 밝힌 미연방 항소법원의 판결로
United States v. Horowitz, 806 F.2d 1222(4th Cir. 1986)가 있다. 위 판결은 피고인
을 고용하고 있는 고용주의 경쟁상대방에게 피고인이 가격정보를 누설한 사건
에서, 연방수사기관이 압수, 수색영장을 집행하면서, '그 가격정보가 위 경쟁상
대방의 컴퓨터 기억장치에 저장되어 있다고 생각할 때 컴퓨터 자기디스크, 자기
테이프, 펀치카드, 프린트 아웃 등을 포함한 물건(property)을 압수하기 위해 당해
건물내부를 수색하는 것'을 인정한 영장을 유효하다고 한 판결이다. 이 사건에
서 피고인측은 위 수색은 건물의 수색이 아니라 피고인의 사무실의 연장인 컴
퓨터에 대한 수색이었고, 컴퓨터 디스크나 테이프에 기록된 영상이나 음성이라
고 하는 무체물에 대해 행해진 수색이었으므로 당해 수색을 위한 별도의 영장
을 발부받지 않고 행해진 위 수색은 영장 없이 행해진 수색이며, 위와 같이 압
수한 자기테이프의 재생으로 피고인의 프라이버시에 대한 기대가 침해되었다고
주장하였다. 그러나 법원은 피고인측의 위 주장을 받아들이지 않은 것이다.[3] 이
밖에 압수, 수색영장에 기록과 문서(records and documents)만을 압수, 수색 목적물

---

1) United States v. New York Telephone Co., 434 U.S. 159, 98 S.Ct. 364, 54 L.Ed.2d 376(1977).
2) 安富 潔, 「刑事手續과 コンピュータ 犯罪」, 36面에서 引用.
3) 安富 潔, 前揭書, 37面에서 引用.

로 기재하고 있다고 하더라도 컴퓨터 디스크까지 압수할 수 있다고 한 판례도
있다.[1] 위와 같은 판례법을 따라 현행 미국 연방형사소송규칙(Federal Rules of
Criminal Procedure) Rule 41 (a)(2)(A)은 "property"에 '정보'(information)를 포함시키
고 있다.

2) 일본 야쓰토미 쿄시 교수의 견해

日本의 야쓰토미 쿄시(安富 潔, やすとみ きょし) 敎授는 데이터의 압수가능성
을 긍정하여 다음과 같이 논증하고 있다. 즉, 일본 헌법 제35조에서 규정하고
있는 "주거, 서류 및 소지품에 관하여", "침입, 수색 및 압수를 당하지 않을 권
리"는 영미법상 common law 이래의 전통을 계수하여 미연방 헌법 수정 제4조
에 표현된 개인의 프라이버시권을 보호하기 위한 권리라고 해석된다. 따라서 주
거 등에 대한 물리적인 지배권이나 이용권 등만이 아니고 가시성, 가독성 없는
무체정보라고 할지라도 프라이버시 보호의 범위에 포함된다고 보아야 할 것이
므로 압수대상이 된다고 볼 수 있다. 그런데 무체정보인 전자기록도 전자기억매
체에 기록되어 있거나 일정한 용지에 프린트 아웃하면 물리적으로 관리 가능한
형태인 유체물로 화하기 때문에 이것을 일체로 파악하면 무체정보에 대한 압수
는 결국 유체물의 압수와 동일하게 볼 수 있다는 것이다.[2]

다. 부 정 설

그러나 전통적인 刑事訴訟法上의 강제적 증거수집 절차규정이 컴퓨터화된
환경속에서 행해질 搜査에 적합한지 여부는 대부분의 국가에서 의문시 되고 있
었다.[3] 전통적인 刑事訴訟法 규정은 19세기부터 기원하고 있는 것도 있으며,
有體物이나 사람들 사이의 우편이나 電話에 의한 通信을 예정하여 만들어져 있
을 뿐 無體物이나 컴퓨터화된 情報社會에서 요구되는 특수한 필요를 대상으로
하고 있지는 않기 때문이다.

일본에서는 무체정보 그 자체는 압수대상이 되지 않지만 그 정보가 서류나
장부 등과 같은 유체물에 化體되어 있는 경우는 그 서류 등을 압수할 수 있으므
로 정보가 컴퓨터의 자기디스크 등에 기록되어 있는 경우도 그와 동일한 방법으
로 위 무체정보를 압수할 수 있다고 하는 견해가 있다.[4] 이 견해는 근본적으로

1) United States v. Munson, 650 F.Supp.525(D. Colo. 1986), Cynthia K. Nicholson, Robert
   Cunningham, "Computer Crime", 「American Criminal Law Review」, vol. 28(1991) p. 400, fn 56).
2) 安富 潔, 前揭書, 150面.
3) Council of Europe, 「Computer-related Crime」, p. 71.
4) 柳俊夫, "搜索,差押え", 三井誠=中山善房=河上和雄=田邨正義, 「刑事手續上」, 306面(1988),

무체정보의 압수가능성을 부정하고 있는 점에서 부정설로 분류함이 타당하다.

그리고 국내 학설로서는 자기테이프 내의 정보와 출력된 유체물로 轉化된 정보는 일체의 것으로 취급할 수 없으므로 자기테이프 내의 정보는 "證據物"에 해당하지 않는다고 보는 견해가 있다.[1] 이에 의하면 최근의 기술상 하나의 자기테이프에 상당한 분량의 정보를 기록하는 것이 가능하고, 어느 정보가 압수의 대상인가는 출력해 보지 않으면 확정할 수 없어 압수물인가 여부를 확인하기 위해 일반 탐색적인 압수·수색으로 될 위험이 크고 따라서 무체정보를 증거물로 보는 것은 현행법상 무리가 있다는 것이다.[2]

라. 사　견

전자증거의 경우 데이터를 저장하고 있는 유체물은 큰 의미가 없고 오히려 그에 저장되어 있는 데이터에 중점이 있다. 따라서 전통적인 유체물만을 대상으로 하고 있는 우리 형사소송법 규정을 데이터 저장매체에 대한 압수, 수색에 적용하기 위해서는 보다 신중한 검토가 필요하다고 하겠다. 市民의 自由를 보장하기 위해서는 형사소송법에 의한 강제력 사용을 법률에 열거되어 있는 수단만으로 엄격하게 제한하여 인정해야 하며 무리한 유추해석을 허용해서는 안 되는 것이다. 私見으로는 전통적인 유체물을 대상으로 한 압수수색에 있어 데이터의 압수가능성을 인정할지 여부는 위에서 본 바와 같이 그 물리적인 性狀에 비추어 일단 부정적으로 해석해야 한다고 본다. 현행 형사소송법상 압수의 대상은 유체물에 국한된다고 보아야 하기 때문이다. 따라서 유체물이라고 할지라도 자기디스크 자체보다도 그에 내장되어 있는 방대한 양의 데이터가 더욱 중시되는 컴퓨터 기록이나, 디지털 신호로 바뀌어 전송중인 컴퓨터 통신 데이터를 형사소송법상의 압수규정에 의해 압수하는 것은 어렵다고 하겠다.

다만 전자기록 그 자체가 데이터를 저장하고 있는 유체물인 경우 그 압수의 필요성이나 적법성을 일률적으로 부정할 수는 없으므로 현행법 해석상 데이터의 압수가 결국 유체물의 압수로 볼 수 있는 경우에는 그 유체물의 압수를 통한 데이터의 압수를 긍정하지 않을 수 없으므로 그 근거를 해석론으로 밝혀 보지 않을 수 없다. 그런데 그 해석론적 근거는 당해 데이터가 범죄혐의 내지 요증사실과 어떤 관련성이 있는가 하는 점 및 당해 데이터를 압수해야 하는 경우

安富 潔, 前揭書, 154面, 註 15).

1) 姜東旭, "컴퓨터關聯犯罪의 搜査에 있어서의 問題點에 대한 考察",「現代刑事法論」, 竹軒 朴陽彬 敎授 華甲紀念論文集(1996), 707쪽.
2) 村井敏邦編,「現代刑事訴訟法(川岐英明)」, 三省堂(1990), 82面, 姜東旭, 위 論文, 708쪽, 주 13).

인지 아니면 단지 수색하는 경우인지로 나누어 찾아야 한다고 본다. 여기서 당해 컴퓨터 기록의 요증사실과의 관련성에 관해서는 뒤의 압수, 수색의 범위를 고찰하면서 상세하게 보기로 하고 우선 데이터의 압수, 수색 가능성에 관련된 부분만 생각해 보기로 한다.

먼저 압수에 관해서 보면 다음과 같다. 즉, 당해 범죄행위와 관련된 자료만이 저장된 디스크 등 컴퓨터 장비는 그것이 당해 데이터와 일체 불가분으로 결합되어 있으므로 그 컴퓨터 장비를 형사소송법 제219조, 제106조의 증거물 또는 몰수할 것으로 사료되는 물건에 해당된다고 보아 위 법률규정에 의해 압수할 수 있다고 보면 된다.

그러나, 당해 범죄행위와 무관한 자료와 유관한 자료가 함께 저장된 컴퓨터 장비는 위와 같이 당해 데이터와 컴퓨터 기억매체등 컴퓨터 장비가 일체불가분으로 결합되어 있다고 볼 수 없으므로 유체물에 한하여 압수할 수 있다고 규정한 위 형사소송법 제219조나 압수의 총칙 규정인 제106조 제1항의 규정에 의할 때 그 컴퓨터 장비를 압수하는 것은 허용되지 않는다고 해야 하고, 따라서 당해 데이터를 압수하는 것은 불가능하다고 해야 할 것이다. 이때 수사기관이 당해 데이터를 취득할 수 있는 방법을 굳이 강구해 본다면, 해당 정보기억매체에 저장되어 있는 전자증거 중 범죄혐의사실과 관련 있는 데이터만을 분리하여 출력하거나 복제하여 제출받는 방법이다. 2011. 7. 18.에 신설된 형사소송법 제106조 제3항도 그러한 취지를 표현하고 있다. 또는 그 데이터가 유선, 무선, 광선 및 기타 電磁的 方式에 의하여 송신 및 수신되는 상태에 있어 전자장치, 기계장치 등을 사용하여 문언, 영상, 부호, 음향 등의 형태로 나타나는 데이터를 탐색할 수 있는 물리적인 조건을 갖추고 있고, 통신비밀보호법 규정에 의해 감청이 허용되는 요건을 충족할 때에 한하여 당해 데이터를 탐색, 취득하는 방법을 생각해 볼 수 있다. 따라서 그와 같은 조건을 충족시키지 못할 때, 즉 범죄행위와 관련 없는 전자증거이거나, 전송되는 전자데이터라고 할지라도 통신비밀보호법 소정의 요건을 갖추지 못한 때 형사소송법 제106조 제3항 본문의 압수 규정에 의해 컴퓨터 기억매체에 저장된 데이터를 취득할 수는 없다고 하겠다. 범죄사실과 관련 없는 전자증거를 압수하려면 형사소송법 제106조 제3항 단서에 의해 범죄관련 전자증거만을 출력 또는 복제하는 방법이 불가능하거나 압수의 목적을 달성하기에 현저히 곤란하다고 인정되는 때에 한한다.

컴퓨터 통신시 컴퓨터 모니터에 떠 있는 화상을 사진촬영하여 제출하는 것도 통신비밀보호법에 정해진 요건을 충족하지 않는 한 불가능하다고 해야 한다.

그리고 예컨대 컴퓨터 통신망에 올려진 특정 대화방이나 전자게시판, 홈페이지 등을 임의수사에 해당하지 않는 방법으로 수사기관이 일방적으로 탐색하여 그에 올려진 정보를 취득하기 위해서는 통신비밀보호법에 정해진 '범죄를 수사하거나 예방하기 위한 목적'이 있어야 하고, 위 법률 소정의 절차를 밟아 법관의 영장을 발부받아야만 한다고 하겠다. 다만, 위와 같은 대화방이나 전자게시판, 홈페이지 등에 게시된 전자정보가 당연히 공개될 것을 전제로 하였다면 수사기관은 영장 없이도 그 전자정보를 취득할 수 있다. 그리고 컴퓨터 통신 가입자가 개설한 홈페이지 등 특정 사이트, 전자게시판, 대화방 등을 폐쇄하는 것은 私企業體인 통신망운영자가 통신망 가입자와의 가입계약을 통해 미리 약정하여 그 폐쇄에 동의할 수 있는 근거를 마련하고, 그 약정에 기하여 수사기관의 폐쇄에 동의한 경우를 제외하고는, 수사기관이 기술적인 수단을 이용하여 일방적으로, 또는 가입자의 동의 없이 통신망 운영자만의 동의를 얻어 특정 홈페이지 등을 폐쇄하는 것은 현행법상 근거가 없는 행위라고 해야 한다. 왜냐하면 통신비밀보호법 제2조에서 규정하는 "감청"에 해당하기 위해서는 통신의 음향, 문언, 부호, 영상을 청취, 共讀하여 그 내용을 지득 또는 채록하거나 전기통신의 송수신을 방해하는 것이어야 하는데, 홈페이지 등의 폐쇄 자체는 그에 해당하지 않기 때문이다. 따라서 법관의 영장이 있다고 하더라도 그 영장은 적법한 근거가 없는 영장이므로 수사기관이 강제처분으로 홈페이지 등을 폐쇄할 수는 없다. 비록 미래창조과학부 장관은 전파의 효율적인 이용을 촉진하고 혼신의 신속한 제거 등 전파 이용질서의 유지를 위하여 전파감시 업무를 행할 수 있으나(현행 전파법 제49조) 이와 같은 법률규정이 수사기관에 대해 강제처분권을 부여하는 규정이라고 볼 수도 없다.[1]

범죄행위와 무관한 자료만이 저장되어 있는 컴퓨터 기억매체를 압수할 수 없음은 물론이다. 이는 일반적인 압수에 대해서도 당연한 논의이므로 전자증거 수집에 관해 더 언급할 것은 없다.

다음으로 수색대상에 관해서 살펴보기로 한다. 압수의 경우와 달리 형사소송법 제219조, 제109조의 수색대상이 되는 "물건"에는 범죄행위와 관련된 자료만이 저장된 컴퓨터 장비뿐만 아니라 범죄행위와 무관한 자료와 유관한 자료가 함께 저장되어 있는 컴퓨터 장비도 포함된다고 해석하는 것이 상당하다고 생각된다. 왜냐하면, 수색에 착수하기 이전에는 수색대상이 된 컴퓨터에 저장된 자

---

[1] 위와 같은 법률규정의 해석적용은 될 수 있는 대로 좁게 하여 컴퓨터 통신에 관한 헌법상의 프라이버시권, 표현의 자유권, 통신의 자유권, 정보에 대한 자기결정권 등의 기본권을 침해하지 않도록 해야 한다.

료가 범죄행위와 관련이 있는지 여부를 알기 어려우므로, 범죄행위와 관련된 자료가 저장되어 있을 개연성이 있기만 하면 당해 컴퓨터 시스템을 조사할 수 있도록 하는 것이 타당하기 때문이다. 비록 2011. 7. 18.에 개정된 형사소송법 제109조가 수색에 관해서도 "피고(의) 사건과 관계가 있다고 인정할 수 있는 것에 한정하여"라는 요건을 부가하였다고 하더라도, 적어도 전자증거의 수색에 관한 위 법률규정 문구의 해석은 "肉眼으로 一見하여서도" 범죄사실과 관련성이 없는 전자기억매체를 수색대상으로 삼으면 안 된다는 의미 정도로만 보아야 한다. 그러므로 피고인이나 피의자의 일상적인 사용 범위 내에 있는 컴퓨터 시스템이 소재하고 있는 현장에서 발견된 전자기억매체 안에 어떤 전자정보가 수록되어 있는지 육안으로는 확인할 수 없다고 하더라도 위 제109조의 수색을 하기 위한 범죄관련성은 충족되었다고 보아야 한다. 즉 수색에 관한 범죄관련성 요건은 영장기재의 특정성 원칙을 침해하지 않는 범위를 최대한으로 하고, 해당 전자기억매체 소재지가 피고인이나 피의자의 범죄사실과 관련되어 있다고 믿을 수 있는 범위를 최소한으로 하여 압수의 요건인 관련성 보다 대폭 완화하여 인정해야 하며, 수색을 위한 범죄관련성을 인정한 수사기관의 현장 판단을 존중해야 한다고 본다. 다만 컴퓨터 통신망의 탐색에 관해서는 통신비밀보호법이 그 요건과 절차를 엄격히 규제하고 있으므로 위 법률에서 규정하고 있는 범죄의 혐의와 관련된 증거를 찾는 목적 이외의 의도로, 그리고 적법한 영장을 발부받지 않고 컴퓨터 통신망 탐색을 실시하는 것은 허용되지 않는다고 해야 한다.

이밖에 법원이나 수사기관은 그러한 하드웨어 및 소프트웨어의 조사, 수색을 위해 이들을 적당하다고 인정하는 장소로 옮길 수 있는지에 관해서는 아주 예외적으로만 이를 허용할 수 있다고 해석해야 할 것이다. 그리고 그 기준은 형사소송법 제106조 제3항 단서와 같이 범죄혐의 사실과 관련 있는 전자정보로 "범위를 정하여 출력 또는 복제하는 방법이 불가능하거나 압수의 목적을 달성하기에 현저히 곤란하다고 인정되는 때"로 보아야 한다. 왜냐하면, 그에 내장된 자료를 보호하기 위해 접근암호(password)나 보안장치가 마련되어 있으므로, 법원이나 수사기관으로서는 컴퓨터 전문가에게 시간과 노력을 들여 이러한 보안장치를 해독해 내도록 하기 위해 컴퓨터와 디스크 등을 이동시킬 필요가 있기 때문이다.[1] 이는 수색의 일환으로 행해진다는 점에서 당해 데이터 자체의 압수와는 구별된다. 따라서 법원이나 수사기관이 컴퓨터 내부에 저장된 자료를 탐색하기 위해 이를 적당하다고 여기는 장소에 옮기는 처분은 압수와는 다른 수색

---

1) Barry J. Hurewitz, Allen M. Lo, "Computer-related crimes", p. 519, fn 175).

에 "필요한 처분"으로 허용되지만, 그에 의해 당해 범죄행위와 무관한 자료가 있는 것이 밝혀지면 원칙적으로 해당 전자기억매체에 대한 점유를 계속할 수 없으며, 관련성 있는 전자증거만을 출력, 복제한 후 해당 기억매체를 피압수자에게 반환해야 한다고 하겠다. 위 수색에 필요한 처분으로 수사기관 사무실로 해당 컴퓨터 등 전자기억매체를 이동하는 것은 적법한 수색영장을 발부받은 후에야 가능함은 물론이다. 이 과정에서 수사기관이 요증사실과 관련 없는 데이터를 수사기관의 컴퓨터에 복제하는 등으로 부정취득하면 이는 증거채택과정에서 증거로 채택하지 않아야 할 뿐만 아니라 설령 증거로 채택되었다 하더라도 위법한 절차에 기해 수집된 증거로 취급해야 하고, 그러한 행위를 한 수사기관은 민사상의 손해배상책임(국가배상책임)을 져야 한다고 하겠다. 이점에 관해서는 다음에서 보는 押收, 搜索의 範圍에서 詳述하기로 한다.

이 밖에 스크린 상의 데이터 스크롤링 時나[1] 주기억장치 등에 짧은 시간 동안 저장된 자료는 有體物인 데이터 전달매체 내에서 영구적인 形態를 갖지 못하므로 이러한 데이터는 범죄행위와의 관련성 여부를 불문하고 사실상의 문제로 압수할 수 없는 데이터라고 하겠다. 다만 이를 사진 촬영하여 그 영상을 제출하는 것은 가능하다. 기술적으로 이러한 데이터를 압수할 수 있다면 역시 관련성 요건을 충족해야 한다.

3. 영장주의의 적용

가. 개   설

전자증거를 강제처분에 의하여 압수할 때에도 헌법상의 영장주의의 원칙이 적용 되어야 한다. 우리나라 헌법재판소에 의하면 영장주의란 헌법상 신분이 보장되고(헌법 제106조) 직무활동의 독립성이 담보되는(헌법 제103조) 法官이 발부한 영장을 제시하지 아니하고는 수사에 필요한 강제처분을 하지 못한다는 원칙을 말한다.[2] 그리고 적법절차의 원리에서 나온 영장주의는, 압수·수색 여부도 헌법 제103조에 의해 헌법과 법률에 의하여 양심에 따라 재판하고 또 사법권독립의 원칙에 의하여 신분이 보장된 法官의 판단에 의하여만 결정되어야 한다는 것까

---

1) 스크롤(scroll)이란 문자를 표시하는 커서가 화면의 끝에 왔을 때 다음 글자를 쓸 자리를 만들어 주기 위해 화면이 위, 아래나 좌우로 움직이는 것을 말하며, 스크롤링(scrolling)이란 화면에 표시된 데이터가 이동하는 것, 또는 화면에 보이지 않는 내용을 보기 위해 화면속의 문자를 상하 좌우로 이동시키는 행위를 말한다. 크라운출판사, 「컴퓨터용어대사전」, 675쪽.
2) 헌법재판소 1993. 12. 23. 93헌가2, 「헌법재판소판례집」 제5권 제2집, 578(596).

지 의미한다.[1] 따라서 이러한 영장주의의 원칙은 컴퓨터에 의해 생성되는 전자
증거를 압수·수색함에 있어서도 지켜져야 한다.

즉, 전자증거를 그 소지자가 임의 제출하는 경우 이를 압수할 수 있음은 물
론이나 강제처분에 의하여 이를 압수할 때에도 위와 같은 영장주의의 원칙이
적용되어야 한다는 점에 관하여는 의문의 여지가 없는 것이다. 또한 모든 國民
은 私生活의 秘密과 自由를 침해받지 아니한다는 헌법상의 요청(헌법 제17조)을
달성하기 위해 무체정보에 대해서도 헌법적인 보호를 해주어야 하고, 따라서 전
자기록등 전자증거에 관해서도 이른바 일반적, 탐색적 압수, 수색을 금지하여야
한다는 영장주의원칙을 적용해야 한다. 다만 영장주의의 범위와 한계가 문제될
뿐이다. 이하에서는 미연방 헌법상의 영장주의 원칙과 우리 헌법상의 영장주의
원칙을 개괄하고, 이러한 영장주의 원칙이 형사절차상 전자증거의 수집에서 어
떻게 응용될 수 있는지를 고찰해보기로 한다.

나. 미연방 헌법 수정 제4조의 영장주의와 전자증거의 압수 · 수색

우선 법집행기관에 의한 불합리한 압수, 수색 및 일반영장을 금지하여 법집
행기관의 압수, 수색활동으로부터 개인의 자유를 보장하기 위한 규정으로 이해
되고 있는 미연방 헌법 수정 제4조부터 살펴보고 가기로 한다. 위 미국헌법 조
문에 의하면, 개인의 프라이버시에 대한 합리적 기대가 인정되는 경우 압수, 수
색을 벌이기 위해서는 첫째, "相當한 理由"(probable cause)가 존재하여야 하고, 둘
째, 수색할 장소 및 압수할 물건이 특정되어야 하며, 셋째, 중립적이고 공평한
입장에 있는 법관이 사전 심사한 영장이 발부되어야 한다.[2]

압수, 수색시 영장을 필요로 하게 하고, 일반영장금지 원칙을 규정하고 있
는 위 헌법 수정 제4조에 근거하여 미연방 형사소송규칙 제41조 (c)항은 (1) 범
죄행위의 증거가 되는 물건, (2) 금제품, 범죄에 의해 획득한 물건, 기타 불법적
으로 소지하는 물건, (3) 범죄행위의 수단으로 이용되거나 이용될 수 있는 물건
등에 대하여 압수, 수색영장을 발부할 수 있도록 하고 있다.

---

1) 헌법재판소 1992. 12. 24. 92헌가8; 1993. 12. 23. 93헌가2,「헌법재판소판례집」제5권 제2집, 596.
2) Johnson v. United States, 333 U.S. 10, 14, 68 S.Ct. 367, 92 L.Ed.436(1948). 安富 潔, 前揭書, 22
  面, 註 33),「The right of the people to be secure in their persons, houses, papers, and effects,
  against unreasonable searches and seizures, shall not be violated, and no Warrants shall issue,
  but upon probable cause, supported by Oath or affirmation, and particularly describing the
  place to be searched, and the persons or things to be seized」.
  "불합리한 압수, 체포, 수색으로부터 신체, 주거, 문서, 재산을 안전하게 지킬 국민의 권리를 침
  해하면 안 된다. 그리고 서약이나 확약에 의해 인정되는 相當한 理由에 근거하고 있고, 수색할
  장소 및 체포할 사람 또는 압수할 물건 등을 특정하지 않은 영장을 발부하면 안 된다."

이처럼 미연방 헌법 수정 제4조는 '헌법상 보호되는 영역으로 인정되는 개인의 프라이버시에 간섭하는 정부의 활동에 대하여 원칙적으로 중립, 공평한 입장에 있는 법관이 발부하는' '선서 또는 확약에 의해 지지되는 상당한 이유에 근거하여', '수색장소 및 압수할 물건을 명시한' 영장에 의하지 않으면 압수, 수색을 할 수 없다는 영장주의의 원칙을 천명하여 법집행기관의 활동과 개인의 자유의 조화를 꾀하고 있다. 그런데 미연방 대법원은 미연방 헌법 수정 제4조에 대해 개인의 신체(persons), 주거(houses), 서류(papers), 소지품(effects)과 같이 오로지 사람의 五感의 작용으로 존재를 인식할 수 있는 신체, 장소, 유체물에 대해 물리적으로 간섭하는 것을 방지하려는 조항으로 해석하고 있다.[1] 그러나 일반적으로 미국에서는 위 헌법규정이 컴퓨터에 의해 정보처리에 제공된 전자기록에 관해 프라이버시에 대한 개인의 주관적, 객관적 기대가 인정될 때에도 적용된다고 해석되고 있다.[2] 위 헌법 규정상 영장주의 적용요건을 구체적으로 살펴보기로 한다.

1) 상당한 이유

미연방 헌법 수정 제4조에서 규정하는, 법집행기관이 압수, 수색활동을 벌이기 위해서 선서나 확약에 의해 지지되는 "상당한 이유"는 압수, 수색영장의 합리성을 보장하는 요건이라고 할 수 있다. 이를 논의하는 실익은 위법수집증거의 배제법칙 적용여부를 결정하기 위함이다. "상당한 이유"의 증명은 유죄입증에 필요한 "합리적 의심을 넘는 정도"의 증명(proof beyond a reasonable doubt)까지는 필요하지 않지만 전체사정을 종합하여 그 압수대상물이 증거로 될 수 있다는 개연성이 증명되는 정도면 족하다. 법집행기관은 영장담당 법관에 대하여 압수, 수색활동이 필요한 상당한 이유가 존재한다는 것을 "일응의 증거"로서 소명하지 않으면 안 되고, 영장담당 부판사는 범죄가 행하여졌다는 것을 적시한 "상당한 이유" 및 범죄와 관련 있는 물건, 즉 금제품, 범죄의 果實, 범죄행위의 수단으로 제공된 물건, 또는 범죄의 증거 등이 당해 장소에 존재한다는 점에 관한 "상당한 이유"를, 선서진술서 등에 의해 전체적인 사정을 종합적으로 고려하여 경험적으로 판단해야 한다.[3] Illinois v. Gates 판결에서[4] 렌퀴스트 대법관은, 「영장담당 부판사는, 傳聞情報를 제공하는 자의 信用性(veracity)과 "知識의 基

---

1) La Fave & Israel, 「Criminal procedure」(1984), 3.2 at 162, 安富 潔, 前揭書, 21面, 註 22).
2) 安富 潔, 前揭書, 15面 參照.
3) 安富 潔, 前揭書, 23面 參照.
4) Illinois v. Gates, 462 U.S. 213, 103 S.Ct. 2317, 76 L.Ed.2d 257(1983).

礎"(basis of knowledge)를 포함하여 선서진술서에 진술되어 있는 전체 사정에 비추어 금제품이나 범죄의 증거가 특정 장소에서 발견될 것이라는 '상당한 개연성' (a fair probability)이 있는지 여부를 경험적으로 결정하게 된다」고 판시하였다. 일본의 야쓰토미 쿄시 교수는, 이 판결이 '상당한 이유'의 존재를 "事情의 總合說" (totality of circumstances)에 의해 판단할 것을 명확히 한 판결이라고 의미를 부여하고 있다.[1] 영장발부의 근거가 되는 선서진술서에 허위의 사실이 포함되어 있고 그러한 사실을 영장청구자가 알고 있었거나 알 수 있었을 경우에는 영장의 적법성에 대해 수사관을 신뢰하는 것이 객관적으로 보아 합리적이라고 할 수 없기 때문에 그 선서진술서에 기초하여 잘못 발부된 영장에 기해 취득한 증거는 유죄인정의 증거로부터 배제되어야 한다. 다만, United States v. Leon 판결[2] 및 Massachusetts v. Sheppard 판결은,[3] 법관이 적법하게 영장을 발부하였다고 신뢰하고 수색을 행하였으면, 그 후 위 영장의 발부에 어떤 흠이 있어 당해 영장이 무효가 되는 사정이 있었다고 하더라도 그 영장의 적법성을 신뢰하고 이루어진 압수, 수색활동에 기해 수집한 증거에 대해서는 이른바 "善意의 例外法則"(good faith exception)에 의해 證據排除法則이 적용되지 않는다고 하였다.

2) 수색장소 및 압수할 물건의 명시

위 미연방 헌법 수정 제4조에서 요구하고 있는 수색할 만한 장소 및 압수할 만한 물건의 명시는 이른바 一般令狀(general warrant)을 금지하기 위해 필요한 요건이다. 그러나 미연방대법원은 앞서 든 Massachusetts v. Sheppard 판결에서 '기술적인 오류'에 대해서는 위 헌법규정에 의한 증거배제법칙이 적용되지 않는다고 판시하였다. 즉 경찰이 합리적으로 생각할 수 있는 모든 절차를 밟아 두었고, 또한 영장의 유효성에 관하여 영장담당 판사의 確信(affirmation)도 있었다면 경찰의 행동은 객관적으로 보아 합리적이었다고 할 수 있기 때문에 이러한 경우 위 헌법규정에 근거한 증거배제법칙은 수사관에 대한 抑止效果를 주지 못할 것이므로 이때는 "善意의 例外法則"(good faith exception)이 적용되어야 한다고 판시한 것이다.[4]

적법한 영장에 근거한 수사활동 중 별개의 범죄에 관한 증거나 장물, 또는

---

1) 安富 潔, 前揭書, 같은 面.
2) United States v. Leon, 468 U.S. 897, 104 S.Ct. 3405, 82 L.Ed.2d 677(1984).
3) Massachusetts v. Sheppard, 468 U.S. 981, 104 S.Ct. 3424, 82 L.Ed.2d 737(1984).
4) Maryland v. Garrison, 480 U.S. 79, 107 S.Ct. 1013, 94 L.Ed.2d 72(1989) 판결은 영장청구 및 영장집행 시점에서 실제로는 2층짜리 아파트를 3층짜리로 믿고 수색하였어도 수색장소의 특정성 요건을 결여한 것은 아니라고 판시하였다. 이상은 安富 潔, 前揭書, 25面 및 26面, 註 39)에 의함.

범죄에 제공되었다고 생각되는 물건을 발견한 경우에도 '상당한 이유'가 있고, '특정성', '긴급성'의 요건을 갖추고 있으면, 영장 없이 그와 같은 물건을 압수할 수 있다는 것이 미연방대법원의 판례였으나,[1] Arizona v. Hicks 판결은[2] 피고인의 방으로부터 발포된 탄환이 계단 밑에 있는 사람에게 명중되어 부상을 입게 한 사건을 수사하기 위해 경찰관이 피고인의 방에 들어갔을 때 그 방에는 어울리지 않는 스테레오가 있는 것에 주목하여 그 제조번호를 조사하기 위해 위 스테레오를 이동시킨 행위에 관하여, 수색대상이 된 당해 범죄와 무관한 별건의 물건에 대해 수색을 하기 위해서는, 압수대상물의 현재성, 명확성이 인정되는 경우의 영장주의의 예외 원칙인 "肉眼의 原則"(plain-view exception)은 적용되지 않는다고 할 것이므로, 위 사건에서 스테레오를 이동시켜 제조번호를 조사하기 위해서는, 무엇인가 범죄를 범하였을 것이라는 의심이 든다는 것만으로는 부족하고 特定犯罪를 범하였다고 의심할 만한 "相當한 理由"가 필요하다고 판시하였다.[3] 또한 미연방 제11 항소법원은, 일정한 범죄[4] 수행의 도구 및 그 증거(evidences and fruits)가 되는 거래관계상의 컴퓨터 기록과 그 出力物을 포함한 일반적인 업무기록(business records)을 押收 對象物로 기재하고 있는 압수영장은, 미연방 헌법 수정 제4조에 합치된다고 판시하였다. 즉 위 헌법규정상의 특정성의 요건은 신축성 있게 적용되어야 하며, "광범위한 기망책략이 관련된 사건에서는 기업의 모든 업무비밀을 압수할 수 있어야 한다"라는 것이다.[5]

3) 중립적이고 공평한 제3자가 "사전심사"하여 발부한 영장

사인의 주거에 들어가 압수, 수색을 하기 위해서는 중립적이고 공정한 제3자인 영장담당 부판사(magistrate)가 발부한 영장이 있어야 한다. 그리고 증거인멸의 우려가 있다고 의심할 만한 상당한 이유가 있으면 수사기관은 영장이 발부되기까지 당해 수색장소에 일반인이나 관계자의 출입을 금지(seal off)할 수

---

1) Coolidge v. New Hampshire, 403 U.S. 443, 91 S.Ct. 2022, 29 L.Ed.2d 564(1971); South Dakota v. Opperman, 428 U.S. 364, 96 S.Ct 3092, 49 L.Ed.2d 1000(1976), 安富 潔, 前揭書, 31面, 註 55) 引用.
2) Arizona v. Hicks, 480 U.S. 321, 107 S.Ct 1149, 94 L.Ed.2d 347(1987).
3) 전자증거는 그 자체로는 가시성, 가독성이 없으므로 컴퓨터에 의해 전자공학적 처리를 하지 않으면 그 내용을 알 수 없다. 따라서 컴퓨터에 의해 작성된 전자적 기록의 내용을 밝히기 위해서는 이와 같은 "相當한 理由"가 존재해야 한다고 할 것이다고 하는 견해로 安富 潔, 前揭書, 31面, 註 57).
4) Barry J. Hurewitz, Allen M.Lo, "Computer-related crimes", p. 518.
5) United States v. Sawyer, 799 F.2d 1494, 1508(11th Cir. 1986), Barry J. Hurewitz, Allen M.Lo, Ibid, p. 518, fn 170).

있다.[1]

4) 영장주의의 예외

법집행기관의 압수, 수색활동시 영장 없이도 그것이 가능한 경우로는 이른바 "긴급성의 예외"가 인정되는 경우와 피처분자 임의로 당해 전자기록을 제출한 경우, 압수, 수색활동에 대한 동의가 있는 경우 등을 들 수 있다. 즉, 적법한 체포에 수반되는 수색(search incident to a lawful arrest exception),[2] 자동차수색(automobile exception),[3] 압수대상물의 현재성, 명확성이 인정되는 肉眼의 例外(plain-view exception),[4] 일시정지 후 즉시검문(stop and frisk exception),[5] 상대방의 동의가 있는 경우(consent exception),[6] 긴급성이 인정되는 경우(exigency circum-stances exception)[7] 등은 영장을 발부받을 만한 시간적 여유가 없고, 증거인멸의 우려가 높기 때문에 영장 없이도 압수, 수색을 할 수 있도록 허용하고 있다.

5) 전자증거에 대한 영장주의의 적용

컴퓨터에 의해 작성된 전자기록은 다른 전자적, 자기적 방식에 의해 작성된 기록과 같이 가시성, 가독성이 없으므로 컴퓨터를 이용하지 않으면 그 자체로는

---

1) Segura v. United States, 468 U.S. 796, 104 S.Ct. 3380, 82 L.Ed.2d 599(1984), 安富 潔, 前揭書, 29面, 註 53).

2) United States v. Robinson, 414 U.S. 218, 234-36, 94 S.Ct. 467, 38 L.Ed.2d 427(1973), 安富 潔, 前揭書, 25面 및 26面, 註 45) 參照. 그리고 휴대폰에 저장된 전자증거에 관해 2014. 6. 25. 선고된 미국 연방대법원의 Riley v. California(No. 13-132) & U.S. v. Wurie(No. 13-212), 134 S.Ct. 2473 판결 참조.

3) United States v. Ross, 456 U.S. 798, 809, 102 S.Ct. 2157, 72 L.Ed.2d 572(1982), 安富 潔, 前揭書, 29面, 註 46).

4) 긴급한 경우에 영장 없이 타인의 주거등을 수색하는 것뿐만 아니라 피의자의 신체를 검사하는 것까지도 정당시 되는 이른바 緊急搜索에 관하여, 미국 연방대법원은 "영장을 발부받기 위하여 지체함으로써 경찰관을 위태롭게 하거나 증거인멸을 초래할 경우에는 영장 없는 수색이 허용된다"고 하였다. 즉, 이 plain view exception 원칙은, 첫째, 경찰관의 최초 출입이 합법적이었거나 특정장소를 수색하는 것이 가능한 장소에 경찰관이 체재하고 있는 것이 적법하였을 것, 둘째, 경찰관에 의한 증거의 발견이 예견되지 않았을 것(inadvertently), 셋째, 경찰관에 의해 발견된 물건이 범죄의 증거라거나 금제품이라거나 압수할 수 있는 물건이라거나 하는 사항이 당해 경찰관이 현장에서 즉각적으로 판단하여 결정하지 않으면 안 되는 물건일 것 등을 요건으로 하여 영장없는 압수, 수색을 허용하는 원칙이다. Coolidge v. New Hampshire, 403 U.S. 443, 91 S.Ct. 2022, 29 L.Ed.2d 564(1971), 安富 潔, 前揭書, 29面, 註 47) 및 30面 參照.

5) Terry v. Ohio, 392 U.S. 1, 88 S.Ct. 1868, 20 L.Ed.2d 889(1968), 安富 潔, 前揭書, 29面, 註 48) 參照.

6) Schneckloth v. Bustamonte, 412 U.S. 218, 93 S.Ct. 2041, 36 L.Ed.2d 854(1973), 安富 潔, 前揭書, 29面, 註 49) 參照.

7) Warden v. Hayden, 387 U.S. 294, 298-99, 87 S.Ct. 1642, 18 L.Ed.2d 782(1967), 安富 潔, 前揭書, 29面, 註 50) 參照.

당해 기록의 내용을 사람의 지각을 이용한 일상경험에 의해 파악하기 불가능하다. 그 자체로 내용을 읽고 알 수 있는 서면에 기록된 정보보다도 타인에게 알려지지 않는 것에 대한, 즉 프라이버시에 대한 기대정도가 높다고 할 수 있는 것이다. 그러므로 컴퓨터 시스템을 이용하거나 이것과 관련된 범죄의 증거에 대한 압수, 수색을 벌이는데도 위 미연방 헌법상의 영장주의의 원칙이 적용되어야 한다고 해석되고 있다.

그리고 영장주의의 예외에 의해 컴퓨터에 기록된 정보 내지 전자기록의 압수, 수색활동시 영장 없이도 압수, 수색을 할 수 있는 경우로는 이른바 "긴급성의 예외"가 인정되는 경우와 상대방이 임의로 당해 전자기록을 제출한 경우, 압수, 수색활동에 대한 동의가 있는 경우 등을 들 수 있다. 또한 전자기록매체에 기록되어 있는 전자기록은 통상의 유체물이 압수, 수색의 대상이 되는 경우와 비교하여 용이하게 그것을 소거하거나 개변해 버릴 우려가 크므로, 예컨대 선서진술서에 의하지 않고도 긴급성의 예외에 해당하는 것으로 보아 영장에 의하지 않은 압수, 수색을 허용할 수 있다고 해야 한다는 판결도 있다.[1] 이밖에 공중통신회선을 이용한 컴퓨터 통신 신호가 규제약물의 불법거래를 입증할 증거로 인정된다는 전문가의 의견에 기해 영장이 발부되었다면, 그 후 별도의 영장에 의하지 않고 행해진 전자기록의 압수, 수색도 적법하다고 한 판결도 있다.[2]

타임 쉐어링 시스템을 공동으로 이용하는 자들은 오퍼레이터가 수사기관의 요구에 응하여 전자매체에 기록되어 있는 정보를 "開示"할 危險을 引受하고 있으며, 위 공동이용자들은 프라이버시에의 기대를 갖고 있는 전자기록에 대하여 오퍼레이터가 그 업무수행을 위해 그에 접근하는 것을 저지할 수 없다. 따라서 당해 오퍼레이터가 그 전자기록에 대한 압수, 수색에 동의할 권한을 갖고 있다고 할 수 있다. 이와 같은 경우에도 미국 연방대법원의 판례법으로 형성되어 있는 危險引受의 法理를 적용하여 情報를 임의로 開示한 자는 제3자에 대하여 그 정보가 상대방에 의해 누설되는 경우도 있으리라는 위험을 인수하는 것을 전제로 정보를 開示하는 것이므로 그와 같은 경우 당해정보에 대한 프라이버시의 합리적 기대를 인정할 수 없어 미연방 헌법 수정 제4조의 보호를 받을 수 없다고 한다.[3] 이때 당해 오퍼레이터의 동의는 임의로 행해져야 한다. 그 임의성은 여러 사정을 종합적으로 고려하여 인정되면 족하고 당해 동의자가 거부권의 존

1) United States v. Simmons, 444 F.Supp.500(E.D. Penn. 1978), 安富 潔, 前揭書, 45面 引用.
2) United States v. Benevento, 649 F.Supp.1379(S.D.N.Y. 1986), 安富 潔, 前揭書, 같은 面 參照.
3) United States v. Miller, 425 U.S. at 443(1976), Hoffa v. United States, 385 U.S. at 302-03(1966), 安富 潔, 前揭書, 53面, 註 101) 및 이에 관한 상세한 논의는 위 冊 47面 부터 53面을 보면 된다.

재를 알고 있었다는 것은 그 임의성을 판단하는 한 요건이 될 뿐 필요불가결한 요건이라고 할 수는 없다고 한다.[1]

다. 우리 법 규정

1) 헌법규정

우리 헌법 제12조 제3항 본문은 체포, 구속, 압수 또는 수색을 할 때에는 적법한 절차에 따라 검사의 신청에 의하여 법관이 발부한 영장을 제시하여야 한다고 규정하여 영장주의의 대원칙을 천명하고 있다. 뿐만 아니라 헌법 제16조는 '모든 국민은 주거의 자유를 침해받지 아니한다. 주거에 대한 압수나 수색을 할 때에는 검사의 신청에 의하여 법관이 발부한 영장을 제시하여야 한다'라고 하여 주거의 자유와 영장주의를 규정하고 있다. 이들 헌법규정은 첫째, 죄를 범하였다고 의심할 만한 상당한 이유가 존재하고, 둘째, 그 범죄를 입증할 수 있는 개연성이 높은 증거나 압수대상물의 특정, 셋째, 당해 압수 대상물이 존재할 개연성이 높은 장소에 한한 수색의 제한 등과 같은 실체적인 요건과, 중립, 공평한 입장에 있는 제3자인 법관에 의한 사전심사라는 절차적인 요건을 충족하여야 압수, 수색 등이 가능함을 규정한 최고규범이라고 하겠다.

여기서 주거의 자유라 함은 자신의 주거를 공권력이나 제3자로부터 침해당하지 않을 권리를 말한다. 그리고 위 주거의 자유권은 거주하는 설비와 관련이 있지만 헌법 제17조의 사생활의 비밀과 자유는 그것과 반드시 관련을 가지는 것이 아니다. 그러므로 주거의 자유는 사생활의 비밀과 자유보다 좁은 개념이다.

이들 헌법규정은 형사절차상의 압수, 수색에 있어서도 지켜짐으로써 국민의 기본권이 보장되어야 한다. 따라서 전자증거를 압수, 수색함에 있어서도 영장주의 원칙을 언제나 염두에 두어야 한다.

2) 일반영장금지 원칙

위와 같은 헌법상의 영장주의 원칙 규정을 좇은 우리 형사소송법상 수사상의 압수, 수색에는 事前令狀에 의한 압수, 수색·검증(제215조), 事後令狀에 의한 압수, 수색·검증(제216조 제3항), 令狀없이 행할 수 있는 압수, 수색·검증(제216조 제1항, 제217조, 제218조) 등 세 가지 형태가 있다.

그리고 형사소송법 제113조는 공판정 외에서 압수나 수색을 함에는 영장을 발부하여 시행하도록 하고 있고 동법 제114조는 압수, 수색영장에는 피고인의 성명, 죄명, 압수할 물건, 수색할 장소, 신체, 물건, 발부연월일, 유효기간과 그

---

1) 安富 潔, 前揭書, 63面, 註 130) 參照.

기간을 경과하면 집행에 착수하지 못하며 영장을 반환하여야 한다는 취지 기타
대법원규칙으로 정한 사항 및 전기통신에 관한 물건을 압수, 수색할 경우 그 작
성기간 등을 기재하도록 하고 있고 이는 같은 법 제219조에 의해 검사 또는 사
법경찰관의 압수, 수색에 준용되고 있다. 이는 一般令狀 禁止原則을 천명한 것
으로서 특정 피의사건에 있어서 수사기관에 부여된 압수권한 범위를 명확히 하
여, 한편으로는 수사기관이 압수권한을 남용하여 권한 외의 물건을 압수함으로
써 처분을 받는 자의 물건소지에 대한 안전을 해하지 않도록 하며, 다른 한편으
로는 수사기관이 압수를 함에 있어서는 압수영장을 상대방에게 제시하도록 하
고(같은 법 제118조), 피고인, 피의자 및 변호인을 참여할 수 있게 하여(같은 법 제121
조), 수사기관이 부여된 압수권한을 넘어 권한 외의 물건까지 불법으로 압수하
는 경우 즉시 이의를 할 수 있게 하거나, 또는 형사소송법 제417조에 의해 법원
에 대해 위법한 압수처분을 취소해 줄 것을 청구할 수 있게 하여 그 재산권을
防衛할 수 있게 하려는 규정이라고 하겠다.[1]

　　금융정보의 강제취득 근거가 되는「금융실명거래 및 비밀보장에 관한 법률」
제4조 제1항 제1호, 제2항도 법원의 제출명령 또는 법관이 발부한 영장에 의하
여 금융정보 등의 제공을 요구하는 경우, 그 사용목적에 필요한 최소한의 범위
내에서 거래자의 인적 사항, 사용목적, 요구하는 정보의 내용 등을 기재한 문서
에 의하여 금융기관의 특정점포에 이를 요구하여야 한다고 규정하고 있다. 이
규정은 일단 예금계좌추적 등을 위해 법관의 영장을 발부받은 다음 그 영장에
근거하여 금융기관에 대해 금융정보를 요구할 때 적용되는 규정이지만 영장자
체의 기재도 당해 범죄행위와 관련성이 있다고 인정되는 금융정보에 한하여 그
제공을 요구할 수 있다는 취지로 작성되어야 한다는 점을 밝힌 규정이라고 해
석해야 한다. 따라서 법관은 이른바 예금계좌추적시에도 일반적, 탐색적인 압수,
수색을 허용하는 영장을 발부하지 않도록 주의하지 않으면 안 된다.[2] 법관은
추적의 대상이 되는 예금계좌나 금융정보가 범죄혐의사실과 어떤 관련이 있는
지, 그리고 그 예금계좌나 금융정보의 내용은 무엇인지 등에 관하여 특정되지
않은 수사기관의 영장청구가 있으면 이를 기각할 수 있는 권한과 기각해야만
할 책무가 있다고 하겠다.

---

1) 日本 刑事訴訟法의 解釋에 관하여 동일한 견해를 취하고 있는 하급심 판결로 東京地方裁判所
　昭和 33. 6. 12., 1審刑集 1卷 追錄, 2367面 參照, 安富 潔, 前揭書, 147面, 註 11).
2) 이러한 의미에서 이른바 '마패영장'은 허용되지 않는다고 해야 한다.

3) 영장제시의 원칙

위에서 서술한 바와 같이 수사기관은 압수, 수색을 함에 있어 법관이 발부한 영장을 반드시 提示하여야 한다(형사소송법 제219조, 제118조). 이는 令狀의 提示라는 일정한 형식을 거치도록 함으로써 수사기관이 행하는 강제처분의 적법성을 시민에게 납득시킴과 동시에 수사기관의 강제처분 남용을 심리적으로 견제하는 효과를 꾀하려는 규정이라고 하겠다.[1]

1997. 1. 1.부터 시행되고 있는 개정형사소송법에 의할 때 검사 또는 사법경찰관이 체포영장(형사소송법 제200조의2)이나 긴급체포규정(같은 법 제200조의3)에 의해 피의자를 체포하는 경우(같은 법 제200조의5) 체포영장을 소지하지 않았고, 급속을 요하면 피의자에 대하여 피의사실의 요지와 체포영장이 발부된 경우 그 사실을 고하고 체포할 수 있다(같은 법 제209조, 제85조 제3항). 그러나 체포 후에는 체포영장이 발부되어 있으면 체포영장을, 피의자를 긴급체포하였으면 사후에 발부받은 구속영장을(같은 법 제209조, 제200조의4), 신속히 피의자에게 제시해야 한다. 그러나 압수·수색·검증영장의 집행에 있어서는 체포영장을 집행함에 있어 인정되는 긴급집행의 예외, 즉 수사기관이 체포영장이나 구속영장을 소지하지 아니한 경우에 급속을 요하는 때 영장을 제시하지 않고도 체포 또는 구속할 수 있는 예외가 인정되지 않고 있다. 따라서 압수·수색·검증영장의 집행에 있어서는 반드시 영장을 제시하여야 한다(같은 법 제219조, 제118조).[2] 그러므로 전자증거를 압수, 수색함에 있어서도 법관으로부터 발부받은 영장을 피의자나 피처분자에 대해 반드시 제시하여야 한다. 그러나 압수·수색영장의 제시가 현실적으로 불가능한 경우, 영장제시 없이 이루어진 압수·수색이 적법하다는 평가를 받는 경우도 있다.[3]

4) 영장주의의 예외

검사 또는 사법경찰관은 체포(같은 법 제200조의2), 긴급체포(같은 법 제200조의3), 구속(같은 법 제201조), 현행범인체포(같은 법 제212조)의 각 규정에 의해 피의자를 체포 또는 구속하는 경우에 필요한 때에는 영장 없이 타인의 주거나 타인이 간수하는 가옥, 건조물, 항공기, 선거 내에서 피의자를 수사할 수 있고, 피의자나 피

---

1) 헌법 제12조 제3항에 의하여 법관이 발부한 영장의 제시가 있어야 함에도 불구하고 동행명령장을 법관이 아닌 지방의회 의장이 발부하고, 이에 기하여 증인의 신체의 자유를 침해하여 증인을 일정 장소에 인치하도록 규정한 지방의회 조례는 위 헌법규정을 위반한 것이다. 대법원 1995. 6. 30. 선고 93추83 판결(법원공보 1995-997 이하).
2) 申東雲, 「刑事訴訟法 I」, 124쪽.
3) 대법원 2015. 1. 22. 선고 2014도10978 전원합의체 판결.

고인을 체포한 현장에서 압수, 수색, 검증을 할 수 있다. 범행 중 또는 범행직후의 범죄 장소에서 긴급을 요하여 법관의 영장을 발부받을 수 없을 때에는 영장없이 압수, 수색, 검증을 할 수 있다. 이 경우에는 사후에 지체 없이 영장을 발부받아야 한다(같은 법 제216조). 검사 또는 사법경찰관은 긴급체포(같은 법 제200조의3)의 규정에 의하여 체포된 자가 소유, 소지 또는 보관하는 물건에 관하여 긴급히 압수할 필요가 있는 경우에는 체포한 때부터 24시간 이내에 한하여 영장없이 압수, 수색 또는 검증을 할 수 있다. 검사 또는 사법경찰관은 제217조 제1항이나 제216조 제1항 제2호에 따라 압수한 물건을 계속 압수할 필요가 있는 경우에는 지체 없이 압수수색영장을 청구하여야 한다. 이 경우 압수수색영장의 청구는 체포한 때로부터 48시간 이내에 하여야 한다. 그러나 압수수색영장을 발부받지 못한 때에는 압수한 물건을 즉시 반환하여야 한다. 이상은 2007. 6. 1. 전문개정된 같은 법 제217조의 규정 내용이다. 이들 규정도 체포된 피의자가 소유, 소지 또는 보관하는 전자증거에 그대로 적용할 수 있다고 하겠다. 그러나 데이터 자체의 압수가능성에 관해서는 혐의를 받고 있는 범죄사실과의 관련성을 기준으로 그 허용여부를 판단하지 않으면 안 된다.

5) 위법수집증거 배제법칙의 적용

위와 같은 영장주의의 원칙은 컴퓨터 기록을 압수, 수색할 때도 적용되어야 한다. 다만 그 요건과 방식, 범위 등이 문제될 뿐이다. 영장 없이, 또는 위법하게 발부된 영장에 기해 압수한 컴퓨터 기록에 대해서는 위법수집증거 배제법칙에 의해 그 증거능력을 부정해야 한다. 우리 대법원은 영장주의에 위반하여 압수한 증거물의 증거능력에 관하여 실질적 증거가치에 변함이 없는 한 증거능력을 인정해야 한다는 입장을 취하고 있었지만,[1] 학설은 압수·수색이 영장주의에 위반한 경우는 영장주의의 취지에 비추어 그 압수물의 증거능력을 부정해야 한다고 하였다.[2] 사생활의 비밀과 자유를 보호하는 헌법원칙이나, 그리고 수사활동으로부터 국민의 자유를 보호하고, 압수·수색과정을 규율하는 법률규정의 실효성을 담보하기 위해서는 영장주의원칙에 위반하여 수집된 전자증거의 증거능력을 부정함이 타당하다. 실체적 진실을 발견하기 위한 수사상, 재판상의 편의

---

1) 대법원 1968. 9. 17. 선고 68도932 판결; 1994. 2. 8. 선고 93도3318 판결. 그러나 대법원은 위법한 절차에 기해 획득한 진술증거의 증거능력을 배제할 수 있다는 판단을 한 바 있다. 대법원 1990. 9. 25. 선고 90도1586 판결(법원공보 884-2229 이하).
2) 金箕斗, 刑訴(1982), 147쪽, 徐壹敎, 刑訴(1979), 149쪽, 鄭營錫/李炯國(1996), 刑訴, 149쪽, 白亨球, 「刑事訴訟法講義」, 667쪽.

만을 위해 위법한 절차에 의해 수집된 컴퓨터 증거의 증거능력을 인정할 수는 없는 것이다. 우리 대법원도 결국 위법하게 수집된 증거의 증거능력을 부정하는 방향으로 입장을 선회하였고 마침내 형사소송법도 2007. 6. 1.자로 제308조의2를 신설하여 "적법한 절차에 따르지 아니하고 수집한 증거는 증거로 할 수 없다"고 규정하기에 이르렀다. 문제는 어느 범위에서 압수·수색을 시행하는 것이 영장주의 원칙을 위반하지 않느냐에 있다. 이하에서 그에 관해 상세하게 검토해 보기로 한다.

4. 압수, 수색의 범위

유죄입증을 위한 증거로 사용될 수 있는 컴퓨터 기록은, 입력의 기초자료가 된 매출원장 등의 기록, 펀치카드, 광학 마크 판독장치 등과 같은 입력매체, 그리고 전자적, 자기적인 컴퓨터 기억매체, 그 출력물 등이 될 것이다. 그리고 수색할 장소로는 컴퓨터실, 전원실, 프로그램실, 오퍼레이터실, 데이터 보관실, 펀칭실, 기계실 등이 될 것이다. 그러나 압수대상이나 수색장소는 특정되어야 하고 일반, 탐색적인 압수, 수색은 허용되지 않는다고 할 것인데 그 압수수색대상의 특정을 정하는 기준점이 바로 관련성 요건에 관한 문제이다. 이점에 관하여 살펴보기로 한다.

가. 관련성 요건
1) 관련성 요건의 검토
가) 개   설

證據의 關聯性이라는 개념은 영미법에서 유래한 것이다. 미국 연방증거규칙 제401조는 "關聯性 있는 證據"를, "그러한 증거가 없을 때보다 起訴가 더 이유 있는지 또는 덜 이유 있는지 여부를 결정함에 있어 중요한 사실의 존재를 입증하는 증거"라고 정의하고, 같은 규칙 제403조는 關聯性 있는 證據라고 할지라도 부당한 편견을 유발하거나 쟁점을 흐리게 하거나 배심원을 糊塗하거나 부당히 소송을 지연시키거나 시간을 낭비하거나 불필요하게 다수의 증거를 제출하거나 하는 것 등에 의해 그 증거가치가 근본적으로 과대평가 된다면 증거로부터 排除되어야 한다고 규정하고 있다.[1]

---

1) 條文 原文은 申東雲, "自白의 信憑性과 거짓말 探知機 檢査結果의 證據能力", 「法과 正義」, 俓史 李會昌先生 華甲記念(1995), 243쪽, 주 13), 그리고 미국법상 關聯性의 개념에 대해서는 그곳에 소개된 McCormic, C., 「McCormic on Evidence」, 4th ed.(1992), §185; Muller, C. Kirkpatrick,

위와 같은 證據의 關聯性은 自然的 關聯性(Logical Relevance), 또는 事實的 關聯性, 그리고 法的 關聯性(Legal Relevance)로 나뉜다.[1] 自然的 關聯性이란 증거가 문제된 사실의 증명력과 관련되고 있으며 또 이를 증명할 수 있는 최소한의 힘이 있음을 의미한다. 法的 關聯性이란 自然的 關聯性에 대립되는 개념으로서 自然的 關聯性이 인정되는 증거라 할지라도 그 증거를 사용함으로써 얻는 利益과 그 대가로 치러야 할 害惡을 비교하여 전자가 후자를 능가하여야 한다는 요청을 말하며, 法的 關聯性은 自然的 關聯性이 인정됨을 전제로 하여 증거의 관련성을 제한하기 위하여 사용되는 개념이다.[2]

우리 대법원 판결중에도 '사실적 관련성'을, 어떠한 증거방법이 "요증사실에 대하여 필요한 최소한도의 증명력을 가지고 있음"을 의미한다고 정의한 판결이 있다.[3] 미국법상의 관련성 개념을 수입하여 나름대로 논의를 전개하고 있는 일본 학설의 기본적 입장도 證據의 關聯性을 要證事實에 대한 必要最小限의 證明力을 갖고 있는가 아닌가를 의미하는 自然的 關聯性, 그리고 自然的 關聯性이 긍정되더라도, 예컨대 그 證據가 傳聞證據에 해당한다거나 任意性 없는 自白이어서 證明力을 저해받을 만한 요소가 있는가 여부를 의미하는 法律的 關聯性으로 나누는 것이라고 한다.[4]

나) 전자증거의 관련성

우리 현행 형사소송법상 압수의 대상은 원칙적으로 有體物에 한하며, 데이터가 컴퓨터 기억매체에 저장되어 있는 경우에는 그 重點이 컴퓨터 하드디스크나 플로피디스크와 같은 유체물에 있는 것이 아니고 그 내부에 기억되어 있는 無體情報이다. 그러므로 별다른 문제 제기도 없이 현행법 규정만으로 이를 당연히 압수할 수 있다고 보기는 어렵다고 함은 전술한 바와 같다. 그러나 현행 형

L., 「Evidence under the Rules」(1988), p. 59 以下 等 參照.
1) 車鏞錫, 「刑事訴訟法과 證據法」, 353쪽. 申東雲, "自白의 信憑性과 거짓말 探知機 檢査結果의 證據能力", 242쪽.
2) 申東雲, 위 論文, 243쪽.
3) 대법원 1983. 9. 13. 선고 83도712 판결. 이 판결에 대한 평석은 申東雲, 위 論文, 227쪽 以下. 위 판결에 의하면 거짓말탐지기 검사결과가 事實的 關聯性을 인정받으려면 "첫째로, 거짓말을 하면 반드시 일정한 심리상태의 변동이 일어나고 둘째로, 그 심리상태의 변동은 반드시 일정한 생리적 반응을 일으키며 셋째로, 그 생리적 반응에 의하여 피검사자의 말이 거짓인지 아닌지가 정확히 판정될 수 있다는 세 가지 전제요건이 충족되어야 할 것"이라고 한다.
4) 그리고 證據의 關聯性이 갖는 증거법상의 지위에 대해서는 이를 違法蒐集證據排除法則 等의 證據禁止처럼 證據能力 問題라고 보는 견해(平野龍一, 「刑事訴訟法」, 192面, 鈴木茂嗣, 「刑事訴訟法」 改訂版, 192面), 自然的 關聯性만은 證據能力과는 별개의 槪念으로 파악해야 한다는 견해(平場安治, 「刑事訴訟法의 基本問題」, 131面) 등이 있다. 大谷直人, "證據의 關連性", 松尾浩也·井上正仁 編, 「刑事訴訟法의 爭点」(新版), ジュリスト 增刊, 有斐閣(1991), 192面.

사소송법 제106조 제3항, 제109조의 규정에 의할 때 전자증거의 압수, 수색을 일률적으로 부정할 수는 없으므로 그 압수, 수색을 일정범위에서 허용하되, 그 허용범위를 결정함에 있어 당해 전자증거가 문제된 사실을 증명할 수 있는 최소한의 힘이 있다는 자연적 관련성 또는 사실적 관련성을 갖고 있는가 하는 점을 고려해 보아야 한다고 하겠다.

그리고 결론적으로 말하면 압수, 수색의 허용범위는 전자증거에 내재된 無體情報와 범죄행위와의 사실적 관련성을 살펴 결정해야 한다고 본다. 나아가 다량의 정보를 내장하고 있는 전자증거의 사실적 관련성은 그 정보의 양적 범위에 의해 결정된다고 하지 않을 수 없다. 그러므로 소량의 데이터를 수집하기 위해 범죄사실과 무관한 데이터 저장매체 전부나 컴퓨터 설비 전체를 압수하는 것은 관련성 없는 증거를 수집하는 것이 되어 원칙적으로 허용되지 않는다고 해야 한다. 그러한 압수는 임의수사의 원칙이나 비례의 원칙에 비추어 보아도 위법하다고 하지 않을 수 없다. 수사기관이 컴퓨터 기록에 대해 一般探索的인 압수, 수색을 하게 되면 犯罪와 관계없는 정보를 대량으로 기록하고 있는 자기디스크 등을 압수해 버릴 우려가 있고, 이에 대해 형사소송법상의 準抗告의 方法으로 불복하여 이를 반환받는다 하더라도, 그러한 절차가 진행되는 동안에 수사기관은 당해 情報 全部를 수사기관의 컴퓨터에 複製해 버릴 수 있으므로 심각한 프라이버시 침해문제를 야기하게 된다.[1] 따라서 범죄수사의 목적이 된 자료는 대부분 有體物인 動産, 예컨대 자기디스크, 테이프, 카드 또는 천공지로부터 습득할 수 있고, 그러한 자료는 컴퓨터 시설로부터 쉽게 分離될 수 없도록 고정된 디스크 장치나 칩 내에 영구적으로 저장되어 있을 수 있는데, 이때는 당해 자료가 범죄행위와 관련성이 있다고 법원이나 수사기관이 인정할 수 있는 경우에 한하여 수색이 가능하고, 범죄행위와 관련성이 있는 자료만이 내장되어 있는 자기디스크 등만을 압수할 수 있다고 하겠다.

이러한 관련성 요건은 공판정에서 조사할 수 있는 證據의 範圍를 選別하고 限定하기 위해 우리 형사소송법에서도 필요한 개념이라고 하겠고, 최신 科學技術을 활용하여 획득한 새로운 형태의 증거방법들에 대한 증거능력을 판단함에 있어 필수적으로 음미하여야 할 기본개념이라고 하겠다.[2] 전자증거에 관해서도 달리 볼 이유가 없으며, 2011. 7. 18.자로 신설된 형사소송법 제106조 제3항도

1) 岩田 硏二郎, "搜査手續上의 問題", 194面; 廣畑史郎, "コンピュータ犯罪と搜索·差押え", 「警察學論集」 제41권 제3호, 1988. 3. 73面. 姜東旭, "컴퓨터關聯犯罪의 搜査에 있어서의 問題點에 대한 考察", 710쪽, 주 22).
2) 申東雲, 위 論文, 242쪽.

압수의 목적물이 컴퓨터용디스크, 그 밖에 이와 비슷한 정보저장매체인 경우에는 기억된 정보의 범위를 정하여 출력하거나 복제하여 제출받아야 한다고 규정하게 된 것이다.

電子證據가 당해 범죄행위와 관련성이 있고 따라서 수색의 대상이 되는지 여부는 피의사건의 존재를 컴퓨터 증거에 의해 최소한도의 증명력으로 입증할 수 있는지 여부, 피의사건의 중대성이나 혐의의 존재, 당해 증거의 중요성과 그 취득의 필요성, 다른 수단의 유무, 상대방이 입는 손해의 정도 등을 종합해서 판단하면 될 것이다. 그리고 이와 같은 경우 수색에 의해 당해 컴퓨터에 내장되어 있는 자료가 수사대상이 된 범죄와의 관련성이 인정되는 경우에 한하여 그 자료를 압수할 수 있을 뿐이고, 컴퓨터 전체를 압수함으로써 범죄와 관련성이 없는 자료까지 압수하는 것은 허용될 수 없다고 하겠다. 미국의 한 판례가 광범위하게 사기죄가 범하여졌다고 생각되는 상당한 이유가 인정되는 경우에도 당해범죄와의 관련성유무를 묻지 않고 수색장소에 있는 기록 전부를 압수한 것은 허용되지 않는다고 하고 있음을 참고할 필요가 있다.[1]

재판장에게 당해 소송에 관계없는 사항에 대한 불필요한 변론을 제한할 수 있는 권한을 부여하고 있는 우리 형사소송법 제299조의 규정도 증거의 關聯性 要件을 表現하고 있다고 하겠다.[2] 수사상 공판정에서 증거로 제출할 전자증거를 수집함에 있어서도 이러한 證據의 關聯性 要件을 고려해야만 할 것이다. 그리고 수사단계에서 전자증거의 압수, 수색 범위로 당해 범죄와의 關聯性 要件을 요구하는 것은 위와 같은 自然的 關聯性의 검토필요성을 인정하는 것이라고 하겠다. 이러한 自然的 關聯性은 要證事實의 認定에 無益한 證據를 個別, 具體的으로 選別하여 無意味한 證據調査를 回避하기 위해 인정되는 요건이기 때문이다.[3]

나아가 이러한 關聯性 要件은 피처분자나 제3자의 프라이버시권이나 영업의 자유를 보호하기 위해서도 필요하다. 여기서 일본학설로는 압수를 당하는 쪽에 범죄와 무관한 정보에 수사기관이 접근하는 것을 거절할 수 있는 권리를 인정하여, 예컨대 당해 범죄와 관계있는 정보가 기록된 부분을 출력한 문서나 그 부분을 轉寫한 磁氣 디스크를 제출할 수 있고, 그 作成의 眞正을 보장하는 조치를 강구할 수 있을 때는 原本인 자기디스크 등의 압수를 거부할 수 있게 해야 하며 이것을 자기디스크 등에 대한 압수영장의 기재사항으로 하는 것도 고려해

---

1) 뒤의 영장기재의 특정에서 보는 Voss v. Bergsgaard, 774 F.2d 402(10th Cir. 1985), 安富 潔, 前揭書, 42面.
2) 일본 형사소송법 제295조에 대해 같은 견해를 취하고 있는 문헌으로 大谷直人, "證據の關聯性", 76面.
3) 同旨, 大谷直人, 前揭論文, 192面.

볼 수 있다는 견해도 제시되고 있다.[1] 그리고 다량의 정보를 저장하는 것이 가능한 전자기록매체가 당해범죄와 무관계한 정보도 기록, 보존해 두고 있어 필요한 정보만을 출력하는 것이 용이하지 않은 경우에는 그 전자기록매체 전부를 강제처분의 대상으로 하지 않을 수 없겠지만, 그러한 활동은 가능한 한 피하여야 하고, 피처분자의 업무에 중대한 영향을 주는 경우에는 당해 전자기록을 轉寫한 기록을 압수해야 할 것이라는 견해도 있다.[2] 증거의 관련성은 그 객관적인 측면에서 보아 요증사실과의 관련성을 의미하지만 그 주관적인 측면에서 그 기록의 작성, 보관자와 관련이 있는 증거를 의미한다고 보아 데이터와의 인적 관련성을 인정할 필요도 있다는 점에서 위와 같은 견해들이 갖는 기본적인 입장은 타당하다고 하지 않을 수 없다.

2) 반대견해 및 그에 대한 비판

이에 반하여, 일본에서는 전자기록물 전부를 압수하는 것도 위법은 아니라고 전제하여[3] 전자기록을 출력하는 등으로 필요한 증거를 수집함에 있어 相對方 技術者의 協力을 얻을 수 없을 때는 당해 컴퓨터 기록의 內容을 알 수 없기 때문에 그 기록 전부를 압수하지 않을 수 없고, 따라서 이를 피하기 위해서는 피압수자도 필요한 부분만을 출력하는데 협력하지 않을 수 없으므로 피압수자의 협력을 기대하는 문제는 해결되는 것이며, 相對方이 被疑者 아닌 第三者이고, 다량의 정보를 보존하고 있는 자기테이프나 디스크 등의 전자기록에 搜査資料와 관계없는 情報가 많이 포함되어 있더라도, 이를 압수, 수색하는 것은 刑事司法의 維持라고 하는 公益上의 必要에 비추어 볼 때 부득이하므로, 損失補償問題는 별론으로 하고 刑事節次의 適法性 자체는 손상되지 않는다거나, 事故에 대비해서 만들어 둔 백업 파일등도 證據湮滅을 막기 위해서 그 전부를 押收하는 것이 필요하다는 견해가 주장되고 있었다.[4] 또한 전자기록은 가시성, 가독성이 없는 점에 비추어 눈으로 보는 것만으로는 그 관련성 여부를 판단할 수 없다고 할 것이므로, 전자기록에 대해 당해범죄와의 관련성을 압수, 수색의 요건으로 요구하는 것은 오히려 영장집행에 혼란을 초래할 것이라는 견해도 있다.[5] 일본학설 중에는 여기서 한 걸음 더 나아가, 전자기록은 사고 등의 경우

---

1) 岩田 硏二郎, 前揭 執筆部分, 199面, 200面.
2) 安富 潔, 前揭書, 184面.
3) 廣畑史郎, "コンピュータ犯罪と 搜索・差押え", 「警察學論集」 41卷 3號 65, 73面(1988). 安富 潔, 前揭書, 155面, 註 21).
4) 河上和雄, 「搜索・差押, 證據法 ノート (1)」, 87面(1982), 安富 潔, "コンピュータ 犯罪の 搜査と證據", 34面 및 註 1)8).
5) 이 견해에 의하면, 전체기록의 압수에 의해 일상 업무활동을 방해할 우려가 있으므로 당해기록

에 대비하여 백업파일로서 복수의 전자기록매체에 동일내용의 전자기록이 저장, 보존되어 있는 것이 보통이지만, 그와 같은 경우 수사목적 달성을 위해 수색, 압수활동의 대상이 되고 있는 전자기록을 저장하고 있는 전자기록매체 전부를 압수하는 것도 허용된다는 견해까지 있는 실정이다.[1]

그러면 美國에서 주장되는 견해들을 보자. 미국의 몇몇 법원들은 압수영장에 압수목적물로 記錄이나 文書만이 기재되어 있다고 하더라도 컴퓨터 디스크의 압수를 허용해야 하며,[2] '記錄'을 압수할 수 있다는 내용이 기재된 영장을 가진 수사기관은 그 영장에 의해 압수가 허용되는 記錄을 포함하고 있다고 믿을 만한 이유가 있으면 컴퓨터 소프트웨어와 하드웨어 전부를 수색할 수 있다고 보아야 한다고 판시하고 있다.[3] 또한 광범위한 기망책략이 있음을 증명하기 위해 필요한 범위에서 포괄적인 수색활동이 가능하다고 한 판결도 있다.[4]

그러나 주지하는 바와 같이 컴퓨터는 많은 양의 데이터 기억을 그 특징으로 하고 있어 예컨대 22만 5천장의 서류에 해당하는 분량, 또는 3천권의 책에 해당하는 분량을 360킬로바이트의 플로피디스크 1,250장이나, 80메가바이트인 하드디스크 6개 또는 550메가바이트짜리 광디스크 1장에 전부 수록할 수 있었으며,[5] 현재 그 저장용량은 상상을 초월할 만큼 확장되고 있으므로, 컴퓨터 기억매체 내에는 범죄와 무관한 자료가 다수 상존할 수 있고, 따라서 一般的이고 槪括的인 押收, 搜索을 禁止하고 있는 令狀主義의 원칙에 비추어 보거나, 컴퓨터기록의 압수에 의해 피처분자의 업무수행에 중대한 지장을 주거나 그의 프라이버시를 심각하게 침해하여 커다란 사회적 혼란이나 손실을 야기할 우려가 크다는 점 등에 비추어 볼 때 위와 같은 견해는 타당하지 않다고 하겠다.[6] 특히 피처분자가 단독으로 컴퓨터를 이용하지 않고 타임쉐어링 시스템에 의해 호스

의 복제물을 작성하고 이를 압수하는 방법을 생각해 볼 수 있다고 한다. 安富 潔, 前揭書, 42面. 그러나 야쓰토미 쿄시 교수는 뒤에서 보는 바와 같이 전자증거의 수집에 관하여 관련성 요건을 일반적으로 긍정하고 있다고 생각된다.

1) 廣畑史郎, "コンピュータ犯罪と 搜索·差押え", 74面. 安富 潔, 前揭書, 156面, 註 24).
2) United States v. Munson, 650 F.Supp.525(D. Colo. 1986), Barry J. Hurewitz, Allen M.Lo, "Computer-related crimes", p. 519, fn 172).
3) United States v. Sissler, 1991 U.S.Dis. LEXIS 16465, at *11(S.D. Mich. Aug. 30.1991), "…경찰은 영장에서 압수가 허용된 기록이 컴퓨터 내부의 메모리와 디스크에 내장되어 있다고 믿을 만한 어떤 이유라도 있기만 하다면 위 메모리와 디스크를 조사할 수 있다", Barry J. Hurewitz, Allen M.Lo, Ibid, p. 519, fn 173).
4) 후술 '영장기재의 특정'에서 보는 United States v. Sawyer, 799 F.2d 1494(11th Cir. 1986), Rickert v. Sweeney, 813 F.2d 907(8th Cir. 1987), 安富 潔, 前揭書, 42面 引用.
5) 김병기, 박재년, 장옥배, 황종선 共著, 「컴퓨터의 이론 및 응용」, 4쪽.
6) 同旨, 安富 潔, 前揭論文, 31面. 岩田 硏二郎, 前揭 執筆部分, 198面.

트 컴퓨터를 공동이용하고 있는 경우에는 한 개의 파일에 복수의 작성명의인이 있는 전자기록이 축적되어 있으므로 당해 사건과 관계없는 제3자의 권리나 이익을 해하지 않도록 배려할 필요가 있다는 점에서 보아도[1] 관련성 요건은 필요하다고 하겠다. 만약 압수한 물건에 대하여 압수·수색의 대상물이 아닌 전자증거가 존재한다고 판명된 때에는 수사기관으로서는 곧바로 還付節次를 취해야 할 것이다.[2]

　　위와 같은 관련성 요건은 예금계좌추적에 대해서도 적용된다고 해야 한다. 과거의 수사실무상 특히 큰 규모의 정치자금이나 뇌물, 범죄단체의 자금이 이른바 돈세탁과정을 거치거나 가·차명계좌에 은닉되어 있는 경우 이를 추적하는 일은 대단히 방대하고 복잡한 작업이 아닐 수 없고 따라서 영장청구시 수색대상인 금융계좌의 특정은 현실적으로 어렵다는 점에서 수색대상계좌는 개괄적으로만 특정되고 있었으나, 이때도 수집할 수 있는 금융정보의 범위가 개별, 구체적으로 특정되어야 한다는 견해가[3] 타당하였다. 현재 수사실무나 금융계좌추적영장 실무상으로도 해당 피의자의 계좌와 금융기관 점포, 추적기간 등이 매우 상세하게 특정되어 운영되고 있다.

나. 영장기재의 특정
1) 미국의 논의

　　영장기재의 특정성 원칙에 관한 美國의 논의를 참고해 보자. 영장에 의해 수색장소 및 압수물건의 특정, 명시의 요건에 관해 법집행기관이 압수대상물을 현장에서 식별할 수 있을 정도로 특정되어 있기만 하면 위 요건을 충족하는 것이라고 하여 녹음테이프나 비디오테이프와 동일하게 컴퓨터 기록도 압수대상이 된다고 한 판례가 있고,[4] 또한 우편 및 통신을 이용한 사기죄(mail and wire fraud)와 같이 광범위한 기망책략을 수반하는 범죄에서 IBM PC와 그 출력물을 압수한 사안에 관하여, '하드웨어, 플로피디스크, 테이프 또는 그 밖의 기억장치, 소프트웨어, 사용자 매뉴얼, 액세스디스크, 컴퓨터 사용설명서' 등으로 압수대상물을 기재한 영장을 유효한 영장이라고 한 판례가 있다.[5] 즉 United States v.

---

1) 이 점에 관해서는 安富 潔, 前揭書, 146面.
2) 熊谷弘 外 2人共編, 「搜查法大系 Ⅲ」(丸谷定弘, 1980), 65面, 姜東旭, 위 論文, 711面, 註 25).
3) 李相暾, "情報保護와 刑事節次", 韓國法學院, 「저스티스」, 第29卷 第1號(1996), 88쪽.
4) 前述 關聯性 要件에서 인용한 United States v. Munson, 650 F.Supp.525(D. Colo. 1986) 판결, 安富 潔, 前揭書, 39面 參照.
5) United States v. Sawyer, 799 F.2d 1494, 1508(11th Cir. 1986), Rickert v. Sweeney, 813 F.2d 907(8th Cir. 1987), 安富 潔, 前揭書, 39面.

Sawyer 사건에서 연방 제11항소법원은, 미연방법전 Title 18의 1341, 1343, 1371
조 위반 범행 및 상품거래소법(the Commodity Exchange Act), 미연방법전 Title 7, §§
60(1), 13(b) 위반 범행의 증거, 그 果實, 범행수단이 되는 顧客 會計 관련 컴퓨
터 기록과 출력물을 포함한 일반적인 업무기록의 범주를 수색대상으로 기재한
수색영장은 미연방 헌법 수정 제4조에 합치한다고 판시하였다.[1] 즉 위 미연방
헌법상 영장기재의 특정성 요건은 신축성 있게 적용되어야 하며, 따라서 "기망
을 위한 광범한 책략이 문제되는 사안에서는 기업의 모든 업무기록이 적절하게
압수될 수 있어야 한다"는 것이다.[2] 그러나 그와 같이 광범위하게 걸치는 범죄
의 기도를 엿볼 수 없는 사안에 있어서는 압수대상물로 예컨대, '알파 마이크로
컴퓨터 중앙처리장치 1대, 그 단말기 4대, 프린터, 매뉴얼, 출력물, 파일, 조작지
시서, 외부기억장치' 등을 열거하고 있는 영장은 特定性의 要件을 결하여 위법
하다고 해야 한다는 판례도 있다.[3]

2) 전자증거의 압수, 수색영장 기재의 특정

앞서 본 바와 같은 關聯性이 인정되는 물건이라고 할지라도 "범죄의 態樣,
輕重, 押收物의 證據價値, 重要性, 押收物이 湮滅 또는 毁損될 우려가 있는지
與否, 押收로 인해 被押收者가 입게 되는 不利益의 程度, 그 밖의 諸般事情"등
을 종합하여 압수할 필요성이 있어야 압수가 허용된다는 것이 일본 최고재판소
의 입장이다.[4] 그리고 위 법원은 그 押收物의 特定程度에 관해 압수할 물건을
예시한 후 "其他 本件에 關係있다고 생각되는 一切의 文書 및 物件"이라고 기
재한 영장이 특정성을 결하고 있는 것은 아니라고 판시하였다.[5]

종래 우리나라의 압수·수색·검증영장의 경우 그 문례도 불명확할 뿐만 아
니라 압수·수색·검증 대상물에 관하여 위와 같은 "一切의 文書 및 物件"이라고
기재하는 경우조차도 많지 않았다. 이처럼 개괄적이고 포괄적인 기재방법이 허
용되는 결과 압수할 수 있는 물건인지, 關聯性, 必要性 등의 요건을 충족하는
물건으로서 압수대상이 되는지 여부가 문제되는 경우가 많았다. 만약 압수·수색
대상이 특정되어 있지 않은 영장에 의해 수집된 증거라면 일반영장을 금지하는
영장주의 원칙에 비추어 위법한 절차에 의해 수집된 증거로서 그 증거능력을
부정해야 할 것이므로 영장기재의 특정성의 의미와 요건, 범위 등을 논할 실익

---

1) Cynthia K. Nicholson, Robert Cunningham, "Computer Crime", p. 400.
2) Cynthia K. Nicholson, Robert Cunningham, Ibid. p. 400.
3) Voss v. Bergsgaard, 774 F.2d 402(10th Cir. 1985), 安富 潔, 前揭書, 40面에서 引用.
4) 最決 昭四四. 3. 18. 刑集 23卷 3號, 153面.
5) 最大決 昭三三. 7. 29. 刑集 12卷 12號, 2776面.

이 있게 된다. 우리의 경우도 수사기관의 청구에 의해 법관이 슈狀을 발부할 때
는 전자기록으로부터 출력된 서면 또는 출력할 만한 서면으로서, 그것이 당해
"범죄에 관련되고 구체적으로 특정되어 있을 때 압수나 출력을 허가한다"는 文
句를 영장에 기재하도록 하는 것이 타당하며, 따라서 예컨대 '당해 자기디스크
로부터 출력되었다고 볼 수 있는 서면 전부'로 영장에 압수대상물을 특정하는
것은 위법이라고 해야 한다.[1] 전기통신의 감청에 관한 통신비밀보호법 규정이
나 금융정보의 수집에 관한 「금융실명거래 및 비밀보장에 관한 법률」에 의해
영장을 발부할 때도 위와 같은 점을 충분히 고려해야 한다.

압수·수색이 허용되는 피의사실에 關聯된 물건이라고 하면 직접증거는 말
할 것도 없고 간접증거도 포함된다고 해야 한다. 정상에 관한 증거에 관해서는
관련성의 유무, 정도, 압수필요성 등에 관한 판단을 엄격하게 하여 영장기재의
특정성을 요구하는 형사소송법규정의 취지를 준수해야 할 것이나,[2] 원칙적으로
정상 증거 압수를 허용하지 않음이 타당하다. 그리고 영장주의 원칙을 철저히
준수하여 영장에 기재되어 있지 않는 물건을 압수하는 이른바 緊急押收나 別個
犯罪의 證據에 利用할 目的으로 押收令狀에 明示된 物件을 押收하는 이른바 別
件押收는 허용되지 않는다고 해야 한다는 견해가 있는 바,[3] 형사소송법에서 명
문으로 인정되지 않는 긴급압수나 별개범죄를 수사하기 위한 수단으로 적법하게
발부받은 압수·수색영장에 의한 압수에 기해 수집한 전자증거도 위법한 절차에
기해 수집한 증거라고 보아야 한다는 의미에서 위 견해는 타당하다고 하겠다.

그러나 영장자체에서 압수·수색이나 출력대상인 컴퓨터 생성증거물을 특정
하기는 현실적으로 어려움이 많을 것이다. 즉, 영장기재의 특정성 정도에 관해
처음부터 기억매체의 종류 및 명칭, 압수목적인 파일의 명칭 및 그 특징, 처리
목적의 프로그램의 명칭 및 특징, 오퍼레이팅 시스템의 명칭, 하드웨어의 형식
등을 특정해야 한다는 견해도 있으나,[4] 수사의 초기단계에서는 구체적인 범죄
내용이 판명되지 않는 경우가 많아 범행현장에 임하여 비로소 압수필요성이 있
는 물건의 구체적인 내용 및 범위가 판명될 것이므로, 영장청구의 단계에서 미
리 위와 같이 압수하고자 하는 정보의 특정, 명시를 요구하는 것은 무리이며,

---

1) 일본 형사소송법에 관해 같은 견해를 취하고 있는 문헌으로, 日本辯護士連合會 刑法改正對策委
員會, 「コンピュータ犯罪と現代刑法」(1990), 石川 元也 執筆部分, "立法的 提言－搜査手續に
ついて", 208面.
2) 川端 博·田口守一 編, 前揭書, 122面.
3) 川端 博·田口守一 編, 前揭書, 같은 面.
4) 安富 潔, 前揭書, 146面.

따라서 영장의 기재는 지나치게 포괄적이지 않는 한, 어느 정도 개괄적으로 기재되어도 무방하다고 하겠다.[1] 특히 컴퓨터에 기록, 보존된 정보량이 방대하다는 점에 비추어 보면 통상의 수색의 경우에 비하여 명시성, 특정성의 요건을 어느 정도 완화하는 것이 상당하다고 하겠다.[2] 그리고 당해 컴퓨터 시스템 전체의 개요를 파악한 후에 수색에 필요한 장소 및 목적물을 특정할 수 있을 것이다.[3] 그러나 일단 수색이 수사기관의 넓은 재량에 의해 인정된다고 하더라도 해당 전자기억매체에서 전자정보를 출력, 복제 등의 방법으로 취득하기 위해서는 범죄혐의사실과의 관련성을 엄격하게 요구해야 한다.

이에 대해서는 거래상의 장부, 메모 등을 컴퓨터로 작성하고 있는 현실을 고려하여 "일계표, 매상원장, 거래처대장, 상품대장 등 및 그 밖에 이 사건에 관련이 있다고 여겨지는 문서 및 물건"이라고 압수, 수색영장에 목적물을 표시하면, 이는 통상적인 언어 감각상 종래의 簿冊形式으로 존재하는 거래장부와 컴퓨터 데이터 형식으로 존재하는 장부를 모두 포함하여 지칭하는 것이라고 할 수 있으므로, 굳이 "자기디스크, 자기테이프 등"으로 압수목적물을 명시할 필요가 없다는 일본학자의 견해도 있으나,[4] 압수대상물을 분명히 특정하기 위해 압수, 수색영장에 "전자증거"를 목적물로 특정하여 구체화하여 기재하는 것이 적절하다고 하겠다. 또한 불시에 수사하지 않으면 범인이 누군지 판명할 수 없는 경우에는 컴퓨터의 부당조작에 의해 죄증인멸이 용이하게 이루어질 수 있으므로 컴퓨터를 가동하면서 각종 매뉴얼을 압수, 수색하고 동시에 중요한 부서를 감시하며, 필요한 정보를 적절한 프로그램을 이용하여 출력하거나 그 백업카피를 작성하고, 자기테이프나 자기디스크의 복제를 가능하게 하는 등의 압수·수색영장을 발하는 것도 현행법상 가능하다고 일본에서 주장되는 견해가 있으나,[5] 명문이 없는 이상 수사필요성만을 이유로 그와 같은 영장을 발부할 수는 없다고 봄이 상당하므로, 부정적으로 해석해야 할 것이다.

다. 출력한 서면의 압수

압수영장에 컴퓨터 파일등을 出力하여 인쇄한 書面을 압수목적물로 명시하

---

1) 일본에서 동일하게 주장하는 견해로 的場純男, "コンピュータ 犯罪と捜査", 94面, 最大決 昭和 33. 7. 29. 刑集 12卷 12號 2776面.
2) 일본에서 같은 견해를 주장하고 있는 문헌으로 渥美東洋, "コンピュータと刑事手續き上の問題點", 刑法雜誌 28卷 4號 62面, 75面(1988), 安富 潔, 前揭書, 148面, 註 12).
3) 安富 潔, 前揭書, 146面.
4) 的場純男, 前揭論文, 95面.
5) 渥美東洋, 前揭論文, 76面. 安富 潔, 前揭書, 163面, 註 37).

고 있으면 당해 書面을 압수하는데 별다른 문제는 없다. 압수영장발부시에 존재하지 않는 물건에 대해서도 그 영장을 집행할 때는 존재하게 될 것이 분명히 예상되고 압수할 필요가 있는 물건을 압수목적물에서 제외할 필요는 없기 때문이다. 따라서 이러한 出力物을 압수대상으로 지정하고 있는 영장도 적법하다고 해야 한다. 또한 그 出力物을 압수대상물로 명시하고 있지 않다고 하더라도 컴퓨터 記憶媒體 자체는 可視性이 없어 어떤 방법으로든 출력될 것이 예정되어 있는 경우가 대부분이므로 압수, 수색과정에서 必要한 處分으로서 出力할 수 있다고 해야 하는 점, 그리고 그 出力物인 用紙도 일반적인 경우에 비하여 높은 경제적 가치를 갖고 있다고 보기는 어려운 점 등에 비추어 적어도 그 원본인 파일이 존재하는 記憶媒體가 압수목적물에 포함되는 한, 별도의 영장 없이도 그것과 일체를 이루고, 그 내용을 명확히 하는데 불가결한 出力物 역시 압수대상이 된다고 보아야 한다.[1] 그리고 이와 같이 피처분자에 의해 출력된 서면을 압수하는 것은 유체물을 압수하는 것이므로 데이터의 압수 자체와는 다른 성질을 갖고 있어 형사소송법의 해석상으로도 가능한 처분이라고 하겠다. 물론 서면으로 출력된 데이터는 요증사실과 자연적 관련성을 갖고 있어야 하며 그러한 관련성이 없는 데이터를 출력하여 서면화하고 이를 압수하는 것은 허용되지 않는다고 해야 한다.

라. 파일 복제물의 압수

컴퓨터 記憶媒體 자체를 物理的으로 複製하는 행위와 그 記憶媒體內에 있는 特定 파일의 복사본이나 그 출력물을 取得하는 것에 의하여 原本인 記憶媒體를 압수하지 않고도 搜査의 목적을 달성할 수 있다고 여겨지는 경우, 압수, 수색영장만으로 수사기관이나 被處分者의 記憶媒體나 프린트용지상에 파일을 複製하거나 出力하는 등의 작업을 행한 뒤 그 生成物의 占有를 取得하는 방법 (이른바 '하드카피'나 '이미징' 기법)에 의한 압수가 가능한지 여부에 관해, 일본에서 논의되고 있는 이론을 보면 다음과 같은 견해들이 있다. 이 문제는 위 출력한 서면의 압수 문제와는, 그 출력물이나 복제물이 원본인 자기디스크 등과 동일하거나 그 원본을 가공 조작한 또 하나의 전자기억매체라는 점에서 구별되는 문제라고 하겠다. 이에 관해, 위와 같은 作業을 허용하는 내용을 압수, 수색영장에 附記하는 방법도 현행법상 가능하다고 하는 견해가 있고, 記憶媒體의 原本을 押收하는 것에 비하면 被處分者가 입는 不利益이 적으므로 기존 파일을 消去하

---

1) 的場純男, 前揭論文, 95面.

지 않는 한, 압수, 수색영장에 그러한 作業을 허용하는 條件이 附記되어 있지 않다고 하더라도 그 작업수행이 가능하다는 견해도 있으며,[1] 이밖에 온라인화 되고, 네트워크화되는 오늘날의 컴퓨터 시스템에 있어 피압수자의 업무에 끼칠 중대한 영향을 고려하여 보면, 증거보전의 필요성을 고려하여 전자기록의 카피를 작성하게 하여 그것을 압수하는 방법을 도입할 수 있을 것이라는 견해 등이 있다.[2]

사견으로도 파일복제나 출력은 컴퓨터 기억매체를 가시화하기 위한 당연한 작업이므로 수사의 목적달성을 위해 이를 인정해도 무방하지 않을까 생각한다. 다만 그 데이터가 요증사실을 증명할 수 있는 증명력, 곧 자연적 관련성이 있음이 인정되어야 한다. 그러므로 피처분자의 컴퓨터 내에 요증사실과 자연적 관련성이 있는 자료만이 저장되어 있다면 당해 컴퓨터 자체를 압수하면 되고, 그러한 관련성이 있는 자료와 관련성이 없는 자료가 혼재되어 있다면 관련성 있는 자료만을 플로피디스크 등에 복제하여 제출하게 하거나 수사기관의 전자기억매체에 복제하면 된다고 하겠다. 물론 당해 데이터 처리 시스템에 의해 生成된 모든 파일 상호간의 관계 및 처리내용, 출력내용 등이 충분이 파악되고 그러한 작업이 수사의 목적달성을 위해 필요하다고 인정되어야 위와 같은 작업을 허용할 것이다. 위와 같은 작업들은 수색의 일환으로 행해지는 작업이기 때문이다. 이러한 작업 도중 과실로 기존의 파일을 지워버린 때는 被處分者等에게 생각지 않은 被害를 주게 된 것이므로 당연히 損害賠償責任이 생긴다고 해야 한다.

그리고 수사기관 측에서 준비한 記憶媒體나 出力用紙 等을 이용하여 이러한 作業을 행하는 것은 결국 어떤 情報가 압수, 수색절차에 의해 搜査機關側에 넘어 갔는지를 명확히 하는 수단이 없는 셈이 되어 押收對象物이 존재하지 않는 경우에 해당하므로,[3] 이는 押收, 搜索 또는 檢證의 방법을 포괄하는 이른바 디지털 포렌식 절차에 해당한다. 이러한 절차에 관해서도 영장주의 원칙이 적용되며 범죄사실과 관련 있는 전자증거만을 수사기관이 출력, 복제할 수 있다고 해야 한다. 2011. 7. 18. 신설된 현행 형사소송법 제106조 제3항의 "기억된 정보의 범위를 정하여 출력하거나 복제하여 제출받아야 한다."라는 의미는 그와 같이 이해되어야 한다.

---

1) 的場純男, 前揭論文, 96面.
2) 安富 潔, "刑事手續きとコンピュータ", 法曹時報 40卷 11號 1910面, 安富 潔, 前揭書, 151面. 이에 대해서는 수사관의 수사권한 남용을 통제하기 어려울 것이라는 비판이 있다. 岩田 硏二郎, 前揭 執筆部分, 199面.
3) 的場純男, 前揭論文, 96面 참조.

마. 그 밖의 압수 · 수색 범위

컴퓨터 통신망의 탐색: 이밖에 원격통신선으로 연결된 不特定 多數의 컴퓨터 시스템을 수색하는 것은 금지되어야 한다고 하겠다.[1] 그리고 判事가 明示的으로 광범한 수색권한을 부여하지 않은 이상 수색은 判事가 영장에서 허용하고 있는 범위에 한정되어야 할 것이다. 이에 관해서는 뒤의 컴퓨터 통신망 탐색에 관한 부분에서 상술하기로 한다.

디스크 꼬리표나 파일명: 그리고 수사기관이 이와 같은 수색을 통해 디스크를 획득한 경우에는 디스크에 부착되어 있는 꼬리표나 디스크 라벨 또는 파일 이름이 영장에 기재된 사항과 무관한 정보인 것처럼 작성되어 있다고 하더라도 그 디스크를 조사, 탐색할 수 있다고 하겠다. 그렇게 해석하지 않으면, 피의자등이 범죄에 관련된 자료가 내장되어 있는 디스크의 라벨이나 파일 이름, 확장자, 파일 작성일자 등 메타 데이터를 변경하는 것만으로도 수사기관의 수색활동을 방해할 수 있기 때문이다.

周邊器機의 押收: 압수된 디스크 등을 조사하기 위해 프린터와 같은 컴퓨터 주변기기를[2] 압수하는 것에 대하여 부정적으로 해석하는 견해도 있으나,[3] 그 컴퓨터에 저장되어 있는 전자기록의 내용을 顯出하는데 필요불가결하다고 생각되면, 押收對象이 된다고 보되, 그 필요성이나 다른 수단으로의 대체가능성을 검토하여 압수여부를 결정해야 할 것이다.

바. 형사소송법개정 입법론

2011. 7. 18. 형사소송법 개정 이전에 저자는 다음과 같은 입법론을 제안하여 왔다. 즉, 立法論上으로는 舊 刑事訴訟法 條文을 改正하여 데이터가 컴퓨터 내부에 기억된 상태로 존재하는 경우 이를 대상으로 한 압수를 가능하게 하되, 수사기관에 의한 자기디스크 등의 압수나 出力에 대해 법관의 영장을 발부받게 하여 당해 범죄와 무관한 정보의 압수로 인한 피압수자의 사회, 경제적 손실을 최소화 하도록 해야 한다.[4] 따라서 자기디스크 전부를 압수하는 것을 금지하고, 동일한 자기디스크에 수록된 범죄와 무관계한 정보에 수사관이 접근하는 것을

---

1) Council of Europe, 「Computer-related Crime」, p. 73.
2) 컴퓨터 테이블, 전용의자, 보안경, 디스켓 보관함 등이 周邊機器라고 할 수 있다. 宋基弘, 黃京男, 成箕汶, "COMPUTER와 LASERPRINTER를 이용한 司法能率의 達成(電算示範法院의 實驗的 方法들)", 43쪽.
3) Barry J. Hurewitz, Allen M.Lo, "Computer-related crimes", p. 519.
4) 李哲, "컴퓨터 犯罪의 法的規制에 대한 硏究", 230쪽.

금지하며, 제3자의 이익을 침해할 수 없도록 하여 법관의 영장발부 기준이나 수사기관의 영장집행기준을 설정하고 그러한 취지를 영장에 기재하도록 관련법규를 정비하는 것이 필요하다고 주장하였다.[1] 이러한 저자의 주장대로 2011. 7. 18. 개정된 형사소송법 제106조, 제215조는 전자정보를 압수, 수색의 대상으로 하고, 범죄 사실과 관련성이 인정되는 전자증거만을 범위를 정하여 출력하거나 복제하여 제출받도록 하고 있다.

이 밖에 수사기관에 의한 자기디스크 등의 押收나 出力의 弊害가 너무 크므로 이것을 전부 금지하고 法官의 令狀에 의해서만 가능하게 하자는 견해가 있으나,[2] 상대방의 임의의 협력을 얻어서 압수나 출력을 하는 것이나 수사의 합목적성을 위해 필요한 범위까지 압수나 출력하는 것을 금지하는 것은 무리라고 하겠다.

그리고 피압수자가 당해 자기디스크로부터 必要한 部分을 출력하여 제출하거나 그 디스크의 복제본을 작성하고, 그 작성의 진정을 보장하는 조치를 강구한 때는 원래 압수대상이 된 디스크에 대한 압수를 면제하고, 그 대신 위와 같이 출력한 문서나 복제한 디스크를 압수하게 하는 것도 가능하겠다.[3]

5. 압수물의 처분

압수된 컴퓨터 장비도 형법 제48조 제1항에 의해 당해 범죄행위에 제공되었을 경우에 한하여 몰수할 수 있고, 그에 내장된 자료도 당해 범죄행위에 제공된 경우에 한하여 이를 파일에서 삭제하라는 등의 주문을 선고할 수 있도록 종래의 형법규정을 개정할 필요가 있었다. 전자적 또는 자기적 형태로 컴퓨터에 내장되어 있는 데이터 자체를 형법 제48조 제1항의 "物件"이나, 같은 조 제3항의 "문서, 도화, 또는 유가증권"이라고 보기는 어렵기 때문이었다.[4] 이에 따라

---

1) 일본 형사소송법의 해석에 관해 동일한 견해를 취하고 있는, 石川 元也, "立法的 提言－搜査手續について", 208面.
2) 前揭 石川 元也 執筆部分, 207面.
3) 일본 형사소송법에 관해 같은 견해를 취하고 있는 前揭 石川 元也 執筆部分, 211面 參照.
4) 1995. 12. 29. 법률 제5057호로 개정되어 1996. 7. 1.부터 시행되고 있는 개정형법을 입법하는 과정에서 장기간의 심리기간을 거쳤던 법무부의 형법 개정안조차도 이점에 관해서는 언급하고 있지 않았다. 따라서 당시의 해석론으로서는, 법원은 범죄행위에 제공된 데이터를 구형법 제48조 제1항에 의해 몰수하거나, 제3항에 의해 폐기(삭제)하도록 하는 판결을 선고할 수 없다고 볼 수밖에 없었고, 저자도 본 논문의 토대가 된 글에서 그와 같은 견해를 피력한 바 있었다. 오기두, "컴퓨터關聯 犯罪의 刑事訴訟法上 問題點", 司法論集 제26집, 法院圖書館(1995년 12월), 557쪽. 그러나 다행스럽게도 개정형법 제48조 제3항은 電磁記錄등 特殊媒體記錄의 一部가 沒收要件에

1995. 12. 29.에 개정된 형법 제48조 제3항은 전자기록물의 일부가 몰수대상이
면 이를 廢棄할 수 있게 하여 이 문제를 입법적으로 해결하였다. 그러나 여기서
말하는 廢棄란 전자기록 등 특수매체기록의 性狀을 제대로 이해하지 못한 용어
라고 하겠다. 데이터를 저장하고 있는 전자기록 등 특수매체기록은 문서와 달리
그 일부를 폐기할 대상이 아니다. 오히려 몰수대상인 그 기록의 일부를 컴퓨터
조작을 통해 전자적으로 삭제할 대상인 것이다. 따라서 형법개정시 '廢棄'라는
용어대신 '削除'라는 용어를 썼더라면 더 좋았을 뻔 했다. 아니면 몰수 대상인
부분을 폐기하지 않고 존치하되 그 몰수되었다는 취지를 전자적으로 기재하게
하는 것도 한 방법이라고 하겠다.

　　만약 당해 전자기록에 저장된 데이터 전부가 몰수 대상이라면 그 전자기록
을 형법 제48조의 "物件"으로 보아 이를 몰수할 수 있다고 보면 족하다. 그러나
범죄행위와 무관한 데이터나 그것이 내장된 컴퓨터 장비(하드디스크나 플로피디스크
등을 모두 포함한 것)는 몰수할 수 없다고 해야 한다.

　　위와 같은 해석은 형사소송법 제483조 이하에 규정되어 있는 몰수물의 처
분, 교부, 위조 등의 표시, 압수물의 처분에 대해서도 동일하게 적용되는 해석론
이라고 하겠다. 다만, 위 법률 제485조는 위조 또는 변조한 물건을 환부하는 경
우에는 그 물건의 전부 또는 일부에 위조나 변조인 것을 표시하여야 하고(제1항)
제출되지 아니한 물건이 공무소에 속한 때에는 위조나 변조의 사유를 공무소에
통지하여 적당한 처분을 하게 하도록 하고 있는바(같은 조문 제2항), 이를 전자기
록 등 특수매체기록에 대해 어떻게 적용할 것이냐가 문제되지 않을 수 없다. 근
본적으로는 입법에 의해 해결해야 할 문제이나 현재로서는 전자기록등에 대해
서도 위 형사소송법규정의 준용을 인정하되, 디스크 라벨에 위작 또는 변작취지
를 기재하거나, 그 취지를 당해 디스크 등에 입력하고 이를 출력한 서면을 함께
두어 그 취지를 '表示'하는 方法을 생각해 볼 수 있겠다.

　　그리고 형사소송법 제133조 이하 및 제138조에 규정되어 있는 압수물의 환
부·가환부, 압수장물의 피해자환부 규정은 기본적으로 그 문언의 표현부터 "押
收'物'", "證據에만 供할 目的으로 押收한 '物件'", 그 所有者 또는 所持者가 繼
續使用하여야 할 '物件', 押收한 臟物' 等 有體物을 대상으로 하고 있으므로, 전
자기록등 특수매체기록이 요증사실과의 관련성이 있다고 인정되어 적법하게 押
收되었을 때에 한해 그 전자기록등 특수매체기록을 위 각 형사소송법규정상의
'物件'으로 보아 위 각 규정을 적용하여야 된다고 하겠다. 종래 형사소송법은 법

해당하면 그 部分을 廢棄하도록 하고 있다.

원의 압수물 환부·가환부제도를 수사기관의 압수에 준용하는 형식을 취하였다. 개정 전 법 제133조, 제219조가 그에 해당한다. 그러나 2011. 7. 18.자 개정법 제219조에서 제133조 준용을 삭제하였다. 그 대신 수사기관의 압수물 환부·가환부 제도를 별도로 규정하였다. 그에 의해 법 제218조의2가 신설된 것이다. 수사기관은 압수 계속의 필요성이 없는 압수물을 환부·가환부해야 한다. 사본을 확보한 경우가 그에 해당한다. 전자정보 저장매체를 전부 압수한 경우 이 조항에 의해 속히 반환해야 한다. 법 제106조 제3항 단서의 경우가 이에 해당한다. 그러나 전자정보의 일부만을 출력, 복제한 경우에도 반환해야 한다. 또는 전자정보가 담긴 저장매체 전부를 이미징하여 사본한 경우에도 해당 전자정보의 반환조치를 취하고 수사기관의 전자저장매체에서는 삭제해야 한다.

그리고 대법원 전원합의체 1996. 8. 18. 고지 94모51 결정의 다수견해에 의하면 '피압수자등 환부를 받을 자가 압수후 실체법상의 권리를[1] 상실하더라도 수사기관의 압수물 환부의무에는 아무런 영향이 없고 수사기관에 대한 환부청구권 포기의 의사표시는 효력이 없어 그로써 수사기관의 필요적 환부의무가 면제되지 않으므로 수사도중의 권리포기로 피압수자의 압수물 환부청구권은 소멸하지 아니한다. 수사기관은 압수계속의 필요가 없어진 압수물은 환부가 불가능하여 국고에 귀속시키는 경우를 제외하고는 반드시 환부하여야 하고 환부를 받을 자로 하여금 권리를 포기하게 하는 등의 방법으로 그 환부를 면할 수 없다'고 한다. 형사소송절차는 피고인이나 피의자의 자유로운 권리처분이 인정되는 민사절차와 달리 국가형벌권을 행사하는 절차이므로 피의자의 압수물에 대한 권리포기가 있다고 해서 국가기관의 압수물 환부의무를 면제할 수는 없고, 수사기관에 대한 권리포기 의사표시로 수사기관의 압수물 환부의무를 면제하면 수사기관에 의한 피의자등의 재산권 침해발생 우려가 크다는 점 등에 비추어 위 대법원 결정례는 의의가 크다고 하지 않을 수 없다. 위 대법원 결정례를 컴퓨터 관련 기억매체에 적용해 보면, 피압수자의 권리포기 의사표시가 있다고 하더라도 수사기관은 위 형사소송법 규정에 의해 이를 반환할 의무를 진다고 해야 하고, 나아가 요증사실과의 관련성이 없는 데이터를 저장하고 있는 전자기록등 특수매체 기록을 압수한 후 그 전자매체기록에 대한 피의자등의 권리포기서를 받아 두었다고 하더라도 수사기관은 그 반환의무를 면하지 못한다고 해석해야 한다고 하겠다.

---

1) 이 결정에 대한 평석은 金熙泰, "搜査途中의 權利抛棄를 根據로 한 押收物 還付拒否의 可否", 法律新聞(1996. 11. 25.자) 14쪽.

제 4 절   전자증거에 대한 수사기관의 검증

1. 서   설

컴퓨터 시스템이 예정하고 있는 대로 記錄內容, 情報 等을 분석하고 復元하기 위해서는 하드웨어 및 소프트웨어의 양면에서 당해 컴퓨터 시스템 운영자와 실질적으로 동일한 환경을 갖출 필요가 있다.[1] 또한 컴퓨터 시스템을 이용해서 부정한 회계처리 등이 행해지고 있는 경우에는 프로그램을 해석해서 不正한 處理를 행하고 있는 部分을 제거한 후, 새로이 본래 있어야 할 처리결과를 다시 計算할 필요가 있다. 搜查機關側에서 이러한 환경을 스스로 만들거나 相對方의 任意의 協力을 얻어 이를 確保할 수 있는 경우에는 압수, 수색영장이 아니더라도 檢證令狀(우리 형사소송법 제215조)에 의해 電磁記憶媒體나 그 複製物 또는 특정 파일의 카피 등을 取得할 수 있다. 반면, 수사기관 스스로 그와 같은 환경을 만들 수 없을 때는 또 다시 被處分者의 시스템을 이용하여 당해 데이터 분석 등의 작업을 할 수밖에 없는데, 이미 당해 電磁記憶媒體等에 대한 압수, 수색이 종료 되어버린 마당에 또 다시 被處分者側에 出入하여 그 시스템을 이용하려면 별도의 檢證節次를 밟든지 鑑定을 촉탁하는 방법을 택해야만 할 것이다.[2]

이처럼 被處分者로부터 컴퓨터 記錄物 자체를 押收하는 것이 아니라 그 內容만을 取得하고자 할 때는 五感을 이용하여서 행하므로 檢證의 方法을 이용할 수 있다. 그리고 檢證時 할 수 있는 '必要한 處分'(형사소송법 제140조, 제219조)으로 컴퓨터 시스템의 전모를 정확하게 파악하여, 당해 시스템의 작동환경, 관련파일 상호간의 관계, 操作內容 등을 檢證調書에 明確히 기록함으로써 수사기관측으로서는 입증상의 어려움을 덜 수 있다.[3]

2. 실황조사

수사기관은 컴퓨터 시스템의 운용상태, 프린트상태, 데이터 파일의 출력결

---

1) 이하는 오기두, 위 論文, 567쪽에 의함.
2) 일본에서 같은 견해를 취한 문헌으로 的場純男, 前揭論文, 97面 參照.
3) 的場純男, 前揭論文, 97面 參照.

과 등에 관하여 임의처분으로서 실황조사를 행할 수도 있다. 이때 당해 컴퓨터를 작동하기 위해서는 통상적으로 그 컴퓨터 시스템에 대한 지식, 기술을 갖고 있는 전문가나 관계자의 협력이 필요하다. 이때 당해 전문가나 관계자는 입회인으로서 실황조사에 대해 필요한 지시설명을 할 수 있겠지만 이는 피의자나 참고인의 자격에 기한 진술이 아니므로 그 지시설명을 실황조사 조서에 기재하였다고 하여도 이에 대해 서명, 날인이 필요한 것도 아니고 그 입회인을 증인으로 환문하여 공판기일에서 피고인에게 신문할 기회를 부여해야 하는 것도 아니라고 할 수 있다.[1] 그러나 단순한 지시, 설명의 범위를 초과하여 피의자 또는 참고인의 진술에 해당한다고 볼 정도에 이르는 진술을 실황조사서에 기재하기 위해서는, 피의자에 대해서는 진술거부권을 고지해야 하고(현행 형사소송법 제244조의3), 또한 진술자에 대해서는 해당 실황조사서에 한 진술에 관하여 기재 내용에 이의나 의견이 없음을 자필로 기재하게 하고 조서에 간인한 후 기명날인 또는 서명하게 해야 한다(같은 법 현행 제244조 제3항). 필요하면 그를 증인으로 공판정에 환문하여 해당 진술이 기재된 실황조사서의 진정성립을 인정하게 해야만 전문증거로서 해당 실황조사서에 기재된 진술의 증거능력을 인정받을 수 있을 것이다.

3. 검증장소의 특정

헌법상의 영장주의 원칙에 의해 수사기관이 강제처분으로서 검증을 행할 때에도 그 장소가 특정되어야 한다고 하지 않을 수 없다(형사소송법 제215조 참조). 그런데 전자증거에 대해서는 온라인 시스템이 광범위하게 설치되어 그 시스템 전달경로가 복잡한 경우 검증장소를 구체적으로 특정하기 곤란할 것이다. 그러나 이때도 수사기관으로서는 플로우 차트를 작성하는 등으로 미리 데이터 전달경로에 관하여 충분히 파악한 다음 검증장소를 특정하여 법관에게 영장을 청구해야만 한다고 하겠다. 또한 전기통신사업자가 제공하는 전기통신설비중 專用通信回線을 통한 데이터통신시스템 이용범죄를 수사함에 있어서는 호스트 컴퓨터로부터 단말장치에 전송되는 데이터, 또는 한쪽 단말장치로부터 다른 단말장치로 전송되는 데이터 등에 관해 그 전달경로 내지 系統을 파악하여 그 데이터의 흐름에 따라 검증장소를 특정해야 할 것이다.[2]

---

1) 同旨, 日本最裁判 昭和 36(1961년). 5. 26. 刑集 15卷 5號 893面. 安富 潔, 前揭書, 173面, 註 55).
2) 安富 潔, 前揭書, 169面 參照.

4. 검증시 피처분자의 컴퓨터 이용

수사기관은 검증수단으로서 現狀變更을 위해 "必要한 處分"을 할 수 있고, 일정한 상황을 재현하기 위해 필요한 모든 사실적 처분을 할 수 있으므로 피처분자의 컴퓨터를 사용하여 전자기록의 내용을 출력할 수도 있다고 하겠다.[1]

그리고 이때 피처분자에게 컴퓨터에 저장된 내용을 출력하도록 강제할 수 있는지 여부에 관해서는 현행 형사소송법 규정에 의하면 피처분자에게 검증처분을 수인할 의무만을 부과하는 것이고 적극적으로 출력까지 강제할 수는 없고 수사기관이나 그 보조자가 이를 출력할 수 있을 뿐이며,[2] 출력강제를 위해 입법조치가 필요하다는 견해가 있다.[3] 그리고 검증시 강제처분을 당하는 자의 업무를 정지하는 것이 컴퓨터 이용자에게 막대한 손해를 가할 우려가 있다고 인정되면 이때는 컴퓨터 하드디스크 등의 복제물을 작성하게 하여 이것에 의해 강제처분의 목적을 달성할 수 있다고 하겠다. 이것도 검증의 일부라고 해야 한다.[4] 따라서 이 경우의 검증처분에 대하여도 준항고에 의한 불복방법을 인정해야 한다.[5] 그리고 검증시 제3자의 소유물인 컴퓨터 기록에 수록되어 있는 데이터를 과실로 말소한 경우 그로 인해 입게 되는 제3자의 손해를 배상하는 규정을 마련해야 한다는 입법론[6]도 경청할 만하다고 하겠다.

5. 수사기관의 디지털 포렌식 절차

수사기관이 수사기관의 컴퓨터를 이용하여 압수된 전자매체를 출력하는 것에 관하여 그것을 허용할 것인가 여부 및 허용하는 경우 압수영장등과 같은 특별한 영장이 필요한지 여부에 대한 일본 학설상의 논의를 살펴보자.[7] 이것은 압수수색대상인 컴퓨터 시스템의 소재 현장에서 이루어지는 경우는 말할 것도 없고, 일단 수사기관이 해당 전자기억매체 전부를 압수하거나 이것을 이미징하

---

1) 安富 潔, 前揭書, 171面 參照.
2) 安富 潔, 前揭書, 171面.
3) 渥美東洋, "コンピュータと刑事手續き上の問題點", 78面. 安富 潔, 前揭書, 175面, 註 67).
4) 같은 견해로 安富 潔, 前揭書, 171面.
5) 河上和雄, "搜索差押中の寫眞撮影", 「判例タイムズ」734號, 35面 參照, 安富 潔, 前揭書, 175面, 註 (68).
6) 河上和雄, 搜索, 差押, 87面 參照. 安富 潔, 前揭書, 175面.
7) 오기두, "컴퓨터 關聯 犯罪의 刑事訴訟法上 問題點", 司法論集 제26집, 法院圖書館(1995년 12월), 565쪽 以下.

여 그 이미징한 전자기억매체를 수사기관 사무실로 옮긴 다음 그 매체 안에 저장되어 있는 전자정보를 디지털 포렌식 절차를 거쳐 복구하고, 검증하여, 범죄혐의 입증에 필요한 전자증거를 출력, 복제 하는 등으로 취득하는 경우를 다 포함하여 하는 논의이다.

첫째의 견해는 일본 형사소송법 제222조에서 준용되고 있는 동법 제111조의 규정을 근거로 令狀없이도 수사기관은 이를 출력할 수 있다고 하거나,[1] 압수된 기억매체의 내용을 可視化, 證據化하기 위해 搜査官側에서 그 내용을 分析하거나 出力하는 行爲는 押收物의 物理的 複製物이나 特定 파일의 再카피본을 대상으로 하여 행해지고, 그 押收物의 內容 自體의 改變이나 損壞를 수반하지 않는 것이 통상적이므로, 그러한 分析, 出力行爲는 압수된 帳簿等을 閱覽하거나 分析하는 것과 同一한 당연한 작업이라고 해야 할 것이라는 견해이다.[2] 두 번째의 견해는 消去, 變更이 容易한 자기 테이프 등의 전자기록을 출력하는 권한을 搜査官에게 무제한적으로 부여할 수 있는지 의문이라고 하는 견해이다.[3] 이밖에도 적법한 수색의 과정에서 새로이 컴퓨터 디스크를 발견한 수사기관은 그 디스크상에 당해 디스크의 내용을 판단할 만한 라벨이 부착되어 있지 않아 외형만으로는 그 내용을 판단할 수 없는 경우, 또는 당해 디스크가 범죄의 증거라고 하는 상당한 이유를 여타의 자료로부터 밝혀낼 수 없는 경우 등은 영장을 발부받는 것이 불가능하기 때문에 그 내용을 알기 위해서 디스크를 작동할 수는 없다고 해야 할 것이라는 견해도 있다.[4]

녹음테이프의 증거허용성에 관해 미국법원의 하급심 판결은 녹음테이프에 라벨을 붙여 녹음내용을 표시해 두고 있지 않는 한, 그 테이프를 재생해 보아야만 비로소 그 내용을 판명할 수 있으므로, 이때는 당해 녹음테이프가 증거로 사용될 수 있다는 상당한 이유가 인정되지 않는 한 이를 재생할 수 없다고 한 것도 있고, 이른바 '肉眼의 原則'(plain view doctrine)을 적용하여 그 증거허용성을 인정하고 있는 것도 있다.[5]

---

1) 河上和雄, 「證據法 ノート2」, 立花書房(1982), 86面, 原田國男, 「現代刑罰法體系2」(1983), 225面, 압수된 未現像 필름을 수사기관이 現像하는 것은, 필름의 用法에 좇아 일종의 加工을 행하여 기존의 畵象을 드러내는 것에 불과하므로 별도의 檢證許可狀 없이도 일본 형사소송법 제111조의 '必要한 處分'으로 당연히 할 수 있는 것이라고 한다. 東京高等裁判所 昭和 45(서기 1970년). 10. 21. 判決, 高刑集 23卷 4號 749面, 이상은 岩田 硏二郎, 前揭 執筆部分, 195面, 註)에 의함.
2) 的場純男, 前揭論文, 96面.
3) 前揭 岩田 硏二郎 執筆部分, 196面.
4) 安富 潔, 「刑事手續과 コンピュータ 犯罪」, 32面, 註 59).
5) United States v. Kusek, 647 F.Supp.1150(S.D.N.Y. 1986); United States v. Falcon, 766 F.2d 1469(10th Cir. 1985); United States v. Bonfiglio, 713 F.2d 932(2d Cir. 1983) 판결 등은 녹음테

저자의 사견으로는 수사기관이 일단 필요한 디스크나 파일등을 압수하였거나 복제하였다면 이를 수사기관의 컴퓨터를 이용해 출력하는 것은 압수의 당연한 결과이므로 별도의 영장 없이도 수사기관이 갖고 있는 컴퓨터를 이용한 출력, 가공처리 등이 허용되어야 한다는 견해보다도, 해당 디지털 포렌식 절차도 수사기관의 검증절차이거나 압수수색영장의 집행절차이므로 영장주의가 적용되고, 따라서 영장 없이는 그 절차를 수행할 수 없으며(형사소송법 제215조는 수사기관의 압수수색뿐만 아니라 검증시에도 영장에 의해야 함을 명시하고 있다. 이 점이 형사소송법 제139조 이하에서 규정하고 있는 법원의 검증과 다르다), 해당 전자증거에서 범죄혐의 사실 입증을 위해 관련성 있는 전자정보만을 출력, 복제해야 한다는 견해가 더 타당하다고 생각한다.

제 5 절 전자증거의 보전

형사소송법 제184조는 검사, 피고인, 피의자 또는 변호인에게 제1회 공판기일 이전에 미리 증거를 보전하지 않으면 그 증거를 사용하기 곤란한 사정이 있을 때 판사에게 압수, 수색, 검증, 증인신문, 감정 등을 청구할 수 있게 하고 있다. 이는 수사기관이 적극적으로 수사에 나서지 않고 법관으로 하여금 증거를 수집·보전하도록 하는 행위를 인정한 제도이다.[1] 그런데 컴퓨터 디스크 등 전자기억매체는 전자적 상태로 자료를 저장하고 있으므로 그 복제나 개변, 소거가 순식간에 이루어져 수사기관으로서는 소추를 위한 증거상태의 유지에, 피고인, 피의자, 변호인으로서는 수사기관에 압수된 컴퓨터 증거가 자신에게 유리할 때 그 증거를 제출하기 위한 증거상태 유지에 각기 곤란을 겪을 수 있다. 수사기관이나 피고인 등이 적극적으로 증거를 수집해 놓아도 마찬가지다. 위와 같은 점에 비추어 위 규정은 법관에 의한 증거수집 절차를 규정하고 있다기보다 수사기관이나 당사자가 수집해 놓은 증거를 법관에 의해 보전하려는 소극적인 의미를 갖는 절차라고 보는 것이 옳다고 하겠다.

또한 원래 증거보전제도가 임의수사뿐만 아니라 강제수사도 행할 수 있는 수사기관에 비하여 아무런 강제방법을 가지고 있지 않은 피의자·피고인 측을

이프를, 범죄의 증거로 된다고 하는 상당한 이유를 보여주는 증거물로서 肉眼原則(plain view)의 법리에 의해 증거로 허용하고 있다. 安富 潔, 前揭書, 31面, 註 58).
[1] 申東雲, 위 책, 253쪽.

보호하기 위하여 마련된 장치인데, 우리 형사소송법은 소위 당사자주의를 평면적·형식적으로 이해하여 반대 당사자인 검사에게도 이 증거보전청구권을 인정하는 것으로 규정하고 있으므로 입법론적으로 문제가 있다고 볼 여지도 있으나,[1] 증거보전을 청구할 필요성은 그 증거에 대한 조사가 불가능하게 되거나 곤란하게 되는 경우뿐만 아니라 증거의 실질적 가치에 변화가 일어나서 본래의 증명력을 발휘하기 곤란한 경우에도 인정되어야 하므로, 이러한 점에서 증거보전제도의 의의를 찾을 수 있다고 하겠다.[2]

검사나 피고인·피의자, 변호인 등의 증거보전청구에 의해 법관은 컴퓨터 기억매체나 그 출력물이 존재하고 있다고 여겨지는 건조물, 전산실 등에 대해 수색을 펼칠 수 있고, 그에 필요한 부수처분으로서 컴퓨터 조작이 가능한 자에 대해 컴퓨터 조작을 명하고 그 결과물을 출력하게 하여 그것을 인쇄한 서면을 압수하거나, 컴퓨터에 내장된 자료를 새로이 재구성하거나 복제하게 하여 그것을 저장한 디스크를 압수할 수 있다고 하겠다. 다만, 당해 컴퓨터 시스템 전체를 압수하기 위해서는 증거보전청구의 목적과 자연적 관련성이 있다고 인정되는 데이터만이 저장되어 있는 컴퓨터 시스템이어야 하고 그와 무관한 자료가 있는 컴퓨터 시스템이라면 위와 같이 출력물을 압수하거나 관련 데이터만을 가공처리한 재작성물이나 그것을 복제한 디스크나 출력물 등을 압수할 수 있을 뿐이라고 해야 한다.

이밖에 증거보전의 목적이 되는 자료가 저장되어 있는 컴퓨터 시스템이 있는 장소에 가서 필요한 사항을 컴퓨터 조작을 통해 검증해 보고 검증조서를 작성해 두거나 컴퓨터 전문가를 대동하고 현장에 가서 검증에 부수되는 처분으로서 컴퓨터를 조작하고 출력해 보게 할 수 있다고 하겠다. 필요한 경우 당해 컴퓨터 전문가에게 이를 감정할 것을 명할 수도 있다. 그리고 필요하면 증인신문도 할 수 있다. 다만 헌법재판소가 제1회 공판기일 전에 검사에게 증인신문청구권을 인정하고 있는 구 형사소송법 제221조의2의 제2항 규정이 범인 필벌의 요구만을 앞세워 수사단계에서 미리 판사로 하여금 증인신문을 하게 함으로써 법관이 공판기일에 법정에서 직접 조사한 증거에 의하여 심증을 형성하는 것을 제약, 법관의 합리적이고 공정한 자유심증을 방해하여 헌법상 보장된 법관의 독립성을 침해할 우려가 있고, 결과적으로 적법절차의 원칙 및 공정한 재판을 받

---

1) 申東雲, 위 책, 255쪽.
2) 이재상, 「형사소송법」, 308쪽.

을 권리를 침해하는 조항으로서 위헌이라고 판시한 바 있으므로,[1] 이러한 논리
를 일관한다면 제1회 공판기일 전에 증인신문을 청구할 수 있도록 한 형사소송
법 제184조 제1항도 수사단계에서 미리 판사로 하여금 증인신문을 하게 함으로
써 공판중심주의 및 직접주의의 원칙에 반하여 법관의 자유심증을 제한하는 위
헌의 규정이라고 하게 될 여지가 있다. 그러나 지나치게 수사기관의 증거확보
수단을 제한하는 해석은 바람직하지 않다고 하겠다. 형사소송법 제221조의2의
제2항을 위헌 결정한 것으로 족하고(이에 따라 2007. 6. 1.자로 위 제221조의2 제2항은 삭
제되었다), 같은 법 제184조는 존치하는 것이 상당하다. 위 제184조의 제도는 피
고인·피의자, 변호인의 참여가 인정되고, 교호신문의 절차(형사소송법 제161조의2)
가 인정되며, 피의자, 피고인 측에게 서류 및 증거물의 열람·등사가 허용되는
점에서 위 제221조의2의 제도와 차이가 나고,[2] 그 절차의 주재자도 본안 사건
을 담당할 단독 판사나 합의재판부가 아니라 신청사건 담당 판사에 국한되어
법관에게 해당 본안 사건에 관해 예단을 줄 우려가 없다. 따라서 그 합리성을
충분히 인정할 수 있기 때문이다.

1) 헌법재판소 1996. 12. 26. 94헌바1, 법률신문 1997. 1. 2.자 2쪽 報道. 그리고 위 결정 全文은 위
   신문 1997. 1. 16.자 10쪽 이하에 게재되어 있다. 위 결정은 같은 조 제5항도 공판기일전 증인신
   문절차에서 피고인, 피의자 또는 변호인의 참여권에 관해 판사의 재량사항으로 정하고 있어 통
   상의 증인신문절차에서 보장되는 당사자의 참여, 신문권에 비하여 그 권리의 내용을 제한적으로
   규정하고 있어 위헌이라고 판시하였다. 그러나 1997. 1. 1.부터 시행된 구 형사소송법 제221조의
   2의 제5항은 "판사는 특별히 수사에 지장이 있다고 인정하는 경우를 제외하고는 피고인·피의자
   또는 변호인을 제1항 또는 제2항의 청구에 의한 증인신문에 참여하게 하여야 한다"고 규정하였
   다. 일단 위 개정 형사소송법 규정은 헌법재판소가 지적한 위 문제점을 상당부분 해소한 상태에
   있다고 여겨졌으나 판사가 특별히 수사에 지장이 있다고 여겨지면 피고인·피의자 또는 변호인
   의 참여를 제한할 여지를 남겨두고 있다는 점에서 위헌여부에 관한 논쟁의 불씨는 계속 남아 있
   었다고 하겠다. 이에 2007. 6. 1. 개정된 형사소송법 제221조의2 제5항은 "판사는 제1항의 청구
   에 따라 증인신문기일을 정한 때에는 피고인·피의자 또는 변호인에게 이를 통지하여 증인신문
   에 참여할 수 있도록 하여야 한다"고 하여 위 문제점을 일소하였다.
2) 申東雲, 위 책, 260쪽.

제 6 절 컴퓨터 이용자 등의 수사협력의무

1. 문 제 점

수사기관이 데이터 처리시스템에 접근하기에는 한계가 있다. 특히 권한 없는 자의 접근을 방지할 목적으로 보안상 작성된 특수 소프트웨어나 암호장치(encryption)에 접근하기는 더욱 어렵다. 그러므로 수사기관에 協力해야 하는 市民의 의무는 컴퓨터 사회에서 더욱 중요시 될 수밖에 없다.[1] 그렇다고 해서 일체의 電磁記憶媒體를 압수하여 被處分者의 協力이나 情報의 開示를 强制할 수 있도록 허용하는 것은 犯罪의 輕重이나, 당해 기억매체의 증거가치, 被處分者의 業務 및 이에 의지하고 있는 제3자의 업무에 미칠 영향 등을 고려해 볼 때 타당하다고 하기 어렵다.[2] 따라서 컴퓨터 증거를 無體情報로서가 아니라 그것을 出力하여 有體物로 만들어야 한다. 즉, 예컨대, 전자기록매체에 기록된 전자기록 그 자체를 통상인의 지각으로 이해할 수 있는 것은 아니므로 수사기관은 압수영장에 의해 적법하게 압수한 자기테이프 등에 기록된 전자기록의 내용을 위 압수영장 이외에 별개의 영장 없이도 "필요한 처분"으로서 출력할 수 있다고 할 것인데,[3] 이때 코어기억장치나[4] 고정된 디스크 장치 또는 칩과 같은 데이터 저장매체가 컴퓨터 본체와 분리될 수 없어 수사기관의 컴퓨터로 검사하기 어려운 경우 수색대상인 컴퓨터 시스템에 의해 이를 분석하거나 出力할 필요가 있다. 특히 요증사실과 자연적 관련성 없는 데이터가 관련성 있는 데이터와 함께 저장되어 있어 당해 전자기록 등 특수매체 기록 전부를 압수할 수 없을 때 그 관련성 있는 데이터를 취득하기 위해서 법원이나 수사기관이 당해 증거를 소지하

---

[1] Council of Europe, 「Computer-related Crime」, p. 74.

[2] 的場純男, "コンピュータ 犯罪と捜査", 96面 參照.

[3] 新保佳宏, "コンピュータお めぐる刑事手續法上の諸問題", 中山研一, 神山敏雄編, 「コンピュータ 犯罪等に關する刑法一部改正(註釋)」, 改正增補版, 149面. 安富 潔, 「刑事手續と コンピュータ 犯罪」, 163面, 註 38).

[4] core memory: 산화철, ferrite 등을 재료로 하여 만들어진 조그만 고리모양의 자성기억소자를 자기코어라고 하는데, 이 자기코어를 가로세로로 배열해 놓은 코어판으로 구성된 기억장치를 코어기억장치라고 한다. 주소선과 판독/기록선을 각 코어에 통과시켜 선택된 주소에 있는 코어의 자화방향을 읽어내거나 바꿈으로써 주기억장치의 역할을 수행한다. 오늘날은 거의 사용되지 않는다. 크라운출판사, 「컴퓨터용어대사전」, 162쪽.

고 있는 자의 컴퓨터를 강제로 이용할 수 있는지가 문제로 되는 것이다. 컴퓨터 소유자의 임의의 協力이 있는 경우는 특별한 문제가 없을 것이나 그러한 협력을 기대할 수 없어 컴퓨터 기록을 可視性, 可讀性 있는 文書 等으로 출력하기 어려운 때, 이를 강제하기 위한 여러 수단의 法的 根據에 관해 해석론상 다툼이 있을 수 있다. 이하에서는 이점에 관해 살펴보기로 한다.

2. 피처분자의 컴퓨터 이용

가. 개   설

현행 형사소송법 제120조는 압수, 수색영장의 執行指示時(제1항), 압수물에 대해(제2항) "必要한 處分"을 할 수 있다고 규정하고 있고 이는 제219조에 의해 검사 또는 사법경찰관의 압수, 수색에 준용되고 있다. 이러한 "必要한 處分"은 수사목적 달성을 위한 공익상의 필요가 있을 때 수사권을 제한할 수 있다는 취지를 나타내고 있는 것이므로 이는 무제한적으로 허용되는 처분이 아니라 집행의 목적을 달성하는데 필요하고 동시에 사회적으로 상당성이 있는 처분에 국한된다고 해야 한다. 그리고 그 "相當性" 판단에 관하여 당해 압수, 수색이 인정되는 공익상의 이유, 필요성, 긴급성, 집행자의 의도, 피처분자 등 집행에 참여한 자의 태도, 목적물의 가치, 피해 및 원상회복의 난이도, 처분의 원인 및 방법 등을 종합적으로 고려하여 구체적 사안별로 결정해야 할 것이라는 일본학설이 있는바,[1] 이점에 관해 우리형사소송법 조문이 일본과 같이 규정되어 있으므로, 우리 법해석론으로서도 동일하게 볼 수 있다고 하겠다. 물론 일본의 형사소송구조는 경찰수사권이 독립된 구조이고,[2] 우리나라는 경찰이 검찰의 지휘를 받아 수사를 하는 구조로 되어 있지만, 강제처분인 압수·수색이 경찰 만에 의해 행해진다거나 검찰 및 경찰에 의해 행해지는 것 사이에 어떤 본질적인 차이가 있다고 볼 수는 없다. 따라서 위에든 압수·수색에 관한 조문과 같이 우리형사소송법 규정과 일본 형사소송법 규정이 동일하다고 말해도 좋을 만큼 유사한 경우에는 일본의 해석론을 참고하여 우리 형사소송법을 해석할 수 있는 실마리를 제공받을 수 있으리라 여겨진다.

---

1) 丸谷定弘, "搜索,差押令狀의 執行方法", 「搜査法大系Ⅲ」(1972), 67面. 安富 潔, 「刑事手續と コンピュータ 犯罪」, 162面, 註 36).
2) 일본은 1948년 구경찰법 및 신형사소송법 제정으로 경찰이 검찰로부터 독립하여 수사의 권한을 가지게 되었다. 김형만, "일본의 수사구조 및 사법경찰제도", 「주요국가의 수사구조 및 사법경찰제도」, 치안연구소(1996), 40쪽.

그리고 법률이 인정하고 있는 강제처분이라고 할지라도 그 강제력 행사의 방법은 무제한적인 것이 아니며, 그 처분의 목적을 달성하기 위해 필요, 최소한도에 그쳐야 한다는 것은 재산권을 보장하고 있는 헌법규정에 비추어 의심할 여지가 없는 것이다. 예를 들어 설명하자면 압수, 수색을 함에 있어 시정장치가 된 물건이 있으면 우선 열쇠를 제공받아 그 자물쇠를 여는 등의 方法으로 집행을 받는 자에게 손해가 최소한이 되도록 하는 방법으로 집행해야 한다. 열쇠 보관자가 그 제공을 거부하거나 열쇠를 제공하기까지 기다릴 수 없는 긴급성이 인정되는 경우와 같은 합리적인 이유도 없는데 자물통을 부수고 집행하는 것은 허용되지 않는다고 해야 한다.[1] 이점을 전제하여 이하에서 압수, 수색시 할 수 있는 필요한 처분으로서 상대방에게 그 상대방의 컴퓨터를 이용한 출력을 강제할 수 있는지 여부에 관하여 논의되는 견해들을 살펴보기로 한다.

나. 논의상황

이에 관해 주장되고 있는 견해를 보면, 우리 형사소송법 제120조가 압수, 수색영장의 집행에 있어서는 필요한 처분을 할 수 있고 압수물에 대하여도 동일한 처분을 할 수 있다고 하고 있으므로 컴퓨터 증거에 대한 압수, 수색시 필요한 처분의 하나로서 이를 프린트 아웃할 수 있다는 견해가 있고,[2] 컴퓨터 關聯犯罪의 수사에 있어 피처분자의 컴퓨터를 使用하여 出力하는 것을 인정하더라도 그 實施에 신중을 기할 것을 요구하는 것이 타당하다고 보는 견해도 있다.[3] 또한 현행 형사소송법 제106조 제2항에 의하면, 압수할 물건을 지정하여 그 소유자, 소지자 또는 보관자에게 제출을 명할 수 있는데, 그 제출명령의 내용으로서 전자기록물을 프린트 아웃해서 제출하도록 할 수 있으며, 이때 전자기록물 자체와 프린트 아웃한 제출물과의 동일성 증명을 위해 프린트 아웃한 자의 서명을 요한다고 하는 견해가 있다.[4]

그밖에도 상정해 볼 수 있는 견해로, 컴퓨터 증거를 대상으로 한 압수나 수색은 그 無體情報性 때문에 불가능하므로 압수, 수색영장의 집행지시 때나 압수물에 대해서도 "必要한 處分"으로서 피처분자의 컴퓨터를 이용하는 것은은 不可能하다는 견해도 주장될 수 있다.

---

1) 東京地判 昭和 44(1969년). 12. 16.下級民集 20卷 11, 12號, 913面. 安富 潔, 前揭書, 162面.
2) 한국형사정책연구원, 「형사정책연구」 1990년 제2호, 125쪽. 대검찰청 검찰연구관 안종택 토론부분.
3) 李哲, "컴퓨터 犯罪의 法的規制에 대한 硏究", 215쪽.
4) 신평, 위 論文, 461쪽.

다. 사　견

私見으로는, 상대방의 컴퓨터 기억매체에 저장되어 있는 자료전부가 수사
대상이 된 범죄와 자연적 관련성을 갖고 있을 때 형사소송법 제106조, 제108조
상의 압수가능한 물건으로서 압수가 허용되며, 그에 부수되는 필요한 처분으로
상대방의 컴퓨터를 강제로 이용하는 것이 허용된다고 보되, 부작용을 충분히 고
려하여 그 실시에 신중을 기해야 한다고 본다. 즉 요증사실인 범죄행위와 관련
성이 없으면 데이터가 저장된 컴퓨터 기억매체를 문서라고 할 수 없으므로 압
수에 관한 형사소송법 규정이 적용될 수 없고, 따라서 "필요한 처분"으로서 상
대방의 협력을 강제할 근거조문도 현행 형사소송법상으로는 찾기 어렵다고 보
아야 한다. 그러나 요증사실인 범죄행위와 자연적 관련성을 갖고 있는 컴퓨터
기억매체는 그 기억매체 자체를 물건으로 관념할 수 있으므로 압수·수색의 대
상이 되고, 따라서 위 형사소송법 규정의 "필요한 처분"으로서 상대방의 컴퓨터
를 이용하거나, 필요한 자료를 복제한 플로피디스크를 제출하게 하거나 할 수
있다고 하겠다. 이는 원본인 전자기억매체에 범죄사실과 유관한 자료와 무관한
자료가 함께 저장되어 있는 경우에도 타당하다. 따라서 범죄사실과 유관한 자료
만을 출력하도록 강제하거나 필요한 자료를 복제한 플로피디스크를 제출하게
하거나 할 수 있다.

그리고 법원이 제3자가 소유하고 있는 증거물에 대한 압수를 영장발부에
의해 허가한 이상 피처분자의 컴퓨터를 사용하여 출력하는 것까지도 허용한 것
이라고 해야 할 것이다. 따라서 별도의 영장 없이도 압수, 수색영장 집행에 必
要한 處分으로 피처분자의 컴퓨터를 이용하여 전자기록을 출력할 수 있다고 할
것이다.

그러나 사실상의 문제로 만약 피처분자가 그 출력에 임의의 협조를 하지
않는다면 그 협조를 강제할 방법은 없다고 하겠다. 나아가 피처분자의 컴퓨터를
사용하는 것이 그의 營業等에 중대한 손해를 주거나, 그의 私生活을 부당하게
침해하게 되거나 더욱이 犯罪事實과 전혀 관계없는 제3자에게 손해를 줄 우려
가 있음에도 불구하고 피처분자의 컴퓨터를 법원이나 수사기관이 임의로 사용
할 수 있다고 보기는 어렵다고 할 것이다. 달리 말하면, 전자기록을 프린트 아
웃하기 위하여 수사기관이 그가 갖고 있는 컴퓨터를 이용하여 프린트 아웃한다
면 별다른 문제가 없겠지만, 피의자·피고인 등이 근무하고 있는 회사가 다른 컴
퓨터 會社에 業務處理를 委託하고 있거나, 1대의 컴퓨터를 數人 또는 수개의

會社에서 사용하고 있는 경우 등과 같이 피의자나 피고인의 범죄사실과 관계없는 컴퓨터를 이용하면 피처분자에게 막대한 손실을 입힐 우려가 있는 경우에는 수사를 위해 피처분자의 컴퓨터를 이용하는 것은 허용되지 않는다고 하겠다. 위와 같은 경우 피처분자의 컴퓨터 이용에 따라 그가 입은 손실 또는 손해를 국가가 보상 또는 배상해야 하는 문제가 발생한다.[1] 따라서 우리 형사소송법 제120조, 제219조 등에서 말하는 "必要한 處分"은 수사나 재판상의 目的達成에 最少限으로 必要한 處分이라고 해석해야 하며, 이는 犯罪를 범하였다고 의심할 만한 相當한 理由의 存在, 被疑事件의 重大性, 當該 證據의 重要性 및 그 取得의 必要性, 상대방의 컴퓨터를 이용하지 않고도 다른 수단에 의해 증거를 확보할 수 있는지 여부, 相對方이 입게될 被害의 程度등을 종합적으로 비교하여 결정할 문제라고 하겠다.[2]

3. 제3자의 컴퓨터 이용

가. 서   설

수사기관이 범죄수사를 목적으로 피의자의 은행계좌를 추적하는 경우 은행의 협력의무는 어디까지 미칠 것인가? 또는 Internet Service Provider 등 컴퓨터 통신망 운영사업자의 수사절차 협력의무는 어디에까지 미친다고 해야 할 것인가? 이러한 문제에 관해 고찰해 보기로 한다.

나. 제3자에 대한 압수, 수색
1) 일 반 론

컴퓨터 기기류의 소유, 점유, 관리가 피의자나 피해자 아닌 제3자의 지배하에 있는 경우 그 컴퓨터 기기류에 대한 압수, 수색이 허용될 수 있는지 여부도 문제된다. 이에 대해서 일본 형사소송법의 해석론으로는 피의자, 피고인 이외의 제3자의 물건이나 주거 등에 압수할 물건이 존재한다고 인정되는 충분한 사정이 있으면 수색이 가능하고, 업무상 비밀에 관하여 압수거절권을 인정하는 형사소송법 규정에 비추어, 그 반대해석상 제3자에 대한 압수도 허용된다는 견해가 있는가 하면,[3] 영장에 의한 압수, 수색의 허가는 당해 장소의 관리자의 의사에 관계없이 당해 장소 및 물건의 수색, 압수권한을 수사관에게 부여하는 것이므로

---

1) 安富 潔, "コンピュータ 犯罪の 搜查と證據", 30面 參照.
2) 同旨, 安富 潔, 前揭論文, 30面.
3) 廣畑史郎, "コンピュータ犯罪と 搜索・差押え", 65, 67面. 安富 潔, 前揭書, 156面, 註 26).

제3자가 소유, 관리, 점유하고 있는 물건도 영장에 기재되어 있는 물건이라면 압수할 수 있다는 견해도 있다.[1] 일본 판례[2]도 제3자의 소유에 속하는 물건이거나 제3자의 범죄에 관계된 증거물이라도 그것이 동시에 영장발부에 관계된 사건의 증거물이라고 생각되는 물건인 한 당해 영장에 의해 적법하게 압수할 수 있다고 하고 있다. 그러나 제3자가 소유자 또는 보관자로서 당연히 보유하는 이익은 피의자의 그것보다 더 중하게 보호되어야 하지만 그 물건을 압수하는 것에 의하여 제3자의 위와 같은 이익과 충돌하게 되는 경우도 피할 수 없으므로 그 이익을 구체적으로 교량하여 제3자의 물건을 피의사실에 대한 증거로서 압수할 필요성이 충분히 인정되는 경우에 한하여 그 압수처분이 허용된다고 해야 한다는 판결도 있다.[3]

　　위와 같은 일본 학설이나 판례는 조문내용이 유사한 우리 형사소송법 제109조 제2항, 업무상 비밀에 관하여 압수거절권을 인정하는 형사소송법 제110조 내지 제112조에 대해서도 그대로 적용할 수 있겠다. 그리고 사견으로는 가장 마지막 견해를 지지한다. 즉, 제3자에 대한 압수, 수색은 피의자나 피고인에 대한 그것보다 요건을 엄격하게 해석해야 하고, 따라서 원칙적으로 앞서 본 영장주의의 요건에 맞게 법관이 발부한 영장이 있어야 하고, 영장이 없는 경우 제3자는 그 협력의무를 거절할 수 있다고 해야 한다. 즉 수사기관은 통신비밀보호법 제2조 제7호가 허용하고 있는 것처럼 법관의 영장을 발부받거나 긴급통신제한조치의 요건을 갖춘 경우에 한하여 제3자에 대해 전자통신의 음향, 문언, 부호, 영상을 청취·공독하여 그 내용을 지득 또는 채록하거나 전기통신의 송·수신을 방해할 수 있다고 하겠다. 그러나 요증사실과 관련 있는 자료가 내장된 컴퓨터를 소유·보관하고 있는 제3자에 대해서는 그 컴퓨터 기억매체의 압수나 출력강제, 파일복제물 제출, 출력한 서면 제출 등의 의무를 부과할 수 있겠다. 2011. 7. 18. 개정된 현행 형사소송법 제107조 제1항도 피고(의)사건과 관계가 있다고 인정할 수 있는 것에 한정하여 「통신비밀보호법」 제2조 제3호에 따른 전기통신에 관한 것으로서 체신관서, 그 밖의 관련기관 등이 소지 또는 보관하는 물건의 제출을 명하거나 압수를 할 수 있다고 규정하고 있다.

2) 예금계좌추적

컴퓨터 관련 증거의 압수, 수색에 대한 제3자의 협력의무가 문제되는 경우로 예금계좌추적이 있다. 원래 1993. 8. 12. 20:00부터 시행되고 있는 금융실명거래및비밀보장에관한긴급재정경제명령 제4조 본문이나 현행 「금융실명거래 및 비밀보장에 관한 법률」 제4조는 금융회사 등에 종사하는 자에 대해 예금명의인의 서면상의 요구나 동의를 받지 않고는 그 금융거래의 내용에 관한 정보나 자료를 타인에게 제공하거나 누설하여서는 아니 되며, 누구든지 금융회사 등에 종사하는 자에게 그 정보 등의 제공을 요구하여서는 아니 된다고 규정하면서, 그 단서의 제1호에서 법원의 제출명령 또는 법관이 발부한 영장에 의하여 정보 등의 제공을 요구하는 경우, 그 사용목적에 필요한 최소한의 범위 내에서 정보 등의 제공을 요구하거나 제공하는 경우에는 그러하지 아니 하다고 하고 있다. 위 규정에 의해 수사기관이나 법원이 금융정보의 제공을 요구하는 때에도 금융위원회가 정하는 표준 양식에 의해 명의인의 인적 사항, 요구대상 거래기간, 요구의 법적 근거, 사용목적, 요구하는 정보의 내용, 요구하는 기관의 담당자 및 책임자의 성명과 직책 등 인적 사항 등을 기재한 문서에 의하여 금융회사 등의 특정점포에 이를 요구하여야 한다(제4조 제2항). 금융회사 등에 종사하는 자는 위 법률 제4조 제1항, 제2항의 규정에 위반하여 거래 정보 등의 제공을 요구받은 경우에는 이를 거부하여야 하며(제3항), 이에 위반하여 금융정보를 공개하면 5년 이하의 징역 또는 5천만원 이하의 벌금형에 처해지거나 위 두 형이 병과된다(제6조). 위 법률의 요건을 충족하여 금융정보를 얻게 되었다고 할지라도 그 알게 된 정보 등을 타인에게 제공 또는 누설하거나 그 목적 외의 용도로 이를 이용하여서는 아니 되며, 누구든지 그 정보 등을 알게 된 자에게 그 정보 등의 제공을 요구하여서는 아니 된다(제4조 제4항 본문). 따라서 금융기관은 위 법률 제4조에 규정된 요건과 같이 법관이 발부한 영장에 근거하여 금융거래자의 인적 사항, 정보의 사용목적, 요구하는 정보의 내용 등을 기재하여 금융기관의 컴퓨터에 저장되어 있는 금융정보의 제공을 요구받은 경우에 한하여 이를 제공할 의무가 있다고 하겠다.

위 법률규정은 앞서 본 바와 같이 압수대상이 되는 컴퓨터 데이터의 관련성 및 정보에 대한 자기결정권의 내용으로 인정되는 목적기속의 원칙을 표방하고 있고, 또한 영장주의원칙에 위반하지 않기 위해 노력하고 있으며, 금융실명거래의 실효성을 확보하기 위해 금융정보를 이용할 필요성이 있음을 반영한 점 등에 비추어 타당한 입법조치라고 하지 않을 수 없다.

4. 수사상 컴퓨터 전문가의 협력

가. 일 반 론

컴퓨터나 전자기록매체에 저장되어 있는 방대한 양의 정보들로부터 필요한 증거를 추출하기 위해서는 당해 컴퓨터 시스템의 운영 및 관리에 정통한 자나 내부의 시스템 감사가 행해지고 있는 경우 당해 감사인의 협력을 얻을 필요가 있다. 이에 관해 일본학설상으로는 관계자의 협력을 얻을 수 없는 경우 수사를 단념할 수밖에 없는 사태도 발생할 수 있으므로 관계자의 협력을 법적인 의무로 강제하는 입법조치가 필요하다는 견해도 있고,[1] 증거부제출죄와 같은 조항을 신설하여 협력을 강제하자는 견해도 있으며,[2] 위와 같은 견해들에 대하여 自己負罪拒否特權과 관련하여 의문을 제기하는 견해도 있다.[3]

미국에서 주장되고 있는 견해를 보면, 수사기관이 아닌 컴퓨터 전문가의 협력이 수사상 필요한 경우 그러한 취지를 영장에 기재하는 것이 바람직하다는 견해도 제시되고 있고,[4] 파일수색에 전문가의 참여를 인정하거나 전문지식이 없는 수사관을 대신하여 압수, 수색의 목적이 어떠한가를 전문가가 판단할 수 있다고 하는 견해,[5] 컴퓨터 전문 특수장비가 설비되어 있으면 예외적으로 전문가의 협력을 요한다고 하지 않을 수 없으며, 수색영장에 포함된 컴퓨터 관련 항목을 특정하기 위해 경쟁사 종업원과 같은 전문가의 조력을 받는 것도 허용된다는 판례도 있다.[6]

私見으로는, 수사기관이 압수·수색을 행하면서 컴퓨터 기록을 출력하기 위해 컴퓨터에 관한 전문지식이나 기능을 보유하고 있는 제3자로 하여금 협력하게 하는 것도 그 제3자의 임의의 협력을 얻어 행하고, 그것이 사회적으로 상당한 범위 내에서 행해진다고 보는 한 압수·수색에 부수되는 "必要한 處分"에 해

---

1) 渥美東洋, "コンピユータと刑事手續き上の問題點", 「刑法雜誌」 28巻 4號, 74面. 安富 潔, 前揭書, 148面, 註 13).
2) 新保佳宏, "コンピユータおめぐる刑事手續法上の諸問題", 154面, 安富 潔, 前揭書, 148面, 註 13).
3) 安富 潔, 前揭 面, 前揭 註).
4) People v. Noble, 635 P.2d 203(Colo. 1981), 安富 潔, 前揭書, 44面 參照.
5) Forro Precision, Inc. v. International Business Machines Corp., 673 F.2d. 1045(9th Cir. 1982), cert. denied, 471 U.S. 1130(1985). People v. Superior Court of Santa Clara County, 104 Cal. App. 3d 1001(1980). 安富 潔, 前揭書, 158面, 註 33) 參照.
6) State v. Wade, 544 So. 2d 1028, 1029-30(Fla. App. 1989)., Cynthia K. Nicholson, Robert Cunningham, "Computer Crime", p. 400.

당한다고 할 수 있으므로 허용된다는 견해에 찬성하되,[1] 수사단계에서 제3자의 협력을 강제하는 조치는 현행법상 근거가 없을 뿐만 아니라, 절차위반범죄자를 양산하게 되어 형사정책적으로도 옳지 않으므로 불가하다고 본다. 즉, 우리의 경우 수사기관은 위 "필요한 처분"외에도 형사소송법 제221조 제2항에 의한 감정위촉, 및 제221조의3, 4의 규정에 의한 감정위촉절차에 의해 컴퓨터 전문가의 협력을 얻을 수 있다고 하겠다. 이때 감정의 위촉을 받은 감정인은 판사의 허가를 얻어 형사소송법 제221조의4 제1항에서 인용하고 있는 제173조 제1항에 의해 "타인의 주거, 간수자 있는 가옥, 건조물, 항공기, 선거 내에 들어갈 수 있고, 신체의 검사, 사체의 해부, 분묘의 발굴, 물건의 파괴"를 할 수 있다. 감정허가장에는 피고인의 성명, 죄명, 들어갈 장소, 검사할 신체, 해부할 사체, 발굴할 분묘, 파괴할 물건, 감정인의 성명과 유효기간, 감정인의 직업, 유효기간을 경과하면 허가된 처분에 착수하지 못하며 허가장을 반환하여야 한다는 취지, 감정에 필요한 처분의 허가에 관하여 조건을 붙인 때는 그 조건 등 및 발부년월일을 기재하고 재판장 또는 수명법관이 서명날인하여야 한다(형사소송법 제173조 제2항, 형사소송규칙 제89조). 컴퓨터 전문가가 피처분자의 컴퓨터 소재장소에 출입하여 그 컴퓨터를 조작하는데 필요한 프로그램 운용설명서 제출을 요구하고, 출력하는 등의 행위도 법관이 발부한 감정허가장에서 허용하고 있는 한 위 형사소송법 규정에 의해 허용된다고 보아야 하겠다. 또는 수사기관은 전자증거의 기재내용을 검증에 의해 확인할 수도 있다. 디지털 포렌식은 이상의 감정이나 검증 절차에 해당한다고 하겠다.

나. 압수거절권

이밖에 수사절차상 컴퓨터 전문가가 컴퓨터에 기억되어 있는 내용에 관하여 그것이 개인의 비밀이나 기업의 비밀에 관계되는 것이라는 이유로 압수를 거절할 수 있는지가 문제된다. 우리 형사소송법 제219조에 의해 준용되는 제112조는 일정한 직에 있던 자가 그 업무상 위탁을 받아 소지 또는 보관하는 물건으로 타인의 비밀에 관한 것은 원칙적으로 압수를 거절할 수 있다고 하고 있다. 이는 비밀의 주체인 의뢰인의 사생활 보호(헌법 제17조) 및 업무자와 의뢰인간의 신뢰관계보호라는 하나의 요청과 형사사건의 실체적 진실발견이라는 또 하나의 요청 사이에 빚어질 수 있는 마찰을 조절하기 위하여 마련된 규정이다. 그러나

---

1) 的場純男, 「コンピュータ 犯罪と捜査」, 95面 参照, 安富 潔, 「刑事手續と コンピュータ 犯罪」, 157面.

위 조문에 열거되어 있는 직업에 종사하는 자에 대한 규정은 한정적 열거규정
이라고 보는 견해가 일반적이다. 예컨대 일본 형사소송법의 해석에 관하여 컴퓨
터정보처리기사등은 위 형사소송법규정에 열거되어 있는 자가 아니고, 컴퓨터
정보를 그에 규정되어 있는 "업무상 위탁을 받아 소지 또는 보관하고 있는 물
건"으로 보기도 어려우므로 압수거절권을 인정하기 어렵다고 하는 견해가 있
다.[1] 업무상 비밀에 관하여 증언거부권을 인정하고 있는 형사소송법 제149조에
대해서도 위와 같이 부정적으로 해석해야 할 것이다. 그러나 해당 전자증거의
내용 자체가 우리 형사소송법 제219조나 제110조 내지 제112조의 신분을 가진
사람들의 업무에 관련되어 작성된 것이라면 압수 또는 수색을 거절할 권리를
인정해야 할 것이다. 제149조의 증언거부권에 대해서도 같은 조건 아래 이를 인
정해야 한다.

다. 검증시 컴퓨터 전문가의 참여

수사기관이 검증을 함에 있어 컴퓨터 시스템을 이용한 구체적인 범행과정
을 재현하기 위해 검증장소의 관리책임자, 프로그래머, 오퍼레이터, 시스템 엔지
니어 등 관계자의 참여에 의해 정확한 검증을 실시할 수 있을 것인데 그들의 협
력을 얻는 법률상의 근거에 관해 일본학설상으로 견해가 나뉘고 있다. 하나는
검증을 위한 "필요한 처분"으로서(우리나라 형사소송법 제219조, 제140조) 컴퓨터 전문
가의 조력을 얻을 수 있다는 견해이고,[2] 다른 하나는 검증절차의 적정 보장이
나 피처분자의 프라이버시 보호라는 관점에서 보면 그와 같은 권한을 수사관에
게 일반적으로 허여하는 것은 의문이며 원칙적으로 사법심사를 받게 하여 수사
기관이 전문가의 참여 필요성을 사전에 법관에게 소명하여 그 허가를 얻지 않
는 한 전문가의 참여는 허용되지 않는다고 하는 견해이다.[3] 수사의 신속성을
위해 전자의 견해에 찬성한다. 이 경우 행해지는 검증은 본래 의미의 검증과 감
정의 복합적인 처분으로서의 성질을 갖고 있다고 보는 견해가 있는바,[4] 이렇게
보면 검증영장으로서 검증에 수반되는 필요한 처분으로서 컴퓨터 전문가의 협
력을 얻을 수 있게 될 것이므로 위 견해에 찬성한다.

---

1) 安富 潔, 前揭書, 162面.
2) 廣畑史朗, "コンピユータ犯罪と檢證", 警察學論集 40卷 11號(1976), 4面. 安富 潔, 前揭書, 173
   面, 註 59).
3) 新保佳宏, "コンピユータおめぐる刑事手續法上の諸問題", 158面, 安富 潔, 前揭書, 174面, 註 60).
4) 鈴木茂嗣, 「注解刑事訴訟法」, 上卷 全訂新版, 平場安治等 編著(1987), 409面, 411面. 安富 潔,
   前揭書, 173面, 註 59).

제 7 절　전자통신정보의 탐색

1. 서　　설

가. 전자적 통신정보의 성상(性狀)

전자적 통신정보는 전화선 혹은 전용선을 이용하여 0과 1로 이루어진 신호를 보내 컴퓨터끼리 정보를 주고받을 수 있는 통신정보나, 스마트폰 등 휴대전화로 이루어지는 무선 통신 내용과 통신 관련 주변 정보를 말한다. 즉 일반적으로 컴퓨터를 이용해 원격통신망에 접속된 일정한 신호는 우선 아날로그 형태로 바뀌어 전송되어 상대방 측에서 받아볼 때 디지털 형식으로 변환되며, 이와 같은 과정은 모뎀에 의해 수행되거나,[1] 통신회사의 통신기지국을 통하여 GPS 등으로 전송되는 방식으로 수행된다. 이러한 컴퓨터 통신에 의해 수행할 수 있는 작업으로는, 종래 인쇄물의 형태로 된 편지를 컴퓨터 시스템에 의해 각 사용자가 다른 사용자에게 편지를 띄우거나 자신에게 온 편지를 확인해 보는 전자우편(Electronic mail),[2] 논리적으로 연관된 레코드나 파일의 모임으로서 어떤 조직 내에서 여러 사람이 사용할 목적으로 통합적으로 조직되고 관리되는 운영자료의 집합인 데이터베이스[3]에 저장된 자료를 검색하거나 다운로딩 하기, 전자게시판에 원하는 자료를 올리거나 읽어보기 등을 들 수 있다.

2014년 3월 현재 KT는 5G 시대를 대비해 '네트워크 경쟁력'을 기반으로 사물통신과 클라우드, 콘텐츠 시장을 선도한다는 계획이다. KT는 스페인 바르셀로나에서 폐막한 'MWC(Mobile World Congress) 2014' 행사에서 시간차를 두고 데이터 트래픽을 주고받는 시분할 방식(TDD)과 서로 다른 주파수 대역으로 주고받는 주파수분할방식(FDD)을 동시에 묶어 데이터 다운로드 속도를 큰 폭으로 향상시키는 CA(Carrier Aggregation) 기술을 세계최초로 선보였다. 또 광대역 LTE A와 기가 와이파이의 주파수대역을 묶어 최고 8배 빠른 600Mbps 속도를 구현하는 이종망 융합기술인 'Het Net'(Heterogeneous Network)을 구현하는 데도 성공했다. 이 기술은 최신 영화 1편을 11초 안에 내려받을 수 있는 수준까지 올랐다. 아마도

---

1) Christian K. Bschorr, 「Computer-Kriminalität: Gefahr u. Abwehr」, S. 171.
2) 크라운출판사, 「컴퓨터용어대사전」, 251쪽.
3) 위 사전 177쪽, 178쪽.

2020년쯤이면 모든 기기가 통신으로 연결되는 소위 사물인터넷(IOT, Internet of Things) 세상이 도래할지도 모른다.[1]

　　그런데 컴퓨터나 휴대전화 등에 의한 통신이 광범하게 확산되고 있는 오늘날 수사기관이 수사활동의 일환으로 위와 같은 전자적 통신을 어느 범위까지 알아내는 것이 허용되느냐가 전자증거 수집에 있어 중요한 쟁점이 되지 않을 수 없다. 그와 같은 쟁점을 해결하기에 앞서 일단 컴퓨터 통신 무단 탐색행위에 관한 용어부터 정리하고 넘어가기로 한다. 컴퓨터 통신은 음성을 수단으로 하지 않으므로 그 내용을 무단 취득하는 행위를 일컬어 도청이라고 표현하는 것은 적절치 않다. 통신비밀보호법에서 사용하고 있는 監聽이라는 용어도 적절하다고는 할 수 없다. 컴퓨터 통신은 주로 광섬유를 이용한 전화통신선에 의해 전송되어, 음성뿐만 아니라 영상, 동영상, 문자 등의 형태로 상대방에게 전달된다. 따라서 컴퓨터를 통해 전송되고 있는 정보를 취득하는 행위를 도청이니 감청이니 하는 용어로 표현하기 어렵다. 따라서 저자는 컴퓨터 통신망을 이용해 전자메일에 들어 있는 전자편지 내용을 훔쳐본다거나 전자게시판에 올려진 게시 내용을 무단히 지득한다거나, 데이터베이스에 침입하여 그곳에 가공 처리되어 있는 자료를 함부로 검색한다거나 하는 행위를 통틀어 '探索(탐색)'이라고 표현하는 것이 상당하다고 보아 앞으로 이 용어를 사용할 예정이다. 이러한 컴퓨터 통신 등을 할 수 있는 통신망 사업을 기업적으로 운영하는 형태가 정보통신산업이라고 할 수 있다.

나. 전자통신정보 탐색의 법률적 문제

　　원격통신선에 의해 컴퓨터 통신을 탐색하는 것은 특히 데이터가 영구적으로 저장되지 않고 단지 전송되기만 할 뿐인 경우, 데이터가 一國을 통과하기만 하는 경우, 원격통신이나 컴퓨터 조작행위를 계속적으로 관찰할 필요가 있는 경우 등과 같은 때 범죄수사를 위해 필요함은 물론이다.[2] 건조물에의 침입, 압수, 수색권 등이 시민의 자유에 대한 "可視的인" 간섭에 그치는데 반하여, 원격통신이나 컴퓨터 시스템에 대한 탐색은 일반적으로 관련된 시민이 알지 못하는 사이에 행해지는 영구적인 침해행위인 경우가 대부분이다. 그런데 법률이 수사기관에게 "對話를 감청"(monitoring of conversations)한다거나 "음향장치에 의한 원격

---

[1] 이상 이 문단의 서술부분은 조선일보 2014. 3. 5.자 창간 94특집인 D19면의 내용을 기재한 것이다.

[2] 이하의 일부내용은 오기두, 위 論文, 567쪽 以下에 의함.

통신내용을 감시, 기록"(surveillance and recording of the telecommunications traffic on sound carriers)하는 권한만을 부여하고 있는 경우에는 컴퓨터에 특수한 문제가 발생한다. 음향장치를 사용하지 않고 전자통신수단을 사용하는 컴퓨터 통신에 대해 위와 같은 강제력의 사용에 관한 규정을 유추 적용하기는 어렵기 때문이다. 이것은 전통적으로 쓰이고 있는 도청이라는 용어가 음성전달을 수단으로 한 전화통신에 주로 사용되고 있는 점에서 보아도 알 수 있다. 그리고 형법 제316조 제2항은 헌법 제17조가 보장하는 사생활의 비밀과 자유를 침해받지 않을 권리 및 동 제18조가 보장하는 통신의 비밀을 보장받을 권리에 상응하는 규정인데, 그 비밀침해죄의 객체에 전자기록등 특수매체기록을 추가하였으며 행위방법으로 기술적 수단을 이용하여 그 내용을 알아내는 행위를 처벌하도록 하여, 그와 같은 행위를 한 자를 3년 이하의 징역이나 금고 또는 500만원 이하의 벌금형에 처하도록 하고 있다. 본죄의 보호대상인 對話는, 그 내용이나 혹은 비밀유지의 필요성 때문이 아니라 비공개적으로 이루어진 개인간의 對話 그 자체로서 보호된다고 해야 한다.[1]

그러나 범인검거 등을 위해 법원이나 수사기관의 직무집행 행위로서, 증거수집의 방법으로 그 내용을 알아내는 것은 正當行爲로서 허용된다고 해야 한다. 현행 형사소송법 제107조에 의하면 법원은 피고인이 발송한 것이나 피고인에 대하여 발송된 우체물 또는 「통신비밀보호법」 제2조 제3호에 따른 전기통신에 관한 것으로서 체신관서 그 밖의 관련 기관 등이 소지 또는 보관하는 물건의 제출을 명하거나 압수를 할 수 있다. 위 규정은 수사기관의 압수, 수색, 검증에 준용되고 있다(제219조). 일단은 위 규정이 컴퓨터 통신자간의 통신내용의 취득을 위한 수사를 실시하는 출발점이 된다고 하겠으나 현재 본격적으로 시행되고 있는 통신비밀보호법은 전기통신의 감청을 위한 구체적인 요건을 규정하고 있으므로 컴퓨터 통신에 대해 위 법률의 적용여부, 적용요건 등을 따져 보지 않을 수 없게 되었다. 현재 컴퓨터 네트워크를 이용한 정보통신 이용자는 비약적으로 확산되고 있고, 이를 이용한 컴퓨터 범죄 사건도 심심찮게 발생하고 있다. 국가기관이 컴퓨터 통신업자나 컴퓨터 통신망에 대해 범죄수사 내지 범죄예방을 목적으로 개입하고자 하는 욕구도 늘고 있다.

여기서 우선적으로 검토되어야 할 문제는 전통적인 전화통화를 중심으로 논의되어 온 일반 도청 또는 감청에 관한 이론이고, 이어 컴퓨터 통신에 관련된

---

[1] 朴相基, "刑法改正案에 나타난 新種犯罪類型", 형사정책연구 제3권 제2호(1992. 여름호), 69쪽.

헌법상의 기본권, 즉 독일 헌법이론상 논의되는 정보에 대한 자기결정권과 컴퓨터 통신상 표현의 자유이론, 그리고 컴퓨터 통신과 전자게시판, 그리고 수사필요상 개인 데이터를 집적, 저장하는 점에 관한 미국법에서 유래되어 온 프라이버시 보호 문제, 이어서 우리나라의 통신비밀보호법 등이 논의 주제이다.

2. 일반 감청에 관한 문제

가. 개   설

도청은 원래 전신·전화와 같은 유선통신을 통한 대화내용을 청취하는 이른바 전화도청(wire tapping)만을 의미하였으나, 최근에는 각종 전자장비를 통한 정보전달장치가 발달함에 따라 전자장치를 통해 대화내용을 청취하는 것(electronic eavesdropping, bugging)도 포함하는 개념이 되었다. 이러한 도청은 불법적으로 타인의 대화비밀을 침해하여 사생활의 비밀영역에 간섭하는 의미로 사용되었다. 그러나 통신비밀보호법은 일정한 요건 및 절차에 따라 행하는 대화의 청취에 대해 監聽이라는 용어를 사용하여 불법적인 盜聽과 적법한 監聽을 구별하려고 하였다. 그러나 통신비밀보호법이 모든 도청을 규율하고 있는 것은 아니므로 아직도 도청에 관하여 논의되었던 기존의 이론들은 현행 법제하에서도 의미가 있다고 하겠다. 이하에서는 먼저 일반도청에 관한 미국의 논의를 살펴보기로 한다.

나. 미국의 논의

Olmsted v. United States 사건의 미연방 대법원 판결의 판시내용은 다음과 같다. 본건 전화도청에 대해 연방수사기관의 수사관은 미연방 헌법 수정 제4조에서 보호하고 있는 수색할 만한 '場所'(place)라고 하는 의미에서 피고인의 주거나 사무실에 침입한 것이 아니고, 유선전화회선을 통하여 대화를 녹음하였지만 그것에 의해 무엇인가 유체물을 획득한 것도 아니므로 그 획득한 자료가 위 헌법에서 보호하고 있는 '物件'(things)에 해당하는 것도 아니다. 미연방 헌법 수정 제4조에서 보호하고 있는 것은 유체물에 한정되고 대화와 같은 무체물까지 포함하는 것은 아니므로, 주거의 밖에서 음성통신을 도청하는 행위를 제한하는 것도 아니다. 따라서 전화도청에 의해 취득한 대화의 증거능력을 인정하여야 한다는 것이다.[1] 이 판결에 의해 미연방 헌법 수정 제4조가 규율하고 있는 搜索이

---

1) Olmsted v. United States, 277 U.S. 438, 88 S.Ct. 564, 72 L.Ed. 944(1928), 安富 潔, 前揭書, 18 面 參照.

나 押收에 관하여 '有體物性' 및 '財産的 領域에 物理的으로 侵入하는 것'이 요건으로 되었다. 반대의견을 피력한 Holmes, Brandeis, Stone 대법관은 이른바 "dangerous liberal position"을 지지하는 입장에서 盜聽을 비판하였다.

한편 1942년 Goldman v. United States 판결도, 파산사기를 기도한 변호사의 陰謀사건에서, 수사관이 범행을 모의하고 있는 사무실의 옆방에 도청장치를 부착하고 그 대화를 도청한 사안에 관하여 연방최고법원은 모의를 행하고 있는 사무실에 물리적으로 침입한 것이 아니므로, 위 헌법 수정 제4조에 위반되지 않는다고 판시하였다.[1]

그러나 위와 같이 전통적으로 미연방대법원에 의해 채택되어 왔던 "財産權에 관련된 프라이버시"(propertied privacy)라는 원칙은 1967년의 Katz v. United States 판결에 의해 폐기되었다.[2] 위 판결은 공중전화박스에서 전화로 로스앤젤리스로부터 마이애미와 보스톤에 도박정보를 통신한 대화를 공중전화박스의 바깥에 도청장치를 설치하고 FBI수사관이 이를 도청하여 그것을 녹음한 기록을 증거로 사용하여 유죄를 인정받은 사안에 관한 것이다. 여기서 스튜어트 대법관은, 연방 헌법 수정 제4조는 場所가 아니라 사람을 보호하고자 하는 것이라고 전제하고 개인이 인식하고 있고, 공중에 개방된 가옥이나 사무실에 대해서는 위 헌법규정이 적용되지 않지만 개인이 비밀로 하고자 하는 사항에 관해서는 예컨대 그것이 공중이 접근할 수 있는 영역에 놓여 있다고 할지라도 헌법상 보호되는 영역에 해당한다. 따라서 공중전화박스에서 전화를 이용하는 개인은 그 대화내용을 타인에게 들리지 않게 하려고, 즉 세상에 그 대화내용이 알려지지 않게 하려고 의도하고 있으므로 이도 위 헌법규정에 의해 보호되어야 한다고 판시하여 종래 미연방대법원이 채택하고 있던 견해를 변경한 것이다.

위 판결에서 하란 연방대법관의 보충의견은, 개인이 프라이버시에 대해 갖는 합리적 기대를 인정하는 기준으로 첫째, 당해 개인의 프라이버시에 대한 주관적 기대와 둘째, 그 기대가 사회적으로 합리적이라고 인정될 수 있어야 한다는 프라이버시의 객관적 기대 등 두 가지 기준을 제시하여 그러한 요건이 충족되는 경우 법집행기관의 압수, 수색활동은 미연방 헌법 수정 제4조에 따라서 행해져야만 한다고 하였다. 위와 같은 기준은 이후 미연방 최고법원의 위 헌법규정 적용 요건으로 확립되었다.[3] 이것은 위 판결 이전에 "物理的 侵入"의 요건

---

1) Goldman v. United States, 316 U.S. 129, 62 S.Ct. 993, 86 L.Ed.1332(1942), 安富 潔, 前揭書, 18 面 參照.
2) Katz v. United States, 389 U.S.347, 88 S.Ct. 507, 19 L.Ed.2d 576(1967).
3) Smith v. Maryland, 442 U.S. 735, 740-41, 99 S.Ct. 2577, 61 L.Ed.220(1979); United States, v.

을 폐기한 Silverman v. United States 판결[1] 및 Clinton v. Virginia 판결,[2] 그리
고 "有體物性"의 요건을 폐기한 Wong Sun v. United States 판결[3]에 바탕을 두
고 있다. 그리고 Berger v. New York 판결은[4] 수사를 위한 전화도청을 인정하
고 있는 뉴욕주법은 대상범죄, 수색장소, 체포대상자, 압수물건 등을 충분히 특
정하고 있지 아니하므로 헌법 수정 제4조에 위반된다고 판시하였다.[5]

그리고 1986년에 제정된 미국 電氣通信프라이버시法은 電氣通信의 무단도청
을 방지하고 새로운 컴퓨터와 전기통신기술상의 통신프라이버시 및 안전을 보호하
고 있다. 위 법률에서는 電子郵便(Electronic Mail), 컴퓨터 通信(Computer-to-Computer
Communication), 電子揭示板(Electronic Bulletin Boards), 電子記錄(Electronic Pages), 遠隔
컴퓨터서비스(Remote Computer Services) 등의 새로운 통신수단을 보호하고 있다.[6]

이상에서 살펴 본 미국의 통신비밀보호법제를 보면, 그동안 우리나라에서
소개된 외국의 도청법제는 주로 미국의 법제였으며, 현재의 통신비밀보호법도
미국법의 압도적인 영향 하에 입안되고 제정된 것임을 부인할 수 없게 된다.[7]

다. 우리나라

현행 통신비밀보호법과 같은 법률이 제정되기 이전에 도청의 허용여부에
관해 우리나라 헌법학자들이 주장하였던 고전적인 견해들을 먼저 살펴보면 다
음과 같다. 즉, 첫째의 견해로, 주거 내에 도청기를 사용하여 회화를 도청하거나
녹음하는 것도 사생활의 비밀 및 통신의 자유, 그리고 주거의 자유를 침해하는
것이 되므로 원칙적으로 위헌인 행위이라고 할 것이나 ① 전화 등이 범죄목적
에 이용되는 것이 확실한 경우, ② 범죄가 이미 행하여졌거나 현재 행하여지려
고 하는 경우, ③ 범죄수사상 도청의 필요성과 긴급성이 인정되는 경우로서 도
청하여야 할 범죄사건, 피의자, 전화선, 기간 등을 특별히 지정한 영장을 법원으
로부터 발부받은 경우 등에 한하여 도청을 허용하자는 견해가 있었는가 하면,[8]

Knotts, 460 U.S. 276, 280-81, 103 S.Ct. 1081, 75 L.Ed.2d 550(1983), 安富 潔, 前揭書, 21面, 註
   32) 參照.
1) Silverman v. United States, 365 U.S. 505, 81 S.Ct. 679, 5 L.Ed.2d 734(1961).
2) Clinton v. Virginia, 377 U.S. 158, 84 S.Ct. 1186, 12 L.Ed.2d 213(1964).
3) Wong Sun v. United States, 371 U.S. 471, 83 S.Ct. 407, 9 L.Ed.2d 441(1963).
4) Berger v. New York, 388 U.S. 41, 87 S.Ct. 1873, 18 L.Ed.2d 1040(1967).
5) 이상은 安富 潔, 前揭書, 19面 및 21面, 註 26)에 의함.
6) U.S. Legislative History P.L. 99-507, pp. 3562-3564. 배보윤, "통신의 자유보장에 관한 입법", 27
   쪽, 주 54).
7) 沈羲基, 「科學的 搜査方法과 그 限界 -美國法과 韓國法의 比較-」, 한국형사정책연구원(1994),
   36쪽.
8) 權寧星, 「憲法學原論」, 法文社(1996), 413쪽.

두 번째 견해로, 도청은 법률의 근거가 있는 경우에 한해서 극히 예외적인 경우에만 허용된다고 해야 하며 통신비밀보호법에 따라 도청을 예외적으로 허용하는 우리의 현재 상황으로는 법원의 사전 허가(영장) 없는 도청은 절대로 허용될 수 없고, 따라서 불법적인 도청에 의해 얻어진 자료는 증거능력을 인정할 수 없다거나,[1] 도청기를 무단으로 사람의 주거 내에 비치하여 회화를 도청하는 것은 통신의 비밀침해로 볼 수 없고 따라서 헌법 제18조 위반은 아니라고 보더라도 사생활의 비밀침해로는 인정되기 때문에 헌법 제17조 위배로 위헌이라고 하는 견해[2] 등이 있었다. 위 첫 번째의 견해는 도청의 인정요건을 구체화하여 그 인정범위를 두 번째 견해보다 넓게 인정하려고 하는 반면 두 번째 견해는 도청을 부정하거나 그 허용범위를 좁게 인정하는 점에 차이가 있다고 생각된다. 그러나 그 설명방식에 있어 차이가 있을 뿐 통신비밀보호법 등 법률의 근거 없는 도청을 위헌으로 보는데 대해서는 어느 학자도 반대하지 않으리라고 생각한다.

이어 우리나라 형사소송법학자들의 견해를 보면, 대화당사자 雙方의 동의 없이 대화내용을 청취하는 협의의 도청의 성격에 관해 프라이버시 내지 통신의 자유라는 중대한 법익을 침해하므로 이를 强制搜査의 일종으로 보는데 의견이 일치되어 있다. 그러나 다수설은 도청에 대해 압수·수색에 관한 규정을 준용 또는 직접 적용할 수 있다고 보고 있다. 즉 도청은 유체물에 대한 것이 아니므로 압수나 수색과는 다르지만 현실적 필요성을 고려하여 압수 및 수색에 관한 규정을 준용해야 한다거나,[3] 압수의 대상을 유체물에 한정할 필요가 없다는 점을 근거로 도청도 압수절차에 의해 가능하다고 한다.[4] 이에 반해 명문이 없는 이상 프라이버시나 통신의 자유에 대한 본질적인 내용을 침해하는 도청은 허용되지 않는다는 견해도 있다.[5] 음성의 압수라는 것은 생각할 수 없으며, 통신의 비밀과 프라이버시 보장이라는 측면에서 보아 뒤의 견해가 타당하다고 하겠으나 현재는 통신비밀보호법이 제정되어 있어 일정한 범죄에 한해 법관의 영장을 발부받아 전기통신의 감청이 허용되고 있음을 주목하지 않으면 안 된다.

그리고 대화당사자중 일방이 상대방과의 대화를 비밀리에 녹음하거나 일방의 동의를 얻어 수사기관이 도청하는 것이 허용되는가 여부에 관하여, 즉 영장 없는 승낙도청이 허용되는지에 관해서는, 대화내용이 일단 상대방에게 전달된

---

1) 許 營, 「韓國憲法論」(1994), 373쪽.
2) 金哲洙, 「憲法學槪論」(1996), 449쪽.
3) 차용석, 208쪽.
4) 백형구, 311쪽, 신동운, 88쪽, 이재상, 227쪽.
5) 강구진, 223쪽, 申洋均, 위 冊, 80쪽.

이상 상대방으로부터 메모나 기억을 통해 제3자에게 전달될 가능성이 있고 그 점에서 비밀성이 상실되므로 임의수사로서 허용된다는 긍정설이 있는가 하면,[1] 대화자체가 제3자에게 전달될 가능성을 가지고 있다고 하더라도 대화내용의 비밀뿐만 아니라 대화의 자유, 프라이버시에 대한 기대가 크게 손상되므로 승낙도청도 일응 강제수사의 일종으로 보아야 하고, 따라서 통신비밀보호법에 의해 감청허가서를 발부받지 않은 경우에는 위법하다는 부정설이 있었다.[2]

위와 같은 논의는 컴퓨터 통신을 통신자간 일방이 상대방의 동의를 얻지 않거나 상대방이 동의하지 않으리라고 여겨지는 상태에서 이를 자신의 컴퓨터 디스크에 일방적으로 다운로딩하거나 제3자가 통신자중 일방의 동의를 얻어 그 통신내용을 탐색하거나 이를 다운로딩하는 경우에도 적용할 수 있을 것이다. 私 見으로는 원칙적으로 위와 같은 행위는 모두 위법한 행위라고 해야 한다고 본다. 명문규정 없이 도청을 허용할 수는 없기 때문이다. 다만 통신비밀보호법과 같은 명문규정이 있으면 그에 따른 감청이 허용된다고 해야 함은 물론이다.

이상의 논점에 관하여 현재 나와 있는 대법원 판결은 다음과 같다. 우선 전화 등 전기통신의 '일방 당사자'가 상대방의 동의 없이 상대방 모르게 통화내용을 녹음하는 것은 감청에 해당하지 않는다.[3] 그러나 설사 전기통신의 당사자 일방의 동의를 받고 제3자와 한 전기통신 내용을 녹음하였다고 하더라도 그 상대방의 동의가 없는 한 감청에 해당한다.[4] 그리고 양자 또는 다자간 대화의 한 당사자가 비밀녹음행위를 하더라도 '타인간'의 대화를 녹음한 것이라고 볼 수는 없으므로 통신비밀보호법상의 규제대상에 해당하지 않는다.[5] 전자우편이 송신되어 수신인이 이를 확인하는 등 이미 수신이 완료된 전기통신에 관하여 남아 있는 기록이나 내용을 열어보는 등의 행위는 통신비밀보호법상 '전기통신의 감청'에 해당하지 않는다.[6]

3. 컴퓨터 통신관련 기본권의 형사소송법상 보장

사인간에 행해지는 컴퓨터 통신을 탐색하여 수집한 정보를 범죄사실입증을 위한 증거로 사용하고자 할 때에도 수사기관에 대해 헌법상 보장되는 통신관련

---

1) 이재상, 227쪽.
2) 백형구, 314쪽, 申洋均, 위 冊, 81쪽.
3) 대법원 2008. 1. 18. 선고 2006도1513 판결.
4) 대법원 2002. 10. 8. 선고 2002도123 판결; 대법원 2010. 10. 14. 선고 2010도9016 판결.
5) 대법원 2006. 10. 12. 선고 2006도4981 판결.
6) 대법원 2012. 11. 29. 선고 2010도9007 판결.

기본권을 침해하지 않을 것을 요구해야 한다. 국가법질서의 기본을 정한 최상위 규범인 헌법은 전자증거인 電送情報를 탐색하는 형사소송법상의 절차에도 투영되지 않으면 안 되기 때문이다. 컴퓨터 통신에 관련된 기본권으로 논의할 수 있는 권리로는 우선, 국가로부터 컴퓨터 통신을 방해받지 않을 컴퓨터 통신비밀의 자유권이고, 둘째로 수사기관은 컴퓨터 통신을 통해 수집, 집적해둔 개인관련 정보를 개인이 주체적으로 지배 관리할 수 있도록 해야 한다는 독일헌법이론상의 정보에 대한 자기결정권이며, 셋째로, 수사기관에 의해 컴퓨터 통신을 통한 개인의 자유로운 의사표현이 억압당하지 않아야 한다는 표현의 자유권이고, 넷째로 컴퓨터 통신이나 전자게시판 시스템, 데이터베이스 등에 대하여 개인의 사생활의 자유를 보장해야 한다는 미국헌법이론에서 유래하는 프라이버시권이라고 하겠다. 차례로 보기로 한다.

가. 컴퓨터 통신비밀의 보장
1) 독일기본법상 통신비밀의 보장

독일기본법 제10조에서 보장되는 통신의 비밀 중 信書의 秘密은 개인간에 이루어지는 통신의 비밀을 보장하려는 규정이다. 전화통화 및 그 전화 사이를 연결해주는 制度(Fernsprechanschluß)가 위 기본법 제10조 제1항의 保護內容과 關聯狀況을 구성하고 있다. 위 조항은 사적영역을 보호하려는 기본권 보장규정에 포함된다.[1] 그리고 이 통신기본권은 동시적이고 전 지구적으로 의사내용을 전송해주는 데이터를 보호하기 위한 특수한 기본권을 내포하고 있다.[2] 이 기본권은 그 중개자에 의한 의사전달과정에 대한 신뢰성을 전제로 한다. 위 기본권은 국가가 자신 및 국민의 안전보장을 이유로 개인의 통신을 감시하는 수단을 빈번히 사용해 왔다는 점에서 특별한 의미를 갖게 된다.[3] 특히 국가가 운영하는 체신청에 의해 통신수단이 장악될 때 국가이익을 더 우선시하여 경미하고도 눈에 띄지 않는 형태로 통신에 대한 간섭이 행해지는 것이다. 여기서 이 기본권을 보장하는 것은 무엇보다도 역사적으로 보거나 현실적으로 보아 국가안전보장기구와 관련되어 있다고 할 수 있다. 독일 연방헌법재판소는, 기본법 제10조는 체신청에 대한 개인의 기본권뿐만 아니라 체신청 이외의 다른 국가기관에 대한 시민과 우편기구의 권리 내지 권한도 보호하는 규정임을 명백히 하고 있다.[4]

---

1) vgl. BVerfGE 67, 157[171], NJW 1985, 121, NJW 1992, Heft 30, S. 1875, Fn.
2) W. Schmitt Glaeser, "Schutz der Privatsphäre", Josef Isensee und Paul Kirchhof, 「Handbuch des Staatsrechts der Bundesrepublik Deutschland」, 1989, S. 89.
3) BVerfG, v. 25. 3. 1992 - 1 BvR 1430/88, NJW 1992, Heft 30, S. 1875.
4) vgl. BVerfGE 67, 157[172], NJW 1985, 121, NJW 1992, Heft 30, S. 1875, Fn.

위 기본권의 보호객체는 공간적인 거리로 인해 대화당사자 이외의 제3자의 중개 하에 이루어지는 通信이며, 우편에 의한 通信이 그 전형적인 예이다. 또한 위 기본권의 보호객체에는 원본이건 사본이건 관계없이 사람과 사람 사이에 문자로 교환되는 모든 정보가 포함된다고 해석되고 있다.[1] 그리고 독일 헌법이론상, 헌법상 통신의 비밀보장은 목적론적 해석에 의해 모든 형태의 통신수단에 대해 그 비밀을 보장하는 것으로 해석해야 하며,[2] 이는 정보교환의 사상적 내용, 통신 인접 상황, 통신의 원인과 방법 등에 대해서까지도 미친다는 것이 통설적 견해이다.[3] 즉 구체적인 통신관계의 발생으로 야기된 모든 사실관계, 특히 통신관여자의 인적 동일성, 통신장소, 통신시점, 통신시간 등에 대해 기본권으로서 통신의 비밀을 보장해야 하는 것이다. 독일 연방헌법재판소도 送達이나 仲介를 위해 체신청에 맡겨진 모든 형태의 우편물을 기본법 제10조 제1항에 의해 보호하여야 한다고 전제하고, 원격통신데이터의 포착장치(Ferngesprächsdaten mittels Fangschaltungen)나 통신이용자비교장치(Zählervergleichseinrichtungen)에 관한 독일 연방우체국의 內規(Erfassung)는 위 기본법 규정에 의한 기본권을 침해하는 것이므로 법률상의 근거에 기해 제정되어야 한다고 판시하였다.[4] 위 기본법 규정에 의할 때 통신 비밀을 보장하기 위한 독일형법 제354조 제1항등의 규정들은 통신을 위한 연결데이터(Verbindungsdaten)에도 적용되는 것이다.

2) 우리 형사절차상 통신비밀의 보장

PC 이용인구가 증가하고 컴퓨터간의 연결접속 가능성이 높아지면서 개인정보에 관련된 프라이버시의 침해위협은 점증하고 있다. 전자우편, 전자게시판, 전자자금이체, 원격컴퓨터 통신서비스 등의 이용이 확산됨에 따라 사람들은 이제 더욱더 개인적인 대화나 영업상의 거래를 보안성 없는 회선을 통해 알든 모르든 간에 공공기관이나 개인의 네트워크 및 데이터베이스에 쏟아 넣게 된 것이다.[5] 우리 헌법 제18조는 通信의 秘密에 관한 自由權을 基本權의 하나로 규정

---

1) MDH-Dürig, GG, Anm. 13 zu Art. 10., Felix Herzog/Karin Britting, "Telefax - Aufzeichnung-ein Fall der Überwachung des Fernmeldeverkehrs gemäß §100a StPO?", wistra 1994, Heft 3. S. 86. 따라서 팩시밀리를 이용하여 전송되는 문서에 대해서도 통신의 비밀은 보장되어야 하며, 예컨대, 환자의 질병에 관한 비밀유지를 위해 의사는 의사 자신이나 의사의 비밀유지 의무가 미치는 보조자에 대해서만 팩시밀리에 접근할 수 있도록 하여야 하고, 환자에게 사전에 통고하지 않고 팩시밀리를 보낼 수 없도록 해야 한다. Rieger, Dt. Med. Wochenschrift 1992, 1295, Felix Herzog/Karin Britting, a. a. O.
2) Jarass/Pieroth, GG, 1992(2.Aufl.), Anm. 5 zu Art. 10., Felix Herzog/Karin Britting, a. a. O., Fn 8.
3) Jürgen Welp, "Strafprozessuale Zugriff auf Verbindungsdaten des Fernmeldeverkehrs", S. 209.
4) E 85, 386, I.
5) 이런 사정은 미국 등 서구에서도 동일하다. Charles H. Kennedy, M. Veronica Pastor, 「An

하고 있다. 이 조항은 사람의 私生活領域이 주거에 국한되지 않고 공간적으로 넓어질 수 있다는 점에서 私生活의 秘密을 보장하려는 규정이라고 할 수 있다. 또한 통신비밀의 보장은 통신행위에 의하여 개인간에 자유로운 의사가 형성된다는 점에서 表現行爲의 기초 내지 전제가 되며, 이처럼 表現行爲는 의사형성의 과정과 관련이 있는 만큼 良心의 自由, 思想의 自由와도 관련이 있다고 할 수 있다.

이러한 통신의 비밀은 소리에 의한 정보교환에 대해서 뿐만 아니라 전기통신에 의해 디지털 형식으로 전송되는 컴퓨터 통신에 대해서도 보장되어야 한다고 해야 한다. 그리고 수사절차에 있어서 컴퓨터 통신의 자유를 제한하기 위해서는 입법조치에 의해 위법한 도청과 적법한 감청의 가능성과 한계를 명확히 해야 할 필요가 있다고 하겠다. 우리나라의 경우 통신비밀보호법이 제정되어 있어 전기통신을 감청할 수 있는 대상범죄, 법관의 영장발부 등 절차적 요건을 규정하고 있다. 따라서 통신비밀보호법규정에 위반하여 행하는 컴퓨터 통신 탐색행위는 위법하며, 그에 의해 수집된 전자증거는 증거능력이 부정되어야 하고, 국가는 국가배상책임을 질 각오를 해야 하며, 수사활동의 일환으로 통신비밀보호법 등의 법률상 근거 없이 컴퓨터 통신 탐색행위를 한 수사관은 민사책임 및 형사책임을 질 수도 있음을 명심해야 한다고 하겠다.

이메일과 같은 컴퓨터 내에 저장, 보관된 정보내용을 출력한 통신문의 보관, 혹은 정보통신서비스를 제공하는 사업자가 원격지로부터 수신한 정보의 저장, 보관에 관하여 정보처리 위탁자의 신뢰를 보호하기 위해 통신의 비밀을 보장할 필요도 있다.

나. 정보에 대한 자기결정권

1) 개   설

국가가 個人에 관련된 데이터를 수집, 집적하고 연결(linking)[1]하는 행위에 대해 헌법적인 문제점을 논의하고 있는 국가는 많지 않다. 이 문제는 일단 우리 헌법 제10조에서 보장하고 있는 人間의 尊嚴과 價値·幸福追求權의 한 내용인 自己決定權(Selbstbestimmungsrecht), 그중에서도 독일 연방헌법재판소에 의해 인정되어 우리 헌법학계에서도 받아들여지고 있는 情報에 대한 自己決定權(Rechts auf informationelle Selbstbestimmung)[2]에 대한 논의로부터 출발해야 한다고 생각한다. 정

Introduction to International Telecommunications Law」, p. 140.
1) 連結(link)이란 따로 컴파일되거나 어셈블된 여러 개의 목적프로그램을 모아서 하나의 목적프로그램으로 만드는 일을 말한다. 크라운출판사, 「컴퓨터용어대사전」, 433쪽.
2) Klaus Vogelsang, "Grundrecht auf informationelle Selbstbestimmung?" 1987, BVerfGE 65, 1/41ff.

보에 대한 자기결정권이란 시민이 자신의 신상에 관한 정보의 제출과 그 사용
에 관하여 원칙적으로 스스로 결정할 수 있는 권리를 말하므로,[1] 국가가 수사
활동이나 경찰활동 중 수집한 개인의 정보를 컴퓨터를 활용하여 데이터베이스
화한 때에 위 기본권이 중시될 수밖에 없기 때문이다.

2) 독일의 정보에 대한 자기결정권 이론

獨逸 聯邦憲法裁判所는 1983년의 유명한 "國勢調査判決"(Volkszählungsurteil, Cen-
sus-Decision)에서 국가가 個人에 관련된 데이터를 컴퓨터 시스템 등에 집적하는
것은 市民의 行動에 영향을 미치고 일반적인 活動의 自由를 위태롭게 할 수 있
으므로 결국 市民의 自由를 침해하는 것으로 간주되어야 한다고 전제하고, 이를
허용하기 위해서는 明白하고도 엄격한 法律的 根據가 있어야 한다고 판시하였다.[2]

위 독일 연방헌법재판소의 國勢調査判決의 의미를 요약한다면, 첫째, 컴퓨
터는 현대의 정보기술사회에서 국가에게 새로운 권력의 차원으로 성장하였고
그로 인해 시민은 새로운 기본권 침해의 위험에 빠지게 되었다는 점, 둘째, 정
보에 대한 자기결정은 개인의 인격발현이라는 기본권의 중대한 형태로 자리 매
겨져야 한다는 점, 셋째, 정보에 대한 자기결정은 개인의 인격발현 뿐만 아니라
민주적 법치국가의 제도적 본질에 해당한다는 점을 분명히 하였다는 점에 있다.
또한 위 판결은 국가정보처리에 대한 기초적인 제한 방향을 분명히 하였는데,
첫째, 일정한 데이터는 오직 법률이 규정한 목적을 위해서만 사용되어야 하
고, 둘째, 수집된 정보를 다른 기관에 교부하거나 다른 방식으로 사용하는
것을 금지한다든가, 정보수집사실을 관련당사자에게 알려줄 의무를 인정하
거나 일정 기간 내에 수집된 정보를 폐기해야 하는 것과 같은 절차적인 보호
장치를 마련해야 하며, 셋째, 독립관청인 정보보호관(Datenschutzbeauftragte)을 설
치하는 것 등이 그것이다.[3]

그리고 이러한 개인의 자기결정은 현대적인 정보처리 기술조건 아래에서도
개인이 의도하거나 의도하지 않으려는 행위에 대한 결정의 자유를 갖는다는 것
을 의미한다. 즉 이는 당시 서독기본법 제1조 제1항의 인간의 존엄규정인 "인간
의 존엄은 침해당할 수 없다. 이를 존중하고, 보호함은 모든 국가권력의 의무이
다"는 규정과 동법 제2조 제1항의 인격의 자유발현권(das Recht auf freie Entfaltung

(Volkszählung).
1) BVerfGE 65, 1, 43, Roxin, C., 「Strafverfahrensrecht」, 24. Aufl., S. 54 Rn. 18,   신동운, "독일의
   수사구조 및 사법경찰제도", 「주요국가의 수사구조 및 사법경찰제도」, 치안연구소(1996), 133쪽.
2) BVerGE 65, 1, 李相暾, "情報保護와 刑事節次", 韓國法學院, 「저스티스」, 第29卷 第1號, 71쪽 以下.
3) 李相暾, "情報保護와 刑事節次", 72쪽 引用.

der Persönlichkeit) 규정인 "사람은 누구나 타인의 권리를 침해하지 않고 헌법적 질
서나 도덕에 반하지 않는 한 그의 인격의 자유로운 발현을 목적으로 하는 권리
를 가진다"라는 규정으로부터 도출되는 기본권이라고 할 수 있다.

이 정보에 대한 자기결정권을 제한하기 위해서는 그보다 우세한 공공의 이
익이 인정되어야만 하고 헌법에 합치되는 법률상의 근거가 있어야 하며 그 법
률은 법치국가적인 명확성의 원칙을 지켜야 한다. 그리고 입법자는 비례성의 원
칙을 준수하지 않으면 안 된다. 뿐만 아니라 입법자는 인격권을 침해하지 않도
록 조직상, 절차상의 예방수단을 강구해 두지 않으면 안 된다.[1] 범죄투쟁이나
형벌권실현이라는 공익을 추구하기 위한 국가의 정보처리활동이라도 개인의 인
격적 자율의 핵심영역까지 침범할 수는 없다. 따라서 예컨대 개인의 일기장이나
고해성사를 유죄인정의 정보로 수집, 저장, 사용하는 것은 법치국가적 한계를
벗어난 것이 된다고 한다.[2] 그러나 무엇이 인격적 자율의 핵심영역이냐에 관해
서는 논란의 여지가 있다고 하지 않을 수 없다.

범죄수사를 위해 컴퓨터 내에 존재하는 私人의 정보를 취득할 때도 독일
연방헌법재판소가 위 國勢調查判決로 인정한 情報에 대한 自己決定權을 보장해
야 하는 문제가 있다.[3] 이러한 정보에 대한 자기결정권을 형사소송절차에서
구현한다면, 이는 개인은 형사절차에서도 자신에 관련된 모든 정보를 주체적으
로 지배·관리할 수 있는 가능성을 누릴 수 있어야 한다는 정보적 자기결정권
(Informationelle Selbstbestimmung)으로 표현될 수 있다.[4] 즉 인간은 자유로운 사회의
일원으로서 자유롭게 자기를 결정할 권리를 가지며 이러한 자기결정의 사상으
로부터 개인은 자신의 삶의 내용이 언제 또한 어떤 한계 내에서 공개될 것인지
를 스스로 결정할 권한을 갖는 것이다.

그리고 위와 같은 정보에 대한 자기결정권을 형사절차에서 보호함에 있어
서는 比例原則(Verhältnismäßigkeit)과 데이터보호 관계법상의 目的羈束의 原則(der
Grundsatz der Zweckbindung)을 준수해야 한다. 그중 비례원칙에 의하면 수단이 목
적달성에 적합한 성질을 가지고 있어야 하며, 형사사법상 목적달성에 필요하지
않은 개인정보를 수집, 저장, 활용한다면 그것은 개인의 정보적 자기결정권에
대한 정당화할 수 없는 침해가 된다. 이를 적합성(Eignung)이라고도 한다.[5] 비례

---

1) BVerfGE 65. Nr 1. 2.
2) 李相暾, 위 論文, 78쪽.
3) BVerfGE 65, 1, 46, 62f. Jürgen Welp, a. a. O., S. 209.
4) 李相暾, 위 論文, 70쪽.
5) 李相暾, 위 論文, 77쪽 引用.

의 원칙상 독일형사소송법에 의한 우편물의 압수시에는 "구체적인 범죄혐의가 경미한 정도에 그치는 것은 아닌지, 그리고 사소한 범죄행위에 불과한 것은 아닌지" 심사해 보아야만 한다는 점에 관하여 독일학자들의 견해가 일치하고 있다고 한다.[1] 그리고 목적기속의 원칙은 컴퓨터에 의해 수집, 처리된 정보는 그 수집목적으로만 사용할 수 있어야 한다는 원칙인데 형사절차에서 수집된 증거는 원칙적으로 범죄수사 및 공소유지를 위한 목적으로만 사용되어야 한다는 내용으로 구체화될 수 있는 원칙이라고 하겠다.

3) 우리나라의 정보에 대한 자기결정권 보장

우리 헌법학계에서도 정보에 대한 자기결정권을 인정하고 있다.[2] 다만 그 근거가 되는 우리 헌법조문에 관하여는 인간의 존엄과 가치, 행복추구권을 규정한 헌법 제10조에서 찾아야 한다는 견해와[3] 사생활의 비밀과 자유권을 규정한 헌법 제17조에서 찾아야 한다거나, 또는 privacy 권리를 자기에 관련된 情報의 傳播를 컨트롤할 수 있는 權利라는 적극적인 권리로 파악하려는 견해가[4] 대립하고 있다. 그러나 인간의 존엄과 가치 행복추구권은 모든 기본권의 출발점이 되는 근본적인 기본권이고, 사생활의 비밀과 자유보장도 전통적으로 파악되어 온 국가권력에 대한 저항이라는 소극적인 의미에서의 자유권으로 파악하는데 그칠 것이 아니고, 컴퓨터가 비약적으로 확산되는 오늘날의 사회에서는 개인이 자기에 관련된 정보의 수집, 집적, 가공처리를 주도적으로 제어할 수 있도록 하는 적극적인 의미의 기본권으로 파악하여야 할 뿐만 아니라, 사생활의 비밀과 자유보장도 인간의 존엄과 가치, 행복추구권보장이라는 근본규범으로부터 연원되는 기본권이므로 정보에 대한 자기결정권의 근거조문은 헌법 제10조 및 헌법 제17조가 된다고 해야 할 것이다. 이러한 정보에 대한 자기결정권은 국가가 수집한 개인의 정보에 대하여 그 제출과 사용에 관한 개인의 결정권을 보장한다는 의미에서 국가가 보유하고 있는 모든 정보에 접근할 수 있는 권리나 정보공개청구권과도 일맥상통하는 기본권이라고 하겠다. 우리나라는 1994년 법률 제4734호로 '공공기관의 개인정보 보호에 관한 법률'을 제정하여 국가기관으로 하

---

1) Jarass/Pieroth, GG, 1992 (2.Aufl.), Anm. 1 zu Art. 10., Kleinknecht/Meyr-Goßner, StPO. 1993 (41.Aufl.), Anm. 12 zu §99, Felix Herzog/Karin Britting, a. a. O., S. 86, Fn 11), 12).
2) 金哲洙,「憲法學槪論」, 338쪽, 340쪽, 440쪽, 이 情報에 對한 自己決定權과 거의 같은 의미로 自己情報管理統制權이라는 基本權을 설명하는 견해로 權寧星,「憲法學 原論」, 404쪽.
3) 金哲洙, 위 册, 339쪽.
4) 權寧星, 위 册, 404쪽, 卞在玉, "情報化社會에 있어서의 프라이버시의 權利－美國의 경우를 중심으로", 서울 大學校 博士學位論文(1979).

여금 개인정보 보호를 위한 조치를 시행하도록 하고 있다가,[1] 지금은 개인정보
보호법을 제정하여 시행하고 있다(2011. 3. 29. 법률 제10465호, 같은 해 9. 30.부터 시행됨).

정보에 대한 자기결정권은 국가나 타인의 불법적인 정보침해를 방어하는
정보적 방어권의 형태로 행사될 수 있다. 형사증거법상 위법수집증거의 배제법
칙(형사소송법 제308조의2)이나 자백배제법칙(형사소송법 제309조) 등은 정보적 방어권
의 표현으로 볼 수 있다.[2] 여기서 한 걸음 더 나아가 정보에 대한 자기결정권은
자신의 의사형성에 필요한 정보를 수집하고, 그것을 위해 국가에 대해 정보공개
청구권을 행사하며, 수집된 정보를 취사, 선택할 수 있다는 적극적인 의미까지
갖는다고 해야 한다. 자유로운 의사의 형성은 정보에의 접근이 충분히 보장됨으
로써 비로소 가능한 것이며, 그러한 의미에서 정보에의 접근, 수집, 처리의 자
유, 즉 알 권리는 헌법 제21조의 표현의 자유와 표리일체의 관계에 있다고 한
우리나라 헌법재판소의 결정도 이러한 맥락에서 이해할 수 있겠다.[3] 뿐만 아니
라 사적영역에서 개인정보의 수집, 집적, 처리가 이루어지고 있는 오늘날의 정
보화 사회에서 정보에 대한 자기결정권은 국가에 대한 효력뿐만 아니라 기본권
의 제3자적 효력이 문제되는 영역으로서 사인에 대해서도 효력을 갖는다고 보
아야 한다. 즉 이 정보에 대한 자기결정권은 독일헌법 이론상 발전되어 온 기본
권이지만 사생활의 비밀과 자유를 보장하는 우리헌법 제17조에 근거해서 우리
헌법상으로도 인정되는 권리라고 할 것이고, 이는 기본권의 제3자효 이론에 의
해 대기업이 보유하고 있는 개인정보에 대해 개인이 그 내용을 결정하고 잘못
된 정보를 수정해 줄 것을 요구할 수 있는 권리로 발전시켜야 한다고 하겠다.
또한 이 기본권은 국가의 수사기관이 행하는 컴퓨터통신 탐색에 의해 수집한
정보를 저장하고 가공 처리하는 등의 수사활동에도 적용되어야 한다고 하겠다.

그리고 정보에 대한 자기결정권의 적용원칙중 하나인 목적기속의 원칙은
컴퓨터에 의해 수집 처리된 정보는 그 수집목적으로만 사용할 수 있어야 한다
는 원칙인데, 우리나라 현행 개인정보 보호법 제3조 제2항도 개인정보처리자는
개인정보의 처리 목적에 필요한 범위에서 적합하게 개인정보를 처리하여야 하
며, 그 목적 외의 용도로 활용하여서는 아니 된다고 규정하고 있다. 따라서 위
법률에 의하면 다른 관청과 업무협조차원에서 정보를 넘겨주는 것은 허용되지
않는다고 하지 않을 수 없다. 이를 두고 정보화 시대의 관청개념은 어떤 인격

---

1) 이에 관해서는 장영민, "정보통신망발전에 따른 개인정보보호", 「정보사회와 범죄」(한국형사정
   책연구원 제18회 형사정책세미나자료집), 1996, 78쪽, 李相暾, 위 論文, 75쪽, 주 18).
2) 李相暾, 위 論文, 73쪽.
3) 헌법재판소 1991. 5. 13. 90헌마133, 李相暾, 위 論文, 74쪽.

(Person) 개념이 아니라 기능(Funktion) 개념으로 이해되어야 한다고 주장하는 이도 있다.[1] 이러한 목적기속원칙은 특정한 정보를 수집할 때 동시에 함께 우연히 발견되는 정보의 사용도 금지하는 것으로 이해되어야 한다.[2]

다만 현행 개인정보 보호법 제18조 제2항 제7호 및 제8호는 범죄의 수사와 공소의 제기 및 유지에 필요한 경우, 법원의 재판업무수행을 위해 필요한 경우 등에 당해 개인정보 파일의 보유목적 이외의 목적으로 처리정보를 이용하거나 제3자에게 제공할 수 있도록 하고 있다. 그러나 이때에도 당해 정보를 보관하는 행정기관은 정보주체 또는 그 밖의 개인의 권리와 이익을 부당하게 침해할 우려가 있다고 인정되면 수사기관이나 법원에 대해서도 그 정보제공을 거절할 수 있다고 하겠다. 또한 수사상 수집한 정보에 대해 목적기속의 원칙을 엄격하게 적용하기를 요구하는 것은 무리라고 하지 않을 수 없지만 정보에 대한 국민의 자기결정권 보장을 위해서는 위 원칙을 경시할 수 없다. 독일 연방최고재판소의 한 판결이[3] 형사소송절차상 데이터 집적은 원칙적으로 입증수단으로 사용할 目的을 갖고 있어야 한다는 전제에 입각하고 있음을 우리의 경우에도 참고할 수 있다고 하겠다. 목적기속의 원칙은 법원이나 수사기관, 그리고 일반 행정기관이 보유하고 있는 정보에 대해서도 적용되어야 하는 것이다. 이는 헌법상 통신의 비밀보호규정에 의해 보호를 받는 통신 관계 자료를 컴퓨터 통신으로 연결하여 전송하는 데이터에 대해서도 적용되어야 할 원칙이라고 하겠다.

정보에 대한 자기결정권을 적용하는 두 가지 원칙인 비례원칙과 목적기속의 원칙을 형사소송절차에서 보장하기 위해서는 그 원칙들을 위반하거나, 그 원칙들을 구체화한 법률을 위반하여 수집, 처리된 정보를 증거로 사용하지 못하게 하며, 법관이 발부한 영장이 있는 경우에 한하여 정보처리를 허용하고, 법률에 열거된 범죄에 한하여 정보처리를 허용하거나, 정보처리 관련 당사자에게 그 사실을 사후적으로 통지해주며, 정보의 저장기한을 설정해 놓고 통제하는 것 등이 필요하다.[4]

그리고 우리나라의 경우 독일 형사소송법상의 전산망검색권, 전산망입력권, 정보비교권 등의 권한을 수사기관에게 인정하지는 않고 있으나, 현행 경찰관직무집행법 제3조에서 근거를 구하고 있는 자동차에 대한 긴급수배검문시 차적조회나 차량운전자의 신원확인 등을 경찰청 컴퓨터로 행하는 수사활동은 그 긴

---

1) Hassemer, "Strafverfahren ohne Datesschutz?", S. 29. 李相暾, 위 論文, 82쪽, 주 29) 引用.
2) 李相暾, 위 論文, 83쪽.
3) BGH NJW 1993, 1212, Jürgen Welp, a. a. O., S. 209.
4) 李相暾, 위 論文, 83쪽.

급수배검문의 한 내용으로서 허용된다고 할 것이다. 다만, 긴급수배검문이란 특정범죄가 발생한 때에 범인의 검거와 수사정보의 수집을 목적으로 하는 검문을 말하는 것이므로 컴퓨터 조회로는 당해 특정범죄에 관련된 차적 조회나 차량운전자의 신원확인만이 허용된다고 해야 하며 일반적으로 당해 특정범죄와 무관한 차량이나 신원확인, 또는 전과조회를 긴급수배검문의 형태로 행하는 것은 허용되지 않는다고 하겠다. 그러나 형사소송법에 의할 때 검사 또는 사법경찰관이 체포영장(형사소송법 제200조의2)이나 긴급체포규정(같은 법 제200조의3)에 의해 피의자를 체포하는 경우(같은 법 제200조의5) 체포영장을 소지하지 않았고, 급속을 요하면 피의자에 대하여 피의사실의 요지와 체포영장이 발부된 사실을 고하고 체포할 수 있으므로(같은 법 제85조 제3항), 일반범죄의 기소중지자에 대해 그와 같은 체포영장이 발부되었는지 여부를 확인하기 위하여 전국적으로 연결된 수사기관의 전산망을 통해 검색하는 수사활동은 적법하다고 하지 않을 수 없다. 그러한 수사활동은 체포영장이 발부되었다는 사실에 관한 피의자의 정보에 대한 자기결정권을 침해하는 행위라고 해야 할 것이라는 반론도 예상할 수 있지만, 수사의 신속성과 밀행성을 위해서는 반대로 해석하지 않을 수 없는 것이다. 수사기관으로서는 위와 같이 컴퓨터 조회에 의해 체포영장이 발부된 사실이 판명된 기소중지자에 대해 수통의 체포영장을 발부받거나 체포영장이 소재한 경찰관서나 검찰청으로부터 체포영장을 송부받거나, 체포영장의 긴급집행 방식에 의해 피의자에 대해 피의사실의 요지와 체포영장이 발부된 사실을 고지하고 체포할 수 있다고 하겠다. 그리고 그와 같은 수사활동에 의해 체포된 피의자를 대상으로 청구된 구속영장에 대해 체포과정의 위법을 이유로 그 영장청구를 기각할 수는 없다고 본다.

다. 컴퓨터 통신상 표현의 자유

1) 독일과 미국의 논의

가) 독   일

컴퓨터 통신상 표현의 자유도 원칙적으로 보장되어야 한다. 독일 헌법이론상 표현의 자유권에 해당하는 자기표현의 권리(Recht auf Selbstdarstellung)는 기본법 제5조 제1항, 제8항, 제9항에 근거를 두고 있다고 한다.[1] 모든 通信의 自由權은 국민들과 국가의 의사형성과정에 영향을 미치는 公的 表現의 自由保障에 의해 달성되며, 이 기본권 실행이 있으면, 사회와 국가는 그것을 認知하고 記錄하게

---

1) W. Schmitt Glaeser, "Schutz der Privatsphäre", S. 88.

되는 것이다. 그리고 표현의 자유조항에 의해 보호받고자 하는 의사표명이란, 집회나 결사 등을 통해 논쟁되는 주제에 관해 찬성하는지 반대하는지를 명백히 하는 것을 말한다.[1]

그러나 표현의 자유권에 대한 명확한 한계설정은 독일 기본법 제5조 제2항, 제8항 2와 제9항 2에서 역설되고 있고, 독일 헌법 이론상 기본법 제5조 제1항의 표현의 자유규정은 타인에 대해 표시한 의견이 오해나 오류에 기인하고 있는데도 그 의견을 보호하고자 하는 것은 아니며, 표현되기 전의 의사전파에 대해 국가의 보호를 청구할 수 있는 권리를 인정한 것도 아니라고 주장되고 있다.[2] 그리고 표현의 자유를 제한하기 위해서는 어떤 의사표현이 음란한지 여부나 국가안보에 중대한 영향을 미치는지 여부에 대해서 구체적인 기준을 설정하지 않으면 안 된다. 그 점에 대한 고려 없이 일정한 의사표현을 처벌하는 규정을 두게 되면 죄형법정주의의 명확성 원칙에 반하여 헌법위반의 문제가 발생할 수 있기 때문이다.

그리고 意思表現의 自由에서 말하는 '意思'의 개념을 어떻게 이해할 것이냐에 관해서는 이를 좁게 해석해서 합리적이고 평가적인 思考의 과정을 거친 '評價的인 意思'만을 위 '意思'로 보려는 評價的 意思說과, 이를 넓게 해석해서 '단순한 事實의 전달'까지도 '意思'에 포함시키려는 事實傳達包含說의 대립이 있다.[3] 그러나 앞서 본 독일 연방헌법재판소의 국세조사판결은 評價的 意思說을 택하여, 데이터 보호에 관해 소극적 의미의 의사표현의 자유영역에서 사실의 조사, 저장, 처리에 대한 보호를 인정하지 않았다. 제3자의 비밀스런 관찰로 행해지는 데이터 조사에 의한 정보침해에 있어서 사실전달에 관한 의사를 보호하는 것은 원래 허용될 수 없다는 이유에서다. 따라서 통계조사에 대해 상대방이 자발적으로 진술한 경우에는 순수한 사실조사만이 문제되고 있으므로 의사형성은 문제되지 않아 의사표명이라는 것도 없다고 한다.[4] 독일 연방헌법재판소의 이러한 논의가 정보조사와 자기표현권의 구별을 명확하게 하고 있지 못하였다고 할지라도 인구조사와 같은 통계조사에 대해 표현의 자유에 관한 헌법규정이 적용될 여지가 없다고 결론지은 점은 타당하다고 하지 않을 수 없겠다. 위 판결이 어떠한 意思에 대한 표현의 자유를 보장하고 있는지에 관해 문언 자체만으로는

---

1) W. Schmitt Glaeser, a. a. O., S. 89.
2) BVerfGE 54, 148(152f), W. Schmitt Glaeser, "Schutz der Privatsphäre", S. 88.
3) 평가적 의사설이 독일의 통설이라고 한다. 사실전달포함설은 R. Herzog, in: Maunz/Dürig/ Herzog/Scholz, RN 55 zu Art. 5 Abs. 1 u. 2
4) BVerfGE 65, 1(40f), W. Schmitt Glaeser, "Schutz der Privatsphäre", S. 88.

의미가 분명치 못한 독일 기본법 제5조 제1항 제1문의 구성요건을 날카로울 만큼 명확히 경계설정한 중대한 역할을 하였기 때문이다.[1]

나) 미   국

1996. 2. 9. 발효된 미국의 通信法은 온라인망 공급업자에게 전송되거나 저장되는 데이터가 위 업자의 독점적인 지배에 속하는 경우 이를 검사하여 음란정보에 해당하면 이를 소거해야 할 책무를 지우고 있다.[2] 미국의 입법자가 이러한 결단을 하게 된 이유는 관련 행정기관이나 당사자들이 그러한 음란정보 배포행위를 일일이 추적할 수 없다는데 기인한다. 그리고 위 법률이 제정되기 전의 법률안에 대해 벌어진 토론의 제1차적 관심은 "음란한"(indecent)이라는 용어가 상대적으로 불명확하다는 헌법상의 관점에서 비롯되었다. 즉 위와 같은 불명확한 규정으로 인해 위 법률안이 헌법상 보장된 표현의 자유를 허용되지 않는 방법으로 침해하고 있다는 것이다.[3] 다음에서 보는 바와 같이 위 법률에 대해 위헌판결을 한 필라델피아 연방법원의 판시도 위와 같은 문제의식에 입각하고 있는 것으로 보인다. 즉, 국제정보통신망인 인터넷에 의한 컴퓨터 통신도 보호받아야 한다고 할 것인데, 미국 필라델피아 연방법원은 1996. 6. 12. "인터넷은 가장 뛰어난 대중적 발언의 참여 형태로서 아직 발전 중이므로, 정부의 침입으로부터 고도의 보호를 받는 것"이라고 판시하면서 위 법률을 위헌이라고 결정한 것이다. 그리고 위 법원은 "인터넷의 장점은 바로 혼란에 있는 것처럼, 우리가 누리는 자유의 장점은 수정헌법 제1조가 보호하는 대로 규제받지 않는 언론의 혼란과 불협화음에 달려있다"고 판시하였다.[4]

2) 우리 헌법상 컴퓨터 통신과 표현의 자유

우리 헌법은 표현의 자유와 언론의 자유를 보장하고 있으므로 그에 근거하여 컴퓨터 통신상 사상표현의 자유도 보장되어야 한다고 해석해야 한다. 즉, 우리헌법 제18조는 통신의 비밀을 보장하고 있고, 제21조는 언론의 자유를 보장하고 있다. 이러한 헌법상의 기본권 조항에 의해 컴퓨터 통신망상의 표현의 자유

---

1) W. Schmitt Glaeser, a. a. O., S. 88.
2) 같은 법 Sec. 502 및 Sec. 223(47 U.S.C. 223) par. (1)(e)(3), Albrecht Stange, "Pornographie im Internet - Versuche einer strafrechtlichen Bewältigung", 「Computer und Recht」 7/1996, S. 427, Fn 12).
3) Albrecht Stange, a. a. O., S. 427.
4) 鄭陣燮, "인터넷과 컴퓨터 犯罪의 新動向", 44쪽. 위 연방법원의 판결문은 Alta Vista 검색프로그램을 이용하여 "California Museum of Photography"의 홈페이지인 http://www.cmp.ucr.edu/front-page/censorship.html에서 얻을 수 있었다고 한다. 鄭陣燮, 위 論文 45쪽, 주 18).

도 보장되어야 한다고 하겠다. 그러므로 합리적인 이유 없이, 그리고 법률상의
근거가 없거나 상당한 수단에 의하지 않고 컴퓨터 통신에 대한 표현의 자유를
함부로 제한하는 강제수사는 위와 같은 헌법규정에 비추어 허용되지 않는다고
해야 한다. 따라서 예컨대, 수사기관이나 행정부 소속의 어떤 위원회가 서면으
로 요청하면 해당 주무 행정부처가 전기통신 사업자에게 통신취급을 거부하거
나 제한·폐쇄할 수 있도록 하는 처분을 할 수 있는 입법조치를 한다면,1) 그와
같은 입법조치는 헌법상의 표현의 자유권을 침해하여 위헌이라고 하겠다.

다만, 표현의 자유는 헌법 제37조에 의해 제한된다고 해야 한다. 그러므로
컴퓨터 통신에 의한 의사표현이 단순한 통계조사 등 사실조사에 관한 응답에
국한되어 의사표명이라고 보기 어려운 경우나 음란정보의 유통 등 범죄행위에
해당하는 때에는 표현의 자유권에 기해 보호받기는 어렵다고 하겠다. 컴퓨터 통
신상의 정보에 대해 음란성을 판단할 때는 형법 제243조의 음화 등 반포죄의 음
란성을 판단하는 것과 동일하게 컴퓨터 통신망에 올려진 정보의 예술성 여부에
더하여 사회의 건전한 성도덕이라든가 사회 윤리적 관점을 추가하여 음란한 정
보인지 여부를 판단하여야 한다고 하겠다.2)

라. 전자증거에 대한 수사와 프라이버시 보호

1) 개   설

정보에 대한 프라이버시권이란 개인이나 단체 또는 기관이 자신들에 대한
정보를 언제, 어떻게, 그리고 어느 정도까지 타인에게 전달될 수 있도록 할 것
인가를 결정하는 권리라고 할 수 있다.3) 이 프라이버시권은 주로 미국 연방헌
법에서 유래된 기본권으로서 독일의 정보에 대한 자기결정권과는 뉘앙스를 달
리하고 있고, 또 정보에 대한 자기결정권이 우리 헌법상의 사생활의 비밀과 자
유 보장규정과 관계없는 인간의 존엄과 가치 행복추구권 조항에서 나오는 권리
라고 하여 프라이버시권과 구별하는 입장도 있으므로, 여기서 전자증거에 대한
수사에 있어 프라이버시 보호문제를 정보에 대한 자기결정권과 별도로 고찰해
보기로 한다.

컴퓨터에 집적되는 정보의 양이 방대해질수록 그 부작용으로 프라이버시

---

1) 한겨레신문 1997. 1. 21.자 사설 참조.
2) 형법 제243조의 음란성에 관해서는 朴相基, 「刑法各論」, 574쪽 以下, 대법원 1995. 6. 16. 선고
   94도2413 판결(마광수의 소설 "즐거운 사라" 사건), 위 같은 날 선고 94도1758 판결(일본 여우
   미야자와 리에의 누드사진첩인 "산타페" 사건) 각 參照.
3) A. F. Westin, 「Privacy and Freedom」, p. 7., Charles H. Kennedy, M. Veronica Pastor, 「An
   Introduction to International Telecommunications Law」, p. 139 및 p. 143, fn 4).

침해문제가 심각한 사회문제로 등장할 수 있다. 즉 전자적 통신수단의 발견 이전에는 법률이나 기술에 의한 도움을 받지 않더라도 개인이 자신의 사적 정보를 보호할 수 있었다. 문만 걸어 잠그면 대화를 타인이 엿듣지 못하게 할 수 있었던 것이다. 또한 목사나 의사나 은행가 또는 변호사의 직업적인 판단에 의해 개인적인 문제에 대한 비밀을 유지할 수도 있었다. 그리고 종이와 잉크, 또는 먹물을 묻힌 붓으로 정보를 처리하였으므로 市民들의 私的 데이터를 축적하고 전달하며 이용하는 것에 한계가 있을 수밖에 없었다.[1] 그러나 컴퓨터가 통신수단으로 이용되는 오늘날에 있어서는, 예컨대 수사기관에서 순수하게 범죄수사의 참고자료로 활용하기 위해 범죄기록을 컴퓨터에 입력, 저장하고 있을 경우, 특정 개인의 기록이 사면, 형시효의 만료로 삭제되어야 함에도 불구하고 그대로 저장되어 있는 결과 이 자료가 누설되면 취업이 거부되거나 직장에서 전과자란 이유로 냉대를 받거나 그 직장을 그만두어야 하는 일이 발생할 수 있게 되었다.[2] 즉 법집행기관이 그 목적달성을 위해 어떻게 컴퓨터를 이용할 것인가 하는 점에 강한 관심을 갖는 반면, 개인은 컴퓨터에 의해 처리된 '情報'에 대해 프라이버시를 어떻게 보호받을 수 있을 것인가 하는 점에 유의해야 하는 시대가 온 것이다.[3] 여기서 個人의 데이터를 수집, 집적하고 연결하는 行爲는 憲法이나 法律에 根據를 두고 있어야 한다고 하게 되었다.

또한 헌법상의 통신비밀보장은 통신망 운영자가 통신의 내용과 통신사정을 기술적으로 탐지하는 것까지 금지하고 그에 위반하는 때 형사처벌하는 것을 포함한 개념이라고 하겠다.[4] 그리고 전기통신이 기계장치에 의해 자동적으로 이루지게 되면 통신망운영자는 통신기록을 저장하게 되는데, 그 통신데이터의 저장자체가 통신의 비밀을 침해할 우려가 있으므로 이는 법률상의 근거에 기한 한계 범위 내에서만 허용되는 행위라고 해야 한다.

2) 컴퓨터 통신과 프라이버시 보호
가) 영·미의 경우
전자기술의 출현은 개인들로 하여금 자신에 대한 정보를 습득하고, 누설하며 이를 이용하는 것을 통제하기가 더욱 어렵게 만들고 있다. 전화, 전신뿐만 아니라 컴퓨터 통신은 개인의 의사를 원거리에 전달하면서 그 전달과정의 어느

---

1) Charles H. Kennedy, M. Veronica Pastor, Ibid, p. 139.
2) 申珏澈, 「컴퓨터와 法律問題」, 219쪽.
3) 安富 潔, 「刑事手續と コンピュータ 犯罪」, 11面 參照.
4) Jürgen Welp, a. a. O., S. 210.

시점에서나 전자도청기술에 그것을 노출시키고 있는 것이다.[1] 따라서 만약 "원격통신에 의한 접촉을 감시하고, 그 내용을 기록할 수 있는"(surveillance of the tel-ecommunications traffic including the recording of its contact) 권한을 수사기관에 부여한다면 도청에 관하여 컴퓨터에 국한된 특수한 문제는 발생하지 않을 것이다. 그렇지 않으면 전화도청과 동일한 조건하에 모든 형태의 원격통신도청을 가능하게 하는 새로운 입법을 함으로써 해석상의 문제가 발생하지 않도록 해야 할 것이다.[2] 다만, 이러한 입법을 함에 있어서도 헌법상의 권리로 인정받고 있는 프라이버시 보호라는 점을 염두에 두어야 함은 물론이다. 이하에서는 미국과 유럽에서 주로 논의되어온 通信과 프라이버시 보호문제를 살펴보기로 한다.

(1) 미   국

앞서 본 바와 같이 미국의 전화도청에 관한 초기판례는, 소리는 유체물이 아니므로 압수대상도 아니고 그 도청행위가 주거침입이라고 볼 수도 없다는 이유로 이를 허용해 오다가,[3] 1960년대 후반에 들어 전자도청장치를 설치한 사안에서 프라이버시 침해를 이유로 헌법위반이라고 판시한 이래,[4] 일정한 요건아래 도청을 허용하는 법률(The Omnibus Crime Control and Safe Street Act, 1968)을 제정하게 되었다. 그리고 1986년의 미국 電子通信 프라이버시 保護法 (Electronic Communications Privacy Act of 1986, Pub. L. No. 100-185, 100 Stat. 1848) 제3117조는 연방 차원에서 영장에 의한 전자이동 감시 장치를 자동차에 장착하는 것을 허용하고 있다.[5]

美聯邦의 위 1986년 전자통신비밀보호법은, 의도적으로 권한 없이 관련설비에 접근하여 전자적으로 저장되어 있는 데이터를 입수, 변경하거나 권한 있는 자의 사용을 방해하는 行爲를 금지할 뿐만 아니라 컴퓨터 해커 등이 권한 없이 컴퓨터통신에 간섭하는 행위도 금지하고 있다.[6] 美國의 몇몇 州에서도 컴퓨터에 내장된 個人의 비밀자료에 관한 프라이버시 보호를 위해 權限없이 컴퓨터 시스템에 接近하는 行爲(비록 그 데이터에 변경을 가하거나 그 데이터를 入手해 가지 않더

---

1) Charles H. Kennedy, M. Veronica Pastor, Ibid, p. 140.
2) 이상은 Council of Europe, 「Computer-related crime」, p. 77에 의함.
3) Olmstead v. United States, 277 U.S. 438(1928).
4) Katz v. United States, 389 U.S. 347(1967).
5) 즉 "(a) 법원은 차량이동 감시 장치의 장착을 위해 영장을 발부할 수 있는 권한을 갖고, 당해 법원의 관할구역 내에서 그 장치를 사용하는 것을 인정하며, 그 장치의 관할외 사용을 허가하는 명령을 발할 수 있다. (b) 차량이동 감시 장치라 함은 사람이나 물건의 이동상태를 추적할 수 있는 전자적, 공학적 장치를 말한다"고 규정하고 있다. 조문 재번역은 安富 潔, 前揭書, 55面, 註 110)에 의함.
6) Barry J. Hurewitz, Allen M.Lo, "Computer-related crimes", p. 501.

라도)를 처벌하고 있다.[1)]

　(2) 유럽평의회의 제안

　　유럽평의회의 범죄문제위원회는, 전통적으로 서구제국에서는 데이터 무단 탐색행위를 대화자간의 대화 부정탈취행위와 동일하게 취급하거나 제한된 범위 내에서 컴퓨터 시스템상의 통신침해로 처리해 왔다고 전제하고, 知的 價値있는 정보가 불법적으로 복사되거나 녹음된다고 하더라도 그 "소유자"가 여전히 그것을 보유, 관리하고 있고, 그와 같은 정보가 재물로서의 고유한 성질을 가지고 있다고 보기 어려우며, 독일이나 네덜란드와 같은 대부분의 유럽평의회 회원국들이 이를 재산범죄와 별개로 취급하고 있는 점 등에 비추어 각 회원국들이 다음과 같은 데이터에 대한 권한 없는 부정취득행위(interception)에 대한 국내법규정을, 권한 없는 자의 컴퓨터에의 접근 금지규정과 함께 마련할 것을 제안하고 있다.

　　"권한 없이 기계적인 방법으로 행하는, 컴퓨터 시스템이나 컴퓨터 통신망에 대한, 그리고 그것으로부터, 그리고 그것들 내부에서의 탐색행위"[2)]

　　위와 같은 行爲를 처벌하는 規定에 의해 보호되는 法益은 방해받지 않는 私生活의 自由 (privacy) 내지 데이터 통신에 대한 排他的 支配(exclusivity)이다. 그 行爲客體는 공공부문이나 사적영역에 있어서의 원격통신장치에 의한 데이터 통신이다. 그와 같은 통신은 단일컴퓨터 시스템 내부나 동일인에 속하는 두개의 컴퓨터 시스템간, 또는 2인 이상의 사람 사이에서 컴퓨터에 의해 행해진다.

　　기계적 방법에 의한 데이터 통신의 도청(interception)이란 통신내용을 "청취" 하는 行爲, 컴퓨터 시스템에 접근해서 이를 이용하여 직접적으로 데이터의 내용을 入手하는 行爲, 전자도청(electronic eavesdropping)이나 도청장치(tapping devices)에 의해 간접적으로 데이터 내용을 入手하는 行爲를 포함한다.[3)] 이밖에 유럽평의회의 범죄문제 위원회에 의하면 각 회원국들은 예컨대 컴퓨터 시스템을 구성하는 여러 요소들로부터 무심코 행해지는 전자기식 동시통신방식에 의한 전파방사(electromagnetic broadcasting of radiation)를 도청하는 행위와 같이 컴퓨터 시스템의 기능에 부정하게 介入하는 行爲를 처벌할 수 있도록 위에서 인정된 컴퓨터 통

---

1) Barry J. Hurewitz, Allen M.Lo, Ibid, p. 515, fn 155).
2) "The interception, made without right and by technical means of communications to, from and within a computer system or network", Council of Europe, 「Computer-related Crime」, p. 54.
3) Council of Europe, Ibid, p. 54.

신에의 不正介入行爲의 범위를 확장할 수 있다고 한다.[1] 또는 不法的으로 도청되거나 녹음된 통신 중의 데이터 내용을 공개하는 行爲까지 처벌할 수도 있을 것이다.[2] 그리고 컴퓨터 통신에의 不正한 介入은 故意的으로(intentionally) 행해져야만 可罰的이 된다.[3]

컴퓨터 스파이 행위에 대해 유럽평의회의 범죄문제 위원회는 그것을 규제하는 방법으로 컴퓨터 프로그램의 복사, 배포행위에 대해 저작권법으로 규율하는 방법도 생각할 수 있으나 그보다는 會員國들이 각자의 선택에 따라 다음과 같은 행위를 처벌하는 규정을 둘 것을 제안하고 있다.

"비밀보유자에게 경제적 손실을 주거나 行爲者나 第3者가 不法的인 經濟的 利得을 얻도록 할 의사로, 權限이나 그 밖의 法律的 正當化事由 없이 去來上이나 商業上의 秘密을 부정한 方法으로 取得하거나 漏泄하거나, 配布, 使用하는 行爲"[4]

여기서 비밀의 "配布"(transfer) 行爲는 第3者에게 이를 전달하는 것에 중점을 두고 있는 개념이며, "漏泄"(disclosure)하는 行爲는 一般公衆에 대한 전파까지 포함하고 있는 개념이다. 그리고 비밀을 "使用"(use)한다 함은 상업적으로 유리하게 이용하는 것을 가리킨다. 그리고 위 조항에서 "不正한 方法으로 取得"한다 함은, 예컨대 去來비밀이 기록된 계약서를 절취하거나, 강취, 사취하거나 不法複寫하거나 보안장치에 침입하거나 기계적 수단을 사용하여 취득하는 行爲 및 컴퓨터에 내장되어 있거나 전송중인 비밀자료를 변개, 습득하는 行爲 등을 말한다.

그리고 위 위원회는 컴퓨터 스파이행위의 성립요건으로 故意뿐만 아니라 他人에게 경제적 손실을 끼치거나 부정한 경제적 이득을 얻을 목적까지 요구함으로써 과도한 刑事處罰可能性을 制限할 수 있다고 하고 있다.[5]

나) 우리나라의 경우

우리나라 헌법상 프라이버시 보호는 "모든 國民은 私生活의 秘密과 自由를

---

1) Council of Europe, Ibid, p. 55.
2) 이것은 네덜란드 위원회(The Dutch Commission)가 제안한 내용이다. Council of Europe, Ibid, p. 55.
3) Council of Europe, Ibid, p. 55.
4) "The acquisition by improper means or the disclosure, transfer or use of a trade or commer-cial secret without right or any other legal justification, with intent either to cause economic loss to the person entitled to the secret or to obtain an unlawful economic advantage for oneself or a third person.", Council of Europe, Ibid, p. 63.
5) Ibid, p. 65.

침해받지 아니한다"고 규정한 헌법 제17조에서 근거하고 있다고 해야 하며, 이
점에서 인간의 존엄과 가치, 행복추구권의 근거조문이 되는 헌법 제10조에서도
연원하는 정보에 대한 자기결정권과는 그 근거가 다르다고 할 수 있다. 우리나라
에는 통신비밀보호법이 제정되어 있어 컴퓨터나 휴대전화 등에 의한 통신에 대
한 제한을 규정하고 있는데, 이점에 관해서는 항목을 바꾸어 상술하기로 한다.

컴퓨터나 휴대전화에 의한 통신에 대한 탐색 역시 개인의 의사내용을 비밀
리에 취득하여 개인의 프라이버시권에 대한 중대한 침해를 야기한다. 또한 이는
통신자간의 비밀스런 통신을 할 권리를 침해한다. 따라서 공개되지 않은 컴퓨터
통신을 무단 취득하는 것은 강제처분으로 보아야 할 것이라는 일본 학자의 견
해는[1] 우리 형사절차에서도 타당하다고 하겠다. 그리고 컴퓨터 통신에 대한 접
근에 있어서 그 정보가 상대방에게 임의로 開示되어 있거나 프라이버시에 대한
기대를 갖고 있는 자가 동의한 경우를 제외하고는 수사기관은 헌법상의 압수,
수색요건을 충족해야만 그 탐지활동을 할 수 있다고 해야 한다는 견해[2] 역시
헌법상의 프라이버시 보호 규정에 비추어 타당하다고 하지 않을 수 없다.

3) 전자게시판

일반에 공개된 인터넷 등 컴퓨터 통신망의 전자게시판에 올려진 자료는 통
신망 운영자나 그 가입자간의 동의가 없더라도 법관의 영장이 없어도 수사기관
이 취득할 수 있다고 해야 한다. 이에 관해서는 송신자와 수신자간에 흐르고 있
는 정보는 그 성질상 통신내용의 압수, 수색 범위를 특정하기 어려우므로 이를
압수하기 위해서는 통상의 경우보다 그 요건을 완화하여 범죄와 관련 없음이
명백하지 않는 한 압수할 수 있다고 보아 피고사건 또는 피의사건과의 관련성
만 인정되면 압수할 수 있다는 견해가 있다.[3] 물론 전자게시판과 같이 다수의
이용자에게 광범위하게 정보를 제공할 목적을 갖고 있는 것에 관해서는 컴퓨터
시스템의 이용자에 대해 헌법이 보장하는 프라이버시의 보호정도가 축소된다고
보아도 좋을 것이다. 그러나 전자게시판 시스템이 공동이용자에게 개방되어 있
다고 하여도 패스워드나 이용자의 동일성 확인에 의해 그 이용이 제한되어 있
는 경우에는, 이용이 허용되는 자 이외의 누구에 대해서도 자유롭게 접근당할
수 있다고 할 수는 없다. 따라서 이때에도 위 시스템 이용자는 프라이버시에 대
한 합리적 기대를 갖고 있다고 보아야 하며 이에 따라 전자게시판상의 통신비

---

1) 白取祐司, 前揭論文, 79面 參照.
2) 安富 潔, 「刑事手續と コンピュータ 犯罪」, 217面.
3) 安富 潔, 前揭書, 202面.

밀도 보호되어야 한다고 하겠다. 그러므로 수사기관은 통신비밀보호법의 규정에 의해 법관이 발부한 영장에 의하지 않고 전자게시판 이용자의 비밀번호를 무단으로 탐색할 수 없다고 하겠다. 즉, 법집행기관이 컴퓨터 시스템 이용자의 동의를 얻어 패스워드나 아이디(ID)를 확보했거나 하는 경우 이외에 전자게시판에 올려진 정보를 무단 취득하는 것은 위법한 도청이나 위법한 컴퓨터 통신탐색이라고 해야 한다. 그러나 정보통신 제공자인 컴퓨터 시스템 이용자가 알지 못하는 사이에, 그리고 수사기관이 전기통신 사업자나 전자게시판 운영자의 동의를 얻지 않았다고 하더라도, 일반에 공개된 자료라면 당해 전자게시판의 정보내용을 수사기관이 취득할 수 있다고 해야 한다. 미국의 연방통신법 제705조가 유선통신뿐만 아니라 무선통신도 보호하고 있고, 1986년 전자통신 프라이버시보호법이 전자통신 도청금지를 규정하고 있는 점은 우리에게도 시사하는 바가 크다고 하겠다.[1] 우리의 통신비밀보호법 제2조 제3호 및 제7호에 의하면 우리나라에서도 유선통신은 물론이고 무선통신도 보호되고 있고 전기통신의 무단 감청도 금지되고 있다. 따라서 무선에 의한 컴퓨터나 휴대전화 통신도 통신비밀보호법의 제한에 의해서만 감청이 허용된다고 하겠다. 또한 위법하게 손에 넣은 패스워드를 이용하여 법집행기관이 수색활동을 하는 것은 전자기록에 대해 정당하게 접근할 수 있는 권한 없이 행하는 위법한 수색활동에 해당한다고 보아야 한다.

다만 일반적으로 전자게시판에 접근할 수 있는 권한을 갖고 있는 공동이용자는 법집행기관의 수색에 동의할 수 있다고 하겠다. 그러나 그 접근권한은 무한정한 것이 아니며, 당해 전자게시판의 특정파일에 메시지를 남길 수 있을 뿐 그곳으로부터 정보를 읽어내는 것이 허용되어 있지 않다면 그 파일에 접근할 수 없다고 해야 한다. 따라서 이처럼 공동이용자의 접근권에 일정한 제한이 있는 경우 법집행기관의 수색활동범위는 제한될 수밖에 없는 것이다. 특정기록에만 접근할 수 있는 유저(user)는 그 외의 기록에 대한 수색에 동의할 수 있는 권한이 없다고 해야 하기 때문이다.[2] 그러므로 이때도 수사기관은 통신비밀보호법의 규정에 열거된 범죄수사 및 예방을 위해 법관이 발부한 영장에 근거하여서만 전자게시판에 접근할 수 있다고 하겠다.

4) 개인 데이터의 수집, 집적, 연결

행정목적이나 수사목적을 위한 개인 데이터의 수집, 집적은 개인의 프라이

---

1) 위 법안의 일어 번역문은 安富 潔, 前揭書, 211面 以下.
2) 일본학자로서 같은 견해를 취한 것으로, 安富 潔, 前揭書, 211面.

버시에 대한 중대한 침해가능성을 갖고 있으므로 언제나 그에 대한 침해를 헌법원칙에 비추어 최소화할 수 있도록 주의해야 할 것이다. 이를 위해서는 정보에 대한 자기결정권에 입각한 비례의 원칙이나 목적기속의 원칙 및 헌법상 사생활의 비밀과 자유에 관한 규정이 개인정보의 데이터베이스화에 대한 입법상의 유효한 견제수단으로 활용될 수 있으리라고 본다.

4. 통신비밀보호법의 규정

종래 숱한 논란을 빚어 왔던 도청의 허용여부에 대해 1993년 12월 27일 법률 제4650호로 통신비밀보호법이 제정되어 그 허용요건을 규정하고 있다. 우리나라에서는 1945년부터 2년 3개월 동안의 미군정기에 미군정청 수사기관에서는 도청을 합법적인 정보획득과 수사수단으로 활용하여 왔었다.[1] 그 후로 도청을 명문으로 허용하는 법률이 없이 학설상으로만 그 허용여부 및 한계에 관해 논의되어 오다가 1993년에 위 통신비밀보호법을 제정하게 된 것이다.[2] 당시 위 법안이 제안될 때는 주로 음란, 협박 전화 등 범죄행위와 관련된 전화통신 및 국가안보에 관련된 전화통신 등을 도청할 수 있는 근거를 마련하고 그 제한 규정을 두려는 목적을 갖고 있었다. 이는 수신자가 통화 후 전화국과 연결된 음성전화서비스 번호를 누르면 자동으로 발신자의 전화번호를 알 수 있게 하는 '發信者 番號確認裝置', TDX 1 交換機에 부착된 미니컴퓨터의 스크린에서 통화감시자의 번호, 시각, 상대방 등을 확인하면서 자기테이프나 자기디스크에 고속으로 그 자료를 저장해 놓고 '音聲認識 시스템'을 이용하여 필요한 통화내용을 언제든지 들을 수 있게 하는 도청장치인 '블랙박스' 등의 등장과 같은 통신도청의 기술적 발전에 법률적으로 부응한다는 측면도 갖고 있었다. 위 법률 중 특히 범죄수사와 관련된 규정을 살펴보면 다음과 같다.

가. 적용범위

통신비밀보호법 제3조는 누구든지 위 법률과 형사소송법 또는 군사법원법의 규정에 의하지 아니하고는 우편물의 검열 또는 전기통신의 감청 또는 통신사실확인자료의 제공을 하거나 공개되지 아니한 타인간의 대화를 녹음 또는 청취하

---

1) 沈羲基, 「科學的 搜査方法과 그 限界 -美國法과 韓國法의 比較-」, 26쪽.
2) 도청에 관한 미국법의 해설에 관하여는 尹晶石, "盜聽 및 電子的 監視方法의 使用에 관한 法理上 問題點(中) -美國法解說 및 國內法 制定案에 대한 檢討", 法曹(1993년 6월호), 95쪽 以下 參照.

지 못한다고 규정하고 있다(제3조 제1항 본문). 위 법률 제3조의 규정에 위반하여, 불법검열에 의해 취득한 우편물이나 그 내용 및 불법감청에 의해 지득 또는 채록된 전기통신의 내용은 재판 또는 징계절차에서 증거로 사용할 수 없다(제4조). 이는 수사기관이 위와 같이 불법도청에 의해 획득한 증거에 관해 형사소송절차에서도 그 증거능력을 부정하기 위한 규정이라고 해석해야 한다. 이로써 우리 입법자는 위법한 절차에 기해 수집된 증거는 진술증거 뿐만 아니라 증거물에 대해서도 그 증거능력을 부정하기 위한 실마리를 만들어 냈다고 할 수 있다.

누구든지 위 법률에 의한 통신제한조치 등으로 지득한 내용을 위 법률규정에 의해 사용하는 경우 외에는 다른 기관 또는 외부에 공개하거나 누설할 수 없다(위 법률 제11조 제1항 내지 제3항). 뿐만 아니라 통신제한조치의 허가과정이나 허가여부, 허가내용 등은 외부에 공개하거나 누설할 수 없으며 그 비밀유지에 필요한 사항은 대법원규칙으로 정하도록 하고 있다(위 법률 제11조 제1항, 제4항). 따라서 원칙적으로 통신제한조치 허가를 신청한 수사기관, 그 제한조치를 허가한 법원 등은 통신제한조치에 관한 비밀을 유지하도록 주의해야 한다. 법원에서는 통신비밀 제한조치 허가 신청이 있으면 그 신청기록이나 제한조치 허가장을 秘文으로 관리하고 있다. 그리고 위 법률규정에 의한 통신제한조치로 취득한 내용은 통신제한조치의 목적이 된 범죄나 이와 관련된 범죄를 수사, 소추하거나 그 범죄를 예방하기 위하여 사용하는 경우, 그 각 범죄로 인한 징계절차에 사용하는 경우, 통신의 당사자가 제기하는 손해배상소송에서 사용하는 경우, 기타 다른 법률의 규정에 의해 사용하는 경우 이외에는 사용할 수 없다(위 법률 제12조). 이 규정은 위에서 본 정보에 대한 자기결정권의 적용원칙 중 하나인 목적기속의 원칙을 표방한 조항이라고 생각된다. 다만 그 사용목적이 지나치게 광범위하게 규정되어 있어 문제라고 하겠다.

위 법률의 각 규정이 컴퓨터통신의 탐색에 대해서도 그대로 적용된다고 하기에는 의문이 있다는 견해도 과거에 있었다.[1] 컴퓨터 통신의 탐색을 전통적인 '도청'의 개념에 넣을 수 있는지에 관해 의문이 있고, 그 탐색행위가 녹음 또는 청취라고 보기도 어렵기 때문이다. 전통적인 도청의 수단인 녹음이나 청취는 소리를 객체로 하는데 반해 컴퓨터 통신은 電子의 移動에 기한 의사연락이라고 할 수 있기 때문에 이를 그대로 녹음이나 청취라고 하기에 의문이 있는 것이다. 도청의 방법으로는 일반적으로 구술에 의한 대화를 자연인의 귀로 엿듣거나, 소

---

1) 배보윤, 위 論文, 48쪽, 49쪽.

형 마이크로폰(Microphone)을 대화자 몰래 대화 장소에 설치하고 먼 곳에서 그 대화내용을 엿듣는 대화도청(Bugging), 유선으로 연결된 전화선에 도청설비를 부착시켜 통화내용을 엿듣는 전화도청(Wiretapping), 디지털이나 아날로그에 의한 통신을 가로채 그 내용을 해독하는 전기도청(Electronic eavesdropping) 등을 들 수 있다.[1] 그런데 컴퓨터 통신의 탐색이 당연히 위와 같은 도청수법에 해당하는지, 설령 그에 해당한다고 하더라도 통신비밀보호법상의 전기통신의 감청에 해당한다고 볼 수 있는지 검토해 볼 필요가 있는 것이다. 더욱이 위 법률 제3조의 규정에 위반하여 전기통신을 감청하거나 공개되지 아니한 타인간의 대화를 녹음 또는 청취하거나 그 취득한 통신 또는 그 대화의 내용을 공개하거나 누설한 자를 1년 이상 10년 이하의 징역과 5년 이하의 자격정지형에 처하고 있는 같은 법 제16조 제1항 제1, 2호를 고려해 볼 때, 죄형법정주의의 명확성의 원칙에 의해 그 부당한 확대해석이 금지된다는 면에서 보면 컴퓨터 통신의 무단 탐색에 대해 위 법률규정이 당연히 적용된다고 보기에 어려움이 있는 것이다. 즉 위 법률의 입법목적은 전통적인 도청방식에 의한 음성의 도청을 말하고 컴퓨터 통신의 무단탐색에까지 적용할 것을 예정하고 있지 않는가 하는 의구심을 자아내고 있었다.

그러나 위 법률문언을 전체적으로 살펴보고, 또한 컴퓨터 통신의 무단 탐색에 대해서도 일정한 법률적 허용범위와 그 한계를 설정함으로써 국민의 통신관련 기본권을 더 잘 보호할 수 있다는 목적론적 해석에 입각해 보면, 통신비밀보호법의 규정은 컴퓨터 통신의 무단탐색에 대해서도 적용된다고 해석함이 상당하다고 본다. 즉, 위 법률 제2조는 그 정의규정에서 "통신"에 전기통신을 포함시키고 있고(제1호), "전기통신"이란 전화·전자우편·회원제정보서비스·모사전송·무선호출 등과 같이 유선, 무선, 광선 및 기타 電磁的 方式에 의하여 모든 종류의 음향, 문언, 부호 또는 영상을 송신하거나 수신하는 것을 말한다고 하고 있으며(제3호), "감청"을 전기통신에 대하여 당사자의 동의 없이 電子裝置, 기계장치 등을 사용하여 통신의 음향, 문언, 부호, 영상을 청취, 共讀하여 그 내용을 지득 또는 채록하거나 전기통신의 송수신을 방해하는 것을 말한다고 하고 있고, "감청설비"란 대화 또는 전기통신의 감청에 사용될 수 있는 電子裝置, 기계장치, 기타 설비를 말한다고 규정하고 있다. 따라서 위와 같은 정의규정에 비추어 볼 때 위 법률은 저장목적만으로 통신서비스회사에 저장된 기록뿐만 아니라 통신가입자

---

1) 沈義基, 위 冊, 24쪽.

의 아이디(ID)나 패스워드의 도용 등에 의해 특정대화방이나 전자우편, 전자게시
판에 저장되어 있는 대화, 게시내용, 자료 등을 무단 취득하거나, 데이터베이스
에 집적되어 있는 사적정보를 무단검색하거나 전송되는 파일등을 무단히 다운
로드 받는 등의 컴퓨터 통신 무단탐색에도 적용된다고 해야 할 것이다.[1] 다만,
현재 법원의 실무는 전송중인 데이터의 탐색은 통신비밀보호법에 의한 영장발
부절차로 처리하고, 이미 전송되어 상대방 컴퓨터에 저장된 이메일은 통상의 형
사소송법에 의한 압수수색영장발부 절차로 처리하고 있다.[2]

나. 감청의 허용범위

통신비밀보호법 제3조 제1항 제1호에 정한 환부우편물 등의 경우 우편법에
따르고, 제2호에 정한 수출입 우편물에 관해 관세법 제256조, 제257조에 따르며,
제3호에 정한 형사소송법 제91조나 군사법원법, 「형의 집행 및 수용자의 처우에
관한 법률」, 「군에서의 형의 집행 및 군수용자의 처우에 관한 법률」 등에 따르고,
제4호에 정한 「채무자 회생 및 파산에 관한 법률」에 따르며, 제5호에 정한 전파
법 제49조 내지 제51조의 규정에 따르는 한, 통신비밀보호법은 적용되지 않는다.

다. 범죄수사를 위한 통신제한조치의 허가 등

1) 요 건

우편물 검열이나 전기통신 감청(이른바 "통신제한조치")은, 위 법률 제5조 제1
항 각호에 규정된 범죄(중요한 것만을 보면 형법상 내란, 외환죄, 공무원의 직무에 관한 죄,
아편에 관한 죄, 살인, 체포, 감금, 협박, 약취, 유인의 각 죄, 정조에 관한 죄, 절도, 강도죄, 국가
보안법에 규정된 죄, 공갈죄 등이 있다)를 계획 또는 실행하고 있거나 실행하였다고 의
심할 만한 충분한 이유가 있고 다른 방법으로는 그 범죄의 실행을 저지하거나
범인의 체포 또는 증거의 수집이 어려운 경우에 한하여 허가될 수 있다. 따라서
위 규정에서 열거하고 있지 않은 범죄수사를 위해 통신제한조치 허가를 신청할
수는 없다고 해야 한다.

통신제한조치의 대상은 위 요건에 해당하는 자가 발송, 수취하거나 송수신
하는 '특정한' 우편물이나 전기통신, 또는 그 해당자가 '일정한 기간에 걸쳐' 발
송, 수취하거나 송수신하는 우편물이나 전기통신이다(위 법률 제5조 제2항). 前者는
통신제한조치의 대상이 특정한 우편물이나 전기통신에 국한되어 있으므로 일정
한 기간에 걸쳐 송수신하는 모든 우편물이나 전기통신이 제한대상이 되는 後者

---

1) 저장목적만으로 통신서비스회사에 저장된 데이터에 관해서는 沈義基, 前揭書, 58쪽 參照.
2) 대법원 2013. 11. 28. 선고 2010도12244 판결.

보다 그 범위가 좁다고 할 수 있다. 위 조항들은 영장주의의 내용인 영장기재의 특정성 원칙이나 정보에 대한 자기결정권의 적용원칙인 목적기속의 원칙을 표명하고 있는 조항이라고 하겠다. 그리고 관련성의 세부 요건인 주관적, 객관적, 시간적 관련성을 규정한 조항이라고도 하겠다.

2) 절   차

범죄수사를 위해 통신제한조치를 하고자 할 때 검사(군검찰관을 포함한다. 이하 같다)는 법원(군사법원을 포함한다. 이하 같다)에 대해 통신제한조치를 허가하여 줄 것을 청구할 수 있고, 사법경찰관(군사법경찰관을 포함한다, 이하 같다)은 검사에게 신청하여 검사를 통해 법원에 그 허가를 청구해야 한다. 이때는 필요한 통신제한조치의 종류, 그 목적, 대상, 범위, 기간 및 당해 통신제한조치의 허가요건이 충족되는 사유 등을 기재한 서면에 필요한 소명자료를 첨부해 제출해야 한다(위 법률 제6조 제1항, 제2항, 제4항). 관할법원은 그 제한조치를 받을 통신당사자의 쌍방 또는 일방의 주소지 또는 소재지를 관할하는 지방법원 또는 지원으로 한다(위 같은 조문 제3항).

법관이 통신제한조치를 허가할 때는 그 종류, 목적, 대상, 범위 및 기간을 특정하여 기재한 허가서를 발부한다. 이상의 각 조항도 목적기속의 원칙을 표방하고 있다고 하겠다. 통신제한조치의 기간은 2월을 넘지 못한다. 다만 허가요건이 존속하면 법관은 검사 또는 사법경찰관의 청구에 따라 2월의 범위 내에서 그 기간을 연장할 수 있다(위 법률 제6조 제5항 내지 제7항).

종래 통신제한조치 허가기간을 3개월로 하고 있었고, 구속영장과 달리 연장 회수의 제한도 없었으나, 3개월이라는 통신제한조치기간은 너무 길다고 하지 않을 수 없고, 연장회수의 제한도 없어 무한정한 통신제한 조치가 가능하게 되어 있는 규정은 비례의 원칙에 비추어 상당하다고 하기 어렵다. 통신제한조치를 허가하는 법관이나 그 연장을 허가하는 법관으로서는 이점을 고려하여 통신제한조치 허가기간을 3개월보다 짧게 하거나 연장을 불허할 수 있다고 해석되었다. 이 점을 고려하여 현행 통신비밀보호법 제6조 제7항은 "통신제한조치의 기간은 2월을 초과하지 못하고, 그 기간 중 통신제한조치의 목적이 달성되었을 경우에는 즉시 종료하여야 한다. 다만, 제5조 제1항의 허가요건이 존속하는 경우에는 제1항 및 제2항의 절차에 따라 소명자료를 첨부하여 2월의 범위 안에서 통신제한조치기간의 연장을 청구할 수 있다"고 하고 있다(2001. 12. 29. 개정됨). 다만 이 통신제한조치 기간의 연장에 관한 부분은 총연장기간이나 총연장횟수의 제한을 두지 않고 있어 헌법에 합치하지 않는다는 헌재 판단이 있다(헌재 2010. 12. 28. 2009헌가30). 통신제한조치 허가청구가 이유 없으면 법관은 그 청구를 기각하고 이를 청구인에게 통지한다(통신비밀보호법 제6조 제8항).

통신내용이 아닌 통신인접사실인 가입자의 전기통신일시, 전기통신 개시·종료시간, 발·착신 통신번호 등 상대방의 가입자 번호, 사용도수, 컴퓨터통신 또는 인터넷의 사용자가 전기통신역무를 이용한 사실에 관한 컴퓨터통신 또는 인터넷의 로그기록자료, 정보통신망에 접속된 정보통신기기의 위치를 확인할 수 있는 발신기지국의 위치추적자료, 컴퓨터통신 또는 인터넷의 사용자가 정보통신망에 접속하기 위하여 사용하는 정보통신기기의 위치를 확인할 수 있는 접속지의 추적자료 등 통신비밀보호법 제2조 제11호에 규정된 데이터는 같은 법 13조에 규정된 절차에 따라 취득해야 한다.

3) 긴급처분

검사와 사법경찰관이 위와 같은 통신제한조치에 관한 절차를 거칠 수 없는 긴급한 사유가 있으면 법원의 허가 없이 통신제한조치를 하고 그 집행개시 시부터 36시간이내에 위와 같은 절차에 따라 법원의 허가를 얻어야 하며 법원의 허가를 받지 못한 때는 즉시 그 통신제한조치를 중지하여야 한다(위 법률 제8조 제1항, 제2항). 그리고 설령 법원의 허가를 얻었다고 하더라도, 법원의 허가는 이미 행해진 긴급통신제한조치를 사후적으로 승인하는 의미밖에 없으므로 계속하여 장래에 향해 별도로 통신제한조치를 하고자 할 때는 사전에 별도로 통신제한조치 허가장을 발부받아야 하며, 이미 행해진 긴급통신제한 조치에 대한 법관의 허가장을 그 이후의 통신제한조치를 정당화하는 근거로 활용할 수는 없다고 하겠다. 수사기관을 감사하는 기관으로서도 이점을 충분히 인식하고 만약 이에 위반된 통신제한조치 행위가 있으면 이점을 지적하여 담당 수사관에게 주의를 주고 경고하거나 기타 징계처분을 요구하는 등으로 적절한 조치를 취해야 할 것이다. 이밖에 사전통신제한조치를 하기 위해 긴급통신제한조치의 방식에 의한 통신제한조치허가를 청구하는 것은 위법하다고 해야 한다. 사전통신제한조치를 청구할 때는 그 청구서에 필요한 통신제한조치의 종류, 그 목적, 대상, 범위, 기간 및 당해 통신제한조치가 같은 법 제5조 제1항의 허가요건을 충족하는 사유 등을 기재하도록 되어 있는데, 실무상 긴급통신제한조치허가 청구서에 그와 같은 기재를 결하고 있는 경우가 있었다. 경찰등 수사기관으로서는 통신비밀보호법규정을 숙지하여 통신제한조치허가 청구시 위 법률에 규정된 요건과 절차를 준수해야 할 것이다. 당직법관이나 영장전담 법관으로서는 위와 같은 방식위배의 통신제한조치허가 청구영장을 기각할 수밖에 없다.

라. 국가안보를 위한 통신제한조치

대통령령이 정하는 정보수사기관의 장은 국가안전보장에 대한 위해를 방지하기 위하여 이에 관한 정보수집이 특히 필요한 때에는, 통신의 일방 또는 쌍방 당사자가 내국인이면 반드시 고등법원 수석부장판사의 허가를 얻어야 하고, 대한민국에 적대하는 국가, 반국가활동의 혐의가 있는 외국의 기관, 단체와 외국인, 대한민국의 통치권이 사실상 미치지 아니하는 한반도 내의 집단이나 외국에 소재하는 그 산하단체의 구성원의 통신인 때에는 서면으로 대통령의 승인을 얻어야 한다. 위의 어느 경우나 통신제한조치의 기간은 4월을 넘지 못하나, 그 허가요건이 존속하면 4월의 범위 안에서 제한조치기간 연장의 허가를 받을 수 있다(위 법률 제7조). 위 법률의 제정 당시 民正黨의 법률안이 국가안보에 관련되는 직무를 수행하는 기관의 장이 국가안전보장에 대한 위해를 방지하기 위하여 특히 필요한 경우에는 법원의 허가 없이 국가안전기획부장에게 계획서를 제출하고 국가안전보장회의의 심의를 거쳐 통신에 대한 검열 또는 도청을 할 수 있도록 규정하고 있었던 것과 달리[1] 통신 당사자중 일방이라도 내국인이면 반드시 고등법원 수석부장판사의 허가를 얻도록 하고 있는 점에서 돋보이는 법률이라고 하지 않을 수 없다. 그러나 그 예외를 광범위하게 인정하여 대통령의 승인만으로 통신제한조치를 할 수 있도록 한 점은 흠이라고 하겠다.

마. 감청설비에 대한 인가

감청설비를 제조, 수입, 판매, 배포, 소지, 사용하거나 이를 위한 광고를 하고자 하는 국가기관 이외의 자는 미래창조과학부장관의 인가를 얻어야 하고, 그 인가일, 인가된 감청설비의 종류와 수량 등 필요한 사항을 대장에 기재하여 비치하여야 한다(위 법률 제10조).

바. 벌   칙

통신제한조치를 집행하는 자와 이를 위탁받은 자는 당해 통신제한조치를 청구한 목적과 그 집행일시 및 대상을 집행대장에 기재하고 비치하여야 한다(위 법률 제9조 제3항). 이를 위반하면(같은 법 제14조 제2항의 규정에 의해 적용되는 경우를 포함한다) 5년 이하의 징역이나 3,000만 원 이하의 벌금에 처해진다(위 법률 제17조 제1항 제2호). 미래창조과학부장관의 허가를 받지 않고 감청설비를 제조, 수입, 판매,

---

1) 배보윤, 위 論文, 51쪽.

배포, 소지, 사용하거나 이를 위한 광고를 한 자 및 미래창조과학부장관의 인가를 받았다고 하더라도 감청설비의 인가대장 등을 작성 또는 비치하지 않은 자도 동일한 法定刑으로 처벌한다(위 법률 제17조 제1항 제4호, 제5호).

위 법률 제3조의 규정에 위반하여 우편물을 검열하거나, 전기통신을 도청하거나 또는 공개되지 아니한 타인간의 대화를 녹음 또는 청취하거나 그 취득한 통신 또는 대화의 내용을 공개하거나 누설한 자 및 위 법률 제11조의 규정에 위반하여 통신의 내용 또는 공개되지 아니한 타인간의 대화의 내용을 공개하거나 누설한 자는, 1년 이상 10년 이하의 징역과 5년 이하의 자격정지에 처해지거나, 10년, 7년, 또는 5년 각 이하의 징역형에 처해진다. 법정형이 대단히 무거워 매우 중한 범죄로 다루려는 입법자의 의도를 알 수 있다(위 법률 제16조). 위 법률위반의 각 죄의 미수범도 처벌된다(제18조).

사. 추가적인 법 개정 내용

통신비밀보호법의 제정 이후에도, 통신제한조치의 집행에 관한 통지(제9조의2), 검사 및 사법경찰관이 송·수신이 완료된 전기통신에 대해 압수·수색·검증을 집행한 경우 수사대상이 된 가입자에게 하는 통지(제9조의3), 국가기관 감청설비의 신고(제10조의2), 불법감청설비탐지업의 등록 등(제10조의3), 불법감청설비탐지업자의 결격사유(제10조의4), 등록의 취소(제10조의5), 법원이 민형사 재판을 하면서 필요한 경우 전기통신사업자에게 통신사실 확인자료를 요청하는 경우(제13조의2), 범죄수사를 위한 통신사실 확인자료 제공 등의 통지(제13조의3), 국가안보를 위한 통신사실 확인자료 제공의 절차 등(제13조의4), 통신사실 확인자료에 대한 비밀준수 의무 및 자료의 사용제한(제13조의5), 전기통신사업자의 수사협조의무(제15조의2) 규정 등이 추가되었다.

아. 결 어

통신비밀보호법 제3조에 대해서는 이미 발생한 범죄가 아니라 범죄의 예상을 근거로 도청을 허용하고 있어 시민들이 사적인 비밀영역에 남겨 두기를 원하는 사적인 대화에 대하여 시민들로 하여금 더 이상 지배권을 행사할 수 없게 하고 있으므로 정보사용의 목적기속의 원칙에 비추어 부당하다는 비판이 제기되고 있다.[1] 즉 범죄의 예방활동을 위해서 하는 도청을 허용함으로써 경찰법과 형사소송법의 경계선을 사라지게 하였다는 것이다.[2]

---

1) 李相暾, 위 論文, 83쪽.
2) 李相暾, 위 論文, 86쪽.

또한 위 법률 제11조가 목적기속의 원칙을 어느 정도 선언하고 있지만 같은 법 제12조에 의하면 통신제한조치의 목적이 된 범죄뿐만 아니라 그와 '관련되는 범죄'의 수사나 예방을 위하여도 통신제한조치로 취득한 자료를 사용할 수 있으므로 목적기속의 원칙은 사실상 관철되기 어렵다고 비판되고 있기도 하다.[1]

통신비밀보호법 제정 이전에는, 여기서 한 걸음 더 나아가 아예 도청은 명백한 기본권 침해행위이므로 국가안보나 수사의 목적이 아무리 중요하다고 할지라도 개인의 통신비밀을 침해할 수는 없으며, 오히려 통신의 비밀보장의 가치가 훼손될지도 모를 통신비밀보호법을 제정하기 전에 도청방지법을 제정해야 한다는 견해도 제시된 바 있었다.[2] 이밖에 현행 통신비밀보호법상의 긴급통신제한조치 제도에 의하면 수사관의 자의적 판단에 의해 '긴급성'이 결정되어, 일단 도청을 하고 추후 승인을 받으면 그만이게 되므로 실제 현실에서는 제한적, 예외적이 아닌 무제한적으로 일반화된 도청과 검열이 이루어질 수 있다는 비판도 있을 수 있겠다.[3]

물론 위와 같은 비판에 대해서는 전반적으로 찬성한다. 다만, 위 법률이 1993. 12. 27. 제정되어 오랜 기간 동안 시행되어 왔으며, 우리나라가 이러한 법률을 갖고 있다는 것만 해도 통신비밀보호를 위한 큰 발전이라고 할 수 있는 점에 비추어 이 법률이 갖는 의의를 폄하할 수만은 없다고 하겠다. 또한 위 법률이 형사소송법의 특별법으로서만 제정되었다고 하기 어렵고, 우편행정, 관세행정, 교정행정, 전파감시행정, 파산관재인의 업무처리 등에 관한 규정까지 담으려고 한 것은 입법기술상의 편의에 기인한 것이며(같은 법 제3조), 범죄수사를 위한 통신제한 조치의 허가에 관해서는 같은 법 제5조가 범죄를 실행한 경우 이외에 범죄를 실행하였다고 믿을 만한 충분한 이유가 있고 다른 방법으로는 그 범죄의 실행을 저지하거나 범인의 체포 또는 증거의 수집이 어려운 경우에 한하여 허가할 수 있다고 규정하고 있어 그 요건이 엄격하게 규제되고 있고, 범죄의 예방활동을 위한 통신제한조치는 국가안보를 위한 경우나 기타 강력범죄를 예방하기 위한 경우에 한하여 일정한 절차를 거쳐 허용되도록 하고 있는 점 등에 비추어, 위 법률이 범죄예방활동을 위한 도청을 허용하여 경찰법과 형사소송법의 경계를 사라지게 하였다고 만연히 비판할 수만은 없지 않은가 하고 여겨진다. 더욱이 현행 통신비밀보호법 제9조의2 내지 3은 통신제한조치의 집행 내역을

1) 李相暾, 위 論文, 87쪽.
2) 李允洙, "通信秘密保護法에 대하여", 「國會報」(1992. 9.), 23쪽.
3) 李允洙, 위 論文, 22쪽 參照.

대상자에게 통지하도록 하고 있다.

또한 모든 도청이 위헌이라는 생각에도 찬성할 수 없다. 수사상, 국가안보상의 필요를 위해 통신비밀보호법상으로 도청을 허용하는 것은 헌법 제37조 제2항 범위 내의 입법조치라고 해야 하기 때문이다. 그리고 긴급통신제한조치를 한 후 사후에 법관으로부터 그에 대한 허가장을 발부받았다고 하더라도 장래 행해질 통신제한조치에 대해 허가신청을 하지 않거나, 그 허가신청을 하였더라도 법관으로부터 허가장을 발부받지 못하면 통신제한 조치가 불가능해진다는 점에서 무제한적으로 일반화된 도청과 검열이 이루어질 것이라고 걱정할 필요는 없지 않은가 하고 생각된다. 만약 무제한적으로 일반화된 도청을 한 후 사후에 긴급통신제한조치 허가를 받으려고 한다면 법관으로서는 긴급성의 요건이 결여된 것으로 보아 허가장을 발부하지 않아야 할 것이고, 이에 따라 수사기관으로서는 통신제한조치를 중단하여야 한다고 하겠다(같은 법 제8조 제2항). 이상과 같은 통신비밀보호법에 관한 논의는 컴퓨터나 휴대전화에 의한 통신의 무단탐색행위에도 그대로 적용된다고 하겠다.

5. 결 론

컴퓨터 통신의 탐색에 대해서도 일반적인 도청제한론에서 논의된 바와 같이 통신비밀을 보장하는 헌법상의 보호가 이루어져야 한다. 이것을 위해 컴퓨터 통신의 자유권이 보장되어야 하고, 그 이면으로 컴퓨터 통신을 통한 표현의 자유가 보장되어야 하며, 한 걸음 더 나아가 컴퓨터 통신을 통해 전파되거나 국가기관에 의해 수집, 저장된 개인의 정보에 대해 그 내용 및 저장 과정을 통제할 수 있는 '정보에 대한 자기결정권'이 보장되어야 한다. 그리고 컴퓨터 기록에 대한 수사에 관해서도 프라이버시 보호의 원칙은 지켜져야 한다. 위와 같은 헌법상의 기본권을 보장하기 위해서 통신비밀보호법에 정해진 요건을 준수하여 컴퓨터 통신망을 통해 전송되는 정보를 탐색하는 선에서 수사활동이 이루어져야 한다. 위 법률에 규정된 요건을 충족하지 못하거나 컴퓨터 시스템 이용자의 동의를 얻지 않고 행해지는 컴퓨터 통신 탐색행위는 위법이며, 그에 기해 수집된 증거는 위법한 절차에 기해 수집된 증거로서 증거능력이 부정되어야 하고, 국가는 손해배상책임을 져야 할 뿐만 아니라 그러한 탐색행위를 한 공무원은 비밀침해죄(형법 제316조 제2항), 업무방해죄(형법 제314조), 권리행사방해죄(형법 제323조)

또는 통신비밀보호법 등의 규정에 의해 처벌될 수 있다. 위법한 컴퓨터 통신탐색행위를 지시하거나 방조한 당해 공무원의 상급자에 대해서는 형법 제34조 제2항의 가중처벌 규정이 적용된다.

제3장

전자증거를 활용한 공판절차

컴퓨터의 보급과 VAN등의 通信手段 發展에 따라 컴퓨터 네트워크를 이용한 거래가 증가하고 있다. 그리고 컴퓨터를 이용하는 거래는 文書를 작성하지 않고 이루어지는 경우가 대부분이므로 거래내역 등의 컴퓨터 데이터를 證據로 이용할 필요성은 점점 커지고 있다. 그런데, 예컨대 반도체칩 또는 반도체집적 회로란 한 변이 수 밀리미터에 불과한 반도체 基板위에 트랜지스터, 콘덴서, 저항 등의 회로소자를 도선으로 연결하여 집적시킨 전자회로인데,[1] 이러한 반도체칩이나 자기디스크, 자기드럼, 플로피디스크 등의 형태로 범죄사실을 입증하기 위한 증거가 존재하고 있는 경우나 또는 그것이 네트워크를 통해 전송 중에 있는 자료인 경우나 컴퓨터 모니터에 동화상의 형태로 존재하는 자료,[2] 여기에 덧붙여 그것을 출력한 서면이나, 복제한 자기디스크 등에 대해 기존의 형사소송법 규정으로 충분한 대응을 할 수 있을 것인가, 특히 현행 형사소송법상 서면이나 서류를 중심으로 규정되어 있는 증거능력, 증명력 등 증거법규정이나, 증거조사절차 등 공판절차 규정에서 어떤 문제가 발생할 것인가. 이러한 문제에 대하여 고찰해 보는 것이 본 장이다.

즉, 본 장에서는 전자증거를 이용하여 형사재판을 진행해 갈 때 등장할 수 있는 문제점에 관하여 살펴보기로 한다. 우선 전자증거가 전통적인 증거방법에 비해 갖고 있는 특징을 살펴보고, 전자증거를 증거로 채택하기 위해 그 증거로서의 성질에 관하여 서면성 인정여부, 작성명의인에 관한 문제, 출력자료에 관한 문제를 살핀다. 이어 전자증거의 일반적 증거능력에 관한 문제에 대해 외국의 법제를 비교해 보고, 위법수집증거배체법칙과의 관계, 녹음테이프의 증거능

---

1) 이상정, "半導體칩의 配置設計法에 관한 小考", 著作權審議調停委員會, 季刊「著作權」, 제21호, 21쪽.
2) 피고인이 피해자와 인터넷 화상채팅을 하면서 휴대전화를 이용하여 피해자의 신체부위를 그 의사에 반하여 촬영한 사안에서 '피고인이 촬영한 대상은 피해자의 신체 이미지가 담긴 영상일 뿐이다'라고 한 대법원 2013. 6. 27. 선고 2013도4279 판결 참조.

력과의 관계 등을 검토한 후, 전문법칙의 예외규정을 적용하는 문제에 관하여 전문증거인 전자증거의 의의를 살피고, 업무기록인 전자증거, 그리고 현행 형사소송법규정의 해석, 적용 문제를 보기로 한다. 또한 전자증거에 대한 증거조사에 관하여 증거동의 문제, 전자증거에 대한 감정 등을 살펴본 후 전자증거에 대한 증명력 판단문제, 법원에 의한 강제처분에 관한 문제 등을 해결해 가기로 한다. 이상이 전자증거에 대한 공판절차상의 諸 論点이 된다고 하겠다.

제 1 절   서   설

1. 전자증거의 특징

컴퓨터에 의한 정보처리에 제공되는 전자기록은 그 자체로는 가시성, 가독성이 없으므로 그것이 범죄의 증거로서 형사소송절차에서 이용되기 위해서는 이를 읽어낼 수 있는 장치인 일정한 전산정보처리조직을 이용해야만 비로소 그 본래의 효용을 발휘할 수 있다. 따라서 위와 같은 전자증거의 특징을 전제로 하여 형사소송법을 해석, 적용해야 한다는 점에서 출발할 필요가 있다.[1] 그리고 전통적인 형사법체계상으로 '개인의 프라이버시 보호' 노력이 미흡하므로 이를 고려하여야 하고, 가시성, 가독성 있는 유체물을 전제로 하고 있는 기존 형사소송법을 가시성, 가독성 없는 무체물인 '情報' 그 자체의 가치에 착안하여 해석할 필요가 있다는 점을 고려해야 한다는 견해도,[2] 데이터 저장매체의 파악 중점은 그 물리적인 형태보다 그에 저장되어 있는 데이터의 내용에 있다고 할 것이므로 이 점을 충분히 고려하여 증거법상의 문제를 살펴야 한다는 점에서 타당한 견해라고 하겠다.

2. 전자증거의 분류

컴퓨터로 생성된 증거(computer generated evidence)는 미국법상으로 크게 세 가지로 分類해 볼 수 있다고 한다.[3] 첫째는 사람의 손을 거치지 않고 컴퓨터 스스

---

1) 安富 潔, 前揭書, 序文(はしがき).
2) 安富 潔, 前揭書, 5面.
3) 李騰遠, "콤퓨터로 生成된 證據의 證據能力", 法務部 「法務資料」 第177輯, 海外派遣檢事硏究論

로 저장한 데이터로, 예컨대 비행기에 설치된 블랙박스에 저장된 비행기록이 이에 해당한다. 이런 데이터들은 사람의 입을 통해서 나온 증거가 아니므로 전문증거에 해당하지 않아, 미국에서는 事件 關聯性 問題나 認證(眞正成立)問題 (relevancy and authenticity)만 극복하면 증거로 사용하는 것이 허용되고 있으며, 그 기록 자체가 고도의 신빙성을 갖고 있는 경우가 많다.

두 번째 類型은, 사람의 손을 거쳐서 컴퓨터에 저장된 데이터로 대부분의 컴퓨터 증거가 이에 해당하며, 전자증거에 대한 논의도 이러한 유형의 컴퓨터 기록에 집중되어 있다. 미국법체계하에서는 이런 모든 데이터들이 입력자 또는 데이터 공급자의 陳述로 인정되어 傳聞證據로 分類되고 따라서 傳聞法則의 例外에 해당하지 않는 한 법정에 증거로 제출되는 것이 금지되어 있다.

세 번째 類型은, 소송목적만으로 작성된 데이터로서 미국에서 교통사고나 비행기 충돌사고와 같은 경우 검사나 피고인 등이 배심원들을 설득하기 위해 컴퓨터 시뮬레이션에 의해 작성, 제출한 視覺的 證據 等이 이에 해당한다.

이와 같은 미국법 이론상의 전자증거 분류방식은, 우리 형사소송법상으로 전자증거를 진술증거와 비진술증거로 분류하여 전문법칙의 적용여부를 결정할 수 있는 첫 번째 유형과 두 번째 유형의 구별실익이 있다. 그러나 위 세 번째 유형의 전자증거는 우리 형사절차상 검증이나 감정의 방식에 의해 증거조사할 대상이 된다고 하겠다.

그러나 전자증거는 그 존재양식에 의해 다음과 같이 분류하는 것이 타당하다고 하겠다.1) 즉 그 하나는 자기테이프나 자기디스크 등 전자기록매체의 "存在" 그 자체가 증거로 되는 경우이고 그 둘은 전자기록이 일정한 전자정보처리조직에 의해 출력, 작성되어 그 "內容"이 증거로 되는 경우이다. 이는 증거물인 서면과 증거서류의 구별에 관한 학설에서 힌트를 얻은 결론으로서 증거조사방식이나 전문법칙의 적용여부에 관하여 의의 있는 구별방법이라고 하겠다. 즉 위하나의 유형인 전자증거에 대해서는 증거물인 서면에 관한 증거조사 방식에 따라 이를 제시해야 하며(형사소송법 제292조의2), 전문법칙이 적용될 수 없는 증거라고 할 것이나, 위 둘의 유형인 전자증거에 대해서는 증거서류에 관한 증거조사방식에 따라 그 내용을 제시하거나, 열람케 하거나 내용고지를 하거나, 낭독하

文集 第九輯, 308쪽 以下. 최영호, 「컴퓨터와 범죄현상」, 416쪽.

1) Arkin, Bohrer. Cuneo. Donohue. Kaplan. Kasahof. Levander. Sherizen. "Prevention and Prosecution of Computer and High Technology Crime" ¶ 8.03 at 8-48-90, 安富 潔, 前揭書, 65面, 66面, 註 1).

거나(형사소송법 제292조) 그 내용을 알기 위해 원칙적으로 검증이나 감정의 성질을 가진 절차에 의해 증거조사를 실시해야 하며(형사소송법 제292조의3), 전문법칙을 적용하거나 준용해야 되는 증거라고 하겠다.

이밖에 컴퓨터나 전자기록매체에 기억된 전자기록을 가시성, 가독성 있는 상태로 만들어 증거로 이용하는 경우 및 컴퓨터에 보존된 데이터를 일정한 프로그램에 따라 처리하여 컴퓨터 분석 및 시뮬레이션에 이용하여 그 추론의 결과를 그래프나 도식으로 나타내어 이를 증거로 사용하는 경우로 유형화하는 견해도 있다.[1]

제 2 절 전자증거채택의 전제

1. 요증사실과의 관련성

형사공판절차에서 공소사실이 유죄임을 입증하기 위해 증거를 조사할 때 조사대상인 증거가 갖는 형사소송법상 증거능력의 유무를 판단하기에 앞서 우선 그 증거를 조사할 것인지 여부에 관해 證據採否 決定을 하게 된다. 증거능력이 없는 증거들은 이 단계에서 이미 배제되어 증거조사의 대상에서도 제외되어야 하는 것이 원칙이다.[2] 그러나 실무상으로는 증거능력이 없는 증거인지 여부를 판단하기 위해서라도 증거조사를 해야 하고, 그러한 증거조사를 위해서는 증거조사 대상으로 채택하는 증거결정을 하지 않으면 안 된다. 컴퓨터 기록을 증거채택할 때는 우선 증거조사의 대상인 컴퓨터 기억매체가 당해 범죄행위와 관련성이 있는지를 살펴야 한다. 앞서 전자증거를 수집하기 위한 수사상 압수·수색절차에서 살핀 바와 같이 전자증거가 당해 범죄행위와 관련성이 있는지 여부는 공소사실의 존재를 전자증거에 의해 최소한도의 증명력으로 입증할 수 있는지 여부, 당해 컴퓨터 관련증거의 중요성과 그 증거조사의 필요성, 다른 수단의 유무, 증거조사로 인해 소송관계인이 입는 손해의 정도 등을 종합해서 판단하면 될 것이다. 그리고 이와 같은 경우 컴퓨터에 내장되어 있는 자료가 공판대상인 범죄와의 관련성이 인정되는 경우에 한하여 그 자료를 증거조사할 수 있을 뿐

---

1) 安富 潔, 前揭書, 65面, 66面, 註 2).
2) 申洋均, 「刑事訴訟法」, 448쪽.

이고, 범죄와 관련성이 없는 자료까지 증거조사할 필요는 없다고 하겠다. 재판장에게 당해 소송에 관계없는 사항에 대한 불필요한 변론을 제한할 수 있는 권한을 부여하고 있는 우리 형사소송법 제299조의 규정이 바로 증거채택과정에서 증거의 關聯性 要件을 음미하라는 규정이라고 보면 된다. 그러므로 재판장으로서는 要證事實의 認定에 無益한 證據를 個別, 具體的으로 選別하여 自然的 關聯性 없는 無意味한 電子證據에 대한 證據調査를 回避해야 하는 것이다. 公判節次에서는 法律的 關聯性이 없는 證據를 채택한 경우 판결문 작성시 그에 대해 증거능력이 없어 증거로 사용할 수 없다는 판단을 내려야 하지만, 自然的 關聯性에 관한 判斷을 잘못하여 證據採擇을 한 경우는 증거능력 부인의 판단을 기재할 필요가 없고 事實認定時 證明力이 없는 것으로 취급하면 족하다고 하겠다. 그러나 자연적 관련성이 없는 증거를 채택하여 증거조사를 한 후 증명력이 없는 증거로 보아 사실인정시 참작하지 않고 판결을 쓰게 되면 공판진행을 적절하게 했다고 평가받기는 어려울 것이다.

다음으로 증거채택 과정에서 살펴야 할 부분은 당해 컴퓨터 기록을 物證으로 사용하려고 하는지 書證으로 사용하려고 하는지에 관한 증거조사의 목적에 관한 문제라고 하겠다. 전문법칙의 적용은 진술증거가 서면증거의 형태로 존재하는 경우이고, 서면증거의 경우에 그 작성의 진정성립과 원본과 사본의 관계 등이 문제되는데 반하여 物證에 대해서는 그것이 문제되지 않는다. 그리고 증거조사의 방식도 物證으로 보아 提示만 할 것인지 書證으로 보아 낭독, 內容告知, 열람까지 할 것인지 여부에 관하여서도 차이를 보인다. 그러므로 전자증거의 채부결정에 관해서는 우선 그 서면성 인정여부와 진정성립에 관한 문제, 그리고 컴퓨터 기억매체의 원본성 등이 고찰할 쟁점이라고 하겠다. 서면성 인정여부, 진정성립 문제, 원본성 등에 관해서는 별도의 節을 만들어 고찰하기로 하고, 物證에 해당하는 비진술증거나 진술증거중 전문증거가 아닌 경우에 관해서는 컴퓨터 증거에 대한 전문법칙 적용문제를 고찰하면서 살피기로 한다.

2. 전자증거의 서면성

가. 논의 필요성

전문법칙의 예외규정인 형사소송법 제313조상의 피고인 또는 피고인 아닌 자가 작성한 진술서나 그 진술을 기재한 서류(제1항), 감정의 경과와 결과를 기재한 서류(제2항), 제314조상의 공판준비 또는 공판기일에 진술을 요할 자가 사망, 질병, 외국거주, 소재불명, 기타 사유로 인하여 진술할 수 없는 때 증거능력이 인정되는 서류, 제315조상의 가족관계기록사항에 관한 증명서, 공정증서등본 기타 공무원 또는 외국공무원의 직무상 증명할 수 있는 사항에 관하여 작성한 문서(제1호), 상업장부, 항해일지 기타 업무상 필요로 작성한 통상문서(제2호), 기타 특히 신용할만한 정황에 의하여 작성된 문서(제3호)와 같이 당연히 증거능력이 인정되는 서류 등이 컴퓨터 조작에 의한 자료의 형태로 존재하고 있거나 이를 출력한 문서인 경우 위 각 형사소송법 규정상의 서면으로 볼 수 있는지가 문제된다. 위와 같은 규정들은 당해 증거가 문서임을 전제로 하고 있는 바, 컴퓨터 조작에 의해 작성된 자료는 文書上의 記載라는 증거 작성 방식과 달리, 컴퓨터를 이용하여 자기디스크, 자기테이프, 자기드럼 등의 기억장치에 入力하는 방식에 의해 작성되고, 그 자료는 전기통신을 통하여 전송되며, 전자기록물의 형태로 보관되는 바, 이러한 전자기록물은 그 자체로는 보고 읽는 것이 불가능하여 이를 전통적인 의미의 문서 내지 서면이라고 할 수 있는가 하는 문제가 발생하는 것이다.[1] 그런데 컴퓨터 기록에 대해 전문법칙이나 그 예외에 관한 이론을 적용하기 위해서는 우선 당해 컴퓨터 기록이 문서를 위주로 규정되어 있는 현행 형사소송법상의 書面, 書類 等의 개념에 포섭될 수 있어야 한다. 뿐만 아니라 컴퓨터 기록이 전자기억매체가 아닌 일반적인 書證의 형태로 제출된 경우에도 書證에 관한 작성명의인에 관한 문제 등 그 진정성립이 인정됨을 전제로 한 증거능력문제를 해결하고, 증거조사의 방식 등을 결정하기 위해서도 컴퓨터 기록의 서면성을 인정할 수 있는지 심도 있게 검토해 볼 필요가 있는 것이다.

전통적으로 文書란 文字 또는 이를 대신할 수 있는 일정한 符號를 사용하여 어느 정도 永續할 수 있는 狀態의 物體上에 意思 또는 觀念의 表示를 記載하여 그 內容이 法律上 또는 社會生活上 중요한 사항에 관하여 證據로 될 수 있는 것을 의미한다. 그리고 刑法上의 文書개념도 첫째로, 人間의 思想이 表現되어 그것이 영속하는 물체에 化體되어 있어야 한다는 永久性, 둘째로, 그 내용이 法律上, 事實上 중요한 사항을 證明하는데 使用되어야 한다는 證明性, 셋째로, 그 表現된 內容을 擔保해 줄 作成名義人이 있어야 한다는 人的 保證性을 그 요건으로 하고 있는 것이다.[2] 우리 대법원도 "문서라 함은 문자 또는 이에 대신할 수 있는 可讀的 符號로 繼續的으로 물체상에 기재된 意思 또는 觀念의 표시인 원본 또는 이와 사회적 기능, 신용성 등을 동시할 수 있는 機械的 方法

---

1) 金文鎰, 「컴퓨터犯罪論」, 法英社, 209쪽.
2) 崔明淑, "컴퓨터 犯罪와 文書罪", 313쪽.

에 의한 複寫本으로서 그 내용이 법률상, 사회생활상 주요사항에 관한 證據로 될 수 있는 것을 말하는 것으로, 사람의 同一性을 표시하기 위하여 사용되는 일정한 象形인 印章이나, 사람의 인격상의 동일성 이외의 사항에 대해서 그 동일성을 증명하기 위한 부호인 記號와는 구별되며, 이른바 省略文書도 그것이 사람 등의 동일성을 나타내는 데에 그치지 않고 그 이외의 사항도 증명·표시하는 한 인장이나 기호가 아니라 문자로서 취급하여야 한다"고 판시하여 계속적 기능, 증명기능, 보증기능을 문서개념의 요소로 파악하고 있다.[1]

따라서 전자증거가 그와 같은 문서의 요건을 갖추고 있는지를 살펴 그 서면성 인정여부를 결정하고, 문서 또는 서류의 형태를 전제로 규정하고 있는 형사소송법 규정의 적용여부를 판단해야 할 것이다. 社會的으로 중요한 사안에 대해 證明作用을 한다는 점에서 전자증거와 文書는 同一한 機能을 하지만, 전자증거 중 특히 중요한 컴퓨터 디스크 등 특수기억매체는 그 자체만으로 獨立된 社會的 機能을 수행하는 것이 아니라, 일정한 시스템 및 프로그램을 이용하여 出力하였을 때 비로소 본래의 證明作用을 발휘한다는 견해가 있었다.[2] 그러나 기술의 진보에 따라 사회전체가 기존의 문서에 대신하여 컴퓨터 기억매체나 컴퓨터 시스템, 스마트 폰 등만으로 사람의 의사나 관념을 표시하고, 사실상·법률상의 문제에 관한 증명작용도 그것들만으로 수행하는 요즘에 더 이상 그러한 견해를 따를 수는 없게 되었다.

그러나 재판절차에 있어서는 서면을 중심으로 구성되어 있는 소송법상의 증거법조문을 검토하여 전자식 자료 등 전자증거가 증거서면으로서의 요건을 갖추고 있는지 여부를 살펴보지 않을 수 없는 것이다.

그런데 현행 형법이 電磁記錄等 特殊媒體記錄을 문서에 대한 죄의 행위객체에 포함시켰으므로(제232조의2, 제227조의2) 컴퓨터가 생산해 낸 기록지나 계산서 등도 공무소나 개인의 소유에 속하는 한 문서에 포함된다고 보아야 하게 되었지만, 아직 그에 관한 형사소송법의 개정에 대해 별다른 논의가 이루어지지 않고 있는 현 단계에서 형사소송법상 전자증거의 서면성 인정 여부 문제는 계속 쟁점으로 남아 있다고 하겠다. 가사 磁氣테이프, 磁氣디스크 등에 기재되어 있는 내용을 기존의 文書와 同一한 地位를 가진다고 보는 特別規定을 형사소송법에 마련한다고 하더라도 이를 컴퓨터 증거의 書面性을 긍정하는 입장에서 단순

---

1) 대법원 1995. 9. 5. 선고 95도1269 판결.
2) 原田國男, "コンピュータ,クレジット·カード等お利用した犯罪", 「刑罰法大系」, 第2卷(1983) 223, 225面, 安富 潔, "コンピュータ 犯罪の 搜査と證據", 29面 및 註 3).

한 주의적 규정이라고 볼 것인지 아니면 그 書面性을 否定하면서 예외적으로 立法에 의해 그 書面性을 인정하려는 규정으로 볼 것인지에 대해 견해의 대립은 계속될 수 있다. 나아가 현재 민사소송에서 전자소송을 하는 경우와 같이 형사절차에서도 진술조서나 피의자신문조서 등의 각종 수사서류나 공판조서, 판결문, 결정문 등 각종 재판서류가 전산 처리되어 컴퓨터 기억매체에 저장되어 이들이 절차진행을 입증하는 증거로 직접 제출되는 경우 등도 상정해 볼 수 있다.[1] 즉 이들 모든 경우에 전자기록물 자체가 피고인의 유죄입증을 위한 증거로 제출된 경우 형사소송법상 이를 文書 또는 書面으로 인정할 수 있겠는가 하는 것이 문제되는 것이다. 전자기록물을 형사소송법상 서면으로 인정할 수 있는가 하는 문제는 자동차등록파일 관리 등 각종 일반 행정업무의 전산화 및 공탁사건처리와 같은 사법행정의 전산화[2] 등에 의해 사실관계를 입증할 수 있는 공문서등의 각종 증거가 컴퓨터 처리되고 있는 현실에서 더욱 중요하게 대두될 수밖에 없다고 하겠다.[3]

나. 서면성 인정여부에 대한 학설

위와 같은 문제의식에 입각하여 이하에서는 형사소송법상으로 전자증거의 서면성을 인정할 수 있는지 여부에 관하여, 전자증거를 문서로 인정할 수 있는지에 관한 형법상의 논의를 유추하여 검토해 보기로 한다.

1) 적 극 설

전자기록물도 문서임을 인정할 수 있다는 견해이다. 즉 전자기억매체에 기

---

1) 사법행정상으로도 종이위에 기록하는 방식 이외의 기록방법(디스켓, 테이프, 마이크로필름 등)을 보존문서로 하는 문제를 검토해야 할 것이라는 의견이 있다. 宋基弘, 黃京男, 成箕汶, "COMPUTER와 LASERPRINTER를 이용한 司法能率의 達成(電算示範法院의 實驗的 方法들)", 45쪽.
2) 供託事務의 電算化計劃에 의하여 法院行政處는 1992년 5월 供託電算프로그램의 開發을 完了하였으며 곧바로 서울 地方法院 西部支院 供託所를 供託事務電算化示範供託所로 指定하여 運營하였다. 그리고 1993. 1. 1.부터 시행된 공탁사무처리규칙중개정규칙(1992. 12. 30. 대법원규칙 제1247호)은 제6장 전산정보처리조직에 의한 공탁사무처리에관한특례 규정을 신설하여 전산공탁소의 지정, 전산정보처리에 의한 각종 공탁관련 원표, 장부, 기타 문서의 작성, 공탁번호 부여, 공탁공무원과 공탁물 보관자간의 문서송부, 공탁관계 서류의 열람 및 사실증명의 교부 등에 대하여 정하고 있었다. 趙敦熙, "供託事務電算化", 「法務士」(1993), 38쪽, 45쪽.
3) 예컨대 위 공탁사무처리규칙중 개정규칙 제58조 제1항은 "공탁사무를 전산정보처리조직에 의하여 처리하는 경우에는 공탁원장파일은 이 규칙에 따라 작성하여 비치, 보존하는 공탁관계의 각종 원표와 장부 및 문서로 본다"고 하고 있고, 동조 제2항은 "제4조의 일계표, 제45조 제3항의 보고서, 제55조 제1항의 공탁금국고귀속조서, 제56조 제1항의 국고귀속공탁금납부고지서는 전산정보처리조직에 의하여 작성할 수 있다"고 하고 있었다. 條文引用은 趙敦熙, 前揭 "供託事務電算化" 45쪽에 의함. 현재는 '전산정보처리조직에 의한 공탁사무처리지침', '전자공탁시스템에 의한 공탁사무처리지침' 등이 마련되어 있다.

록된 데이터의 내용은 육안으로 확인할 수 없으나, 문서의 내용은 반드시 물리적으로 확인할 수 있어야 하는 것은 아니고, 워드프로그램 등을 사용하여 그 내용을 논리적으로 해독할 수 있다면 문서라고 보는데 아무런 문제도 없다고 할 것이므로, 전자기억매체상의 데이터는 새로운 형태의 문서라고 보아야 한다는 것이다.

미연방증거규칙 제1001조 제1항은, "文書" 및 "記錄"이란 손으로 쓴 것, 타이핑한 것, 인쇄, 복사, 자기, 기계, 電子 또는 그 밖의 데이터 집적방식 등에 의해 기재된 문자, 언어, 숫자, 또는 위와 유사한 것 등을 일컫는다고 규정하여 컴퓨터에 의해 작성된 가시성, 가독성 없는 데이터도 문서나 기록의 개념에 포함시키고 있다고 한다.[1]

日本 最高裁判所는 昭和 58年(西紀 1983년) 11月 24日, 컴퓨터처리된 전자기록인 자동차등록파일을 일본형법 제157조의 공정증서원본으로 간주하였다.[2] 그 이후 일본 하급심판례는 크레디트 카드의 스트라이프 부분을 文書로 인정하거나,[3] 민사소송법상 準文書로 인정하고 있다고 한다.[4] 그중 크레디트 카드의 스트라이프 부분을 문서로 인정한 위 日本의 하급심 판결은, 전자기록물은 意思등을 전달하거나 證明하는 手段으로서 社會生活에 있어서 중요한 기능과 역할을 맡고 있고 눈으로 볼 수 있다면 반드시 그 자체로서는 가독성이 없어도 그 眞正에 대한 公共의 信用은 보호되어야 하며, 또한 전자기록물은 일정한 프로세스에 따라 확실하게 문서로 재생되므로 당해 전자기록물과 재생된 문서가 일체불가분의 관계에 있다고 할 수 있는 점 등에 비추어 이를 문서라고 볼 수 있다고 논증하고 있다.

우리나라의 경우를 보면, 1986년 12월 31일 법률 제3912호 自動車管理法 제28조는 '자동차의 등록업무는 電算情報處理組織을 이용하여 관리할 수 있다'라고 규정하고 있었으며, 동법 제6조 제4항은 '自動車登錄原簿에 기재할 사항을 電算情報處理組織에 의하여 처리하는 경우에는 그 登錄화일을 제1항의 규정에 의한 自動車登錄原簿로 본다'라고 규정하여 우리나라 법률로는 처음으로 전자기록물의 서면성을 인정한 점에서 의의가 큰 법률이라고 할 수 있다.[5] 현행 자동차관리법은 제69조에서 자동차관리업무의 전산처리를 규정하고 있다. 신용카

---

1) 安富 潔, 前揭書, 41面, 註 73) 引用.
2) 刑集 37卷 9號 1538面, 安富 潔, 前揭論文, 34面, 註 12).
3) 大阪地方裁判所判決 昭和 57. 9. 9.,「判例時報」1067號, 159面.
4) 大阪高決 昭和 53. 3. 6.,「判例時報」883號, 9面.
5) 申珏澈, 위 冊, 225쪽.

드에 관하여 그 자기띠 부분이 다른 기계적 방법에 의한 도움으로 해독이 가능
한 이상 그 서면성을 부정할 수 없다는 견해도[1] 전자증거의 서면성을 인정하는
견해로 분류할 수 있겠다.

2) 소 극 설

전자증거 그 자체로는 가독성이 없고, 작성자의 서명날인이 없는 경우가 대
부분이므로 문서의 개념인 가독성, 보장성에 포섭될 수 없다는 견해이다. 즉 천
공카드, 프린트 아웃된 서류자체의 서면성을 인정할 수 있다고 해서 전자적, 자
기적 형태로 기록된 전자증거의 서면성을 인정할 수는 없다고 한다.[2] 그 논거
는 다음과 같다. 첫째, 컴퓨터에 보존되어 있는 전자기록물은 판독장치를 동원
하면 그 의미내용을 이해할 수 있지만 일반인의 五感上 가시성 내지 가독성을
결하였고, 둘째, 인장의 날인이나 서명도 성질상 배제되어 있으며, 셋째, 자기디
스켓 등에 입력되어 있는 '磁氣'는 어떤 '形體(문자·부호)'로서 물체위에 표시되어
있는 것이 아니라 마이너스(−), 플러스(+)의 磁性體에 불과하다. 이러한 磁性體
는 순간적으로 흔적도 없이 소멸될 수 있어 영구성을 결하고 있다.[3] 결국, 요즈
음 종래의 文書가 담당하여온 사회적 역할과 기능의 상당부분이 컴퓨터에 의한
정보처리로 대체되었다고 할지라도 그것이 출력되어 재생된 문서와 컴퓨터기록
은 분명하게 구별하여야 한다는 견해이다.

다. 결 론

私見으로는, 무엇다도 전통적 의미에서 문서의 요건으로 들고 있는 보장성,
영속성 및 가독성, 증명성에 관하여 살펴볼 때, 전자기록물은 시각적 지각가능
성이 없고, 또 다수인에 의하여 만들어지는 경우가 많으므로 명의가 없거나 분
명하지 않은 경우가 있어서 보장성을 결하는 경우가 많아 이를 문서로 보기 어
렵고, 형사소송법상으로도 서면과 동일하게 보기에 의문이 있다고 생각한다. 특
히 전자데이터는 사람의 눈으로 읽는 것만으로는 그 내용을 지각하기 어려워
디스크 플레이어나 출력용 프로그램을 이용해 프린터 등의 주변기기에 의해 출
력해야만 이를 보고 읽을 수 있다. 그리고 전자기록물은 잘못 기록되었을 경우
흔적을 남기지 않고 데이터를 수정하거나 改變하는 것이 가능하며, 紙質이나 잉
크의 종류, 필적, 글자체 등과 같은 각종 외형적 규제 없이도 자유롭게 이용되

---

1) 林梁云, "신용카드 犯罪의 實務上 問題", 韓國法學院, 「저스티스」, 182쪽.
2) 趙圭政, "컴퓨터 操作犯罪 – 類型과 處罰을 中心으로 –", 116쪽, 張榮敏, "刑法改正案의 컴퓨터
   犯罪", 88쪽.
3) 申珏澈, 위 冊, 227쪽.

므로 書面과 같은 정도로 永續性, 不可變性이 있다고 하기 어렵다.[1] 따라서 전반적으로 보아 전자기록 자체를 문서로 보기는 곤란하므로 書類, 書面, 文書 等의 개념을 전제로 규정하고 있는 형사소송법 규정이 그대로 각종 컴퓨터 증거에 그대로 적용된다고 보기에는 어려움이 있다고 생각된다. 따라서 여러 전자증거는 원칙적으로는 개별 논점별로 書面에 준하는 물건으로 보거나 검증 또는 감정대상물로서 취급하여야 한다고 본다. 그러나 컴퓨터에 의해 작성된 기록은 여러 가지 性狀으로 존재할 수 있으므로, 그 서면성은 다음과 같이 경우를 나누어 살펴보는 것이 타당하다고 하겠다.

1) 입력장치의 서면성

컴퓨터의 주변장치 중 입력장치에 해당하는 것으로는, 요즘 잘 사용하고 있지는 않지만, 카드모양의 용지에 검은 연필로 표시한 마크(Mark)를 광학식으로 읽는 장치인 광학 마크 판독장치(Optical Mark Reader, OMR), 또는 천공카드 등이 있는 바, 컴퓨터에 입력하기 이전의 입력장치인 천공카드나 광학 마크 판독장치는, 그 작성자가 아닌 전문적인 컴퓨터 프로그래머에 의해서 판독이 가능하고 작성자의 서명이 기재 되어 있는 경우 문서성을 인정할 수 있다고 본다. 그러나 당해 입력자료 작성자만이 그 내용을 파악할 수 있고, 일견하여 작성자가 누구인지 판명할 수 없다면 이를 문서로 볼 수 없다고 하겠다. 문서란 일정한 사실관계를 증명하기 위해 일반인이 공통적으로 해독할 수 있는 기호로 표시되어야 하는데 그 프로그램을 작성한 사람만이 내용을 파악할 수 있는 것이라면 전통적 의미의 문서개념에 포함시킬 수 없기 때문이다. 따라서 문서로 볼 수 없다면 문서에 준하는 물건으로 볼 수밖에 없을 것이다. 문서에 준한다는 의미는 개별 논점별로 문서로서의 성질을 논의하거나 물건으로서 보는 것이 필요하다는 의미이다. 예컨대 전문법칙의 적용여부를 결정함에 있어서는 그 내용이 증거조사의 목적이 되는 경우에는 서면의 성질을 갖는 것으로 보아 전문법칙이 적용된다고 보고, 증거조사의 방식에 관해서는 서면으로서 증거물인 서면 또는 증거서류로 조사하거나 물건으로서 검증이나 감정의 방법에 의해 조사하면 된다고 하겠다.

2) 기억매체의 서면성

입력장치를 조작하여 작성된 자료는 컴퓨터 하드웨어의 중앙처리장치중 주기억장치인 磁心(Magnetic Core), 반도체, 자기막(Magnetic Thin Film)이나 보조기억장

---

1) 申珏澈, 위 册, 222쪽, 名 和 少太郎, "情報システムの 脆弱性", 「法とコンピュータ」No. 11, 9面.

치인 자기테이프, 자기디스크, 자기드럼 등의 기억매체의 형태로 보관되어 있다.[1] 즉 컴퓨터 기록이 전자적 방식으로 작성되어 있는 것으로는 반도체 기억집적회로를 사용한 것이 있고, 자기적 방식으로 작성되어 있는 것으로는 자기드럼, 자기디스크, 자기테이프(현금카드, 신용카드, 전화카드 등) 등을 사용한 것이 있으며, 기타 레이저光, 바이오 메모리 방식을 이용한 것, 바코드 시스템을 이용한 것 등이 있는 바,[2] 이러한 것들은 그 형태상 문서라고 보기는 어려워 형사소송법상의 문서 또는 서류, 서면 등의 개념에 포함시키기 어렵다고 생각된다. 왜냐하면 형사소송법 제315조가 서류나 서면을 '문서'라고 표현하고 있는 점에서 보아 알 수 있는 바와 같이 서증으로 이용되기 위해서는 기본적으로 서면성을 가지고 있어야 하고, 이러한 문서의 개념은 형법상의 문서개념과 달리 볼 이유가 없다고 할 것인데, 형법상의 문서개념은 일정한 사실관계를 증명할 수 있도록 문자나 可讀的 記號의 형태에 의해 종이 등에 영속적인 형태로 기재되어 있을 것을 요구하고 있음에도 불구하고 자료가 입력되어 있는 컴퓨터 기억매체는 이러한 문자 또는 可讀的 記號에 의해 종이 등에 영속성 있는 형태로 표현되어 있지 않으므로 그 서면성을 인정할 수 없기 때문이다. 컴퓨터로 처리된 결과를 수록한 마이크로 필름이나 신용카드나 현금카드의 자기띠 부분도 형사소송법상의 서면으로 볼 수 없다. 우선 인간의 오감에 의한 가시성, 가독성을 인정할 수 없기 때문이다. 따라서 이 들도 그 개념상 서면과 구별되는 것으로 보되 개별 논점에 따라 서면에 관한 규정의 적용여부를 검토해야 할 것인데, 원칙적으로 그 기억매체에 저장된 전자기적 방식의 데이터를 일정한 프로세스에 따라 프린터를 이용하여 종이위에 문자나 기호와 같은 형식으로 출력하여 영속성을 갖추게 된 서면을 문서의 원본으로 보면 된다고 생각한다. 다만 형사소송법상의 전문법칙을 적용함에 있어서는 서면과 구별할 실익이 없으므로 이를 서면증거로 보아도 무방하다.[3] 이점에 관해서는 뒤에서 보는 바와 같이 전자증거의 원본성을 검토하면서 상세히 보기로 한다.

3) 컴퓨터 조작에 의해 출력된 자료의 서면성

上述한 바와 같이 프린터를 이용하여 종이에 출력한 출력물은 영속성이나 가시성, 가독성 등의 요건을 갖추고 있으며, 작성명의인이 있거나 그 방식과 취지에 의하여 작성명의인을 알 수 있는 경우가 많으므로 서면성을 인정하기가

---

1) 金文鎰, 위 冊, 38-50쪽.
2) 崔明淑, "컴퓨터 犯罪와 文書罪", 315쪽.
3) 대법원 1999. 9. 3. 선고 99도2317 판결 참조.

용이하다고 하겠다. 예컨대 컴퓨터의 워드프로세싱 프로그램을 이용하여 작성하고 프린터를 이용하여 출력한 공소장이나, 피의자 신문조서, 참고인 진술조서, 경찰청의 컴퓨터에 내장되어 있는 전과 자료를 출력한 범죄경력조회서의 서면성을 의심할 사람은 아무도 없을 것이다. 그러나 전자기억매체에 내장되어 있는 데이터를 출력하여 또 다른 하드디스크나 플로피디스크 등 전자기억매체로 복제한 데이터는 서면성을 인정하기 어렵다. 단, 구체적인 전문법칙 적용에 있어 서면성을 인정해야 할 경우가 있을 뿐이다. 그리고 동영상과 같이 문자 아닌 음향이나 음성으로 출력되고 있는 자료를 문서로 보기는 어려우며, 종이위에 그림의 형태로 출력된 자료는 圖畵라고 보아야 한다.

4) 컴퓨터 처리중인 자료의 서면성

컴퓨터 통신망이나 무선통신망을 이용하여 스마트폰 등으로 전송중인 자료나, 컴퓨터 처리중인 자료, 또는 컴퓨터 모니터 등에 화상의 형태로 존재하는 자료 자체는, 당해 자료와 이를 가시적 형태로 만들어 주는 매체와의 일체성을 결하고 있을 뿐만 아니라, 영속성을 갖고 있지 못하므로 이를 문서라고 하기 어렵다.

5) 컴퓨터 프로그램의 서면성

컴퓨터 프로그램은 일정한 결과를 얻기 위하여 컴퓨터 내에서 순서에 따라 기계적으로 데이터를 처리하도록 직접 또는 간접으로 사용되는 일련의 지시·명령이라고 할 수 있다. 이러한 컴퓨터 프로그램이 전자기적 형태로 전자기억매체에 저장되어 있으면 앞서 본 바와 같이 그 서면성을 인정하기 어렵다.

그리고 종이위에 기록된 프로그램 설명서는 事實을 증명하기 위하여 作成된 것이 아니고 컴퓨터를 작동하기 위한 하나의 指示, 命令書일 뿐이다. 즉 의도하는 입력데이터가 처리되는 과정에서 출력데이터의 내용으로 나타나도록 하는 指示文書일 뿐이다. 그러므로 이를 형법상 문서위조죄에서 말하는 문서의 개념에 포섭할 수는 없고, 전자기록 등 특수매체기록에도 포함되지 않으므로, 예컨대 프로그램의 改變으로 타인의 데이터 처리를 틀리게 하여 그 의도에 반하는 出力 데이터를 記錄하게 하는 행위에 대해 문서위조죄의 성립을 인정할 수는 없다.[1] 단지 형법 제277조의2, 제232조의2 등의 공·사 전자기록 위작·변작죄에 해당할 뿐이다. 따라서 컴퓨터 프로그램 사용설명서나 플로우차트 등을 형사소송법상의 진술조서나 진술서, 피의자신문조서, 업무기록인 서면 등으로 관념할 수는 없다고 하겠다. 그러나 이들을 증거조사함에 있어 證據物인 書面 또

---

1) 申珏澈, 위 册, 224쪽.

는 證據書類로 취급하는데 별다른 문제는 없다고 본다.[1]

3. 전자증거의 작성명의 문제

가. 작성명의인

전자증거를 書面 또는 이에 準하는 것으로 보게 되면, 그 作成名義人이 문제로 된다. 비록 컴퓨터 기억매체를 문서나 서면으로 보지 않더라도 그 작성주체를 소환하여 작성의 진정을 밝힐 필요가 있는 점에 비추어 전자증거 전반에 걸쳐 작성명의인을 검토할 필요가 있다. 그리고 통신기술의 발달에 따라 컴퓨터 상호간에 데이터를 교환하는 형태가 증가하고 있는 점을 고려하여 電磁記憶媒體의 作成名義人은 다음과 같이 경우를 나누어 살펴보는 것이 타당하다.[2]

첫째, 전자기억매체에 情報를 入力하는 행위 자체가 思想表現이 되는 경우이다. 예컨대 컴퓨터 소유자 자신이 스스로 데이터를 입력하는 때가 이에 해당한다. 이와 같은 경우, 당해 入力者가 당해 기억매체의 作成者가 된다고 할 것이다. 그리고 被傭者가 使用者의 指示에 따라 情報를 入力한 경우에도 事案에 따라 그 作成者를 使用者라고 보아야 할 때가 많을 것이다. 그러나 피용자의 전자기억매체 작성행위가 범죄행위로 되면 피용자를 당해 데이터의 작성명의인이라고 보아야 한다.

둘째, 상품주문자와 그 주문을 받는 자 사이에 온라인으로 데이터를 교환하는 때와 같이 컴퓨터 記憶媒體에 정보를 입력한 자와 그 記憶媒體의 보유자가 다른 경우이다. 특히 부가가치통신망(Value Added Network, VAN)[3] 시스템을 이용하는 때는 주문자와 수주자 이외에 부가가치통신망 사업자의 처리가공도 첨가된다. 이와 같은 경우는 컴퓨터 기억매체에 보존된 데이터는 주문을 받은 자의 컴퓨터에 의해 그가 보유하고 있는 컴퓨터 기억매체에 기록되지만, 주문자의 데이터에는 주문을 받은 자의 의사가 표시되어 있지 않으므로, 당해 기억매체의 작성자는 주문자라고 하는 것이 타당하다고 하겠다.[4] 또한 VAN을 사용하는 경우

---

1) 증거서류와 증거물인 서면의 구별기준에 관해서는 節次基準說, 作成者基準說(多數說), 內容基準說 등이 있다. 이 책 159쪽 참조.
2) 室町正實, "證據としてのコンピュータ·データ", 48面.
3) VAN이란 통신서비스의 일종으로, 서비스 업자가 순수 통신업자로부터 통신설비를 빌려와서 이를 컴퓨터와 결합하여 새로운 형태의 통신서비스를 제공하는 것. 간단한 예로는 주식시세 정보 제공, 열차표매매 등을 들 수 있다. 또한 가입자들간의 전자우편이나 사서함, 게시판, 학술정보 데이터베이스 서비스 등도 이에 해당한다. 크라운출판사, 「컴퓨터용어대사전」, 788쪽.
4) 室町正實, 前揭論文, 48面.

에도 VAN사업자의 처리가공은 데이터의 내용자체를 변경하는 것이 아니므로 주문자와 수주자 사이에 직접 데이터를 교환하는 경우와 동일하게 해석하면 된다.

나. 서명, 날인의 필요여부

전자기록이 證據物로 이용될 경우에는 비진술증거로서 요증사실과 자연적 관련성만 인정되면 증거능력을 긍정할 수 있을 것이라는 견해가 있다.[1] 자연적 관련성이 긍정되어야 법적 관련성인 증거능력에 관한 문제를 고려할 수 있다는 점에서 타당하다고 할 수 있으나, 보다 정확하게 말하자면 자연적 관련성이 있는 증거에 대해 검사나 피고인, 변호인 등의 증거조사 신청이 있으면 재판장은 그 증거능력 인정여부를 결정하여 증거능력이 인정되는 전자증거에 한하여 이를 증거로 채택한 후 증거조사를 마쳐야 한다고 하겠다. 만약 증거조사 과정에서 위법한 절차에 기해 수집된 전자기록이라고 판명되면 그 증거능력을 부정해야 한다.

그러나 그것이 書證으로 이용되는 경우는 그 증거능력을 인정하기 위한 전제로서 문서의 진정성립과 관련하여 작성자의 서명, 날인이 필요한지 여부가 문제된다. 예컨대 피의자 신문조서에서 요구되는 열람 및 서명, 날인(형사소송법 제244조 제2항, 제3항)은 실무상 참고인 진술조서에서도 요구되고 있다. 그리고 형사소송법 제313조는 법관이나 수사기관의 면전이 아닌 상황에서 진술서면이 작성 또는 기재된 경우에 증거능력 인정의 요건으로 진술서면에 작성자 또는 진술자의 自筆이나 署名 또는 捺印을 요구하고 있으므로, 위와 같은 서면들이 전자기억매체의 형태로 작성되어 있을 때 그 작성자의 서명, 날인이 필요한지 문제될 수 있는 것이다.

그런데 녹음테이프의 증거능력을[2] 논함에 있어 사람의 진술을 녹음한 녹음테이프에 원진술자의 서명, 날인이 있어야 하는가에 관해서는 필요설과 불요설이 대립한다. 필요설은 녹음테이프 자체에 원진술자가 서명, 날인하거나, 다른 서면에 서명, 날인하여 녹음테이프와의 사이에 間印을 하거나, 또는 녹음테이프를 용기에 넣어 서명, 날인한 종이로 봉인하는 등의 방법을 취하여야 한다고 한다. 반면 불요설은 녹음테이프는 성질상 서명, 날인에 적합하지 아니한 증거방법이므로 서명날인이 없더라도 녹음테이프에 수록된 音聲 자체를 검토하거나 녹음자, 녹음입회인, 테이프 보관자 등에 대한 신문이나 녹음상태에 관한 證言

---

1) 安富 潔, 前揭論文, 32面.
2) 컴퓨터 기억매체와 녹음테이프의 각 증거능력에 관한 구체적 유사점과 차이점은 後述 "녹음테이프의 證據能力과의 關係" 參照.

등을 통하여 원진술자의 진술임이 밝혀지면 그것으로 족하다고 한다.[1]

그런데 전자기록은 서면형태로 되어 있는 입력자료나 매뉴얼, 또는 서면의 형태로 출력된 경우 이외에는 그 자체로서는 반드시 서명, 날인에 친하다고 볼 수 없다. 또한 컴퓨터 시스템에 의해 작성되고 있는 전자기록물은 그 記錄行爲者가 경우에 따라서는 多數人이 되어 이들이 각자 분담하여 入力한 개개의 데이터가 집적된 구조물일 수도 있으므로 종래의 文書와 같이 作成者의 名義를 판단한다는 것을 실제로 不可能하거나 너무나 어려운 일이라고 하겠다.[2] 또한 전술한 바와 같이 전자증거는 대부분 그 서면성을 인정하기 어렵다.

따라서, 컴퓨터 기록에 대해서는 엄격히 위 형사소송법 규정을 적용하여 서명, 날인이 없다고 하여 그 증거능력을 부정할 것이 아니라 당해 컴퓨터 기록을 보관하고 있는 사람이나 컴퓨터 기록 작성당시의 입회인 등을 신문하여 컴퓨터 시스템의 작동상태, 컴퓨터 기록의 작성경위나 정황 등에 신빙성이 있다고 판단되면 그 작성명의인이 특정되는 것으로 보아 증거능력을 인정하여야 할 것이다. 물론 컴퓨터에 패스워드를 입력시켜야만 컴퓨터가 작동되고 그 패스워드의 특정으로 명의인을 특정할 수 있거나,[3] 전자 펜에 의해 컴퓨터 기록에 서명하거나 파일에 작성자의 성명이나 서명을 입력한 경우, 컴퓨터 기록이 문서의 형태로 출력되어 작성자의 서명, 날인이 있는 경우 등은 그 진정성립을 인정하기 용이하므로 증거능력을 부여하는데 특별한 문제는 없다고 하겠다.

다. 전자증거의 진정성립

일반적으로 증거의 성립의 진정은 형식적 진정성립과 실질적 진정성립으로 나뉜다. 그중 형식적 진정성립이란, 예컨대 피의자 신문조서에서 조서에 기재된 간인, 서명, 날인이 진술자의 것임에 틀림없다는 것을 의미하고, 실질적 진정성립은 조서의 기재내용과 진술자의 진술내용이 일치한다는 확인의 진술을 말한다.[4] 그러나 전자증거는 그 자체로 위와 같은 기존 형사소송법상의 문서 또는 서면 개념에 포섭시키기 어려워, 그 진정성립을 위와 같이 일률적으로 논하기는 어렵다. 전자증거의 진정성(authentication)을 증명하기 위해 당사자는 컴퓨터 처리과정이나 시스템을 설명하는 증거를 공판정에 제출해야 하고 그것이 정확하게

---

[1] 강구진, 483쪽, 백형구 727쪽, 이재상 578쪽, 申東雲, 655쪽.
[2] 申珏澈, 위 冊, 223쪽.
[3] 민사소송에 있어서도 컴퓨터 기록은 文書와 同一한 記名捺印을 要件으로 하기 어려우므로 패스워드의 동일성과 같은 間接事實에 의해 그 作成의 眞正을 立證해야 할 것이라는 견해로 室町正實, 前揭論文, 49面.
[4] 대법원 1984. 6. 26. 선고 84도748 판결.

그 결과를 발생케 하였다는 점을 입증해야 한다. 그리고 컴퓨터의 신뢰성을 입증하기 위해 당해 컴퓨터가 규격에 맞고 적절하게 운용되었다는 점을 증명해야 한다. 나아가 컴퓨터 데이터의 진정성립을 증명하기 위해 入力, 處理, 出力의 각 단계에서 그 신뢰성을 입증해야 한다.[1] 이것은 전자증거의 무결성 및 동일성, 그리고 보관의 연속성(chain of custody)을 입증해야 함을 뜻한다. 그리고 컴퓨터 기록의 진정성립은 기록보관자나 그 밖에 그 진정성립을 증명할 수 있는 자격을 갖고 있는 사람이 입증해야 한다.[2]

　　이처럼 컴퓨터 기록의 진정성립은 전문법칙의 예외를 논할 때 문제된 기존의 진정성립 논의와는 다른 특징을 갖고 있다. 이점에 관해 구체적으로 서술하면 다음과 같다. 그리고 아래에서 서술하는 각 사항이 公訴事實을 立證하기 위한 증거로 제출된 때 그 입증책임은 무죄추정의 원칙상 최종적으로 검사에게 있다고 하겠지만, 소송의 진행과정에 있어서는 검사가 제출한 전자증거의 정확성을 탄핵하기 위해 피고인이나 변호인이 그 부정확성에 대해 이의할 필요도 있다고 할 것이다.

1) 입력된 데이터의 정확성
가) 일 반 론

　　앞서 본 바와 같이 형사소송법상 전문법칙을 적용함에 있어서 뿐만 아니라 일반적으로 전자기록의 증거능력을 인정하기 위해서도 그 成立의 眞正이 인정되어야 한다. 그런데 그 成立의 眞正에 관하여 우선적으로 고찰하여야 할 사항은 컴퓨터에 入力된 데이터가 正確한지 여부이다.[3] 즉 컴퓨터 데이터의 入力 자체에 誤謬가 있어서는 안 되며, 부정한 데이터가 입력되어도 안 된다. 이를 위해 누가 입력에 관여하였는가, 입력자가 데이터 입력의 정확성을 검토해 보았는가 하는 점도 고려의 대상이 되어야 한다.[4] 뿐만 아니라, 컴퓨터 데이터 자체는 용이하게 변경될 수 있으므로 그것이 입력된 후 변경되지 않았다고 하는 점까지 인정되어야 그 진정성립을 인정할 수 있을 것이다. 入力된 데이터의 正確性에 관하여 다툼이 있는 때는 關聯證據로 提出한 컴퓨터 기억매체만으로 그 내용적 성립의 진정을 판단하기 불가능한 경우가 많을 것이므로 다른 間接事實에 의해 그 내용적 성립의 진정을 인정해야 할 것이다.

---

1) 安富 潔, 前揭書, 69面 參照.
2) 安富 潔, 前揭書, 72面 參照.
3) 컴퓨터 증거의 진정성립에 관한 논의는 室町正實, 前揭論文, 49面 以下의 내용을 형사소송법에 유추하여 적용해 본 것이다. 위 문헌은 민사소송법상 컴퓨터 증거의 실질적 증거력에 관한 문제이지만 형사소송법상 컴퓨터 증거의 내용적 성립의 진정에 관한 문제에도 유추 적용하여 연구해볼 만하다고 생각된다.
4) 安富 潔, 前揭書, 70面 參照.

나) 하드웨어 및 소프트웨어의 정확성

입력에 관계되는 컴퓨터 주변기기 및 소프트웨어, 운용프로그램 등에 결함이 없어야 한다. 즉 프로그램 자체에 부정한 修正이 행하여져서는 안 되며, 그 때에야 비로소 전자증거의 진정성립을 인정할 수 있다.[1]

다) 컴퓨터 처리과정의 정확성

컴퓨터 처리시 어떻게 에러를 발견하고 그것을 오퍼레이터에게 전달하여 수정하게 할 수 있는가 하는 점 등과 같이 컴퓨터를 이용하여 데이터를 처리, 가공하는 과정의 정확성이 충분히 밝혀져야 그 진정성립을 인정할 수 있다.[2]

라) 출력의 정확성

또한 데이터의 부정작출이 있으면 안 되며, 그 가능성이 없다는 점까지도 증명대상이 된다. 그리고 데이터 출력일자의 기재유무, 오퍼레이터나 처리책임자의 서명유무, 이용자가 원하는 데이터가 출력되었는지 여부, 적절한 디스플레이 장치로 출력하였는지 여부, 적절한 프린터에 의해 출력하였는지 여부 등이 밝혀져야 그 출력의 정확성을 인정할 수 있다.[3]

2) 전자기록물과 출력물의 동일성 및 무결성의 문제

또한 컴퓨터 기억매체에 보존된 데이터가 하드카피의 형태로 제출된 때는 양자의 동일성이 문제된다. 즉 수사 및 재판실무상으로도 그 기억매체 자체만으로 그에 내장되어 있는 데이터의 내용을 알 수 없으므로 이를 읽을 수 있는 형태로 만든 하드카피본이 첨부되어 증거로 제출되는 경우가 많은데, 하드카피를 作成하는 프로세서에 조작을 가하여 기억매체에 保存되어 있는 데이터를 증거제출자 자신에게 有利하게 改變하였다는 주장이 제기되면 그 증거제출자가 당해 데이터와 하드카피 사이의 동일성을 증명해야 할 것이다.[4] 이때는 전자기록을 일정한 프로그램에 의해 출력한 자가 그 성립의 진정을 공판정에서 증언함으로써 그 진정성립을 인정할 수 있겠지만,[5] 필요에 따라서 전자기록의 보관상황, 出力에 이용된 컴퓨터의 기계적 정확성, 프로그램의 신뢰성, 출력한 사람의 전문기술성, 중립적인 전문가가 입회하였는지 여부 등에 관하여 證人 또는 鑑定

---

1) 安富 潔, 前揭書, 같은 面 參照.
2) 安富 潔, 前揭書, 같은 面 參照.
3) 安富 潔, 前揭書, 71面 參照.
4) 대법원 2007. 12. 13. 선고 2007도7257 판결(이른바 '일심회' 사건); 대법원 2013. 6. 13. 선고 2012도16001 판결.
5) 安富 潔, 前揭書, 227面.

人을 신문하거나 檢證을 해보거나 그 밖의 적절한 방법에 의하여 충분히 검토한 후 신중하게 그 진정성립을 인정하여야 할 것이다.[1]

3) 전송의 정확성

그 밖에 전자증거의 내용적 성립의 진정에 관하여 고려할 점으로 전송의 正確性에 관한 문제가 있다. 즉, 온라인에 의한 데이터 교환시 데이터 전송과정에서 여러 가지 형태로 데이터가 改變되는 사태가 발생할 수 있는데, 이러한 경우에는 전송된 데이터의 正確性을 立證해야만 당해 컴퓨터 기억매체의 진정성립을 인정할 수 있을 것이다. 물론 전송도중에 있는 데이터는 여러 가지 다양한 원인으로 變質될 수 있으므로 그 正確性을 立證하기는 매우 어려울 것이다. 그러나 문제되는 컴퓨터 전송 시스템의 신뢰성에 관해 일반적인 합의가 있다고 여겨지는 경우가 많을 것이므로 일응 데이터 전송의 정확성은 추정된다고 함이 타당하다. 그러므로 그 부정확성을 다투고자 하는 측에서 그에 관한 증거를 제출할 책임이 있다고 하겠다.

4) 시분할 이용으로 작성된 컴퓨터 기록

時分割에 의한 컴퓨터 시스템 共同利用方法(Time-sharing system)은 中央에 정보자료를 집적한 컴퓨터를 두고 이를 각 단말기로 연결된 컴퓨터 통신망을 통해 장소에 구애됨이 없이 그 자료를 이용할 수 있는 컴퓨터 운영체제이다. 이때 컴퓨터 通信網으로 연결된 단말기를 통해 중앙 컴퓨터로부터 추출된 資料가 出力(print out) 되었을 때 그 출력물의 진정성립은 통상의 경우와 같이 데이터 입력 및 그 처리, 저장, 그리고 전송 등 여러 과정의 정확성을 입증하여 인정할 수 있겠다.

그리고, 시분할 이용으로 작성된 전자기록의 證據能力 인정 문제에 관해서는 당해 기록의 원본이나 그 出力物이 音響이나 자기디스크, 자기테이프 등의 形態로 존재하는 때에는 증거의 書面性을 전제로 하고 있는 刑事訴訟法 第315條를 準用하여 그 證據能力을 인정할 수 있을 것이며, 그것이 사람이 읽을 수 있는 文書의 形態로 出力된 경우에는 중앙 컴퓨터에 기억된 資料와 出力物 사이에 同一性이 인정되고 出力物 作成에 대한 信用性의 情況的 保障이 인정되면 위 형사소송법 규정에 의해 그 證據能力을 인정할 수 있겠다.

이때 중앙 컴퓨터에 기억된 資料와 出力文書 사이의 同一性 判斷은, 同一한 컴퓨터 시스템下에서 資料電送裝置나 信號變換裝置들 간에 情報가 傳達되

---

1) 日本辯護士連合會 刑法改正對策委員會, 「コンピュータ犯罪と現代刑法」(1990. 5.), 小田中 聰樹 執筆部分, "公判手續上の問題", 202面.

는 過程이 技術的으로 틀림없고, 時分割 利用者 및 컴퓨터 시스템 내부를 운영하는 者 사이에 記錄電送에 관한 通常的인 節次 및 記錄保管에 관한 統一的인 內部基準 等이 마련되어 있는지 여부에 의해 결정해야 한다.[1]

4. 컴퓨터 출력자료에 관한 문제

가. 출력한 서면의 증거능력

컴퓨터 조작에 의하여 입력된 자료를 프린터에 의하여 인쇄한 서면의 증거능력은, 그 서면 자체를 문서의 원본으로 인정하여 형사소송법 제313조(검사나 사법경찰관 등의 수사기관이 작성한 조서가 컴퓨터에 의해 작성된 경우는 제312조)등에 의하여 당해 서면의 진정성립을 인정할 수 있다고 하겠다. 이는 통상의 서면과 동일하여 컴퓨터 증거에 특수한 문제로 논의할 실익은 적다. 특히 컴퓨터 내의 전자기적 기억매체에 입력, 저장되어 있는 데이터 자체를 문서로 보기는 어렵고, 따라서 문서로서의 원본성을 인정하기도 어렵다는 점에서 보면, 그 출력된 서면을 형사소송법상의 증거물인 서면 또는 증거서류 등과 같은 서증으로 보고 그것들에 대해 원본성을 인정하고, 그 진정성립을 판단할 필요성이 크다고 하겠다.

나. 전자기록물의 원본성

1) 개   설

자기디스크나 자기테이프, 광디스크(씨디롬 타이틀), USB 등 전자기억매체 자체는 그 불가시성으로 인해 전통적인 의미에서 서면으로 보기는 어렵다. 그리고 일반적으로 전자증거는 데이터 보존방법과 이용방법이 분리되어 이들이 일원화되어 있는 書面과 달리 데이터 보존기능을 갖고 있는 전자기록과 이용기능을 갖고 있는 프린트 아웃된 문서로 이원화 되어 있다. 따라서 컴퓨터 시스템 내부에 있는 전자기록물이 출력, 인쇄된 경우 출력, 인쇄된 자료를 전자기록물인 원본에 대하여 사본 또는 등본인 성질을 인정할 수 있는가가 문제된다. 이는 근본적으로 전자기록물의 서면성을 인정할 수 있느냐 하는 논제로부터 도출되는 문제라고 할 수 있다. 현행 형사소송법 규정의 해석상 원본과 사본은 서면에 관해 논의할 필요가 있다고 할 수 있기 때문이다. 그리고 그에 관한 논의의 실익은 원본과 사본 또는 등본 사이에 증거능력을 인정하기 위한 요건이 다르기 때문

---

1) 宋相現, "콤퓨터 技術의 活用이 法學各分野에 미치는 영향에 관한 小考", 서울大學校 「法學」 제13권 제1호(통권 제27호), 50쪽.

에 발생한다.

사본 또는 등본의 증거능력을 인정하기 위한 요건은, ① 증거능력 있는 원본이 존재하고 있거나 존재하였을 것, ② 당해 사본 또는 등본이 그 원본을 정확하게 轉寫하였을 것, ③ 원본을 제출하는 것이 불가능하거나 곤란할 것 등이라고 할 수 있다는 것이 일본학설의 견해이며,[1] 미국 연방증거규칙 제1001조, 제1002조도 문서, 기록의 내용을 증명하기 위해 원칙적으로 문서의 원본 제출을 요구하고 있고(最良證據法則), 컴퓨터 데이터를 출력한 컴퓨터 기록에 관해서도 原本(original writing)으로 간주하는 규정을 두고 있다. 우리 형사소송법상으로도 증거조사의 대상은 원칙적으로 문서의 원본이라고 할 것이므로, 사본의 증거능력을 인정하기 위해서는 증거능력 있는 원본의 존재, 그 원본과 사본의 동일성, 사본이용의 필요성 등과 같은 요건들을 필요로 한다고 할 수 있다. 그런데 전자기록의 원본성을 인정할 것이냐 여부에 따라 그 출력서면의 사본성 인정여부가 결정되어, 출력서면에 대해 이들 요건의 적용여부를 결정할 수 있는 것이다.

그런데 이 문제는 위에서 본 바와 같이 전자증거가 데이터의 보존, 기억방법과 그 이용 내지 증명방법이 분리되어 있어 보존, 기억의 기능을 하는 전자기록과 이용, 증명기능을 하는 출력문서로 이원화 되어 있다는 특징에서 유래한다. 물론 형법 제237조의2는 종전 대법원판례로 인정되어 온 바와 같이 전자복사기, 모사전송기, 기타 이와 유사한 기기를 사용하여 복사한 문서 또는 도화의 사본도 문서 또는 도화로 본다는 규정을 두고 있으나 이는 문서위조죄의 객체를 규정한 조문일 뿐 형사소송법상 증거조사의 대상이 되는 서증에 관해서 그대로 적용할 수 있는 사항은 아니라고 하겠다. 공판절차상 범죄사실과 같은 요증사실을 입증하기 위해 증거로 제출된 서증의 사본에 관해 그것이 갖는 원본과의 관계에 있어, 그 증거능력을 인정하기 위한 요건을 형법상 문서위조죄의 객체인 문서개념과 동일하게 볼 수는 없기 때문이다.

2) 일본학설상의 논의

이러한 전자기록과 프린트 아웃된 문서 사이에 어느 것을 원본으로 볼 것이냐에 대해서 일본의 학설은 다음과 같이 나뉘고 있다.

즉, 이에 관한 제1설은 양자를 모두 문서의 원본이라고 하는 견해로, 전자기록 자체의 서면성을 긍정하여 전자기록을 원본으로 볼 뿐만 아니라 증명작용을 하는 점에서 그것이 프린트 아웃된 문서도 원본이라고 하여 원본개념을 상

---

[1] 臼井滋夫, "謄本(抄本)", 「證據法大系 L」(1970), 98面, 101面, 安富 潔, 前揭論文, 34面, 註 17).

대적으로 파악하는 입장이다. 그러나 이에 대해서는 요증사실과 관련하여 그 내용이 증거로 되는 때 그 자체로 가시성, 가독성이 없는 전자기록을 원본으로 보는 것은 의문이라는 비판이 있다.[1]

제2설은 전자기록을 원본, 그 출력물을 사본이라고 하는 견해로,[2] 전자기록 자체는 가시성, 가독성이 없고, 따라서 그 의미내용을 알기 위해 일정한 프로그램에 의해 출력한 문서가 필요하므로, 전자기록을 원본, 그 프린트 아웃된 문서를 사본이라고 하는 입장이다. 이렇게 보면 원본인 전자기록과 등본인 프린트 아웃된 문서 사이의 동일성, 정확성의 입증이 필요하게 될 것이다. 이때 그 동일성, 정확성에 의문이 있으면 일본 형사소송법 제165조 이하(우리나라 형사소송법 제169조 이하와 유사함)의 鑑定에 관한 규정에 의해 그것을 밝힐 수 있을 것이라고 한다.[3] 하드카피만이 제출된 경우 相對方이 原本인 컴퓨터 데이터 기억매체의 存在나 成立의 眞正을 다투지 않고, 등본인 하드카피를 대상으로 한 증거조사에 이의를 제기하지 않는다면 그 기억매체의 제출을 要하지 않는다는 견해도[4] 이에 속한다고 하겠다. 이 제2설과 같이 전자기록의 데이터를 그대로 再現하고 있으면 전자기록이 원본이고 프린트 아웃한 문서는 사본이라고 하면서도, 그 데이터에 기해서 각종 데이터 처리를 거친 출력문서는 원본이 된다는 견해도 있다.[5] 이 학설에 대해서도 전자기록 그 자체는 가시성, 가독성이 없으므로 그에 표현된 思想이 문제되는 한 그 자체로 독립적인 증거가치를 가지는 것이 아니라는 비판이 제기되고 있다.[6]

제3설은 프린트 아웃한 문서가 원본이고, 전자기록은 그 原本을 推認케 하는 자료에 지나지 않는다고 하는 견해로,[7] 프린트 아웃된 문서의 이용면상의 독립성에 착안하여 전자기록자체는 원본의 존재 및 내용을 推認하게 하는 자료에 불과하다고 보고 프린트 아웃된 문서를 원본이라고 하는 입장이다.

제4설은 公電磁記錄과 私電磁記錄을 구별하여 파악하는 견해로, 현대사회에서 情報源이 다양화됨에 따라 原本性도 相對化하고 있는 점을 고려하여, 공

---

1) 安富 潔, 前揭論文, 32面.
2) 梅本吉彦, "情報化社會における民事訴訟", 「民事訴訟雜誌」第33號(1987), 17, 29面. 安富 潔, 前揭論文, 34面, 註 15), 廣畑史朗, "コンピュータ犯罪と證據法", 「警察學論集」41卷 4號 89面 以下. 小田中 聰樹 前揭 執筆部分, "公判手續上の問題", 204面, 註).
3) 安富 潔, 前揭論文, 34面, 註 18).
4) 室町正實, 前揭論文, 48面.
5) 屋美東洋, 前揭論文, 81面. 小田中 聰樹, 前揭 執筆部分, 203面, 註).
6) 原田國男 判事, "磁氣テープの證據能力", 319面. 安富 潔, 前揭書, 236面, 註 20).
7) 前揭 小田中 聰樹 執筆部分, 204面, 原田國男, 前揭論文, 320面 參照, 安富 潔, 前揭論文, 34面, 註 16), 註 14).

정중서등의 원본으로 이용되고 있는 공전자기록은, 그 증명기능을 특별히 보호하려고 하는 입법의 취지에 비추어 전자기록을 원본으로, 프린트 아웃된 문서를 등본이라고 해석할 수 있지만, 그 밖의 사전자기록은 서면으로서 그 내용이 요증사실과 관련을 갖고 있는 한, 프린트 아웃된 문서를 원본이라고 하면 족하다는 입장이다.[1)]

이밖에도 아예 컴퓨터에 입력되기 전의 원문서를 원본이라고 하여 전자기록 및 그 출력된 문서는 모두 사본(등본)이라고 하는 견해도 있고, 전자기록에 수록되어 있는 데이터 자체를 그대로 재현한 경우는 전자기록이 원본이고 컴퓨터로 출력한 문서는 사본으로서 이때는 전자기록이 정확하게 출력되었다는 점에 대한 입증이 필요하며, 반면, 컴퓨터에 기록, 보존된 데이터에 기해 각종 데이터 처리를 거쳐 컴퓨터 처리를 하여 출력한 문서는 전자기록물과 별개의 문서라고 할 것이므로 그것이 원본이 되며 이때는 그 데이터 처리 프로세스의 정확성에 대한 입증이 요구된다고 하는 견해 등도 주장될 수 있다. 앞의 견해는 "原本"을 작성자가 일정한 내용을 표시하기 위해 확정적으로 최초로 작성한 문서로 파악하는 견해가 될 것이다. 이에 대해서는 컴퓨터로 출력된 문서가 증거로서 제출된 경우 원문서에까지 소급하여 그 정확성의 입증을 요구하는 것은 정보처리의 집중화 내지 능률화의 요청에 반한다는 비판이 있다.[2)]

3) 결　어

전자기록 자체는 가시성, 가독성을 구비하고 있지 못하여 그 자체만을 증거로 사용하기 어렵다는 점에서 보면 이를 전통적인 형사소송법상의 증거서류 내지 증거물인 서면의 개념에 포섭할 수 있는 문서 내지 문서의 원본으로 보기에 무리가 있다고 할 것이다. 오히려 이를 출력한 문서를 읽고, 그 내용을 이해하여 요증사실 인정 자료로 사용하는 이상 출력된 문서 자체를 문서의 원본으로 보면 될 것이다. 즉 문서가 아닌 전자기록물의 서면성을 인정할 수 없으므로 그 원본성도 인정할 수 없으나, 그것이 출력된 문서는 그 자체로서 독립적인 문서의 기능을 갖고 있으므로 굳이 위 학설 중에서 하나의 견해를 택하라고 한다면, 위 제3설의 입장을 택하는 것이 가장 타당하다고 하겠다. 미연방증거규칙 제1001조(d)도 데이터가 컴퓨터나 그와 동종의 기억장치에 축적되어 있는 때는 가시성, 가독성을 갖도록 출력한 프린트 아웃이나 그 밖의 출력물로서 데이터의

---

1) 安富 潔, 前揭論文, 33面.
2) 이상의 논의는 原田國男, "磁氣テープの證據能力", 「實例法學全集」, 續刑事訴訟法(1980), 320面 參照. 安富 潔, "刑事手續と コンピュータ 犯罪", 236面, 註 19).

내용을 정확하게 반영하고 있다고 인정되는 것을 "原本"이라고 규정하고 있는 점을 참고할 만하다.[1]

물론 이 문제는 문서위조죄의 객체인 문서의 개념정립에 관한 문제나, 그러한 문서를 원본뿐만 아니라 사본까지 포함하는 것으로 보는 견해나 그에 동조하는 대법원판례의 입장, 그리고 형법의[2] 규정에 관련된 문제와 근본적으로 다르다. 문서위조죄의 보호법익은 거래관계의 중요한 사실을 증명하는 문서의 진정성을 보호하고자 하는 데 있고 그 행위객체를 문서사본에까지 확장할 수 있느냐 하는 논점은 형법상의 문제인데 비해 컴퓨터 기록의 원본성을 인정할 수 있느냐 하는 문제는 형사재판절차에서 문서사본의 증거능력을 인정하느냐 하는 형사소송법상의 쟁점사항이기 때문이다. 그러나 컴퓨터 기록물의 원본성과 사본성을 인정함에 있어서는 우선 그 서면성을 인정할 수 있느냐 하는 형법상의 논의에서 출발하지 않을 수 없다. 그리고 그와 같이 형법상의 문서개념에서 본다면 자기적 또는 전자적으로 저장된 자기테이프, 자기디스크 또는 전자적으로 기록된 자료 등과 같은 전자기록물은 그 形態(디스크와 같이 다소 영속적이다)나 作成名義人(디스켓에 레이블을 붙이거나 파일명을 작성할 때 작성자명이나 암호를 입력할 수 있다), 또는 機能(법률관계나 사실관계를 증명하기 위해 작성된다) 等의 면에서 보아 기존의 문서와 유사한 성질을 가지고 있음은 부정할 수 없다. 그러나 통상 그 기록된 형태만으로 읽어낼 수 있는 문자를 사용하지 않고 전자적, 또는 자기적 형태로 수록된 전자증거의 서면성을 인정하기 어려움은 앞서 본 바와 같다. 더욱이 일정한 법률관계나 사실관계를 증명하기 위해 작성된 것이 아니고 컴퓨터 시스템 동작을 위해 만들어진 각종 디스크 운영체제와 같은 프로그램이 기록된 電磁裝置를 별다른 이론적 검토 없이 文書와 동일하다고 할 수는 없는 것이다. 결국 전자기록물은 문서의 원본이 아니며, 전자기록물이 재생되어 프린트 아웃된 서류도 문서의 사본개념에 포함시킬 수 없다고 본다.[3] 따라서 프린트 아웃된 문서는 전자기록에 내장된 思想을 일정한 프로그램에 의해 가시성, 가독성 있는 물체로 만든 것이므로 그 자체를 문서의 원본으로 보면 족하다. 즉 그러한 서류가 컴퓨터에 내장된 資料와 同一性을 갖고 있음이 증명된다면 프린트 아웃된 서류 자체가 文書의 原本이 된다고 보아야 할 것이다.[4] 이런 의미에서 문서 원

---

[1] 安富 潔, 前揭書, 229面 參照.
[2] 형법 제237조의2 [複寫文書等] 이 章의 罪에 있어서 電子複寫機, 模寫電送機 기타 이와 유사한 機器를 사용하여 複寫한 文書 또는 圖畵의 寫本도 文書 또는 圖畵로 본다.
[3] 同旨, 金文鎰, 「컴퓨터 犯罪論」, 185쪽, 204쪽.
[4] 정보저장매체 원본과 '하드카피' 또는 '이미징'한 매체의 해쉬(Hash)값이 동일하면 출력물의 무

본의 내용을 그 원본과 동일한 문자나 부호에 의해 전부 완전하게 전사한 서면
을 사본이라고 할 때, 문서가 아닌 전자기록을 원본, 그 프린트 아웃된 문서를
사본 또는 등본이라고 하는 견해(위 제2설)도 타당하지 않다.[1] 미국의 법원에서
도 文書의 原本만을 증거자료로 요구하는 전통적인 원칙을, 전자증거와 같이 기
계적 방법에 의한 出力物(printout)의 원본성을 인정함으로써 완화해 가고 있다고
한다.[2]

그러나 이처럼 전통적인 의미에서 서면의 개념에 입각한 전자기록의 원본
성을 인정하지 않는다고 하더라도 프린트 아웃된 문서를 증거로 사용하는 경우
에는 해당 전자기록과의 동일성 뿐만 아니라 출력과정의 정확성이 입증되어야
한다(이른바 무결성, 동일성의 입증). 그 이전의 문제로서 해당 전자기록물의 작성자
도 특정되어야 한다. 위와 같은 점들에 대한 입증은 감정의 방법에 의하거나 검
증에 의해서, 또는 그 출력물 작성자의 진술에 의해서 가능하다.

제 3 절   전자증거의 증거능력

1. 서   설

전자증거의 증거능력은 앞서 압수·수색의 범위에 관한 논의에서 살펴보았
던 자연적 관련성이 인정됨을 전제로 하는 논의라고 할 것이다. 자연적 관련성
마저 없는 증거는 증거조사의 단계에서부터 증거의 세계에서 배제되어 그 후의
단계인 증거능력 문제에 관해 논할 필요가 없기 때문이다. 전자증거의 중점은
전자기억매체(하드웨어)에 내장되어 있는 데이터(소프트웨어)이며, 이러한 데이터는
무형적인 것으로서 압수할 수 있는 유체물에 해당한다고 보기 어렵고, 가시성,
가독성이 없다는 점을 유의하여 그 증거능력 인정문제에 관해 이론적 검토를
해 보아야 할 것이다.

결성 및 동일성을 입증할 수 있다. 대법원 2013. 7. 26. 선고 2013도2511 판결.
1) 安富 潔, 前揭論文, 33面 參照.
2) 「McCormick's Handbook of the Law of Evidence」, p. 569. 그곳 fn 73)에는 United States v. De
   Georgia, 420. F.2d. 889(9th Cir, 1969) 등의 하급심 판결이 인용되어 있다.

2. 미국의 전자증거법제

公判廷에서 컴퓨터 기록의 證據能力을 인정할 수 있느냐 하는 문제는 각국의 기본적인 證據法에 의해 결정될 문제이다. 여기에는 크게 두 가지 입법주의가 있다.

自由로운 證據提出主義와 證據力 評價에 대한 自由心證主義를 擇하고 있는 국가들(오스트리아, 덴마크, 독일, 핀란드, 프랑스, 그리스, 이탈리아, 일본, 노르웨이, 포르투갈, 스페인, 스웨덴, 스위스, 터키 등)의 증거법규에 의하면, 法院은 원칙적으로 모든 종류의 증거를 사용할 수 있고, 그 중요도도 自由롭게 평가할 수 있다. 이러한 국가들은 주저 없이 컴퓨터 기록을 증거로 채택하고 있다.[1]

반면 common law 계통의 국가들(오스트레일리아, 캐나다, 영국, 미국 등)은 구두변론주의와 對審構造가 지배하는 刑事訴訟節次를 가지고 있다. 이러한 국가들의 경우 證人은 交互訊問에 의해 검증받을 것을 조건으로 하여 자신이 직접 알게 된 사항에 한하여 證言할 수 있을 뿐이다. 다른 사람이나 서적 또는 기록과 같은 二次的인 資料에 의해 획득한 지식은 "傳聞證據"로 간주되어 證據能力이 인정되지 않는 것이 원칙이다. 이에 대한 예외는 "業務記錄"(business records)이나 "寫本"(photographic copies)에 대해 인정되고 있다. 그러므로 예컨대 일상적인 영업활동 중 작성된 業務記錄은 그 사실을 직접경험한 사람이 법원에 나와 증언할 수 없다고 할지라도 證據로 제출될 수 있는 것이다.[2] 이러한 국가들에 있어서는 컴퓨터 파일이나 出力物을 證據能力없는 傳聞證據로 볼 것인지, 아니면 그 例外에 해당하는 것으로 볼 것인지에 대해 광범위한 논쟁이 벌어지고 있다. 몇몇 국가들에서는 이들을 業務記錄에 해당하는 것으로 보아 證據能力을 인정하고 있고, 그 밖의 국가들에서는 일정한 條件下에서만 그 證據能力을 인정하는 法律이나 法律案을 만들어 두고 있다.

1) 미국 연방의 경우

美聯邦證據規則(Federal Rules of Evidence)上 컴퓨터 기록에 대한 證據能力 검토는 最良證據의 法則(best evidence rule), 傳聞法則(hearsay rule), 認證法則(authentication rule)[3] 等의 측면에서 행해지고 있다.[4] 순차적으로 검토하기로 한다.

---

1) Council of Europe, 「Computer-related Crime」, p. 80.
2) Council of Europe, Ibid, p. 80.
3) Barry J. Hurewitz, Allen M. Lo, Ibid, p. 519, fn 180).
4) Cynthia K. Nicholson, Robert Cunningham, "Computer Crime", p. 400.

① 최량증거의 법칙

最良證據의 法則(best evidence rule)이란 문서의 내용을 증명하기 위해서는 그 原本을 제출해야 한다는 원칙이다.[1] 이는 문서를 필사하던 시대에 문서의 원본과 사본이 상위할 우려가 있음을 고려한 증거법칙인데, 기계적 정확성을 갖춘 전자복사방식이 가능한 오늘날은 그 내용도 변화되었다.[2]

인쇄된 컴퓨터 기록의 성질을 문서의 "原本"(originals)이 아니라 단지 전자기적 장치에 저장된 정보를 번역한 것에 지나지 않는다고 보게 되면, 전통적인 最良證據의 法則을 컴퓨터 기록에 그대로 적용할 수 없게 된다.[3] 따라서 현재 美聯邦證據規則 제1001조(d)는, 데이터가 컴퓨터 또는 그것과 동종의 기억장치에 저장되어 있으면 가시성, 가독성을 갖춘 출력물, 그밖에 컴퓨터에 의해 작성된 것으로서 데이터의 내용을 정확하게 반영하고 있다고 인정되는 것을 문서 또는 기록의 原本으로 본다고 규정하고 있다. 즉, 컴퓨터 처리된 데이터를 인쇄하거나 그 밖의 방법으로 읽을 수 있는 형태로 출력한 물건이 원래의 컴퓨터 기록과 상위 없음을 인증케 하여 證據能力을 인정하고 있는 것이다.

최량증거의 법칙에 의해 증거능력을 인정할 수 없는 법역에서도, 컴퓨터에 기억된 데이터 자체를 원본으로 보아 그것이 가독성, 가시성이 없다는 이유로 당해 원본을 이용하기 불가능한 경우에 해당한다고 하여 그 출력물을 제2차적 증거법칙(secondary evidence rule)에 의해 증거로서 사용할 수도 있다고 한다.[4]

또한 컴퓨터에 의해 출력된 기록이 방대하여 법원이 그 전부를 증거조사하는 것이 소송경제에 반한다고 여겨지는 경우 법원은 그것을 도표화 하거나, 요약분, 계산표 등의 형태로 제출하게 할 수 있으되, 그 원본이나 사본은 적당한 시기 및 장소에서 상대방 당사자에게 열람하게 하거나 등사할 수 있도록 해야 한다.[5] 이렇게 제출된 요약물의 전체 기록은 이미 법원에 증거로 제출되어 있으므로 위 요약물이 배심원에게 제시되었다고 하여도 그것만으로 피고인에게 불이익한 결과를 초래하였다고 볼 수는 없다고 한다.[6]

---

1) Barry J. Hurewitz, Allen M. Lo, Ibid, p. 520, fn 183), 이를 인정하고 있는 미연방증거규칙 제1002조는, "문서, 기록 또는 사진의 내용을 증명하기 위해서는 이 법이나 다른 법률에 특별한 규정이 없는 한 그 原本이 있어야 한다"고 규정하고 있다.
2) 安富 潔, 前揭書, 75面.
3) Cynthia K. Nicholson, Robert Cunningham, Ibid, p. 401.
4) 제2차적 증거법칙(secondary evidence rule)은 원본을 이용하기 불가능한 경우, 문서의 내용을 복사한 것 또는 증언과 같은 제2차적 증거가 허용될 수 있다는 원칙이다. 安富 潔, 前揭書, 77面.
5) Federal Rules of Evidence, Rule 1006.
6) United States v. Smyth, 556 F.2d 1179(5th Cir.), cert. denied. 434 U.S. 862(1977). 安富 潔, 前

② 전문법칙의 예외이론

전문법칙의 예외이론으로 컴퓨터 記錄의 證據能力이 인정될 수 있는 방법으로는 業務記錄의 例外(business records exception), 公的 記錄의 例外(public records exception) 등을 들 수 있다. 이점에 관해서는 뒤의 전문법칙에 관한 부분에서 詳述하기로 한다.

③ 인증요건

이밖에 컴퓨터 出力物은 미연방증거규칙 제901조(a)상의 認證要件(authentication requirements)을 갖추어야 하는데, 이것은 證據能力(許容性)이 있는 證據(admissible evidence)로 하기 위하여 文書에 法的인 權威 내지 眞正性을 부여하는 것을 말한다.[1] 즉 이 認證(authentication) 또는 確認(identification) 요건은 證據能力에 先行하는(precedent) 개념이라고 할 수 있다.[2] 일반적으로 이 요건을 충족시키기 위해서는, 예컨대 당해 증거 작성에 대한 지식을 갖고 있는 증인의 증언을 듣는다거나, 소송을 목적으로 작성되지 않은 문서에 쓰여 있는 필적에 대해 비전문가의 의견을 듣는다거나, 이미 인증요건을 충족한 견본품과 증거조사의 목적물인 증거물을 事實認定權者(trier of fact, 배심재판에 있어서는 배심원, 비배심재판에 있어서는 법관[3])나 專門家가 비교해 보거나, 여러 사정을 고려하여 당해 증거의 외양, 내용 등 특성을 조사해 보거나, 음성의 동일성을 확인하거나, 특정인이 전화통화에 응했다거나 업무처리과정에서 행해진 전화통화였다거나, 공공기관에서 기록되었거나 파일화된 증거라거나, 그 작성의 신빙성을 특별히 의심할 만한 사정이 없이 오랜 옛날(예컨대 20년 이전)에 작성된 문서이거나 데이터 편찬물이거나, 정확한 결과를 출력하기 위한 절차나 시스템을 記述하고 있는 증거라거나, 법률이나 법원에 의해 인정된 원칙에 따른 인증방법이라거나 하는 등의 입증수단을 생각해 볼 수 있다.[4] 컴퓨터 出力物에 관해서 인증요건을 충족하기 위해서는 당해 出力物을 산출한 컴퓨터 시스템을 경영하는 자나 그에 관한 기록을 관리하는 자를 증인으로 환문하여 그 出力物의 眞正成立(authentication)과 그 컴퓨터 시스템의 신뢰성을 진술케 함으로써 이 요건을 충족시킬 수 있다.[5] 이때 컴퓨터 시스템

揭書, 78面 參照.

1) 田中英夫等 編, 「英米法辭典」, 東京大學出版會, 80面 參照.

2) Christoper B. Mueller, Laird C. Kirkpatrick, 「Federal Rules of Evidence」(1994), p. 28.

3) 田中英夫等 編, 「英米法辭典」, 864面 參照.

4) Christoper B. Mueller, Laird C. Kirkpatrick, Ibid, p. 29.

5) United States v. Miller, 771 F.2d 1219, 1237(9th Cir. 1985), 이는 컴퓨터 기록을 관리하는 자가 증언한 사안이다. Cynthia K. Nicholson, Robert Cunningham, Ibid, p. 402, fn 70).

의 신뢰성은 그 처리과정상의 正確性이 擔保되어 있느냐 여부에 의해 결정된다.[1]

2) 주의 경우

가시화된 형태로 된 컴퓨터 출력물의 증거능력을 인정하고 있는 미연방 증거규칙 제1001조(d)과 같은 규정을 두고 있지 않는 州에서 立法이나 法院의 태도는 그 출력물이 最良證據의 法則에 위반되는지 여부에 대해 나뉘어져 있다.[2] 예컨대, 1983年에 改正된 캘리포니아주 證據法(The Evidence Code of California)은 제1500.5조에서 "컴퓨터로 기록된 情報나 컴퓨터 프로그램 또는 그 카피본은 最良證據의 法則으로 인해 그 證據能力이 否定되어서는 안 된다"고 규정하고 있다.[3] 그리고 이에 의하면 컴퓨터 情報나 컴퓨터 프로그램이 인쇄된 出力物은 당해 컴퓨터 情報의 存在와 內容을 證明할 수 있는 것으로 인정되어야 한다. 그러한 인쇄된 出力物은 당사자가 제출하려고 의도한 컴퓨터 情報를 正確하게 表象하는 것으로 推定되어야 한다. 그러한 推定은 反對當事者에 의해 번복될 수 있다. 소송당사자중 한 쪽이 그 인쇄된 出力物이 不正確하다거나 信用할 수 없다는 증거를 제출하면, 그것을 證據로 제출한 當事者가 그러한 인쇄된 出力物이 관련된 컴퓨터 정보나 컴퓨터 프로그램의 존재와 내용을 입증할 수 있는 가장 有用한 證據라는 證據價値의 優越性(preponderance of evidence)을 立證할 責任을 지게 된다.

또한 아이오와주의 1984년 新컴퓨터犯罪法은 제716.A.16조에서 다음과 같은 간단한 證據法規定을 두고 있다.

"本章에 규정된 犯罪를 起訴함에 있어서, 컴퓨터 出力物은 다른 證據法則에 관계없이 컴퓨터에 내장되어 있거나 컴퓨터로부터 채취한 컴퓨터 소프트웨어나 프로그램 또는 데이터에 관한 證據로서 證據能力이 인정되어야 한다."[4]

그리고 미시시피주의 한 法院은 King v. State ex. rel. Murdock Acceptance Corp., 222 So. 2d 393, 397(Miss. 1969) 판결에서 컴퓨터 出力物을 "거래장부"(shop

---

1) United States v. Glasser, 773 F.2d 1553, 1559(11th Cir. 1985).
2) Cynthia K. Nicholson, Robert Cunningham, Ibid, p. 401.
3) "Computer-recorded information or computer programs, or copies of computer-recorded information or computer programs shall not be rendered inadmissible by the best evidence rule", Council of Europe, Ibid, p. 81.
4) "In a prosecution under this chapter, computer print-outs shall be admitted as evidence of any computer software, program or data contained in or taken from a computer, notwithstanding an applicable rule of evidence to the contrary.", Council of Europe, Ibid, p. 81.

books)로 취급하여 증거능력을 인정하고 있고, 뉴욕주에서는 People v. Ramirez, 491 N.Y.S. 2d 776, 777(N.Y. 1985) 판결로 증인이 탈취된 차량번호를 종이쪽지에 써서 경찰관에게 건네주자 그 경찰관이 컴퓨터를 이용해 차량번호 파일을 탐색하여 이를 증거로 제출하였을 뿐이고, 裁判過程에서 위 증인이 그 차량번호를 기억해 내지 못하였으며, 당해 경찰관은 그 종이쪽지를 잃어버려 역시 이를 제출하지 못한 사안에서 위와 같이 컴퓨터 파일 탐색으로 인쇄한 出力物은 위 증인이 종이쪽지에 의해 경찰관에게 알려준 사실에 근거해 작성된 것이므로 순수한 전문증거에 해당하여 그 증거능력을 인정할 수 없다고 판시하였다.[1]

3. 우리 형사소송법상 전자증거의 일반적 증거능력

우리 형사소송법상으로 전자증거의 증거능력에 관한 일반론으로 사견을 제시하자면 다음과 같다. 즉, 전자증거의 일반적 증거능력을 인정하기 위해서는 그 전제로서 당해 증거의 진정성립이 인정되어야 하므로 앞서 본 바와 같은 진정성립에 관한 요건이 우선 충족되어야 한다. 즉, 그 작성주체를 특정할 수 있어야 하고, 입력된 데이터, 컴퓨터 운영체제, 처리과정, 출력 등의 正確性이 인정되어야 하며, 전자기억매체와 출력물의 동일성이 인정되어야 하고, 컴퓨터 통신으로 전송된 자료는 그 전송의 정확성이 입증되어야 한다. 여기에 덧붙여, 사본을 이용하는 경우에는 증거능력이 있는 원본의 존재 및 원본과 사본의 동일성이 인정되어 한다. 그리고 당해 전자증거가 진술증거로서 전문증거에 해당하면 후술하는 전문법칙의 예외 이론에 의해 증거능력을 인정받기 위한 요건을 충족해야 한다. 이상의 어느 요건이라도 흠결되면 당해 전자증거의 증거능력은 부정되어 유죄인정의 자료로 쓸 수 없다고 할 수밖에 없다. 결국 전자증거의 증거능력은 위와 같은 가중된 요건 하에서만 인정된다고 하겠다. 통상의 증거방법에 비하여 전자증거에 대해 증거능력을 부여하기 위해 위와 같은 가중된 요건을 요구하는 것은 전자증거가 갖는 특수성(고도의 기계적 처리능력을 가진 컴퓨터 시스템에 의해 작성되는 증거방법으로서 통상의 문서와 달리 가시성, 가독성이 없고, 서면 등의 형태로 출력될 것을 당연히 예정하고 있는 전자기억매체인 경우가 대부분이며, 쉽게 개변, 소거, 손괴될 수 있다는 점 등)으로 인한 것이다. 그러나 현행 형사소송법은 이점에 관하여 대비하는 규정을 마련하고 있지 않으므로 그에 관한 입법조치가 필요하다고 하겠다. 그리고 위와 같은 증거능력의 요건을 입증할 책임도 무죄추정의 원칙상 기

---

1) Barry J. Hurewitz, Allen M. Lo, Ibid, p. 520, fn 185).

본적으로 검사에게 있다고 해야 한다. 그러나 컴퓨터 시스템은 그 자체로 고도의 정확성을 갖는 것으로 신뢰를 받고 있어 그 증거능력에 대한 위 각 요건이 이미 갖추어져 있는 것으로 사실상 추정되어 공판이 진행될 것이므로 피고인이나 변호인으로서도 전자증거의 증거능력을 부정할 수 있는 사유가 있다는 점을 주장하고 이를 입증할 사실상의 필요가 있다고 하겠다.

그리고 위와 같은 숱한 요건에 덧붙여 필요한 요건을 하나 더 들자면, 당해 전자증거는 적법한 절차에 기해 수집된 증거이어야 한다는 점이다. 우선 이점에 관해 살펴보기로 하자.

4. 위법수집증거배제법칙과의 관계

앞서 본 바와 같이 통신비밀보호법 제4조는 같은 법 제3조의 규정에 위반하여 불법감청에 의해 지득 또는 채록된 전기통신의 내용은 재판절차에서 증거로 사용할 수 없다고 규정하여 수사기관이 불법도청에 의해 획득한 증거에 관해 형사소송절차에서도 그 증거능력을 부정하도록 하고 있다. 불법적인 컴퓨터 통신탐색은 수사기관만이 아니라 私人에 의해서도 행해질 수 있다. 위와 같은 통신비밀보호법의 규정에 비추어 위법하게 수집된 컴퓨터 통신 탐색자료의 증거능력은 부정될 수밖에 없다. 그리고 그밖에 형사소송법의 해석 한계를 넘는 방법에 의해 수사기관이 수집한 컴퓨터 기록이나 수사권 없는 사인에 의해 수집된 전자증거도 증거능력을 부정하는 것이 타당하다. 위법한 절차에 기해 수집된 증거에 대해서는 증거능력을 부정하여 이를 증거의 세계에서 배제하여야 한다.[1] 우리 대법원의 판례 동향도 위법한 절차에 기해 수집한 진술증거의 증거능력을 배제하는 방향으로 나아가고 있었으며,[2] 결국에는 대법원 2007. 11. 15. 선고 2007도3061 전원합의체 판결로 이 원칙을 전면 채택하였고, 2007. 6. 1. 개정된 형사소송법 제308조의2는 명문으로 "적법한 절차에 따르지 아니하고 수집한 증거는 증거로 할 수 없다"고 규정하였다. 종래 형사소송법에 의한 구속영장

---

1) 이러한 견해가 전통적으로 형사소송법학계의 정설이었다. 김기두, 147쪽, 서일교, 149쪽, 정영석, 149쪽, 백형구, 「형사소송법강의」, 667쪽.

2) 진술거부권을 고지하지 않은 채 작성된 피의자신문조서는 위법하게 수집된 증거로서 진술의 임의성이 인정되는 경우라도 증거능력이 부인되어야 한다고 한 대법원 1992. 6. 23. 선고 92도 682 판결. 그러나 영장주의에 위반하여 압수된 증거물도 그 실질적 증거가치에 변함이 없는 한 증거능력을 인정해야 한다고 한 대법원의 입장은 꽤나 오랜 기간 유지되었다. 대법원 1968. 9. 17. 선고 68도932 판결; 대법원 1994. 2. 8. 선고 93도3318 판결.

실질심사제도의 본격적인 시행과 더불어[1] 피고인의 인신구속에 의해 획득하는 자백 등 진술증거 위주로 진행되어 온 기존의 형사절차가 압수·수색, 검증, 감정 등 물적 증거 수집에 의한 형사절차 위주로 진행될 것이 기대되는 이 시점에서 위법한 절차에 기해 수집된 물적 증거인 電子證據에 대해서도 그 證據能力을 부정하는 쪽으로 판례이론이나 실무운용, 그리고 학설의 가닥을 잡아나가는 것이 필요하다고 하겠다. 형사절차는 실체적 진실발견의 이상에 앞서 그 절차 자체의 廉潔性이 더 중요한 가치라고 하지 않을 수 없기 때문이다. 예컨대 압수·수색영장에 기재된 범죄사실과 무관한 핸드폰녹음파일을 압수하면 위법수집증거로서 증거능력이 부정되어야 한다.[2] 신용카드 매출전표의 거래명의자에 관한 정보도 금융거래정보 압수영장에 의해 취득해야 하고 그에 위반하여 취득된 거래명의자 정보는 위법수집증거라고 보아야 한다.[3]

5. 녹음테이프의 증거능력과의 관계

종래 녹음테이프의 증거능력에 관한 이론적 다툼이 있었다. 녹음테이프는 진술의 내용을 서면에 기재하여 증거로 사용하는 陳述書面과 매우 유사하기 때문에 진술서면의 증거능력을 제한한 형사소송법 제310조의2 및 그 예외규정의 적용을 통하여 녹음테이프의 증거능력에 일정한 제한을 가해야 할 필요가 있지 않은가 하는 의문이 제기되었고, 다만, 위 형사소송법 규정이 원진술을 기재한 "書類"만을 그 규율대상으로 삼고 있기 때문에 文字를 기록매체로 사용하고 있지 않은 녹음테이프의 證據能力 制限根據로 삼는데 문제가 있어 이 문제를 둘러싼 논의가 전개되었던 것이다.[4] 그러나 전자증거의 증거능력 문제는 단지 녹음테이프의 증거능력에 관한 논의로 해결할 수 없는 문제가 있다. 이하에서 녹음테이프의 증거능력과 전자기억매체의 증거능력 문제가 갖는 유사점과 차이점을 살펴봄으로써 아직 형사소송법규에 규정되어 있지 않은 전자증거의 증거능력 문제를 명백히 밝혀 보기로 한다.

---

1) 형사소송법상의 구속영장실질심사제에 관해서는 신동운, "영장실질심사제도의 실시와 영장주의의 새로운 전개", 김용덕, "현행 인신구속제도 운용의 문제점과 개선방향", 박형남, "신설된 인신구속제도의 운용방안", 그 밖에 법관(이종석), 검사(민유태), 경찰(강신덕), 변호사(이건호), 학자(박상기)의 각 입장에서 본 인신구속제도의 문제점과 그 대책 및 바람직한 운용방안 등의 논문이 수록되어 있는, 法院行政處, 「새로운 人身拘束制度 硏究」(1996) 參照.
2) 대법원 2014. 1. 16. 선고 2013도7101 판결.
3) 대법원 2013. 3. 28. 선고 2012도13607 판결.
4) 申東雲, 「刑事訴訟法」, 653쪽.

가. 유 사 점

1) 개 설

전자증거는 그 자체로는 가독성이 없고 일정한 출력조작에 의해서만 보고 읽을 수 있으므로 녹음테이프와 유사한 성질이 있다. 따라서 녹음테이프의 증거능력에 관한 이론으로 그 증거능력 문제를 해결할 수 있는 부분이 없는 것은 아니다.

녹음테이프는 피의자나 참고인의 진술을 녹음한 것(진술녹음)과 현장에서 당사자의 발언, 소음 등을 녹음한 것(현장녹음)으로 나눠볼 수 있는데,[1] 사람의 진술이 녹음되어 있고 그 진술내용의 진실성이 증명의 대상이 되는 진술녹음의 경우, 그 녹음테이프를 문서에 준하는 물건으로 보아 전문법칙을 적용하여, 피의자나 참고인의 수사기관에서의 진술을 녹음한 것은 피의자 신문조서나 참고인 진술조서에 準하여, 그 밖의 것은 진술서나 진술기재서(형사소송법 제313조 제1항)에 準하여 그 증거능력을 인정하여야 한다는 판례나[2] 학설은,[3] 컴퓨터 기억매체에 피의자나 참고인 등의 公判廷外 陳述이 수록되어 있는 경우에 대해서도 준용할 수 있다고 하겠다. 즉 피고인의 진술을 기재한 녹음테이프는 녹음당시 법원이 진술자의 태도를 직접 관찰할 수 없었다는 점에서 직접심리주의의 원칙에 반하는 것으로, 피고인 이외의 자의 진술을 수록한 녹음은 소송관계인에게 반대신문권을 보장하지 아니한 상태에서 행해진 것이라는 점에서 傳聞法則에 반하는 것으로 각각 증거능력에 제한이 가해지는 것과 마찬가지로[4] 위와 동일하게 작성된 컴퓨터 기록에 대한 증거능력도 제한할 필요가 있는 것이다. 다만 녹음테이프의 증거능력을 제한하는 근거조문에 관해 형사소송법 제313조를 근거로 하는 견해도 있고,[5] 원진술이 행해지는 단계에 따라 각각 형사소송법 제311조 내지 제313조를 준용해야 한다는 견해도 있는바,[6] 사법경찰관 작성의 진술녹음이나 컴퓨터 기억매체에 대해 더욱 타당하게 적용될 수 있으므로 후설이 보다 타당하다고 생각된다.

---

1) 山崎 學, "寫眞·錄音テープ·ビヂオテープ", 松尾浩也·井上正仁 編, 「刑事訴訟法の爭點」(新版), ジュリスト 增刊, 有斐閣(1991), 215面.
2) 대법원 1968. 6. 28. 선고 68도570 판결, 판례총람 307조 69번.
3) 郭宗哲, "寫眞·錄音테이프의 證據能力", 法院行政處, 「刑事證據法(下)」(裁判資料 第23輯, 1984), 456쪽.
4) 申東雲, 「刑事訴訟法」, 654쪽.
5) 강구진, 「형사소송법」, 482쪽, 백형구, 726쪽.
6) 申東雲, 위 冊, 같은 쪽.

2) 증거물인 컴퓨터 기록

순수한 증거물인 녹음테이프의 경우, 즉 녹음테이프의 물리적 존재 자체가 증명의 대상이 된 경우(예컨대 장물로서의 녹음테이프)는 통상의 증거물과 동일하게 증거능력을 인정하여야 하는 것과 마찬가지로,[1] 오로지 전자기억매체의 물리적 존재자체가 증명의 대상이 된 경우 이를 證據物로 보아 증거능력 인정여부를 결정해야 한다고 하겠다.[2]

3) 공판정의 컴퓨터 기록

또한 현행 형사소송법 제56조의2와 동법 규칙 제6장에 비추어 볼 때 녹취한 피고인신문사항이나 증인신문사항을 컴퓨터 속기로 기재한 공판조서나 증인신문조서의 출력물 등에 대해 형사소송법 제311조의 규정을 적용하여 증거로 사용하는데 별다른 문제는 없다고 생각된다.

그러나 뒤에서 보는 바와 같이 녹음테이프와 전자기억매체는 그 존재양식이나 사회적 기능에 비추어 동일시하기 어려운 점도 많으므로 결국 입법에 의해 그 증거능력 문제를 해결하는 것이 타당하다고 생각한다.

나. 차 이 점

녹음테이프를 이용하여 하는 현장녹음은 소리를 기계적으로 녹취하는 것이므로 그 녹취과정에 知覺－記憶－陳述이라고 하는 진술증거 고유의 요건이 흠결되어 있고, 진술녹음의 경우 진술자가 녹음하지 않는 한 진술자의 진술을 기계적으로 녹음한다는 점에서 역시 知覺－記憶－陳述이라고 하는 진술증거 고유의 요건을 결하고 있다. 반면 컴퓨터 기억매체에 타인의 진술을 수록하거나 사실관계를 증명할 수 있는 데이터를 수록하는 과정은 知覺－判斷－記憶－收錄의 절차를 밟게 되므로 그 과정에 오류가 개입할 위험이 많다는 점에서 차이가 있다. 따라서 현장녹음에 대해 적용되는 非陳述證據說, 陳述證據說, 檢證調書 類似說 等의 理論은[3] 컴퓨터 입력장치나 기억매체, 그리고 그 출력물 등에 담겨진 진술에 대해 그대로 적용하기 어렵다. 그리고 컴퓨터에 의해 작성된 서면은 사람이 작성한 프로그램에 따라 사람이 입력한 데이터를 처리하여 작성된 것이라는 점에서도 일정한 프로그램에 의한 처리 없이 기계적으로 즉시 녹음되는 녹음테이프와 동일하게 볼 수 없는 측면을 가지고 있다. 또한 전자증거와 녹음

---

1) 郭宗哲, 위 論文, 455쪽.
2) 대법원 1999. 9. 3. 선고 99도2317 판결.
3) 위 각 학설에 대해서는 申東雲, 위 册, 655쪽.

테이프는 수록된 내용이 재생되는 매체, 재생상태(문자인가 소리인가의 차이, 물론 음악카드 등이 내장된 컴퓨터에서 스피커를 통해 음향을 출력하면 녹음테이프와 유사한 재생상태가 되는 경우도 있다)[1] 등에 있어서도 차이를 보일 뿐만 아니라, 기업체의 컴퓨터 시스템에 내장된 회계장부나 행정전산망에 수록된 자료 등은 그 범위가 방대하여 그 자료와 당해 범죄와의 관련성을 고찰할 필요가 큰 점에서도 제한된 정보만을 수록하고 있는 녹음테이프와 동일하게 보기 어렵다. 앞으로 기술이 더욱 발전하면 테라바이트(조) 단위의 정보를 호두알만한 크기에 저장할 수 있는 홀로그래픽 메모리도 출현할 것이다. 사람 주먹만한 크기의 홀로그래픽 메모리면 미국 의회도서관의 모든 장서를 수록할 수 있을 것이라고 예측하는 견해가 있을 정도이다.[2]

　더욱이 컴퓨터 모니터 화면상에 출력된 자료나 컴퓨터 통신에 의해 전송되는 자료 등에 관해서는 그 물리적 성질에서부터 녹음테이프와 동일하게 보기 어렵다. 게다가 컴퓨터 통신망을 통해 각종 정보를 얻어낼 수 있는 정보고속도로는 구텐베르크의 인쇄기가 중세를 뒤흔들었듯이 우리 문화를 드라마틱하게 변혁시킬 것이다.[3] 예컨대 법원이나 수사기관의 모든 조서나 기록이 문서의 형태로 종이위에 작성되지 않고, 컴퓨터로 작성되어 전자적, 자기적 형태로 저장되는 시대도 올 것이다. 결국 녹음테이프와 전자증거는 일상 언어 관념상으로도 동일하다고 보기 어렵다. 일정한 用語의 意味는 일반적으로 이해할 수 있는 언어적 의미에 의해 파악하여야 하는 것이다.[4] 우리가 녹음기에 의해 소리를 녹음하는 경우와 정보화 시대의 寵兒인 컴퓨터를 이용하여 자료를 전송, 수신하며 정보를 수집, 분석하는 경우를 동일하게 파악할 수는 없는 것이다. 그리고 전자기록은 녹음테이프와 달리 그 재생을 위해 컴퓨터에 관한 전문기술과 지식경험

---

1) 컴퓨터를 통해 사운드를 만드는 방법은 크게 두 가지로 나눌 수 있다고 한다. 첫 번째 방법은 소리 그 자체를 있는 그대로 저장하는 방법으로서 소리의 파형을 그대로 저장해 놓았다가 나중에 그것을 재생하는 것이다. 두 번째 방법은 어떤 소리를 내라는 신호만 저장해 놓고 있다가, 신호를 실제소리로 바꿔주는 음악카드 등의 하드웨어가 그 신호를 해석해서 소리를 만들어 주는 것이다. 임채성, 김웅석, 김광, 「컴퓨터 길라잡이」, 326쪽, 327쪽.
2) Bill Gates, 「The Road Ahead」, 李揆行 監譯, 「빌 게이츠의, 미래로 가는 길」, 도서출판 삼성(1996), 60쪽.
3) 그리고 우리는 컴퓨터를 통해 우리와 접촉하기를 원하는 그 누구와도 접촉할 수 있고, 수천 개의 도서관을 밤이건 낮이건 마음대로 이용할 수 있게 되었다. Bill Gates, 「The Road Ahead」, 李揆行 監譯, 위 冊, 29쪽.
4) 독일 제2차 저작권법개정법률 草案의 "복제"개념에 대해 同一한 취지에서 비판한 문헌으로, Horst Franzheim, "Überkriminalisierung durch Urheberrechtsnovelle", Computer und Recht, 1993, S. 103.

을 가진 자에 의해 鑑定의 方法에 의해 증거조사할 필요가 크다는 점에서 보아
도 일반인이 단순히 녹음기에 테이프를 삽입하고 버튼만을 눌러 그 소리를 재
생해보는 檢證의 방법으로 증거조사를 하게 되는 녹음테이프와는 다르다고 해
야 한다. 전자증거에 관해 녹음테이프에 관한 이론으로 그 형사소송법상 문제를
해결할 수 있다고 한다면 이는 지나치게 단순한 견해라고 하지 않을 수 없다.[1]
앞서 본 바와 같이 녹음테이프의 증거능력에 대한 이론을 전자증거에 유추 적
용한다고 하더라도 이는 제한된 부분에 그쳐야 하며, 녹음테이프와는 다른 전자
증거 고유의 독자적인 이론영역이 필요하다고 할 것이다. 그리고 그 이론영역에
대한 탐구가 이 책의 내용을 이루고 있기도 하다.

제 4 절 전문법칙의 예외와 전자증거

1. 서   설

公訴事實을 입증할 수 있는 자료가 陳述證據로서 文書 아닌 펀치카드나 자
기테이프, 자기디스크(플로피디스크), USB, 컴퓨터 서버, 하드디스크, 스마트폰 칩
등의 컴퓨터 기억매체로 내장되어 존재하는 경우 文書를 전제로 하여 규정된
형사소송법상의 전문증거법칙은 어떤 영향을 받을 것인가. 물론 文書의 형태로
出力된 컴퓨터 증거의 경우에는 電子證據와 出力物의 同一性을 出力한 者의 진
술에 의하여 입증할 수 있다면 刑事訴訟法 규정에 따른 文書性을 인정하기는
용이하다. 그러나 전자증거를 그 자체로서 文書라고 볼 수는 없다고 할 때 이에
대해 證據의 文書性을 전제로 규정된 傳聞法則의 例外規定(刑事訴訟法 第311條 以
下)을 적용할 수 있느냐가 문제된다. 특히 事實關係를 立證할 수 있는 모든 資
料가 電子證據의 形態로 존재하는 경우 이러한 문제는 중요하다. 이는 바로 인
쇄기에 의한 인쇄물, 音聲應答裝置에 의한 音響, 브라운관을 통해 나타나는 文
字나 圖形, 천공카드나 자기테이프에 재기억시킨 자료 등의 컴퓨터 出力物의[2]
證據能力을 인정할 것인가의 문제로 된다. 만약 電子證據의 書面性을 인정한다

---

1) 저자가 전자증거의 형사소송법상 문제점에 관해 대화를 나누기 시작하면, 녹음테이프의 증거능
   력 문제로 해결할 수 있지 않겠는가 하는 반응을 보이는 사람들이 많아 녹음테이프와 전자증거
   의 차이점을 약간 장황하게 서술해 보았다.
2) 宋相現, "콤퓨터 技術의 活用이 法學各分野에 미치는 영향에 관한 小考", 48쪽, 주 50).

면 刑事訴訟法 第310條의2 이하에 규정되어 있는 전문법칙의 적용여부를 검토해 볼 수 있다. 그리고 電子證據의 書面性을 부정한다고 하더라도, 컴퓨터 기억매체에 저장되어 있는 자료가 사람의 진술을 내용으로 하는 것이면 傳聞法則 및 그 例外에 관한 형사소송법 규정의 적용 여부를 검토해야 한다고 하겠다. 종래 문서가 담당했던 증명기능을 전자기억매체가 보다 광범위하고 능률적인 방식으로 담당해 나가고 있기 때문이다. 먼저 전자기억매체와 그에 저장되어 있는 데이터가 전문법칙의 적용을 받을 수 있는 증거인지 여부부터 가리고 나가기로 한다.

2. 전문증거가 아닌 경우

사람이 컴퓨터 프로그램을 작성하고 정보를 입력하며 필요에 의해 그것을 출력한다는 의미에서 컴퓨터에 의해 작성된 기록은 사람의 진술과정을 거쳐 출력된 것이라고 할 수 있다는 의미에서 이를 전문증거로 분류하는데 일단 어려움이 없다는 견해가 있다.[1] 그러나 전자증거의 생성방식이나 존재양식은 위에서 본 바와 같이 여러 가지 형태로 존재한다. 그 입력자료, 기억매체, 출력물에 따라서 서면성을 긍정할 수 있는지도 문제된다. 그리고 우리 형사소송법상으로는 전문증거는 진술증거여야 하고, 그 진술증거는 일단 書面에 기재될 것을 요한다. 그러므로 사람의 진술과정을 거쳐 컴퓨터 기억매체에 기억된 자료를 일정한 컴퓨터 조작에 의해 출력한 서면에 대해 전문법칙을 적용하는 데는 어려움이 없다. 그러나 컴퓨터 모니터상의 영상, 음향, 전자기억매체에 저장되어 있는 전자파일 내의 문자, 동영상, 음향, 영상 등에 대해서는 그것이 진술증거인 때에 한하여 전문법칙의 적용여부를 결정할 수 있다. 이때 서면성이 인정되지 않는다고 하더라도 전문법칙의 적용목적이 반대신문권의 보장이라는 점에 있으므로 진술증거인 한 전문법칙이론을 준용할 수 있다고 보기 때문이다. 그러나 사람의 진술이 아닌 단순한 기계적 조작에 의해 입력된 자료에 대해서나, 컴퓨터 기억매체 자체의 성상, 물리적 형태 등을 요증사실로 할 때 이것은 단순한 증거물에 불과할 뿐 전문증거라고 할 수는 없다. 구체적으로 전자증거가 전문증거에 해당하는지 여부를 판별하기 위한 기준을 고찰해보면 다음과 같다.

---

1) 安富 潔, 前揭書, 124面.

가. 진술증거가 아닌 증거

컴퓨터에 기록된 내용이 자동적으로 처리된 반복적인 다량의 정보라면 이
는 사람의 지각, 기억, 판단, 진술이라는 진술증거 고유의 요건이 흠결되어 있으
므로 이를 전문증거라고 하기는 어렵다. 예컨대 컴퓨터가 합금의 화학적 구조를
분석하기 위한 계산기로 이용된 때 작성된 정보는 전문증거라고 하기 어렵다.[1]
음주측정결과를 컴퓨터 분석하여 처리한 결과를 출력한 서면에 관해서도 마찬
가지라고 해야 한다.[2] 이처럼 기계인 컴퓨터가 사실을 관찰하고 기록한 것은
사실을 증명하기 위해서 필요하다고 할지라도 이를 "사람에 의해 행해진 진술"
이라고 할 수는 없으므로 전문증거가 아니다. 우리 형사소송법상으로도 샘플을
수치비교하거나 통계 처리한 전자증거나, 당해 컴퓨터의 작동방법과 프로그래
밍, 또는 컴퓨터의 제조, 설치, 작동 등에 어떠한 흠결도 없음을 증명하는 전자
증거는 사람의 진술을 내용으로 하는 증거가 아니므로 전문증거가 아니라고 해
석해야 한다. 그리고 컴퓨터로 작성된 서면이 문제되는 사실을 증명하기 위해
제출된 것이 아니고 당해 서면이 컴퓨터로 작성되었다는 사실 그 자체를 증명
하기 위해 제출된 것인 경우에도 전문증거라고 할 수 없다.

나. 진술증거

비록 진술증거이긴 하지만 다음과 같은 경우는 사람의 진술내용이 컴퓨터
기억매체에 기록되어 있을 때 전문법칙을 그대로 적용하기 어려운 때에 해당한
다고 하겠다.[3] 이는 일본문헌에 근거한 설명이나 다음에서 인용하는 바와 같이
국내문헌에도 언급되고 있는 내용이다. 그러나 그 내용을 전자증거에 적용하여
설명한 내용은 저자의 견해에 해당한다.

첫째는 言語의 非陳述的 用法의 경우이다. 즉, 전자증거에 수록된 진술이라
고 할지라도 그 진술이 사실인정의 자료로 쓰이는 것이 아니고 그러한 진술이
전자기억매체에 수록되어 있다는 사실 자체가 증명의 대상으로 되는 경우가 있
다. 이때는 당해 진술내용이 정확한지 여부가 문제되는 것이 아니므로 진술을
한 자에 대한 반대신문은 필요하지 않고 따라서 그 진술에 대해서는 일반적으
로 전문법칙이 적용되지 않는다. 이를 言語의 非陳述的 用法이라고 한다.[4] 따

---

1) 영국의 R.v. Wood[1983] 76 Cr.App.R. 23 판결, 安富 潔, 前揭書, 117面 引用.
2) Castle v. Cross[1984] 1 W.L.R. 1372, 安富 潔, 前揭書, 117面.
3) 이하의 논의는 大澤 裕, "傳聞證據の意義", 松尾浩也・井上正仁 編, 「刑事訴訟法の爭點」(新版),
   ジュリスト 增刊, 有斐閣, 206面 以下에 의한 것이다. 물론 이는 전자증거에 고유한 문제가 아
   니고 증거 일반에 관한 논의이다.
4) 大澤 裕, 前揭論文, 207面 參照.

라서 그에 수록된 내용에 합치하는 사실의 존재를 증명하기 위한 증거로서는 전문증거에 해당하는 전자기억매체라고 할지라도, 그 기억매체의 존재, 형상, 기재사항 등을 입증대상으로 하는 경우에는 비진술증거로서 증거능력을 인정해야 할 것이므로 전문증거의 문제는 아니라고 해야 한다. 예컨대 甲이 컴퓨터 기억매체에 "犯人은 乙이다"고 하는 진술을 수록하였을 때, 犯人이 乙인지 여부를 요증사실로 하는 것이 아니라 甲의 乙에 대한 名譽毁損 事實을 입증하기 위해 그 기억매체를 사용할 때는 甲에 대한 證人訊問은 상정할 수 없고, 그 기억매체의 존재 자체로 증거능력을 인정받는 것이다.[1]

둘째는 心理狀態의 陳述이다. 즉, 진술자의 진술내용을 통하여 진술자가 진술당시 어떤 심리상태를 갖고 있었다는 사실을 입증하려고 하는 때에도 이를 전문증거로 볼 필요는 없다.[2] 예컨대 甲이 전자기억매체에 "乙이 '丙은 무서운 사람이다'고 말하였다"고 기재하였을 때, 그 전자기억매체를 乙이 丙에 대해 공포심을 갖고 있었는지 여부를 밝히는 증거로 사용할 때도, 乙을 신문하여 진실로 그러한 말을 했었는지 여부를 밝힐 필요는 없고, 당해 전자증거 내용만으로도 乙이 갖고 있었던 공포감을 밝힐 수 있다고 하겠다. 어느 시점에서 사람이 갖고 있는 심리상태를 타인이 눈으로 볼 수 없는 이상 그러한 심리상태를 추단해 볼 수 있는 자료에 의해 이를 인정해도 무방하다고 할 수 있기 때문이다. 물론 이 경우도 乙이 한 당해 진술의 정확성의 입증필요까지 부인할 수는 없다. 즉 원진술자인 乙을 신문하여 과연 그러한 진술을 했는지 여부를 밝힐 필요는 없지만, 당해 전자기억매체에 기록된 과정의 정확성은 입증되어야 할 것이다. 다만, 그 기록과정의 정확성은 간단한 소명방법에 의해서도 증명할 수 있다고 하겠다. 또는 당해 전자기억매체의 작성자인 甲을 신문하여 증명할 수도 있다.

이밖에 共謀共同正犯의 共謀成立過程에서 共謀 關與者가 범행에 가담하겠다는 의사를 표시한 것 자체가 요증 사실이 되어 범행가담의사 표시행위가 있었음을 내용으로 하는 전자기억매체가 그 기억매체 작성자의 심리상태(犯意)를 입증하는 증거로 사용되는 경우 위 전자기억매체는 전문증거가 아니라고 해야 한다. 그러나 그 작성자 이외의 다른 범행관여자들의 진술을 기록한 것이라면 당해 전자기억매체는 전문증거라고 함이 타당하다.[3]

셋째는 突然히 행해진 自然的 陳述이다. 즉, 예컨대 甲이 交通事故現場에서

---

1) 申洋均, 「刑事訴訟法」, 480쪽 參照.
2) 大澤 裕, 前揭論文, 208面 參照.
3) 大澤 裕, 前揭論文, 209面 參照.

즉사한 피해자 乙이 뺑소니 운전자의 이름을 절규하는 것을 들었다는 내용을
전자증거에 기재한 경우와 같이 원진술자인 乙의 진술내용이 意識的 表現이 아
니면 그 眞摯性이 문제되지 않는다. 따라서 이때는 記憶하고 敍述한다는 진술
의 기본적 과정이 흠결되어 있어 단지 원진술자의 知覺問題만이 남아 있다. 전
문법칙에서 문제되는 信用性의 情況的 保障이 敍述의 眞摯性에 관련되어 있다
는 점을 고려하면 이 경우는 전문법칙이 적용될 영역이 아니다. 따라서 당해 전
자기억매체의 작성자인 甲을 신문하여 乙의 知覺이 이루어진 狀況을 밝히고, 위
기억매체가 정확하게 작성되었다는 것을 진술하게 하여 그 정확성을 밝히면 족
하고 乙의 진술에 관해 전문법칙을 적용할 필요는 없다고 하겠다.[1] 물론 이에
대해서는 진술증거로 보아 전문법칙이 적용되며, 다만, 그 진술의 신용성을 인
정하여 전문법칙의 예외로서 증거능력을 인정할 수 있다고 볼 여지도 있으나,
이와 같은 돌연히 행해진 자연적 진술을 지각－판단－진술과정으로 행해지는
진술증거로 보기 어려우므로 전문법칙이 적용될 문제는 아니라고 하겠다.

3. 전자증거와 전문법칙 적용에 관한 미국법상 논의

미국 연방증거규칙상으로도 전문증거라 할지라도 사건 당시 감지한 인상에
의해 사건을 묘사하거나 설명하는 진술, 당해 사건으로 인해 흥분하거나 놀라서
내지른 말, 현재 마음의 상태나 기분, 감정, 감각, 육체적 상황 등에 관한 진술,
의료상의 진단이나 치료를 위한 진술, 증인이 과거의 기억을 보충하여 완전한
기억을 되살리기 위해 준비한 비망록이나 기록, 통상적으로 수행되는 업무과정
에서 작성된 기록, 통상적으로 수행되는 업무과정에서 작성된 기록이 규칙적으
로 작성, 보존되고 그 신뢰성을 의심할 만한 사정이 존재하지 않을 때 어떤 사
실이 존재하지 않거나 일치하지 않는다는 사실을 증명하기 위한 증거 등과 같
은 전문증거는 그 증거능력이 인정된다.[2] 傳聞法則의 例外로서 傳聞證據의 證
據能力을 인정하기 위해서는 일반적인 경우와 마찬가지로 證據로 使用할 必要
性과 信用性의 情況的 保障이 인정되어야 한다.[3]

---

1) 이 점에서 강제추행의 피해자인 여섯 살짜리 女兒가 피해 직후 2, 3일간에 걸쳐 행한 言動을 증
언한 母親의 진술에 관해, 원진술자인 여아의 언동이 이른바 재구성을 거친 관념의 전달이 아니
라 "피해에 대한 아동의 원시적, 신체적인 반응이 지속된 것 자체"라는 이유로 그 모친의 진술
을 전문증거에 해당하지 않는다고 한 일본 하급심판례(山口地萩支判 昭和 41. 10. 19. 下刑集 8
卷 10號, 1368面)를 이해할 수 있겠다. 大澤 裕, 前揭論文, 209面.
2) Christopher B. Mueller, Laird C.Kirkpatrick, 「Federal Rules of Evidence」, p. 21f.
3) 李哲, "컴퓨터 犯罪의 法的規制에 대한 研究", 236쪽 參考.

이때 컴퓨터에 의해 出力된 자료에 관한 특수한 문제로, 첫째, 出力資料의 증거채택 必要性에 관하여는, 사실심 법원으로서는 出力資料의 가치를 인정하기에 充分한 前提가 충족되어 있는지에 대해 세심한 주의를 기울여야 하고 反對 當事者에게 어떤 情報가 컴퓨터에 入力되었는지를 조사할 수 있는 기회를 제공해야 하며, 둘째, 업무기록에 관해서는 개별 소송절차에서 어떠한 정보가 컴퓨터에 의해 입수되었는가 하는 점에 관련하여, 재판에 顯出된 컴퓨터 기록이 "일상적인 업무수행중"(in the regular course of business) 작성된 것인지 여부를 판단해야 한다. 즉 통상적인 업무수행과정에서 작성된 기록은 그 관리자나 자격 있는 증인의 증언과 함께 제출된 경우에 증거능력을 인정한다는 업무기록의 예외가 컴퓨터 기록에도 적용되는 것이다. 다만, 그 기록을 준비하는데 情報源이나, 準備方法, 環境 等을 고려해 볼 때 신뢰할 수 없는 사정이 있으면 이 업무기록의 예외 원칙에 의해서도 증거능력을 인정할 수 없다.[1] 따라서 만약 당해 컴퓨터 기록의 出力物이 그 신빙성을 의심할 만한 컴퓨터 조작에 의해 出力된 경우라면 그 증거능력을 부정하여야 할 것이다.

다만, 미국 법원들은 일반적으로 통상의 記錄과 同一하게 컴퓨터 出力物을 증거로 사용하는 것을 상대적으로 자유롭게 인정하고 있다고 한다.[2] 그리고 그 出力物이 소송을 위해 특별히 출력된 것이라고 할지라도 통상적으로 작성된 컴퓨터 業務記錄으로부터 出力된 것이라면 證據能力을 인정할 수 있다는 것이 연방법원의 일반적인 태도이다.[3] 이는 미연방증거규칙 제803조(6)이 규정하는 바에 의한다고 할 수 있다. 즉 위 조문은, 메모, 보고서, 기록 또는 데이터 편집물은 행위, 사건, 조건, 의견, 진단 등의 어떤 형태를 취하건 그 내용을 알고 있는 사람에 의해 전달된 정보에 의하거나 그 정보로부터 만들어졌거나 또는 그에

---

1) Barry J. Hurewitz, Allen M. Lo, "Computer-related crimes", p. 520, fn 181).
2) 「McCormic's Handbook of the Law of Evidence」, p. 723 f. 예컨대, 컴퓨터 출력물을 상업장부(shop books)로서 증거능력을 인정한 판결로, King v. State ex. rel. Murdock Acceptance Corp., 222 So. 2d 393, 397(Miss. 1969), Cynthia K. Nicholson, Robert Cunningham, "Computer Crime", p. 401, fn 65). 물론 앞서 본 바와 같이 도주차량의 차량번호를 목격한 목격자가 종이쪽지에 그 차량번호를 기재하여 경찰관에게 건네주자 그 경찰관이 이를 근거로 컴퓨터에 의해 차량번호를 추적하여 그 소유자를 발견해 내었고, 재판과정에서 위 목격자는 차량번호를 기억해 내지 못하였는데, 경찰관은 차량번호를 적은 위 종이쪽지를 잃어버린 사안에서, 위와 같은 컴퓨터 추적결과 출력한 서류는 목격자의 종이쪽지로부터 경찰관이 알게 된 사실을 준비한 증거이므로 순수한 전문증거에 해당한다고 하여 증거능력이 없다고 판시한 판결이 보이기는 하다. 4 Computer L. Rep. 384(Nov. 1985), 이 문헌에서 본문에서 설명한 People v. Ramirez, 491 N. Y. S. 2d 776, 777, 112 A. D. 2d 326(1985) 판결에 관해 논평하고 있다.
3) Barry J. Hurewitz, Allen M. Lo, Ibid, p. 520.

인접한 시점에서 만들어졌고, 통상적으로 수행되는 업무행위 과정에서 작성, 보존되었으며, 그와 같은 메모, 보고서, 기록 또는 데이터 편집물 등의 작성이 업무수행의 일반적인 과정에 해당하고, 그 보관자의 증언이나 자격 있는 증인에 의해 법정에 현출되었으며, 당해 情報源이나 그 증거준비의 수단, 여건 등에 비추어 신용성이 흠결되어 있지 않는 기록을 業務記錄(Records of Regularly Conducted Activity) 이라고 정의하고 있다.[1] 이러한 규정에 기초하여 업무기록에 근거하여 소송을 목적으로 컴퓨터로부터 특별히 출력한 기록에 대해서도 증거능력을 인정하는 것이다.[2]

業務記錄의 例外規定에 의해 컴퓨터 출력물의 證據能力을 인정받지 못한다면, 檢事는 美聯邦證據規則 Rule 807(종전에는 제803조 (24))에 의해 이를 證據로 사용할 수 있는데, 이는 어떤 證據가 本質的(material)이고, 證明하려고 하는 점에 대해 다른 證據보다 더 우월한 證明力을 갖고 있는(more probative) 경우 당해 證據의 證據能力을 인정하는 규정이다.[3]

이밖에 컴퓨터 데이터가 정부의 컴퓨터에 입력, 저장된 것이고 공무원이 그것을 조회하여 기록을 작성한 것이라면 그 프린트 결과는 公的 記錄(public record)으로 전문증거의 예외에 해당하여 증거능력이 부여된다. 즉 미연방증거규칙 제1005조는 데이터의 집적을 포함하는 公的 記錄이나 권한에 기해 작성된 기록 또는 보존된 문서의 내용은 그 형식을 묻지 않고 당해 문서가 증거로서 허용되는 경우에는 제902조(4)에 의해 복사과정의 정확성이 증명되거나 그 복사를 원본과 비교하여 증인이 그 정확성을 증언할 때는 사본에 의해 그것을 증명할 수 있다고 규정하고 있다. 여기에는 물론 전자기록도 포함된다. 그러나 수사기관에서 수사상 작성한 전자 데이터는 이에 해당되지 않는다. 즉 경찰관이나 검사가 수사과정에서 나타난 정보를 컴퓨터에 입력하였다고 하더라도 이것이 바로 公的 記錄으로서 증거능력을 취득하는 것은 아니며, 전문증거의 일반원칙에 따라 체험자가 법정에서 직접 증언을 하여야 한다.[4] 미국법상 인정되는 전자증거와 업무기록에 관해서는 항목을 바꾸어 다시 詳述하기로 한다.

---

1) Cynthia K. Nicholson, Robert Cunningham, "Computer Crime", p. 401, fn 61).
2) United States v. Sanders, 749 F.2d 195, 198(5th Cir. 1984), Cynthia K. Nicholson, Robert Cunningham, Ibid, p. 401, fn 68).
3) Christopher D. Chen, "Computer Crime and the Computer Fraud and Abuse Act of 1986", p. 83.
4) 李騰遠, "콤퓨터로 生成된 證據의 證據能力", 316쪽.

4. 진술증거인 컴퓨터 기록의 증거능력 인정을 위한 공통요건

앞서 본 바와 같은 전자증거의 증거능력에 관한 일반적 요건은 진술증거에 해당하는 전자증거에 대해 전문법칙의 예외에 관한 규정을 적용하기 위해서도 그대로 타당하다고 하겠다. 따라서 전자증거의 성립의 진정은, 당해 전자기록매체를 보유하고 있는 자와 작성자가 동일한 경우 作成者를 신문하여 비교적 용이하게 그 성립의 진정을 판단할 수 있을 것이다. 즉 그 작성자의 공판정 진술에 의해 자신의 진술내용대로 당해 전자기록이 작성되었고, 컴퓨터 시스템이 정상적으로 작동되고 있었으며, 아무런 誤謬 없이 컴퓨터에 진술을 入力하였고, 入力된 데이터가 變更되지 않았다는 점 등과 데이터 처리 프로세스의 동일성, 정확성이 입증되고, 사무처리가 기계적으로 이루어져 인위적 조작이 개입할 여지가 없다고 인정되는 전자기록매체와 그러한 전자기록매체를 출력한 서면으로서 이를 출력한 자가 정확하게 위 전자기록매체를 프린트 아웃했다고 하는 점을 증명하며, 당해 진술의 임의성이 인정된다는 등의 여러 조건을 충족하면 당해 전자증거의 진정성립이 인정되고 아울러 그에 관한 特信情況도 구비된 것으로 볼 수 있겠다.

그리고 문제된 컴퓨터 시스템이 정상적으로 작동되었는지 여부에 관하여는, 一應 그 컴퓨터 시스템의 정상작동을 推定하고 그 정확성을 부정하는 측에서 문제되는 전자증거에 대한 증명력을 부정하기 위해 그 부정확성을 擧證하여야 한다고 해석해야 할 것이다. 미국에서는 컴퓨터의 정확성이 일반적으로 인정되는 추세에 있기 때문에 전자증거 제출자가 컴퓨터의 정확성을 입증하여야 하는 것이 아니라 그 정확성을 부인하는 당사자가 이를 입증하여야 한다는 의견이 지배적이라고 한다.[1]

우리의 경우에도 컴퓨터 시스템의 정확성에 대한 일반적인 신뢰가 형성되어 있으며, 형사재판 진행 중에 피고인이나 변호인 측에서도 검사가 유죄인정의 자료로 제출한 전자증거에 대하여 그 증명력을 부정하거나 증명도를 떨어뜨릴 필요가 있는 점에 비추어 위와 같이 해석하는 것이 타당하다고 본다. 다만 피고

---

1) 李騰遠, 위 論文, 313쪽, 다만, 컴퓨터 시스템도 그 시스템 관리의 결함, 분산된 데이터베이스, 다운사이징에 의한 분산처리, 다양한 네트워크간의 접속, 公衆利用者의 接近 등 여러 가지 이유로 절대적으로 신뢰하기에는 취약한 면을 갖고 있다는 점을 지적한 논문으로 名 和 少太郎, "情報システムの脆弱性", 「法とコンピュータ」 No. 11, 참조. 그 견해는 위 論文 15面의 도표로 요약되어 있다.

인이나 변호인의 위 거증책임은 공판진행의 진전에 따른 증거제출 책임이라고
해야 하고 그러한 증거를 제출하지 않았다고 하여 문제되는 컴퓨터 시스템의
정확성이 법률상 추정되는 것은 아니다.

5. 전문증거와 업무기록

가. 개   설

주지하는 바와 같이 공판정 외에서 행해진 陳述(原陳述)이 書面이 그것을 知
得한 證人(傳聞證人)의 證言에 의해 공판정에 현출되는 경우 형사소송법 제310조
의2는 이를 傳聞證據로 하여 證據能力을 排除함으로써 그 陳述을 사실인정의
기초로 삼는 것을 금지하고 있다. 이는 被告人의 반대신문권을 보장하여 그 증
언의 信用性을 담보하려는데 목적이 있다 함은 일본에서 뿐만 아니라[1] 우리의
경우에도 일반적으로 인정되고 있는 근거라고 할 수 있다.

그러나 형사소송법은 業務上 또는 慣例上 作成된 文書에 대하여 대체로 그
正確性을 신빙할 수 있다는 전제에서 이들 傳聞證據의 證據能力을 인정하는 예
외규정을 두고 있는 바, 그 기저에는 동법 제315조 제3호에 규정된 信用性의 情
況的 保障이라는 사고가 깔려 있다. 즉, 特히 信用할 만한 情況에 의하여 作成
된 文書는 反對訊問權 保障의 예외를 인정하여 證據能力을 허용할 수 있다는
취지이다. 業務上 作成된 文書인 業務記錄(business records)에 대해 傳聞法則의 例
外를 인정하는 근거는 ① 당해 文書가 통상 그 規則性과 繼續性 때문에 正確한
簿記方法에 따라 作成되는 것이 일반적인 商慣例로 되어 있고, 반복적, 관습적
으로 작성되어 허위의 내용으로 기재될 우려가 적을 뿐만 아니라 社會의 機能
이 그러한 文書의 信賴에 기초를 두고 있기 때문에 다른 記錄에 비하여 比較的
高度의 正確性을 가지고 있으며,[2] ② 오늘날의 巨大하고 복잡한 大企業組織에
있어서 업무기록 작성에 관여하는 모든 職員들을 일일이 公判廷에 소환하여 진
술을 듣기 어렵다는 점 등을 들 수 있다.[3]

전문법칙은 영미법에서 유래한 제도이므로, 그 예외에 해당하는 업무기록의
증거능력을 위와 같은 논거 하에 인정하기 시작한 초기의 미국 연방법원들의
판례를 이 槪說 부분에서 살피고 넘어가기로 하자. 미국 연방법원의 초기 판결

---

1) 大澤 裕, 前揭論文, 206面.
2) 朱光逸, 「傳聞法則研究」(1979), 155쪽.
3) 朱光逸, 위 冊, 156쪽.

들은 都市事業體 環境의 복잡성을 인정하는 데서부터 출발하였다. 기업의 업무
기록 작성에 관여하는 모든 직원들의 진술을 듣는 것은 거의 불가능하다. 1927
년에 나온 미연방 제2항소법원의 판결은 그 점에 관한 사업계의 점증하는 필요
성을 예민하게 다루고 있었다. 즉 Massachusetts Bonding and Insurance Co. v.
Norwich Pharmaceutical Co. 사건에서 횡령한 돈의 총액을 조사하기 위해
30,000건 이상에 달하는 판매주문을 도표화한 서류가 증거로 제출되어 그 증거
능력이 인정되었던 것이다.[1] 당시 그 증거제출인은 common-law에서 요구되
고 있는 위 도표화에 관여한 全 職員들의 증언대신에 단 1명의 직원의 진술만
으로 그 진정성립을 입증하려 하였다. 이에 대해 법원은 당해 기록이 일상적인
업무수행과정에서 작성되었으므로 정확하고 신뢰할 만하다고 인정하였다. 비록
다른 직원들의 증언을 얻는 것이 가능하다고 하더라도 증거제출자에게 많은 비
용 및 부담을 지우며 그 다른 직원들의 증언이 제출된 기록들의 신용성을 현저
하게 높여 주지는 않을 것이기 때문이다. 비록 다른 직원들을 법정에 부른다고
하여도 그들의 기억은 이미 희미해져 있어 그들이 관여했던 세부적인 사항을
기억할 것을 기대할 수는 없을 것이다. 미국의 몇몇 다른 연방법원들도 만일 그
기록작성자의 일부나 그의 상급자가 당해 기록이 업무의 통상적인 수행과정에
서 만들어졌다는 점을 증언하면 기록작성자 전부의 증언이 없어도 당해 기록작
성자 全員(chain of entrants)을 법정에 소환할 필요 없이 그 기록을 증거로 許容하
였던 것이다.[2]

나. 전자증거와 업무기록

1) 문 제 점

오늘날 많은 企業들이 그 業務記錄을 컴퓨터로 作成하여 보관하게 되면서
이러한 業務記錄의 特性은 특히 電子證據에서 뚜렷이 드러나고 있다. 電子證據
가 사람의 진술을 내용으로 하는 것으로서 업무상 또는 관례상 작성되고, 컴퓨
터 시스템이 그 사용자 내부의 일정한 지침에 의해 운용되어 입력 및 출력과정
에 대한 일반적인 통제절차가 마련되어 있는 등 信用할 만한 情況의 保障이 있
다고 인정되면 이를 證據로 使用할 수 있겠는가 하는 문제가 바로 電子證據에
관한 傳聞法則의 적용문제인 것이다.

---

1) 18 F.2d 934(2nd Cir. 1927), August Bequai, 「Computer Crime」(1982), p. 165.
2) Note, "Revised Business Entry Statute: Theory and Practice", 48 Column. L. Rev. 920, 921(1948),
   August Bequai, Ibid, p. 179, fn 4).

물론 컴퓨터에서 출력한 데이터를 기록한 서면은 그 자체를 원본으로 보고 통상의 서면과 동일한 이론에 의해 증거능력을 인정할 수 있을 것이나, 보거나 읽을 수 없는 형태로 컴퓨터 자체에 내장되어 있는 전자증거를 출력한 전자적 저장매체에 관해서는, 그것이 전문법칙의 예외규정에 해당하고, 컴퓨터에 축적, 저장된 내용과 출력물이 동일하여야 그 증거능력을 인정할 수 있다는 야쓰토미 교수의 이론은[1] 우리의 경우에도 타당하다 하겠다. 즉 컴퓨터 출력물에 관해 증거능력을 인정하기 위한 요건으로는 당해 출력물과 해당 컴퓨터 등 전자기억 매체 원본에 저장되어 있는 요증사실에 관한 데이터와의 사이에 동일성이 인정 되어야 한다고 하겠다. 이는 당해 전자기억매체에 저장된 전자문서가 전통적인 의미의 서면이 아니므로 원본성을 논할 여지가 없다고 하더라도 인정되어야 하 는 요건이라고 하겠다. 또한 진술증거인 당해 전자 기억매체에 내장되어 있는 전자데이터에 대해 그것을 비록 문서라고 보기 어렵다 하더라도 반대신문권을 보장하여 그 신용성을 음미할 필요가 있다.

2) 미국의 이론
가) 업무기록의 허용성

미연방증거규칙 제803조에 열거되어 있는 전문증거의 예외 중 통상적으로 수행되는 업무과정에서 작성된 비망록, 보고서, 기록, 데이터 집적물은 증거능력 이 인정된다. 여기서 "業務"(business)라 함은 영리목적이 있는지 여부를 불문하고, 기구, 공공단체, 직업, 전문가 집단 등에서 수행되는 업무를 포괄하는 개념이다.[2] 미연방정부가 1936년 模範法案을 채택하게 되자 연방법원들은 낡은 common law 의 규칙을 따르지 않고 '업무기록의 예외규정'에 의해 업무의 통상적 수행과정 에서 작성된 기록의 증거능력을 일반적으로 인정하게 되었다.[3] 그러나 電磁的 으로 처리된 데이터의 증거능력을 다룬 연방법원의 판결은 1958년에야 처음으 로 나왔다. 그 사건은 미연방 제5 抗訴法院의 Sunset Motor Lines v. Lu-Tex Packing Co. 판결이었다.[4] 피고인은 신선한 소고기 船積物을 전부 상하게 한 혐의로 연방지방법원에 기소된 트럭운전사였다. 검사의 항소이유 중 하나는 미 국 農務部 명의의 기계적 회계방식에 관한 펀치카드의 증거능력에 대한 것이었 다. 1심에서는 위 펀치카드의 증거능력이 부정되었다. 문제가 된 펀치카드는

---

1) 安富 潔, 前揭書, 84面.
2) Christopher B. Mueller, Laird C. Kirkpatrick, 「Federal Rules of Evidence」, p. 22.
3) 5 Wigmore, 「Evidence」, sec. 1520, p. 365(3d ed, 1940), August Bequai, Ibid, p. 165.
4) 256 F.2d 495(1958), 28 U.S.C.A., secs. 1731-1745, August Bequai, Ibid, p. 165.

IBM사의 펀치카드였는데, 위 펀치카드에는 이 사건의 소고기가 오염되고 변질되어 사람이 소비하기에는 부적합하다는 컴퓨터 입력 자료가 기재되어 있었다. 이에 대해 위 항소법원은 1심 판결을 지지하면서 위 펀치카드는 전문증거에 해당한다고 판시하였다. 그 이유는 위 펀치카드가 미연방증거법상의 업무기록의 예외에도 해당하지 않고, 위 법률에 따른 認證要件을 갖추지도 않았기(nor was it certified) 때문이라는 것이었다. 그러나 위 판결 이후에는 전문법칙의 예외에 해당하는 미연방증거규칙상의 업무기록의 예외규정에 의해 전자기록의 증거능력을 인정하는 다수의 판결이 나오게 되었다.[1]

미연방업무기록법은 컴퓨터에 의해 작성된 서면이 연방업무기록에 포함되는지 여부에 관해서는 명시적으로 규정하고 있지 않지만, 연방증거규칙 제803조 (6)의 "데이터의 집적"에 이러한 컴퓨터 기록이 포함된다고 보아야 할 것이다.[2] 그리고 관계 공무원이 정보를 컴퓨터 테이프에 키펀칭하여 입력하고, 검찰관이 그 정보를 통상적인 업무기록으로서 컴퓨터에 의해 이를 출력하였다면 당해 컴퓨터 증거의 증거능력을 인정할 수 있다. 더욱이 위 관계 공무원이 입력과정을 증언하고 출력의 정확성에 관한 오차가 2% 이하이며 내부적인 프로그램의 오류에 관하여 매달 테스트를 실시했다고 증언하였으며, 피고인의 변호인에게 출력과정의 정확성에 관하여 신문할 기회가 주어졌었다면 그 증거능력을 부여하는데 특별한 문제는 없다.[3]

그리고 컴퓨터 관리자가 증거로 제출된 컴퓨터 기록 작성 당시 당해 컴퓨터가 정상적으로 작동되고 있다는 것을 증언하지 않았다고 하더라도, 그 컴퓨터가 통상적인 작동과정에서 증거로 될 기록을 작성하였다는 점을 증언하였다면 이를 증거로 허용하는데 문제가 없다.[4] 그리고 그러한 증언을 할 수 있는 자는 컴퓨터 기록의 제공자일 필요가 없으며, 그가 컴퓨터 기록에 기억되어 있는 정보의 내용이 정확하다는 것을 증언할 필요도 없다. 만약 당해 컴퓨터 기록이 통상적인 업무처리과정에서 작성되었다는 점에 관하여 당사자 사이에 다툼이 없다면 그 컴퓨터 증거를 업무기록으로 보아 그에 증거능력을 부여할 수 있는 것이다.[5]

---

1) 이에 관해서는 August Bequai, Ibid, p. 166ff 參照.
2) United States v. Scholle, 553 F.2d 1109(8th Cir.) cert. denied, 434 U.S. 940(1977), 安富 潔, 前揭書, 84面 參照.
3) 이는 미국의 한 하급심 판결을 인용한 것이다. United States v. Weatherspoon, 581 F.2d 595(7th Cir. 1978), 安富 潔, 前揭書, 85面.
4) United States v. Vela, 673 F.2d 86(5th Cir. 1982), 安富 潔, 前揭書, 86面 引用.
5) United States v. Young Bro. Inc., 728 F.2d 682(5th Cir.), cert. denied, 105 S. Ct. 246(1984), 安

나) 업무기록의 신용성

전자기록이 통상의 업무처리과정에서 작성된 기록이라고 할지라도 법원이 그 신용성, 즉 신용할 만한 정보원으로부터 정확하고 완전하게 작성되었다는 점을 믿지 못하면 증거로부터 배제된다. 그리고 입력되어야 할 사항이 입력되어 있지 않은 경우 미연방증거규칙 제803조(7)에 의해 그 사항의 부존재를 증명하기 위해 당해 컴퓨터 기록을 증거로 사용할 수 있다.[1]

다) 공무소의 전자기록

미연방 증거규칙에 의하면 컴퓨터에 의해 작성된 공문서는 그 자체로(per se rule) 진정성립을 인정할 수 있는 증거가 된다.[2] 즉 공무수행 의무에 기하여 적정한 공무수행과정에서 작성된 공문서에 관해서는, 그 작성공무원이 당해 공문서에 기재된 개개사항을 기억해내기 어렵다는 점을 고려하여 원진술자의 진술을 들을 수 있는지 여부를 묻지 않고 증거능력을 인정하고 있는 것이다. 미연방 증거규칙 제803조(8)의 규정이 이 원칙을 인정하고 있다.[3] 여기서 공문서라 함은 공무소 또는 공적 기관의 활동에 기해 작성된 문서로서, 형사사건에서 경찰관 및 그 밖의 법집행 기관이 조사한 내용을 제외하고 법령상 보고의무가 있는 사항에 관하여 관찰한 사항, 민사소송 및 형사사건의 피고인 측이 반증을 위해 제출한 공문서로서 법령상 권한에 기해 행해진 조사에 의해 밝혀진 사실인정 자료를 말한다. 공무소에서 작성한 문서의 사본도 당연히 증거로서 허용된다(미연방증거규칙 제901조(7)). 통상적인 업무기록과 달리 공무소에서 작성된 기록은 컴퓨터시스템의 신뢰성에 대해 적극적으로 증명할 필요가 없다. 그러나 그 컴퓨터 기록자체에 신뢰성이 없다고 인정되면 증거능력은 부정된다.[4]

특정사항이 기재되어 있는 사실을 발견하기 위해 성실하게 당해 공문서를

富 潔, 前揭書, 86面 引用.

1) 安富 潔, 前揭書, 86面에 의함.

2) K.R. Redden.S.A.Saltzburg. 「Federal Rules of Evidence Manual」, Rule 901, at 1011(4th ed. 1986) p. 1032, 安富 潔, 前揭書, 74面, 註 23)에서 引用.

3) United States v. Puente, 826 F.2d 1415(5th Cir. 1987), 이 판결은 전문법칙의 예외인 公的 記錄의 예외이론에 의해 州間에 교환된 記錄(border crossing records)의 許容性을 인정한 판결이다. Cynthia K. Nicholson, Robert Cunningham, "Computer Crime", p. 401, fn 62).

4) 연방범죄수사국의 중앙범죄정보센터가 컴퓨터로 작성한 피고인의 범죄경력조회서를 소추측에서 제출한 것에 관해 테네시주 최고법원은 State v. Buck, 670 S.W.2d 600(Tenn. 1984) 판결로 그 증거능력을 부정하면서, 그 이유로 ① 정확성이 보장되어 있지 않고, ② 컴퓨터 전문용어로 쓰여 있으며, ③ 범죄경력은 법원에서 작성된 기록에 의해 증명할 수 있으므로 위 컴퓨터기록이 最良證據는 아니라는 것을 들고 있다. 安富 潔, 前揭書, 94面에서 引用함.

조사했지만 그 사항을 발견할 수 없었다면 그 불발생 또는 부존재 사실을 입증할 수 있다(미연방증거규칙 제803조(10)). United States v. Farris 판결은 소득세신고서를 제출하지 않은 조세포탈범에 관한 사건인데,[1] 여기서 소추측은 국세청 중앙 컴퓨터 센터로부터 출력한 조세납입기록을, 피고인이 세금을 납부했다는 기록을 성실하게 조사해 보았지만 발견할 수 없었다는 사실을 증명하기 위해 증거로 제출하였다. 법원은 이를 증거로 인정하였다. 위 출력물에는 중앙 컴퓨터 센터 소장의 진정성립에 관한 認證이 있었을 뿐만 아니라 연방정부가 인증한 문서의 사본은 원본과 동일한 것으로 간주한다는 당시 미국 연방 법전 제28장 제1733조 B항에 의해 최량증거의 법칙에 위반되지 않은 증거로 취급되었던 것이다.[2]

3) 우리 형사소송법 제315조

우리 형사소송법 제315조는 전문법칙의 예외로 당연히 증거능력이 있는 증거들을 열거하고 있다. 위 조문에 의하면 공무원이 직무상 작성한 증명문서로서 컴퓨터로 작성한 서면, 업무의 통상과정에서 컴퓨터로 작성한 서면이나 그에 준하는 컴퓨터 기록들이 전문법칙의 예외에 해당하여 증거능력이 인정된다고 하겠다. 위와 같은 컴퓨터 기록들은, 정보가 컴퓨터에 정확하게 입력되었다는 것을 보장할 수 있다거나, 입력단계에서 직접 그 정보나 데이터를 보유하고 있었던 자가 입력당시의 기억을 잊어버리기 쉽다거나, 당해 컴퓨터 기록 작성에 관여한 자들을 전부 공판정에 소환하여 반대신문하기에는 많은 시간을 요할 뿐만 아니라 그 반대신문의 효과도 충분치 않다거나, 컴퓨터 시스템 보안체제에 의해 그 정확성과 신뢰성을 담보할 수 있다거나 하는 등의 여러 가지 이유에 의해 그 컴퓨터 기록의 증거능력을 인정해도 좋다고 할 것이다.

그리고 상법상의 상업장부(상법 제29조 이하), 영업에 관한 중요서류(상법 제33조),[3] 주주명부(상법 제352조), 재무제표(상법 제447조) 등 업무처리를 위하여 통상적으로 작성된 전자기록에 대해서 이를 출력하여 증거로 제출할 경우에는 작성자가 사용한 컴퓨터에서 출력되지 않았다는 사실이 반대신문권자에 의해 입증되지 않는 한 증거능력이 있다고 보아야 할 것이다.[4] 그리고 컴퓨터에 수록된 정보의 양이 방대하면 법원은 그 요약분을 제출하게 하고 그것이 적절한 컴퓨터 처리

---

1) United States v. Farris, 517 F.2d 226(7th Cir.), cert. denied, 423 U.S. 892(1975).
2) 安富 潔, 前揭書, 95面에서 引用함.
3) 1996. 10. 1.부터 시행된 상법 제33조 제3항은, "제1항의 장부와 서류는 마이크로 필름 기타의 전산정보처리조직에 의하여 이를 보존할 수 있다"고 규정하고 있다(1995. 12. 29. 신설).
4) 同旨, 최영호, 「컴퓨터와 범죄현상」, 418쪽.

에 의해 작성된 전자기록이라는 점을 소명하게 하여 그 증거능력을 인정할 수 있다고 본다.

6. 현행 형사소송법의 구체적 적용

가. 개 설

앞서 본 바와 같이 전자기록매체 자체는 서면성을 갖고 있지 못하므로 타인의 진술을 기록한 매체가 문서임을 전제로 하는 현행 형사소송법상의 전문법칙에 관한 규정을 그대로 적용하기는 어렵다고 할 것이나, 전자기록매체가 문서를 대체하면서 광범위하게 확산되어 이용되는 현실을 고려하고, 반대신문권의 보장이라는 전문법칙의 이상을 전자증거에 대하여 배제할 뚜렷한 이유가 없다고 볼 때, 피고인 또는 증인의 공판정 외의 진술을 내용으로 하는 것으로서 文書라고 볼 수 없는 전자기록 자체에 대해서는 傳聞法則에 관한 이론을 準用하여, 그리고 그러한 진술을 내용으로 하는 전자증거가 文書의 形態로 出力되고, 당해 文書를 出力한 者의 陳述에 의하여 그 文書와 전자기록과의 同一性이 인정되는 경우 등에 대해서는 전문법칙이론을 그대로 適用하여, 각각 傳聞法則의 例外에 해당하는 경우 당해 전자증거의 證據能力을 인정할 수 있다고 생각한다. 또한 전문법칙에 의하여 증거능력이 없는 진술증거라도 당사자가 이를 증거로 하는데 동의한 때에는 원진술자나 서류작성자를 공판기일에 소환하여 신문할 필요 없이 바로 증거로 사용할 수 있다(같은 법 제318조 제1항). 그렇게 하더라도 적정절차의 원리를 실현하는데 장애가 되지 않으며, 迅速한 裁判의 원칙이나 訴訟經濟에 기여한다는 점을 고려한 것이다. 이점에 관해서는 證據同意制度를 설명하면서 상세히 보기로 하고, 또한 업무기록이나 공무소의 기록에 대해서는 앞서 보았으므로, 그 이외에 전문법칙의 예외를 인정하고 있는 우리 형사소송법 조문을 위주로 검토해 보기로 한다.

나. 개별 규정 검토

경찰에서의 피의자의 진술을 기재한 컴퓨터 디스크나, 그 진술을 내재한 컴퓨터 통신내용 또는 그것들을 출력한 서면 등은 피고인이 그 내용의 진실을 인정하여야 증거능력이 있다고 하겠다(형사소송법 제312조 제3항 참조). 그리고 검사가 작성한 수사서류로서 전자기록 자체로 내장되어 있는 컴퓨터 증거들은 성질상 서명, 날인에 친하지 않으며 이를 증거로 허용하는 규정도 없으므로, 그 피의자였던 피고인의 공판정 진술에 의해 자신의 진술내용대로 당해 컴퓨터 기록이 작성되었음이 인정되고 그 진술에 대한 任意性을 의심할 만한 사유가 없다고 하더라도 그 증거능력을 인정할 수 없다(형사소송법 제312조 참조). 그리고 컴퓨터 출력물 자체에 피고인의 서명, 날인이 있고, 피고인이 공판정에서 서명, 날인 사실을 시인하면 그 진술의 任意性을 의심할 만한 사유가 없는 한 당해 컴퓨터 출력물의 증거능력을 인정할 수 있다고 하겠다. 이때 전자기록매체를 보유하고 있는 자와 작성자가 동일한 경우 作成者를 신문하여 비교적 용이하게 그 성립의 진정을 판단할 수 있을 것이다. 검사 또는 사법경찰관이 검증의 결과를 기재한 전자증거도 위와 동일하게 해석해야 할 것이다.

이상의 수사서류가 컴퓨터로 작성되었다고 하더라도 그것을 출력한 서면이 형사소송법상의 피의자 신문조서나 참고인 진술조서의 원본이 된다. 그러므로 그 출력서면과 컴퓨터에 저장되어 있는 데이터 사이에 동일성이 요구되지도 않는다.

그리고 수사기관 이외에서 피고인이나 피고인 아닌 자가 자신의 진술을 기록한 컴퓨터 기록은, 형사소송법 제313조 제1항에 준하여 당해 진술을 한 자의 서명, 날인이 없더라도 그의 공판정 진술에 의해 자신의 진술내용대로 당해 컴퓨터 기록이 작성되었음이 인정되면 그 眞正成立을 긍정하여 증거능력을 인정하되, 그 중 피고인이 자신의 진술을 기록한 컴퓨터 증거는 당해 컴퓨터 시스템이 정상적으로 작동되고 있었으며, 아무런 誤謬 없이 컴퓨터에 당해 진술을 入力하였고, 入力된 데이터가 變更되지 않았다는 점 등과 그 진술의 임의성이 인정되면 같은 법 제313조 제1항 단서의 特信情況이 구비된 것으로 보아 피고인의 공판준비 또는 공판기일의 진술에 불구하고 이를 증거로 사용할 수 있겠다. 감정의 경과와 결과를 기재한 컴퓨터 기록도 위와 동일하게 해석해야 할 것이다(위 법 제313조 제2항).

이밖에 프린트 아웃된 문서에 서명한 사람이 있으면 법정에서 그를 신문하여 당해 문서의 진정성립을 인정할 수 있을 것이다.[1] 또한 당해 문서를 형사소송법 제315조 제3호의 특히 신용할 만한 정황에 의하여 작성된 문서로 보기 위해서는 데이터 처리 프로세스의 동일성, 정확성이 입증되어야만 한다. 즉 사무처리가 기계적으로 되어 인위적 조작이 개입할 여지가 없다고 인정되는 기록으로서 프린트 아웃한 자가 정확하게 프린트 아웃했다고 하는 점을 증명하는 경

---

1) 安鍾澤, "刑法上 컴퓨터 犯罪의 規制에 관한 立法論的 考察 ―컴퓨터 犯罪와 刑法改正―", 「檢察」第1輯, 大檢察廳(1985), 73쪽.

우 그와 같은 特信情況을 인정할 수 있는 것이다.

다. 임의성 없이 작성된 전자증거의 증거능력

진술증거인 전자증거에 대해서는 그 진술의 임의성이 인정되어야 한다고 할 것인데(형사소송법 제317조), 이 조문의 해석에 관해서 진술의 임의성에 대한 법원의 조사 의무를 규정한 것이라는 견해와 진술의 임의성이 인정되지 않으면 그 진술증거의 증거능력이 부정된다는 견해가 있는바,[1] 우리 형사소송법이 일본 형사소송법 제325조와 같이 "재판소는 진술이 임의로 된 것인가 여부를 조사한 후가 아니면 이를 증거로 할 수 없다"고 규정하고 있지 않으므로, 법원의 임의성 조사 의무를 규정하였다고 해석하는 것은 타당하지 않다. 증거능력에 관한 형사소송법상의 엄격한 제한 규정들이 모두 진술의 임의성을 확보하여 강제수사에 의한 인권침해의 여지를 없애려는데 있는 점을 고려하면 우리 형사소송법의 위 규정은 진술의 임의성이 없을 때 증거능력을 부정하기 위한 조문이라고 해석해야 한다.

라. 컴퓨터 전문가가 참여한 검증조서와 전문법칙

컴퓨터 전문가가 수사기관이 행한 검증절차에 참여하여 행한 지시, 설명은 검증대상인 컴퓨터 시스템의 상태나 상황에 국한되어야 하고 검증을 행한 수사기관의 판단대상이 되는 진술이나 또는 독립된 판단형성의 자료가 된 경우에는 이를 진술증거로 보아 증거능력을 결정해야 한다. 이에 관해서는 실황조사서의 증거능력에 관한 일반적인 설명이 적용될 것이라는 견해가 있는바,[2] 검증조서에 컴퓨터 전문가인 참고인의 진술이 기재되어 있으면 전문법칙을 적용하지 않을 수 없다고 보아야 한다.

마. 컴퓨터 시뮬레이션에 의해 作成된 증거

소송을 의식하여 컴퓨터 분석이나 컴퓨터 시뮬레이션(Computer Simulation)에 의해 요증사실을 입증하는 추론의 결과를 컴퓨터로 작성한 경우 그 추론결과를 증거법상으로 어떻게 취급할 것인가도 문제된다. 컴퓨터 시뮬레이션이란 실제 문제의 상황을 나타내는 여러 변수들 사이의 관계를 설정하고, 한 요소가 변함에 따라 시스템 전체가 어떻게 움직이는가를 분석하는 모의실험으로서 실제로

---

1) 전설이 전통적인 다수설이다. 권오병, 형소, 200쪽. 김기두, 형소, 159쪽, 서일교, 형소, 187쪽. 이선중, 주석, 426쪽. 후설은 백형구, 630쪽, 신동운 647쪽. 그리고 진술의 임의성은 증거능력의 요건이자 법원의 조사 의무를 규정하였다고 보는 견해로는 이재상 575쪽, 정영석·이형국, 361쪽.
2) 安富 潔, 前揭書, 174面, 註 61).

수행해 볼 수 없거나, 수행하는데 비용이 너무 많이 드는 문제를 컴퓨터로 모의 수행해 보는 것이다.[1] 고도의 컴퓨터 그래픽기술과 시뮬레이션 기능을 이용하여 실제로는 존재하지 않는 상황을 마치 실제로 존재하는 것과 같이 사람이 느낄 수 있도록 하는 컴퓨터의 응용분야를 가상현실(Virtual Reality: VR)이라고 한다.[2]

미국법상으로 보면, 이러한 컴퓨터 시뮬레이션에 의해 작성된 증거는 기본데이터에 이미 전문증거를 포함하고 있는 경우가 많으며, 완성된 시뮬레이션 또한 그러하다. 따라서 이에 의해 작성된 증거는 美國法體系上 傳聞證據로 分類되고 있는바, 이런 종류의 증거들은 科學的 證據 또는 示範的 證據로서 美國法廷에 제출될 수 있다고 한다.[3]

우리 형사소송법상으로 보면, 당해 컴퓨터 시스템의 構成, 動作 等을 動的으로 파악하는 동시에 具體的 犯行을 再現할 수 있도록 하기 위해서 컴퓨터 시뮬레이션을 행하는 것은 그 시행 주체에 따라 法院이나 搜査機關이 행하면 檢證에, 鑑定人을 이용하면 鑑定에 각 해당한다고 할 것이다. 그리고 컴퓨터에 의해 작성된 추론결과를 감정의견의 형성에 사용한 경우에는 우리형사소송법 제313조 제2항에 의해 그 증거능력을 인정할 수 있다.

鑑定人이 아닌 자가 컴퓨터 시뮬레이션에 의해 작성한 문서나 圖式 등에 관한 일본의 이론을 보면, 이를 鑑定에 類似한 방법으로 작성된 것으로 보아 일본 형사소송법 제321조 제4항(우리 형사소송법 제313조 제2항에 유사함: 저자)을 準用하든지 信賴性이 높은 業務上의 證明結果를 作成한 文書로 보아 동법 제323조 제3호(우리 형사소송법 제315조 제3호에 해당함: 저자)를 적용할 수 있다고 할 수 있지만, 컴퓨터 분석이나 시뮬레이션에 대한 過信을 억제하기 위해서 미리 프로그램 등을 상대방에게 開示하게 해야 한다는 견해도 있고,[4] 이에 대해 동법 제321조 제4항을 적용할 여지는 있겠지만, 컴퓨터 시뮬레이션으로 작성된 기록에 대해서는 프로그램의 開示뿐만 아니라 시뮬레이션을 행한 자를 신문할 필요가 있다는 이유로 동법 제323조 제3호를 적용할 수는 없다는 견해도 있다.[5] 私見으로는, 컴퓨터 시뮬레이션에 의해 작성된 文書나 圖式 가운데 鑑定人에 의해 작성된 것에 대해 우리 형사소송법 제313조 제2항을 적용하여 증거능력을 부여하는데 별다른 문제는 없다고 보여진다.[6] 그리고 감정인이 아닌 자가 컴퓨터 시뮬레이

---

1) 크라운출판사, 「컴퓨터용어대사전」, 690쪽.
2) 임채성, 김응석, 김광, 위 册, 368쪽.
3) 李騰遠, 위 論文 參照.
4) 屋美東洋, "コンピュータと刑事手續上の問題點", 80面 以下.
5) 前揭 小田中 聰樹 執筆部分, 206面.
6) 일본 형사소송법 제321조 제4항에 대해 같은 견해를 취한 것으로 小田中 聰樹 前揭 執筆部分.

션 방법으로 작성한 문서나 도화, 동화상 등은, 컴퓨터 시스템의 신뢰성에 대한 일반적인 합의가 있게 되고, 당해 컴퓨터 시뮬레이션 시행자의 전문적 기술을 인정할 수 있으며, 거기에 덧붙여 그의 직업적 윤리에 대한 믿음이 간다고 인정되면 우리 형사소송법 제315조 제3호를 적용하여 그 요건에 해당하는 경우 증거능력을 認定해도 무방하다고 생각한다.

바. 결   어

위와 같이 기존의 전문법칙에 관한 형사소송법 규정을 전자증거에 그대로 적용하거나 이를 유추적용하여 그 전문법칙에 관한 적용 여부를 결정할 수 있을 것이다. 그러나 이는 어디까지나 유추해석에 불과하므로 보다 근본적인 해결책은 컴퓨터 기록을 포섭할 수 있는 개념으로 형사소송법 및 그 관련 법령을 개정하는 것이 필요하다고 하겠다. 그 방법으로는 형법과 같이 형사소송법 제310조의2 내지 제315조에 규정되어 있는 書類, 調書 등의 용어 다음에 증거조사의 목적이 되는 진술을 데이터의 형태로 저장하고 있는 "電磁記錄等 特殊媒體記錄"이라는 용어나, "전산정보처리조직에 의하여 작성된 자료, 도식, 동화상", 또는 개정 형사소송법 제106조 제3항과 같은 "컴퓨터용디스크 그 밖에 이와 비슷한 정보저장매체" 등의 용어를 추가하는 것에 의해 해결할 수 있겠다.

제 5 절 전자증거에 대한 증거조사

1. 서   설

전자증거가 요증사실과의 자연적 관련성이 있다고 여겨져 재판장이 증거로 채택한 경우 그에 대한 증거조사방법으로는 다음과 같은 것을 생각해 볼 수 있다. 즉, 첫째, 컴퓨터 기억매체 자체를 증거조사의 대상으로 하여 이를 檢證의 方法에 의하여 증거조사하는 方式, 둘째, 기억매체 자체를 증거조사의 대상으로 하지만 기억매체가 書面인 性質을 가지고 있는 것으로 보아 證據書類와 같은 방법으로 증거조사하는 방식, 셋째, 기억매체에 보존된 데이터의 내용을 證據資料로 하기 위한 프로세스를 중시하여 프린트 아웃된 문서를 증거조사의 대상으로 하는 방식,[1] 넷째, 당해 전자기억매체를 운용하기 위한 프로그램의 조작방법

---

1) 民事訴訟節次에 關하여 이러한 견해를 취하고 있는 論文으로, 室町正實, "證據としてのコン

이나 출력을 전문가에게 의뢰하여 鑑定의 형식으로 증거조사하는 방식 등이 그 것이다.

이들은 컴퓨터 서버나 디스크 등 데이터를 보존하고 있는 전자기억매체를, 사람의 관념, 사상 등이 종이위에 쓰여진 書面과 똑같은 것으로 볼 수 있는지 여부, 증거조사의 대상을 컴퓨터 기억매체 자체로 볼 것인지 아니면 서명날인 또는 기명날인된 하드카피등을 증거조사의 대상으로 볼 것인지 여부 등에 따라 구별되는 방식이다.

즉, 전자기록의 손괴죄(형법 제366조), 컴퓨터등 정보처리장치 또는 전자기록 등 특수매체기록을 손괴하여 사람의 업무를 방해하는 업무방해죄(위 법 제314조 제2항) 등과 같은 범죄의 소추에 있어 컴퓨터에 대한 가해행위의 입증을 위해 손 괴된 컴퓨터 기기나 절취된 자기테이프, 자기디스크 등의 전자기록매체 및 펀치 카드, 바코드 등과 같은 증거물을 공판정에 제출하여 당해 범죄를 증명할 때 위 와 같은 증거물은 여타의 범죄에 대한 일반적인 증거물에 대해 증거조사하는 방식과 크게 다르지 않다.

또한 전자기록의 위작, 변작죄(위 법 제227조의2, 제232조의2), 전자기록등 특수 매체기록에 대한 공정증서원본등의 불실기재죄(위 법 제228조), 동행사죄(위 법 제 229조), 컴퓨터등 정보처리장치에 허위의 정보나 부정한 명령을 입력하여 정보처 리를 하게 함으로써 재산상의 이득을 취득하거나 제3자로 하여금 취득하게 하 는 행위인 컴퓨터등사용사기죄(위 법 제347조의2) 등 컴퓨터를 악용하는 범죄행위 나 컴퓨터 정보를 훔치는 범죄에 있어서는 소프트웨어의 이용 상황이나 침해의 정도, 그 내용 등을 아는 외에 전자기록 그 자체의 내용, 입출력 매체의 내용 등 을 공판정에 제출할 필요가 있다. 이들은 전자기록매체에 기억, 보존되어 있는 상태 하에서는 그 내용을 사람의 지각으로 인식할 수 없으므로 컴퓨터를 이용 하여 가시성, 가독성 있는 상태로 출력해야만 이를 증거로 사용할 수 있다는 특 징을 갖고 있기 때문이다. 그런데 이러한 전자기억매체를 증거서류로서 증거조 사하거나 그 출력물을 증거서류로서 증거조사하기 위해 전통적인 書面 또는 書 類를 전제로 하고 있는 현행 형사소송법 규정을 그대로 적용할 수 있는지가 문 제되어 위와 같은 여러 가지 증거조사 방식을 상정해 볼 수 있는 것이다. 이하에 서는 우리 법제와 유사한 日本 刑事訴訟法 규정을 중심으로 살펴보기로 한다.[1]

ピュータ·データ", 45面. 이 문헌은 民事訴訟에 관한 것이지만 刑事訴訟에서도 응용할 수 있다 고 하겠다.

1) 앞서 전자증거의 일반적 증거능력에 관하여 비교법적으로 고찰하면서 본 바와 같이 미국법상으

2. 일본 학설상의 논의

日本 刑事訴訟法 제310조는 증거조사를 종료한 證據書類나 證據物은 法院의 許可를 얻어 原本 대신 그 謄本을 제출할 수 있다고 규정하고 있어 증거조사는 원칙적으로 原本(原物)에 대하여 행할 것을 요구하고 있다.[1] 그리고 전자기록의 증거조사 방식에 관한 日本 刑事訴訟法의 관련규정은 제305조 제1항, 제2항, 제306조 제1항, 제2항, 제307조가 있는데,[2] 그 해석에 관한 학설로서는 다음과 같은 견해들이 주장되고 있다.[3] 이들 학설의 논의실익은 컴퓨터 관련 증거를 증거조사할 때 증거물에 관한 증거조사의 방식에 의할 것인지, 아니면 증거서류에 관한 증거조사의 방식에 의할 것인지, 그리고 당사자의 참여권이 보장되는 감정절차에 의할 것인지, 그렇지 않은 번역의 방법에 의할 것인지 등에 관해 나타난다고 하겠다.

로는 당사자가 소지하고 있는 證據중 가장 證據力이 강하고 우수한 증거를 제출하여야 한다는 最良證據의 法則에 의해 文書原本의 提出을 요구하고 있다.

1) 민사소송법상 컴퓨터 증거에 대해 문서제출명령을 발할 수 있는가에 관하여 日本 大阪高等裁判所는, 被告電力會社가 作成, 保有하고 있는 이산화유황, 風向, 風速 等을 入力한 컴퓨터 자기테이프에 관하여 原告側 住民들이 文書提出命令을 申請한 事案에서, ① 자기테이프는 통상의 문자로 쓰여진 文書라고는 할 수 없지만, 그 내용을 可視的인 狀態로 프린트 아웃할 수 있어 文書에 準하는 것이라고 할 수 있으므로, ② 情報를 入力한 者가 磁氣테이프의 文書提出命令을 받은 경우, 그 磁氣테이프를 제출해야 할 뿐만 아니라, 적어도 그 內容을 프린트 아웃하기 위한 프로그램을 작성하여 제출할 부수적 의무까지 부담한다고 決定하였다(昭和 53년 3월 6일, 高民集 31卷 1號 38面). 室町正實, 前揭論文, 47面.

2) 日本 刑事訴訟法 第305條(證據書類의 證據調査方式): 제1항 — 검찰관, 피고인 또는 변호인의 청구에 의해 證據書類를 調査하는 경우, 재판장은 그 調査를 청구한 자에게 이를 朗讀하게 하여야 한다. 다만, 재판장은 스스로 이를 朗讀하거나, 배석재판관 또는 재판소 서기로 하여금 낭독하게 할 수 있다.

제2항 — 재판소가 직권으로 證據書類를 調査하는 경우, 재판장은 스스로 이를 낭독하거나, 배석재판관 또는 재판소 서기로 하여금 낭독하게 하여야 한다.

第306條(證據物의 證據調査方式): 제1항 — 검찰관, 피고인 또는 변호인의 청구에 의해 證據物을 調査하는 경우, 재판장은 그 청구를 한 자로 하여금 이를 제시하도록 하여야 한다. 다만, 재판장은 스스로 이를 제시하거나 배석재판관 또는 재판소 서기로 하여금 이를 제시하도록 할 수 있다.

제2항 — 재판소가 직권으로 證據物을 調査하는 경우, 재판장은 스스로 이를 소송관계인에게 제시하거나, 배석재판관 또는 재판소 서기로 하여금 제시하게 하지 않으면 안 된다.

第307條(證據物인 書面의 取扱): 證據物 가운데 書面의 意義가 證據로 되는 것을 調査하는 경우, 前條의 規定에 의하는 외에 第三百五條의 規定에 의한다.

3) 이에 대해 일본의 재판실무상으로는 위조된 전화카드와 같은 전자기록매체를 證據物로 취급하여 이를 검증한 검증조서등을 증거로 사용하고 있다고 한다. 법원행정처 전산담당관실, "재판실무에서의 컴퓨터 사용", 3-7 인용.

第1說의 論證은 다음과 같다. 즉, 자기테이프나 디스크 등의 電磁記錄을 出力한 文書를 증거조사하는 경우는 그 문서를 일본 형사소송법 제305조의 證據書類로 보아 '朗讀'이나 그 '要旨를 告知'하는 방법으로 증거조사를 할 수 있다. 그리고 당해 電子記錄 자체를 증거조사하는 경우는 要證事實과 관련하여 그 전자기록이 證據物이 되는가, 아니면 證據書類로 되는가를 구별하여야 한다. 곧, 당해 媒體의 形狀, 存在 等을 증거조사의 대상으로 할 때는 證據物로서 일본 형사소송법 제305조에 의해 증거조사를 하는데 별다른 의문이 없다. 그러나, 그에 수록된 정보나 내용 등을 要證事實로 하는 경우는, 전자기록이 사람의 사상, 의사, 관념의 표시를 내용으로 하는 컴퓨터 특유의 언어에 의해 표시되어 그 자체로는 가시성, 가독성이 없어 전통적인 "文書" 개념으로 파악하기 어려운 점이 있다. 그래도 그것이 프린트 아웃되면 가시성, 가독성을 갖춘 문서로 재현되어 그 재현된 문서와 전자기록이 일체불가분의 관련성을 가지며, 전자기록 자체도 사람의 의식내용을 기재하고 있다는 점에서 문서 또는 그에 준하는 기능을 한다. 따라서 이 경우에도 일본 형사소송법 제305조 제2항에 의해 그에 대한 朗讀이 필요한 때는 컴퓨터에 의해 당해 전자기록을 출력한 문서를 이용하여 朗讀하게 하되, 日本語 아닌 文字 또는 符號는 飜譯하게 하여야 한다는 동법 제177조를[1] 준용하여 전자기록을 출력하여 이를 서면화할 수 있다. 그리고 그와 같은 증거조사 방식에 의해 출력한 文書의 眞正 및 同一性을 증명할 수 있는 것이다.[2]

이 第1說은 법원에 대해 당해 컴퓨터 기억매체의 출력의무를 인정할 것인지 여부에 관해 다시 견해가 나뉜다. 그중 하나의 견해는, 당사자주의적 형사소송구조 하에서는 당사자가 증거조사에 적극적으로 관여해야 하고 따라서 소송상 중요한 증거가 되는 전자기록도 당사자가 이를 출력하여 제출해야 하므로 법원이 이를 출력할 의무를 갖고 있다고 하기 어려우며 따라서 법원으로서는 전자기록을 출력할지 여부를 재량으로 결정할 수 있다고 하는 견해이다.[3] 또 하나의 견해는 특히 중요한 증거에 대해서는 법원이 그 컴퓨터 기억매체에 내장되어 있는 자료를 의무적으로 출력해야 한다고 한다.[4]

---

1) 이 조문은 우리 형사소송법 제182조에 해당한다.
2) 日本의 多數說이라고 하겠다. 安富 潔, 前揭論文, 31, 32面. 安富 潔, "刑事手續とコンピュータ", 法曹時報 40卷 11號, 67面. 中山·神山編, 改訂版, 160面, 新保執筆部分, 原田國男, "磁氣テープの證據能力", 平野龍一·松尾浩也編, 「實例法學全集－續刑事訴訟法」(靑林書院), 318面 以下 參照. 小田中 聰樹 前揭 執筆部分, 202面, 註).
3) 安富 潔(やす とみ きょし), 前揭書, 223面, 前揭 新保, 161面.
4) 原田國男, 前揭論文, 322面.

다음으로 第2說의 論證은 이러하다. 즉, 당사자주의적 입장에서 본다면 일본 형사소송법 제305조의 證據書類는 當該 소송절차에서 법원 또는 판사가 작성한 서면에 한정된다고 할 것이므로 프린트 아웃된 文書는 일본 형사소송법 제307조의 '證據物 가운데 書面의 意義가 證據로 되는 것'으로 보아 朗讀뿐만 아니라 提示하는 것도 필요하다. 다음으로, 전자기록 자체에 관해 보면, 그것은 可視性, 可讀性을 갖고 인식 가능한 문자 또는 부호에 의해 작성된 것이 아니어서 컴퓨터 기기 및 프로그램에 관한 전문적 조작을 거쳐야만 인식 가능하게 되므로 飜譯이나 그에 類似한 方法으로 증거조사하는 것은 의문이며, 오히려 鑑定 내지 鑑定에 유사한 방법으로 증거조사를 해야 한다. 그렇게 새김으로써 프린트 아웃된 문서를 원본으로 보는 견해와 논리적 일관성을 이룰 수 있고,[1] 그에 감정절차에 관한 일본 형사소송법 제165조 이하를[2] 적용하여 당사자의 참여권을 보장할 수 있다는 것이다.[3] 이러한 견해에 의하면 감정인은 전자기록의 출력을 위해서 법원의 허가를 얻어 필요한 프로그램에 관해 열람등사를 할 수 있다(일본 형사소송규칙 제134조).

이 第2說에 대해서는 證據書類와 證據物인 書面의 구별에 관하여 법원 또는 법관이 작성한 서면을 증거서류라고 하고 그 밖의 것을 증거물인 서면으로 구별하는 견해에 입각한 견해이지만, 證據書類와 證據物인 書面은 당해 書面의 成立의 측면에서 보아서는 안 되고 書面의 記載內容만이 증거로 되는 경우인가 아니면 그 외에 書面의 存在나 狀態가 증거로 되는 경우인가에 따라 대체성이 있어 그 내용만이 증거로 되는 경우 이를 증거서류로 보아야 하고, 대체성이 없이 당해 증거의 存在나 狀態에 그 가치를 두는 경우에 이를 證據物인 書面으로 구별해야 한다고 전제하고, 전자기록의 증거조사는 書面의 內容을 證據로 하는 것이므로 전자기록의 증거조사는 증거서류에 대한 증거조사방식인 일본 형사소송법 제305조에 의해 이를 朗讀하면 족하다는 비판이 있다. 이는 제1설의 입장으로부터 행해지는 비판이다.[4]

---

1) 일본말로 "整合性"(せいごうせい)라고 표현하고 있는 것을 '논리적 일관성'으로 번역해 보았다.
2) 일본 형사소송법 제165조(鑑定): 裁判所는 학식경험 있는 자에게 감정을 명할 수 있다.
   같은 법 제174조(鑑定證人): 특별한 지식에 의해 知得한 과거의 사실에 관하여 심문할 때는 이 章의 규정에 의하지 않고 前章(증인신문에 관한 장임: 저자)의 규정을 적용한다.
3) 日本辯護士連合會 刑法改正對策委員會, 「コンピュータ犯罪と現代刑法」(1990. 5.), 小田中 聰樹 執筆部分, "公判手續上の問題", 201面.
4) 安富 潔, 前揭書, 221面, 224面. 日本 最高裁判所, 昭和 27. 5. 6. 刑集 6卷 5號 736面 參照.

3. 우리 형사소송법의 해석

현행 刑事訴訟法 제292조는 증거서류의 증거조사 방식에 관하여, 검사, 피고인 또는 변호인이 신청한 경우에는 신청인이 낭독하고(제1항), 법원이 직권으로 조사하는 경우에는 소지인이나 재판장이 낭독하며(제2항), 재판장이 필요하다고 여기면 내용을 고지하는 방법으로나(제3항), 제시하여 열람하게 하는 방법으로(제5항) 하도록 규정하고 있다. 그리고 같은 법 제292조의2는 증거물의 조사 방식에 관하여 증거신청인이나, 소지인, 재판장 등이 이를 제시하게 하고 있다. 나아가 제292조의3은 컴퓨터용디스크나 그 밖에 정보를 담기 위하여 만들어진 물건으로서 문서가 아닌 증거의 조사에 관하여 필요한 사항은 대법원 규칙으로 정하게 하고 있다. 이에 따라 형사소송규칙 제134조의7은 컴퓨터 디스크 등에 기억된 문자정보나 도면, 사진 등을 증거자료로 하는 경우에는 읽을 수 있도록 출력하여 인증한 등본을 낼 수 있다(제1항), 이때 증거조사를 신청한 당사자는 법원이 명하거나 상대방이 요구한 때 컴퓨터 디스크 등에 정보를 입력한 사람과 입력한 일시, 출력한 사람과 출력한 사람을 밝혀야 한다(제2항)라고 규정한다. 형사소송규칙 제134조의8은 컴퓨터 디스크 등에 저장된 정보가 음성이나 영상 자료이면 해당 전자기억매체를 증거조사 해달라고 신청하는 당사자가 음성이나 영상이 녹음·녹화된 사람, 녹음·녹화 등을 한 사람 및 녹음·녹화 등을 한 일시·장소를 밝혀야 한다(제1항), 법원이 명하거나 상대방이 요구하면 증거신청인은 해당 전자기억매체의 녹취서, 그 밖에 그 내용을 설명하는 서면을 제출하여야 한다(제2항), 해당 전자기억매체에 대한 증거조사는 그 녹음·녹화매체 등을 재생하여 청취 또는 시청하는 방법으로 한다(제3항)고 규정하고 있다. 만약 위와 같은 전자기억매체의 출력문서가 아닌 해당 전자기억매체 자체를 증거로 조사하기 위해서는 증거서류에 관한 증거조사방식을 규정한 법 제292조나 증거물에 대한 증거조사방식을 규정한 제292조의2에 따라 증거조사를 한다(형사소송규칙 제134조의9). 그 증거조사의 본질적 성질은 법관의 오관에 의해 내용을 파악하는 검증이라고 하겠다.

위와 같은 규정에서 말하는 證據物인 書面의 提示는 그 성립의 진정을 확인하기 위한 것이므로,[1] 證據物인 書類나 證據書類에 대해서는 原本을 대상으로 證據調査를 해야 한다고 새길 수 있다. 그러므로 컴퓨터 出力物을 위와 같은

---

1) 李 哲, 위 論文, 263面.

규정에 의하여 證據調査하는 경우에는 우선 당해 컴퓨터 證據의 書面性이 인정되어야 하며, 다음으로 그 原本性이 인정되어야 할 것이다. 그리고 녹음테이프의 증거조사방식에 관해 학설상으로는 제시나 요지의 고지라는 방법으로 증거조사를 행하는 것은 불합리하므로 그 테이프를 녹음재생기에 넣어 공판정에서 그 내용을 再現하거나 또는 檢證에 의해 그 결과를 기재하는 방법으로 증거조사해야 할 것이라고 하고 있다는 점을 참고하여야 할 것이다.

또한 證據書類와 證據物인 書面의 구별기준에 관해서는 당해 형사절차에서 법령에 기하여 작성된 서류를 증거서류라 하고, 그 밖의 서류를 증거물인 서면이라고 보는 節次基準說, 당해 형사절차에서 법원 또는 법관의 면전에서 법령에 의하여 작성된 서류는 증거서류이고 그 밖의 서류는 모두 증거물인 서면이라고 하는 作成者基準說(多數說), 서류의 의의, 내용이 증거로 되는 것은 증거서류이고, 그 밖에 서류의 존재 또는 상태까지도 증거로 되는 것은 증거물인 서류라고 하는 內容基準說 등이 있는바, 입증취지와의 관계 및 증거조사의 방식을 고려하여 설명하는 內容基準說이 가장 합리적이라고 생각한다. 이 견해가 법원의 확립된 실무례이다.[1)]

이처럼 전자기록의 증거조사방법에 관하여 그 증거조사의 목적이 당해 컴퓨터 기억매체에 내재되어 있는 자료를 요증사실의 입증에 쓰고자 하면 이를 증거서류로 보고, 그 컴퓨터 기억매제의 존재 자체나 그 性狀을 입증하기 위한 경우에 이를 증거물 또는 증거물인 서면으로 보아야 한다는 위 내용기준설에 입각하여 저자의 견해를 제시하면 다음과 같다.

즉, 私見으로는 컴퓨터 증거의 생성방식이나 존재양식이 다양함을 고려하여, 우선, 문서의 형태로 출력된 컴퓨터 出力物(예컨대 경찰청에 있는 컴퓨터에서 出力한 被告人에 대한 범죄경력조회서, 은행의 컴퓨터에서 출력된 예금잔액조회 서면 등)은 이를 문서의 원본으로 보아 그 증거조사의 목적이 위 출력문서의 내용을 알고자 하는 것이라면 증거서류로서 신청인이 이를 낭독하거나 소지인 재판장, 법원사무관 등이 이를 낭독하거나 내용을 고지하거나, 제시, 열람하게 하는 방법으로 증거조사를 하면 되고(구체적인 증거조사 방식은 형사소송법 제292조에 따른다), 그 외양, 존재, 형태 등을 알고자 하는 것이라면 증거물인 서면으로서 내용고지 뿐만 아니라 제시도 해야 한다고 하겠다.[2)] 이때 당해 컴퓨터 기억매체와 출력물 사이

---

1) 법원행정처, 「법원실무제요 형사[II]」(2014. 2.), 83쪽.
2) '증거물인 서면'을 증거로 조사하기 위해서는 증거서류의 조사방식인 낭독·내용고지 또는 열람의 절차와 증거물의 조사방식인 제시의 절차가 함께 이루어져야 한다. 대법원 2013. 7. 26. 선고

에 동일성이 있다는 것을 당해 정보의 입력자나 출력자를 심문하여 증명해야 하겠지만 이는 그 출력물의 일반적 증거능력을 인정하기 위한 수단, 즉, 그 진정성립을 입증하기 위한 수단으로서 증거조사의 방식과는 직접관련이 없다. 출력물은 증거물인 서면으로서보다 증거서류로서 증거조사의 대상이 되는 경우가 많을 것이다.

다음으로 컴퓨터에 내장된 데이터가 전자기록매체(예컨대 하드디스크나 플로피디스크, 광디스크 등)의 형태로 증거로 제출된 때는 컴퓨터 기억매체 자체는 문서의 특징인 가시성, 가독성이 없는 것으로 보아 이를 書類로 볼 수 없고, 따라서 證據書類로도 볼 수 없으며 따라서 그 원본성도 인정하기 어렵다. 그러므로 그 증거조사방법은 당해 전자기록매체를 證據物로 보아 그것을 提示하는 방식으로 증거조사할 수 있겠다. 그리고 그 내용을 알기 위해서는 검증방식에 의하여 그 전자기록매체를 컴퓨터에 넣어 모니터나 음향기기, 프린터 등으로 출력하여 검증하고 그 검증조서 및 그에 첨부한 出力書面을 증거로 사용하면 된다고 하겠다. 필요한 경우 컴퓨터 전문가에게 鑑定을 명하여 감정절차에 의해 증거조사를 해야 한다. 위와 같은 설명은 서면성을 인정하기 어려운 입력장치, 컴퓨터 처리 중인 자료, 전자기적 기억매체에 내장된 컴퓨터 프로그램 등에 대해서도 적용된다고 해야 한다. 그러나 법원공판실무 담당자로서는 형사소송규칙 제134조의7 및 법원실무제요 형사[Ⅱ](2014년판, 196쪽과 197쪽)를 참조하여 증거조사를 실시하면 될 것이다.

컴퓨터 출력자료를 증거조사할 때는 그 출력자료가 컴퓨터에 내장된 불가시적, 불가독적인 데이터를 가시적, 가독적인 자료로 변환한 것이므로 그 원본성에 문제가 있고, 그 출력과정에서 위조, 변조등 조작이 가능하므로 양자의 동일성을 무조건 인정하기도 어렵고, 따라서 출력자료를 제시하는 것만으로는 형사소송법 소정의 증거조사방법에 따른 제시라고 할 수 없다는 견해가 있다.[1] 나아가 위 견해에 의하면, 문서의 원물을 사진촬영한 경우에는 촬영과정에서 원물과 달리 조작할 개연성이 적지만, 컴퓨터에 내장된 데이터는 출력과정에서 위조, 변조의 개연성이 높기 때문에 문서의 원물을 사진촬영하여 증거로 제출하는 것도 허용된다는 대법원 판례에[2] 의존한 해석론만으로 컴퓨터 프린트 아웃을 내장된 데이터와 동일시하여 증거물로 인정하는 데에는 한계가 있으며 출력물

2013도2511 판결.

1) 李 哲, "컴퓨터 犯罪의 搜査와 電磁的 記錄의 證據能力(下)", 法曹(1990), 59쪽.
2) 대법원 1961. 3. 31. 선고 4293 형상440호(대법원 형사판례집 7권, 363쪽).

을 증거물로 인정하기 위한 새로운 법규정이 필요하다는 것이다.1)

　그러나 출력자료가 서면이면 그 자체를 원본으로 보면 족하므로 원본성에 대해 문제를 제기할 필요는 없다고 하겠다. 그리고 출력과정의 위조·변조 우려를 이유로 형사소송법에 따른 증거조사방법이 되지 않는다는 주장은 증거조사의 문제와 진정성립문제를 혼동한 견해라는 비판이 가능하다고 하겠다. 일단 증거로서는 조사할 수 있다고 보되, 출력과정의 정확성은 출력자를 증인으로 소환하여 심문함으로써 밝힐 수 있고, 그에 대한 입증이 불충분하면 성립의 진정이 부정되는 것으로 하여 증거능력을 부정하면 된다고 하겠다. 자연적 관련성은 당해 범죄사실과 개연적인 관련성이 있다는 증거신청 당사자의 주장이나 간단한 소명만으로 인정할 수 있다고 해야 하며, 출력의 정확성까지 인정된 후에야 자연적 관련성을 긍정하여 증거채택할 수는 없다고 해야 한다. 형사공판 실무상으로도 증거채택 과정에서 성립의 진정까지 고려하여 증거조사 여부를 결정하지는 않는다. 그리고 증거조사 단계에 이르러서도 그 성립의 진정을 입증케 하는 것은 증거능력 판단을 위한 것이지 증거조사의 방식을 문제삼고자 하는 것도 아니다. 그리고 컴퓨터 출력물은 일반적으로 문서의 형태를 띄고 있지만 컴퓨터 데이터를 가공하거나 그대로 복제한 자기디스크나 광디스크의 형태를 띨 수도 있고, 컴퓨터 모니터에 움직이고 있는 화상이거나 그것을 사진촬영한 것일 수도 있다. 따라서 그 개별 형태별로, 예컨대 문서로 출력되었으면 문서원본에 관한 증거조사나 증거능력 규정에 따라, 디스크 등의 형태로 출력되었으면 그것을 검증하여 검증에 필요한 처분으로서 모니터상으로 화상의 형태로 출력해 보거나 인쇄용지에 출력해 보는 등의 방법에 의해 증거조사를 할 수 있고, 그 검증조서를 증거로 이용하면 된다고 할 것이므로, 별도의 입법조치가 필요하다고 여겨지지는 않는다.

　그리고 대법원은, 공범으로서 별도로 공소제기된 다른 사건의 피고인 甲에 대한 수사과정에서 담당 검사가 피의자인 甲과 그 사건에 관하여 대화하는 내용과 장면을 녹화한 비디오 테이프에 관하여 실시된 검증결과를 기재한 법원의 검증조서는, 위와 같은 비디오 테이프의 녹화내용이 피의자의 진술을 기재한 피의자 신문조서와 실질적으로 같다고 볼 것이므로 피의자 신문조서에 준하여 그 증거능력을 가려야 할 것이라고 전제하고, 검사가 그 녹화 당시 위 甲의 진술을 들음에 있어 동인에게 미리 진술거부권이 있음을 고지한 사실을 인정할 자료가

---

1) 李 哲, 위 論文, 60쪽.

없으면 위 녹화내용은 위법하게 수집된 증거로서 증거능력이 없는 것으로 볼 수밖에 없고, 따라서 이러한 녹화내용에 대한 법원의 검증조서 기재내용도 유죄 인정의 증거로 삼을 수 없다고 판시한 바 있다.[1] 위와 같은 대법원 판결은 전자 증거의 검증조서에 대해서도 적용해 볼 수 있다고 하겠으나, 아직 구체적인 사 례는 발견되지 않고 있다.

4. 전자증거에 대한 증거동의

가. 개   설

우리 형사소송법 제318조는 검사와 피고인이 증거로 할 수 있음을 동의한 서류나 물건은 진정한 것으로 인정한 때에는 증거로 할 수 있다고 규정하고(제1 항), 피고인의 출정없이 증거조사를 할 수 있는 경우에 피고인이 출정하지 아니 한 때에는 대리인 또는 변호인이 출정해 있지 않는 한 위와 같은 증거동의가 있 는 것으로 간주한다고(제2항) 규정하고 있다. 이는 원칙적으로 전문법칙에 의해 증거능력이 인정되지 않는 증거라고 할지라도 피고인의 동의 및 그 진정성립을 요건으로 하여 증거능력을 부여하려는 규정이라고 해석된다. 이와 함께 위법수 집증거에 대해 증거동의로써 증거능력을 인정할 수 있는지 여부도 문제된다. 그 러므로 예컨대 통신비밀보호법을 위반하여 수집된 컴퓨터 통신 탐색결과가 증 거동의의 대상이 되는지도 문제로 될 수 있다. 이에 관해 살펴보기로 한다.

나. 증거동의제도의 본질

이 문제는 형사소송법 제318조의 본질을 어떻게 파악할 것인가에 관련된다 고 하겠는데, 이에 관해 학설로서는 형사소송구조를 당사자주의적 관점에서 파 악하여 전문증거에 대한 소송당사자의 반대신문권의 포기를 규정한 조문이라고 하는 견해,[2] 당사자에게 처분권을 인정한 규정으로 보아 전문증거 뿐만 아니라 위법한 절차에 의해 수집한 증거도 증거동의의 대상이 된다고 하는 견해,[3] 訴 訟關係人이 反對訊問權을 행사하여 원진술의 진실여부를 음미할 필요를 느끼지 않는 경우뿐만 아니라 법원이 직접 심리를 행하지 않더라도 실체적 진실발견에 지장을 초래하지 않는 증거에 대하여 訴訟經濟와 迅速한 裁判의 관점에서 訴訟

---

1) 대법원 1992. 6. 26. 선고 92도682 판결.
2) 대법원 1983. 3. 8. 선고 82도2873 판결, 집31① 刑234(245); 강구진, 465쪽; 김기두, 145쪽; 백형구, 706쪽; 이재상, 587쪽; 차용석, 「증거법」, 385쪽.
3) 신현주, 303쪽.

關係人에게 證據同意權을 부여한 것이어서 이 제도는 反對訊問權의 抛棄 및 直接審理主義의 例外를 인정한 것이라는 견해[1] 등이 제시되고 있다.

어떤 事像을 보는 데는 다차원적으로 종합하여 보는 것이 그 事像의 본질을 명확히 하는데 도움을 준다. 우리 형사소송구조가 직권주의적 요소와 당사자주의적 요소를 종합하고 있음을 볼 때 증거동의제도의 본질도 반대신문권의 포기 및 직접심리주의의 예외를 인정하는 것으로 파악하는 견해가 타당하다고 하겠다. 즉 직권주의적 요소로서 법원에 의한 직접심리주의를 원칙으로 해야 하겠지만, 그에 대한 예외를 인정하는 규정이 증거동의 제도이고, 당사자주의적 요소로서 검사나 피고인, 변호인 등에게 반대신문권을 보장해야 하겠지만, 그 예외로서 그들의 반대신문권 포기를 인정하는 것도 역시 증거동의 제도의 본질이라고 함이 타당하다. 이러한 입장에 설 때 전문증거, 그리고 서류뿐만 아니라 물건에 대해서도 증거동의를 할 수 있다는 결론을 설득력 있게 이끌어 낼 수 있다고 생각되기 때문이다.

다만 위와 같은 견해에서는 증거동의의 객체를 전문증거에 국한시키고 위법수집증거는 처음부터 증거동의의 대상에서 제외시켜야 한다는 결론을 도출해내고 있다.[2] 그러나 이 견해대로 "실체적 진실발견에 지장을 초래하지 않는 證據에 대하여 訴訟經濟와 迅速한 裁判의 관점에서 訴訟關係人에게 證據同意權을 부여하는 것"이라면, 위법수집증거에 대해 증거동의권을 인정함으로써 실체적 진실발견과 소송경제, 그리고 신속한 재판의 이상을 구현할 수 있을 것이라는 반론도 가능하겠다. 그러므로 위법수집증거를 증거동의의 객체에서 제외시키기 위해서는 증거동의 제도의 본질만으로 그 이론적 근거를 댈 수는 없다고 해야 한다. 국가형벌권을 행사하는 형사절차는 적법성과 염결성이라는 가치를 추구해야 한다는 점에서도 위법수집증거를 증거동의 대상에서 제외하는 근거를 찾아야 한다고 본다.

이밖에 '物件'이 증거동의의 대상이 되는지 여부에 관해서는 物件에 대한 증거동의란 생각할 수 없으며 형사소송법 제318조가 이를 규정한 것은 입법의 과오라고 하는 견해가 있으나,[3] 실정법의 명문규정을 함부로 도외시하는 것은 解釋論의 한계를 넘는 것으로 자제하지 않으면 안 된다.[4] 특히 컴퓨터 증거와 같이 그 서면성 인정여부가 논란되어 증거물인지 증거서류인지를 구별하기 어

---

1) 申東雲, 위 冊, 667쪽.
2) 申東雲, 위 冊, 667쪽.
3) 구판 「법원실무제요 형사」, 394쪽; 백형구, 707쪽; 이재상, 590쪽 등.
4) 申東雲, 위 冊, 671쪽.

려운 증거에 대해서 '物件'도 증거동의 객체가 된다고 해석함으로써 소송경제와
신속한 재판의 이상을 달성할 수 있는 것이다.

다. 증거동의의 대상인 전자증거

1) 위법하게 수집된 전자증거

　　앞서 본 바와 같이 통신비밀보호법 제4조는 같은 법 제3조의 규정에 위반
하여 불법감청에 의해 지득 또는 채록된 전기통신의 내용은 재판절차에서 증거
로 사용할 수 없다고 규정하여 수사기관이 불법도청에 의해 획득한 증거에 관
해 형사소송절차에서도 그 증거능력을 부정하도록 하고 있다. 불법적인 컴퓨터
도청은 수사기관만이 아니라 私人에 의해서도 행해질 수 있다. 위와 같은 통신
비밀보호법의 규정에 비추어 위법하게 수집된 컴퓨터통신 탐색자료의 증거능력
은 부정될 수밖에 없다. 그리고 그밖에 형사소송법의 해석 한계를 넘는 방법에
의해 수사기관이 수집한 컴퓨터 기록이나 수사권 없는 사인에 의해 위법하게
수집된 컴퓨터 증거도 증거능력을 부정하는 것이 타당하다.[1]

　　그리고 위와 같이 위법한 절차에 기해 수집되어 증거능력이 부정되는 전자
증거는 증거동의의 대상도 되지 않는다고 해석해야 한다. 앞서 본 바와 같이 증
거동의의 본질이 반대신문권의 포기 및 소송경제의 요청에서 직접심리주의의
예외를 인정한 것이라고 본다고 하더라도 위법하게 수집된 증거에 대해 증거동
의를 인정하여 유죄인정의 증거로 이용하는 것은 형사절차의 적법성과 염결성
을 해할 우려가 있기 때문이다. 위법한 절차에 의하여 수집된 증거가 당사자의
동의에 의해 증거능력이 인정되느냐에 관해서는 견해가 갈리고 있으나 원칙적
으로 부정하여야 한다는 견해가 우리나라의 다수설이다.[2]

2) 전자증거의 서면성과 증거동의

　　전자증거의 존재양식이 서류인지 물건인지 여부에 관해 의문이 있다고 하
더라도 형사소송법 제318조 제1항이 書類나 物件 전부에 대해 증거동의의 대상
이 된다고 하고 있으므로 증거동의의 대상에 서류뿐만 아니라 물건도 포함된다
고 보는 한, 이 문제는 증거동의를 함에 있어 큰 문제가 안 된다고 하겠다. 다만
그 서류인 전자증거와 물건인 전자증거의 분류 및 구별은 앞서 본 바와 같이[3]

---

1) 앞서 본 違法하게 蒐集된 電子證據의 證據能力 부분(이 책의 130－131쪽) 參照. 그리고 불법감
　청한 휴대전화 녹음파일이나 MP3파일도 증거동의에 상관없이 증거능력이 없다고 한 대법원
　2010. 10. 14. 선고 2010도9016 판결도 참조.
2) 강구진, 「형사소송법」, 456쪽, 467쪽, 白亨球, 「刑事訴訟法講義」, 博英社(1990), 707쪽.
3) 이 책중 電子證據의 書面性 認定問題 部分(104쪽 이하) 參照.

입력장치, 기억매체, 컴퓨터 조작으로 출력된 자료 등으로 나누어 살펴보아야
한다. 그리고 그에 의해 서류로 인정되는 컴퓨터 기록은 그 원본성을 인정하는
학설[1] 여하에 관계없이 증거동의의 대상이 된다고 해석함이 상당하다. 서류의
원본뿐만 아니라 사본도 증거동의의 대상으로 보는 것이 소송경제를 도모한다
는 증거동의 제도의 본질에 합치하기 때문이다. 대법원도 증거동의의 대상이 될
서류는 原本에 한하는 것이 아니라 그 寫本도 포함된다고 하고 있다.[2]

증거조사의 대상이 서류(사진포함)나 물건이 아니고 예컨대 모니터상으로 출
력되는 문자나 動畵象 자체와 같이 무체물인 전자 데이터 자체라고 한다면 이
는 검증이나 감정에 의해 증거조사를 할 문제이나, 이들도 증거동의의 대상이
된다고 하겠다.

라. 진정성의 인정

전자증거가 증거동의의 대상이 된다고 할지라도 당해 컴퓨터 기록의 진정
성이 인정되어야 이를 증거로 할 수 있으므로, 앞서 본 "컴퓨터 記錄의 眞正成
立"에 관한 논의가 이 경우에도 적용되어야 하겠다. 여기서 말하는 진정성이란
증거동의의 대상이 된 서류 또는 물건의 信用性을 의심스럽게 하는 類型的 狀
況이 없음을 의미한다고 보아야 하며,[3] 그 구체적 판단기준은 전자기록의 진정
성립에 관한 문제로 해결할 수 있다고 본다.

5. 전자증거와 감정

가. 개 설

전자증거는 특히 그 프로그램의 내용을 파악하기 위한 조작방법과 전문적
인 프로그래밍 용어로 작성된 증거내용의 특수성 때문에 이를 이용한 수사 및
재판에 고도의 전문지식이 필요하다고 하지 않을 수 없다. 다시 말하면, 可視性,
可讀性이 없는 電子記錄에 要證事實을 증명하는 증거가 존재하는지 여부가 명
백하지 않은 경우 컴퓨터 시스템의 하드웨어 및 프로그램 구성요소 전부를 조
사하기 위해서는 데이터 처리 전문가의 협력이 필요한 것이다. 물론 시스템 사
용설명서나 컴퓨터 操作指示書, 펀치카드, 프로그램 안내서, 操作日誌 등의 서
류를 證據로 수집, 사용할 필요가 있는 때, 그것이 원본인지 사본인지 여부, 搜

1) 이에 관해서 앞의 電子記錄物의 原本性(이 책의 119쪽 이하) 參照.
2) 대법원 1986. 7. 8. 선고 86도893 판결.
3) 申東雲, 위 冊, 673쪽.

査 및 裁判에 必要한지 여부 등은 컴퓨터 기록이 아닌 통상의 증거에 관한 것과 同一하게 생각하면 된다. 그러나 예컨대 플로우 차트등과 같은 컴퓨터 관련문서를 이해하기 위해서는 컴퓨터 프로그램에 대한 지식이 있어야만 한다. 또한 컴퓨터 데이터나 프로그램의 改變이 문제로 되는 때나 不正經理 프로그램의 不正處理 部分을 抽出하는 것과 같은 경우는 方法의 正當性, 結果의 信憑性을 擔保하기 위해 學識, 經驗 있는 專門家에 의한 鑑定이 필요한 경우가 많을 것이다.[1] 그리고 통상 자기테이프나 자기디스크 등에 있어서는 그 內容을 알아볼 수 있는 꼬리표가 붙어 있지만 그것이 컴퓨터 내에 코드화 된 레이블인 경우 操作日誌나 프로그램에 관한 문서 등이 필요한 때도 있다.[2] 또는 전자기록매체에 기록, 보존되어 있는 데이터는 2진수의 비트로 표시되나 프린트 프로그램에 의해 기억내용을 출력, 인쇄한 경우, 2진수 코드 그 자체로 표시되지는 않으므로, 당해 코드에 대응하는 문자나 기호로 변환되어 표시된 것인 한, 그것이 정확하게 변환되었는지 여부를 전자기록매체상의 전자기록으로부터 그 출력과정을 재현해 보지 않으면 안 될 경우도 있을 것이다.

　　그런데, 아직 수사기관이나 법원의 컴퓨터 지식이 컴퓨터 프로그래머등과 같은 컴퓨터 전문가만큼 높다고 보기는 어려우므로,[3] 컴퓨터 프로그램 개발자나 저작권자 또는 컴퓨터 증거에 대해 고도의 지식을 가지고 있는 법인이나 개인, 단체 등에게 감정을 의뢰하여 그 감정내용을 증거로 활용할 필요성이 크다고 하겠다.[4] 컴퓨터 기술은 눈부시리만큼 끊임없이 새롭게 발전해 가고 있으므로 그에 따른 지식을 습득하기는 매우 어렵다. 법률가들로부터 컴퓨터 犯罪와 電子證據에 관한 적절한 해석을 기대하기 위해서는 판사나 검사, 변호사 또는 법학자들 대다수가 컴퓨터 기술에 친숙해 있을 것을 전제로 한다. 그러나 규범 전문가들에게 컴퓨터 기술에 익숙해 있기를 기대하는 것도 한계가 있다고 하지 않을 수 없다. 그러므로 컴퓨터 전문가를 활용하지 않을 수 없다. 컴퓨터 범죄를 수사, 소추하고 재판함에 있어 판사나 검사, 변호사들은 컴퓨터 전문가들의 도움을 받지 않을 수 없는 것이다.[5]

　　가사 법원, 검찰, 경찰 등의 컴퓨터 증거에 대한 지식이 어느 정도 있다고

---

1) 的場純男, "コンピュータ 犯罪と捜査", 97面 參照.
2) 安富 潔, 前揭論文, 30面.
3) 趙圭政, "컴퓨터 操作犯罪", 김문일 토론 부분, 126쪽.
4) 미연방증거규칙 제706조에 의하면, 법원은 당사자에게 감정인 指名簿(nominations) 提出을 명할 수 있고, 당사자가 합의한 감정인을 지명할 수도 있으며, 감정인은 자신을 증인으로 신청한 당사자 및 반대당사자의 신문에 응할 의무가 있다.
5) Christopher D.Chen, "Computer Crime and the Computer Fraud and Abuse Act of 1986", p. 83.

하더라도 일반 컴퓨터 전문가의 지식에 의하여 수사나 재판을 진행하는 것이 그 형사절차에 대한 신뢰성 제고에 도움을 줄 것임은 분명하다. 법관이 개인적으로 알고 있는 사실도 증명을 요하는 것이다. 법관이 특정한 사안에 관하여 특별한 지식, 경험을 갖고 있는 경우에도 감정을 명하지 않으면 안 된다는 것이 일본학설상의 일반적인 견해라고 한다.[1] 우리의 경우도 달리 볼 이유가 없다.

나. 컴퓨터 전문가의 역할

이들 컴퓨터 전문가들은 변호사나 수사기관, 법원 등으로 하여금 복잡한 기술적 측면을 이해하도록 도와주고 사실관계를 명료하게 정리해 주며 나아가 중요한 기술적 증거자료를 제시해 줌으로써 法과 컴퓨터 科學간의 用語와 理論面의 간격을 메워주고 연결시키는 역할을 한다.[2] 예컨대 去來關係에 있어 각종 記錄, 計算, 檢査, 在庫調整 等의 업무처리가 컴퓨터 내부에서 이루어지는 경우, 그 과정이 文書化되어 남아 있지도 않고, 컴퓨터 내부의 업무처리과정이 抹消되어 컴퓨터가 이를 記憶하고 있지도 못한 경우 이러한 사실에 대한 立證은 不可能하므로 이를 情況證據에 의하여 立證할 수밖에 없게 된다.[3] 이때에도 컴퓨터 專門家인 鑑定證人으로 하여금 要證事實을 재현할 수 있는 프로그램을 가동하여 同一한 節次와 操作方法에 따라 업무처리과정을 再施行케 함으로써 問題된 事實을 間接的으로 추단해 볼 수 있다. 수색영장에 포함된 컴퓨터 관련 수색물을 확인하기 위해 범죄가 행해진 회사의 자사 직원이나[4] 경쟁사 직원 등과 같은 컴퓨터 전문가의 조력을 받는 것도 허용된다고 해야 할 것이다.[5]

다. 감정방법

1) 감정인의 선정

컴퓨터 프로그램에 대한 저작권 분쟁이 형사문제로 진전된 경우뿐만 아니라 刑法上의 각종 컴퓨터 관련 범죄를 소추하여 처벌하는 경우에도, 그 입증수

---

1) 田中輝和, "鑑定", 松尾浩也·井上正仁 編, 「刑事訴訟法의 爭點」(新版), ジュリスト 增刊, 有斐閣, 196面.
2) 宋相現, "컴퓨터 소프트웨어의 開發者와 利用者間 法律關係", 서울 大學校 「法學」 제28권 3, 4호 (1987. 12.), 131쪽.
3) 宋相現, "콤퓨터 技術의 活用이 法學 各分野에 미치는 영향에 관한 小考", 50쪽.
4) IBM사는 자사의 기업비밀이 누설된 사건에서 피의자가 소지하고 있는 파일을 수색하기 위해 자사의 전문가의 협력을 얻을 것을 신청한 적이 있다. Forro Precision, Inc. v. International Business Machines Corp., 673 F.2d 1045(9th Cir. 1982), cert. denied, 471 U.S. 1130(1985), 安富 潔, 前揭書, 44面, 註 85) 引用.
5) State v. Wade, 544 So. 2d 1028, 1029-30(Fla. App. 1989), Barry J. Hurewitz, Allen M. Lo, Ibid, p. 519, fn 177).

단이 되는 전자증거를 판독할 수 있는 법원, 검찰, 경찰 등 사법기관의 전문지
식이 부족하다고 인정되면, 이러한 수사기관 또는 재판기관의 판단을 돕기 위해
전자증거 판독을 위한 공신력 있는 전문감정기관이나 감정인을 관련 행정부처
나 공과대학 컴퓨터 관련 학과 등의 추천을 받아 선정함으로써 그 감정결과를
수사 및 재판에 활용할 수 있을 것이다. 이를 위한 전제로 전문감정기관을 설립
하거나 기존 감정기관에 컴퓨터 증거판독을 위한 인적, 물적 시설이 마련되어야
함은 물론이다.

　　사인에게 감정을 촉탁하는 것이 수사단계상 수사의 비밀보장을 위해 부적
당하거나 재판단계상 피고인의 명예나 기타 제3자의 영업상 손실방지를 위해
부적절하면 공공기관에 촉탁하는 것이 상당하다. 그와 같은 경우 경찰이나 검찰
내에 설치되어 있는 전문기관에 촉탁하는 것도 가능하다고 하겠다. 일본의 경우
電電公社職員이 범한 절도 및 공중전기통신법위반 사건에서[1] 피고인이 작성한
CD카드 판독기기류 및 데이터 시험장치 기기류의 기능, 플로피디스크 내의 프
로그램 내용, 피고인이 작성한 기기류를 이용하여 CD카드를 위조하는 것이 가
능한지 여부 등에 관하여 홋카이도 경찰 수사본부는 위 경찰통신부 유선통신과
에 감정을 촉탁한 예가 있다고 한다.[2]

　　우리의 경우 법원에서도 위와 같은 경찰내부 또는 검찰내부의 기관에 감정
을 촉탁할 수 있다고 하겠다. 형사소송법 제179조의2도 공무소에 대한 감정촉탁
의 근거를 마련하고 있으므로 경찰이나 검찰에 설치되어 있는 컴퓨터 범죄수사
를 보조하는 감정기관에 감정을 촉탁할 수 있는 근거가 마련되어 있다고 하겠
다. 물론 그 신빙성 정도는 法官이 判斷할 문제이다. 감정인의 공정성이나 중립
성에 대한 시비가 붙지 않도록 가급적 수사기관 외의 감정기관을 이용하는 것
이 좋겠다.

　　감정인은 법원 또는 법관의 명에 의해 감정하는 자로서 선서의무를 지고,
허위감정죄로 처벌된다(형법 제154조). 이점에서 수사기관이 수사필요상 감정을
위촉한 감정수탁자가 선서의무도 없고, 따라서 허위감정죄로 처벌되지 않는 것
과 다르다. 민사소송법에는 감정인에 대한 기피제도가 있으나(같은 법 제336조), 형
사소송법에는 그러한 제도가 없으므로 해석론으로는 감정인에 대한 기피신청은
불가능하다고 봄이 타당하다.[3] 감정인을 지정함에 있어 소송관계인이 특정인을

1) 札幌地判 昭和 五九(1984년). 3. 27. 「判例時報」 1116號, 143面.
2) 廣畑史朗, "コンピュータ犯罪と鑑定", 「警察學論集」 40卷 12號 25-26面. 安富 潔, 前揭書, 179
　面, 註 75).
3) 申東雲, 위 冊, 711쪽.

지명하여 감정신청을 할 수 있는지에 관해 견해의 대립이 있으나,[1] 형사소송법 제169조가 법원에 대하여 감정인 지정권을 부여하고 있고, 감정인은 법원의 보조자이며, 형사소송절차는 검사나 피고인의 변론활동에 의해서보다 실체적 진실 발견을 위해 법원의 직권에 의해 주도적으로 이끌어져야 한다는 점, 감정인 지정권도 재판장의 소송지휘권의 한 내용이라고 할 수 있으므로 재판장에게 누구를 감정인으로 지정할 것인가에 관한 소송지휘를 전담케 해야 한다는 점 등에 비추어 소극설이 타당하다고 본다.[2] 그러므로 검사나 피고인, 변호인이 특정 컴퓨터 전문가를 감정인으로 지정하여 감정을 신청한다 하더라도 법원으로서는 이를 참고로 하면 족하고, 그 신청에 구애될 필요는 없다고 하겠다.

2) 감정촉탁사항

감정촉탁사항으로는 일반적으로, 첫째, 컴퓨터 기기류의 구조, 기능을 밝히고, 그 기기류를 사용하여 범행이 가능한지 여부, 둘째, 시스템 설계서, 플로우차트, 프로그램 사양서, 프로그램 리스트 등 관계 자료를 검토하여 그것이 범행의 수단, 방법이 되는지 여부, 셋째, 자기테이프, 플로피디스크 등에 기록되어 있는 전자기록이 원자료와 비교하여 부정출력 되었는지 여부, 넷째, 피의자의 진술에 의지하여 판명된 범죄행위가 그 진술대로 실행가능한지에 대하여 범행의 전과정을 재현하여 확인한 결과 등을 들 수 있겠다.[3]

3) 감정인의 감정방법

鑑定人은 他人의 著書에 의하거나 그 밖의 어떤 方法을 사용하는가를 묻지 않고 감정에 必要한 知識을 갖고 있는 이상 그것을 이용하여 鑑定할 수 있다. 감정인은 공판정 외에서 행하는 감정에 대해 법원의 감정허가장을 얻어 감정에 관하여 필요한 때 타인의 주거, 간수자 있는 가옥, 건조물, 항공기, 선거 내에 들어갈 수 있고 신체의 검사, 사체의 해부, 분묘의 발굴, 물건의 파괴를 할 수 있다(형사소송법 제173조). 컴퓨터 관련범죄의 수사에 있어서 감정인은 검증시의 "필요한 처분" 규정을 유추하여 구체적 상당성을 구비한 이상 피처분자의 컴퓨

---

1) 적극설은 검사 및 피고인의 변론활동을 최대한 보장해야 하고, 형사소송법 제169조는 감정인 적격을 규정한 조문일 뿐 반드시 법원의 감정인 지정권을 규정한 것으로 볼 필요는 없는 점, 소송관계인이 신청한 감정인이 부적당하면 그 신청을 기각한 후 재신청을 시키거나 직권으로 감정인 지정을 하면 된다는 점, 형사소송법 제294조가 감정인 지정만을 규정한 민사소송법 제335조와 달리 감정인을 신청할 수 있는 것으로 규정하고 있고, 감정 자체의 신청이 아니라 감정인 신문을 신청하는 것으로 규정하고 있는 점 등을 논거로 하고 있다. 申東雲, 위 冊, 710쪽.
2) 同旨, 구판 「법원실무제요 형사」, 384쪽; 법원행정처, 「법원실무제요 형사[II]」(2014년판), 256쪽.
3) 安富 潔, 前揭書, 178面.

터에 의해 전자기록매체에 기억된 전자기록을 출력할 수 있다고 하는 것이 감정처분의 본질에 비추어 타당하다고 하는 견해가 있는바,[1] 컴퓨터 기억매체에 저장된 자료는 출력을 당연히 예상하고 있으며 따라서 감정처분시 그 출력이 필수불가결하다고 할 것이므로 위 견해는 타당하다고 하겠다.

라. 촉탁감정서의 증거능력

컴퓨터에 대한 學識, 經驗이 없는 자에 의해 작성된 鑑定書는 證據能力이 없다고 하는 일본의 학설은[2] 우리의 경우에도 적용할 수 있다. 감정의 본질에 반하기 때문이다. 鑑定人이 스스로 參考人의 陳述을 녹취하고 그것을 감정자료로 하는 경우, 일본의 실무경향이나 학설의 다수견해는 傳聞法則이 적용되지 않는다고 한다. 鑑定人의 전문가적인 입장을 존중하기 때문이다.[3] 일본학설상으로 수사기관의 촉탁에 의해(우리 형사소송법 제221조 제2항) 컴퓨터 전문가에게 감정이 행해진 경우 그 증거능력은 법원의 명에 의해 감정인이 작성한 서면에 관한 일본 형사소송법 제223조, 제321조(우리 형사소송법 제313조 제2항)에 의해 인정할 수 있다는 견해와 수사기관의 촉탁에 의해 감정인이 실시한 감정은 그 공정성을 담보할 수 있는 장치가 없으므로 허위감정죄에 의한 제재를 예정하고 있는 엄격한 의미의 감정에 관한 위 규정을 그대로 준용할 수 없다는 견해의 대립이 있는바,[4] 우리 형사소송법 제170조는 법원이 감정을 명한 감정인의 감정에 관한 진실성을 담보할 수 있는 이른바 "법률에 의하여 선서한 감정인" 규정을 적용하여 허위감정죄(형법 제154조)의 제재를 가하고 있으나 수사기관의 위촉에 의한 감정인에 대해서는 같은 법 제221조에서 아무런 규정도 두고 있지 않으므로 우리 형사소송법의 해석에 관해서도 후설이 타당하다고 본다. 그러므로 법원으로부터 감정명령을 받은 감정인 스스로 참고인 진술을 녹취하고 그것을 감정서에 기재한 경우 당해 참고인의 진술에 대해서는 감정인의 전문가적 입장을 존중하고, 그 진실성을 담보하는 제도적 장치가 있음을 고려하여 형사소송법 제313조 제2항, 제1항이 적용되는 범위 밖에서는 전문법칙이 적용되지 않는다고 할 것이나, 수사기관의 감정위촉에 의해 감정한 감정수탁자가 작성한 감정서에 대해서는 전문법칙이 적용된다고 보는 것이 타당하다. 그리고 감정서의 증명력을 판단

---

1) 安富 潔, 前揭書, 179面.
2) 日本의 通說이라고 한다. 田中輝和, "鑑定", 松尾浩也·井上正仁 編, 「刑事訴訟法の爭點」(新版), ジュリスト 增刊, 有斐閣(1991), 197面.
3) 田中輝和, 前揭論文, 197面.
4) 일본 형사소송법 제223조 및 제321조에 관해 이상과 같은 논의에 관한 판례 및 학설을 소개한 문헌으로 田中輝和, 前揭論文, 196面.

함에 있어 간과할 수 없는 사항은 감정인의 전문가적 능력뿐만 아니라 그 직업 윤리의식 수준이라고 하겠다. 작금의 정보화 시대에 있어서는 컴퓨터 기술자들의 직업윤리 의식에 대한 깊이 있는 논의가 필요하다고 할 것이다.

마. 법관의 출력명령

컴퓨터 디스크 등에 저장되어 있는 데이터의 出力節次를 法官의 命令에 의한 鑑定으로 파악하면, 자기디스크 등의 保全措置는 압수, 수색이 아닌 감정명령에 의해 감정자료를 보전하는 것으로 이론 구성해 볼 수도 있다. 즉 일본의 石川 元也의 견해에 의하면, 그와 같은 출력을 감정에 준하여 법관이 전문기술자를 선정하여 하게 하는 것이 상당하다고 할 때, 법원은 검사나 변호인의 청구에 의하여 그 機器製造會社의 기술자 등과 같이 그에 정통한 자로 하여금 당해 데이터를 출력하게 할 수 있다고 한다. 그리고 그때 위 컴퓨터 기술자인 감정인은 당해 기기, 자기디스크 등에 관한 프로그래밍 관련 자료를 제출할 것을 청구할 수 있고(일본 형사소송법 제168조), 그 출력절차에는 피처분자나 피의자(피고인), 변호인 등을 참여하게 할 수 있다는 것이다.[1]

일본 형사소송법 제168조에 해당하는 우리형사소송법 제173조 각항의 문언상으로만 보면 컴퓨터 디스크 등에 저장되어 있는 데이터의 출력절차에 위 규정이 직접 적용된다고 할 수는 없겠지만, 감정인은 감정을 위해 필요하면 위 규정을 준용하여 법원의 허가를 얻어 컴퓨터에 보존된 자료를 출력할 수 있고, 그 절차에 검사, 피고인 또는 변호인의 참여권이 인정된다고 해석하는 것이 타당하다고 하겠다(형사소송법 제176조). 물론 보다 근본적인 해결책은 입법적으로 이에 관한 근거규정을 만드는데 있다고 할 것이다.

제 6 절   전자증거의 증명력

1. 자유심증주의의 적용

전자증거에 의한 要證事實의 立證程度는 法官의 自由로운 心證에 의해 인정할 문제로서 自由心證主義가 적용되는 분야임은 전자증거 이외의 증거와 동

---

1) 石川 元也, 前揭 執筆部分, "立法的 提言－捜査手續について", 211面, 212面.

일하다(형사소송법 제308조). 앞서 본 바와 같이 전문감정기관의 감정의견에 의해 전자증거를 판독하는 경우에도 감정증인의 의견이 갖는 증명력의 정도는 法官의 自由心證에 맡겨 판단토록 할 문제이고 감정인의 의견에 구속되도록 할 필요가 없음은 일반적인 감정의 경우와 동일하다. 감정인의 임무는 감정사항에 답하는 것일 뿐 유·무죄를 판단하는 것이 아니기 때문이다.[1]

프랑스에서도 학설의 多數 見解는 機械語에 의해 사람이 直接 知覺할 수 없는 方法으로 코드화된 記錄이나 컴퓨터 메모리 및 프로그램 부분, 現金 카드의 자기테이프 부분 등과 같이 情報處理된 電磁記錄物의 證明力(valeur probation)에 관하여, 그 記錄 자체만으로 訴訟上 主張의 妥當性(bien-fondé)을 立證할 수 있는 것은 아니라고 한다.[2] 그 증명력은 법관이 판단할 문제이기 때문이다. 오히려 컴퓨터 記錄은 원래 기록된 내용을 흔적도 없이 지워버리고 변경할 수 있다는 점에 유의하여 그 신빙성을 결정해야 할 것이다.[3] 여기서 컴퓨터 디스켓에 대한 押收經緯에 비추어 그것이 僞造되었다는 사실이 분명하게 밝혀지면 요증사실과의 자연적 관련성을 부정하고, 僞造의 의심이 있는 정도에 그치면 그 자연적 관련성은 인정하되 證明力 判斷時 이를 고려하는 것이 타당하다는 견해를 주장하는 일본 학자가 있는바,[4] 자연적 관련성은 증거채택의 단계이므로 증거조사 전에 컴퓨터 디스켓 등이 위조되었는지 여부를 밝히기는 어렵다고 할 것이므로 위 견해는 타당하지 않고, 증거조사를 거쳐 내용이 개변되었거나 불법 복제되거나 위조된 사실이 분명하면 그 진정성립을 부정하거나 위법한 절차에 기해 수집된 증거로서 증거능력을 부정하는 것이 타당하다. 그리고 단지 위조의 의심이 있는 정도에 그치고 위조의 점이 증명되지 않으면, 당해 컴퓨터 관련 증거의 증거능력은 인정하되 증명력의 정도를 낮은 것으로 평가하면 된다고 본다.

이밖에 문제된 컴퓨터 시스템이 정상적으로 작동되지 않았다는 점이 증명되면 당해 컴퓨터에 의해 생성된 증거는 증명력이 없거나 부족한 것으로 평가하면 족하고 증거능력이 없다고 볼 필요는 없다고 본다.[5]

---

1) 田中輝和, 前揭論文, 196面.
2) 恒光 徹, "フランスの 1988年 コンピュータ 犯罪立法について", 參照.
3) Barry J. Hurewitz, Allen M. Lo, Ibid, p. 519, Cynthia K. Nicholson, Robert Cunningham, "Computer Crime", p. 400.
4) 大谷直人, "證據の關連性", 193面.
5) Fawcett v Gasparics[1986] RTR 375, Martin Wasik, 「Crime and the computer」, Oxford University Press(1991), p. 175, fn 60).

2. 법관의 심증형성방법

증거의 증명력 판단에 관한 自由心證主義에 있어 법관의 심증형성 방법을 說明하는 일본학설을 소개하면 다음과 같다. 그중의 하나는 法官의 直觀을 중시하는 견해인데, 이는 刑事裁判에 있어서 證明의 대상은 전적으로 事件의 眞實性에[1] 있는 것이고 法則化하는 것은 생각할 수 없으므로 證人訊問 等과 같은 口頭審理 等에서 판단자가 받는 全體的인 印象이나 直觀에 기초한 確信에 좇아 판단해야 한다는 견해이다. 즉, 法은 自由心證主義에 의해 綜合的, 直觀的으로 證據에 대한 信憑力을 判斷하여 結論을 發見해 내는 것을 허용하고 있으며, 이에 따라 判斷의 前提가 되는 개개의 理由를 意識的으로 分析, 確定할 것을 요하지 않고 있다. 결국 法院은 論理法則의 適用으로부터 解放되어 있다는 것이다.[2] 두 번째 견해는, 客觀性 重視說이라고 할 수 있는데 이는 證據가 要證事實을 현실적으로 어느 정도 증명할 수 있는 힘을 갖고 있는가는 인상, 직관이 아닌 과학적인 방법에 의해 반성적, 이성적으로 판단되어야 하고, 판단자의 추측에 의한 판단은 절대 피해야 하며 다른 판단자가 심증형성의 과정을 확인할 수 있도록 해야 한다는 견해이다. 그리고 세 번째 견해는 折衷說로서 개개의 증거조사로부터 얻을 수 있는 心證은 直觀的인 것이지만 그것을 종합하여 主要要證事實을 인정하는 과정은 反省的으로 吟味하는 것이어야 한다는 견해이다.[3]

위와 같은 일본학설의 견해를 고려하면서 우리 실무에 맞는 저자의 견해를 제시하면 이렇다.[4] 즉, 재판실무에서 증인신문이나 검증, 감정 등 증거조사 절차에서 법관의 심증형성에 直觀이 작용하는 것은 부정할 수 없지만 그 증거가 객관적으로 어떤 사실을 어느 정도 증명할 수 있는가 하는 문제는 법관이 객관적으로 통용되는 기준에 의해 결정하고 이에 따라 사실관계를 추론하지 않으면 안 된다. 그러한 의미에서 위 두 번째의 견해가 타당하다고 하겠다. 엄격한 의미의 자유심증주의를 관철하기는 어렵기 때문이다.[5] 따라서 전자증거의 증명력

---

1) 저자가 일본말인 '事柄'(ことがら: 사항, 사정, 내용 등의 뜻을 갖고 있다)를 '事件의 眞實性'으로 옮겨 본 것이다.
2) 日本最高裁判所 昭和 二六·八·一 刑集五卷 九號 1684面의 少數意見.
3) 이상의 논의는 光藤景皎, "自由心證主義の現代的意義", 松尾浩也·井上正仁 編, 「刑事訴訟法の爭點」(新版), ジュリスト 增刊, 有斐閣, 184面을 參照함.
4) 형사소송절차에서 자유심증주의에 관해서는, 정선태, "자유심증주의의 운영개선 소고", 검찰 1집.
5) 自白의 信憑性 判斷에서 自由心證主義의 限界를 논한 文獻으로, 申東雲, "自白의 信憑性과 거짓말 探知機 檢查結果의 證據能力", 「法과 正義」(佴史李會昌先生 華甲記念)(1995).

을 판단할 때 객관적으로 통용되는 기준을 적용하기 위해서는 컴퓨터에 대한 이해가 필수적이라고 하지 않을 수 없다. 물론 앞서 언급한 바와 같이 규범을 적용하는 법관이 사실의 세계에 있는 전자증거의 생성, 존재에 관한 기술적 측면을 완벽하게 이해한다는 것은 어려울 뿐만 아니라, 법관이 컴퓨터 기술을 잘 알아 컴퓨터 기술자의 시각에 따라 판단한다는 것이 사회일반인의 규범적 가치체계를 적용하는 법관업무의 본질에 비추어 적정하다고 할 수도 없다. 우리 형사소송법도 유죄판결을 할 때 심증형성의 과정을 판시할 필요는 없고 증거의 요지만을 열거하면 되도록 하고 있다(형사소송법 제323조 제1항). 그러나 전자증거의 증명력을 올바르게 판단하기 위해서는 컴퓨터를 이용하여 判決書를 작성하는 정도 이상으로, 法官들이 컴퓨터 지식 함양을 위해 노력할 것이 요청된다는 점은 누구도 부정할 수 없을 것이다.[1]

그리고 과거 영국의 경찰 및 형사증거법 제11조는 진술의 증명력을 평가함에 있어 당해 진술의 정확성이나 그 밖의 합리적인 추론을 끌어낼 만한 사정, 그리고 다음과 같은 사유들을 고려해야만 한다고 규정하고 있었다. 즉, 첫째, 진술에 포함되어 있는 정보가 다른 정보를 처리, 재생한 것이면 그 정보가 요증사실의 발생시기와 同時에 컴퓨터에 입력되었거나 그 입력을 위해 기록되었는지 여부, 둘째, 컴퓨터에 정보를 제공하였거나 그것을 위해 서면을 작성한 자가 사실을 은폐할 목적을 가졌거나 잘못된 사실을 전달할 위험을 갖고 있었는지 여부 등을 고려해야만 한다는 것이다.[2] 이러한 규정은 우리 형사재판 실무운용에 있어서도 자유심증의 기준으로서 참고할 만하다고 하겠다.

---

1) 법원행정처에서는 1988년 전산담당관실을 신설한 이래 1993. 10. 대법원 및 인천, 대전, 全州, 창원 등의 각 지방법원에 근거리통신망(LAN)을 설치하고, 대법원 판례검색 시스템을 이용하여 1947년 이후의 모든 대법원 판례를 편리하게 검색하여 재판업무에 이용하게 하는 등으로 법관들의 컴퓨터 마인드 함양에 기여하고 있다. 법원행정처 전산담당관실, 「재판실무에서의 컴퓨터 사용; 판례마을, 대법원판례검색시스템」(1996). 그리고 주식회사 데이콤이 운영하는 전자게시판 시스템(Bulletin Board System, BBS)인 PC-SERVE 내에는 법관과 법원직원을 대상으로 하는 'JURIST'라는 이름의 동호회란이 마련되어 있었다. 宋基弘, 黃京男, 成箕汶, "COMPUTER와 LASERPRINTER를 이용한 司法能率의 達成(電算示範法院의 實驗的 方法들)", 51쪽. 한 명 또는 몇몇의 사람 또는 특정한 분야에 관심을 가지고 있는 모임에 의하여 운영되는 전자게시판 시스템은 여러명의 가입자를 받아 이들 가입자들에게 여러 가지 서비스 기능을 제공한다. 임채성, 김웅석, 김광, 「컴퓨터 길라잡이」, 373쪽.
   2015년 5월 현재의 법원 내 종합법률정보나 코트넷, 디지털 도서관, 법관통합재판지원시스템, 나아가 민사본안 및 신청사건에서 전자소송의 이용 등 현실을 고려하면 우리나라 법원 내 법관들의 컴퓨터 시스템을 활용한 재판업무 수행은 가히 세계에서 몇 손가락 안에 들어간다고 해도 좋을 것이다. 특히 법원 내 전산담당관실이나 사법정보화 커뮤니티 소속 법관이나 법원직원들의 컴퓨터 활용 능력은 가히 컴퓨터 기술자들에 필적한다고 생각한다.
2) 이 내용은 安富 潔, 前揭書, 108面을 參考한 것이다.

제 7 절 법원에 의한 강제처분

공소제기 후 공판단계에서 법원이 컴퓨터에 대해 행하는 강제처분인 압수·수색에 관해서는 앞서 수사기관이 행하는 압수·수색에 관한 이론이 일반적으로 적용된다. 따라서 데이터의 압수·수색 가능성에 대해서는 그 有體物인 점을 부정하되, 요증사실과의 자연적 관련성이 인정되는 때에 한하여 압수·수색을 허용하고, 그 경우 필요한 처분으로서 피처분자인 상대방의 출력의무를 부과하고, 상대방의 컴퓨터를 이용하며, 필요한 백업 카피본 제출을 명할 수 있다고 하겠다.

이밖에 형사소송법 제106조 제2항은 法院은 押收할 물건을 지정하여 소유자, 소지자 또는 보관자로 하여금 제출할 것을 명할 수 있다고 하고 있는데, 그와 같은 法院의 提出命令의 內容으로서 컴퓨터에 내장된 자료를 出力하여 提出할 것을 명할 수 있다고 하겠다.[1] 특히 2011. 7. 18. 신설된 같은 조문 제3항은 이를 명시하고 있다.

그리고 1997. 1. 1.부터 시행되고 있는 형사소송법 제179조의2는, 법원은 필요하다고 인정하는 때에는 공무소·학교·병원 기타 상당한 설비가 있는 단체 또는 기관에 대하여 감정을 촉탁할 수 있다고 하고 있으므로 이 규정에 의해 컴퓨터 공학을 전공하는 대학교수나 컴퓨터 통신망 운영업체에 근무하는, 정보검색 업무에 관해 자격을 갖고 있는 직원 등을 감정인으로 지정하여 소송상 문제가 된 컴퓨터 기억매체나 컴퓨터 프로그램, 컴퓨터 시뮬레이션 분석자료 등에 대한 감정을 촉탁할 수 있다고 하겠다. 이 규정은 피고인, 변호인, 검사의 신청이 없더라도 법원이 직권으로 감정촉탁을 할 수 있게 한 규정으로서 우리 형사소송 구조의 직권주의적 특징을 표현하는 조문 중의 하나라고 할 수 있다. 이때 법원은 당해 컴퓨터 전문가로 하여금 감정서의 설명을 하게 할 수 있는데, 그 설명방법으로는 감정증인으로 소환하여 신문하는 방법이나 설명서를 송부받아 일반

---

[1] 일본 형사소송법 제99조 제2항에 관해서 同一한 견해를 취하고 있는 것으로, 安富 潔, "コンピュータ 犯罪の 搜査と證據", 30面. 한편 2012. 6. 22.부터 시행되는 2011. 6. 24.자(平成 23年 6月 24日) 法律 第74号로 신설된 일본 형사소송법 제99조의2는 기록명령부 압수제도(記錄命令付差押え)를 두고 있다. 이에 의하면 법원은 필요하면 전자적 기록을 보관하는 자나 그 밖에 전자적 기록을 이용하는 권한을 가진 자에게 명하여 필요한 전자적 기록을 기록매체에 기록하거나 인쇄하게 하여 그 기록매체를 압수한다.

적인 증거조사절차에 의해 증거로 채택하고 증거조사하는 방법을 생각해 볼 수 있다. 1996. 12. 3. 공포되어 1997. 1. 1.부터 시행되어 온 형사소송규칙 제89조의2는 "재판장은 필요하다고 인정하는 때에는 감정인에게 소송기록에 있는 감정에 참고가 될 자료를 제공할 수 있다"고 규정하고 위 개정규칙 제89조의3은 "법 제179조의2 제2항의 규정에 의하여 감정서의 설명을 하게 할 때에는 검사, 피고인 또는 변호인을 참여하게 하여야 한다"(제1항), "제1항의 설명의 요지는 조서에 기재하여야 한다"(제2항)고 규정하고 있다.[1] 위 규칙 제89조의2는 재판장으로 하여금 소송기록 내에 있는 감정참고자료를 감정인에게 제공할 수 있도록 한 규정이며, 당사자의 신청이 없이도 법원이 직권으로 소송자료를 감정인에게 제공할 수 있는 근거를 마련한 규정이다. 따라서 재판장은 필요하다고 인정하면 소송기록에 첨부되어 있거나 법원이 그 사건 기록과 관련하여 보관하고 있는 컴퓨터 기억매체나, 모니터 영상 촬영사진 등을 컴퓨터 전문가에게 송부하여 감정에 참고하도록 할 수 있다.

---

1) 1996. 8. 27.자 대법원 송무심의 0414-142 형사소송규칙안 신구조문 대비표 및 대한민국 정부 관보 1996. 12. 3.자, 77쪽 參照.

제4장

전자증거의 국제적 전송과 형사절차상 대응

제1절 서 설

국제적인 정보통신망을 이용하여 컴퓨터 범죄가 국제화됨에 따라 컴퓨터 관련범죄에 대한 수사 및 재판은 이제 국내만의 문제가 아니게 되었다. 인터넷은 전세계적으로 가동되는 것이므로 그 통신망을 이용하는 자는 마음먹기에 따라서는 특정국가의 법적용 대상에서 얼마든지 벗어날 수도 있다.[1]

이처럼 컴퓨터 犯罪 및 전자증거의 취득 및 활용은 이제 世界的인 문제가 되었다고 할 수 있다. 즉 원격통신망을 통해 세계 어느 곳에서나 수많은 컴퓨터 시스템에 쉽고도 은밀하게 침투할 수 있게 되었고, 국제금융기구는 컴퓨터 사기와 횡령의 공통목표물이 되었으며, 점증하는 컴퓨터 테러리즘의 등장 가능성으로 인해 세계의 安全을 지킬 국제적 전략이 필요하게 되었다.[2] 위와 같이 컴퓨터 시스템이 세계적으로 연결됨에 따라 여러 나라에 걸친 컴퓨터 범죄에 대처하기 위해 통일된 법체계가 요구되고 있다. 이를 위해서는 국내법 제정을 위한 표준화된 규정을 마련하고, 국제적인 사법공조체제를 갖추기 위해 국제협약을 체결하거나, 컴퓨터 소프트웨어의 불법복제를 방지하기 위해 민간단체를 결성하는 등으로 대처할 필요가 있다고 하겠다.[3] 바야흐로 시간과 사람에 구애받지 않고 전세계적으로 제공되는 컴퓨터 통신시대를 맞이하게 된 것이다.

또한 컴퓨터와 통신기술의 융합에 의한 뉴테크놀로지의 발전으로 컴퓨터와 인공위성을 이용한 전세계적인 텔레커뮤니케이션 네트워크의 형성이 가능하게 되어 어떤 데이터라도 순식간에 원하는 곳에 전송할 수 있는 국제데이터유통 (transborder data flow: TDF)의 문제가 주권문제와 관련하여 각국의 비상한 관심을

---

1) 鄭陣燮, 위 論文, 44쪽.
2) Barry J. Hurewitz, Allen M.Lo, Ibid, p. 516.
3) Barry J. Hurewitz, Allen M.Lo, Ibid, p. 518.

모으게 되었다.[1] 현행 「정보통신망 이용촉진 및 정보보호 등에 관한 법률」 제 51조는 정부로 하여금 국내의 산업, 경제, 과학, 기술 등에 관한 중요정보가 전산망을 통하여 국외로 유출되는 것을 방지하기 위하여 정보통신서비스제공자 또는 이용자에 대하여 필요한 조치를 강구할 수 있게 하고 있다. 수사에 있어서도 국제정보통신망을 이용하여 수사활동을 벌일 수 있다. 이와 같은 기술 및 법률현상에 대비하여 형사소송법상으로도 이에 따른 법리적 검토를 하는 것이 필요하다.[2]

제 2 절　국가간 컴퓨터 관련범죄 수사

1. 쌍방가벌성원칙의 완화

형사사건의 수사나 재판은 국가주권행사의 대표적 형태중 하나라고 할 수 있는데, 국제형사사법공조는 결국 이러한 형사사법에 관한 국가주권의 제한에 해당되며,[3] 이는 컴퓨터 관련 범죄와 같이 국제화하기 쉬운 범죄에 특히 의의가 있는 분야라고 할 수 있다. 국제형사사법공조에 관해서는 相互主義原則 (Principle of Reciprocity), 雙方可罰性原則(Principle of Double Criminality) 및 特定性의 原則(Principle of Speciality)과 같은 기본원칙들이 정립되어 있는데, 그중 雙方可罰性의 原則이란 형사사법공조의 대상이 되는 범죄는 請求國과 被請求國의 법률에 의하여 모두 처벌이 가능한 犯罪이어야 한다는 원칙이다.[4]

그러나 폭력, 테러범죄 등의 조직범죄에 대해 請求國 법률상의 범죄구성요건과 被請求國 법률상의 범죄구성요건 사이에 實質的 類似性(substantial similarity)만 존재하면 쌍방가벌성원칙을 충족하는 것으로 보는 것이 현대적인 추세이다. 우리나라가 미국과 체결한 刑事司法共助條約 제3조 제2항도 쌍방가벌성의 예외를 광범위하게 인정하고 있는데, 동조약 부속서에서 예시하고 있는 예외범죄에는 컴퓨터 관련범죄가 포함되어 있다.[5] 위와 같이 쌍방가벌성원칙이 완화되고

---

1) 崔正煥, 위 論文, 68쪽.
2) 安富 潔, "刑事手續と コンピュータ 犯罪", 186面 以下도 같은 취지에서 서술해 나가고 있다.
3) 鄭東基, "國際刑事司法共助의 基本原則", 「저스티스」, 第29卷 第1號(1996), 52쪽.
4) 鄭東基, 위 論文, 56쪽.
5) 鄭東基, 위 論文, 60쪽, 주 29).

있으므로 국가간 사법공조시에도 請求國의 컴퓨터 관련범죄 처벌규정과 被請求國의 그것 사이에 실질적인 유사성만 인정되면 공조를 해주어야 할 것이다. 그리고 미국과의 사이에 체결된 위 형사사법공조조약에 의하면 한국과 미국 사이에서는 상호 국내법에 의해 처벌되지 않는 컴퓨터 관련 범죄에 대해서도 형사사법공조를 요청할 수 있게 되었다.

2. 국외범의 국외수사

우선 內國人이든 外國人이든 묻지 않고 國外犯인 컴퓨터 범죄인에 대해 國內 搜査官이 國外나 국제정보통신망을 이용하여 국내에서 수사할 수 있는 권한이 있는가 하는 점을 살펴본다. 현행 형사소송법은 형법과 달리 그 場所的 適用 範圍에 관한 규정을 두고 있지 않기 때문에 발생할 수 있는 문제이다.

이러한 사정은 일본에서도 동일한데, 이에 관한 일본의 논의상황을 보면 다음과 같다. 이들 논의의 실익은 자국의 수사요원이 외국 정부의 승인 없이도 외국에서 수사활동을 할 수 있는지 하는 점에 관한 문제라고 하겠다. 첫 번째 견해는, 형사소송법은 원칙적으로 自國領土 內에서만 適用되는 것이고, 예외적으로 타국의 승인을 얻으면, 그 타국의 주권을 침해하지 않고 자국 내에서와 같은 권능을 행사하는 것은 국제법상 허용된다고 해야 하며, 따라서 예컨대 검사는 미국의 승인을 받아 자국의 형사소송법을 準據로 하여 임의수사로 미국 내에 있는 사람을 조사하고, 그 진술을 녹취할 수 있다는 견해이다. 두 번째 견해는, 이에 대하여 형사소송법은 자국의 주권이 미치는 범위뿐만 아니라 전 세계에 걸쳐 적용될 수 있는 것이고, 다만, 그것이 외국의 주권과 충돌하는 경우에만 국제법상 그 적용이 제한되는 것에 불과하다고 해야 하므로 상대국가의 승인이 있으면 자국의 主權이 顯在化하여 수사권한의 행사 등이 가능하게 된다고 하여 위 첫 번째 견해가 법령적용의 범위와 국가주권의 문제를 혼동하였다고 비판하는 견해이다. 그리고 세 번째 견해는 형사소송법의 규정 중 체포, 증인소환 등 상대방에게 직접, 간접적인 의무를 부과하는 규정과 같이 主權의 支配作用에 관계된 규정은 자국영역 내에서만 적용되는 것이고, 영역 외에서는 적용되지 않는다고 해야 하는 반면, 국가기관의 권한분배나 상대방에게 의무를 부과하지 않는 기관의 활동에 관한 규정은 영역 외 국가기관의 활동에 대해서도 적용된다고 한다.[1]

---

1) 이상의 이론 소개는 角田正紀, "犯罪の 國際化と 搜査", 松尾浩也·井上正仁 編, 「刑事訴訟法の

　　사견으로는 자국의 수사기관이 외국에 체재하는 범죄인을 체포해도 그 효력을 부인할 필요는 없다는 점에서 두 번째 견해가 타당하다고 생각된다. 즉 국외에서 강제처분도 외국정부의 승인이 있으면 가능하다고 보아야 한다. 따라서 외국정부의 승인을 얻어 외국 수사기관의 협력에 의해 국가간 컴퓨터 정보통신망을 탐색하는 수사활동은 국내법의 통신비밀보호법 등에 정한 요건을 충족하여 법관이 발부한 영장에 기해 행해지는 한 적법한 수사활동이며, 그에 기해 획득한 증거는 증거능력이 있다고 보아야 한다. 외국 정부의 승인을 받는 방식은 개별 사안별로나 사법공조조약이나 범죄인 인도조약 등 국제조약에서 정한 바에 따라야 할 것이다. 참고로 미국의 예를 보면, 미국은 외국인이 미국 외에서 범한 범죄에 대해서도 내국질서에 대해 직접적이고 실질적으로 예견 가능한 영향(direct, substantial and foreseeable effect)을 미칠 수 있는 행위이면 그에 대해 미국 내법을 적용한다는 입장을 취하고 있다.[1] 다만 국외범인 컴퓨터 범죄인에 대해 국내 수사관이 국외나 국제정보통신망을 이용하여 국내에서 수사를 진행하여 획득한 증거에 대해 그 수집절차의 위법성을 논할 필요는 없다고 본다. 그 수사를 행한 지역은 국내이기 때문이다.

　　이밖에 외국주재 대한민국 공무원이 작성한 공문서나 공전자기록의 내용에 전문진술이 포함되어 있으면 원진술자를 소환, 신문하여 그 진정성립 및 진술의 임의성이 인정되거나 전문법칙의 예외규정에 의해 증거능력이 인정되어야 위 공문서나 공전자기록을 유죄인정의 자료로 사용할 수 있겠다.[2]

　　爭點」(新版), ジュリスト 增刊, 有斐閣, 99面, 특히 첫 번째 견해는 위 문헌에 인용된 東京地判 昭和 36. 5. 13.下刑集3卷, 469面 參照.

1) 安富 潔, 前揭書, 247面 引用.

2) 대법원 1986. 10. 14. 선고 86도1283 판결은 "외국주재 대한민국 총영사관 영사작성의 영사증명서의 내용이, '오사까 다이이찌호텔 종업원 사까구찌에 의하면 1983년 1월경 기다무라라는 사람이 동 호텔에 투숙한 일이 있다.'라는 것이라면, 이는 피고인 아닌 사까구찌라는 사람의 사까구찌라는 사람의 공판기일 외에서의 진술을 내용으로 '하는 전문증거에 해당하는 것이어서 형사소송법 제311조 내지 제316조에 규정된 특단의 사정이 있다고 볼 자료가 없는 한 이를 유죄의 증거로 삼을 수 없다"고 한다.

제 3 절   외국정부가 수집한 전자증거

1. 증거조사의 촉탁

일본에서는 이른바 록히드 사건에서 수사 중인 검찰관이 일본 형사소송법 제226조(우리 형사소송법 제221조의2에 해당하는 조문)에 기해 록히드사 사장에 대한 증인신문을 청구하자, 그 청구를 접수한 법관이 미국법원에 촉탁하여 미국법원에서 위 사장에 대한 증인신문을 실시하여 증인신문조서를 작성, 일본 법원에 송부해 왔고, 당해 일본 법원은 이를 검찰에 송부한 사건이 있었다. 이 사안에 대해 피고인 측은 司法共助制度와 관련하여 일본 형사소송법은 일본의 국내 법원이 외국법원에 증인신문을 촉탁하는 권한을 인정하지 않고 있다고 다투었다. 즉 일본 민사소송법 제264조 제1항은 외국에서 행할 증거조사에는 그 국가의 관할관청, 외국영사 등에 촉탁하여 증거조사할 것을 요한다는 취지로 규정하고 있지만(우리 민사소송법 제296조도 동일한 취지의 규정을 두고 있음), 일본 형사소송법은 그러한 명문의 규정을 두고 있지 않다는 것이다. 이에 관하여 형사소송법에 그러한 규정을 두고 있지 않는 한 외국법원에 증거조사를 촉탁할 수 없다는 주장도 있으나, 일본 하급심 법원들은 모두 이를 허용되는 것이라고 판시하였다. 즉 法院은 그 소송상의 지위에 기하여 명문의 규정이나 소송의 기본구조에 저촉되지 않는 한 적절한 재량에 의해 공정한 소송지휘권을 행사하고 소송의 합목적적인 진행을 도모해야 할 권한과 책임을 갖고 있으므로 사안의 해명에 필요한 이상 소송지휘의 한 내용으로 외국법원에 증거조사를 촉탁할 수 있으며, 일본의 '外國裁判所의 嘱託에 대한 共助法'은 相互保證을 條件으로 외국법원의 증거조사촉탁에 대해 일본 법원이 응할 것을 규정하고 있는바, 이는 일본 법원이 외국법원에 증거조사를 촉탁할 수 있는 권한이 있음을 전제로 하고 있다는 점 등을 논거로 하여 이를 허용된다고 보고 있는 것이다.[1]

이와 같은 논의를 우리의 경우에 적용해 본다면, 법원의 소송지휘권에 기해

---

1) 이에 관한 논의에 대해서는 角田正紀, 前揭論文, 101面, 해당 일본 하급심 판례는 그곳에 인용된 東京地決 昭和 五三(1978년). 9. 21, 東京高判 昭和 五九(1984년). 4. 27.(刑裁月報 16卷 3, 4號, 180面), 東京高判 昭和 六二(1988년). 7. 29.(判時 1257號, 11面).

재판장은 외국법원에 증거조사를 촉탁할 수 있다고 보아야 하고, 또 그렇게 보는 것이 실체적 진실발견을 위해 타당할 뿐만 아니라, 피고인의 권리를 침해할 염려도 없다고 생각된다. 위와 같이 외국법원에 촉탁하여 작성된 증인신문조서도 형사소송법 제314조에 의해 증거능력을 인정할 수 있겠다. 현행 국제형사사법공조법은 증거 수집, 압수·수색 또는 검증을 공조의 범위에 포함시키면서(제5조 제4호), 외국에 대한 수사에 관한 공조요청(제29조 내지 제32조), 외국에 대한 형사재판에 관한 공조요청(제33조 내지 제35조)을 규정하고 있다. 이와 같은 절차에 의해 수집한 전자증거는 통상적인 국내 형사소송법의 증거법 규정에 의해 증거능력을 인정할 수 있다고 해야 한다. 다만, 우리나라의 법원이 외국에 대하여 재판에 관한 공조를 요구하는 경우에는 위 법률뿐만 아니라 조약 및 요청상대국의 공조에 관한 법규를 찾아 그에 따라야 할 것이다.[1]

2. 증거능력

외국의 수사기관이나 외국 법원 등에 의해 수집된 증거의 증거능력에 관해서는, 우리 형사소송법 제315조 제1호의 '外國公務員의 職務上 證明할 수 있는 事項에 關하여 作成한 文書'에 해당하는 것으로 보거나, 같은 조문 제3호의 '기타 특히 信用할 만한 情況 아래에서 作成된 書面'으로 보거나, 또는 범죄증명에 필요한 증거인지 여부 및 그 작성에 관한 特信情況의 요건을 살펴 같은 법 제314조의 '公判準備 또는 公判期日에 陳述을 要하는 者가 외국거주, 그 밖에 이에 준하는 事由로 因하여 陳述할 수 없는 때'에 해당하는 것으로 보아 증거능력을 인정할 수 있겠다. 외국수사기관이나 외국법원이 수집, 작성한 서면 기타 증거를 우리나라 수사기관이나 법원이 수집, 작성한 증거와 동일하게 보아 증거능력을 부여하기는 어렵기 때문이다. 따라서 예컨대 외국수사기관이 컴퓨터 동작을 통해 작성한 實況調査書도 우리나라 수사기관이 작성한 검증조서와 동일하게 보기 어려우므로 위와 같은 규정에 의해 증거능력을 인정해야 할 것이다. 물론 외국의 수사기관이 얻은 정보를 회답하여 온 서류에 대해 형사소송법 제315조 제1호에 의해 증거능력을 인정할 수 없다는 것이 학설이고[2] 판례이기는 하나,[3] 그 증거능력을 일률적으로 부정할 수는 없다고 본다. 적어도 위 제315조

---

1) 같은 취지, 법원행정처, 「법원실무제요 형사[II]」(2014), 767쪽.
2) 白亨球, 車鏞碩, 許亨九, 「註釋刑事訴訟法(中)」, 韓國司法行政學會(1992), 582쪽. 그러나 신현주 285쪽은 제3호에 해당한다고 하여 증거능력을 인정한다.
3) 대법원 1979. 9. 25. 선고 79도1852 판결; 대법원 2007. 12. 13. 선고 2007도7257 판결.

제3호나 제314조에 의해 증거능력을 인정할 수는 있다고 해야 한다. 더욱이 위와 같은 학설이나 판례의 태도에 의하더라도 외국의 법원에 의해 수집된 증거의 증거능력을 위 제315조 제1호에 의해 인정하기에 무리가 없다고 본다. 다만 증명목적으로 작성되었다고 볼 수 없는 판결서 등은 당해 판결이 있었다는 사실이 아니라, 판결서의 내용에 기재된 사실을 인정하기 위한 증거로는 사용될 수 없겠다.

다음으로 국제형사사법공조에 있어서 적용되는 特定性의 原則에 관해 살펴본다. 이 特定性의 原則 또는 特定主義의 原則은 범죄인 인도제도에서 확립된 원칙으로 인도된 범죄인은 인도청구의 원인으로 특정된 행위에 한하여 소추·처벌되어야 한다는 원칙이다.[1] 그러므로 被請求國에 의해 행해진 사법공조행위는 請求國이 그러한 협력을 청구한 형사절차에서만 이를 활용할 수 있는 것이 원칙이다. 형사사법공조에 관한 유엔모델조약 제8조는 요청국은 피요청국의 동의 없이 피요청국에 의해 제공된 정보나 증거를 요청서에서 언급된 수사나 소송절차 이외의 다른 절차를 위하여 사용하거나 이전해서는 안 된다고 하여 위 特定性의 原則을 천명하고 있다.[2]

---

1) 鄭東基, 위 論文, 60쪽.
2) 그러나 우리 國際刑事司法共助法 제22조 제2항은 우리나라가 외국의 요청으로 공조자료를 송부하는 경우 그 자료 등의 사용, 반환 또는 비밀유지 등에 관하여 요청국이 지켜야 할 준수사항을 정하여 그 이행에 대한 보증을 요구할 수 있다고 규정하고 있을 뿐 外國이 요청국이 되었을 때 그 외국이 부과한 조건을 우리가 준수해야 하는지 여부에 관한 규정은 두고 있지 않다. 이상은 鄭東基, 위 論文, 65쪽.

제5장

결   론

1. 이상으로 수사 및 재판절차상 전자증거를 수집하고 활용하는데 있어 대두될 수 있는 형사소송법상의 제문제점을 검토해 보았다. 이와 같은 문제점에 관하여 금후 논의되어야 할 분야는 본문에서도 중점적으로 다룬 바와 같이 전자적 기록물에 대한 압수수색의 범위나 그 절차에 관한 문제, 특히 헌법상의 영장주의 원칙과 관련하여 수사의 필요성과 피의자나 피고인 또는 제3자의 전자증거에 대한 권리보장의 조화 문제, 컴퓨터 통신의 광범한 확산에 따른 헌법상의 정보에 대한 자기결정권, 프라이버시 보호 등 기본권 보장 문제, 전자증거에 의한 재판시 그 증거능력부여나 증거조사의 방식, 그리고 증명력 문제 등이라고 할 것이다. 이에 덧붙여 국제적으로 확산되는 컴퓨터 범죄에 대해 국가간의 범죄인 인도조약이나 재판상의 공조에 관한 조약을 체결하는 문제, 그리고 그에 따라 국내법을 정비하는 문제도 앞으로 충분히 검토되어야 한다고 하겠다.

컴퓨터 범죄론이나 전자증거를 일컬을 때 사용하는 컴퓨터라는 용어는 그 개념을 정의하기에 어려움이 있다. 기술진보에 따라 새로운 구조와 형태를 가진 컴퓨터가 출현할 가능성이 상존하기 때문이다. 따라서 대량의 정보를 순서에 의하여 자동적으로 신속, 정확하게 반복적으로 처리하고 이를 전달할 수 있는 기기라는 의미로 "컴퓨터"라는 용어를 사용하는 정도에 그치는 것이 무난하다고 하겠다. 그리고 컴퓨터에 의해 처리되거나 저장되고 전송되는 데이터를 보유하고 있는 전자기적 매체를 형사소송법상으로 고찰함에 있어서는, 형법상의 컴퓨터 범죄뿐만 아니라 기존의 형법구성요건에 해당하는 범죄도 컴퓨터를 이용하여 행해지거나 그에 관련된 증거가 컴퓨터에 의해 보존될 수 있으므로, "컴퓨터 關聯 犯罪"라는 용어를 사용하여 그 형사소송법상의 문제점을 검토해 보는 것이 적절하다. 그리고 "電子證據"라는 용어는 컴퓨터의 입력장치, 기억장치, 중앙처리장치, 보조기억장치, 출력장치 등 컴퓨터의 기본구조에 관련되어 작성되는 증거방법을 말하고 좁은 의미로는 하드디스크나 서버, USB, San Disk 등 전자기억매체 자체를 의미한다.

2. 수사절차상 데이터를 압수할 수 있는지 여부에 관하여, 그 물리적인 性狀에 비추어 해석하되, 당해 데이터가 범죄혐의 내지 공소사실을 증명할 수 있는 최소한의 힘이 있는지, 즉 자연적 관련성이 있는가 하는 점 및 당해 데이터를 압수해야 하는 경우인지 아니면 압수를 위한 전단계로 수색하는 경우인지에 따라 결정해야 한다. 즉, 당해 범죄행위와 관련된 자료만이 저장된 디스크 등 컴퓨터 장비는 그것이 당해 데이터와 일체 불가분으로 결합되어 있으므로 그 컴퓨터 장비를 형사소송법 제106조의 증거물 또는 몰수할 것으로 사료되는 물건에 해당된다고 보아 위 법률규정에 의해 압수할 수 있다고 보면 된다. 그러나 당해 범죄행위와 무관한 자료와 유관한 자료가 함께 저장된 컴퓨터 장비는 위와 같이 당해 데이터와 전자적 기억매체 등 컴퓨터 장비가 일체불가분으로 결합되어 있다고 볼 수 없다. 그러므로 이때 당해 데이터를 취득하는 방법은, ① 그 데이터가 통신비밀보호법 규정에 의해 감청이 허용되는 요건을 충족하는 전송중의 데이터이면 위 법률에 의한 감청의 방법으로 취득하는 방법, 또는 ② 수사기관이나 피처분자의 컴퓨터를 이용하여 요증사실과 관련 있는 자료만을 출력한 자기디스크나 광디스크, 또는 출력문서를 압수하는 방법 등이라고 하겠다. 이렇게 해석하는 것이 현행 형사소송법 제106조 제3항이 정보저장매체를 압수하는 경우 기억된 정보의 범위를 정하여 출력하거나 복제하여 제출받는 것을 원칙으로 한 취지에 부합한다고 생각한다.

그러나 압수의 경우와 달리 형사소송법 제109조의 수색대상이 되는 "물건"에는 범죄행위와 관련된 자료만이 저장된 컴퓨터 장비뿐만 아니라 범죄행위와 무관한 자료와 유관한 자료가 함께 저장되어 있는 컴퓨터 장비도 포함된다고 해석하여야 한다. 수색에 착수하기 이전에는 수색대상이 된 컴퓨터에 저장된 자료가 범죄행위와 관련이 있는지 여부를 알기 어려우므로, 범죄행위와 관련된 자료가 저장되어 있을 개연성이 있기만 하면 당해 컴퓨터 시스템을 조사할 수 있도록 하는 것이 타당하기 때문이다.

그리고 영장주의의 원칙은 전자기록을 압수·수색할 때도 적용되어야 한다. 따라서 압수·수색대상물을 영장에 특정하기 위해서는 電子證據의 關聯性要件을 고려하지 않을 수 없는데, 電子證據가 당해 犯罪行爲와 關聯性이 있고 따라서 압수·수색의 대상이 되는지 여부는 피의사건의 존재를 電子證據에 의해 최소한도의 증명력으로 입증할 수 있는지 여부, 피의사건의 중대성이나 혐의의 존재, 당해 증거의 중요성과 그 취득의 필요성, 다른 수단의 유무, 상대방이 입는 손해의 정도 등을 종합해서 판단해야 한다. 그리고 법원이 제3자가 소유하고 있는 증거물에 대한 압수를 영장발부에 의해 허가한 이상 피처분자의 컴퓨터를 사용하여 출력하는 것까지도 허용한 것이라고 해야 하며, 따라서 별도의 영장 없이도 압수, 수색영장집행에 必要한 處分으로 피처분자의 컴퓨터를 이용하여 전자기록을 출력할 수 있다고 본다. 그리고 데이터가 컴퓨터 내부에 기억된 상태로 존재하는 경우 이를 대상으로 한 압수를 가능하다고 보되 수사기관에 의한 자기디스크 등의 압수나 出力에 대해 법관의 영장을 발부받게 하여 당해 범죄와 무관한 정보의 압수로 인한 피압수자의 사회, 경제적 손실을 최소화 하도록 하여야 한다.

컴퓨터 이용자의 수사절차 협력의무에 관해서는, 수사기관이 상대방의 컴퓨터를 강제로 이용하는 것뿐만 아니라 출력을 강제하는 것까지도 우리 형사소송법상의 必要한 處分으로 허용된다고 보되, 그 부작용을 충분히 고려하여 그 실시에 신중을 기해야 한다고 하겠다. 그러나 상대방이 그 출력명령에 응하지 않는다고 해도 이를 제재할 방법은 없다. 그리고 우리 형사소송법 제120조, 제219조 등에서 말하는 "必要한 處分"은 수사나 재판상의 目的達成에 最少限으로 必要한 處分이라고 해석해야 하며, 이는 犯罪를 범하였다고 의심할 만한 相當한 理由의 存在, 被疑事件의 重大性, 當該 證據의 重要性 및 그 取得의 必要性, 상대방의 컴퓨터를 이용하지 않고도 다른 수단에 의해 증거를 확보할 수 있는지 여부, 相對方이 입게 될 被害의 程度 等을 종합적으로 비교하여 결정할 문제이다.

컴퓨터 通信의 探索에 관하여 헌법상 인정되는 情報에 대한 自己決定權이 보장되어야 하며, 通信秘密保護法과 관련해서 컴퓨터 통신에 대한 수색에도 개인의 프라이버시 보호의 원칙이 적용되어야 한다. 이것을 위해 컴퓨터 통신의 자유권이 보장되어야 하고, 그 이면으로 컴퓨터 통신을 통한 표현의 자유가 보장되어야 하며, 한 걸음 더 나아가 컴퓨터 통신을 통해 전파되거나 국가기관에 의해 수집, 저장된 개인의 정보에 대해 그 내용 및 저장과정을 통제할 수 있는 '정보에 대한 자기결정권'이 보장되어야 한다. 그리고 전자증거에 대한 수사에 관해서도 프라이버시 보호의 원칙은 지켜져야 한다. 위와 같은 헌법상의 기본권을 보장하기 위해서 통신비밀보호법에 정해진 요건을 준수하여 컴퓨터 통신망을 통해 전송되는 정보를 탐색하는 선에서 수사활동이 이루어져야 한다. 위 법률에 규정된 요건을 충족하지 못하거나 컴퓨터 시스템 이용자의 동의를 얻지 않고 행해지는 컴퓨터 통신 탐색행위는 위법이며, 그에 기해 수집된 전자증거는 위법한 절차에 기해 수집된 증거로서 증거능력이 부정되어야 한다.

3. 전자증거의 서면성 인정여부에 관해서는, 전자기록물은 시각적 지각가능성이 없고, 또 다수인에 의하여 만들어지는 경우가 많으므로 명의가 없거나 분명하지 않은 경우가 있어서 보장성을 결하는 경우가 많아 이를 문서로 보기 어렵고, 형사소송법상으로도 증거서류와 동일하게 보기에 의문이 있으므로 書類, 書面, 文書 等의 개념을 전제로 규정하고 있는 형사소송법 규정이 그대로 각종 전자증거에 그대로 적용된다고 보기에는 어려움이 있고, 따라서 여러 전자증거는 개별 논점별로 서류에 준하는 물건으로 보거나 검증 또는 감정대상물로서 취급하여야 한다. 컴퓨터에 기억된 데이터와 출력물과의 관계에 관해, 전자기록 자체는 가시성, 가독성을 구비하고 있지 못하여 그 자체를 증거로 사용하는 경우는 드물다는 점에서 보면 이를 문서 내지 문서의 원본으로 보는 것은 무리라고 할 것이므로, 이를 출력한 문서를 읽고, 그 내용을 이해하여 요증사실 인정자료로 사용하는 이상 출력된 문서 자체를 문서의 原本으로 보면 된다. 또한 위법한 절차에 기해 수집된 전자증거의 증거능력은 부정되어야 한다. 그리고 전자증거에 대한 전문법칙 적용여부에 관해서는, 전자기록매체 자체는 서면성을 갖고 있지 못하므로 타인의 진술을 기록한 매체가 서면임을 전제로 하는 현행 형사소송법상의 전문법칙에 관한 규정을 그대로 적용하기는 어렵다고 할 것이나, 전자기록매체가 문서를 대체하면서 광범위하게 확산되어 이용되는 현실을 고려하고, 반대신문권의 보장이라는 전문법칙의 이상을 전자증거에 대하여 배제할 뚜렷한 이유가 없다고 볼 때, 피고인 또는 증인의 공판정 외의 진술을 내용으로 하는 것으로서 書面이라고 볼 수 없는 전자기록 자체에 대해서는 傳聞法則에 관한 이론을 準用하여, 그리고 그러한 진술을 내용으로 하는 전자증거가 書面의 形態로 出力되고, 당해 書面을 出力한 者의 陳述 등에 의하여 그 書面과 전자기록과의 同一性이 인정되는 경우 등에 대해서는 전문법칙이론을 그대로 適用하여, 각각 傳聞法則의 例外에 해당하는 경우 당해 전자증거의 證據能力을 인정할 수 있다.

전자증거의 증거조사방법에 관하여 서면의 형태로 출력된 컴퓨터 出力物은 당해 정보의 입력자나 출력자에 의해 컴퓨터에 내장된 정보와 出力物 사이의 同一性이 증명된다면 그 出力文書를 書類의 原本으로 보고 형사소송법 제292조에 의해 證據書類에 관한 증거조사의 방식에 따라 신청인이나 소지인 또는 재판장, 법원사무관 등이 낭독하거나, 내용을 고지하거나, 제시하여 열람하게 하는 등의 방식으로 증거조사를 하면 되나 컴퓨터에 내장된 정보가 전자기록매체의 형태로 증거로 제출된 때는 컴퓨터 기억매체 자체는 문서의 특징인 가시성, 가독성이 없는 것으로 보아 기본적으로 검증이나 감정의 성질을 갖는 절차에 의하여 증거조사를 하면 된다.

그리고 전자증거의 증명력 판단에도 자유심증주의가 적용된다고 보되, 電子記錄은 원래 기록된 내용을 흔적도 없이 지워버리고 변경할 수 있다는 점에 유의하여 그 신빙성을 결정해야 할 것이다. 또한 증거조사를 거쳐 컴퓨터 디스켓에 대한 押收經緯에 비추어 볼 때 그것이 僞造되었거나 부정출력 되었다는 사실이 분명하게 밝혀지면 그 진정성립을 부정하거나 위법한 절차에 기해 수집된 증거로서 증거능력을 부정하는 것이 타당하다. 그리고 단지 위조의 의심이 있는 정도에 그치고 위조의 점이 증명되지 않으면, 당해 컴퓨터 관련 증거의 증거능력은 인정하되 증명력의 정도를 낮은 것으로 평가하면 된다. 이밖에 문제된 컴퓨터 시스템이 정상적으로 작동되지 않았다는 점이 증명되면 당해 컴퓨터에 의해 생성된 증거는 증명력이 없거나 부족한 것으로 평가하면 족하고 증거능력이 없다고 볼 필요는 없다.

4. 컴퓨터 關聯犯罪의 國際化에 따라 국가간 컴퓨터 관련범죄 수사문제, 외국 정부에 대한 증거조사의 촉탁과 그 증거능력문제 등도 주의 깊게 고찰해야 한다.

5. 컴퓨터 시스템의 정확성에 대해 의도적인 위협을 가하여 오류를 발생케 하는 것이 바로 컴퓨터 범죄라고 할 수 있고, 이에 대한 투쟁수단을 강구하면서도 컴퓨터를 이용한 사회생활을 더욱 자유롭고 안전하게 할 수 있도록 배려하는 것이 컴퓨터 범죄나, 전자증거에 대한 형사소송법상 문제점을 보는 시각이 되어야 한다고 하겠다. 미국이나 독일(Computer und Recht) 또는 일본(法とコンピュ -タ) 등에서는 컴퓨터와 법률문제를 다루고 있는 저널이 발행되고 있을 만큼 컴퓨터 범죄에 대한 논의가 활발하며 그 이론적 수준도 높다. 그러나 컴퓨터의 비약적인 확산에도 불구하고 전자증거에 관한 형사소송법상의 문제점에 대해 논의하고 있는 우리의 법이론 상황은 성숙되지 못한 상태에 있는 것이 아닌가 하는 의문을 떨쳐버릴 수 없다. 전자증거의 형사소송법상 문제점을 논한 문헌이 많지 않다는 점이 이를 증명한다고 하겠다. 우리나라에서 컴퓨터가 광범위하게 활용되어 모든 사회활동의 기본도구로 자리 잡혀 가고 있음에도 불구하고 컴퓨터 데이터에 관한 형사소송법상의 문제점에 관하여 實務上, 學說上으로 별다른 논의가 이루어지고 있지 않은 이유는, 當事者가 法院에 提出한 컴퓨터 데이터가 프린트 아웃된 文書의 形態를 갖고 있어, 法院도 當事者도 이를 '書類'로 취급하는데 별다른 의문을 갖고 있지 않기 때문으로 생각된다. 그러나 형사절차상

전자증거의 수집 및 이용에 따른 法理論的 問題點에 관하여 實務運用 및 判例, 그리고 學說의 飛躍的인 蓄積과 發展을 기대한다. 나아가 2005년부터 형사사법 절차의 전자화 촉진을 위해 「형사사법절차 전자화 촉진법」이 제정·시행되어 KICS(형사사법정보시스템)이 운용되고 있다. 그에 따라 법원, 법무부, 검찰청, 경찰 청이 형사사법업무처리기관에 포함되었다. 그러니 이 분야의 논의도 발전해 가 기를 역시 기대한다.

제 2 편

전자증거법론의
분야별 적용

제1장

전자증거의 관련성과 위법수집증거론

제1절 증거의 관련성과 전자증거[1]

〈요　약〉

　유체물이 아닌 정보의 형태를 하고 있는 전자증거를 수집하고 공판절차에서 이를 증거로 이용하기 위해서는 당해 증거와 요증사실과의 관련성(relevancy)이 인정되어야 한다. 무체정보인 데이터가 요증사실과 관련성을 갖고 있으면 그것을 출력하여 재구성한 디스켓, 인쇄물 등을 압수하는 방법에 의해 압수하면 되기 때문이다. 증거의 관련성이 인정되려면 우선 당해 증거가 중요한 증거이고, 증거가치가 인정되는 증거이어야 한다. 증거의 중요성(materiality)은 그 증거로 입증하고자 하는 사실이 특정 사건의 쟁점이 되고 있음을 의미한다. 증거의 가치(probative value)는 그 증거에 의해 요증사실을 더 입증할 수 있게 하는지 덜 입증할 수 있게 하는지 여부에 의해 결정된다. 만일 당해 증거와 요증사실 사이의 논리적 관련성을 추론해 내기 위해 다른 많은 요소들을 고려해야 한다면, 그 증거의 가치는 부정되어야 한다. 이런 의미에서 증거의 중요성과 증거가치가 인정되는 증거를 논리적 관련성(logical relevancy)이 있는 증거라고 일컬을 수 있다. 그러나 논리적 관련성이 있는 증거라고 할지라도 그것이 배심원 등 사실발견자로 하여금 부당한 편견을 유발하게 하거나, 쟁점을 흐리게 하거나, 배심원을 오도하거나, 부당하게 절차를 지연시키거나, 시간을 낭비하게 하거나, 다수의 증거를 불필요하게 제출하는 등으로 그 폐해가 증거가치를 능가하면 증거에서 배제되어야 한다. 이처럼 증거가 공판정에서 조사되기 위해서는 논리적 관련성 및 법적 관련성(legal relevancy)이 인정되어야 한다. 이러한 증거의 관련성은 과학적, 기술적 증거에 관해 관련 과학자나 기술자들로부터 일반적 승인을 받고 있거나, 과학적 타당성이 있어야 한다는 Daubert 원칙으로 구체화된다. 그리고 이러한

---

[1] 이 節은 저자의 "證據의 關聯性과 컴퓨터 關聯證據", 한국법학원, 「저스티스」 통권 제73호 (2003)를 2015년 현재의 법 상황에 맞게 업데이트한 내용이다.

관련성 요건은 관련성 있는 증거만을 압수·수색대상물로 특정해서 압수·수색영
장을 발부해야 하고, 수사기관의 데이터에 대한 압수도 그 범위에서 허용해야
한다는 원칙으로 확장되어야 한다. 관련성이 인정되는 전자증거에 한해 증거조
사의 대상으로 삼아 공판정 제출을 허용해야 하고, 관련성이 인정되는 전자증거
에 한해 전문법칙의 적용 등 증거능력 부여를 위한 요건의 충족 여부를 살펴야
한다.

1. 서   론

　요즈음 형사절차상 이메일 내용이나 인터넷 사이트의 콘텐츠 등과 같은, 컴
퓨터로 생성되고 컴퓨터 네트워크를 통하여 전송되고 저장되는 정보를 공판정
에 증거로 현출할 필요성이 커지고 있다.[1] 이 때 컴퓨터 관련 증거를 압수하고
수색하는 권한과 같은 수사권의 한계 설정을 위한 도구 개념으로 상정할 수 있
는 것이 바로 특정 전자증거와 수사기관이 그 전자증거를 강제력으로 수집하여
입증하고자 하는 범죄사실 등 요증사실과의 관련성이라고 할 수 있다. 관련성의
개념을 동원하여 프라이버시권이나 영업의 자유권과 같은 시민들의 기본적 인
권보장을 위해 수사기관의 수사권의 한계를 설정하는 작업은 다음과 같은 기본
틀에서 이루어져야 한다고 하겠다. 이하에서 주로 미국의 제도와 관련하여 논의
할 수 있는 사항을 중심으로 전자증거의 관련성 문제를 살펴보기로 한다.

가. 무체정보의 압수 가능성

　전자증거의 성상은 우선 그 데이터 형태의 무체물성에서 찾아볼 수 있다.
미국의 절취품관리법(National Stolen Property Act)의 적용 영역에서 유체물과 무체물
의 기본적인 차이점을 발견할 수 있다. 위 법률은 절취되었거나 사취된 정을 알
면서 5,000달러 이상의 가치를 지닌 유체물인 상품(tangible goods[2] and wares, mer-
chandise), 증권, 화폐 등을 州間에 수송하는 행위를 금지하고 있다. 그러므로 예
컨대 저작권법에 의해 보호를 받는 컴퓨터 소프트웨어를 인터넷 전자게시판에
서 다운로드 받아 둔, 순수한 무체물 형태인 컴퓨터 프로그램에 대해서나,[3] 원

---

1) 이 글은 저자가 2001. 8.부터 2002. 5.까지 미국의 Yale Law School에서 Visting Scholar로 유학
　하면서 작성하여 우리 대법원에 제출한 영문판 논문을 국문으로 재 작성한 논문에 기초하되
　2014. 3. 현재의 가장 최신의 미연방 증거규칙을 반영한 것이다. 즉, 이 글의 내용은 미국의 법
　률제도를 중심으로 기술한 것이다.
2) 지금의 18 U.S.C.A §2314는 "any goods"라고 표현하고 있다.
3) United States v. LaMacchia, 871 F.Supp.535, 536-38(D. Mass. 1994).

본코드(source code) 형식으로 작성된 컴퓨터 프로그램[1] 등에 대해 위 법률을 적용할 수 없다는 것이 미국 법원의 태도이다.

그러나 만약 소프트웨어가 하드웨어 내에 저장되어 있는 상태에서 그 하드웨어가 절취되었다면 당해 소프트웨어는 위 절취품관리법상의 "상품"(goods and wares) 개념에 해당한다.[2]

우리나라 형사소송법으로도 2011. 7. 18. 신설된 제106조 제3항 제정 이전에 전통적으로 무체정보는 압수나 수색의 대상으로 예정하고 있지 않았으므로 기본적으로 그 압수나 수색 가능성을 부정하여야 한다고 해석할 수밖에 없었다. 그러나 그러한 법 상황에서도 일률적으로 전자증거의 압수나 수색 가능성을 부정하면 현실적인 수사상의 필요성을 충족할 수 없으므로 일정 범위 내에서 그에 대한 탐색이나 압수를 허용하지 않을 수 없는데, 그 허용 여부는 당해 컴퓨터 관련 증거와 요증사실과의 관련성이 인정되는지 여부에 의해 결정해야 한다고 해석하였다.[3] 2011. 7. 18. 신설된 형사소송법 제106조 제3항도 이러한 전제

---

1) United States v. Brown, 925 F.2d 1301, 1308(10th Cir. 1991).
2) United States v. Lyons, 992 F.2d 1029, 1033(10th Cir. 1993).
3) 오기두, 「형사절차상 컴퓨터 관련증거의 수집 및 이용에 관한 연구」, 서울대학교 법학박사학위논문(1997), 76-81쪽.

컴퓨터 범죄 및 전자증거에 대한 사례, 법률, 출판물, 의견, 진술, 보고서, 서신, 지침서, 그 밖의 일반적인 논의 등에 대해서는 다음을 참고하면 된다.

The National Information Infrastructure Protection Act of 1996 & National Infrastructure Protection Center; Pub.L.No. 104-294, Title II. §§201, 110 Stat. 3488, 3491-94(1996)(최신판으로 18 U.S.C. §§1030); U.S. Sentencing Commission, Report to the Congress: Adequacy of Federal Sentencing Guideline Penalties for Computer Fraud and Vandalism Offenses 2, 6(1996), 이 문헌은 http://www.ussc.gov/compfrd.pdf에서 찾아볼 수 있다; Frank P. Andreano, "The Evolution of Federal Computer Crime Policy: The Ad-hoc Approach to an Everchanging Problem, 27", AM.J.Crim.L. 81, 85-94(1994); Eric J. Bakewell, Michelle Koldaro, Jennifer M. Tjia, "Computer Crimes", 「American Criminal Law」, Vol 38:481(2001); U.S. Department of Justice, 「Federal Guidelines for Searching and Seizing Computers」(1994); 종래 관련 웹사이트로는 다음과 같은 것들이 있었다. http://bsa.org; http://www.fbi.gov/pressrm/congress/congress98/sac310.htm
http://www.fbi.gov/pressrm/congress/congress98/vatis0610.htm
http://www.fbi.gov/pressrm/congress/congress97/compcrm.htm
http://www.fbi.gov/pressrm/congress/congress00/kerro90600.htm
http://www.nipc.gov/about3.htm/; http://www.oecd.org/about
http://www.usdoj.gov/criminal/cybercrime/append.pdf
http://www.usdoj.gov/criminal/cybercrime/index.html
http://www.usdoj.gov/criminal/cybercrime/195_ag.htm
http://www.usdoj.gov/criminal/cybercrime/dagceos.html
http://www.usdoj.gov/criminal/cybercrime/racismum.htm
http://www.usdoj.gov/criminal/cybercrime/search_docs/toc.htm
http://www.usdoj.gov/criminal/cybercrime/carnivore.htm

에 입각하고 있다.

나. 무체정보이자 요증사실과 관련성 없는 정보의 압수 가능성

즉, 무체정보이자 쟁점되는 사실과 관련성 없는 정보는 압수할 수 없는 것이다. 다만, 어떤 컴퓨터 데이터가 요증사실과 관련성이 있는지를 결정하기 위하여 행하는 탐색(수색)의 범위는 넓게 인정하지 않을 수 없다. 탐색(수색) 이전에는 당해 컴퓨터 데이터의 관련성 인정 여부를 판단하기 어렵기 때문이다. 그러므로 예컨대 공개된 인터넷 게시판과 같이 불특정 다수인의 열람을 전제로 운영되는 인터넷 사이트에 대한 탐색은 별다른 제한 없이 허용된다고 해야 한다. 그러나 공개되지 않은 컴퓨터 통신 내용 등에 대한 탐색은 관련성 요건에 대한 고려에 앞서 강제처분에 해당하므로 법관의 압수·수색영장을 발부받아서만 탐색할 수 있다고 해야 한다.

다. 요증사실과 관련성 없는 무체정보를 유체물로 만들어 하는 압수의 가능성

특정 범죄사실을 수사하여 기소함으로써 공판절차에서 입증하고자 하는 사실과 관련성 있는 컴퓨터 데이터는, 그것이 보존되어 있는 유체물인 하드웨어 자체의 압수나, 관련성 있는 데이터를 출력하여 재구성한 디스켓, 인쇄물 등을 압수하는 방법에 의해 압수하면 된다. 물론 앞서 본 바와 같이 외부로부터의 자유로운 접근이 허용되어 있는 인터넷 사이트의 게시물이나 게시 정보에 대해서는 자유로운 탐색 및 압수가 허용된다고 하겠다. 그러나 인터넷 프로바이더나 특정 인터넷 사이트 운영자, 또는 그 인터넷 사이트를 이용하는 고객의 동의를 얻어야만 관련 컴퓨터 정보(IP 주소, 로그온 흔적, 인터넷 서비스 가입자 신상정보 등)를 탐색, 압수할 수 있다고 보이는 경우, 법관이 발부한 영장에 의해 당해 정보가 저장되어 있는 컴퓨터 시스템을 탐색하고, 그 탐색의 결과 요증사실과 관련성 있다고 인정되는 정보만을 압수할 수 있다고 해야 한다.

이하에서는 이처럼 컴퓨터 데이터의 압수, 수색 범위를 결정하는 데 필요한 도구개념인 증거의 관련성을 상세히 고찰해 보기로 한다. 우선 증거의 관련성에 대해 규율하고 있는 미국 연방증거규칙(Federal Rules of Evidence) 규정을 살펴보면 다음과 같다.

2. 증거의 관련성에 관한 일반론

가. 미국 연방 증거규칙 제401조

미연방 증거규칙 제401조는 "관련성 있는 증거"(relevant evidence)를 "그러한 증거가 없을 때보다 기소가 더 이유 있는지 또는 덜 이유 있는지 여부를 결정함에 있어 중요한 사실의 존재를 입증하는 증거"[1]를 의미하는 것으로 정의하고 있다. 이 규정에 의하면 관련성 있는 증거란 "공소사실이나 기타 쟁점되는 사항을 결정할 수 있는 자격을 가진 증거"를 말한다고 할 수 있다.

그러므로 요증사실을 직접적으로 입증할 수 있는 직접증거는 그 요증사실과 관련성이 있다고 할 수 있다. 예컨대 살인죄로 기소된 피고인이 피해자를 권총으로 쏘아 살해하였다는 사실을 입증하기 위해, 피고인이 피해자를 향해 권총을 발사하는 장면을 목격하였다는 증언을 해 줄 증인을 신문하는 경우, 당해 증인의 증언은 살인죄의 공소사실과 완벽한 관련성을 가진다.

반면 간접증거나 정황증거가 공소사실과 관련성이 있는지 여부는 직접증거의 경우와 같이 단정적으로 말하기 어렵다. 그 이유는 간접증거나 정황증거만으로는 쟁점되는 사실을 곧바로 입증할 수 없으므로 쟁점사실을 인정하기 위해 그 간접증거나 정황증거에 논리적 추론을 더해야만 하기 때문이다. 예컨대, 피고인이 허리에 권총을 차고 있는 것을 목격하였다는 증인의 증언은 간접증거에 불과하다. 피고인이 허리에 차고 있던 그 권총으로 피해자를 살해하였다는 결론에 이르기 위해서는 위와 같은 증인의 증언에 논리적 추론을 더하여야만 하기 때문이다. 다시 말하면, 그 증인의 증언은 피고인에 대한 살인죄의 공소사실과 관련성 없는 증거이므로 공판정에 현출되면 안 된다는 공격을 받을 수도 있는 것이다.

그러나 어떤 증거로부터 특정 결론에 도달하기 위해 논리적 추론이 필요하다는 이유만으로, 그 증거가 당해 결론과의 관련성이 없다고 말할 수는 없다. 그러한 증거는 경험칙에 의한 통계적 관찰에 의해 쟁점되는 결론을 이끌어낼 수 있는 근거가 될 수도 있기 때문이다. 특히 확률법칙을 응용한 과학적 연구결과는, 비록 당해 연구과정에서 고려하지 않은 다른 변수를 고려하면 그 연구결

---

1) Federal Rules of Evidence Rule 401, 28 U.S.C.A.
  "Evidence is relevant if: (a) it has any tendency to make a fact more or less probable than it would be without the evidence; and (b) the fact is of consequence in determining the action."

과와 다른 결론에 이르게 될 가능성이 있다고 하더라도, 관련성 있는 증거로 취급되어야 한다. 즉, 그 과학적 연구과정에서 배제한 변수를 고려하는 것은 그 연구결과의 신빙성을 판단할 때 고려될 사항이지 당해 과학적 연구결과와 요증사실과의 관련성을 판단할 때 고려될 사항은 아니라고 해야 한다.

여기서 어떤 증거가 요증사실과 관련성이 있는지, 그렇지 않은지를 결정하는 것이 중요한 문제로 등장한다. 그리고 그러한 관련성의 존재 여부에 대한 결정은 법관이 하게 된다. 법관은 그의 개인적 경험이나 일반상식, 인간의 행위나 동기에 관한 이해에 기초하여 증거의 관련성 여부를 결정한다.[1] 이 때 법관은 합리적인 배심원의 입장을 고려해서 판단해야 한다.

증거는 어떤 사실의 존재를 입증할 때뿐만 아니라, 그 부존재를 입증할 수 있을 때도 관련성을 갖는다. 그러므로 만일 어떤 증거가 특정의 직접증거를 이용할 수 없다는 점을 입증할 수 있다면, 당해 증거는 그 직접증거로 입증하려고 하는 사실에 관련된 증거로 취급되어야 한다.

증거의 관련성 요건을 요구하는 기본적인 이유는 배심재판제도와 구두진술에 의한 입증방법을 사용하는 제도 때문이다. 증거를 제출하는 당사자는 모든 증거를 일괄하여 제출하면 안 되며, 개별 증거를 배심원들이 이해할 수 있도록 각각[2] 제출하여야 한다. 그리고 그와 같이 제출되는 증거는 소송절차의 효율적 운영을 위해 요증사실과 관련성이 있어야 한다.

그러나 소송절차의 합리적 운용이라는 관점에서 본다면 배심재판제도를 택하고 있지 않는 제도 하에서도 증거의 관련성 개념을 도입할 수 있다고 해야 한다. 만약 관련성 없는 증거가 제한 없이 판사 앞에 제출된다면 자칫 소송절차의 현저한 지연을 초래할 우려가 있기 때문이다. 뿐만 아니라 앞서 본 바와 같이 증거의 관련성 개념은 수사기관의 권한남용을 통제하여 시민의 사적 자유를 보장할 수 있는 도구개념으로 활용될 수도 있는 것이다.[3]

증거의 관련성을 규정한 이 미국 연방 증거규칙은 증거의 관련성을 결정하는 두 가지 기준을 제시하고 있다. 우선, "증거는 그것이 증명하고자 하는 명제를 입증할 수 있는 가치"가 있어야 한다(the evidence must be probative of the propo-sition it is offered to prove). 다음으로, "그 증거로 입증하고자 하는 명제는 소송으

---

1) 「McCormick on Evidence」, 5th Ed., p. 279.
2) 「McCormick on Evidence」, Ibid, p. 278.
3) 졸고, "컴퓨터 관련 범죄의 형사소송법상 문제점", 사법논집 제26집(1995), 548쪽 이하; 전게 박사학위 논문(1997), 95쪽 이하; "컴퓨터에 저장된 금융정보추적의 제문제", 검찰 통권 111호 (2000), 197쪽 이하

로 주장하는 바를 정당하다고 인정하기 위해 중요한 것이어야 한다"(the proposi-
tion to be proved must be one that is of consequence to the determination of the action).[1] 후
자의 "중요한"(of consequence)의 의미는 요증사실과 증거의 중요성(materiality)을 뜻
하는 것이다. 그리고 전자의 "명제를 입증할 수 있는 가치"(probative of proposition)
란 당해 증거의 증거가치(probative value)를 말하는 것이다. 달리 말하자면, 당사
자가 증거를 판사나 배심원 앞에 제출하고자 할 때는 그 증거와 그것으로 입증
하고자 하는 사실의 중요성 및 당해 증거의 증거가치를 모두 고려해야만 한
다.[2] 관련성을 인정하기 위한 두 가지 요건인 위 "중요성"과 "증거가치"에 관해
더욱 상세히 살펴보면 다음과 같다.

1) 중요성(Materiality)

중요성이란, 증거로 입증하고자 하는 사실이 특정 사건의 쟁점이 되고 있음
을 의미한다. 그러므로 만약 일정한 사실을 입증할 수 있는 증거가 있다고 하더
라도 그 사실이 소송의 쟁점이 아니라면 당해 증거는 중요성이 인정되지 않는
증거라는 이유로 관련성을 인정받지 못하게 된다. 그러므로 예컨대 보험에 관한
법률이나 규칙들은 보험업 종사자가 그 법률이나 규칙을 인식하고 있었는지 하
는 점이 쟁점사항으로 된 소송에서 관련성 있는 증거로 취급되지만, 보험가입자
가 기망수단으로 보험에 가입했다는 사실로 공소제기된 사건에서 그와 같은 증
거는 관련성 없는 증거로서 증거능력을 부인 당하게 된다.[3] 보험업 종사자가
보험관련 법규를 알고 있었는지 여부는 쟁점사항이 아니기 때문이다.

특정 증거와 그 증거로 입증하고자 하는 사실 사이에 중요성이 있는지 여
부는 당사자의 주장에 의해 결정된다. 그리고 그 주장의 의미 내용은, 당사자의
주장을 규율하는 소송법규와 실체법규에 의해 이를 특정할 수 있다.[4]

그러므로 예컨대 피고인이 일정 사실을 자백하면 그 사실은 증거에 의해
입증할 필요가 없는 사실이 되고, 그에 따라 배심원들 앞에서도 입증할 필요가
없게 된다. 따라서 피고인이 자백한 사실에 관련된 증거는 중요성이 인정되지
않는 증거로서 관련성이 부정되는 것이다.[5] 따라서 예컨대, 피고인이 교통사고
를 일으킨 자신의 책임을 인정하고 있으면, 운전자인 피고인이 음주운전을 하고

---

1) United States v. Hall, 653 F.2d 1002, 1005(5th Cir. Unit A 1981).
2) 「McCormick on Evidence」, p. 276.
3) United States v. Williams, 545 F.2d 47, 50(8th Cir. 1976), Roger C. Park. David P. Leonard,
   Steven H. Goldberg, 「Evidence Law」, p. 125, cite 9.
4) McCormick, Ibid.
5) Roger C. Park. David P. Leonard, Steven H. Goldberg, Ibid.

있었다는 사실에 관한 증거는 중요하지 않은 증거가 될 수 있고, 그에 따라 그 음주운전에 관한 증거는 관련성이 없는 증거가 될 수도 있다.[1]

그러나 사건의 주요쟁점과 직접 관련 없는 증거라도 관련성 있는 증거로 사용될 수 있다. 따라서 증인에 대한 주신문과 반대신문의 배경사실에 관한 증거도 관련성 있는 증거가 된다. 증인의 신빙성에 관한 증거도 관련성 있는 증거가 된다. 그러므로 예컨대, 기소된 범죄사실과 유사한 사정 아래에서 발생한 여타의 횡령사건에 관해 피고인은 책임이 없었다는 점을 입증하기 위해 당해 피고인이 제출한 증거도 관련성을 인정받을 수 있다. 왜냐하면, 그러한 증거는 횡령죄로 기소된 피고인의 범행 사실을 입증하는 "신뢰할 만한 정황증거의 증거가치를 감소시킬 수 있기 때문이다"(diminishes the probative value of credible circum-stantial evidence).[2]

2) 증거가치(Probative Value)

어떤 증거가 갖는 증거가치(Probative Value)는 요증사실을 그 증거에 의해 "더 입증할 수 있게 하는지 덜 입증할 수 있게 하는지"(more probable or less probable)하는 것으로 정의되고 있다. 달리 말하자면 증거가치는 특정사건이 발생할 가능성을 의미한다고 할 수 있다. 예컨대, 피고인이 비폭력적이라는 평판을 듣고 있다고 증인이 증언했다면, 그 증언으로 피고인이 이웃을 공격했다는 사실을 입증할 수 있는 가능성은 적어지는 것이다.[3] 또한, 만약 어떤 사건이 발생할 가능성이 크다는 통계학적 조사결과가 있으면, 그 조사결과는 당해 사건에 관련된 사실이 발생할 가능성이 크다는 점을 입증할 수 있는 증거가 된다.

쟁점으로 된 사실이 발생한 시점과 특정 증거에 의해 입증되는 사실 사이에 시간적 간격이 길다면, 그 증거의 증거가치는 훼손되었다고 판단되기 쉽다. 쟁점 사실과 증거로 입증하고자 하는 사실 사이의 시간적 간격이 짧다고 하더라도 발생 가능한 다른 원인의 개입에 의해 그 증거의 관련성이 부정될 수도 있다.

이런 점에서 보아 증거의 관련성이란 논리적 관련성 또는 자연적 관련성을 의미하는 것으로 이해해야 한다. 달리 말하자면, 만일 우리가 당해 증거와 요증사실 사이의 논리적 관련성을 추론해 내기 위해 다른 많은 요소들을 고려해야 한다면, 그 증거의 실질적인 증거가치는 부정되어야 하는 것이다.

---

1) Jarvis v. Hall, 210 N.E.2d 414 Ohio App. 1964.
2) United States v. Glasser, 773 F.2d 1553, 1559(11th Cir. 1985).
3) 「McCormick on Evidence」, p. 277.

증거가치를 결정하기 위한 또 하나의 척도는, 보다 증거가치가 높은 증거가 존재하는지 여부이다. 법원에 제출하고자 하는 특정 증거보다 증거가치가 더 높은 증거가 존재한다면 그 특정 증거는 관련성 없는 증거로 취급되어야 한다. 예컨대 권총소지 혐의로 기소된 피고인을 재판하는 경우, 피고인이 자신의 전과를 자백하고 있다면, 피고인이 전에 타인의 신체를 공격한 적이 있다는 전과기록을 배심원들 앞에 가지고 나와서는 안 된다.[1] 그러한 증거는 증거의 중요성도 인정되지 않는 증거에 해당한다. 마찬가지로 대량학살로 죽어 가는 어린이들의 신음소리를 녹음한 테이프도, 만약 그 녹음테이프에 녹음된 신음소리보다 덜 자극적인 증인의 진술에 의해 그 녹음테이프로 입증하고자 하는 사실을 입증할 수 있다면, 그 녹음테이프는 증거가치가 없는 증거에 해당한다고 보아야 한다.[2]

나. 논리적 관련성이 인정되는 증거의 배제

앞서 본 증거의 중요성과 증거가치가 있다고 보아 관련성이 인정되는 증거라고 할지라도 일정한 요건에 해당하면 증거능력이 배제되는 경우가 있다. 그러한 논리적 관련성 있는 증거를 배제하기 위한 일반 요건은, "특정 증거가 부당한 편견을 유발하거나, 쟁점을 흐리게 하거나, 배심원을 誤導하거나, 부당하게 절차를 지연시키거나, 시간을 낭비하게 하거나, 다수의 증거를 불필요하게 제출하는 등의 폐해가 그 증거가치를 능가할 때"[3] 당해 증거를 배심원들 앞에 제출하지 못하게 한다는 것이다.

그러므로 중요성과 증거가치가 인정되는 증거를 일반적 관련성 있는 증거, 또는 논리적 관련성 있는 증거라고 할 수 있음에 반하여, 그러한 일반적 관련성 또는 논리적 관련성 있는 증거가 부당한 편견, 배심원의 오도, 절차의 지연, 시간 낭비 등의 폐해를 가져오지 않을 때 그 증거는 법적인 관련성을 갖는 증거라고 할 수 있다.[4] 즉 관련성의 요건은 중요성과 증거가치를 요건으로 하는 논리적 관련성 외에 법적 관련성까지 요구하는 것이다. 예컨대 위조통화를 유통한 피고인 아닌 다른 사람들 중 일부가 무죄라는 점을 입증할 증거는, 비록 그 증거가 당해 통화를 위조한 피고인을 재판하는 소송절차에서 공소사실과 논리적

---

1) Old Chief v. United States, 519 U.S. 172(1997).
2) United States v. Layton, 767 F.2d 549(9th Cir. 1985).
3) Rule 403 of the Federal and Revised Uniform Evidence Rules: "if its probative value is sub-stantially outweighed by a danger of one or more of the following: unfair prejudice, confusing the issues, misleading the jury, undue delay, wasting time, or needless presenting cumulative evidence."
4) Roger C. Park, David P. Leonard, Steven H. Goldberg, 「Evidence Law」, p. 125.

인 관련성이 있다고 하더라도, 당해 증거가 공소사실의 쟁점을 혼란케 할 우려가 있으므로, 법적인 관련성을 인정받지 못하게 된다.[1]

일반적으로 말해 "법적 관련성"(legal relevancy)을 인정하기 위한 요건은 "논리적 관련성"(logical relevancy)을 인정하기 위한 요건보다 엄격하다고 할 수 있다.[2] 이러한 법적 관련성의 요건을 좀 더 상세히 설명해 보면 다음과 같다.

첫째, 일정 증거가 당해 공판절차에서 입증하고자 하는 사실과 논리적 관련성이 있다고 하더라도, 만일 배심원에게 편견을 유발하거나, 그 증거에 의해 입증된 사실로 인해 배심원들이 피고인에게 적대적이거나 호의적인 감정을 갖게 될 우려가 있다면, 당해 증거는 법정에 소개되지 않도록 증거채택절차에서 배제되어야만 한다. 일반적으로 말하자면 이 요건은 감정적 요소와 관련되어 있다. 예컨대, 피고인의 범행 전력을 증언하는 증인의 진술은 배심원들에게 피고인에 대해 감정적으로 적대감을 갖도록 하여 부당한 편견을 유발할 수도 있으므로 증거능력이 부정되어야 한다. 또한, 피고인이 위법한 물건을 수출하였다는 죄목으로 기소되었을 때, 그 물건을 수입한 나라가 핵무기를 제조할 계획이 있다는 증거는 사실발견자에게 부당하게 감정적인 호소를 할 우려가 있으므로 증거에서 배제되어야 한다.[3]

둘째, 만약 특정 증거가 사실인정자를 잘못 인도하거나 혼란케 할 우려가 있다면 그 증거도 법정에 소개될 수 없다고 해야 한다. 그러므로 예컨대, 피고인이 기소된 범죄를 저질렀다는 점을 입증할 수 있는 명백한 증거가 있다면, 피고인이 다른 유사한 사정 아래서 다른 범죄를 저지르지 않았었다는 점을 입증할 증거는, 그 증거로 인해 배심원들이 평의 과정에서 혼란을 겪을 수도 있으므로 증거능력이 부정되어야 한다.[4] 마찬가지로 배심원들의 주의를 흐트러뜨릴 우려가 있는 증거라면 그 증거능력이 부정되어야 한다.

셋째, 만약 특정 증거를 법정에 가지고 나와 조사하는 데 너무 많은 시간이 소요될 우려가 있으면, 그 증거 역시 증거능력이 부정되어야 한다.

그러나 법적 관련성의 인정요건을 위와 같이 세분화하여 본다고 하더라도, 법관이 구체적인 사건에서 특정 증거의 증거가치와 법적 관련성 요건의 충족 여부를 비교 교량할 수 있는 재량권을 갖게 되는 것은 어쩔 수 없다. 법관은 개

---

1) Cotton v. United States, 361 F.2d 673, 676(8th Cir. 1966).
2) 1A John H. Wigmore, 「Evidence in Trials at Common Law」 §28(Peter Tillers rev. 1983), Roger C. Park, et al, Ibid, cite 7.
3) United States v. Lachmann, 48 F.3d 586(1st Cir. 1995).
4) Ibid, at 1560.

별적인 사건을 처리하면서 특정 증거의 조사가 배심원들에게 부당한 편견을 유발하거나 배심원들을 오도하거나 시간을 낭비하거나 하는 등의 위험이 있는지 여부를 결정할 권한을 행사하게 된다.[1] 특정 증거의 증거가치와 그 증거를 조사함으로써 야기될 폐해를 비교 교량함에 있어 법관은 사건 전체의 흐름을 고려해야 하고, 동일한 쟁점을 입증할 수 있는 대체 증거가 있는지 여부도 고려해야 한다.[2]

다. 관련성 있는 증거의 예시

미국 연방 증거규칙은 어떤 증거를 관련성이 있다고 인정할 것인지를 결정하는 기준에 관해 몇 가지 규정을 마련하고 있다. 이러한 규정들은 논리적 관련성을 인정하기 위한 기준(중요성, 증거가치)과 법적 관련성을 인정하기 위한 기준(부당한 편견 유발, 시간낭비, 쟁점혼란 등의 폐해의 부존재)을 구체화한 규정이라고 할 수 있다.

1) 특성증거 또는 습관증거(Character Evidence & Crimes, Wrongs, or Other Acts)

특정인의 성격에 관한 증거는, 그 성격 자체가 입증사항이 되었을 때 직접증거로 되는 경우 이외에는, 대개 일정한 범죄사실을 입증하기 위한 간접증거가 되는 경우가 많다. 이처럼 성격 또는 습관을 인정할 수 있는 증거(특성증거 또는 습관증거)가 직접증거나 간접증거로 사용되어, 누군가가 그의 성격이나 습관의 발현으로 일정한 행위를 했다는 점을 입증할 때 논리적 관련성 있는 증거로 인정된다고 하더라도, 이러한 증거가 간접증거로서 법정에 소개되기 위해서는 배심원 등에게 부당한 편견을 유발하게 하거나 사실인정자의 주의를 흐트러지게 하거나, 시간을 낭비하게 하거나 하는 등의 위험이 없어야 한다.

범행전력에 대한 증거도 특성증거의 하나라고 할 수 있는데, 검사는 미리 피고인에게 피고인의 기소되지 않은 범행전력을 증거로 제출할 예정에 있음을 고지하여야 한다.[3] 이러한 의무는 검사에게만 부여된 의무이다. 피고인은 검사가 관련성 없는 성격증거나 습관증거를 제출하는 것을 막기 위해 당해 성격증거나 습관증거의 증거능력을 다투는 편견방지 신청(motion in limine)을 제기할 수

---

1) Roger C. Park, et. al, p. 129.
2) Old Chief v. United States, 519 U.S. 651(1997).
3) 개정 전 미국 연방증거규칙 제404조 (b): 형사사건 공판절차에서 검사는, 피고인의 요청에 의해, 공판 이전이나, 또는 상당한 이유의 소명에 의해 법원이 공판 전에 고지하는 것을 면제한 경우에는 공판진행 도중에, 검사가 공판정에 제출하고자 하는 증거의 일반적 특성에 관해 합리적인 고지를 하여야 한다.

있다. 그와 같은 편견방지 신청에 대한 변론절차는 공판정에서 ① 배심재판 개시 이전이나, ② 배심재판 진행 도중 배심원들을 배심원실로 퇴정케 한 후에 하거나, ③ 판사실 등에서 진행한다.[1]

가) 관련성 없는 특성증거

원칙적으로, "특정인의 성격이나 특질에 관한 증거는 그가 특정 사건에서 그러한 성격이나 특질에 따라 행동하였음을 입증하기 위한 증거로 사용될 수 없다.…"[2] 왜냐하면, 특성증거가 아닌 다른 증거, 즉, 당해 사건에서 특정 행동이나 정신 상태에 관련된, 특성증거 이외의 증거를 이용할 수 있기 때문이다. 그러므로 예컨대 비행기 조종사의 과실을 입증하기 위한 소송에서 그 조종사가 비행학교에서 낮은 점수를 받았다는 사실에 관한 증거는 증거능력이 없다.[3] 또한, 예컨대, 자동차 교통사고 사건에서 피고인인 자동차 운전자에 대해 반대신문을 할 때 그 운전자가 계속적으로 교통사고를 일으켰는지 여부나 교통법규를 위반한 전력이 있는지 여부 등에 대해 신문하는 것은 부적절하다고 할 수 있다.[4] 같은 이유로 "별개의 범죄나 비행 등에 관련된 증거는, 피고인이 특정 성향에 따라 행위를 하였다는 사실을 입증하기 위한 증거로 사용할 수 없다."[5]

성범죄 사건에 있어 피해자의 성적 경향에 대한 평판이나 의견은 미연방증거규칙 제412조에 의해 관련성을 인정받지 못한다. 피해자의 프라이버시를 보호하기 위해서이다.

나) 관련성 있는 특성증거

그러나 피고인이나 증인의 특성·습관에 관한 증거도 그 증거가치가 편견을 유발할 위험성보다도 우월하다고 여겨지면 관련성 있는 증거로 취급될 수 있다. 이때는 의견을 표명하는 진술이나 평판에 관한 진술도 특정인의 특성이나 습관을 입증하기 위한 증거로 허용된다.

"특정인의 특성이나 습관에 관한 증거에 대해 증거능력을 인정할 수 있는 사건에서 평판에 관한 진술이나 의견표명 형식의 진술에 의한 입증도 허용되는"[6] 것이다.

---

1) Roger C. Park, et. al, 「Evidence Law」, p. 190.
2) Federal and Revised Uniform Rules of Evidence 404(a).
3) Moorhead v. Mitsubishi Aircraft Int'l, 828 F.2d 278(5th Cir. 1987).
4) Thornberg v. Perleberg, 158 N.W. 2d 188, 191(N.D. 1968).
5) Federal and Revised Uniform Rules of Evidence 404(b).
6) Federal Rules of Evidence, Rule 405(a): "When evidence of a person's character or a character trait is admissible, it may be proved by testimony about the person's reputation or by testi—

전문가의 의견진술도 피고인의 특성을 입증하기 위한 증거로 이용될 수 있다. 의료과오 사건에 있어 피고인인 의사가 진료나 시술을 할 때 보인 습관적 행위는, 그의 동료들에 의해 행해지는 일반적 관행과 통계적으로 비교해 보기 위한 증거로 사용될 수 있다. 그리고 미연방증거규칙 제404조(b)에 규정된 바와 같이 "별개의 범행이나 비행, 행동 등에 관한 증거는 범행동기, 기회, 목적, 준비, 계획, 지식, 동일성 또는 실수나 우연의 부존재 등을 입증하기 위한 증거로 허용될 수 있다." 특성증거의 증거능력과 관련하여 위와 같은 예외를 다음과 같이 유형화한 문헌도 찾아볼 수 있다.

"…기소되지 않은 범행에 관한 증거는 그것이 (1) 범행동기, (2) 범행수행방법, (3) 범행기회, (4) 범행고의, (5) 목적, 즉 실수나 우연의 부존재, (6) 범행 모의, (7) 다른 성범죄, (8) 범행계획, (9) 행위자의 동일성 등을 입증할 수 있을 때 증거능력이 있다.[1] 이러한 기소되지 않은 범행에는 유죄판결을 받지 않았거나 전과기록에 기재되지 않은 범죄행위나 비행행위가 포함된다."[2]

예컨대 무죄판결을 받은 주거침입 행위도 다른 주거침입 행위에 대한 공판절차에서 피고인의 유사한 범죄행위 방식(modus operandi)에 대한 증거로서 증거능력이 인정될 수 있다.[3] 이러한 과거 비행에 대한 입증 정도는 증거가치의 상대적 우월성(preponderance of evidence)이나 합리적 의심을 넘는 입증(beyond reasonable doubt)에 이를 필요는 없다. 합리적인 배심원들로 하여금 피고인이 그러한 비행을 과거에 저질렀으리라고 결론 내릴 수 있도록 하는 정도에 이르면 된다.[4] 무죄로 결론이 난 과거의 행위를 증거로 이용한다고 해서 二重危險禁止(double jeopardy) 원칙에 위반되는 것도 아니다.[5]

미연방 증거규칙 제406조는 인간의 습관에 관한 증거와 회사나 기타 단체의 일상적인 업무수행의 관행에 대한 증거 등에 대해 증거능력을 인정하고 있다.

특성증거의 증거능력을 인정할 수 있는 예를 들어보면 다음과 같다. 단일한 범행의사나 공모에 의해 일련의 범죄가 수행된 과정을 입증하는 증거는 관련성

mony in the form of an opinion."
1) Roger C. Part, et. al, Ibid, pp. 157-180: "…uncharged misconducts evidence maybe offered when it proves (1) Motive, (2) Modus Operandi, (3) Opportunity, (4) Knowledge, (5) Intent; Absence of Mistake or Accident, (6) Preparation, (7) Other Acts of Sexual Misconduct, (8) Common Plan or Scheme, (9) Identity."
2) Ibid, p. 182: "These uncharged misconducts include crimes or misconducts that did not result in conviction as well as prior convictions."
3) People v. Massey, 16 Cal. Rptr. 402(App. 1961).
4) Huddleston v. United States, 485 U.S. 681(1988).
5) Dowling v. United States, 493 U.S. 342, 348-50(1990).

있는 증거로 취급된다. 유사한 행위가 반복되었거나 유사한 사건이 계속하여 발생했거나 하는 점을 입증하는 증거, 예컨대 피고인이 자신의 전처 3인 모두를 목욕탕에 익사시키는 방법으로 살해했음을 입증하는 증거나,[1] 피고인의 소유에 속하는 토지에서 여러 구의 어린 아이 시체가 발견되었음을 입증하는 증거[2] 등은 관련성 있는 증거로서 증거능력이 인정된다. 피고인이 당해 사건에서 공판중인 범행에서 사용한 것과 유사한, 고도의 기술이나 복잡한 도구를 사용하여 그 이전에 범행을 저지른 적이 있다는 증거도 관련성을 인정받을 수 있다.[3] 마찬가지로 마약밀매죄로 기소된 피고인이, 그 마약을 유통케 할 목적이 아니라 단지 자신이 사용할 목적으로 소지하였을 뿐이라고 변소하는 경우, 피고인이 마약거래조직과 친숙하다는 사실을 보여주는 녹음테이프의 녹음내용은 관련성 있는 증거로서 증거능력이 있다고 해야 한다.[4] 편지봉투에 들어 있던 화폐를 불법영득하였다는 혐의로 기소된 우편집배원의 지갑에서 나온 신용카드도, 그것이 피고인에게 발급된 신용카드가 아니고, 피고인이 서명하지도 않았으며, 피고인이 우편물을 돌리던 지역에 있는 주소지로 배달되던 것도 아니라면, 피고인의 범행의사를 입증할 수 있는 증거로서 증거능력을 인정받아야 한다.[5]

피고인의 비정상적인 성적 공격습성을 입증하기 위해 제출되는, 다른 성적 공격행위에 관한 증거나 어린이 성추행 행위에 관한 증거도 관련성 있는 증거로서 폭넓게 증거능력을 인정받고 있다. 1994년 추가된 미연방 증거규칙 제413조 및 제414조는 성적 공격행위나 어린이 성추행 행위 사건에서 "피고인이 유사한 범죄행위(similar crimes)를 저질렀다는 점에 관한 증거는 관련된 어떤 쟁점에 관해서도 증거능력이 있다"고[6] 규정하여, 유사한 성적 공격행위에 관한 증거를 광범위하게 이용할 수 있도록 허용하고 있다.[7] 현행 미연방 증거규칙도 유사한 규정을 두고 있다.

피고인의 전과는 피고인의 공판정 진술에 대해 그 신용성을 탄핵하기 위한 증거로 사용될 수 있다. 그러나 이때는 전과와 공판중인 범행 사이의 유사성이

---

1) Rex v. Smith, [1914-1915] All E.R. Rep. 265. 이른바 "목욕탕 안의 신부"(Bride in Bath) 사건. 이 사건에서 피고인은 유죄판결을 받고 교수형에 처해졌다.
2) Makin v. Attorney General of New South Wales.
3) Roger C. Park, David P. Leonard, Steven H. Goldberg, 「Evidence Law」, p. 170.
4) United States v. Harrison-Philpot, 978 F.2d 1520, 1527(9th Cir. 1992), cert. denied, 508 U.S. 929(1993).
5) United States v. Beechum, 582 F.2d 898(5th Cir. 1978).
6) "evidence of defendant's commission of other such offenses admissible … for its bearing on any matter to which it is relevant."
7) 「McCormick on Evidence」, 5th Ed., p. 286.

나 시간적 간격, 전과에 관한 증거를 이용할 필요성, 다른 증거를 이용할 수 있는지 여부, 배심원들이 피고인의 전과로 인해 피고인에게 적대적인 태도를 취하게 될 우려가 있는지 여부 등 여러 사정을 종합하여 "부당한 편견을 유발할 위험"(danger of unfair prejudice)이 있는지를 판단해야 한다.1)

被告人은 무죄판결을 받기 위해 자신의 善한 성격이나 법을 준수하는 人性을 입증할 증거를 제한 없이 법원에 제출할 수 있다. 반면 검사는 被告人의 惡한 성향을 입증하는 증거를 제출할 수 없다.2) 다만, 검사는 被告人이 자신의 善한 성격이나 법을 준수하는 특성을 입증하는 증거를 제출하면, 그것을 반박하기 위해 被告人의 惡한 특성을 입증하는 증거를 제출할 수 있을 뿐이다.3)

폭행, 상해, 살인, 강간 등 사건의 경우 피고인은 被害者의 폭력적 특성을 입증할 증거를 제출할 수 있고, 검사는 被害者의 평화로운 성격을 입증할 증거를 제출할 수 있다. 부연하자면 다음과 같이 말할 수 있다.

즉, "피해자의 특성: 피고인에 의해 제출된 범죄 피해자의 고유한 특성을 입증하는 증거나 그것을 반박하기 위해 검사에 의해 제출된 증거 또는 살인죄 사건에서 피해자가 피고인의 공격을 유발했다는 점을 입증하기 위해 제출된 증거를 반박할 목적으로 검사가 제출한 피해자의 평화로운 성격에 관한 증거"4) 등의 특성증거는 증거능력을 갖는다.

그러나 성적 공격행위 사건에 대한 공판에서 성범죄 피해자의 성적 경향에 관한 증거는, 피해자의 승낙이 있었음을 입증하기 위한 목적으로, 그리고 피고인과 피해자의 성적 관계를 입증할 증거로 이용될 때에 한하여 관련성을 인정받는다. 피해자가 다른 사람과 성관계를 맺었다는 점에 관한 증거는, 그 증거를 제출하는 피고인 측에, 그 다른 사람이 피해자로부터 검출된 정액을 배출한 자라거나 피해자가 입은 상해를 유발한 자라는 점을 입증하고자 하는 목적이 있을 때만 증거로 제출할 수 있다.5)

---

1) Ibid.
2) McCormick, Ibid, p. 287.
3) Roger C. Park, David P. Leonard, Steven H. Goldberg, Ibid, p. 141.
4) Federal Rules of Evidence, Rule 404(a)(2): "(A) a defendant may offer evidence of the de-fendant's pertinent trait, and if the evidence is admitted, the prosecutor may offer to rebut it; (B) subject to the limitation in Rule 412, a defendant may offer evidence of an alleged victim's pertinent trait, and if the evidence is admitted, the prosecutor may: (i) offer evidence to rebut it; and (ii) offer evidence of the defendant's same trait; and (C) in a homicide case, the pros-ecutor may offer evidence of the alleged victim's trait peacefullness to rebut evidence that the victim was the first aggressor."
5) Federal Rules of Evidence, Rule 412.

證人의 惡한 성격에 관한 증거는 그가 위증하였다는 것을 입증하기 위한 증거로 공판정에 제출될 수 있다.

특성증거와 마찬가지로 일상적이고 정상적인 업무관행에 관한 증거도 증거능력이 있다.

배심재판을 진행하는 판사는 기소된 당해 사건의 범죄의 동기나 의사를 입증하기 위한 목적으로만 특성증거를 고려해야 한다는 점과 그 증거능력 인정의 이유 등에 관해 배심원들에게 설시해야만 한다.[1]

2) 유사사건에 관한 증거(Evidence of similar incidents)

상대방 당사자가 현재 재판 중인 당해 사건 이전에 여러 번 詐僞의 소송을 제기하였다는 점에 관한 증거는 증거능력이 있다. 그러나 단지 상대방 당사자가 습관적으로 소송을 제기하는 소송꾼이라는 점에 관한 증거는 증거능력이 없다.

특정 회사의 다른 계약이나 거래에 관한 증거는 그 회사의 거래상 조건이나 관행, 대리인의 권한 등을 입증하기 위한 증거로 이용될 수 있다.

당해 사건에서 쟁점이 된 過失을 입증하고자 하는 목적으로 사용하기 위해 다른 사고나 상해 등에 관련된 증거를 제출하는 것은 허용되지 않는다. 그러한 증거는 당해 사건의 쟁점인 過失과 관련성이 없기 때문이다. 그러나 당해 사건의 사고발생과 상해결과 사이의 인과관계를 입증하기 위해, 그와 동일한 조건 하에서 다른 사건의 사고나 다른 상해발생 사이의 인과관계를 입증할 수 있는 증거를 이용하면, 그 증거는 증거능력을 인정받는다.

3) 보험가입에 관한 증거(Evidence of Insurance)

피고인이 보험에 들었다거나 보험에 들지 않았다는 사실에 관한 증거는 過失을 입증하기 위한 증거로 사용하려고 할 때는 관련성을 인정받지 못한다. 왜냐하면, 보험가입 여부에 관한 사실은 주의의무 이행 정도와 아무런 상관도 없을 뿐 아니라, 그와 같은 사실로 인해 피고인이나 피해자에게 동정적인 배심원들이 편견을 갖고 판단을 내릴 위험이 있기 때문이다.

그러므로, "특정인이 책임보험에 가입했다거나 가입하지 않았다는 사실에 관한 증거는 그가 과실에 의해 행동했다거나 그 밖의 사유로 잘못 행동했다는 점을 입증하기 위한 증거로 사용될 수 없다."[2]

---

1) Roger C. Park, et. al, Ibid, p. 191.
2) Federal Rules of Evidence, Rule 411.: "Evidence that a person was or was not insured against liability is not admissible to prove whether the person acted negligently or otherwise wrongfully."

그러나 그러한 증거의 증거가치가 편견을 유발할 위험성을 능가한다면 당해 증거는 증거능력이 있다. 즉, "법원은 책임보험 가입 여부에 관한 증거가 증인의 편견, 대리권, 소유권, 지배권 등의 존재 등과 같은 사항을 입증할 목적으로 제출되었을 때 그 증거능력을 인정할 수 있다."[1]

4) 과학적, 기술적 증거(Scientific and technological evidence)

가) 일 반 론

오늘날 수사과정상 고문이나 그 밖의 강압수사 등에 의한 인권침해를 방지하기 위해 과학적 수사기법이 강조되고 있다. 이에 따라 혈중 알코올농도 측정, 호흡시 알코올농도 측정, 혈액검사, DNA 검사, 거짓말 탐지기에 의한 조사, 성문분석 등과 같은 과학적·기술적 증거가 중시되고 있다. 특히 미국에서 이들 증거의 증거능력이 아주 중요시되고 있다. 그 증거의 신용성을 고려하지 않고 당해 증거에 관한 전문가 아닌 배심원들 앞에 이를 제출하면, 그것이 단지 과학적(scientific) 증거라는 이유만으로 배심원들에게 부당한 편견을 유발할 우려가 있기 때문이다.

이런 점에서 보면 판사와 배심원의 역할을 법적용자와 사실발견자로 엄격하게 이분하고 있는 미국의 사법제도는 얼마간 우스꽝스럽다고 평가할 수 있다. 왜냐하면 과학적 증거의 증거능력 인정 여부를 판단함에 있어 판사는 그 증거의 신용성을 고려하지 않을 수 없게 되는데, 그렇게 되면, 배심재판을 진행하는 판사가 법적용자로서의 역할뿐만 아니라 사실발견자로서의 역할도 하게 되기 때문이다. 결국, 과학적 증거의 증거능력 인정 여부를 결정하는 판사의 판단에 의해 무엇이 진실인지 하는 사실발견에 관한 쟁점이 거의 결정되어 버리는 것이다.

증거의 관련성과 관계된 과학적, 기술적 증거의 증거능력 문제를 고찰하면 다음과 같다. 만일 공판절차 이전에 행해진 실험결과가 증거로 이용되려면, 그 실험이 당해 공판절차에서 문제된 사건과 실질적인 유사성이 있어야 한다. 그리고 이러한 과학적, 기술적 증거의 증거능력을 인정함에 있어 두 가지 기준에 의

---

1) Federal Rules of Evidence, Rule 411.: "But the court may admit this evidence for another purpose, such as prooving a witness's bias or prejudice or proving agency, ownership, or control."

　이들 증거규칙 제411조는 배심원 선정절차에도 영향을 미친다. 즉, 배심원 후보군 중 보험회사에 소속된 사람이 있으면 그는 교통사고 발생자 등과 같은 과실범을 처벌하기 위한 공판절차에서 배심원으로 선정되지 않는 경우가 많다. 그가 이미 당해 사건에 대해 편견을 지니고 있을 우려가 있다고 보기 때문이다.

한 판단을 내릴 수 있다. 하나는 당해 과학적 증거가 관련 분야의 과학자들 사이에서 일반적으로 승인되고 있어야 한다는 점이다. 이를 "일반적 승인"(general acceptance)의 원칙이라고 한다. 다른 하나의 원칙은, 당해 증거가 과학적으로 타당한지 여부에 대해 법원이 모든 다른 사정을 참작하여 결정할 수 있다는 원칙이다. 이를 "과학적 타당성"(scientific soundness)의 원칙이라고 한다.[1]

첫 번째의 "일반적 승인"의 원칙은 Frye 사건에서[2] 처음으로 선언된 원칙이다. 이 사건 판결에서 컬럼비아 연방 항소법원은 혈압측정결과가 "생리학자들이나 심리학자들로부터 현존하는 과학적 승인"(standing and scientific recognition among physiological and psychological authorities)을 받고 있지 못하다는 이유로 그 혈압측정결과의 증거능력을 부정하였다.

그러나 미연방대법원은 Daubert 사건에서[3] 두 번째의 "과학적 타당성"의 원칙을 선언하였다. 위 사건에서 연방대법원은 그 증거의 기초가 된 이론이 경험적으로 실험된 程度, 그것이 검증되고 출판된 程度, 그에 의해 이용된 기술을 사용하였을 때 발생하는 오류의 頻度, 관련 과학자들 사이에 승인된 程度 등에 비추어 과학적이라고 볼 만한 상당한 이유가 있어야 증거능력 있는 과학적 증거가 된다고 판시하였다.[4]

위 Daubert 판결이 제시한 기준에 의할 때, 어떤 과학적 증거에 대해 증거능력을 인정하기 위한 요건의 하나인 그 증거의 신용성을 판단함에 있어서는 다음과 같은 점을 고려해야 한다. (1) 검증가능성(testability) - 당해 과학적 실험이 성공적으로 반복하여 되풀이 될 수 있다는 점, (2) 오류빈도(error rates) - 당해 실험과정이 결과발생의 오차를 좁은 범위로 줄일 수 있다는 점, (3) 엄격한 심사와 출판(peer review and publication) - 관련분야의 과학자들이 당해 실험과정을 공식적으로 수용하고 있다는 점 등이 그것이다.[5] 위 Daubert 기준은, 만약 어떤 과학적, 기술적 증거가 위와 같은 조건을 충족하고 있다면 비록 그것이 관련 과학적, 기술적 분야 종사자들에게 일반적으로 받아들여지고 있지 않다고 하더라도 그 증거능력을 인정받을 수 있는 것으로 이해될 수 있다.

이는 배심재판을 진행하는 판사가 그 증거의 신용성이라는 기준에 입각하여 당해 과학적 증거의 증거능력을 인정하여 배심원들에게 제시하게 할지 여부

---

1) McCormick, Ibid, p. 305.
2) Frye v. United States, 293 Fed. 1013(D.C. Circuit, 1923).
3) Daubert v. Merrell Dow Pharmaceuticals, Inc., 509 U.S. 579(1993).
4) McCormick, Ibid, p. 307.
5) Mark Hansen, ABA Journal, May 2002, p. 34.

를 결정할 권한을 갖는다는 의미이다. 그러므로 항소심으로서는 1심 법원 판사
가 현저하게 그 재량권을 남용하지 않은 이상 과학적 증거나 전문가 증언의 증
거능력에 관한 1심 법원 판사의 결정을 취소할 수 없다.[1] 위와 같은 Daubert 기
준은 Kumho Tire Ltd. v. Carmichael 사건의 판시를 통해 과학적 증거뿐만 아니
라 다른 기술적 증거나 전문 분야의 지식에 관한 증거에도 통용될 수 있는 기준
으로 승인되어, 그 적용범위가 확장되었다.[2]

　　위와 같은 과학적, 기술적 증거의 신용성 판단 기준에 더하여 관련성의 일
반적 요건인 편견유발의 위험, 주의분산의 위험, 또는 시간낭비의 위험 등보다
당해 증거의 증거가치가 높아야 한다는 요건도 그 증거능력을 인정하기 위해
요구된다.

　　과학적 증거의 증거능력을 인정하기 위해 요구되는 증거의 신용성과 관련
성의 요건은 실정법규에서도 찾아볼 수 있다. 즉 미연방 증거규칙 제402조의 첫
문장은,[3] 관련분야의 과학자나 기술자들에 의해 일반적으로 받아들여지고 있지
않은 과학적, 기술적 증거도 그것이 사건의 쟁점과 관련성이 있으면 증거능력이
인정된다는 점을 승인한 규정이라고 해석할 수 있다.

　　위 규칙 제702조도 관련분야 종사자들에 의해 일반적 승인을 받아야 한다
는 요건보다 더 완화된 기준을 증거능력의 요건으로 제시하고 있다. 즉 만약
"과학적 지식, 기술적 지식 또는 그 밖의 전문화된 지식이 사실인정자로 하여금
증거를 이해하고 쟁점 사실을 발견하도록 하는데 도움을 준다면 지식, 기술, 경
험, 훈련, 교육 등에 의해 전문가로 인정되는 증인으로 하여금 그에 관해 증언
하게 할 수 있다."[4] 이를 환언하면, 증거의 신용성이 증거능력의 요건이 된다는
것이다. 결론적으로, 위 제402조에 의한 관련성의 요건과 제702조에 의한 신용
성의 요건을 충족하면 과학적 증거나 기술적 증거는 증거능력을 인정받게 되는
것이다.

　　과학적 증거나 기술적 증거의 증거능력을 인정하기 위한 기준으로 다음과
같은 구체적인 판단 기준을 드는 견해도 있다. (1) 당해 기법이나 기술을 사용
함에 있어 나타날 수 있는 잠재적 오류 비율, (2) 그러한 기법이나 기술을 사용

---

1) General Electric Co. v. Joiner, 118 U.S. 512(1997).
2) Kumho Tire Ltd. v. Carmichael, 526 U.S. 137(1999).
3) "Relevant evidence is admissible unless…"
4) "A witness who is qualified as an expert by knowledge, skill, experience, training or education
   may testify in the form of an opinion or otherwise if:
   (a) the expert's scientific, technical or other specialized knowledge will help the trier of fact
   to understand the evidence or to determine a fact in issue;"

하기 위한 표준이 존재하고, 그것이 유지되고 있는지 여부, (3) 당해 기술의 특성에 대한 보호기법의 존재 여부, (4) 다른 과학적 실험결과를 증거로 사용할수 있을 때 당해 과학적 증거와 그 다른 과학적 실험결과와의 유사성이 인정되는지 여부, (5) 당해 기법이 관련 분야의 과학자들에게 수용되고 있는 정도, (6) 증거로 제출된, 당해 증거에 입각한 추론의 성질이나 범위, (7) 당해 과학적 증거나 기술적 증거에서 사용된 기법이 설명되는 방식이나 그에 의한 결과 등이 얼마나 단순 명료한지 여부, (8) 기본적인 데이터가 판사나 배심원에 의해 검증될 수 있는 정도, (9) 다른 전문가에 의해 당해 기법을 실험하고 평가할 수 있는지 여부, (10) 특정 사건에서 당해 증거가 갖는 증거가치, (11) 특정 사건에서 당해 기법이 채택됨에 있어 기울인 주의의 정도 등이 그것이다.[1]

전자증거 등과 같은 다양한 종류의 과학적 증거나 기술적 증거를 적절히 다루기 위해서는 공판절차에 관여하는 판사나 검사, 변호인 등이 당해 전문분야에 대해 잘 알고 있어야 한다. 그러한 증거들의 관련성을 판단함에 있어 법률가들의 지식이 중요하게 작용하기 때문이다.

몇 가지 적절한 절차적 장치가 법관이 그러한 과학적, 기술적 증거의 관련성을 판단하는데 도움을 줄 수 있다. 예컨대 법원은 당사자에게 컴퓨터 시뮬레이션 결과에 대해 서면으로 작성한 보고서를 제출하도록 명하거나, 다른 컴퓨터 전문가로 하여금 그 보고서를 검토하여 의견을 제출하게 함으로써 당해 컴퓨터로 생성된 전자증거의 관련성을 정확하게 판단할 수 있다.

나) 특수한 전자증거[2]

(1) 평균속도측정기(Visual Average Speed Computer and Record, VASCAR)는 그 장치가 적절하게 작동하여 측정치를 기록하였고, 잘 훈련된 자에 의해 작동되었음이 인정될 때 증거능력이 있다.

(2) 속도를 측정하고 기록하는 장치의 일종인 태코그래프(Tachograph)도, 그것이 정확하게 작동하고 있었고, 쟁점이 된 사건에 관련된 기록을 포함하고 있다는 점 등이 인정되어야만 증거능력을 인정받는다.

(3) 비행기록(Aircraft Flight Record)도 그에 대한 認證이 있어야 하고, 전문가가 당해 장치의 작동방식과 차트에 대해 설명해 주어야 증거능력을 인정받는다.

(4) 도플러 효과를 이용하여 자동차와 같은 특정 물체의 운동 속도를 측정

---

1) McCormick, "Scientific Evidence: Defining a New Approach to Admissibility", 67 Iowa L. Rev. 879, 911~912(1982)(footnotes omitted), recited from McCormick, Ibid, p. 309, footnote 6.
2) McCormick, Ibid, pp. 310~312.

하는 레이더 장치(Radar Equipment)도, 속도측정 목표물의 동일성 및 정상적으로 작동하는 장치에 의해 기록된 사항 등에 관해 전문가가 진술해 주어야 증거능력이 인정된다.

라. 증거법상 관련성의 체계적 지위

미국 증거법 이론상 관련성은 증거능력 인정의 전제조건 내지 증거능력 인정의 한 요건이라고 할 수 있다. 달리 말하자면 다른 증거능력의 요건을 살피기에 앞서 당해 증거의 관련성 요건 구비 여부를 살펴야 한다. 그러므로 특정 증거가 당해 공판의 쟁점사항과 관련성이 없다면, 전문법칙 예외 요건 해당 여부 등 다른 증거능력의 요건을 살필 것도 없이 증거능력이 인정되지 않는다. 그러나 당해 증거가 그 중요성과 증거가치에 의해 쟁점사항과 논리적 관련성이 있는 것으로 인정된다고 하더라도, 그 증거가 부당한 편견을 유발하거나 사실발견자를 혼란케 하거나 그의 주의를 흩뜨리거나, 시간을 낭비하게 하거나 하는 등의 위험성을 지니고 있지 않거나, 그러한 위험이 당해 증거의 증거가치를 능가하지 않아야 비로소 증거능력을 인정받게 된다. 물론 위와 같은 모든 요건을 충족하여 관련성이 인정되는 증거라고 할지라도 전문법칙의 예외요건 등 별개의 증거능력 요건을 갖추고 있어야 증거능력을 인정받는다.

비록 한국 형사소송법에서 이러한 논리적, 법적 관련성의 개념을 명문으로 인정하고 있지 않다고 하더라도, 특정 증거를 증거능력 있는 증거로서 증거조사할지 여부를 결정하기 위해 그와 같은 논리적, 법적 관련성의 개념은 필요하다고 하겠다. 왜냐하면, 소송경제상 논리적, 법적 관련성이 있는 증거만이 증거로서 증거조사의 대상이 된다고 해야 하고, 일단 증거조사의 대상이 될 수 있는 증거에 한해 전문법칙 예외 해당 여부 등 다른 증거능력 인정요건 충족 여부를 심사할 수 있기 때문이다.

3. 관련성 요건의 전자증거에의 적용

가. 압수 · 수색영장기재의 특정

원래 미국 연방증거법상 증거의 관련성 개념은 법원의 공판절차에서 고려될 사항이므로, 경찰이나 검찰 등 수사기관에 의한 압수·수색 단계에서 논의되고 있는 사항은 아니다. 따라서 관련성 없는 전자증거에 대해서도 광범위하게 압수·수색을 허용하고 있는 것이 미국 법원의 태도이다. 그럼에도 불구하고 전자증거에 대한 압수·수색절차에서 관련성 요건을 적용할 수 있음을 시사한 판례들을 찾아볼 수 있다. 그리고 미국 법원에서 증거의 관련성 문제를 압수·수색 대상의 특정 문제와 별개로 본다고 할지라도, 결국 수사절차는 공판절차에서 이용할 증거를 수집하는 절차이므로, 증거의 관련성 문제를 수사절차와 분리해서 생각할 수는 없다고 하겠다. 이에 관해 차례로 보기로 한다.

1) 일반영장을 허용한 사례

United Sates v. Sawyer[1] 판결은, 연방법률을 위반한 범죄행위의 수단이나 그 증거 및 果實에 해당하는, 고객의 계좌에 관련된 컴퓨터 기록이나 출력물 등과 같은 일반적인 업무기록을 수색대상으로 기재한 영장이 연방 헌법 수정 제4조를 위반한 것은 아니라고 판시하였다.

United States v. Sassani[2] 판결은 피고인의 컴퓨터와 382장의 플로피디스크를 압수할 수 있도록 허용한 영장도 영장기재의 특정성을 충족하였다고 판시하였다. 왜냐하면, 살인죄에 사용된 무기나 마약류와 달리 컴퓨터의 하드디스크나 전자파일 등 전자문서를 사용한 범죄에 대하여, 법원은 어느 파일이 관련성 있는 파일인지 알 수 없으며, 따라서 영장에 어느 파일 등을 탐색하고 압수할 것인지를 특정하여 기재할 수 없기 때문이라는 것이다.

2) 일반영장을 부정한 사례

State v. Riley[3] 사건에서 법원은, 수사대상이 된 범죄를 특정하지 않고 광범위하게 컴퓨터 기록을 압수할 수 있도록 허용한 압수·수색영장의 효력을 부인하였다.

3) 수사행위의 적법성을 판단한 사례

가) 탐　　색

People v. Loorie 판결은[4] 재물의 압수만을 허용하고 있는 영장에 기해 경찰관이 컴퓨터 내부 드라이브에 있는 정보와 외부 디스켓에 있는 정보를 탐색하였다고 하더라도 그 수사행위가 위 영장에서 허용된 압수·수색 범위를 넘었다고는 볼 수 없다고 판시하였다. 이처럼 비교적 광범위하게 컴퓨터 정보를 탐색하고 있는 것이 미국 수사기관의 실무관행이라고 할 수 있으며, 미국 법원도 이를 용인하고 있다고 할 수 있다.

---

1) United States v. Sawyer, 799 F.2d 1494(11th Cir. 1986).
2) United States v. Sassani 1998 WL 89875, at *5(4th Cir. 1998).
3) State v. Riley, 846 P.2d 1365, 1369(Wash. 1993).
4) People v. Loorie, 630 N.Y.S.2d 483, 486(N.Y.Sup.Ct. 1995).

나) 획   득

관련성 없는 증거의 획득을 허용한 사례를 살펴보면 다음과 같다. Sawyer 사건에서[1] 법원은, "광범위한 기망 책략이 관련된 사건에서 기업의 모든 업무기록을 적절히 압수할 수 있다"고 판시하였다.

또한, 앞서 본 바와 같이 Sassani 사건에서[2] 법원은, 피고인에 대한 공소사실인 아동 포르노의 소지 및 배포에 관련된 파일뿐만 아니라 피고인이 갖고 있던 퍼스널 컴퓨터 전체와 382장의 플로피디스크에 대한 압수가 정당하다고 판시하였다. 어느 전자 파일이 피고인의 범행사실과 관련 있는지를 판별하기 어렵기 때문이라는 이유에서다.

Davis v. Gracey 사건에서[3] 법원은, 컴퓨터 및 그에 내장되어 있는 모든 파일을 압수하는 것도 정당하다고 판시하였다. 그 컴퓨터가 불건전한 물건을 배포하는 범죄의 범행도구로 이용되었으므로 당해 컴퓨터를 압수할 상당한 이유가 있었기 때문이다.

이처럼 영장에서 압수대상물로 "기록과 문서"만을 언급하고 있다고 하더라도 컴퓨터 디스크 전체의 압수를 허용하는 것이 미국 법원의 태도라고 할 수 있다.

United States v. Musson 사건에서[4] 법원은, 압수·수색영장에 기재되지 않은 디스크의 압수를 허용하였다. 오늘날과 같은 기술사회에서 다양한 기술 형태가 상업적으로 이용되고 있는 이상, 어느 기록물이 어떤 형태를 취하고 있을지를 예측하여 영장에 미리 정확하게 기재한다는 것을 기대할 수는 없다는 이유에서다.

United States v. Sissler 판결은,[5] 영장에 의해 정당하게 압수할 수 있는 기록이 포함되어 있다고 믿을 만한 이유가 있는 컴퓨터의 내부 기억장치나 컴퓨터 외부의 플로피디스크 등을 조사할 수 있는 권한도 그 영장에 의해 인정된다고 보아야 한다고 판시하였다. 경찰관은 영장에 의해 수집하고자 하는 증거가 포함되어 있다고 여겨지는 어떤 容器도 탐색할 수 있는 권한이 있다는 이유에서다. 또한, 위 판결은 "경찰관은 플로피디스크에 붙어 있는 라벨의 설명내용을 존중해야 할 의무를 지지 않는다고 해야 한다. … 그렇게 보지 않으면 불법적인

1) United States v. Sawyer, 799 F.2d 1494(11th Cir. 1986) at 1508.
2) United States v. Sassani, 1998 WL 89875 at *6(4th Cir. 1998).
3) Davis v. Gracey, 111 F.3d 1472, 1480-1481(10th Cir. 1997).
4) United States v. Musson, 650 F.Supp.525, 532(D. Colo. 1986).
5) United States v. Sissler, No. 1:90-CR-12, 1991 WL 239000, at *4(W.D.Mich. Aug. 30, 1991), aff'd, 966 F.2d 1456(6th Cir. 1992), United States v. Ross, 456 U.S. 798, 820-821(1982).

행위에 관련된 정보를 담고 있는 컴퓨터 디스크에다 적법한 설명이 쓰여 있는 라벨을 붙이는 것만으로도 그 기록이 압수되는 것을 회피할 수 있게 되기 때문이다"라고 논증하기도 하였다.[1] 이밖에 위 판결은, 수색(탐색)을 위해 다른 장소로 컴퓨터나 플로피디스크 등을 이동시킬 목적으로 이를 압수하는 것도 수사실무상 필요하므로 허용된다고 하고 있다.[2]

United States v. Garwrysiak 판결에서도[3] 법원은, 컴퓨터 자체를 다른 장소로 옮긴 후 압수할 컴퓨터 파일을 수색하는 것을 허용하였다. 왜냐하면, 미 연방 헌법 수정 제4조에 규정된 압수·수색에 대한 합리성의 요청이, 어떤 컴퓨터 기록이 압수·수색영장이 허용하는 범위 내에서 압수될 수 있는 것인지를 정확하게 결정하기 위해, 경찰관으로 하여금 압수·수색대상인 컴퓨터 소재 장소에서 그 컴퓨터 스크린을 쳐다보면서 수일간을 낭비할 것을 요구하고 있다고 할 수 없기 때문이라는 이유에서다.

United States v. Ponce 판결은,[4] 수색과정에서 압수된 컴퓨터 디스크로부터 출력한 서면의 증거능력을 인정하였다. 그 근거로 위 판결은, 당해 컴퓨터로부터 출력한 서면에 마약거래내역을 기재한 장부가 포함되어 있었고, 그 컴퓨터 디스크가 피고인의 집에서 발견되었다는 점을 들었다.

4) 평   가

이상에서 본 바와 같이 대부분의 미국 법원은 범죄의 실질적 쟁점과 직접적으로 관련되지 않은 전자증거에 대해 압수와 탐색을 넓게 허용하는 태도를 취하고 있다. 저자는 이러한 미국 법원의 태도를 전혀 비판도 하지 않은 채 마냥 인용해대고 있는 전자증거 관련 논문을[5] 읽고 놀란 적도 있다. 사적 재산에 대한 국가의 무단한 침해로부터의 자유 보호, 피의자나 제3자의 영업활동의 자유 보호 등의 관점에서 볼 때 수사대상인 범죄와 무관한 전자증거에 대한 강제적인 압수·수색은 부정되어야만 한다. 수사대상인 범죄와 무관한 컴퓨터 디스크와 이메일의 내용을 탐색하고 압수하는 것은 미연방 헌법 수정 제4조가 선언하고 있는 바에[6] 위반되는 불합리한 압수·수색이라고 해야 한다.

---

1) Ibid, 1991 WL 239000, at *5.
2) Ibid, 1991 WL 239000, at *3, *4.
3) United States v. Garwrysiak, 972 F.Supp.853, 866(D.N.J. 1997).
4) United States v. Ponce, 51 F.3d 820(9th Cir. 1995).
5) Eric J. Bakewell, Michelle Koldaro, Jennifer M. Tjia, "Computer Crimes", 「American Criminal Law」, Vol. 38:481(2001).
6) "The right of the people to be secured in their persons, houses, papers, and effects, against unreasonable searches and seizures, shall not be violated, and no Warrants shall issue, but

여기서 저자는 한 미국 연방법원의 판결에 주목하게 된다. 이 판결은, 수사기관이 컴퓨터 장비 자체를 압수함으로써 수사대상인 범죄와 관련되지 않은 고객들이 이메일로 당해 컴퓨터에 접속하는 것을 방해한 행위는 전자통신 프라이버시 보호법(Electronic Communications Privacy Act) 제2701조를 위반한 것이라고 선언한 판결이다.[1]

Sissler 사건에서도[2] 법원은, 경찰관이 압수한 컴퓨터 디스크 등의 내역을 조사하기 위해 인쇄기와 같은 컴퓨터 주변기기를 압수하는 것은 허용되지 않는다고 판시한 바 있다.

또한, 미국 수사기관이 아무런 제한 없이 광범위하게 컴퓨터 및 전산망을 통해 전송되는 정보를 탐색하는 것도 아님을 알아야 한다. 우리가 잘 알고 있는 바와 같이 미연방수사국(FBI)은 수사도구로서 카니보어(Carnivore)라는 특수 감시 프로그램을 사용하고 있다. 이 카니보어는 컴퓨터 통신망에 남아 있는 범죄의 흔적을 추적하는데 유용하게 사용되고 있다. 이 컴퓨터 프로그램을 이용하여 미 연방수사국은 이메일 주소에 관한 정보나 이메일의 내용을 수집할 수 있다. 그러나 이 카니보어도 법원의 명령에 의해 그 사용승인을 받았을 때 한해 사용될 수 있다. 즉, 법원의 명령에 의해 수집이 허용되지 않은 정보는 위 컴퓨터 프로

---

upon probable cause, supported by Oath of affirmation, and particularly describing the place to be searched, and the persons or things to be seized."

1) Davis v. Gracey, 111 F.3d 1472, 1484(10th Cir. 1997). Electronic Communications Privacy Act. 는 1986년에 제정되어 1994년에 개정되었다.

  컴퓨터 통신으로 전송되어, 컴퓨터에 저장되어 있는 전자메일이 위 법률에 의한 감청대상인지 여부는 분명하지 않다. 예컨대 피의자 소유의 휴대용 소형 무선호출기의 버튼을 눌러 호출자가 누구인지를 파악하려고 한 경찰관의 행위에 대해 이는 전자통신 프라이버시 보호법 제2510(4)조의 전자통신의 "감청"행위에 해당하지 않으며, 오히려 같은 법 제2701조 (a)의 전자적 저장물에 대한 접근행위라고 판시한 United States v. Reyes, 922 F.Supp.818, 836-837(S.D.N.Y. 1996) 판결이 있다. 그리고 미 연방의 한 법원도 전자게시판에 접근하기 위해 사용되고 있고, 읽지 않은 전자메일을 저장하고 있는 컴퓨터를 압수하는 행위는 위 전자통신 프라이버시 보호법 제2510조의 감청에 해당하지 않는다고 판시하였다(Steve Jackson Games, Inc. v. United States Secret Serv., 36 F.3d. 457, 458(5th Cir. 1994)).

  그러나 우리나라의 경우라면 종전 통신비밀보호법 제2조 제9호(2001. 12. 29. 법 6546호로 신설)가 "전자우편"이라 함은 "컴퓨터 통신망을 통해서 메시지를 전송하는 것 또는 전송된 메시지를 말한다"고 규정하고 있으므로, 위 법률의 해당규정에 의해 법원의 허가를 받아 이메일을 탐색하는 통신제한조치를 해야 한다고 하겠다. 전자메일에 의한 통신도 보호받아야 하므로, 전자메일 내용이 전송 중에 있는지 아니면 이미 전송되어 상대방의 컴퓨터에 저장되어 있는지 하는 것은 중요하지 않기 때문이다. 다만, 현재 법원의 실무는 전송되어 상대방 컴퓨터에 저장된 이메일은 통신비밀보호법이 아닌 통상의 형사소송법에 의한 압수수색의 대상으로 보고 있다. 그러나 국민의 통신의 자유 보장을 위한 해석론이나 입법론은 계속해서 주장되어야 한다.

2) United States v. Sissler 1991 WL 239000, at *5 n.7.

그램에 의해서도 수집될 수 없는 것이다.[1] 그리고 카니보어 프로그램을 사용할 수 있도록 허가해 줄 것을 법원에 청구할 때, 법무부 범죄과 수사부(Office of Enforcement Operations)는 선서에 의한 영장청구서(sworn affidavit)에 의해, 카니보어 아닌 그 밖의 덜 침해적인 수사방법을 사용하여 온라인 탐색을 할 수 없는 이유, 컴퓨터 통신 탐색대상에 대해 이전에 수사기관에 의한 탐색이 실시되었는지 여부, 탐색대상의 인적 동일성(밝혀진 경우), 컴퓨터 통신장비의 특성과 그 위치, 컴퓨터 통신의 형태, 당해 통신내용과 관련된 범죄행위 등을 소명하여야만 한다.

나아가 최근 미국 연방대법원도 고도로 발달한 IT시대 상황에 걸맞은 판결을 내 놓았다. 2014. 6. 25. 선고된 판결에서 위 법원은 핸드폰에 저장되어 있는 무수한 개인정보를 압수·수색할 때에는 영장을 발부받아야 한다고 판시한 것이다.[2]

나. 수정헌법 제4조에 의한 실효의 원칙

이 失效의 原則(staleness doctrine)은 압수·수색대상의 존재 시점으로부터 상당한 기간 내에 발부되거나 집행되지 않은 수색영장은 법적 효력을 상실한다는 원칙이다.[3] 즉, 압수·수색영장발부의 근거가 된 사건 발생 시점과 영장발부 시점 사이가 너무 길어 압수·수색대상물이 없어지거나 다른 장소로 옮겨지거나 한 경우, 그 영장은 효력이 없는 것으로 되며, 실효된 영장을 집행하여 수집한 증거는, 그 증거능력이 부정된다.[4]

영장집행에 의해 획득한 정보가 매우 오래된 것이어서, 범행의 증거나 그 果實이 특정장소에서 오랜 기간이 경과된 후에도 여전히 발견될 수 있었을 것인지를 의심하게 하면 이 원칙을 적용해야 한다. 이것이 컴퓨터에 관련된 사례에 관해 이 실효의 원칙을 적용할지 여부에 대한 미국 법원의 태도이다.[5] 이 실

---

1) Kevin v. Di Gregory, Deputy Assistant Attorney General, Statement before the Subcommittee on the Constitution of the House of Committee on the Judiciary on "Carnivore" and the Fourth Amendment(July 24, 2000), at http://www.usdoj.gov/criminal/cybercrime/carnivore.htm
2) Riley v. California(No. 13-132) & U.S. v. Wurie(No. 13-212), 134 S. Ct. 2473.
3) "a search warrant becomes impaired in legal effect or force by reason of not being used, acted upon, or demanded in a timely fashion."
4) 이 失效의 原則은 연방법원의 경우뿐만 아니라 주법원에서도 적용되고 있다. 예컨대 플로리다 주 법원의 경우 압수·수색대상의 존재시기와 압수·수색영장집행 시기 사이의 시간적 간격이 30일을 넘으면, 그 영장에 의해 취득된 정보는 실효되었다고 본다. Haworth v. State, 637 So. 2d 267, 267(Fla. 2d DCA 1994); Montgomery v. State, 584 So. 2d 65(Fla. 1st CA 1991). 실효의 원칙이 적용되는 기간은 주마다 다르지만, 대부분의 주가 10일로 정하고 있다. 각 주는 법률로 압수·수색영장의 집행시기와 방법을 정하고 있다.
5) United States v. Lamb, 945 F.Supp.441, 459-460(N.D.N.Y. 1996).

효의 원칙은 관련성의 시간적 측면으로 이해할 수 있다. 이러한 미국 법원의 태도는 한국에서 은행의 전산망에 저장되어 있는 오래된 과거의 금융거래 내역을 금융계좌추적 영장에 의해 압수, 탐색할 때도 참고해볼 만하다고 하겠다.

그러나 이 실효의 원칙을 적용함에 있어 단지 달력상의 시간적 간격만을 기준으로 판단해서는 안 되며, 범행의 특성(야밤에 우연히 저질러진 것인지, 연속적인 공모의사에 기해 저질러진 범행인지 등), 범인의 특성(주거가 일정한 자인지, 일정한 주거가 없는 자인지), 압수할 물건의 성질(逸失되기 쉬운 것인지, 쉽게 남에게 이전될 수 있는 것인지, 그 소지인에게 계속적으로 이익을 제공하는 것인지), 수색할 장소의 성질(공개된 장소인지, 보안장치가 된 장소인지) 등을 종합적으로 고려해야 한다.[1)]

따라서 컴퓨터 처리된 증거가 압수·수색영장집행시 특정장소에서 발견될 수 있음이 소명되면, 그 증거를 탐색할 수 있도록 발부된 압수·수색영장은 적법하다. 이와 관련하여 법원은 United States v. Lacy 사건에서[2)] 다음과 같이 판시하고 있다. "우리는 아동 포르노를 수집하는 자가 그 수집품을 영구적으로 보관할 것이라고 생각하지는 않는다. 그러나 영장청구시 선서진술서(affidavits)에[3)] 기재된 바와 같이 이러한 범죄의 특성상, 피고인 Lacy가 다운로드받은 컴퓨터 처리된 화상이, 이 사건 탐색이 시행된 때인 10개월 후의 시점에서도 그의 아파트에서 발견되었을 것이라는 상당한 이유가 있었다고 보인다."

United States v. Lamb 사건에서도[4)] 법원은, 모뎀으로 아동 포르노를 최종적으로 전송한 시점과 압수·수색영장집행일 사이에 5개월 반의 시간 간격이 있었다고 해도 그 영장은 失效되지 않는다고 결론지었다.

우리나라 형사소송규칙 제95조 제1항 제4호는 압수·수색영장의 유효기간을 7일로 제한하고 있다. 미국법상 실효의 원칙보다 엄격한 기준을 적용하고 있는 것이다.

---

1) United States v. Spikes, 158 F.3d 913(6th Cir. 1998).
2) United States v. Lacy, 119 F.3d 742(9th Cir. 1997).
3) 미국 형사절차에서 진술의 진실성을 담보하기 위한 수단으로 세 가지를 들 수 있다. 하나는 神에 맹세하는 Oath이고, 둘은 神에 맹세하지 않는 선서인 Affirmation이며, 셋은 서면에 기재한 진술이 허위일 경우 허위진술의 처벌을 받기로 하고 자서하여 진술하는 선서서에 의한 진술(Affidavit)이다. 경찰 등 수사기관이 압수·수색영장을 청구할 때는 세 번째의 Affidavit에 의해 청구한다. 이 Affidavit에는 증거에 입각하여 인정되는 사실을 근거로 하여 영장이 발부되어야 하는 이유를 기재한다. 그러므로 엄밀히 볼 때 우리 나라의 검사가 작성하는 영장청구서와는 다르나, 가장 근접한 개념으로 번역할 수 있는 말로 '영장청구시 사용하는 선서진술서'라는 용어를 사용할 수 있다고 하겠다.
4) United States v. Lamb, 945 F.Supp.441, 461(N.D.N.Y. 1996).

다. 관련성 없는 전자증거의 공판정 제출

유감스럽게도 관련성 없는 전자증거의 증거능력을 부인한 미국 법원의 판결례를 찾아보기는 어렵다. 쟁점과 무관한 증거를 배심원들 앞에 제출할 수 없도록 한 것은 다만 컴퓨터 관련 증거에만 국한되는 문제가 아니기 때문일 것이다. 관련성의 원칙은 증거법 일반에 관한 문제이다. 그러므로 비록 이에 관한 미국판례를 찾아보기 어렵다고 하더라도, 기소된 범죄와 무관한 전자증거는 다른 증거와 마찬가지로 공판정에 제출되면 안 된다고 해야 함은 분명하다.

라. 항소심 법원에 의한 심사

만약 1심을 담당한 사실심 판사(trial judge)가 어떤 증거를 관련성 있는 증거로 보아서 그 증거능력을 인정하여 증거조사를 실시했다면, 항소심 법원이 당해 증거의 관련성이 인정되지 않는다는 이유로 1심 법원 판사의 판단을 뒤집을 수는 없다. 그러나 1심 판사의 그와 같은 증거능력 인정이 명백한 재량권 남용이라고 보이면 그렇지 않다.[1]

마. 관련성이 인정되는 전자증거의 다른 증거능력 인정요건

1) 전문법칙의 적용(Hearsay Rule)

일반적으로 말하자면, 전문증거는 피고인의 반대신문권을 보장하기 위해 증거능력이 없는 증거로 간주되고 있다고 할 수 있다. 그러나 일정한 예외 요건에 해당하면 전문증거라고 할지라도 증거능력을 인정받고 있는데, 이는 전자증거에 관해서도 동일하게 적용되는 원칙이다.

그러므로 예컨대 기업체 등에서 일상적인 업무처리과정상 작성된 전자증거는 전문법칙의 예외인 업무기록의 증거능력 인정규정에 의해 증거능력을 인정받는다.[2] 그러나 증거로 제출하고자 하는 컴퓨터 기록이 일상적인 업무처리 수행과정에서 작성된 것이 아니라면 증거능력을 인정받지 못한다. 경찰에 걸려온 긴급구조 요청 전화에 의한 통화기록 내용이 경찰서의 컴퓨터에 저장되어 있는 경우가 그에 해당한다고 한다.[3] 미국법원들은 종종 형사절차에서 증거능력을 인정하기 위한 요건으로, 증거의 신용성(credibility and reliability)을 요구하기도 한다.[4]

---

1) United States v. Russell, 703 F.2d 1243, 1249(11th Cir. 1983).
2) Federal Rules of Evidence 803(6): Records of a regularly conducted activity 규정; 이밖에 United States v. Hernandez, 913 F.2d 1506, 1511-1513(10th Cir. 1990) 판결 참조.
3) United States v. Sallins, 993 F.2d 344, 347-348(3rd Cir. 1993).
4) United States v. Goodchild, 25 F.3d 55, 62-63(1st Cir. 1994).

물론 이러한 전문법칙은 관련성(relevancy)과는 직접 연관되지 않은 문제이다. 그러나 예컨대 경찰의 컴퓨터 시스템에 저장되어 있는 은행 강도 사건 발생에 관한 보고서를 출력한 문서는, 그것이 강도죄의 구성요건인 피고인의 협박행위를 입증하는데 관련성이 있으면, 公的 記錄의 예외에 해당하여 증거능력이 인정된다고 본 사례도 있다.[1] 이는 관련성 요건과 전문증거의 예외 요건을 모두 충족하는 경찰의 보고서에 대해 증거능력을 인정한 경우에 해당한다.

앞서 말한 바와 같이 논리적으로 볼 때 관련성은 전문법칙보다 선행하여 판단되어야할 증거능력의 요건이다. 그러므로 어떤 증거가 요증사실과 관련성이 없다면, 당해 증거에 대해 전문법칙의 예외 요건을 적용하여 증거능력을 인정할 수 있을지 여부를 판단하는 것은 불필요하다고 할 수 있다.

公的 記錄은 전문증거라고 하더라도, 그것이 사실을 인정하는데 필요하고 또한 신용성이 있다는 이유로 증거능력을 인정받고 있다.[2] 그리고 Enterline 판결에 의하면, 경찰청 컴퓨터 시스템에 저장되어 있는 도난차량에 대한 보고서에 근거한 미연방 수사국(FBI) 직원의 진술은 전문증거이긴 하지만 公的 記錄의 例外規定에 의하여 증거로 허용된다.[3] 이 Enterline 판결에서 미연방 지방법원은, 공소사실에 포함되지 않은 도난차량에 관한 미연방 수사국(FBI) 직원의 증언에 관해 이렇게 판시하였다. 즉, 그 직원의 증언도 피고인인 Enterline의 공소사실 기재의 도난차량에 대한 범행목적, 그러한 도난차량의 거래, 소지 등에 관한 고의나, 과실의 부존재 등과 관련성이 있으므로 증거능력이 있다는 것이다.[4] 이 경우는 증거의 관련성 요건과 전문법칙 예외요건을 함께 판단한 사례에 해당한다.

2) 인증요건(Authentication)

인증요건도 증거의 관련성과는 직접 관련이 없는 증거능력 인정요건이다.[5] 논리적으로나 증거조사의 순서로 보아 관련성은 이러한 인증요건에도 선행하여 결정되어야 하는 증거능력 인정요건이라고 할 수 있다. 그러므로 관련성 없는 증거는 인증요건의 충족 여부를 따질 필요 없이 증거조사의 대상에서 제외된다. 반면, 관련성 있는 증거라고 할지라도 인증요건을 충족하지 않으면 증거능력이 없다. 즉, 인증요건과 관련성은 증거능력을 인정하기 위한 별개의 독립된 요건

---

1) United States v. Smith, 973 F.2d 603, 605(8th Cir. 1992).
2) United States v. Quezada, 754 F.2d 1190, 1193(5th Cir. 1985).
3) United States v. Enterline, 894 F.2d 287(8th Cir. 1990).
4) Ibid, at FN 1.
5) 전자증거의 인증요건에 대해서는 다음의 문헌 참조. Stanley A. Kurzban, "Authentication of Computer-Generated Evidence in the United States Federal Courts", 35 IDEA 437(1995).

이다.[1]

바. 관련문제

1) 대배심절차

미국 연방의 경우 중범죄에 대해 대배심이 기소 여부를 결정할 때, 대배심에 제출되는 증거의 자격에 대한 제한은 거의 없다고 할 수 있다. 즉, "일반적인 공판절차에서 미연방 증거규칙이나 헌법에 의해 증거능력이 인정되지 않는 증거라고 할지라도 대배심에 제출될 수 있으며, 그러한 증거가 대배심에 제출되었다는 이유로 기소를 거부할 수는 없다."[2] 그러므로 관련성 없는 컴퓨터 관련 증거라고 할지라도 대배심 절차에 제출될 수 있다.

2) 양형절차

기소된 범죄와 관련성이 없는 전자증거라고 할지라도 양형절차에서 피고인에 대한 형량을 결정함에 있어 참작될 수 있다.[3]

4. 결 론

기본적으로 유체물이 아닌 디지털 데이터의 형태를 취하고 있는 전자증거를 수집하고 공판절차에서 이를 증거로 이용하기 위해서는 당해 증거와 요증사실과의 관련성이 인정되어야 한다. 무체정보인 데이터가 요증사실과 관련성을 갖고 있으면 그것을 출력하여 재구성한 디스켓, 인쇄물 등을 압수하는 방법에 의해 압수하면 되기 때문이다. 증거의 관련성은 우선 당해 증거가 중요한 증거

---

1) 우리 형사소송법상으로는 진정성립의 개념으로 치환해 볼 수 있는 이 認證要件을 전자증거에 관해 적용할 때는 어려운 문제가 발생된다. 예컨대 이메일 메시지의 발신자나 수신자의 특정, 발신이나 수신 시각의 특정, 수신경로 등에 관한 정보는 손쉽게 변경되거나 삭제될 수 있기 때문이다. 그러므로 전자증거의 진정성립 인정 문제는 증거법상 관련성 요건과 더불어 또 하나의 중요한 탐구분야라고 할 수 있다. Andrew Jablon, 「Note "God Mail": Authentication and Admissibility of Electronic Mail in Fedreal Courts」, 34 American Criminal Law Review 1387 (1997) 및 이 책의 제2편 제3장 참조.

2) Allison E. Beach, Deepak Gupta, David E. Suchar, "Procedural Issues", 「American Criminal Law」, Vol. 38:481(2001), at 1157.
   그리고 "연방법상의 중죄를 기소함에 있어서는 대배심을 거쳐야 하는 것이 필수적 전제이다." Ibid, 1153.
   미연방 수정헌법 제5조: "누구도 사형에 해당하는 범죄나 기타 중범죄에 대해 대배심에 의한 수사와 기소가 없는 한 답변할 의무를 지지 않는다."(no person shall be held to answer for a capital, or otherwise infamous crime, unless on a presentment or indictment of a Grand Jury).

3) Federal Rules of Evidence, Rule 1101(d)(3).

이고, 증거가치가 인정되는 증거이어야 한다. 증거의 중요성은 그 증거로 입증하고자 하는 사실이 특정 사건의 쟁점이 되고 있음을 의미한다. 증거의 가치는 그 증거에 의해 요증사실을 더 입증할 수 있게 하는지 덜 입증할 수 있게 하는지 여부에 의해 결정된다. 만일 당해 증거와 요증사실 사이의 논리적 또는 자연적 관련성을 추론해 내기 위해 다른 많은 요소들을 고려해야 한다면, 그 증거의 가치는 부정되어야 한다. 이런 의미에서 증거의 중요성과 증거가치가 인정되는 증거를 논리적 또는 자연적 관련성이 있는 증거라고 일컬을 수 있다. 그러나 논리적 관련성이 있는 증거라고 할지라도 그것이 배심원 등 사실발견자로 하여금 부당한 편견을 유발하게 하거나, 쟁점을 흐리게 하거나, 배심원을 오도하거나, 부당하게 절차를 지연시키거나, 시간을 낭비하게 하거나, 다수의 증거를 불필요하게 제출하는 등으로 그 폐해가 증거가치를 능가하면 증거에서 배제되어야 한다. 이처럼 증거가 공판정에서 조사되기 위해서는 논리적 관련성 및 법적 관련성이 인정되어야 한다. 이러한 증거의 관련성은 과학적, 기술적 증거에 관해 관련 과학자나 기술자들로부터 일반적 승인을 받고 있거나, 과학적 타당성이 있어야 한다는 원칙으로 구체화된다. 그리고 이러한 관련성 요건은 관련성 있는 증거만을 압수·수색대상물로 특정해서 압수·수색영장을 발부해야 하고, 수사기관의 데이터에 대한 압수도 그 범위에서 허용해야 한다는 원칙으로 확장되어야 한다. 다만 수사단계에서는 해당 증거의 논리적 관련성 내지 자연적 관련성이 압수수색의 허용 범위를 결정한다고 하겠다. 법적 관련성은 공판정에서 전자증거를 조사할 때 적용되는 요건이라고 해야 할 것이기 때문이다. 이러한 관련성이 인정되는 전자증거에 한해 증거조사의 대상으로 삼아 공판정 제출을 허용해야 하고, 관련성이 인정되는 전자증거에 한해 전문법칙의 적용 등 증거능력 부여를 위한 요건의 충족 여부를 살펴야 한다.

제 2 절 전자증거의 수색·검증, 압수에 관한 2011년 개정 형사소송법의 함의[1]

〈요 약〉

전자정보에 관한 국민의 기본권보장과 사회적 가치질서 확립이라는 목적을 위해 전자정보의 수색·검증, 압수에 관련하여 개정된 형소법을 해석하여야 한다. 그러한 목적을 구현하는 기준은 관련성이다. 관련성은 객관적, 주관적, 시간적으로 수색·검증, 압수 대상인 전자정보 범위를 제한하는 기준이다. 수색·검증의 관련성은 압수의 관련성보다 넓게 인정되어야 한다. 수사기관은 관련성 있는 정보만에 대해 영장청구를 해야 하고, 관련성 있는 전자정보만을 출력, 복제하여야 한다. 어쩔 수 없는 상황에서만 전자정보 저장매체 전부를 압수하여야 한다. 수색·검증, 압수 예정사실을 사전에 통지하여 상대방에게 변명할 기회를 부여해야 한다. 그렇게 하지 못했으면 사후에라도 통지해 주어야 한다.

1. 전자정보의 수색·검증, 압수에 관하여 개정된 법, 규칙의 내용

적어도 법 제도상으로는 전자정보의 강제취득 제한 근거가 마련되었다. 2012년 새해 벽두인 1월 1일부터 규범적 효력을 발휘하고 있다. 전자정보의 수색·검증, 압수의 요건이 대폭 강화되었다. 개정 형사소송법[2] 및 형사소송규칙이[3] 시

---

1) 이 節은 저자의 "電子情報의 搜索·檢證, 押收에 관한 改正 刑事訴訟法의 含意", 한국형사소송법학회, 형사소송 이론과 실무 제4권 제1호(2012), 127-189쪽을 업데이트한 내용이다.
2) 관보 내용은 이 책의 271쪽의 별첨 <자료 1.>과 같다.
3) 대법원규칙 제2376호, 형사소송규칙 일부개정규칙
  1. 개정이유
  ○ 구속영장이 청구된 피의자의 방어권과 변호인의 변호권을 충실하게 보장하기 위하여 변호인의 구속영장청구서 열람권을 제한 없이 인정함
  ○ 압수수색 요건 강화 등을 내용으로 하는 형사소송법 일부개정법률(법률 제10864호)이 2012. 1. 1.부터 시행됨에 따라 형사소송규칙 중 관련 부분을 개정하고자 함
  2. 주요내용
  ○ 피의자 심문에 참여할 변호인이 열람할 수 있는 서류 중 구속영장청구서에 대해서는 지방법원 판사가 열람을 제한할 수 없도록 함(제96조의21 제2항).
  ○ 압수·수색의 대상이 전기통신인 경우에는 압수·수색을 위한 영장청구서에 그 작성기간을

행되게 된 것이다. 관련된 개정 형사소송법은 2011년 7월 18일에 공포되었다. 법률 제10864호이다. 형사소송규칙은 2011년 12월 30일에 공포되었다. 대법원규칙 제2376호이다. 법과 규칙의 시행 일자는 2012년 1월 1일부터이다. 즉 현재 진행 중인 수사나 공판 사건에 대해 모두 적용된다. 그렇다고 해서 종전 규정에 따라 한 행위의 효력이 부정되는 것은 아니다. 개정법 부칙 제4조를 참조하면 그렇다.

가. 개정 필요성

개정 전 법 제106조 제1항이 압수에 관한 원칙을 맨 앞서 선언하고 있다.[1] 증거물이나 몰수대상물이기만 하면 강제로 압수할 수 있었다. 그 근거는 단지 필요성에 그쳤다. 필요하기만 하면 압수할 수 있다는 것이다. 법문언으로만 본다면 상당히 권위적이고 국가 우선적이다. 압수를 당하는 사인의 입장에 대한 고려가 별로 없었다. 피고사건과 관계가 있는 물건이어야 하는지에 대해서도 아무런 말이 없다. 관계가 없어도 압수할 수 있다고 해석할 여지를 열어두었던 것이다. 재판 진행 중인 사건과 관계가 없는데도 압수할 리가 없다는 것인지? 그렇다면 수사의 경우에도 같다는 것인지? 그 압수대상물의 생성시점이나 존속시점에 대한 제한도 없다. 명시적인 법률규정이 없는 여백에 대해서는 법 집행자의 해석이 등장한다. 그것이 국가권력기관의 국민에 대한 권력행사로 작용한다. 입법자가 명시적인 규정을 두지 않고 자꾸 해석에 맡기는 것은 곤란하다. 법 집행자의 해석에 의해 자의적으로 적용될 수 있기 때문이다. 자의적 소송법 운용으로 인해 사인이 피해를 볼 수 있는 것이다. 그 사인이란 국가기관인 법원이나 수사기관에 대항하는 측면에서는 국민이다. 민주국가에서 주권자인 국민이란 뜻이다. 국민의 기본권을 그의 의사를 묻지 않고 강제로 침해하는 것이 압수이다. 이런 모호한 규정을 두면 안 된다. 주권자에 대한 기본권 침해 기준을 불분명하게 하기 때문이다. 민주국가의 헌법 원리에 반하는 것이다.[2]

그나마 법원이 압수에 관한 넓은 해석권한을 갖는 것은 낫다. 어차피 법원

　　명시하도록 함(제107조 제1항 제7호 신설).
　○ 법 제215조의 규정에 따라 압수·수색·검증영장을 청구할 때에는 해당 사건과의 관련성을 인정할 수 있는 자료를 제출하도록 함(제108조 제1항).
　3. 시행일: 2012년 1월 1일부터 시행한다.
[1] 개정 전 법 제106조 제1항 본문: "법원은 필요한 때에는 증거물 또는 몰수할 것으로 사료하는 물건을 압수할 수 있다."
[2] 전자정보에 관련된 기본권 보장에 관하여는 오기두, "電子情報에 대한 基本權保障과 位置情報追跡 搜査權", 헌법재판소, 「憲法論叢」 제21집(2010), 534쪽 이하 참조.

이야 검사가 영장을 청구해야 재판한다. 기소를 해야 재판을 한다. 검사가 제출한 증거 위주로 피고사건의 유무죄를 판단하기 때문이다. 그러나 얘기가 달라져야 할 때가 있다. 경찰이나 검찰 등 수사기관의 권한행사에 관련될 때이다. 국민의 기본권이 위험하게 광범위하게 침해될 수 있기 때문이다. 명시적인 압수기준이 없어 수사기관의 해석 여지를 넓히기 때문이다. 수사권을 통제할 사법부도 명시적인 법률상 기준을 제시하지 못하게 된다. 수사기관의 압수권 행사에 대해 통제를 하려고 해도 반발을 사게 되었다. 그런데도 구법 제219조는 법원의 압수에 관한 제106조를 그대로 준용한다. 검사나 사법경찰관의 압수에 관해서도 제한기준이 모호하였던 것이다.

더욱이 오늘날 그 압수가 크게 문제된 전자정보에 대해서는 아무런 규정도 없었다. 전자정보를 압수대상인 물건으로 보기도 어려웠다. 전자정보는 그 자체로는 내용을 볼 수도, 읽을 수도 없다. 그래서 압수대상은 전자정보 저장매체라는 견해가 등장하기 십상이었다. 문제되는 전자정보를 저장하고 있는 기억매체로서 물건이기 때문이다. 그렇게 보게 되면 기억매체 전부를 압수해도 무방했다. 관련성 없는 전자정보가 몽땅 압수되어도 좋다는 것이다.[1] 전자정보시대에 이러한 낡은 규정만으로 대응하기에는 역부족이었다.[2] 압수에 "필요한 처분"으로 전자증거를 어떻게 취득할 수 있는지?[3] 그 범위는 어떻게 되는지? 그러한 문제들에 관해 위헌적인 수사 관행이 등장하였던 연유이다. 종전 압수규정은 인권

---

1) 한겨레신문 2010. 11. 8.자 31쪽 「공정성과 형평성 잃은 검찰의 압수수색」이라는 제목하의 기사와 세계일보 같은 날짜 4쪽의 기사에 의하면 당시 검찰은 압수수색 과정에서 민주당의 후원회 통장뿐 아니라 지역위원회 사무실의 컴퓨터 하드디스크를 복제해 갔는바, 그 하드디스크에는 당원과 대의원명부, 각종 보고서, 정부 규탄대회 참석자 명단, 심지어 전직 대통령 분향소 설치와 비용 내역 등 정당의 각종 기밀자료가 들어 있다고 민주당 원내대표가 반발하였다는 것이다. 이에 대해 서울 북부지검 형사6부 부장검사는 "증거물이 내장된 컴퓨터는 본체 압수가 원칙이지만 컴퓨터 자체를 압수할 때 다른 업무를 볼 수 없고, 기술의 발달로 하드디스크를 다운받는 방식의 압수가 일반적"이라며 "삭제한 문서 복구 등을 위해 하드디스크를 압수수색 다운 프로그램에 의해 다운받는 것이며, 문서를 열람해 확인하고 다운받는 것이 아니다"라고 말했다는 것이다.
2) 이주영 국회의원의 형사소송법 일부 개정 법률안은 다음과 같은 제안이유 및 주요내용 설명 부분에서 이 점을 잘 드러내고 있다.
「압수의 대상을 물건, 즉 유체물로 한정하고 있어서 무체물인 정보 자체만 필요한 경우에도 정보저장매체까지 압수하는 사례가 빈번히 발생하고 있어 개인의 사생활에 대한 침해가 지나치다는 지적이 있음. 따라서 정보 자체가 압수의 대상이 되는 경우에는 이를 출력하거나 복제하는 것을 원칙적인 압수방식으로 하여 개인의 사생활에 대한 침해를 최소화하는 동시에 무체물의 압수방식에 대한 법적 근거를 명확히 하려는 것임(안 제106조 제3항 신설).」
3) 형사소송법 제120조(집행과 필요한 처분)
  ① 압수·수색영장의 집행에 있어서는 건정을 열거나 개봉 기타 필요한 처분을 할 수 있다.
  ② 전항의 처분은 압수물에 대하여도 할 수 있다.

의식이 크게 신장되지 않았을 때 만들어진 탓일 수도 있다. 아니면 전자정보통신의 고도 발달을 전혀 예상치 못한 조문이기 때문이기도 할 것이다. 이제 어떤 대응책 마련이 절실하게 된 것이다. 이에 국회는 2009년 4월부터 7월에 걸쳐 4개 법안을 발의하였다. 박영선, 이종걸, 이주영, 조영택 각 의원이 대표 발의한 법안들이 그것이다. 국회 사법개혁 특위는 2010. 9. 29.에 디지털 증거 관련 공청회를 열었다. 이러한 노력의 결과 개정법이 탄생한 것이다. 그래서 법 제106조 제1항을 개정하고 제3항 및 제4항을 신설하였다. 전기통신의 압수요건을 규정하는 것으로 제107조 제1항이 개정되었다. 전기통신 압수 등 영장에 작성기간을 특정하게 하였다(제114조 제1항 단서). 위 조항은 제219조에 의해 수사기관의 압수에도 준용된다. 나아가 수사기관의 수색·검증·압수의 요건도 강화되었다(제215조).

나. 개정내용

1) 수색 · 검증, 압수 요건인 관련성

개정된 법 제106조 제1항 본문은 압수에 다음의 요건을 추가하였다. "피고사건과 관계가 있다고 인정할 수 있는 것에 한정하여"가 그것이다. 수색에 관해서도 동일한 사건관계성을 요구하고 있다(법 제109조 제1항). 수사기관에 대해서도 동일한 요건을 요구한다(법 제215조). 결국 피고(의)사건과 관계없는 증거물이나 몰수대상물은 압수하여서는 안 된다. 피고(의)사건과 관계없는 신체, 물건, 주거, 장소 등을 수색해서도 안 된다. 피의사건과 관계없으면 수사기관은 검증도 할 수 없다. 영장청구시 사건관련성을 인정할 수 있는 자료를 제출해야 한다. 개정된 규칙 제108조 제1항의 규정 내용이다. 법원의 검증에 관해서는 제139조가 필요성만을 요건으로 하고 있다. 그러나 사건관계성이 없으면 법원이라고 할지라도 검증을 할 수는 없다. 이처럼 사건관계성은 개정법의 수색·검증·압수에 관한 핵심개념 요건이다. 이 책의 저자 개인적으로는 어떤 성취감 같은 것을 느낀다.[1]

---

1) 다음은 이 책의 저자가 위 개정법률이 공포, 게시된 당시 법원 내부 전산망 코트넷에 올린 의견이다.

　「이 법률안 제106조 제1항, 제107조, 제109조, 제215조에 압수수색(검증) 요건으로 "피고사건과의 관련성"을 명시한 것은 매우 잘한 일이라고 생각합니다. 위 "관련성" 개념을 매우 오랜 기간에 걸쳐 정립해 온 저는 남다른 감회를 갖기도 합니다. 오랜 기간의 연구성과가 입법에 반영되었다고 보기 때문입니다. 졸고인 "컴퓨터 關聯 犯罪의 刑事訴訟法上 問題點", 법원도서관, 사법논집 제26집(1995);「刑事節次上 컴퓨터 關聯證據의 蒐集 및 利用에 關한 研究」(서울대 박사학위논문, 1997); "컴퓨터에 貯藏된 金融情報追跡의 諸問題", 대검찰청, 「검찰」 통권 제111호(2000); "證據의 關聯性과 컴퓨터 關聯證據", 한국법학원, 「저스티스」 통권 제73호(2003); "搜査上 電子通信資料의 取得에 關한 憲法的 問題", 헌법재판소, 「憲法論叢」 제15집(2004); "電子情

이들 규정은 관련성 없는 증거를 수색·검증·압수할 수 없다는 의미이다. 그것을 허용하는 법 규정이 없기 때문이다. 강제처분 법정주의의 한 표현인 것이다. 나아가 이들 규정은 비례의 원칙을 선언한 것이기도 하다. 법정 강제처분도 침해 수단과 침해되는 법익 사이에 균형을 이루어야 한다는 비례의 원칙을 선언한 것이다. 비례의 원칙은 무릇 모든 국가권력 작용에 적용되는 일반적인 위헌성 심사기준이다. 그렇다면 피고사건과의 관계성이란 구체적으로 무엇을 말하는가? 그 의미내용을 확정하여야만 개정법이 추구하고자 하는 수사통제기준이 설정될 것이다.

나아가 법 제107조 제1항의 개정규정은 전기통신에 관해서도 이 요건을 요구한다. 이메일 등 통신비밀보호법에[1] 따른 전기통신 압수에도 이러한 관련성을 요구하는 것이다.

2) 전자정보의 압수요건 구체화

전자정보시대에 걸맞게 개정법은 제106조 제3항과, 제4항을 신설하였다.

가) 압수대상

위 신설항목의 압수대상은 전자정보이다. 문언상으로는 컴퓨터용디스크나 그와 비슷한 정보저장매체이다.[2] 그러나 그에 기억된 정보의 범위를 정하여 출력, 복제하여 제출받게 한다. 이 점에 비추어 압수대상은 전자정보라고 해야 한다. 전자정보에 대한 기본권은 그 저장매체를 대상으로 하는 것이 아니다. 정보의 내용 그 자체를 목적으로 하는 것이다. 따라서 법상의 압수대상도 전자정보라고 해야 한다. 전자증거는 유체물이 아니어서 물리적인 이동이 일어나지 않는다. 그래서 본래 의미의 압수는 할 수 없다. 그러므로 그것을 담고 있는 그릇 안

報에 대한 基本權保障과 位置情報追跡 搜査權", 위「憲法論叢」제21집(2010) 등이 그 글들입니다.」(2011. 7. 22.)

1) 통신비밀보호법 제2조(정의)
   이 법에서 사용하는 용어의 정의는 다음과 같다. <개정 2001. 12. 29, 2004. 1. 29, 2005. 1. 27>
   1. "통신"이라 함은 우편물 및 전기통신을 말한다.
   2. "우편물"이라 함은 우편법에 의한 통상우편물과 소포우편물을 말한다.
   3. "전기통신"이라 함은 전화·전자우편·회원제정보서비스·모사전송·무선호출 등과 같이 유선·무선·광선 및 기타의 전자적 방식에 의하여 모든 종류의 음향·문언·부호 또는 영상을 송신하거나 수신하는 것을 말한다.

   (출처: 통신비밀보호법 제9819호 2009. 11. 2. 일부개정)
2) 형소법에서 정보저장매체라는 용어를 사용한다고 해서 이상할 것은 없다. 이미 컴퓨터용 자기디스크, 그 밖에 정보를 담기 위하여 만들어진 물건으로서 문서가 아닌 증거의 조사에 관한 규정이 민사소송법 제374조, 민사소송규칙 제120조 내지 제122조, 형사소송법 제292조의3, 형사소송규칙 제134조의7, 8에 도입되어 있다.

을 들여다보아야 한다. 그릇 안을 들여다보는 것이 수색에 해당한다. 수색대상
에는 물건도 포함된다(제109조 제1항). 전자저장매체에 관해서는 때로 장소적 수색
이 선행될 수도 있다. 어떤 경우에는 전자매체에 대한 수색과 검증이 혼용되어
일어날 수도 있다. 전자정보의 내용을 확인하는 것은 오관을 이용한 현상탐지이
므로 검증이다.[1] 전자정보의 처리, 저장에 사용되는 운영체제 전반을 살펴보는
것이 예이다. 그것은 압수대상물을 찾아내는 탐색활동으로서 수색에 해당하기
도 한다.[2] 전자정보 탐색에 대해서는 전통적인 수색의 개념을 상정하여서는 안
된다. 전통적인 수색은 주거 등 장소적 개념을 전제로 하고 있다. 그러나 전자
정보를 담는 그릇 안을 보는 탐색활동은 그것을 전제하지 않는다. 굳이 수색 장
소를 설정한다면 그 그릇이 있는 건물, 방실 등이 될 터이다. 수사활동을 전제
로 해서 보자면 검증과 수색을 굳이 구별할 이유가 없다. 법 제215조도 수색 또
는 검증을 같은 조문에 두고 있어 구별 실익이 없다. 즉 매체가 있는 장소에 대
한 수색과 그에 대한 검증이 순차로 진행된다. 그러면서도 어느 순간에는 겹치
게 된다는 것이다. 매체에 대한 수색·검증이 이루어지는 것이다. 그래서 저자는
검증과 수색을 합친 말로 탐색이라는 말을 사용하기를 제안한다.

      압수, 수색의 야간집행 제한에 관하여 제125조, 제126조가 규정하고 있다. 위
규정은 법원에 대한 것으로 수사기관에 대해서도 제219조로 준용된다. 그러나 검
증의 시각 제한인 제143조를 수사기관에 준용하는 조항은 없다. 그러나 전자정보
에 대해서는 검증, 수색이 동시에 일어난다. 그러므로 수사기관에 대해서도 제125
조, 제126조가 준용된다. 그에 따라 집행시각이 제한된다고 보아야 한다.

      이러한 탐색의 대상인 그릇이 컴퓨터용디스크 등 전자정보 저장매체이다.
컴퓨터 하드디스크, 외장 하드, 파일서버, 메일서버 등이 이에 해당한다. 웹하드,
USB 기억장치, SD카드 등도 이에 해당한다. 모두 전자식 방식에 의한 정보저장
장치이다. 휴대전화기 메모리칩도 이에 해당한다.[3] 모두 다량의 정보를 작고 가

---

1) 반면 영장집행 현장에서 개인용 컴퓨터의 하드디스크 등을 검색하는 행위는 검증이 아니라 수색
   에 해당하며, 영장집행단계에서 저장매체가 보존되어 있는 장소의 취지, 구조 및 물리적 접근제
   어장치의 존부, 저장매체 등 대상 정보처리시스템의 유형과 규모, 네트워크 연결 상황 및 네트
   워크 구성 등을 확인하는 것은 검증에 해당한다는 견해로, 전승수, 「형사절차상 디지털 증거의
   압수수색 및 증거능력에 관한 연구」, 서울대학교 법학박사학위논문(2011. 2.)
2) 같은 취지, 조국, "컴퓨터 전자기록에 대한 대물적 강제처분의 쟁점", 2010. 5. 15.자 한국형사정
   책학회 2010년도 춘계학술회의 발표자료 99쪽.
3) 핸드폰을 이용하여 공포심이나 불안감을 유발하는 문자메시지를 반복적으로 상대방에게 도달하
   게 하는 구 「정보통신망 이용촉진 및 정보보호 등에 관한 법률」(2005. 12. 30. 법률 제7812호로
   개정되기 전의 것) 제65조 제1항 제3호 해당 범죄를 입증할 증거로 검사가 핸드폰 자체를 공판
   정에 제출한 사안에서 관련성을 문제 삼지 않고 증거능력을 인정한 사례로 대법원 2008. 11. 13.

벼운 기억장치에 전자적으로 저장한다. 그러나 사람의 맨눈으로는 그 내용을 알
수 없다. 다른 컴퓨터장치나 전산프로그램을 사용하여야 한다. 그렇게 모니터에
띄워보거나 인쇄해 보아야 내용을 알게 된다. 종전 법에서는 전자정보가 압수대
상인지에 관해 많은 논란이 있었다.[1] 그러나 이번 개정으로 그 논란은 거의 종
식되었다고 생각한다. 즉 전자정보도 형사소송법상의 압수대상이다. 오관으로
내용을 인식하므로 전자정보는 검증대상도 될 수 있다.[2] 수색대상도 될 수 있
다(예컨대 특정 파일을 찾아내기 위해 그 파일이 소속된 디렉토리를 살필 때).[3]

　　전자정보란 그에 의해 사실을 증명하거나 의견을 표현하는 것이어야 한다.
그 의견 표현 수단인 문자, 음성, 동영상 등이 이에 해당한다. 이메일 등 전기통
신 내역도 압수의 대상이 되는 전자정보이다.[4] 법 제107조 제1항을 보면 그렇

선고 2006도2556 판결.

[1] 그간의 논쟁을 정리한 문헌으로, 전승수, 위 박사학위논문, 46쪽 이하.

[2] 그렇기 때문에 예컨대 디지털 포렌식 전문 수사관이 해당 전자정보의 내용을 분석하여 이를 보
고서로 작성하였다면 형사소송법 제312조 제6항에 의해 증거능력을 인정받아야 한다.

[3] 이번 법 개정으로도 전자정보가 수색·검증, 압수의 대상이 되지 않는다는 입장을 고수하게 되
면, 전자정보를 수색·검증, 압수함에 있어 일반 유체물에 대하여 적용되는 각종 적법절차 규정
들, 예컨대 당사자의 참여권 보장, 영장제시, 사전통지, 압수물의 환부·가환부에 관한 형사소송
법의 규정들을 지키지 않아도 된다는 위헌적인 결론에 이르게 될 것이다.

[4] 전송중인 이메일을 감청하는데 통신비밀보호법 제5조의 통신제한조치(감청)에 정한 요건과 절
차를 따라야 함은 이견이 없다. 전송되어 보관중인 이메일에 관해서는 실무와 학설이 개정 전의
형사소송법상 압수 규정에 의할 것이라는 견해가 지배적이었다(대표적으로 서울지방법원 제5형
사부 2003. 5. 14. 선고 2002노9492 판결). 그러나 개정 전의 법 해석으로는 전송되어 보관중인
이메일에 대해서도 통신비밀보호법상의 감청 규정을 적용하여야 한다는 것이 이 책 저자의 견
해였다. 2010. 3. 25.자 대법원 사법제도 비교연구회에서 조국 교수의 "컴퓨터 전자기록에 대한
압수·수색 영장의 쟁점"에 이 책의 저자가 지정토론한 내용 참조. 이 책 352쪽 이하.
　조국 교수는 위 발표 후인 2010. 5. 15. 한국형사정책학회 2010년도 춘계학술회의에서 이 저자
와 같은 결론에 이른 서울지방법원 2002. 9. 10. 선고 2002고단3514 판결을 지지함으로써 이 책
의 저자와 같은 견해를 취하였다. 그 이후에 나온 같은 취지의, 오기두, 위 "電子情報에 대한 基
本權保障과 位置情報追跡 搜査權", 헌법재판소 「憲法論叢」 제21집(2010), 572쪽 이하 참조. 오
경식 교수의 "통신비밀보호법의 형사법적 검토", 「형사정책」 제16권 제1호, 형사정책연구원,
2004, 72쪽도 이 책의 저자와 같은 취지의 견해다.
　다만 이번 형사소송법 개정으로 통신비밀보호법상의 감청과 형사소송법상의 전기통신 압수 사
이에 큰 차이가 없게 되었다. 형사소송법에서 관련성 요건을 명시하고, 영장에 작성기간을 특정
하게 하였으며 사후통지절차를 마련하였기 때문이다. 굳이 차이가 있다면, 감청으로 보면 국회
가 법원행정처장, 통신제한조치 청구·신청·집행기관의 장, 방송통신위원회에 보고요구권한이
있는데(통신비밀보호법 제15조), 형사소송법상의 일반 수색·검증·압수에 관하여는 그런 제도가
없다는 것이다. 그리고 전송되어 저장된 에메일 압수를 감청으로 보게 되면 통신비밀보호법 제5
조 제1항에 열거된 범죄에 한하여 그 이메일을 압수수색할 수 있게 된다. 그러나 이번 법 개정
으로 전송되어 저장된 이메일은 통신비밀보호법이 아닌 일반 형사소송법으로 규율하려는 입법
자의 의도를 분명히 하였다고 보인다. 그러나 통신비밀보호법 제2조 제9호의 전자우편에 대한
정의규정을 개정해야만 해석상의 혼란을 가져오지 않는다. 보다 근본적으로는 타인의 통신내용
을 수사기관이 들여다보는 것은 통신비밀을 중대하게 침해한다. 그것이 전송되어 저장 중이건

다. 이메일 계정 및 이메일 내용, 휴대전화 문자메시지가 그 예이다. 음성사서함
및 그에 저장된 음성도 같다. 페이스북이나 트위터, 밴드 등 SNS로 전송한 메시
지, 사진, 동영상도 같다.[1] 컴퓨터 시스템이 작동하면 자동으로 생성, 기록되는
정보도 같다. 이들도 압수대상인 전자정보이다. 이를 Computer Generated Evidence
라고 한다. 컴퓨터 운영기록, 로그기록 등의 웹히스토리가 그 예이다. 이제 법이
명시적으로 전기통신인 전자정보도 압수의 대상으로 삼은 것이다.

그러나 통신전송과 동시에 이루어지는 감청이라면 특별히 정해야 한다. 통
신내용의 취득이 되기 때문이다. 이는 감청으로서 그 허용요건을 더 강화해야 한
다. 즉 통신비밀보호법의 감청에 관한 규정(제5조)이 우선 적용되어야 한다. 통신
사실 자체를 확인할 전자 자료에도 특별법인 통신비밀보호법이 적용된다(제13조).

통신자의 인적 사항에 관한 자료는 전기통신사업법이 적용된다. 전기통신사
업법은 영장주의를 배제하는 것처럼 되어 있다(제83조 제3항).[2] 그간 그렇게 운영

전송되는 중이건 본질적인 차이가 없다는 말이다. 그러므로 양자를 동일하게 보호하려는 입법정
책을 계속 수행해야 한다.
1) 「스마트폰 통신으로 대변되는 오늘날의 정보기술(IT) 사회에서 통신의 자유와 비밀 보장의 중요
성을 강조할 필요가 있다. 전자정보의 전송과 보관에는 오늘날 전자민주주의를 달성하는데 필수
불가결한 표현의 자유, 통신의 자유와 비밀 보장, 나아가 주거의 자유 및 거주이전의 자유 등 모
든 기본권이 총체적으로 연결되어 있다. 오늘날은 전자정보에 대한 자기결정권에 더하여 심지어
정보기술 시스템 자체에 대한 기본권마저 논의되고 있는 실정이다(1BvR 370/07, 1BvR 595/07
[178]). 또한 프라이버시 보호 문제만 하더라도 이제는 이메일 등 컴퓨터나 휴대폰을 이용한 통
신의 내용 보호나 통신자의 위치정보 자체의 보호가 강조되고 있는 시대이기도 하다(「위치정보
의 보호 및 이용 등에 관한 법률」 참조). 이런 점에서 보면 이메일이나 전자게시판에의 게시물
게시 등 컴퓨터 통신에 대해 일반적인 형사소송법에 의한 전자정보의 압수에 더하여 특별법으
로 취급할 필요가 있다. 즉 적어도 「전자적 통신정보」는 일반 형사소송법의 압수·수색 규정만
으로 해결하려 해서는 안 되고 통신비밀보호법 등 특별법에 의해 규율할 필요가 있다. 형사소송
법 제107조가 우체물의 압수에 관하여 특별한 규정을 두고 있는 것도 그 우체물에 관하여 발신
자와 수신자, 보관자가 제 각각 존재한다는 특성에 더하여 그것이 과거에는 중요한 통신수단이
었다는 점에 있다. 이메일이나 문자메시지, 음성사서함 등도 그와 같은 특성을 가진다. 특히 그
것은 「전자정보」이면서 「통신정보」이다. 전자정보이므로 그 전송이나 복사가 통상의 유체물과
다른 기술적 수단으로 이루어진다. 그리고 통신정보이므로 통상의 정보에 비해 통신의 자유와
비밀 보장을 위해 특별히 두텁게 보호되어야 한다. 이렇게 통상의 사적 비밀영역에 관한 증거물
과 구별하여 「전자통신정보」는 특별한 취급을 받을 가치가 있는 것이다. 이메일에 관해서 보자
면, 그것을 통신의 결과물이라는 이유로 이메일에 대한 압수·수색도 감청에 준하여 처리하자는
박영선 국회의원 개정안이 가장 훌륭하다고 생각한다.」
 이상은 2010. 9. 30. 대법원 사법제도비교연구회에서 고려대학교 법학전문대학원 박경신 교수
가 발표한 "이메일압수수색의 제문제와 관련 법률개정안들에 대한 평가"에 대해 이 책의 저자가
지정토론한 내용이다.
2) 전기통신사업법 제83조(통신비밀의 보호)
 ① 누구든지 전기통신사업자가 취급 중에 있는 통신의 비밀을 침해하거나 누설하여서는 아니
된다.
 ② 전기통신업무에 종사하는 자 또는 종사하였던 자는 그 재직 중에 통신에 관하여 알게 된

해 왔다. 수사기관의 요청에 통신사업자는 거부할 수 있다. 그러나 이를 제출하는 경우가 대부분이다. 수사기관이 요청하는데 누가 거부할 수 있겠는가? 전기통신사업자는 정보주체가 아니면서도 통신자료를 제출하는 것이다. 정보주체의 동의를 받을 것을 요건으로 하지 않기 때문이다. 사후통지규정도 없다. 위헌법률이라는 도전을 받기에 충분하다. 그러므로 가급적 합헌적 법집행이 이루어지도록 해석해야 한다. 이번 개정법으로 그에 대해서도 형사소송법의 영장주의가 적용된다고 하겠다. 즉 개정법 제106조 제3항, 제4항을 적용해야 한다. 따라서 전기통신사업자가 임의제출을 거부하는 경우 영장에 의해야 한다. 그 사업자가 임의로 제출하려고 해도 마찬가지다. 정보주체의 동의를 얻지 않은 이상 영장을 발부받아야 한다. 집행 후 정보주체에게 통지도 해 주어야 한다.

　　형사소송법 제107조 제1항, 제219조는 제출명령권을 인정한다. 법원이나 수

타인의 비밀을 누설하여서는 아니 된다.

　③ 전기통신사업자는 법원, 검사 또는 수사관서의 장(군 수사기관의 장, 국세청장 및 지방국세청장을 포함한다. 이하 같다), 정보수사기관의 장이 재판, 수사(「조세범 처벌법」 제10조 제1항·제3항·제4항의 범죄 중 전화, 인터넷 등을 이용한 범칙사건의 조사를 포함한다), 형의 집행 또는 국가안전보장에 대한 위해를 방지하기 위한 정보수집을 위하여 다음 각 호의 자료의 열람이나 제출(이하 "통신자료제공"이라 한다)을 요청하면 그 요청에 따를 수 있다.

　　1. 이용자의 성명
　　2. 이용자의 주민등록번호
　　3. 이용자의 주소
　　4. 이용자의 전화번호
　　5. 이용자의 아이디(컴퓨터 시스템이나 통신망의 정당한 이용자임을 알아보기 위한 이용자 식별부호를 말한다)
　　6. 이용자의 가입일 또는 해지일

　④ 제3항에 따른 통신자료제공요청은 요청사유, 해당 이용자와의 연관성, 필요한 자료의 범위를 기재한 서면(이하 "자료제공요청서"라 한다)으로 하여야 한다. 다만, 서면으로 요청할 수 없는 긴급한 사유가 있을 때에는 서면에 의하지 아니하는 방법으로 요청할 수 있으며, 그 사유가 해소되면 지체 없이 전기통신사업자에게 자료제공요청서를 제출하여야 한다.

　⑤ 전기통신사업자는 제3항과 제4항의 절차에 따라 통신자료제공을 한 경우에는 해당 통신자료제공 사실 등 필요한 사항을 기재한 대통령령으로 정하는 대장과 자료제공요청서 등 관련 자료를 갖추어 두어야 한다.

　⑥ 전기통신사업자는 대통령령으로 정하는 방법에 따라 통신자료제공을 한 현황 등을 연 2회 미래창조과학부장관에게 보고하여야 하며, 미래창조과학부장관은 전기통신사업자가 보고한 내용의 사실 여부 및 제5항에 따른 관련 자료의 관리 상태를 점검할 수 있다.

　⑦ 전기통신사업자는 제3항에 따라 통신자료제공을 요청한 자가 소속된 중앙행정기관의 장에게 제5항에 따른 대장에 기재된 내용을 대통령령으로 정하는 방법에 따라 알려야 한다. 다만, 통신자료제공을 요청한 자가 법원인 경우에는 법원행정처장에게 알려야 한다.

　⑧ 전기통신사업자는 이용자의 통신비밀에 관한 업무를 담당하는 전담기구를 설치·운영하여야 하며, 그 전담기구의 기능 및 구성 등에 관한 사항은 대통령령으로 정한다.

　⑨ 자료제공요청서에 대한 결재권자의 범위 등에 관하여 필요한 사항은 대통령령으로 정한다.

　(출처: 전기통신사업법 제10656호 2011. 5. 19. 일부개정, 2013. 3. 23. 일부개정)

사기관의 권한으로 제출명령권이 인정되고 있는 것이다. 그 대상은 전기통신내역이다. 이 제출명령은 압수의 한 방법으로 이해해야 한다.

　나) 범위설정

　매체에 저장된 전자정보를 압수하기 위해서는 그 범위를 정하여야 한다. 작은 크기의 매체에 엄청난 양의 전자정보가 저장되어 있기 때문이다. 그러므로 그 매체 전부를 압수할 수는 없다. 매체에 저장된 전자정보 전부를 이미징 기법으로 복제하여서도 안 된다. 물론 범죄관련 정보만 저장된 매체는 전부 압수할 수 있다. 그렇다면 그 「범위」의 내용이나 판단기준은 무엇인가? 누가 그 범위를 정하는가? 그 범위를 최종적으로 판단하는 주체나 절차는 무엇인가? 이러한 의문들에 대한 해답을 제시해야 한다. 그것이 바로 그 함의를 찾아내는 일이 될 터이다. 결론적으로 그 범위 설정은 바로 앞서 나오는 제106조 제1항에서 찾아야 한다. 즉 피고사건과의 관련성이 위 범위를 정하는 기준이다. 수사기관에 대해서는 범죄혐의정황이 소명될 것도 전제조건으로 한다. 이렇게 범위를 설정한 압수만이 가능하다. 그러므로 해당 매체를 통째로 압수할 수는 없다. 예컨대 인터넷 서비스 업체의 이메일 서버 자체를 압수할 수는 없다. 관련성 있는 이메일만 출력 또는 복제해야 한다. 또는 그 이메일만 출력·복제해서 제출하도록 제출명령을 발하여야 한다. 이것이 제107조 제1항에 의한 조치이다.

　매체 자체의 압수나 이미징을 하기 위해서는 동의를 받아야 한다. 물론 제106조 제3항 단서에 해당하면 그 동의 없이도 할 수 있다. 위 동의의 주체는 매체의 소유자 및 그에 저장된 전자정보의 주체라고 해야 한다. 그들 모두의 동의가 없으면 매체 전부를 압수하거나 복사할 수 없다. 동의가 없는 한 매체 전부의 전자정보를 출력하거나 전부를 복제할 수 없다. 그것이 원칙이다.

　이 "범위"의 문제와 관련해서 특별히 고찰해야 할 사항은 전자정보의 작성기간이다.[1] 너무 광범위한 기간 생성된 전자정보를 압수하는 수사를 제한할 필요가 있었다. 그래서 전기통신을 압수·수색할 때는 작성기간을 특정하게 하였다. 검사의 영장청구서에 그 작성기간을 명시하여야 한다(신설된 규칙 제107조 제1항 제7호). 판사의 검증·수색·압수영장에도 작성기간을 특정, 기재하여야 한다(법 제

---

[1] 박영선 국회의원의 법안에서 「작성기간」이라는 용어를 사용하였다. 개정법도 위 법안의 용어를 그대로 사용한 것으로 보인다. 그러나 「송·수신기간」이라는 용어가 더 정확할 것이다. 이메일 등 전기통신에 관한 규정은 그 작성을 보호하고자 하는 규정이 아니라 송·수신을 통한 통신의 비밀을 보호하고자 하는 규정이기 때문이다. 그러나 이 책에서는 법문의 용어인 「작성기간」을 사용하도록 하겠다. 시간적 관련성을 결정함에 있어 작성기간이나 송·수신기간 사이에 큰 차이는 없을 것이기 때문이다.

114조 제1항 단서).

다) 압수방법

(1) 원   칙

전자정보 압수의 방식은 출력하거나 복제하여 제출받는 것이다. 출력이란 주로 프린터를 통한 인쇄형태의 출력을 말한다. 복제는 원본인 압수대상 전자정보를 다른 전자정보저장매체에 사본하는 것을 말한다. 출력, 복제는 정보저장매체 소재지에서 해야 한다. 그 외의 장소로, 예컨대 수사기관으로 정보저장매체 자체를 이동하면 안 된다. 그것은 그 매체 전부에 대한 압수가 될 것이기 때문이다. 그러한 출력이나 복제로서 강제로 전자정보를 취득하는 압수의 목적은 달성된다. 그러나 경우에 따라서는 제106조 제2항에 의해 제출명령권을 행사해야 할 때도 있을 것이다. 법 제106조 제3항도 출력이나 복제하여 "제출받아야 한다"라고 규정한다. 그러나 강제처분인 출력이나 복제는 상대방의 동의를 필요로 하지 않는다. 수사기관이 탐색 후 압수하면서 출력 또는 복제하면 그것으로 충분한 것이다. 굳이 피압수자로부터 출력물이나 복제물을 제출받을 필요는 없다. 그런데도 법규정은 출력하거나 복제하여 "제출받아야 한다"고 한다. 이것을 피처분자의 협력의무를 규정한 것이라고 해석할 수도 있다. 법원이나 수사기관이 제출명령을 발할 수 있다는 근거가 되기도 할 것이다. 전기통신에 관해서도 보관업체에게 제출명령을 발할 수 있다. 그 근거가 개정법 제107조 제1항, 제219조에 의해 명시된 것이다. 제107조 제1항의 제출명령의 대상인 「물건」은 전기통신도 지칭한다. 피의자 A가 포털업체 Y사의 컴퓨터 서버를 통해 B에게 보낸 이메일을 상정하자. 그 이메일을 강제로 취득하는 경우를 생각해 보면 된다. 그 제출명령의 근거는 제107조 제1항, 제219조이기 때문이다. 금융정보나 과세정보 등의 전산정보에 대하여도 특별법의 규정이 있다. 「금융실명거래 및 비밀보장에 관한 법률」과 국세기본법이 그것이다. 전기통신사업법 제83조 제3항도 통신자료 제공요청 근거가 된다. 그 명시적인 법규정에 근거하여 법원이나 수사기관이 제출명령을 발할 수 있는 것이다. 법 제106조 제2항, 제3항도 그 근거가 된다. 그러나 제출명령의 상대방이 그에 따르지 않는다고 해서 어쩔 수 있는 방법은 없다. 아직은 법정모독죄가 마련되지 않은 상태이다.[1] 이런 사정은 수사기관도

---

1) 미국의 경우, 인터넷 서비스 제공업체에 대해 인터넷 서비스 계정에 펜기록기나 트랩추적장치를 설치할 것을 명령하는 영장에는 추적대상이 된 이메일의 제목란, 응용명령어, 검색어, 파일명, 파일경로 등을 누설하지 말 것과 만약 누설하면 법정모욕죄로 처벌될 수 있음을 경고하는 문구가 기재되어야 한다. In re Application of U.S. for an Order Authorizing use of A Pen Register

마찬가지다. 수사에 협조하지 않는다고 해서 형사처벌을 하거나 다른 제재를 가할 수 없는 상황이다. 쉽사리 그렇게 해서도 안 된다. 헌법상의 진술거부권을 침해하기 때문이다.[1] 절차위반범죄를 자꾸 양산하는 것은 형사정책적으로도 바람직하지 않다. 결국, 의무위반에 대한 제재 없는 의무이행명령 규정은 무의미하다. 그 명령에 대한 상대방의 임의이행을 기대할 수밖에 없다. 그러나 그 상대방이 정보주체가 아닌 제3자라면 그 임의이행시에도 영장이 있어야 한다(후술). 나아가 상대방이 임의이행을 하지 않는다고 해서 압수가 불가능하다고 할 수도 없다. 피처분자가 출력물이나 복제물을 제출하지 않는다고 하더라도 말이다. 수사기관이 해당 정보저장매체 소재지에 가서 이를 직접 출력, 복제한다. 그렇게 압수해 오면 되는 것이다.[2] 정보주체와 정보보관자가 서로 다른 경우에도 영장에 의해 집행해야 한다. 정보보관자가 임의로 정보를 제출한다고 해도 같다. 그것을 당연히 임의수사라고 할 수는 없다. 정보주체의 동의를 얻지 않았기 때문이다. 따라서 이때는 영장을 발부받아서만 정보를 수집할 수 있다고 해야 한다.

(2) 예   외

전자정보는 다른 정보와 분리하여 추출하는 것이 매우 어려운 경우가 있다. 성질상 특별히 기계를 이용하거나 컴퓨터 프로그램에 의한 조작을 해야 눈으로 볼 수 있다. 그 기술적 성질상 범죄 유관정보만을 출력, 복제하기 어려운 경우도 있다. 해당 전자정보가 모두 삭제된 경우도 있다. 여기서 입법자는 선택의 문제에 직면할 것이다. 반드시 범죄를 수사하여 혐의자를 밝혀내어 유죄판결을 받도록 하는 것이 지상목표인가? 그것이 국민의 전자정보 관련 기본권을 보장하

---

and Trap On(XXX) Internet Service Account/User Name, (xxxxxxxx@xxx.com), D.Mass. 2005, 396 F.Supp.2d 45.
1) 우리 헌법 제12조 제2항: "모든 국민은 고문을 받지 아니하며, 형사상 자기에게 불리한 진술을 강요당하지 아니한다."
2) 수사기법 중에 제3자가 보유하는 '피의자에 관한 정보'를 대상으로 제3자의 영업소나 서버 보관장소를 압수 장소로 하는 압수수색영장을 발부받고, 제3자에게 영장을 제시하고 그로부터 해당 정보를 전자우편에 대한 첨부파일 혹은 CD 등 저장매체 등의 형태로 제출받는 방법이 있다. 유럽평의회(Council of Europe)의 사이버범죄방지조약(Convention of Cybercrime) 제18조 제1항이 이와 같은 제3자에 대한 '제출명령'을 규정하고 있다고 한다(이숙연 서울중앙지방법원 영장전담 판사, "전자정보에 대한 압수수색과 기본권, 그리고 영장주의에 관하여", 2011. 11. 19.자 헌법연구회, 헌법학회 공동세미나 발표자료, 11쪽). 2009. 5. 13.자 이종걸 국회의원이 대표 발의한 형사소송법 일부개정법률안 제106조 제3항, 제4항도 이러한 제출명령권을 법원 및 수사기관에 부여하려고 시도하였다(③ 법원은 압수할 물건을 지정하거나 압수의 목적물인 정보저장매체 등에 기억된 정보의 범위를 지정하여 소유자, 소지자 또는 보관자에게 제출을 명할 수 있다. ④ 법원은 제3항에 따라 정보를 제공받은 경우 정보주체에 대하여 60일 이내에 통지를 하여야 한다).

는 것보다 중요한가? 수사기관이 모든 범죄행위를 철저히 전부 적발하여 박멸하여야 하는가? 수사기관은 배트맨이 되어야 하는가? 아니면 범죄유관정보만의 추출을 허용하는 비례원칙 준수가 至高의 헌법적 가치인가? 국가의 힘을 아주 약하게 해 볼 수도 있지 않은가? 그렇게 하여 주권자인 국민의 기본권을 최대한 보장하려는 쪽에 설 수도 있지 않은가? 개개 국민의 행복을 최대한 보장하는 것이 至高의 가치가 될 수도 있지 않은가? 오늘날 우리 국가가 추구해야 할 가치가 그것이라고 할 수도 있다. 그렇다면 비례원칙 준수를 불가능하게 하는 상황에서는 압수를 포기할 수도 있는 것이다. 반드시 압수를 허용해야 할 헌법적 근거는 없는 것이다. 그것도 수사기관이 자의로 판단한 압수 필요성만에 근거하여야 할 필연적 이유도 없다. 즉 저장매체의 일부 정보만을 분리하기 어려울 때 입법자는 압수를 금지할 수도 있다. 그런데도 이번 법 개정시 입법자는 이 경우에는 매체 전체를 압수할 수 있게 하고 있다. 또는 매체 전부를 복제할 수도 있다고 한 것이다. 하드디스크 이미징 기법이 이에 해당할 것이다. 제106조 제3항 단서의 「정보저장매체 등을 압수할 수 있다」는 그러한 의미이다. 그 요건은 일부만의 정보추출이 불가능하거나 압수목적달성이 현저히 곤란한 경우이다. 저장된 정보의 양이 방대하여 분석하는데 시간이 많이 소요되는 때가 그에 해당한다. 정보파일이나 컴퓨터 시스템 구동 프로그램에 접근할 암호해독이 어려운 때도 그러하다. 이 경우 매체 전부를 압수하게 한 입법자의 선택은 존중되어야 한다.

단, 엄격한 제한 해석과 겸손한 집행권 행사가 뒷받침되어야 할 것이다. 국민의 기본권도 국가안전보장, 질서유지, 공공복리를 위해 제한할 수 있다. 그러나 이 예외로 인해 법해석, 집행에 있어서 과잉금지원칙에 노출될 가능성이 상존한다. 그러므로 저장매체 자체를 수사기관이 압수한 후에도 관련 정보만을 복제, 출력해야 한다. 그렇지 않으면 영장집행이 위법하게 되어 상대방은 준항고로 불복할 수 있다.[1]

---

1) 대법원 2011. 5. 26. 고지 2009모1190 결정(이른바 '전교조 본부 사무실 압수·수색에 대한 재항고 사건'; 원심은 서울중앙지방법원 2009. 9. 11. 고지 2009보5 결정)은 이 점에 관하여 다음과 같이 판시하고 있다.
  「저장매체 자체를 수사기관 사무실 등으로 옮긴 후 영장에 기재된 범죄 혐의 관련 전자정보를 탐색하여 해당 전자정보를 문서로 출력하거나 파일을 복사하는 과정 역시 전체적으로 압수·수색영장집행의 일환에 포함된다고 보아야 한다. 따라서 그러한 경우 문서출력 또는 파일복사 대상 역시 혐의사실과 관련된 부분으로 한정되어야 하는 것은 헌법 제12조 제1항, 제3항, 형사소송법 제114조, 제215조의 적법절차 및 영장주의 원칙상 당연하다. 그러므로 수사기관 사무실 등으로 옮긴 저장매체에서 범죄 혐의 관련성에 대한 구분 없이 저장된 전자정보 중 임의로 문서출

라) 통   지

(1) 통지의 요건

전자정보를 압수한 경우 정보주체에게 해당 사실을 지체 없이 알려야 한다. 개정법 제106조 제4항이 이에 해당한다. 전기통신을 압수하였을 때에도 발신인이나 수신인에게 이를 통지해야 한다. 개정법 제107조 제3항이 이에 해당한다. 제출명령을 발한 것만으로는 아직 통지할 필요는 없다. 그 제출명령에 따라 해당 전자정보가 제출되었을 때 통지하면 될 것이다. 사전에 영장을 제시하였으면 (제118조) 별도로 통지할 필요가 없다. 사전에 참여권을 보장하였어도 마찬가지다 (제122조).

전기통신 압수시 법원은 심리에 방해될 염려가 있으면 통지를 생략할 수 있다. 법 제107조 제3항 단서가 그렇게 규정한다. 법 제219조를 보면 이를 수사기관에도 준용하려는 것이 입법자의 의도라고 보인다. 즉, 수사에 방해될 염려가 있는 경우에도 통지를 생략할 수 있다는 것이다. 반면, 수사기관은 통지를 생략할 수 없다는 반론도 제기될 수 있을 것이다. 수사는 법원의 사건 「심리」가 아니기 때문이다. 이 책의 저자는 해석론으로 전자의 입장을 취한다. 다만, 원칙과 예외가 뒤바뀌어 법이 운용되지 않도록 언제나 주의해야 한다.

통지의 주체는 법원이나 검사, 사법경찰관 등 해당 압수를 행한 국가기관이다. 따라서 법원이나 수사기관은 통지를 하기 위한 실무적 조치를 해야 한다. 예컨대 대법원예규나 수사지침을 마련하고 통지문서 양식을 마련해야 한다는 말이다. 이번 대법원 규칙 개정시에 이에 관한 근거조문을 만들지 않았다.

통지의 상대방은 정보주체이다. 정보주체란 「개인정보 보호법」 제2조 제3호에[1] 규정된 사람을 말한다. 이메일과 같은 전기통신 압수시 통지의 상대방은

력 혹은 파일복사를 하는 행위는 특별한 사정이 없는 한 영장주의 등 원칙에 반하는 위법한 집행이다.」(이 결정문 全文은 이 책의 287쪽, 주 5)에 있음).

1) 「개인정보 보호법」 제2조(정의)

이 법에서 사용하는 용어의 뜻은 다음과 같다.

1. "개인정보"란 살아 있는 개인에 관한 정보로서 성명, 주민등록번호 및 영상 등을 통하여 개인을 알아볼 수 있는 정보(해당 정보만으로는 특정 개인을 알아볼 수 없더라도 다른 정보와 쉽게 결합하여 알아볼 수 있는 것을 포함한다)를 말한다.

2. "처리"란 개인정보의 수집, 생성, 기록, 저장, 보유, 가공, 편집, 검색, 출력, 정정, 복구, 이용, 제공, 공개, 파기, 그 밖에 이와 유사한 행위를 말한다.

3. "정보주체"란 처리되는 정보에 의하여 알아볼 수 있는 사람으로서 그 정보의 주체가 되는 사람을 말한다.

4. "개인정보파일"이란 개인정보를 쉽게 검색할 수 있도록 일정한 규칙에 따라 체계적으로 배열하거나 구성한 개인정보의 집합물을 말한다.

누구인가? 제107조 제3항 문면에는 "발신인이나 수신인"이라고 표현되어 있다. 이것은 통신비밀보호법 제9조의3의 "수사대상이 된 가입자"와 비교해 보아야 한다. 두 조문을 모두 해석해야 할 것이다. 그러면 수사대상이 된 발신인이나 수신인이라고 보면 된다. 적법절차의 원리상 수사대상이 된 사람에 대해 방어할 기회를 주면 된다. 수사대상이 아닌 발신인이나 수신인도 정보주체이긴 하다. 그러나 그에게까지 통지하라고 하기는 어렵다. 발신인이나 수신인 모두 수사대상이라면 그 모두에게 통지해야 한다.

통지의 시점은 전자정보를 압수하고 난 후 즉시라고 해야 한다. 이번 형사소송법 개정으로 위와 같이 되었다고 해야 한다. 이메일의 경우에도 위 통신비밀보호법 규정과 같이 볼 수 없다. 즉, 기소 또는 불기소 처분 후 30일이라고 할 수도 없다. 개정법 제107조 제3항이 전기통신 압수시 통지의 시점을 정하고 있지 않다. 그래서 이러한 경우 통신비밀보호법 제9조의3이 적용될 여지를 남기고 있다. 그러나 압수에 관한 통지의 총칙규정은 형사소송법 제106조 제4항이다. 즉 전자정보 압수시 통지의 시점은 "지체 없이"이다. 이번 법 개정으로 위 통신비밀보호법 제9조의3은 변경되었다고 보아야 한다. 실무상으로도 통신비밀보호법 제9조의3은 많은 문제를 안고 있다. 검사의 기소 여부나 입건 여부 처분시기에 따라 좌우될 수 있다. 즉 그 통지기간이 지나치게 지연될 수도 있다. 또한, 구속사건의 경우 3주 이내에 제1회 공판기일이 지정되는 현행 실무를 고려하지 않을 수 없다. 그래서 제1회 기일 이전에 피고인이 통지를 받지 못할 수도 있다. 그러므로 위 통신비밀보호법 규정은 일반적인 전자정보 압수에 적용되지 않는다고 해야 한다. 심지어 위 규정은 송·수신이 완료된 전기통신의 검증·수색·압수에도 적용되지 않는다고 해야 한다. 그러므로 모든 전자정보의 압수에 관하여 기소 여부에 관계없이 그 보다 짧은 기간 내에 통지하도록 해야 한다. 입건 여부에도 관계없이 지체 없이 통지해야 한다.

형사소송법상 통지의 방식에는 제한이 없다. 그러나 통신비밀보호법 제9조의3 제1항은 서면으로 통지하도록 하고 있다. 그러므로 전송되어 보관 중인 이메일 압수시에는 서면통지를 해야 한다. 개정법 제107조 제3항에 불구하고 서면으로 통지해야 한다. 일반적인 전자정보 압수시에도 서면으로 통지하는 것이 좋

---

5. "개인정보처리자"란 업무를 목적으로 개인정보파일을 운용하기 위하여 스스로 또는 다른 사람을 통하여 개인정보를 처리하는 공공기관, 법인, 단체 및 개인 등을 말한다.
6. "공공기관"이란 다음 각 목의 기관을 말한다. (이하 생략)
(출처: 「개인정보 보호법」 제10465호, 2011. 3. 29. 제정)

을 것이다. 입증의 편의를 위해서다. 그러나 전화나 이메일 등으로 통지해도 무방하다. 일반 전자정보의 압수에 관해 통지방식이 법정되어 있지 않기 때문이다 (제106조 제4항).

(2) 제출명령의 경우

법원이나 수사기관이 전자정보의 제출명령을 발한 경우를 생각해 보자. 형사소송법 제106조 제2항 및 제3항 말미의 "제출받아야 한다"에 근거한 때이다. 또는 이메일 등 전기통신에 관해 제107조 제1항에 의해 인터넷 서비스 제공업체에게 제출명령을 발한 경우를 상정해 볼 수도 있다. 예컨대 A에 관련된 전자정보 보관업체 N사에 대해 이런 명령을 내렸다고 치자. 그 명령에 따라 N사가 A관련 정보를 수사기관에 출력하여 제출했다고 해보자. 그 명령에 따를 의무가 N사에는 없다.[1] 그러나 그럴 경우 N사는 두려움을 가질 가능성이 크다. 수사기관으로부터의 어떤 보복을 당할지도 모른다는 두려움일 수도 있다. 그래서 사실상의 강제력에 의해 N사가 자료를 제출하게 된다. 이때에도 법원, 수사기관에 당연히 A에 대한 통지의무가 있다고 해야 한다.

(3) 사전통지 및 영장집행 참여

그런데 이 조항에 대해 영장집행시의 참여권과 관련해 고려할 점이 있다. 법 제121조, 제219조는 영장집행시 참여권을 보장하고 있다. 그 전제로 집행에 관한 사전통지제도도 마련하고 있다(법 제122조). 상대방에게는 영장이 제시되어야 한다(제118조). 이들은 대물적 강제처분에 관해 종전부터 두어 온 제도이다. 국가의 강제처분 사실을 알려주고 이의할 기회를 부여하기 위함이다. 헌법상의 적법절차 원리를 구현한 제도들이다. 문명국가 형사제도가 갖추어야 할 기본원리라고 할 수 있다. 이를 폐기하자는 주장은 국가전체주의 사고방식에 젖은 주장이다. 헌법적 가치를 제대로 인식하지 못한 사고방식을 표현하는 주장이다. 민주헌법 하에서는 도저히 수용할 수 없는 주장이라고 할 수 있다.[2] 법문언이 "참여할 수 있다"는 임의적 규정에 불과하다는 주장도 마찬가지다. 전자정보 검증·수색, 압수시 정보주체가 참여권을 가진 당사자임은 분명하다. 그러므로 영장집행시에도 정보주체에게 참여권을 부여해야 한다. 단지 그 매체 소유·지배자

---

[1] 그래서 영장집행의 실효성 확보를 위해 사업자에게 통신내용 보전·관리의무, 제출협력의무, 비밀유지의무 등을 부과하고, 정당한 사유 없이 불응하는 경우의 대비책과 제출 또는 보전, 관리 거절의 정당한 사유가 있는 경우 보관자의 불복수단 등을 마련하여야 한다는 견해도 있다. 백강진, "바람직한 디지털 증거의 수집방안", 2010. 9. 29. 국회 디지털 증거 관련 공청회 발표문, 16쪽.
[2] "영장만 있으면 훔쳐가도 되나?"라는 다소 자극적인 제목 아래 쓰여진 박경신 교수의 경향신문 2010. 7. 24.자 23쪽의 오피니언 기사 참조.

에게만 참여권을 부여하면 된다고 볼 수는 없다. 정보에 대한 기본권은 그 정보의 주체를 위해 보호하는 것이 우선이다. 그 저장매체 소유지배자에 대한 기본권 보장은 부차적인 것에 불과하다. 매체 소유지배자는 재산권이나 영업의 자유를 제한받는 것에 그친다. 그러나 정보주체는 인격권의 핵심영역인 정보에 관한 기본권을 제한받는다.

그런데도 이 사후통지제도를 둠으로써 혼선을 초래하고 있는 것이다. 특히 전자정보가 포털업체 등 제3자의 지배하에 있을 때 그러하다. 통지제도를 이유로 정보주체의 참여권이 배제된다는 견해가 나올 만하다. 집행사실을 사후에 통지하는 것으로 족하다고 해석해야 한다는 것이다. 제122조에 의해 사전에 통지하면 증거인멸 우려가 크다는 것이다. 분명히 이러한 주장이 등장할 여지를 남긴 조문이다. 기본권을 보다 넓게 보장한다는 명목으로 둔 조항이 오히려 역작용을 하는 것이다. 개정 전 법 규정보다 후퇴하는 방향으로 해석할 근거를 마련한 것이다. 그러나 권위적인 법해석은 법하는 사람들에 대한 혐오를 불러올 것이다.[1]

정보주체의 영장집행 참여권을 배제할 수는 없다. 참여한 정보주체에게는 영장이 제시되어야 한다(제118조). 제106조 제4항도 제121조의 내용을 제한하는 규정을 두지 않고 있다. 제122조의 사전통지 규정에 대해서도 마찬가지다. 우리는 no knock warrant(불고지 영장) 제도를 갖고 있지 않다. 사전통지의 예외를 인정할 영장발부의 근거가 없다는 것이다. 제121조, 제122조의 의미는 지금도 강조되어야 하는 것이다. 그래도 수사현실상 빠져 나갈 길은 마련되어 있다. 법 제122조 단서의 「급속을 요하는 때」를 이용하는 것이다. 사전통지로 인해 정보의 소거, 개변 우려가 있는 상황이기 때문이다. 그러나 예외상황의 인정은 극도로 제한해야 한다. 사전에 통지하는 것을 원칙으로 하여야 한다. 증거인멸의 우려가 있으면 사전에 저장매체 원본을 보전하도록 해보아야 한다. 그 보전조치를 취할 수 있는지 숙고하여 그러한 조치를 다해보아야 한다. 예컨대 이메일 저장업체에 문제되는 이메일을 보전해 달라고 해본다. 협조요청을 먼저 해보라는 것이다. 수사에 임의로 협력을 요청하는 것이니 허용되는 수사방법이다. 기업체등 컴퓨터 서버 보관 업체에도 같은 요청을 해보는 것이다. 관련된 정보를 보전해 달라고 해보는 것이다. 그러나 이것은 사실상 협력을 구하는 것일 뿐이다. 상대방에게 협력의무를 강제하는 것은 아니다. 그것을 허용하는 법규는 없기 때문이

---

[1] 2012. 2. 6.자 조선일보의 양삼승 변호사 글 참조.

다.[1] 그러한 협조수단들을 강구할 수 없는 때에 한해 압수를 하는 것이다. 그 후 통지를 하는 것이다. 즉 보충적으로 개정법상의 사후통지제도를 이용하는 것이다. 그래야 법을 다루는 사람들에 대한 신뢰가 생길 것이다. 적법절차 보장 장치는 쉽사리 생략할 수 없는 것이 원칙이다. 사전통지나, 영장제시, 당사자의 참여 등이 그것이다(형사소송법 제118조, 121조, 제122조).

형사소송법 제122조에 정한 사전통지를 했다면 이 사후통지를 할 필요는 없다. 수색·검증을 했을 뿐 압수에 나아가지 않은 때에도 같다. 사후통지는 압수에 관해서만 인정된 제도이기 때문이다.

3) 수사기관의 수색·검증, 압수 요건인 범죄정황 소명

종전의 법 제215조는 필요성의 요건만을 규정하였다. 수사기관의 수색·검증, 압수의 요건은 그 정도에 그쳤다. 참으로 수사편의적인 규정이라고 하지 않을 수 없었다. 개정법 제215조는 그에 더하여 범죄정황을 소명하도록 하고 있다. 즉,「피의자가 죄를 범하였다고 의심할 만한 정황」을 요구한다. 개정 전에도 영장청구시 범죄혐의 인정자료를 제출하게 하였었다. 종전 규칙 제108조 제1항이 그러했다. 그러나 법 제215조에 그 근거는 없었다. 이것을 개정법 제215조에서 명시적으로 요구하게 된 것이다. 이 범죄정황 요건은 필요성 및 사건관계성에 추가된 별개의 요건이다. 즉 법원이 하는 수색·검증, 압수와 다르다. 수사기관에 대해서만 요구하고 있는 요건인 것이다. 범죄정황에 대한 소명이 없으면 판사는 영장 청구를 기각하여야 한다. 영장을 발부받은 후에 증거를 수집하려고 하면 안 된다. 범죄정황 소명요건으로 국민의 기본권을 좀 더 넓게 보호할 수 있게 되었다. 이 요건은 일반적인 전자정보에 당연히 적용된다. 전기통신인 전자정보에도 당연히 적용된다고 해야 한다.

그러나 이 요건이 인신구속요건과 동일 수준이라고 하기는 어렵다. 법 제201조 제1항을 읽어 보아도 그렇다. 인신구속의 요건은 "죄를 범하였다고 의심할 만한 **상당한 이유**"이다. 반면 위 규정은 "죄를 범하였다고 **의심할 정황**"이다.

---

1) 이 점에 관해서는 통신업체에게 고객의 통신내역을 보관기간별로 보관하게 하고 있는 통신비밀보호법 제15조의2, 시행령 제41조, 판사의 영장발부시까지 수사기관에게 통신업체에 통신내역등의 정보를 보존하게 하고 있는 미국 연방 18 U.S.C. §2703(f), 통신업체에게 이용자정보 보존의무와 수사기관에의 협조의무를 지우고 수사기관의 요구를 거절할 경우 벌금형으로 처벌까지 하고 있는 프랑스 형사소송법 제61조의1, 90일 이내에 전기통신사실 확인자료를 삭제하지 않을 것을 수사기관이 요구할 수 있다고 규정한 일본 개정(안) 형사소송법 제197조 제3항 등을 참조할 수 있다(노명선, 위 국회 공청회 발표문 6-8쪽 참조). 그러나 그러한 명문의 규정 없이 전자정보 보관업체에게 그러한 정보보전 및 수사에의 협조의무를 부과할 수는 없다.

인신구속 요건보다는 낮은 수준이라고 해야 한다. 주로 인신구속 이전의 수사초기 단계에서 수색·검증, 압수를 하기 때문이다. 그렇다고 해도 탐문을 토대로 하여 범죄정황을 소명하면 안 된다. 수사기관의 주관적인 판단이나 추측, 의견에 불과할 수 있기 때문이다. 출처 불명의 소문, 풍문 등을 영장청구의 근거로 드는 것도 마찬가지다. 불특정 범죄사실이나 불특정 피의자에 대하여도 마찬가지다. 단순히 수사의 단서를 수집하기 위해 영장 청구를 하지 못한다. 기본적으로 과거에 발생한 범죄 혐의가 대상이다. 즉, 그에 대한 수사를 위해 필요한 강제처분의 허가를 구하는 것이다. 따라서 장래 발생할 가능성이 있는 범죄를 이유로 영장청구를 할 수 없다. 즉, 이 경우 범죄정황에 대한 소명이 충분하다고 할 수 없다.[1]

4) 수사기관의 압수물 환부·가환부제도

종래 법원의 압수물 환부·가환부제도를 수사기관의 압수에 준용하는 형식을 취하였다. 개정 전 법 제133조, 제219조가 그에 해당한다. 그러나 개정법 제219조에서 제133조 준용을 삭제하였다. 그 대신 수사기관의 압수물 환부·가환부 제도를 별도로 규정하였다. 그에 의해 법 제218조의2가 신설된 것이다. 수사기관은 압수 계속의 필요성이 없는 압수물을 환부·가환부해야 한다. 사본을 확보한 경우가 그에 해당한다. 전자정보 저장매체를 전부 압수한 경우 이 조항에 의해 속히 반환해야 한다. 법 제106조 제3항 단서의 경우가 이에 해당한다. 그러나 전자정보의 일부만을 출력, 복제한 경우에는 어떻게 할 것인가?[2] 또는 전자정보가 담긴 저장매체 전부를 이미징하여 사본한 경우는 또 어떤가? 이 경우 압수물의 원본이 아니므로 반환할 필요가 없다는 견해가 주장될 수 있다. 이 개정법 조항이 사본한 전자정보의 반환을 예정하고 있지는 않다. 그 문언 자체에서 환부·가환부의 대상을 유체물인 압수물로 한정하고 있기 때문이다. 이들은 (가)환부 부정설의 논거가 될 것이다. 반면 이 경우에도 정보주체에게 그 정보를 반환하는 조치를 취해야 한다고 할 수도 있다. 이것은 (가)환부 긍정설이라고 할 수 있겠다. 그러나 긍정설인 후자를 택하게 되면 전자증거사본의 반환 방법이 크게 문제된다. 반환 사실의 입증도 어려운 문제가 될 것이다. 전자정보는 순식간에 개변될 수 있는 특징이 있기 때문이다. 사본인 저장매체를 반환해야 하는

---

1) 오기두, 위 "電子情報에 대한 基本權保障과 位置情報追跡 搜査權", 556쪽 이하.
2) 디지털 정보에 대한 복사 또는 출력행위는 형사소송법 제219조, 제133조 제2항에 의한 가환부 조치의 일환인 원형보존조치에 해당하고, 이해관계인에 의한 가환부의 청구와 준항고제도를 통한 법적 통제가 가능하다는 견해로, 전승수, 위 박사학위논문 참조.

가? 전자정보만을 정보통신망으로 송신하여 반환할 수 있는가? 그렇다고 해도 수사기관에 남아 있는 전자정보는 어떻게 해야 하나? 모두 삭제하거나 해당 정보저장 매체 자체를 폐기해야 하나? 등 수많은 문제에 대해 긍정설은 끝없이 답을 찾아내야 한다. 부정설을 택하는 것은 현행법 해석상 어쩔 수 없는 것처럼 보이기도 한다. 그렇다고 하더라도 수사기관이 한번 취득한 전자정보를 계속 보유하는 것을 묵과할 수는 없는 노릇이다. 수사기관의 정보보관 자체만으로도 정보주체의 기본권을 침해하기 때문이다. 그 정보를 별개의 사람, 범죄, 시점의 상황을 수사하는 데 이용하게 해서도 안 된다. 그 정보를 수사기관 개인의 어떤 사적인 목적으로 오용할 여지도 방지하여야 한다. 그러므로 힘들더라도 긍정설을 택할 수밖에 없다. 그리고 위 모든 의문부호에 대하여 "yes! 그래야 한다!"라고 답해야 한다.

압수물의 환부·가환부 시기는 공소제기 이전이라도 된다. 청구권자는 소유자, 소지자, 보관자 또는 제출인이다. 그렇다면 포털업체 등 제3자가 소유, 소지, 보관하던 전자정보 저장매체는 어떤가? 제3자가 청구권자가 됨은 문언상 분명하다. 나아가 정보주체의 이익도 보호되어야 한다. 그 정보는 수사기관 내부에서만 보관하여야 한다. 이를 당해 영장이 발부된 사건의 수사목적 외의 목적으로 사용하여도 안 된다. 결국, 그 청구권자는 정보주체와 저장매체 소유자, 소지자, 보관자라고 해야 한다. 청구권자의 반환청구를 수사기관이 거부하면 법원이 그 허부를 결정한다(법 제218조의2 제2항).

다. 개정에 대한 평가

전자정보 및 그 저장매체를 압수할 수 있게 형사소송법을 개정한 의미는 자못 중차대하다. IT 강국의 위상에 걸맞은 형사소송법으로 모습을 바꾸게 되었기 때문이다. 오늘날 고도 정보통신사회의 실상을 일반 형사절차법에 반영한 것이다.[1] 이에 대해서는 감정섞인 비판도 나온다. 전자정보를 수사함에 관련성 요건을 요구하는 것은 비현실적이라고 한다. 그러나 현실(reality)이란 무엇인가? 어떤 가치관에 따른 인식과 해석이 현실 아닌가? 그저 수사필요성과 효율성을 추구하는데 방해가 된다고 하면 안 된다. 그래서 비현실적이라고 한다면 잘못된 주장이다. 위험하기까지 하다. 현실을 빌미로 범죄는 반드시 적발하여 처벌해야

---

[1] 이번 형사소송법 개정시 세상을 시끄럽게 하였던 이른바 검경 수사권 조정문제는 이에 비하면 그다지 중요한 문제가 아니다. 개정법 제196조 제3항의 "사법경찰관리는 검사의 지휘가 있는 때에는 이에 따라야 한다. 검사의 지휘에 관한 구체적 사항은 대통령령으로 정한다"는 규정으로 인해 검찰과 경찰이 힘겨루기를 하는 모습을 연출하였다.

한다는 생각인 것이다. 전자정보 관련 기본권을 쉽사리 침해해도 좋다는 사고방식이다. 그러나 오히려 지금은 국민의 기본권 보장에 초점을 맞추어야 할 때이다. 정보에 대한 결정권, 사생활 및 통신의 비밀, 표현의 자유 등에 말이다.

연혁적으로도 형사소송법 제106조, 제107조를 개정한 의미는 크다. 1954. 9. 23. 법률 제341호로 법을 제정한 이래 한 번도 변경치 않았다. 그런 조문을 무려 57년 만에 개정한 것이다. 57년이라면 한 사람의 일생으로 쳐 경륜과 지혜가 최절정에 달할 때이다. 그만큼 세상과 타인에 대하여 관용하고 스스로를 절제할 줄 아는 때이다. 이번 개정에서 압수범위를 관련성 있는 정보로 한정하였다. 이 선에서 그친 개정법은 절제의 미덕까지 갖추었다고 하겠다.[1] 미주알고주알 너무 많이 규정하려고 하는 것도 성급하다.[2] 그야말로 비현실적일 수 있기 때문이다. 구체적 사례의 축적을 기다려 보아야 할 사안도 있는 것이다. 이번 개정법을 보면 마치 성숙한 한 인간을 보는 듯하다.

예컨대 다음의 조문을 두었다면 지나칠 뻔했다. 정보통신망에 접속하여 수색·압수를 할 수 있다는 조문이 그것이다.[3] 고도 정보통신사회에서 신종 마패 영장이 등장할 것이기 때문이다.[4] 수색장소를 특정하지 않은 영장이 될 수도

---

1) 이번 법 개정 논의가 한창이던 2010. 12. 20. 대법원 형사실무연구회에서 이 책의 저자가 신양균 교수의 한국형사법학회 형사소송법 개정안 발표에 대해 지정토론한 내용이 다음과 같았다.
　「이러한 여러 사정을 감안하면 입법론적으로는 전자정보도 압수수색검증할 수 있는 근거조문을 두되, 다만 주관적, 객관적, 시간적으로 관련성 있는 정보에 한하여 압수할 수 있게 하는 조문을 두는 선에서 만족하는 것이 현 상황에서 제일 맞다고 생각합니다.」
2) 위 국회 공청회에서 각 진술인들이 한 입법론적 진술들 참조.
3) 한국형사법학회가 2010년 마련한 법 개정안은, 정보통신망에 의하여 접속이 가능한 정보의 경우에는 정보처리장치를 통하여 접속한 후 수색할 수 있다는 규정을 두고 있다(안 제115조의3). 일본 개정형사소송법 제99조 제2항, 유럽평의회 사이버범죄조약 제19조 제2항, 오스트레일리아 Crimes Act 1914 3LA(1)(a)가 이런 식의 규정을 두고 있다고 하니(노명선, 위 발표문 16쪽), 입법례가 없는 것도 아닌 모양이다. 그러나 그런 의미의 규정을 두는 헌법적 논증은 어떠한지, 특히 영장기재의 특정성 등 영장주의, 프라이버시 및 통신비밀, 표현의 자유 보장 등 기본권 보장에 관해 어떠한 논의를 펼치는지를 먼저 연구해야 할 것이다. 이런 규정을 두어 단지 수사기관의 정보통신망을 통한 수사권, 예컨대 온라인 수색이나 감시를 정당화할 근거만 마련해 준다면 그 입법의 의미는 거의 없는 것이다. 수사필요성만으로 모든 형사절차를 설명하려 해서는 안 된다. 범죄자를 디지털 지문을 확보하여 모두 색출하여 엄단해야 한다는 생각이 깔려 있다면 참으로 위험하다. 오세아니아(George Orwell의 소설 「1984」(1949)에 나오는 주인공이 살던 전체주의국가)를 만들자는 것으로 Big Brother의 부하들이 하는 발상이기 때문이다.
4) 이에 관한 이 책 저자의 위 지정토론문 내용이다.
　「우리가 어느 특정 시점에 어느 거리를 방문하여 어떤 행동을 무심결에 한 후 까맣게 잊어 먹고 있었는데 그 거리 모습, 그 주위에 있던 사람들, 그날 우리가 이용한 승용차 번호 등 모든 장면이 담긴 입체 동영상을 어떤 포털업체가 수집하여[2010. 8. 12.자에 실린 국민일보 10쪽 기사에 의하면 구글 맵스의 Street View는 2007년부터 서비스를 시작하면서 거리 모습을 정밀 실사해 사람 모습, 자동차 번호판 등이 그대로 노출되게 해 사생활 침해라는 지적을 받았다고 한다.] 이를 자신들의 컴퓨터 서버에 영구히 저장해 두고, 종합하여 분석하고, 가공하여 자신들의 영리

있다.[1] 통신비밀보호법과의 체계 조화적인 문제도 생긴다.[2] 인터넷 서비스 업체 등 제3자 보관증거에 관해 형사소송법 제217조의 적용문제도 생긴다.[3] 당사자의 참여권보장도 침해하기 때문이다.[4] 그러므로 다음과 같은 수사기법은 허용되지 않는다. 수사기관이 범죄예방 목적으로 정보통신망을 통하여 동의 없이 상대방의 컴퓨터에 침입한다. 그리하여 그에 저장된 전자정보를 열람한다(온라인 수색). 또는 상대방이 모르게 지속적으로 정보를 수집하는 것이다(모니터링).[5] 심

목적으로 이용한다고 생각해 보라. 아니 그 정보를 국가권력기관의 수사관이 법원의 영장 1장을 발부받았다는 이유만으로 자신의 사무실 책상에 앉아 자신의 컴퓨터 단말기 1대로 인터넷을 통해 광대하고 무수한 각종 사이트에 접속하여 광범위한 사람들의 인터넷 이용흔적과 게시물내용을 검색하고 이메일 메시지, 휴대전화 문자메시지, 음성사서함 내용, 금융거래내역 등을 쉽사리 검색하여 들여다 볼 수 있다고 생각해 보라. 끔찍하지 않은가?[이상은 오기두, "電子情報에 대한 基本權保障과 位置情報追跡 搜査權", 334쪽 이하, 헌법재판소, 「헌법논총」 제21집(2010년도)] 가히 신종 "마패영장"이 등장한다고 해도 좋을 것이다.」

1) 위와 같다.
   「전자정보에 관하여 수색장소를 특정하지 않는 위 학회의 개정안과 같은 규정을 두는 것은 별다른 정당화 근거 없이 헌법상의 영장주의 원칙을 위반하고 그간 시행되어 온 수색장소의 특정을 전자정보에 관하여 간과하는 것이 된다. 단지 현대의 정보통신사회에서 나타나는 일반적인 현상만을 들어 정보통신 사회 등장 이전에 마련된 헌법상의 원칙규정을 회피하기 위해서는 단순한 상황논리 이상의 정당화 사유가 요청된다고 하지 않을 수 없다. 그러나 오늘날의 고도 정보통신사회에서도 수사기관이 자유롭게 유선, 나아가 무선까지 포함한 전자통신망을 통해 수사활동을 펼 수 있어야 한다는 점에 관하여 그러한 상황논리 이외의 헌법적 정당화 근거는 아직 제시되지 못하고 있는 것으로 보인다.」

2) 위와 같다.
   「정보통신망을 통해 이루어지는 전자정보의 취득은 그 자체로 통신의 비밀을 침해할 우려가 크다고 해야 할 것인데, 이에 대해서는 통신비밀보호법의 여러 제한 규정이 마련되어 있다. 금융정보인 경우에는 「금융실명거래 및 비밀보장에 관한 법률」도 있다. 이러한 통신비밀보호법 등의 규정으로 해결하지 못할 문제는 위 특별 법률들의 해석이나 그 개정작업으로 이루어지면 족하다. 굳이 대물적 강제처분의 일반 규정인 형사소송법에 그와 같은 규정을 두어 법체계상의 혼란이나 실무상의 혼란을 가중할 필요는 없다고 생각한다.」

3) 위와 같다.
   「나아가 형사소송법 제217조의 긴급압수수색검증 규정은 긴급체포된 자가 보관, 소유하는 물건마저 영장 없이 압수하게 하고 있는바, 이를 제3자가 소유, 보관하는 전자적 통신정보에 적용할 수는 없음을 분명히 해야 한다. 인터넷 서비스 업체 등 제3자가 보관하고 있는 전자적 통신정보는 긴급체포된 피의자가 소유, 보관하는 물건이라고 해석할 여지를 없애야 한다는 것이다. 위 제217조에서 긴급체포된 자가 보관, 소유하는 물건을 압수수색검증 대상에서 제외해야 하는 것은 그것이 특히 인터넷 서비스 업체등 제3자가 보관하는 전자적 통신정보일 때 그 필요성이 더 커지는 것이다.」

4) 위와 같다.
   「또한 전자정보를 압수할 때는 피의자나 그 변호인, 전자정보 저장장치의 소유자, 보관자 또는 관리자에게 형사소송법 제121조 및 제123조에 따라 참여할 기회를 주어야 한다. 그러나 수사기관에게 일반적으로 정보통신망에 접속하여 수색할 수 있는 권한을 주게 되면 이러한 당사자의 참여권이 배제된 채 밀행적으로 수색활동이 진행될 것이다.」

5) 정보에 대한 자기결정권과 더불어 주목해야 할 새로운 개념의 기본권이 '정보기술 시스템의 신뢰성과 완전성에 관한 기본권'이다. 정보에 대한 자기결정권이 개인적 데이터 또는 개별적인 통

지어 수사기관 스스로 해킹 프로그램을 개발하여 정보를 수집한다.[1] 이들은 법이 허용하지 않는 강제처분이다. 헌법 제12조 제1항은 강제처분 법정주의를 규정하고 있다. 따라서 이들 수사방법은 법률에 근거가 없으므로 허용되지 않는다. 국외 서버에 저장된 전자정보 수사에 필요한 절차는 조약체결 대상이다.[2]

만사가 그러하듯 이번 법 개정에서 아쉬운 점도 찾을 수 있다. 인터넷 서비스 제공업자와 같은 제3자 보관 전자정보가 그것이다. 그에 대한 수색·검증, 압수 절차 규정을 좀 더 구체화하지 못하였다. 현행 법 제199조 제2항만으로는[3] 부족하다. 제109조 제2항은 제3자 보관 전자정보에 대한 수색의 근거가 될 수 있다.[4] 그러나 그에 대해 유체물만을 규정한 것이라는 견해도 주장될 수 있다. 즉 정보에 대해서는 적용할 수 없다는 말이 될 수 있다. 이런 논란이 생기지 않도록 제3자 보관정보도 규제해야 한다. 이를 압수 등의 대상으로 삼는 명문 규정이 있어야 한다. 단, 수색·검증, 압수 영장에 의하도록 해야 한다. 제3자에 대한 정보보존의무나 구체적인 제출명령 절차도 두어야 한다.[5]

2. 새 제도의 함의

가. 관련성의 의의

그간 이 책의 저자는 관련성 개념에 관해 수차 논해왔다. 특히 전자정보의

신과정의 보호에 초점을 둔 반면, '정보기술 시스템의 신뢰성과 완전성에 관한 기본권'은 자유롭고 방해받지 않는 개성신장의 기본조건인 정보기술 시스템 전체를 보호하는 기능을 한다. 1BvR 370/07, 1BvR 595/07[178]; 명재진, "IT(정보기술) 기본권의 체계화에 관한 연구", 헌법재판소, 「헌법논총」 제20집, 296쪽, 310쪽. 및 오기두, 위 "電子情報에 대한 基本權保障과 位置情報追跡捜査權", 534쪽 이하 참조.

1) 2010. 9. 우리나라에 출시된 애플사의 스마트폰인 iPhone4나 태블릿 PC인 iPad 역시 사용자가 인터넷 접속프로그램(사파리)을 통해 악성코드를 심어둔 PDF 파일을 열람할 경우 사용자의 패스워드, 이메일, 문자메시지, 일정 같은 개인정보가 해킹당할 수 있는 것은 물론 도청이나 위치추적까지도 당할 수 있다고 독일 연방정보보안청이 2010. 8. 4. 발표하였다고 한다. 조선일보 2010. 8. 6.자 A1, 4쪽 기사. 수사기관 스스로 그러한 행위를 할 수 없음은 말할 것도 없다.

2) 이에 관해서는 2004. 7. 1. 발효된 유럽평의회의 사이버범죄방지조약(EU Convention on Cyber Crime)을 집중적으로 연구해야 할 것이다. 사이버공간과 헌법·형사소송법의 장소개념을 어떻게 연결시킬 것인지도 매우 흥미로운 성찰주제라고 생각한다. 전자정보에 대한 증거수집은 네트워크화로 인해 토지관할을 확장시키고 국가주권의 문제로까지 연결된다. 같은 취지, 전승수, 위 박사학위논문, 15쪽 참조.

3) 현행 형사소송법 제199조 제2항: "수사에 관하여는 공무소 기타 公私團體에 조회하여 필요한 사항의 보고를 요구할 수 있다."

4) 현행 형사소송법 제109조 제2항: "피고인 아닌 자의 신체, 물건, 주거, 기타 장소에 관하여는 압수할 물건이 있음을 인정할 수 있는 경우에 한하여 수색할 수 있다."

5) 18 U.S.C. §2703 참조.

수집·이용시 고려할 관련성이 이 책 저자의 주된 관심사였다. 그러므로 이에 관한 상세한 언급은 생략한다. 개정된 형사소송법 논의에 필요한 만큼만 고찰한다.[1]

1) 관련성의 의미

『관련성은 수사기관이 혐의를 포착하여 압수수색영장을 청구하고 있는 당해 범죄사실과 컴퓨터 전자기록이 객관적, 주관적, 그리고 시간적으로 관련되어 있어야 한다는 의미로서, 그 자연적, 사실적 또는 논리적 관련성을 의미하는 것이다. 이를 달리 표현하면 피의사건의 존재여부를 당해 전자기록에 의해 최소한도의 증명력으로나마 입증할 수 있어야 한다는 것이다. 그와 같은 요건을 갖춘 전자기록을 탐색 압수하여 이를 수사에 이용하기 위해서는 피의사건의 중대성, 혐의의 존재, 당해 전자기록 자체의 중요성, 그 전자기록을 추적하여 취득할 필요성, 다른 수단의 유무, 당해 전자기록 보유자나 소지자가 입는 손해의 정도 등과 같은 요소를 고려하여 결정해야 한다.』

증거조사 범위를 결정하는 관련성은 공판절차에서만 적용할 수 있는 요건이 아니다. 수사절차도 공판절차에서 사용할 증거를 수집하는 과정이므로 동일하다. 법 제199조 제1항 단서는 강제처분 최소원칙을 규정하고 있다. 이 관련성에는 세 가지 측면이 있다.

가) 주관적 관련성

관련성의 제1차적 측면은 주관적 관련성이다. 「주관적 관련성은 당해 컴퓨터 전자기록과의 인적 관련성을 의미하는 것으로 그 전자기록의 관리주체 및 그에 수록된 데이터가 대상으로 하고 있는 기본권 향유 주체와 연결되어 있는 데이터에 한해 압수할 수 있음을 의미한다. 즉 그 전자기록은 수사대상인 피의자와 관련되어 있어야 하고 범죄사실과 무관한 사람이나 피의자 및 범죄사실과 너무 멀리 떨어진 사람에 대한 컴퓨터 전자기록을 개괄적으로 추적하는 것은 허용되지 않아야 한다.」

나) 객관적 관련성

이것은 혐의사실과 관련 있는 전자정보만을 수색·검증·압수할 수 있다는 의미이다. 법상 「피고(해당)사건과 관계가 있다고 인정할 수 있는 것」이 이에 해당한다.

---

[1] 이 책의 저자와 거의 같이 관련성 개념을 설명의 도구로 사용하는 견해로, 조석영 검사, "디지털 정보의 수사방법과 규제원칙", 2010. 5. 15.자 한국형사정책학회 2010년도 춘계학술회의 발표문 85쪽 이하.

다) 시간적 관련성

「범죄혐의 사실이 발생한 시점에 근접한 전자정보만이 대상이 된다.」는 요건이다. 그것만을 수색·검증, 압수할 수 있다고 해야 한다. 해당 시점보다 훨씬 과거에 생성, 존속된 전자정보를 압수해서는 안 된다. 그 범죄사실 발생 이후 너무 장기간이 경과된 후에 생성된 전자정보도 마찬가지다. 영장심사 당시를 기준으로 할 때 장래에 생성, 존속이 분명치 않은 전자정보도 같다.[1]

2) 다른 수색·검증, 압수 요건과의 관계

가) 범죄정황과의 관계

앞서 본대로 검사는 수색·검증, 압수 영장 청구시 범죄정황이 있음을 소명해야 한다. 범죄정황이 인정된 연후에야 해당 전자증거와 혐의 범죄사실과의 관련성을 심사한다. 그러므로 관련성은 범죄정황이 있음이 소명된 후에야 판단하

---

1) 아직 현실적인 전화통화가 없다고 하더라도 범죄혐의자의 휴대전화 도달 영역 범위 안에 있는 다수의 기지국에 관련된 데이터를 수사기관이 장래에 획득할 수 있도록 허가하는 영장을 발부할 수 있는지에 관해 미국의 대다수 법원들은 이러한 장래의(prospective) 정보를 취득하려고 하는 수사기관의 요구를 배척하고 있다. In re Application of U.S. for an Order Authorizing Use of a Pen Register with Caller Identification Device Cell Site Location Authority on a Cellular Telephone, 2009 WL 159187, *6(S.D.N.Y. Jan. 13, 2009)(McMahon, J.); In re Application of U.S. for Order, 497 F.Supp.2d 301, 311(D.P.R. July 18, 2007)(McGiverin, M.J.); In re U.S. For an Order Authorizing the Disclosure of Prospective Cell Site Information, 2006 WL 2871743, *7(E.D. Wis. Oct. 6, 2006)(Adelman, J.); In re U.S., 441 F.Supp.2d 816, 827-36(S.D. Tex. July 19, 2006)(Smith, M.J.); In re U.S., 2006 WL 1876847(N.D. Ind. July 5, 2006)(Lee, J.); In Matter of Application for an Order Authorizing the Installation and use of a Pen Register and Directing the Disclosure of Telecommunications Records for Cellular Phone assigned the Number Sealed, 439 F.Supp.2d 456, 458(D. Md. June 24, 2006)(Bredar, M.J.); In re Application of U.S. for an Order for Prospective Cell Site Location Information on a Certain Cellular Telephone, 2006 WL 468300, *2(S.D.N.Y. Feb. 28, 2006)(Peck, M.J.); In re U.S. for Orders Authorizing Installation and Use of Pen Registers and Caller Identification Devices on Telephone Numbers, 416 F.Supp.2d 390, 397(D. Md. Feb. 27, 2006)(Bredar, M.J.); In re U.S. for an Order Authorizing Installation and Use of a Pen Register, 415 F.Supp.2d 211, 219(W.D. N.Y. Feb. 15, 2006)(Feldman, M.J.); In re U.S. for an Order Authorizing the Release of Prospective Cell Site Information, 407 F.Supp.2d 134, 140(D.D.C. Jan. 6, 2006)(Facciola, J.); In re U.S. For an Order Authorizing the Disclosure of Prospective Cell Site Information, 412 F. Supp.2d 947, 958(E.D. Wis. Jan. 1, 2006), decision aff'd, 2006 WL 2871743(E.D. Wis. 2006)(Callahan, M.J.); In re Applications of U.S. for Orders Authorizing Disclosure of Cell Cite Information, 2005 WL 3658531, *1(D.D.C. Oct. 26, 2005)(Robinson, M.J.); see also In re U.S. for an Order Authorizing Monitoring of Geolocation and Cell Site Data for a Sprint Spectrum Cell Phone Number, 2006 WL 6217584(D.D.C. Aug. 25, 2006)(Hogan, J.)(형사소송규칙 제41조에 의해 장래의 셀 사이트 위치에 대한 정보 공개를 명하는 영장을 발부함). 이상은, 오기두, 위 "電子情報에 대한 基本權保障과 位置情報追跡 搜査權", 주 104) 부분 인용함.

는 논리적 후행 개념이다. 즉 영장담당 판사는 우선 범죄정황이 소명되었는지 살펴야 한다. 그것이 긍정된 후 수색·검증, 압수하고자 하는 전자증거의 관련성을 심사한다. 그 관련성이 긍정되어야 수색·검증, 압수영장을 발부할 수 있는 것이다.

나) 필요성과의 관계

관련성 요건을 규정하지 않은 종전 제도에서 관련성의 지위에 관해 의문이 있었다. 관련성은 필요성을 구체화하는 개념으로 이해될 수도 있었다.[1] 서로 별개의 요건으로 볼 수도 있었다. 명문의 규정 없이 독자적인 지위를 부여하기도 쉽지 않은 측면이 있었다. 그러나 개정법 아래서 관련성은 필요성에서 독립된 요건이 되었다.[2] 즉 필요성과 구별되는 독자적인 수색·검증·압수 요건의 지위를 차지하게 된 것이다. 관련성 있는 증거라고 해서 다 수색·검증, 압수를 할 수 있는 것은 아니다. 그 필요성이 인정되어야 하는 것이다. 필요성이 있는지 여부는 강제처분을 하는 주체의 입장에서 결정해야 한다. 수사기관으로서는 유죄입증을 위해 필요한 증거인지, 또는 적어도 그러한 증거를 얻기 위한 전제로서 필요한 증거인지가 판단 기준이 된다. 수색·검증, 압수영장 담당 판사의 영장발부 기준도 그러하다. 반면 공판법원으로서는 유무죄 판단을 위해 필요한 증거인지가 기준이 된다. 그러나 수사기관이나 법원이 필요하다고 인정하는 전자정보라고 해도 관련성이 없으면 수색·검증, 압수의 대상이 되지 않는다.

---

[1] 신동운, 「신형사소송법」(제2판), 법문사 (2009), 297쪽.

[2] 대법원 2004. 3. 23. 고지 2003모126 결정(전승수, 위 박사학위논문 45쪽, 주 92)는 이를 판결이라고 하고 있으나 결정이다)은 다음과 같이 설시한다.

「형사소송법 제215조에 의하면 검사나 사법경찰관이 범죄수사에 필요한 때에는 영장에 의하여 압수를 할 수 있으나 여기서 범죄수사에 필요한 때라 함은 단지 수사를 위해 필요할 뿐만 아니라 강제처분으로서 압수를 행하지 않으면 수사의 목적을 달성할 수 없는 경우를 말하고, 그 필요성이 인정되는 경우에도 무제한적으로 허용되는 것은 아니며, 압수물이 증거물 내지 몰수하여야 할 물건으로 보이는 것이라 하더라도 범죄의 형태나 경중, 압수물의 증거가치 및 중요성, 증거인멸의 우려 유무, 압수로 인하여 피압수자가 받을 불이익의 정도 등 제반 사정을 종합적으로 고려하여 판단해야 할 것이다.

원심결정 이유에 의하면 원심은, 검사가 이 사건 준항고인들의 폐수무단방류 혐의가 인정된다는 이유로 준항고인들의 공장부지, 건물, 기계류 일체 및 폐수운반차량 7대에 대하여 한 압수처분은 수사상의 필요에서 행하는 압수의 본래의 취지를 넘는 것으로 상당성이 없을 뿐만 아니라, 수사상의 필요와 그로 인한 개인의 재산권 침해의 정도를 비교형량 해보면 비례성의 원칙에 위배되어 위법하다고 판단하였는바, 기록과 위의 법리에 비추어 살펴보면, 원심의 위와 같은 판단은 정당한 것으로 수긍이 가고, 거기에 주장과 같은 압수의 요건에 관한 법리오해의 위법이 없다. 그러므로 재항고를 기각하기로 하여 관여 법관의 일치된 의견으로 주문과 같이 결정한다.」

나. 개정법상의 관련성

1) 관련성 일반

관련성의 개념은 새로 등장하는 증거방법에서 반드시 음미해야 할 개념이다. 그것은 증거의 획득과정, 증거채부결정, 증거능력결정에서 모두 적용되기 때문이다. 개정법에 추가된 피고사건과의 관계성은 관련성을 의미함이 분명하다. 관련성(relevancy)이라는 용어가 학계에 통용되는 용어이다.[1] 그런데도 입법자가 굳이 일상용어인 '관계성'을 썼는지 모를 일이다. 굳이 이유를 추정해보자면 개정전 형사소송법 제107조 제2항에서[2] 그 용어를 쓰고 있었기 때문일 것이다. 그「관계성」이 어떤 법적 함의를 갖는 말로 정의된 바 없다. 그것은 법적 의미를 함축한「관련성」을 뜻하는 것이다. 위 개정법을 공포한 관보에 실린 법안설명을 보아도[3] 그것은「관련성」을 뜻한다. 대법원이 개정한 형사소송규칙에서도「관련성」이라는 용어를 사용하고 있다(제108조 제1항).[4]

2) 관련성의 구체적 측면

가) 주관적 관련성

범죄혐의사실과 직접 관련된 사람들에 대한 전자정보만 수색·검증, 압수할

---

1) 다음은 이 책의 저자에게 관련성 개념 정립의 시발점을 마련해 주신 신동운 교수님의 고전적인 설명이다.
　　「증거의 관련성(Relevance)이라는 개념은 영미법에서 유래한 것으로, 이러한 증거의 관련성은 자연적 관련성과 법적 관련성으로 나뉘고, 자연적 관련성이란 증거가 문제가 된 사실의 증명력과 관련되고 있으며 또 이를 증명할 수 있는 최소한의 힘이 있음을 의미한다. 한편 법적 관련성이란 자연적 관련성에 대립되는 개념으로서 자연적 관련성이 인정되는 증거라 하더라도 그 증거를 사용함으로써 얻는 이익과 그 대가로 치루어야 하는 해악을 고려하여 전자가 후자를 능가하여야 한다는 요청을 말하며 법적 관련성은 자연적 관련성이 인정됨을 전제로 하여 증거의 관련성을 제한하기 위하여 사용되는 개념이다.」 신동운, "자백의 신빙성과 거짓말탐지기 수사결과의 증거능력", 「법과정의」, 이회창선생 화갑기념논문집(1995), 243쪽.
2) 삭제된 형사소송법 제107조 제2항:
　　"전항 이외의 우체물 또는 전신에 관한 것으로서 체신관서 기타가 소지 또는 보관하는 물건은 피고사건과 관계가 있다고 인정할 수 있는 것에 한하여 그 제출을 명하거나 압수를 할 수 있다."
3) ◇ 주요내용
　　나. 법원의 압수·수색의 요건에 피고사건과의 관련성을 추가함(안 제106조 제1항, 제107조, 제109조).
　　마. 수사기관의 압수·수색·검증의 요건에 피고(*피의를 잘못 쓴 것이다)사건과의 관련성과 피의자가 죄를 범하였다고 의심할 만한 정황이 있을 것을 추가함(안 제215조).
4) 형사소송규칙 제108조(자료의 제출):
　　"① 법 제215조의 규정에 의한 청구를 할 때에는 피의자에게 범죄의 혐의가 있다고 인정되는 자료와 압수, 수색 또는 검증의 필요 및 해당 사건과의 관련성을 인정할 수 있는 자료를 제출하여야 한다."

수 있다. 수사단계에서는 피의자가 그 대상일 것이다. 참고인에 대해서는 그렇게 할 수 없다. 피의자가 소유, 소지, 보관, 사용, 관리하고 있는 정보저장매체에 한하여 수색·검증할 수 있다. 그 장소는 피의자의 주거지나 범죄행위지, 영업장 등이 된다. 피의자가 타인과 공용하는 컴퓨터도 수색·검증, 압수 대상으로 할 수 있다. 그러나 그 수색·검증, 압수는 피의자와 관련된 전자정보만에 한정되어야 한다. 피의자의 친인척이 당연히 수색·검증, 압수의 상대방이 되는 것은 아니다. 피의자가 사건을 의뢰한 변호사의 정보를 수색·검증, 압수해서도 안 된다. 피의자인 환자를 치료한 의사에 대해서도 마찬가지다.[1] A가 포털업체인 Y 회사 컴퓨터 서버를 통해 B에게 보낸 이메일을 압수하는 경우를 보자. Y 회사는 A의 고용주일 수도 있다. 이때 수색·검증, 압수의 대상은 A, B, Y에 그쳐야 한다. A, B의 동창생이나 친인척까지 확장되면 안 된다. Y사 직원의 개인 이메일도 대상이 되면 안 되는 것이다. 그러나 피의자와 관련되는 한 제3자도 수색·검증, 압수의 상대방이 될 수 있다. 인터넷 서비스 업체 등 제3자(Y사)가 소유, 소지, 보관하는 전자정보가 그에 해당한다.

수색·검증, 압수의 상대방이 A, B, Y에 그친다고 해도 좀 더 생각해 볼 문제가 있다. 앞서 법 제106 제3항의 "제출받아야 한다"라는 문구에 관하여 살펴본 바 있다. 법 제106조 제2항도 같다. 이에 의해 법원, 수사기관이 해당 정보의 출력, 복제 및 제출을 명할 권한을 가진다. 단, 그 소유, 소지, 보관자에게 그 명령에 따라야 할 의무를 부과할 수는 없다고 논하였다. 그런데도 법원, 수사기관의 제출명령이 발해졌고 Y사가 응하여 이를 압수했다고 하자. 그렇더라도 이것은 법 제108조에 의한 임의제출물의 압수에 해당할 뿐이다. Y사에 대해 정보주체인 A, B는 법적 책임을 물을 수도 있을 것이다. 동의를 얻지 않고 수사기관에 그 정보를 제출하였기 때문이다.[2] 법원, 수사기관은 적어도 그 정보 취득 사실을 정보주체 A, B에게 통지할 의무가 있다. 법 제106조 제4항, 제107조 제3항이 그렇게 규정하고 있기 때문이다. 나아가 Y사의 임의제출에도 영장은 필요하다고 논해야 한다. 정보주체 A, B의 의사를 묻지 않은 강제처분이기 때문이다(후술). 그러나 회원가입절차 등을 통해 정보주체로부터 제3자에의 정보제공에 대한 사

---

1) 미국 수사기관은 증언면제특권(privilege)으로 보호되는 사람에 대한 정보를 제외한 나머지 정보만을 취득하는 방법을 사용한다고 한다. U.S. Department of Justice, 「Searching and seizing computers and obtaining electronic evidence in criminal investigations」, 2009, p. 110(안성수 검사, 위 발표문 8쪽, 주 12) 인용).

2) 서울고등법원 2012. 10. 18. 선고 2011나19012 판결; 오기두, "전기통신사업자의 이용자 정보 보호책임", 법원도서관, 「사법논집」 제59집(2014), 43쪽 이하.

전동의를 얻어 둔 경우에는 Y사만의 판단에 의한 임의제출에 수사기관이 법원의 영장을 받을 필요는 없다.

나) 객관적 관련성

관련성 요건이 명시된 이상 적어도 이제는 일기장 압수론을 주장하면 안 된다. 개정법 하에서는 관련성이 명백한 법률문언상의 수색·검증, 압수 요건이 되었기 때문이다. 범죄와 유관하거나 무관한 정보가 혼재된 일기장 1권 전부를 압수하는 경우를 보자. 그 경우에도 관련성 요건을 요구하게 된 것이 개정법이다. 하물며 전자정보를 압수하는 경우에는 더욱 그러하다. 단일한 저장매체에 범죄 유무관 정보가 혼재하여 다량으로 저장되어 있기 때문이다.

관련성의 개념은 법 제106조 제1항의 피고사건과의 관계성을 의미한다. 나아가 그 제3항의 압수대상인 기억된 정보범위를 설정하는 기준이기도 하다. 압수의 총칙규정이라고 할 수 있는 제1항이 제3항에도 적용된다고 해야 한다. 즉 압수대상인 전자정보는 범위를 설정하여야만 압수할 수 있다. 그리고 그 범위란 바로 제1항에서 말하는 피고사건과 관련성 있는 범위를 의미하는 것이다.

또한, 형사소송법 제107조 제1항의 전기통신 압수시의 피고사건 관계성도 관련성을 의미한다. 그러므로 전기통신 서비스 업체가 보관하는 이메일 서버 자체를 압수할 수는 없다. 범죄와 무관한 이메일이 엄청난 분량으로 있을 것이기 때문이다. 이메일 서버를 포털업체 등 제3자가 보관하고 있는 경우를 상정하자. 특히 그 업체에 제출명령의 형태로 이메일을 압수할 경우를 상정해 보자. 이때는 업체가 범죄관련 이메일만을 출력하여 제출하게 해야 한다. 따라서 제출명령에 범죄내역, 기간, 관련인들을 구체적으로 특정해야 한다. 모든 이메일을 제출받은 후 수사기관이 특정하는 방식은 허용되지 않는다. 이메일을 모두 제출받을 시에 이미 관련성 요건을 위반하기 때문이다. 위 법 제109조 제1항의 수색요건인 피고사건과의 관계성도 관련성을 의미한다.

이들 피고사건과의 관계성이 객관적 관련성만을 의미한다고 해석할 것은 아니다. 앞에서 본 주관적 관련성 및 다음에서 볼 시간적 관련성도 중요한 관련성의 개념표지이기 때문이다.

다) 시간적 관련성

전기통신 작성기간도 이 관련성의 하위 개념에 포섭된다. 즉, 법 제114조 제1항 단서는 전기통신에 관해 시간적 관련성을 규정한다. 영장에 전기통신의 작성기간을 특정하여 기재하도록 한 것이다. 그러나 시간적 관련성 요건은 모든

전자정보에 대해서 적용되어야 한다. 즉 전기통신 이외의 전자정보 압수시에도
그 작성기간을 제한해야 한다. 범죄혐의 일시를 전후한 합리적인 기간 내에 작
성된 정보여야 하는 것이다. 영장발부일 이후 집행시까지 생성된 정보는 수색·
검증, 압수할 수 없다.[1] 단, 범행이 계속되고 있고, 영장에서 허용하고 있다면
가능하다. 영장집행일 이후에 생성되는 정보를 수색·검증, 압수할 수도 없다. 그
러기 위해서는 별도의 영장을 발부받아야 한다. 영장발부일 이후에 생성되는 전
자정보가 통신인 경우는 어떤가? 그것은 통상의 수색·검증, 압수영장으로 집행
할 수 없다. 이는 감청을 허용하는 것이기 때문이다. 그러므로 별도로 감청영장
을 발부받아야 한다. 장래 발생하는 이메일의 공독이 이에 해당한다. 통신비밀
보호법 제2조 제7호, 제3조 제2항, 제5조 이하를 보면 그렇다.

   이상과 같이 해석하는 것이 관련성의 원칙 내지 헌법상 비례원칙의 요청에
맞는다. 개정법 제114조 제1항의 취지를 반대로 보면 안 되는 것이다. 즉 전기
통신에 관한 위 규정은 시간적 관련성을 주의적으로 규정한 것일 뿐이다. 다른
전자정보에는 전기통신과 같은 규정이 없다는 주장을 하면 안 된다. 전기통신
이외의 전자정보에 대해 시간적 관련성 요건이 필요하지 않다고 하면 안 된다.
그간 이메일 압수가 기간의 제한 없이 무차별적으로 행해져 왔다.[2] 법 제114조
제1항 단서는 그 무차별적 압수를 막기 위함일 뿐이다. 이처럼 그간의 수사관행
에 제동을 걸기 위해 주의적으로 규정한 것이다. 다른 전자정보에 대해서도 그
생성, 존속 기간을 특정하여야 한다. 그렇게 특정된 영장청구와 영장발부가 이
루어져야 한다. 그래야 영장기재의 특정성 요건을 충족하게 되는 것이다. 영장
집행시기가 발부일로부터 기산할 때 너무 장기간이어도 문제이다. 이것은 失效
의 原則(staleness doctrine)에 관한 문제이다. 우리는 수색·검증, 압수 영장의 유효
기간을 원칙적으로 7일로 제한하고 있다. 형사소송규칙 제95조 제1항 제4호가
이에 해당한다. 일단 집행된 영장은 유효기간 내라도 효력을 상실한다. 재집행

---

1) 그러므로 예컨대 피의자가 건강보험을 이용할 경우 향후 3개월간 건강보험공단의 전산망에 접
   속하게 될 자료, 피의자가 항공기를 이용할 경우 향후 3개월간 탑승할 사항에 관한 전산자료, 장
   래의 기간에 대한 교통카드 실시간 사용내역 등을 압수수색하겠다고 영장발부를 수사기관이 청
   구할 경우 영장담당 판사는 이를 받아들이기 어려울 것이다.
2) 예컨대 2007년 7월경에 있은 범죄혐의사실(2008년 7월 치러진 서울시 교육감 선거의 금품제공
   사건)을 수사하면서 2001년 10월부터 2008년 10월까지의 이메일을 압수한 實話가 있기도 하다.
   즉 수사기관은 영장을 집행하면서 이메일 보관업체로부터 피의자가 7년간 주고받은 전자우편을
   모두 넘겨받았다. 그 압수수색영장에는 이메일의 송수신 시기에 대한 특정이 전혀 되어 있지 않
   았다. 이중 해당 범죄혐의사실과 관련된 이메일은 2~3개에 불과하였다고 한다. 서울중앙지방
   법원 2009. 9. 24. 선고 2009고합31, 2009고합80(병합) 판결, 서울고등법원 2010. 7. 1. 선고 2009
   노2695 판결, 대법원 2012. 11. 29. 선고 2010도9007 판결.

하려면 새로운 영장을 발부받아야 한다.[1]

라) 수색 · 검증과 관련성

나아가 수사상 수색 · 검증에도 관련성 요건이 요구된다(법 제215조). 그러나 관련성은 수색 · 검증 및 압수에 있어서 동일한 의미를 갖지는 않는다. 범죄혐의 사실과 관련 있는지 여부는 수색 · 검증 전에는 알 수 없다. 그러므로 수색 · 검증 영장발부시에는 매우 완화하여 심사할 수밖에 없다. 반면, 압수는 직접적으로 기본권을 침해하므로 엄격하게 심사해야 한다. 법 제109조 제1항에도 수색에 관해 제106조 제3항의 「범위」요건이 없다. 수색 · 검증의 관련성을 넓게 인정하고, 압수의 관련성을 보다 제한한 것이다. 수색 · 검증의 관련성은 관련 전자정보를 저장하고 있을 가능성으로 족하다. 그 가능성만 있으면 수색 · 검증을 위한 관련 성이 인정된다고 해야 한다. 수색 · 검증의 결과 관련성 없는 전자증거임이 판명 될 수도 있다. 그렇다고 해서 그 수색 · 검증이 위법하게 되지는 않는 것이다.

예컨대 고객의 이메일이 저장된 인터넷 서비스 업체의 서버에 관해 보자. 범죄와 무관한 타인의 이메일이 엄청난 양으로 다수 저장되어 있을 것이다. 이 때 수사기관은 제107조 제1항에 따라 해당 업체에 제출을 명할 것이다. 물론 범 죄혐의자에 대한 메일자료여야 한다. 수사기관이 직접 업체의 메일 서버를 수색 · 검증할 수도 있다. 그 이전에는 관련성 없는 이메일이 있는지 알 수 없기 때문이 다. 관련성 있는 이메일이 저장되어 있을 가능성만 있으면 수색 · 검증해도 된다.

입력장치와 저장장치가 서로 다른 공간에 위치하는 경우도 많다. 그들이 전 산망으로 연결되면 되기 때문이다. 이때 수사기관이 정보저장 서버를 특정하기 불가능하다고 한다.[2] 그렇다면, 입력장치를 특정하여 수색 · 검증영장을 청구해 야 한다. 그리고 그 장치로 입력된 정보가 범죄와 관련될 가능성이 있으면 된다. 물론 이미 발생한 특정 범죄정황에 대한 소명이 되어 있어야만 한다. 그렇기만 하면 판사는 수색 · 검증영장을 발부해 줄 수 있겠다. 모든 정보저장서버까지 특 정할 필요는 없다는 말이다.[3]

---

1) 대법원 1999. 12. 1. 고지 99모161 결정.

2) 이완규, 2010. 9. 29.자 국회 디지털 증거관련 공청회 발표자료 5쪽.

3) 물론 이때에는 입력장치로부터 저장서버에로의 전산망을 통한 침입의 허용 여부가 문제된다. 상 대방의 서버에 접근하기 위한 방화벽 침투나 접근암호 등에 관해 서버관리자의 협력을 얻을 수 없으면 이러한 영장으로 입력장치로부터 전산망을 통해 상대방 서버로 침입하는 것까지 그 영 장집행방법으로 허용될 수는 없다. 입력장치를 통한 수색 · 검증만 허용되었으므로 이러한 사실 을 서버관리자에게 알리고 서버에의 접근에 관해 서버관리자의 협력을 얻을 수 있을 뿐이라고 해야 한다. 수사기관이 강제로 자체 프로그램을 이용하여 상대방 컴퓨터 서버에 침입하여 온라 인 수색을 하는 것은 관련성 없는 전자정보에 대한 무차별적인 수색이 이루어진다는 점에서 허

다만 수색·검증의 관련성 요건을 완화해서 적용한다고 해도 한계는 있다. 수사기관은 정보저장매체나 입력장치의 소재지에서만 수색·검증을 할 수 있다. 그것 자체를 수사기관으로 이전하여서는 안 된다.[1] 그 행위는 바로 당해 저장매체 전체에 대한 압수가 될 것이기 때문이다. 만약 그렇게 해서 획득한 전자정보가 있다면 그 증거능력을 부정해야 한다. 위법수집증거이기 때문이다. 매체전부를 이전해 가야 한다는 논거로 피압수자의 영업방해를 든다. 마치 피압수자를 크게 생각해 주는 것처럼 한다. 그러나 매체 전부를 가져가서 영업을 못하게 하는 것도 영업방해다. 어차피 영장집행이 이루어지면 영업은 방해될 수밖에 없다. 피압수자로서는 정 영업에 방해된다고 생각하면 그 반출에 동의할 것이다. 즉 이때는 임의수사가 될 것이므로 문제될 것이 없다. 피압수자가 그에 동의하지 않는데도 매체 전부를 이전하면 안 된다. 그것은 관련성 요건을 위반하는 강제처분이다. 그러나 입력장치의 이동이 저장된 전자증거취득 없이 이루어진다면, 그러한 수사활동은 허용된다고 하겠다.

수색·검증에도 범죄혐의자, 범죄혐의, 정보저장매체, 정보생성시점 등이 특정되어야 한다. 즉 이때에도 주관적, 객관적, 시간적 관련성을 완전히 포기할 수는 없는 것이다. 일반영장을 금지해야 한다는 헌법상의 영장주의 원칙이 수색·검증영장에도 적용되기 때문이다.

나아가 법 제114조 제1항 단서는 전기통신에 관하여 특별한 예외를 두고 있다. 즉 그 작성기간에 관하여 수색과 압수를 구별하지 않고 있는 것이다. 수색·검증이건 압수이건 전기통신은 수사기관이 그 내용을 지득하는 것에 본질이 있다. 그로 인해 통신의 비밀이 침해되는 본질적 기본권 침해사태가 발생한다. 통신내용을 지득한 수사관이 이를 압수하여 취득하는 것은 부차적이다. 곧, 압수는 물론이요 수색에 관해서도 동일하게 작성기간을 특정한 영장을 발부해야 한다.

다. 헌법원칙을 구현하는 관련성

1) 비례의 원칙

매체에 저장된 정보를 압수하고자 하면 압수범위를 특정해야 한다. 즉 압수활동과 압수되는 전자정보 관련 기본권 사이에 비례가 이루어져야 한다.[2] 그

용될 수 없다.

1) 매체의 장소적 이전을 허용하고 있는 입법례로 오스트레일리아 형법(Crimes Act) 1914 3K, 영국 Police and Criminal Evidence Act 19(4)가 있다고 한다. 노명선, 위 공청회 발표문 10-11쪽.

2) 즉, 수색·검증·압수에 대한 헌법적 심사기준은 우선 그 공권력 행사가 당해 전자정보에 관련된

판단기준은 피의사건과의 관련성이다. 관련성 있는 정보를 수사하고, 관련성 없는 자료는 그 대상에서 제외한다. 그러한 의미에서 관련성은 헌법상 비례원칙을 구현하는 요건이다. 기본권 침해의 최소성 원칙이나 법익균형성으로도 표현할 수 있다.[1]

　　이런 맥락에서 개정법의 헌법적인 입법근거를 찾을 수 있다. 그에 의해 제106조 제1항이 피고사건과의 관련성 있는 증거만을 압수할 수 있게 하였다. 제3항은 원칙적으로 범죄유관 전자정보만을 출력하게 하였다. 그러나 범죄유관정보를 출력하기 불가능한 경우 매체 전체를 압수하는 것은 어떤가? 제3항 단서는 이것을 허용하고 있다. 범죄를 저지른 행위는 공공질서를 해치는 것이므로 기본권이 제한될 수 있다. 비례의 원칙이 일정한 요건 하에 뒤로 물러서야 하는 경우이다. 그러나 이러한 입법적 선택은 과잉금지원칙에 위반될 가능성에 항상 노출된다. 실무에서라도 그 위헌가능성을 제거하도록 노력할 수밖에 없다.

2) 적법절차 및 영장주의 원칙

　　관련성 요건은 적법절차 및 영장주의 원칙에 의해서도 필요한 요건이다. 헌법 제12조 제1항, 제3항, 형사소송법 제114조, 제215조가 이에 해당한다. 포괄영장의 발부 및 집행을 금지하여야 한다는 것이 영장주의 원칙이다. 특히 영장집행에 있어서 이 점을 유의해야 한다.[2]

3. 실무상 함의

가. 수사실무상의 함의

　　관련성은 수사의 효율적 수행을 위해서도 필요하다. 예컨대 해쉬 분석으로 범죄혐의와 무관한 파일로 보이면 조사대상에서 제외할 수 있다. 여기서는 수사기법보다는 규범적 함의를 살펴본다.

정보에 대한 자기결정권, privacy권, 통신의 자유권, 거주·이전의 자유권 등 기본권의 핵심영역을 침해하였는지 하는 것이다. 그 다음으로 그러한 정도에 이르지 않는 기본권 침해 수사활동에 대해 그것이 활동목적의 정당성, 수사방법 자체의 적절성, 피해의 최소성, 법익의 균형성에 합치하여 합헌적이라고 할 수 있는가 하는 비례성을 심사해야 한다. 오기두, 위 "電子情報에 대한 基本權保障과 位置情報追跡 搜査權", 592쪽.

[1] 비례원칙과 관련성에 관한 보다 상세한 논증은 오기두, 위 "電子情報에 대한 基本權保障과 位置情報追跡 搜査權", 579쪽 이하.

[2] 대법원 2011. 5. 26. 고지 2009모1190 결정(이른바 '전교조 본부 사무실 압수·수색에 대한 재항고 사건' 참조.

1) 수색·검증과 압수의 독자성

전자정보에 대한 강제취득은 다음의 순서로 행해진다. 우선 수사기관이 정보저장매체 소재지에 가서 어떤 정보저장매체가 있는지 탐색해야 한다. 이어 그 매체에 컴퓨터 시스템 운영프로그램 작동으로 접근해야 할 것이다. 이 과정에서 접근암호를 알아내야 할 수도 있다. 이어 해당 정보가 있는 전자파일의 제목을 살피고 그 생성 일자를 살핀다. 이때에도 해당 파일을 열기 위한 암호가 필요할 수도 있다. 다음으로 특정 전자파일에 접근하여 이를 모니터에 띄워 보아야 한다. 그래야만 내용을 읽거나, 듣거나 볼 수 있는 형태로 만들어진다. 이어 내용을 알아내 범죄혐의 입증과 관련된다고 여기는 파일을 특정한다. 그리고 이를 프린터로 인쇄하거나 다른 전자디스크에 복제할 것이다.[1] 범죄현장에 임하여 해당 정보저장매체를 찾아내는 과정은 수색이다. 즉 그 매체 소유, 소지, 보관자의 주거, 장소에 대한 수색인 것이다. 법 제109조, 제219조를 참조하자. 저장매체에 전자적으로 접근하여 압수목적 정보를 찾아내는 것도 수색이다. 그 저장매체라는 물건에 대한 수색인 것이다. 다만, 일반 물건 수색과 달리 전자정보의 내용을 오감으로 지득해야 한다. 따라서 이 과정은 검증에 해당하기도 한다. 전자정보에 접근하는 과정은 수색이면서 검증의 성질을 동시에 갖는 것이다. 이것을 탐색이라는 말로 함께 표현할 수 있다. 또는 「수색·검증」이라고 해도 되겠다.

이러한 탐색 후 범죄관련성이 인정되는 전자정보를 출력, 복제한다. 아니면 그 매체 자체를 전부 복제하여 그 복제물에 저장된 정보를 취득한다. 또는 그 매체 자체를 획득하여 수사기관의 소지, 보관 아래 두게 된다. 이후 진행되는

---

[1] 미국 제10 연방항소법원(우리의 고등법원급)에서 나온 U.S. v. Andrus 판결은 다음과 같다. 91세 된 아버지와 함께 살고 있는 41세 된 미션스쿨 교직원인 피고인이 아동포르노를 개인용 컴퓨터에 소지하고 있다는 범죄사실로 기소된 사건에 관한 것이다. 당시 컴퓨터 전문가인 경찰관이 피고인 부재중에 피고인의 아버지로부터 동의를 받고 피고인의 침실에 놓여 있는 컴퓨터 하드디스크에 접속하였다. 그는 범죄수사용 EnCase 프로그램이 깔려 있는 경찰의 컴퓨터 장비를 이용하여 사용자이름(user name)이나 접근암호(password)를 입력하지 않고 바로 피고인 컴퓨터의 하드디스크에 접속하여 관련 .jpg 이미지 파일을 복제한 것이다. 그 다음 경찰관은 이를 경찰사무실로 가져온 다음 분석하여 그 .jpg 파일들 중에 아동포르노가 있는 사실을 발견한 사안이다. 피고인은 그에 관한 컴퓨터 전자기록의 증거능력을 배제해 줄 것을 신청하였으나 1심 지방법원 판사가 이를 기각하자 항고하였다. 이에 대해 연방 제10 항소법원은, ① 당시 피고인의 동거인이자 피고인의 컴퓨터가 설치된 침실에까지 접근할 권한이 있는 피고인의 부친이 컴퓨터 수색에 동의하였으며, ② 당시 경찰관이 피고인의 컴퓨터에 사용자이름이나 접근암호를 입력해야만 수색을 할 수 있다고 믿을 사정이 없었다는 등의 이유로 그 증거배제신청을 기각한 원심결정을 승인하였다. 당시 경찰관은 압수수색영장을 발부받지 않고 위와 같은 압수수색행위를 한 것이었다. 이상은 483 F.3d 711 참조.

정보에의 접근 및 분석에서도 관련된 정보만을 선별해야 한다. 그 과정도 영장
의 집행으로서 영장주의 및 적법절차에 부합해야 한다.[1][2] 그러한 접근 및 분석
에 디지털 포렌식 전문가의 도움을 받아야 할 것이다.[3] 그 전문가가 객관적이
고 중립적이며 신뢰할 만하다면 더 좋을 것이다.[4]

　　결국, 수색·검증과 압수는 논리적으로나 실제적으로 구별되는 절차이다. 서
로 독립적인 절차라는 것이다. 따라서 수사기관이 선택할 수 있는 길은 많다.
수색·검증, 압수영장을 한꺼번에 청구해도 된다. 수색·검증영장만을 청구하여
일단 수색·검증을 실시해 보아도 된다. 그 후 관련된 정보를 취득할 필요가 있
다고 인정하면 압수영장을 청구한다. 수사기관으로서는 수색·검증단계에서는
해당 정보의 내역을 파악할 수 없다. 수색·검증단계에서 관련성은 보다 넓게 인
정될 수밖에 없는 것이다. 그러므로 수색·검증영장은 보다 용이하게 받아낼 수
있다. 수색·검증만으로 수사의 목적을 달성할 수 있으면 거기서 그쳐야 한다.

---

1) 대법원 2011. 5. 26. 고지 2009모1190 결정(이른바 '전교조 본부 사무실 압수·수색에 대한 재항
고 사건').
2) 미국 연방형사소송규칙은 2009년도에 개정된 제41조(e)(2)(B)에서 전자정보저장장치의 압수나
전자정보의 압수, 복사를 허가하는 영장을 발부할 수 있다는 규정을 두고 있다. 그에 덧붙여, 달
리 정함이 없는 한, 수사기관은 영장에 기재된 바와 일치하는 정보저장장치나 정보를 사후적으
로 검증할 수 있다(later review)고 규정하고 있다. 또한, 수사기관은 영장유효기간(집행기간)인
10일 안에 그 저장장치나 정보를 압수하거나 그 소재지에서 사본할 수 있으되, 그것이 그 기간
후에 그 소재지 이외의 장소에서 사후적으로 사본하거나 검증하는 것을 금지하지 않는다고 규
정하고 있다. (e) **Issuing the Warrant** / (2) Contents of the Warrant / (B) **Warrant Seeking
Electronically Stored Information**. A warrant under Rule 41(e)(2)(A) may authorize the seizure
of electronic storage media or the seizure or copying of electronically stored information.
Unless otherwise specified, the warrant authorizes a later review of the media or information
consistent with the warrant. The time for executing the warrant in Rule 41(e)(2)(A) and
f(1)(A) refers to the seizure or on-site copying of the media or information, and not to any
later off-site copying or review. 이때 수사기관이 영장에 기재된 바와 일치하는 정보저장장치나
정보를 사후적으로 검증할 수 있다는 의미는 수사기관이 우선 정보저장장치 전부를 압수하거나
복사한 다음 그와 같은 절차로 획득한 정보 중 어느 정보가 영장에 의해 압수가 허용된 정보인
지를 검증해도 된다는 의미이다. 그러나 "Unless otherwise specified" 부분의 해석에 의하면 부
판사(magistrate)가 영장을 발부하면서 그러한 행위를 금지하는 기재를 할 수도 있다는 의미라고
보인다. 또한, 영장유효기간 후에 정보저장장치 소재지에서 압수나 사본을 금지할 뿐 그 소재지
이외의 장소로 당해 저장장치를 전부 이동하거나 그에 저장된 정보 전부를 이미징하여 수사기
관 사무실로 옮겨와 사후적으로 그것들을 사본하거나 검증하는 것을 금지하지 않는 것은 그 정
보저장량이 막대할 수 있고 그것을 분석하는데 암호해독 등으로 인해 시간이 너무 많이 소요될
것을 고려한 조치라고 할 것이다. 이상은 신양균 교수의 위 발표에 대한 이 책 저자의 지정토론
내용이다.
3) 정수봉 부장검사(대검 디지털수사담당관, 사이버범죄수사단장 겸임), "디지털 지문", 법률신문
2012. 2. 9.자 14쪽 칼럼 참조.
4) 디지털 포렌식은 임의수사이며 감정에 해당한다는 견해로, 전승수, 위 박사학위논문 85쪽 이하
참조.

2) 압수목록의 작성교부

수사기관은 압수목록을 만들어 피압수자에게 교부해야 한다. 전자정보를 압수하였을 때에도 예외를 인정하는 규정이 없다. 법 제129조가 압수목록 교부의무를 규정한다. 법 제219조가 이를 그대로 수사절차에 준용하고 있다.1) 전자정보 저장매체에서 일부의 정보를 출력, 복제하였을 때에도 동일하다. 그 매체 전부를 압수하였을 때에도 물론 그렇게 해야 한다. 피압수자란 소유자, 소지자, 보관자, 기타 이에 준하는 자이다(법 제129조, 제219조). 그 의미는 정보저장매체의 소유자, 소지자, 보관자를 뜻한다고 해야 한다. 그들과 다른 정보주체가 있을 때 그 정보주체는 이에 해당하지 않는다. 즉 그 정보주체에게 압수목록을 교부할 필요는 없다는 것이다. 그 정보주체는 법 제106조 제4항에 의한 통지의 대상이 될 뿐이다.

3) 정보저장매체의 보존

전자정보 저장매체 전부나 일부 정보를 압수하였을 때 주의할 점이 있다. 그 상실, 파손을 막을 상당한 조치를 해야 한다는 것이다(법 제131조). 전자정보의 특성은 쉽게 개변, 소거될 수 있고 물리적으로도 손상되기 쉽다. 따라서 매체, 정보를 압수할 때 정보의 개변이 일어나지 않도록 해야 한다. 매체 전부를 압수하였을 때 보관의 연속성(chain of custody)이 보장되어야 한다. 일부의 정보만을 출력, 복제하였을 때에도 같다. 즉 원본과 출력, 복제물의 동일성을 확보해야 한다. 증거가치를 위한 무결성(integrity) 보장을 위해서는 당연히 그렇게 해야 한다. 가장 좋은 방법은 피의자, 변호인, 피압수자로부터 확인을 받는 것이다. 확인의 대상은 출력 복제물과 해당 전자정보의 동일성이다. 따라서 상대방이나 변호인의 참여권을 보장해야 한다. 그 상대방이 없는 상태에서 열람·복제되지 않도록 해야 한다. 저장매체 원본을 봉인하여 상대방의 확인을 받아야 한다. 봉인은 물리적이거나 기술적인 방법으로 한다. 봉인된 저장매체를 개봉하여 복제·출력할 때에도 피압수자 등이 참여해야 한다. 압수한 저장매체에 대한 디지털 포렌식 절차도 마찬가지다.2) 정보의 분석, 복제나 출력도 영장의 집행단계이기 때문이

---

1) 미국 연방형사소송 규칙 제41조(f)(1)(B)는 전자정보저장장치를 압수하거나 전자정보를 압수, 복사할 때에는 압수되거나 복사된 저장장치를 압수목록에 기재하도록 하고 있다. 이때 수사기관은 압수되거나 복사된 전자정보의 사본을 보존해도 된다.
2) 결국 디지털 분석을 강제수사로서 영장이 필요한지, 임의수사로서 영장이 필요하지 않은지 하는 문제와는 직접 상관이 없다. 디지털 분석은 영장에 의해 압수한 정보나 저장매체를 분석하는 절차이므로 영장의 집행단계이다. 따라서 이때는 당사자의 참여권을 보장해야 한다. 그래야 향후 공판정에서 증거로 사용할 전자정보의 무결성과 보관의 연속성을 입증하여 그 증거능력을 인정

다. 이러한 조치들을 취하는데 가장 역점을 두어야 한다. 그렇게 하지 않고서 보관의 연속성이나 무결성을 입증하려 하면 안 된다. 기술적 수단을[1] 사용하는 것만으로는 부족하다는 뜻이다. 첨단 기술을 쓰긴 했지만 사람들이 안 믿어준다면 무슨 소용이 있겠는가?

복제, 출력 후에는 그 원본을 지체 없이 반환해야 한다. 이미징한 매체에서 관련성 없는 전자정보는 지체 없이 삭제, 폐기해야 한다. 이것은 법 218조의2에 규정한 환부·가환부의 내용이라고 할 것이다. 원본을 반환하기 위해서는 원형 보존조치를 취해두어야 한다. 개정법은 위 제218조의2를 신설하면서 제219조에서 제133조를 뺐다. 그래서 법원이 압수물을 반환할 때 할 원형보존조치도 뺀 셈이 되었다. 위 제218조의2에도 원형보존 조치의무가 규정되어 있지 않다. 그

받고 증명력을 높일 것이기 때문이다. 대법원 2011. 5. 26. 고지 2009모1190 결정(이른바 '전교조 본부 사무실 압수·수색에 대한 재항고 사건)도 저장매체 압수 후 디지털 포렌식 및 관련정보의 출력, 복제에 대해 영장집행과정의 일환이므로 적법절차의 원칙을 따르라고 하고 있다. 이와 같은 이 책 저자의 견해나 대법원결정과 다르게 당사자의 참여권이 배제되는 감정절차라고 설명하고 있는 전승수, 위 박사학위논문, 85쪽 참조.

1) 쓰기방지 장치가 된 장비를 이용하였다거나 동일 해쉬값을 부여하였다거나 하면 원본과 사본의 동일성을 입증할 수는 있을 것이다. 그러나 그 사본에 의한 정보 보관의 연속성이나 무결성(원본 그대로의 사본이나 출력물이 만들어지고 중간에 삭제, 변경되지 않았다는 점)마저 당연히 입증되는 것은 아니다. 참고로 대검찰청 디지털수사담당관이던 안성수 부장검사의 위 공정회 발표문은 이에 관해 다음과 같이 설명한다.
  「대상이 되는 파일을 찾는 데는 특정 장비와 소프트웨어를 사용하게 된다.
  분석을 위하여 원본 파일에 접근할 경우 원본에 변경이 발생하므로 먼저 복제 혹은 이미징을 하여 그 복제본 또는 이미징을 한 사본을 가지고 분석 작업을 한다.
  복제는 쓰기방지 장치가 된 장비로 비트스트림(bitstream) 복사를 하는데 디스크 드라이브에 하는 복제와 특정 프로그램으로 파일화한 '이미징'이 있다. 모두 대상이 된 드라이브의 파일, 삭제된 파일, 메타데이터, 빈공간 등의 모든 정보를 그대로 옮기는 것이다.
  이때 원본 정보와 동일성을 입증하기 위한 수단으로 동일 해쉬값(hash value: 해쉬값은 인간의 DNA와 같이 디지털 데이터의 정보에 조금이라도 차이가 있으면, 다른 해쉬값을 가지게 된다. DNA가 같다면 같은 사람이라고 할 수 있듯이, 해쉬값이 같다면 디지털 데이터의 정보가 같다고 판정하는 것이다)을 부여하며, 데이터 분석도구인 인케이스(Encase) 등의 프로그램으로 위와 같이 이미징된 데이터를 분석하게 된다. 인케이스와 같은 분석 프로그램은 컴퓨터 안에 지워진 파일, 숨겨진 파일을 찾아내고, 이미지 파일을 볼 수 있게 해주며, 일반적인 응용 프로그램을 제거하고, 나머지 파일 중에서 키워드로 검색을 할 수 있어 수사관이 찾고자 하는 대상 파일을 발견하는 도구이다.
  이렇게 대상 파일을 찾고 분석하는 데는 상당한 시간과 작업공간이 필요하고, 이런 작업을 피의자의 주거지나 사무실에서 진행을 할 경우 대상자에게 오는 불편이 큼은 물론 대규모 분석 장비를 사용해야 할 수사관에게도 부담이 되기 때문에 이 작업은 압수한 컴퓨터 혹은 디스크나 이미징한 파일을 수사기관에 가지고 와 진행한다.
  이런 도구에 대항하여 도구가 발견할 수 없는 방법으로 파일을 숨기는 기법, 파일을 영구 삭제하는 프로그램, 하드웨어적으로 영구 손상시키는 장비 등도 발전하게 되는데 이와 같이 디지털 포렌식의 발전에 맞추어 안티 포렌식도 계속 발전해 가는 것이다.」

러나 압수물에 대한 수사기관의 원형보존 조치의무가 면제되지 않는다. 제219조
가 준용하는 제131조에 상실·파손 방지의무가 규정되어 있기 때문이다.

이상의 요건을 갖추어야만 집행절차가 적법하게 된다. 그렇지 않으면 상대
방은 준항고로 불복할 수 있다.[1]

4) 체포·구속과 전자정보 수색·검증, 압수

체포·구속에 부수하여 전자정보나 전기통신을 취득할 때에도 관련성 원칙
을 적용해야 한다.[2] 이에 관해서는 법 제216조와 제217조를 보면 된다. 해당 정
보저장매체를 피의자가 소유·소지, 보관하고 있어도 마찬가지다. 위 체포·구속
은 체포영장, 구속영장, 긴급체포, 현행범체포 등으로 체포·구속됨을 말한다. 그
렇게 체포·구속된 자에 관련된 긴급수색·검증, 압수시에도 관련성 원칙이 적용
된다. 그 피의자 관련 정보저장매체를 보관하는 제3자에 대한 수색·검증, 압수
는 허용되지 않는다. 그 매체는 피의자가 소유·소지, 보관하는 물건이 아니다.
따라서 긴급수색·검증, 압수의 요건에 해당하지 않기 때문이다. 주관적 관련성
요건이 적용되는 또 하나의 영역이라고 할 것이다.

5) 특별법의 적용

특별법이 정하고 있는 수사대상 및 절차가 있으면 그에 따라야 한다. 통신
비밀보호법이나 「금융실명거래 및 비밀보장에 관한 법률」 등이 그것이다. 그 특
별법에 따른 영장청구 및 집행이 이루어져야 하는 것이다. 예컨대 피의자의 전
기통신 일시, 전기통신 개시·종료시간 등이 그러하다. 이들에 대해서는 통신비
밀보호법을 따라야 한다. 발·착신 통신번호, 사용도수, 로그기록 등도 같다(통신

---

[1] 대법원 2011. 5. 26. 고지 2009모1190 결정(이른바 '전교조 본부 사무실 압수·수색에 대한 재항
고 사건': 원심은 서울중앙지방법원 2009. 9. 11. 고지 2009보5 결정)은 이 점에 관하여 다음과
같이 설시한다.
「검사나 사법경찰관이 압수·수색영장을 집행할 때에는 자물쇠를 열거나 개봉 기타 필요한 처
분을 할 수 있지만 그와 아울러 압수물의 상실 또는 파손 등의 방지를 위하여 상당한 조치를 하
여야 하므로(형사소송법 제219조, 제120조, 제131조 등), 혐의사실과 관련된 정보는 물론 그와
무관한 다양하고 방대한 내용의 사생활 정보가 들어 있는 저장매체에 대한 압수·수색영장을 집
행할 때 영장이 명시적으로 규정한 위 예외적인 사정이 인정되어 전자정보가 담긴 저장매체 자
체를 수사기관 사무실 등으로 옮겨 이를 열람 혹은 복사하게 되는 경우에도, 전체 과정을 통하
여 피압수·수색 당사자나 변호인의 계속적인 참여권 보장, 피압수·수색 당사자가 배제된 상태
의 저장매체에 대한 열람·복사 금지, 복사대상 전자정보 목록의 작성·교부 등 압수·수색대상
인 저장매체 내 전자정보의 왜곡이나 훼손과 오·남용 및 임의적인 복제나 복사 등을 막기 위한
적절한 조치가 이루어져야만 집행절차가 적법하게 된다.」(이 결정문 全文은 이 책의 287쪽, 주 5)
에 있음).
[2] Riley v. California & U.S. v. Wurie, 134 S. Ct. 2473은 체포에 부수한 처분으로 핸드폰녹음파일
을 압수할 때도 영장을 발부받아야 한다고 판시하였다(2014. 6. 25.자).

비밀보호법 제2조 제11호). 이것들은 통신사실 확인자료이다. 이들에 대해서는 통신
비밀보호법 제13조에 정한 절차에 의해야 한다.[1] 과거에 이메일을 송수신한 사
실의 존부 자체에 관한 정보가 이에 해당한다. 통신내용 자체에 대한 감청은 같
은 법 제5조에 따른 요건에 의한다. 이들에 대해 일반법인 형사소송법에 의한
영장청구나 집행은 허용되지 않는다.

6) 준 항 고

영장집행의 위법은 준항고의 방법으로 상대방이 다툴 수 있다. 영장에 의하
지 않은 수색·검증, 압수 행위에 대해서도 같다(법 제417조). 준항고를 하지 않고
직접 헌법소원을 제기할 수는 없다. 헌법소원의 보충성 요건을 충족하지 않기
때문이다.[2]

7) 공개된 전자정보의 취득

유명 검색엔진 사이트에 게시한 글을 상정해 보자. 야후, 네이버, 다음 등에
올린 글이 이에 해당한다. 사내 전자게시판에 게시된 게시물, 페이스 북이나 트
위터, 카카오톡 등에 게시한 글도 같다. 블로그, 싸이월드 등 SNS에 게시된 글도
마찬가지다. 그것은 공개를 예정하고 있다. 이들에 관하여 영장주의가 적용되는
지, 그 범위는 어디까지인지를 살펴본다. 이때에는 해당 정보주체의 공개의사를
우선 고려해야 한다. 그 의사는 서비스제공업체가 허용하는 게시글 공개범위로
결정해야 한다. 특정 커뮤니티 멤버에만 공개되는지, 일반인에도 공개되는지 여
부도 보아야 한다. 팔로우나 리트윗을 당연히 전제하는지 여부도 고려대상이
다.[3] 페이스북 담벼락에 게재하여「친구」들만 보게 하는지도 같다. 홈에 게시하
여 연결된 사람들은 다 볼 수 있게 하는지도 같다. 카카오톡의 이용자 프로필
정보, 개별 친구끼리의 문자메시지 전송도 같다. 댓글의 허용 여부도 고려요소

---

1) 공직선거법 제272조의3 제1항에도 같은 취지가 규정되어 있다. 각급 선거관리위원회 직원은 정
   보통신망을 이용한 공직선거법 위반혐의가 있다고 인정되는 상당한 이유가 있는 때에는 당해
   선거관리위원회의 소재지를 관할하는 고등법원(구·시·군선거관리위원회의 경우에는 지방법원)
   수석부장판사 또는 이에 상당하는 부장판사의 승인을 얻어 정보통신서비스 제공자에게 당해 정
   보통신서비스 이용자의 성명(이용자를 식별하기 위한 부호를 포함한다)·주민등록번호·주소·이
   용기간·이용요금에 대한 자료의 열람이나 제출을 요청할 수 있다. 해당자의 전자우편주소, 인터
   넷 로그기록 자료 및 정보통신망에 접속한 정보통신기기의 위치를 확인할 수 있는 자료도 그 대
   상에 포함된다.
2) 헌재 2007. 5. 31. 2006헌마1131; 헌재 1994. 9. 30. 94헌마183【검찰수사등위헌확인】등.
3) 주요 Social Network Service의 특징과 사용법을 잘 요약한 글로, 이지선(커뮤니케이션 컨설턴트
   회사인 '미디어 유'의 대표), "법원과 소셜미디어", 2012. 2. 10.자 법원 사법정보화연구회 발표문
   3-16쪽 참조.

가 될 때도 있다. 가장 중요하게 고려할 점은 전자 글을 쓴 사람, 즉 정보주체의 의사이다. 이들은 제한된 범위이긴 하나 친구 맺기를 한 사람들끼리는 공개된 다. 그리고 그 "친구" 중에는 정보주체가 전혀 알지 못하는 사람이 포함된다. 이러한 경우 수사기관이 피의자의 "친구"로 연결될 수도 있다. 그 "친구"들을 통한 정보의 전파는 동시다발로 순식간에 이루어진다. 그러므로 이때는 해당 정보를 취득하는데 영장을 발부받을 필요는 없다. 그 정보주체가 자신의 정보가 공개될 것을 예정하였기 때문이다. 따라서 그것이 수사기관에 의해 수집되는 것도 용인 하였다고 할 수 있기 때문이다. 오늘날 우리는 고도로 발전된 전자통신 관계 맺 기 사회에 살고 있다. 스마트폰이나 태블릿 PC의 이용은 그것을 가속화하고 있 다. 그런데도 사생활의 보호에 기초한 기본권 보장에만 치중할 수는 없다.[1] 수 사기관은 자신의 컴퓨터 등 화면을 캡쳐할 것이다. 아니면 그 정보를 복제, 출 력하여 법원에 증거로 제출하면 된다. 이것은 압수가 아니므로 영장을 발부받을 필요가 없다.

그러나 이 경우에도 특정 정보에 대해서는 여전히 영장으로만 해야 한다. 인터넷 사업자에게만 제공할 의사로 정보주체가 제공한 정보가 그것이다. 게시 자의 로그기록이나 아이디, 패스워드 등이 예이다. 해당 인터넷 사이트에 접속 한 컴퓨터의 IP Address도 마찬가지다. 포털업체의 파일서버에 저장된 블로그 운영자 인적 사항, 운영기록도 같다. 그에 가입한 회원들의 로그인 기록 및 거 래내역도 이에 해당한다. 또는 교환되는 정보의 당사자에게만 공개할 의사로 작 성한 정보도 같다. 제한된 「친구」에게만 개방한 페이스북 담벼락 게시글, 카카 오톡의 개인간 통신내용 등이 그에 해당한다. 이들은 형사소송법이나 통신비밀 보호법에 의한 영장에 의해서 압수할 수 있다. 형사소송법상으로는 전자정보나 전기통신에 대한 압수가 된다(제106조, 제107조). 통신비밀보호법상으로는 통신사 실 확인자료 제공요청(제13조) 또는 감청영장 청구(제5조)가 된다. 위 전자정보들 에 대한 수색·검증도 영장에 의해야만 할 수 있는 것이다. 수색·검증에 관해서 는 형사소송법 제109조, 제215조가 적용된다. 통신사실 확인자료의 수색·검증에 해당하는 것은 그에 대한 열람이다.[2] 통신비밀보호법 제13조 제1항을 참조하면

---

[1] SNS는 사적이면서도 공적이고, 공적이면서도 사적인(publicly private, privately public) 공간이 다. 이용자가 사적 공간으로 인식해도 그 소셜미디어로서의 성질은 공개적이다. 같은 취지, 노동 일, "법관과 소셜네트워크서비스(SNS) − 시론적 연구", 2012. 2. 10.자 법원 사법정보화연구회 주 최, 법원, 법관 그리고 소셜네트워크 공개토론회 발표자료 47쪽 이하.

[2] 결국 이렇게 정보주체 및 인터넷 서비스업자의 공개의사를 기준으로 영장주의 적용여부를 결정 한다. 비공개를 의도한 정보는 통신자 인적 사항인지, 통신사실 확인자료인지, 통신 내용 자체인

된다.

나. 법원 영장실무상의 함의

1) 영장실무의 목표

법 제106조 제3항 본문의 관련성 원칙을 엄격하게 적용해야 한다. 정보저장 매체 전부를 압수하지 못하도록 단단히 막아야 한다. 예외를 허용하기 시작하면 봇물 터지듯 걷잡을 수 없을 것이기 때문이다.[1] 판사는 구체적인 수색·검증, 압수 방법을 영장에 기재할 수 있다.[2] 관련성 요건을 집행절차에서 적용할 수 있도록 하기 위해서이다.[3] 그것은 삼권분립 원칙에 따른 본질적 권한 행사이다. 국민의 기본권 보장의 최종적 권한과 책임은 사법부가 갖기 때문이다.[4]

2) 원칙의 준수

그러므로 여기서 가장 주목해야 할 부분은 개정법 제106조 제3항 단서이다. 위 단서 앞부분의 "불가능"한 경우 매제 전부를 압수할 수 있게 한 것은 합헌이다. 원래 법이란 불가능 상태에서 어떤 의무를 명할 수 없다. 범죄수사를 위한 필요성이 관련성 원칙위반을 정당화하는 것이다. 즉 기본권 제한의 정당화 원리에 반하지 않는다는 말이다. 아예 비례원칙 구현이 불가능한 상황이기 때문이다. 범위를 정하여 출력 또는 복제하는 것이 불가능하기 때문이다. 그러나 "불가

지에 따라 각 전기통신사업법, 통신비밀보호법 제13조, 같은 법 제5조가 적용된다. 미국 법원들도 통신자료나 통신사실 확인자료인지, 통신의 내용에 관한 자료인지에 따라 보호범위를 달리하고 있다. 그리고 통신내용도 공개를 예정하고 있으면 프라이버시 보호에 대한 합리적 기대를 상실하였다고 보아 영장에 의한 보호대상에서 제외한다(U.S. v Allen, U.S. v Cox, U.S. v Kennedy, U.S. v. Butler 등 참조).

1) 개정법과 대법원의 아래 2009모1190 결정을 반영하여, 서울중앙지방법원 영장전담판사들이 사용하고 있는 수색·검증·압수 영장양식은 별첨 <자료 3.>과 같다.

2) 지금 이 자리에서 이 책의 저자가 검찰의 반대견해에 대하여(대검찰청, 「검찰 수사 실무전범」, 276쪽, 조석영 검사, 위 발표문 91쪽), 법원을 옹호하는 재반론을 펴고 있는 것이다.

3) 통신비밀보호법 제6조 제4항은 통신제한조치허가청구서에 필요한 통신제한조치의 집행방법을 기재하도록 하고 있다. 따라서 통신제한조치허가 영장에도 수사기관이 청구한 집행방법을 구체적으로 기재할 수 있다고 할 것이다. 판사는 그 밖의 경우에도 영장집행 방법을 구체적으로 특정할 수 있는 것이다. 박경신 교수의 2010. 7. 24.자 경향신문 23쪽 칼럼, "영장만 있으면 훔쳐가도 되나?"도 같은 취지다. 일본에서도 위치탐색을 실시하는 구체적인 방법 등을 영장에 기재하는 것은 일본 형사소송법 제219조 제1항의 '검증하여야 할 장소 또는 물건'에 관한 기재에 해당하므로 영장에 적절한 방법으로 기재할 수 있는 것으로 보고 있다고 한다. 池田弥生, "携帯電話の位置探索のための令狀請求", 「判例タイムズ」 1097호(2002. 10. 1.), 27쪽 이하, 심활섭, "일본의 수사기관에 의한 수색·압수·검증"(2007. 5. 22.자 코트넷 지식광장 게시 논문임), 17쪽 이하 및 주 22). 오기두, "電子情報에 대한 基本權保障과 位置情報追跡 搜査權", 557쪽 참조.

4) Johnson v. United States, 333 U.S. 10, 14(1948) 참조. "When the right of privacy must rea-sonably yield to the right of search is, as a rule, to be decided by a judicial officer, not by a policeman or Government enforcement agent."

능하"다는 판단은 누가 하는가? 수사기관이 하는 것에 그친다면 입법의 의미는 반감된다. "불가능"이란 저장매체에서 유관정보를 출력, 복제할 수 없는 기술적 불가능을 의미하는가? 아니면 피처분자의 적대적 태도와 같은 상황적 불가능도 의미하는가?1) 이 모든 것은 영장담당 판사가 결정해야 한다. 그러한 절차적 보장 장치가 제대로 작동될 경우 위 입법은 합헌이라는 평가를 받을 수 있다. 그 실질적 내용도 위 "불가능"이 객관적으로 납득될 만큼 인정되었을 때여야 한다. 그래야 합헌적 법률이라고 할 수 있다는 것이다.

그런데 압수목적 달성이 현저히 곤란할 때에도 매체 전부를 압수할 수 있게 해야 하는가? 그것은 관련성 원칙 위반이라고 하지 않을 수 없다. 압수목적 달성의 곤란성은 너무 모호한 개념이다. 출력, 복제의 "불가능"이라는 단서 전단의 요건과는 어떤 관계인가? 전자정보의 인멸이나 폐기의 정황이 있으면 압수의 목적을 달성할 수 없는 경우인가? 저장매체 소재지의 수색·검증, 출력, 복제가 피처분자의 영업활동을 제한하는 경우인가? 아니면 피처분자의 사생활의 평온을 해치는 경우도 포함하는가? 이들 모든 의문에 대한 판단은 정녕 수사기관이 할 것인데 그래도 괜찮은가? 수사기관의 자의적 판단에 의해 정해질 우려가 크다. "현저히"라는 수식어구가 붙었다고 하여 달리 볼 여지는 적다. 즉 이 조문은 헌법상 과잉금지원칙을 위반할 가능성이 크다는 말이다. 명확한 문언으로 기본권을 제한해야 한다는 입법원칙을 위반한 조문이기도 하다. 그러므로 그 헌법적 정당성은 오로지 영장담당 판사에 의한 사전통제로 달성해야 한다.2) 엄격하게 해석하여 이를 이유로 한 매체 전부 압수는 가급적 할 수 없게 통제해야 한다. 따라서 압수목적 달성 곤란을 이유로 한 매체 전부 압수청구는 가급적 기각해야 한다.

---

1) 대법원 2011. 5. 26. 고지 2009모1190 결정(이른바 '전교조 본부 사무실 압수·수색에 대한 재항고 사건': 원심은 서울중앙지방법원 2009. 9. 11. 고지 2009보5 결정)은 이 점에 관하여 다음과 같이 설시한다. 「전자정보에 대한 압수·수색영장을 집행할 때에는 원칙적으로 영장발부의 사유인 혐의사실과 관련된 부분만을 문서 출력물로 수집하거나 수사기관이 휴대한 저장매체에 해당 파일을 복사하는 방식으로 이루어져야 하고, 집행현장 사정상 위와 같은 방식에 의한 집행이 불가능하거나 현저히 곤란한 부득이한 사정이 존재하더라도 저장매체 자체를 직접 혹은 하드카피나 이미징 등 형태로 수사기관 사무실 등 외부로 반출하여 해당 파일을 압수·수색할 수 있도록 영장에 기재되어 있고 실제 그와 같은 사정이 발생한 때에 한하여 위 방법이 예외적으로 허용될 수 있을 뿐이다.」(이 결정문 全文은 이 책의 287쪽, 주 5)에 있음).

2) 그러므로 입법단계에서 범위를 정한 출력, 복제가 불가능하거나 압수목적 달성이 현저히 곤란하다고 인정되는 때에는 지방법원판사의 허가를 얻어 정보저장매체 전부를 압수할 수 있다고 규정하였다면 훨씬 나을 뻔했다. 같은 취지, 백강진, "바람직한 디지털 증거의 수집방안", 2010. 9. 29. 국회 디지털 증거 관련 공청회 발표문 8쪽.

3) 예외인정의 절차 및 반환확보

가) 예외인정절차

유관정보를 분리하는 것이 불가능한지를 결정하는 절차도 문제이다. 압수목적을 달성하기에 현저히 곤란한지 하는 점도 동일하다. 대안으로 제시할 수 있는 방안은 다음과 같다. 우선은 처음 발부하는 영장에서는 일단 관련정보만 압수하게 한다. 또는 수색·검증만을 허용하는 영장을 발부한다. 일단, 그 영장을 집행해 보고 난 후 위 두 요건에 해당함을 주장·소명케 한다. 이때는 봉인 등으로 첫 번째 영장집행시의 원본이 보존되도록 조치한다. 그 다음에야 해당 전자정보가 들어 있는 매체 전부를 압수할 수 있게 한다. 처음부터 저장매체 전부를 통째 압수할 수 있게 하면 안 된다. 원칙과 예외가 바뀌어 법을 운용하는 사태가 발생할 우려가 크기 때문이다. 처음부터 매체 전부를 압수하겠다는 청구가 있으면 적극 제지한다. 우선 엄격한 소명을 요구해야 하고 가급적 그 청구를 기각해야 한다.[1] 위와 같은 방법은 개별 영장담당 판사들이 실무운용상 시행하면 될 것이다. 대법원예규나 개별 판사의 업무처리 지침으로 정하면 족하다. 결국, 예외 인정의 주체는 궁극적으로 법원이다. 우선 영장발부 단계에서는 영장업무를 담당하는 지방법원 판사이다. 집행단계에서는 구체적인 상황에 임기응변적으로 대응해야 할 수사기관이겠지만 그 집행절차의 적법성 판단은 최종적으로 법원이 행한다. 즉 준항고 사건을 담당하는 법원이나 위법수집증거인지 여부를 판단하는 공판법원이 하는 것이다.

나) 반환확보

부득이하게 정보저장매체 전체를 압수하였더라도 그것을 피처분자에게 반환해야 한다. 그 반환을 확보하기 위해서는 다음과 같은 제도들을 이용할 수 있다. 우선 판사는 압수된 정보저장매체를 피압수자에게 반환할 기간을 영장에 정

---

[1] 이러한 해결방안은 원래 발부받은 영장에 기재된 범죄사실과 다른 새로운 정보가 발견된 경우에 수사기관으로 하여금 그 정보저장매체를 봉인하고 이를 보관하면서(sealing and holding) 별도의 영장을 발부받도록 하는 Tamura-Carey식 접근법이나(조국, "전자증거에 대한 압수수색", 사법제도비교연구회 2010. 3. 25. 발표문; 미국 연방항소법원의 United States v. Tamura 판결(1982)과 United States v. Carey 판결(1999) 이후 United States v. Campos 판결(2000)과 United States v. Walser 판결(2010)등 참조), 관련성 있는 정보의 분리 추출이 불가능하거나 압수목적 달성이 곤란한지 여부에 대한 심사를 법관이나(in camera review) 컴퓨터 전문가인 제3자에게 맡기자는 미국 연방 제9항소법원의 Kozinsky 판사 견해에서(U.S. v. Comprehensive Drug Testing, Inc.(2010)) 아이디어를 얻은 것이긴 하다. 그러나 이 점은 엄밀한 의미에서는 정보저장매체 자체의 압수에 관한 논의의 문제로서 새로운 정보의 취득에 관한 문제가 아니므로 위와 같은 미국 법원에서 제시되는 의견들과는 약간 논의의 차원을 달리한다.

할 수 있다.[1] 피압수자는 법 제218조의2에 의해 그 반환을 수사기관에 청구하여 반환받을 수 있다. 전자와 후자는 별개의 독립된 제도이다. 후자의 제도가 있다는 이유로 전자를 부정하면 안 된다. 관련 없는 전자정보를 수집하였다면 이를 반환하고 삭제·폐기해야 한다.[2]

다. 공판절차상의 함의

관련성 요건을 위반하여 수집된 전자정보는 증거능력이 부정된다. 이것은 법 제308조의2의 위법수집증거 배제 문제에 해당한다.[3] 관련성 없는 증거는 증거능력이 없을 뿐만 아니라 증거조사의 대상에서도 제외된다. 관련성 없는 증거가 수색·검증, 압수된 경우 관련성 있는 증거의 증거능력이 부정될 것인가? 일부 무관한 전자정보가 수집되었다고 해서 당연히 증거능력이 부정된다고 할 수 없다. 단, 관련성 있는 전자정보만을 수집하도록 노력하였음이 전제되어야 한다. 영장청구 및 발부, 집행 등의 모든 단계에서 그 노력이 계속되었어야 한다. 개정법을 준수하기만 한다면 관련성 있는 증거의 증거능력이 부인되는 일은 없을 것이다. 그러나 관련성 있는 증거도 증거능력을 부정해야 할 때가 있다. 과다하게 많은 관련성 없는 증거를 수집한 경우가 이에 해당한다. 객관적, 주관적, 시간적 관련성 요건에 대한 고려를 전혀 하지 않은 때일 것이다. 아니면 너무 방

---

1) 2009년도에 개정된 미국 연방형사소송규칙 제41조(e)의 해석상으로도, 이 규정이 부판사로 하여금 당해 정보저장장치를 원소유자에게 반환하는 기간을 설정하거나 수사기관으로 하여금 그 정보에 접근하는 시간적 제한을 설정하는 것을 금지하는 것도 아니므로 부판사는 수사기관의 그러한 사후적 수사활동에 대해 정보저장매체의 반환기간을 설정하거나 그 정보에 접근할 수 있는 기간을 설정하여 이를 통제할 수도 있다. 또한, 피처분자도 위 규칙 제41조(g)에 의해 그 정보저장장치나 전자정보의 반환을 명하는 결정을 해 줄 것을 법원에 청구할 수 있다(이상은 USCA, FRCrP, Rule 41의 2009 Amendments 해설부분 참조).

2) 전자정보의 무한복제가능성 등을 반영하여 피압수자등의 참여하에 수사기관이 보유한 정보를 삭제, 폐기하도록 강제하는 입법적 보완이 필요하다는 견해도 있다. 이숙연 판사, 위 발표문 40쪽. 통신비밀보호법 제13조 제3항은 통신사실 확인자료에 대한 폐기조치를 하도록 규정하고 있다. 일반적인 전자정보에 관해서도 마찬가지라고 해야 한다.

통신비밀보호법 제13조 제3항: "③ 제2항 단서의 규정에 의하여 긴급한 사유로 통신사실 확인자료를 제공받았으나 지방법원 또는 지원의 허가를 받지 못한 경우에는 지체 없이 제공받은 통신사실 확인자료를 폐기하여야 한다."

3) 「기본적 인권 보장을 위하여 압수수색에 관한 적법절차와 영장주의의 근간을 선언한 헌법과 이를 이어받아 실체적 진실 규명과 개인의 권리보호 이념을 조화롭게 실현할 수 있도록 압수수색 절차에 관한 구체적 기준을 마련하고 있는 형사소송법의 규범력은 확고히 유지되어야 한다. 그러므로 헌법과 형사소송법이 정한 절차에 따르지 아니하고 수집한 증거는 기본적 인권 보장을 위해 마련된 적법한 절차에 따르지 않은 것으로서 원칙적으로 유죄 인정의 증거로 삼을 수 없다. 수사기관의 위법한 압수수색을 억제하고 재발을 방지하는 가장 효과적이고 확실한 대응책은 이를 통하여 수집한 증거는 물론 이를 기초로 하여 획득한 2차적 증거를 유죄 인정의 증거로 삼을 수 없도록 하는 것이다.」(대법원 2007. 11. 15. 선고 2007도3061 전원합의체 판결).

만하게 수색·검증·압수 영장청구, 발부, 집행이 되었을 때일 것이다. 그렇게 압수된 관련성 있는 증거는 다른 무관증거로 인해 증거능력이 부정되는 것이다.

유관증거만을 출력, 복제하여 증거로 제출하는 경우 동일성 입증자료를 남겨야 한다. 원본과 출력물, 복제물 사이의 동일성은 증거능력 인정요건이기 때문이다.[1]

압수 후 정보주체에게 통지를 하지 않은 경우에도 증거능력이 부정될 수 있다. 국가가 피고인·피의자의 정보결정권을 침해하면서 할 최소한의 배려를 하지 않았다. 알려주었더라면 피고인·피의자는 자기를 방어할 기회를 얻었을 것이기 때문이다. 다만 그 통지결여를 이유로 해당 전자증거의 증거능력을 부정하기 위해서는 통상적인 위법수집증거 배제기준에 따른 형량이 필요하다.

영장주의를 위반하여 수집한 증거의 증거배제 예외도 인정하기 어렵다. 미국법상의 선의(good faith), 육안(plain view)[2] 예외를 받아들일 수 없다. A범죄와 관련된 정보만을 대상으로 한 영장을 집행하는 경우이다. 그 집행 중 B범죄에 대한 정보를 수사기관이 선의(good faith)로 발견했다. 또는 눈으로 뻔히 보이는 (plain view) 범죄정보를 발견하였다. 그렇다고 해도 영장 없이 이를 출력·복제하였다면 증거능력을 부정해야 한다.[3] 그렇지 않으면 영장주의를 잠탈한다. 일반

---

1) 대법원 2007. 12. 13. 선고 2007도7257 판결(이른바 '일심회' 사건)
「압수물인 디지털 저장매체로부터 출력한 문건을 증거로 사용하기 위해서는 <u>디지털 저장매체 원본에 저장된 내용과 출력한 문건의 동일성이 인정되어야</u> 하고, 이를 위해서는 디지털 저장매체 원본이 <u>압수시부터 문건 출력시까지 변경되지 않았음이 담보되어야</u> 한다. 특히 디지털 저장매체 원본을 대신하여 저장매체에 저장된 자료를 '<u>하드카피</u>' 또는 '이미징'한 매체로부터 출력한 <u>문건의 경우에는 디지털 저장매체 원본과 '하드카피' 또는 '이미징'한 매체 사이에 자료의 동일성</u>도 인정되어야 할 뿐만 아니라, 이를 확인하는 과정에서 이용한 컴퓨터의 <u>기계적 정확성</u>, <u>프로그램의 신뢰성</u>, 입력·처리·출력의 각 단계에서 조작자의 <u>전문적인 기술능력과 정확성</u>이 담보되어야 한다. 그리고 압수된 디지털 저장매체로부터 출력한 문건을 진술증거로 사용하는 경우, 그 기재 내용의 진실성에 관하여는 전문법칙이 적용되므로 형사소송법 제313조 제1항에 따라 그 작성자 또는 진술자의 진술에 의하여 그 성립의 진정함이 증명된 때에 한하여 이를 증거로 사용할 수 있다.」
2) 영장에서 압수가 허용된 마리화나를 수색하는 과정에서 아동 포르노 사진을 발견한 경우 그 사진의 증거능력이 부정되지 않는다[U.S. v. Wong, 334 F.3d 831(9th Cir. 2003)].
3) 우리 형사소송법은 제217조에서 긴급압수·수색을 규정하고 있으므로, 이러한 조항이 없는 미국에서 확립된 "우연한 육안발견의 예외"를 별도로 인정할 필요가 없다는 저자와 같은 취지의 견해로, 조국, 「위법수집증거배제법칙」(2005), 361쪽. 특히 우리 형사소송법 제216조 제3항, 제217조, 관세법 제296조 제1항 단서, 통신비밀보호법 제8조 등에서 긴급압수·수색이 허용되고 있으므로 위 각 법률에서 허용되는 범위를 넘는 육안의 원칙을 도입할 수는 없다. 헌법 제12조 제1항은 "누구든지 법률에 의하지 아니하고는 체포·구속·압수·수색 … 을 받지" 않는다는 강제처분 법정주의를 규정하고 있다. 헌법 제12조 제3항은 영장주의의 예외로 육안의 원칙을 규정하고 있지 않으며, 모든 체포·구속·압수·수색에 대해 사전영장주의 원칙 및 사후영장의 예외를 규정하고 있을 뿐이다. 아예 영장을 발부받지 않은 상태에서 압수·수색 등의 강제처분을 할 수 있

적, 포괄적 영장을 허용하는 셈이 되기 때문이다. 수사기관의 선의라는 주관적 요소의 입증도 어렵다. 우리 법에 이미 도입된 제도도 있기 때문이다(긴급압수수색). 그러나 전자정보를 획득할 수 없는 긴급상황은 인정해야 한다. 미국 법원이 인정하는 Exigent circumstance를 인정할 수 있는 것이다. 전자정보의 소거, 개변 등 증거인멸이 급박한 경우가 이에 해당한다. 그러나 너무 예외 인정에 초점을 맞출 수는 없다. 언제나 관련성 원칙을 준수하도록 해야 한다. A범죄만에 대한 수사를 할 때에도 그와 관련 있는 증거만이 대상이다. 이는 객관적 관련성의 측면이다. 그 증거만을 수색·검증·압수하라고 하는 판이다. 그런데 항차 B범죄 관련 증거까지도 압수하라고 할 수는 없는 노릇이다.

　피고인 a에 관해 수집한 전자정보를 피고인 b에 대해 사용할 수도 없다. 이것은 주관적 관련성을 위반하는 것이기 때문이다.[1]

　전자정보나 그 매체를 압수한 후 이를 분석, 출력, 복제한 수사관이 작성한 보고서나 조서는 형사소송법 제312조 제6항의 「검증의 결과를 기재한 조서」에 해당한다. 그러므로 위 조항에 의해 증거능력을 인정하여야 한다. 만약 디지털 포렌식 전문가인 제3자에게 전자정보의 분석을 의뢰하였다면 감정에 해당하므로 형사소송법 제313조 제2항에 의해 증거능력을 인정하여야 한다.

4. 맺는 말

　「사람들은 누구나 그렇게 살아야만 하는 절실한 이유가 있다.」[2] 민주국가는 각 개인의 그러한 삶의 영위 방식을 존중해야 한다. 그 존중은 배려와 따뜻함 속에서 행복하게 하는 것이다. 그런 따뜻하고 행복한 공동체를 만드는 것이 국가의 가장 우선적인 목표가 되어야 한다. 공동체 전체를 심각하게 붕괴시키지 않는다면 좀 더 여유 있고 관대하여야 한다. 그렇게 개개인을 감싸 안아줄 필요가 있다. 국가권력 중 수사권을 담당하는 수사기관이나 재판권을 담당하는 법원 모두 마찬가지다. 모두 그러한 마음을 가져야 한다. 나아가 법에 종사하는 사람들 모두 그러한 마음을 가져야 한다. 한 생애를 살면서 모든 개개인은 남을 배

다고 규정하고 있지는 않다. 오기두, "電子情報에 대한 基本權保障과 位置情報追跡 搜查權", 569쪽 참조.

1) 대법원 2002. 10. 22. 선고 2000도5461 판결: 「적법한 절차에 의하여 허가받은 통신제한조치의 범위에 포함되어 있는 감청내용이라고 하더라도 통신제한조치의 목적이 된 대상범죄와의 구체적인 관련성이 소명되지 않으면 그 감청결과를 다른 사람이나 다른 범죄사실의 증거로 사용할 수 없다.」

2) 양삼승 변호사, 위의 글.

려하고 또한 도울 의무를 갖는다. 범죄혐의를 받고 있다고 하여 왕따를 시키면 안 된다. 국가권력을 무지막지하게 휘둘러 처참하게 개인의 삶을 파괴하면 안 된다. 법 집행을 담당하는 사람들이 유념해야 할 부분이다. 그렇지 않으면 공동체의 개개인은 점점 법하는 사람을 싫어하게 될 것이다. 법하는 사람은 감성적으로 다른 사람을 이해하려고 노력해야 한다. 법이라는 합리성에 근거하고 거기서 멈추어 서서는 안 된다. 국가권력을 행사함에 있어 신중을 기하고 겸허히 물러날 줄 알아야 한다. 범죄혐의를 받고 있는 사람의 전자정보를 수집함에도 달리 볼 것이 아니다. 지금 우리처럼 통신망으로 관계 맺기에 열중인 사회에서는 더 그러하다. 각 개인은 스스로 생성한 정보를 인터넷에 올려 공유한다. 정치적, 사회적인 온갖 문제에 관해 개개인이 의견을 거침없이 쏟아낸다. 이러한 사회는 예전에 보지 못했던 사회다. 동시대로나 역사적으로 볼 때 그러하다. 스마트폰으로 손가락 하나만 움직여 터치하면 된다. 거리낌 없이 동시다발적으로 사회적 공론의 장으로 뛰어든다. 그것을 통해 통신의 자유와 정치적 표현의 자유를 만끽하고 있는 것이다. 전자정보를 생성하고 이를 세상에 전파하여 표현하는 것이 행복이 되었다. 그 행복을 찾고자 하는 개개인의 권리를 보장하는 것이 국가가 할 일이다. 또한, 전자정보 관련 기본권은 오늘의 사회를 특징지우는 가치질서이다. 그 기본권으로 현재의 우리 사회가 구성되고 작동되고 있다는 뜻이다. 그 기본권으로 정치제도와 사회질서가 형성된다. 그 가치질서 역시 최대한 구현되도록 해야 한다. 전자정보에 관한 개인의 기본권 보장과 사회적 가치질서 확립이 중요하다. 이들 두 목적을 염두에 두고 개정된 형사소송법을 해석하여야 한다. 그런 생각으로 전자정보에 대한 수색·검증, 압수 수사권을 행사하여야 한다. 그러한 점을 언제나 염두에 두고 영장심사나 공판에 임하여야 한다. 또한, 그러한 점을 염두에 두고 법을 연구해야 한다.

그것을 구현하는 기준은 바로 관련성이다. 전자정보에 대한 수사권 행사나 재판권 행사의 기준이 바로 관련성인 것이다. 그 의미를 깊이 음미하고 관련성 있는 정보만을 취득하여야 한다. 정보 취득과정에서 겸손과 정감, 따뜻한 배려가 있어야 한다. 개인이 전자정보의 생성, 보관, 수신을 통해 누리던 행복감을 존중해야 한다. 그 행복감을 함부로 앗아가지 않도록 언제나 유의하여야 한다. 그 전자정보로 사회의 물적, 인적, 정서적 요소가 형성되어 있다. 그러니 전자정보 및 통신정보 관련 기본권을 최대한 보장해야 한다. 그러므로 관련성 있는 정보만에 대한 영장청구가 있어야 한다. 관련성 있는 정보만을 출력, 복제하려는 사려 깊음이 필요하다. 어쩔 수 없는 상황에서만 매체 전부를 압수하는 겸손함이 있어야 한다. 압수예정사실을 사전에 통지하여 그에게 변명할 기회를 부여해야 한다. 그러한 인간적 배려도 있어야 한다. 그렇게 하지 못했으면 사후에라도 통지해 주어야 한다. 모르게 당신에 관한 전자정보를 취득하여 갔으니 알고 계시라고 말이다. 그러한 사려 깊음, 겸손, 배려 행위들이 모여야 한다. 그래야 수사권이나 재판권에 대한 국민의 신뢰를 증진할 수 있다. 그래야만 그에 종사하는 사람들이 국민으로부터 사랑과 존중을 받는다. 완벽한 경험, 지식, 논리로 무장한 수사관이나 판관이 필요한 때가 아니다. 수사나 재판에 필요하니 어쩔 수 없다고 포기하면 안 된다. 관용하고 친절하고 배려하는 수사관, 법관이 필요한 시대이다. 법 해석을 하는 사람도 마찬가지다. 관련성의 요건을 단지 이론적으로만 주장하면 안 된다. 우리의 인격에서까지도 내면화하고 체화해야 한다. 인간에 대한 따뜻한 시선으로 개정법의 함의를 되새겨 보아야 할 이유이다.

<자료 1.> 개정 형사소송법 공포관련 관보

형사소송법 개정법률

관보 제17552호. 2011.7.18.(월요일)
국회에서 의결된 형사소송법 일부개정법률을 이에 공포한다.
대 통 령 이 명 박
2011년 7월 18일
국 무 총 리 김 황 식
국 무 위 원
이 귀 남
법무부장관
✳1법률 제10864호
형사소송법 일부개정법률
형사소송법 일부를 다음과 같이 개정한다.

제40조 제3항을 다음과 같이 한다.
③ 판결서에는 기소한 검사와 공판에 관여한 검사의 관직, 성명과 변호인의 성명을 기재하여야 한다.

제1편 제6장에 제59조의3을 다음과 같이 신설한다.

제59조의3(확정 판결서등의 열람·복사) ① 누구든지 판결이 확정된 사건의 판결서 또는 그 등본, 증거목록 또는 그 등본, 그 밖에 검사나 피고인 또는 변호인이 법원에 제출한 서류·물건의 명칭·목록 또는 이에 해당하는 정보(이하 "판결서등"이라 한다)를 보관하는 법원에서 해당 판결서등을 열람 및 복사(인터넷, 그 밖의 전산정보처리시스템을 통한 전자적 방법을 포함한다. 이하 이 조에서 같다)할 수 있다. 다만, 다음 각 호의 어느 하나에 해당하는 경우에는 판결서등의 열람 및 복사를 제한할 수 있다.

 1. 심리가 비공개로 진행된 경우

 2. 「소년법」 제2조에 따른 소년에 관한 사건인 경우

 3. 공범관계에 있는 자 등의 증거인멸 또는 도주를 용이하게 하거나 관련 사건의 재판에 중대한 영향을 초래할 우려가 있는 경우

 4. 국가의 안전보장을 현저히 해할 우려가 명백하게 있는 경우

 5. 제59조의2 제2항 제3호 또는 제6호의 사유가 있는 경우. 다만, 소송관계인의 신청이 있는 경우에 한정한다.

② 법원사무관등이나 그 밖의 법원공무원은 제1항에 따른 열람 및 복사에 앞서 판결서등에 기재된 성명 등 개인정보가 공개되지 아니하도록 대법원규칙으로 정하는 보호조치를 하여야 한다.

③ 제2항에 따른 개인정보 보호조치를 한 법원사무관등이나 그 밖의 법원공무원은 고의 또는 중대한 과실로 인한 것이 아니면 제1항에 따른 열람 및 복사와 관련하여 민사상·형사상 책임을 지지 아니한다.

④ 열람 및 복사에 관하여 정당한 사유가 있는 소송관계인이나 이해관계 있는 제3자는 제1항 단서에도 불구하고 제1항 본문에 따른 법원의 법원사무관등이나 그 밖의 법원공무원에게 판결서등의 열람 및 복사를 신청할 수 있다. 이 경우 법원사무관등이나 그 밖의 법원공무원의 열람 및 복사에 관한 처분에 불복하는 경우에는 제1항 본문에 따른 법원에 처분의 취소 또는 변경을 신청할 수 있다.

⑤ 제4항의 불복신청에 대하여는 제417조 및 제418조를 준용한다.

⑥ 판결서등의 열람 및 복사의 방법과 절차, 개인정보 보호조치의 방법과 절차, 그 밖에 필요한 사항은 대법원규칙으로 정한다.

제106조 제1항 본문 중 "必要한 때에는 證據物또는 沒收할 것으로 思料하는 物件을 押收할 수 있다"를 "필요한 때에는 피고사건과 관계가 있다고 인정할 수 있는 것에 한정하여 증거물 또는 몰수할 것으로 사료하는 물건을 압수할 수 있다"로 하고, 같은 조에 제3항 및 제4항을 각각 다음과 같이 신설한다.

③ 법원은 압수의 목적물이 컴퓨터용디스크, 그 밖에 이와 비슷한 정보저장매체(이하 이 항에서 "정보저장매체등"이라 한다)인 경우에는 기억된 정보의 범위를 정하여 출력하거나 복제하여 제출받아야 한다. 다만, 범위를 정하여 출력 또는 복제하는 방법이 불가능하거나 압수의 목적을 달성하기에 현저히 곤란하다고 인정되는 때에는 정보저장매체등을 압수할 수 있다.

④ 법원은 제3항에 따라 정보를 제공받은 경우 「개인정보 보호법」 제2조 제3호에 따른 정보주체에게 해당 사실을 지체 없이 알려야 한다.

제107조 제1항을 다음과 같이 하고, 같은 조 제2항을 삭제하며, 같은 조 제3항 본문 중 "前2項의"를 "제1항에 따른"으로 한다.

① 법원은 필요한 때에는 피고사건과 관계가 있다고 인정할 수 있는 것에 한정하여 우체물 또는 「통신비밀보호법」 제2조 제3호에 따른 전기통신(이하 "전기통신"이라 한다)에 관한 것으로서 체신관서, 그 밖의 관련 기관 등이 소지 또는 보관하는 물건의 제출을 명하거나 압수를 할 수 있다.

제109조 제1항을 다음과 같이 한다.

① 법원은 필요한 때에는 피고사건과 관계가 있다고 인정할 수 있는 것에 한정하여 피고인의 신체, 물건 또는 주거, 그 밖의 장소를 수색할 수 있다.

제114조 제1항에 단서를 다음과 같이 신설한다.

다만, 압수·수색할 물건이 전기통신에 관한 것인 경우에는 작성기간을 기재하여야 한다.

제196조를 다음과 같이 한다.

제196조(사법경찰관리) ① 수사관, 경무관, 총경, 경정, 경감, 경위는 사법경찰관으로서 모든 수사에 관하여 검사의 지휘를 받는다.

② 사법경찰관은 범죄의 혐의가 있다고 인식하는 때에는 범인, 범죄사실과 증거에 관하여 수사를 개시·진행하여야 한다.

③ 사법경찰관리는 검사의 지휘가 있는 때에는 이에 따라야 한다. 검사의 지휘에 관한 구체적 사항은 대통령령으로 정한다.

④ 사법경찰관은 범죄를 수사한 때에는 관계 서류와 증거물을 지체 없이 검사에게 송부하여야 한다.

⑤ 경사, 경장, 순경은 사법경찰리로서 수사의 보조를 하여야 한다.

⑥ 제1항 또는 제5항에 규정한 자 이외에 법률로써 사법경찰관리를 정할 수 있다.

제198조에 제3항을 다음과 같이 신설한다.

③ 검사·사법경찰관리와 그 밖에 직무상 수사에 관계있는 자는 수사과정에서 수사와 관련하여 작성하거나 취득한 서류 또는 물건에 대한 목록을 빠짐없이 작성하여야 한다.

제215조를 다음과 같이 한다.

제215조(압수, 수색, 검증)　① 검사는 범죄수사에 필요한 때에는 피의자가 죄를 범하였다고 의심할 만한 정황이 있고 해당 사건과 관계가 있다고 인정할 수 있는 것에 한정하여 지방법원판사에게 청구하여 발부받은 영장에 의하여 압수, 수색 또는 검증을 할 수 있다.

② 사법경찰관이 범죄수사에 필요한 때에는 피의자가 죄를 범하였다고 의심할 만한 정황이 있고 해당 사건과 관계가 있다고 인정할 수 있는 것에 한정하여 검사에게 신청하여 검사의 청구로 지방법원판사가 발부한 영장에 의하여 압수, 수색 또는 검증을 할 수 있다.

제218조의2를 다음과 같이 신설한다.

제218조의2(압수물의 환부, 가환부)　① 검사는 사본을 확보한 경우 등 압수를 계속할 필요가 없다고 인정되는 압수물 및 증거에 사용할 압수물에 대하여 공소제기 전이라도 소유자, 소지자, 보관자 또는 제출인의 청구가 있는 때에는 환부 또는 가환부하여야 한다.

② 제1항의 청구에 대하여 검사가 이를 거부하는 경우에는 신청인은 해당 검사의 소속 검찰청에 대응한 법원에 압수물의 환부 또는 가환부 결정을 청구할 수 있다.

③ 제2항의 청구에 대하여 법원이 환부 또는 가환부를 결정하면 검사는 신청인에게 압수물을 환부 또는 가환부하여야 한다.

④ 사법경찰관의 환부 또는 가환부 처분에 관하여는 제1항부터 제3항까지의 규정을 준용한다. 이 경우 사법경찰관은 검사의 지휘를 받아야 한다.

제219조 본문 중 "第118條 乃至 第135條"를 "제118조부터 제132조까지, 제134조, 제135조"로 하고, 같은 조 단서 중 "제130조 및 제132조부터 제134조까지의 규정"을 "제130조, 제132조 및 제134조"로 한다.

제260조 제1항 중 "제125조"를 "제126조"로 하고, 같은 항에 단서를 다음과 같이 신설한다.

　다만, 「형법」 제126조의 죄에 대하여는 피공표자의 명시한 의사에 반하여 재정을 신청할 수 없다.

부　칙

제1조(시행일) ① 이 법은 2012년 1월 1일부터 시행한다. ② (생략)

제4조(일반적 경과조치) 이 법은 이 법 시행 당시 수사 중이거나 법원에 계속 중인 사건에도 적용한다. 다만, 이 법 시행 전에 종전의 규정에 따라 행한 행위의 효력에는 영향을 미치지 아니한다.

◇ 개정이유

수사기관의 책임감을 높이고, 피의자·피고인의 인권침해를 최소화하며, 수사현실과 법률규정이 부합하도록 현행법을 정비하는 한편, 누구든지 확정된 형사사건의 판결서와 증거목록 등을 인터넷 등 전자적 방법으로도 열람 및 등사할 수 있도록 함으로써 판결서 등에 대한 접근성을 높여 재판의 공개 원칙이 실질적으로 보장되도록 하려는 것임.

◇ 주요내용

가. 누구든지 확정된 형사사건의 판결서와 증거목록 등을 인터넷 등으로 열람·등사할 수 있도록 하되, 판결서 등에 기재된 개인정보가 공개되지 않도록 보호조치를 하도록 함(안 제59조의3 신설).

나. 법원의 압수·수색의 요건에 피고사건과의 관련성을 추가함(안 제106조 제1항, 제107조, 제109조).

다. 정보저장매체등에 관한 압수의 범위와 방법을 명시하고, 정보주체에게 해당 사실을 알리도록 하며, 영장에는 작성기간을 기재토록 명시하는 등 전기통신관련 압수·수색제도를 보완함(안 제106조 제3항·제4항, 제114조 제1항).

라. 사법경찰관의 수사개시권과 사법경찰관에 대한 검사의 수사지휘권을 명시함(안 제196조).

마. 수사기관의 압수·수색·검증의 요건에 피고사건과의 관련성과 피의자가 죄를 범하였다고 의심할만한 정황이 있을 것을 추가함(안 제215조).

바. 압수물의 소유자, 소지자 등의 신청이 있을 경우 수사기관이 압수물을 환부 또는 가환부할 수 있도록 하고, 기존의 준용규정을 정비함(안 제218조의2, 제219조).

사. 재정신청의 대상을 형법 제126조의 죄에 대한 고발사건까지 확대하되 피공표자의 명시한 의사에 반하여는 할 수 없도록 단서를 둠(안 제260조 제1항).

(법제처 제공)

현행 형사소송법	개정 형사소송법
제106조(압수) ① 법원은 필요한 때에는 증거물 또는 몰수할 것으로 사료하는 물건을 압수할 수 있다. 단, 법률에 다른 규정이 있는 때에는 예외로 한다.	제106조(압수) ① … 필요한 때에는 피고사건과 관계가 있다고 인정할 수 있는 것에 한정하여 증거물 또는 몰수할 것으로 사료하는 물건을 압수할 수 있다. …
② (생 략)	② (현행과 같음)
<신 설>	③ 법원은 압수의 목적물이 컴퓨터용디스크 그 밖에 이와 비슷한 정보저장매체(이하 이 항에서 "정보저장매체등"이라 한다)인 경우에는 기억된 정보의 범위를 정하여 출력하거나 복제하여 제출받아야 한다. 다만, 범위를 정하여 **출력 또는 복제**하는 방법이 불가능하거나 압수의 목적을 달성하기에 현저히 곤란하다고 인정되는 때에는 정보저장매체등을 압수할 수 있다.
<신 설>	④ 법원은 제3항에 따라 정보를 제공받은 경우 「개인정보 보호법」 제2조 제3호에 따른 정보주체에게 해당 사실을 지체 없이 알려야 한다.
제107조(우체물의 압수) ① 법원은 피고인이 발송한 것이나 피고인에게 대하여 발송된 우체물 또는 전신에 관한 것으로서 체신관서 기타가 소지 또는 보관하는 물건의 제출을 명하거나 압수를 할 수 있다.	제107조(우체물의 압수) ① 법원은 우체물 또는 「통신비밀보호법」 제2조 제3호에 따른 전기통신(이하 "전기통신"이라 한다)에 관한 것으로서 필요한 때에는 피고사건과 관계가 있다고 인정할 수 있는 것에 한정하여 체신관서 기타 관련기관 등이 소지 또는 보관하는 물건의 제출을 명하거나 압수를 할 수 있다.
② 전항 이외의 우체물 또는 전신에 관한 것으로서 체신관서 기타가 소지 또는 보관하는 물건은 피고사건과 관계가 있다고 인정할 수 있는 것에 한하여 그 제출을 명하거나 압수를 할 수 있다.	<삭 제>
③ 전2항의 처분을 할 때에는 발신인이나 수신인에게 그 취지를 통지하여야 한다. 단, 심리에 방해될 염려가 있는 경우에는 예외로 한다.	③ 제1항에 따른---. --------------------------------------.
제114조(영장의 방식) ① 압수·수색영장에는 피고인의 성명, 죄명, 압수할 물건, 수색할 장소, 신체, 물건, 발부연월일, 유효기간과 그 기간을 경과하면 집행에 착수하지 못하며 영장을 반환하여야 한다는 취지 기타 대법원규칙으로 정한 사항을 기재하고 재판장 또는 수명법관이 서명날인하여야 한다. <단서 신설>	제114조(영장의 방식) ①--. 다만, 압수, 수색할 물건이 전기통신에 관한 것인 경우에는 작성기간을 기재하여야 한다.

제215조(압수, 수색, 검증) ① 검사는 범죄수사에 필요한 때에는 지방법원판사에게 청구하여 발부받은 영장에 의하여 압수, 수색 또는 검증할 수 있다. ② 사법경찰관이 범죄수사에 필요한 때에는 검사에게 신청하여 검사의 청구로 지방법원판사가 발부한 영장에 의하여 압수, 수색 또는 검증할 수 있다.	제215조(압수, 수색, 검증) ① 검사는 **범죄수사에 필요한 때에는 피의자가 죄를 범하였다고 의심할만한 정황이 있고 해당 사건과 관계가 있다고 인정할 수 있는 것에 한정하여** 지방법원판사에게 청구하여 발부받은 영장에 의하여 압수, 수색 또는 검증할 수 있다. ② 사법경찰관이 범죄수사에 필요한 때에는 **피의자가 죄를 범하였다고 의심할만한 정황이 있고 해당 사건과 관계가 있다고 인정할 수 있는 것에 한정하여** 검사에게 신청하여 검사의 청구로 지방법원판사가 발부한 영장에 의하여 압수, 수색 또는 검증할 수 있다.

(위 표는 이숙연 판사, 2011. 11. 19. 헌법연구회, 헌법학회 공동세미나 발표자료 26-28쪽에서 차용하였음).

<자료 2.> 개정된 형사소송규칙

형사소송규칙 일부개정규칙

형사소송규칙 일부를 다음과 같이 개정한다.

제96조의21 제2항 중 "지방법원 판사에게 제1항에 규정된 서류"를 "지방법원 판사에게 제1항에 규정된 서류(구속영장청구서는 제외한다)"로 하고, "제1항에 규정된 서류의 전부 또는 일부"를 "그 전부 또는 일부"로 한다.

제107조 제1항에 제7호를 다음과 같이 신설한다.

7. 「통신비밀보호법」제2조 제3호에 따른 전기통신을 압수·수색하고자 할 경우 그 작성기간

<u>제108조 제1항 중 "압수, 수색 또는 검증의 필요를"을 "압수, 수색 또는 검증의 필요 및 해당 사건과의 관련성을"로 한다.</u>

부 칙

제1조(시행일) 이 규칙은 2012년 1월 1일부터 시행한다.

제2조(경과조치) 이 규칙은 이 규칙 시행 당시 수사 중이거나 법원에 계속 중인 사건에도 적용한다.

신·구 조문대비표

현 행	개 정 안
제96조의21(구속영장청구서 및 소명자료의 열람) ① 피의자 심문에 참여할 변호인은 지방법원 판사에게 제출된 구속영장청구서 및 그에 첨부된 고소·고발장, 피의자의 진술을 기재한 서류와 피의자가 제출한 서류를 열람할 수 있다. ② 검사는 증거인멸 또는 피의자나 공범 관계에 있는 자가 도망할 염려가 있는 등 수사에 방해가 될 염려가 있는 때에는 지방법원 판사에게 **제1항에 규정된 서류**의 열람 제한에 관한 의견을 제출할 수 있고, 지방법원 판사는 검사의 의견이 상당하다고 인정하는 때에는 **제1항에 규정된 서류의 전부 또는 일부**의 열람을 제한할 수 있다. ③ (생략)	제96조의21(구속영장청구서 및 소명자료의 열람) ① (현행과 같음) ② 검사는 증거인멸 또는 피의자나 공범 관계에 있는 자가 도망할 염려가 있는 등 수사에 방해가 될 염려가 있는 때에는 지방법원 판사에게 **제1항에 규정된 서류(구속영장청구서는 제외한다)**의 열람 제한에 관한 의견을 제출할 수 있고, 지방법원 판사는 검사의 의견이 상당하다고 인정하는 때에는 **그 전부 또는 일부**의 열람을 제한할 수 있다. ③ (현행과 같음)
제107조(압수, 수색, 검증영장청구서의 기재사항) ① 압수, 수색 또는 검증을 위한 영장의 청구서에는 다음 각호의 사항을 기재하여야 한다. 1.~ 6. (생략) <신 설>	제107조(압수, 수색, 검증영장청구서의 기재사항) ① 압수, 수색 또는 검증을 위한 영장의 청구서에는 다음 각호의 사항을 기재하여야 한다. 1.~ 6. (현행과 같음) 7. 「통신비밀보호법」 제2조 제3호에 따른 전기통신을 압수·수색하고자 할 경우 그 작성기간
제108조(자료의 제출) ① 법 제215조의 규정에 의한 청구를 할 때에는 피의자에게 범죄의 혐의가 있다고 인정되는 자료와 **압수, 수색 또는 검증의 필요를** 인정할 수 있는 자료를 제출하여야 한다. ② (생략)	제108조(자료의 제출) ① 법 제215조의 규정에 의한 청구를 할 때에는 피의자에게 범죄의 혐의가 있다고 인정되는 자료와 **압수, 수색 또는 검증의 필요 및 해당 사건과의 관련성**을 인정할 수 있는 자료를 제출하여야 한다. ② (현행과 같음)

<자료 3.> 서울중앙지방법원 영장전담판사들이 사용하는 압수·수색·검증영장 별지

별   지

압수방법의 제한

1. 문서에 대한 압수

　　가. 해당 문서가 몰수 대상물인 경우, 그 원본을 압수함.

　　나. 해당 문서가 증거물인 경우, 피압수자 또는 참여인[1](이하 '피압수자 등'이라 한

---

1) **피압수자:** 피의자나 변호인, 소유자, 소지자, **참여인:** 형사소송법 제123조에 정한 참여인.

다)의 확인 아래 사본하는 방법으로 압수함(다만, 사본 작성이 불가능하거나 협조를 얻을 수 없는 경우 또는 문서의 형상, 재질 등에 증거가치가 있어 원본의 압수가 필요한 경우에는 원본을 압수할 수 있음).

다. 원본을 압수하였더라도 원본의 압수를 계속할 필요가 없는 경우에는 사본 후 즉시 반환하여야 함.

2. 컴퓨터용디스크 등 정보저장매체에 저장된 전자정보에 대한 압수·수색·검증

가. 전자정보의 수색·검증

수색·검증만으로 수사의 목적을 달성할 수 있는 경우, 압수 없이 수색·검증만 함.

나. 전자정보의 압수

(1) 원 칙

저장매체의 소재지에서 수색·검증 후 혐의사실과 관련된 전자정보만을 문서로 출력하거나 수사기관이 휴대한 저장매체에 복사하는 방법으로 압수할 수 있음.

(2) 저장매체의 하드카피·이미징(이하 '복제'라 한다)이 허용되는 경우

(가) 집행현장에서의 복제

출력·복사에 의한 집행이 불가능하거나, 압수의 목적을 달성하기에 현저히 곤란한 경우[1])에 한하여, 저장매체 전부를 복제할 수 있음.

(나) 저장매체의 원본 반출이 허용되는 경우

1) 위 (가)항의 경우 중 집행현장에서의 저장매체의 복제가 불가능하거나 현저히 곤란할 때[2])에 한하여, 피압수자 등의 참여 하에 저장매체 원본을 봉인하여 저장매체의 소재지 이외의 장소로 반출할 수 있음.

2) 위 1)항의 방법으로 반출한 원본은 피압수자 등의 참여 하에 개봉하여 복제한 후 지체 없이 반환하되, 특별한 사정이 없는 한 원본 반출일로부터 10일을 도과하여서는 아니 됨.

(다) 위 (가), (나)항과 같이 복제한 저장매체에 대하여는, 혐의사실과 관련된 전자정보만을 출력 또는 복사하여야 하고, 전자정보의 복구나 분석을 하는 경우 신뢰성과 전문성을 담보할 수 있는 방법에 의하여야 함.

---

1) 다음 각 호의 경우를 말한다; 1. 피압수자 등이 협조하지 않거나, 협조를 기대할 수 없는 경우, 2. 혐의사실과 관련될 개연성이 있는 전자정보가 삭제, 폐기된 정황이 발견되는 경우, 3. 출력·복사에 의한 집행이 피압수자 등의 영업활동이나 사생활의 평온을 침해하는 경우, 4. 기타 이에 준하는 경우

2) 다음 각 호의 경우를 말한다; 1. 집행현장에서의 하드카피·이미징이 물리적, 기술적으로 불가능하거나 극히 곤란한 경우, 2. 하드카피·이미징에 의한 집행이 피압수자 등의 영업활동이나 사생활의 평온을 현저히 침해하는 경우, 3. 기타 이에 준하는 경우.

　　(라) 위 (다)항에 의하여 증거물 수집이 완료되고 복제한 저장매체를 보전할 필요
　　　　 성이 소멸된 후에는 혐의사실과 관련 없는 전자정보를 지체 없이 삭제, 폐기하
　　　　 여야 함.

(3) 전자정보 압수시 주의사항

　　(가) 피압수자 등에게 압수한 전자정보의 목록을 교부하여야 함(목록의 교부는
　　　　 위 (2)항의 절차를 거쳐 최종적으로 압수하는 출력물 또는 전자정보 사본의
　　　　 교부로 갈음할 수 있음).

　　(나) 봉인 및 개봉은 물리적인 방법 또는 수사기관과 피압수자 등 쌍방이 암호를
　　　　 설정하는 방법 등에 의할 수 있고, 복사 또는 복제할 때에는 해쉬함수값의 확
　　　　 인이나 압수수색과정의 촬영 등 원본과의 동일성 등을 확인할 수 있는 방법
　　　　 을 취하여야 함.

　　(다) 압수수색의 전체 과정을 통하여 피압수자 등의 참여권이 보장되어야 하며, 참
　　　　 여를 거부하는 경우에는 신뢰성과 전문성을 담보할 수 있는 상당한 방법으로
　　　　 압수수색이 이루어져야 함.

제 3 절 주관적 관련성 있는 전자정보만의 수색·검증, 압수[1]

〈요　약〉

　　전자증거를 포함한 일반적인 물건, 정보에 대한 압수·수색에 있어 이를 제한하는 원리로 관련성의 원칙을 준수해야 한다. 관련성의 원칙은 헌법상 비례의 원칙이나 형사소송법상 최소침해의 원칙을 압수·수색절차에서 구현하는 지도원리이다. 그 중에서도 주관적 관련성의 원칙은 객관적, 시간적 관련성의 원칙에 앞서 검토되어야 할 선행적 요건이라고 할 수 있다.

　　개정된 형사소송법 제106조에 의하면, 해당 피고인이나 피의자와 관계 있다고 인정할 수 있는 물건, 즉 우선적으로 해당 피고인이나 피의자의 소유·소지·보관에 속하는 물건에 한정하여 압수할 수 있다. 예외적으로 형법 제48조의 몰수 요건에 해당하면 제3자의 소유에 속하는 물건도 압수할 수 있다. 이렇게 압수가 허용되는 한 제2항에 따라 제3자가 소지·보관하는 피고인·피의자나 제3자의 소유물도 압수할 있다.

　　전자정보에 관하여 주관적 관련성 원칙은, 우선 압수영장에 기재된 피고인과 피의자가 정보주체인 전자정보만을 압수(출력, 복제) 대상으로 하는 것으로 구현된다. 예외적으로 정보주체 아닌 제3자가 컴퓨터 디스크 등 전자정보 저장매체를 소유하면서 그에 저장한 전자정보가 ㉠ 범죄행위에 제공하였거나 제공하려고 한 전자정보라거나, ㉡ 범죄행위로 인하여 생하였거나 이로 인하여 취득한 전자정보라거나, ㉢ 그 각 대가로 취득한 전자정보 등을, 그 정을 알면서 자신의 핸드폰, 컴퓨터 등 디스크에 저장해 두고 있어야 그것을 출력, 복제하는 등으로 압수할 수 있다고 해야 한다. 나아가, 예컨대 제3자가 피의자·피고인과 넓은 의미의 공범관계인 때에도 해당 전자정보를 출력, 복제하는 등으로 압수할 수 있다.

---

[1] 이 節은 사법발전재단, 「사법」 제28호(2014. 6.) 199쪽 이하에 실린 내용이다.

1. 서   론

전자증거를 포함한 일반적인 물건, 정보 등에 대한 압수·수색에 있어[1] 이를 제한하는 원리로[2] 관련성의 원칙을 준수해야 한다.[3] 관련성의 원칙은 헌법상 비례의 원칙이나 형사소송법(이하 '법'이라고 한다)상 최소 침해의 원칙을 압수·수색에서 구현하는 지도 원리이다. 그 중에서도 주관적 관련성의 원칙은 객관적,[4] 시간적 관련성의 원칙에 앞서 검토되어야 할 선행적 요건이라고 할 수 있다.[5]

---

1) 특히 전자증거에 관해 보자면 전자정보가 수록된 전자적 저장매체인 動産에 대해 물리적인 소유배제는 물론이요 전자적으로 간섭하는 행위도 강제처분인 수색·검증, 압수에 해당한다고 보아야 한다. 미국에서도 전통적인 불법행위법상 재산에 대한 침해를 타인의 소유에 속하는 재산을 사용하거나 간섭하는 행위라고 정의하면서, 비록 물리적인 접촉은 없어도 전자적 간섭행위로 인해 타인의 재산에 어떤 손해를 끼친다면 이를 침해행위에 해당한다고 보고 있다. Restatement (Second) of Torts §217(1965); Steven Kam, Note, "Intel Corp. v. Hamidi: Trespass to Chattels and a Doctrine of Cyber-Nuisance", 19 Berkeley Tech. L.J. 427(2004); John D. Saba, Jr., Comment, "Internet Property Rights: E-Trespass", 33 St. Mary's L.J. 367(2002); 126 Harv. L. Rev. 802, 807.
2) 수사기관의 압수·수색활동은 최근 들어 더욱 빈번해지고 있다. 우리나라에서 지난 10년간 전국 1심 법원에 청구된 압수·수색영장은 2003년 4만 4639건에서 매년 꾸준히 늘어 2007년 7만 4667건, 2008년 10만 479건, 2009년 10만 5720건을 기록했다. 이어 그 수는 2010년 9만 5861건, 2011년 10만 9005건, 2012년 12만 3240건에 달하고 있다(매일경제 2013. 6. 1.자 A19쪽 기사 참조).
3) 우리나라에서 최초로 전자증거의 수색·검증, 압수시 관련성 요건을 준수해야 한다고 주장한 견해로, 오기두, 「형사절차상 컴퓨터 관련증거의 수집 및 이용에 관한 연구」, 서울대학교 대학원 법학박사 학위논문(1997), 96쪽 이하.
4) 객관적 관련성 원칙을 적용하여 그에 위반된다는 이유로 전자정보의 압수처분에 대한 준항고사건에서 해당 압수처분이 영장주의와 적법절차 원칙에 위반된다고 판단한 수원지방법원 2011. 10. 31. 고지 2011보2 결정 참조. 위 법원은 「저장매체에 저장되어 있는 전자정보를 이미징의 방법으로 저장하는 처분은 압수수색영장의 혐의사실과 관련되지 않은 전자정보에 대하여까지 무차별적으로 이루어졌고, 집행현장에서 피압수자인 김oo은 압수·수색영장에 기한 압수·수색 당시 저장매체를 봉인 조치한 상태로 제출하는 것에 관하여만 동의하였을 뿐이고, 위 혐의사실과 관련되지 않은 전자정보까지 포함하여 저장매체에 저장된 전자정보 전부를 수사기관이 복사하여 저장하는 것에 관하여까지 동의한 바는 없」다고 판시하였다.
5) 이에 관해 「법문도 명시적으로 피고사건과의 관련성이라 하여 사건과의 관련성을 요구하고 있을 뿐이며 사건과의 관련성이 있으면 제3자 소유여부는 묻지 않는다. 또한 이러한 태도가 일반적인 입법례이다. 따라서 주관적 관련성, 시간적 관련성 등의 개념을 도입하여 법이 의도하지 않는 제한 해석을 하는 것은 부적절하다 할 것이다.」라고 하는 견해가 있다. 이완규, "디지털 증거 압수수색과 관련성 개념의 해석", 법조협회, 「법조」 2013 통권 686호(2013. 11.) 153-154쪽.
   수사기관의 입장에서 이러한 견해를 취할 수는 있겠다. 그에 대한 일반적인 반론은 오기두, "전자정보의 수색·검증, 압수에 관한 개정 형사소송법의 함의", 한국형사소송법학회, 「형사소송 이론과 실무」 제4권 제1호(2012), 127쪽 이하를 참조하면 된다.
   덧붙이자면, 위 견해에 대해서는 ① 법문의 "피고사건과 관계가 있다고"(제106조 제1항, 제107조

2. 주관적 관련성의 체계적 지위

가. 의   의

주관적 관련성 원칙은 해당 피고사건 또는 피의사건의 행위주체인 피고인
이나 피의자와 관련된 전자정보만을 수색·검증,[1] 압수[2]할 수 있음을 의미한다.

제1항), "해당 사건과 관계가 있다고"(제215조)의 문언을 주관적, 객관적, 시간적 관련성을 의미
하는 것으로 제한 해석하는 것은 헌법상으로 허용되는 해석 범위 내에 있을 뿐 아니라, 이 글에
서 고찰하는 바와 같이 현행 법문에서도 주관적 관련성을 요구하는 문구를 많이 찾아볼 수 있다
는 점, ② 형사소송법 해석은 형법보다 더 각국의 특유한 법문화나 입법역사를 고려해서 하지
않을 수 없으므로(마치 민사법상 채권법이 보편적임에 비하여 물권법이 각국 특유의 법문화를
반영하는 특수한 법인 것과 비교할 수 있다. 나폴레옹 법전이나 일반 란트법과 비견되는 역사법
학자들의 관점을 생각해 보아도 이 점을 알 수 있다. 법해석은 단지 字句에 매달리면 안 되고
법 현상, 문화현상, 역사 등을 두루 종합해서 해야 하는 것이다), 일반적인 입법례를 들어 한국
형사소송법을 비판하는 것은 그 자체로는 타당성을 결여하며, 어떤 헌법적이거나 인류보편적 가
치관을 들어 비판해야 그 비판의 타당성이 인정된다는 점, ③ 위 논자가 드는 횡령사건 영업장
부 사안(위 논문 154쪽 첫 문단)은 주관적, 객관적, 시간적 관련성이라는 관련성 판단 기준을 구
체적으로 제시해주지는 못하면서(이러한 법의 판단기준을 제시하는 것이 연구자의 할 일이다),
막연히 돈을 빼돌린 직접 증거가 되는 기재부분과 정상적인 영업기재부분을 분리하여 압수할
수 없다는 주장을 하고 있을 뿐이라는 점, ④ 횡령기재부분과 정상기재부분의 구분은 해당 영업
장부를 압수하는 수사기관이나 그것을 공판정에서 보게 되는 법관이 통상적인 상식에 입각해서
쉽게 구분해 낼 수 있으며, 그러한 때에는 굳이 법문이 요구하는 관련성의 판단기준을 제시할
필요도 없을 것이고, 그것이 애매모호할 때 주관적, 객관적, 시간적 관련성 기준에 비추어 그 관
련성을 판단해 내면 된다는 점(요컨대 위 논자가 드는 사안은 너무 나이브한 극단적인 사안이어
서 이론적인 검토를 할 가치가 없다는 것이다), ⑤ 특히 디지털 증거는 컴퓨터 기술적 방법을
동원하여 분리압수가 용이하므로 기존의 종이장부나 일기장과 동일하게 관념할 수 없는 특징을
갖고 있음을 간과한 주장이라는 점 등의 비판을 가할 수 있겠다.

1) 디지털 증거는 그 자체로는 눈으로 보고 읽을 수 있는 대상이 아니다. 그러므로 전통적인 유체
물이나 공간적인 장소를 대상으로 한 압수·수색 개념을 상정하기 곤란하다. 여기서 "디지털 정
보의 확인과 확보는 형사소송법상 검증에 다름 아니다."라고 하는 견해가 있다(구태언, "디지털
정보와 검증," 법률신문 2012. 11. 12.자, 15쪽). 그러나 수사활동을 전제로 해서 보자면 검증과
수색을 굳이 구별할 이유가 없다. 법 제215조도 수사기관의 수색 또는 검증을 같은 조문에 두고
있어 구별 실익이 없다. 즉 디지털 정보 저장매체가 있는 장소에 대한 수색과 그 매체인 물건을
살펴 그 안에 저장되어 있는 파일등 정보를 확인해 보는 수색이 이루어 진 후, 그 파일 내용을
눈으로 읽어 파악하는 검증이 이루어지는 것이다. 즉 디지털 증거를 수집하는 과정은 논리적 수
색(logical search)과 물리적 수색(physical search)이 함께 일어나는 것이다[George Washington
대학 법학전문대학원 교수인 Orin S. Kerr, "Searches and Seizures in a Digital World", 「Havard
Law Review」(December, 2005), 119 Harv. L. Rev. 531, 544 참조]. 그래서 저자는 디지털 정보
저장매체에 대한 검증과 수색을 합친 말로 탐색이라는 말을 사용할 것을 제안하여 왔다. 아니면
「수색·검증, 압수」의 형태로 전자정보에 대한 압수·수색 용어를 표기해도 좋을 것이다. 이 점
에 관하여 위 오기두, "전자정보의 수색·검증, 압수에 관한 개정 형사소송법의 함의", 133쪽.

2) 여기서 압수란 해당 전자정보를 담고 있는 전자적 저장매체 자체의 물리적 획득 뿐 아니라 그
안에 저장되어 있는 전자정보의 bitstream에 의한 복사나 이미징, 또는 일부 파일만의 복사 등을
총칭한다. 미국의 Orin Kerr 교수도 개인 재산권에 대한 침해가 일어나는 점에서 bitstream 복사

즉 공소가 제기된 피고인이나 수사기관에 의해 범죄혐의자로 입건된 피의자와 관련된 전자정보만이[1] 수색·검증, 압수의 대상으로 될 수 있다는 의미이다.[2] 그 예외는 해당 피고인·피의자와 공범인 자, 범죄에 제공된 정을 알면서 전자정보를 취득한 자(그 취득행위 자체가 증거인멸죄, 장물취득죄 등 범죄로 되는 경우 포함), 객관적, 시간적으로 범죄혐의 사실과 관련된 전자정보를 저장하고 있는 전자기억 매체를 소유·소지·보관하는 자 등에 국한된다. 따라서 공범관계에 없거나 별개의 범죄사실에 관한 공범관계자일 때, 범죄에 제공된 정을 알지 못하고 전자정보를 취득하여 사후적으로 알게 된 자 등에 대한 전자정보의 압수는 허용될 수 없다. 전혀 범죄 혐의자가 특정되지도 않은 상태에서 범죄발생을 예방한다는 명목으로 전자정보를 수색·검증하거나 압수하는 것도[3] 주관적 관련성 원칙을 위

나 이미징도 수색, 압수라고 파악해야 하며, 원본에 대한 수색뿐 아니라 사본에 대한 수색도 미국 연방 헌법 수정 제4조가 규제하는 수색, 압수로 파악해야 한다고 주장하여 저자와 같은 입장을 취하고 있다. 위 Orin S. Kerr, "Searches and Seizures in a Digital World", 119 Harv. L. Rev. 531, Part II.

1) GPS(Global Positioning System)를 이용한 위치추적도 넓게 보아서는 전자정보에 대한 수색·검증, 압수에 해당하므로 그에 관한 법리를 적용하여 관련성의 원칙을 준수해야 한다. 이에 관해서는 오기두, "전자정보에 대한 기본권 보장과 위치정보추적 수사권", 헌법재판소, 「헌법논총」 제21집(2010), 293쪽 이하, 특히 375쪽 이하 참조.
   미국 연방대법원도 마약소지 및 배포 모의 혐의를 받던 Jones가 운전하는 지프차량에 GPS 전자 추적 장치를 부착하여 4주 동안 24시간 감시한 위치추적 수사활동은 물리적 침입(physical trespass)과 같이 미국 연방 헌법 수정 제4조를 위반하는 합리적이지 못한 수색(unreasonable search)에 해당한다고 판시하였다. United States v. Jones, 132 S.Ct. 945(2012), (특히 Scalia 대법관이 작성한 다수의견 부분 참조). 위 판결에 대한 평석으로 Havard Law Review Association, 「Havard Law Review」 vol. 126(2012. 11.) 126 Harv. L. Rev. 226.

2) 저자가 제안한 이러한 주관적 관련성 등 관련성의 원칙은 수사기관의 전자정보 저장매체에 대한 수색·검증, 압수의 앞 단계에서 사전적으로(ex ante) 압수·수색영장을 발부하기 위한 기준이 될 수 있고, 수사기관의 그 영장집행 기준이 될 수 있으며, 사후적으로(ex post) 공판절차에서 법원이 위법수집증거인지 여부를 판별하는 기준이 될 수도 있는 규범적 분석틀(normative framework)이라고 생각한다. 그러므로 디지털 포렌식 절차의 불확정적이고 예측할 수 없는 특성을 고려할 때 디지털 증거의 압수·수색에 사전적 제한을 부가하는 것은 부적절하고 오로지 영장에 기재된 범위를 넘어서 수색, 압수된 디지털 증거의 증거능력만을 사후적으로 인정할지 여부를 결정해야 한다는 Orin Kerr 교수의 주장은 부당하여 받아들일 수 없다고 하겠다. 영장담당 법관에게 영장을 발부할지 여부, 영장발부 범위는 어떠해야 하는지 등에 관한 아무런 기준도 제시해 주지 못하는 학설은 무의미하다. 미국법상으로도 일반영장금지 원칙상 모든 영장에는 사전적으로(ex ante) 수색, 압수 장소와 사람, 물건이 특정되어야 하므로[미국 연방 헌법 수정 제4조; Maryland v. Garrison, 480 U.S. 79, 84(1987); United States v. Ross, 456 U.S. 798, 824(1982)], Orin Kerr 교수의 위와 같은 주장은 그들 자신의 전통적인 법리에도 반하는 것이다. 위 Orin S. Kerr, "Searches and Seizures in a Digital World", 119 Harv. L. Rev. 531, Part III. at 565.

3) 현대 디지털 정보 사회에서, 기술적으로는 대상이 특정되지 않은 Internet 감시도 매우 저렴한 비용으로 신속하게 하는 것이 가능해졌다. 수사기관은 네트워크상의 특정 중요지점을 흘러가는 트래픽을 잡아내기 위해 "유동네트워크"(driftnet)를 설치하면 된다. 자동화된 트래픽 필터링과

반하는 수사활동이므로 허용될 수 없다. 우리 법제에서 허용되지 않는 '육안발견의 원칙'(plain view doctrine)을 적용하여 주관적 관련성이 인정되지 않는 전자증거를 압수해서도 안 된다.[1] 주관적 관련성이 인정되지 않는 사람이, 해당 피의자나 피고인이 정보주체인 전자정보의 압수·수색에 동의하였다고 하여도, 수사기관은 그 전자정보를 영장 없이 수색·검증, 압수하지 못한다.[2]

주관적 관련성의 원칙을 위반하여 수집된 전자증거는 영장주의를 위반하거나 헌법이나 법률상의 비례원칙을 위반하여 수집된 증거로서 위법수집증거에 해당하여 증거능력이 부정될 수 있다.[3]

나. 헌법 이념적 기초

자유는 고귀한 것이다.[4] 특히 국가(왕)로부터의 자유는 이미 1215년의

처리는 수사기관이 미리 선정한 조건에 합치되는 데이터를 흘려보내거나 통상적이지 않은 데이터를 보내는 인물을 잡아낼 수 있도록 해준다. 수사기관은 그러한 불특정 대상에 대한 감시활동을 통해 알게 된 정보를 저장, 보관하여 둔 후 미래의 어떤 수사활동을 위해 해당 정보를 이용할 수도 있다. John Palfrey, "The Public and the Private at the United States Border with Cyberspace", 「Mississippi Law Journal」(Winter 2008), 78 Miss. L.J. 241, 280.

1) Orin S. Kerr 교수도 육안발견의 원칙을 수용하고 있는 미국 법제에서도 일반영장 금지원칙상 전자증거를 압수·수색함에 있어서 육안발견의 원칙을 축소하거나 폐지해야 한다고 주장한다. 미국 법원 판결 중 디지털 증거의 압수·수색에 관해 위 원칙 적용을 제한한 것도 있다. United States v. Carey, 172 F.3d 1268, 1271(10th Cir. 1999); United States v. Gray, 78 F.Supp.2d 524, 527, 530; 위 Orin S. Kerr, "Searches and Seizures in a Digital World", 119 Harv. L. Rev. 531, 566. 577, 580, 583f(특히 이 부분에서 최선의 해결책은 디지털 증거 압수·수색에서 육안발견의 원칙을 폐지하는 것이라고 역설하고 있다).

2) 예컨대 피의자가 password를 걸어 자신이 작성한 전자파일에 제3자가 접근하는 것을 거부한 경우, 그 전자파일에 주관적 관련성이 인정되지 않는 사람이 단지 피의자와 공동거주자라고 하여 수사기관의 해당 파일 수색·검증, 압수에 동의할 권한을 갖는 것은 아니다. Trulock v. Freeh, 275 F.3d 391, 401-404(4th Cir. 2001); United States v. James, 353 F.3d 606, 614-617(8th Cir. 2003); Ian M. Comisky, Lawrence S. Fel, Steven M. Harris, 「Tax Fraud & Evasion, Current Through 2012」, Volume 2, Chapter 14(2012), at 30.

3) 저자는 Orin S. Kerr 교수도 결국 저자와 같은 결론을 갖게 되었음을 기쁘게 생각하고 있다. 그는 보호받아야 할 인터넷 통신 내용을 수집함에 있어서는 인터넷 계좌에 대한 수색·검증, 압수에 초점을 맞추기보다 개별적인 피의자를 중심으로 특화된 수색영장을 발부해야 한다고 주장한다. 저자의 주관적 관련성 개념요건과 같은 아이디어라고 할 수 있다. 나아가 그는 미국 연방 헌법 수정 제4조에 관련된 전통적인 수색개념인 물리적인 내부, 외부 구별을 온라인상에서는 내용 정보와 그렇지 않은 정보의 구별로 대체할 것도 제안하고 있다. 위 Orin S. Kerr, "Applying the Fourth Amendment to the Internet: A General Approach", 62 Stan. L. Rev. 1005. 특히 위 글 Part III.

4) 현대 전자민주 사회에서의 자유는 전자정보를 통한 감시국가로부터의 자유로움을 의미한다고 할 수 있다. 인터넷이나 다른 디지털 네트워크는 감시친화적인 속성을 갖고 있기 때문이다. 즉, 네트워크상으로 감시를 수행하는 것이 매우 간단하도록 수많은 point(예컨대 Internet Exchange Point, Internet Service Provider, 블로깅 호스트 같은 기술 제공 업체 등)를 네트워크에 설정해 두는 것을 그 기술적 속성으로 하고 있는 것이다. 국가가 이를 이용하여 국민을 감시하는 체제

MAGNA CARTA가 제정된 봉건 영주시대부터 정립된 오래된 인류의 이상이다.[1] 국민의 재산에 대한 압수·수색을 국법과 합법적 재판에 따라서만 함으로써 그들의 자유를 보장하라고 한 것은 약 800여 년 전에 영국에서 정립되어 우리 헌법 제12조에까지 도입된 思想이다.[2] 그 국법이 따라야 할 원칙은 국가의 이익을 추구하는 것과 그로 인해 침해되는 개인 이익 사이에 비례관계를 유지하라는 비례성의 원칙이다.[3] 그 비례의 원칙은 특히 대다수의 정보가 디지털화되어 수집되고, 저장되고, 분석되고 배포되는 현대 전자민주 국가에서 강조되어야 하는 헌법원칙이라고 하겠다.[4] 그리고 수사절차에 관해서 보자면, 이러한 비례의 원칙은 다량의 정보가 하나의 전자기억매체에 저장되어 있는 전자정보의 압수·수색에서 관련성의 원칙으로 구현된다. 컴퓨터에 의한 정보처리 속도가 무한에 접근해 갈수록[5] 개인 정보의 수집, 저장, 이용에 따른 개인의 자유 침해 가능성

로 될 가능성은 언제나 존재한다. Jonathan Zittrain, "Internet Points of Control", 44 B.C.L.Rev. 653(2003); Marjorie A. Shields, "Annotation, Fourth Amendment Protections, and Equivalent State Consitutional Protections, as Applied to the Use of GPS Technology, Transporter, or the Like, to Monitor Location and Movement of Motor Vehicle, Aircraft, or Watercraft", 5 A.L.R.6th 385(2005); 위 John Palfrey, "The Public and the Private at the United States Border with Cyberspace", 78 Miss. L.J. 241, 243.

1) 마그나카르타 제39조(총 63조).

「자유민은 누구를 막론하고 자기와 같은 신분의 동료에 의한 합법적 재판 또는 국법에 의하지 않는 한 체포감금, 점유침탈, 법익박탈, 추방 또는 그 외의 어떠한 방법에 의하여서라도 자유가 침해되지 아니하며, 또 짐 스스로가 자유민에게 개입하거나 또는 관헌을 파견하지 아니한다.」,

"Nullus liber homo capiatur, velimprisonetur, autdisseisiatur, autexuletur, autaliquotmodo-destruatur, nec super eumibimus, nec super eummittemus, nisi per legal judiciumpariumsuor-umvel per legemterre."

마그나카르타가 나오게 된 시대적 배경과 그 역사적 의의를 역사학자의 관점에서 아주 흥미 있게 서술하고 있는 책으로, John Gillingham, Danny Danziger, 「The Year of Magna Carta」 (2003), 황정하 옮김, 「1215 마그나카르타의 해」, 생각의 나무(2005).

2) 불합리한 압수·수색을 금지하고, 압수·수색에 관해 영장주의 원칙이 적용됨을 선언한 미국 연방 헌법 수정 제4조도 "자유롭고 민주적인 사회의 중핵"(the centerpiece of a free, democratic society)이라고 평가받고 있다. Kamisar, "The Fourth Amendment and Its Exclusionary Rule", XIV The Champion 20, 21(Sept./Oct. 1991).

3) 비례원칙은 국가의 기본권 제한 근거의 정당성 여부를 심사하기 위하여 도입된 원칙이다. 이에 관하여 성정엽, "비례원칙과 기본권", 한국법학원 「저스티스」 통권 제136호(2013. 6.), 5-26쪽.

4) 디지털 정보에 의한 감시와 분석 기술이 더 강력해지고 효율적으로 될수록 국가는 영장주의나 다른 절차적 기본권 보장 장치를 잠탈하고서라도 문제 발생 전에 잠재적인 문제들을 더 효과적으로 잡아내고자 하는 욕구를 강하게 느끼게 된다. Yale Law School 헌법교수인 Jack M. Balkin, "The Constitution in the National Surveillance State", 「Minnesota Law Review」(2008. 11.), 93 Minn. L. Rev. 1, 16.

5) 「양자시스템에 대한 연구와 계속된 발견으로 더 작은 크기에서 작동하는 컴퓨터가 가능할 것이라는 기대를 할 수 있게 되었다. 현재는 수없이 많은 전자가 하던 일을 하나의 전자가 수행할 수 있게 되었기 때문이다. … 컴퓨터 진화의 철학은 시간이 지남에 따라 미래로 가면 갈수록 정보

은 점증한다.[1] 현대 문명세계의 寵兒인 컴퓨터가 진화하는 과정을 법적인 관점에서 바라본다면, 다량의 무수한 개인정보를 매우 작은 크기의 저장매체에 전자적으로 저장할 수 있다는 점에 초점을 맞추어야 한다.[2] 이런 점에서 국가권력행사와 개인의 기본권 보장 사이의 균형을 맞추는 비례의 원칙을 구현해야 하고, 그것은 바로 관련성의 원칙으로 구체화할 수 있다.[3] 범죄혐의사실과 관련 있는 전자정보만을 압수·수색하겠다고 영장을 청구해야 하고, 원칙적으로 그것만을 압수할 수 있도록 허용하는 영장을 발부해야 하며,[4] 그 집행과정 역시 관련성의 원칙을 준수해야 한다.[5] 관련성 원칙을 수사권에 대한 통제원리로 받아

처리 속도는 무한에 접근하면서 크기는 점점 더 작아지는 전자컴퓨터를 만들어 낼 것이라는 결론을 내린다. 한마디로 말해 멀지 않은 미래에 인간은 무한한 존재를 다루게 될 것이다.」Paul Pissanos, 「The Laws of the Universe」, 곽영직 옮김, 「우주의 법칙」, Gbrain(2013), p. 163.

1) 즉 현대 전자정보 시대에 디지털 정보의 수집, 집적, 비교분석, 배포 등을 통해 국가권력이 비대해 질수록 국민은, 국가가 더 정직하고 공공선(public good)을 위해 헌신하도록 보장하는 헌법적, 법적 장치를 필요로 하는 것이다. 위 Jack M. Balkin, "The Constitution in the National Surveillance State", 93 Minn. L. Rev. 1, 17.

2) 정보기술이 효율적으로 개선되고 일상생활에 통합됨에 따라 개인은 자신에 대한 어떤 정보가 누구에 의해 수집되는지 알 수 없게 된다. 개인 데이터 중 상당부분은 국가가 아닌 인터넷 서비스업체나 전기통신사업자 등 사적 기업에 의해 수집된다. 이런 상황에서 국민은 이렇게 수집된 개인정보가 어떻게 이용되는지, 장래에는 어떻게 다시 이용될 것인지를 점점 더 알 수 없게 되어간다. 이로 인해 이제 디지털 시대에서는 전통적인 공적 부문과 사적 부문의 구별에 근본적인 변화를 시도해야 하게 되었다. 거대 인터넷 서비스 업체가 수집하는 개인정보에 대해서도 이제 헌법적인 보호를 부여해야 할 시대가 되었음도 인식하고 디지털 시대의 개인정보 보호를 논해야 한다. 위 John Palfrey, "The Public and the Private at the United States Border with Cyberspace", 78 Miss. L.J. 241, 243.

3) 현대 전자정보 사회에서 국가(정부)나 대기업이 수집하는 개인정보의 양은 방대하다. 수사권을 비롯한 국가의 정보수집권을 규제할 수 있는 관련성 이론 등의 법리를 개발하지 않으면 주권자인 국민 개개인은 원형감옥(Jeremy Bentham이 말하는 Panopticon)에서 언제나 감시당한다는 느낌으로 사는 죄수처럼 될 것이다. Michel Foucault, 「Discipline and Punish」, 195-217(Alan Sheridan trans., Pantheon Books 1977) at 200-02.

4) 전자증거 수색·검증, 압수를 허용하는 영장을 발부하는 법관도 주관적 관련성 기준을 적용하여 영장을 발부해야 한다. 그렇지 않을 경우 헌법과 법률에 위반되는 재판을 하였다는 비난을 면하기 어려울 것이다. 그러한 엄격한 요건 아래 발부된 영장을 집행하는 절차도 주관적 관련성 원칙을 따라 진행되어야 한다. 이런 의미에서 미국 연방 제2항소법원의 다음과 같은 판시를 이해할 수 있겠다. "영장은 광범위한 사냥허가증도 아니고 그것을 소지한 臣下를 無誤謬의 王權으로 감싸 주는 만능 외투도 아니다." (A warrant is not a general hunting license, nor is it a mantle of omnipotence, which cloaks its holders in the King's power to 'do no wrong') United States v. Reily, 76 F.3d 1271, 1273, 1280-1283(2d Cir. 1996).

5) 우리 대법원도 전자증거의 압수·수색에 관한 leading case라고 할 수 있는 전교조본부 사무실에 대한 압수·수색영장집행사건에 관하여, 압수·수색영장집행 과정에서도 관련성의 원칙을 준수할 것을 요구하였다.
「전자정보에 대한 압수·수색영장의 집행에 있어서는 원칙적으로 영장발부의 사유로 된 혐의사실과 관련된 부분만을 문서 출력물로 수집하거나 수사기관이 휴대한 저장매체에 해당 파일을 복사하는 방식으로 이루어져야 하고, 집행현장의 사정상 위와 같은 방식에 의한 집행이 불가능

들이지 않으면 수사기관에 의한 명목만의 압수·수색이나 투망식의 압수·수색이

하거나 현저히 곤란한 부득이한 사정이 존재하더라도 그와 같은 경우에 그 저장매체 자체를 직접 혹은 하드카피나 이미징 등 형태로 수사기관 사무실 등 외부로 반출하여 해당 파일을 압수·수색할 수 있도록 영장에 기재되어 있고 실제 그와 같은 사정이 발생한 때에 한하여 예외적으로 허용될 수 있을 뿐이다. 나아가 이처럼 저장매체 자체를 수사기관 사무실 등으로 옮긴 후 영장에 기재된 범죄 혐의 관련 전자정보를 탐색하여 해당 전자정보를 문서로 출력하거나 파일을 복사하는 과정 역시 전체적으로 압수·수색영장집행의 일환에 포함된다고 보아야 한다. 따라서 그러한 경우의 문서출력 또는 파일복사의 대상 역시 혐의사실과 관련된 부분으로 한정되어야 함은 헌법 제12조 제1항, 제3항, 형사소송법 제114조, 제215조의 적법절차 및 영장주의의 원칙상 당연하다. 그러므로 수사기관 사무실 등으로 옮긴 저장매체에서 범죄 혐의와의 관련성에 대한 구분 없이 저장된 전자정보 중 임의로 문서출력 혹은 파일복사를 하는 행위는 특별한 사정이 없는 한 영장주의 등 원칙에 반하는 위법한 집행이 된다.

한편 검사나 사법경찰관이 압수·수색영장을 집행함에 있어서는 자물쇠를 열거나 개봉 기타 필요한 처분을 할 수 있지만 그와 아울러 압수물의 상실 또는 파손 등의 방지를 위하여 상당한 조치를 하여야 하므로(형사소송법 제219조, 제120조, 제131조 등), 혐의사실과 관련된 정보는 물론 그와 무관한 다양하고 방대한 내용의 사생활 정보가 들어 있는 저장매체에 대한 압수·수색영장을 집행함에 있어서 그 영장이 명시적으로 규정한 위 예외적인 사정이 인정되어 그 전자정보가 담긴 저장매체 자체를 수사기관 사무실 등으로 옮겨 이를 열람 혹은 복사하게 되는 경우에도, 그 전체 과정을 통하여 피압수·수색 당사자나 그 변호인의 계속적인 참여권 보장, 피압수·수색 당사자가 배제된 상태에서의 저장매체에 대한 열람·복사 금지, 복사대상 전자정보 목록의 작성·교부 등 압수·수색의 대상인 저장매체 내 전자정보의 왜곡이나 훼손과 오·남용 및 임의적인 복제나 복사 등을 막기 위한 적절한 조치가 이루어져야만 그 집행절차가 적법한 것으로 될 것이다.

원심결정 이유를 기록에 비추어 살펴보면, 수사기관이 이 사건 압수·수색영장을 집행함에 있어 그 영장이 허용한 바와 같은 사유로 이 사건 저장매체 자체를 영장 기재 집행 장소에서 수사기관 사무실로 가져가 그곳에서 저장매체 내 전자정보파일을 다른 저장매체로 복사하였는데, 그 과정 내내 피압수·수색 당사자의 직원들과 변호인들의 참여가 허용된 사실, 위 당사자 측의 참여하에 이루어진 이 사건 전자정보파일의 복사에 있어 그 대상을 영장에 기재된 혐의사실의 일시로부터 소급하여 일정 시점 이후에 열람된 파일들로 제한한 사실, 이러한 압수·수색영장의 집행방법과 관련하여 당사자 측은 위 소급 복사하는 파일 열람시점에 관한 의견만 제시하였을 뿐, 범죄 혐의와의 관련성에 관한 별도의 이의나 저장매체의 봉인 요구 등 절차상 이의를 제기하지 않고 오히려 위와 같은 방법으로 수사기관이 대상 전자정보파일을 복사하여 담아 둔 저장매체 2개 중 하나를 수령하였을 뿐만 아니라 위 영장의 집행일인 2009. 7. 3. 당일이 아닌 2009. 7. 6.에야 비로소 이 사건 준항고를 제기한 사실 등을 알 수 있다.

앞서 본 법리와 위 인정 사실에 의하면, 수사기관이 이 사건 저장매체 내 전자정보에 대한 압수·수색영장을 집행함에 있어 저장매체 자체를 수사기관 사무실로 옮긴 것은 영장이 예외적으로 허용한 부득이한 사유의 발생에 따른 것으로 볼 수 있고, 나아가 당사자 측의 참여권 보장 등 압수·수색대상물건의 훼손이나 임의적 열람 등을 막기 위해 법령상 요구되는 상당한 조치가 이루어진 것으로 볼 수 있으므로 이 점에 있어 절차상 위법이 있다고는 할 수 없다. 다만 수사기관 사무실에서 저장매체 내 전자정보를 파일복사함에 있어서 당사자 측의 동의 등 특별한 사정이 없는 이상 관련 파일의 검색 등 적절한 작업을 통해 그 대상을 이 사건 범죄 혐의와 관련 있는 부분에 한정하고 나머지는 대상에서 제외하여야 할 것이므로, 영장의 명시적 근거가 없음에도 수사기관이 임의로 정한 시점 이후의 접근 파일 일체를 복사하는 방식으로 8,000여 개나 되는 파일을 복사한 이 사건 영장집행은 원칙적으로 압수·수색영장이 허용한 범위를 벗어난 것으로서 위법하다고 볼 여지가 있다.

그런데 범죄사실 관련성에 관하여 명시적인 이의를 제기하지 아니한 이 사건의 경우, 당사자 측의 참여하에 이루어진 위 압수·수색의 전 과정에 비추어 볼 때, 수사기관이 영장에 기재된 혐

횡행할 우려가 있다.[1] a라는 사람에 대한 경미한 범죄혐의를 조사한다는 명목으로 a의 컴퓨터 서버를 압수·수색한 다음 거기서 발견된 전자정보에 기초하여 b의 범죄혐의를 캐낼 수도 있기 때문이다. 만약 그 b가 인기 없는 사람이거나 정치적으로 힘이 없는 집단에 소속된 사람이라면, 특정 정파가 정권을 잡고 통치되는 정부에 의해 압수·수색권이 남용될 우려가 충분한 것이다.[2] 따라서 관련성의 원칙은 준수되어야 하며, 그 원칙을 위반한 디지털 포렌식 절차 등을 통하여 획득한 전자증거에 기하여[3] 피의자의 자백을 받아낸다고 하더라도 그 자백 역시 위법수집증거의 과실(fruit)로서 유죄의 증거로 삼을 수 없는 것이다.[4]

의사실의 일시로부터 소급하여 일정 시점 이후의 파일들만 복사한 것은 나름대로 혐의사실과 관련 있는 부분으로 대상을 제한하려고 노력을 한 것으로 보이고, 당사자 측도 그 조치의 적합성에 대하여 묵시적으로 동의한 것으로 봄이 상당하므로, 결국 이 사건 범죄 혐의와 관련 있는 압수·수색의 대상을 보다 구체적으로 제한하기 위한 수사기관의 추가적인 조치가 없었다 하여 그 영장의 집행이 위법하다고 볼 수는 없다. 이와 같은 취지에서 이 사건 준항고를 기각한 원심의 조치는 수긍할 수 있고 거기에 재판 결과에 영향을 미치는 위법이 있다고 할 수 없다.」(대법원 2011. 5. 26. 고지 2009모1190 결정【준항고기각결정에대한재항고】[공2011하,1342]).

1) "통신감청이나 CCTV 녹화·판독, 휴대폰을 이용한 위치추적, DNA 수집·분석 등 과학수사기법의 발달은 '형법의 팽창' 현상을 초래해 범죄와 관련이 없는 사람들까지도 수사의 그물망에 포섭되게 함으로써 기본권의 안전을 위협하고 있다."(정승환, "안전사회와 수사절차", 2013. 5. 10.자 한국형사정책연구원과 한국형사소송법학회 공동개최 2013년 춘계학술대회 발표문, 법률신문 2013. 5. 13.자 7쪽 기사 참조).

2) Coolidge, 403 U.S. at 466–67(다수의견); William J. Stuntz, "The Pathological Politics of Criminal Law", 100 Mich. L. Rev. 505, 512–18(2001); Nelson B. Lasson, "The History and Development of the Fourth Amendment to the United States Constitution", 79–105(1937), at 94–95.

3) 앞서 본 바와 같이 수사기관의 디지털 포렌식 절차도 전자정보 저장 매체를 수색하여 관련성 있는 전자증거를 수집하는 절차로서 수색·검증, 압수가 행해지는 영장집행절차이므로, 법에 정해진 요건에 맞는 절차를 준수해야 한다. 나아가 디지털 포렌식을 행한 수사관의 보고서도 진술증거이므로 원칙적으로 헌법상 인정된 피고인의 대면권 조항(confrontation clause)이 보장되어야 한다. 그러나 포렌식 기법에 관한 순전한 기술적 사항에 대해서는, 그것이 '진실을 입증하는 것은 아니므로'(not-for-truth) 전문법칙이 적용되지 않는다. Melendez-Diaz v. Massachusetts, 129 S. Ct. 2527(2009); Bullcoming v. New Mexico, 131 S. Ct. 2705(2011); Williams v. Illinois, 132 S. Ct. 2221(2012). 위 Havard Law Review Association, 「Havard Law Review」(2012. 11.), 126 Harv., L. Rev. 266.

4) 「피고인 3에 대한 이 사건 공소사실 중 '○○물류' 관련 관세법 위반의 점에 대한 증거인 '○○물류 관련 서류'와 '전산자료 출력물'은 이 사건 압수·수색영장의 압수 대상이 아니거나 그 혐의사실과 무관하고, 피고인이 수사기관에서 한 자백 역시 절차에 따르지 않은 증거에 기초하여 획득된 이 사건에서, 원심은, 이들 증거가 적법절차의 실질적 내용을 침해하는 것으로 절차 위반 행위와 2차적 증거수집 사이에 인과관계가 희석되거나 단절된다고 볼 수 없어 위 공소사실에 대한 유죄의 증거로 삼을 수 없다고 보아 위 공소사실에 대하여 이유에서 무죄로 판단한 제1심 판결을 유지하였다. 앞서 본 법리와 기록에 비추어 살펴보면, 원심의 이유 설시에 다소 적절하지 못한 점은 있으나 원심이 위 증거의 증거능력을 부정하고, 범죄의 증명이 없다고 보아 위 공소사실을 무죄로 판단한 것은 정당하고, 거기에 상고이유 주장과 같은 위법수집증거의 증거능력에 관한 법리를 오해하여 판결 결과에 영향을 미친 위법이 없다.」(대법원 2012. 3. 29. 선고 2011도 10508 판결【관세법위반·관세사법위반·외국환거래법위반】(밑줄은 저자가 그었음, 이하 같다).

그리고 그 관련성 원칙 중 주관적 관련성은 범죄혐의를 받고 있는 자에 관련된 전자정보만을 수색·검증, 압수할 수 있다는 의미이다.[1] 달리 말하자면 특정된 범죄혐의를 받고 있지 않은데도 수사기관의 투망적인 전자정보 수색·검증, 압수에 걸려든 결과 범죄자가 되어서는 안 되는 것이다.[2] 이 주관적 관련성은 개인 책임의 원칙에 기초한다. 누구도 자기의 행위가 아닌 행위로 인하여 형사책임을 지지 아니한다.[3] 연좌제의 금지는 우리의 최고법인 헌법이 요청하는 사항이다.[4] 항차 친족도 아닌 타인의 행위로 인해 수사기관의 조사를 받을 수는 없다. 나아가 일반영장을 금지하고 영장기재의 특정성 원칙을 요구하는 것도 헌법의 요청이다. 주관적 관련성 원칙은 이러한 '영장기재의 특정'이라는 헌법규범에 봉사하는 원칙이다.[5] 이 원칙은 재판실무에 임하는 법관으로 하여금 합헌적 판단을 할 수 있도록 돕는 원칙이기도 하다.[6]

---

1) 미국 연방 헌법 수정 제4조도 영장기재의 특정성 원칙을 천명하여 수색할 장소와 압수할 물건 뿐 아니라 영장집행 대상인 사람까지도 영장에 특정하여 기재하도록 하고 있다. "The right of the people to be secure in their persons, houses, papers, and effects, against unreasonable searches and seizures, shall not be violated, and no Warrants shall issue, but upon probable cause, supported by Oath or affirmation, and particularly describing the place to be searched, and the persons or things to be seized."

2) '사적인 문제에 대한 전자정보가 공개되지 않는 이익'은 헌법으로 보호되는 프라이버시권의 내용이라고 할 수 있다. Nat'l Aeronautics and Space Admin. v. Nelson, 131 S. Ct. 746, 751 (2011).

3) 인터넷에 연결된 컴퓨터가 바이러스 프로그램(malware)에 오염되면 수백만 명의 개인정보가 그 바이러스 프로그램 유포자에 의해 수집될 수 있다. anti-virus 프로그램도 그것을 이용하는 수많은 사용자들의 개인정보를 수집하는데 이용될 수 있다. 스크린 세이버, 게임프로그램, 채팅프로그램 등 원래는 감시목적으로 개발된 프로그램이 아니더라도 컴퓨터에 저장되어 있거나 그 컴퓨터를 통과하여 흘러간 데이터로 다량의 수많은 개인의 정보를 찾아내도록 할 수 있다. 이처럼 현대 디지털 정보사회는 다수의 컴퓨터 이용자에 대한 개인정보 수집 등에 의한 기본권 침해 위험을 특성으로 하고 있다. 국가가 그와 같은 방식으로 다수 개인의 기본권을 침해할 위험성도 점증한다. 디지털 시대의 신종 연좌제가 등장하는 것이다. 따라서 그 제한원리로 주관적 관련성 원칙을 세워야 한다. 현대 디지털 정보사회에서 사기업체에 의한 다수의 개인정보 수집과 그것을 정부가 이용할 가능성을 논한 문헌으로, 위 John Palfrey, "The Public and the Private at the United States Border with Cyberspace", 78 Miss. L.J. 241, 276-7.

4) 헌법 제13조 제3항: "모든 국민은 자기의 행위가 아닌 친족의 행위로 인하여 불이익한 처우를 받지 아니한다."

5) 불합리한 압수·수색 금지원칙을 선언한 미국 연방 헌법 수정 제4조의 해석상으로도 ① 투망식 수색이 일어나지 않도록 정부의 수사권 행사를 최소화할 것(minimization), ② 범죄혐의를 받고 있는 특정 개인에 한정하여 수사할 것(particularization), ③ 수사활동에 대하여 의미 있는 감시가 이루어질 것(control)을 요구하고 있다. 그 중 위 ② particularization이 주관적 관련성 원칙을 의미한다고 하겠다. 이에 관해 참조할 문헌으로 Daniel J. Solove, "Fourth Amendment Codification and Professor Kerr's Misguided Call for Judicial Deference", 「Fordham Law Review」(November 2005), 74 Fordham L. Rev. 747, 775.

6) 「최근의 국내외 실증연구들에 의하면 판사들도 인간인 한에서는 고정관념이나 편견 때문에 일

　그러나 이러한 주관적 관련성 원칙은 단지 수사기관의 수색·검증, 압수 권한을 축소시키는 통제원리로 기능하는 것만은 아니다.1) 특정 범죄혐의자에 관련되기만 하면 개별 파일 등의 각 전자증거별로, 또는 개별 인터넷 계정별로 영장을 발부받지 않아도 된다는 입론의 근거가 되기도 하기 때문이다.2) 이에 따라 수사기관은 디지털 증거의 삭제, 개변, 이동 등 범죄혐의자의 증거인멸 행위에 효과적으로 대처할 수 있게 된다.

　이처럼 주관적 관련성 원칙은 현대의 디지털 증거사회에서 국가의 수사권 행사와 국민의 기본권 보장3) 사이의 균형점을 잡아주는 錘가 되는 헌법적인 기

반인들이 흔히 저지르기 쉬운 인지적 착각과 실수를 범하는 것으로 나타났다. 특히 재판상황에서 인지적 착각과 터널비전(Tunnel Vision) 때문에 질 낮은 증거의 함정에 빠지게 되면 판단을 그르칠 위험성이 있다. 특히 합리적 의심의 여지가 없을 정도로 증명도가 높은 증거를 통하여 유죄를 인정할 것, 무죄추정의 헌법적 원칙 등도 이들 원칙을 개개인이 어느 정도로 인식, 수용하여 실천에 옮기는가에 따라 결론에 영향을 미칠 수 있다. 그러나 이런 법원칙 상황과는 상반되게 재판현장 상황과 경험은 판사들로 하여금 합리적 의심에 관한 증명도를 완화시키고 유죄편향적으로 흐를 위험이 있다.」 김상준, 「무죄판결과 법관의 사실인정에 관한 연구」, 서울대학교 법학전문대학원 법학전문박사학위논문(2013. 2.), 252쪽 이하, 349-350쪽.

　이러한 자연인인 판사 개인의 인지적 착각과 실수로 헌법에 위반되는 판단을 하지 않도록, 수사기관에 의한 증거수집과 해당 증거의 공판정 제출을 엄격하게 헌법적 요건에 맞도록 제한할 필요가 있는 것이다. 관련성의 원칙에 관해 보자면, 주관적 관련성 원칙을 위반한 증거 수집을 가급적 제한하여야 최종적인 판단자인 법관의 판단이 헌법에 위반될 위험가능성을 줄이게 될 것이다.

1) 국가가 개인정보를 전자적으로 수집·저장하고, 대조·분석하며, 새로운 정보를 생산하는 것은 현대 정보기술 사회에서 중요한 통치 방식이 되었다. 전자정보에 의한 국가의 통치행위는 이제 개인의 자유에 대한 규제목적으로 뿐만 아니라 복지국가의 구현을 위해서도 기능하게 되었다. 전자정보를 이용한 국가의 통치행위가 이처럼 규제와 복리증진이라는 두 측면을 모두 갖듯 전자정보에 대한 수색·검증, 압수에서 관련성 원칙은 그 권한을 행사하는 국가의 행위를 규제하는 원리로 뿐만 아니라 국가의 수사나 재판 활동을 효율적으로 수행할 수 있도록 해 주는 측면을 모두 갖는 것이다. 이와 관련하여 참조할 문헌으로 Jack M. Balkin, "The Constitution in the National Surveillance State", 「Minnesota Law Review」(2008. 11.), 93 Minn. L. Rev. 1, 4.; Jack M. Balkin & Sanford Levinson, "The Processes of Constitutional Change: From Partisan Entrenchment to the National Surveillance State", 75 Fordham L. Rev. 489, 490(2006), at 520-23.
2) 위 Orin S. Kerr, "Applying the Fourth Amendment to the Internet: A General Approach", 62 Stan. L. Rev. 1005, 1045.
3) 스마트 디지털 정보가 넘쳐나는 IT 강대국인 오늘날의 한국 사회에서 디지털 정보를 둘러싼 개인의 기본권 보장의 문제는 미국 사회에서 논하는 단순한 Privacy 보호문제에 그치지 않는다. 우리 헌법이 보장하고 있는 통신의 자유, 표현의 자유, 주거의 자유 등 기본권의 실체적 보장과, 압수·수색에 관한 영장주의와 적법절차 보장과 같은 기본권의 절차적 보장, 그리고 현대 전자민주정치와 관련한 제도적 보장 등에 포괄적으로 연결되는 문제이기 때문이다. 따라서 비록 길거리를 걸어가는 수많은 한국 사람들이 삼성의 갤럭시 노트나 애플의 아이폰, 아이패드 등 스마트폰으로 통신을 하면서, 자신이 생산해 내고 공유하는 무수한 전자정보들이 디지털 사회에서는 이미 공중에 노출되어 누군가에 의해 해킹당할지도 모른다고 인식하고 있더라도, 그 전자정보는 여전히 보호되어야 한다. 전자정보의 보호는 단지 "프라이버시에 대한 합리적 기대"를 기준으로

준이라고 할 수 있다. 오늘날의 디지털 정보 기술 발전에 따른 수사권 행사의
방향도 이러한 헌법적 기준을 준수하는 것으로 모아져야 한다.[1]

다. 관련성 중 하위개념으로서의 체계적 지위

주관적 관련성은 해당 피고인 또는 피의자가 혐의를 받고 있는 구체적인
피고사건 내지 범죄혐의사실과 관련된 전자정보만을 수색·검증, 압수할 수 있어
야 한다는 객관적 관련성이나, 그 피고사건이나 혐의대상인 범죄의 발생시점과
상당성이 있는 시간적 범위 내의 전자정보만을 수색·검증, 압수할 수 있다는 시
간적 관련성보다 가장 우선하여 검토되어야 할 요건이다.[2] 즉 주관적 관련성은
객관적 관련성이나 시간적 관련성보다 논리적으로 가장 먼저 판단되어야 할 선
행개념이라고 할 수 있다.[3] 달리 말하면 주관적 관련성이 인정되지 않는 전자

한 사생활의 비밀 보장에만 그치는 문제가 아니기 때문이다. 이메일도 송신자의 컴퓨터와 ISP
서버, 수신자의 컴퓨터와 ISP 서버를 거치면서 이미 제3자에게 공개한 정보이긴 하나 여전히 헌
법적으로나 법률적으로 보호되어야 할 통신임에는 분명하다. 이상의 점과 관련하여 참조할 문헌
으로 위 John Palfrey, "The Public and the Private at the United States Border with Cyberspace",
78 Miss. L.J. 241, 285, 289.

1) 따라서 이러한 헌법적 기준이 디지털 기술 수준을 따라오지 못하는 낡은 것으로서 전자증거 수집
   수사에 적용하기에는 비현실적이라고 푸념해서는 안 된다. 그런 의미에서 다음과 같은 George
   Washington 대학의 Daniel J. Solove 교수의 지적은 참으로 적절하다고 하지 않을 수 없다.
   "법원칙이 기술을 선도해야 하지 그 반대로 되면 안 된다. 개별 실정법규의 퍼즐조각을 맞추려
   는 노력 대신 다음과 같은 실질적인 법적 쟁점에 초점을 맞추어야 하는 것이다: 특정 기술이 프
   라이버시에 대한 위협이 되는가? 그 위험성은 어떤가? 그것을 완화하거나 통제하는 방법은 어떤
   가?"(Principles should guide technology, not vice versa. Instead of focusing on statutory puzzles,
   the law should focus on the real issues at stake: Does a particular technology pose a threat
   to privacy? What are the dangers? How might they be mitigated or controlled?). 위 Daniel J.
   Solove, "Fourth Amendment Codification and Professor Kerr's Misguided Call for Judicial
   Deference", 74 Fordham L. Rev. 747, 773.

2) Orin S. Kerr 교수는 인터넷 계정이 아닌 범죄혐의자 기준 압수·수색을 제안하고 있다. 저자의
   주관적 관련성 개념과 유사한 주장이라고 할 수 있다. 그러나 위 교수의 주장은 특정 범죄혐의
   자에 관련되는 디지털 증거의 수집 범위를 객관적 및 시간적 관련성으로 더 제한해야 한다는 점
   을 미처 생각하지 못하고 있는 주장이다. 저자의 관련성 개념보다는 세련되지 못한 이론이라고
   하지 않을 수 없다. 앞서 든 Orin S. Kerr, "Applying the Fourth Amendment to the Internet: A
   General Approach", 62 Stan. L. Rev. 1005, at 1045.

3) 수사기관이 영장집행 중 주관적 관련성이 인정되지 않는 디지털 증거를 발견한 경우의 처리 방
   안에 관해, 수사목적에서 독립되어 있고, 컴퓨터 지식을 갖춘 수사관이나 필요한 경우 법관만이
   그 디지털 증거의 내용을 살펴 그가 범죄와 관련 있는 정보라고 골라주는 내용만 압수할 수 있
   게 하자는 의견이 있다. U.S. v. Comprehensive Drug Testing(CDT), Inc., 579 F.3d 989 사건에
   서 미국 제9연방 항소법원장인 Kozinsky 판사가 착안한 아이디어이다. 위 사건은 미국 메이저리
   그 야구 선수협회가 소속 선수 전체의 약물검사를 위 CDT에 의뢰한 적이 있는데, 연방 수사기
   관이 프로야구선수들에 대한 스테로이드 공급 혐의를 받고 있는 회사를 수사하면서, 선수들 중
   범죄혐의가 있는 10명에 대한 약물검사 기록과 시료에 대한 압수·수색영장을 발부받고, 집행단
   계에서는 수백 명의 선수들의 기록을 압수하였던 사안을 다루고 있다. 이에 관하여 이숙연, 「형

정보라면 그것의 객관적, 시간적 관련성 여부를 따질 것도 없이 당연히 수색·검증, 압수의 대상에서 제외되어야 한다. 반면, 주관적 관련성이 인정되는 전자정보라고 할지라도 객관적 관련성과 시간적 관련성이 동시에 인정되어야 수색·검증, 압수의 대상이 될 수 있는 것이다.

3. 현행 법률과 규칙에 대한 검토

가. 서   언

주관적 관련성이 앞서 본 바와 같이 헌법 이념적 근거를 갖고 있을 때 과연 우리나라의 현행 형사소송법이나 형사소송규칙의 전자정보 관련 수색·검증, 압수 규정이 이러한 주관적 관련성 요건을 충족하고 있는가? 만약 그러한 주관적 관련성 요건에 위반되는 법 규정이 있을 때 이를 위헌이라고 할 수 있을 것인가? 아니면 현행 법 규정 문언을 좁게 해석하여 주관적 관련성 원칙을 위반하지 않도록 하면 합헌적 법률해석이 가능하고, 그 해석에 기초하여 법을 적용하면, 합헌적 법률해석 권한 및 규칙의 위헌 여부 심사권을 갖고 있는 법원이 합헌적으로 그 권한을 행사하는 것이 되는가?[1] 이에 대하여 관련 법률규정을 하나하나 뜯어보아 종합적, 체계적으로 해석해 보기로 한다.[2] 2011. 7. 18.에 법률 제

사소송에서의 디지털증거의 취급과 증거능력」, 고려대학교 정보경영공학전문대학원 박사학위논문(2010. 10.), 62쪽 참조.

그러나 우리 법제 하에서라면, 영장에 기재되지 않은 피의자나 피압수자에 대해서는 별도의 입건절차를 거친 후 영장을 별개로 발부받아 압수해야 할 것이다.

[1] 현재 수사기관이 분석한 압수·수색영장의 일부기각 실무를 보면, 피의자 외 제3자(피의자의 처나 가족, 피의자가 운영하는 회사 직원 등)가 소유, 관리하는 장소, 물건에 대한 압수·수색영장 청구에 대한 법원의 기각사례가 많이 발견된다고 한다. 이기영, 주민철, 서경원, "압수수색영장 일부기각에 관한 연구", 「법조」 통권 681호(2013. 6.), 203쪽, 205쪽.

[2] 저자가 보는 주관적 관련성의 개념은 미국 법원의 실무에서도 발견할 수 있다. 영장에 기재되지 않은 사람에 대한 수색·검증, 압수를 허용하는 것은 주관적 관련성 원칙 위반이라고 보기 때문이다[United States v. Ross, 456 U.S. 798, 824(1982) 참조. 이밖에도 영장에 기재되지 않은 환자에 관한 건강보험기록의 압수에 관한 United States v. Lazar, 604 F.3d 230, 236-238(6th Cir. 2010), cert. denied, U.S., 131 S. Ct. 973(2011); 변호사의 모든 고객 관련 파일을 압수하게 한 영장에 기한 압수는 효력이 없다고 한 Klitzman, Klitzman & Gallagher v. Krut, 744 F.2d 955, 958-960(3d Cir. 1984) 등 참조].

Orin Kerr 교수도 컴퓨터 수색에 관해 물리적 보관도구 개념으로 접근해서는 안 되고 개별 파일화된 정보별로 접근해야 한다고 하면서 United States v. Runyan 판결보다 United States v. Carey 판결을 지지하고 있다. 특히 네트워크화된 컴퓨터 서버에는 비록 하나의 물리적 보관함이긴 하지만 수천 명의 서로 다른 사용자들의 개인 파일이 저장되어 있는데 수사기관이 그 파일들 전부를 수색할 수 있다고 하는 것은 너무나 이상하다고 한다. 위 Orin S. Kerr, "Searches and Seizures in a Digital World", 119 Harv. L. Rev. 531, 556.

10864호로 개정 또는 신설되어 2012. 1. 1.부터 시행되고 있는 현행법과 그 이전의 종전 규정을 대조하면서 살펴보면 그 의미를 더욱 분명하게 이해할 수 있을 것이기에 종전 규정의 내용도 함께 살핀다.

나. 형사소송법 관련 규정에 대한 검토

1) 압수 총칙(법 제106조)

우선 압수의 총칙규정이라고 할 수 있는 법 제106조의 규정을 살펴보자. 법 제219조에 의하여 이 제106조는 검사 또는 사법경찰관의 압수에도 적용된다.

개정 이전 형사소송법	개정된 형사소송법
제106조(압수) ① 법원은 필요한 때에는 증거물 또는 몰수할 것으로 사료하는 물건을 압수할 수 있다. 단, 법률에 다른 규정이 있는 때에는 예외로 한다.	제106조(압수) ①-------필요한 때에는 피고사건과 관계가 있다고 인정할 수 있는 것에 한정하여 증거물 또는 몰수할 것으로 사료하는 물건을 압수할 수 있다. --------------------.
② 법원은 압수할 물건을 지정하여 소유자, 소지자 또는 보관자에게 제출을 명할 수 있다.	② (개정 이전과 같음)
〈신 설〉	③ 법원은 압수의 목적물이 컴퓨터용디스크 그 밖에 이와 비슷한 정보저장매체(이하 이 항에서 "정보저장매체등"이라 한다)인 경우에는 기억된 정보의 범위를 정하여 출력하거나 복제하여 제출받아야 한다. 다만, 범위를 정하여 출력 또는 복제하는 방법이 불가능하거나 압수의 목적을 달성하기에 현저히 곤란하다고 인정되는 때에는 정보저장매체등을 압수할 수 있다.
〈신 설〉	④ 법원은 제3항에 따라 정보를 제공받은 경우 「개인정보 보호법」 제2조 제3호에 따른 정보주체에게 해당 사실을 지체 없이 알려야 한다.

가) 개정 이전 법규정의 문제점

우선 위 제1항의 "필요한 때에는"이라는 요건부터 눈여겨보자. 개정 이전의 규정에는 이러한 필요성 요건만 있었다. 즉, 개정 이후에 보이는 "피고사건과 관계가 있다고 인정할 수 있는 것에 한정하여"라는 요건은 없었다. 이에 따라 법원의 공판절차상 필요에 따라, 또는 검사나 사법경찰관 등 수사기관의 수사필요에 따라, 그 수사필요성이라는 공익과 피압수자의 침해되는 법익이라는 사익 사이의 비례성만을 심사하면 쉽사리 압수의 대상이 된다고 판정할 수 있었다. 그로 인해 피고인이나 피의자 이외의 제3자도 압수의 상대방이 될 수 있다고 해석할 근거가 충분하였다고 할 수 있다. 특히 개정 이전의 법 제106조 제1항이 정하는 "증거물 또는 몰수할 것으로 사료하는 물건"을 압수 가능한 대상물로 지칭한 점에서 보면 더욱 그러하다. 그 중 "증거물"은 그것이 누구의 소유에 속하는지 묻지 않고 압수할 여지를 두었으며, "몰수할 것으로 사료하는 물건" 역시 형법 제48조의 다음과 같은 규정에 의해 제3자에 대해서도 압수를 허용하는 조항으로 인식할 수 있었기 때문이다.[1]

형법 제48조(몰수의 대상과 추징)
① 범인 이외의 자의 소유에 속하지 아니하거나 범죄 후 범인 이외의 자가 정을 알면서 취득한 다음 기재의 물건은 전부 또는 일부를 몰수할 수 있다.
 1. 범죄행위에 제공하였거나 제공하려고 한 물건
 2. 범죄행위로 인하여 생하였거나 이로 인하여 취득한 물건
 3. 전2호의 대가로 취득한 물건
② 전항에 기재한 물건을 몰수하기 불능한 때에는 그 가액을 추징한다.
③ 문서, 도화, 전자기록 등 특수매체기록 또는 유가증권의 일부가 몰수에 해당하는 때에는 그 부분을 폐기한다. <개정 1995. 12. 29>

그러나 위와 같은 형법 제48조 규정에 의해 법 제106조를 합헌적으로 해석하고 집행할 여지는 있었다. 형법 제48조에 의할 때 법 제106조에서 말하는 "몰수할 것으로 사료하는 물건"은 ㄱ) 범인 이외의 자의 소유에 속하지 않는 것이어야 하기 때문이다. 이에 해당하는 것은 범인의 소유에 속하거나 無主物, 법률이 누구의 소유도 허용하지 아니하는 禁制品 등이 이에 해당한다. 그러므로 원칙적으로 제3자 소유의 물건은 압수할 수 없다. 다만, 예외적으로 ㄴ) 범죄 후 범인 이외의 자, 즉 제3자가 ㉠ 범죄행위에 제공하였거나 제공하려고 한 물건이라거나, ㉡ 범죄행위로 인하여 생하였거나 이로 인하여 취득한 물건이라거나, ㉢ 그 각 대가로 취득한 물건이라는 점을, ㉣ 그 정을 알면서 취득해야 압수할 수 있는 것이다.[2] 예컨대 장물이 이에 해당한다.[3] 그리고 위와 같은 "물건" 개

---

1) 물론 형법상의 몰수 자체에 대해서도 비례원칙이 적용된다고 해야 한다. 헌법 제37조 제2항과 제12조 제1항은 몰수에 비례원칙이 적용된다는 헌법적 근거를 제공하고 있고, 형법 제48조도 구형법과 달리 물건의 '전부 또는 일부'를 몰수할 수 있다고 규정함으로써 몰수에 비례원칙이 적용된다는 우리 입법자의 의도를 드러내고 있다. 이상원, 「몰수의 제한법리에 관한 연구－비례원칙을 중심으로」, 서울대학교 대학원 법학박사학위논문(2004. 2.), 133-134쪽. 특히 비례원칙의 의미론적 발전에 관하여 위 박사학위논문 78쪽부터 88쪽까지를 경청할 만하다.
2) 몰수의 요건으로 몰수대상물과 범죄 사이의 실질적 관련성이 있어야 함을 들면서, 각 몰수법률

념에는 '전자정보'도 포함된다고 해야 한다.[1] 단, 전자정보에 대한 소유의 개념은[2] 상정하기 어려우므로 정보주체가 생성한 정보가 압수의 대상이 된다고 해야 한다. 그리고 그 정보주체는 개정된 법 제106조 제4항이 규정하는 바와 같이 「개인정보 보호법」 제2조 제3호에 따른 정보주체를 말한다. 그리고 이러한 '정보주체'의 의미는 헌법상 보호받는 기본권의 향유주체라는 관점에서 확정해야 한다. 예컨대 사생활 정보라면 "사적인 사항을 공개하는 것을 피하는 데 대한 헌법상의 프라이버시에 관한 이익"(constitutional privacy interest in avoiding disclosure of personal matters)을 갖는 주체가 해당 정보주체가 된다.[3]

이와 같이 원칙적으로 피고인이나 피의자 이외의 제3자의 적법한 소유물을 압수할 수 없게 하고, 예외적인 경우에만 압수를 허용하는 규정은 주관적 관련성의 원칙을 위반하였다고 하기는 어렵다. 마찬가지로 같은 조문 제2항이 압수대상으로 소유자뿐 아니라 소지자, 보관자를 규정하고 있다고 하더라도, 이는 피고인·피의자의 소유물을[4] 소지·보관하는 자나, 제3자 소유물에 대해 예외적으로 압수를 허용하는 경우 해당 물건을 소지·보관하는 자 등을 상대로 압수영

이 규정한 제공물건, 생성물건, 취득물건, 대가물건 등은 이러한 관련성의 구체적 모습인데, 법률에 규정된 유형에 형식적으로 해당하는 것만으로는 부족하고 여기에 실질적 범죄관련성이 인정되어야 몰수가 허용된다는 견해로, 이상원, 위 서울대학교 박사학위 논문인 「몰수의 제한법리에 관한 연구－비례원칙을 중심으로」, 186쪽 이하, 215쪽 이하. 특히 "범죄관련성은 비례균형성에 비하여 비교적 객관적인 기준이므로 범죄관련성을 선행기준으로 요구하는 것은 비례원칙을 적용하는 사람의 주관이나 자의적 재량을 통제하는 수단이 된다"는 위 논문 166쪽의 견해는 卓見이라고 하지 않을 수 없다.

3) 법 제134조(압수장물의 피해자환부): "압수한 장물은 피해자에게 환부할 이유가 명백한 때에는 피고사건의 종결전이라도 결정으로 피해자에게 환부할 수 있다."

1) spyware나 adware, pop-up 등 스팸메일 송부, spider, webcrawler, robot 등의 프로그램처럼 네트워크상에 데이터 병목현상을 초래하는 소프트웨어 설치 같이 컴퓨터 네트워크로 연결된 Internet 가상공간에의 전자적 침해행위는 전통적인 유체물 등 재산에 대한 침해 행위와 동일하게 취급되어야 한다. 이에 관하여 Intel Corp. v. Hamidi, 30 Cal. 4th 1342(2003)(Intel사의 전직원이었던 Hamidi가, 위 회사에 근무하는 것이 직원들의 건강이나 경력에 해롭다는 부정적인 내용을 담은 이메일을 Internet과 위 회사의 사내전산망을 통해 수천 명의 위 회사직원들 이메일주소로 보낸 사안), 이 판결에 대한 평석으로 Steven Kam, Note, "Intel Corp. v. Hamidi: Trespass to Chattels and a Doctrine of Cyber-Nuisance", 19 Berkeley Tech. L.J. 427(2004), 428 ff.

2) 형법상 몰수의 실질적인 수형자는 소유자이므로 소유자에게 죄책이 인정되는 경우에 한하여 몰수가 허용되고, 이 경우 죄책은 형사죄책이어야 한다. 이상원, 위 「몰수의 제한법리에 관한 연구－비례원칙을 중심으로」, 168쪽.

3) Whalen v. Roe 429 U.S. 589, 599-600(1977); Nixon v. Administrator of General Services, 433 U.S. 425, 457(1977); National Aeronautics and Space Administration, et al. v. Robert M. Nelson et al. 131 S.Ct. 746(2011).

4) 여기에는 無主物, 禁制品도 포함될 것이지만 그에 관한 논의를 생략한다.

장을 집행할 수 있다는 의미로 해석하면 된다. 따라서 이를 들어 위헌이라고 할 수는 없다.[1]

그러나 개정 이전의 규정인 법 제106조 제1항 前文에서 정하는 또 하나의 압수대상인 "증거물"은 위와 같은 제한이 전혀 없이 압수될 수 있다. 즉 증거물이기만 하면 ① 제3자의 소유에 속하더라도, ② 그 증거물이 범죄행위에 제공되는 것과 전혀 상관이 없는 부분을 포함하고 있거나, ③ 범죄행위로 인하여 생성, 취득한 것이 아니더라도, 또는 그 각 대가로 취득한 것이 아니더라도, ④ 나아가 제3자가 그 정을 알지 못하고 취득하였더라도 압수할 수 있게 한 것이다. 이처럼 위 조항은 유체물인 증거물에 대해서도 지나치게 광범한 압수를 허용한 규정이어서 헌법위반 문제로 도전당할 여지가 충분하다고 보인다. 그 중 위 ①이나 위 ④는 단지 범죄 증거물이라는 이유만으로 피고인·피의자 아닌 소유자나 소지·보관자의 소유권이나 점유권 등 재산권을 침해하는 강제처분이다. 그러므로 그에 대한 압수는 범죄를 발견하여 처벌해야 한다는 공익과 그 침해되는 재산권 등 사익 사이의 비례균형성을 심사해서 해당 압수처분의 헌법 위반성을 결정할 부분이다. 그런데도 위 법문의 규정은 이러한 구체적인 법익균형을 고려치 않고 일방적으로 피고인·피의자 아닌 제3자의 재산을 압수할 수 있게 하는 문제점을 안고 있다. 위 ③의 경우는 당연히 범죄증거물이 되지 않은 경우가 많을 것이므로 압수대상이 될 수 없겠으나, 그러한 물건에 관하여도 범죄증거물이라고 생각하여 압수하였다는 수사기관의 주장을 법원이 인정할 빌미를 주는 점에서 국민의 재산권 침해에 대해 명확한 요건을 정한 규정이라고 하기는 어렵다.

그런데 항차 컴퓨터를 매개로 하여 생성, 전송, 저장, 출력, 복제되는 전자증거에 관하여 보자면(이 부분은 위 ②에 해당한다),[2] 이 규정은 명백히 주관적 관련성의 원칙을 위반한 것이라고 하지 않을 수 없다. 컴퓨터 하드디스크나 스마트폰 등 전자기억매체에는 엄청난 양의 개인정보가 담겨 있는데, 이 조항에 의하면, 단지 증거로 쓸 수 있다고 여겨지기만 하면 그 모든 전자정보를 압수할 수

---

[1] 미국 연방형사소송규칙 제41조(f)(1)(c)에 의하면 압수·수색영장을 집행하는 수사관은 압수물의 소유자뿐만 아니라 그 압수물의 소재지를 관리하는 자에게도 영장사본과 영수서를 교부하여야 한다. 이는 압수물의 소유자뿐만 아니라 그 보관자 등도 영장집행의 상대방이 될 수 있음을 전제하고 있다고 하겠다. Fed.R.Crim.P. 41(f)(1)(C): an officer executing a warrant "give a copy of the warrant and a receipt for the property taken to the person from whom, or from whose premises, the property was taken or leave a copy of the warrant and receipt at the place where the officer took the property", 665 F.Supp.2d 1210, 1221.

[2] 물론 뒤에서 보는 바와 같이 여기서 말하는 '증거물'에는 해석론상으로나 개정법 제106조 제3항과 관련하여 보거나 할 때 전자정보가 포함되는 것으로 이해해야 한다.

있다고 해석할 빌미를 주었기 때문이다.[1] 더욱이 개정 이전의 조항인 형사소송법 제106조 제2항(현행과 동일함)은 소유자뿐만 아니라 소지자, 보관자 등도 압수영장집행의 상대방으로 정하고 있다.[2] 즉 증거물이라고 수사기관이 생각하기만 하면 소유자의 의사를 묻지 않고 소지자나 보관자로부터 압수를 할 수 있게 하고 있는 것이다. 이것은 압수영장집행의 상대방을 무한히 확장하는 것으로서 주관적 관련성 원칙을 침해하는 것이다. 즉, 일반영장을 허용하고 공권력 행사의 비례성 원칙을 전혀 고려치 않은 것으로서 위헌적인 영장을 허용하는 것이다.

---

1) 현대 전자증거 사회에서 수사기관 등 국가기관이나 거대기업에 의한 개인정보 수집행위를 적절히 제한하는 법리를 개발해야 할 필요는 점증하고 있다. 디지털화 된 개인 행위 흔적인 전자정보를 국가 등 거대 단체가 수집하여 집적하고, 대조, 분석하고, 인터넷 전자통신망을 통해 쉽게 배포할 수 있게 되면서, 그리고 그 비용이 디지털 기술 발전에 따라 현저히 감소하면서 이제 국가는 개인의 행위를 "절대로 잊지 않는 국가"(State that Never Forgets)로 변모해 가고 있기 때문이다. New York Civil Liberties Union, "Who's watching?: Video Camera Surveillance in New York City and the Need for Public Oversight"(2006), http://www.nyclu.org/pdfs/surveillance_cams_report_121306.pdf; Patricia L. Bellia, "The Memory Gap in Surveillance Law", 75 U. Chi. L. Rev, 137(2008), at 137-38, 148-49.

2) 「이 사건 영장에 기재된 압수 대상물은 '제주KBS 주최 제주도지사 선거 관련 토론회에 대비한 자료준비 등 공무원인 피내사자들의 선거운동 기획 참여 행위 등 공직선거법 위반행위와 관련하여 예상 답변 자료의 작성자 및 작성경위 파악과 범증 확보의 필요에서 환송판결 피고인 8의 이 사건 사무실 내 보관중인 컴퓨터, 디스켓·씨디롬 등 외부기억장치, 선거관련자료, 메모지, 일기장, 수첩, 일정표가 적혀진 달력 등 공무원으로서 선거에 관여한 것으로 추정되는 자료 일체'이다.
   공소외 1로부터 압수된 이 사건 압수물은 원래 도지사 집무실에 보관중이던 것을 압수수색을 즈음하여 공소외 1이 이 사건 압수 지점으로 일시 가져온 물건인 점, 공소외 1은 검사가 이 사건 압수물의 제출을 요구하자 도지사 집무실에 보관중인 서류임을 이유로 제출을 거부하여 검사가 검찰에 가서 조사를 받고 서류를 주겠느냐고 다소 강압적인 태도를 보여 어쩔 수 없이 이 사건 압수물을 제출하게 된 경위와 이 사건 압수물에 대한 압수조서에 이 사건 압수물의 소유자를 피고인 김00으로 기재하고 있는 점에 비추어 볼 때, 이 사건 압수물이 이 사건 영장의 압수수색대상인 환송판결 피고인 8 사무실에 보관중인 물건이라고 볼 수는 없다.
   이에 대하여 검사는 이 사건 영장에 기재된 장소에 '보관중인 물건'이란 영장집행 당시 영장기재 장소에 현존하기만 하면 '보관중인 물건'에 해당하여 압수 대상물로 보아 압수할 수 있다고 주장하므로 보건대, 보관의 사전적 의미는 '물건을 맡아서 간직하고 관리하는 것'인 점, 형사소송법 제108조, 제217조, 제218조 등에서는 압수대상인 물건의 소유, 소지, 보관을 구별하고 있는 점, 압수대상 목적물은 수사기관의 자의적인 판단을 배제하기 위하여 명확히 특정되어야 하고 영장기재 자체만으로 압수대상자에게 그 의미가 분명하게 전달될 수 있어야 하는 점, 형사소송법 제109조 제2항, 제219조는 피의자 아닌 자의 물건에 대한 수색의 경우 압수하여야 할 물건이 있다는 구체적인 소명이 있는 경우에 한하여 엄격한 요건 아래 영장을 발부하도록 규정하고 있는 점에 비추어 단지 영장집행 당시 영장기재 장소에 물건이 '현존'하는 경우까지 보관에 포함된다고 볼 수는 없으므로 검사의 위 주장은 받아들일 수 없다. 그렇다면 이 사건 압수물은 이 사건 영장에 기재된 압수 대상물에 해당하지 않는 것으로서, 이 사건 압수물의 압수절차에는 적법한 압수영장에 의하지 아니하고 압수물을 압수한 위법이 있다고 할 것이다.」(광주고등법원 2008. 1. 15. 선고 2007노370 판결: 상고【공직선거법위반】[각공2008상,506]).
   이 판결은 이른바 김00 제주지사 사건으로 불리는 사건에 관한 판단으로서, 대법원 2007. 11. 15. 선고 2007도3061 전원합의체 판결의 파기환송후 항소심 판결이다.

따라서 종전 법규정의 압수대상물인 "증거물"은 전자증거 홍수에 묻혀 있는 오늘날의 상황에 맞지 않게 되어서 헌법에 위반될 우려가 큰 사태를 만들어 낼 위험한 조항이라고 하겠다.[1] 아니면, 적어도 그 "증거물"의 범위를 헌법적인 관점에 비추어 합리적으로 축소해야만 합헌적인 법률이라는 평가를 할 수 있을 것이다. 이러한 결론은 법 제133조가 "증거에 공할 목적으로 압수한 물건"을 소유자, 소지자, 보관자, 제출인 등에게 환부나 가환부할 수 있게 하였다고 하여 달라질 수 없다. 해당 범죄를 저질렀다고 의심되는 피고인·피의자와 전혀 상관이 없는데도 단지 범죄증거물을 소유·소지·보관하고 있다고 하여 그 의사에 반하여 수사기관에게 해당 증거물에 대한 소유권, 점유권 등 재산권을 침탈당할 헌법적인 근거는 없다. 이에 따라 대법원은 압수물이 증거물 내지 몰수하여야 할 물건으로 보이는 것이라 하더라도, 범죄의 형태나 경중, 압수물의 증거가치 및 중요성, 증거인멸의 우려 유무, 압수로 인하여 피압수자가 받을 불이익의 정도 등 여러 가지 사정을 종합적으로 고려하여 압수할지 여부를 판단해야 한다는 기준을 제시하고 있으나,[2] 그 보다 더 구체적이고 분명한 기준을 제시할 필요가 있다. 개정된 법을 해석함에 있어서도, 특히 전자증거의 압수에 관하여는 이 점을 고려하지 않을 수 없다. 이에 관해 다음에서 구체적으로 상세히 살펴보기로 한다.

---

[1] 디지털 증거를 사용하는 모든 새로운 기술 등장에 부응하는 법규범과 법이론 개발을 입법부가 만든 법률을 해석하는 기능을 담당하는 법관의 법해석에만 맡기는 것은 근본적인 한계를 갖는다. 입법부가 적극적으로 나서 새로운 기술이 통용되는 사회공동체가 요구하는 바에 부응하는 법률을 만들어 주어야 한다. 법관은 입법자가 만든 법률을 합헌적이라고 추정하여 최소주의(minimalism)에 입각하여 해석하려는 경향을 가질 수밖에 없다. 따라서 법관은 새로운 기술발전에 부응한다는 명분으로 기존의 법규범 적용을 거부할 수 없기 때문이다. Orin S. Kerr, "The Fourth Amendment and New Technologies: Constitutional Myths and the Case for Caution", 102 Mich. L. Rev. 801(2004), at 809; The Havard Law Review Association, 「Havard Law Review」 vol. 126(2012. 11.), 126 Harv. L. Rev. 226. at 232.

다만, 만약 입법부가 제정한 아날로그 시대의 법률이 디지털 시대에 한참 뒤떨어져 있어 현실에 맞지 않고 헌법상의 기본권 보호를 위해 충분하지 않다고 판단되면, 법원은 가능한 해석권한의 범위 내에서 법률의 적용을 피해가는 길을 찾아야 할 것이다. Orin Kerr 교수의 위와 같은 주장에 반대하여 디지털 기술시대에 입법부보다는 미국 연방 헌법 수정 제4조의 적극적인 해석을 통한 정보 프라이버시를 보호할 법원의 역할을 강조한 글로 Orin Kerr 교수와 함께 George Washington 대학에 재직 중인 Daniel J. Solove, "Fourth Amendment Codification and Professor Kerr's Misguided Call for Judicial Deference", 「Fordham Law Review」(November 2005), 74 Fordham L. Rev. 747.

특히 Daniel Solove 교수가 한 다음의 말이 인상적이다. "그래서 문제는 헌법에 있지 않다. 낡고 너무 복잡한 법률을 법원이 적용해야 한다는데 있다." (The problem, then, is not the Fourth Amendment, but the outdated, overly complex statutes that courts must apply), Id, at 767.

[2] 대법원 2004. 3. 23. 고지 2003모126 결정 참조.

나) 개정 이후 법 규정의 합헌적 해석

앞서 본 바와 같이 법 제106조 제1항은 "피고사건과 관계가 있다고 인정할 수 있는 것에 한정하여"라는 요건을 추가하는 것으로 개정되었다. 이에 따라 형사소송규칙 제108조 제1항도 수사기관이 압수·수색·검증영장청구를 할 때에는 필요성뿐만 아니라 해당 사건과의 관련성을 인정할 수 있는 자료를 제출하여야 한다고 개정되었다. 이를 주관적인 관련성의 측면에서 본다면 해당 피고인·피의자와 관계있다고 인정할 수 있는 물건, 즉 우선적으로 해당 피고인·피의자의 소유에 속하거나 제3자 소유물(無主物, 禁制品 포함) 중 피고인·피의자가 소지·보관하는 물건에 한정하여 압수할 수 있다는 의미로 이해해야 한다. 이때 제3자 소유물이란 형법 제48조의 몰수 요건에 해당하는 경우를 말한다. 이렇게 압수가 허용되는 한 법 제106조 제2항에 따라 제3자가 소지·보관하는 피고인·피의자의 소유물도 압수할 수 있다.[1] 즉, 그 경우에 한하여 제3자가 압수영장의 집행대상이 될 수는 있다. 이때 압수대상물에는 전자정보를 저장하고 있는 전자적 기억매체뿐만 아니라 그 기억매체에 저장되어 있는 전자정보도 포함된다고 해야 한다. 다만, 법 제106조 제3항에 따라 그 전자정보를 압수할 때는 객관적, 시간적 관련성이 인정되는 범위의 전자정보를 출력, 복제하는 등으로 압수하면 된다.

문제는 개정 이후의 법에도 위 "증거물"이라는 규정이 존치되어 있는데 있다. 즉 "피고사건과 관계가 있다고 인정할 수 있는 것에 한정하여 증거물…을 압수할 수 있다"고 할 때 위 '증거물'의 개념을 개정 이전과 같이 넓게 파악할 수는 없다. 입법자가 관련성 요건을 압수요건으로 새로이 삽입한 이상 종전에 사용된 '증거물'이라는 단어의 의미도 변화되었다고 보아야 한다.[2] 즉, 이 '증거

---

1) 예컨대 피의자 김., 최.를 상대로 발부된 압수·수색영장에 참고인 손.이 소유하고 있는 외장하드디스크를 압수대상물로 기재하였고, 손.의 주거지에서 위 영장이 집행되었다면 주관적 관련성 원칙을 위반한 영장청구, 발부, 집행이 이루어졌다고 볼 여지가 있다. 또는 피의자들의 소유물인 외장하드디스크인데 손.이 이를 소지 또는 보관하고 있었다면 주관적 관련성 원칙은 손상되지 않았다고 할 수도 있다. 이러한 주관적 관련성에 관한 검토를 생략한 채 객관적인 관련성 측면만을 검토하여 관련성을 부정하고 있는 서울중앙지방법원 2013. 1. 31. 선고 2012고합14, 2011고합1559(병합) 판결 398쪽부터 407쪽 및 그 항소심인 서울고등법원 2013. 9. 27. 선고 2013노536 판결의 274쪽부터 284쪽 참조. 모 재벌회장의 펀드투자금 횡령혐의를 수사하던 검사는 위 회사 직원의 집을 압수·수색해 외장하드디스크를 확보하였다. 위 외장하드에는 펀드투자금과 관련이 없는 문건도 저장되어 있었다. 검찰은 이후 위 재벌그룹 회장이 그룹 임원들에게 성과급을 지급한 뒤 나중에 돌려받아서 사용한 혐의도 적용해 기소하였다. 이 사안을 바라보는 언론의 태도에 관하여는 경향신문, 2012. 6. 20.자 6쪽 참조. 대법원 2014. 2. 27. 선고 2013도12155 판결로 피고인들 및 검사의 상고가 기각되었다.

2) 의회가 법률에 쓰여진 단어를 변경한다면 법원은 의회에 의해 법률의 의미가 변경된 것으로 추정한다. United States v. Wilson, 503 U.S. 329, 336, 112 S.Ct. 1351, 117 L.Ed.2d 593(1992).

물'은 '몰수할 것으로 사료하는 물건'과 같은 의미 내지 매우 제한된 범위에서 그보다 매우 소폭으로 확장된 의미를 갖는 것에 불과하다고 해야 한다. 달리 말하면, 피고인·피의자가 소유·소지·보관하는 물건과 제3자가 피고인·피의자와 교사범, 공동정범, 방조범, 필요적 공범, 합동범 등과 같은 넓은 의미의 공범관계인 때, 해당 물건을 취득하여 증거인멸죄, 장물취득죄 등을 범한 자인 때 그 물건을 압수할 수 있을 뿐이라고 해야 한다.

다) 전자정보에 관하여 제3항의 적용

개정된 법 제106조 제3항에 의하면 압수의 목적물이 컴퓨터용디스크, 그 밖에 이와 비슷한 정보저장매체이면 "기억된 정보의 범위를 정하여" 출력하거나 복제하여 제출받아야 한다. 그리고 위 "기억된 정보의 범위를 정하여"는 제1항에서 말하는 "피고사건과 관계가 있다고 인정할 수 있는 것에 한정하여"와 같은 의미이다. 즉, 피고사건과 관련성 있는 전자정보를 그 범위 내에서 출력하거나 복제하는 방법으로 압수할 수 있다는 것이다.[1] 해당 정보저장매체에 저장된 전자정보의 양이 방대함에 따라 주관적 관련성의 원칙은 전자정보의 압수에서 더 큰 의미를 갖는다.[2] 다만, 전자정보 자체에 대해서는 그 소유자의 개념을 관념하기 어렵다. 따라서 해당 전자정보를 저장하고 있는 기억매체에 대한 소유·소지·보관자의 개념을 상정하거나, 개정된 법 제106조 제4항이 정보를 압수한 경우 「개인정보 보호법」 제2조 제3호에 따른 정보주체에게 해당사실을 통지하도록 하고 있는 점에 비추어,[3] 보호대상이 되는 정보주체 개념을 상정해서 주관

---

1) 위 오기두, "전자정보의 수색·검증, 압수에 관한 개정 형사소송법의 함의", 127쪽 이하.
2) 개정법 제106조 제3항에 의해 전자저장매체에 저장되어 있는 전자정보도 압수의 객체가 되었음은 자명하다. 그러므로 전자정보가 압수대상인지에 대한 쟁론은 불필요하다. 보다 상세한 내역은 위 오기두, "전자정보의 수색·검증, 압수에 관한 개정 형사소송법의 함의" 참조. 예컨대, 이메일에 관해 다수의 장소에서 다수의 사람에 의해 동시적으로 접근할 수 있는 정보라는 이유로 그것을 압수해도 의미 있는 간섭이 일어나는 것은 아니므로 헌법에 의한 제한을 받지 않는다는 미국 연방 Oregon 지역의 Mosman 판사의 견해는(665 F.Supp.2d 1210, 1222), 이메일에 대해 해킹을 하지 않는 한 제3자가 그 내용을 들여다 볼 수 없음을 간과한 견해일 뿐 아니라, 그들 자신의 미국 연방대법원 판결에 비추어 보더라도 부당하다고 하지 않을 수 없다. "재산에 대한 '압수'는 그 재산에 대한 개인의 소유 관련 이익에 대한 어떤 의미 있는 간섭이 있을 때 일어나는"(a 'seizure' of property occurs when there is some meaningful interference with an individual's possessory interest in that property) 것이기 때문이다. United States v. Jacobsen, 466 U.S. 109, 113(1984).
3) 반면 미국의 경우 이메일 내용을 압수·수색한다고 할지라도 이메일의 송·수신인에게 그 압수·수색영장 집행사실을 통지할 필요는 없으며 관련된 이메일을 보관하고 있는 ISP에게 해당 영장이 제시되기만 하면 연방 헌법 수정 제4조의 고지요건이 충족된다고 해석하고 있다. 18 U.S.C. §2703(a) of Stored Communications Acts; Rule 41(f)(1)(C) of Federal Rules of Criminal Procedure; 665 F.Supp.2d 1210.

적 관련성 원칙 적용여부를 결정해야 한다. 그렇다면 전자정보에 관하여 주관적 관련성 원칙은, 우선 압수영장에 기재된 피고인·피의자가 소유·소지·보관하는 전자기억매체에 저장되어 있고, 그들이 정보주체인 전자정보(예컨대 피의자가 보낸 이메일,[1] 피의자가 녹음해 둔 핸드폰 녹음파일 등)만을 압수(출력, 복제)대상으로 하는 것으로 구현된다고 할 것이다.[2] 예외적으로 정보주체 아닌 제3자가 컴퓨터 디스크 등 전자정보 저장매체를 소유·소지·보관하면서, 그에 저장된 전자정보가 ㉠ 범죄행위에 제공하였거나 제공하려고 한 전자정보라거나, ㉡ 범죄행위로 인하여 생하였거나 이로 인하여 취득한 전자정보라거나, ㉢ 그 각 대가로 취득한 전자정보인 경우에 ㉣ 그 정을 알면서 취득하여 이를 자신의 핸드폰, 컴퓨터 등 전자저장매체에 저장해 두고 있어야, 그것을 출력, 복제하는 등으로 압수할 수 있다고 해야 한다. 나아가, 예컨대 그 제3자가 피의자·피고인과 교사범, 공동정범, 방조범, 필요적 공범, 합동범 등과 같은 넓은 의미의 공범관계인 때, 해당 전자정보가 저장되어 있는 PC, 핸드폰 등 물건을 취득하여 증거인멸죄, 장물취득죄 등을 범한 자인 때에도 해당 전자정보를 출력, 복제하는 등으로 압수할 수 있다고 할 것이다.

반면, ⓐ 그 PC, 핸드폰 등이 위와 같은 관계가 인정되지 않는 제3자의 소유에 속하고, 피고인·피의자가 소지·보관하지 않으며(위 전자정보가 수록되어 있는 PC, 핸드폰 등을 제3자가 그 정을 알지 못하고 취득한 경우도 포함함), ⓑ 문제된 전자정보가 압수·수색영장에 기재된 범죄행위에 제공되는 것과 전혀 상관이 없거나, ⓒ 그 범죄행위로 인하여 생성, 취득한 것이 아니거나, ⓓ 또는 그 각 대가로 취득한 것이 아니라면, 해당 전자정보를 압수할 수 없다(위 각 요건들을 집합공식으로 표현하면 ⓐ∪ⓑ∪ⓒ∪ⓓ이다). 나아가 ⓔ 압수영장에 기재된 범죄혐의사실과 무관한 제3의 범죄의 공범관계인 자에 관한 전자정보도 압수영장집행대상이 된다고 할 수 없다. 예컨대 a−b 간 정치자금 수수 혐의를 수사하기 위해 a를 피의자로 하여 발부된 압수·수색영장에 기해 b 소유의 핸드폰을 압수하였는데, 그 핸드폰에 b−c 간 정치자금 수수약속 혐의를 입증케 할 b−c 간의 대화내용이 녹음되어

---

1) 상업용 ISP 서버에 저장되어 있거나 그것을 통하여 송·수신된 이메일에 대해서도 과거의 전화통화와 마찬가지로 개인은 프라이버시에 대한 합리적 기대를 가지므로 미국 연방 헌법 수정 제4조에 의한 보호를 받아야 한다고 판시한 결정례로 Warshak v. United States, 490 F.3d at 473(6h Cir. 2007).

2) 압수·수색 현장에서 기술적으로 이러한 관련성을 판단하기 위해서는 파일명 검색, 파일 시간별 검색, 파일 유형별 검색, 파일 내용검색 등의 방법을 사용하게 될 것이다. 독고지은, "디지털증거 압수·수색에 대한 개정 형사소송법의 규제와 집행에 관한 연구−영장집행 시 제기되는 쟁점을 중심으로−",「법조」통권 제680호(2013. 5.), 251쪽.

있다고 하더라도, 그 핸드폰 녹음파일을, a를 피의자로 하여 발부된 압수·수색영장으로 압수할 수는 없다고 해야 한다.[1] 즉, b-c를 피의자로 한 별도의 압수영장을 발부받지 않고 압수할 수는 없다.[2] 이 때 그 공범인 자(위 사례에서 b나 c)는 정식으로 해당 범죄사실(위 사례에서 b-c간 정치자금 수수약속 혐의)에 관하여 정식의 범죄입건 절차를 거쳐 피의자의 지위를 취득하였거나 공소제기된 자여야 한다. 그래야 수사기관은 b-c와 관련하여 생성된 전자정보를 압수할 수 있다.[3]

2) 전자통신정보 압수(법 제107조)

다음으로 우체물의 압수를 규정하고 있는 법 제107조의 규정을 살펴보자. 이 규정은 종래 일반 서신 등 우체물을 대상으로 한 것이다. 그러나 개정된 법 아래에서는 컴퓨터나 스마트폰 등을 이용하여 인터넷 서비스 업체의 컴퓨터 서버를 통해[4] 상대방 컴퓨터나 스마트폰에 문자를 전송하거나 음성, 동영상 등을 전송한 경우, 그 인터넷 서비스 업체의 컴퓨터 서버 등에 저장된 통신내역을 압수하는 때에도 적용된다.[5]

---

1) 부산고등법원 2013. 6. 5. 선고 2012노667 판결 및 그 상고심인 대법원 2014. 1. 16. 선고 2013도 7101 판결 참조.

2) 수사기관으로서는 c에 대해 별도의 압수·수색영장을 발부받기만 하면 일응 c 관련 전자정보의 압수·수색이 합법적이고 합헌적이라는 평가를 받게 될 것이다. 미국에서도 probable cause가 소명되어 magistrate judge에 의한 압수·수색영장을 발부받기만 하면 합리적인 수색을 하였다는 평가를 받는 것이 원칙이다. 이것을 "영장 자체의 원칙"(per se warrant rule)이라고 부른다. Daniel J. Solove, "Digital Dossiers and the Dissipation of Fourth Amendment Privacy", 75 S. Cal. L. Rev. 1083, 1118(2002).

3) 오기두, "관련성 없는 핸드폰 녹음 파일 압수와 위법수집 증거", 법률신문 2013. 3. 4.자 13쪽.
   이에 대해 현재는 a만 피의자로 입건되어 있지만 향후 증거의 수집상황에 따라 b도 공범으로서 또는 별건 피의자로서 수사대상이 될 것이 예견되며, 현재의 피의사실에 포함된 것은 a로부터 돈을 받은 행위뿐이지만 다른 사람으로부터 뇌물을 요구하는 범행은 b의 성행을 나타내는 것으로서 b에 대한 양형이나 a의 진술에 대한 신빙성, 향후 b가 행할 진술의 신빙성을 판단할 수 있는 정황자료도 될 수 있으므로 현재의 피의사건과 관련성이 인정된다고 볼 것이라는 견해가 있다. 위 이완규, "디지털 증거 압수수색과 관련성 개념의 해석", 155-6쪽.
   그러나 이런 식으로 무한정하게 관련성을 확장하는 견해는 법에 규정된 수사활동 기준을 무의미하게 하는 허무한 견해라고 생각된다. 위 견해는 대법원 2014. 1. 16. 선고 2013도7101 판결에서도 채용되지 않았다.

4) 정부와 사설 통신업체간 협조에 의해 개인 정보를 수집함에 따른 국민 감시 문제도 현대 전자정보 시대에서 다루어야 할 중요한 헌법적, 법적 문제가 될 수 있다. 미국에는 이를 규율하고 있는 법률로 Communications Assistance for Law Enforcement Act of 1994(CALEA), Pub. L. No. 103-414(법전화 된 것으로 47 U.S.C. §§1001-10)(2006)이 있다. 그것이 갖는 헌법적, 법적 문제점에 관하여는 다음의 문헌 참조. Robert O'Harrow, Jr. "No Place to Hide" 1-10(2005); Emily Hancock, "CALEA: Does One Size Still Fit All?, in Cybercrime: Digital Cops in a Networked Environment" 184-203(Jack M. Balkin et al. eds., 2007); 위 Jack M. Balkin, "The Constitution in the National Surveillance State", 93 Minn. L. Rev. 1, 8.

5) 이처럼 법 제107조의 명문규정에 의해 인터넷 서비스 업체 등 제3자가 보관하는 전자정보에 대

개정 이전 형사소송법	개정된 형사소송법
제107조(우체물의 압수) ① 법원은 피고인이 발송한 것이나 피고인에게 대하여 발송된 우체물 또는 전신에 관한 것으로서 체신관서 기타가 소지 또는 보관하는 물건의 제출을 명하거나 압수를 할 수 있다.	제107조(우체물의 압수) ① 법원은 우체물 또는 「통신비밀보호법」 제2조 제3호에 따른 전기통신(이하 "전기통신"이라 한다)에 관한 것으로서 필요한 때에는 피고사건과 관계가 있다고 인정할 수 있는 것에 한정하여 체신관서 기타 관련기관 등이 소지 또는 보관하는 물건의 제출을 명하거나 압수를 할 수 있다.
② 전항 이외의 우체물 또는 전신에 관한 것으로서 체신관서 기타가 소지 또는 보관하는 물건은 피고사건과 관계가 있다고 인정할 수 있는 것에 한하여 그 제출을 명하거나 압수를 할 수 있다.	〈삭 제〉
③ 전2항의 처분을 할 때에는 발신인이나 수신인에게 그 취지를 통지하여야 한다. 단, 심리에 방해될 염려가 있는 경우에는 예외로 한다.	③ 제1항에 따른 ━━━━━━━━━━━ ━━━━━━━━━━━━━━━━━━━━━━━ ━━━. ━━━━━━━━━━━━━━━━━━ ━━━━━━━━━━━━━━.

가) 개정 이전 법규정의 형식에 따른 해석

우선 위 개정 이전의 제107조 제1항 및 제2항을 주관적 관련성의 측면에서 종합해 보면 이렇게 해석해야 할 것이다. 즉, 제1항은 체신관서 등 통신업체가 보관하고 있는 우체물이나 전신은 가장 우선적으로 피고인이 발송한 것이거나 피고인에게 발송한 것이어야 압수할 수 있다고 하고 있다. 위 규정은 제219조에 의해 수사절차에도 준용된다. 즉, 피고사건이나 피의사건의 주체인 피고인 또는 피의자와 관련 있는 우체물이나 전신만을 압수할 수 있게 하고 있는 것이다. 이 것은 주관적 관련성 원칙을 그대로 표현한 규정으로서 아무런 헌법적 문제도

───────────────

해서도 영장주의가 적용된다. 그러므로 우리 법제 하에서는 미국 연방 헌법 수정 제4조에 관한 이른바 '제3자 이론'(third-part doctrine)을 적용할 수는 없다. '제3자 이론'이란 제3자에게 공개한 정보에 대하여는 프라이버시를 보호받는 것에 관한 합리적인 기대가 있다고 보기 어렵다는 이론이다. 예컨대 ISP에 이메일 내용을 자발적으로 공개한 이메일 발신인이나 인터넷을 이용하는 이용자에 대해 "당신의 프라이버시는 없다. 잊어버려라"라고 말해야 한다는 것이다. In re Search Warrant for Contents of Elec. Mail, 665 F.Supp.2d 1210(D. Or. 2009); On the Record: Scott McNealy, S.F. Chron., Sept. 14, 2003, at I-1.

그러나 오늘날 스마트폰이나 태블릿 PC 등을 이용한 SNS로 사회적 관계 맺기에 열심인 우리 대한민국 사회에서 전자통신에 관련된 기본권은 단지 프라이버시권에 국한되지 않고, 통신의 자유, 정치적 표현의 자유 등의 기본권 보장과 전자민주정치질서를 형성하는 제도적 보장이 되어야 한다고 하겠다. 따라서 단지 위와 같은 제3자 이론에 의해 이메일이나 인터넷 이용에 관한 기본권 보장을 축소하거나 포기하려고 해서는 안 된다. 미국에서도 오늘날의 정보시대(Information Age)에 Amazon.com 등 ISP가 보유하고 있는 수많은 개인정보를 제3자 이론으로 법의 보호영역 밖에 두어서는 안 된다는 주장이 유력하게 제기되고 있음을 주목해야 한다. 위 Daniel J. Solove, "Fourth Amendment Codification and Professor Kerr's Misguided Call for Judicial Deference", 74 Fordham L. Rev. 747, 753.

없다. 그러나 제2항은 위 제1항이 적용되지 않는 경우에 관하여 "피고(의)사건과 관계가 있다고 인정할 수 있는 것에 한하여" 그 제출을 명하거나 압수를 할 수 있다고 규정한다. 이것은 피고인·피의자가 발송한 것이거나, 피고인·피의자에 대하여 발송된 것이 아닌 우체물, 전신에 해당하는 것, 즉 제3자가 발송한 것이거나 제3자에 대해 발송된 것도 피고(의)사건과 관계가 있다고 인정할 수 있는 우편이나 전신을 제출명령이나[1] 압수의 대상물로 확장한 것이다.[2] 즉, 제3자가 발송하거나 그에게 발송된 것에 관하여 무한한 확장을 허용한 것이 아니라 "피고사건과 관계가 있다고 인정할 수 있는 것에 한하여"라는 제한 조건을 부과한 것이다. 이것은 제1항과의 관계에서 비추어 피고인·피의자 아닌 제3자도 그 통신물에 대해 압수영장의 집행대상으로 삼되, 피고(의)사건과의 관계성을 요건으로 한 것이다.[3]

나) 개정 이후 법규정의 해석

개정된 법에서는 위 규정을 삭제하고 제1항에 삽입하는 입법형식을 취하였다. 여기서 두 가지 해석이 가능할 것이다. 하나는 제2항을 삭제하고 이를 제1항의 한 구절로 옮긴 입법자의 의사가 이 규정이 정하는 요건을 매우 좁게 해석하라는 의미로 보고, 종전 규정과 달리 피고인이나 피의자에게 발송되거나 그들이 발송한 우체물, 전기통신에 한하여 제출명령이나 압수의 대상이 되는 것이지, 종전 규정과 같이 "피고사건과 관계가 있다고 인정할 수 있는 것에 한하여"

---

1) 예컨대 미국 Google의 경우 비록 완벽한 보안체제를 유지하고 있다고 선언하고 있긴 하지만 실제로 다양한 경로로 오는 정부의 요청에 따라 자사가 보관하는 이용자 정보(어떤 이용자가 어떤 YouTube 동영상을 시청하였는지에 관한 정보 등)를 정부에 제공하고 있다고 한다. 이들에 대한 통제법리도 관련성의 측면에서 다루어져야 한다고 하겠다. Miguel Helft, "Google Told to Turn Over to User Data of YouTube", N.Y. Times, July 4, 2008.

2) 이때 제출명령이나 압수의 형식은 영장 등의 방식에 의해야 한다. 인터넷 서비스 업체 등 타인의 전자정보를 보관하고 있는 제3자는 그러한 법원의 제출명령이나 압수·수색영장이 있어야 고객의 전자정보(그 내용 뿐만 아니라 고객의 인적 정보, 이메일 주소, 로그기록, 이메일 발송시간, 헤더정보 등 비내용정보 포함)를 법원이나 수사기관에 제출할 수 있다. 그렇지 않으면 아무리 가입약관에 그 업체가 보관하는 고객의 전자정보를 법원이나 수사기관에 공개할 수 있다고 규정하고 있다고 하더라도 민,형사상 책임을 질 수도 있다. 이러한 논의는 개정된 법 아래에서도 유효하다. 미국의 ISP 약관으로 다음을 참조. Google Privacy Policy, http://www.google.com/pri-vacypolicy.html(2013. 12. 21. 방문); Microsoft Online Privacy Statement, http://privacy.microsoft.com/en-us/fullnotice.mspx(상동); AOL Network Privacy Policy, http://about.aol.com/aolnetwork/aol_pp(상동).

3) 예컨대 인터넷을 통한 통신에 대한 국가나 거대기업체에 의한 개인 감시는 네트워크(인터넷 트래픽과 플로우에 대한 감시), 서버, 이용자의 각 범주별로 일어날 수 있다. 그 감시행위의 제한 원리로 사건관계성을 들어야 할 필요가 있는 것이다. cf. 위 John Palfrey, "The Public and the Private at the United States Border with Cyberspace", 78 Miss. L.J. 241, 250 ff.

라는 조건을 붙인다고 할지라도 제3자가 발송하거나 그에게 발송된 우체물, 전기통신 등을 제출명령이나 압수의 대상으로 볼 수 없다는 해석론이다.[1] 반면, 종래의 규정과 동일하게 일정한 경우, 즉 "피고사건과 관계가 있다고 인정할 수 있으면" 제3자가 발송하거나 그에게 발송된 우체물, 전기통신을 제출명령이나 압수의 대상으로 삼을 수 있다는 견해도 성립될 수 있다.[2]

저자는 전자통신정보의 압수에 관하여 개정 이후의 법 제107조 제1항이 개정 전의 "피고인이 발송한 것이거나 피고인에게 대하여 발송된"이라는 구절을 삭제한 점에 비추어 후자의 견해를 취하되, "피고사건과 관계가 있다고 인정할 수 있는 것에 한정하여"라는 구절의 의미를 구체화하여 압수기준을 정하여야 한다고 본다. 그리고 그 구체적인 압수기준은 압수의 총칙규정이라고 할 수 있는 제106조의 해석론과 같이 보아야 한다고 해석한다. 즉, 전기통신업체가[3] 보관하고 있는 전자통신정보에 관하여[4] 주관적 관련성 원칙은, 우선 압수영장에

---

1) 예컨대 「부정경쟁방지 및 영업비밀 보호에 관한 법률」 위반 사건에 관한 법원의 영장실무는 대상자들 상호간 또는 대상자들과 범죄 혐의와 관련하여 의사연락을 주고받은 경쟁업체 관련자들과 사이에 송·수신된 이메일로 송·수신 대상자의 범위를 제한하는 경우가 많다. 수사기관은 피의자들과 공모한 것으로 의심되는 경쟁업체 관계자의 이메일 전부에 대하여 압수·수색영장을 청구하는 경우가 많으나, 법원은 대상 범죄혐의와 무관한 다른 영업 비밀에 대한 침해의 우려 등을 고려하여 이를 허용하지 않고, 피의자들과 주고받은 메일에 한정해 허용하고 있다(2013. 2. 28.자 사법연수원에서 실시된 영장실무법관연수 자료집 63쪽).

2) 미국 연방대법원의 경우 전화회사나 금융기관과 같은 제3자에게 공개한 정보에 관하여는 연방헌법 수정 제4조가 정하는 영장주의가 적용되는 압수·수색(search and seizure)의 대상이 아니라고 이해하고 있다. United States v. Miller, 425 U.S. 435(1976); Smith v. Maryland, 442 U.S. 735(1979). 그러나 이에 관하여는 "오늘날과 같은 정보화시대에 있어서는 일반인의 사회 활동 중 상당수가 제3자에 의하여 기록되고 있다. 따라서 미국법상의 제3자 이전 이론(third party doctrine)은 상당수의 개인정보를 미국 연방 헌법 수정 제4조의 보호영역에서 제외하게 되는 결과를 초래할 수도 있다."라고 비판하는 견해도 만만치 않은 실정이다. Daniel J., Solove, "A Taxonomy of Privacy", 154 U. Pa. L. Rev. 477(2006), at 529. 이에 관하여는 최창호, "미국법상 수색의 개념에 관한 연구", 법조협회, 「법조」 통권 647호(2010. 8.), 80~82쪽 참조.

3) 전기통신업체 등 인터넷 서비스 업체가 수행하는 이용자들의 전자정보 이용 행태 수집도 권위주의적인 정부에 의해 오용될 때 국민의 자유에 대한 심각한 침해로 이어질 수 있음을 유념해야 한다. 예컨대 2008. 2. Pakistan 정부가 Islam에 반대하는 내용의 동영상이 게시된 YouTube.com에 자국민들이 접속하는 것을 금지하기 위해 Pakistan의 ISP에게 특정 URL에 그 ISP 이용자들이 접속하지 못하도록 조치하였다. 그러자 많은 Pakistan 사람들이 AnchorFree라는 회사가 제공하는 무료 Hotspot Shield 프로그램을 이용하여 YouTube.com에 접속하려고 시도하였다. 그런데 위 AnchorFree 회사는 이용자들의 웹 브라우징 습관을 추적하는 광고회사였다. 즉 위 HotSpot Shield 이용자들은 AnchorFree 회사에 웹 브라우징을 하면서 교환된 모든 데이터를 제공한 셈이었다. 그래서 원래의 의도와는 달리 위 AnchorFree 회사는 자국민들의 YouTube 접속을 금지하려한 Pakistan 정부의 의도대로 Pakistan 사람들을 감시하는 역할을 수행하게 된 것이다. 위 John Palfrey, "The Public and the Private at the United States Border with Cyberspace", 78 Miss. L.J. 241, 259~60.

4) 인터넷 서비스 업체 등 정보주체 아닌 사적 단체가 보유하고 있는 개인의 전자통신정보를 해당

기재된 피고인과 피의자가 정보주체인 전자정보(예컨대 피의자가 보낸 이메일[1])만을 압수(출력, 복제, 제출명령 등)하라는 원칙이다.

다만, 예외적으로 정보주체 아닌 전기통신업체가 컴퓨터 서버 등 전자정보 저장매체를 소유하면서 그에 저장한 제3자 생성의(즉 제3자가 해당 서버를 통하여 피고인·피의자에게 발신한) 전자정보가 피고인이나 피의자의 ㉠ 범죄행위에 제공하였거나 제공하려고 한 전자정보라거나, ㉡ 그 범죄행위로 인하여 생하였거나 이로 인하여 취득한 전자정보라거나, ㉢ 그 각 대가로 취득한 전자정보일 때 이를 압수할 수 있다고 할 것이다. ㉣ 제3자가 그 정을 알고 있어도 해당 전자정보를 압수대상으로 할 수 있다. 다만, 전기통신업체가 그 정을 알면서 취득하여 이를 자신의 서버에 저장해 두고 있어야 하는 요건은 필요치 않다.[2] 전기통신업체는 그 자체의 업무 수행의 통상과정으로 해당 전자통신정보를 자신의 서버에 보관하고 있으므로, 반드시 그 정보가 범죄에 관련되었다는 정을 알면서 이를 저장해야 한다고 할 수 없다. 즉 해당 업체가 이를 모르고 있다고 하더라도 그 전자정보 송·수신자가 범죄에 제공되는 정 등을 알고 있으면 압수의 대상으로 할 수 있다. ㉤ 예외적으로 해당 피고인·피의자와 넓은 의미의 공범관계에 있는 사람이 정보주체인 전자정보도, 피고(의)사건과의 객관적, 시간적 관련성을 조건으로 하여 압수의 대상으로 할 수 있다. ㉥ 이상의 전자통신정보에 관해서는 비록 편면적이라고 할지라도, 즉 피고인·피의자나 그와 공범관계에 있는 자가 통신의

정보주체의 동의 없이 임의로 수집하여 저장하고 분석하며 판매하거나 상업용으로 사용하는 것도 금지하는 입법정책을 수행해야 한다. 해당 서비스 업체가 그와 같은 정보 처리행위(Data Mining)를 표현의 자유로 보호해달라고 요구할 수도 없다고 해야 한다. 의사가 환자를 진료한 전자기록에 관하여 미국 연방대법원에 제출된 다음의 의견서 참조. Brief Amici Curiae of the New England Journal of Medicine, et al. for William H. Sorrell, as Attorney General of Vermont, et al. v. IMS Health Inc., et al.(March 1, 2011), 2011 WL 771329(U.S.).

1) 이메일이 전송되는 네트워크상의 데이터 플로우를 고려할 때, 국가나 전기통신업체가 침해할 수 있는 네트워크상의 데이터를 유형화 해보면, (1) 라우팅 정보(routing information), (2) 데이터 스트림의 내용, (3) 문맥에 비추어본 동일성 확보자료(contextual signature)로 나눌 수 있다. 위 John Palfrey, "The Public and the Private at the United States Border with Cyberspace", 78 Miss. L.J. 241, 260－1.

2) 전기통신 사업자는 수사기관과 달리 헌법상의 영장주의나 그 밖의 기본권보장에 관한 적법절차 조항을 준수할 의무를 직접 지지 않는다. 그러나 기본권의 제3자효 이론이나 민법상의 신의칙 등 일반조항 또는 전기통신관련 법률규정 등에 의해 전기통신업체와 같은 거대 디지털 정보 집적 업체에 대해 헌법상의 기본권 보장의무를 간접적으로나마 지우려는 시도를 계속해야 함은 물론이다. 컴퓨터 처리에 관한 전기통신 사업자의 사적 권력이 말할 수 없이 커져 가고 있고 데이터 저장 비용이 대폭 감소되어 가고 있는 현대 전자민주사회에서 이러한 요청은 더 커질 수밖에 없다. 전기통신 사업자는 고객에 관해 더 많은 정보를 요구하여 집적하고 있고 그 정보를 다른 사적 업체나 심지어 정부에게까지 판매하거나 제공하고 있기 때문이다. 위 Jack M. Balkin, "The Constitution in the National Surveillance State", 93 Minn. L. Rev. 1, 17, 22.

일방 당사자일 때에도 주관적 관련성을 인정할 수 있다.

반면, ⓐ 문제된 전자통신정보가 범죄행위에 제공되는 것과 전혀 상관이 없거나, ⓑ 범죄행위로 인하여 생성, 취득한 것이 아니거나, ⓒ 또는 그 각 대가로 취득한 것이 아니거나, ⓓ 넓은 의미의 공범관계도 인정되지 않는 자가 정보주체인 전자정보라면, 해당 전자통신정보가 압수의 대상이 된다고 해석할 수는 없다.

금융기관이 보관하고 있는 금융정보 중[1] 피의자 이외의 제3자에 대한 압수·수색에도 엄격한 제한요건을 부가하여 영장을 발부해야 한다.[2] 법원실무제요 형사[I]은 「특히 피의자 이외의 제3자에 대한 포괄적인 압수·수색영장은 제3자의 예금계좌가 수사대상인 범죄와 관련된 것이 분명한지와 압수·수색의 대상자가 입게 될 불이익의 정도, 포괄적 청구의 이유와 그 소명자료의 타당성 등을 충분히 고려하여 발부 여부를 결정하여야 할 것이다」고 기술하고 있다.[3] 피의자 아닌 제3자의 금융계좌에 대한 포괄적인 압수·수색영장은 주관적 및 객관적 관련성 원칙을 위반한 것이므로 발부하지 않는 것이 헌법에 합치되는 재판이다.[4] 제3자의 계좌가 범죄의 증거로 되는 위 ㉠ 내지 ㉥의 요건을 충족해야 하

---

1) 「수사기관이 범죄의 수사를 목적으로 '거래정보 등'을 획득하기 위해서는 법관의 영장이 필요하다고 할 것이고, 신용카드에 의하여 물품을 거래할 때 '금융회사 등'이 발행하는 매출전표의 거래명의자에 관한 정보 또한 금융실명법에서 정하는 '거래정보 등'에 해당한다고 할 것이므로, 수사기관이 금융회사 등에게 그와 같은 정보를 요구하는 경우에도 법관이 발부한 영장에 의하여야 할 것이다. 그럼에도 수사기관이 영장에 의하지 아니하고 매출전표의 거래명의자에 관한 정보를 획득하였다면, 그와 같이 수집된 증거는 원칙적으로 형사소송법 제308조의2에서 정하는 '적법한 절차에 따르지 아니하고 수집한 증거'에 해당하여 유죄의 증거로 삼을 수 없다.」(대법원 2013. 3. 28. 선고 2012도13607 판결).

2) 「금융실명거래 및 비밀보장에 관한 법률」 제4조 제1항 참조. 「금융실명거래 및 비밀보장에 관한 법률」(이하 '금융실명법'이라 한다) 제4조 제1항은 "금융회사 등에 종사하는 자는 명의인(신탁의 경우에는 위탁자 또는 수익자를 말한다)의 서면상의 요구나 동의를 받지 아니하고는 그 금융거래의 내용에 대한 정보 또는 자료(이하 '거래정보 등'이라 한다)를 타인에게 제공하거나 누설하여서는 아니 되며, 누구든지 금융회사 등에 종사하는 자에게 거래정보 등의 제공을 요구하여서는 아니 된다. 다만 다음 각 호의 어느 하나에 해당하는 경우로서 그 사용 목적에 필요한 최소한의 범위에서 거래정보 등을 제공하거나 그 제공을 요구하는 경우에는 그러하지 아니하다"고 규정하면서, "법원의 제출명령 또는 법관이 발부한 영장에 따른 거래정보 등의 제공"(제1호) 등을 열거하고 있고, 수사기관이 거래정보 등을 요구하는 경우 그 예외를 인정하고 있지 아니하다.」(위 대법원 2013. 3. 28. 선고 2012도13607 판결).

3) 위 「법원실무제요 형사[I]」, 353-4쪽; 또는 2014년판 「법원실무제요 형사[I]」, 355쪽의 기재도 동일하다.

4) 디지털 시대의 도래에 따라 유체물을 매개로 한 범죄가 전자적인 행위형태로 진화한다고 하여도, 그리고 유체물이 아닌 전자적 증거에 의해 해결되어야 할 사건이 점점 더 많아진다고 하여도, 최고법규범인 헌법에 입각하여 사태를 해결하는 기준점을 세워야 함은 당연하다. Lawrence Lessig, 「Code and Other Laws of Cyberspace」 109-10(1999); 위 Orin S. Kerr, "Applying the Fourth Amendment to the Internet: A General Approach", 62 Stan. L. Rev. 1005, 1016.

고, 그 계좌가 각 금융기관 점포별로 특정되어야 하며, 금융거래기간도 특정되는 등 주관적, 객관적, 시간적 관련성을 충족해야 하는 것이다.

3) 전자정보 수색(법 제109조)

법 제109조는 수색의 요건을 규정하고 있다. 원래 수색은 압수와 원칙상 성질이 다른 별개의 강제처분이므로, 수색만으로도 수사목적을 달성할 수 있는 경우에는 압수와 분리하여 수색만을 하여야 한다.[1] 그러나 수색의 범위는 압수의 범위에 비하여 확장하지 않을 수 없다. 수색을 실시해 보지 않고는 해당 전자정보 저장매체 등에 피고(의)사건과 관계있는 정보가 있는지 여부를 알 수 없기 때문이다.[2] 그래서 수색의 관련성과 압수의 관련성은, 전자가 후자보다 보다 유연한 요건 아래서 실시될 수 있는 것으로, 즉 이원적인 관련성으로 파악해야 한다. 그리고 수사절차상 수색의 경우 수색대상인 전자정보와 피의자와의 주관적 관련성 인정여부에 대한 판단에 관해서는 수사기관의 현장판단을 존중해야 할 것이다.[3] 이런 기본 전제 아래 관련 조문의 개정 이전과 이후 내용을 살펴보면 다음과 같다. 법 제109조는 제219조에 의하여 검사 또는 사법경찰관의 수색에 대해서도 준용된다.

---

[1] 같은 취지, 위 「법원실무제요」, 343쪽; 또는 2014년판 「법원실무제요 형사[I]」, 343쪽의 기재도 동일하다.

[2] 여기서 수색에는 전자정보 파일 내용을 오관으로 인지하는 검증도 포함하는 개념이다. 특히 수사기관의 수색에 대해서는 법 제215조 자체에서 검증과 함께 규정하고 있다.

[3] 수색·검증의 관련성을 넓게 인정하고 압수의 관련성을 그 보다 좁게 인정하는 저자의 이원적 관련성 이론에 관해서는 위 오기두, "전자정보의 수색·검증, 압수에 관한 개정 형사소송법의 함의", 158, 159쪽, 161-163쪽을 참조하면 된다.
　 저자의 이러한 수색·검증과 압수의 이원적 관련성 이론이나 대법원 2011. 5. 26. 고지 2009모1190 결정에 관해 '수색설'이니 '집행과정설'이니 하는 이름을 붙이면서 디지털 증거의 비가독성으로 인해 현실세계에서는 그 목적을 달성하기 어렵고, "따라서 검색과정에서 수사기관은 비례성의 원칙에 따라 범죄수사의 목적과 개인의 법익침해를 비교 형량하여 비례성이 유지될 수 있도록 검색을 할 필요가 있다. 그 비례성은 소추목적의 측면에서는 해당 범죄의 증거로서의 관련성, 해당 범죄의 경중 등이, 법익 침해의 측면에서는 저장되어 있는 자료의 프라이버시 보호의 필요성 정도 등을 형량하여 검색하여야 한다는 원칙으로 나타나고 개별 사건에서 사후에 구체적으로 판단될 수 있을 것이다."라고 하는 견해가 있다. 이완규, "디지털 증거와 압수수색 개념 및 증거능력 요건", 2012. 12. 17.자 대법원 형사실무연구회 발표문 34쪽 이하.
　 그러나 이러한 견해는 헌법상 비례성의 판단기준을 분명히 제시하지 못한 채 막연히 개별 사건별로 판단하라는 주문만 하고 있어 학설로서의 기능을 제대로 하지 못하며, 비례성의 판단 주체를 수사기관으로 상정하는 것도 최종적인 판단 주체가 법관이어야 한다는 점에서 찬동할 수 없는 견해라는 지적을 하고 싶다. 결국 이러한 견해는 전자증거의 수색·검증, 압수의 적법성 판단기준을 분명히 제시하지 못하는 막연한 주장이라고 하겠다.

개정 이전 형사소송법	개정된 형사소송법
제109조(수색) ① 법원은 필요한 때에는 피고인의 신체, 물건 또는 주거 기타 장소를 수색할 수 있다. ② 피고인 아닌 자의 신체, 물건, 주거 기타 장소에 관하여는 압수할 물건이 있음을 인정할 수 있는 경우에 한하여 수색할 수 있다.	제109조(수색) ① 법원은 필요한 때에는 피고사건과 관계가 있다고 인정할 수 있는 것에 한정하여 피고인의 신체, 물건 또는 주거, 그 밖의 장소를 수색할 수 있다. ② 〈개정 이전과 같음〉

가) 개정 이전 규정의 해석

우선 위 개정 이전 법 제109조 제1항은 그 규정 문언 자체에 의해서 피고인·피의자의 신체, 물건, 주거, 기타 장소에 한정하여 수색할 수 있음을 규정하고 있다. 즉, 위 제1항은 법원이나 검사, 사법경찰관 등이 필요하다고 여기면 피고인·피의자의 신체, 물건, 주거, 기타 장소를 수색대상으로 할 수 있음을 표현한 것이다. 따라서 그 주관적 관련성 요건은 더 나아가 논할 필요조차 없이 피고인·피의자에 그쳤으므로 이미 충족되었던 것이다.

그러나 제2항은 피고인·피의자 아닌 제3자의 신체, 물건, 주거, 기타 장소를 수색대상으로 삼을 수 있으되, 그 제한원리는 단지 '필요성'보다 엄격하게 하여 '압수할 물건이 있음을 인정할 수 있는 경우에 한하여'라는 제한요건을 부가하였다.[1] 피고인·피의자 이외의 자의 주거지 등에서 수색·검증, 압수를 실시할 경우 수색·검증, 압수의 대상물을 특정하여 영장을 발부해야 한다.[2] 나아가 법 제

---

[1] 이것은 법 제141조 제1항, 제2항이 법원의 검증대상인 신체검사의 상대방을 피고인을 원칙으로 하되, 피고인 아닌 자의 신체검사는 "증적의 존재를 확인할 수 있는 현저한 사유가 있는 경우에 한하여" 허용하고 있는 것과 비견된다. 위 조항들은 법 제219조에 의해 수사기관에 의한 신체검사에도 준용된다.

[2] 「갑제31호증의 23, 갑제61, 62호증, 을제1, 12호증의 각 기재에 변론의 전취지를 종합하면 1998. 9. 9. 검사 남○○의 청구에 의하여 압수수색할 장소를 ① 서울 서초구 서초동 ○○빌딩 919호 ○○무역사무실 및 대표 원고(피의자) 집, 차량, ② 서울 서초구 서초동 ○○빌딩 501호 ○○사무실 및 대표 박○○ 집, 차량으로 특정하였으나, 압수수색할 물건이 기재되지 않은 압수수색영장이 발부되었고, 위 수사관들은 1998. 9. 15. 11:30경부터 같은 날 16:20까지 사이에 위 ○○무역사무실, 원고의 집인 서울 도봉구 창동 ○○아파트 ○○동 ○○○○호 및 원고의 자동차에서 위 압수수색영장에 기하여 선하증권, 송장, 영수증, 보험료정산서 외에 원고의 여권 및 인감도장, 원고의 처 명의의 예금통장, ○○무역의 명판 등을 압수하였음에도 불구하고 이를 압수조서에 기재하지 않고 보관하다가 원고의 청구에 의하여 1998. 10. 2. 원고에게 반환한 사실을 인정할 수 있는바, 헌법 제12조에 의한 영장주의의 원칙은 수사기관의 자의적인 강제처분의 행사에 대한 사법적 통제를 주된 목적으로 하는 것으로서 집행실시기관의 권한남용을 방지하고 국민의 신체 및 주거의 안정성을 보장하기 위해서 인정된 것이고, 형사소송규칙 제107조가 압수수색영장을 청구하는 경우 압수할 물건과 수색할 장소, 신체, 물건을 적시하여 청구서를 작성하도록 규정하고 있고, 형

128조는 위와 같이 압수할 물건이 있음을 인정할 수 있는 경우라고 보아 수색을 실시하였으나 결국 증거물 또는 몰수할 물건을 찾아 내지 못한 경우에는 그 취지의 증명서를 교부하게 하였다. 즉 이상과 같은 요건을 부가하는 것에 의하여 피고인·피의자 아닌 제3자에게까지 주관적 관련성을 확장한 것이고, 이는 헌법적으로 나름 수긍할 수 있는 범위 내의 입법형식이라고 생각된다. 나아가 일반영장 금지의 원칙상 피고인·피의자 이외의 자의 주거지등에 대한 수색을 허용하는 영장은 그 주거지등을 지역적으로 특정하여 발부되어야 하고, 영장집행 역시 영장에 기재된 장소에서 행해져야 함은 물론이다.[1] 법 개정 이전에 발간된

---

1) 「사소송법 제114조가 압수수색영장에 압수할 물건과 수색할 장소를 적시하도록 규정하고 있는 것은 이른바 일반영장의 폐해를 방지하려는 데 그 입법취지가 있다 할 것이므로 압수수색영장에는 압수할 물건을 구체적 개별적으로 표시하여야 하고 수색할 장소 역시 지역적으로 특정하여야 할 것이며, 또한 압수수색영장의 집행에 관하여는 형사소송법 제219조, 제129조에서 압수목록을 작성하여 소유자, 소지자, 보관자 기타 이에 준할 자에게 교부하도록 규정하고 있고, 검찰청법 제11조, 검찰사무처리규칙 제52조, 제16조에 의하면 압수수색영장에 의하여 압수한 경우에 압수조서와 압수목록을 작성하도록 규정하고 있는 점에 비추어 볼 때, 위와 같이 압수대상물이 기재되지 않은 압수수색영장을 발부·집행하였을 뿐만 아니라 압수한 물건을 압수조서에 기재하지 않고 보관하다가 원고의 요구에 의하여 반환한 일련의 조치는 절차상의 위법성을 면치 못한다고 할 것이다.」(밑줄은 저자가 그은 것임). (인천지방법원 2001. 6. 15. 선고 2000나2764 판결【손해배상(기)】).

위 인천지방법원의 민사항소심 판결에 대하여 대법원은 2001. 10. 12. 선고 2001다47290 판결로 대한민국의 상고를 기각하여 이를 확정시켰다. 그러나 압수·수색할 물건의 기재가 누락된 압수·수색영장을 발부한 법관의 행위에 관하여는, 그 행위가 위법 부당한 목적에 기한 것도 아니고 법이 직무수행상 준수할 것을 요구하고 있는 기준을 현저히 위반하였다는 등의 자료를 찾아볼 수 없다는 이유로 이에 대해서는 불법행위를 구성하지 않는다고 판단하였다.

하지만, 비록 압수·수색할 물건 기재마저 누락한 압수·수색영장을 발부한 행위가 손해배상책임까지 져야 할 불법행위를 구성하지 않는다고 하더라도 헌법상의 일반영장금지 원칙을 위반한 영장을 발부한 위헌, 위법적인 행위였다는 비난은 면하기 어려울 것이다. 영장담당 법관은 항상 이 점을 유념해야 한다.

재정신청인은 1991. 8. 28. 신청외 오ㅇㅇ으로부터 폭행을 이유로 영도경찰서에 고소되었고, 같은 해 9. 29. 에는 신청인이 위 고소인과 함께 공동대표이사로 있는 신청외 1주식회사의 재산 수억 원을, 횡령 착복하였다는 진정을 받은 바 있었다. 영도경찰서 형사계장이었던 이 사건 피의자는 위 사건처리에 임하여 1991. 11. 14. 법원으로부터 다음과 같은 내용의 압수수색영장(이하 이 사건 첫 번째 영장이라고 한다)을 발부받았다.

피의자: 신청외 1주식회사 대표이사 신청인(주소: 부산시 ㅇㅇ구 ㅇㅇ4가 (이하 주소 생략))

압수할 물건: 대출, 어음할인, 이자지급, 경리장부, 관련 금융기관이 발행한 유가증권 등

수색할 장소: 경남은행 부산지점(부산시 중구 중앙동 50의 7), 신라투자금융주식회사(부산시 동구 범일동 830의 18), 신청외 1주식회사(부산시 동구 초량 3동 (번지 생략)), 신청인의 사무실, 주택, 은행의 개인구좌(주소가 명기되지 아니함)

유효기간: 동년 11월 30일까지

피의자는 1991. 11. 30. 10:00경 영도경찰서 형사계 사무실에서 소속 직원 7인에게 신청외 2주식회사에 대한 압수수색을 지시하였고, 피의자의 지시를 받은 형사계 소속 경위 조ㅇㅇ 외 6인은 같은 날 10:40경부터 위 신청외 2 주식회사에 임하여 위 영장을 제시하고 수색을 실시하게 되었

법원실무제요 형사[I]도 「압수·수색·검증의 대상(목적물)은 구체적·개별적으로

다. 위 신청외 2 주식회사의 대표이사인 신청외 3(신청인의 장남)과 직원 3인은 위 경찰관들이 수색하려고 하는 장소는 신청인의 사무실이 아니고 신청외 3의 사무실이기 때문에 신청인의 사무실을 수색장소로 한 위 영장에 의한 수색은 불법이라는 이유로 이를 거부하였고, 12:00경에는 신청인도 위 사무실에 나타나 경찰관들의 퇴거를 요청하게 되었다.

이에 위 경찰관들은 영장집행을 중지하고 피의자에게 위 사실을 보고하였던바, 피의자는 위 압수수색영장의 효력에 관한 다툼을 없애기 위하여 다시 법원에 압수수색영장을 청구하여 동일 16:00경에 새로운 영장(이하 이 사건 두 번째 영장이라고 한다)을 발부받아 17:30경 영장을 집행하기에 이르렀다. 신청인은 위와 같은 영장집행경찰관들의 소위는 피의자의 지시를 따른 것이고 신청인의 위 고발사실에 대한 검사의 불기소처분은 위법 부당하므로 이 사건 재정신청에 이르렀다는 것이다.

형사소송법에 의하면 영장을 집행함에 있어서는 타인의 비밀을 보전하여야 하며 처분받은 자의 명예를 해하지 않도록 주의하여야 하나(동법 제116조), 압수수색영장의 집행 중에는 타인의 출입을 금지할 수 있고, 그 금지에 위배한 자에 대해서는 퇴거하거나 집행종료시까지 간수자를 붙일 수 있으며(동법 제119조), 영장의 집행에 있어서는 건정을 열거나 개봉 기타 필요한 처분을 할 수 있다(동법 제120조)고 규정하고 있는바, 영장의 적법한 집행에 있어서는 그것이 강제처분인 성질상 그 집행을 실행함에 장애가 되는 상태를 배제하기 위하여 필요한 강제력의 행사는 정당한 업무행위로서 위법성이 인정되지 아니한다 할 것이다. 그러므로 먼저 위 첫 번째 압수수색영장에 의한 ㅇㅇㅇㅇ 사무실에 대한 수색이 적법한 것이었는지의 여부에 관하여 살펴보기로 한다.

헌법 제12조에 의한 영장주의의 원칙은 수사기관의 자의적인 강제처분의 행사에 대한 사법적 통제를 주된 목적으로 하는 것으로서 집행실시기관의 권한남용을 방지하고 국민의 신체 및 주거의 안정성을 보장하기 위해서 인정된 것이라 할 것이며, 형사소송법 제114조가 압수수색영장에 압수할 물건과 수색할 장소를 적시하도록 규정하고 있는 것은 이른바 일반영장의 폐해를 방지하려는 데 그 입법취지가 있다고 할 것이므로 압수수색영장에는 압수할 물건을 구체적, 개별적으로 표시하여야 하고 수색할 장소 역시 지역적으로 특정하여야 한다 할 것이다.

이 사건 문제된 첫 번째 압수수색영장에 의한 수색에 관하여 보건대 앞서 인정한 바와 같이 위 영장에 수색할 장소로서는 지번에 의한 지역적인 표시 없이 단지 '신청인의 사무실'이라고만 기재되어 있을 뿐 신청외 2 주식회사나 그 지번의 표시는 기재되어 있지 아니한바, 그렇다면 위에서 본 바와 같은 수색장소는 특정성요청에 위반된 위 영장에 의해 신청외 2 주식회사를 수색한 것을 정당한 공무의 집행이라 할 수 없어 적법한 것이라고 할 수 없고(기록에 의하면 신청외 2 주식회사는 발행주식 총수 2만 주 중에서 7천 주를 신청인이 대주주로서 보유하고 있었으며 1991. 11. 20.까지 위 회사의 대표이사였다가 그 이튿날부터 그의 장자인 신청외 3이 대표이사로 된 업체이며, 영장집행 당시 위 신청외 2 주식회사의 외벽에는 신청인 사무소라는 간판이 붙어 있었고, 사무실 내에는 동인의 대형사진이 걸려 있었던 사실이 인정되나 그렇다 하더라도 결론은 달라지지 않는다), 만약 위 경찰관들이 위 영장집행을 시도하면서 강제력을 행사한 것이 형법상의 구성요건을 충족하는 때에는 그 죄책을 면치 못한다 할 것이다. 살피건대 일건 기록에 의하면 피의자의 지시를 받고 위 첫 번째 영장의 집행에 임하였던 경찰관들은 신청외 2 주식회사에 있던 신청외인들이 영장집행을 완강히 거부하자 영장집행에 응할 것을 수차 설득하였지만 응하지 않았기 때문에 피의자에게 연락하여 부득이 법원으로부터 다시 적법한 영장을 발부받아 이 사건 영장집행을 하게 되었으며(신청인은 위 두 번째 영장에도 신청외 2 주식회사 대표이사의 표기에 신청외 3을 (이름 생략)이라고 잘못 표시한 하자가 있었으므로 그에 의한 집행 역시 불법이라고 주장하나, 수색영장에 수색장소가 장소적으로 특정 기재되어 있고 그 장소에서 수색이 행해졌다면 신청인이 주장하는 위 사유만으로는 불법한 수색이라고 할 수 없다), 위 첫 번째 영장집행을 시도하려는 과정에서 다소간의 언쟁과 시비가 있었던 사실이 엿보일 뿐 신청인이 주장하는 바와 같은 감금, 가혹행위 또는 권리 행사방해의 사실을 인정할 수는 없다. 그렇다면 피의자에 대한 검사의 이 사건 무혐의 불기소처분은 정당하고 신청인의 위 죄명들에 대한 재정

특정되어야 하고, 포괄적 강제수사를 허용하는 일반영장은 금지된다. 피의자가 아닌 제3자를 대상으로 한 압수·수색·검증도 가능하지만, 그 필요성이나 범위를 결정할 때 더욱 신중할 필요가 있다」고 기술하고 있었다.[1]

다만, 위와 같은 규정에 의하여 피고인·피의자 아닌 제3자의 신체, 물건, 주거, 기타 장소에 관하여 수색이 허용된다고 하더라도, 그 수색을 통해 확보된 물건을 당연히 압수할 수 있다고 해석할 수는 없다. 압수의 총칙규정이라고 할 수 있는 제106조와 유기적으로 해석해야 하기 때문이다.

나) 개정 이후 법규정의 해석

앞서 본 바와 같이 개정 이전 제1항의 규정이 이미 주관적 관련성 요건을 충족하고 있었으므로, 개정된 위 제1항이 "피고사건과 관계가 있다고 인정할 수 있는 것에 한정하여"라는 문구를 추가하였다고 하더라도 적어도 주관적 관련성 요건이 더 강화된 것이라고 할 수는 없다. 객관적, 시간적 관련성 요건을 부가하여 수색요건을 강화하였다고 이해하면 족한 것이다.

그리고 종전규정과 동일한 제2항의 규정은 앞서 본 바와 같이 해석해야 한다. 즉, 피고인 아닌 제3자의 신체, 물건, 주거, 기타 장소에 관하여 압수할 물건이나 전자정보가 있음을 인정할 수 있는 경우에 한하여, 그리고 객관적 및 시간적 관련성이 인정되는 범위 내에서 수색이 허용된다. 그러나 그렇게 수색이 허용된다고 하더라도, 그 수색을 통해 확보된 물건이나 전자정보를 당연히 압수할 수 있다고 해석할 수는 없다. 압수의 총칙규정이라고 할 수 있는 제106조와 유기적으로 해석해야 하기 때문이다. 따라서 앞서 제106조의 해석론을 전개하면서 본 압수의 제한 법리가 제3자의 신체, 물건, 주거, 기타 장소에 관하여 이루어진 수색에 기하여 확보한 물건 및 전자장보를 압수할 때에도 그대로 적용된다고 해야 한다. 그리고 법 제219조에 의해 제109조 제2항도 수사기관의 수색에도 준용된다. 따라서 이상의 논의는 수사기관의 수색 및 압수에 대해서도 그대로 적용된다.

신청은 이유 없다 할 것이므로 형사소송법 제262조 제1항 제1호에 의하여 이를 기각한다.」
(부산고등법원 1992. 10. 15. 고지 92초109 제2형사부결정: 확정【재정】[하집1992(3),477])[저자가 필요한 부분만 발췌한 것이고, 밑줄도 저자가 그었음].

[1] 위 「법원실무제요」, 349~350쪽.

4) 영장기재사항(법 제114조)

개정 이전 형사소송법	개정된 형사소송법
제114조(영장의 방식) ① 압수·수색영장에는 피고인의 성명, 죄명, 압수할 물건, 수색할 장소, 신체, 물건, 발부연월일, 유효기간과 그 기간을 경과하면 집행에 착수하지 못하며 영장을 반환하여야 한다는 취지 기타 대법원규칙으로 정한 사항을 기재하고 재판장 또는 수명법관이 서명날인하여야 한다. ② 제75조 제2항의 규정은 전항의 영장에 준용한다.	제114조(영장의 방식) ①-- -. 다만, 압수, 수색할 물건이 전기통신에 관한 것인 경우에는 작성기간을 기재하여야 한다. 〈단서 신설〉 ② 〈현재와 같음〉

법 제114조는 압수·수색영장의 기재사항을 열거하고 있다. 2011. 7. 18.에 법을 개정하면서 압수·수색대상이 전기통신이면 그 작성기간을 기재하게 하여 시간적 관련성 원칙을 명시한 점에 특색이 있을 뿐 적어도 주관적 관련성에 관하여는 개정 전이나 개정 후에 달라진 사항은 없다. 다만, 우리가 주관적 관련성 원칙을 탐구함에 있어 압수·수색영장에 "피고인의 성명"을 기재하게 하고 있음을 주목해서 보아야 한다. 같은 조문 제2항이 준용하는 제75조 제2항은 "피고인의 성명이 분명하지 아니한 때에는 인상, 체격, 기타 피고인을 특정할 수 있는 사항으로 피고인을 표시할 수 있다."라고 규정하고 있다.[1] 이들 규정은 제

---

1) 「세무에 종사하는 공무원(이하 '세무공무원'이라 한다)은 구 조세범 처벌절차법(2010. 1. 1. 법률 제9920호로 개정되기 전의 것. 이하 같다) 제2조에 따라 범칙사건을 조사하기 위하여 범칙혐의자나 참고인을 압수·수색할 수 있고, 그 압수·수색을 위해 같은 법 제3조 제1항에 의하여 발부받은 압수수색영장에는 같은 법 제4조에 의하여 준용되는 형사소송법 제219조, 제114조 제2항, 형사소송규칙 제107조 제1항 제1호, 제95조 제1호에 따라 범칙혐의자의 성명 등이 기재되어야 하지만, 범칙혐의자의 성명이 분명하지 아니한 때에는 마찬가지로 준용되는 같은 법 제75조 제2항에 의하여 인상, 체격, 기타 범칙혐의자를 특정할 수 있는 사항으로 범칙혐의자를 표시할 수 있다. 한편 압수·수색영장은 구 조세범 처벌절차법 제4조에 의하여 준용되는 형사소송법 제118조에 따라 그 처분을 받는 자에게 제시하면 된다.
원심은 그 채택 증거에 의하여 그 판시와 같은 사실을 인정한 다음, 그 인정 사실에 의하면, 서울중앙지방법원이 2006. 1. 25. 오픈마켓(인터넷 사이트의 서비스를 통하여 다수의 판매자와 구매자 사이에 물품거래가 이루어지는 사이버 거래장소) 개설업체인 주식회사 oo(이하 'oo'이라 한다)과 주식회사 oo마켓(이하 'oo마켓'이라 한다)에 대하여 발부하고 국세청이 집행한 압수수색영장(이하 '이 사건 압수수색영장'이라 한다)에는 범칙혐의자가 oo과 oo마켓의 개인판매회원 (미등록사업자)으로 등록하여 1998년부터 현재까지 구매자에게 상품을 판매하는 성명불상자로 특정하여 기재되어 있으므로 이 사건 압수수색영장에 기재된 범칙혐의자가 불특정 다수라고 할 수 없고, 위 압수수색영장에서 형사소송법 제118조에 규정된 압수·수색의 '처분을 받는 자'로서 압수수색영장을 제시받을 자는 압수할 정보를 보관하고 있는 oo 등의 본점 사무실, 연구실 및 전산실의 책임자로서 정보를 관리하는 자일 뿐 범칙혐의자인 원고 등이 아니라는 취지로 판단

219조에 의해 검사나 사법경찰관의 압수·수색에도 준용된다. 이들 법규정은 구속영장과 마찬가지로 압수·수색영장도 피고인·피의자가 특정되어야 함을 규정하여 불특정 다수인에 대하여 집행될 우려를 불식함으로써 헌법상의 일반영장 금지원칙 및 영장기재의 특정성 원칙을 구현하고자 한 조항이라고 해야 한다.[1]

　이것은 또한, 수사절차에 관하여 보자면, 검사로 하여금 피의자를 특정하여 영장을 청구하게 하고, 법원은 검사가 청구한 피의자에 한하여 영장을 발부하게 하는 사법부의 본질적인 업무분장을 규정한 조항이라고 해야 한다. 달리 말하면, 검사가 피의자로 특정하여 청구하지도 않은 제3자를 영장의 집행대상으로 한 압수·수색영장을 법원이 발부할 수는 없다. 즉 이 법률규정은 헌법상의 권력분립원칙을 규정한 조항이라고 헌법적으로 이해해야 한다는 것이다. 그것은 마치 형사소송법의 불고불리원칙, 기소독점주의 원칙과 같은 취지의 규정이라고 해야 한다. 요컨대 이것은 관련성 원칙 중 주관적 관련성 원칙을 명백히 표현한 조문이라고 해야 한다. 따라서 법원은 범죄혐의를 받고 있는 자로서 검사가 압수·수색영장집행 대상으로 특정한 피의자에 한하여 압수·수색영장을 발부해야 한다. 그 피의자가 아닌데도 범죄혐의나 그것을 입증할 증거물을 매개로 하여 피의자와 관련되어 있다는 막연한 사정만으로 제3자를 집행대상으로 한 압수·수색영장을 발부하면 안 된다. 수사기관도 영장에 특정된 피의자에 한하여 영장을 집행해야 한다. 그것이 원칙이고, 그에 대한 예외는 헌법상 허용되는 범위로 제한해서 수사필요성을 충족할 수 있도록 하는 것으로 그쳐야 한다. 그리고 그 구체적 의미는 압수의 총칙규정이라고 할 수 있는 법 제106조의 해석론과 같게 보아야 할 것이다.

하였다. 위 법리와 기록에 비추어 살펴보면, 원심의 판단은 정당하고, 거기에 상고이유로 주장하는 바와 같은 채증법칙 위반이나 압수·수색에 관한 법리오해 등의 위법이 없다.」(대법원 2010. 12. 9. 선고 2010두14824 판결【세금부과취소】)(밑줄은 저자가 그었음).

[1] 위 「법원실무제요」, 351쪽(2014년 개정판 352쪽)은 이에 관하여 다음과 같이 기술하고 있다. 「압수·수색·검증영장의 경우 수사기관의 강제처분 권한의 범위와 압수·수색·검증을 받는 자의 수인의무의 범위를 명확히 하고 수사기관의 권한 남용에 대한 불복 신청을 할 수 있도록 하기 위하여, 피의자의 성명, 죄명, 압수할 물건, 수색 또는 검증할 장소, 신체, 물건, 유효기간 등을 특정하여 기재하도록 하고 있다(법 219조, 113조, 114조, 규 107조 1항).」

5) 수사기관의 수색·검증, 압수(법 제215조)

개정 이전 형사소송법	개정된 형사소송법
제215조(압수, 수색, 검증) ① 검사는 범죄수사에 필요한 때에는 지방법원판사에게 청구하여 발부받은 영장에 의하여 압수, 수색 또는 검증할 수 있다.	제215조(압수, 수색, 검증) ① 검사는 **범죄수사에 필요한 때에는 피의자가 죄를 범하였다고 의심할만한 정황이 있고 해당 사건과 관계가 있다고 인정할 수 있는 것에 한정하여** 지방법원판사에게 청구하여 발부받은 영장에 의하여 압수, 수색 또는 검증할 수 있다.
② 사법경찰관이 범죄수사에 필요한 때에는 검사에게 신청하여 검사의 청구로 지방법원판사가 발부한 영장에 의하여 압수, 수색 또는 검증할 수 있다.	② 사법경찰관이 **범죄수사에 필요한 때에는 피의자가 죄를 범하였다고 의심할만한 정황이 있고 해당 사건과 관계가 있다고 인정할 수 있는 것에 한정하여** 검사에게 신청하여 검사의 청구로 지방법원판사가 발부한 영장에 의하여 압수, 수색 또는 검증할 수 있다.

개정 이전 형사소송규칙	개정된 형사소송규칙
제108조(자료의 제출) ① 법 제215조의 규정에 의한 청구를 할 때에는 피의자에게 범죄의 혐의가 있다고 인정되는 자료와 압수, 수색 또는 검증의 필요를 인정할 수 있는 자료를 제출하여야 한다. ② 피의자 아닌 자의 신체, 물건, 주거 기타 장소의 수색을 위한 영장의 청구를 할 때에는 압수하여야 할 물건이 있다고 인정될만한 자료를 제출하여야 한다.	제108조(자료의 제출) ① 법 제215조의 규정에 의한 청구를 할 때에는 피의자에게 범죄의 혐의가 있다고 인정되는 자료와 압수, 수색 또는 검증의 필요 및 해당 사건과의 관련성을 인정할 수 있는 자료를 제출하여야 한다. ② <개정 이전과 같음>

위와 같은 법 제215조를 읽어 보면 종전의 수사필요성만에 기초한 압수·수색을 대폭 제한하여 ① 범죄정황이 소명되고,[1] ② 그 범죄정황과 관련성이 있어야 해당 증거물 등을 압수·수색하게 하고 있음을 알 수 있다. 또한, 법원의 검증과는 달리 수사기관의 검증에 대해서도 관련성의 원칙을 명시적으로 요구하고 있는 점에 특징이 있다. 이로써 수사기관이 전자기억매체에 저장되어 있는 전자정보를 탐색하는 행위가 수색인지 검증인지 구별할 실익이 없어진 것이다.

---

1) 이 '범죄 정황 소명'은 범행 주체, 일시, 장소, 범행 수법, 범행 결과 등 범죄내용을 특정할 수 있을 만큼 구체적이어야 하고, 막연히 범행의 결과만 제시한 것이어서는 안 된다. 미국법원에서는 압수·수색할 상당한 이유(probable cause)에 대한 구체적 소명 없이 '상당한 이유가 있다'라는 결론만 제시한 채 작성된 수사기관의 선서진술서를 '해골선서진술서'(bare bones affidavit)라고 부르고, 그에 기해 발부된 영장에 의해 수집한 증거의 증거능력을 부정하고 있다. United States v. Leon, 468 U.S. 897, 915(1984); United States v. McKneely, 6 F.3d 1447, 1454(10th Cir. 1993); 위 Ian M. Comisky, Lawrence S. Fel, Steven H. Harris, 「Tax Fraud & Evasion, Current Through 2012」, at 94.

그 탐색행위를 수색으로 보든, 검증으로 보든 관련성의 요건을 충족해야 한다.
이것은 수사기관의 압수·수색·검증이 형벌권의 적정한 행사를 위하여 범죄에
관련된 증거를 수집하거나 몰수할 물건을 발견하기 위해서 행하는 것이므로 범
죄의 혐의에 대한 소명이 필요하고, 이러한 범죄의 혐의는 압수·수색·검증의 대
상과 필요성을 판단하는 기준이 되며, 그 필요성과는 독립된 관련성 요건도 충
족되어야 한다는 종래의 해석론을[1] 입법화한 것이라고 할 수 있다. 위와 같은
종래 해석론상의 '범죄혐의에 대한 소명'을 개정법 문언은 "죄를 범하였다고 의
심할만한 정황"으로, '관련성'을 "해당 사건과 관계가 있다고 인정할 수 있는 것
에 한정하여"로 각 표현하고 있는 것이다. 나아가 형사소송규칙도 압수·수색·검
증영장청구서에 '범죄사실의 요지'를 기재하도록 하고 있고, 영장청구시 피의자
에게 범죄의 혐의가 있다고 인정되는 자료 및 해당 사건과의 관련성을 인정할
수 있는 자료를 제출하도록 하고 있다(규칙 제107조, 제108조, 제95조).[2]

　　이와 같은 법 제215조에 의해서도 주관적으로 해당 범죄정황을 일으킨 범
죄주체와 관련 있는 증거만을 수색·검증하고 압수할 수 있다고 해석해야 함은
법규의 문언에 비추어 자명하다. 그리고 범죄정황에 드러난 범죄주체에 관하여
는 성명이 특정될 것까지 요구하지는 않으나 그 인상착의 등에 의해 누군가 이
사회에 생존해 있는 사람임이 특정되어야 한다고 하겠다. 따라서 생존해 있는
사람과 전혀 무관한 행위인 때, 예컨대, 죽은 자나 행방불명자의 생존시 행위로
여겨지거나, 동물의 행위로 여겨지는 때에는 주관적 관련성 인정의 전제조건인
범죄정황 소명이 되지 못한 상태라고 해야 한다. 또는 익명의 제보나 수사기관
의 정보보고서 등 막연한 풍설이나 추측만에 기해 특정인이 범죄를 저질렀을
것이라고 추정되는 정도에 그치고 구체적인 범죄정황에 대한 소명이 없을 때에
도 마찬가지이다. 범죄혐의에 대한 구체적 소명 없이 단순히 범죄정보를 수집하
거나 수사의 단서를 찾기 위한 이른바 「탐색적 압수·수색」이나 검증을 허용해
서도 안 되는 것이다.[3]

---

1) 위 「법원실무제요」, 347쪽; 위 오기두, 「형사절차상 컴퓨터 관련증거의 수집 및 이용에 관한 연구」,
　96쪽 이하.
2) 수사기관이 혐의자를 구속하거나 기소여부를 결정할 때에도 범죄혐의의 입증 정도는 "적어도 공
　판에서 유죄의 입증과 같은 정도로 고도의 것이어야 한다. 이를 통하여 우리는 형사절차의 초기
　단계에서 유죄인정의 가능성이 없는 혐의자를 배제하여 사건 당사자에 대한 정신적, 육체적 고
　통과 인권침해의 여지를 제거, 축소할 수 있을 뿐 아니라 사법자원이 공판의 종료까지 과다하게
　낭비되는 것을 막을 수 있다."라고 하는 견해도 있다. 표성수, "피의자 구속 및 기소에 있어서 범
　죄 혐의 입증의 정도", 「법조」 통권 제681호(2013. 6.), 5쪽 이하, 34쪽.
3) 위 「법원실무제요」, 348쪽(2014년 개정판은 349쪽).

이처럼 범죄주체를 특정하기 위한 소명이 다 되고 난 후에야 그 범죄주체와 관련된 증거물이나 전자정보에 한하여 수색·검증, 압수를 할 수 있는 것이다. 그 이외의 제3자는 앞서 본 바와 같이 범죄에 제공된 증거물이나 전자정보를 취득한 경우에 한하여 수색·검증이나 압수의 상대방이 될 수 있다고 해야 한다. 그 구체적인 의미는 제106조, 제107조, 제109조 등과 같은 법원의 압수·수색을 고찰하면서 이미 살펴 본 바와 같다.

6) 유류물, 임의제출물의 압수(법 제218조)에 관한 입법론적 비판

형사소송법 제218조는 다음과 같이 규정하고 있다.[1]

제218조(영장에 의하지 아니한 압수)

검사, 사법경찰관은 피의자 기타인의 유류한 물건이나 소유자, 소지자 또는 보관자가 임의로 제출한 물건을 영장 없이 압수할 수 있다.

이 규정에 의하면 소유자, 소지자 또는 보관자 등이 아닌 자로부터 제출받은 물건을 영장 없이 압수할 수 없음은 물론이다.[2] 그러나 위 법률에 규정된 요

---

1) 이 법 제218조에 관련된 대법원 판결로 다음과 같은 것이 있다.
「형사소송법 제218조는 "검사 또는 사법경찰관은 피의자, 기타인의 유류한 물건이나 소유자, 소지자 또는 보관자가 임의로 제출한 물건을 영장 없이 압수할 수 있다"라고 규정하고 있고, 같은 법 제219조에 의하여 준용되는 제112조 본문은 "변호사, 변리사, 공증인, 공인회계사, 세무사, 대서업자, 의사, 한의사, 치과의사, 약사, 약종상, 조산사, 간호사, 종교의 직에 있는 자 또는 이러한 직에 있던 자가 그 업무상 위탁을 받아 소지 또는 보관하는 물건으로 타인의 비밀에 관한 것은 압수를 거부할 수 있다"라고 규정하고 있을 뿐이고, 달리 형사소송법 및 기타 법령상 의료인이 진료 목적으로 채혈한 혈액을 수사기관이 수사 목적으로 압수하는 절차에 관하여 특별한 절차적 제한을 두고 있지 않으므로, 의료인이 진료 목적으로 채혈한 환자의 혈액을 수사기관에 임의로 제출하였다면 그 혈액의 증거사용에 대하여도 환자의 사생활의 비밀 기타 인격적 법익이 침해되는 등의 특별한 사정이 없는 한 반드시 그 환자의 동의를 받아야 하는 것이 아니다. 따라서 원심이 적법하게 인정한 사실에 의하면, 경찰관이 간호사로부터 진료 목적으로 이미 채혈되어 있던 피고인의 혈액 중 일부를 임의로 제출 받아 이를 압수한 것으로 보이므로 당시 간호사가 위 혈액의 소지자 겸 보관자인 oo의료원 또는 담당 의사를 대리하여 혈액을 경찰관에게 임의로 제출할 수 있는 권한이 없었다고 볼 특별한 사정이 없는 이상, 그 압수절차가 피고인 또는 피고인의 가족의 동의 및 영장 없이 행하여졌다고 하더라도 이에 적법절차를 위반한 위법이 있다고 할 수 없다.」(대법원 1999. 9. 3. 선고 98도968 판결).
2) 「기록에 의하면, 충청남도 금산경찰서 소속 경사 공소외 1은 피고인 소유의 쇠파이프를 피고인의 주거지 앞 마당에서 발견하였으면서도 그 소유자, 소지자 또는 보관자가 아닌 피해자 공소외 2로부터 임의로 제출받는 형식으로 위 쇠파이프를 압수하였고, 그 후 압수물의 사진을 찍은 사실, 공판조서의 일부인 제1심 증거목록상 피고인이 위 사진(증 제4호의 일부)를 증거로 하는 데 동의한 것으로 기재되어 있는 사실을 알 수 있는바, 앞서 본 법리에 비추어 보면, 이 사건 압수물과 그 사진은 형사소송법상 영장주의 원칙을 위반하여 수집하거나 그에 기초한 증거로서 그 절차 위반행위가 적법절차의 실질적인 내용을 침해하는 정도에 해당한다고 할 것이므로, 피고인

건을 충족하여 영장 없이 압수할 수 있는 경우에 해당한다고 하더라도 헌법적
으로는 분명 문제를 삼을 소지가 있다고 보인다. 특히 전자증거에 관한 주관적
관련성을 고찰하는 이 글에서 관심을 두는 부분은 피의자 아닌 사람(법문상 "기타
인")이 유류한 물건을 영장 없이 압수할 수 있다는 부분(전단) 및 소지자나 보관
자가 임의로 제출한 물건을 영장 없이 압수할 수 있다는 부분(후단)이다.1)

우선 전단의 "기타인"이 유류한 물건을2) 압수할 수 있다는 부분이다. 이것
은 주관적 관련성이 인정되지 않는 제3자가 유류한 물건을 범죄증거물이거나
몰수할 물건으로 보면 영장도 없이 압수할 수 있다는 조문이다. 그러나 주관적

의 증거동의에도 불구하고 위 사진은 이 사건 범죄사실을 유죄로 인정하는 증거로 사용할 수 없
다고 할 것이다. 그럼에도 불구하고 원심이 제1심 판결을 인용하여 위 사진을 유죄 인정의 증거
로 들고 있는 것은 잘못이라고 할 것이나, 아래에서 살펴보는 바와 같이 위 증거를 제외한 나머
지 증거들만으로도 이 사건 범죄사실을 유죄로 인정하기에 충분하다고 할 것이므로, 원심의 위
와 같은 잘못은 판결 결과에는 영향이 없다고 할 것이다.」(대법원 2010. 1. 28. 선고 2009도
10092 판결【폭력행위등처벌에관한법률위반(집단·흉기등상해)·폭력행위등처벌에관한법률위반
(집단·흉기등재물손괴등)】[공2010상,474]).

1) 이 조문을 이해하기 쉽도록 참고용 민사판결을 하나 들면 다음과 같다.
「원심은 그가 적법히 채용한 증거에 의하여, 원고는 소외 김oo 등과 공모하여 2004. 1. 25.경부
터 2004. 2. 22.경까지 매주 토, 일요일마다 약 9일에 걸쳐 성남시 분당구 서현동 259-1 소재 한
국마사회 분당지점 4층에서 고객을 유인하여 사설경마를 함으로써 한국마사회법 위반행위를 한
혐의로 그해 2. 29. 피고 산하 서울지방경찰청 기동수사대에 의해 체포되었는데, 그때 소지하고
있던 이 사건 압수물이 임의제출의 형식으로 압수된 사실, 그 압수조서상의 압수경위에 의하면
이 사건 압수물은 공범 피의자 김oo 등이 사설경마행위를 하기 위한 자금으로서 범죄의 증거물
로 압수한 것으로 되어 있는 사실, 그 후 원고는 위 범행에 대하여 2004. 3. 19. 서울중앙지방법
원 2004고약0000호 약식명령으로 벌금 3,000,000원을 선고받고, 그 무렵 위 약식명령이 확정되
었고, 한편 공범 김oo는 아직 미체포로 기소중지 상태로 있는 사실, 원고에 대한 위 약식명령에
는 이 사건 압수물에 대한 몰수형은 선고되지 않은 사실을 인정하였다.
형사소송법 제332조에 의하면 압수한 물품에 대하여 몰수의 선고가 없는 때에는 압수를 해제
한 것으로 간주되므로, 사실관계가 원심이 인정한 바와 같다면 이 사건 압수물에 대한 압수는
위 조항에 의해 해제된 것으로 간주되어 피고 대한민국은 이를 제출한 자나 소유자 기타 권리자
에게 환부하여야 할 것이고(대법원 2000. 1. 21. 선고 97다58057 판결 참조), 원고로부터 압수한
이 사건 압수물에 대하여 비록 아직 체포되지 않은 공범자에 대한 범죄수사를 위하여 여전히 압
수가 필요하다거나 공범자에 대한 재판에서 그 물품이 몰수될 가능성이 있다고 하더라도, 별도
의 압수절차가 새로이 취하여지지 않은 이상, 원고에 대하여 몰수의 선고가 없는 판결이 확정됨
에 따라 압수가 해제된 것으로 간주되는 효과가 발생하는 데에는 영향이 없다고 할 것이다(대법
원 1997. 1. 9. 고지 96모34 결정 참조). 원심이 같은 취지에서, 이 사건 압수물을 원고에게 환부
할 의무가 없다는 피고 대한민국의 주장을 배척한 조치는, 위 법리에 따른 것으로 정당하고 거
기에 상고이유로 주장하는 바와 같은 법리오해 등의 위법이 있다고 할 수 없다.」(대법원 2006.
12. 7. 선고 2006다24124 판결[압수물인도]).
2) 유류한 물건인지 여부 자체에 대한 입증책임은 검사에게 있다고 해야 한다. 즉 자의에 의한 유
류물이 아니라는 의심이 들면 이 규정에 의한 유류물이라고 판단하여서는 안 된다. 같은 취지,
위 Ian M. Comisky, Lawrence S. Fel, Steven M. Harris, 「Tax Fraud & Evasion, Current Through
2012」, at 55.

관련성이 인정되지 않는 제3자가 유류한 물건이 이러한 압수요건에 해당하는지에 관하여 영장주의를 배제하는 것은 헌법에 위반된다는 의심이 강하게 든다. 수사기관의 자의적인 판단에 따라 사생활의 비밀이나 해당 제3자(법문상 "기타인")의 그 물건에 대한 재산권 등 기본권 침해가능성이 큰 물건이나 다종다양한 사적 정보인 전자정보 자체, 또는 그 전자정보가 수록된 컴퓨터 디스크 등 전자기억매체를 법관에 의한 사전, 사후 통제도 없이 압수하는 것을 허용하고 있기 때문이다. 따라서 입법론상 위 "기타인"은 삭제함이 타당하다.

　　나아가 후단의 소지자나 보관자가 임의로 제출한 물건은 영장 없이 압수할 수 있다는 부분도 주관적 관련성의 측면에서 고찰하면 분명 헌법적으로 문제가 있는 조항이라고 하지 않을 수 없다. 분명 소유자가 따로 있는데도 그의 의사를 묻지 않고, 또한 법관에 의한 영장주의의 통제도 없이, 소지자나 보관자의 판단만에 따라 그들이 임의로 제출한 물건을 압수할 수 있다고 하고 있기 때문이다. 특히 전자정보에 관해서 보자면, 그 정보관련 기본권 보장을 위해서는 전자정보수록매체의 소지·보관이 아니라 해당 정보의 생성주체 및 그 정보관련 기본권 주체의 의사를 더 존중해야 한다. 현행법 해석상으로는 소유자의 의사를 묻지 않고, 즉, 설령 소유자의 승낙을 받지 않은 상태에서 소지자나 보관자가 임의로 제출하기만 해도 해당 물건(전자정보 저장매체)을 영장 없이 압수할 수 있다고 할 수밖에 없겠으나,[1] 입법론상으로는, 특히 전자정보의 압수에 관하여 소유자나 해당 정보주체의 승낙을 받거나, 판사의 영장에 입각하여 범죄혐의자의 범죄혐

---

1) 「형사소송법 제218조는 '검사 또는 사법경찰관은 피의자, 기타인의 유류한 물건이나 소유자, 소지자 또는 보관자가 임의로 제출한 물건을 영장 없이 압수할 수 있다'라고 규정하고 있고, 같은 법 제219조에 의하여 준용되는 제111조 제1항은 '공무원 또는 공무원이었던 자가 소지 또는 보관하는 물건에 관하여는 본인 또는 그 해당공무소가 직무상의 비밀에 관한 것임을 신고한 때에는 그 소속공무소 또는 당해 감독관공서의 승낙 없이는 압수하지 못한다'고 규정하고 있으며, 같은 조 제2항은 '소속공무소 또는 당해 감독관공서는 국가의 중대한 이익을 해하는 경우를 제외하고는 승낙을 거부하지 못한다'고 규정하고 있을 뿐이고, 달리 형사소송법 및 기타 법령상 교도관이 그 직무상 위탁을 받아 소지 또는 보관하는 물건으로서 재소자가 작성한 비망록을 수사기관이 수사 목적으로 압수하는 절차에 관하여 특별한 절차적 제한을 두고 있지 않으므로, 교도관이 재소자가 맡긴 비망록을 수사기관에 임의로 제출하였다면 그 비망록의 증거사용에 대하여도 재소자의 사생활의 비밀 기타 인격적 법익이 침해되는 등의 특별한 사정이 없는 한 반드시 그 재소자의 동의를 받아야 하는 것은 아니고, 따라서 검사가 교도관으로부터 보관하고 있던 피고인의 비망록을 뇌물수수 등의 증거자료로 임의로 제출받아 이를 압수한 경우, 그 압수절차가 피고인의 승낙 및 영장 없이 행하여졌다고 하더라도 이에 적법절차를 위반한 위법이 있다고 할 수 없다. 또한, 이 사건 비망록에 피고인 2의 사생활의 비밀 기타 인격적 법익이 침해되는 등의 특별한 사정이 있다고 볼 만한 자료가 없으므로, 이 점에 관한 상고이유의 주장도 받아들일 수 없다.」(대법원 2008. 5. 15. 선고 2008도1097 판결【부정처사후수뢰(일부인정된죄명: 뇌물수수)·뇌물수수·뇌물공여·강요미수】[공2008상,880]).

의사실과 관련된 정보만을 선별 추출하여 압수할 수 있도록 개정함이 옳다고 생각한다. 현행법대로라면 해당 물건의 소유자나 정보주체의 의사에 반하여 무한히 많은 개인정보가 저장되어 있는 전자기억매체가 법관의 영장도 없이 압수되어, 범죄와 무관한 수많은 전자정보가 수사기관의 손에 들어가 오용될 수 있기 때문이다. 만약, 그것이 전기통신업체가 보관하고 있는 전자통신정보라면 법개정 이전이라도 현행 형사소송법 제107조, 제219조에 의해 판사의 영장을 받아 관련성 있는 정보만을 압수해야 한다고 해석해야 그나마 헌법상 영장주의 원칙을 준수하는 길이 될 것이다.

7) 그 밖의 적법절차 보장 조항

형사소송법 제121조는 피고인 및 그 변호인에게 압수·수색영장집행에 참여할 권리를 보장하고, 제122조는 그 참여권을 실질적으로 보장하기 위하여 압수·수색영장집행시 피고인 및 변호인에게 미리 집행일시, 장소를 통지하도록 하고 있다.[1][2] 법 제219조는 수사절차에 위 규정을 준용하고 있다.[3] 이들 적법절차

---

1) 미국에서도 영장집행 예정에 대한 통지의무를 기재하지 않은 영장을 발부하는 것은 헌법적 적절성에 대해 강한 의문을 제기하는 것으로 인식되고 있다. 그렇게 되면 "적절한 사법적 감독이나 보호절차를 결여한 채" 수사기관의 전적인 재량에 따른 수색 및 압수를 허용하는 것이기 때문이다. 즉 영장집행에 대한 통지는 미국 연방 헌법 수정 제4조의 합리적인 수색, 압수인지를 판단하는 중요한 요소로 인정되고 있다. United States v. Freitas(Freitas I), 800 F.2d 1451, 1456(9th Cir. 1986); Berger v. New York, 388 U.S. 41, 60(1967).

2) 1977년에 개정된 캐나다의 프라이버시 보호법(Protection of Privacy Act(1974))도 수사기관으로 하여금 감시를 허용받은 때로부터 90일 이내에 그 사실을 피처분자에게 통지하도록 하고. 언제, 어디서, 무엇을 감시할 것인지에 관해 법원이 정한 바를 엄격히 준수하도록 요구하고 있다. 단, 수사가 계속 중인 사건이나, 조직범죄, 테러범죄에 대해서는 그 통지가 3년간 연기될 수 있다. 위 법률은 Criminal Code of Canada의 Party IV에 "프라이버시 침입"(Invasion of Privacy)에 편입되어 있다. Nicholas Koutros, Julien Demers, "Big Brother's Shadow: Decline in Reported Use of Electronic Surveillance by Canadian Federal Law Enforcement", 「Canadian Journal of Law and Technology」(june, 2013), 11 Can. J. L. & Tech. 79, at 83.

3) 수사기관의 압수·수색 과정에 피의자의 참여권을 인정한 입법례는 우리나라뿐이라며, 그로 인해 디지털 증거 수색→압수라는 2단계 행위를 어떻게 파악하는가는 외국에서는 단지 관련성과 비례성에 따른 제한을 위한 논의인데 반하여 우리나라에서는 참여권의 적용범위라는 독특한 문제 상황이 있다고 하는 견해가 있다. 위 이완규, "디지털 증거 압수수색과 관련성 개념의 해석", 143쪽.
　그러나 수사기관의 물적 증거 확보절차에도 피의자의 참여권을 보장함으로써 다른 나라보다 더 강화된 형태로 헌법상의 적정한 형사재판 청구권을 보장하려 한 우리 형사소송법 제정 입법자들의 의사는 존중되어야 마땅하고, 공무원인 검사 등 수사기관은 그러한 법을 지켜야 할 책무가 있다. 우리 형사소송법 제정의 입법경위에 관하여 오기두, "피고인의 공판정 진술과 전자문서의 진정성립", 사법발전재단, 「사법」(2013. 6.), 181쪽 이하 참조. 더욱이 미국이나 캐나다에서도 위에서 본 바와 같이 영장의 집행에 관한 통지를 하도록 하고 있음을 주의 깊게 보아야 할 것이다. 미국의 경우 Fed. R. Crim. Pro. Rule 41(f); 665 F.Supp.2d 1210, 1222-3.

보장 조항은 원칙적으로 압수·수색영장집행 대상을 그 영장에 기재된 피고인이나 피의자로 국한해야 함을 표현하여 주관적 관련성 원칙을 구현한 조항이라고 해야 한다. 나아가 압수물을 처분할 때 피고인·피의자 또는 변호인에게 미리 통지하여야 한다는 법 제135조, 제219조도 이러한 주관적 관련성 원칙을 표명한 것이다. 따라서 피고인·피의자 이외의 제3자에 대한 압수·수색영장집행은 매우 제한적으로만 허용되어야 한다. 예컨대 그 제3자가 생성한 전자정보가 인터넷 등 컴퓨터 통신망이나[1] 스마트폰 등 무선통신망을 통해 피고인·피의자에게 전송되어 피고인·피의자의 컴퓨터나, 스마트폰 등에 저장되어 있을 때에는 우선 피고인·피의자 소유의 컴퓨터나 스마트폰이 압수·수색의 집행대상이 되어야 한다.

제3자가 소유하고 있는 컴퓨터나 스마트폰 등에 대한 압수는, 압수의 총칙 규정이라고 할 수 있는 제106조의 해석론과 같이 보아야 한다.[2] 즉 제3자가 피고인·피의자에게 발신한 전자정보로서 그 제3자 소유의 스마트폰, 컴퓨터 하드디스크 등에 저장되어 있는 전자정보가 피고인·피의자의 ㉠ 범죄행위에 제공하였거나 제공하려고 한 전자정보라거나, ㉡ 그 범죄행위로 인하여 생하였거나 이로 인하여 취득한 전자정보라거나, ㉢ 그 각 대가로 취득한 전자정보일 때, 그리고 압수영장에서 그 압수를 기재하고 있을 때에 한하여 이를 압수할 수 있다고 할 것이다. 반면, ⓐ 문제된 전자통신정보가 범죄행위에 제공되는 것과 전혀 상관이 없거나, ⓑ 범죄행위로 인하여 생성, 취득한 것이 아니거나, ⓒ 또는 그 각 대가로 취득한 것이 아니거나, ⓓ 압수영장에 제3자가 집행대상으로 기재되

---

[1] 만약 인터넷 서비스 업체가 보관하는 인터넷 계정에 대해 수색·검증, 압수를 실시한다면 영장기재의 특정성 원칙은 주관적 관련성 원칙을 적용할 때 특정 피의자나 피고인을 영장집행 대상자로 발부된 영장이면 충족되고, 개별 인터넷 서비스 업체가 제공하는 인터넷 계정별로 압수·수색영장을 발부받아야 한다고 할 수는 없다. 위 Orin S. Kerr, "Applying the Fourth Amendment to the Internet: A General Approach", 62 Stan. L. Rev. 1005. 특히 위 글 Part III.

[2] 다음은 문화일보 2012. 10. 8.자 1쪽 기사의 내용이다.
「최근 판사 출신의 A 변호사는 수임 사건 변론을 준비하기 위해 검찰에서 넘겨받은 수사기록을 보고 깜짝 놀랐다. 기록 중 피의자가 아닌 참고인, 사건과 관련 없는 제3자와 문자메시지 및 카카오톡을 통해 주고받은 대화내용 등이 포함돼 있었기 때문이다. 특히 문자메시지에는 일상적인 대화는 물론, 두 사람간의 부적절한 관계를 시사하는 내용까지 포함돼 있어 제3자의 사생활까지 부당하게 침해당한 상태였다. 스마트폰 사용자가 3,000만 명을 넘어선 가운데 검찰의 스마트폰 압수수색으로 인해 피의자는 물론, 제3자의 개인정보가 부당하게 유출되고 있다는 우려가 높아지고 있다. 스마트폰의 경우 기존 휴대전화와 달리 PC기능까지 갖추고 있는 데다 저장용량이 34기가에 이르러 PC를 압수했을 때보다 훨씬 다양하고 많은 정보를 확보할 수 있다. 더구나 스마트폰은 디지털 포렌식(전자증거물의 메모리복구기술)을 통해 복구되는 데이터 양도 많아 비록 사용자가 통화 및 문자메시지 기록이나 인터넷 뱅킹 및 쇼핑 등의 기록을 삭제해도 복구가 가능하다.」

어 있지도 않거나, ⓔ 특히 제3자가 피고인·피의자 이외의 또 다른 제3자와 통신한 전자정보라고 한다면, 해당 전자정보가 압수의 대상이 된다고 할 수 없다. 다만, 수색을 실시하기 이전에는 위와 같은 요건에 해당하는지 알 수 없으므로 제3자를 대상으로 한 수색은 다소 완화하여 허용할 수 있다고 할 것이다.

이상에서 본 압수·수색 요건에 해당하는 경우에 한하여 제3자가 생성한 정보가 저장되어 있는 제3자 소유·소지·보관의 전자저장매체를 수색·검증, 압수할 수 있다. 그리고 이 때 영장집행의 일시와 장소를 통지받을 권리[1] 및 집행에 참여할 수 있는 자는 피고인·피의자, 변호인 이외에 그 제3자도 해당한다고 할 것이다. 제3자가 피고인·피의자에게 전송한 전자정보가 피고인·피의자가 가입한 인터넷 서비스 업체의 서버에 저장되어 있을 때에 관하여는 법 제107조에서 살펴본 바와 같이 제한된 범위에서 압수한 후, 그 제3항에 따라 발신인이나 수신인에게 압수한 취지를 통지하여야 한다.[2]

---

1) 「1. 압수수색 집행에 대한 사전통지를 분별없이 일률적으로 적용하게 되면, 범죄수사와 실체적 진실발견이라는 형사소송법의 다른 중요한 목적을 달성할 수 없게 된다는 점을 고려한 법 제122조 단서의 취지와 문언의 의미 등을 종합하여 보면, 위 법률조항의 '급속을 요하는 때'라 함은 압수수색 집행사실을 피의자에게 미리 통지하여 줄 경우 압수수색의 대상이 된 증거를 인멸하거나 훼손하여 압수수색의 목적을 달성할 수 없게 되는 때를 의미하는 것으로 합리적으로 해석할 수 있고, 그와 같이 압수수색의 목적을 달성할 수 없게 되는 예외 사유를 구체적으로 나열하거나 세부적으로 특정하는 것은 압수수색의 집행과 관련하여 다양하게 나타날 수 있는 사실관계에 비추어 바람직하다고 할 수 없으므로, 위 조항이 명확성원칙에 위배된다고 할 수 없다.
   2. 법 제122조 단서에 의하여 피의자 등이 압수수색 사실을 사전통지받을 권리 및 이를 전제로 한 참여권을 일정 정도 제한받게 되기는 하지만, 그 제한은 '사전통지에 의하여 압수수색의 목적을 달성할 수 없는 예외적인 경우'로 한정되어 있고, 전자우편의 경우에도 사용자가 그 계정에서 탈퇴하거나 메일 내용을 삭제·수정함으로써 증거를 은닉·멸실시킬 가능성을 배제할 수 없으며, 준항고 제도나 위법수집증거의 증거능력 배제 규정 등 조항 적용의 남용을 적절히 통제할 수 있는 방법이 마련되어 있는 점, 반면에 이와 같은 제한을 통해 압수수색 제도가 전자우편에 대하여도 실효적으로 기능하도록 함으로써 실체적 진실 발견 및 범죄수사의 목적을 달성할 수 있도록 하여야 할 공익은 매우 크다고 할 수 있는 점 등을 종합해 보면, 이 사건 법률조항에 의하여 형성된 절차의 내용이 적법절차원칙에서 도출되는 절차적 요청을 무시하였다거나 비례의 원칙이나 과잉금지원칙을 위반하여 합리성과 정당성을 상실하였다고 볼 수 없다.」(헌재 2012. 12. 27. 2011헌바225, 판례집 24-2하, 467).
2) 따라서 우리 형사소송법 제107조 제3항과 같은 조항이 없는 미국에서 FedEx가 보관 중인 우편물을 경찰이 압수하였다고 하더라도 영장사본이나 영수서를 FedEx에 놓아두면 족하고 발신인이나 수신인에게 수색, 압수 사실을 알려줄 의무가 없다고 해석하거나, Google이나 Webhost 등 인터넷 서비스 업체를 통해 송수신된 이메일에 관해 위 업체들의 서버에 저장되어 있는 이메일은 제3자(third party)에게 위탁된 정보이므로 가입자에게 그 수색, 압수사실을 알려 줄 의무가 없다고 해석하고 있다고 하더라도, 그러한 해석론을 법제가 다른 우리가 수용할 수는 없는 것이다. United States v. Zacher, 465 F.3d 336, 339(8th Cir. 2006); 665 F.Supp.2d 1210, 1221.

4. 주관적 관련성을 특별히 검토해야 할 영역

가. 친족, 친지

헌법상 연좌제가 금지된다. 그러므로 단지 피고인·피의자와 혈연으로 연결된 친척이나, 선택에 의해 배우자와 가족이 되었다는 이유만으로 수색·검증, 압수의 대상이 되면 안 된다.[1] 항차 피고인·피의자와 친구나 지인인 정도에 그치는 사람인데도 그 대상이 되어서는 안 된다. 너무나 당연한 사리인데도 과거에는 제대로 준수되지 않은 적도 있어서 급기야 헌법 제13조 제3항에까지 명시되기에 이른 원칙이다.[2]

나. 헌법이나 법률로 특별히 보호되는 관계일 때

피고인이나 피의자와 압수·수색의 필요성이 인정되는 인간관계를 맺고는 있으나, 헌법적 요청이나 법률상으로 특별히 보호되어야 할 관계에 있는 사람에 대한 압수·수색이 제한된다. 형사소송법 제110조의 군사상 비밀과 압수, 제111조의 공무상 비밀과 압수, 제112조의 업무상 비밀과 압수 등이 이에 해당한다.

특히 우리가 주목해야 할 부분은 형사소송법 제112조의[3] 업무상 비밀과 압수이다. 예컨대 변호사-의뢰인 관계로 보호되어야만 헌법상 변호인의 조력을 받을 권리를 실질적으로 보호하고, 변호사의 업무활동의 비밀을 보장할 수 있을 때[4] 압수는 제한되어야 한다.[5] 변리사, 공증인, 공인회계사, 세무사, 대서업자,

---

1) 금융계좌추적에 있어서도 거액의 횡령·배임 등 기업범죄와 뇌물·배임수재 등 부패범죄에 관해 독립한 경제생활을 영위하는 직계 존·비속, 형제자매 및 그 범위를 넘어서는 친인척의 경우 포괄계좌에 대한 금융정보추적으로 보아 영장을 발부하지 않는 것이 법원의 실무례이다. 기업범죄에 있어서 단순히 회사 직원이나 피의자의 지인으로서 계좌를 대여하였다는 이유만으로 그들의 포괄계좌에 대한 압수·수색을 허용하는 것도 아니다(2013. 2. 28.자 사법연수원에서 실시된 영장실무법관연수 자료집 78쪽).

2) 「헌법 제13조 제3항은 '친족의 행위와 본인 간에 실질적으로 의미 있는 아무런 관련성을 인정할 수 없음에도 불구하고 오로지 친족이라는 사유 그 자체만으로' 불이익한 처우를 가하는 경우에 적용된다.」(헌재 2005. 7. 21. 2005헌마19)

3) 형사소송법 제112조(업무상 비밀과 압수):
   "변호사, 변리사, 공증인, 공인회계사, 세무사, 대서업자, 의사, 한의사, 치과의사, 약사, 약종상, 조산사, 간호사, 종교의 직에 있는 자 또는 이러한 직에 있던 자가 그 업무상 위탁을 받아 소지 또는 보관하는 물건으로 타인의 비밀에 관한 것은 <u>압수를 거부할 수 있다</u>. 단, 그 타인의 승낙이 있거나 중대한 공익상 필요가 있는 때에는 예외로 한다." <개정 1980. 12. 18, 1997. 12. 13.>

4) 「a라는 사람이 수사기관에 의해 범죄혐의를 받고 있다고 해서 b라는 사람마저 자기 관련 정보를 수사기관에 압수당할 이유는 없다. 그와 잠시 인간관계(human relationship)를 맺었을 뿐이기 때문이다. 어차피 각자의 인생은 각자가 알아서 살아가는 것이고, 따라서 자기 인생은 자기가 책임져야 한다. 그와 같은 개인책임의 원리가 근대 형사사법의 핵심요체 중의 핵심이다. 왜 b가 a

의사, 한의사, 치과의사, 약사, 약종상, 조산사, 간호사, 종교의 직에 있는 자가 업무상 위탁을 받아 소지하거나 보관하는 물건으로서 위탁자 등 타인의 비밀에 속하는 물건, 전자정보 등도 압수할 수 없다. 그 예외는 위 타인의 승낙이 있는 때, 또는 중대한 공익상 필요가 있는 때이다. 위 타인의 승낙이 있는 때에는 비록 변호사 등의 거부가 있더라도 수사기관이 압수할 수 있음은 당연하다. 그러나 그 타인의 승낙도 없고, 변호사 등이 압수를 거부하는데도 중대한 공익상 필요만을 이유로 하여 압수를 당연한 것으로 허용하는 형사소송법 제112조 단서 규정은, 내용을 특정하기 어려운 불분명한 요건을 부가하여 수사기관의 자의적인 압수를 허용하는 법률이라는 의심을 준다. 수사기관으로서는 위헌적인 집행이 이루어지지 않도록 겸손하게 압수를 해야 할 것이다. 다음의 점을 생각해보면 특히 전자정보의 압수·수색에 관하여 수사기관이 헤쳐 나갈 수 있는 길은 있기 때문이다.

즉, ① 형사소송법 제112조의 문언에서 금지하고 있는 것은 압수일 뿐이다. 그러므로 수색은 영장기재의 특정성 원칙을 침해하지 않는 정도의 특정만 있으면 압수보다 넓게 이루어질 수 있다. 따라서 예컨대 변호사 사무실 컴퓨터 하드디스크에 대한 현장 수색이[1] 이루어지고, 그것을 통해 지득한 전자정보의 내용

때문에 당연히 수사기관의 추적 대상이 되어야 하는가? 더욱이 b가 a와 관계를 맺는 것이 헌법상이나 법률상으로 보호되어야 할 관계라면? 이때는 a에 대한 범죄혐의를 수사하기 위해 b에 대한 전자정보를 수사기관이 마구마구 훑어 빼앗아 가면 안 되는 것이다. 예컨대 b가 a의 변호인이라면, 그 변호사−의뢰인의 관계가 헌법 제12조 제4항의 변호인의 조력을 받을 권리로 보호된다. 또한, 형사소송법 제149조로 변호인의 증언거부권에 의해서도 보호된다. 그런 관계일 때 a의 범죄혐의를 수사하던 수사관이 b가 a에게 보낸 법률상담 내역이 기재된 이메일을 당연히 압수할 수 있다고 할 수 없다. 대법원 2012. 5. 17. 선고 2009도6788 전원합의체 판결은 위 이메일에 관해 변호사 b가 증언거부권을 행사하자 형사소송법 제314조에 의해서도 증거능력을 인정할 수 없다고 판시하였다. 너무나 당연한 판결이다. 단지 실체적 진실발견을 위해 이때에도 증거능력을 인정해야 한다고 한 대법관은 1인뿐이었다. 이때 변호사−의뢰인의 특권으로 비밀리에 이루어진 의사교환은 공개를 거부할 수 있도록 해야 한다고 주장하는 김재중, "변호사가 의뢰인에게 전자우편으로 보낸 법률의견서가 압수된 경우 그 증거능력", 2012. 12. 3.자 대한변협신문 13쪽 참조. a에 대한 범죄혐의로 압수를 하다 b에 관한 범죄혐의 정보가 있음을 알게 되었다고 하더라도 별도의 영장을 받아 b에 관한 정보를 압수해야 한다.」 오기두, 국가인권위원회, 사이버수사 및 디지털증거수집 실태조사 결과 발표 및 토론회, 2012. 12. 11.자 토론문.

5) 미국 연방법무부도 변호사 사무실에 대한 압수·수색을 엄격한 요건을 부가하여서(범죄증거가 있을 개연성이 강하게 인정되고, 덜 침해적인 방법이 고려되었거나 거절되었을 때), 매우 제한적으로만(연방 검사나 검찰부총장의 명시적 승인 및 법무부 형사과와의 사전협의) 인정하고 있다. The United States Attorney's Manual(USAM) 6-4.130(Oct. 1997); 9-13.420(Oct. 1999).

1) 전자정보 저장매체의 현존 장소에서 그에 저장된 전자정보 자체를 수색·검증한 후 범죄혐의사실과 관련된 전자정보만을 현장에서 복제, 출력하는 등으로 압수하는 것이 법 제106조 제3항이 요구하는 원칙적인 강제처분 방법이다. 이처럼 수색·검증과 압수의 관련성을 이원적으로 파악하면 수색 단계에서의 각종 포렌식 절차가 영장주의의 적용대상인지에 관해 개념상의 혼란을 일으키는 논란은 일어나지 않을 것이다. 수색단계에서의 디지털 포렌식 절차도 수색영장의 집행

에 기초하여, 그리고 그 수색된 정보를 압수하지 않고, 따라서 그것을 제시하지도 않은 상태에서 수사기관이 관련자를 추궁하여 획득한 진술은 위법수집증거라고 하기 어렵다. ② 이러한 법리는 위 법 제111조의[1] 공무상 비밀과 압수에 대해서도 그대로 적용된다. 위 법 제111조가 금지하고 있는 것은 공무원 또는 공무원이었던 자가 소지 또는 보관하는 물건이나 전자정보에 관하여 본인 또는 그 해당 공무소가 직무상의 비밀에 관한 것임을 신고한 때 그 소속공무소 또는 당해 감독관공서의 승낙 없이 하는 압수일 뿐이다. 즉 수색은 그러한 제한 없이 할 수 있다는 의미이다. 그러므로 공무소에 있는 컴퓨터 서버에 대한 현장수색을 통해 지득한 전자정보의 내용을 기초로, 그것을 압수하지 않고, 제시하지도 않은 상태에서 수사기관이 관련자를 조사하여 획득한 진술은 위법수집증거라고 할 수 없다. ③ 그러나 형사소송법 제110조에[2] 의해 군사상 비밀을 요하는 장소에 대하여는 압수뿐 아니라 수색 자체도 원칙적으로 금지된다. 따라서 예컨대 병영 안에 소재하고 있는 컴퓨터 하드디스크에 관하여는 그 책임자의 승낙 없이는 압수나 수색을 할 수 없다. 설령 그러한 승낙 없이 병영 내 현장에 있는[3] 컴퓨터를 수색하여 압수한 전자정보나, 그것을 기초로 지득한 정보로 관련자를 추궁하여 획득한 진술도 모두 증거능력이 부정되어야 한다.

이자 검증이 수반되는 절차로서 강제처분이고 당연히 영장주의의 적용영역이기 때문이다. 이런 측면에서 디지털 포렌식 수사관의 증거분석행위에 압수 종료 이후의 단계에 불과하므로 영장주의가 적용될 수 없다는 식의 주장을 하는 것은 수긍할 수 없다. 박혁수, 디지털 정보에 대한 압수수색 실무상 문제점, 2012. 12. 17.자 대법원 형사실무연구회 토론문 첨부자료 참조.

1) 형사소송법 제111조(공무상 비밀과 압수)
"① 공무원 또는 공무원이었던 자가 소지 또는 보관하는 물건에 관하여는 본인 또는 그 해당 공무소가 직무상의 비밀에 관한 것임을 신고한 때에는 그 소속공무소 또는 당해 감독관공서의 승낙 없이는 압수하지 못한다.
② 소속공무소 또는 당해 감독관공서는 국가의 중대한 이익을 해하는 경우를 제외하고는 승낙을 거부하지 못한다."
2) 형사소송법 제110조(군사상 비밀과 압수)
"① 군사상 비밀을 요하는 장소는 그 책임자의 승낙 없이는 압수 또는 수색할 수 없다.
② 전항의 책임자는 국가의 중대한 이익을 침해하는 경우를 제외하고는 승낙을 거부하지 못한다."
3) 위에서 본 바와 같이 현행 형사소송법 제106조 제3항에 의하면, 전자정보를 수록한 저장매체가 현존하는 현장에서 관련성 있는 전자정보만을 분리, 추출하여 압수해야 하는 것이 원칙이다. 이에 대해 "사본 압수 원칙을 따르다 보니 법집행 과정에서 많은 차질이 빚어지고 있다. 현장에서 며칠간 압수수색이 지속되는 경우도 있고, 하드디스크를 반출할 수 없어 삭제파일을 복구할 수 없는 경우도 많다. 현장에서 일부만을 복제한 후 수사를 진행하다가 추가 압수수색의 필요성이 있어 다시 나가 보았자 원본 디스크는 이미 폐기되고 없다"며 볼멘 소리를 하는 경우도 있다(정수봉 대검 디지털수사담당관, "공안사건과 디지털 증거법," 법률신문 2012. 6. 7.자 14쪽). 그러나 법을 지켜야 하는 것은 모든 공무원과 법관, 국민의 당연한 의무이다. 나아가 위와 같은 전자증거의 수색·검증, 압수에 관한 현장 강제처분 원칙은 관련성 원칙을 적용하기 위한 헌법상의 요청으로서 입법자도 함부로 적용을 피해갈 수 없는 원칙이라고 해야 한다.

다. 통신제한조치

통신내용 감청이나 통신사실 확인자료[1] 압수 등 통신제한조치에도 주관적 관련성의 원칙이 적용되어야 한다.[2][3] 나아가 통신제한조치의 상대방은 주관적 관련성의 원칙상 범죄혐의자(a)에 국한된다고 보아야 한다.[4] 그 이외의 제3자 (b)에 대한 통신제한조치를 허가하면 혐의자(a)와 그 제3자(b) 간의 통신뿐만 아니라 그 제3자(b)와 또 다른 제3자(c)와의 통신도 제한하는 결과를 초래한다. 이에 관하여 통신비밀보호법 제5조 및 제6조의 규정 형식과, 대부분의 통신제한 조치가 혐의자의 추적이나 소재 파악을 목적으로 한다는 점에서 주변인물에 대

---

1) 인터넷 압수·수색에 관하여 미국법상 전통적인 압수·수색 이론이 구별하는 물리적인 내부/외부 구별을 인터넷상으로는 통신자의 신원, 위치, 시간 등 통신사실 확인자료와 해당 통신자의 사적인 의사 표현인 통신내용의 구별로 대체하여 후자에 한해 미국 연방 헌법 수정 제4조의 보호를 부여하여야 한다는 견해가 있다. United States v. Fregoso, 60 F.3d 1314, 1321(8th Cir. 1995); Warshak v. United States, 532 F.3d 521(그 원심 결정은 490 F.3d 455임)(6th Cir. 2008); 512 F.3d 500(9th Cir. 2008); 위 Orin S. Kerr, "Applying the Fourth Amendment to the Internet: A General Approach", 62 Stan. L. Rev. 1005.
   그러나 미국법상으로도 통신내용 뿐만 아니라 통신사실 확인자료도 헌법이나 법률로 보호되고 있으며, 우리 통신비밀보호법도 그러하다. 다만 그 보호의 정도에 있어 작은 차이가 있을 뿐이다. 통신의 자유나 사생활의 자유 등 기본권 보장을 위해 통신내용뿐만 아니라 통신사실도 보호할 필요가 있다. 결국 위와 같은 통신사실 확인자료와 통신내용의 구별을 통해 헌법상 압수·수색 규정에 의한 보호 여부를 결정하려는 Orin S. Kerr 교수의 견해는 미국 법제상으로도 타당한 견해가 아닐 뿐 아니라[Daniel J. Solove, "Reconstructing Electronic Surveillance Law", 72 Geo. Wash. L. Rev. 1264, 1286-88(2004)], 우리나라 법제상으로 수용하기도 어려운 견해라고 하지 않을 수 없다. 오기두, "수사상 전자통신자료의 취득에 관한 헌법적 문제", 헌법재판소, 「헌법논총」 제15집(2004), 359쪽 이하.
2) 현재 압수·수색영장으로 처리하고 있는 수신완료 후의 이메일 압수·수색에 관하여도(대법원 2013. 11. 28. 선고 2010도12244 판결), 통신비밀보호법에 정해진 정도의 엄격한 영장발부기준과 절차가 준수되어야 한다. 이메일은 사생활의 보호를 넘어 현대 전자민주정치를 구현하는 수단임과 동시에 통신의 자유권을 구현하는 중요한 수단이 되고 있기 때문이다. 나아가 스마트폰 등 휴대폰이나 태블릿 PC 등으로 행한 문자메시지 전송에 대해서도 같은 수준의 보호가 이루어져야 한다. "따라서 특정 관련자들 사이에서의 범행 지시·공모가 이메일로 이루어진 경우 등 범죄와 관련하여 이메일을 송·수신하였거나 하였을 것으로 의심되는 대상자들의 범위를 특정할 수 있는 경우 압수·수색할 물건을 그 대상자들 사이에서 송·수신된 이메일로 한정하며, 만연히 대상자들이 송·수신한 이메일 전체를 압수·수색하도록 허가해서는 안된"다(2013. 2. 28.자 사법연수원에서 실시된 영장실무법관연수자료집 62쪽).
3) 공개되지 아니한 타인간의 대화를 녹음하거나 전자장치 또는 기계적 수단을 이용하여 청취하는 행위도 통신제한조치로서 통신비밀보호법에 의한 규제를 받아야 한다(통신비밀보호법 제3조 제1항, 제14조). 통화당사자 일방의 동의가 있더라도 상대방의 동의가 없이 감청하면 불법감청에 해당한다(대법원 2002. 10. 8. 선고 2002도123 판결).
4) 휴대전화 통화내역 조회에 의한 실시간 위치추적도 영장집행 대상인 피의자가 사용하는 휴대전화에 국한되어야 한다. 따라서 도피중인 피의자가 타인 명의의 휴대전화를 사용한다는 수사기관의 주장이 있더라도 그 점에 대한 충분한 소명이 이루어지지 않으면 영장담당 판사로서는 실시간 위치추적을 허용할 수 없다(2013. 2. 28.자 사법연수원에서 실시된 영장실무법관연수 자료집 86쪽).

한 통신제한조치가 불가능하다면 통신제한조치의 효과가 반감된다는 점 등에
비추어 보면, 이를 허가하되 혐의자와의 관련성, 통신제한조치의 허가요건 등을
엄격히 해석하여 그 남용을 억제하는 것이 타당하다는 견해도 있다.[1] 대상자가

1) 서울중앙지방법원 2011. 12. 22. 선고 2009고합731, 2011고합348(병합) 판결의 판시내용을 살펴
보면 다음과 같다.

피고인들은 다음과 같이 주장하였다. 「수사기관은 범민련 남측본부 사무실에 설치된 인터넷
전용선을 통해 전기신호 형태로 흐르는 패킷을 감청(이하 '패킷 감청'이라 한다)하였는바, 이러
한 패킷 감청은 감청대상자와 무관한 제3자의 통신내용이나 수사목적과 무관한 통신내용까지
무제한적으로 감청하는 결과를 초래하여 피고인들의 통신 및 대화의 비밀과 자유를 침해하는
것이므로, 패킷 감청을 통하여 수집된 증거들은 위법수집증거로서 피고인들에 대한 유죄의 증거
로 삼을 수 없다.」

이에 대한 위 법원의 판단은 다음과 같다. 「① 국가보안법위반 범행을 계획 또는 실행하였다고
의심할 만한 충분한 이유가 있고 다른 방법으로는 그 범죄의 실행을 저지하거나 범인의 체포 또
는 증거의 수집이 어려운 경우에는 법원의 허가를 얻어 그 해당자가 송·수신하는 전기통신에
대한 통신제한조치가 허용되는데(통신비밀보호법 제5조), 여기서 '전기통신'이라 함은 전화·전
자우편·회원제정보서비스·모사전송·무선호출 등과 같이 유선·무선·광선 및 기타의 전자적 방
식에 의하여 모든 종류의 음향·문언·부호 또는 영상을 송신하거나 수신하는 것(통신비밀보호
법 제2조 제3호)을 말하는바, 인터넷 전용선을 통하여 흐르는 전기신호 형태의 패킷도 유선·무
선·광선 및 기타의 전자적 방식에 의하여 송·수신되는 음향·문언·부호 또는 영상으로서 전기
통신에 해당하는 것이므로 통신제한조치의 요건을 구비한 경우에는 <u>인터넷 전용선(패킷)에 대
한 통신제한조치도 통신비밀보호법상 허용 가능한 점</u>, ② 인터넷 전용선에 대한 통신제한조치를
하는 경우 특정 전자우편이나 회원제정보서비스 등에 대하여 통신제한조치를 하는 것에 비하여
는 다소 포괄적 집행이 이루어질 우려가 있으나, 수사기관에서 대상자가 이용하는 전자우편을
사전에 모두 확인하는 것은 쉽지 않고, 특히 타인 명의로 가입한 전자우편이나 외국에 서버를
둔 전자우편이나 수사기관에 비협조적인 조직의 전자우편을 사용할 경우 이에 대한 통신제한조
치가 사실상 곤란하게 될 우려가 있으므로 <u>인터넷 전용선에 대한 통신제한조치의 현실적 필요
성이 인정되는 점</u>, ③ 인터넷 전용선에 대한 통신제한조치를 하는 경우 대상자와 무관한 제3자
의 통신내용이나 수사목적과 무관한 통신내용이 감청될 우려가 있으나, 이는 전화나 팩스에 대
한 통신제한조치를 하는 경우에도 역시 마찬가지로 불가피하게 발생하는 것으로서 위와 같은
이유만으로 인터넷 전용선에 대한 통신제한조치가 위법하다고 단정할 수 없고, 위와 같은 문제
는 <u>법원이 인터넷 전용선에 대한 통신제한조치 허가여부를 결정함에 있어 통신제한조치의 필요
성과 그 소명 정도 및 그로 인하여 발생가능한 국민의 통신비밀에 대한 침해를 비교형량하여 신
중한 노력을 기울임으로써 그 침해를 최소화할 수 있다고 보이는 점</u>, ④ 판시 범죄사실에서 본
바와 같이 피고인 2는 범민련 남측본부 사무실에서 북한 공작원인 공소외 1과 통신·연락을 주
고받는 등 이적활동을 계속적으로 하고 있고, 이메일을 이용하여 통신·연락을 하는 경우에는
이메일 발송 직전에 상대방에게 연락하여 이메일 발송 사실을 알리고, 그 상대방은 이메일 수신
직후 그 이메일을 삭제하는 방식으로 증거를 인멸하고 있어(판시 범죄사실 제2의 나.항 참조)
인터넷 전용선에 대한 통신제한조치를 통한 증거 수집의 필요성이 큰 반면, 이 사건 인터넷 전
용선에 대한 통신제한조치는 이적단체인 범민련 남측본부의 사무실에서 사용하는 인터넷 전용
선만을 대상으로 한 것이므로 그 과정에서 수사목적과 무관한 통신비밀에 대한 침해의 가능성
은 그리 크지 않은 것으로 보이는 점 등에 비추어 보면, 이 사건에서 수사기관이 법원의 허가를
얻어 범민련 남측본부의 인터넷 전용선에 대한 통신제한조치를 집행한 것은 적법하다 할 것이
므로, 피고인들의 이 부분 주장도 이유 없다.」(밑줄은 저자가 그었음).

위 사건의 항소심인 서울고등법원 2012. 6. 8. 선고 2012노82 판결은 위 제1심 판결이 든 위 사
정에 더하여 「본건 패킷감청은 법관이 통신비밀보호법에 따라 적법하게 발부한 허가서에 기해

피의자와 자연적(혈연적) 또는 사회적으로 밀접하게 관련되어 있어 피의자가 범행을 계획·실행하거나 도망 혹은 증거인멸을 하면서 대상자로부터 도움을 얻을 것이 예상되거나 아니면 적어도 안부 등을 주고받기 위하여 대상자와 통신할 개연성이 있다는 것이 소명되면 판사가 통신제한조치를 허가할 수 있다고 하기도 한다. 피의자와 직접적인 관계에 있지 않은 제3자도 객관적인 정황상 그 제3자의 통신수단을 매개로 하여 피의자와 직접적인 관계가 있는 자가 교신할 고도의 개연성이 소명되는 경우에는 통신제한조치를 허용할 수도 있다고 하기도 한다. 대화도청의 경우에는 피의자 이외의 자가 지배하고 있는 시설이나 장소라고 하더라도 범죄의 실행과 관련되어 사용되고 있거나 사용되려고 한다고 믿을 만한 상당한 이유가 있는 경우에는 그 시설이나 장소의 지배자를 대상으로 하여 통신제한조치가 가능할 것이라고 하기도 한다.[1] 주관적 관련성의 범위를 매우 폭넓게 인정하고 있는 견해이다. 그러나 이러한 기준은 주관적 관련성 원칙을 거의 유명무실하게 할 정도의 느슨한 기준이라고 생각된다.

통신비밀의 침해는 단순한 사생활의 비밀 침해보다 사회적 관계 맺기를 억압하는 중대한 기본권 제한이다.[2] 통신비밀보호법은, 헌법이 특별 규정으로 보호하고 있는 통신비밀이나(헌법 제18조) 주거의 자유권(헌법 제16조)[3] 보장 규정을 정면으로 치받는 법률인 것이다.[4] 통신제한조치의 남용을 적절히 제어하지 못

___

이루어진 점(통신제한조치허가서는 영장으로서의 실질을 갖는다), 그 집행 과정에서 어떠한 위법행위가 있었던 것으로 보이지는 않는 점, 패킷감청을 통해 직접적으로 수집된 자료는 이 사건 증거로 제출되지 않은 것으로 보이는 점 등까지」 고려하여 위 제1심의 판단을 긍정하였다.
   그 상고심인 대법원 2012. 10. 11. 선고 2012도7455 판결도 이 사건 패킷 감청을 통하여 수집된 자료가 증거로 제출된 바 없음은 피고인들도 인정하고 있는 바와 같고, 원심판결 이유 및 기록에 의하면 「이 사건 패킷 감청을 통하여 파생된 자료가 증거로 제출되거나 원심의 유죄 인정의 증거로 채택되었다고 볼 수도 없」다며 위 하급심 법원들의 판단을 용인하였다.
   그러나 만약 패킷감청을 통하여 수집된 자료 자체나 그로부터 획득한 과실(fruit)이 공소사실 입증을 위한 증거로 제출되었다면 주관적 관련성 위반을 이유로 위법수집증거로서 그 증거능력을 부정할 여지도 있었다고 하겠다.
1) 이상은 위 「법원실무제요」, 379-380쪽(2014년 개정판은 384-385쪽)에 기술되어 있는 내용이다.
2) 전체국가적 감시체제(National Surveillance State)는 사후적인 체포와 구속보다 사전적인(ex ante) 범죄예방에 집착하는 속성을 갖는다. 그것을 통해 전체주의 국가는 전통적인 헌법상의 권리장전규정(Bill of Rights)을 우회하는 수단을 찾으려고 끊임없이 시도할 것이다. 현대 디지털 정보화 사회에서 이러한 전체주의 국가가 등장할 위험가능성은 상존한다. 위 Jack M. Balkin, "The Constitution in the National Surveillance State", 93 Minn. L. Rev. 1, 15.
3) 집안에서의 이동 상태를 추적하기 위해 무선호출장치인 속칭 삐삐(beeper)를 설치하는 수사활동은 privacy에 대한 고도의 기대를 침해하는 행위로서 미국 연방 헌법 수정 제4조의 규제를 받는 수색(search)에 해당한다고 한 United States v. Karo, 468 U.S. 705(1984), at 715.
4) 전자적 감시는 결사의 자유, 표현의 자유, 이동의 자유, 합법적인 항의의 자유 등을 제한하므로, 국민을 등록하게 하고, 추적하고, 조사하며, 감독하는 정부의 광범한 자원들은 제한되어야 마땅

하면 자유로운 통신으로 이루어지는 전자민주제도를 바로 국가가 심각하게 침해하는 사태가 현실로 나타날 수 있다.[1] 주관적 관련성을 적용함에 있어 가장 우선시되는 원칙은 범죄혐의자의 통신내역만이 제한되어야 한다는 것이다. 그러는 와중에 반사적으로 범죄혐의자가 제3자와 통신한 내역이 제한되는 것에 불과할 뿐이라고 해야 한다. 그렇지 않고 제3자가 소유·소지·보관하는 통신기기를 대상으로 하거나, 제3자의 주거, 거소지, 사무실 등을 집행대상으로 한 통신제한조치(예컨대 제3자의 침실에 도청기를 설치하는 행위)는 허용되지 않아야 한다. 만약 그 제3자를 직접 통신제한조치의 대상으로 하고자 하면 그 제3자를 공동정범이나 교사·방조범 등의 범죄혐의자로 입건한 연후에야 통신제한조치를 할 수 있다고 제한적으로 해석해야 할 것이다. 통신비밀보호법 제6조 제1항도 통신제한조치 청구는 각 피의자별 또는 각 피내사자별로 하여야 한다고 규정하여 통신제한조치의 대상은 해당 범죄혐의자에 국한됨을 명시하고 있다고 보인다. 나아가 위 법률 제6조 제4항은 동일한 범죄사실에 대하여 그 피의자 또는 피내사자에 대하여 통신제한조치의 허가를 청구하였거나 허가받은 사실이 있는 때에는 다시 통신제한조치를 청구하는 취지 및 이유를 기재하도록 하고 있다. 이것도 피의자나 피내사자가 통신제한조치의 상대방이며, 그들에 대해 통신제한조치를 재청구하는 때 그 사유를 기재하도록 한 조항이라고 이해해야 한다. 만약 통신제한조치 허가영장이 발부된 해당 피의자 a등 이외의 제3자 b에 대하여도 통신제한조치를 할 수 있다면 수사기관은 피의자 a에 대해 발부된 통신제한조치 영장에 의해 거듭 제3자 b에 대해 통신제한조치를 집행하고, 이어 제3자 b와

하다. 따라서 그러한 수사권 행사에 대하여는 법원의 통제가 미쳐야 할 뿐만 아니라 정부의 전자적 감시조치 이행 상황을 국회에 대한 현황보고서 제출 등을 통해 공공에 투명하게 공개하도록 해야 할 것이다. 캐나다의 경우 프라이버시 보호법(Protection of Privacy Act)에 의해 '공공안전 및 위기대비부 장관'(Minister of Public Safety and Emergency Preparedness)으로 하여금 의회에 전자감시 현황을 연감(Annual Report) 제출을 통해 보고하도록 하고 있다. 위 Nicholas Koutros, Julien Demers, "Big Brother's Shadow: Decline in Reported Use of Electronic Surveillance by Canadian Federal Law Enforcement", 11 Can. J. L. & Tech. 79, at 114, 5.

[1] 그러므로 도청이나 감청 등 통신제한조치에 대해 엄격한 영장주의 원칙을 적용해야 함은 말할 것도 없다. 따라서 국가안보를 이유로 한 통신제한조치에도 원칙적으로 법원의 허가를 얻도록 해야 한다. 우리 통신비밀보호법 제7조 제1항 제1호 본문은 국가안보를 위한 통신제한 조치에도 통신의 일방 또는 쌍방 당사자가 내국인인 때에는 고등법원 수석부장판사의 허가를 받아야 한다고 규정하고 있다. 미국은 특정 감청대상에 대해 법원의 영장 없이 대통령의 관여만으로 광범위한 전자적 도청을 할 수 있도록 허용하고 있다. Foreign Intelligence Surveillance Act of 1978 Amendments Act of 2008, Pub. L. No. 110-261, 122 Stat. 2436, 2437-78(2008) (50 U.S.C. §§ 1801-12); §§801-04, 122 Stat. 2467-70. 이들 법률이 갖는 헌법적 문제를 다룬 문헌으로, 위 Jack M. Balkin, "The Constitution in the National Surveillance State", 93 Minn. L. Rev. 1.

전혀 다른 c간의 통신내역을 또 다시 제한할 수 있어 그 통신제한이 무한히 확대될 우려가 있다고 하겠다.

　　또한 위 법률이 정식 입건절차를 거치지 않은 피내사자를 통신제한조치의 상대방으로 전제하고 있는 것도 재고를 요한다고 하겠다. 피내사자는 형사소송법에서 인정하지 않고 있는 수사기관의 편의적인 범죄혐의자일 뿐이기 때문이다.[1]

5. 결   론

　　전자증거를 포함한 일반적인 물건, 정보 등에 대한 압수·수색에 있어 이를 제한하는 원리로 관련성의 원칙을 준수해야 한다. 관련성의 원칙은 헌법상 비례의 원칙이나 형사소송법상 최소 침해의 원칙을 압수·수색에서 구현하는 지도 원리이다. 그 중에서도 주관적 관련성의 원칙은 객관적, 시간적 관련성의 원칙에 앞서 검토되어야 할 선행적 요건이다. 주관적 관련성 요건은 해당 압수·수색영장에 기재된 피의자나 피고인 등에 한해 압수·수색을 하여야 한다는 원칙이다.

　　개정된 형사소송법 제106조에 의하면, 해당 피고인이나 피의자와 관계있다고 인정할 수 있는 물건, 즉 우선적으로 해당 피고인이나 피의자의 소유에 속하는 물건에 한정하여 압수할 수 있다. 예외적으로 형법 제48조의 몰수 요건에 해당하면 제3자의 소유에 속하는 물건도 압수할 수 있다. 이렇게 압수가 허용되는 한 제2항에 따라 제3자가 소지·보관하는 피고인·피의자의 소유물도 압수할 있다.

　　전자정보에 관하여 주관적 관련성 원칙은, 우선 압수영장에 기재된 피고인과 피의자가 정보주체인 전자정보만을 압수(출력, 복제)대상으로 하는 것으로 구현된다. 예외적으로 정보주체 아닌 제3자가 컴퓨터 디스크 등 전자정보 저장매체를 소유·소지·보관하면서 그에 저장한 전자정보가 ㉠ 범죄행위에 제공하였거

---

1) 피의자는 헌법과 형사소송법이 정한 여러 권리를 행사할 수 있음에 반하여 형식적으로 입건을 하기 이전 단계에 있는 피내사자는 그러한 권리를 주장할 수 없게 된다. 수사기관의 편의적인 피의자와 피내사자 분류를 막기 위해서라도 주관적 관련성의 원칙은 엄격하게 적용해야 한다. 형식적으로 입건을 하기 전인 '내사'라고 하더라도 수사기관이 대상자에 대하여 범죄 혐의가 있다고 판단하였음을 외부적으로 표출하는 일련의 조치를 취하였을 경우에는 실질적으로 수사가 개시되었다고 보는 이른바 실질설이 대법원 판결의 입장이다(대법원 2001. 10. 26. 선고 2000도 2968 판결). 위 대법원 판결은 피내사자의 권리를 피의자와 동일하게 보호하고자 한 판결이다. 그러나 그 경우와 차원을 달리하여, 오늘날과 같은 고도로 발달한 전자기술 시대에 맞는 민주주의 구현을 위해, 인신구속영장의 경우와 동일하게 스마트폰 등 전자증거 저장매체에 대한 압수·수색영장에 관해서도, 인지 등 입건절차를 밟지 않아 압수·수색시의 참여권 등을 피처분자에게 보장하지 않은 경우, 이를 이유로 압수·수색영장 청구를 기각하여야 한다고 하겠다.

나 제공하려고 한 전자정보라거나, ⓛ 범죄행위로 인하여 생하였거나 이로 인하여 취득한 전자정보라거나, ⓒ 그 각 대가로 취득한 전자정보인데도 이를 알면서 자신의 핸드폰, 컴퓨터 등 전자적 저장매체에 저장해 두고 있어야 그것을 출력, 복제하는 등으로 압수할 수 있다고 해야 한다. 나아가, 예컨대 제3자가 피의자·피고인과 넓은 의미의 공범관계인 때에도 해당 전자정보를 출력, 복제하는 등으로 압수할 수 있다.

반면, ⓐ 문제된 전자정보가 범죄행위에 제공되는 것과 전혀 상관이 없거나, ⓑ 범죄행위로 인하여 생성, 취득한 것이 아니거나, ⓒ 또는 그 각 대가로 취득한 것이 아니거나, ⓓ 압수영장에 제3자가 집행대상으로 기재되어 있지도 않거나, ⓔ 특히 제3자가 피고인·피의자 이외의 또 다른 제3자와 통신한 전자정보라고 한다면, 해당 전자정보가 압수의 대상이 된다고 할 수 없다. 다만, 수색을 실시하기 이전에는 위와 같은 요건에 해당하는지 알 수 없으므로 제3자를 대상으로 한 수색은 다소 완화하여 허용할 수 있고, 그에 대해서는 수사기관의 현장 판단을 존중해야 한다.

제2장

개별 전자기술증거

제1절 휴대전화 녹음파일[1]

〈사 례 연 습〉

[사   안]

－등장인물은 a, b, c이고 아래에서 보는 2개의 사건이 병합되어 3인은 모두 공동피고인으로 있다. 주된 활동은 가운데 있는 b가 하였고, 그는 공무원 이다.

(사건 1: a-b)

첫 번째 공소사실 및 수사절차상 압수수색영장의 범죄혐의사실은 다음과 같다.

「피고인 b는 2012. 3. 15. a로부터 역시 공무원인 공소외 甲에게 그 甲의 직무와 관련한 청탁과 함께 전달해 달라는 요청을 받고 서울역 구내에 있는 어 느 한식당에서 a가 건네주는 1억 원을 수수하여 자신의 지위를 이용하여 甲의 직무에 속한 사항의 알선에 관하여 뇌물을 수수하였고, a는 그 뇌물을 공여하였 다(형법 제132조 알선수뢰, 제133조 알선뇌물공여, 이하 'a-b간 뇌물수수'라고 칭함).」[2]

－위 범죄혐의사실과 관련하여 수사과정상 발부된 압수수색영장의 기재 내 용은 다음과 같다(밑줄 그은 부분은 저자가 함). 아래에서 보는 바와 같이 압수수색 영장발부 당시 b는 아직 입건되지 않은 참고인의 지위에 있었고, a만이 수사 대 상이었다.

---

1) 이 節은 저자의 "관련성 없는 핸드폰 녹음 파일 압수와 위법수집 증거", 법률신문 2013. 3. 4.자 13쪽을 대폭 증보한 내용이다.
2) 「특정범죄 가중처벌 등에 관한 법률」 제2조 등은 고려하지 않는다. 이하 같다.

압수수색영장 내용

○ **피의자: a**

○ 죄명: 알선뇌물공여

○ 압수할 물건

−1. 범죄행위와 관련하여 작성·보관 중인 수첩 등

−2. 위 1항의 자료가 포함된 컴퓨터(노트북), 디스켓, 이동식 저장장치

(CD, USB, 외장형 하드디스크)

−3. **b 등이 소지하고 있는 휴대전화**(휴대전화, 스마트폰 등), 태블릿PC(아이

패드, 갤럭시탭 종류) 및 저장된 정보[1]

○ 영장 범죄사실 및 압수를 필요로 하는 사유

−피의자 a는 2012. 3. 15. 공무원인 참고인 b에게, 역시 공무원인 甲에

게 그 甲의 직무와 관련한 청탁과 함께 전달해 달라는 부탁을 하고

서울역 구내에 위치한 어느 한식당에서 1억 원을 교부하여 甲의 직

무에 속한 사항의 알선에 관하여 b에게 뇌물을 공여하였다.

(사건 2: b-c)

−영장담당 판사로부터 위와 같은 기재가 있는 압수수색영장을 발부받은

수사관은 b의 주거지에서 b의 핸드폰(스마트폰인지, 피처폰인지 분명치 않음: 저자)을

압수하였다. 그 후 수사기관 사무실에서 그 핸드폰에 저장된 전자정보에 대한

이미징을 실행하거나 녹음파일을 따로 추출하여 CD에 독립된 파일로 저장하였

다. 그런데 위 녹음파일은 b가 c와의 대화내용을 핸드폰으로 일부 녹음한 것이

다. 그 대화내용 중에는 b가 甲을 언급하면서 그와 접촉을 한 번 시도해보거나,

甲에게 이미 로비를 하였다는 말이 포함되어 있는 등 a−b간의 금품수수사실을

추단케 할 만한 내용이 녹음되어 있었다. 그뿐만 아니라 다음과 같은 b−c간의

뇌물요구 및 뇌물공여 약속 범행사실을 인정케 하는 내용도 수록되어 있었다.

―――――――――――――
1) 실제 사례의 영장원본 내용을 그대로 기재한 것이다.

아래 범행사실이 b, c에 대하여 별개의 사건으로 기소되어 이 사건에서 병합 심리된 두 번째 공소사실 내용이다.

「피고인 b는 2012. 2. 15. 제주도 서귀포시 소재 어느 커피숍에서, c에게 b가 담당하고 있는 인허가 업무에 관하여 잘 봐주겠으니 돈 3억 원을 달라고 요구하고, c는 위와 같은 대가로 3억 원을 교부하겠다고 약속하였다(형법 제129조 및 제133조, 뇌물요구약속, 이하 b−c간의 뇌물약속이라고 칭함).」

− 검사는 b의 핸드폰에 있던 녹음파일의 음성내용을 근거로 하여 b와 c를 수사하여 뇌물요구 및 약속 혐의로 기소하였다. 그러면서 위 녹음파일의 녹취록, 수사관이 작성한 피의자 b의 휴대폰 음성파일 CD 기록 편철 보고서, b와 c의 대화 녹음 파일 일부 녹취보고서 등을 증거로 제출하고 있다. 위 녹취록에 의하면, 피고인 c가 피고인 b에게 기한을 더 달라고 하기도 하고, 지인 등을 통해 불법적인 돈을 받아서라도 약속한 돈을 지급할 테니 기다려 달라는 취지로 말하기도 하였으며, 심지어 '혈서를 쓰겠다'는 등의 말까지 하고 있다.

그러나 b, c는 검사 앞에서 범행을 부인하였고, 공판정에서도 범행을 부인하고 있다. 특히 c는 자신의 업무처리상 b로부터 실질적으로 도움을 받은 바는 없고, 이익제공의 대상이 확정되지도 않았으며, b에게 금전을 지급하겠다고 한 약정도 확정적인 것은 아니며 일종의 가계약 정도에 불과하였다는 등의 변소를 하고 있다. b도 그와 유사한 취지의 주장을 하면서 자신의 직무처리와 관련하여 뇌물을 확정적으로 받을 의사는 없었다는 등으로 여러 사정을 들어 변소하고 있다.

b, c는 그러면서 위 녹취록 등은 압수수색영장의 범죄사실과 관련성 없는 녹음파일을 압수하여 작성하였으므로 영장주의를 위반한 것이라고 주장한다(단, b, c는 모두 위 녹음파일의 진정성립은 인정하고 있음). 나아가 영장집행에서 참여권이 보장되지 않았으며 압수목록도 작성되지 않았다고 한다. 따라서 위 녹취록 등은 위법수집증거로서 증거능력이 배제되어야 한다고 주장하고 있다.

유무죄로 인정할지 여부는 나중의 문제고 우선 '위 녹음파일이 위법수집증거여서 증거능력이 부정되어야 한다'라는 피고인들의 주장은 옳은가?

[풀   이]

1. 서   언

[답] 우선 위 물음에 대한 대답 삼아서 결론부터 말한다면 다음과 같다. 즉, 적어도 압수한 b의 핸드폰에 수록된 이 사건 녹음파일에 관하여서는 객관적이거나 시간적인 관련성에 있어 현저한 위법사유를 찾을 수 없다. a−b간 뇌물수수사실을 추단할 만한 간접증거가 b−c간 대화내용에 들어 있기 때문이다. 주관적 관련성의 측면에서도 뇌물수수라는 필요적 공범관계 사건이어서 그 관련성을 쉽사리 부정하기 어려운 측면이 있다. 마찬가지로 통지나 참여권 보장, 압수목록 교부 등 적법절차 보장조항의 위반이 있는지도 서로 다른 판단을 할 여지가 있다고 보인다. 따라서 선뜻 단정적으로 답을 내리기는 쉽지 않은 사안이라고 생각한다.

그러나 저자는, 위 녹음파일은 주관적 관련성 원칙 등 관련성 기준 및 적법절차 조항을 위반하여 수집된 증거로서 위법하다는 평가를 내리는 것에 더 무게를 둔다. 즉 위 녹음파일이나 그에 근거하여 작성된 녹취록, CD 녹음 파일 편철 보고서 등의 증거능력을 부정하는 것이 옳다고 하겠다.[1] 이하에서 차례로 생각의 실타래를 풀어 가기로 한다.

2. 이 사건 녹음파일의 기술적, 법적 특성

이건 녹음파일과 관련해서는 두 가지 종류의 핸드폰(판결문이나 공소장, 변론요지서 등 법률문서에 쓴다면 '휴대전화기'라고 쓰는 것이 좋겠다)이 있음을 알아야 한다. 우선 종래의 피처폰(feature phone), 폴더폰(folder phone), 덤폰(dumb phone, 바보폰) 등으로 불리는 구형 핸드폰이 그 하나다. 다음으로 요즘 많이 쓰는 스마트폰 등 신형 핸드폰이 그 둘째다. 핸드폰으로 녹음한 녹음파일은 보통 내장된 저장매체(메모리 카드)에 저장된다. 사용자의 선택에 따라 외장 SD 카드에 저장되기도 한

---

[1] 이 사안과 유사한 사례로 부산고등법원 2013. 6. 5. 선고 2012노667 판결 및 그 상고심인 대법원 2014. 1. 16. 선고 2013도7101 판결 참조. 저자가 위 부산고등법원 판결 및 대법원 판결이 나오기 이전에 법률신문에 기고한 글(오기두, "관련성 없는 핸드폰 녹음 파일 압수와 위법수집 증거", 법률신문 2013. 3. 4.자 13쪽)의 바탕을 이룬 글이 이 책의 이 부분이다. 위 대법원 판결이 나온 후 미국 연방대법원도 휴대전화 녹음파일 등의 증거능력을, 영장주의 위반이라며 부정하는 판결을 선고하였다. 134 S. Ct. 2473(2014. 6. 25.).

다. 물론 그 저장방식은 디지털식이다.[1] 그 중 통화내역을 녹음한 음성파일만 분리하여 별도의 저장매체에 복제할 수 있는지는 스마트폰의 기기종류와 상태에 따라 달라진다. 그러나 대부분 별도로 분리해서 다른 저장매체에 복사할 수 있다. 컴퓨터 하드디스크와 유사하다고 보면 되는 것이다.[2] 이 사건에서도 수사기관은 비록 이미징한 후이긴 하지만 해당 파일을 분리, 추출하여 별도의 CD에 옮겨 담았다는 것이다.

만약 종래의 피처폰이어서 해당 파일 분리가 기술적으로 불가능하다면 법원은 그것을 심리해야만 한다. 기술전문가를 증인으로 부르든 전문적 기술을 가진 것으로 보이는 수사관의 수사보고서를 증거로 조사하든 해야 한다. 그리고 그 기술적 근거를 판결문에 이유를 들어 거시해야 한다. 즉, b가 사용한 핸드폰의 기기종류나 그 저장 상태에 관한 기술적 전문가의 의견을 들어 보아야 한다. 들어 보았다면 그 점을 판결문에 언급해야 한다. 전혀 그렇게 하지 않은 채 핸드폰에서 관련성 있는 전자정보만 분리하여 압수하는 것이 기술적으로 불가능하다고 판결문에 쓰면 안 된다. 자칫 디지털 포렌식 전문가나 전문 기술자들로부터 컴맹(computer-illiterate) 수준의 판결문을 작성했다고 비웃음을 당할 수도 있다.[3] 기술적으로 핸드폰 내 전자정보의 분리 압수가 불가능하거나 현저히 곤란

---

1) 녹음테이프의 경우 「서명·날인이 없더라도 그것이 대화내용을 녹음한 원본이거나 혹은 원본으로부터 복사한 사본일 경우에는 복사과정에서 편집되는 등으로 인위적 개작 없이 원본의 내용 그대로 복사된 사본임이 입증되면」 증거능력이 인정된다(대법원 2005. 12. 23. 선고 2005도2945 판결). 그러나 기본적으로 녹음테이프에 녹음된 음성은 아날로그 방식으로 마그네틱 표면에 새겨진 것으로서 음성자체의 청취에 의해 그 발음자의 동일성을 쉽게 특정할 수 있는 점에서, 디지털 방식으로 기재되어 작성자(진술자)의 특정이 어려운 전자증거와는 구별된다. 따라서 디지털 증거에 관해서는 자필, 서명, 날인 등에 준하는 작성자 내지 진술자를 특정할 수 있어야만 증거능력을 인정할 수 있게 된다. 그러나 이 사건에 있어서 해당 녹음파일의 진정성립을 b, c가 인정하고 있어 전문법칙 적용은 문제되지 않고 위법수집증거 여부만 문제된 사안이다. 전자증거와 녹음테이프의 증거능력과의 관계에 관하여는, 오기두, 「刑事節次上 컴퓨터 關聯證據의 蒐集 및 利用에 關한 硏究」, 서울대학교 법학박사학위논문(1997), 259쪽 이하 참조.
2) 이상은 저자의 체험 및 고려대학교 정보보호대학원 이상진 교수의 의견과 대검 디지털 포렌식 담당 수사계장의 의견을 종합한 것이다.
3) 미국 제6 연방항소법원은 피의자 소유의 핸드폰 자체에 내장된 GPS 기능에 의해 피의자의 위치를 추적한 수사기관의 행위에 대해 기존의 프라이버시 보호에 관한 주관적 기대와 객관적 합리성 기준이라는 전통적인 법리에 얽매여 위 수사 기법이 이른바 ping 기법으로서 피의자의 핸드폰에 대한 물리적 접촉이 전혀 없었고 프라이버시권에 대한 피의자의 합리적인 기대를 인정하기 어려우므로 미연방 헌법 수정 제4조의 수색에는 해당하지 않는다고 판시하였다. United States v. Skinner, 690 F.3d 772(6th Cir. Sept. 26, 2012). 그러자 많은 논자들이 이 판결에 대해 이른바 ping 기법의 수사는 핸드폰 소유자의 동의 없이 통신회사에 위 핸드폰으로 신호를 보내도록 요구하여 그 핸드폰 소재지의 GPS 좌표를 탐색하는 활동으로 전자적 침해행위에 해당한다고 보아야 하는데도 위 법원은 ping 기법의 수사가 마치 소극적으로 피의자의 핸드폰에서 발신되는 신호만을 추적하여 그의 GPS 좌표를 탐색하는 것으로 오인하였다고 비판하고 있는 것이

하다고 성급히 단정하면 안 된다. 수사관행상 그러한 소명을 했을 것 같지도 않다. 핸드폰 압수시 관련성 있는 전자정보의 현장압수 불가능이나 어려움을 소명하여 핸드폰 전부의 압수를 하는 경우는 사실상 매우 드문 것으로 보인다. 다른 인터넷 정보 등 전자정보 압수시에도 16% 정도만이 관련성 있는 증거를 현장에서 압수한다는 조사만 있을 뿐이다.[1]

이처럼 해당 녹음파일의 분리 추출이 가능한지 여부에 관심을 두는 이유는 다음과 같다. 즉, 핸드폰에 우리의 전 인생사가 담겼다고 할 수 있을 만큼 다양한 개인정보가 담겨 있기 때문이다. 사생활의 비밀, 통신의 자유, 표현의 자유, 정보에 대한 자기결정권 등 헌법상 기본권 보장의 대상이 되는 무수한 정보가 담겨 있기 때문이다. ISP 서버에 저장되어 있는 정보보다 더 많은 보호가치 있는 정보가 개인 휴대폰에 담겨 있음을 알아야 한다. 따라서 휴대폰에 저장된 전자정보에 대해 압수수색권 행사 등 국가권력을 행사함에 있어 다음의 원칙들을 준수해야 함을 명심해야 한다. 헌법상 비례의 원칙을 준수하고 영장주의 및 적법절차 원칙을 준수하는 것 말이다. 그것을 위해 휴대폰에서 관련성 있는 전자정보만 영장에 입각하여 선별 압수할 수 있도록 해야 한다.

3. 통신비밀보호 등 기본권과 영장주의

이 사건 대화내용 녹음파일 압수는 통신의 자유에 대한 직접적인 침해에

법원의 컴퓨터 기술에 대한 무지를 조롱하는 한 사례로 보인다. Havard Law Review Association, 「Havard Law Review」(2013. 1.), 126 Harv. L. Rev. 806. 및 [FN 41]에 있는 다음의 자료들 참조. In re Application of the U.S. for an Order Authorizing Disclosure of Location Info. of a Specified Wireless Tel., 849 F.Supp.2d 526, 531, 538 n.6(D. Md. 2011); Jennifer Granick, Updated: Sixth Circuit Cell Tracking Case Travels Down the Wrong Road, Stanford Center for Internet & Soc'y(Aug. 14, 2012, 9:24 PM), http://cyberlaw.stanford.edu/blog/2012/08/updated-sixth-circuit-cell-tracking-case-travels-down-wrong-road; Orin Kerr, "Looking into the Record of United States v. Skinner, the Sixth Circuit Phone Location Case", Volokh Conspiracy(Aug. 17, 2012, 2:53 AM), http://www.volokh.com/2012/08/17/looking-into-the-record-of-united-states-v-skinner-the-sixth-circuit-phone-location-case; Locating Mobile Phones Through Pinging and Triangulation, Pursuit Mag., http://pursuitmag.com/locating-mobile-phones-through-pinging-and-triangulation (last visited Dec. 1, 2012).
그렇다고 해서 법원이 모든 컴퓨터 기술을 다 알 수는 없고, 법원에 대해 그것을 요구해서도 안 된다. 그러나 법원이 컴퓨터 기술 전문가를 법정에 소환하여 해당 사안의 전자증거 획득에 컴퓨터 기술이 어떻게 적용될 수 있는가를 심리하지 않았다면 이를 심리미진이라고 하여 비난할 수는 있겠다. 법관으로서도 이 점을 유념하여 재판에 임하여야 하고, 잘 알지도 못하는 컴퓨터 기술적 측면에 관해 함부로 단정하듯 판단의 근거로 판결문에 거시하면 안 된다.
1) 국가인권위원회, 「사이버 수사 및 디지털 증거수집 실태조사」(2012. 12.)

해당한다. 만약 내가 하는 대화 내용이 누군가에 의해 녹음되고 그의 휴대폰에 몰래 저장되어 수사관의 손에까지 들어간다고 생각해 보라. 누가 휴대폰을 이용하여 맘껏 대화를 나누고 즐길 수 있겠는가? 휴대폰을 통해 내 가족들과 친구들과 나누는 대화가 얼마나 우리의 인생을 풍요롭고 따뜻하게 하는가? 통신의 비밀 보장은 인격의 자유로운 발현을 위해 필수적으로 보장되어야 하는 기본권이다. 나아가 휴대폰을 통한 통신의 비밀 보장은 현대 전자민주주의 구현을 위한 제도적 보장이 되기도 하여야 한다. 따라서 그 기본권을 제한하는 국가권력 행사에 대한 실질적, 절차적 제한이 있어야 한다. 실질적 제한은 비례원칙 적용이고 절차적 제한은 사전영장, 영장기재의 특정 등 영장주의 적용이며, 참여권보장과 통지 등 적법절차 준수다. 그러한 제한 없이는 현대 민주정치가 기능할 수 없음을 강조해야 한다. 그래서 통신내용의 획득에는 통상의 압수수색보다 더 신중한 접근이 요구된다고 해야 한다. 따라서 사인간 대화녹음 파일 획득은 통신비밀보호(감청)와 동일한 수준의 보장을 해야 한다. 통신비밀보호법 적용에 관한 법리나 그간 정립되어 온 수다한 판례법에도 불구하고 이러한 기본원칙을 항상 유념하고 명심해야 한다. 그 간의 실무가 이를 단순히 형사소송법상의 압수수색의 대상으로 해온 점을 반성해야 한다. 그 시정을 위해 통신비밀보호법 제9조의3이 마련되었고, 형사소송법 제106조의 개정이 있어 이 사건 발생 이전부터 시행되고 있었음을 강조해야 한다. 그래서 헌법상 비례의 원칙 달성을 위해 주관적, 시간적, 객관적 관련성 원칙이 적용되어야 한다고 해야 한다. 영장은 특정되어야만 하며, 그러한 관련성 원칙을 위반한 영장은 영장기재의 특정성 원칙을 위반한 것이다.

또한, 이 사건에 있어 해당 녹음파일 압수절차에의 참여나 통지, 압수목록의 교부도 이루어지지 않았다. 참여나 통지, 압수목록 교부를 단지 동일성 확보를 위한 절차라고만 보면 안 된다. 적법절차 준수를 위한 핵심적인 절차이기 때문이다. 원래 국가가 국민의 기본권을 제한할 때는 적법한 절차에 따르라는 것이 적법절차 원칙이다. 압수절차에의 참여권 보장도 헌법상의 적법절차 원칙 구현을 위한 조항이다. 단지 공판절차에서 증거의 동일성을 확보하기 위한 수단이라고 이해하는 것은 헌법 재판을 하지 않으려는 태도이다.[1]

---

1) 이른바 ping 기법에 의한 핸드폰 사용자의 GPS 좌표 위치추적 수사활동에 관해 전통적인 프라이버시 기대권 이론에만 의지하여 논의를 전개하고 있는 법원의 판결[United States v. Skinner, 690 F.3d 772(6th Cir. 2012)]에 대해 의회가 나서서 이러한 새로운 컴퓨터 기술의 등장에 상응하는 입법적 조치를 해 줄 것을 촉구하고 있는 글로 The Havard Law Review Association, 「Havard Law Review」 vol. 126(2013. 1.), 126 Harv. L. Rev. 802, at 809.

이런 측면에서 보게 되면 다음과 같은 입장에 대해서는 충분한 비판이 제기될 수 있다고 하겠다. 즉, 핸드폰에 저장된 전자정보 압수에 대해 PC에 저장된 전자정보 압수와 동일한 집행방법 제한 법리를 적용해야 하는지 의문이 있다는 것이다. 그러나 오히려 헌법상 통신의 자유, 정치적 표현의 자유, 사생활의 자유, 정보에 대한 자기결정권 등을 보장해야 함을 생각해야 한다. 그러기 위해서는 오늘날 거의 모든 국민들이 소지하고 사용하는 핸드폰에 대한 보호가 보통의 PC 만큼, 또는 그보다 더 강하게 이루어져야 한다.

4. 관련성 원칙의 일반론

관련성 원칙은 범죄혐의사실과 관련하여 ① 주관적, ② 객관적, ③ 시간적 관련성으로 세분화해 볼 수 있다.[1] 굳이 위 세 요건 사이의 우선순위를 매겨 보자면 위 번호순서라고 할 것이다. 차례로 살펴본다.

가. 주관적 관련성

먼저 주관적 관련성 원칙이다. 범죄혐의를 받은 특정 피의자 a에 대하여만 영장이 발부되고 집행되어야 한다.[2] 즉 수사기관이 범죄인지서를 만들고 정식의 수사절차에 돌입하여 압수수색영장을 청구한 특정 피의자에 한해서 압수수색이 이루어져야 한다. b와 因緣을 맺었다는 이유 하나만으로 당연히 수사기관의 추적대상이 되어야 할 법적 이유나 조리상의 이유, 또는 자연법적인 이유는 전혀 없다. 가짜 광해 이병헌이 진짜 왕이 되어보라고 권하는 허균에게 말했듯[3] '내 꿈은 내가 꿀 터이니 당신은 상관 마오'인 것이다. 각자의 인생은 각자가 알아서 살아가는 것이다. 이런 개인책임의 원리가 근대법의 정신이다. 이런 점에서 주관적 관련성은 다음에서 보는 객관적 관련성이나 시간적 관련성보다

---

1) 전자정보 압수수색에 있어 주관적, 객관적, 시간적 관련성은 헌법상의 비례원칙을 구현하는 중요한 기준이다. 저자는 이 점을 오랜 연구과제로 삼아 연구, 주장해 왔다. 서울중앙지방법원 형사재판부의 2012. 9. 12.자 코트넷 게시물인 「디지털증거 조사방법 모델(안)」에서도 저자의 관련성 개념을 그대로 채용하였다.
2) 수색·검증, 압수영장의 집행에 있어서도 수사관은 영장에 기재된 바에 따라 주관적, 객관적, 시간적 관련성 원칙을 준수해야 한다. 특히 영장에 기재되지 않은 사람에 대한 수색·검증 압수는 주관적 관련성 원칙 위반이다[United States v. Ross, 456 U.S. 798, 824(1982); 영장에 기재되지 않은 환자에 관한 건강보험기록의 압수에 관한 United States v. Lazar, 604 F.3d 230, 236-238(6th Cir. 2010), cert. denied, U.S., 131 S. Ct. 973(2011); 변호사의 모든 고객 관련 파일을 압수하게 한 영장에 기한 압수는 효력이 없다고 한 Klitzman, Klitzman & Gallagher v. Krut, 744 F.2d 955, 958-960(3d Cir. 1984)].
3) 영화 "광해, 왕이 된 남자"(2012년 9월경 극장 상영) 참조.

가장 먼저 검토되어야 할 요건이다.

이때 a와 인간관계를 맺은 사람들로서 법적으로 유의미하게 검토되어야 할 人間群像은 다음과 같이 유형화 해 볼 수 있다. 그에 따라 고려할 대상은 각 항목에 기재하였다.

㉠ a의 사회친구, 가족, 친인척

: 헌법 제13조 제3항에 의해 연좌제가 금지된다. 이것은 헌법이나 형사소송법 제148조등의 요건 적용 이전의 자연법적인 관계이다. 금융정보라면 무한한 연결계좌추적이 금지되어야 한다.

㉡ a와의 관계가 특히 법률로 보호되고 있는 사이

: 변호사－의뢰인 관계,[1] 의사－환자 등 관계인 때(형사소송법 제149조) 등이

---

[1] 대법원 2012. 5. 17. 선고 2009도6788 전원합의체 판결은 피고인 a에 대해 법률자문의견을 이메일로 보낸 변호사 b가 증언거부권을 행사하자 형사소송법 제314조에 의해서도 그 이메일의 증거능력을 인정할 수 없다고 판시하였다. 1인의 대법관을 제외한 나머지 대법관 전원이 일치하여 내린 판결이다. 직접심리주의와 공판중심의 요소를 고려하여 법 제314조의 요건을 강화해 온 입법사에 비추어 볼 때나, "기타"의 해석은 독자적인 규정이 아니라 앞에서 열거된 항목에 준하는 정도의 성격을 갖는 사항으로 제한해야 한다는 법 해석의 기초상식에 비추어 볼 때 너무나 당연한 판결이라고 하지 않을 수 없다. 단지 실체적 진실발견을 위해 이때에도 증거능력을 인정해야 한다고 하는 소추측에 경도된 1인의 소수의견은 도저히 수긍할 수 없다. 이러한 사례에서 변호사－의뢰인의 특권에 기해 비밀리에 이루어진 의사교환은 공개를 거부할 수 있도록 해야 한다고 주장하는 김재중, "변호사가 의뢰인에게 전자우편으로 보낸 법률의견서가 압수된 경우 그 증거능력", 2012. 12. 3.자 대한변협신문 13쪽 참조. 미국 연방법무부는 변호사가 피의자이거나 수사대상이 되어 해당 변호사로부터 법률관련 조력을 받은 의뢰인 사이의 특권이 침해될 우려가 있는 경우 법무부장관이나 검사장의 명시적인 승인 없이 법률사무소에 대한 압수수색영장을 법원에 청구할 수 없도록 하고, 사법경찰관이 그러한 영장을 신청하기에 앞서 범죄수사부(Criminal Division)와 상의하도록 하고, 영장집행시에도 변호사－의뢰인 특권보호팀(privilege team)과 충분한 토의절차를 거치도록 하는 등 엄격한 제한을 가한 가이드라인을 운영하고 있다. The United States Attorneys Manual(USAM) 6-4.130(Oct. 1997); 9-13.420(Oct. 1999); IRM § 9.4.9.3.2.4.1(Feb. 2005) (prosecutor must submit form containing relevant information along with draft of proposed search warrant and affidavit; an exigent circumstances exception is provided). The Chief Counsel Directives Manual(CCDM) conforms IRS procedures to these guidelines. CCDM, as found at IRM §38.1.1.3(Aug. 2004) and IRM §38.1.1.3.2.2(Aug. 2004).
헌법상 보장되는 언론출판의 자유와 관련하여서는, 미국 연방에서 수정헌법 제1조의 권리인 표현의 자유 보장을 위해 언론출판사 업무 수행과정에서 생산된 물건(work product materials)이나 문서(documentary materials)에 관하여는 특별법(Privacy Protection Act of 1980, 42 U.S.C. §2000aa)으로 압수수색을 제한하고 있음을 참조할 수 있겠다. 요즘 개인이 사실상 하나의 방송사 내지 신문사 역할을 수행하는 Social Network Service나, 인터넷 포털의 게시판(Bulletin Board Services) 게시물에 대해서 어느 정도까지 언론출판의 자유권에 의한 보호를 할 것인지도 흥미로운 성찰 주제가 될 것이다. 이에 관하여는 Steve Jackson Games v. United States, 816 F.Supp.432(W.D. Tex. 1993) 및 UNITED STATES DEPARTMENT OF JUSTICE, FEDERAL GUIDELINES FOR SEARCHING AND SEIZING COMPUTERS, V. NETWORKS AND BULLETIN BOARDS, B. THE PRIVACY PROTECTION ACT, 3 L. of Toxic Torts Appendix 22J(2012) 참조.

이에 해당한다. 그들간 업무로 생성된 전자증거에 대해서는 특별한 보호법리가 필요하다.

ⓒ a와 공동정범, 간접정범, 교사범, 종범, 필요적 공범, 합동범 등 넓은 의미의 공범관계일 때

: 이때의 관련성은 비록 영장에 기재된 피의자가 아니어도 인정되어야 한다. 그러나 그것도 영장에 기재된 피의자 a의 소지, 소유, 보관하는 물건 안에 수록된 b의 전자정보 등에 한하며, 그와 공범관계라고 할지라도 영장에 기재되지 않은 b의 소지, 소유, 보관 물건에 수록된 전자증거가 압수수색대상이 되면 안 된다(이 부분의 상세한 요건에 관하여는 이 책의 제2편 제1장 제3절의 "주관적 관련성" 부분 참조).

ⓔ a가 인연을 맺거나, 소속된 단체 구성원

: 미국 연방법상의 fraudulent business exception,[1] business record exception 등의 문제가 여기에 해당한다. IDC나 웹호스팅 업체 등 ISP 서버에 저장중인 a의 개인 정보에 대해 위 업체 등이 동의권을 갖는지 하는 문제도 이 부분에서 다루어야 한다.

나. 객관적 관련성

압수수색영장에 기재된 범죄혐의 사실과 관련된 증거만을 압수해야 한다.[2]

---

1) 미국의 경우 '범죄업체 예외이론'(fraudulent business exception)에 입각하여 해당 기업체 전부 또는 대부분이 범죄행위에 연루된 영업활동을 하였다고 인정될 때 해당 기업의 모든 장부 등을 검증·수색 압수할 수 있게 한 영장도 영장기재의 특정성 원칙을 위반하지 않는 것으로 보고 있다. United States v. Brien, 617 F.2d 299, 309(1st Cir.), cert. denied, 446 U.S. 919(1980). United States v. Falcon, 959 F.2d 1143, 1147-1148(1st Cir. 1992); United States v. Bradley, 644 F.3d 1213, 1258-1260(11th Cir. 2011). National City Trading Corp. v. United States, 635 F.2d 1020, 1026(2d Cir. 1980); United States v. Bentley, 825 F.2d 1104, 1110(7th Cir.) (metals-trading scheme), cert. denied, 484 U.S. 901(1987); United States v. Kail, 804 F.2d 441, 444-445(8th Cir. 1986); United States v. Offices Known as 50 State Distrib. Co., 708 F.2d 1371, 1374-1375(9th Cir. 1983), cert. denied, 465 U.S. 1021(1984); United States v. McClintock, 748 F.2d 1278, 1282 -1283(9th Cir. 1984), cert. denied, 474 U.S. 822(1985); United States v. Sawyer, 799 F.2d 1494, 1508-1509(11th Cir. 1986), cert. denied sub nom. Leavitt v. United States, 479 U.S. 1069(1987); United States v. Majors, 196 F.3d 1206, 1216(11th Cir. 1999), cert. denied, 529 U.S. 1137(2000); United States v. Martinelli, 454 F.3d 1300, 1307-1308(11th Cir. 2006), cert. denied, 549 U.S. 1282(2007); Williams v. Kunze, 806 F.2d 594, 598-599(5th Cir. 1986); In re Grand Jury Investigation, 130 F.3d 853, 856-857(9th Cir. 1997).

2) 수색·검증, 압수의 대상도 영장에 기재된 파일 등에 국한되어야 한다. 이것은 객관적 관련성 원칙의 준수 문제이다. 무엇을 압수해야 하는지에 관해 "영장을 집행하는 수사관의 재량에 맡겨져 있는 것은 아무것도 없다고 해야 한다."(nothing is to be left to the discretion of the officer executing the warrant.)[Marron v. United States, 275 U.S. 192, 196(1927); Stanford v. Texas, 379 U.S. 476, 485 n.16(1965)].

누가 보아도 다투지 않을 만큼 눈으로 一見하여 명백하게 객관적인 관련성이 없는 증거라면 압수하면 안 된다. 문제는 같은 사안을 두고 자신이 처한 입장에 따라 그럴듯한 구실과 평계를 괜찮은 법리인 것처럼 포장할 때 발생한다. 이에 관해서 어떤 관점을 세우느냐에 따라 답이 달라질 것이다. 첫 번째의 관점은 물론 그 범위를 매우 좁게 보는 견해이다. 과거 미국 연방대법원 판결 중에서 이런 견해를 설시한 판결이 있었다. 수사기관은 영장에 기재되지 않은 어떤 대상물도 압수할 수 없다는 것이다.[1] 그러나 우리 대법원 판결 중 하나에 기본적인 사실관계가 동일하거나 유사하면 압수할 수 있다는 입장을 취한 판결이 있다.[2] 수색·검증, 압수가 수사기관에 의해 영장집행의 방법으로 이루어지는 것임을 감안하면 어쩔 수 없는 해석론이라고 해야 한다. 그러나 그 범위를 좁히려는 노력을 다 해야만 헌법해석기관으로서 법원의 역할을 다하게 될 것이다. 이때 유의미한 헌법판결을 내린 헌법재판의 경험이 거의 없다고 해도 과언이 아닌 일본

---

1) 무엇을 압수해야 하는지에 관해 "영장을 집행하는 수사관의 재량에 맡겨져 있는 것은 아무것도 없다고 해야 한다."(nothing is to be left to the discretion of the officer executing the warrant.) 앞서 든 [Marron v. United States, 275 U.S. 192, 196(1927)].

2) 「헌법과 형사소송법이 구현하고자 하는 적법절차와 영장주의의 정신에 비추어 볼 때, 법관이 압수·수색영장을 발부하면서 '압수할 물건'을 특정하기 위하여 기재한 문언은 이를 엄격하게 해석하여야 하고, 함부로 피압수자 등에게 불리한 내용으로 확장 또는 유추해석하는 것은 허용될 수 없다고 할 것이나(대법원 2009. 3. 12. 선고 2008도763 판결 참조), 압수의 대상을 압수·수색영장의 범죄사실 자체와 직접적으로 연관된 물건에 한정할 것은 아니고, 압수·수색영장의 범죄사실과 기본적 사실관계가 동일한 범행 또는 동종·유사의 범행과 관련된다고 의심할 만한 상당한 이유가 있는 범위 내에서는 압수를 실시할 수 있다.

원심이 그 채용 증거에 의하여 인정되는 그 판시사정에 비추어 보면, '52. 신안산전철 유치위원회', '74. 신안산선 자료'는 이 사건 압수·수색영장의 압수·수색할 물건으로 기재된 '선거의 기획과 관련된 업무서류 내지 자료'로 볼 수 있고, 적어도 이 사건 압수·수색영장의 범죄사실과 기본적 사실관계가 동일한 범행이거나 동종·유사의 범행과 관련된다고 의심할 만한 상당한 이유가 있는 범위 내에 속하여 압수할 수 있는 범위에 해당한다고 할 것이며, 아울러 이 부분 공소사실에 관하여 이 사건 압수·수색영장에 의한 압수 당시를 기준으로 압수물 '52. 신안산전철 유치위원회' 및 '74. 신안산선 자료'에서 나온 증거들 외에 유죄판결에 필요한 증거가 이미 충분히 수집된 경우에 해당된다고 볼 수 없어 압수의 필요성도 인정될 뿐만 아니라, 가사 피고인 홍ㅇㅇ, 구ㅇㅇ의 주장과 같이 압수물과 영장 기재 범죄사실의 관련성 여부에 관하여 압수의 대상을 압수·수색영장의 범죄사실 자체와 직접적으로 연관된 물건에 한정한다고 협의로 해석하더라도, 그 판시 사정 등을 종합하면, 위 각 압수물을 압수한 행위가 적법절차의 실질적인 내용을 침해하는 경우에 해당하지 아니하고, 오히려 증거능력을 배제하는 것이 헌법과 형사소송에 관한 절차 조항을 마련하여 적법절차의 원칙과 실체적 진실 규명의 조화를 도모하고 이를 통하여 형사 사법 정의를 실현하려 한 취지에 반하는 결과를 초래하는 것으로 평가되는 예외적인 경우에 해당한다고 할 것이므로, 결국 위 각 압수물에 포함된 증거들은 위법수집증거에 해당하지 않아 증거능력이 인정된다고 판단하였는바, 이러한 원심의 판단은 위 법리와 기록에 비추어 옳은 것으로 수긍할 수 있고, 거기에 압수·수색영장의 효력범위에 관한 법리오해 등의 위법이 없다.」(출처: 대법원 2009. 7. 23. 선고 2009도2649 판결【공직선거법위반】).

최고재판소 같은 곳의 견해를 우리가 따를 것은 없다.[1]

위와 같은 우리 대법원 판결에 의할 때 객관적인 관련성을 인정할지 하는 기준의 하나로 다음을 설정해 볼 수 있다. 즉, 영장에 기재된 범죄사실과 압수된 전자정보로 인정할 범죄사실과의 관계로 정해보는 것도 하나의 기준이 될 수 있는 것이다. 따라서 압수된 전자정보가 결과적으로 중요하게 입증하는 범죄사실이 영장에 기재된 범죄라면 그 객관적 관련성을 인정하기 쉽다. 그러나 그것이 단지 부차적인 용도이고 실은 그와 완전 별개의 범죄사실을 입증하는 증거로 사용되었다면 이는 별건 영장을 허용한 것이 된다. 즉 해당 전자정보는 그 별개의 범죄사실에 관한 한 영장 없이 압수한 증거가 되어 위법하다는 것이다. 그리고 영장기재 범죄사실과 별개의 범죄인지 여부는 범행의 주체, 일시, 장소, 수법 등의 동일 여부에 의해 결정해야 한다.

다. 시간적 관련성

시간적 관련성도 누가 보아도 다투지 않을 만큼 분명한 경우 그 압수의 위법성을 인정하기에 어려움이 없다.[2] 예컨대 범행사실로부터 7년 전의 이메일을 압수한 경우가 이에 해당한다. 그러나 역시 문제는 각자의 입장에 따라 달리 주장할 경우에 발생한다. 기준은 일응 객관적 관련성과의 관계에서 살펴야 할 것이다. 객관적인 범죄사실의 범행 일시와 얼마나 관련되어 있느냐에 따라 상대적으로 시간적 관련성의 인정 여부를 결정할 수 있다는 의미이다. 따라서 범행 주체, 일시, 장소, 수법 등에 비추어 완전히 별개의 범죄사실에 관한 증거라면 시

---

[1] 일본국헌법이 1945년 제정된 이래 65년간 일본최고재판소가 법령에 대하여 위헌 판결을 한 수는 8건에 불과하다. 한국은 매년 상, 하반기 헌법판례집이 나올 정도로 양국의 차이는 현격하다. 한국은 헌법재판소와 국가인권위원회가 함께 존재한다. 그리고 대법원을 비롯한 법원의 헌법판단도 매우 적극적이고 활발하게 이루어지고 있다. 그 규모에 비추어 헌법재판은 대부분 법원이 하고 있다고 해야 한다.
다음은 법무법인 화우의 일본사무소에 근무하는 박인동 변호사의 글 중 일부이다. 「(일본에서) 일본보다 앞서 가는 한국의 여러 제도를 배워야 한다는 이야기도 나온다. 일본으로부터 근대법체계를 계수한 우리나라가 이제는 일본이 배우고 싶어 하는 형사사법제도를 가지게 된 것이다. 일본에서 활동하는 한국변호사로서 긍지를 느끼는 대목이기도 하다.」 박인동 변호사, "너무나도 다른 한·일 형사사법 환경", 법률신문 2012. 12. 17.자 12쪽.

[2] 영장에는 범죄가 범해진 시기와 관련한 시간적 요소(time frame)도 특정되어야 한다. United States v. Kow, 58 F.3d 423, 426-428(9th Cir. 1995); United States v. Ford, 184 F.3d 566, 576-577(6th Cir. 1999), cert. denied, 528 U.S. 1161(2000); United States v. George, 975 F.2d 72, 75-78(2d Cir. 1992) ("범행과 관련된 일체의 증거"라고 기재된 영장은 아무런 한계기준도 설정해 주지 못한 것이다."; United States v. Rosa, 626 F.3d 56, 61-66(2d Cir. 2010); United States v. Maxwell, 920 F.2d 1028, 1031-1034(DC Cir. 1990); United States v. Pindell, 336 F.3d 1049, 1052-1054(DC Cir. 2003); 특히 조세범 처벌절차에 관하여, DOJ CTM §4.06[2](7th ed. 1994).

간적 관련성을 인정하기 어렵다.

5. 이 사건에서 위법수집증거에 해당하는지 여부(적극)

이 사건에서 우선 압수수색영장청구 및 영장발부, 그 집행에 있어서 위헌, 위법적인 측면을 살펴보자.

우선 이 사건 압수수색영장 기재 자체가 관련성 요건을 전혀 고려하지 않았다. 2012. 1. 1.부터 시행되어 이 사건 영장발부 당시 규범력을 발휘한 개정 형사소송법 제106조 제3항 본문이 준수되지 않았다. 즉 '범위를 정한 출력' 원칙이 전혀 지켜지지 않았다. 그에 대한 예외를 인정하는 위 조항 제3항 단서를 적용했다고 하더라도 그 필요성에 대한 소명이 영장청구시나 발부시, 그리고 집행시 전혀 없었다. 또는 위에서 정리한 사안만으로는 그와 같은 소명이 있었는지 여부를 알 길이 없다. 완전히 위법한 영장청구 및 영장발부, 영장집행이 이루어진 것이라고 할 수밖에 없는 상황에 있는 것이다. 특히 개정된 형사소송법 제215조는 수사절차상 압수수색에 관해서 '죄를 범하였다고 의심할 정황'을 소명하게 하고 있다. 또한, 그와 '관계가 있다고 인정할 수 있는 것에 한정하여' 압수수색을 할 수 있다고 규정하고 있다. 이것은 형사소송법을 개정하여 2012년부터 시행하면서 수사기관의 압수수색 규정을 법원의 그것과 독자적으로 규정하고, 요건을 종전보다 강화한 규정이다. 그것은 법 제106조 제3항과의 관계상 압수수색영장에 기재된 범죄혐의사실과 주관적, 객관적, 시간적으로 관련된 전자정보만을 압수할 수 있다는 뜻이다.

가. 주관적 관련성 위반의 점

구체적으로 본다면 이 사건 영장에 피의자는 애초 뇌물 교부 혐의를 받던 a로만 기재되어 있을 뿐 b나 c가 기재되지 않았다. 즉 피의자를 a로 하여 a의 범죄혐의 사실에 대해 발부된 압수수색영장인 것이다. 그런데도 당시 참고인의 지위를 갖고 있던 것에 불과한 b가 소지하고 있는 핸드폰 등을 압수할 수 있다고 영장에 기재하고 있다. b는 수사기관에 의해 정식의 입건절차를 거쳐 피의자도 되지 않은 상태에서, 참고인으로 조사받는 상태에서 발부된 영장이다. 아무리 a가 b와 필요적 공범관계에 있다고 하여도 도대체 이러한 영장발부가 가능한가? 즉 수사기관이 청구하지도 않은 참고인 b에 대해 b가 소지한 핸드폰을 압수수색할 수 있다는 영장을 발부할 수 있는가? 우리가 어느 조용한 일요일 오후 새로 장만한 스마트폰으로 웹 서핑을 하며 느긋하게 집에서 쉬고 있는데 이제는 잊어버리고 싶은 a를 피의자로 하여 발부된 법원의 압수수색영장을 들고 수사관이 우리 집에 쳐들어와 그 스마트폰을 빼앗아 간다면 너무너무 황당하지 않겠는가? 법원은 수사기관이 아니며 영장담당 판사도 수사 판사가 아니다. 누군가 청구하지도 않은 어떤 것을 해 줄 수 없는 것은 법원의 본질적 기능이다. 형사절차는 검사가 영장을 청구하든, 공소를 제기하든, 항고인이 준항고를 제기하든 재정신청을 하든 무언가 근거가 있어야 시작되는 것이다. 불고불리도 그러한 원칙 중 하나이다. 도대체 피의자 a를 상대로 청구한 영장에 왜 b가 그 영장집행의 대상이 된다고 영장에 기재되었는가? 즉, 검사가 b를 피의자로 하여 영장을 청구한 것도 아닌데 왜 b의 소유물을 압수할 수 있다고 영장에 기재하였는가? 그대로 위헌적인 일반영장(general warrant) 발부라고 하지 않을 수 없다. 무언가 청구가 있어야만 심판해 준다는 사법의 본질적 기능에도 반한다.

나. 객관적 관련성 위반의 점

이 사건 b의 핸드폰을 압수한 근거인 영장에 기재된 범죄사실을 다시 살펴보면 이렇다.

(사건 1): 피고인 b는 2012. 3. 15. a로부터 역시 공무원인 공소외 甲에게 그 甲의 직무와 관련한 청탁과 함께 전달해 달라는 청탁을 받고 서울역 구내에 위치한 어느 한식당에서 a가 건네주는 1억 원을 수수하여 자신의 지위를 이용하여 甲의 직무에 속한 사항의 알선에 관하여 뇌물을 수수하였고, a는 그 뇌물을 공여하였다.

(사건 2): 피고인 b는 2012. 2. 15. 제주도 서귀포시 소재 어느 커피숍에서, c에게 b가 담당하고 있는 인허가 업무에 관하여 잘 봐주겠으니 돈 3억 원을 달라고 요구하고, c는 위와 같은 대가로 3억 원을 교부하겠다고 약속하였다

위 두 공소사실은 기본적 사실관계마저 다른 완전히 별개의 범죄사실이다. 순차적으로 보자.

그 범행 일시가 서로 다르다. 약 1개월간의 시간 차이가 있기 때문이다. 1개월이란 짧게 보는 사람에겐 짧은 기간이고 길게 보는 사람에겐 길게 보이는 기간이다. 펜싱에서 1초는 매우 긴 시간이다. 그러나 나이 50줄에 들어서면 10년도 짧게 느껴진다. 그래서 아인쉬타인은 시간의 상대성을 주장한 것이다.

그 행위 장소도 서로 다르다. 서울과 제주도라니! 얼마나 먼 곳인가?

범행 주체도 다르다. 사건 1에서는 b-a가 행위자고 사건 2에서는 b-c가

행위자다. b와 인간관계를 맺은 a, c는 아무 사이도 아니지 않는가?

행위태양도 다르다. 공소외 甲에게 청탁을 한다며 1억 원을 뇌물로 수수하는 행위와 b 자신이 직접 맡고 있는 사건을 잘 해결해 주겠다며 3억 원의 뇌물교부 약속을 하는 행위가 서로 같은 행위라고 할 수는 없다.

즉, 사건 1과 사건 2는 기본적인 사회적 사실관계가 다를 뿐 아니라 유사하다고 보기도 어렵다. 그러므로 피고인 b에 대해서는 객관적 관련성도 위반하여 수집한 증거가 된다. 단지 a와 b의 1억 원 수수사실의 간접증거가 될 수 있음을 들어 해당 녹음파일이 b와 c의 3억 교부 약속사실과 객관적으로 관련되어 있다고 인정할 수 없다. 해당 녹음파일 내용을 살펴보아도 사건 1을 입증할 직접적인 증거는 되지 못한다. 반면 사건 2를 입증할 직접적인 증거가 되고 있다. 즉 b, c 간 대화 내용을 증거로 사용하고자 할 때 이 사건 2를 입증할 용도가 그 압수의 주된 목적이었다고 평가할 수밖에 없다. 따라서 사건 1을 간접적으로 입증할 수 있는 대화내용이 포함되어 있다는 사유만으로 사건 2를 직접적으로 입증할 주된 증거인 위 녹음파일이 영장이 발부된 사건 1의 범죄사실과 객관적으로 관련된다고 할 수는 없다. 만약 그 관련성을 인정하게 되면 헌법상의 영장기재 특정의 원칙을 정면으로 위반하는 것이다. 영장에 기재된 범죄혐의 사실과 관련 없는 범죄사실로 무한히 확장되는 영장집행을 허용하는 결과가 되기 때문이다.

다. 시간적 관련성 위반의 점

이 사건 압수수색영장이 발부된 혐의사실인 b가 a로부터 1억 원을 수수한 시점을 살펴보자. 위 영장에 근거하여 그보다 약 한 달이나 이전에 있었던 b, c 간의 금전 요구－약속 사실에 관한 녹음파일을 압수한 것이다. 따라서 그 녹음파일 압수는 시간적 관련성 원칙도 위반한 위법한 압수인 것이다.

라. 소결(특히 c에 관하여)

이렇게 b에 대해서는 주관적, 객관적 및 시간적 관련성이 인정되지 않는 녹음파일을 압수하였다고 할 것이다. 항차 b에게 뇌물을 교부하기로 약속하였다는 c에 대해서는 주관적 관련성도 인정되지 않는 녹음파일(전자정보)을 압수한 것이 된다. c는 압수수색영장에 피의자로 기재되어 있지 않았다. c가 b와 뇌물수수약속이라는 필요적 공범관계에 있다고 하더라도 그 공범의 범죄사실은 영장에 기재된 범죄혐의사실과 무관하다. 이미 b에 관해 검토한 바와 같이 c와의 뇌물공여 약속 범죄사실은 a와의 뇌물수수 범죄사실과 별개이기 때문이다. 즉 c에 한정하여 보자면 전혀 영장 없이 해당 녹음파일을 압수한 결과가 된다는 말이다.[1] 그것은 헌법 제12조 제1항, 제3항의 영장주의를 위배한 위헌적인 압수이고, 형사소송법 제106조 제3항, 제215조를 위반한 위법한 압수인 것이다.

6. 이 사건에서 해당 녹음파일의 증거능력을 배제해야 하는지 여부(적극)

결국, 이 녹음파일이 위법수집증거에 해당함은 물론이다. 그리고 모든 사정을 고려한다고 하더라도 그 증거능력을 배제하는 것이 형사정의에 반한다고 할 수도 없다.[2] 영장 없이 압수하는 것은 헌법상의 영장주의를 정면으로 위반하는

---

1) 「형사소송법 제308조의2는 "적법한 절차에 따르지 아니하고 수집한 증거는 증거로 할 수 없다."고 규정하고 있는데, 수사기관이 헌법과 형사소송법이 정한 절차에 따르지 아니하고 수집한 증거는 유죄 인정의 증거로 삼을 수 없는 것이 원칙이므로, 수사기관이 피고인 아닌 자를 상대로 적법한 절차에 따르지 아니하고 수집한 증거는 원칙적으로 피고인에 대한 유죄 인정의 증거로 삼을 수 없다.」(출처: 대법원 2011. 6. 30. 선고 2009도6717 판결【식품위생법위반】[공2011하,1552]).

2) 「[1] [다수의견] (가) 기본적 인권 보장을 위하여 압수수색에 관한 적법절차와 영장주의의 근간을 선언한 헌법과 이를 이어받아 실체적 진실 규명과 개인의 권리보호 이념을 조화롭게 실현할 수 있도록 압수수색절차에 관한 구체적 기준을 마련하고 있는 형사소송법의 규범력은 확고히 유지되어야 한다. 그러므로 헌법과 형사소송법이 정한 절차에 따르지 아니하고 수집한 증거는 기본적 인권 보장을 위해 마련된 적법한 절차에 따르지 않은 것으로서 원칙적으로 유죄 인정의 증거로 삼을 수 없다. 수사기관의 위법한 압수수색을 억제하고 재발을 방지하는 가장 효과적이고 확실한 대응책은 이를 통하여 수집한 증거는 물론 이를 기초로 하여 획득한 2차적 증거를 유죄 인정의 증거로 삼을 수 없도록 하는 것이다.
(나) 다만, 법이 정한 절차에 따르지 아니하고 수집한 압수물의 증거능력 인정 여부를 최종적으로 판단함에 있어서는, 실체적 진실 규명을 통한 정당한 형벌권의 실현도 헌법과 형사소송법이 형사소송 절차를 통하여 달성하려는 중요한 목표이자 이념이므로, 형식적으로 보아 정해진 절차에 따르지 아니하고 수집한 증거라는 이유만을 내세워 획일적으로 그 증거의 증거능력을 부정하는 것 역시 헌법과 형사소송법이 형사소송에 관한 절차 조항을 마련한 취지에 맞는다고 볼 수 없다. 따라서 수사기관의 증거 수집 과정에서 이루어진 절차 위반행위와 관련된 모든 사정 즉, 절차 조항의 취지와 그 위반의 내용 및 정도, 구체적인 위반 경위와 회피가능성, 절차 조항이 보호하고자 하는 권리 또는 법익의 성질과 침해 정도 및 피고인과의 관련성, 절차 위반행위와 증거수집 사이의 인과관계 등 관련성의 정도, 수사기관의 인식과 의도 등을 전체적·종합적으로 살펴볼 때, 수사기관의 절차 위반행위가 적법절차의 실질적인 내용을 침해하는 경우에 해당하지 아니하고, 오히려 그 증거의 증거능력을 배제하는 것이 헌법과 형사소송법이 형사소송에 관한 절차 조항을 마련하여 적법절차의 원칙과 실체적 진실 규명의 조화를 도모하고 이를 통하여 형사 사법 정의를 실현하려 한 취지에 반하는 결과를 초래하는 것으로 평가되는 예외적인 경우라면, 법원은 그 증거를 유죄 인정의 증거로 사용할 수 있다고 보아야 한다. 이는 적법한 절차에 따르지 아니하고 수집한 증거를 기초로 하여 획득한 2차적 증거의 경우에도 마찬가지여서, 절차에 따르지 아니한 증거 수집과 2차적 증거 수집 사이 인과관계의 희석 또는 단절 여부를 중심으로 2차적 증거 수집과 관련된 모든 사정을 전체적·종합적으로 고려하여 예외적인 경우에는 유죄 인정의 증거로 사용할 수 있다.
[대법관 양승태, 김능환, 안대희의 별개의견] 법이 정한 절차에 따르지 아니하고 수집한 압수물의 증거능력 유무를 판단함에 있어서는 적법절차의 요청과 실체적 진실규명의 요청을 조화시

것이다. 그러므로 그 수집절차의 위법정도가 매우 중대하여 흠이 치유되기 어려운 경우에 해당한다.

나아가 이 사건 영장 없이 압수한 녹음파일을 '위법수집증거이긴 하나, 그 증거능력을 배제하면 형사사법정의를 현저히 손상시킨다.'라고 할 수도 없다. 그렇게 해서까지 이 사건에서 해당 녹음파일의 증거능력을 인정할 가치도 없다. 현실적으로 뇌물수수가 있은 것도 아니며, 단지 수사관이 b, c간에 뇌물교부 약속이 있었을 것이라고 의심하고 있는 정도에 불과하다. 막상 그 약속의 당사자인 b, c는 수사기관이나 공판정에서 일관하여 그 약속사실을 부인하고 있는 것이다. 또는 이 사건 녹음파일이나 그 녹취록의 기재 이외에도 b, c에 대한 유죄판결을 하기에 충분한 증거가 있을지도 모른다. 요컨대 그 녹음파일의 증거능력을 인정하여 실체적 진실을 발견하고 형사사법 정의를 구현해야 할 필요가 별로 없다는 말이다.

오히려 핸드폰을 통째로 압수하여 그에 저장된 모든 전자정보를 몽땅 싹쓸이 압수하던 과거의 수사관행에 제동을 걸 필요가 크다. 그렇게 하여 위헌적이고(비례원칙 위반, 영장주의 위반), 위법적인(형사소송법 제106조 제3항, 제215조 등 위반) 수사를 시정하여야 한다. 나아가 이 사건 압수수색영장과 같이 a에 대해 발부한 영장에 집행대상을 b로 기재하고, 그에 기초하여 c까지 기소되는 부당한 결과를 초래한 영장을 발부한 점에 대해서도 어떤 지침을 내려 주어야 한다. 통계표상 압수수색영장 기각률은 법원 전체를 기준으로 할 때 2008년부터 2012년(9월)까지 매 해 1.2%, 1.4%, 2.1%, 2.2%, 1.6%에 불과한 영장실무도 고려해야 할 것

키는 균형이 유지되어야 한다. 그런데 다수의견이 제시하는 기준은 그 취지가 분명하지 아니할 뿐 아니라, 지나치게 엄격한 기준으로 위법수집증거의 배제원칙을 선언함으로써 자칫 실체적 진실 규명을 통한 형벌권의 적정한 행사라는 형사 사법의 또다른 목표의 달성을 불가능하게 하거나 지나치게 어렵게 만들 우려가 있다. 그러므로 수집절차에 위법이 있는 압수물의 증거능력은, 법원이 그 증거수집 절차와 관련된 모든 사정 즉, 절차조항의 취지와 그 위반의 내용 및 정도, 구체적인 위반 경위와 회피가능성, 절차 조항이 보호하고자 하는 권리 또는 법익의 성질과 침해정도, 수사기관의 인식과 의도 등을 전체적·종합적으로 고려하여 볼 때 그 증거수집 절차의 위법사유가 영장주의의 정신과 취지를 몰각하는 것으로서 그 증거의 증거능력을 부정해야 할 만큼 중대한 것이라고 인정될 경우에는 그 증거능력을 부정하여야 하고, 그 위법 사유가 이 정도에 이르지 아니하는 경우에는 그 압수물의 증거능력을 부정하여서는 아니 된다.
 [2] 피고인측에서 검사가 제주지사실에 대한 압수수색 결과 수집한 증거물이 적법절차를 위반하여 수집한 것으로 증거능력이 없다고 다투고 있음에도 불구하고, 주장된 위법사유 중 영장에 압수할 물건으로 기재되지 않은 물건의 압수, 영장 제시 절차의 누락, 압수목록 작성·교부 절차의 현저한 지연 등으로 적법절차의 실질적인 내용을 침해하였는지 여부 등에 관하여 충분히 심리하지 아니한 채 압수절차가 위법하더라도 압수물의 증거능력은 인정된다는 이유만으로 압수물의 증거능력을 인정한 것은 위법하다고 한 사례」. (출처: 대법원 2007. 11. 15. 선고 2007도3061 전원합의체 판결【공직선거법위반】[집55(2)형,924;공2007하,1974]).

이다.[1)

　　만약 이 사건과 같은 영장발부나 그 집행을 허용하게 되면 우리 헌법과 형사소송법이 인정하지 않는[2) 미국법상의 각종 영장주의의 예외 이론을 무분별하게 수입하는 토대를 마련해 주는 꼴이 된다. 선의의 예외(good faith exception)니[3) 긴급상황(exigent circumstance) 예외니[4) 부정기업(fraudulent business) 예외이론,[5) 또는 육안원칙(plain view doctrine)[6) 등이 그것이다.[7) 그렇게 되면 헌법과 형사소송법을 위반하는 해석론이 되어 형사소송법 이론 전개에도 심대한 혼란을 주게 될 것이다.

7. 압수수색영장 집행 참여권 보장

　　이 사건 압수수색영장 집행에서 피고인 b나 c가 압수수색영장 집행에 참여할 권리를 보장받지 못했다. 이 사건 녹음파일이 압수되었는지에 대한 압수목록을 교부받지도 못했다. 이러한 적법절차(due process of law) 위반을 목격한 법원이

---

1) 법원 외부에서 보기에 "압수수색영장청구에 대한 통제가 법원에 의해 실제로 이루어지고 있는가?", 이러한 상황에서 "판사의 영장만 발부받으면 나머지 점은 고려할 필요 없이 만사 OK인가?"라는 생각을 할 수도 있다. 국가인권위원회, 「사이버 수사 및 디지털 증거수집 실태조사」(2012. 12.), 158쪽, 표 5-1 참조.

2) 우리 형사소송법 제216조, 제217조는 피의자를 체포 또는 구속하는 경우 체포현장에서의 압수, 수색, 검증, 범행 중 범행 직후 범죄장소에서의 긴급처분으로서의 압수, 수색, 검증을 인정하고 있을 뿐이다. 이 사건 사례는 영장집행 당시 b가 참고인의 지위에 있어 체포 또는 구속되지도 않았으며, 이 사건 녹음파일이 범행 직후 범죄 장소에 있었던 것도 아니다. 사후영장도 받지 않았다. 즉 긴급한 강제처분의 요건을 검토할 필요조차 없는 사안이다.

3) United States v. Leon(1984); Massachusetts v. Sheppard(1984); Illinois v. Krull(1987); Arizona v. Evans(1995).

4) McDonald v. United States, 335 U.S. 451, 454-456(1948); Vale v. Louisiana, 399 U.S. 30, 35(1970); Kirk v. Louisiana, 536 U.S. 635, 636(2002).

5) United States v. Bradley, 644 F.3d 1213, 1258-1260(11th Cir. 2011); National City Trading Corp. v. United States, 635 F.2d 1020, 1026(2d Cir. 1980)(상품거래업체); United States v. Bentley, 825 F.2d 1104, 1110(7th Cir.)(금속거래업체), cert. denied, 484 U.S. 901(1987); United States v. Kail, 804 F.2d 441, 444-445(8th Cir. 1986)(기망적 동전판매업체); United States v. Offices Known as 50 State Distrib. Co., 708 F.2d 1371, 1374-1375(9th Cir. 1983)(사무용품업체), cert. denied, 465 U.S. 1021(1984); United States v. McClintock, 748 F.2d 1278, 1282-1283(9th Cir. 1984)(보석판매업체), cert. denied, 474 U.S. 822(1985); United States v. Sawyer, 799 F.2d 1494, 1508-1509(11th Cir. 1986)(상품판매업체), cert. denied sub nom. Leavitt v. United States, 479 U.S. 1069(1987); United States v. Majors, 196 F.3d 1206, 1216(11th Cir. 1999)(증권사기, '위조면허', 허위판매대리업체), cert. denied, 529 U.S. 1137(2000); United States v. Martinelli, 454 F.3d 1300, 1307-1308(11th Cir. 2006)(소기업체 판매 조력관련 기망 업체), cert. denied, 549 U.S. 1282(2007).

6) 이에 관해서는 오기두, "電子情報에 대한 基本權保障과 位置情報追跡 搜査權", 헌법재판소, 「헌법논총」 제21집(2010), 365쪽.

7) 이밖에 강구욱, "위법수집증거배제법칙", 사법발전재단, 「형사재판의 쟁점과 과제」(2008. 7.), 97-99쪽 참조.

애써 그것을 무시하려고 하면 안 된다. 그것도 b나 c가 사전에 그 권리를 포기하였다거나 사후적으로 용인하였다는 등의 이유를 들면서 말이다.

원래 모든 권리의 사전 포기는 그 포기의 법적 의미에 관하여 충분한 설명을 듣고 자발적인 의사로 포기해야 효력이 있는 것이다.[1] 그러나 영장집행에의 참여권이나 사후에 통지받을 권리 등을 포기하는 의미가 무엇인지? 그것이 해당 녹음파일을 「위수증」(위법수집증거)이라며 그 증거능력을 다투는 권리를 소송절차에서 포기하는 의미임을 수사관이 b나 c에게 설명해주었는지? 이에 대한 심리가 이루어진 다음에야 권리 포기 이론을 주장할 수 있을 것이다. 현재 수사 관행을 살펴보면, 수사관이 그런 설명을 해 주지 않았을 가능성이 매우 크다. 피고인 b, c의 수사 과정이나 공판정에서 태도에 비추어 보더라도 이 사건 녹음파일 압수절차의 영장주의 위반을 사후 승인하였다고 보기도 어렵다. 나아가 피압수자의 사후적 용인이 국가의 강제처분 행사에 대한 적법절차 조항 미준수라는 위법행위를 사후적으로 적법하게 해 준다는 근거도 전혀 없다. 그런 식으로 법원이 수사관의 적법절차 위반을 승인해주기 시작하면 어떤 수사관도 적법절차를 지키려고 하지 않을 것이다.

8. 결 론

요컨대 이 저자는 다음과 같이 결론짓는다. 즉, 해당 녹음파일의 압수는 주관적, 객관적, 시간적 관련성 원칙을 위반하여 헌법에 위반되고, 형사소송법에 위반되는 강제처분이다. 나아가 그 집행과정에서 적법절차도 준수되지 않았다. 따라서 해당 녹음파일은 위법한 절차에 기해 수집된 증거이고 그것을 녹취한 녹취록이나, 그것을 이미징하여 별도로 구운 CD, 그것을 수사기록에 첨부하였다는 수사보고서는 모두 그 과실(fruit)로서 위법수집증거이다. 그리고 그 증거능력을 배제해도 형사사법 정의 실현에 큰 지장을 주지 않는다고 보인다. 또한, 핸드폰 통째 압수에 대한 제동을 걸기 위해서라도 그 증거능력을 부정하여야 한다.[2]

---

1) 오기두, "컴퓨터에 貯藏된 金融情報追跡의 諸問題", 대검찰청, 「검찰」 통권 111호(2000), 210-2쪽; "電子情報에 대한 基本權保障과 位置情報追跡 搜査權", 「憲法論叢」 제21집(2010), 343-5쪽; Ian M. Comisky, Lawrence S. Feld, Steven M. Harris, 「Tax Fraud & Evasion」(2012), Volume 2, Chapter 14. Constitutional Privileges—Fourth Amendment, ¶ 14.02[4][f] Consent Searches. (West Law Citation: TEE WGL ¶ 14.02) 참조(위 책은 미국 연방 IRS의 조세범 수사에 관하여 다루고 있으나 일반적인 미국 연방의 압수수색 실무를 매우 상세히 설명하고 있기도 하다).
2) 대법원 2014. 1. 16. 선고 2013도7101 판결도 같은 결론에 이르렀다. 논점을 달리하기는 했지만 역시 영장주의 위반을 이유로 같은 결론에 이른 미국 연방대법원 판결도 참조. 134 S. Ct. 2473(2014. 6. 25.).

제 2 절 이 메 일[1]

1. 판례의 입장

법원의 영장실무는 전송중인 이메일은 통신감청의 대상으로, 이미 전송되어 상대방의 컴퓨터에 저장된 이메일은 일반적인 형사소송법상의 압수수색대상으로 취급하고 있다. 그러나 저자는 이미 전송되어 상대방 컴퓨터나 ISP의 서버에 보관중인 이메일에 대해서도 통신비밀에 준하는 정도의 보호를 해야 한다고 생각한다. 대법원 2003. 8. 22. 선고 2003도3344 판결도 그러한 언급을 전혀 하지 않고 있었다. 위 대법원 판결과 그 원심판단의 전체적인 취지를 종합하면 그렇게 볼 여지도 있겠지만 위 대법원 판결이 그러한 언급을 직접 한 것은 아니다. 위 대법원 판결 및 그 원심 판결들을 그대로 인용하면 별지 자료와 같다(밑줄 부분 또는 굵은 글씨 부분은 저자가 한 것임). 그리고 이하에서 저자가 논의할 사항을 결론부터 말하자면 위 대법원 판결이나 그 원심인 항소심 판결을 전송되어 보관중인 이메일에 대한 수사기관의 탐색·압수에 적용할 수는 없다는 것이다. 이에 대하여 살피기로 한다.

2. 이메일에 대한 탐색 및 압수

가. 문 제 점

이 판결들에 등장한 피고인들의 행위는 다음과 같다. 즉 사인인 피고인들이 피해자의 노트북 컴퓨터를 이용하여 그곳에 설치되어 있는 무선랜을 통하여 권한 없이 동인의 이메일 계정(xxx@hotmail.com)에 들어가 그곳에 저장된 "oooo"이라는 제목의 메일을 열람하는 등 해당 판결문의 별지 범죄일람표 2 기재와 같이 그때부터 같은 날 20:44경까지 사이에 총 7회에 걸쳐서 이메일을 열람함으로써 각 이를 감청하였다는 것이 공소사실이다. 이에 대해 1심은 전송된 메시지도 감

---

[1] 이 節은 조국, "컴퓨터 전자기록에 대한 대물적 강제처분의 해석론적 쟁점"(2010. 3. 25.자 대법원 사법제도비교연구회 발표 논문)에 대한 저자의 지정토론 내용을 정리한 내용이다. 위 발표문과 지정토론문은 사법발전재단, 「사법개혁과 세계의 사법제도 VII」 509쪽부터 570쪽에 실려 있다.

청의 대상이라는 이유로 유죄를 인정하였다. 그러나 2심은 이 사건 범행당시 전자우편의 개념을 명확히 한 조문이 통신비밀보호법에 없었고 단지 전기통신을 정의한 규정만 있었는데, 그 규정에 의하면 통신행위와 동시에 이루어지는 송수신중인 전기통신만 감청대상인 전기통신이라고 보아야 하므로 전송된 이메일은 감청대상이 아니라는 이유로 무죄를 선고하였다. 검사는 이 2심 판결에 대해 상고를 하지 않았다. 이처럼 이미 2심의 무죄판결에 관해 검사가 상고하지 않음으로써 대법원이 이에 대해 더 이상 판단하기가 어려워지게 된 것이다. 즉 그와 상상적 경합범 관계에 있는 정보통신망이용촉진및정보보호등에관한법률위반죄에 대해 유죄가 인정되자 그에 대해서만 피고인만이 상고한 것이다. 이론적으로만 본다면 피고인만이 유죄부분에 대해 상고하였다고 하더라도 그와 상상적 경합범 관계에 있는 통신비밀보호법위반죄 부분도 상고심인 대법원에 이심되었다고 할 것이나 그에 대해 대법원이 적극적인 입장표명을 하기 어려운 것이 사실이다.[1] 그러므로 대법원이 이 판결로써 전송되어 보관중인 이메일은 송수신 도중인 전기통신이 아니어서 통신비밀보호법상의 감청대상이 아니라고 판단하였다고 단정적으로 말하기는 어렵다. 더욱이 위 2심 판결도 통신비밀보호법에 '전자우편' 개념을 규정하기 이전에 행한 범행을 대상으로 한 판결이고, 그 전자우편 개념을 규정한 이후의 통신비밀보호법 해석에 관하여 "전송되어 보관 중인 메시지가 감청의 대상이 되는지는 여전히 논란의 여지가 있는 것으로 보이고, 가사 현행 통신비밀보호법에 의하면 전송된 메시지가 감청의 대상에 포함된다고 하더라도 이는 개정전 법보다 감청의 대상을 확대한 것으로 이해된다"고 판시하여 전송된 메시지가 감청대상이 될 여지가 있음을 남겨 두고 있는 판결이다. 그러므로 이 사건 대법원 판결이나 그 항소심 판결을 근거로 하여 '서버에 보관된 전자우편은 송수신이 끝난 형사소송법상의 물건으로 파악되고 있다'라고 할 수는 없다. 만약 수사기관이 기소된 범죄사실 입증을 위한 증거를 취득하기 위해 전송되어 이메일 계정을 제공한 포털업체 등의 컴퓨터 서버에 저장중인 피고인의 이메일을 열람하고 이를 수사기관의 컴퓨터에 복제하거나 출력하는 행위를 하였다고 가정하면 형사소송법상으로나 통신비밀보호법상으로는 여러 검토할 여지를 남긴다. 즉, 이 사건 1, 2심 판결들은 사적 영역에서 이루어지는 이메일 탐색을 통신비밀보호법상 불법감청으로 처벌할 수 있느냐 하는 문제에 관해 다루고 있으며 그 중 2심 판결은 아직 '전자우편'에 관한 정의 규정이 없던

1) 이 문제에 관해서는 대법원 1991. 3. 12. 선고 90도2820 판결; 2004. 10. 28. 선고 2004도5014 판결 및 서울고등법원재판실무개선위원회 편저, 「형사항소심 판결작성실무」, 18쪽 이하 참조.

구 통신비밀보호법 하에서 사인인 피고인들의 행위를 가급적 범죄가 되지 않는
방향으로 해석하기 위해 나온 판결이다. 그에 대한 대법원 판결(2003도3344 판결)도
2심의 그러한 법률해석에 관해 검사가 상고하지 않은 이상 더 이상 판단하기 어
렵다고 보아 판단을 보류한 채 선고되었다고 할 것이다. 따라서 위 대법원 판결을
이메일 압수수색영장발부 요건을 심사하기 위한 기준을 제시한 판결로 인용하기
에는 무리가 있다고 보인다. 그러므로 아직은 통신비밀보호법의 해석론 상으로는
서버에 보관된 이메일에 대한 수사기관의 탐색, 압수행위를 제한하기 위해 그러
한 이메일도 감청의 대상이 된다고 해석할 여지를 남겨두고 있다고 하겠다.

　　그럼에도 불구하고 현재 법원의 영장실무는 전송되어 상대방 컴퓨터 하드
디스크나 ISP 컴퓨터 서버에 저장 중인 이메일은 통신비밀보호법이 아닌 형사소
송법상의 압수수색대상물로 보고 있어[1] 재고를 요한다.

나. 통상적인 영장에 의한 탐색, 압수

　　이처럼 현재 영장담당 판사들의 실무례는 일반적인 형사소송법 규정에 의
해 통상적인 압수수색영장을 발부하여 이메일을 수색, 압수할 수 있게 하고 있
다. 그러한 영장집행방식으로 이메일을 수색, 압수한다고 할 때 그 제한요건을
살펴본다. 우선 이메일이 보관된 서버에 대한 수색이 가능한가? 범죄행위와 무
관한 자료가 있다고 하더라도 탐색 자체를 할 수 없다고 할 수는 없다. 탐색해
보기 전에는 관련성 없는 이메일이나 기타 파일자료들이 있는지 알 수 없기 때
문이다. 그렇다면 서버자체에 대한 압수는 가능한가? 서버자체에 대한 압수는
그것이 불가능하다고 여겨지지 않는 한 허용되지 않는다. 통상 범죄행위와 무관
한 자료가 있기 때문이다. 반면 관련된 이메일을 출력하여 이를 압수할 수는 있
는가? 수색에 필요한 처분으로서 관련 이메일을 출력하고 이를 압수하는 것은
가능하다고 해야 한다. 그리고 압수수색할 수 있는 이메일의 송수신 기간을 제
한하여 압수수색영장을 발부하여야 한다. 이러한 결론은 앞서 본 관련성 요건
적용기준을 살펴보면 자명해진다.

다. 통신비밀보호영장에 의한 통제 필요성

　　그러나 이 저자는 송신자에 의해 전송되어 이메일 계정 제공업체의 메일서
버에 보관중이거나 송신자나 수신자가 이를 자신의 개인용 컴퓨터의 하드디스
크에 다운받아 놓은 이메일을 압수수색함에도 통신비밀보호법의 여러 제한 규

---

1) 대법원 2013. 11. 28. 선고 2010도12244 판결 참조.

정이 적용되어야 한다고 생각한다. 즉 통신비밀보호법 제2조 제9호(2001. 12. 29. 법률 제 6546호로 신설, 2002. 3. 29.부터 시행하여 별첨 자료의 대법원 판결에서 든 이 사건 피고인들은 그 법 시행 전에 범행한 것이므로 이 사건 항소심 판결처럼 처벌되지 않는다고 보아도 무방하였을 것임)가 "전자우편"이라 함은 "컴퓨터 통신망을 통해서 메시지를 전송하는 것 또는 <u>전송된 메시지</u>를 말한다"고 규정하고 있고, 또한 같은 조문 제7호가 "감청"에 "통신의 음향, 문언, 부호, 영상을 <u>청취공독하여 그 내용을 지득 채록</u>" 하는 행위도 포함하고 있기 때문이다. 그러므로 단지 위 같은 법 제2조 제3호의 "전기통신"의 개념을 송신중, 수신중인 전기통신만으로 국한하여 해석하는 이 사건 항소심 판결은 적어도 수사기관의 감청행위에 대해서까지 적용할 수는 없다고 보인다. 수사기관으로서는 위 법률의 해당규정에 의해 통신비밀보호법에 의한 영장양식으로 법원의 허가를 받아 이메일을 탐색하는 통신제한조치를 하도록 노력해야 한다. 이메일에 의한 통신비밀의 보호는 그 내용을 보호하는 것이 가장 중요하므로, ① 송신자가 보낸 이메일 내용이 이메일 계정업체의 메일 서버에 보관되어 아직 전송 중에 있는지(이때 송신자는 메일회수기능을 이용하여 수신자가 수신하기 이전의 이메일을 수신자에게 전달되지 않게 할 수 있음), 아니면 ② 수신자가 이메일 계정업체의 서버에 로그인하여 확인 클릭을 하여 이미 그 이메일 내용의 전송이 마쳐졌는지, 아니면 더 나아가 ③ 송신자나 수신자가 그 이메일 내용 자체나 그에 첨부된 파일을 다운받아 자신의 컴퓨터 하드디스크 등에 저장하였는지 하는 것은 중요하지 않기 때문이다. 대법원의 재판예규 제796호, '이－메일 등 컴퓨터 통신내용에 대한 강제수사 방법(재형 2000-6)'은 "당사자의 동의 없이 이－메일 등 컴퓨터를 이용한 통신내용을 취득하거나 통신의 송·수신을 방해하는 것은 통신비밀보호법상 '전기통신'에 대한 '감청'에 해당하므로, 위와 같은 경우 통신제한조치허가 사건으로 처리한다."(부칙－이 예규는 2000. 11. 1.부터 시행한다) 고 규정하고 있었다. 그런데도 현재 법원의 영장담당 단독판사들이나 배석판사들의 실무는 이미 전송된 전자우편에 대한 지득·채록행위는 일반 압수수색영장의 대상이 되는 것으로 처리하고 있다. 그러나 이 저자는 이러한 실무는 시정되어야 한다고 생각한다. 특히 현재 영장발부 실무상으로도 피의자의 전기통신 일시, 전기통신 개시·종료시간, 발·착신 통신번호 등 상대방의 가입자 번호, 사용도수, 컴퓨터 통신 또는 인터넷의 로그기록 등을 통신비밀보호영장의 발부대상으로 처리하고 있는 점을 보아도 그러하다(통신비밀보호법 제2조 제11호). 위와 같은 부수적인 자료(통신내용을 담고 있는 '그릇')를 탐색하는데 통신비밀보호법에 정한 엄격한 절차적 요건을 준수하도록 수사기관에 요구하면서 정작 그보다 훨씬 보호

필요가 큰 이메일의 '내용'을 탐색하는 데는 일반 압수수색영장을 발부받는 것으로 충분하다고 해석한다면 균형이 맞지 않는다. 해당 이메일 송수신자간의 프라이버시권이나 당해 이메일이 저장된 컴퓨터 서버를 소유, 관리하는 전기통신사업자의 영업의 자유권 등을 고려해 보면 이점은 분명해진다. 그러므로 통신비밀보호법의 제한 규정을 위반하여 취득한 이메일 내용은 같은 법 제4조에 의해 위법수집증거로서 증거능력을 부정할 수 있다고 해야 한다.

다만, 2011년 형사소송법 제106조, 제107조 등의 개정으로(2011. 7. 18. 법률 제10864호) 통신비밀보호법상의 감청요건과 형사소송법상의 전기통신 압수 사이에 큰 차이가 없게 되었다.[1] 그러나 오늘날 전자통신정보의 중요성에 비추어 통신비밀보호법에 의해 이메일의 송·수신을 보호하려는 노력을 게을리 하면 안 된다고 하겠다.[2]

〈자   료〉

1) 대법원 2003. 8. 22. 선고 2003도3344 판결

대   법   원
제   2   부
판   결

사 건	2003도3344	가. 통신비밀보호법위반교사
		나. 정보통신망이용촉진및정보보호등에관한법률위반교사
피 고 인	이ㅇㅇ	
	주거	
	본적	
상 고 인	피고인	
원 심 판 결	서울지방법원 2003. 5. 14. 선고 2002노9492 판결	
판 결 선 고	2003. 8. 22.	

---

1) 이 책의 230쪽, 주 4) 참조.
2) 이 책의 230쪽, 주 4) 참조.

주   문

상고를 기각한다.

이   유

원심은 증거에 의하여 이 사건 범죄사실을 인정한 다음, 그 판시의 사정에 비추어 볼 때, 피고인이 회사를 비방하는 각종 음해성 보도로 인한 회사의 도산을 막기 위하여 피해자의 이메일을 열람하도록 원심 공동피고인 이oo에게 지시하였다고 하더라도 그러한 사정만으로는 개인의 사생활보호의 중요성에 비추어 이를 정당방위 또는 사회상규에 포함되는 정당행위에 해당한다고 볼 수 없다고 판단하였다.

기록에 의하여 살펴보면, 원심의 사실인정과 판단은 정당한 것으로 수긍되고, 거기에 사실오인이나 법리오해의 위법이 없다.

10년 미만의 징역형이 선고된 이 사건에서 원심의 형이 무겁다는 사유는 적법한 상고이유가 되지 못한다.

그러므로 상고를 기각하기로 하여 관여 법관의 일치된 의견으로 주문과 같이 판결한다.

재판장   대법관   유지담 _____

대법관   조무제 _____

대법관   이규홍 _____

주 심   대법관   손지열 _____

2) 그 원심인 항소심 판결

서 울 지 방 법 원
제 5 형 사 부
판   결

사　　건　2002노9492　가. 통신비밀보호법위반
　　　　　　　　　　　나. 통신비밀보호법위반교사
　　　　　　　　　　　다. 정보통신망이용촉진및정보보호등에관한법률위반
　　　　　　　　　　　라. 정보통신망이용촉진및정보보호등에관한법률위반
　　　　　　　　　　　　　교사
　　　　　　　　　　　마. 전자기록등내용탐지

피　고　인　1.
　　　　　　　2.
　　　　　　　3.
항　소　인　피고인들
검　　　사　서인선
변　호　인
원 심 판 결　서울지방법원 2002. 9. 10. 선고 2002고단3514 판결
판 결 선 고　2003. 5. 14.

주　　　문

원심판결을 파기한다.
(이하 생략)

이　　　유

1. 항소이유의 요지

가. 피고인들의 통신비밀보호법위반의 점에 대한 법리오해 주장

통신비밀보호법이 규정하는 "감청"은 송신하거나 수신하는 전기통신을 청취·공독하여 그 내용을 지득 또는 채록하는 것으로서 이미 송신한 것이나, 수신한 것은 감청의 개념에서 제외되므로, 피고인 이00가 피해자 이00의 이메일을 열람했거나 하려고 한 것은 이미 수신하여 보관하고 있는 것에 대한 것이고, 피고인 유00가 피해자 박00의 이메일을 열람한 것도 송신한 후 보관하고 있는 것을 열람한 것으로서 각 감청에 해당하지 아니하여, 통신비밀보호법 소정의 감청에 해당하지 아니함에도 불구하고 원심판결은 이에 관하여 사실을 오인하거나 법리를 오해하여 피고인들에 대한 통신비밀보호법위반 내지 통신비밀보호법위반교사의 점에 대한 공소사실을 유죄로 인정한 잘못을 저질렀다.

나. 피고인 이oo, 이oo

(1) 사실오인 및 법리오해의 주장

피고인 이oo가 이xx의 이메일을 열람하도록 지시한 것은 피고인 이oo의 개인적 이익을 위한 것이 아니라, 회사를 비방하는 각종 음해성 보도로 인한 회사의 도산을 막기 위한 행위로서 정당방위 또는 사회상규에 포함되는 정당행위에 해당하고, 피고인 이oo의 지시로 이메일을 열람한 피고인 이oo의 행위 또한 정당방위 또는 정당행위에 해당함에도 불구하고 원심판결은 이에 관하여 사실을 오인하거나 법리를 오해하여 공소사실을 유죄로 인정한 잘못을 저질렀다고 주장한다.

(2) 양형부당의 주장

원심판결의 형량은 너무 무거워서 부당하다.

다. 피고인 유oo

(1) 사실오인 및 법리오해의 주장

피고인은 피해자 박oo의 동의를 얻어 이메일 및 문서를 열람하였으므로 이메일의 열람이 타인의 비밀을 침해한 것으로는 볼 수 없고, 문서의 열람 역시 비밀장치한 타인의 전자기록 등 특수매체기록을 기술적 수단을 이용하여 그 내용을 알아낸 것으로는 볼 수 없으며, 가사 이 사건 이메일 및 문서의 열람이 범죄를 구성한다고 하더라도 이는 회사의 신용과 명예를 훼손하는 행위를 밝혀내기 위하여 이루어진 것이므로 정당방위에 해당하거나 사회상규에 위배되지 않는 정당행위에 해당함에도 불구하고 원심판결은 이에 관하여 사실을 오인하거나 법리를 오해하여 공소사실을 유죄로 인정한 잘못을 저질렀다고 주장한다.

(2) 양형부당의 주장

원심판결의 형량은 너무 무거워서 부당하다.

2. 판   단

가. 피고인들의 통신비밀보호법위반의 점에 대한 법리오해의 주장에 관한 판단

구통신비밀보호법(2001. 12. 29. 법률 제6546호로 개정되기 전의 것)은 "감청"을 "전기통신에 대하여 당사자의 동의 없이 전자장치·기계장치 등을 사용하여 통신의 음향·문언·부호·영상을 청취·공독하여 그 내용을 지득 또는 채록하거나 전기통신의 송·수신을 방해하는 것"이라고 정의하고(법 제2조 제7호), "전기통신"을 "유선·무선·광선 및 기타의 전자적 방식에 의하여 모든 종류의 음향·문언·부호 또는 영상을 송신하거나 수신하는 것"이라고 정의하고 있는바(법 제2조 제3호), 이에

의하면 '전기통신'에 대하여 '전자장치·기계장치'를 이용하여 그 '내용'을 지득·채록하는 경우와 전기통신의 송·수신을 직접적으로 방해하는 경우만이 "감청"에 해당하며, "전기통신"은 전자적 방식에 의하여 모든 종류의 음향·문언·부호 또는 영상을 '송신하거나 수신하는 것'을 말하므로 감청행위는 통신행위와 동시에 이루어질 것이 요구된다고 해석되고, 그렇다면 송수신이 완료된 전기통신의 내용을 지득·채록하는 것은 감청에 해당하지 않는다고 할 것이다.

이에 대하여 원심은 구통신비밀보호법이 '송신하거나 수신하는 것'이라고 규정할 뿐 '송신 중 또는 수신 중'으로 한정하여 송수신의 현재성을 요구하고 있지 않다고 해석하고 있으나, 이는 '송신하거나 수신하는 것'에 대한 문리해석의 범위를 벗어난 명백한 확대해석으로서 받아들이기 어렵다.

또한, 원심은 통신비밀보호법은 이 사건 범행 후 개정되어 "전기통신"이라 함은 "전화·전자우편·회원제정보서비스·모사전송·무선호출 등과 같이 유선·무선·광선 및 기타의 전자적 방식에 의하여 모든 종류의 음향·문언·부호 또는 영상을 송신하거나 수신하는 것"이라고 규정함으로써 전자우편이 그 대상임을 명확히 하고, "전자우편"이라 함은 "컴퓨터 통신망을 통해서 메시지를 전송하는 것 또는 전송된 메시지를 말한다"고 규정함으로써 '전송된' 메시지도 전자우편에 해당하여 감청의 대상이 됨을 명확히 하였는바, 이는 개정전 법보다 감청의 대상을 확대한 것이라기보다 개정전 법의 추상적 내용을 명확히 한 것으로서 개정전 법하에서도 전송된 메시지가 감청의 대상이 된다고 판단하였으나, 현행 통신비밀보호법에 의하더라도 "전기통신"은 '전자우편'을 '송신하거나 수신하는 것'으로 규정되어 있어, '전송된 메시지'를 송신하거나 수신하는 경우에만 감청의 대상이 되는 것으로 해석할 여지가 있어 전송되어 보관 중인 메시지가 감청의 대상이 되는지는 여전히 논란의 여지가 있는 것으로 보이고, 가사 현행 통신비밀보호법에 의하면 전송된 메시지가 감청의 대상에 포함된다고 하더라도 이는 개정전 법보다 감청의 대상을 확대한 것으로 이해되며, 이를 개정전 법의 추상적 내용을 명확히 한 것으로서 개정전 법하에서도 전송된 메시지가 감청의 대상이 된다고는 이해되지 않는다.

끝으로, 원심은 이메일은 일반 우편물이나 전화와는 달리 송수신이 완료되거나 수신인이 메일을 열어보아 그 내용을 알게 된 후에도 송신인과 수신인이 각자의 컴퓨터 및 메일서버에 그 메일을 계속 보관하고 있는 경우가 많은 특성이 있으므로, 이메일에 대한 감청의 범위는 일반 우편물에 대한 검열 및 전화에 대한 감청의 범위와 비교하여 논할 수 없고, 송수신인이 송수신이 완료된 메일의 내용을 별도의 파일 형식에 담아 공개하지 않는 이상 그 메일은 전자우편의 외형을 계속 유지하고 있고 그 메일 내용에 대한 통신의 비밀은 여전히 보호될 가치가 있다고 보아야 하며, 절차적으로 보더라도 송신인의 컴퓨터나 메일서버에 대하여 강제수사를 하는 경우에는 송신인이 여러 사람에게 보낸 수많은 메일에 대하여 수신인에게 도착되었는지 또는 수신인이 그 메일을 열어보았는지를 개별적으로 쉽게 확인할 수 없는데 이러한 경우 메일 도착 여부 또는 수신인의 개봉 여부에 따라 일부는 감청의 대상으로 보아 통신제한조치를 취하고 일부는 압수수색의 대상으로 보아 영장을 발부받아야 한다고 해석하는 것은 비현실적이므로, 이 사건 이메일이 비록 송수신이 완료된 것이라고 하더라도 여전히 통신비밀보호의 대상으로 남아 있고 감청의 대상이 된다고 판단하고 있으나, 이메일의 특성이나 절차적인 이유를 들어 구통신비밀보호법의 규정을 확대해석하는 것은 죄형법정주의에 반한다고 할 것이다.

그렇다면 피고인 이oo가 피해자 이xx의 이메일을 열람했거나 하려고 한 것은 이미 수신하여 보관하고 있는 이메일에 대한 것이고, 피고인 유oo가 피해자 박xx의 이메일을 열람한 것도 송신한 후 보관하고 있는 이메일을 열람한 것으로서, 이는 모두 구통신비밀보호법상의 감청에 해당하지 아니하고, 한편 피고인 이oo가 피고인 이oo에게 피해자 이xx의 이메일을 열람하도록 지시한 것 역시 구통신비밀보호법상의 감청의 교사에는 해당되지 아니하며, 달리 피고인 이oo가 피고인 이oo에게 피해자 이xx의 송수신 중인 이메일을 열람하도록 지시했다거나, 피고인 이oo가 피해자 이xx의 송수신 중인 이메일을 열람했거나 하려고 했다거나, 피고인 유oo가 피해자 박oo의 송수신중인 이메일을 열람했거나 하려고 했다고 인정할 만한 아무런 증거가 없는 이 사건에 있어서 원심이 피고인들에 대하여 통신비밀보호법위반 내지 통신비밀보호법위반교사의 점에 대한 공소사실에 관하여 유죄로 인정한 것은 구통신비밀보호법상의 감청에 관한 법리를 오해하여 판결에 영향을 미친 위법이 있다.

나. 피고인 이oo, 이oo의 사실오인의 주장에 관한 판단
(이하 생략)

무죄 부분

1. 이 부분 공소사실의 요지
가. 누구든지 법률의 규정에 의하지 아니하고는 당사자의 동의 없이 전자장

치나 기계장치 등을 이용하여 전기통신의 감청을 할 수 없음에도 불구하고

(1) 피고인 이ㅇㅇ는,

위 범죄사실 제1의 가.항 기재와 같은 방법으로 피고인 이ㅇㅇ로 하여금 범행의 결의를 하고 별지 범죄일람표 1 기재와 같이 2002. 1. 18. 18:00경부터 같은 해 2. 19. 22:10경까지 사이에 "fw:숙제 했습다.."와 "위성방송현황" 등 피해자 이xx의 이메일을 총 8회에 걸쳐 열람하게 함으로써 각 이를 감청하고,

(2) 피고인 이ㅇㅇ는,

위 범죄사실 제1의 나.항 기재와 같은 방법으로 별지 범죄일람표 1 기재와 같이 2002. 1. 18. 18:00경부터 같은 해 2. 19. 22:10경까지 사이에 "fw:숙제 했습다.."와 "위성방송현황" 등 피해자 이ㅇㅇ의 이메일을 총 8회에 걸쳐 열람함으로써 각 이를 감청하고,

나. 피고인 유ㅇㅇ는,

누구든지 법률의 규정에 의하지 아니하고는 당사자의 동의없이 전자장치나 기계장치 등을 이용하여 전기통신의 감청을 할 수 없음에도 불구하고,

위 범죄사실 제2의 가.항 기재와 같이 피해자 박ㅇㅇ의 이메일을 열람함으로써 각 이를 감청하였다.

2. 판   단

위 부분 공소사실은 앞서 본 바와 같은 이유로 형사소송법 제325조 후단에 의하여 각 무죄를 선고하여야 할 것이나, 피고인 이ㅇㅇ에 대한 통신비밀보호법위반교사의 점, 피고인 이ㅇㅇ, 유ㅇㅇ에 대한 각 통신비밀보호법위반의 점과 상상적 경합의 관계에 있는 판시 정보통신망이용촉진및정보보호등에관한법률위반교사죄 및 정보통신망이용촉진및정보보호등에관한법률위반죄를 유죄로 인정한 이상 주문에서 따로 무죄의 선고를 하지 아니한다.

재판장　　　판사　　　박홍우 _____

판사　　　임재훈 _____

판사　　　조기열 _____

3) 1심 판결

서 울 지 방 법 원

판   결

사 건	2002고단3514	가. 통신비밀보호법위반
		나. 통신비밀보호법위반교사
		다. 정보통신망이용촉진및정보보호등에관한법률위반
		라. 정보통신망이용촉진및정보보호등에관한법률위반
		교사
		마. 전자기록등내용탐지
피 고 인		1. (성명 생략)
		2. (성명 생략)
		3. (성명 생략)
검 사		김주원, 윤희식
변 호 인		
판 결 선 고		2002. 9. 10.

주   문

이   유

범 죄 사 실

1. (이하 생략)

쟁점에 대한 판단

1. 이 사건 이메일열람이 감청에 해당하는지 여부

피고인들은 이 사건 통신비밀보호법위반의 공소사실에 대하여, 이미 송수신이 완료된 이메일은 통신비밀보호법상 감청의 대상에 포함되지 않으므로, 피고인들이 이oo 및 박oo의 이메일 계정에서 이메일을 열람한 것은 감청에 해당되지 않는다고 주장한다.

　살피건대 구통신비밀보호법(2001. 12. 29. 법률 제6546호로 개정되기 전의 것)상 "감청"이라 함은 전기통신에 대하여 당사자의 동의없이 전자장치·기계장치등을 사용하여 통신의 음향·문언·부호·영상을 청취·공독하여 그 내용을 지득 또는 채록하거나 전기통신의 송·수신을 방해하는 것을 말하고(법 제2조 제7호), "전기통신"이라 함은 유선·무선·광선 및 기타의 전자적 방식에 의하여 모든 종류의 음향·문언·부호 또는 영상을 송신하거나 수신하는 것을 말한다(법 제2조 제3호).

　위 규정에서는 '송신하거나 수신하는 것'이라고 규정할 뿐 '송신 중 또는 수신 중'으로 한정하여 송수신의 현재성을 요구하고 있지 않으므로, 송수신 중에 있는 것뿐만 아니라 이미 송수신되어 저장되어 있는 자료, 장차 송수신하기 위하여 저장되어 있는 자료이더라도 그 통신의 비밀을 보호할 필요가 있는 것이라면 전기통신에 포함된다고 할 것이고 당사자의 동의 없이 그 내용을 지득하는 것은 감청에 해당한다고 할 것이다. 통신비밀보호법은 이 사건 범행 후 개정되어 "전기통신"이라 함은 전화·전자우편·회원제정보서비스·모사전송·무선호출 등과 같이 유선·무선·광선 및 기타의 전자적 방식에 의하여 모든 종류의 음향·문언·부호 또는 영상을 송신하거나 수신하는 것이라고 규정함으로써 전자우편이 그 대상임을 명확히 하고, "전자우편"이라 함은 컴퓨터 통신망을 통해서 메시지를 전송하는 것 또는 전송된 메시지를 말한다고 규정함으로써 '전송된' 메시지도 전자우편에 해당하여 감청의 대상이 됨을 명확히 하였는바, 이는 개정전 법보다 감청의 대상을 확대한 것이라기보다 개정전 법의 추상적 내용을 명확히 한 것으로서 개정전 법하에서도 전송된 메시지가 감청의 대상이 된다고 할 것이다.

　이메일은 일반 우편물이나 전화와는 달리 송수신이 완료되거나 수신인이 메일을 열어보아 그 내용을 알게 된 후에도 송신인과 수신인이 각자의 컴퓨터 및 메일서버에 그 메일을 계속 보관하고 있는 경우가 많은 특성이 있으므로, 이메일에 대한 감청의 범위는 일반 우편물에 대한 검열 및 전화에 대한 감청의 범위와 비교하여 논할 수 없다. 송수신인이 송수신이 완료된 메일의 내용을 별도의 파일 형식에 담아 공개하지 않는 이상 그 메일은 전자우편의 외형을 계속 유지하고 있고 그 메일 내용에 대한 통신의 비밀은 여전히 보호될 가치가 있다고 보아야 한다.

　절차적으로 보더라도 송신인의 컴퓨터나 메일서버에 대하여 강제수사를 하는 경우에는 송신인이 여러 사람에게 보낸 수많은 메일에 대하여 수신인에게 도착되었는지 또는 수신인이 그 메일을 열어보았는지를 개별적으로 쉽게 확인할 수 없는데 이러한 경우 메일 도착 여부 또는 수신인의 개봉 여부에 따라 일부는 감청의 대상으로 보아 통신제한조치를 취하고 일부는 압수수색의 대상으로 보아 영장을 발부받아야 한다고 해석하는 것은 비현실적이다.

그렇다면 이 사건 이메일이 비록 송수신이 완료된 것이라고 하더라도 여전히 통신비밀보호의 대상으로 남아 있고 감청의 대상이 된다고 할 것이므로, 이에 반하는 피고인들의 주장은 받아들이지 않는다.

2. 위법성조각사유의 존부

(이하 생략)

판사   이응세   _____

제 3 절   전자금융정보[1]

1. 서   론

가. 한 TV 토론내용

전자금융정보 추적을 위한 법제화가 한창 논의되던 시절 저자가 시청한 한 TV 토론 내용을 소개할까 한다. 당시 한 TV 방송사는 수사기관에서 행해지고 있는 예금계좌추적의 요건을 더 강화하여 이를 제한하여야 하는지 여부에 관해 토론회를 벌인 일이 있다.[2] 당시 사회자는 1998년도까지 수사기관에 의해 행해진 예금계좌추적은 총 99,000여건이었고, 그중 86% 가량인 85,000여건이 법원의 영장 없이 이루어졌다고 주장하면서, 사생활비밀보장이나 신용사회질서 유지를 위해서는 예금계좌추적을 제한해야 하고, 반면 부정부패를 방지하고 경제범죄를 억제하기 위해서는 예금계좌추적에 의한 수사권을 보장해야 하는데, 위와 같은 두 가지 서로 다른 입장을 대변하는 측의 토론을 벌이겠다고 운을 뗐다. 그

---

1) 이 節은 저자의 "컴퓨터에 貯藏된 金融情報追跡의 諸問題", 대검찰청, 「검찰」 통권 111호(2000)를 2015년 현재의 법상황에 맞게 대폭 업데이트한 내용이다.
2) 1999. 8. 19.(목요일)자 KBS 1 TV 20:04경부터 진행.

후 진행된 토론에서 현행과 같은 예금계좌추적 실태에 별다른 문제가 없다는 주장을 편 토론자들은,[1] 우리 사회는 고소득층과 중산층이 대립하고 있는데, 고소득층의 검은 돈 수입을 막고 세원을 투명하게 밝히며 그에 의한 부정부패 방지를 꾀한다는 공익적 요청이 프라이버시 보호라는 사익적 필요보다 우선하므로 예금계좌추적권을 보장해야 한다는 논거를 들었다.[2] 반면 예금계좌추적권의 제한을 주장하는 토론자들은[3] 헌법상 프라이버시 보호나 적법절차 준수라는 원칙이 수사편의보다 우선되어야 하며, 피의자나 그 밖의 수사대상자들의 모든 계좌나 그 친인척들의 모든 계좌까지 추적하는 것은 헌법이 인정하지 않는 연좌제를 만드는 것과 같으며, 수집된 금융정보를 정치적으로 공개하는 등 오용하거나 남용할 우려가 크므로 엄격하게 그 추적절차를 법정해야 한다는 주장을 펴면서, 현재 우리나라에서는 영장 없이 예금계좌를 추적하는 사례가 너무 많고, 심지어 수사기관이 은행 등에 수사협조의뢰공문 한 장만을 보내 예금계좌를 추적하거나, 아예 추적대상인 예금계좌를 적시하지도 않고 은행의 컴퓨터 화면을 보면서 현장에서 계좌번호를 적어가며 수사하는 경우까지 있다고 말하였다. 그리고 금융실명거래 및 비밀보장에 관한 법률의 입법취지는 실명으로 금융거래를 하면 그 거래의 비밀을 보장해주겠다는 점에 있는데도 지나치게 광범위한 예금계좌추적이 이루어진다면 그러한 입법취지를 살리지 못하게 되어 결국 위 법률을 유명무실하게 만들어 버릴 우려가 있다고 주장하였다.[4]

이상과 같은 위 방송토론은 예금계좌추적권의 남용과 제한에 대한 당시 정치권의 논의를 바탕으로 진행된 것이지만, 이제 정치권의 논의나 여론을 떠나서 차분하게 법리적으로 그에 관련된 쟁점들을 성찰해 보아야 한다.

나. 용어의 정의

형사절차와 관련하여 금융정보추적을 규율하는 대표적인 법률로 「금융실명거래 및 비밀보장에 관한 법률」이 있는데, 같은 법 제2조는 필요한 용어들을 정

---

1) 원용복 변호사, 심희기 교수.
2) 당시 위 방송을 시청하면서 저자는 "예금계좌추적에 의해 어떤 기본권이 침해된다는 말인가요?"라는 토론자의 반문에 놀란 적이 있다.
3) 임영화 변호사, 강경근 교수.
4) 당시 위 토론방송을 진행하면서 전화여론조사를 실시하였는데, 현행과 같이 예금계좌추적이 이루어져야 한다고 응답한 視聽者數는 12,799명이었고, 수사기관의 예금계좌추적권을 제한하여야 한다고 응답한 視聽者數는 7,030명이었다. 그러나 이 문제는 헌법상 기본권 보장에 관한 사항으로서 어느 한쪽의 입장을 이른바 민주주의의 다수결원리에 의해 찬반투표로 결정할 수 있는 논점이 아니라고 하겠다. 이는 마치 지구가 둥근지 아니면 네모난지를 다수결로 결정할 수 없는 것과 같다.

의하고 있다. 우선 중요한 내용만을 보면 다음과 같다. 즉, 그 제1호는 金融機關을 "금융회사등"이라고 하여, 은행법에 의한 금융기관, 상호저축은행, 농업협동조합, 신용협동조합, 새마을금고, 「자본시장과 금융투자업에 관한 법률」에 따른 집합투자업자, 신탁업자, 증권금융회사, 보험업법에 의한 보험회사, 체신관서 등을 말한다고 하고 있다. 그리고 위 제2조의 제3호는 "金融去來"를, 금융회사등이 金融資産을 수입·매매·환매·중개·할인·발행·상환·환급·수탁·등록·교환하거나 그 이자·할인액 또는 배당을 지급하는 것과 이를 대행하는 것 기타 금융자산을 대상으로 하는 거래로서 총리령이 정하는 것으로 정의하고 있다. 또한 위에서 말하는 "金融資産"이란 금융기관이 취급하는 예금·적금·부금·계금·예탁금·출자금·신탁재산·주식·채권·수익증권·출자지분·어음·수표·채무증서 등 금전 및 유가증권 기타 이와 유사한 것으로서 총리령이 정하는 것을 말한다(제2호). 위와 같은 "金融機關", "金融去來", "金融資産" 등의 用語는 이 절에서도 동일하거나 유사한 의미로 사용하기로 한다. 일반적인 용어로 예금계좌추적이라는 단어가 많이 쓰이고 있으나 금융정보는 예금거래내역에 국한되지 않으므로, 이 절에서는 금융정보추적이라는 용어를 주로 사용하기로 한다.

그리고 위 법률 시행령 제6조는 위 법률 제4조 제1항에서 말하는 "金融去來의 內容에 관한 情報 또는 資料"를, 특정인의 금융거래사실과 금융기관이 보유하고 있는 금융거래에 관한 기록의 원본·사본 및 그 기록으로부터 알게 된 것이라고 정의하고, 다만 금융거래사실을 포함한 금융거래의 내용이 누구의 것인지를 알 수 없는 것은 그 정의대상에서 제외하고 있다. 이때 금융거래 내역이 문서의 형태가 아닌 컴퓨터 데이터로 존재하고 있다고 하더라도 그 자체를 위 원본·사본 개념에 포함시켜 보호해야 하는 것은 당연하다. 이 절에서 사용하는 "金融情報"라는 용어도 위와 같은 "金融去來의 內容에 관한 情報 또는 資料"를 지칭하는 의미를 갖고 있다. 다만, 위 시행령 제6조는 금융거래 내용이 누구의 것인지를 알 수 없는 금융거래 정보나 자료를 위 법률에 의한 보호대상에서 제외하고 있는데, 이는 금융거래 내용에 의해 그 금융정보의 주체가 누구인지 확정할 수 없는 금융정보는 보호할 필요가 없다고 생각하였기 때문으로 보인다.[1] 그러나 그러한 금융정보라고 할지라도 그 보유주체인 해당 금융기관의 영업의 자유나 비밀을 침해할 우려가 있으므로, 그 금융기관의 동의에 의하지 않고 이

---

[1] 그러나 당해 거래정보등만으로 그 거래자를 알 수 없더라도 다른 거래정보 등과 용이하게 결합하여 그 거래자를 알 수 있는 것은 위 법률에 의한 보호대상인 금융정보에 해당한다.

를 추적하기 위해서는 명시적인 법률상의 근거조문이 있거나, 위 법률 제4조 제
1항 제1호에서 정하는 바와 같이 법원의 제출명령이나 법관의 영장을 발부받아
야 한다고 하겠다. 즉, 위 법률시행령 제6조는, 적어도 형사절차상 수사기관의
강제처분에 관한 한 그대로 적용하기 어려운 조항이라고 생각된다. 위 법률 제4
조의 어디에서도 "金融去來의 內容에 대한 情報 또는 資料"의 의미를 위 시행
령과 같이 한정하거나 그 정의내용을 시행령에 위임하고 있는 文句를 찾아볼
수 없다. 그러므로 이 책에서 "金融情報"는 위 시행령과 같은 의미한정 없이,
'金融機關의 컴퓨터에 貯藏된 顧客의 金融去來에 관한 內譯'이라는 의미 정도로
사용하기로 한다.

　　그리고 그러한 금융정보가 금융기관의 컴퓨터에 전자적인 기억매체로 저장, 관
리되고 있을 때 형사절차상 전자증거의 수집 및 이용에 관한 특수한 문제가 발생하
므로 이점에 관한 문제점을 고찰하는 것을 이 節의 주된 목적으로 삼기로 한다.

2. 금융정보추적시 고려할 사항

가. 서　　설

　　정보통신기술의 발전에 의해 전자화된 정보를 네트워크를 통해 대량으로
신속하게 처리·전달하는 것이 가능해지고 이를 축적하고 검색하며 이용하고 변
경하는 것이 용이하게 됨에 따라 그 정보의 주체를 보호할 필요는 더 커지고 있
다고 하겠다. 그리고 그러한 정보의 보호는 민간부문의 자율에 맡겨 둘 영역이
있고, 비밀성이 높아 누설될 경우 피해가 큰 분야에서는 법률로 규제할 분야가
있다고 할 수 있는데, 개인의 금융정보를 저장하고 있는 예금계좌는 누설될 경
우 개인의 경제적 신용이나 그 밖의 사적 생활 영역에 대한 치명적인 침해를 가
져올 수 있으므로 법률적 규제에 의해 그 보호를 꾀할 대상에 해당한다고 할 수
있다.[1]

　　일반적으로 소비자신용정보는 이용에 따른 減價가 발생하지 않고, 오랫동
안 수집·축적되고 이용될수록 그 가치가 증대된다는 累積效果性, 한계효용체감
비율이 극도로 높고, 이전 및 전파 속도가 매우 빠르기 때문에 효용의 극대화를
위해 독점적으로 수집된다는 機密性, 그 자체가 사회적 효용을 목표로 하므로
저렴한 유통비로 널리 이용된다는 公開性, 특정기관에 의해 특정목적으로만 이

---

1) 堀部政男(ほりべ·まさお), "個人情報保護論の現在と將來", 「ジュリスト」(1998. 11. 1.) 35面
　參照.

용된다는 個別性, 이용자의 목적지향적인 행동능력에 따라 효용이 달라진다는 不確實性, 정보의 귀속주체인 소비자의 인격과 불가분의 관계에 있다는 人格性 等의 특징을 갖는다.[1] 금융기관의 예금계좌에 저장되어 있는 개인의 금융정보도 이러한 일반적인 소비자 신용정보의 특징을 대부분 그대로 갖고 있다고 할 수 있다. 금융정보가 갖는 위와 같은 累積效果性, 機密性, 公開性, 個別性, 不確實性, 人格性 等의 特徵으로 인해 금융정보의 주체를 보호할 현실적인 필요성이 인정되는 것이다.

나아가 형사절차상의 금융정보추적은 사적부문인 금융기관의 컴퓨터 전산망에 저장되어 있는 데이터를 금융정보의 주체나 그 보존·관리자의 의사와 무관하게 강제적으로 추적하거나, 당해 금융정보주체나 그 보존·관리주체인 금융기관의 자유로운 의사에 기한 동의에 의해 이를 추적하여, 주로 형사소송법상의 수사나 공판, 나아가 형집행 절차에 이용하려는 목적을 갖고 있다. 이점에서 형사절차상 금융정보추적은 행정기관 등 국가기관에서 보유하고 있는 사인의 정보를 보호하는 문제나 사적 업체인 신용정보업체 등이 보유하고 있는 개인정보를 제3자인 민간업체나 수사기관 이외의 국가기관에게 제공하는데서 보호하는 문제와 구별된다.[2] 따라서 형사절차상 금융정보 추적문제는 개인의 정보를 보호하는 법제에 국한되지 않은, 형사절차상의 독자적인 검토가 필요한 이론영역이라고 할 수 있다.

나. 세계적인 정보보호 경향

컴퓨터 통신망으로 연결된 이른바 고도정보화 사회에서 금융정보를 포함한 사인정보의 보호 물결은 이제 온 세계를 휩쓸고 있다고 하겠다. 예컨대 1995. 10. 24.에 채택된 유럽공동체(European Union)의 "個人 데이터 處理에 있어서 個人

---

[1] 金聖天, "소비자신용정보보호의 형사법적 고찰", 한국형사정책연구원, 「형사정책연구소식」 제15호 (1993), 7쪽.

[2] 과거에는 정보사회에서 보호되어야 할 개인정보를 공공부문의 개인정보와 민간부문의 개인정보로 나누고(金聖天, "소비자신용정보보호의 형사법적 고찰", 7쪽), 행정기관 등이 보유하고 있는 사인의 데이터를 보호하기 위한 법률로 公共機關의個人情報保護에관한法律이 있었으며, 일반적인 사인의 신용정보를 보호하기 위한 법률로 信用情報의利用및保護에관한法律이 있었다. 그러나 수사 및 재판절차에서 개인의 금융정보를 추적하여 이용하는 것은 정보주체인 개인이나 그 보존·관리 주체인 금융기관 등 사적 부문의 정보보호 뿐만 아니라, 수사 및 재판절차에서 수집된 개인의 금융정보를 형사사법적인 목적으로 이용한다는 점에서 공공부문의 정보보호에도 관련되어 있는 것이다. 그러므로 위와 같은 분류방법은 형사절차에서는 특별한 의미가 없다고 할 수 있다. 현재는 공공부문과 민간부문의 개인정보 전부에 관하여 「개인정보 보호법」으로 보호하고 있다(2011. 3. 29. 법률 제10465호 제정, 2014. 3. 24. 법률 제12504 일부개정). 그러나 「신용정보의 이용 및 보호에 관한 법률」도 존치되고 있다.

의 保護와 그 데이터의 自由로운 移動에 관한 유럽議會와 理事會의 命令"(Directive 95/46/EC of the European Parliament and of the Council of 24 October 1995 on the protection of individuals with regard to the processing of personal data and on the free movement of such data),[1] 1997. 12. 15.의 "個人데이터 處理와 遠隔通信分野에 있어서 프라이버시 保護에 관한 유럽議會와 理事會의 命令"(Directive 97/66/EC of the European Parliament and of the Council of 15 December 1997 concerning the processing of personal data and the protection of privacy in the telecommunications sector), 국제노동기구(ILO)의 1996. 10. 7. 자 "勤勞者 個人의 데이터 保護에 관한 實踐規程"(Code of practice on the protection of workers' personal data), 1998년 경제협력개발기구(Organization for Economic Co-op-eration and Development, OECD)의[2] 오타와 각료회의에서 채택된 "全地球的 네트워크 상의 프라이버시 保護에 관한 閣僚宣言"(Ministerial Declaration on the Protection of Privacy on Global Networks) 등의 입법조치나 가이드라인 설정, 많은 국제회의의 개최,[3] 1997. 3. 18.에 공표되고, 같은 해 9. 고시된 일본 通商産業省의 "民間部門의 電子計算機處理에 關係된 個人情報 保護에 관한 가이드라인",[4] 1998. 6. 12. 일본 大藏省과 通商産業省이 공동으로 마련한 "個人信用情報 保護 및 利用에 관한 懇談會 報告書" 等에서 보는 바와 같이 개인정보를 보호하기 위한 노력이 전 세계적으로 추진되어 왔다. 특히 개인정보가 디지털화하고, 정보저장 비용이 현격히 감소하였으며, 디지털화한 정보검색이 용이해지고, 특히 정보에 접근하는 것이 글로벌 네트워크화하여 광범위하여진 오늘날의 정보기술(IT) 시대의 배경은 이른바 '잊혀질 권리'마저 보장할 것을 요구하고 있다.[5] 이에 따라 EU 집행위원회는 2012. 1. 25. 인터넷 이용자의 잊혀질 권리를 보장한 "데이터 보호 규칙"(Data Protection Rules) 개정안을 확정, 발표한 상태이다.[6] 그리고 위 개정안은 2014년 4월에 개최될 유럽의회의 제1차 讀會에서 채택될 것으로 기대되고

---

1) 특히 이 'EU 命令'은 유럽지역만이 아니라 제3국에 대해서도 개인정보에 관해 충분한 보호조치를 취하고 있지 않은 국가에 정보의 이전을 금지하고 있는 점에 특징이 있으므로, 우리의 경우도 이를 무시할 수 없다.
2) 우리나라는 1996. 12. 12. OECD에 가입하여 29번째 정회원국이 되었다.
3) 국제회의로는 1997. 9. 17.부터 같은 달 19.까지 벨기에 수도 브뤼셀에서 열린 '데이터 保護와 프라이버시 保護關聯 最高決定者 國際會議'(International Conference of the Data Protection and Privacy Commissioners), 같은 달 23.부터 26.까지 캐나다의 몬트리올에서 열린 "프라이버시 保護에 관한 國際會議"(International Conference on Privacy) 등이 대표적이라고 할 수 있다. 堀部政男(ほりべ·まさお), 前揭, "個人情報保護論의 現在と將來", 28面 以下.
4) 樋口範雄(ひぐち·のりお), "個人情報に關する法的課題(上)-EU指令と通産省ガイドラインとの比較の試み",「ジュリスト」(1998. 11. 15.), 52面.
5) 빅토르 마이어 쇤베르거 저, 구본권 역,「잊혀질 권리」, 지식의 날개(2013), 81-136쪽.
6) 구태언, "개인정보 보호법의 제문제",「법학평론」(2012), 90쪽.

있다.1)2)

이에 맞추어 개인정보 중 금융정보에 대한 우리 수사기관의 추적도, 그 수
사권을 보장받으면서도 세계문명국의 개인정보 보호 추세에 뒤지지 않는 수준
을 갖출 필요가 있다고 생각된다. 즉 지금 정보화시대의 화두는 수많은 정보를
수집·집적하여 연결(link)시켜 데이터베이스화하고 이를 인터넷이나 근거리통신
망을 이용하여 검색하고 출력하는 등 "情報의 利用"에 치중하고 있던 과거와 달
리, 그렇게 이용되는 개인의 정보를 어떻게 보호할 것인지에 관한 측면으로 발
전하여 가고 있다고 하겠다. 이에 맞추어 검찰 등 수사기관으로서도 수사의 효
율성 추구에 못지않게 개인의 금융정보를 보호하기 위한 노력을 계속해 가야
한다고 하겠다. 이는 공판절차의 주체인 법원에 대해서도,3) 동일하게 할 수 있
는 말이다.

다. 기본권보장

1) Privacy권

금융기관 컴퓨터의 예금계좌에 저장되어 있는 개인이나 법인의 금융거래
내역은 우리 헌법 제17조가 보호하는 "私生活의 秘密과 自由(Privacy)"에 포함되
는 기본권의 대상이라고 할 것이며, 그 보호는 헌법 제12조 제1항과 제3항이 정
하는 바와 같이 적법절차(due process of law)의 원칙에 따라야 한다고 하겠다.4) 국
민은 수사기관의 금융정보추적에 의해 가계종합예금, 당좌예금 개설 및 해지여
부 등의 단순 신용거래 사실이나 정상적인 신용거래 실적 등 우량 신용거래 정
보뿐만 아니라, 대출금 등의 연체, 용도 외 유용사실, 연대보증인의 대위변제사
실, 어음이나 수표의 거래정지처분을 받은 사실, 부정한 방법으로 대출을 받는
등 금융거래질서를 문란케 한 사실, 외국환관리 법규 등 경제관계 제법령 위반
사실, 예금채권의 압류나 가압류를 받은 사실, 파산, 금치산, 한정치산선고를 받
은 사실 등 불량 신용거래 정보까지도5) 공개당할 위험에 직면하게 된다. 누구

---

1) http://europa.eu/rapid/press-release_MEMO-14-60_en.htm(2014. 2. 23. 방문)
2) 이상은 홍숙영, "잊혀질 권리와 표현의 자유를 둘러싼 논의—특히 언론중재제도의 개선과 관련
하여",(2014. 5.)에 의함.
3) 법원의 전자정보화에 대한 노력의 소개에 관하여, 韓德烈, "司法府 情報化 現況 및 展望", 法院
圖書館, 「情報化와 裁判實務」(裁判資料 第79輯)(1998), 13쪽-73쪽; 법원행정처, 「민사전자소송
실무편람」(2014) 등 참조.
4) 同旨, 姜京根, "金融情報와 私生活의 秘密과 自由(Privacy)", 「現代公法理論의 展開」(1993. 12.),
638쪽.
5) 소비자신용정보는 본문과 같이 우량 신용거래 정보와 불량 신용거래 정보로 나눌 수 있다. 金聖天,
"소비자신용정보보호의 형사법적 고찰", 7쪽.

나 자신의 금융거래정보를 국가를 포함한 타인에게 공개하기를 꺼리며 사적인 영역으로 남겨두고 싶을 것임은 인지상정이라고 하겠다. 언뜻 보아서 헌법상의 Privacy라는 기본권으로 보호할 대상이 아닌 듯이 보이는 금융정보라 할지라도 그 수집, 저장, 가공, 공표, 타기관에의 제공 등 이용목적이나 방식에 따라서는 개인에게 불이익을 줄 수 있는 것이다. 더욱이 Privacy가 생활상의 정신적 평온의 측면도 갖고 있는 점에서 보면 수사기관에 의한 금융정보의 추적 그 자체가 일상생활의 정신적 평온을 침해하거나 침해할 가능성을 갖고 있는 것은 자명하다.[1] 따라서 수사기관의 금융정보추적활동이 그러한 Privacy라는 기본권을 침해하는 행위인 한 헌법과 법률에 근거를 둔 적법한 수사활동의 일환으로서 행하여져야만 한다.

2) 정보에 대한 자기결정권

수사기관이 범죄소추를 목적으로 개인의 금융정보를 탐색하고 취득하는 행위에 대해서도 우리 헌법 제10조에서 보장하고 있는 人間의 尊嚴과 價值·幸福追求權의 한 내용인 自己決定權(Selbstbestimmungsrecht), 그중에서도 1983년의 독일 연방헌법재판소가 이른바 國勢調査判決(Volkszählungsentscheidung)을 하면서 인격의 자유로운 발현을 위한 기본적인 권리로 인정하고,[2] 우리 헌법학계에서도 받아들여지고 있는[3] 情報에 대한 自己決定權(Rechts auf informationelle Selbstbestimmung)을 보장하도록 해야 한다. 현대적인 정보처리 기술조건 아래에서 위와 같은 情報에 대한 自己決定權은 개인이 의도하거나 의도하지 않으려는 행위에 대해 결정의 자유를 갖는다는 것을 의미한다. 위 독일 연방헌법재판소의 판결은, 국가가 개인에 관한 데이터를 수집함에 있어서 첫째, 그 데이터는 오직 법률이 규정한 목적을 위해서만 사용되어야 하고, 둘째, 수집된 정보를 다른 기관에 교부하거나 다른 방식으로 사용하는 것을 금지하며, 정보수집사실을 관련 당사자에게 알려줄 의무를 인정하거나, 일정 기간 내에 수집된 정보를 폐기해야 하는 등의 절차적인 보호 장치를 마련해야 하며, 셋째, 독립관청인 정보보호관청(Datenschutzbeauftragte)을 설치하는 등의 제한원칙을 지킬 것을 천명하고 있다.[4]

다만 위와 같은 독일 연방헌법재판소의 제한방향 설정은 1980년 經濟協力開發機構(Organization for Economic Co-operation and Development, OECD)가 채택한 "프

---

1) 清野 幾久子(せいの·きくこ)、 "個人情報利用取引と個人情報保護制度", 「ジュリスト」(1997. 6. 15.), 76面 參照.
2) BVerfGE 65.
3) 金哲洙, 「憲法學槪論」, 338쪽.
4) 李相暾, "情報保護와 刑事節次", 한국법학원, 「저스티스」 제29권 제1호, 72쪽 引用.

라이버시 保護와 私的 데이터의 國際的 移轉에 관한 가이드라인"에서 밝힌 개인정보처리에 관한 유명한 8개 원칙으로부터 영향을 받았다고 할 수 있다. 그 8개 원칙은 다음과 같다.[1]

① **收集制限原則**: 정보 수집은 적법하고 공정한 수단에 의해 행해져야 한다. 적절하다면, 정보주체가 알게 하거나 그의 동의를 얻어 수집하여야 한다.

② **情報 內容과 品質에 관한 原則**: 정보는 이용목적에 관련성을 갖고 있는 정보여야 하며, 그 이용목적에 필요한 범위 내에서 正確하고 完全하며 最新인 정보이어야 한다.

③ **目的特定原則**: 정보수집목적은 늦어도 수집시점까지, 즉, 그 수집시점 이전에 명확하게 특정되어야 한다. 그리고 정보의 이용은 그와 같이 특정된 목적에만 한정되어야 하고, 후에 그 당초의 목적과 모순되지 않는 목적으로 이용목적을 변경하려는 경우에는 그 새로운 이용목적을 명확하게 특정하여 그 목적으로만 당해 정보를 이용하여야 한다.

④ **利用制限原則**: 위 目的特定原則에 의해 특정된 목적 이외의 목적을 위해 수집된 정보를 공개하거나 열람케 하거나, 사용하거나, 제공하거나 해서는 안된다. 다만, 정보주체의 동의가 있거나 법률에 근거가 있으면 예외로 한다.

⑤ **安全保護原則**: 개인정보는 消去, 부당한 access, 파괴, 이용, 수정, 공개열람 등의 위험에 대처하기 위해 합리적인 안전보호조치에 의해 보호되어야만 한다.

⑥ **公開原則**: 개인정보에 관련된 개발·운용 정책 등은 공개되어야 한다. 즉, 개인정보의 존재와 성격, 주된 이용목적, 정보 controller가[2] 누구이고, 그의 주소가 어디인지를 쉽게 알 수 있도록 하는 수단을 제공해야 한다.

⑦ **個人參加原則**: 개인이 갖고 있는 네 가지 권리를 일컫는 원칙인데, 그 네 가지 권리란, (a) 정보 controller가 특정 개인에 대한 정보를 갖고 있는지 아닌지에 관해 정보 controller 이외의 자로부터 확인을 받을 수 있는 권리, (b) 자기

---

1) 前揭 樋口範雄(ひぐち·のりお), "個人情報に關する法的課題(上)－EU指令と通産省ガイドラインとの比較の試み", 55面.

2) 앞서 본 "개인데이터 처리에 있어서 개인의 보호와 그 데이터의 자유로운 이동에 관한 유럽議會와 理事會의 命令"(Directive 95/46/EC of the European Parliament and of the Council of 24 October 1995 on the protection of individuals with regard to the processing of personal data and on the free movement of such data)은, 情報 controller 개념으로 "單獨으로, 또는 他人과 共同하여 個人情報處理의 目的과 手段을 決定하는 自然人, 法人, 公共機關, 行政機關 또는 그밖의 團體"를 말한다고 하고 있다[위 命令 제2조 (d)호]. 과거 우리나라 정보통신부는 2000. 9. 1.부터 정보통신서비스 제공자로 하여금 정보보호책임자와 시스템 관리자를 두고 정보유출을 방지할 조치를 취하도록 하는 '情報通信 서비스 情報保護指針'을 시행하고 있었다.

에 관한 정보를 합리적인 기간·비용·방법, 그리고 자신이 이해할 수 있는 형식 등에 의해 알 권리, (c) 위 두 가지 권리에 기한 청구가 거부되었을 때 그 이유를 알고, 그 거부처분에 대해 이의를 신청할 수 있는 권리, (d) 자신에 관련된 정보에 이의를 신청하여 그 이의가 받아들여지면 당해 정보를 消去·訂正시키거나 完全하게 만들 수 있는 권리 등을 일컫는다.

⑧ **責任原則**: 정보 controller는 위 7개의 원칙이 준수되지 않으면 최종적인 책임을 져야 한다.

수사절차상 사인의 금융정보를 추적할 때도 이상에서 본 바와 같은 독일 연방헌법재판소가 인정한 정보에 대한 자기결정권이나 OECD가 인정한 개인정보 처리에 관한 8개 원칙의 근본정신을 준수하도록 노력해야 한다. 그것은 최고 규범인 헌법이 수사 및 재판, 그리고 그 집행에 임하는 각 국가기관에 요구하고 있는 책무라고 하겠다.

3) 영장주의의 적용

우리 헌법 제12조 제1항은 누구든지 법률에 의하지 않고는 압수·수색을 받지 않는다고 규정하고, 그 조문 제3항은 압수 또는 수색을 할 때에는 적법한 절차에 따라 검사의 신청에 의하여 법관이 발부한 영장을 제시할 것을 원칙으로 하고 있다. 헌법재판소도, 적법절차의 원리에서 나온 영장주의는, 압수·수색 여부도 헌법 제103조에 의해 헌법과 법률에 의하여 양심에 따라 재판하고 또 사법권독립의 원칙에 의하여 신분이 보장된 法官의 판단에 의해서만 결정되어야 한다는 것까지 의미한다고 판시한 바 있다.[1] 이를 금융정보추적에 대해 적용해보면, 모든 국민은 법관이 발부한 영장에 의하지 않은 이상 금융거래내역에 관한 자신의 정보를 추적당하지 않을 형사절차상의 권리를 갖고 있다고 할 수 있다. 그리고 그 권리의 본질은 피의자나 피고인 또는 그 밖의 관계인 등이 자기에게 불이익하게 이용될 우려가 있는 금융정보의 추적을 강제당하는 것을 거부할 절차적 권리인 방어권이라고 해야 한다. 수사기관은 형사절차에 이용할 의도로 금융정보추적을 행하는 경우 위와 같은 헌법규정에 따른 영장에 의하지 않는 한 금융기관이나 피의자, 피고인 등으로부터 自己負罪의 금융정보를 탐색하여 이를 획득할 수 없는 것이다. 즉 위 헌법규정은 소추기관이 영장주의에 반하는 수단에 의해 금융기관이나 피의자, 피고인 또는 참고인 등으로부터 금융정보를 추적하여 형사절차상 언제든지 그들에게 불이익하게 이용할 수 있는 상태로 두는

---

1) 헌법재판소 1992. 12. 24. 92헌가8; 1993. 12. 23. 93헌가2.

것을 금지하고 있다고 해야 한다.[1]

　금융기관 직원들도 영장이나 그 밖의 법률상의 근거에 의하지 않은 금융정보추적을 당연히 거부해야 한다. 「금융실명거래 및 비밀보장에 관한 법률」 제4조 제3항은 후술하는 바와 같이 금융기관 종사자에 대해 같은 조문 제1항 또는 제2항의 규정에 위반하여 거래정보 등의 제공을 요구받은 경우 이를 거부하여야 할 의무를 부과하고, 같은 법률 제6조에서 그러한 의무를 위반한 자에 대해 5년 이하의 징역이나 5천만 원 이하의 벌금형에 처할 수 있게 하고 있다. 이때 금융기관 종사자라 함은 금융기관의 임·직원 및 그 대리인·사용인 기타 종업원으로서 금융거래의 내용에 대한 정보 또는 자료를 취급·처리하는 업무에 사실상 종사하는 자를 말한다(위 법률 시행령 제5조).

　이제 이 시대에 우리 수사기관도 영장 없이 너무 광범위하게 수집해 왔던 예금계좌추적 관행을 지양해야 하며, 또한 그러한 노력을 경주하여 상당한 진전을 이루고 있다고 여겨진다. 영장주의에 충실하게 금융정보추적을 해 나가는 것은 결국 국가형벌권행사의 도덕적, 법률적 우위를 확보하여 수사기관의 위상을 높이고, 국민의 지지를 받을 수 있는 지름길임을 명심해야 한다. 영장 없는 금융정보추적은 처벌의 실효성 확보와 수사편의를 위해 필요할지도 모르지만 길게 보아서는 국민의 지지를 받기 어려워 수사기관의 위상을 떨어뜨리고, 결국 수사권행사나 적정한 형벌권 행사에 장애로 될 것이 분명하다.

3. 수사절차상 금융정보추적

가. 형사소송법에 의한 금융정보추적의 가능성

　은행 등 금융기관에서 예금계좌를 보유, 관리하는 방법은 일반적으로 고객의 예금거래내역을 금융기관의 전산망을 이용하여 컴퓨터에 전자적 데이터의 형태로 입력하여 저장하는 방식을 취하고 있다. 여기서 관심의 대상이 되는 것은 그 전자적 데이터가 표상하는 금융정보 자체이지 이를 저장하는 용기인 컴퓨터의 디스크와 같은 유체물이라고 할 수 없다. 그러므로 금융정보는 형사소송법 제219조, 제106조의 "證據物"이나, "沒收할 것으로 思料하는 物件", 제215조, 제114조의 "押收할 物件", "搜索할 場所, 物件" 등에 포함될 수 없다.

　뿐만 아니라 은행의 컴퓨터에 저장되어 있는 금융정보에는 특정 범죄혐의

---

[1] 渡辺 修, "違法收集證據의 問題狀況", 「刑事手續의 最前線」 123面은 일본 헌법 제35조와 관련하여 위법수집증거의 증거능력배제를 역설하며 본문의 저자 견해와 유사한 의견을 개진하고 있다.

자의 범죄사실과 주관적으로나 객관적으로 관련되지 않은 정보가 다수 상존하는 경우가 대부분이어서, 특정 범죄혐의자의 또 다른 예금계좌나 제3자의 예금계좌 등까지 보유, 관리하고 있는 은행의 컴퓨터나 전산망 자체를 압수할 수 없는 문제가 발생한다. 그러므로 그 혐의자의 특정 범죄사실과 관련 있는 금융정보만을 추출해 낼 수밖에 없다.

그렇다면 다수의 컴퓨터 데이터에서 범죄사실과 유관한 자료만을 추출해내는 근거는 무엇인가? 그것은 바로 2011. 7. 18.에 신설된 현행 형사소송법 제106조 제3항이다. 위 조항의 해석상 해당 전자금융자료가 범죄사실과 관련성을 갖는지 여부에 따라 압수수색의 범위를 정해야 한다. 달리 말하자면, 전자기억매체 전체가 요증사실과 관련성을 갖고 있으면 그 전자기억매체 자체의 압수를 통해, 그리고 관련성 있는 데이터와 관련성 없는 데이터가 공존하고 있으면, 요증사실과 관련성 있는 자료만을 출력하게 하여 그 출력한 화일복제물이나 서면 등을 압수하는 것을 통해 압수가 가능한 것이다.[1] 그 전제로 압수, 수색 과정의 "必要한 處分"(형사소송법 제219, 제120조)으로서 수사기관에 의한 당해 금융정보의 출력권한을 인정해야 하고,[2] 필요성, 보충성 등의 요건을 부가하여 실시에 신중을 기하여 금융기관 등에 대한 출력강제를 허용해야 가능하다.[3]

그리고 이처럼 금융기관의 컴퓨터에 저장되어 있는 예금거래내역 등 금융정보 가운데서 범죄혐의사실과 관련성 없는 금융정보를 제외하여 관련성 있는 금융정보를 추출해 내서 이를 증거로 획득하는 과정에 헌법상의 정보보호원칙이 적용되어야 한다. 그러나 형사소송법은 그러한 정보보호에 관한 원칙을 직접 명시하여 규율하고 있지 않으므로, 뒤에서 보는 바와 같은 「금융실명거래 및 비밀보장에 관한 법률」과 「신용정보의 이용 및 보호에 관한 법률」, 「자본시장과 금융투자업에 관한 법률」 등의 특별법규가 규정하는 요건을 충족하는 경우에 예외적으로 그 관련성 있는 금융정보의 추출이 가능하게 되는 것이다. 이때 형사소송법의 역할은 은행의 컴퓨터에 저장되어 있는 다수의 금융정보에서 범죄혐의사실과 유관한 자료를 추출해 내기 위해 범죄행위와 관련된 금융정보가 저장되어 있을 개연성이 있기만 하면 당해 컴퓨터 시스템을 탐색할 수 있는 근거로서,[4] 그리고 금융정보추적영장집행에 "必要한 處分"으로서 형사소송법 제219조, 제120조에 근거하여 수사기관에 출력권을 부여하거나, 형사소송법 제106조

---

1) 오기두, 위 學位論文, 80쪽.
2) 오기두, 위 學位論文, 108쪽.
3) 오기두, 위 學位論文, 136쪽.
4) 오기두, 위 學位論文, 80쪽.

제3항에 의해 금융기관에 해당 금융정보의 출력의무를 부과하여, 요증사실과 관련성 있는 금융정보만을 출력한 화일복제물이나 서면 등을 압수하는 것이 결국 유체물의 압수로서 허용된다는 등의 해석론상의 근거로서, 그리고 압수·수색·검증의 영장양식이나 그 각 절차에 관한 각종 통제장치의 규정을 준용하기 위한 근거로서 기능하게 된다고 할 것이다.

따라서 기존의 검찰 등 수사기관과 법원의 실무운용상으로 형사소송법에 근거를 둔 전통적인 압수·수색영장 양식으로 예금계좌추적을 하여 오던 관행은 부적법하거나 법률상의 근거가 부족하였다고 하지 않을 수 없었다. 이점을 인식한 우리 대법원은 다행스럽게도 2000. 4. 1.부터 금융계좌추적용 영장양식을 새로이 마련하고 이에 형사소송법 및 금융실명거래및비밀보장에관한법률을 근거조문으로 명시하여 사용하도록 하고 있는 바,[1] 이는 기존의 부적법한 관행을 지양하기 위한 획기적인 조치였다고 평가하지 않을 수 없다.

나. 특별법에 의한 규율
1)「금융실명거래 및 비밀보장에 관한 법률」

위에서 본 바와 같이 금융정보추적제도는 전통적인 형사소송법에는 근거가 없으며, 원래 1982. 12. 31.제정되고 1990. 12. 31. 개정된 금융실명거래에관한법률 제5조에 근거하고 있다가, 1993. 8. 12. 20:00부터 시행된 금융실명거래및비밀보장에관한긴급재정경제명령이라는 일개 대통령령의 제4조에 규정된 바 있는 제도였다. 그리고 위 긴급재정경제명령이 장구한 기간 동안 위와 같은 비상입법의 형태를 유지하다가 그것을 만든 대통령의 임기말인 1997. 12. 31.에 이르러 법률 제5493호로 금융실명거래및비밀보장에관한법률 제4조에 큰 개정 없이 그대로 수용되는 과정을 밟은 것이다.[2] 현재는 2013. 8. 13. 법률 제12098호가 같은 해 9. 14.부터 시행되고 있다.

이 법률은 그 제1조의 목적규정에서 보는 바와 같이 실지명의에 의한 금융거래를 실시하여 금융거래의 정상화를 꾀함으로써 경제정의를 실현하고, 국민경제의 건전한 발전을 꾀하려는 목적과 함께 실지명의로 거래된 금융정보에 대해서는 그 비밀을 보장해 준다는 목적도 갖고 있음을 유의하여야 한다. 따라서 위 두 가지 목적 중 어느 일방의 목적에만 치중하여 형사절차를 진행한다면, 위 법률의 입법취지를 충분히 살리지 못하는 것이 될 뿐만 아니라, 실체적 진실발

---

[1] 대법원 송무예규 제759호, "裁判事務에 관한 文書의 樣式에 관한 例規(송일 92-6) 中 改正例規"(2000. 3. 11. 결재).

[2] 이어 1999. 12. 28. 법률 제6062호로 제2조의 금융기관 정의규정 등에 관해一部 改正이 있었다.

견을 위해 절차적 정의를 희생하고, 나아가 헌법상 보장된 국민의 기본권을 침해하게 된다는 점을 명심하여야 한다.

위 법률 제4조 제1항 제1호가 바로 강제수사의 방식을 취할 때 영장에 의한 금융정보추적의 근거가 되는 조문이라고 할 것인데, 이때도 위 법률은 "使用目的에 必要한 最小限의 範圍안에서"만 금융정보의 제공을 요청받을 수 있다고 하여 개인정보 보호의 대원칙인 목적기속의 원칙을 천명하고 있다. 그리고 위 법률 제4조 제2항은 법관의 영장을 발부받았다고 하더라도 거래자의 인적 사항, 금융정보 제공 요구대상 거래기간, 그 요구의 법적 근거, 당해 추적정보의 사용목적, 요구하는 거래정보 등의 내용, 요구하는 기관의 담당자 및 책임자의 성명과 직책 등 인적 사항을 기재한 표준양식의 文書에 의해 금융기관의 특정점포에 그 제공을 요구할 수 있다고 정하여 광범위한 금융정보추적을 방지하기 위한 장치를 마련하고 있다. 그리고 위 법률 제4조의2는 종래 위 법률 시행령 제12조에 있던 거래정보등 제공사실의 통보제도를 규정하고 있다. 이에 의하면 법관의 영장 등에 의해 거래정보 등을 제공한 경우에는 제공한 날부터 10일 이내에 제공한 거래정보 등의 주요내용·사용목적·제공받은 자 및 제공일자 등을 금융정보 명의인에게 서면으로 통보하게 하고 있다. 다만 그러한 통보가 사람의 생명이나 신체의 안전을 위협할 우려가 있거나, 증거인멸·증인위협 등 공정한 사법절차의 진행을 방해할 우려가 명백하거나, 해당 통보가 질문, 조사 등의 행정절차의 진행을 방해하거나 과도하게 지연시킬 우려가 명백하면(위 법률 제4조의2 제2항) 그와 같은 통보를 유예한 후, 통보유예기간이 끝난 날로부터 10일 이내에 통보하면 된다.

나아가 위 법률 제4조 제4항은 위 제1항 각호의 규정에 의하여 금융거래정보를 알게 된 자는 그 알게 된 거래정보 등을 타인에게 제공 또는 누설하거나 그 목적 외의 용도로 이를 이용하여서는 안 되며, 누구든지 거래정보 등을 알게 된 자에게 그 거래정보의 제공을 요구하여서는 안 된다고 규정하고, 위 제4조 제5항은 그에 위반하여 제공 또는 누설된 거래정보 등을 취득한 자, 그로부터 거래정보 등을 다시 취득한 자에 대해서도 그 위반사실을 알게 된 경우 이를 타인에게 제공 또는 누설하여서는 안 된다고 하고 있다. 위 법률 제6조는 위 각 규정 위반행위에 대한 형사처벌로 5년 이하의 징역 또는 5천만 원 이하의 벌금형, 또는 위 두 형의 병과를 정하고 있다.[1] 이들 규정은 누설된 금융정보가 그 금융정보주체의 통제할 수 없는 영역으로 무한정하게 확산되는 것을 방지하여, 그 금융정보주체의 정보에 대한 자기결정권을 보장하려 한, 매우 타당한 입법조

---

1) 2014. 5. 28.에 개정된 내용이다.

치라고 생각된다.

　　한편 외국환거래 등 금융거래를 이용한 자금세탁행위와 공중협박자금조달행위를 규제하는데 필요한 특정금융거래정보의 보고 및 이용 등에 관하여는 「특정 금융거래정보의 보고 및 이용 등에 관한 법률」이 마련되어 있다(가장 최근 개정된 것으로는 2013. 8. 13. 법률 제12103호).

　　2) 「신용정보의 이용 및 보호에 관한 법률」

　　현행 「신용정보의 이용 및 보호에 관한 법률」 제32조는, 신용정보 제공, 이용자가 대출, 보증에 관한 정보 등 대통령령으로 정하는 개인신용정보를 타인에게 제공하려고 하는 경우 대통령령으로 정하는 바에 따라 해당 개인으로부터 미리 동의를 받아야 한다고 전제하고, 예외적으로 위 같은 조문 제4항 제5호에서 법관이 발부한 영장에 의하여 개인신용정보를 제공·이용하는 것은 개인의 동의를 받지 않고도 가능하다고 하고 있다. 또한 위 제4항 제6호는 범죄 때문에 피해자의 생명이나 신체에 심각한 위험 발생이 예상되는 등 긴급한 상황에서 제5호에 따른 법관의 영장을 발부받을 시간적 여유가 없는 경우로서 검사 또는 사법경찰관의 요구에 따라 제공하는 경우에는 영장 없이도 개인신용정보의 제공을 받을 수 있다고 규정하고 있다. 다만 이 경우 개인신용정보를 제공받은 검사는 지체 없이 법관에게 영장을 청구하여야 하고, 사법경찰관은 검사에게 신청하여 검사의 청구로 영장을 청구하여야 하며, 개인신용정보를 제공받은 때부터 36시간 이내에 영장을 발부받지 못하면 지체 없이 제공받은 개인신용정보를 폐기하여야 한다(위 제6호 단서). 위 「금융실명거래 및 비밀보장에 관한 법률」이 같은 법 제2조에서 정한 공익성이 강한 전문금융회사 등이 보유하는 금융거래에 관한 정보를 규율대상으로 함에 반하여(제1호, 제3호), 「신용정보의 이용 및 보호에 관한 법률」은 같은 법 제2조에 정해진 신용정보로서 금융거래에 관한 정보를 포함하는 보다 넓은 개념인 신용정보를[1] 보호대상으로 하며, 같은 법 제4조에 의해 금융위원회의 허가를 받은 신용정보업자가 조사, 수집, 정리하고 이를

---

1) 위 법률 제2조 제1호는 "신용정보"란 금융거래 등 상거래에 있어서 거래 상대방의 신용을 판단할 때 필요한 다음 각 목의 정보로서 대통령령으로 정하는 정보를 말한다고 하면서 다음을 신용정보로 열거하고 있다.
　가. 특정 신용정보주체를 식별할 수 있는 정보
　나. 신용정보주체의 거래내용을 판단할 수 있는 정보
　다. 신용정보주체의 신용도를 판단할 수 있는 정보
　라. 신용정보주체의 신용거래능력을 판단할 수 있는 정보
　마. 그 밖에 가목부터 라목까지와 유사한 정보

컴퓨터를 이용하여 입력, 저장, 가공, 편집, 검색, 삭제, 출력하는 등의 처리행위를(같은 법 제2조 제13호) 한 신용정보를 규율대상으로 한다는 점에서 차이가 있다. 즉 금융거래정보의 수집, 관리의 주체가 공익성이 강한 금융기관인지, 아니면 이른바 흥신소와 같은 신용정보업자인지, 보호대상인 정보가 금융정보인지, 아니면 신용정보인지 등에 의해 위 두 법률의 적용대상에 차이가 있는 것이다. 그러나 위 법률은 금융거래정보도 신용정보에 포함시키고 있고, 같은 법률 제2조 제2호, 제6호, 같은 법 시행령 제2조 제2항 등의 규정에 의할 때 신용정보의 제공·이용자 개념에 은행 등 금융기관이 다수 중첩적으로 포함되어 있는 점에서 그 적용이 경합되는 경우가 많다고 하겠다.

3) 「자본시장과 금융투자업에 관한 법률」

「자본시장과 금융투자업에 관한 법률」 제335조의11은 법원의 제출명령 또는 법관이 발부한 영장이 있는 경우와 요청인이 제공, 이용에 동의한 목적으로 이용하는 경우, 그 밖에 법률에 따라 제공되는 경우를 제외하고는 신용평가회사의 임직원이나 임직원이었던 자는 직무상 알게 된 요청인의 비밀을 누설하거나 이용하여서는 아니된다고 규정하고 있다. 그리고 위 법률 제427조에 의하면, 불공정거래 조사를 위해 조사공무원은 검사의 청구에 의하여 법관이 발부한 압수수색영장을 소지하여야 한다.

다. 금융정보와 범죄사실과의 관련성

앞서 본 바와 같이 예금계좌추적을 하는 등 금융정보추적을 위한 수사활동을 함에 있어서 반드시 고려하여야 할 요건으로 들 수 있는 것이 당해 금융정보와 수사대상인 범죄행위와의 관련성이다. 물론 은행의 컴퓨터에 저장되어 있는 수많은 예금계좌내역 등 금융정보에서 범죄수사에 관련된 부분을 추적해 내는 작업은 수사목적달성을 위한 수사기법상으로도 필요하겠지만 여기서의 논의대상은 강제처분인 금융정보추적의 비례성이나 상당성의 측면에서 본 관련성의 개념인 것이다. 즉, 피의자나 참고인 또는 그 소속업체, 금융기관 등의 프라이버시나 업무상 비밀보호 등의 측면에서 엄격한 관련성의 요건을 요구해야 한다고 하겠다.[1] 이러한 관련성의 개념은 다음과 같은 두 가지 측면에서 살펴볼 수 있다.

---

1) 앞서 본 1995. 10. 24.에 채택된 유럽공동체(European Union)의 "個人데이터 處理에 있어서 個人의 保護와 그 데이터의 自由로운 移動에 관한 유럽議會와 理事會의 命令"(Directive 95/46/EC of the European Parliament and of the Council of 24 October 1995 on the protection of individuals with regard to the processing of personal data and on the free movement of such data) 제6조 제1항 (c)도, "個人情報는 收集 및 處理의 目的에 비추어 適切해야 하고, 關聯性을 갖고 있어야

1) 관련성의 두 측면

가) 주관적 관련성

주관적 관련성은 당해 금융정보의 인적 관련성을 의미하는 것으로 그 금융정보의 관리주체 및 그 정보가 대상으로 하고 있는 기본권 향유 주체와 연결되어 있는 정보여야 함을 의미한다. 즉 그 금융정보는 수사대상인 피의자나 참고인과 관련되어 있어야 하고 범죄사실과 무관한 자나 피의자 및 범죄사실과 너무 멀리 떨어진 자에 대한 금융정보를 개괄적으로 추적하는 것은 허용되지 않아야 한다. 따라서 범죄혐의자의 친인척이나 그의 知人 명의의 계좌를 제한 없이 일률적으로 추적하는 것도 금지된다고 해야 한다.

나) 객관적 및 시간적 관련성

객관적 관련성은 당해 범죄사실과 금융정보가 객관적으로 관련되어 있어야 한다는 의미로서, 그 자연적, 사실적 관련성을 의미하는 것이다. 이를 달리 표현하면 피의사건의 존재여부를 당해 금융정보에 의해 최소한도의 증명력으로나마 입증할 수 있어야 한다는 것이다. 그와 같은 요건을 갖춘 금융계좌를 추적하여 이를 수사에 이용하기 위해서는 피의사건의 중대성, 혐의의 존재, 당해 금융정보 자체의 중요성, 그 금융정보를 추적할 필요성, 다른 수단의 유무, 금융기관이나 당해 계좌의 예금주 등이 입는 손해의 정도 등과 같은 요소를 고려하여 결정해야 한다.

여기에는 당해 정보의 일정한 시기적, 기간적 관련성도 포함되어야 한다. 따라서 너무나 장기간에 걸친 금융정보를 추적하는 것은 관련성 없는 금융정보를 수집하는 것으로서 허용되지 않아야 한다.

2) 관련성 요건의 적용

금융정보 추적의 대상이 되는 예금계좌의 자격은 일단 범죄혐의와의 관련성 있는 계좌이어야 하고, 그 관련성의 요건은 위와 같은 주관적이고, 객관적이며, 시간적인 측면에서 갖추어져야 한다. 금융정보추적을 통해 수사기관이 입증하고자 하는 범죄행위, 그리고 은행컴퓨터에 저장되어 있는 예금계좌 및 그에 연결되어 있는 피의자나 참고인 등의 주관적, 객관적, 시간적 관련성을 구체화하는 법률상의 근거를 찾아보면 바로 「금융실명거래 및 비밀보장에 관한 법률」 제4조 제2항 각호라고 할 것인데 그곳에는 금융거래정보를 요청하는 자는 "1.

하며, 또한 過度하여서는 안 된다"고 규정하고 있다. 前揭, 樋口範雄(ひぐち·のりお), "個人情報に關する法的課題(上)-EU指令と通産省ガイドラインとの比較の試み", 54面.

명의인의 인적 사항, 2. 요구대상 거래기간, 4. 사용목적, 5. 요구하는 거래정보 등의 내용"을 명시한 문서에 의해 금융회사 등의 특정점포에 그 정보를 요구하도록 하고 있다. 이때 위 1. 명의인의 인적 사항에는, 명의인의 성명(법인 또는 단체인 경우는 법인명이나 단체명), 주민등록번호(여권번호·사업자등록번호 등 금융거래시 명의인의 확인을 위하여 사용하는 모든 번호 포함), 계좌번호, 증서번호, 기타 금융기관이 누구의 거래정보 등을 요구하는지 알 수 있는 사항 등이 기재되어야 한다(위 법률 시행령 제10조).

위 규정은 해당 금융정보의 사용목적과 관련하여 주관적 관련성으로서 명의인의 인적 사항을, 그리고 객관적 관련성으로서 요구하는 거래정보의 내용을 요건으로 하고 있지만, 추적하고자 하는 금융정보의 관련성을 구체화하는 데는 미흡하다. 다만 금융정보추적영장을 청구하거나 그 영장을 발부하기 위한 실정법상의 일응의 최소기준으로 삼으면 족하다고 하겠다.

이밖에 형사절차상 금융정보추적의 근거조문으로 「신용정보의 이용 및 보호에 관한 법률」 제32조 제5호, 제6호를 들 수 있는데, 그곳에는 금융회사 등에 대한 금융정보추적영장에서 보는 바와 같은 요건을 상세하게 규정하지 않고, 같은 조문 제7항에서 신용정보회사등이 개인신용정보를 제공하는 경우에 금융위원회가 정하여 고시하는 바에 따라 개인신용정보를 제공받는 자의 신원 및 이용 목적을 확인하여야 한다는 규정을 두고 있을 뿐이다. 그러나 목적기속의 원칙에 비추어 관련성 요건을 이 경우 배제해야 할 이유가 없으므로 앞서 본 주관적, 객관적, 시간적 관련성 요건은 신용정보를 추적할 때도 적용된다고 해야 한다.

또한 「자본시장과 금융투자업에 관한 법률」에 의한 거래내역 추적에 대해서도 위와 같은 각 관련성의 요건이 갖추어져야 한다.

위와 같은 관련성 요건을 충족하지 못한 금융정보추적영장 청구를 받은 法官으로서는, 직권으로 추적대상인 예금계좌의 단계, 기간 등을 제한(일부기각)하여 영장을 발부하거나, 또는 검사에게 보정을 요구한 후 영장발부 여부를 결정하거나 해야 한다. 만약 법관에 의한 직권 제한이 곤란하거나 보정요구에 불응한 경우 영장청구를 기각하는 수밖에 없다.

라. 금융정보추적영장

1) 영장기재의 특정

앞서 본 주관적 관련성 및 객관적·시간적 관련성의 요건에 입각하여 살펴보면 금융정보추적을 위한 영장을 발부하여 줄 것을 청구하는 수사기관으로서

는 추적이 필요한 대상금융계좌 및 그 예금주의 인적 사항, 추적이 필요하다고
여기는 금융거래기간 등을 특정하여 영장발부를 청구해야 한다고 하겠다. 그리
고 법원으로서도 추적의 대상이 되는 예금계좌, 거래자, 예금거래기간, 거래은행
점포, 추적의 필요성, 증거취득의 필요성 등을 구체적으로 명시한 영장을 발부
해야 한다. 실무상 문제되는 경우를 구체적으로 살펴보면 다음과 같다.

가) 포괄계좌추적

포괄계좌라 함은 범죄혐의자나 피의자, 또는 참고인 등의 금융거래내역을
파악하기 위해 금융기관 및 예금계좌를 구체적으로 특정하지 아니한, 모든 금융
기관에 개설된 피의자 등 명의의 모든 계좌를 말한다. 이에 관해 포괄계좌에 대
한 추적영장은 추적의 범위가 특정혐의자에 한정되어 남용의 우려가 적으므로,
범죄혐의사실과 관련된 포괄 수색의 필요성이 소명되는 경우에는 이를 허용할
수 있다는 입장이 있다.

이는 1999. 9. 7. 개최된 서울지방법원 및 그 소속 5개 지원의 영장전담법관
들의 간담회의결과에서 취한 입장인데, 위 간담회가 있을 당시만 해도 아예 법
원으로부터 영장을 발부받지도 않고 행해지는 예금계좌추적이 영장에 의한 계
좌추적보다 훨씬 많던 시절이라 법관들이 공식적으로 예금계좌추적 영장발부의
요건을 논의한 것 자체가 획기적이었다고 할 수 있었다. 그런 상황에서 위와 같
은 포괄계좌에 대해 더 이상의 요건을 추가하지 않고 이를 허용하기로 한 취지
를 이해할 수 있었다. 또한 수사의 초기단계에서는 특정 범죄혐의자에 대한 구
체적인 범죄내용이 판명되기 어려울 뿐만 아니라, 컴퓨터에 기록, 보존된 금융
정보량이 방대하다는 점에 비추어 특정 혐의자에 대한 영장의 기재는 지나치게
포괄적이지 않는 한, 어느 정도 개괄적으로 기재되어도 무방하다는 점에 비추어
보면,[1] 위와 같이 특정 혐의자에 한해 포괄적인 계좌추적을 허용하는 것도 그
주관적 관련성의 요건을 충족하였다고 수긍할 만한 점이 있다고 하겠다.

다만, 「금융실명거래 및 비밀보장에 관한 법률」 제4조 제2항이 "金融機關의
特定店鋪"에 대해 금융정보제공을 요구하도록 하고 있는데도 모든 금융기관에
개설된 혐의자 명의의 예금계좌를 추적할 수 있도록 허용하는 영장을 발부해 줌
으로써 위 법률규정을 잠탈한 금융정보 추적이 행해질 우려가 있으므로, 적어도
포괄계좌 추적영장에 대해서도 추적하고자 하는 예금계좌를 관리하는 금융기관

---

1) 오기두, 위 學位論文, 107쪽. 的場純男, "コンピユータ 犯罪と捜査", 94面. 最大決 昭和 33. 7.
  29. 刑集 12卷 12號 2776面 參照.

이나 그 점포를 특정하여야 한다고 하겠다.[1] 법원에서 새로이 사용하고 있는 금융계좌 추적용 압수·수색·검증영장도 대상계좌의 명의인, 개설은행·계좌번호 등을 특정하도록 하고 있다. 또 혐의자 명의의 모든 계좌를 추적할 수 있도록 하더라도, 적어도 추상적이나마 추적의 대상이 되는 예금계좌의 범위를 제한한다는 문구, 예컨대 "금융계좌추적을 요하는 사유(새로운 금융계좌추적용 영장양식에 의할 때 "압수, 수색, 검증을 요하는 사유")와 관련성 있는 금융계좌에 한하여 추적을 허가한다"와 같은 문구를 기재하여 영장을 발부하는 것이 타당하다고 하겠다.

또한 특정 범죄혐의자 이외에 그의 친인척이나 知人, 그 밖의 참고인 등에 대한 포괄계좌까지 추적하도록 허용하는 영장은 앞서 본 주관적 관련성의 요건을 충족하지 못한 부적법한 영장이라고 할 수밖에 없다.

나) 연결계좌추적

연결계좌란 특정 예금계좌를 기준으로 하여 그 앞이나 뒤로 순차 연결되어 있는 계좌를 말하며 예컨대 특정 수표가 입출금 된 과정을 추적할 때 그 수표의 입출금 내역이 기재된 계좌들을 일컫는 말로서 예금계좌의 명의인보다 그 예금 거래의 흐름에 중점을 둔 개념이다.

앞서 본 서울지방법원 관내 영장전담법관회의 간담회 결과는 종래와 같이 단계의 제한이 없는 무한정의 순차 연결계좌에 대한 수색영장은 허용하지 않고, 돈세탁의 혐의가 짙음이 소명되고 또 대상자의 계좌 및 단계를 한정하여 영장을 청구하는 경우에 한하여, 필요한 단계까지만 예금계좌추적 영장을 발부하여, 원칙적으로 "特定人 名義의 特定計座와 그 計座에 連結되는 直前·直後의 計座"까지만 추적을 허용함이 바람직하다는 입장을 취하였다.

이러한 연결계좌에 대해서도 수사대상인 범죄사실과 주관적 및 객관적, 시간적 관련성 있는 계좌에 한하여 추적을 허용할 수 있다고 할 것이므로 위와 같은 입장은 매우 타당하다고 하지 않을 수 없다.[2] 위에서 돈세탁의 혐의가 짙다거나 혐의자의 계좌 및 단계를 한정한다거나 하는 요건이 바로 요증사실과의 객관적·주관적 관련성을 의미한다고 할 것이므로, 그 판단은 바로 피의사건의 중대성, 혐의의 존재, 당해 예금계좌 자체의 중요성, 그 예금계좌를 추적할 필요성, 다른 수단의 유무, 금융기관이나 당해 계좌의 예금주 등이 입는 손해의 정도 등과 같은 요소를 고려하여 해야만 할 것이다. 다만, 이때에도 특정계좌에

---

1) 법원행정처, 「법원실무제요 형사[I]」, 355쪽(2014년판).
2) 위 「법원실무제요 형사[I]」, 355-6쪽(2014년판).

연결되는 직전·직후의 연결계좌에만 한정하여 추적을 허용하는 것이 구체적인 수사실무상의 필요를 지나치게 제약할 우려가 있으므로, 예컨대 "금융계좌추적을 요하는 사유(새로운 금융계좌추적용 영장양식에 의할 때 "압수, 수색, 검증을 요하는 사유")와 관련성 있는 금융계좌에 한하여 추적을 허가한다"와 같은 다소 추상적인 문구를 기재하여 영장을 발부하는 것도 허용된다고 해야 한다.

다) 거래기간제한

위의 서울지방법원 관내 영장전담법관 간담회는 영장청구서에 거래기간의 제한이 없거나 지나치게 장기간이어서 남용의 우려가 있다고 판단될 경우 혐의 내용과 소명자료에 의하여 필요한 최소한도로 금융정보 추적기간을 제한하여 영장을 발부하기로 기준을 정하였다. 앞서 본 바와 같이 금융정보의 요증사실과의 관련성에 당해 정보의 일정한 시기적, 기간적 관련성도 포함되어야 한다고 할 것이므로, 추적대상계좌의 거래기간을 제한하는 것도 당연히 필요하다고 하겠다.[1] 다만, 그 기간을 구체적으로 특정하기는 어려울 것이므로 영장청구기록을 살펴보아 수사기관이 요청하는 추적기간 중 상당하다고 인정되는 기간을 특정하거나 또는 "금융계좌추적을 요하는 사유(새로운 금융계좌추적용 영장양식의 "압수, 수색, 검증을 요하는 사유")를 밝히는데 필요한 최소한의 기간"이라는 다소 추상적인 기재를 하여 영장을 발부하는 것도 적법하다고 하겠다.

2) 금융계좌추적용 영장양식

법원은 2000. 4. 1.부터 "裁判事務에 관한 文書의 樣式에 관한 例規(송일 92-6) 中 改正例規"[2]에 입각하여 압수수색영장 양식을 구속영장과 같이 box식으로 통일하고, 압수수색의 요건을 보다 특정하여 개별적으로 기재하고 있으며, 압수수색영장을 물건 등에 대한 일반 압수수색영장과 금융계좌추적영장으로 구분하고, 압수수색영장 등을 일부기각하는 경우 그 취지를 간편하면서도 보다 명백하게 기재할 수 있도록 하고 있다.[3]

---

1) 위에서 본 1995. 10. 24.에 채택된 유럽공동체(European Union)의 "個人데이터 處理에 있어서 個人의 保護와 그 데이터의 自由로운 移動에 관한 유럽議會와 理事會의 命令"(Directive 95/46/EC of the European Parliament and of the Council of 24 October 1995 on the protection of individuals with regard to the processing of personal data and on the free movement of such data) 제6조 제1항 (e)호는, "情報主體의 識別이 可能한 形態로 個人情報가 保有되는 期間은 個人情報의 蒐集 및 處理의 目的에 必要한 期間內로 限定되어야만 한다"고 정하고 있다. 前揭 樋口範雄(ひぐち·のりお), "個人情報に關する法的課題(上)-EU指令と通産省ガイドラインとの比較の試み", 54面.
2) 대법원 송무예규 제759호.
3) 당시 금융계좌추적용 영장양식은, 법원공보, 2000. 5. 1.자 27쪽에 실려 있다. 2014년 개정판

금융계좌추적용 영장양식에 의하면 대상계좌에 관한 죄명과, 압수, 수색, 검증을 요하는 사유, 개설은행·계좌번호, 거래기간과 같은 객관적, 시간적 관련성의 요건에 관한 사항을 기재하고, 피의자의 성명, 직업, 주민등록번호, 주거, 계좌명의인인 피의자 본인, 또는 제3자[1] 등과 같은 주관적 관련성에 해당하는 사항을 기재하도록 하고 있다. 예금계좌추적을 위해 부수되는 처분으로서 압수, 수색, 검증이 이루어질 수도 있으므로, 압수, 수색, 검증할 장소, 물건 등에 관한 난도 마련되어 있다. 영장청구의 대상인 계좌가 지나치게 포괄적이거나 지나치게 많은 연결계좌인 경우 이를 일부 제한하여 영장을 발부할 수 있는데, 이때는 대상계좌에 대해 일부 영장청구를 기각했음을 표시해야 하고, 대상계좌, 물건, 장소, 기타 등에 관한 일부기각의 경우는 해당란 □에 "v"표시를 하여 그 취지를 표시한다. 영장담당법관이 예금계좌추적 대상계좌나 기간을 제한하거나, 혐의자나 제3자, 금융기관 점포 등 예금계좌의 보유, 관리 주체 등을 제한하는 경우에는 위와 같이 영장원본의 일부기각 표시란 등을 이용하여 그 취지를 기재할 뿐만 아니라 영장청구서의 우측상단에 고무인으로 날인된 '일부기각'난에 날인하여 그 취지를 표시한다.[2]

법원에서 위와 같이 새로운 금융정보추적용 영장양식을 사용하기 시작한 것은 「금융실명거래 및 비밀보장에 관한 법률」이라는 특별법에 의해 행해지는 금융정보의 추적이 전통적인 형사소송법에 의거한 압수·수색·검증과는 다르다는 점을 인식하고, 그 요건을 상세하게 기재하도록 한 점에서 가히 우리나라 압수·수색·검증영장의 이용 사상 큰 획을 그었다고 할 만하다.

다만 앞서 본 바와 같이 금융정보추적에 의해 취득하는 것은 유체물인 물건이 아니라 무체정보이고, 물건 등에 대한 일반 압수수색영장과 금융계좌추적영장을 구별함으로써 이점을 충분히 인식하고 있다고 보임에도 불구하고 그 영장제목을 "압수수색검증영장"이라고 한 것은 적절치 않으며, 그 사유란도 "압수, 수색, 검증을 요하는 사유"라고 기재하고 있어 유체물에 대한 압수, 수색이나 검증을 예정하는 전통적인 형사소송법의 용어를 사용하고 있는 것도 의문스럽다. 나아가 형사소송법 제215조, 제219조, 제114조, 형사소송규칙 제109조, 제58

「법원실무제요 형사[I]」, 367쪽에서도 그 양식을 찾아볼 수 있다.

1) 계좌명의인이 제3자인 경우에는, 별지에 그 성명과 주민등록번호, 주소 등을 특정하여 기재하고, 피의자와의 관계를 간략히 표시한다. 이처럼 피의자와의 관계를 표시하도록 함으로써 당해 금융정보의 주관적 관련성을 표시하게 한 것이다.

2) 대법원 송무예규 제760호, 압수·수색·검증영장 등의 일부기각시의 업무처리지침(송형 2000-3), 2000. 3. 11. 결재; 현재는 재형 2000-3(2010. 7. 26.자 재판예규 제1315호, 시행 2010. 7. 26.).

조 등을 참조조문으로 열거하고 있는 바, 위와 같은 형사소송법조문은 수사기관의 금융정보추적영장집행의 필요한 처분권을 부여하고 상대방인 금융기관에 대해 출력의무를 강제하는 한에서만 의미가 있다고 하겠다. 따라서 보다 정확한 참조조문은 형사소송법 제219조, 제106조, 제120조에 그친다고 하겠다. 그밖에 위 영장양식에서 참조조문으로 거시하고 있는 형사소송법 규정은 영장에 기재할 일반적인 사항에 관한 근거조문에 불과하다고 하겠다.

그러므로 위 영장의 제목은 "금융정보추적영장"으로, 그 사유란은 "금융계좌추적 및 금융정보 수집을 요하는 사유"라고 기재하는 것이 옳다고 생각한다. 또한 참조조문란에 형사소송법 제106조, 제120조를 추가하는 것이 맞다. 그러나 「신용정보의 이용 및 보호에 관한 법률」 제32조나 「자본시장과 금융투자업에 관한 법률」 제335조의11 등은 법원의 영장양식에 개개의 특별법규에서 정하는 금융정보추적 근거를 모두 열거하기도 기술적으로 어려운 점 등에 비추어 볼 때 별도로 참조조문으로 거시하지 않아도 무방하다고 하겠다.

그리고 참조조문의 거시 순서에 관해서는 다음과 같은 두 가지 견해가 있을 수 있다. 첫 번째 견해는 「금융실명거래 및 비밀보장에 관한 법률」을 우선시하는 견해이고, 두 번째 견해는 일반 형사소송법의 압수수색검증 규정을 우선시하는 견해이다. 즉, 위 "금융실명거래 및 비밀보장에 관한 법률 4①"을 앞서 거시하고, 그 뒤에 형사소송법 제215조, 제219조, 제114조, 제120조, 그리고 형사소송규칙 제109조, 제58조의 규정을 거시하는 것이 맞다고 보는 첫 번째 견해이다. 그렇게 함으로써 금융정보 추적은 일반적으로 유체물을 대상으로 하고 있는 현행 형사소송법의 압수, 수색, 검증 조항에 근거하는 제도가 아니라 특별한 입법인 「금융실명거래 및 비밀보장에 관한 법률」 등에 근거하고 있는 제도이며, 다만 영장양식을 규율하는 법규나, 수사기관이 금융계좌추적용 영장집행에 필요한 처분으로 당해 금융정보를 출력하거나 금융기관에 그 금융정보를 출력할 의무를 지울 수 있는 근거조문으로서 위 형사소송법이나 형사소송규칙 등이 적용됨에[1] 불과하다는 뜻을 분명히 할 수 있기 때문이다. 그러나 개정 형사소송법 제106조 제3항에 의해 전자적 금융정보도 일반법인 형사소송법의 압수수색검증의 대상으로 포섭되었다는 두 번째 견해에 입각한다면 현행 금융정보추적영장의 참조조문 거시 순서가 옳다고 보아야 한다. 다만 위 제106조, 제120조를 추가해야 할 것이다.

---

[1] 보다 더 정확하게 말하자면 適用되는 조문이 아니라 準用되는 조문이라고 해야 할 것이다. 전통적인 형사소송법의 압수수색에 관한 규정은 유체물을 대상으로 하고 있기 때문이다.

마. 수사기법

금융계좌추적영장을 발부받은 수사기관으로서는 다음에서 보는 바와 같은 수사기법을 동원하여 예금계좌추적 등의 금융정보 취득활동을 할 수 있다. 금융계좌추적영장에 명시되지 않은 사항은 형사소송법 제219조, 120조의 영장집행 시의 "必要한 處分"에 근거하여 할 수 있는 내역이라고 하겠다. 그리고 그 "必要한 處分"은 수사목적 달성을 위한 공익상의 필요가 있을 때 私權을 제한할 수 있다는 취지를 나타내고 있는 것이므로 이는 무제한으로 허용되는 처분이 아니라 집행의 목적을 달성하는데 필요하고 동시에 사회적으로 상당성이 있는 처분에 국한된다고 해야 한다.[1] 이밖에도 수사기관은 법관의 영장을 발부받지 않고도 임의수사의 방식으로 금융정보를 추적할 수 있다. 이상의 점에 관하여 구체적으로 보면 다음과 같다.

1) 영장제시원칙

수사기관은 금융정보를 추적함에 있어 법관으로부터 발부받은 금융계좌추적용 영장을 제시하여야 한다. 이는 헌법상의 요청이자(헌법 제12조 제3항), 형사소송법상 압수수색의 원칙이기도 하다(같은 법 제219조, 제118조). 또한 압수·수색·검증영장의 집행에 있어서는 체포영장을 집행함에 있어 인정되는 긴급집행의 예외, 즉 수사기관이 체포영장을 소지하지 아니한 경우에 급속을 요하는 때 영장을 제시하지 않고도 체포할 수 있는 예외가(형사소송법 제209조, 제85조 제3항) 인정되지 않고 있으므로, 금융정보추적시도 금융계좌추적용 영장을 제시하여야만 한다고 하겠다. 그러나 피처분자가 현장에 없거나 현장에서 그를 발견할 수 없으면 영장을 제시하지 않아도 된다.[2]

물론 금융계좌추적용 영장의 일부를 누락하거나 변조하여 사본하거나, 이를 fax로 전송하거나 컴퓨터 통신망으로 전송하면 적법한 영장제시라고 할 수 없음은 물론이다.

2) 금융정보의 탐색, 검증

수사기관은 법원으로부터 금융정보추적을 위한 영장을 발부받은 경우 이를 근거로 하여 해당 금융기관에 출동하여 그곳에 있는 컴퓨터를 작동하고 자료를 검색해 볼 수 있고, 필요한 경우 당해 금융기관의 프린터를 이용하여 이를 출력할 수도 있겠다. 필요하면 검증을 수행하여 그 사항을 실황조사서의 형태로 남

---

1) 오기두, 위 學位論文, 133쪽.
2) 대법원 2015. 1. 22. 선고 2014도10978 전원합의체 판결.

겨둘 수도 있다. 특히 수사기관 측에서 준비한 전자기억매체나 출력용지 등을 이용하여 금융정보를 출력하여 이를 복제하거나 인쇄할 때는 어떤 정보가 압수, 수색절차에 의해 수사기관 측에 넘어갔는지를 명확히 하는 수단이 없는 셈이 되어 버리므로 이를 검증의 방법으로 실시하여 취득한 금융정보의 내역을 검증조서의 형태로 남겨두어야 한다.[1] 이때도 범죄혐의사실과 관련성 있는 금융정보에 한해서 자료검색과 출력 등이 가능하다고 해야 함은 물론이다. 해당 금융기관 점포에 출동하여 검증을 행하는 때 피의자나 참고인, 그 밖의 컴퓨터 전문가나 금융기관 직원 등을 참여하게 하여 당해 검증절차의 신뢰성을 높이는 조치를 취해 두어야 한다.

이밖에 수사상 필요한 예금거래내역이 말소되었다고 볼 의심이 있을 때 그 해당금융기관 점포에 있는 컴퓨터의 하드디스크를 압수하여 필요한 장소로 옮기고 수사기관 내부나 외부의 컴퓨터 전문가에게 그 조사나 복구를 의뢰하는 수사기법을 생각해 볼 수 있으나, 이는 「금융실명거래 및 비밀보장에 관한 법률」 등 특별법에 정해진 요건을 잠탈하는 수사기법에 해당한다고 할 것이고, 관련성 없는 예금정보가 다수 공존하고 있는 하드디스크 전부를 압수하게 된다는 점에서 보아 금융정보추적 영장이 허용한 범위를 초과하는 강제처분으로서 위법하다고 하지 않을 수 없다. 또한, 컴퓨터 기술의 개발에 따라 수사기관이 금융기관 현장에 출동하지 않고 수사기관 내부에 있는 컴퓨터와 당해 금융기관의 컴퓨터 전산망을 접속하여, 수사기관의 컴퓨터를 이용한 검색과 출력을 행하게 되는 경우를 상정해 볼 수 있겠는데, 이러한 수사방법을 허용하면 관련성 없는 금융정보에 대한 탐색이 광범위하게 이루어질 우려가 있으므로 위법한 수사방법이 된다고 하겠다.

수사기관이 직접 금융기관 점포에 출동하지 않고 영장사본을 fax로 송부하고 필요한 금융거래내역을 출력하여 이를 제출하도록 요구할 수도 있다. 그러나 이에 대해서는 다음에서 보는 바와 같은 출력강제에 관련된 문제가 검토되어야 한다.

3) 금융정보의 출력강제

추적대상이 되는 예금계좌를 관리하고 있는 금융기관에 대해 그 출력을 강제하는 것도 금융정보추적권의 내용으로서 허용된다고 보되, 출력대상인 금융정보가 범죄혐의를 입증할 최소한도의 자연적 증명력을 갖고 있는지, 다른 대체

---

1) 安富 潔, "刑事手續きとコンピュタ", 「法曹時報」 40卷 11號, 1910面 參照.

수단이 있는 것은 아닌지, 상대방이 입는 손해의 정도는 어떤지 등을 종합하여 판단함으로써 그 실시에 신중을 기해야 할 것이다.[1]

그리고 당해 금융정보를 출력한 서면은 통상적으로 금융정보추적 영장의 발부에 의해 금융기관이 자체적으로 출력하여 이를 수사기관에 제출하는 것이 일반적이다. 그러나 그렇지 않은 경우에도 컴퓨터 기억매체 자체는 가시성이 없어 어떤 방식으로든 출력될 것을 예정하고 있다고 해야 하며, 그 출력물인 用紙도 높은 경제적 가치를 가지고 있다고 보기 어렵다. 그러므로 적어도 그 금융정보를 저장하고 있는 컴퓨터 기억매체가 존재하는 한 별도의 영장 없이도 그것과 일체를 이루고, 그 내용을 명확히 하는데 불가결한 이상 출력을 강제하여 그 출력물을 압수할 수 있다고 보아야 한다.[2] 물론 서면으로 출력된 데이터는 요증사실과 자연적 관련성을 갖고 있어야 하며, 그러한 관련성이 없는 데이터를 출력하여 서면화하고 이를 압수하는 것은 허용되지 않는다고 해야 한다.[3] 당해 금융정보를 자기디스크 등에 파일복제의 형태로 출력하여 제출받는 것도 허용되나 이에 대해서도 관련성 요건이 충족되어야 한다.[4] 그리고 그러한 금융정보를 제출받는 수단도 그것을 출력한 금융기관 직원을 수사기관 청사에 소환하여 제출받거나 우편으로 송부받을 수 있는 것은 물론이고, 컴퓨터 통신망을 통해 e-mail의 첨부 파일 형태로 제출받을 수도 있겠다. 금융기관이 제출하는 금융정보의 형식은 통상적으로 그것을 출력한 문서의 형태를 띠고 있을 것이지만, 컴퓨터 디스켓에 저장된 자료의 형태, fax로 송부되는 문서의 형태, 검찰수사관의 담당 금융기관직원과의 전화통화 내역을 기재한 수사보고서의 형태 등이 될 수도 있을 것이다.

금융기관직원으로부터 제출받은 컴퓨터 디스켓이나 e-mail로 송부받은 파일을 수사기관의 컴퓨터 모니터에 띄워보거나 수사기관의 프린터를 이용하여 출력하는 것은 금융정보추적영장이 당연히 허용하고 있는 범위내의 수사활동이라고 할 것이므로 별도의 영장 없이도 가능하다고 해야 한다.

4) 영장주의의 예외에 해당하는 금융정보추적

형사소송법 제216조 제1항 제2호에 의하면, 검사 또는 사법경찰관은 영장에 의한 체포(같은 법 제200조의2), 긴급체포(같은 법 제200조의3), 구속(같은 법 제201조), 현

---

1) 오기두, 위 學位論文, 135쪽.
2) 的場純男, "コンピュタ犯罪と搜査", 95面.
3) 오기두, 위 學位論文, 108쪽.
4) 오기두, 위 學位論文, 109쪽.

행범인체포(같은 법 제212조)의 각 규정에 의해 피의자를 체포 또는 구속하는 경우에 필요한 때에는 영장 없이 피의자를 체포한 현장에서 압수·수색·검증을 할수 있고, 같은 조문 제3항에 의하면, "犯行 中 또는 犯行直後의 犯罪場所에서 緊急을 要하여 法院判事의 令狀을 받을 수 없을 때는 令狀 없이 押收, 搜索 또는 檢證을 할 수 있다." 이때도 위 형사소송법 제216조 제3항에 해당하면 그 단서 규정에 의해 사후에 지체 없이 금융계좌 추적용 영장을 발부받아야 한다.

그리고 금융정보추적에 관해 긴급압수·수색·검증에 있어 짚고 넘어가지 않을 수 없는 부분이 형사소송법 제217조의 긴급압수수색검증 제도이다. 결론적으로만 말한다면,[1] 형사소송법 제217조 제1항의 "소유" 또는 "보관"을 해석함에 있어 당해 긴급체포된 자에 관련된 전자적 금융정보 등을 포함한 컴퓨터 디지털 증거로서 금융회사 등 제3자가 소유, 보관하고 있는 전자적 저장장치도 위 법률규정에 해당한다고 해석하는 한 위 법률규정은 헌법에 위반된다고 하지 않을 수 없다. 그러므로 입법자로서는 이러한 위헌적인 상태를 제거하기 위해 금융회사 등 긴급체포된 자의 전자적 금융정보를 소유 또는 보관하는 업체에 대한 압수·수색은 사전영장을 발부받아야 하고, 긴급체포에 부수한 긴급압수·수색·검증 방식으로는 할 수 없도록 위 법률규정을 명확히 해야 한다.[2] 또한 형사소송법 제217조는 적법절차에 의한 압수·수색·검증을 가능하게 하기에 불명료한 점이 많다. 우선 긴급체포된 자가 소유·소지·보관하는 물건에 제3자인 금융회사가 그 컴퓨터 서버에 보관하고 있는 금융정보가 포함되는 것인지가 분명치 않다. 또한 긴급체포한 때부터 24시간 이내에 어떤 디지털 증거를 압수·수색·검증하여야 하고 따라서 그것으로 그러한 수사활동을 종료해야 한다고 보아야 하는지, 아니면 그 24시간을 넘긴 시점에서 영장청구시한인 48시간까지 그 24시간 내에 개시된 압수·수색 또는 검증을 계속할 수 있다고 볼 수 있는 것인지 하는 점이 명확하지 않다. 더욱이 사후영장 청구가 법관에 의해 기각되었을 때 형사소송법 제217조 제3항에 의해 그 압수한 데이터를 반환한다고 할 때 그 반환 방법은 무엇인지?(네트워크로 복제된 파일을 피처분자에게 네트워크를 통해 전송하기만 하면 되고 원래의 데이터는 수사기관이 그대로 보유해도 되는 것인지, 아니면 수사기관의 컴퓨터 저장 매체에 남아 있는 데이터를 모두 삭제 내지 폐기해야 한다는 의미인지? 그렇다면 그 입증은 어떻

---

1) 상세한 논증은 이 책의 제2장 제5절 "전자적 위치정보" 부분을 참조.
2) 긴급압수·수색의 경우에도 긴급체포된 자가 체포현장에서 소지하고 있거나 보관하는 전자저장 매체에 저장된 금융정보만으로 그 대상을 특정하는 것도 합헌적 법률개정 방법 중 하나가 될 것이다.

게 해야 하는지?) 무엇을 반환해야 하는지? 등등의 문제가 위 형사소송법 제217조
의 문언만으로는 해결되지 않는다.

　적어도 금융정보 등 컴퓨터 디지털 증거에 적용하였을 때 이러한 불명확한
법률규정은 헌법 제12조 제1항에 규정된 적법절차 원리를 구현할 수 없게 하는
내용의 법률이고, 그에 근거한 압수·수색·검증도 적법절차 원리에 위반되는 수
사활동이라고 평가하지 않을 수 없다.[1]

5) 임의수사 방식에 의한 금융정보추적

　법관으로부터 금융계좌 추적용 영장을 발부받아 강제수사의 방식으로 금융
정보를 추적하지 않고, 수사 상대방의 동의를 얻어 임의수사의 방식으로 수사를
할 수도 있음은 물론인데, 이때 금융정보 추적의 동의권자가 누구인지, 그리고
그 동의의 방식이나 시기는 어떠한지 등이 문제된다.

　일반적으로 금융기관과 금융거래를 한 개인이나 법인, 단체 등이 자신의 금
융정보를 공개할 의사를 가지고 있다거나, 특히 수사기관에 제공할 의사를 갖고
있다고 하기는 어렵다. 즉 금융정보의 주체는 당해 금융정보가 공개될 위험을
인수하였다고 보기 어려운 것이다. 그러므로 금융기관은 금융정보의 주체인 개
인이나 법인, 단체 등의 동의 없이 그들의 금융정보를 공개할 수 있는 권한이
있다고 할 수 없으며, 설령 금융정보주체가 동의를 한다고 하더라도 금융기관이
자신의 영업내역에 속하는 예금거래내역을 수사기관에 당연히 제출하고 싶어
한다고 하기도 어렵다. 그러므로 금융기관이나 금융정보의 주체 중 어느 일방의
동의만을 얻어 행하는 금융정보추적은 임의수사의 방법으로서는 허용될 수 없
다고 해야 한다.

　반면 수사과정상 당해 금융정보주체의 동의를 얻고, 또한 금융기관이 그 금
융정보를 임의로 수사기관에 제출하면 이는 임의수사의 방식에 의한 금융정보
추적으로서 허용된다. 다만 금융정보주체의 동의방식은 구두로나 묵시적인 방
법으로는 안 되고 반드시 書面에 의한 방식을 택해야 한다. 즉 금융정보주체의
書面에 의한 동의가 있는 경우에 한해 금융기관은 그 금융정보를 수사기관에
제출할 수 있는 것이다(「금융실명거래 및 비밀보장에 관한 법률」 제4조 제1항 본문). 다만,
신용정보의 경우에는 서면, 전자서명법 제2조 제3호에 따른 공인전자서명이 있
는 전자문서, 개인신용정보의 제공 내용 및 제공 목적 등을 고려하여 정보제공
동의의 안정성과 신뢰성이 확보될 수 있는 유무선 통신으로 개인비밀번호를 입
력하는 방식, 유무선 통신으로 동의 내용을 해당 개인에게 알리고 동의를 얻는

---

1) 이상도 뒤에서 서술하는 “전자적 위치정보”에 관한 저자의 결론 부분과 같다(제2장 제5절).

방법, 기타 대통령령으로 정하는 방식 등으로 동의를 받으면 된다(「신용정보의 이용 및 보호에 관한 법률」 제23조, 제32조). 금융정보주체가 2인 이상이면 그 금융정보명의인 전원의 동의서가 제출되어야 한다(「금융실명거래 및 비밀보장에 관한 법률 시행령」 제8조). 그리고 위와 같은 금융정보주체의 동의는 개별적인 수사협조요청에 의해 그 때 그 때마다 별개로 행해져야 한다고 새겨야 한다. 따라서 약관의 규정이나 금융거래약정서 기재에 의해, 금융기관에게 그 공개권한을 일반적, 포괄적으로 위임하는 방식으로 당해 금융정보주체의 동의를 얻는 것은, 적어도 임의수사에 관한 한 허용되지 않는다고 생각한다. 누구도 스스로에게 형사처벌이 가해질 수도 있다는 정을 알면서 자신의 금융정보를 일반적인 약관규정이나 금융거래약정서에 의한 동의방식으로 수사기관에 무차별적으로 제공하고 싶어 하지 않을 것이다. 이는 헌법상 인정되고 있는 "刑事上 자기에게 不利한 陳述을 強要당하지 아니할"(헌법 제12조 제2항) 權利의 당연한 내용이라고 해야 한다. 따라서 비록 약관이나 개별 금융약정서에 금융정보 제공에 대한 동의규정이 있다고 하여도 이는 일반적인 신용상태 파악을 위해 다른 금융기관 등에 그 금융정보를 제공해도 좋다는 의미에 불과하고, 금융정보주체의 형사책임에 관련된 정보제공 동의까지 포함하는 것은 아니라고 할 것이다. 결국, 금융기관과의 거래에서 생성된 금융정보의 제3자 제공에 대한 일반적인 약관규정이나 개별 금융약정서가 있다는 이유만으로 당해 금융정보주체의 개별적인 동의 없이 금융기관의 일방적인 판단에 따라 수사기관에 수사협조차원에서 고객금융정보를 넘겨주는 행위는 결국 헌법상의 영장주의 원칙이나 「금융실명거래 및 비밀보장에 관한 법률」등 관련 법률을 잠탈하는 것이 된다고 하겠다. 그러한 약관규정은 형사절차상의 금융정보제공에 관련되는 한 고객에게 부당하게 불리한 조항으로서 「약관의 규제에 관한 법률」 제6조에 해당한다고 해야 한다. 신용정보의 제공에 대한 동의규정을 약관이나 개별 금융거래약정서에 기재하는 금융거래의 실무처리례를 보더라도, 당해 금융정보를 수사기관에 제출하는 것에 대한 동의까지 명시하고 있는 것은 아니다.

또한 금융정보주체의 서면에 의한 개별동의도, 그 동의가 갖는 의미나 그 동의에 의해 추적된 예금계좌내역이 수사상 어떻게 이용될 것인지 등에 관한 충분한 "事前知識이 提供된 후에"(informed), 그 금융정보주체의 "自由로운 意思에 기하여"(freely given), 해당 금융기관 점포, 거래기간, 거래 예금계좌 등을 "特定하여"(specific) 행해진 경우에 한해 적법한 동의가 된다고 하겠다.[1] 다만, 금융

---

[1] 앞서 든 1995. 10. 24.에 채택된 유럽공동체(European Union)의 "개인데이터 처리에 있어서 개

정보주체가 거부권의 존재를 알지 못했다는 것만으로 그 "自由로운 意思에 기한" 동의를 부정할 수는 없겠다.[1] 그러나 예컨대 수사기관이 기망수단을 이용하여 동의를 얻은 경우와 같이 앞서 본 세 가지 요건이 충족되지 않은 동의에 기한 금융계좌 추적정보는 위법한 절차에 기해 수집된 금융정보로서 증거능력이 부정되어야 할 것이다.

금융기관이 금융정보 명의인의 동의에 의하여 수사기관에 그 거래정보 등을 제공하고자 할 때는 금융거래정보 등을 제공받을 자, 그 거래정보 등을 제공할 금융기관, 제공할 거래정보 등의 범위, 동의서의 작성연월일, 동의서의 유효기간 등이 기재된 동의서면에 금융정보 명의인이 당해 금융기관에 등록한 인감, 읍·면·동사무소(법인의 경우는 등기소) 등에 등록한 인감을 날인케 하여야 한다. 다만 인감날인의 경우, 당해 금융정보 명의인이 동의서를 직접 제출하거나 수사기관 등 공무원이 공무수행을 위해 명의인으로부터 동의서를 받아 제출하는 경우는 명의인의 자필서명 또는 무인으로 인감의 날인을 대신할 수 있다(「금융실명거래 및 비밀보장에 관한 법률 시행령」 제8조).

이밖에 실질상 영장을 발부받아 행해야 할 강제처분인 금융정보추적을, 당해 금융정보주체나 해당 금융기관의 적법한 동의를 얻지 않은 채 실황조사를 하고 그 결과를 실황조사서에 기재하는 방식으로 대체하는 수사기법은 부적법하여 허용되지 않는다고 하겠다.

4. 추적된 금융정보의 공판절차상 이용

가. 목적기속의 원칙

독일 연방헌법재판소는 앞서 본 국세조사판결에서, 수집된 정보는 그 수집된 목적으로만 사용해야 한다는 目的羈束의 原則(Zweckbindung der erhobenen Daten)을 천명한 바 있다. 그러한 목적기속의 원칙에 따르면, 정보를 수집한 특정한 목적을 위해서만 그 정보를 비교하고 검색하는 행위가 허용된다.[2] 특히 그 정보의 이용은 법률적으로 규정된 목적에만 한정되어야 한다. 자동적으로 데이터가 처리되어 버릴 위험에 직면하여 그 데이터의 이전이나 남용을 금지함으로써

인의 보호와 그 데이터의 자유로운 이동에 관한 유럽議會와 理事會의 命令" 제2조 (h)호 參照. 前揭 樋口範雄(ひぐち·のりお), "個人情報に關する法的課題(上)－EU指令と通産省ガイドラインとの比較の試み", 56面.

1) 安富 潔, 「刑事手續と コンピュータ犯罪」, 61面 參照.

2) Michael Siebrecht, "Ist der Datenabgleich zur Aufklärung einer Straftat rechtmäßig?", 「Straf Verteidiger」(1996. 10.), S. 566 ff.

데이터 주체를 보호해야 하기 때문이다. 데이터의 수집이나 검색목적에 반하는 데이터의 지배는, 그 정보주체가 더 이상 통제할 수 없는 영역에서 데이터를 유통되게 한다는 점에서 '情報에 대한 自己決定權'(Recht auf informationelle Selbstbestimmung)을 제한하게 된다. 즉 목적기속원칙에 반하는 정보유통에 의해 국민들은 자신에 대해 누가, 언제, 어디서 알고 있는가를 알 수 없게 되고 만다.[1]

그러나 목적기속원칙 내에서 행해지는 정보검색 등 정보의 이용은, 입법자에 의해 법률의 형식으로 정보이용권한이 국가기관에 부여된 이상 합법적인 것이 되고, 또 국민들이 예견가능하다는 점에서 보아 기본권을 침해하는 행위가 아니라고 할 수 있다. 그러므로 목적기속의 범위를 결정하는데 있어서는 정보이용권한을 수여한 법률이 결정적으로 중요하며, 그 법률은 범위가 특정되고 내용이 명확한 목적을 규정하고 있어야만 한다.[2] 나아가 컴퓨터에 의해 사인의 정보를 수집하는 행위뿐만 아니라 그러한 정보를 입력하고, 상호 검색·비교하는 행위까지 엄격하게 형사소송법의 규율대상으로 함으로써 개인의 정보에 대한 자기결정권을 보장하여야 할 것이다.

1995. 10. 24.에 채택된 유럽공동체(European Union)의 "個人데이터 處理에 있어서 個人의 保護와 그 데이터의 自由로운 移動에 관한 유럽議會와 理事會의 命令"(Directive 95/46/EC of the European Parliament and of the Council of 24 October 1995 on the protection of individuals with regard to the processing of personal data and on the free movement of such data) 제6조 제1항 (b)도 "個人情報는 明確하게 特定된 合法的인 目的을 위해 蒐集되어야 하고, 그 目的에 反하는 方法으로 處理되어서는 안 된다"는 원칙을 규정하고 있는 사실을 주목해야 한다.[3]

그러나 독일 형사소송법 규정과 같은 정보에 대한 자기결정권 보호조치를 전혀 예정하고 있지 않은 우리 형사소송법이나 「금융실명거래 및 비밀보장에 관한 법률상」으로도 헌법상의 사생활의 비밀과 자유권이나 행복추구권 등의 기본권 실현을 위해서도 목적기속의 원칙을 적용할 필요가 있다고 하겠다. 즉, 목적기속의 원칙을 명문으로 규정하고 있지 않다고 하더라도 다른 법률의 근거조항을 찾아보거나 헌법합치적인 해석을 통하여 입법의 흠결을 보충할 필요가 있는 것이다.[4] 그러한 목적기속원칙은 예컨대, 수사기관이 예금계좌추적 등에 의

---

1) BVerfGE 65, 43-46.
2) Schlink, NVwZ(1986), 255. Siebrecht, a.a.O., fn 6).
3) 前揭 樋口範雄(ひぐち・のりお), "個人情報に關する法的課題(上) − EU指令と通産省ガイドラインとの比較の試み", 54面.
4) Ernst, "Verarbeitung und Zweckbindung von Informationen im Strafprozess", S. 77, Siebrecht,

해 수집한 금융정보를 범죄수사나 공소유지, 그리고 형집행의 목적으로만 사용해야 하고, 그 밖의 정치적인 목적이나 다른 국가기관을 통제하기 위한 목적 등으로 이를 부당하게 사용할 수 없다고 주장할 수 있는 논거가 될 수 있다. 뿐만 아니라 우리나라의 「개인정보 보호법」 제3조 제2항은, "개인정보처리자는 개인정보의 처리 목적에 필요한 범위에서 적합하게 개인정보를 처리하여야 하며, 그 목적 외의 용도로 활용하여서는 아니 된다"라고 규정하고 있다. 위 법률은 국가기관인 수사기관에 대해서도 적용된다고 해야 한다. 「개인정보 보호법」 제19조도 개인정보처리자로부터 개인정보를 제공받은 자는 정보주체로부터 별도의 동의를 받은 경우나 다른 법률에 특별한 규정이 있는 경우를 제외하고는 개인정보를 제공받은 목적 외의 용도로 이용하거나 이를 제3자에게 제공하여서는 아니 된다고 하고 있다. 위와 같은 목적기속의 원칙 및 「개인정보 보호법」에 입각하여 수사 및 재판을 위해 수집된 금융정보의 이용은 또한 그러한 목적에 국한되어야 한다고 주장할 수 있게 되는 것이다.

　　여기서 나아가 형사소추를 목적으로 수집한 예금계좌 등 추적정보를 공공복리 및 질서유지를 위한 행정경찰활동을 위해 무제한하게 이용하는 것도 금지된다고 해야 한다는 견해가 있다.[1] 목적기속의 원칙에 입각하여 수집된 정보의 이용을 제한하지 않으면 전체주의 국가에서나 볼 수 있는 총체적 감시체제가 출현할 우려가 있기 때문이라는 것이다.[2] 우리 입법의 나아갈 방향으로 보아 옳은 주장이라고 여겨진다. 2012. 5. 29. 신설된 형사소송규칙 제132조의5는 법원이 개인정보 보호법 제23조의 민감정보나 제24조의 고유식별정보 및 그 밖의 개인정보를 처리할 수 있다고만 규정하고 있으나, 법원이나 수사기관이 개인정보처리에 관한 목적기속의 원칙을 따라야 할 의무를 면제받았다고 보기는 어려울 것이다.

　　나. 증거채택의 전제

　　금융기관의 컴퓨터에 저장된 금융정보를 포함하는 전자증거에 관해 증거조사를 하여 이를 증거로 채택함에 있어 우선적으로 고려해야 할 몇 가지 문제가

---

a.a.O., S.568.

1) Siebrecht는 형사소추 목적으로 수집한 정보를 위험방지 목적으로 수집한 정보와 무제한으로 비교검색하는 행위는 독일 연방헌법재판소가 선언한 "情報에 관한 權力分立原則"(das Prinzip der informationellen Gewaltenteilung)에 위배된다고 주장한다. 前者는 형사사법활동에 대한 정보이고, 後者는 행정활동에 관한 정보이기 때문이다. Siebrecht, a.a.O., S. 570. 헌법상의 권력분립원칙에서 나오는 위와 같은 情報에 관한 權力分立原則에 의해 입법자는 目的羈束原則을 보장하기 위한 조직법적인 예방수단을 강구해야할 의무를 진다. BVerGE 65, 69. 그 이유는 분리된 개별 입법, 사법, 행정 권한별로 수집된 정보의 이용목적이 제한되기 때문이라고 할 수 있다.

2) Siebrecht, a.a.O., S. 570.

있다. 그것은 바로 당해 증거의 요증사실과의 관련성, 서면성 인정여부, 그 작성명의인의 특정, 컴퓨터 시스템의 정확성, 전자기록물과 출력물의 동일성, 그 전제로 전자기록물의 원본성 인정여부 등이다. 위와 같은 사항은 비교적 쉽게 판정할 수 있으므로 위의 점들을 고려하여 증거능력 있는 증거에 한해 증거조사 방식을 정하여 증거조사를 실시해야 할 것이다. 예금계좌추적 등에 의해 획득한 금융정보에 관해 위와 같은 증거채택의 전제요건 몇 가지를 살펴보면 다음과 같다.

1) 요증사실과의 관련성

추적된 금융계좌의 금융정보는 공판대상인 범죄와의 관련성이 인정되는 경우에 한하여 그 자료를 증거조사할 수 있을 뿐이다. 재판장은 요증사실 인정에 무익한 금융정보추적내용을 개별, 구체적으로 선별하여 자연적 관련성조차 없는 무의미한 금융정보에 대한 증거조사를 거부해야 한다. 공판절차상으로 법률적 관련성 없는 증거에 대해서는 증거채택이 거부되어 유무죄 인정을 위한 증거조사가 이루어지지 않으며, 판결문 작성시 그에 대해 증거능력이 없어 증거로 사용할 수 없다는 판단을 내리게 되지만, 자연적 관련성 없는 증거에 대해서도 증거조사를 거부해야 하며, 만약 증거조사가 이루어졌다면 사실인정시 증명력이 없는 것으로 보아 이를 유죄인정을 위한 증거에서 배제하여야 한다.

2) 서면성, 원본성

전자기록물은 시각적 지각 가능성이 없고, 작성명의인을 특정하기가 용이하지 않아 문서라고 할 수 없으므로 그것을 문서의 원본개념에 포섭시킬 수 없으며, 형사소송법상으로도 증거서류와 동일하게 보기 어렵다. 그러므로 전자기록물은 개별 논점별로, 예컨대 전문법칙의 적용을 긍정할 수 있는 서류에 준하는 물건으로 보거나 검증 또는 감정대상물로 취급해야 한다.[1] 또한 그 문서원본성을 인정하기 어려우므로, 그것을 프린트 아웃한 서류 자체를 문서의 원본이라고 보아야 한다. 따라서 예금계좌를 추적하여 금융기관의 컴퓨터에 내장되어 있는 금융정보를 추적하였으면 이를 출력하여 서면의 형태로 법원에 제출할 필요가 있다. 그리고 이때 그 서류가 컴퓨터에 내장된 금융정보와 동일성을 갖고 있음이 증명된다면 프린트 아웃한 서류 자체를 문서의 원본으로 보아야 할 것이다.[2] 그리고 그 동일성 입증은, 만약 증거동의가 있으면 불필요하겠지만, 그렇

---

1) 오기두, 위 學位論文, 227쪽.
2) 오기두, 위 學位論文, 246쪽.

지 않으면 출력과정의 정확성을 입증함으로써 할 수 있겠는데, 그 입증은 감정이나 검증에 의해서, 또는 그 진정성립 인정을 통한 증거능력 부여를 위해 출력물을 작성한 자를 공판정에 소환하여 증언을 듣는 것 등에 의해서 할 수 있다.

3) 작성명의인

금융정보추적자료에 관하여 증거능력을 부여하기 위한 전제로 그 작성주체를 소환하여 그 진정성립을 밝히기 위해 작성명의인을 특정할 필요가 크다. 예금계좌를 추적한 결과 컴퓨터에 저장되어 있는 금융정보를 서면에 출력하였을 때 그 작성명의인은 두 가지 의미를 갖는데, 첫째는 금융정보의 내역 자체의 입력 및 저장 등의 정확성이 문제되었을 때이고, 둘째는 출력의 정확성이 문제되었을 때이다. 위 첫째의 경우는 당해 금융정보를 입력한 자가 작성명의인이라고 할 것이고, 둘째의 경우는 그 문서를 출력한 자가 작성명의인이라고 하겠다. 당해 컴퓨터 정보의 출력에만 관여한 자는 출력물 자체의 작성명의인이 될 수 있을지언정 그 디지털 데이터의 형식으로 존재하는 컴퓨터 정보의 작성명의인이라고 할 수는 없다. 다수의 금융기관 직원이 입력이나 출력에 관여한 경우는 그들 모두를 작성명의인이라고 하여야 한다. 그러나 실질적으로 다수의 입력자를 특정하거나 법정에 소환하기는 어려우므로, 형사소송법 제315조 제2호에 의해 통상적인 업무수행과정상 작성된 업무기록으로서 증거능력을 인정받도록 해야 한다. 만약 컴퓨터에 저장된 금융정보에 디지털 서명이 되어 있으면 작성명의인을 특정하기가 보다 용이할 것이다. 그러나 일반적으로 금융정보 입력은 다수의 직원에 의해 이루어지므로 컴퓨터에 저장된 금융정보 자체에 대해 작성명의인을 특정하기 어려울 것이다. 따라서 수사기관으로서는 입증의 편의를 위해 특정 금융기관 직원으로 하여금 금융정보를 문서의 형태로 출력하게 하여 그 출력문서를 제출받아 증거로 신청하고, 당해 출력자를 그 출력문서의 작성명의인으로 하여 금융기관 컴퓨터 내의 자료와 그 출력물의 동일성을 입증해야 할 것이다. 이때 그 금융정보 자체의 입력이나 저장과정의 정확성은 사실상 추정된다고 하겠다. 수사기관은 그 출력과정에 관해 검증을 실시하고 실황조사서 등의 검증조서를 작성해 두는 방법을 택할 수도 있다. 이때 그 실황조사서나 검증조서에 대한 작성명의인 내지 원진술자는 검사나 사법경찰관이 된다. 이점은 수사기관이 작성한 검증조서의 증거능력에 관해 설명하면서 보기로 한다.

4) 진정성립, 특신정황

컴퓨터 기록의 작성명의인 특정은 쉬운 문제가 아니고, 또한 서면성을 인정하기 곤란하므로, 전통적인 서면에 대한 진정성립 개념인 형식적 진정성립과 실질적 진정성립을 그대로 전자증거에 적용하기는 어렵다. 전자증거의 진정성립은 후술하는 바와 같이 그 입력, 저장, 관리, 전송, 출력 등 각 정보처리과정의 정확성이라는 새로운 개념으로 파악하여야 하고, 다만 기존의 형식적 진정성립의 개념은 그 각 정보처리과정의 주체를 특정하는 의미로만 이해되어야 한다.

그러한 의미에서 컴퓨터에 저장된 예금계좌의 거래내역에 관한 형식적 진정성립 개념을 살펴보면 다음과 같다. 즉, 당해 거래내역을 저장하고 있는 컴퓨터내의 전자문서에 전자서명이 되어 있으면 그 전자문서가 당해 서명을 사용하는 사람에게만 유일하게 연결되어 작성되었다는 점, 그 사람의 신원을 객관적으로 확인할 수 있다는 점, 그 사람의 배타적 지배하에 있는 수단을 이용하여 만들어진 전자서명이라는 점, 메시지가 변경된 경우 그 전자서명이 무효화되도록 하는 방식으로 되어 있다는 점 등과 같은 요건이 충족되면 그 전자서명자에 의해 작성된 정보라는 점을 쉽게 인정할 수 있을 것이다.[1] 그밖에 아이디나 암호 소유자, 출력물의 경우 그에 출력자임을 서명, 날인한 자 등에 대해 그 성립의 진정을 증언케 하여 각 정보처리과정에 관여한 자를 특정할 수 있다.

컴퓨터에 저장된 금융정보의 실질적 진정성립은 그 입력, 저장, 관리, 전송, 출력 등 각 정보처리과정에 오류가 없다는 소극적 의미로 파악되어야 할 것인데, 이는 형사소송법상의 서면규정이 적용되거나 준용될 수 있는 경우 데이터 입력 및 처리, 저장 그리고 전송, 출력 등의 정확성, 컴퓨터 시스템의 정상가동 등을 입증함으로써 인정받을 수 있다. 여기에는 출력물과 전자데이터의 동일성 입증도 포함된다.[2]

이와 같은 컴퓨터 데이터의 입력 및 처리, 저장, 관리 그리고 전송, 출력 등의 정확성은, 금융기관의 금융정보내역에 대해 업무기록으로서 증거능력을 부여하는 경우 당해 금융정보에 관한 특신정황을 판단할 때도 고려할 사항이라고 하겠다.[3]

다. 증거능력 부여

앞서 본 전자증거의 증거채택과정에서 살핀 사항들이 인정된 후 비로소 위법한 절차에 의해 수집된 증거라든가, 임의성 없는 진술이라든지, 진술내용대로

---

1) UNCITRAL 전자서명 통일규칙 초안 제1조(c) 참조. 韓承哲, "電子署名 및 認證機關의 法的問題", 「저스티스」 제31권 제1호(1998. 3.), 31쪽.
2) 오기두, 위 學位論文, 257쪽.
3) 오기두, 위 學位論文, 288쪽.

기재되지 않았다든지 하는 등의 전문법칙에 관한 문제 등 전통적인 형사소송법 이론상의 증거능력 부여 요건의 충족여부를 결정하게 된다. 차례로 살펴본다.

1) 위법한 절차에 기해 수집한 금융정보의 증거배제

앞서 수사절차에 관하여 본 「금융실명거래 및 비밀보장에 관한 법률」이나 금융정보추적에 대해 제한적으로 적용되는 형사소송법 등에 정해진 요건에 위배하여 수집한 금융정보에 대해서는 위법수집증거의 증거능력배제에 관한 2007. 6. 1. 신설된 형사소송법 제308조의2가 적용된다.

다만, 위법한 절차에 기해 수집한 금융정보는 그 수집절차의 위법성을 심리하기 위해서라도 증거조사의 대상에서부터 제외할 수 없다고 하겠다. 즉 증거조사절차를 거치면서 피고인이나 변호인의 위법수집증거라는 항변이 있거나 그 밖의 사정 등이 있을 때 위법수집증거인지 여부를 밝힐 수 있는 것이다. 피고인이나 변호인이 증거수집절차의 위법 등을 사유로 하여 증거능력을 다투면 채부의 결정을 우선 보류하였다가 증거능력 유무가 확실해진 후에 증거결정을 하여야 할 것이다.[1] 증거조사의 결과 예컨대 영장을 발부받지 않고 금융정보를 추적하였다는 등 그 수집절차의 위법성이 드러나면 증거능력을 배제하여야 하고,[2] 따라서 그러한 예금계좌 등 추적정보를 유죄인정의 자료로 사용해서는 안 된다. 형사절차에서는 실체적 진실발견의 이상에 앞서 그 절차 자체의 廉潔性이 더 중요한 가치라고 하지 않을 수 없기 때문이다.[3]

2) 동의에 의한 증거능력의 인정

피고인이나 변호인이 금융정보추적에 의해 획득한 증거에 관해 증거로 할 것에 동의한 경우에는 다음에서 보는 전문법칙 예외 규정에 정한 요건을 따질 필요도 없이 증거능력이 인정된다(형사소송법 제318조). 간이공판절차에 의하여 심판하는 경우 검사나 피고인 또는 변호인이 이의하지 않는 한 증거동의가 있는 것으로 간주된다(형사소송법 제318조의3). 간이공판절차의 증거서류 등 목록 작성시 '증거의견'란의 기재는 생략할 수 있다. 약식명령에 대한 정식재판청구사건에서는 증거방법을 단순히 나열하여 간이하게 작성하는 방법(형사증거목록예규 별지 기재례 6)이나, 검사의 증거신청서 사본의 마지막 기재사항의 다음 줄 아래 중앙 부분에 '증거조사함'이라는 취지가 기재된 고무인을 찍는 방법(형사증거목록예규 별

---

1) 같은 취지, 법원행정처, 「법원실무제요 형사[II]」(2014. 2.), 167쪽.
2) 신용카드 매출전표의 거래명의자에 관한 정보를 취득하기 위해서도 법관이 발부한 금융계좌추적 영장이 있어야 한다. 대법원 2013. 3. 28. 선고 2012도13607 판결.
3) 오기두, 위 學位論文, 259쪽.

지 기재례 7) 등이 있다.1) 이때 그 증거의 형태가 통상적인 경우와 같이 출력된 서면인 경우뿐만 아니라, 전자기억매체와 같은 물건의 형태로 제출되었다고 하더라도 증거동의의 대상이 된다. 형사소송법 제318조는 서류나 물건 전부에 대해 증거동의를 인정하기 때문이다. 그리고 서류의 원본뿐만 아니라 사본도 증거동의의 대상이 되는 것이므로,2) 비록 출력된 서면을 컴퓨터에 저장된 금융정보의 사본으로 보는 견해에 입각한다고 하더라도 그 서면은 증거동의의 대상이 된다. 증거동의의 의사표시는 증거조사가 완료되기 전까지 취소 또는 철회할 수 있으나, 일단 증거조사가 완료된 뒤에는 증거동의의 취소나 철회가 있다고 하더라도 이미 부여된 금융정보의 증거능력이 상실되지 않는다.3)

그러나 영장에 의하지 않은 예금계좌추적 등에 의해 위법하게 수집된 금융정보는 증거동의에 의해 증거능력을 취득할 수 없다고 해야 한다. 위법하게 수집된 증거에 대해 증거동의를 인정하여 유죄인정의 증거로 이용하면, 형사절차의 적법성과 염결성을 해할 우려가 있기 때문이다.4)

또한 증거동의가 이루어진 증거도 "眞正한 것으로 認定되어야" 증거능력이 인정되는데, 이는 증거동의의 대상이 된 서류 또는 물건의 信用性을 의심스럽게 하는 유형적 상황이 없음을 의미한다고 할 것이고,5) 그 판단기준은 당해 컴퓨터에 저장된 금융정보의 입력, 저장, 관리, 전송, 출력 등 모든 과정에 신뢰성이 있음을 의미한다.

3) 금융정보에 대한 전문법칙의 적용

컴퓨터 기억매체의 존재여부나 그 성상 자체가 증거가 되는 경우에 이러한 전자증거를 전문증거라고 하기는 어렵다.6) 따라서 금융기관의 컴퓨터에 통상적인 업무수행과정에서 금융거래내역이 기계적, 반복적으로 입력되었을 때 여기

---

1) 법원행정처, 「법원실무제요 형사[II]」(2014), 189쪽.
2) 대법원 1987. 7. 8. 선고 86도893 판결.
3) 대법원 2000. 9. 29. 선고 99도5593 판결.
4) 오기두, 위 學位論文, 305쪽.
5) 申東雲, 「刑事訴訟法」, 673쪽.
6) 오기두, 위 學位論文(1997. 2.), 267쪽. 전자증거의 전문증거성을 인정한 leading case라고 할 수 있는 대법원 1999. 9. 3. 선고 99도2317 판결은, 국가보안법상의 이적표현물을 컴퓨터 디스켓에 저장, 보관하는 방법으로 소지하는 경우에는 컴퓨터 디스켓에 담긴 문건의 내용의 진실성이 아닌 그러한 내용의 문건의 존재 그 자체가 직접 증거로 되는 경우이므로 적법한 검증절차를 거친 이상(이때 검증절차란 컴퓨터 디스켓에 수록된 문건의 내용이 출력물에 기재된 것과 같다는 점에 대해 실시한 법원의 검증을 말한다) 이적표현물 소지의 점에 관하여 컴퓨터 디스켓의 증거능력이 인정된다고 하고 있다. 이는 위 컴퓨터 디스켓이 진술증거 아닌 증거로서 이적표현물 소지 행위 자체를 증명하는 증거물 내지 증거물인 서면에 준하는 매체로서 전문법칙을 적용할 것도 없이 증거능력이 인정된다는 취지를 명시한 판결이라고 생각된다.

에 전문법칙을 적용할 수 있을지 문제로 될 수 있다. 그러나 금융거래 내역 자체의 입력이나 입력된 데이터의 저장과 출력, 출력내용의 증거이용 등의 과정에는 사람의 지각, 기억, 판단, 진술이라는 진술증거 고유의 요건이 갖추어졌다고 할 수 있다. 즉, 당해 금융정보의 작성자나 입력자가 있으며, 그가 대상에 대한 실험결과를 보고하는 진술로 금융정보 입력, 저장, 출력 내용을 이용할 수 있으며, 그에 대한 조작 등 허위의 가능성도 있으므로 상대방의 反對訊問權을 보장하기 위해 그 금융정보 내역에 관해 전문법칙이 적용된다고 해야 한다. 서면이나 전자기록물의 형태로 법정에 제출된 금융정보에 대해 특정 예금계좌의 입금 및 출금 내역, 거래정지사실 등 금융거래 내역에 관해 진술증거성을 인정하여 전문법칙의 규정을 적용해야 한다. 또한 그러한 금융정보를 채집하는 과정에 관한 진술증거에 관해서도 전문법칙을 적용해야 된다. 그러나 금융정보를 출력한 문서는 금융회사 등의 일상적, 반복적인 업무수행 과정에서 작성된 문서이므로 형사소송법 제315조에 의해 당연히 증거능력 있는 문서로 취급되는 경우가 대부분이다.

금융정보추적내역은 여러 가지 性狀으로 존재할 수 있으므로, 그것을 현행 형사소송법의 전문법칙 조문 순서대로 살펴보면 다음과 같다. 다만 여기서는 예컨대 금융정보 입력이나 출력경위 등에 관해 수사기관이 작성한 피의자신문조서나 진술조서 등과 같이 일반적인 전문법칙이나, 일반적인 전자증거의 증거능력으로 해결이 가능하고, 금융정보추적의 특수성을 내포하고 있지 않은 증거에 대한 설명은 생략한다.

가) 법관에 의한 검증, 감정

① 법원이나 법관이 예금계좌 등 추적 정보에 대해 검증을 실시하고 그 검증조서를 작성해 둔 경우나, 예금계좌가 입력된 자기디스크와 출력물의 동일성에 관해 검증을 하고 이에 대해 검증조서를 작성한 경우 및 ② 법원 또는 법관이 컴퓨터 전문가 등 감정인을 신문한 조서 자체 등에 대해서는 형사소송법 제311조에 의해 당연히 증거능력이 인정된다. 피고인이 그 전자기억매체에 수록된 내용이 사후에 變改되었다고 주장하면(저장의 부정확성), 입·출력한 사람을 작성명의인 내지 원진술자로서 증인으로 신문하거나 전문가를 감정인으로 선정하여 그 진위를 가리고, 당해 전자기억매체에 수록된 내용과 출력문서의 내용적 동일성을 인정하지 않으면(출력의 부정확성), 공판정에서 위 전자기억매체를 제시하고 컴퓨터를 조작하여 전자기억매체에 수록된 자료의 내용을 모니터 화면에 재현

한 뒤 제출된 출력문서와의 내용적 동일성에 관해 검증을 실시하거나 출력자를 증인으로 신문하거나 감정인에게 감정케 하는 등의 방법으로 그 동일성을 입증케 할 수 있다.[1]

③ 법원이 행한 감정에 의하여 금융정보에 대해 컴퓨터 전문가 등 감정인이 금융기관의 컴퓨터를 감정한 결과인 감정서는 당연히 증거능력이 있는 것이 아니고, 작성자인 감정인의 공판준비기일 또는 공판기일에서의 진술에 의해 작성명의의 진정 및 내용의 진정과 같은 진정성립이 인정되어야 증거능력을 부여할 수 있다(형사소송법 제313조 제2항). 이때 감정서가 디스켓이나 e-mail로 송부된 전자파일의 형태를 띠고 있으면, 그 매체작성자인 감정인이, 자신이 당해 매체에 자료를 입력하였거나 자신의 의사대로 자료를 입력하게 하였고, 내용도 진실하다는 진술을 공판정에 나와 해주어야만 증거능력을 인정할 수 있다고 하겠다. 다만, 통상적으로 감정서는 서면의 형태를 띠고 있으므로 이러한 문제가 생기는 경우는 드물 것이다.

나) 수사기관에 의한 검증

④ 검사가 금융기관의 특정 점포에 출동하여 그곳 컴퓨터를 작동해가며 실시한 검증에 대해 작성된 검증조서나, 금융기관에 의해 자기디스크나 e-mail 등 컴퓨터 통신 수단의 첨부파일 형태로 수사기관에 제출된 금융정보에 대해 검사의 관여 하에 검증이 실시되었을 때 작성된 검증조서 등에 대해서는 적법한 절차와 방식에 따라 작성된 것으로서 작성자의 공판정 진술에 의해 그 성립의 진정함이 증명된 때에 한해 증거능력이 인정된다(형사소송법 제312조 제6항). 이때 그 검증조서의 원진술자를 검증에 참여한 피의자나, 금융기관직원, 그 외의 컴퓨터 기술자, 검찰청 수사관 또는 검사 중 누구로 할 것인지가 문제이나, 판례는 검증을 행한 검사를 원진술자로 보고 있음에 유의해야 한다.[2] 그러나 검사가 실시하는 검증에 컴퓨터 전문기술자가 참여하여 검증대상인 컴퓨터 시스템의 상태나 상황 이외에 검사의 판단대상이 되는 진술이나 검사의 판단형성의 자료가 되는 진술을 하여 그것이 검증조서에 기재되었을 때 그 컴퓨터 기술자의 진술자체에 대해 전문법칙이 적용된다고 해야 한다.[3] 그러므로 검증조서의 원진술자인 검사뿐만 아니라 당해 컴퓨터 전문가도 공판정에 나와 그 성립의 진정을 인정해 주어야 증거능력을 인정할 수 있다고 하겠다.

---

1) 위 제2판 「법원실무제요」, 624쪽, 625쪽 참조.
2) 대법원 1976. 4. 13. 선고 76도500 판결.
3) 오기두, 위 學位論文, 290쪽.

사법경찰관의 관여 하에 작성된 실황조사서 등 검증조서도 원진술자의 공판정 진술에 의해 그 성립의 진정함이 인정되어야 하는데(위 같은 조항), 이때의 원진술자는 사법경찰관이며 그 검증에 참여한 사법경찰리가 아니다.[1]

다) 진 술 서

⑤ (a) 출력문서의 증거능력

증거자료로 제출된 금융정보를 출력한 서면에 그 금융정보를 검색하고 비교하는 등의 방법으로 추적한 수사기관 직원이나 금융기관 직원이 그 금융정보 추적 경위와 추적된 예금계좌의 내역을 진술서의 형태로 작성하였다면 당해 진술서는 그 작성자의 자필이거나 서명 또는 날인이 있고 그 작성자의 공판정 진술에 의해 진정성립이 증명되어야 증거능력이 부여된다(형사소송법 제313조 제1항 본문). 그리고 그 진정성립은 당해 진술서면에 대한 서명·날인의 진정과 같은 형식적 진정성립과 진술내용대로 기재되었다는 실질적 진정성립의 두 가지를 의미한다고 하겠다. 그러나 그러한 진술서가 아닌 금융정보 내역 자체를 출력한 서면에 대해서는 업무기록으로 보아 그 신용성의 정황적 보장이 있으면 증거능력을 인정할 수 있다(後述하는 業務記錄의 證據能力 參照).

⑤ (b) 전자기억매체의 증거능력

검사가 금융정보의 검색, 비교 등 그 금융정보추적의 경위와 과정, 추적된 예금계좌의 내역 등을 디스켓이나, e-mail로 송부된 컴퓨터 파일 등의 전자기적 매체에 의한 진술서의 형태로 공판정에 제출한다면 위와 같은 형사소송법 규정에 의해 증거능력을 부여하기 곤란하다. 전자기적 매체의 경우 自筆이나 署名, 捺印에 친하지 않기 때문이다. 원칙적으로 입법에 의해 해결할 문제라고 할 것이나, 일단 현행 제도 하에서는 작성자의 공판정 진술에 의해 진정성립이 증명되는 경우 그 증거능력을 부여할 수 있다고 적극적으로 해석함으로써 컴퓨터화된 환경에 대처해야 할 것이다.[2] 대법원 1999. 9. 3. 선고 99도2317 판결도, "컴퓨터 디스켓에 들어 있는 文件이 證據로 使用되는 境遇 위 컴퓨터 디스켓은

---

1) 대법원 1976. 4. 13. 선고 76도500 판결.
2) 대법원 1997. 3. 28. 선고 96도2417 판결은, 일반사인이 피고인이나 피고인 아닌 자의 진술을 녹음한 테이프를 증거로 함에 부동의한 경우 녹음내용 중 그 진술내용을 공소사실을 인정하기 위한 증거로 사용하기 위해서는 형사소송법 제313조 제1항에 의해 공판준비나 공판기일에서 원진술자의 진술에 의해 그 녹음테이프에 녹음된 각자의 진술내용이 자기가 진술한 내용대로 녹음된 것이라는 점이 인정되어야 한다고 하고 있다. 이는 대법원이 녹음테이프라는 형사소송법이 예정하지 못한 증거방법에 대해 전문법칙 규정의 적용을 인정하려 한 노력의 일환이라고 평가할 수 있다. 이와 같은 태도는 컴퓨터 관련 증거에 대해서도 유지되어야 한다고 본다. 그러나 보다 근본적인 해결방법은 입법에 의한 해결이라고 할 것이다.

그 記載의 媒體가 다를 뿐 實質에 있어서는 被告人 또는 被告人 아닌 者의 陳述을 記載한 書類와 크게 다를 바 없고, 押收 後의 保管 및 出力過程에 造作의 可能性이 있으며, 基本的으로 反對訊問의 機會가 保障되지 않는 점 등에 비추어 그 記載內容의 眞實性에 관하여 傳聞法則이 適用된다고 할 것이고, 따라서 刑事訴訟法 제313조 제1항에 의하여 그 作成者 또는 陳述者의 陳述에 의하여 그 成立의 眞正함이 證明된 때에 한하여 이를 證據로 使用할 수 있다"고 판시하였다. 이는 전자증거에 관해 전문법칙의 적용을 인정하기 시작한 leading case 라고 하겠다.

물론, 검사는 전자기억매체를 증거로 제출하는 경우 이를 출력한 문서를 증거서류로 제출하고, 그 증거조사시 당해 자료를 컴퓨터 전자기억매체에 입력한 사람, 입력일시, 출력한 사람, 출력일시, 기타 법원이 필요로 하는 사항을 명백히 하여야 하므로[1] 그 출력문서에 대해 업무기록 등의 전문법칙 예외 규정의 적용 여부를 검토하게 되겠지만, 피고인이 당해 전자기억매체와 출력문서의 동일성을 부인하거나, 입력, 저장, 관리, 전송 등의 정확성을 부인하는 경우는 당해 전자기억매체 자체에 대한 전문법칙 적용 요건을 검토하지 않을 수 없는 것이다. 그 요건을 검토해 보면 다음과 같은데, 이는 수사절차 외에서 검사·경찰의 관여 없이 작성된 진술서 형식의 전자기억매체, 검사·경찰 이외의 공무원이나 일반인이 타인의 진술을 기재한 전자기억매체에 대해서도 적용할 수 있다(형사소송법 제313조 제1항 본문 참조).

　㉠ 정보처리주체의 확정(형식적 진정성립)

일반론적으로 말하자면 컴퓨터 기억매체에 관해 작성명의인을 특정하기는 어렵다. 그 명의인이 없거나 명의인을 특정하기 어려운 경우가 대부분이기 때문이다. 私法上의 전자상거래 관계에 있어서 認證機關에 의한 전사서면의 認證制度를 도입하는 경우 그 작성명의인 특정이 용이한 경우도 있을 수 있다. 그러나 예컨대 플로피 디스켓의 표면이나 그 입력자료에 아무런 작성자 표시도 없는 때처럼 그 작성명의인을 밝히기 어려운 경우도 많다. 따라서 기존의 문서와 같이 작성명의인의 서명·날인의 진정 입증을 통한 형식적 진정성립의 인정은 至難한 일이라고 하지 않을 수 없다. 그러므로 종래 문서로 기재된 전문증거의 예외법칙을 정립하는데 중요한 개념요소로 이용되었던 작성명의인의 서명·날인의 진정이라는 形式的 眞正成立은 전자증거에 관한 한 어떤 방식으로든 수정하지

---

[1] 송일 94-1 예규 III. 현행 형사소송규칙 제134조의7.

않을 수 없게 되었다.

　　그 수정의 방법으로 생각해 볼 수 있는 것은, ⓐ 전자증거에 대해서는 진정성립의 개념을 형식적 진정성립과 실질적 진정성립으로 나누지 않고, 범죄사실인정의 증거가 된 컴퓨터 데이터의 입력, 저장, 관리, 전송, 출력 등 각 정보처리과정의 정확성이 인정되면 眞正成立이 인정된다고 보는 방법, 달리 말하자면, 전자증거에 관한 한 진정성립의 개념을 입력, 저장, 관리, 전송, 출력 등의 정확성이라는 새로운 개념으로 파악하고, 기존의 형식적 진정성립은 컴퓨터 통신 ID, 그 Password, 파일서버에의 고유접속번호, 홈페이지나 그 소속 인터넷 사이트 등을 포함한 도메인네임,1) 디스크 라벨 기재내역, 전자서명, 인증, 파일암호, 파일작성자 등 直接事實이나 間接事實의 확정에 의해 위 각 컴퓨터 정보처리과정의 주체를 특정하기 위한 개념으로, 그리고 실질적 진정성립은 위 각 컴퓨터 정보처리과정에 부정확한 점이 없었다는 소극적 의미, 즉 원칙적으로 입력, 저장, 관리, 전송, 출력 등 각 컴퓨터 처리과정의 정확성은 사실상 추정되는 것으로 해결하는 방법, ⓑ 예컨대, ID, Password, 고유접속번호, 도메인네임, 디스크 라벨기재내역, 파일암호, 파일작성자 확인 등으로 작성명의인을 특정하여, 문서의 자필, 서명·날인과는 다른 형태로 그 형식적 진정성립을 인정하는 방법, ⓒ 형식적 진정성립 입증을 반드시 원진술자 내지 작성명의인의 공판정 진술에 의하지 않더라도, 즉, 당해 데이터의 작성주체라고 보이는 자가 공판정에서 자신이 그 데이터를 입력, 저장하였음을 부인한다고 하더라도, ID, Password, 고유접속번호, 도메인네임, 디스크 라벨기재내역, 파일암호, 파일작성자 등의 작성명의인에 관한 直接事實을 입증하거나 당해 전자기억매체가 발견된 장소가 그 데이터 입력자라고 보이는 자의 주거지나 사무실에서 발견되었다거나, 그 데이터 내용을 저장하거나 출력한 컴퓨터의 소유자나 통상 사용자 등이 당해 데이터 입력자라는 등의 間接事實 내지 情況證據의 입증을 통해 형식적 진정성립을 인정

---

1) 범죄행위가 인터넷상으로 World Wide Web의 특정 사이트나 Newsgroup의 전자게시판에 게시하는 형태로 저질러진 경우 그 인터넷 통신망 운영자(Internet-Provider)에게 당해 게시자의 접근을 허용한 점에 관해 作爲에 의한 幇助犯의 罪責을 지우거나, 그러한 접근을 방지하여야 할 의무를 위반한 점에 관해 不作爲에 의한 幇助犯의 罪責을 지울 수 있다. 이점에 관해서는 Conradi/Schlömer, "Die Strafbarkeit der Internet-Provider", 「Neue Zeitschrift für Strafrecht」 (1996. 8. 10.). 이처럼 인터넷 홈페이지 등 운영자와 그에 게시된 전자문서의 작성자가 다른 경우 홈페이지 등 명의만으로 그 작성명의인을 특정하기는 어렵고, 따라서 그 홈페이지등에 게시된 전자문서의 형식적 진정성립을 인정하기도 쉽지 않다. 이점에서 보아도 기존의 종이위에 전통적인 필기도구로 기재된 문서작성명의인을 상정하여 규정된 전문법칙예외에 관한 현행 형사소송법은, 전자증거에 전문법칙을 적용함에 있어 턱없이 부족한 條文이라고 하지 않을 수 없다.

하여 증거능력을 부여하는 방법, ⓓ ID, Password, 고유접속번호, 도메인네임, 디스크 라벨기재내역, 파일암호, 파일작성자 등 작성명의인을 특정할 자료가 있는 경우와 그렇지 않은 경우를 구별하여 위 ⓑ나 ⓒ의 방법으로 파악하는 방법 등을 상정해 볼 수 있다.[1]

위와 같은 여러 가지 상상 가능한 견해들이 등장하는 이유는 전통적인 형사소송법 규정이 서면으로 작성된 전문증거만을 염두에 두고 제정되었기 때문이라고 할 수 있다. 그럼에도 불구하고 오늘날 거의 생활필수품이 되다시피 한 컴퓨터로 생성된 전자증거에 관해 기존의 형사소송법 이론을 무리하게 끼워 맞추려고 시도한다면, 그것은 마치 새 술을 헌 부대에 담는 행위와 같거나, 또는 해적질하여 잡은 포로의 키가 침대길이보다 짧으면 그 포로의 신체를 잡아 늘이고, 그 포로의 키가 침대길이보다 길면, 그 포로의 두 다리를 잘라내어 그 침대에 맞추려고 한 고대 어느 지방의 해적들의 행위와 같다고 하겠다. 속히 전자증거의 증거능력 인정에 관한 입법조치가 이루어져야 한다. 그렇지 않으면 특히 검찰로서는 많은 경우 전자증거의 증거능력을 인정받지 못하는 사태에 직면할 수도 있다. 예컨대 녹음테이프의 증거능력은 기존의 형사소송법 규정을 변형하여 형사소송법 제313조 제1항의 명문규정에도 불구하고 서명·날인이 필요치 않다는 등으로(이른바 署名捺印不要說)[2] 해석하거나, 거짓말 탐지기, 사진, 비디오 테이프 등의 증거능력에 관해서도 형사소송법의 명문규정 없이 판례이론 등을 동원하여 해결할 수 있었다. 그러나 그와 같은 아날로그시대의 증거방법과는 비교도 할 수 없을 정도로 다량의 진술정보를 신속, 정확하게 입력, 저장, 관리, 전송, 출력하는 컴퓨터에 대해 현행 형사소송법의 해석론만으로 그 증거능력문제를 해결하려고 하는 것은 무리라고 하지 않을 수 없다. 위 ⓐ 내지 ⓓ까지 본 바와 같은 여러 가지 방법론이 현행 형사소송법규정을 일부 무시하고 있다고 하여 이를 근거 없는 해석론이라고 치부할 수 없는 이유가 여기에 있다.

우선 입법론은 다른 기회로 미루기로 하고, 저자는 현행 형사소송법 하에서 위 ⓐ나 ⓑ와 같은 입장에서 전자증거의 증거능력을 논하고자 한다.[3] 위 ⓐ는 설령 당해 전자기억매체의 작성자를 특정하기 어렵다고 하더라도 그 데이터의 전체적인 내용과 취지에 비추어 입력자, 컴퓨터시스템 관리자, 전송자, 출력자 등으로 보이는 사람을 특정하여 그가 공판정에 나와 자신이 그 각 정보처리과

---

[1] 이러한 견해들은 반드시 문헌상의 근거가 있는 견해는 아니고, 실무처리상 문제되어 저자가 다른 판사나 검사들과 의견을 교환하며 토론해 본 내용이다.
[2] 韓國司法行政學會, 「註釋 刑事訴訟法」(III), 454쪽.
[3] 오기두, 위 學位論文, 235쪽 이하.

정의 주체였음을 시인하는 것만으로도 기존의 형식적 진정성립의 개념에 해당
하는 진정성립을 인정할 수 있다는 점에서 문서에 자필, 서명, 날인을 요구하는
전통적인 형식적 진정성립의 개념과 다르고, 작성명의인 특정을 ID, Password,
전자서명 등의 자료가 없더라도 인정한다는 점에서 위 ⓑ와 다르며, 현행 형사
소송법 규정을 최대한 적용하려 노력하여, 작성명의인이 공판정에 출석하여 자
신이 정보처리의 각 과정에 관여한 주체였음을 시인해야 증거능력이 인정된다
고 주장하는 점에서 위 ⓒ와 다르고, 결국 ⓓ와도 다른 견해라고 하겠다. 그리
고 ⓑ는 현행법 제313조의 규정을 최대한 준수하려는 장점이 있다.

　　이와 같은 입장에 의할 때, 금융정보의 추적 경위와 과정, 추적된 예금계좌
의 내역 등을 디스켓이나, e-mail로 송부된 컴퓨터 파일 등의 전자기적 매체로
공판정에 제출했을 때의 진정성립은 당해 전자기억매체의 진술입력자가 공판정
에 나와 그 진정성립, 즉 입력, 저장, 관리, 전송, 출력의 주체였음을 인정해 주
어야 입증된다. 이때 당해 전자기 형태의 진술매체의 진술입력자는, 그 진술매
체에 전자서명이 되어 있거나 파일암호가 부여되어 있거나, 디스크 표면 라벨에
작성자 표시가 되어 있거나 통신 ID나 Password가 있거나 작성자 컴퓨터와 통
신업체간에 고유접속 번호가 부여되어 있거나 그 진술자가 운영하는 인터넷 등
컴퓨터 통신망의 홈페이지에 게재되어 있다거나, 그의 도메인을 이용하였다거
나 하는 등의 사실을 시인하는 진술을 공판정에서 함으로써 자신이 당해 전자
기억매체의 데이터 입력, 저장, 관리, 전송, 출력의 정확성을 진술할 자격을 갖
추었음을 입증할 수 있다. 이는 기존의 진정성립 이론에 관한 形式的 眞正成立
의 증명에 해당한다. 현행법상 실질적 진정성립 아닌 형식적 진정성립도 작성명
의인의 특정이라는 측면에서 특히 법 제313조를 적용하는 데는 여전히 유용한
도구개념인 것이다.

　　또한 검사가 작성한 피의자나 피의자 아닌 자의 진술을 기재한 조서로서
공판준비 또는 공판기일에서 그 피의자나 피의자 아닌 자가 그 진정성립을 부
인하는 경우에 무인이나 서명의 필적감정 등을 통해 법원이 그 조서의 형식적
진정성립을 인정할 수는 없다는 대법원 예규에 비추어 볼 때,[1] 검사가 관여하
지 않은 상태에서 작성된 진술서 형태의 전자기억매체에 대해서도 검증이나 감
정을 통해 (형식적) 진정성립, 즉, 입력, 저장, 관리, 전송, 출력이라는 각 정보처
리과정에 관여한 주체인 점을 밝힐 수는 없고, 반드시 그 작성명의인이 공판정

---

1) 송형 61-6 예규.

에 출석하여 (형식적) 진정성립을 판단할 수 있는 자료에 관해 인정하는 진술을 해 주어야 한다고 하겠다. 검증이나 감정을 통해 형식적 진정성립을 밝히려는 노력을 했다 하더라도[1] 그에 대해서는 검증이나 감정에 관한 증거능력 규정이 적용될 뿐 당해 컴퓨터 전자기억매체의 (형식적) 진정성립이 인정되는 것은 아니라고 할 것이다. 다수의 컴퓨터에 의해 다수의 사용자가 호스트 컴퓨터 등에 접속하여 작성하는 컴퓨터 기억매체나 컴퓨터 통신망에 의한 정보전송의 특징상 도저히 전자기억매체에 저장된 정보의 각 처리 과정상 주체를 밝힐 수 없거나 컴퓨터 디스켓 자체에 저장된 내용에 비추어 보아도 작성명의인을 특정할 수 있는 표지가 전혀 없다면 그 데이터의 입력, 전송, 저장, 관리, 출력의 정확성을 밝힐 수 없으므로, 그 전자증거의 증거능력을 부정할 수밖에 없다. 그러한 컴퓨터 기억매체의 작성명의인이라고 보이는 자가 공판기일이나 공판준비기일에서 자신이 당해 정보처리과정에 관여한 주체가 아니었다고 부인해도 당해 컴퓨터 기억매체의 증거능력을 인정하기 어렵게 되어 버린다.[2]

ⓒ 정보처리과정의 정확성(실질적 진정성립)

입력, 저장, 관리, 전송, 출력 등 각 정보처리과정의 주체가 공판정 진술에 의해 자신이 위 각 과정에 관여하였음을 인정하면 특별한 사정이 없는 한 그 정보처리주체의 의사대로 당해 컴퓨터 기억매체에 자료가 입력되어 저장되고 정상적인 컴퓨터 시스템 및 업무처리지침에 의해 관리되고, 정상적인 컴퓨터 시스템 및 프린터에 의해 출력되었다는 점, 즉 전통적인 개념인 이른바 實質的 眞正成立까지 사실상 추정된다고 해야 할 것이다.[3] 반대로, 예컨대 전자기억매체에 저장된 데이터 자체에 작성자의 성명이 기재되어 있고 그 작성자가 공판정에서 그것이 자신의 성명이라고 시인하면서도, 당해 전자서면 내용이 자신의 진술과 상이하다고 주장하는 경우를 상정해 보자. 전자매체에 입력된 성명은 아무나 그것을 전자적으로 입력할 수 있고, 서면에 서명하는 것과 달리 성명기재인의 필적이나 그 밖의 성명기재인을 특정할 수 있는 사정이 전자적 입력방법에는 나타나지 않으므로, 그 성명기재인이 그러한 사유를 들어 공판정에 나와 입력 자

---

1) 위 제2판 「법원실무제요」, 625쪽 참조.
2) 전자증거의 진정성립에 관한 보다 구체적인 논의는 이 책의 제2편 제3장 "전자증거와 전문법칙"을 참조.
3) 대법원 1994. 6. 14. 선고 94도484 판결은 검사가 작성한 피고인에 대한 피의자신문조서에 관하여 피고인이 그 조서에 간인, 서명·무인한 사실이 있음을 시인하여 조서의 형식적 진정성립이 인정되면, 특별한 사정이 없는 한 원진술자의 진술 내용대로 기재된 것이라고 추정된다고 하고 있다. 그러나 현행법 제312조는 실질적 진정성립을 피고인의 진술이나 영상녹화물등 객관적인 방법으로 증명하게 하고 있다.

체의 정확성을 부정한다면 그 진정성립을 인정할 수 없을 것이다. 그러므로 검
사로서는 증거능력 없는 당해 전자기억매체 자체만으로는 유죄입증을 할 수 없
게 된다. 이때 그 전자기억매체가 작성명의인의 거주지 내지 거실에서 발견되었
다거나 작성명의인이 사용하는 컴퓨터내에서 출력되었다는 등의 사정이 있다고
하더라도 그가 공판정에서 입력사실 자체를 부인하면 그 (實質的) 眞正成立을 인
정할 수 없겠다.

　　또한 그 작성명의인이 공판정에서 당해 전자기억매체에 관해, 예컨대 타인
이 전자서면 작성명의인의 컴퓨터를 몰래 이용하거나, 그 명의나, ID, 또는 패스
워드를 도용하여 그 전자서면을 작성하였다거나, 허위의 자료가 입력되었다거
나 하는 점(입력의 부정확성), 저장된 데이터가 부당하게 말소되거나 변경되었다거
나 금융기관 컴퓨터 시스템, 즉 그 하드웨어나 소프트웨어, 운용프로그램 등의
작동에 오류가 있었다거나, 금융기관 내부의 보안처리지침에 위반되게 그 컴퓨
터 시스템이 관리되어 결과적으로 부정확한 금융정보가 생성되었다거나 하는
점(저장·관리의 부정확성), 전송과정에 자료의 변경이 있거나 전송 시스템이 기계적
으로나 통상적인 관리수행과정에 어긋나 정상적으로 작동되지 않았다는 점(전송
의 부정확성), 출력과정에 조작이 있었다거나 컴퓨터에 저장된 데이터와 다른 내
용으로 출력되었다는 점(출력의 부정확성) 등의 사실을 진술하면 그 (실질적) 진정성
립을 부정하여 증거능력을 부정해야 한다. 이점에서 보아도 기존의 형사소송법
규정에 의한 "眞正成立"의 개념을 고집하면, 전자기억매체의 증거능력을 인정하
기가 대단히 어려워진다. 그렇다고 아무런 법률상 근거 없이 전문법칙의 예외
요건을 설정하기도 어렵다. 유죄입증을 필요로 하는 측에서 입법을 서둘러야 한
다. 또한 해석론으로서도 위와 같은 전자증거 작성자의 진술은 실질적 진정성립
을 부인하는 진술로 보고, 컴퓨터의 객관적, 기술적 수단으로 그 작성명의인이
특정된다면 실질적 진정성립 인정은 컴퓨터 시스템의 안전성을 고려하여 사실
상으로 강력하게 추정되는 것으로 보는 쪽으로 해석해야 할 것이다.[1]

　　라) 수사기관에 의한 감정

　　⑥ 형사소송법 제221조 제2항에 의해 검사의 위촉으로 감정수탁자가 작성
한 감정서의 증거능력은 위 ③과 같이 감정인의 공판정 진술에 의해 작성명의
가 진정하고, 내용 또한 진정하다는 점이 인정되어야 증거능력이 있다. 그리고
수사기관으로부터 감정의 위촉을 받은 감정인이 참고인의 진술을 듣고 그것을

---

1) 이 점에 관해서도 보다 상세한 논증은 이 책의 제2편 제3장 "전자증거와 전문법칙" 부분 참조.

감정서에 기재한 경우 당해 참고인의 진술에 대해서는 별도로 전문법칙이 적용된다고 보아, 당해 감정인 외에 그 참고인의 공판정 진술에 의해 성립의 진정이 증명되어야 이를 증거로 쓸 수 있다고 하겠다. 수사기관의 위촉에 의한 감정인에 대해 선서제도가 없어 형법 제154조의 허위감정죄로 처벌하는 것과 같은 감정의 진실성을 담보할 수 있는 제도적 장치가 없기 때문이다.[1] 감정이 사법경찰관의 위촉에 의해 행해진 경우에도 위와 같다.

마) 업무기록

⑦ 예금계좌 등 추적정보에 대해 전문법칙이 적용된다고 하더라도, 이는 금융기관이 통상적인 업무수행과정에서 작성한 기록으로 볼 수 있으므로 형사소송법 제315조 제2호에 의해 증거능력이 인정될 수 있다.

그러나 이때도 당해 금융정보는 그것을 작성한 금융기관이 일상적인 업무수행과정에서 내부처리 기준에 따라 기계적, 반복적으로 컴퓨터에 入力해서 그 입력과정의 정확성이 담보되고, 금융기관 컴퓨터 시스템, 즉 그 하드웨어나 소프트웨어, 운용프로그램 등의 정확성이 인정되고, 금융기관 내부의 보안처리지침에 따라 貯藏·管理되었다는 점, 컴퓨터 기억매체에 저장된 당해 금융정보 자체는 위 형사소송법이 규정한 '文書'는 아니라는 점, 따라서 그 자체의 원본성을 긍정할 수 없다는 점, 그러므로 그 금융정보를 出力한 문서가 있으면 그 출력문서를 원본으로 보고, 다만 당해 금융기관의 점포에 있는 컴퓨터에 입력되어 있는 정보와 출력결과물의 동일성이 입증되어야 하며, 특히 당해 출력문서에는 데이터 출력일자가 기재되고, 오퍼레이터나 처리책임자의 서명이나 날인이 있어야 하며, 컴퓨터 저장정보가 그대로 조작 없이 출력되었다는 점, 적절한 디스플레이 장치나 프린터를 이용하였는지 하는 점, 출력한 사람의 전문기술성 등등이 입증되어야 위 형사소송법 규정에 의해 "業務上 必要로 作成한 通常文書"임을 인정할 수 있다는 것, 그리고 금융기관의 컴퓨터에서 프린터 기기를 통해 직접 출력한 문서가 아니라, 예컨대 컴퓨터 통신망을 통해 금융기관으로부터 수사기관의 컴퓨터로 電送된 후 출력되었거나, 수사기관이 금융기관의 점포에 가서 출력해 오거나 한 문서라면, 수사기관이 그러한 출력행위를 한 과정이 검증조서를 통해 기록되었으면 그 검증조서에 대해 앞서 본 ④의 검증조서에 관한 전문법칙을 적용하여 증거능력을 판단하고, 검증조서를 통해 기록되지 않았다면 그 정보가 입력, 저장되고, 전송된 컴퓨터 시스템 운영의 정확성, 전송과정의 정확성

---

1) 오기두, 위 學位論文, 313쪽.

및 출력과정의 정확성 등이 증명되어야 비로소 위 형사소송법 규정상의 업무기록으로 보아 증거능력이 인정된다는 점 등이 유의사항이라고 하겠다(이른바 信用性의 情況的 保障).

통상적으로 공판실무상 금융정보 추적 내역은 그것을 출력한 문서의 형태로 증거로 제출되며, 입력 및 저장과정의 정확성은 금융기관의 일상적인 업무수행과정에서 이루어진 것으로 보아 별다른 의심 없이 인정되고 있다. 그리고 그 출력과정의 정확성에 대해서도 일반적인 믿음이 형성되어 있다고 보인다. 또한 당해 금융정보를 저장한 금융기관의 컴퓨터 시스템, 즉 하드웨어나 소프트웨어, 운용프로그램 등의 정상가동에 대해서도 사실상의 추정을 행하는 것이 가능하다고 하겠다. 다만, 위와 같은 점에 대해 의문이 제기되면, 당해 금융정보를 입력하거나, 저장하거나 컴퓨터 시스템을 관리하거나 출력하거나 전송한 각 단계에 관여한 금융기관 직원을 법정에 불러 그 신용성을 확인하는 방법으로 증거능력을 부여하기 위한 입증을 할 수 있겠다. 그리고 그 금융기관 직원은 당해 금융정보의 입력, 저장·관리, 전송, 출력 과정에 직접 관여하거나 그 내역을 잘 알고 있는 그의 상급자를 말하고, 단지 결재 라인에 있는 것에 불과한 상급자를 의미하지는 않는다고 하겠다.[1]

그리고 금융정보를 문서가 아닌 디스켓 등에 저장된 파일의 형태로 제출받은 경우에도 위와 같은 요건이 충족되어야 하며, 다만 그것을 문서로 출력하고, 법원이나 수사기관에서 그 과정을 검증조서로 작성해두는 등 당해 금융정보를 可視的이고 可讀的인 형태로 만들 필요가 있다고 하겠다.

---

[1] 그런 의미에서 형사소송절차상 금융정보의 추적문서에 대해 그 정보의 입력, 저장·관리, 출력에 관여한 금융기관 직원을, 앞서 본 "個人데이터 처리에 있어서 個人의 保護와 그 데이터의 自由로운 移動에 관한 유럽議會와 理事會의 命令"(Directive 95/46/EC of the European Parliament and of the Council of 24 October 1995 on the protection of individuals with regard to the processing of personal data and on the free movement of such data), 즉 "EU 命令"이 정의하는 情報 controller 개념이나 個人情報 保護職員(personal data protection official) 개념, 또는 일본 通商産業省의 "民間部門의 電子計算機處理에 關係된 個人情報保護에 관한 가이드라인"이 말하는 管理者 개념 등으로 볼 이유는 없다고 하겠다. 위 "EU 命令"의 情報 controller 개념은 "單獨으로, 또는 他人과 共同하여 個人情報處理의 目的과 手段을 決定하는 自然人, 法人, 公的機關, 行政機關 또는 그 밖의 團體"[위 命令 제2조 (d)호]를 말하고, personal data protection official이란 위 情報 controller에 의해 임명된 독립적인 지위를 갖는 직원으로서 위 "EU 命令"에 기해 제정된 개인정보 보호 관련 법률을 준수하고 情報 controller가 작성한 정보처리 기록을 맡아 관리할 책임을 지는 자를 말하며(위 命令 제18조 제2항 참조), 위 일본 통산산업성 가이드라인의 管理者는, "企業 等의 내부에서 代表者에 의해 指名된 者로서, 個人情報의 收集, 利用 또는 提供 等에 관한 目的 및 手段을 決定하는 權限을 갖고 있는 者"(위 가이드라인 제2조 제3항)를 말한다. 이상은 樋口範雄(ひぐち·のりお), 前揭 "個人情報에 關する 法的課題(上)－EU指令と通産省ガイドラインとの比較の試み", 54面.

물론 그 모든 것에 대한 입증책임은 검사에게 있다. 그러나 그 증명 역시 자유로운 증명으로 족하다고 해야 한다. 또한 금융기관에 의해 문서나 전자파일의 형태로 제출된 금융정보내역이거나, 수사기관이 검증조서를 작성해 두어 그에 의해 금융기관에 출동하거나 금융기관으로부터 전자메일의 형태로 제출받은 점이 인정되는 금융정보라면 위와 같은 사정은 일반적으로 추정되어 그 업무기록성을 쉽게 인정할 수 있다고 할 것이다. 따라서 그 증거능력을 부인하는 피고인이나 변호인 측에서 예컨대 당해 금융정보를 입력한 금융기관 직원이나 당해 금융기관의 컴퓨터 시스템을 관리하는 직원 또는 그 금융정보를 출력한 금융기관 직원 등을 환문하여 그 각 입력, 저장, 전송, 출력과정의 오류를 밝히거나 하는 등의 방법으로 그 추정을 뒤집기 위한 노력을 다하여 법원으로 하여금 증거능력을 부정하게 해야 할 것이다. 다만 그렇다고 해서 당해 전자파일의 진정성립에 관한 입증책임을 피고인이나 변호인 측에 돌리는 것이 아님은 물론이다.

라. 증거조사
1) 증거능력부여요건 조사와 증거조사와의 관계

증거조사란 협의로는 조사대상이 되는 유형물이나 사람 등 증거방법으로부터 법정된 절차에 의해 사실인정의 근거가 되는 내용, 문서의 기재내용, 증언 등 증거자료를 탐지하는 것을 말하고, 광의로는 그와 밀접한 관계가 있는 소송행위 즉 증거신청, 증거결정, 이의신청 등 관련된 절차 전체를 포함하여 일컫는 말이다.[1] 그리고 증거조사의 대상인 사실인 要證事實중 증거능력 부여요건에 대한 사실은 범죄의 죄책에 관계되는 사실이 아니고 소송법적 사실이므로 자유로운 증명의 대상이다.

증거조사는 증거능력 없는 증거에 대해 아예 이루어지지 않아야 하는 것이 전문법칙 등 증거능력부여 규정의 이상이겠지만 소송실무상으로는 일단 증거능력부여를 위한 증거조사를 거쳐 증거능력부여 여부를 판단하게 된다. 즉 해당 전자증거에 대해 전문법칙의 예외에 해당하는지, 증거수집절차가 적법한지, 진술의 임의성이 있는지 등 증거능력부여를 위한 요건을 충족하고 있는지에 대해 증거조사를 할 필요는 있으며 그 경우 증거의 제시나 내용의 고지 등 그 증거의 내용에 대한 조사까지 이루어져야만 위와 같은 사항들을 밝힐 수 있다는 점에서 보아도 증거능력 없는 증거에 대해서도 증거능력 유무를 판정하는 증거조사가 이루어지는 우리의 소송실무를 부적법하다고 할 수는 없을 것이다. 예컨대

---

[1] 위 「법원실무제요」, 482쪽(2014년판은 72쪽).

「금융실명거래 및 비밀보장에 관한 법률」이나 형사소송법에 위반된 예금계좌 등의 추적에 의해 수집된 금융정보라는 주장이 있더라도 그 전자증거에 대한 증거배제 여부에 관해 최종판단을 유보해 둔 채 일단 증거조사를 실시한 후 판결을 선고할 때 증거채부에 대한 결론을 설시하는 과정을 거치게 되는 것이다.[1] 또는 판결 작성전이라도 이미 증거조사를 마친 증거가 피고인이나 변호인의 증거조사에 관한 이의신청에 의하여(형사소송법 제296조 제1항) 또는 법원의 직권에 의하여 증거능력이 없는 것으로 판명된 때는 그 증거가 증거능력이 없음을 명시하고 그 증거로부터는 심증을 취하지 않도록 한다는 취지를 나타내는 내용의 증거배제결정을 한다.[2]

범죄의 罪責인 구성요건해당성, 위법성, 책임성, 형의 가중·감면사유에 관한 사실은 엄격한 증명의 대상이어서 재판 실무상 반드시 적식(適式)의 증거조사를 거친 후 증거목록에 기재되어야 하고 조사된 증거만을 사실인정의 자료로 활용해야 하겠으나,[3] 그러한 증거가 과연 적식으로 증거조사할 대상이 되는 증거능력 있는 증거인지 여부에 대해서는 자유로운 증명으로나마 입증이 필요하고, 그 입증을 위해 증거능력 없는 증거가 증거조사의 대상이 될 수도 있는 것이다. 더욱이 증거능력 없는 증거라도 탄핵증거(형사소송법 제318조의2)로 사용될 수 있고, 이러한 탄핵증거는 범죄사실을 인정하는 증거가 아니어서 엄격한 증거조사를 거칠 필요는 없으나, 법정에서 이에 대한 증거조사를 생략할 수는 없다.[4] 그러므로 예컨대 증거능력 없는 서증인 탄핵증거에 대해서도 내용을 고지하는 등의 증거조사를 반드시 해야 하는 것이다.[5]

일본 형사소송규칙 제205조의6 제2항은 조사한 증거가 증거로 될 수 없다는 이의신청이 있고, 그것을 이유 있다고 법원이 인정하면 그 증거의 전부나 일부를 배제하는 결정을 해야만 한다고 정하고 있고, 같은 규칙 제207조는 법원은 위와 같은 신청이 없더라도 직권에 의해 조사한 증거가 증거로 될 수 없는 점이 판명되면 그 증거의 전부 또는 일부를 배제하는 결정을 할 수 있다고 정하고 있다. 이는 일단 증거조사를 거쳐 증거능력 부여 여부에 대한 판단을 한다는 의미라고 할 수 있다. 우리 형사소송규칙 제134조는 법원은 증거결정을 함에 있어 필요하다고 인정하면 그 증거에 대한 검사, 피고인 또는 변호인의 의견을 들을

---

1) 前揭 渡辺 修, "違法收集證據の問題狀況", 119面 參照.
2) 위 「법원실무제요」, 629쪽(2014년판은 291쪽).
3) 위 「법원실무제요」, 483쪽(2014년판은 78쪽).
4) 대법원 1998. 2. 27. 선고 97도1770 판결.
5) 위 구판 「법원실무제요」, 524쪽.

수 있고(제1항), 법원은 서류 또는 물건이 증거로 제출된 경우에 이에 관한 증거결정을 함에 있어 제출한 자로 하여금 그 서류 또는 물건을 상대방에게 제시하게 하여 상대방으로 하여금 그 서류나 물건의 증거능력 유무에 관한 의견을 진술하게 하여야 한다고 하고 있다. 위와 같은 증거결정을 위한 절차가 모두 증거조사라고 해야 한다는 점에서 보면 증거능력 있는 증거에 한해 증거조사를 하는 것이 아니라 증거능력 인정을 위한 증거조사를 거쳐 증거능력 있는 증거인지 여부가 판명되며, 그렇게 증거능력이 인정되는 증거에 한해 공소사실 인정을 위한 증거조사를 할 수 있다고 해야 가장 정확하다.

특히 서증을 신청한 경우 법원은 법관 면전 조서와 같이 일견하여 증거능력이 있는 서증이라면 즉시 증거채택결정을 하여 증거조사를 하고, 피고인이 내용을 부인하는 경찰 피의자신문조서처럼 일견하여 증거능력이 없는 서증이라면 즉시 기각결정을 하여야 하겠지만, 전문법칙 예외 규정요건 등을 충족하여 증거능력이 있는지 여부를 정하기 위해 증거채부 결정을 보류해두고, 일단 증거능력부여를 위한 증거조사를 거친 후 증거능력여부가 확실해지면 증거채부 결정을 하여 증거능력 있는 증거에 한해 증거조사를 하는 단계를 거치는 것이다.[1] 그러나 가장 기본이 되는 원칙은 증거능력 없는 증거를 통해서 사실인정을 하면 안 된다는 것이다.

2) 증거신청

증거조사는 원칙적으로 검사, 피고인, 변호인 등의 증거신청이 있으면 한다. 檢事는 예금계좌 등의 추적에 의해 수집한 금융정보를 유죄입증을 위해 법원에 증거로 제출할 때, 대개 서면으로 출력한 형태로 제출함으로써 증거신청을 하고 있다. 그러나 그 수집정보를 자기디스크 형태로 제출할 수도 있는데, 이때는 그 디스크에 저장된 정보를 출력한 문서도 함께 제출할 수 있다.[2] 위 두 경우는 서류나 물건의 형태로 提出함으로써 증거신청을 하는 것이 되겠다(형사소송법 제294조). 범죄사실과 관련성이 있는 계좌 및 거래내역에 한해 이를 추적할 수 있다 함은 누차 강조한 바와 같지만, 그 관련성이 있는 금융정보 중에서도 특히 금융거래의 일부 시기나 연결계좌 중 일부, 또는 일부거래내역 등 일부의 금융정보

---

1) 송형 79-8 예규 3조 4호, 위 「법원실무제요」, 540쪽(2014년판은 291쪽). 또한 2000. 10. 23.부터 시행되고 있는 대법원 송무예규 제794호, 형사공판조서 중 증거조사부분의 목록화에 관한 예규 (송형 79-8) 중 개정예규 참조.
2) 대법원 송무예규, 송일 94-1, 바람직한 재판운영방안. 2007. 10. 29. 신설된 형사소송규칙 제134조의7 제1항.

만을 유죄입증의 자료로 제출하고자 하는 경우에는 그 금융정보를 출력한 서면의 해당 면수를 표시하거나 해당 부분에 밑줄을 긋는 방법 등으로 증거로 할 부분을 특정하여 명시해야 한다(형사소송규칙 제132조 제2항). 관련성이 없는 금융계좌 추적물에 대한 증거신청이 있으면 법원은 관련성 있는 부분만을 특정하여 서면으로 제출하도록 할 수 있으며(형사소송규칙 제132조의2 제1항, 제3항), 증거로 할 부분을 특정하지 않은 예금계좌 등 추적정보의 제출은 부적법한 증거신청으로서 기각될 수도 있다.[1][2]

이밖에 감정신청을 통해 전문 컴퓨터 기술자로 하여금 금융기관 컴퓨터의 주기억장치나 보조기억장치에 남아 있던 금융거래내역의 전자적 흔적을 추적하도록 할 수도 있다. 이때 檢事가 감정인을 특정하여 신청한다고 하더라도 법원은 그에 구애되지 않고 감정인을 선정할 수 있다.[3]

위와 같이 檢事가 하는 증거신청은 피고인이나 변호인도 할 수 있고, 법원이 직권으로도 할 수 있다(형사소송법 제295조).

3) 증거조사의 방법

예금계좌 등의 추적에 의한 금융정보는 그 존재형태별로, 예컨대 서면으로 출력되었으면 문서에 관한 증거조사 규정에 따라, 디스크 등의 전자기적 매체로 출력되었으면 그것을 검증하여 검증에 필요한 처분으로서 컴퓨터 모니터 등에 화상의 형태로 출력해 보거나 서면에 출력해 보고 그에 대해 검증조서를 작성하는 방식으로 한다. 그밖에 감정을 해보거나 사실조회를 하는 방법으로 금융정보에 대한 증거조사를 할 수 있다. 차례로 본다.

가) 서 증

통상적으로 법원에 제출되는 예금계좌 등 추적 정보는 금융회사 등의 컴퓨터에서 출력된 서면의 형태를 갖고 있다. 컴퓨터 디스크 등의 형태로 당해 예금계좌 등의 추적 정보가 제출된다고 하여도 법원은 검사에게 그 디스크에 수록

---

1) 형사소송규칙, 제132조의2 제5항, 위 「법원실무제요」, 490쪽(2014년판은 89, 90쪽) 참조.
2) 만약 장차 법원, 검찰의 전산망 연결과 관련 법규의 정비 및 실무관행의 확립에 따라 檢事는 예컨대 금융기관으로부터 인터넷 등 컴퓨터 통신망을 통해 특정계좌의 거래내역을 파일 형태로 전송받은 후 이를 법원에 그대로 전자파일의 형태로 통신망을 통해 제출하는 방법을 택할 수도 있을 것이다. 다만, 그와 같이 컴퓨터 통신망을 통해 법원이 제출받은 전자파일 형태의 예금계좌 등의 추적정보는 형사소송법 제294조상의 '書類'나 '物件'이 아니므로 검증절차에 의해 증거조사를 해야 할 것이다. 검증신청에 대해서는 형사소송법 제294조에 명문규정이 없으나 공판절차에서 검증신청을 할 수 있는 것은 당연하다. 형사소송법 제273조 제1항, 위 구판 「법원실무제요」, 489쪽.
3) 위 구판 「법원실무제요」, 501쪽.

된 자료의 전부나 필요한 일부를 출력한 문서를 증거서류로 제출시켜 그 서류에 대해 전문법칙등 증거능력 부여규정의 적용여부를 결정하는 것이다. 이때 그 전자기억매체를 증거로 신청한 검사는 법원이나 상대방의 요구가 있으면 그 자료를 입력한 사람, 입력일시, 출력한 사람, 출력일시, 기타 법원이 필요로 하는 사항을 명백히 하여야 한다.[1]

위와 같이 컴퓨터 기억매체에서 출력된 서면에 대한 증거조사는 원칙적으로 증거서류에 대한 증거조사의 방식에 의해야 할 것이다. 즉 입증취지에 비추어 출력된 서면의 내용만이 문제될 뿐이고 그 서면의 존재나 상태가 문제되는 경우는 드물 것이기 때문이다. 증거서류와 증거물인 서면의 구별기준에 관해 법원의 확립된 실무견해는, 서면 자체의 성질 및 그 서면과 증명하고자 하는 사실과의 관계를 기준으로 하여, 서면의 내용만이 증거로 되면 증거서류로, 그 밖에 서면의 존재여부나 상태도 증거로 되면 증거물인 서면으로 보는 것이다(이른바 內容基準說).[2] 예금계좌 등의 추적에 의한 금융정보를 출력한 서면도 그 금융정보가 출력되어 기재된 서면의 내용이 문제되므로 증거서류라고 할 수 있고, 따라서 그 증거조사 방식은 신청인의 낭독, 소지인 또는 재판장의 낭독, 내용고지, 제시 및 열람 등이다(형사소송법 제292조). 다만 이때도 증거능력 유무의 결정을 위해 당해 서면을 제시할 필요는 있다(형사소송규칙 제134조 제2항).

또한 서증의 경우에는 원칙적으로 원본을 제출받아 증거조사를 하여야 하는 것인데, 컴퓨터에 저장되어 있는 금융정보 자체의 서면성을 인정할 수 없고, 따라서 그 서면의 원본성도 인정할 수 없으며, 다만 그 정보내역을 출력한 서면을 문서의 원본으로 보면 족하므로 당해 서면을 증거조사하면 된다고 하겠다.

나) 검 증

금융거래내역이 컴퓨터 디스켓 등 전자기억매체의 형태로 제출되었다면 검증을 실시하여 법원이 그 전자기억매체를 컴퓨터의 모니터 등을 통해 출력하고, 이어 프린터를 이용해 출력하여 이를 서면화하여 그 전자기억매체에 수록된 금융거래내역과 출력서면의 기재내역이 일치한다는 취지를 검증조서에 기재해 두어야 한다. 검사·피고인 또는 변호인은 검증절차에 참여할 권리가 있으므로, 그들에게 검증의 일시 및 장소를 미리 통지해 주어야 하는 것이 원칙이다(형사소송법 제145조, 제121조, 제122조). 다만 이러한 검증의 실시는 당해 전자기억매체에 저

---

[1] 송일 94-1 예규 III. 1, 사, (3)(다). 현행 형사소송규칙 제134조의7 제2항.
[2] 위 구판 「법원실무제요」, 487쪽(2014년판은 83쪽).

장된 자료와 출력물의 동일성이 인정된다는 점을 확인하는 의미밖에 없으므로 전자기억매체 자체의 저장내역에 대해서는 별도로 전문법칙이 적용되어 원진술자의 증언을 듣는 등으로 증거능력 부여를 위한 조치를 취해 두어야 유죄인정의 자료로 사용할 수 있다는 것이 위에서 본 대법원 1999. 9. 3. 선고 99도2317 판결의 내용이다.

다) 감 정

당사자의 신청이 없더라도 법원은 컴퓨터 기술자나 공대교수, 또는 당해 컴퓨터 기록물의 내용에 정통한 다른 금융기관 직원, 국립과학수사연구소, 검찰청이나 경찰청내부 컴퓨터 범죄전문 수사대[1] 등의 전문가에게 감정을 명하거나 감정을 촉탁할 수 있다(형사소송법 제179조의2). 그러나 가급적 소추 측에 소속되지 않은 기관에 감정을 촉탁하여 공정성에 의심을 받지 않도록 해야 할 것이다. 감정인의 감정시 법관은 출력을 명할 수 있다고 보되, 이때는 검사, 피고인, 변호인 등의 참여권이 보장되어야 한다(같은 법 제176조 참조).[2] 재판장은 필요하다고 인정하면 소송기록에 첨부되어 있거나 법원이 그 사건 기록과 관련하여 보관하고 있는 컴퓨터 기억매체나 금융정보 출력서면 등을 감정인에게 제공할 수 있다(형사소송규칙 제89조의2). 그러나 감정인은 그와 같이 법원으로부터 제공받은 금융정보내역을 타인에게 누설하지 않도록 유의해야 한다.

감정인은 원칙적으로 감정의 경과와 결과를 서면을 통해서만 법원에 제출할 수 있으나(같은 법 제171조 제1항),[3] 그 감정경과를 컴퓨터 디스켓이나 e-mail로 송부한 전자화일 등의 형태로 감정서면과 함께 제출할 수도 있다고 본다. 감정서가 제출되면 법원은 감정인을 출석시켜 감정서에 관해 설명하도록 할 수 있다(같은 법 제171조 제4항, 제179조의2 제2항). 이때 computer simulation이나 예금계좌를 관리하는 컴퓨터 프로그램과 동일한 프로그램 작동 등을 통하여 감정인이 직접 감정내용에 관해 간단한 실험을 실시함으로써 재판부나 당사자의 이해를 도울 수도 있을 것이다.[4] 컴퓨터에 의해 작성된 추론결과를 감정의견의 형성에 사용한 경우에는 형사소송법 제313조 제2항에 의해 그 증거능력을 인정할 수 있다.[5] 감정서 자체에 대해서는 앞서 본 서증에 관한 증거조사방식을 택하게 되므로, 그 감정서에 대해 피고인의 동의여부를 물어 부동의하면 감정인 신문을

---

1) 오기두, 위 學位論文, 310쪽.
2) 오기두, 위 學位論文, 314쪽.
3) 위 「법원실무제요」, 598쪽.
4) 위 「법원실무제요」, 597쪽 참조.
5) 오기두, 위 學位論文, 291쪽.

하고 성립의 진정이 인정되면 증거조사(낭독, 내용고지 또는 제시 및 열람)를 하는 것이다.[1] 감정서와 함께 제출된 감정인 작성의 전자기억매체에 대해서도 같은 방식으로 증거조사를 하면 된다.

라) 사실조회

또한 법원은 금융기관에 대한 사실조회의 방식으로 필요한 금융정보를 추적할 수 있으며, 문서송부촉탁의 방식으로도 예금거래내역 등을 추적할 수 있다(형사소송법 제272조). 그러나 이때도 「금융실명거래 및 비밀보장에 관한 법률」 제4조 제1항 제1호, 위 법률 시행령 제10조 등에 규정된 관련성 요건을 충족하도록 특정 금융기관 점포에 예금계좌의 계좌번호, 예금주의 인적 사항, 거래기간, 사용목적, 요구하는 거래정보내역 등을 서면으로 명시하여 그에 관한 사실을 회보해 주거나 관련된 문서를 송부해줄 것을 촉탁하여야 한다.

마. 금융정보의 증명력 평가

위에서 본 바와 같은 순서, 즉 증거채택의 전제요건충족 → 증거능력부여를 위한 증거조사 → 증거능력부여와 같은 순서에 의해 증거의 자격을 취득한 금융정보는 엄격한 증명의 대상으로서 범죄사실을 입증하는 증거가 되므로, 예컨대 금융정보 출력서류에 대해 내용고지의 방식으로 증거조사를 거친 후 그 증명력을 법관이 자유로운 심증으로 판단하여 유죄 인정여부를 결정하게 된다. 공판준비나 공판기일에서 피고인이나 피고인 아닌 자의 진술의 증명력을 다투기 위해서는 전문법칙에 의해 증거능력이 인정되지 않는 증거라도 탄핵증거로서 이를 제출할 수 있다(형사소송법 제318조의2). 그리고 당해 금융정보가 부당하게 소거, 변경된 사실이 증거조사과정에서 입증되면 증거능력을 부정하여야 하겠지만, 단지 그 소거, 변경의 의심이 있는 정도에 그치고 그 점이 입증되지는 않았다면 당해 금융정보 추적결과의 증거능력은 인정하되 증명력의 정도를 낮은 것으로 평가하면 된다. 문제된 컴퓨터 시스템이 정상적으로 작동되지 않아 결국 잘못된 금융정보가 입력, 저장, 관리, 전송, 출력되었다는 점이 밝혀지면 그 증거능력 자체를 부정해야 하겠지만, 단지 컴퓨터 시스템 작동에 오류가 있었다는 점이 밝혀졌을 뿐 그 작동오류가 당해 금융정보의 정확성에 영향을 미친 사실이 입증되지 않았다면, 당해 금융정보의 증거능력은 인정하되, 그 증명력을 낮게 평가하면 된다.

---

1) 위 「법원실무제요」, 606쪽(2014년판은 270쪽).

5. 관련문제

가. 형사절차 이외의 절차상 법원의 금융정보추적

「금융실명거래 및 비밀보장에 관한 법률」 제4조 제1항 제1호 및 「신용정보의 이용 및 보호에 관한 법률」 제32조 제4항 제5호 등의 "法院의 提出命令" 규정에 의해 법원이 민사절차 및 행정, 가사 사건 등에서 금융기관에 사실조회나 문서송부촉탁을 통해 금융정보를 추적하는 경우가 이에 해당한다. 이러한 경우에도 정보보호의 일반원칙인 목적기속의 원칙이 적용되어야 한다. 따라서 이러한 금융정보추적에 대해서도 추적목적의 특정, 추적대상인 예금주의 인적 사항 특정, 예금계좌 등의 특정, 해당 금융기관점포의 특정, 거래기간의 특정 등의 요건을 충족해야 한다고 하겠다. 뿐만 아니라 금융기관으로부터 당해 금융거래 내역을 제출받은 법원으로서도 당해 금융기관에 사실조회를 한 목적으로만 이를 사용해야 하고, 그 금융거래내역을 부당하게 금융정보주체 이외의 상대방 당사자나 제3자 등에게 열람 또는 등사해주거나 기타 방법으로 제공하는 등으로 이를 유출하거나 당해 사건과 직접관련 없는 예금계좌 등의 내역을 열람케 하거나 사본케 하는 등의 행위를 해서는 안 된다(위 법률 제4조 제4항, 제5항, 제6조).

나. 마약류범죄에 관한 금융정보추적 등

「마약류 불법거래 방지에 관한 특례법」 제5조는 「금융실명거래 및 비밀보장에 관한 법률」 제2조 제1호의 규정에 의한 금융회사 등에 종사하는 사람으로서 같은 조 제3호에 따른 금융거래를 수행하는 사람은 그 업무를 하면서 수수한 재산이 불법수익 등임을 알게 된 때 또는 그 업무에 관계된 거래 상대방이 제7조의 죄에 해당하는 행위를 하였음을 알게 된 때에는 다른 법령의 규정에 불구하고 지체 없이 대통령령이 정하는 바에 의해 서면으로 검찰총장에게 신고하여야 한다고 규정하고 있다.

또한 2013. 8. 13. 법률 제12103호로 개정된 「특정 금융거래정보의 보고 및 이용 등에 관한 법률」 제4조, 제4조의2는, 금융회사 등은 금융거래와 관련하여 수수한 재산이 불법재산이라고 의심되는 합당한 근거가 있거나 금융거래의 상대방이 자금세탁행위나 공중협박자금조달행위를 하고 있다고 의심되는 합당한 근거가 있는 경우 등 위 법률 제4조 제1항 제1호 및 제3호에 정해진 사유에 해당하는 경우 대통령령으로 정하는 바에 따라 지체 없이 그 사실을 금융정보분석원장에게 보고하도록 하고 있고, 5천만 원의 범위에서 대통령령으로 정하는 금액 이상의 현금 등을 금융거래의 상대방에게 지급하거나 그로부터 영수한 경우에는 그 사실을 30일 이내에 금융정보분석원장에 보고하도록 하고 있다. 그리고 위와 같이 수집한 금융거래정보가 형사사건의 수사 등에 이용될 수 있다고 인정하면 이를 검찰총장 등에게 정보를 제공하게 하고 있다(제7조).

그리고 2010. 3. 31. 전문개정된 「범죄수익은닉의 규제 및 처벌 등에 관한 법률」 제5조는 금융회사 등 종사자로 하여금 금융거래로 수수한 재산이 범죄수익 등이라는 사실 또는 금융거래의 상대방이 같은 법 제3조의 죄에 해당하는 행위를 하고 있다는 사실을 알게 되었을 때에는 지체 없이 관할 수사기관에 신고하도록 하고 있다.[1]

위와 같은 법률의 각 규정은 수사기관의 수사활동이 없더라도 금융기관 직원에게 능동적으로 마약류 범죄에 의해 얻은 불법수익 내역 등을 수사기관이나 그 총수인 검찰총장에게 고지하도록 하고 있는 점에 특색이 있다.

그러나 이들 규정대로라면 마약류범죄로 얻은 불법수익금이나 범죄수익 처분을 위한 금융거래 등에 대해서는 이 글에서 검토한 형사절차와 관련된 정보에 대한 기본권이나 영장주의가 발붙일 틈이 없게 될 것이다. 아무리 마약류범죄나 범죄수익 처분 등에 대한 단속 필요성이 크다고 할지라도, 이들은 정보에 대한 자기결정권이나 프라이버시권, 그리고 영장주의 원칙 등 헌법상의 기본권이나 기본원리를 지나치게 제약하고 있는 법률규정들이라고 하지 않을 수 없다. 이미 국회를 통과한 법률이라고 하더라도 그 적용에 신중을 기해야 할 것이다.

다. 행정관청 등에 의한 금융정보추적

ⓐ 「금융실명거래 및 비밀보장에 관한 법률」 제4조 제1항의 제2호 내지 제8호는 각 소관 행정청 및 관련 기관이 과세자료, 국정조사에 필요한 자료, 내부자거래 및 불공정거래 행위 조사에 필요한 자료 등을 추적하는 근거 규정이 되고 있다. 즉, 세무서장(국세징수법 제14조 제1항, 「과세자료의 제출 및 관리에 관한 법률」 제4조 제3호), 「국정감사 및 조사에 관한 법률」에 따른 국회의 해당 조사위원회, 금융위원회나 금융감독원장 및 예금보험공사사장(「금융위원회의 설치 등에 관한 법률」 제24조, 「예금자보호법」 제3조) 등에 대해서나 그들에 의해 제공되는 금융정보, 「자본시장과 금융투자업에 관한 법률」 제404조에 따른 이상거래의 심리 또는 회원

---

[1] 法律新聞 2000. 10. 9.자 12쪽에 위 각 법률 제정 당시의 기사가 실려 있다. 이들 법률안을 읽어보고 있자니, 마치 국가보안법상의 불고지죄가 연상되었다.

의 감리를 수행하는 경우 등에 필요로 하는 투자매매업자·투자중개업자가 보유한 거래정보 등의 제공 등이 그에 해당한다.

ⓑ 감사원법 제27조 제2항 내지 제4항도 감사원이 감사상 필요한 조치로 금융기관의 특정점포에 금융거래 내역에 관한 정보나 자료의 제공을 요청할 수 있다고 규정하고 있다.

ⓒ 공직자윤리법 제8조 제5항은, 공직자윤리위원회는 공직자재산등록 사항의 심사를 위하여 금융거래의 내용에 관한 확인이 필요하다고 인정하는 때에는 「금융실명거래 및 비밀보장에 관한 법률」 제4조 및 「신용정보의 이용 및 보호에 관한 법률」 제33조에도 불구하고 국회규칙, 대법원규칙, 헌법재판소규칙, 중앙선거관리위원회규칙 또는 대통령령이 정하는 기준에 따라 인적 사항을 기재한 문서에 의하여 금융기관의 장에게 금융거래의 내용에 관한 자료의 제출을 요구할 수 있으며 당해 금융기관의 종사자는 이를 거부하지 못한다고 규정하고 있다.

이상과 같은 행정관청 등에 의한 금융정보 추적에 대해서 범죄수사 및 소추 목적에 관련된 영장주의를 적용할 수는 없다. 그러나 이에 대해서도 정보에 대한 자기결정권을 보장하기 위한 목적기속원칙의 준수 등 개인정보 보호에 관련된 헌법상의 기본권 보장을 위한 노력을 다해야 한다. 또한 각 개별 법률이 정하고 있는 금융정보에 관한 프라이버시 보호를 위한 조치를 다하여야 한다. 나아가, 법관의 영장발부에 의하지 않고도 금융정보를 추적할 수 있는 권한을 광범위하게 행정관청 등에 부여하고 있는 이들 개별법규도 헌법의 기본권 보장 정신에 비추어 결코 바람직하다고 할 수는 없음을 명심하여야 한다.

6. 결   론

저자가 이 절에서 주장한 주요 내용을 결론 삼아 요약하면 다음과 같다.

가. 지금은 금융정보 등 개인의 정보를 보호하기 위한 물결이 전세계적으로 일고 있는 시대라고 하겠다. 이에 발맞추어 우리의 수사 및 공판절차에 있어서도 개인의 금융정보를 보호하여 헌법상 보장된 프라이버시권이나 정보에 대한 자기결정권 등 기본권을 존중하도록 노력하여야 한다. 특히 법관의 영장을 발부받아 금융정보를 추적함으로써 적법한 절차에 따른 형사사법 운용이 이루어지도록 하여야 한다.

나. 형사절차상 금융기관의 컴퓨터에 저장되어 있는 고객의 금융정보 등 컴

퓨터 데이터의 압수, 수색 가능성이나 그 범위는 다음과 같은 기본개념틀에서 논의되어야 한다.[1]

　客觀的 關聯性－事實的, 自然的 關聯性

　搜索을 위한 要件: 관련성 있는 데이터를 저장하고 있을 개연성

　押收를 위한 要件:

　－ 범죄혐의와 관련성 있는 데이터: 당해 컴퓨터 기억매체를 유체물로 압수

　－ 범죄혐의와 관련성 있는 데이터 + 관련성 없는 데이터: 관련성 있는 데이터만 추출(수사기관의 출력권 및 출력강제권 인정, 출력강제권은 필요성, 보충성의 원칙하에서 인정)

　－ 범죄혐의와 관련성 없는 데이터: 압수불가 원칙

　※ 「금융실명거래 및 비밀보장에 관한 법률」 등 관련법규의 요건 충족

　　다. 예금계좌등 금융정보 추적결과에 대해서도 전문법칙이 적용되어야 하며, 특히 전자기억매체로 제출된 예금계좌 등 추적정보에 대한 전문법칙 적용은 다음과 같은 틀에 따라 이루어져야 한다. 해당 형사소송법 규정은 괄호 안에 기재하였다.

　① 임의성: 입력, 저장, 관리, 전송, 출력과정의 임의성(§317)

　② 성립의 진정(검사작성의 피신, 진술조서－§312①④: 사경의 진술조서, 그 밖의 진술서－§313① 본문)

　　a) 정보처리과정 주체의 특정(형식적 성립의 진정)

　　　: ID, Password, 도메인, 전자서명, 인증, 고유접속번호, 디스크 라벨, 출력문서에의 정보처리자나 출력자의 서명·날인, 데이터의 내용 등 직접사실 또는 간접사실에 의한 정보처리주체의 특정

　　b) 실질적 성립의 진정: 명의인의 의사에 반한 입력, 저장, 전송, 출력, (컴퓨터시스템의 이상, 보안규정의 미준수) 등의 부존재

　　※ a) b) 모두 명의인의 공판정 진술로 인정될 것

　　※ 전자매체인 경우 자필, 서명, 날인은 不要

　　※ 법원이나 수사기관에 제출된 감정서(§313②), 검사나 사경의 검증조서도(§312

---

1) 오기두, 위 學位論文, 76쪽 이하, 96쪽 이하, 101쪽.

⑥) 동일함

③ 특신정황

피고인이 된 피의자의 진술을 기재한 검사작성 피신(§312① 후단), 수사기관 이외에서 피고인의 진술을 기재한 전자기억매체(§313① 단서): 입력, 저장, 전송, 출력의 신뢰성, 컴퓨터시스템 운용, 보안의 신뢰성

④ 특수문제

a) 법관면전 진술조서, 검증조서, 감정인 신문조서 등(§311): 당연히 증거능력 인정됨

b) 경찰등의 피의자신문조서(§312③): 내용인정

c) 필요성(§314): 위 ③도 증거능력요건이 됨

d) 업무기록(§315): 위 ③을 고려해야 함

라. 금융정보추적결과에 대한 증거조사는 다음과 같은 개념적 순서에 따라 이루어져야 한다. 즉 ① 예금계좌 등의 추적에 의해 검사가 법원에 제출한 금융정보는 서면의 형태를 띠는 경우가 대부분이고, 자기디스크 등 물건의 형태를 띠더라도 이를 법원에 提出함으로써 證據申請을 하는 것이 되며, 이때는 우선 관련성, 서면성, 원본성, 작성명의인, 진정성립 등 증거채택의 전제요건을 충족하였는지에 관해 검사, 피고인, 변호인 등의 의견을 들어[1] 증거조사를 할 것인지 여부에 대한 결정을 한 후, ② 증거능력부여를 위한 증거조사로서 형사소송규칙 제134조 제2항에 의한 제시 및 당사자의 의견진술,[2] 증거동의 여부, 증거에 부동의하는 경우 그 증거의 진정성립과 특신정황, 진술의 임의성 인정여부, 내용인정여부, 업무기록여부 등 전문법칙 예외규정의 요건을 충족하는지 여부에 대한 관계인의 증언청취 등을 하여, ③ 증거능력을 부여하고, ④ 범죄사실 인정을 위한 증거조사로서 서면요지의 고지 등과 같은 증거조사를 하는 것이다. 만약 위 ③의 단계에서 증거능력을 부여할 수 없음이 밝혀지면 ④의 의미의 증거조사는 하지 않는다.[3]

이를 보기 쉽게 정리하면 다음과 같다.

---

[1] 형사소송규칙 제134조 제1항, 다만 이는 임의적인 의견청취이다. 위 「법원실무제요」, 504쪽 (2014년판은 92쪽).

[2] 간이공판절차로 재판하는 경우 증거능력유무의 조사가 불필요하므로, 이 단계에서의 제시 및 의견청취는 필요 없다(형사소송규칙 제134조 제2항 단서).

[3] 위 「법원실무제요」, 487, 488쪽(2014년판은 191쪽).

증거신청(직권으로도 가능) → 증거조사여부 결정 →

증거능력부여를 위한 증거조사(증거동의여부, 자유로운 증명) →

증거능력 유무결정 → 증거능력 있는 증거만 증거채택 →

유죄인정여부를 위한 증거조사(제시, 내용고지 등, 엄격한 증명)

제 4 절 전자통신정보[1]

1. 서   론

다음과 같이 수사실무상 빈번하게 발생하는 두 가지 사안을 상정해보자.

사   안 1.

1) A회사는 다른 전기통신사업자로부터 인터넷 전용회선을 임차하여, 그 인터넷 전용회선을 이용하려는 사람들에게 이를 전대해 주고, 그 사람들에게 인터넷 전용회선 관리서비스 등을 제공하면서 그들로부터 그 서비스제공에 대한 대가를 받고 있는 전기통신사업자이다.

2) A회사의 직원 a는 경찰관으로부터 A회사를 수신인으로 한 통신사실 확인자료 제공요청서를 받았는데, 위 경찰관은 그 서면에 의해 A회사에 대해 B회사 노동조합 홈페이지 내의 자유게시판에 있는 게시물을 게시한 b의 접속위치(IP Address)를 제공해 달라고 요구하였다.

3) 이에 A회사의 직원 a는 경찰관의 위 통신사실 확인자료 제공요청 및 그 근거가 된 법률규정이 자신의 직업수행의 자유를 침해하고, b의 통신의 비밀을 침해하며, 영장주의를 위반하였다는 등의 이유를 들어 헌법재판소에 그 위헌확인을 구하는 헌법소원을 제기하였다

사   안 2.

1) b는 B회사에 근무하던 자로서 위 회사 노동조합의 임원이다.

2) 서울지방경찰청 00경찰서장은 B회사에 수사협조의뢰라는 제목의 공문으로 위 회사에서 운영 중인 인터넷 홈페이지 중 특정 주소에 접속한 이용자의 접

---

[1] 이 節은 저자의 "搜査上 電子通信資料의 取得에 關한 憲法的 問題", 헌법재판소, 「憲法論叢」 제15집(2004)을 2015년 현재의 법상황에 맞게 업데이트한 내용이다.

속로그 기록 일체, 사원번호, 주민등록번호, 연락처, 접속 IP, 접속시간 등과 B회사 직원 전부의 이메일 계정 일체에 관한 자료를 보내 줄 것을 요청하였다.

3) 이에 b는 위 경찰서장의 통신사실 확인자료 제공요청이나 그 근거가 된 해당 법률규정에 의하여 헌법상 보장된 청구인의 기본권 등이 침해되었거나 침해될 가능성이 있다고 주장하여 헌법재판소에 그 위헌확인을 구하는 헌법소원을 제기하였다.

4) 그러나 B회사가 위 경찰서장에게 보낸 통신사실 확인자료에 b에 관한 사항은 누락되어 있었다.

위 각 사안에서 사법경찰관이나 경찰서장이 인터넷 서비스 제공업자나 인터넷 웹사이트 운영자에 대해 인터넷 게시물 게시자에 관한 IP Address나 접속로그 기록, 이메일 계정 등의 자료를 요청한 것은 뒤에서 보는 바와 같은 통신비밀보호법 제13조 등 및 전기통신사업법 제83조 제3항 등의 규정에 근거한 행위이다. 사안 1.은 전기통신사업자의 직원이 제기한 헌법소원이고, 사안 2.는 인터넷 서비스 이용자가 제기한 헌법소원인 점에 차이가 있다. 수사기관의 위와 같은 수사협조요청이나 그 근거가 되는 위 각 법률의 해당규정은 헌법에 보장된 통신비밀이나 컴퓨터 통신에 의한 표현의 자유, 직업수행의 자유 등 기본권을 침해하고 영장주의에도 반한다는 의심이 있으므로 이에 관해 검토하기로 한다. 그리고 그 검토대상 법령은 다음에서 보는 바와 같이 통신사실 확인자료에 대한 통신비밀보호법 및 전기통신사업법의 관련규정이다. 그러나 통신사실 확인자료에 관련된 이메일 메시지 내용, 채팅룸내의 메시지, 전자게시판에 게시된 게시물 등에 대한 수사상 탐색 및 획득도 통신사실 확인자료와 밀접하게 관련되어 있어 따로 떼어 고찰하기에 적절하지 않으므로, 이하에서는 전자통신자료 전반에 대해 이를 수사상 취득할 때 등장할 수 있는 헌법적 문제를 고찰하기로 한다.

그러므로 이하에서 사용하는 용어 중 통신사실 확인자료란 인터넷 서비스 업체(법령상의 용어인 전기통신사업자라는 용어를 혼용하여 사용한다)에 가입하여 그 인터넷 서비스를 이용하는 가입자나 특정 홈페이지 내지 웹사이트 이용자 등의 로그기록, 인적 사항, 그의 컴퓨터 IP 주소 등 비내용적 정보(non-content information)를 말하고, 전자통신 자료란 그와 같은 통신사실 확인자료뿐만 아니라 이메일 메시지 내용, 전자게시판에 게시한 게시물의 내용 등 내용적 정보(content information)를 모두 포함하는 개념으로 사용한다. 그리고 원래 전자통신 자료의 취득은 전통적인 용어인 압수·수색이라는 말로 묘사하기에는 부적절한 점이 있다.

따라서 이에 관해서는 "탐색"이라는 용어를 주로 사용하기로 한다. 컴퓨터 통신은 주로 광섬유를 이용해 전송되고 음성뿐만 아니라 영상, 동영상, 문자 등의 형태로 상대방에게 전달되며 통신사실 확인자료도 전자적인 형태로 저장되어 있는데, 이를 취득하는 행위를 압수·수색이니 감청이니 도청이니 하는 용어로 표현하기는 부적절하기 때문이다.[1]

2. 관련 법령 및 수사기법

가. 관련 법령

수사상 전자통신자료의 탐색 및 획득에 관한 헌법적 문제를 고찰하기 위한 단초를 제공하는 현행 법령의 규정은 다음과 같다.

1) 통신비밀보호법

제2조(정의)

11. "통신사실 확인자료"라 함은 다음 각목의 어느 하나에 해당하는 전기통신사실에 관한 자료를 말한다.[2]

가. 가입자의 전기통신일시

나. 전기통신개시·종료시간

다. 발·착신 통신번호 등 상대방의 가입자번호

라. 사용도수

마. 컴퓨터통신 또는 인터넷의 사용자가 전기통신역무를 이용한 사실에 관한 컴퓨터통신 또는 인터넷의 로그기록자료

바. 정보통신망에 접속된 정보통신기기의 위치를 확인할 수 있는 발신기지국의 위치추적자료

사. 컴퓨터통신 또는 인터넷의 사용자가 정보통신망에 접속하기 위하여 사용하는 정보통신기기의 위치를 확인할 수 있는 접속지의 추적자료

---

[1] 이에 관해서는 오기두, 「형사절차상 컴퓨터 관련증거의 수집 및 이용에 관한 연구」, 서울대학교 법학박사학위논문(1997), 150쪽 참조.
[2] 종전 규정은 다음과 같았다.
　제2조(정의)
　11. '통신사실 확인자료'라 함은 가입자의 전기통신일시, 전기통신개시·종료시간, 발·착신 통신번호 등 상대방의 가입자번호, 사용도수, 그 밖에 대통령령으로 정하는 전기통신사실에 관한 자료를 말한다.

제13조(범죄수사를 위한 통신사실 확인자료 제공의 절차)[1]

① 검사 또는 사법경찰관은 수사 또는 형의 집행을 위하여 필요한 경우 전기통신사업법에 의한 전기통신사업자(이하 "전기통신사업자"라 한다)에게 통신사실 확인자료의 열람이나 제출(이하 "통신사실 확인자료 제공"이라 한다)을 요청할 수 있다.

② 제1항의 규정에 의한 통신사실 확인자료 제공을 요청하는 경우에는 요청사유, 해당 가입자와의 연관성 및 필요한 자료의 범위를 기록한 서면으로 관할 지방법원(보통군사법원을 포함한다. 이하 같다) 또는 지원의 허가를 받아야 한다. 다만, 관할 지방법원 또는 지원의 허가를 받을 수 없는 긴급한 사유가 있는 때에는 통신사실 확인자료 제공을 요청한 후 지체 없이 그 허가를 받아 전기통신사업자에게 송부하여야 한다. <개정 2005. 5. 26>

③ 제2항 단서의 규정에 의하여 긴급한 사유로 통신사실 확인자료를 제공

1) 이는 2001. 12. 29. 법률 제6546호로 통신비밀보호법을 개정하면서 신설된 것이다. 다만 그 시행시기는 동법 부칙에 의하여 공포된 후 3개월 후인 2002. 3. 29.부터이다. 신설당시의 조문은 다음과 같이 영장주의를 배제하고 있었다.
　제13조(통신사실 확인자료 제공의 절차) ① 검사 또는 사법경찰관은 수사 또는 형의 집행을 위하여 필요한 경우 전기통신사업법에 의한 전기통신사업자(이하 "전기통신사업자"라 한다)에게 통신사실 확인자료의 열람이나 제출(이하 "통신사실 확인자료 제공"이라 한다)을 요청할 수 있다.
　② 정보수사기관의 장은 국가안전보장에 대한 위해를 방지하기 위하여 정보수집이 필요한 경우 전기통신사업자에게 통신사실 확인자료 제공을 요청할 수 있다.
　③ 검사 또는 사법경찰관이 제1항의 규정에 의한 통신사실 확인자료 제공을 요청하는 경우에는 미리 서면 또는 이에 상당하는 방법으로 관할지방 검찰청 검사장(검찰관 또는 군사법경찰관이 통신사실 확인자료 제공을 요청하는 경우에는 관할 보통검찰부장을 말한다)의 승인을 얻어야 한다. 다만, 관할 지방검찰청 검사장의 승인을 얻을 수 없는 긴급한 사유가 있는 때에는 통신사실 확인자료 제공을 요청한 후 지체 없이 그 승인을 얻어야 한다.
　④ 제1항 및 제2항의 규정에 의한 통신사실 확인자료 제공의 요청은 요청사유, 해당 가입자와의 연관성, 필요한 자료의 범위를 기재한 서면(이하 "통신사실 확인자료 제공요청서"라 한다)으로 하여야 한다. 다만, 서면으로 요청할 수 없는 긴급한 사유가 있는 때에는 통신사실 확인자료 제공요청 후 지체 없이 전기통신사업자에게 통신사실 확인자료 제공요청서를 제출하여야 한다.
　⑤ 검사, 사법경찰관 또는 정보수사기관의 장은 제3항 또는 제4항의 규정에 따라 통신사실 확인자료 제공을 받은 때에는 당해 통신사실 확인자료 제공요청 사실 등 필요한 사항을 기재한 대장과 통신사실 확인자료 제공요청서 등 관련자료를 소속기관에 비치하여야 한다.
　⑥ 지방검찰청 검사장 또는 보통검찰부장은 제3항의 규정에 따라 통신사실 확인자료 제공요청을 승인한 현황과 관련된 자료를 보존하여야 한다.
　⑦ 전기통신사업자는 검사, 사법경찰관 또는 정보수사기관의 장에게 통신사실 확인자료를 제공한 때에는 자료제공현황 등을 연 2회 정보통신부장관에게 보고하고, 당해 통신사실 확인자료 제공사실 등 필요한 사항을 기재한 대장과 통신사실 확인자료 제공요청서 등 관련자료를 통신사실 확인자료를 제공한 날부터 7년간 비치하여야 한다.
　⑧ 정보통신부장관은 전기통신사업자가 제7항의 규정에 의하여 보고한 내용의 사실여부 및 비치해야 하는 대장 등 관련자료의 관리실태를 점검할 수 있다.
　그 이후의 개정내용은 이 책의 본문에 기재하였다.

받았으나 지방법원 또는 지원의 허가를 받지 못한 경우에는 지체 없이 제공받은 통신사실 확인자료를 폐기하여야 한다. <개정 2005. 5. 26>

④ 삭제 <2005. 5. 26>

⑤ 검사 또는 사법경찰관은 제2항의 규정에 따라 통신사실 확인자료 제공을 받은 때에는 당해 통신사실 확인자료 제공요청사실 등 필요한 사항을 기재한 대장과 통신사실 확인자료 제공요청서 등 관련자료를 소속기관에 비치하여야 한다. <개정 2005. 5. 26>

⑥ 지방법원 또는 지원은 제2항의 규정에 따라 통신사실 확인자료 제공요청허가청구를 받은 현황, 이를 허가한 현황 및 관련된 자료를 보존하여야 한다. <개정 2005. 5. 26>

⑦ 전기통신사업자는 검사, 사법경찰관 또는 정보수사기관의 장에게 통신사실 확인자료를 제공한 때에는 자료제공현황 등을 연 2회 미래창조과학부장관에게 보고하고, 당해 통신사실 확인자료 제공사실등 필요한 사항을 기재한 대장과 통신사실 확인자료 제공요청서등 관련자료를 통신사실 확인자료를 제공한 날부터 7년간 비치하여야 한다. <개정 2008. 2. 29, 2013. 3. 23>

⑧ 미래창조과학부장관은 전기통신사업자가 제7항의 규정에 의하여 보고한 내용의 사실여부 및 비치하여야 하는 대장등 관련자료의 관리실태를 점검할 수 있다. <개정 2008. 2. 29, 2013. 3. 23>

⑨ 이 조에서 규정된 사항 외에 범죄수사를 위한 통신사실 확인자료 제공과 관련된 사항에 관하여는 제6조(동조 제7항을 제외한다)의 규정을 준용한다. <신설 2005. 5. 26>

제13조의2(법원에의 통신사실 확인자료 제공) 법원은 재판상 필요한 경우에는 민사소송법 제294조 또는 형사소송법 제272조의 규정에 의하여 전기통신사업자에게 통신사실 확인자료 제공을 요청할 수 있다. <개정 2002. 1. 26>

제13조의3(범죄수사를 위한 통신사실 확인자료 제공의 통지) ① 제13조의 규정에 의하여 통신사실 확인자료 제공을 받은 사건에 관하여 공소를 제기하거나, 공소의 제기 또는 입건을 하지 아니하는 처분(기소중지결정을 제외한다)을 한 때에는 그 처분을 한 날부터 30일 이내에 통신사실 확인자료 제공을 받은 사실과 제공요청기관 및 그 기간 등을 서면으로 통지하여야 한다.

② 제1항에 규정된 사항 외에 통신사실 확인자료 제공을 받은 사실 등에 관하여는 제9조의2(동조 제3항을 제외한다)의 규정을 준용한다. [본조신설 2005. 5. 26]

제13조의4(국가안보를 위한 통신사실 확인자료 제공의 절차 등) ① 정보수사기관의 장은 국가안전보장에 대한 위해를 방지하기 위하여 정보수집이 필요한 경우 전기통신사업자에게 통신사실 확인자료 제공을 요청할 수 있다.

② 제7조 내지 제9조 및 제9조의2 제3항·제4항·제6항의 규정은 제1항의 규정에 의한 통신사실 확인자료 제공의 절차 등에 관하여 이를 준용한다. 이 경우 "통신제한조치"는 "통신사실 확인자료 제공요청"으로 본다.

③ 제13조 제3항 및 제5항의 규정은 통신사실 확인자료의 폐기 및 관련 자료의 비치에 관하여 이를 준용한다. [본조신설 2005. 5. 26]

제13조의5(비밀준수의무 및 자료의 사용 제한) 제11조 및 제12조의 규정은 제13조의 규정에 의한 통신사실 확인자료 제공 및 제13조의4의 규정에 의한 통신사실 확인자료 제공에 따른 비밀준수의무 및 통신사실 확인자료의 사용제한에 관하여 이를 각각 준용한다. [본조신설 2005. 5. 26]

2) 통신비밀보호법시행령[1]

제37조(통신사실 확인자료 제공의 요청 등)

---

[1] 2002. 3. 25. 대통령령 제17548호로 개정된 시행령의 내용은 다음과 같았다.

제3조의2(통신사실 확인자료의 범위) 법 제2조 제11호에서 "그 밖에 대통령령으로 정하는 전기통신사실에 관한 자료"라 함은 다음 각호의 1에 해당하는 자료를 말한다. 1. 컴퓨터통신 또는 인터넷의 사용자가 전기통신역무를 이용한 사실에 관한 컴퓨터통신 또는 인터넷의 로그기록자료, 2. 정보통신망에 접속된 정보통신기기의 위치를 확인할 수 있는 발신기지국의 위치 추적자료, 3. 컴퓨터통신 또는 인터넷의 사용자가 정보통신망에 접속하기 위하여 사용하는 정보통신기기의 위치를 확인할 수 있는 접속지의 추적자료

제21조(통신사실 확인자료 제공요청의 절차) ① 검사 또는 사법경찰관이 법 제13조 제3항의 규정에 의하여 통신사실 확인자료 제공을 요청하기 위하여 관할 지방검찰청 검사장의 승인을 얻고자 하는 때에는 요청사유, 해당 가입자와의 연관성, 필요한 자료의 범위 등을 기재한 서면으로 신청하여야 한다. 이 경우 사법경찰관은 승인신청서를 관할 지방검찰청 또는 지청에 제출하여야 한다.

② 제1항 전단의 규정에 불구하고 서면으로 요청할 수 없는 긴급한 사유가 있는 때에는 모사전송 등의 방법에 의할 수 있다.

③ 제1항의 규정에 의하여 신청을 받은 관할 지방검찰청 검사장은 요청사유 등을 심사한 후 그 결과를 검사 또는 사법경찰관에게 통지하여야 한다.

④ 검사 또는 사법경찰관이 법 제13조 제4항의 규정에 의하여 전기통신사업자에게 통신사실 확인자료의 제공을 요청하는 때에는 통신사실 확인자료 제공요청서와 함께 제3항의 규정에 의한 관할 지방검찰청 검사장의 승인을 증명하는 서면을 제출하고 통신사실 확인자료의 제공을 요청하는 자의 신분을 표시할 수 있는 증표를 제시하여야 한다. 다만, 관할 지방검찰청 검사장의 승인을 얻을 수 없는 긴급한 사유가 있는 때에는 통신사실 확인자료의 제공을 요청한 후 지체 없이 관할 지방검찰청 검사장의 승인을 증명하는 서면을 제출하여야 한다.

제21조의2(통신사실 확인자료 제공의 현황보고) 전시통신사업자는 법 제13조 제7항의 규정에 의하여 자료제공현황 등을 매 반기 종료 후 30일 이내에 정보통신부장관에게 보고하여야 한다.

① 법 제13조 제2항 본문 및 단서에서 "관할 지방법원 또는 지원"이란 피의자 또는 피내사자의 주소지·소재지, 범죄지 또는 해당 가입자의 주소지·소재지를 관할하는 지방법원 또는 지원을 말한다.

② 동일한 범죄의 수사 또는 동일인에 대한 형의 집행을 위하여 피의자 또는 피내사자가 아닌 다수의 가입자에 대하여 통신사실 확인자료 제공의 요청이 필요한 경우에는 1건의 허가청구서에 의할 수 있다.

③ 범죄수사 또는 내사를 위한 통신사실 확인자료 제공요청 및 그 통지 등에 관하여는 제11조부터 제13조까지, 제17조부터 제21조까지의 규정을 준용한다. 다만, 제17조 제2항 본문의 규정은 그러하지 아니하다.

④ 국가안보를 위한 통신사실 확인자료 제공요청 및 그 통지 등에 관하여는 제5조부터 제13조까지, 제16조부터 제18조까지, 제20조 및 제21조를 준용한다. 다만, 제17조 제2항 본문의 규정은 그러하지 아니하다.

⑤ 검사, 사법경찰관 또는 정보수사기관의 장(그 위임을 받은 소속 공무원을 포함한다)은 제3항 및 제4항에서 준용하는 제12조에 따라 전기통신사업자에게 통신사실 확인자료 제공요청허가서 또는 긴급 통신사실 확인자료 제공요청서 표지의 사본을 발급하거나 신분을 표시하는 증표를 제시하는 경우에는 모사전송의 방법에 의할 수 있다.

제38조(통신사실 확인자료의 제공에 관한 대장) 전기통신사업자는 법 제13조 제1항, 법 제13조의2 및 법 제13조의4 제1항에 따라 통신사실 확인자료를 제공한 경우에는 통신사실 확인자료 제공대장에 그 제공사실을 기록하여야 한다.

제39조(통신사실 확인자료 제공의 현황보고) 전기통신사업자는 법 제13조 제7항에 따라 자료제공현황 등을 매 반기 종료 후 30일 이내에 미래창조과학부장관에게 보고하여야 한다. <개정 2013. 3. 23>

3) 전기통신사업법 제83조[1]

---

1) 이에 해당하는 종전 전기통신사업법 규정은 다음과 같다. 전기통신사업법 제54조 제3항(2002. 12. 26. 법률 제6822호로 개정된 것).

제54조(통신비밀의 보호) ③ 전기통신사업자는 법원, 검사 또는 수사관서의 장(군 수사기관의 장을 포함한다. 이하 같다), 정보수사기관의 장으로부터 재판, 수사, 형의 집행 또는 국가안전보장에 대한 위해를 방지하기 위한 정보수집을 위하여 다음 각호의 자료의 열람이나 제출(이하 "통신자료제공"이라 한다)을 요청받은 때에 이에 응할 수 있다.
    1. 이용자의 성명
    2. 이용자의 주민등록번호
    3. 이용자의 주소

제83조(통신비밀의 보호)

① 누구든지 전기통신사업자가 취급 중에 있는 통신의 비밀을 침해하거나 누설하여서는 아니 된다.

② 전기통신업무에 종사하는 자 또는 종사하였던 자는 그 재직 중에 통신에 관하여 알게 된 타인의 비밀을 누설하여서는 아니 된다.

③ 전기통신사업자는 법원, 검사 또는 수사관서의 장(군 수사기관의 장, 국세청장 및 지방국세청장을 포함한다. 이하 같다), 정보수사기관의 장이 재판, 수사(「조세범 처벌법」 제10조 제1항·제3항·제4항의 범죄 중 전화, 인터넷 등을 이용한 범칙사건의 조사를 포함한다), 형의 집행 또는 국가안전보장에 대한 위해를 방지하기 위한 정보수집을 위하여 다음 각 호의 자료의 열람이나 제출(이하 "통신자료제공"이라 한다)을 요청하면 그 요청에 따를 수 있다.

1. 이용자의 성명
2. 이용자의 주민등록번호
3. 이용자의 주소
4. 이용자의 전화번호
5. 이용자의 아이디(컴퓨터시스템이나 통신망의 정당한 이용자임을 알아보기 위한 이용자 식별부호를 말한다)
6. 이용자의 가입일 또는 해지일

④ 제3항에 따른 통신자료제공요청은 요청사유, 해당 이용자와의 연관성, 필요한 자료의 범위를 기재한 서면(이하 "자료제공요청서"라 한다)으로 하여야 한다. 다만, 서면으로 요청할 수 없는 긴급한 사유가 있을 때에는 서면에 의하지 아니하는 방법으로 요청할 수 있으며, 그 사유가 해소되면 지체 없이 전기통신사업자에게 자료제공요청서를 제출하여야 한다.

⑤ 전기통신사업자는 제3항과 제4항의 절차에 따라 통신자료제공을 한 경우에는 해당 통신자료제공 사실 등 필요한 사항을 기재한 대통령령으로 정하는 대장과 자료제공요청서 등 관련 자료를 갖추어 두어야 한다.

⑥ 전기통신사업자는 대통령령으로 정하는 방법에 따라 통신자료제공을 한 현황 등을 연 2회 미래창조과학부장관에게 보고하여야 하며, 미래창조과학부장

---

4. 이용자의 전화번호
5. 아이디(컴퓨터시스템이나 통신망의 정당한 이용자를 식별하기 위한 이용자 식별부호를 말한다)
6. 이용자의 가입 또는 해지 일자

관은 전기통신사업자가 보고한 내용의 사실 여부 및 제5항에 따른 관련 자료의 관리 상태를 점검할 수 있다. <개정 2013. 3. 23>

　　⑦ 전기통신사업자는 제3항에 따라 통신자료제공을 요청한 자가 소속된 중앙행정기관의 장에게 제5항에 따른 대장에 기재된 내용을 대통령령으로 정하는 방법에 따라 알려야 한다. 다만, 통신자료제공을 요청한 자가 법원인 경우에는 법원행정처장에게 알려야 한다.

　　⑧ 전기통신사업자는 이용자의 통신비밀에 관한 업무를 담당하는 전담기구를 설치·운영하여야 하며, 그 전담기구의 기능 및 구성 등에 관한 사항은 대통령령으로 정한다.

　　⑨ 자료제공요청서에 대한 결재권자의 범위 등에 관하여 필요한 사항은 대통령령으로 정한다.

　　4) 통신비밀보호법의 통신사실 확인자료와 전기통신사업법상 통신자료의 구별

　　통신비밀보호법 제2조에 의한 통신사실 확인자료는 기본적으로 가입자의 전기통신일시, 전기통신개시·종료시간, 발·착신 통신번호 등 상대방의 가입자번호, 사용도수 등을 말한다(이상은 제2조 11호 가.내지 라.목). 그 밖에 종전에 대통령령으로 정하고 있던 '전기통신사실에 관한 자료로서 구체적인 통신행위에 관련된 사실을 파악하기 위한 정보'를 법률규정으로 끌어 올린 항목인데, 이에는 컴퓨터통신 또는 인터넷의 사용자가 전기통신역무를 이용한 사실에 관한 컴퓨터통신 또는 인터넷의 로그기록자료, 정보통신망에 접속된 정보통신기기의 위치를 확인할 수 있는 발신기지국의 위치추적자료, 컴퓨터통신 또는 인터넷의 사용자가 정보통신망에 접속하기 위하여 사용하는 정보통신기기의 위치를 확인할 수 있는 접속지의 추적자료 등이 해당한다. 한편, 전기통신사업법 제83조 제3항에 의한 통신자료는 이용자의 성명, 주민등록번호, 주소, 전화번호, 아이디, 가입 또는 해지 일자로서 이용자의 인적 사항 확인을 위한 신상정보를 말한다.

　　즉, 통신비밀보호법상의 통신사실 확인자료는 구체적인 통신사실과 관련된 통신인접사실임에 반하여, 전기통신사업법상의 통신자료는 구체적인 통신행위를 하기 이전 단계의 개념으로서 전기통신 역무 이용자의 인적 사항에 관한 일반적인 정보임에 그 차이가 있다. 그러므로 법률상 위 두 가지는 일응 그 개념 구별이 되어 있다고 할 수 있다. 그러나 헌법적 보호범위를 결정함에 있어 전자통신내용에 대한 제한과 대립되는 의미에서 전자통신에 관한 비내용적 정보라는 개념도구로 분류한다면 그 구별실익은 그다지 크다고 할 수 없다. 더욱이 전

기통신 역무 이용자의 인적 사항은 단지 통신비밀의 보장 문제로만 접근해서는 안 되고, 그의 인적 사항에 관한 개인정보가 헌법상의 정보에 대한 자기결정권의 보호대상임을 고려하여야만 한다. 이것은 현행 개인정보 보호법 제18조 제2항 제7호가 범죄의 수사와 공소의 제기 및 유지를 위하여 필요한 경우에 개인정보를 제3자인 수사기관에 제공하는 것을 허용하고 있다고 하여도 마찬가지이다. 수사권의 행사 자체도 헌법상의 통신비밀보장이나 정보에 대한 기본권 보장, 나아가 영장주의 등 적법절차 원칙을 침해하거나 위반할 수 없기 때문이다. 그러므로 이하 이 節에서 통신사실 확인자료 제공요청이란 수사기관이 인터넷 서비스 업체나 특정 웹페이지 운영자 등에게 가입자나 이용자의 인적 사항, 통신사실 관련 정보 등을 요청하는 행위를 포괄하는 의미로 사용한다.[1]

나. 수사기법의 이해

우선 앞서 든 이 사안에 있어 검사나 사법경찰관이 전기통신망 이용자의 가입자번호, 컴퓨터 통신 또는 인터넷의 로그기록 자료, 접속지 추적 자료 등과 같은 통신사실 확인자료 제공을 요청하게 된 경위를 파악하기 위해 통신사실 확인자료를 이용해 수사하는 기법을 이해할 필요가 있다.[2]

일반인이 네트워크를 통해 정보통신망에 연결하기 위해서는 사전에 컴퓨터 통신[3] 서비스 또는 인터넷 접속 서비스를 제공하는 기관이나 업체로부터 가입자명의(실명 및 ID)를 제공받아야 한다. 그리고 수사기관으로서는 컴퓨터를 이용한 범죄가 발생한 경우 그 가입자 명의(실명 및 ID)를 근거로 하여 기관이나 업체에 신고된 범죄자의 인적 사항을 파악하게 된다. 또는 범죄자의 정보통신요금 결제방법을 조회하여 결제구좌 또는 신용카드번호를 근거로 그 결제구좌 또는 신용카드의 소유자를 추적하기도 한다. 나아가 범인의 정보통신서비스 이용내역을 근거로 그가 전자우편을 보낸 사실이 있는지, 동호회에 가입하여 활동하고 있는지, 전자게시판이나 자료실을 이용한 사실이 있는지 등을 확인하기도 한다.

이는 네트워크로 연결되어 있는 컴퓨터 시스템 운영자가 그 자체의 보안이나 광고 등을 위해 그 컴퓨터에 접속한 사용자가 어느 컴퓨터에서 접속하였는

---

1) 오기두, "전기통신사업자의 이용자 정보보호책임", 법원도서관, 「사법논집」 제59집(2014. 12.), 1-98 쪽 참조.
2) 이하는 이광형, "정보화시대의 새로운 수사기법", 「검찰」(2000), 253쪽 이하 및 Brian D. Kaiser, "Government Access to Transactional Information and the Lack of Subscriber Notice", 「Boston University Journal of Science and Technology Law」, Summer 2002, p. 649에 의함.
3) 컴퓨터 통신의 기술적 측면에 관해서는 과거 행정자치부 정부전산정보관리소, 「컴퓨터 통신이론」 (2001) 참조.

지를 알 수 있도록 접속기록(Log File)을 작성, 보관하고 있기 때문이다. 그리고 이러한 통신사실 확인자료는 대개 인터넷 등 컴퓨터 통신 이용자의 동의를 얻지 않고, 인터넷 서비스 업체(Internet Service Provider)나 개별 웹사이트 운영자에 의해 수집된다. 수사기관은 그 접속기록으로 상대방 컴퓨터의 주소를 확인할 수 있는 것이다. 인터넷을 통해 범죄가 발생한 경우에는 그 인터넷 주소(IP[1] Address)를 조회하여 컴퓨터 소재지를 파악할 수 있다. 이를 구체적으로 설명하면 다음과 같다.

전 세계 인터넷 주소(IP Address)는 미국의 '인터넷 번호 부여 기관'(Internet Assigned Numbers Authority, IANA 또는 ICANN)에서 일정한 규칙에 따라 총괄적으로 관리되고 있다. 즉 이 인터넷 주소는 32비트의 크기로 8비트씩 4개의 필드로 분리 표시되며, 네트워크를 구분하는 network address와 한 네트워크 내에 존재하는 호스트 컴퓨터를 구분하기 위한 영역인 host address로 구성된다.[2] 우리나라는 한국 인터넷진흥원에서 '아시아태평양지역 정보망 업체(Network Information Center)'로부터 인터넷 주소(IP Address)를 할당받아 국내 인터넷 서비스 제공자(Internet Service Provider)에 공급하고 있다. 그리고 이들 인터넷 서비스 제공자(Internet Service Provider)로부터 개인이나 기관, 업체들이 자신들의 인터넷 주소(IP Address)를 제공받아 인터넷에 접속하고 있다.

전 세계적으로 그와 같은 인터넷 주소(IP Address)를 가진 컴퓨터는 중복될 수 없도록 설계되어 있다. 즉 인터넷 주소는 32 비트의 크기를 갖는 것으로 IP의 헤더에 표시되며, 인터넷상의 모든 HOST는 유일한 인터넷 주소를 지녀야 한다.[3] 따라서 특정 인터넷 서비스 이용자(user, subscriber)가 인터넷에 접속할 당시 이용하는 컴퓨터는 세계적으로 단 한 대만이 존재하게 된다. 이에 따라 그 컴퓨터의 인터넷 주소(IP Address)가 확인되면 그에 해당하는 컴퓨터의 서버위치, 서버의 관리자, 그 관리자의 전화번호와 전자메일 등을 쉽게 확인할 수 있다. 이를 통해 수사기관은 서버 관리자에게 연락하여 범죄에 이용된 컴퓨터의 이용자를 파악함으로써 범인을 검거하게 되는 것이다.

---

1) Internet Protocol의 약어임. Protocol이라 함은 통신을 원하는 두 컴퓨터시스템간에 효율적이고 정확한 정보전송을 위해 두 시스템 내에 있는 각 실체(entity)간에 미리 약속한 통신에 대한 제반 규약을 말한다. 과거 행정자치부 정부전산정보관리소, 위 책, 97쪽.
2) 위 행정자치부 정부전산정보관리소, 위 책, 204쪽, 205쪽.
3) 위 행정자치부 정부전산정보관리소, 위 책, 206쪽.

3. 미국제도 고찰

그 동안 우리나라에서 소개된 외국의 도청법제는 주로 미국의 법제였으며, 현재의 통신비밀보호법도 미국법의 압도적인 영향하에 입안되고 제정된 것임을 부인할 수 없으므로,[1] 우선 통신사실 확인자료에 관한 미국 법제도를 고찰해보기로 한다.

가. 일 반 론
1) 판례법의 경향
가) 일반원칙

정부에 의한 사인의 컴퓨터 통신자료의 수집이나 이메일 내용 탐색은 미연방 헌법 수정 제4조에 관련되어 논의되고 있다. 위 헌법조항은 합리적인 프라이버시(Privacy)에의 기대가 인정되는 영역에서 정보를 수집하기 위해서는 '상당한 이유'(probable cause)가 있어야 하고 법관이 발부한 영장(judicial warrant)에 의해야 함을 규정하고 있다.[2] 달리 말하면 국가기관에 의해 헌법 수정 제4조에 위반된 위헌적인 수색 및 압수행위가 있었다고 주장하기 위해서는 그 수색, 압수 장소에 대한 주관적이고 객관적인 프라이버시에 대한 기대가 있다고 인정되어야 한다. 즉 법관의 영장 없는 수색 및 압수에 의해 그러한 프라이버시에 대한 기대권이 침해되었다고 주장하기 위해서는 주관적으로 프라이버시에 대한 기대가 있어야 할 뿐만 아니라 그 기대가 사회적으로도 합리적인 것으로 용인되어야 한다.[3] 프라이버시에 대한 기대가 헌법 수정 제4조의 목적에 비추어 정당한 것인지 여부는 개인이 이른바 "사적 활동"(private activity)을 숨길 것을 선택했는지 여부에 의해 결정되는 것이 아니라 정부의 행위가 헌법 수정 제4조에 의해 보호되는 개인적, 사회적 가치를 침해했는지 여부에 의해 결정되는 것이다.[4] 미국의 법원들은 인터넷 통신에 대해서도 헌법 수정 제4조에 의한 프라이버시에 대한

---

1) 심희기, 「과학적 수사방법과 그 한계-미국법과 한국법의 비교-」, 한국형사정책연구원(1994), 36쪽.
2) AMENDMENT 4. Unreasonable searches and seizures
   "The right of the people to be secure in their persons, houses, papers, and effects, against unreasonable searches and seizures, shall not be violated, and no Warrants shall issue, but upon probable cause, supported by Oath or affirmation, and particularly describing the place to be searched, and the persons or things to be seized."
3) 68 Am Jurisprudence 2d. Searches and Seizures §6.
4) 68 Am Jurisprudence 2d. Searches and Seizures §5.

기대권의 차원에서 논의를 해 나가고 있는바, 그에 대해 살펴보기로 한다.

나) 초기의 판례

전기통신에 대한 도청 내지 감청에 대해, 원래 미연방 대법원은 Olmstead v. United States 사건에서[1] 도청은 물리적으로 주거에 침입하는 것도 아니고, 유체물을 압수하는 것도 아니므로 헌법 수정 제4조의 적용대상이 아니라고 보았다. 그러다가 Berger v. New York 사건에서[2] 전기도청이나 감청도 헌법 수정 제4조의 적용대상이라고 보기 시작했으며, Katz v. U.S. 사건에서[3] 헌법 수정 제4조가 보호하고자 하는 것은 장소가 아니라 사람이며, 전화통화를 한 장소가 문제되는 것이 아니라 전화통화에 대해 통화자가 프라이버시에 대한 합리적인 기대를 갖고 있는지 여부가 중요하다고 판시하였다. 그리고 프라이버시에 대한 합리적 기대가 인정되면, 전기통신에 대한 감청도 법원의 영장을 발부받아야 된다는 것이다.[4]

다) 그 이후 미국법원의 태도

(1) 프라이버시에 대한 기대권을 부정한 판결들

① 미국의 법원들은 매우 제한적인 경우에 한하여 유료 인터넷 서비스 제공업자에 하는 이메일 송신이나 그 서비스 업체를 이용하여 교환하는 이메일에 대해 프라이버시에 대한 기대권을 인정할 뿐이며, 이메일 메시지나 전자우편사서함,[5] 인터넷 채팅룸, 인터넷 웹사이트상의 통신, 인터넷 서비스제공업체에 준 고객정보 등에 대해서는 프라이버시에 대한 합리적 기대를 인정하지 않는 것이 일반적이다.[6] 이와 같이 전자통신자료에 대해 프라이버시에 대한 합리적 기대를 인정하지 않게 되면 수사기관이 별도의 헌법적 보장 장치 없이 탐색 및 획득한 증거자료들도 증거능력이 인정되어 배심원 앞에 제시될 수 있는 것이다.

---

1) Olmstead v. United States, 277 U.S. 438(1928).
2) 388 U.S. 41, 51(1967).
3) 389 U.S. 347, 88 S. Ct. 507, 19 L. Ed. 2d 576(1967. 12. 18.).
4) Brian D. Kaiser, Ibid, p. 656.
5) electronic mall box: 전자우편(e-mail) 시스템에서 특정 사용자 앞으로 전송되어 온 모든 전자우편을 보관하기 위해 할당된 하드디스크 등 기억장치의 한 영역을 전자우편사서함이라고 한다. 사용자는 전자우편 서버에 수시로 로그인하여 자기의 사서함에 축적되어 있는 우편을 컴퓨터 화면상에서 보거나 프린터로 출력할 수 있다. 서버에 따라 무기한으로 보관하는 것이 아니라 보관기간이 정해져 있으므로 오랫동안 보관해야 할 우편은 별도로 보관해 두어야 한다. 한국정보통신기술협회편, 「정보통신용어사전」, 1137쪽.
6) 다음 합헌논증에서 든 판결들 및 Kelleher v. City of Reading, 2001 WLl132401(E.D. Pa. 2001); Mitchell Waldman, "Expectation of Privacy in Internet Communications", ALR 5th, §3[a, [b], [c]] §4, §5, §6 각 참조.

② 특히 그 이메일 교환이 정부나 기업의 컴퓨터 시스템을 이용하였고, 이용자가 그 시스템에 로그인할 때 시스템 운영자에 의해 감시될 수 있음을 경고하는 메시지가 떴으며, 그 이메일이 정부나 기업 소유의 컴퓨터에 저장되어 있는 경우라면 더욱 더 그러하다.[1] 어떤 가게 종업원의 사진을 그 가게의 건축 중인 웹사이트에 게시해 놓았는데, 수사기관이 피고인인 종업원의 인적 사항을 확인하기 위해 그 사진을 다운로드 받은 사안에 대해서도 법원은 종업원에게 프라이버시에 대한 합리적 기대를 인정하지 않았다.[2] 인터넷은 공공의 통신수단이고 사회는 인터넷에 게시된 정보에 대해 프라이버시를 보호해 줄 준비가 되어 있지 않으며, 당해 가게의 웹사이트에 게시된 그 종업원의 사진은 상업적 목적을 가지고 있기 때문이라는 것 등이 그 이유다.

③ 한 중학생이 자신의 집에 있는 컴퓨터를 이용하여 인터넷에 개인 홈페이지를 만들어두고 웹사이트를 운영하면서 자신이 다니는 학교의 교사와 교장 선생을 비난하는 글을 게시하였다가 이를 발견한 학교 측에 의해 퇴학당한 사안에서 법원은, 웹사이트가 어떤 인터넷 접속자에 의해서건 적당한 검색어만 입력하면 검색될 수 있었고, 그 내용이 읽혀질 수 있었으므로 웹사이트를 만든 당해 중학생은 일단 자신의 메시지를 그 웹사이트에 게시하는 순간 그에 대한 지배력을 잃게 되었다고 할 것이므로 그에 대한 프라이버시를 기대할 수 없다고 판시하였다.[3]

④ 심지어 연방 도청법(Wiretap Act)을 위반하여 보안처리된 웹사이트에서 전자통신에 대한 불법탐색행위가 있었다고 하더라도 이미 공중이 이용할 수 있는 설비를 이용한 통신당사자는 프라이버시에 대한 합리적 기대를 침해당했다고 주장할 수 없다는 판결까지 있는 실정이다.[4]

⑤ 미연방 제4항소법원이 다룬 United States v. Hambrick 사건 판결은,[5] 인터넷 채팅룸에서 피고인이 다른 성인과의 사이에 어린이 포르노물을 교환한 혐의를 수사하기 위해 한 형사가 인터넷 서비스 업체에게 가입자인 피고인에 관한 비내용적 정보를 제출해 줄 것을 요구하는 명령서(subpoena)에 기해 그 정

---

1) U.S. v. Monroe, 52 M.J. 326(C.A.A.F. 2000); McLaren v. Microsoft Corp., 1999 WL339015(Tex. App. Dallas 1999).

2) U.S. v. Gines Perez, 2002 WL 1800682(D.P.R. 2002).

3) J.S. ex rel. H.S. v. Bethlehem Area School Dist., 757 A.2d 412, 146 Ed. Law Rep. 794(Pa. Commw. Ct. 2000).

4) Konop v. Hawaiian Airlines, Inc., 236 F.3d 1035, 166 L.R.R.M.(BNA) 2195, 142 Lab. Cas.(CCH) ¶ 10872(9th Cir. 2001).

5) No. 99-4793, 2000 WL 1062039 at *4(4th Cir. Aug. 3, 2000).

보를 팩스로 송부받은 사안을 다루고 있다. 위 명령서에 기해 담당 형사는 그 인터넷 서비스 업체로부터 피고인의 이름, 요금고지서를 보내는 주소, IP 주소, 신용카드 정보, 기타 신원을 확인할 수 있는 정보 등을 제출받은 후 이를 근거로 법원으로부터 수색영장을 발부받아 피고인의 주거지를 수색한 결과 어린이 포르노를 거래하고 소지한 혐의를 입증할 증거를 수집했던 것이다. 그에 따른 이 사건의 쟁점은 다음과 같다. 즉 인터넷 서비스 가입자가 인터넷 서비스 업체에게 제공한 자신의 정보가 후에 명령장(subpoena)에 기해 수사기관에 제공되었을 때 그 가입자는 당해 정보에 대해 정당한 프라이버시에 대한 기대를 주장할 수 있는지 하는 것이다. 이에 대해 제4항소법원은 프라이버시에 대한 기대권을 인정받기 위해 인터넷 서비스 가입자인 피고인은 프라이버시에 대한 주관적 기대를 가지고 있었음과 아울러 그 프라이버시를 사회가 합리적인 것이라고 인정할 준비가 되어 있음을 입증해야 한다고 전제한 후, 일정한 조건하에 내용적 정보(content information)에 대해 프라이버시에 대한 기대를 인정할 수 있을지는 몰라도 이메일 계좌를 만들기 위해 인터넷 서비스 업체에 제공한 가입자 정보는 비내용적 정보(non-content information)로서 가입자의 프라이버시에 대한 기대를 인정할 수 없다고 판시하였다. 왜냐하면 인터넷 서비스 업체의 통상적인 영업수행절차에 의해 이러한 비내용적 정보를 가입자가 그 인터넷 서비스 업체에 자발적으로 제공하여 그 업체의 고용인들에게 제공하는 순간 그 이전에 존재했을지도 모를 프라이버시에 대한 기대를 스스로 포기한 것이며, 따라서 그 가입자 정보는 제3자인 인터넷 서비스 업체의 업무기록(business record)에 불과하여 더 이상 가입자인 피고인이 헌법 수정 제4조에 의한 기본권 침해를 주장할 수 있는 대상이 되지 않기 때문이다.[1][2]

⑥ 제4항소법원이 판시한 또 다른 판결로 United States v. Simons 사건 판결이 있다.[3] 여기서 위 항소법원은 한 피용자의 고용인이 가지고 있는 인터넷

---

1) 같은 취지의 판결로 Hause v. Com., 83 S.W.3d 1(Ky. Ct. App. 2001). 특히 이 판결에서는 인터넷 서비스 가입자가 그에 대한 정보를 인터넷 서비스 업체에 제공하면 그 업체의 고용인들이 통상적인 업무수행과정에서 그 정보에 접근할 수 있으므로 프라이버시에 대한 합리적 기대를 상실한다고 밝혔다. 따라서 인터넷 서비스 업체 가입자에게 인터넷 서비스 업체에 제공된 가입자 정보를 수색한 것이 불법이라고 주장할 수 있는 당사자 적격(standing)이 없다고 한다.

2) New Jersey 주민은 그 주의 헌법에 보장된 압수·수색에 대한 프라이버시권을 California 주 경찰이 Virginia 주에 있는 인터넷 서비스 업체에 보관되어 있는 이메일 계좌정보를 탐색 및 획득한 행위에 대해 주장할 수 없다. New Jersey 주가 권한이나 지배권을 갖고 있지 않은 사람이나 장소에 대해 New Jersey 주 헌법을 적용할 수는 없기 때문이다. State v. Evers, 175 N.J. 355, 815 A.2d 432(2003).

3) 2006 F.3d 392(4th Cir. 2000).

사용기록에 대해 피용자는 정당한 프라이버시에의 기대권이 없다고 판시하였다. 이 사건은 어린이 포르노를 소지하고 있던 한 연방공무원에 관한 것이었는데, 유죄를 입증할 증거가 그 공무원의 컴퓨터 및 사무실에 대한 수색을 통해 수집되었다. 그러자 피고인인 공무원이 그 수색에 대해 헌법 수정 제4조를 위반하였다고 주장한 것이다. 이에 대해 제4항소법원은 고용인인 정부의 인터넷사용 관리지침에 의할 때 그 공무원의 인터넷 사용기록이나 그에 관련된 자료에 대해 정당한 프라이버시에의 기대를 인정할 수 없다고 판단하였다. 그 인터넷사용 관리지침은, 정부가 "적절하다고 판단할 때" 파일전송이나 웹사이트 방문, 이메일 메시지 등과 같은 공무원의 인터넷 사용 내역을 "감사하고, 조사하며, 감독할" 수 있다고 명시하고 있었기 때문이다. 이와 같은 인터넷 사용 관리지침으로 인해 공무원들은 인터넷 사용이 사적인 것이라는 기대를 할 수 없게 된 것이다. 그러므로 공무원이 인터넷으로 전송한 파일이 사적인 것이라고 믿었는지 여부에 관계없이 정부가 그에게 인터넷 사용을 감시할 수 있음을 고지한 이상 그러한 믿음은 객관적으로 볼 때 합리적이지 않은 것이다. 그리고 이때 그 공무원이 비록 침입차단 시스템(fire wall system)으로[1] 보호되지 않은 파일을 다운로드 받았다고 하더라도 마찬가지이다.[2] 그러므로 당해 공무원이 인터넷에서 다운로드 받은 컴퓨터 파일을 그의 고용인인 정부가 압수·수색한 조치는 헌법 수정 제4조에 위반되지 않는다는 것이다.

(2) 프라이버시에 대한 합리적 기대권을 인정한 판결

매우 드물기는 하나 이메일 등 전기통신에 있어 프라이버시에 대한 합리적 기대를 인정하고 있는 판결들의 논증방식은, 이메일을 통한 통신이 전화를 통한 대화와 동일하다는 점, 압수수색영장 없이 대화를 도청하는 것은 법률에 의해 원칙적으로 금지되어 있다는 점, 인터넷 서비스 제공업체와 고객간의 계약상 인터넷 서비스 제공업체는 프라이버시를 보호하게 되어 있다는 점, 그리고 이메일 발신자와 수신자간의 대화내용의 전체적인 취지를 보면 발신자와 수신자간에 그 대화내용을 제3자에게 공개하지 않으려는 의도가 있었다는 점 등을 인정해

---

1) 침입차단 시스템(fire wall system)이란 인터넷에 인터넷 프로토콜(IP)로 접속되어 있는 네트워크를 불법적인 침입으로부터 보호하기 위하여 게이트웨이에 설치되는 접속제한을 말한다. 인터넷에서는 한쪽 방향의 접속이 가능하면 역방향의 접속도 가능하기 때문에 IP로 접속되어 있는 네트워크는 외부에서 접속이 가능하게 된다. 접속을 제한함으로써 보안을 어느 정도 확보할 수 있는데, 구체적으로는 네트워크간의 IP 패킷 전송을 차단하는 방법, 특정의 애플리케이션에 의한 패킷만을 전송하도록 하는 방법 등이 있다고 한다. 한국정보통신기술협회편, 「정보통신용어사전」, 1326쪽.

2) Mitchell Waldman, Ibid, §7.

가는 식으로 한다.[1)]

2) 제 정 법

가) 앞서 본 Katz v U.S. 사건 판결이[2)] 나온 지 7개월 후 미연방 의회는 "종합범죄통제 및 도로안전법"(Omnibus Crime Control and Safe Streets Act of 1968)을[3)] 제정하여, 대화자간의 동의 없이 전기통신을 도청하거나 감청하는 행위를 하고자 할 때 법원의 영장을 발부받도록 하였다. 위 법률에 규정된 절차를 위반하여 수집한 증거는 증거능력이 부정된다.

나) 그리고 통신당사자의 동의 없이 이메일이나 기타 전기통신 등을 포함한 통신을 감청할 때 적용되어야 할 헌법상의 원칙을 구체화하고, 여러 가지 절차적 통제장치를 마련하고 있는 것이 "전자통신 프라이버시 보호법"(The Electronic Communications Privacy Act of 1986)이다.[4)]

위 법률은 수사기관이 전기통신 서비스 업체의 컴퓨터에 저장된 통신내용을 수집하고자 할 때는 법관으로부터, 오직 180일 이전에 저장된 통신내용만을 탐색하여 압수할 수 있는 권한을 부여한 영장을 발부받도록 하고 있다.[5)] 다만 행정청, 대배심, 법원 등에 의한 제출명령이 있고, 그 제출명령에서 전기, 전자통신의 내용이나 통신기록, 기타 정보 등이 당해 형사사건의 수사에 관련성이 있고 중요한 것이라고 믿을 만한 합리적인 이유를 소명하였으면, 원격컴퓨터 서비스 업체에 대해 위 180일보다 이전에 저장된 통신내용도 수집할 수 있다.[6)] 이상의 규정은 통신내용 자체의 수집에 관한 규율이라고 할 수 있다.

한편 위 법률 제2703조(c)(1)에[7)] 의하면, 전기통신서비스 업체나 원격 컴퓨터 서비스 업체는[8)] 정부기관이 연방법률이나 주법률, 또는 연방이나 주의 대배심 또는 연방법원이나 주법원의 제출명령서(subpoena) 및 영장, 전기통신 서비스

---

1) 예컨대 U.S. v. Maxwell, 45 M.J. 406(C.A.A.F. 1996).

2) 389 U.S. 347, 88 S. Ct. 507, 19 L. Ed. 2d 576(1967. 12. 18.).

3) Omnibus Crime Control and Safe Streets Act of 1968, Pub. L. No. 90-351, 82 Stat. 197(1968), 미연방법전에 편입된 것으로, 18 U.S.C. §§2510-2520(2000).

4) 법강제기관의 수사상 필요성과 시민의 프라이버시 보호의 균형을 맞추기 위한 법률로 이 Electronic Communications Privacy Act(ECPA) of 1986 외에도 Communications Assistance to Law Enforcement Act(CALEA) of 1994가 있다.

5) 18 U.S.C.A. §2703(a).

6) 18 U.S.C.A. §2703(a)(b).

7) 18 U.S.C. §2703(c)(1).

8) 통신서비스 업체는 우체국과 같은 기능을 하고, 원격통신업체는 파일을 저장하는 제3자에 비유할 수 있다. Clifford S. Fishman & Anne T McKenna, 「Wiretapping and Eavesdropping」 §26:9(2d ed. 1995).

이용자나 고객의 동의, 원격판매 사기사건의 조사를 위한 요청서 등을 제시하는 경우, 전기통신 서비스 이용자의 성명, 주소, 관내나 장거리 통화기록, 통화시간, 서비스제공기간, 전화번호, 기기번호, 이용자 번호, 임시제공 네트워크 번호, 이용요금 납부수단 등을 그 정부기관에 제공해야 한다. 위와 같은 자료를 통신사실 확인자료(transactional information)라고 한다. 즉 통신사실 확인자료(transactional information)의 의미는 그 자체로는 통신의 내용이 되지 않는 통신시간, 통신당사자, 인터넷에의 접속기록, 그 접속지, 접속행위 등을 말한다.[1]

만약 이러한 절차를 거치지 않고 통신자의 인적 사항에 관한 정보를 탐색 및 획득하는 것은 허용되지 않는다. 예컨대, 해군이 어떤 해군장교의 성적 경향에 관해 수사를 하면서 통신사업자로부터 당해 컴퓨터 시스템을 이용한 사람의 인적 사항에 대한 정보를 위 법률에 규정된 절차를 밟지 않고 전화통화에 의해 수집한 것은 위법이므로, 그 증거능력이 부정되어야 한다.[2]

컴퓨터 시스템을 압수한 후 그에 저장되어 있는 이메일을 탐색하는 것도 위 전자통신 프라이버시 보호법에 위반되는 행위이다.[3] 위 법률 제2703조에 의해 별도의 영장을 발부받아야만 이미 적법하게 압수한 컴퓨터 시스템에 저장되어 있는 이메일을 탐색할 수 있기 때문이다.[4] 전자게시판의 일부 내용으로 포함되어 있는 이메일에 대해서도 마찬가지라고 해야 한다.[5]

그리고 위 전자통신 프라이버시 보호법(ECPA)은, 위 법률을 위반하여 이메일 등과 같은 비음성 통신을 탐색하여 수집한 증거에 대해 증거능력을 부인하는 규정을 두고 있지 않으나,[6] 법원은 위 법률을 위반하여 수집된 인터넷 통신 당사자의 인적 사항에 대한 증거능력을 부정할 수 있다.[7] 위 법률에 의하면, 통신사실 확인자료(transactional information)의 탐색 및 획득 사실을 전기통신 서비스

---

1) Brian D. Kaiser, Ibid, p. 649. 예컨대 빌클린턴 대통령과 모니카 르윈스키의 성 추문 사건을 수사하던 Ken Starr 특별검사는 르윈스키가 어떤 책을 구입한 사실을 입증하기 위해 관련서점에 르윈스키의 구매기록을 송부해 줄 것을 요청한 바 있다. 이를 통해 특별검사는 르윈스키의 주거수색을 위한 영장을 발부받는 절차를 회피하려고 했던 것이다. 그러나 그 적법성에 대해서는 법원의 심사를 받은 바 없다. 이 Transactional Information은 "click-stream" 또는 "mouse dropping"이라고도 불린다. Ibid.

2) McVeigh v. Cohen, 983 F.Supp.215, 75 Fair Empl.Prac.Cas. 1656(D.D.C. 1998). 이밖에 구두에 의한 동의만을 얻어 이용자의 인적정보를 획득하는 것도 이 법률을 위반한 것이라고 선고한 Lopez v. First Union Nat. Bank of Florida, 129 F.3d 1186(11th Cir. 1997) 판결도 참조.

3) Steve Jackson Games, Inc. v. U.S. Secret Services, 36 F.3d 457(5th Cir. 1994).

4) Davis v. Gracey, 111 F.3d 1472(10th Cir. 1997).

5) Ibid.

6) 18 U.S.C. §2515가 증거배제규정이다.

7) Brian D. Kaiser, Ibid, p. 678.

이용자나 고객에게 통지할 필요는 없다.[1]

다) 인터넷 사용자의 컴퓨터도 "저장된 무선 및 전자 통신과 통신사실 확인 자료에 관한 법률"(Stored Wire and Electronic Communications and Transactional Records Act)[2]상의 "시설물"에 해당하지만 위와 같이 저장된 어떤 통신내용에 대한 접근도 보장되어 있다. 따라서 예컨대 웹 감시 회사가 건강, 의료에 관련된 다양한 웹사이트에 대한 피고 제약회사 인터넷 사용자의 전자통신내역을 탐색하고 그 사용자의 웹 검색(browsing) 습관과 비밀스런 건강정보를 피고 제약회사와 공유했다고 해도 위 법률에 정한 면책규정의 적용을 받는다고 한다. 즉 인터넷 사용자로서 제약회사는 인터넷 사용자의 통신에 대해 웹 감시업체의 탐색에 동의할 권한을 갖는다고 보는 것이다.[3]

라) "유선통신정책법"(Cable Communications Policy Act of 1984)은 케이블 TV 운영자들이 시청자들의 시청습관을 파악하여 고객정보를 저장하고 이를 판촉목적에 이용하는 것에 대한 제한 규정으로, 고객정보를 추적하고 저장하는 사실을 고객에게 통지하고, 이를 판매할 때 고객의 서면에 의한 동의를 얻도록 하고 있다.[4]

또한 "비디오 프라이버시 보호법"(Video Privacy Protection Act of 1988)도 거래정보의 압수수색에 상당한 이유와 영장이 있어야 할 것 및 상대방에 대한 통지 등을 규정하고 있다.[5]

나. 특수한 수단

1) 카니보어(Carnivore)

주지하듯 미연방수사국(FBI)은 수사도구로서 카니보어(Carnivore)라는 특수 감시프로그램을 사용하고 있다. 이 카니보어는 컴퓨터 통신망에 남아 있는 범죄의 흔적을 추적하는데 사용되고 있다. 이 컴퓨터 프로그램을 이용하여 미연방수사국은 이메일 주소에 관한 정보나 이메일의 내용을 수집할 수 있다. 그러나 이 카니보어도 법원의 명령에 의해 그 사용승인을 받았을 때 한해 사용될 수 있다. 즉, 법원의 명령에 의해 수집이 허용되지 않은 정보는 위 컴퓨터 프로그램에 의해서도 수집될 수 없는 것이다.[6]

---

1) 18 U.S.C. §2703(c)(3).
2) 18 U.S.C. §2701(c).
3) In re Pharmatrak, Inc. Privacy Litigation, 220 F.Supp.2d 4(D. Mass. 2002).
4) Pub. L. No. 98-549, §2, 98 법전화된 것으로, 47 U.S.C §551(2000).
5) Pub. L. No. 100-618, §2(a)(2), 102, 법전화된 것으로 18 U.S.C. §2710.
6) Kevin v. Di Gergory, Deputy Assistant Attorney General, Statement before the Subcommittee

그리고 카니보어 프로그램을 사용할 수 있도록 허가해 줄 것을 법원에 청구할 때, 법무부 범죄과 수사부(Office of Enforcement Operations)는 선서에 의한 진술서(sworn affidavit)에 의해, 카니보어 아닌 그 밖의 덜 침해적인 수사방법을 사용하여 온라인 탐색을 할 수 없는 이유, 컴퓨터 통신 탐색대상에 대해 이전에 수사기관에 의한 탐색이 실시되었는지 여부, 탐색대상의 인적 동일성(밝혀진 경우), 컴퓨터 통신장비의 특성과 위치, 컴퓨터 통신의 형태, 당해 통신내용과 관련된 범죄행위 등을 소명하여야만 한다.

2) 이동추적장치(Mobile tracking devices)

미연방법전 제18집 제3117조는, 이동추적장치를 설치할 수 있도록 법원이 영장을 발부하거나 명령하면, 그 법원의 관할구역 내에서 이동추적장치를 사용할 수 있으며, 그 관할구역 내에서 설치된 이동추적장치를 그 관할구역 외에서도 사용할 수 있다고 규정하고 있다. 또한 위 법률은, "추적장치"(tracking device)란 사람이나 물건의 이동경로를 추적하는 전자적 또는 기계적 장치를 말한다고 규정하여, 전자적으로 작동되는 이동추적장치에 의해 사람이나 물건의 이동경로를 추적할 때는 당연히 법원의 영장을 발부받아야 하는 것으로 규정하고 있다.

다. 평   가

이상의 미국법원 판례를 보면, 통신사실 확인자료는 통신의 내용 자체가 아니라고 보아 그에 대해서는 프라이버시에 대한 기대가 상대적으로 작다고 할 수 있고, 따라서 그에 대한 영장주의 적용이나 프라이버시 보호와 같은 헌법적 문제는 발생할 여지가 없는 것으로 보고 있다고 할 수 있다. 즉 컴퓨터 통신의 내용자체를 탐색 및 획득하는 것은 헌법 수정 제4조가 적용되는 영역이며, 영장을 필요로 하는 영역이지만, 통신사실 확인자료는 통신의 내용 자체가 아니므로 헌법 수정 제4조의 적용대상이 아니라고 보는 것이다.

그러나 이러한 미국 판례의 태도는 레이건 대통령 시절 이후 교육형주의에 실망하여 이른바 응보형주의로 회귀하여 범죄통제에 주안점을 두고 있는 미국 형사법제의 일반적 경향을 보이고 있는 것이므로 우리가 반드시 그러한 태도를 따라가야 할 필요는 없다고 생각된다. 더욱이 미국 제정법은 컴퓨터 통신비밀을 적극 보장하려는 태토를 취하고 있는 사실도 간과하면 안 된다.

---

on the Constitution of the House of Committee on the Judiciary on "Carnivore" and the Fourth Amendment(July 24, 2000), at http://www.usdoj.gov/criminal/cybercrime/carnivore.htm

4. 전자통신자료 취득에 관련된 헌법 문제

경찰이나 검찰 등 수사기관의 통신사실 확인자료나 통신자료의 취득 행위에 관련하여 검토해 볼 헌법적인 사항으로 다음과 같은 것을 생각해 보아야 한다. 다만 통신비밀보호법 제13조에 의한 통신사실 확인자료의 취득에 관해서는 영장주의 원칙을 적용하는 것으로 위 법률이 개정되었으므로, 전기통신사업법 제83조에 의해 임의수사의 형식을 취하는 통신자료 취득에 대해서 다음의 논의가 유효하다고 하겠다.

가. 합헌적인 측면
1) 임의수사

수사기관의 전기통신사업자에 대한 통신자료 제공요청은 강제수사가 아니라 임의수사방법이다. 형사소송법 제199조 제2항에 의하면, '수사에 관하여는 공무소 기타 공사단체에 조회하여 필요한 사항의 보고를 요구할 수 있다.' 전기통신사업법상의 통신자료 제공요청 제도는 위 규정을 토대로 공사단체나 개인의 사생활이나 통신의 자유를 가일층 보호하기 위하여 이러한 임의수사의 방법에 일정한 절차와 방식 요건을 부가하고 있다. 이는 개인의 기본권을 침해하는 것이 아니라 오히려 보호하고 있는 것이다. 그리고 이 통신자료 제공요청제도는 임의수사의 한 방법이므로 위 제공요청을 받은 전기통신사업자는 이를 거부할 수 있으며 전기통신사업법상으로도 상대방으로 하여금 강제적으로 그 요청에 응해야 할 의무를 지우는 규정을 찾아볼 수 없다. 만약 상대방이 그 자료제공을 거부하면 수사기관은 압수수색영장을 법원으로부터 발부받아 압수수색영장에 의하여 수사자료를 수집하게 되는데 이러한 강제수사의 남발을 방지하기 위하여 전기통신사업법상의 엄격한 제한 아래 통신자료 제공요청 제도를 마련하고 있는 것이다.

결국 통신자료 제공요청과 이에 관한 전기통신사업법상의 관련규정은 영장주의에 위반되지 아니하고 전기통신사업자가 통신자료 제공요청을 거부할 수 있으므로 헌법상의 통신의 비밀을 침해받지 아니할 권리, 직업선택 및 수행의 자유, 행복추구권, 인격권, 신체의 자유, 주거의 자유와 불가침 등의 기본권을 침해한다고 볼 수 없다.

2) 위험인수의 법리

미국 연방대법원은 수색장소에 대한 공동이용자의 일방이 자기의 권리범위 내에서 수색활동에 동의할 권리를 갖고 있는 경우 타방은 공동이용자중 누군가가 그 공동이용하고 있는 장소의 수색을 허가할 수도 있다는 위험을 인수하였다고 볼 수 있다고 판시한 바 있다.[1] 이와 같은 사생활 정보공개의 위험인수이론은 우리 법 상황에서도 적용해 볼 수 있다.

수색에 대한 동의권은 사생활의 자유권 내지 주거의 자유권의 향유 주체 스스로가 그 기본권을 제한할 것을 동의하는 권한인데, 정보공개의 위험을 인수하였다고 볼 수 있는 사정이 있으면 그 정보 수집을 위한 수색에 동의하였다고 추정할 수 있기 때문이다.

그리고 예컨대 전기통신사업자를 통하여 상대방에게 이메일을 전송하는 경우에도 그 이메일 전송에 관련된 통신자료에 대한 공개의 위험을 인수하였다고 볼 수 있다. 따라서 컴퓨터 통신망 이용자들이 저장한 자료가 내장된 컴퓨터를 관리하는 관리인은, 이용자들이 저장정보의 공개위험을 인수하였다고 볼 수 있는 것이 일반적이므로 그 컴퓨터 수색에 동의할 수 있는 권한이 있다고 보아야 하며, 나아가 통신자료를 수사기관을 포함한 제3자에게 공개할 수 있다고 보는 것이 타당하다.[2]

3) 프라이버시에 대한 합리적 기대의 상실

감청이나 도청대상에 대해 합리적인 프라이버시에의 기대를 상실하였다고 볼 수 있는 경우 수사기관이 이를 전기통신사업자의 동의에 의해 압수했다고 해도 가입자나 그 서비스 이용자의 기본권을 침해하였다고 보기 어렵다. 그리고 합리적인 프라이버시에의 기대를 인정할 수 있는지 여부는 의사를 전송하는 컴퓨터 통신 수단의 성격에 의해 결정된다. 예컨대, 특정메시지를 전송하는 자가 그것을 이메일을 통해 특정인에게 전송하는지, 아니면 전자게시판 등과 같이 일반 공중에게 개방된 곳에 게시하는지 여부에 따라 결정된다. 후자의 경우가 프라이버시에 대한 기대가 더 낮다고 할 수 있다.

더욱이[3] 인터넷의 전자게시판에 메시지를 올린 사람은 그 내용이 이미 불특정 다수인에게 공개될 것을 전제로 했기 때문에 메시지의 내용보다 부차적으

---

1) United States v. Matlock, 415 U.S. at 171 n. 7.
2) United States v. White, 401 U.S. 745, 751-52(1971) 참조.
3) 이하는 Raymond T. Nimmer, 「Information Law」, ¶ 8:53. PRIVACY AND GOVERNMENTAL ACQUISITION에 의함.

로 보호를 받을 수 있음에 불과한 게시자의 성명, 주소, 기타 비내용적인 정보
를 수사기관이 전기통신사업자로부터 수집한다고 해도 그 게시자에게 프라이버
시를 보호받을 기대가 인정될 수 없으므로 헌법위반의 문제는 생기지 않는다고
해야 한다.[1] 게시자는 자신의 의사에 의해 자발적으로 게시물을 올린 것이기
때문이다. 또한 이점은 인터넷 프로바이더에게 메시지를 보내는 컴퓨터 게시판
사용자에 대해서도 동일하게 적용되어야 한다. 인터넷 게시판에 글이나 동영상
물, 음악파일 등을 게시하는 순간 그 게시물의 내용이나 게시자에 대한 게시관
련 전자정보자료는 이미 게시판 운영자나 인터넷 서비스 업체 직원의 관리범위
내에 들어가게 되기 때문이다. 결국 이와 같이 인터넷 게시판에 게시물을 게시
한 자는 프라이버시에 대한 합리적 기대를 포기했다고 할 수 있는 것이다. 이처
럼 통신자료는 통신의 내용 그 자체가 아니라 통신내용의 부수적 사항일 뿐이
므로 예컨대 이메일 통신내용 자체를 탐색 및 획득하거나 접속이 제한된 전자
게시판상의 게시물 내용 자체를 탐색 및 획득하는 경우에 비하여 프라이버시에
대한 기대의 정도도 낮거나 인정되지 않는다고 할 수 있다. 형사피고인은 인터
넷 서비스 업자에게 제공한 자신의 가입자 정보에 대해 미연방 헌법 수정 제4조
에 의한 프라이버시의 이익을 기대할 수 없다는 것이 미국 법원들의 일반적 판
시 경향이기도 하다.[2]

  이메일의 내용에 대한 정보를 탐색 및 획득하는 것이 아니라 그 이메일 발
신자의 이름, 주소, 기타 비내용적 정보를 수사기관에게 제공하는 것도 마찬가
지이다. 또한 이미 수신인에게 도달된 이메일에 대해서도 발신인은 프라이버시
에 대한 기대를 갖지 못한다고 보아야 한다. 이것은 마치 편지 발신인의 프라이
버시에 대한 기대가 수신인에게 편지가 도달함으로써 종료되는 것과 같다. 수신
인은 그 이메일을 열어보는 순간 그 이메일에 대한 지배권을 갖게 되어 이를 누
구에게든 전송할 수 있는 것이므로, 그 때부터 발신인은 그 이메일에 대한 합리
적인 프라이버시에의 기대권을 상실하는 것이다.[3]

---

1) United States v. Allen 사건에서 군항소법원(U.S. Court of Appeals for the Armed Forces)은, 정
   부가 인터넷 서비스 제공업체로부터 법원의 영장 없이 피고인의 인터넷 로그기록의 사본을 입수
   한 행위에 대해 당해 로그기록의 사본에 대한 증거능력을 부인하는 법률규정이 없으므로 증거능
   력을 부정할 수 없다고 하면서, 피고인은 인터넷 통신내용에 대해 프라이버시에 대한 기대를 할
   수 있었을지 몰라도, 로그기록에 대해서는 거의 프라이버시에 대한 기대를 가질 수 없다고 판시
   하였다. 53 M.J. 402(2000).
2) 앞서 미국법제에서 살펴 본 판결들 및 United States v. Cox, 190 F.Supp.2d 330(N.D.N.Y. 2002)
   등 참조.
3) Com v. Proetto, 2001 PA Super 95, 771 A.2d 823, 92 A.L.R. 5th 681(Pa. Super. Ct. 2001). 한

마찬가지로 컴퓨터 이용자가 특정 메시지를 그 컴퓨터 시스템 운영자(Internet Service Provider)에게 전송한 순간 프라이버시에 대한 합리적인 기대를 포기한 것이라고 해야 한다.[1] 그 컴퓨터 이용자는 당해 메시지 자체나 그 메시지를 보낸 자신의 통신자료에 대해 더 이상 지배권을 행사할 수 없기 때문이다.

또한 회사 내에서 모든 회사원이 이용하는 회사의 이메일 시스템을 이용하여 자신의 상급자와 자발적으로 통신을 한 종업원도 그 이메일에 관해 프라이버시에 대한 합리적 기대를 잃는다고 해야 한다.[2] 대학컴퓨터의 하드드라이브를 이용해 인터넷으로 어린이 포르노 프로그램을 다운로드 받아 저장하고 있는 경우에도 같다.[3]

그리고 수사기관이 컴퓨터 통신상의 채팅룸에 접속하여 어린이 포르노프로그램을 거래하는 이용자들의 메시지를 읽고 녹음하는 것도 불법적인 탐색이나 프라이버시 침해라고 할 수 없다.[4] 채팅룸에 접속하는 사용자들은 그가 누구를 상대로 하여 말하는지 알지 못하며, 그 채팅룸에 들어와서 대화하는 사람들 자신도 자신의 진정한 신분을 숨기고 대화하는 경우가 대부분이다. 이러한 채팅룸 접속자들에게 프라이버시에 대한 합리적인 기대가 있다고 볼 수는 없는 것이다. 이처럼 채팅룸이나 이메일을 통해 다수의 공중에게 전달되는 메시지에 대해서는 프라이버시에 대한 기대를 잃는다고 해야 한다.[5] 의도적으로 공중에게 공개된 정보에 대해서는 객관적으로 합리적이라고 여겨지는 프라이버시권을 보호받을 기대를 상실하는 것이다.[6] 이메일을 통해 스팸메일을 보내는 사람에 대해서

성인 남자와 15세된 소녀 사이에 교환된 이메일 메시지에 대해서도 프라이버시에 대한 합리적인 기대를 인정할 수 없다고 판시하였다. 이 사건에서 위 남자는 채팅룸에서 위 소녀와 대화를 나눈 후 그 소녀에게 이메일로 두 장의 사진을 전송하였는데 그 소녀가 이를 경찰에 신고한 사건을 다루고 있다. 법원은 이메일을 상대방에게 보내 그 상대방이 이를 열어 본 순간 발신인은 그에 대한 지배권을 행사할 수 없으며, 수신인이 이를 제3자에게 전송하는 등으로 그것을 지배할 수 있는 것이므로 발신인은 이메일에 관해 프라이버시에 대한 합리적 기대를 상실한다고 판시하였다.

1) United States v. Kennedy, 81 F.Supp.2d 1103, 1110(D. Kan. 2000).
2) Smyth v. Pillsbury Co., 914 F.Supp.97, 111.E.R. Cas.(BNA) 585, 131 Lab. Cas.(CCH).
3) United States v. Butler, 151 F.Supp.2d 82(D. Me. 2001).
4) U.S. v. Charbonneau, 979 F.Supp.1177(S.D. Ohio 1997) 판결은 다음과 같은 사안을 다루고 있다. 한 인터넷 서비스 제공업체에 의해 운영되는 사이트의 채팅룸에서 소아성애자(pedophile)인 것처럼 가장한 FBI 요원이 어린이 포르노 영상을 첨부파일로 한 이메일을 피고인으로부터 받은 후 수사에 착수하였다. 이에 대해 법원은 위 이메일 메시지에 관하여 그 피고인이 프라이버시에 대한 합리적 기대를 가진다고 할 수 없다고 판시하였다. 이미 인터넷 채팅룸에 접속하여 대화를 나누게 된 이상 익명의 수사요원(undercover agent)에게도 그 대화내용을 전달할 위험을 감수했다고 해야 하기 때문이다.
5) Ibid.
6) 앞서 본 U.S. v. Hambrick, 55 F.Supp.2d 504(W.D. Va. 1999), aff'd, 225 F.3d 656(4th Cir. 2000),

도 마찬가지의 기준을 적용해야 한다.

4) 계약이나 약관에 의한 제한

또한 전기통신사업자가 통신망 가입자와의 가입계약이나 약관 등을 통해 미리 약정하여 통신자료를 수사기관에 제출할 수 있는 근거를 마련하고, 그에 기하여 통신자료를 수사기관에 제출할 수도 있는 것이므로 일률적으로 수사기관에 의한 통신자료 제공요청을 강제수사에 해당한다고 할 수도 없다. 그러므로 모든 통신자료 제공요청 행위에 대해 동일한 헌법적 심사기준을 들이 댈 수는 없는 것이다.

5) 기본권 제한의 일반요건 **충족**

위헌론의 입장에서는 통신자료 제공요청이 인터넷 서비스 업체 등의 직업수행의 자유를 제한한다고 한다. 그러나 직업수행의 자유에 대한 제한도 국가안전보장·질서유지·공공복리 등의 목적에 적합하고, 필요불가결하며, 최소한의 것이라면 합헌적이라고 할 수 있다. 그러므로 수사기관의 통신자료 제공요청이나 해당 전기통신사업법 제83조 제3항 규정이 위 요건을 위반하여 직업수행의 자유를 제한하고 있다고 보기도 어렵다.

원래 통신사실 확인자료를 임의수사의 방식에 의해 수사기관이 획득할 수 있게 했던 구 통신비밀보호법 해당 조문을 심사한 당시의 국회 법제사법위원회에서도 수사기관 등의 요구가 있는 경우 종전 전기통신사업법에 의하여 전기통신사업자 등이 통화내역 등을 제공하던 통신자료 제공의 법적 근거와 절차를 규정하기 위해 이 사건 해당 조문을 마련한다고 하였을 뿐,[1] 그 위헌성에 대한 시비는 없었다.

나아가 비록 수사기관에 의한 통신자료 제공요청이 어느 정도 컴퓨터 통신비밀이나 인터넷상의 표현의 자유 등을 제한하는 면이 있다고 하더라도 그로 인해 기본권 제한의 일반요건을 위배하였다고 보기 어렵다. 이를 구체적으로 살

---

cert. denied, 531 U.S. 1099, 121 S.Ct. 832, 148L. Ed. 2d 714(2001) 참조. 이 사건은 한 경찰관이 소년인 것처럼 가장하여 인터넷 채팅룸에 접속한 후 나눈 대화를 통해 피고인의 범죄사실을 인지하고 법원의 영장 없이 인터넷 서비스 제공업체에게 제출명령서를 보내 그의 인적 사항(이름, 주소, 전화번호)과 위치를 추적한 사건이다. 이때도 법원은 위와 같이 탐색 및 획득한 인적 사항에 대해 "법강제기관을 위한 통신조력법"(Communications Assistance of Law Enforcement Act of 1994, CALEA)에 그 증거능력을 부인하는 규정이 없으며, 위 CALEA가 인터넷 서비스 제공업체로 하여금 고객의 정보를 고객의 동의 없이 사설업체에 넘겨주는 것도 허용하고 있으므로, 프라이버시에 대한 기대는 헌법문제로까지 될 여지도 없다는 이유로 증거능력을 인정하였다.

1) 제225회 정기국회, 법제사법위원회회의록 제18호, 8쪽, 10쪽.

펴보면 다음과 같다.[1]

① 목적의 정당성: 우선 전기통신의 이용이 크게 늘면서 그에 따라 전기통신을 이용한 범죄 또한 급증하고 있다. 해킹이나 바이러스 유포, 사이버 테러, 기타 신종범죄가 급증하고, 특정인에 대한 명예훼손이나 게임 아이템 사기와 같은 범죄 또한 인터넷을 통해 이루어지고 있다. 위와 같은 범죄를 수사하기 위하여 수사기관은 전자우편이나 각종 통신서비스를 감청하거나 통신서비스 정산기록 등을 확인할 필요가 있다. 특히 통신자료 중에는 혐의자의 접속로그, 접속 IP 등이 포함되는데 이와 같은 자료는 접속 시도된 사이트나 접속일시, 회수에 관한 사실을 확인할 수 있도록 해주므로 수사의 단서나 증거가 될 수 있다. 그런데 수사기관이 스스로 가입자정보를 용이하게 파악하기 어려운 경우가 많으므로 수사기관은 수사를 위하여 혐의자의 통신자료를 파악하고 이를 근거로 수사의 단서를 삼기 위해 전기통신사업자의 도움을 받을 필요가 있다는 점에서 보아 전기통신사업법 제83조 제3항의 입법목적의 정당성이 인정된다고 해야 한다.

② 방법의 적정성: 전기통신사업법 제83조 제3항 등은 우선 수사기관으로 하여금 전기통신사업자에게 혐의자의 아이디와 개인정보, 접속기록 등의 자료를 요청하여 전기통신사업자가 위와 같은 자료를 임의로 제출하면 이를 증거로 수집할 수 있도록 하고 있다. 이는 수사기관이 통신자료를 파악하기 위한 방법 중에서 합리적인 판단에 입각하여 필요하고도 효과적인 방법을 선택한 경우에 해당한다고 해야 한다. 전기통신사업자는 자신의 판단에 따라 그러한 수사기관의 협조요청을 거부할 수 있기 때문이다.

③ 침해의 최소성: 현행 통신비밀보호법 제5조, 제13조, 전기통신사업법 제83조는 통신의 비밀을 보호가치에 따라 우편물의 검열·전기통신의 감청 > 통신사실 확인자료의 제공 > 통신자료 제공요청으로 단계적으로 나누어 각 단계별로 보호가치에 상응한 보호를 하고 있다. 이와 같이 현행법령은 구체적 사안의 개별성과 특수성을 고려할 수 있는 가능성을 열어 두고 있다. 그리고 전기통신사업법 등은 전기통신사업자가 수사기관의 통신자료 제공요청에 대해 이를 거부할 수 있는 여지를 남겨 두고 있으므로 구체적 사안에 따라 법익 침해를 최소화할 수 있도록 하고 있다. 이는 수사기관이 통신자료를 제공하여 줄 것을 요청하였음에도 전기통신사업자가 통신자료의 제출을 거부하는 경우에 임의제출을 강제할 방법이 없다는 점에서도 명확하다고 하겠다. 따라서 위 법령조항은 비례원

---

1) 이하는 헌재 2004. 5. 27. 2002헌마366 사건에 관하여 법무부측에서 2004. 5. 15. 제출한 의견서의 18쪽 이하를 인용한 것이다.

칙의 한 요소인 침해의 최소성을 충족하고 있다.

④ **법익의 균형성**: 위 전기통신사업법에 의하여 보호하려는 공익은 수사의 필요나 사회질서의 유지인 반면, 그로 인해 침해되는 사익은 노출이 어느 정도 예정되어 있는 통신자료에 대한 기본권에 불과하다. 그러므로 그 기본권 제한에 의해 달성하고자 하는 공익과 제한되는 사익 사이에 법익균형성을 갖추고 있는 것이다.

이처럼 수사기관에 의한 통신자료 제공요청이나 그 근거가 되는 통신비밀 보호법이나 전기통신사업법은 기본권 제한의 일반원칙인 과잉금지원칙을 준수 하고 있어 헌법에 위반되지 않는다고 해야 한다.

나. 위헌적인 측면
1) 직업수행의 자유의 침해
수사기관의 통신자료 제공요청의 반복에 의해 인터넷 서비스 제공업체 등 의 직업수행의 자유가 계속적으로 침해되거나 침해될 위험이 있다. 또한 수많은 이용자가 접속하는 컴퓨터 시스템의 경우 로그기록을 일정기간 보관하는 데 있 어서는 이용자의 서비스 이용 속도가 감소하거나, 많은 비용이 요구되어, 수사 기관의 통신자료 제공요청에 응하기 위해 인터넷 통신사업자는 경제적인 손실 을 감수해야 된다. 또한 이용자의 신상정보가 통신사업자의 일방적인 판단에 의 해 수사기관에 넘어간 사실이 알려지면 영업수행에 큰 지장을 받게 된다.

합헌론의 입장에서는 통신자료 제공요청이 임의수사의 방법에 해당한다고 주장하기도 한다. 그러나, 전기통신사업법 제83조 제3항에 근거하고 있는 수사 기관의 수사협조요청을 통신사업자가 거부하기는 사실상 어렵다고 할 것이고, 오히려 위 법률의 규정에 의해 통신사업자에게 통신자료 제공의무를 부과하는 것으로 해석될 소지도 있게 된다. 이는 전기통신사업자가 취급하는 통신의 비밀 을 침해하거나 누설한 자를 5년 이하의 징역이나 2억 원 이하의 벌금 또는 3년 이하의 징역 또는 1억 5천만 원 이하의 벌금 등에 처하게 하고 있는 전기통신사 업법 제94조 제4호, 제5호, 제95조 제7호와 모순되어 규범 수범자인 전기통신 사업자에게 모순되는 의무를 이행해야 하는 불합리한 상황에 처하게 하는 것 이다.

2) 영장주의의 위반
헌법 제12조 제1항은 누구든지 법률에 의하지 않고는 압수·수색을 받지 않 는다고 규정하고, 그 조문 제3항은 압수 또는 수색을 할 때에는 적법한 절차에

따라 검사의 신청에 의하여 법관이 발부한 영장을 제시할 것을 원칙으로 하고
있다. 원래 영장주의란 헌법상 신분이 보장되고(헌법 제106조), 직무활동의 독립성
이 담보되는(헌법 제103조) 법관이 발부한 영장을 제시하지 아니하고는 수사에 필
요한 강제처분을 하지 못한다는 원칙을 말한다.[1] 그리고 적법절차의 원리에서
나온 영장주의는 압수·수색 여부도 헌법 제103조에 의해 헌법과 법률에 의하여
양심에 따라 재판하고 또 사법권독립의 원칙에 의하여 신분이 보장된 법관의
판단에 의하여만 결정되어야 한다는 것까지 의미한다. 이러한 영장주의 원칙은
수사기관에 의해 전기통신사업자에게 행해지는 통신자료 제공요청에 대해서도
적용되어야 한다. 왜냐하면 전기통신 이용자의 의사에 반하여 전기통신사업자
가 통신자료를 제공하는 것은 임의수사가 아닌 강제수사의 방법이 되기 때문이
다. 대법원도 2000. 10. 24. 당사자의 동의 없이 컴퓨터를 이용한 통신내용을 탐
색 및 획득하거나 통신의 송·수신을 방해하는 것은 통신비밀보호법상 '전기통
신'에 대한 '감청'에 해당하므로, 위와 같은 경우 통신제한조치 허가사건으로 처
리한다는 내용의 예규를 제정하여 같은 해 11. 1.부터 시행토록 한 바 있다.[2]

　　전자증거의 소지자가 이를 임의로 수사기관에 제출하는 경우에는 압수·수
색영장 없이도 수사기관이 이를 탐색 및 획득하는 것이 가능하다고 하겠으나
이때 당해 증거를 임의로 제출할 수 있는 자는 누구인가 하는 문제가 발생한다.
이는 당해 전자증거의 수집이 영장 없이 가능한 임의수사의 방법으로 행해졌는
가를 판단하는 기준이 되는 문제이다. 예컨대 은행고객의 신용정보에 관해 은행
과 고객이 공유하고 있는 신용정보를 고객의 동의 없이 정보소지자인 은행이
임의로 수사기관에 제출할 수는 없다. 「금융실명거래 및 비밀보장에 관한 법률」
제4조 제1항의 규정도 이러한 취지를 선언하고 있으며, 이를 위반한 자를 같은
법 제6조에 의해 5년 이하의 징역 또는 5천만 원 이하의 벌금형에 처하도록 하
고 있다.[3]

　　이러한 원칙은 인터넷 등 컴퓨터 통신망 사업 운영자에 대해서도 동일하게
생각해 볼 수 있다. 전자게시판에 게시물을 게재하거나 전자우편을 주고받는 자

---

1) 헌재 1993. 12. 23. 93헌가2, 판례집 5-2, 596.
2) 종래 시행되던 대법원 송무예규 제796호, 2000. 10. 24. 이메일 등 컴퓨터 통신내용에 대한 강제
수사방법(송형2000-6) 참조. 나아가 대법원은 통신제한조치의허가절차및비밀유지에관한규칙
(2002. 6. 28. 대법원규칙 제1784호로 개정된 것)으로 이메일등 컴퓨터 통신감청에 대한 법원의
심사를 강화하도록 하여 2002. 7. 1.부터 시행해 오고 있었다.
3) 이 점에 관하여는 오기두, "컴퓨터에 저장된 금융정보추적의 제문제", 대검찰청, 「검찰」(2000),
173쪽 이하 참조.

등과 같은 컴퓨터 통신망을 사용하는 자의 정보통신 내용은 그의 승낙 하에서
만 공개될 수 있다고 해야 하며, 컴퓨터 통신망 운영사업자 등이 사용자의 데이
터를 임의로 수사기관에 제출할 수는 없다고 해야 한다.[1]

이에 관해 미국 연방대법원은 수색장소에 대한 공동이용자의 일방이 자기
의 권리범위 내에서 수색활동에 동의할 권리를 갖고 있는 경우 타방은 공동이
용자중 누군가가 그 공동이용하고 있는 장소의 수색을 허가할 수도 있다는 위
험을 인수하였다고 판시한 바 있으나,[2] 특정 건물 등과 같은 장소적 개념에 적
용할 수 있는 위 판례를 인터넷 전자게시판에 게시물을 올린 사람의 통신자료
를 획득하는 데 적용할 수는 없다고 하겠다. 또한 불특정 다수인이 열람할 수
있는 공개된 전자게시판에 글을 올리는 사람이라고 할지라도 자신의 신분을 노
출할 수 있는 통신자료가 범죄수사를 목적으로 수사기관에 제출되어 자신이 형
사처벌될 위험까지 감수하기로 하였다고 보기는 어렵다.

더욱이 프라이버시에 대한 합리적 기대가 인정되느냐 여부에 의해서만 통
신자료의 탐색 및 획득이 영장을 필요로 하는 강제처분인지 여부가 결정된다고
보아서도 안 된다. 비록 프라이버시에 대한 합리적 기대가 인정되지 않는 영역
에서라도 그 통신주체의 의사에 반하여 인적 동일성에 관한 통신자료를 탐색
및 획득하는 것은 강제처분에 해당한다고 보아야 할 경우가 있기 때문이다. 특
히 그 통신주체를 수사하고 수사결과에 따라서는 그를 기소함으로써 생명, 신
체, 재산에 대한 중대한 제한의 결과를 초래하는 경우에는 더욱 그렇게 보아야
할 것이다. 미국의 1986년 전자통신 프라이버시 보호법(Electronic Communications
Privacy Act of 1986)도 미연방 형사소송규칙(Federal Rules of Criminal Procedure)이나 각
주의 해당 규정에 의해 법원으로부터 영장을 발부받거나 법원의 명령이 있어야
만 수사기관이 인터넷 서비스 업체에게 그 업체에 저장되어 있는 통신 및 거래
기록, 예컨대 가입자의 성명, 주소, 사회보장번호, 신용카드번호, 기타 인터넷 접
속증거자료 등의 제출을 요구할 수 있도록 하고 있음을 참고해야 할 것이다.[3]
이처럼 통신자료의 제공요청은 전기통신망 이용자에 대해서는 분명 강제처분에
해당한다고 할 것이므로 법관이 발부한 영장에 의해서만 이를 탐색 및 획득할
수 있다고 해야 한다.[4]

---

1) 이철, 「컴퓨터 범죄의 법적 규제에 관한 연구」, 220, 221쪽.
2) United States v. Matlock, 415 U.S. at 171 n. 7.
3) 18 U.S.C. §2703; Mitchell Waldman, Ibid, §6.
4) 이에 관련된 한겨레신문 2003. 10. 8.자 15쪽 기사를 보면 다음과 같다. "7일 통신업체 관계자들
   은 수사기관의 통신사실 확인자료 조회 요구가 늘고 있으나 대부분 목적을 밝히지 않고 있다고

이러한 위헌론에 따라 2005. 5. 26. 법률 제7503호로 개정된 통신비밀보호법 제13조는 제1항의 규정에 의한 통신사실 확인자료 제공을 요청하는 경우에는 요청사유, 해당 가입자와의 연관성 및 필요한 자료의 범위를 기록한 서면으로 관할 지방법원(보통군사법원을 포함한다) 또는 지원의 허가를 받아야 하며, 다만, 관할 지방법원 또는 지원의 허가를 받을 수 없는 긴급한 사유가 있는 때에는 통신사실 확인자료 제공을 요청한 후 지체 없이 그 허가를 받아 전기통신사업자에게 송부하여야 한다고 개정되었다(제2항). 그리고 위 제2항 단서의 규정에 의하여 긴급한 사유로 통신사실 확인자료를 제공받았으나 지방법원 또는 지원의 허가를 받지 못한 경우에는 지체 없이 제공받은 통신사실 확인자료를 폐기하여야 한다고 규정하고 있다.

통신비밀보호법의 규정을 기초로 한 위와 같은 결론은 2002. 12. 26. 공포된 법률 제6822호 전기통신사업법 중 개정법률 제54조 제3항이나 현행의 위 법률 제83조에 대해서도 동일하게 적용할 수 있는 것이다.

3) 컴퓨터 통신비밀의 침해, 프라이버시의 침해

가) 헌법 제18조는 통신의 자유를 기본권으로 보장하고 있다. 개인과 개인 간의 관계를 전제로 하는 통신은 다른 사생활의 영역과 비교해 볼 때 국가에 의한 침해의 가능성이 매우 큰 영역이다. 사생활의 비밀과 자유에 포섭될 수 있는 사적 영역에 속하는 통신의 자유를 헌법이 별개의 조항을 통해서 기본권으로 보호하고 있는 것도 국가에 의한 침해의 가능성이 여타의 사적 영역보다 크기 때문이다.[1]

연혁적으로 '신체'와 '주거'에 대한 '체포·구속·압수·수색'에 적용되던 영장주의는 오늘날 '신체'와 '주거'뿐만 아니라 '통신의 자유와 비밀'을 침해하는 경우처럼 '사생활의 자유와 불가침'을 침해하는 강제처분이 내려진 경우에도 언제든지 적용되어야 한다고 해석되고 있다. 이에 따라 통신비밀보호법도 통신의 비밀을 침해하거나 제한하기 위해서는 적법한 절차에 따라 검사의 신청에 의하여 법관이 발부한 영장을 제시하여야 하는 것으로 규정하고 있다. 이처럼 정보통신망에서의 전자적 방식에 의한 음향, 문언, 부호 또는 영상의 송·수신 행위는 '통

말했다 … 정보통신부 관계자는 '일부 수사기관은 자료를 받아 간 뒤 검사장 승인서를 보내지 않아, 국정감사를 앞두고 법무부에 검사장 승인서 제출을 독려해 달라고 요청하는 일까지 벌어진다'고 밝혔다. 실제로 정통부 집계를 보면 … 검사장 승인서를 내지 않은 채 자료를 요구해 받아간 경우는 지난 해 1279건, 올해는 3월 말까지 집계된 것만 687건에 이른다. 통화내역 조회를 위한 검찰의 내부 승인절차는 매우 허술한 것으로 드러나고 있다…"

1) 헌재 2001. 3. 21. 2000헌바25, 판례집 13-1, 658.

신'이라고 볼 것이며, 따라서 정보통신망에서의 전자적 방식에 의한 정보의 송·수신에는 통신의 비밀과 자유가 보장되어야 한다.

우리 헌법 제18조의 통신비밀에 관한 자유권은 사람의 사생활 영역이 주거에 국한되지 않고 공간적으로 넓어질 수 있다는 점에서 사생활의 비밀을 보장하려는 규정이라고 할 수 있다. 또한 통신비밀의 보장은 통신행위에 의하여 개인간에 자유로운 의사가 형성된다는 점에서 표현행위의 기초 내지 전제가 되며, 이처럼 표현행위는 의사형성의 과정과 관련이 있는 만큼 양심의 자유, 사상의 자유와도 관련이 있다고 할 수 있다.[1]

나) 헌법상 통신의 비밀보장은 목적론적 해석에 의해 모든 형태의 통신수단에 대해 그 비밀을 보장하는 것으로 해석해야 하며,[2] 이는 정보교환의 사상적 내용, 통신인접상황, 통신의 원인과 방법 등에 대해서까지도 미친다고 보는 것이 통설적 견해이다.[3] 즉 구체적인 통신관계의 발생으로 야기된 모든 사실관계, 특히 통신관여자의 인적 동일성, 통신장소, 통신시점, 통신시간 등에 대해 기본권으로서 통신의 비밀을 보장해야 하는 것이다.

정보통신망에서는 이용자들이 자신의 실명을 밝히지 않은 채 익명으로 글을 올리거나, 다른 사람에게 전자우편을 보내는 경우가 많다. 이때는 정보통신망을 이용한 자에게 주관적으로 자신의 인적 사항이 공개되지 않을 것이라는 프라이버시에의 기대가 존재함은 물론이고, 사회일반의 관념에 비추어도 그러한 프라이버시에의 주관적 기대가 합리적이라고 여겨지는 것이다.[4] 그러므로 인터넷 게시판에 글을 올리는 사람이나 컴퓨터 통신망을 이용하여 이메일을 전송하는 사람이 자신의 인적 사항이 수사기관에 제공되는 것을 용인하는 의사를 가진 것으로 해석하면 안 되는 것이다. 인터넷 서비스 제공업자가 이메일을 그 서버에 저장하는 것과, 그 이메일 내용이 수사기관에 의해 추적되고 취득되는 것의 프라이버시에 대한 기대를 동일하게 평가할 수 없기 때문이다.[5] 그럼에도 불구하고 익명으로 글을 올린 사람의 신상정보를 알게 되는 것은 곧 그 사람의 통신내용 전체를 아는 것과 같다. 즉, 익명으로 글을 쓴 사람의 실명은 그 통신의 내용에 해당한다고 해야 하므로 그에 대한 보호도 기존의 우편이나 통신의

---

1) 권영성, 「헌법학원론」, 380쪽.
2) Jarass/Pieroth, GG, 1992(2.Aufl.), Anm. 5 zu Art.10.
3) Jürgen Welp, "Strafprozessuale Zugriff auf Verbindungsdaten des Fernmeldeverkehrs", S. 209.
4) Katz v. U.S., 389 U.S. 347(1967) 판결에서 Harlan 대법관의 별개의견, Gavin Skok, "Establishing A Legitimate Expectation of Privacy in Clickstream Data", 6 Mich. Telecomm. Tech. L. Rev. 61, 81-82(2000) 참조.
5) Walker v. Darby, 911 F.2d 1573, 1579(11th Cir. 1990).

내용에 대한 검열이나 감청과 똑같은 수준에서 이루어져야 할 것이다. 따라서 우편이나 전기통신에 대한 검열이나 감청이 검사의 신청에 의해 법관이 발부한 영장에 의하여만 허용되는 것처럼, 정보통신망에서의 이용자 정보도 검사의 신청에 의해 법관이 발부한 영장에 의하여만 수사기관에 제공되도록 해야 한다.

　　이처럼 인터넷 게시판에 글을 올린 사람의 인적 동일성을 파악할 수 있는 컴퓨터의 인터넷 주소(IP Address)나 접속파일(Log File), 이메일, 아이디, 패스워드 등 통신사실에 관한 자료도 통신의 자유에 관한 기본권의 보호대상이라고 해야 한다. 또한 정보처리위탁자가 자신의 전자메일이나 전자게시판상의 게시물과 같은 통신내용의 저장, 보관 등에 관하여 정보통신서비스 제공업자를 신뢰하고 있는 점을 보호해야 할 필요가 있다. 그럼에도 불구하고 이 사건 전기통신사업법 제83조의 규정에 의하면, 수사기관은 전기통신사업자에게 요구해 통신이용자의 개인정보(성명, 주민등록번호, 주소, 전화번호, 아이디, 가입일 또는 해지일)를 임의로 제공받아 이용할 수 있게 된다.

　　다) 뿐만 아니라 통신비밀의 보장은 언론자유의 불가결한 전제조건으로서 자유로운 정보유통의 이념을 구체화하는 중요한 정보기본권이라고 할 수 있다.[1] 이 정보기본권은 정부에 의한 침해를 배제할 뿐만 아니라, 통신사업자에 대해서도 직접 그 효력을 주장할 수 있는 권리라고 보아야 한다. 헌법상의 통신비밀조항과 언론자유조항에 의하여 통신사업자의 중립의무가 직접 도출되기 때문이다.[2] 동시에 전기통신사업자는 이러한 헌법상의 중립의무에 근거해서 만약 정부가 중립의무위반을 강제하는 경우 그것을 다툴 수 있는 헌법소원의 청구인 적격을 가진다고 보아야 할 것이다.

　　마찬가지로, 수사기관이 인터넷 게시판에 글을 올린 사람의 인적 동일성을 추적하기 위해 그가 이용한 컴퓨터의 IP Address나 접속파일(Log File), 이메일, 아이디, 패스워드 등 통신사실 확인자료나 통신자료의 제공을 전기통신사업자에게 요청하는 것은 헌법이 보장하는 통신의 자유와 비밀보장에 관한 기본권을 침해하는 행위라고 해야 한다. 더욱이 인터넷 서비스 업체가 위와 같은 통신사실 확인자료나 통신자료를 메시지 게시자나 법관에 의해 발부된 영장을 제시하는 국가기관 이외에는 제공하지 않는 내부적 방침을 갖고 있는데도 수사기관이 영장 없이 이를 제공해 줄 것을 요청하는 것은 사실상 인터넷 서비스 업체 등 통신사업자로 하여금 중립의무를 위반하도록 강제하는 것이라고 해야 한다.

---

1) 헌법재판소, 「사이버공간상의 표현의 자유와 그 규제에 관한 연구」, 113쪽.
2) 성낙인, 「언론정보법」, 나남출판, 602-603쪽.

라) 이메일을 이용한 컴퓨터 통신비밀보호에 대해서도 프라이버시에 대한 기대의 이론에 입각하여 논증할 수 있다. 이메일을 쓰고 보내기 위해서 전송자는 자신의 고유 접근 암호에 의해 컴퓨터 통신망에 접속하고, 또 그것을 전송받은 특정인이 그 특정인에게 부여된 접근암호에 의해 그 이메일을 찾아 읽을 것을 기대하고 있기 때문에, 이메일을 보내는 사람은 당해 이메일에 대해 객관적으로 인정될 수 있는 프라이버시에의 기대권을 갖고 있는 것이다. 그리고 이메일은 그 수신자의 일방적 의사에 의해, 즉 전송자의 동의를 얻지 않고도 수신자만의 동의에 의해 타인에게 읽게 하거나 공개할 수 있다. 그러나 그와 같은 수신자의 공개행위가 없는 한 프라이버시에 대한 기대권은 존재한다고 해야 한다. 인터넷 서비스업자의 서버에 보관되어 있는 이메일에 대해서도 프라이버시를 보호받을 수 있는 데 대한 합리적 기대를 할 수 있다.[1) 인터넷 서비스업자는 자신의 사적 소유에 속하고 중앙집중적인 서버에 이메일 메시지를, 검색을 위해 저장한다. 그러므로 그러한 이메일에 대해서는 그 서버에 보관되어 있는 다른 메시지에 비해 프라이버시에 대한 더 많은 보호를 해 줄 필요가 있다. 일반적으로 서버를 통해 전송하거나 수신한 이메일이라고 할지라도 개인 컴퓨터 하드웨어나 네트워크의 개인 폴더에 저장되는 것이 일반적이다. 이는 마치 개인이 수신한 편지를 봉투째 자신의 집 또는 사무실에 있는 책상서랍이나 장롱에 넣어두는 것과 같다. 그럼에도 불구하고 제3자인 인터넷 서비스 운영업체나 수사기관이 그 내용을 임의로 탐색 및 획득할 수는 없는 것이다.[2)

마) 결국 이 사건 전기통신사업법 등의 규정이 인터넷 서비스 업체 등 전기통신사업자로 하여금 수사기관의 통신사실 확인자료 제공요청을 거부할 수 있는 여지를 남겨 두고 있다고 하더라도, 수사기관의 공개요청에 대해 통신사업자가 전기통신 서비스 이용자의 의사를 묻지도 않고 임의로 그 공개여부를 결정할 수 있도록 하는 것은 통신비밀을 보장하는 헌법정신과 일치하지 않는다.[3)

---

1) 물론 다른 이용자에 의해 다운로드된 메시지와 당해 서버에 보관되어 있을 뿐인 메시지에 대한 프라이버시 보호의 정도에는 차이가 있어야 한다. 이상은 Maxwell v. United States, 42 M.J. 568, 43 Fed. R. Evid. Serv. 24(A.F.C.C.A. 1995), 44 M.J.41(C.A.A.F. 1996), 45 M.J.406(C.A.A.F. 1996).

2) 만약 회사의 사물함에 종업원 개인의 물건을 보관하고 있다면 그 사물함을 회사 측에서 일방적으로 열어 보는 것은 그 개인이 갖는 프라이버시에 대한 합리적 기대를 침해하는 것이라고 해야 한다 K-Mart Corp. Store No. 7441 v. Trotti, 677 S.W. 2d 632(Tex. App. Houston 1st Dist. 1984).

3) 헌법재판소, 위 「사이버공간상의 표현의 자유와 그 규제에 관한 연구」, 115쪽 이하, 박용상, 「표현의 자유」, 현암사, 2002, 719쪽 등 참조.

4) 컴퓨터 통신상 표현의 자유의 침해

표현의 자유를 보장하는 것은 현대 문명국가의 기본적 의무이다. 세계인권선언의 내용을 구속력 있게 만들기 위해 1966년 유엔이 채택한 '시민적·정치적 권리에 관한 국제협약(B규약)' 제19조도 사상·표현의 자유에 대하여 다음과 같이 규정하고 있다.

> "1. 모든 사람은 간섭받지 아니하고 의견을 가질 권리를 가진다.
> 2. 모든 사람은 표현의 자유에 대한 권리를 가진다. 이 권리는 구두, 서면 또는 인쇄, 예술의 형태 또는 스스로 선택하는 기타의 방법을 통하여 국경에 관계없이 모든 종류의 정보와 사상을 추구하고 접수하며 전달하는 자유를 포함한다."

이 국제협약은 1990년 7월 10일자로 우리나라에 적용되었으므로 우리정부도 이를 이행할 의무가 있다.

이러한 표현의 자유는 이른바 정보화시대로 일컬어지는 현대 한국사회에서 컴퓨터 전산망이나 인터넷망을 통한 전자통신상 표현의 자유로서 더욱 큰 의미를 갖는다. 원래 사상·표현의 자유는 다른 인권에 비하여 우월한 지위를 인정받아 왔다. 개인의 표현은 개인의 자기실현을 위한 가장 기본적인 활동이며, 국민의 언론 활동은 정치적 의사 형성에 국민이 참가한다는 의미에서 민주주의의 기본적인 조건이 되기 때문이다. 한편 표현의 자유는 표현 행위뿐만 아니라 표현의 수령 행위, 정보의 유통과 커뮤니케이션 과정까지도 보장할 것을 요구하며, 나아가 표현을 위한 정보수집 행위도 보호의 범위에 포함할 것을 요구하고 있다. 즉 자유로운 정보의 유통을 총체적으로 보장하여야만 진정으로 표현의 자유가 보장되는 것이다. 결국 표현의 자유는 표현 '수단'이 되는 매체에서 표현의 자유를 보장받을 권리까지도 포함하는 개념인 것이다.[1] 그러한 표현수단인 매체 중에서 인터넷 등 컴퓨터 통신은 오늘날 가장 뛰어난 대중적 발언의 수단이자 전자민주주의를 구현하는 필수적 도구가 되었다. 그러므로 인터넷 등 컴퓨터 통신망을 통한 표현에 관해서는 정부의 침입으로부터 고도의 보호를 받아야만 하게 되었다. 인터넷을 통한 표현의 자유를 보장함으로써 얻는 순기능은 수많은 의견의 거침없는 표현 및 상호비판과 그것을 통해 불합리하거나 부적절한 의견을 소거하여 최선의 답을 찾아 나가는 정화과정이라고 할 것이다.

그러므로 인터넷 등 컴퓨터 통신망을 통한 표현의 자유는 최대한 보장되어

---

1) 진보네트워크 센터, 표현의 자유, http://cham4.jinbo.net/maybbs/pds/rights/pds/표현자유.hwp

야 하고, 그에 대한 침해는 국가안보목적이나 범죄수사 등을 위한 최소한의 범위에 국한되어야 할 것이며, 그 침해의 절차도 영장주의의 원칙 등 적법절차의 원칙에 합치되어야 할 것이다.

이미 헌법재판소도 인터넷이야말로 '가장 참여적인 시장'이며, '표현촉진적인 매체'라고 갈파한 바 있다.[1] 분권적이고 개방적인 인터넷의 구조야말로 언론자유의 진정한 보호자인 것이다.[2] 오늘날 가장 거대하고, 주요한 표현매체의 하나로 자리를 굳힌 인터넷상의 표현에 대하여 질서위주의 사고만으로 규제하려고 할 경우 표현의 자유의 발전에 큰 장애를 초래할 수 있다.[3] 원래 인터넷은 등장 초기 때부터 매스미디어의 독점과 왜곡을 바로 잡고 시장의 굴레와 정부의 억압을 넘어 인류의 의사소통을 이루게 할 중요한 매체로 각광받아 왔음을 잊어서는 안 된다.[4] 특히 인터넷과 같은 사이버 공간은 실질적인 행위가 일어나기 보다는 표현과 표현의 교환이 그 활동의 전부라고 할 수 있기 때문에 인터넷에서는 사상·표현의 자유를 더욱 적극적으로 옹호해야 하는 것이다.[5]

그리고 인터넷 게시판에 자신의 실명이 아닌 ID로 글을 올리는 사람은 그 글의 내용이 공개될 것을 당연히 예정하고 있는 대신 자신의 실명이나 패스워드, 접속위치 등 자신의 동일성을 파악할 수 있는 정보는 공개되지 않으리라는 전제하에 보다 자유로운 의견표명을 하는 것이다. 그러한 의미에서 통신사실 확인자료나 통신자료는 통신의 내용과 전혀 무관하다고 할 수 없고, 오히려 통신의 내용 보호를 위한 기본전제가 된다고 해야 한다.[6]

그런데도 전기통신사업법은 이용자의 인적 사항 등 통신자료를 수사기관에 제공할지 여부를 통신사업자의 임의적인 판단에 맡기고 있다. 이것은 인터넷을 통한 표현의 자유를 침해하는 법률이라고 해야 한다.[7]

다. 사 견

사견으로는 대체적으로 위헌론의 입장을 지지한다.[8] 오늘날과 같이 전자통

---

1) 헌재 2002. 6. 27. 99헌마480, 판례집 14-1, 616, 632.
2) "The architecture of cyberspace is the real protector of speech; It is the real First Amendment In cyberspace." Lawrence Lessig, 「Code and Other Laws of Cyberspace」, Basic Books, 1999, pp. 166-167.
3) 헌재 위 결정, 판례집 14-1, 616, 632쪽 이하 참조.
4) 진보네트워크 센터, 표현의 자유, http://cham4.jinbo.net/maybbs/pds/rights/pds/표현자유.hwp
5) 진보네트워크 센터, 위 게시물 참조.
6) Brian D. Kaiser, Ibid, p. 678.
7) 헌법재판소, 위 「사이버공간상의 표현의 자유와 그 규제에 관한 연구」, 115쪽 이하 참조.
8) 오기두, 위 "전기통신사업자의 이용자 정보보호책임", (2014. 12.), 59쪽 이하.

신이 일상화된 사회에서 통신자료, 통신사실 확인자료 및 전자통신내용 등과 같은 전자통신증거를 둘러싼 통신의 비밀을 보장하고, 인터넷이나 컴퓨터 통신상 표현의 자유를 보호할 필요성이 대단히 크며, 또한 그 기본권을 침해하기 위해서는 법관이 발부한 영장에 의해야만 할 헌법의 명문규정(제12조 제3항)에 의한 요청이 있기 때문이다. 그러나 위헌심사를 함에 있어서는 전자통신에 관련된 헌법상 기본권의 구성요건 내용을 확정하고 그 보호필요성을 역설하는 것에 그쳐서는 안 되며, 그에 대한 구체적 심사기준을 제시하지 않을 수 없다. 그에 대해 사견을 제시하면 다음과 같다.

우선 만약 가입자와 인터넷 서비스 업체 사이에 개별적 계약을 체결하거나 약관이나 기타 서면에 의한 동의에 의해 가입자의 신상정보나 인터넷 로그 기록을 수사기관 등에 제공할 수 있도록 한 경우에는 기본권 주체가 그 기본권을 스스로 포기한 경우에 해당한다. 그리고 그것이 절대적으로 포기될 수 없는 기본권을 포기한 경우에 해당하지도 않는다고 보인다. 따라서 이러한 경우에 수사기관이 통신자료나 통신사실 확인자료 제공요청을 하는 행위나 그 근거법령에 대해 위헌적으로 기본권을 제한하고 있다고 하기는 어렵다. 또한 그와 같은 경우에 수사기관이 인터넷 서비스 업체나 웹사이트 운영자의 동의를 얻어 통신자료나 통신사실 확인자료를 제공받는다면, 이는 결국 당해 정보의 소유주체인 이용자나 관리주체인 인터넷 서비스 업체의 동의를 얻어 행하는 임의수사에 해당하므로 영장주의 원칙에 위반되었다고 하기도 어렵다.

그러나 가입자 등의 그와 같은 동의가 없음에도 불구하고 인터넷 서비스 업체나 웹사이트 관리자만이 동의할 것을 전제로 하여 법관의 영장을 발부받지도 않고 통신자료 내지 통신사실 확인자료 등 전자통신자료를 탐색 및 획득하는 것은 영장주의에 위반되고, 컴퓨터 통신 비밀 및 컴퓨터 통신상 표현의 자유 등을 침해하는 위헌적인 처분이라고 보인다. 그 이유는 앞서 본 위헌론의 논거를 들어 설명할 수 있을 것이다. 특히 인터넷 서비스 업체나 특정 웹사이트 운영자의 동의를 얻어 통신자료를 입수한다고 해서 임의수사라고 할 수는 없다는 점에서 보아 더욱 그러하다. 인터넷 서비스 가입자나 컴퓨터 통신 이용자의 동의 없이 인터넷 서비스 업체나 특정 웹사이트 운영자가 함부로 수사기관에 통신자료를 넘겨주게 되면, 수사결과에 따라서는 형벌이라는 형태로 가입자나 이용자의 자유, 재산, 생명 등의 기본권을 중대하게 제약할 수 있다. 그런데도 가입자나 이용자가 당해 통신자료나 통신사실 확인자료를 수사기관에 넘겨주는 것에 대해 당연히 동의를 했다거나 그에 대한 기본권 주장을 포기했다고 추정할 수는 없는 것이다.

다만 앞서 본 바 있는 숱한 미국의 판결들에서 살핀 바와 같이 이미 인터넷 서비스 업체에 자신의 정보를 제공한 가입자는 그에 대한 프라이버시에의 기대를 포기했다고 할 수 있다는 점에서 보면, 위헌론의 논거 중 프라이버시에 대한 기대권 주장은 적절한 논거가 아니라고 보인다. 그러므로 가입자나 이용자의 프라이버시에 대한 합리적 기대를 침해했다거나 사생활의 비밀을 침해했다는 것 등을 이유로 하여 위헌론의 논거를 펼치는 것은 옳지 않다고 생각된다. 나아가 이러한 경우에 행복추구권이나 인격권 등과 같은 다소 그 내용이 추상적인 기본권에 근거하여 위헌론을 펼치는 것도 적절치 않다고 해야 한다. 오히려 앞서 본 위헌론의 논거 중 수사기관에 의한 전자통신자료의 강제취득은 컴퓨터 통신상 표현의 자유 및 통신비밀을 침해한다는 이유에 의해 위헌론을 펼치는 것이 가장 적절하다고 보인다.

그러나 컴퓨터 통신상 표현의 자유 및 컴퓨터 통신비밀이라는 기본권 침해 여부에만 초점을 맞추어 논증을 하다 보면 그 침해수단이 합헌적인 것이라는 주장에 대해 반론을 제기하기 어렵게 된다. 즉 설령 인터넷이나 이메일을 이용한 컴퓨터 통신에 대해 위와 같은 헌법상의 기본권을 인정해야 한다고 하더라도 그 제한수단인 통신자료나 통신사실 확인자료 제공요청, 기타 수사상 전자통신자료를 탐색 및 획득하는 행위 등을 허용하는 법령에 대해 위헌성 심사를 할 때는 필경 기본권 제한의 일반 원칙인 과잉금지원칙에 입각한 심사기준을 적용할 수밖에 없게 되는데, 컴퓨터 통신상 표현의 자유 및 컴퓨터 통신비밀이라는 기본권 침해 여부에만 주안점을 두어 설명하면 위와 같은 과잉금지원칙의 심사기준에 대해 적절하게 반론할 수 없게 되어 버린다. 왜냐하면 이와 같은 컴퓨터 통신상 표현의 자유 및 컴퓨터 통신비밀 등과 같은 기본권의 보호필요성을 인정한다고 하더라도 그 제한수단인 통신자료나 통신사실 확인자료 제공요청 행위 및 그 근거가 되는 법령이 다음과 같이 과잉금지원칙의 여러 심사기준을 무난히 통과할 수 있다고 보이기 때문이다.

즉 통신자료나 통신사실 확인자료 제공요청 행위의 근거가 되는 법령은 ① 이른바 사이버 범죄 및 기타 일반 범죄의 예방 및 처벌을 위해 마련된 것으로서 그 입법목적이 정당할 뿐만 아니라, ② 위와 같은 범죄 예방과 통제를 위해 수사기관으로 하여금 통신자료나 통신사실 확인자료 제공요청을 할 수 있게 하되 전기통신사업자로 하여금 그 자료제공 기록을 보관하고 통신자료제공 현황을 미래창조과학부장관에게 연 2회 보고하도록 하고 있어(전기통신사업법 제83조 제5항,

제6항) 그 입법수단이 적법절차의 원리에 비추어 적절하다고 볼 수 있으며, ③ 가입자의 성명, 주민등록번호, 주소, 가입 및 해지일자와 같은 단순한 인적 사항 제공요청(전기통신사업법 제83조 제3항에서 규정하고 있음) 등은 이메일 메시지 등 통신 내용 자체의 탐색 및 획득보다 기본권 침해의 정도가 덜하여 최소 침해의 원칙에 합치되고, ④ 그에 따라 그 추구하는 공익과 제한되는 사익 사이에 법익균형성이 갖추어졌다고 보인다. 따라서 통신자료나 통신사실 확인자료 제공요청의 근거가 되는 법령에 대해 쉽사리 위헌선언을 하기 어렵고, 그에 따라 그러한 법령에 근거한 수사기관의 통신사실 확인자료 제공요청 행위가 청구인의 기본권을 위헌적으로 침해했다고 보기도 어렵게 될 것이다.

　　그러므로 결국 수사기관의 전자통신자료 획득행위에 대해 위헌논증을 함에 있어서는 전자통신자료 탐색 및 획득이 압수·수색에 관해 영장주의를 규정한 우리 헌법 제12조 제3항을 위반하였음을 주장하는 것에 초점을 맞추어야 한다고 보인다. 왜냐하면 우리 헌법문언 자체에서 명시적으로 압수·수색에 있어서도 적법한 절차에 따라 법관이 발부한 영장을 제시하여야 함을 규정하고 있고 그 예외는 그 단서에 규정된 경우에 한정하고 있으므로, 영장 없이 통신자료 제공요청을 한 행위에 대해 헌법 제12조 제3항 규정의 문언에 기초한 엄격심사를 함으로써 그 행위 및 근거법령이 위헌이라는 판단을 용이하게 내릴 수 있기 때문이다.

　　다만 이와 같은 헌법 제12조의 문언을 해석함에 있어 그곳에서 사용하고 있는 "압수·수색"이라는 용어가 전자통신자료에 대해서도 그대로 들어맞는 용어인지 하는 문제는 다음과 같은 논증을 통해 해결하고 넘어가야 된다고 생각한다. 원래 "압수·수색"이라는 용어는 유체물을 대상으로 한 수사활동을 묘사할 때 사용된다. 그런데 전자통신자료의 획득시 그 데이터를 저장하고 있는 유체물은 큰 의미가 없고 오히려 그에 저장되어 있는 데이터에 관심의 중점이 있다고 보아야 한다. 특히 현행 형사소송법의 해석론으로는 범죄혐의사실 내지 요증사실과 관련성을 갖고 있는 전자데이터에 한하여 압수·수색의 대상물이 된다고 해야 한다.[1] 그러나 형사소송법상의 영장주의 원칙을 따르지 않고 전기통신사업법 등에 의해 통신자료를 탐색 및 획득하는 행위에 대해 위헌여부심사를 할 때는 위와 같은 형사소송법상의 논의를 따르기보다 헌법 자체에 의한 영장주의 규정의 보호범위 문제로 논하는 것이 타당하다. 그리고 헌법 제12조에서 사용되

---

1) 이 책의 제1편 제2장 제3절 참조.

는 압수·수색이 대상으로 하고 있는 국가기관의 행위는 오늘날의 전자통신의 광범한 확산추세에 비추어 전자데이터에 대한 압수·수색을 포함하는 개념으로 이해되어야 한다고 생각된다. 그러므로 통신자료나 통신사실 확인자료나 전자통신 내용을 국가가 강제로 탐색 및 획득하고자 할 때는 법관이 적법한 절차에 의해 발부한 영장에 의할 것을 요구하고 있는 것이 헌법 제12조의 규정내용이라고 해야 한다.

따라서 수사기관에 의한 강제적(이용자의 동의를 얻지 않았다는 의미에서 '강제적'이라고 할 수 있을 뿐만 아니라 전기통신사업자에게 사실상 그러한 통신자료 제출을 강제한다는 의미에서 '강제적'이라고 할 수 있음) 통신자료 제공요청 행위, 그리고 그 근거가 되는 전기통신사업법 제83조 제3항의 규정은 영장주의 원칙에 합치되도록 운영되거나 개정되어야 한다고 생각한다.

즉 비록 통신자료나 통신사실 확인자료 등과 같은 비내용적 컴퓨터 통신내용이라고 할지라도 그것을 가입자 및 인터넷 서비스 업체 모두의 동의를 얻지 않은 상태에서 법관의 영장 없이 강제로 탐색 및 획득하는 행위는 헌법의 명문 규정에 입각한 영장주의 원칙을 위반한 것이다.

이러한 저자의 위헌론이 제기된 이후[1] 2005. 5. 26. 법률 제7503호로 개정된 통신비밀보호법 제13조는 제1항의 규정에 의한 통신사실 확인자료 제공을 요청하는 경우에는 요청사유, 해당 가입자와의 연관성 및 필요한 자료의 범위를 기록한 서면으로 관할 지방법원(보통군사법원을 포함한다) 또는 지원의 허가를 받아야 하며, 다만, 관할 지방법원 또는 지원의 허가를 받을 수 없는 긴급한 사유가 있는 때에는 통신사실 확인자료 제공을 요청한 후 지체 없이 그 허가를 받아 전기통신사업자에게 송부하여야 한다고 개정되었다(제2항). 그리고 위 제2항 단서의 규정에 의하여 긴급한 사유로 통신사실 확인자료를 제공받았으나 지방법원 또는 지원의 허가를 받지 못한 경우에는 지체 없이 제공받은 통신사실 확인자료를 폐기하여야 한다고 규정하고 있다. 이러한 통신비밀보호법의 개정으로 헌법상의 영장주의 원칙에 따라 통신사실 확인자료를 수사기관이 취득하게 됨으로써 그 법률의 위헌성이 대부분 제거되었다고 평가하지 않을 수 없다.

그러나 아직 그 개정이 이루어지지 않고 있는 전기통신사업법 제83조에 의한 통신자료 제공에 관하여, 입법자는 저자가 지적하는 영장주의 원칙 위반의 점을 인지하고 법관에 의한 영장을 발부받아야만 통신자료 제공요청을 할 수

---

1) 오기두, "수사상 전자통신자료의 취득에 관한 헌법적 문제", 헌법재판소, 「헌법논총」 제15집 (2004), 394-6쪽.

있도록 법률을 속히 개정해야 할 것이다. 그것을 통해 통신자료 제공요청에 대해 법원에 의한 절차적, 내용적 통제장치를 마련한다면 그 법률은 앞서 본 바와 같이 그 밖의 기본권 제한 심사기준을 무사히 통과할 수 있을 것이므로 별다른 의문 없이 합헌이라는 판단을 받을 수 있게 될 것이다.

5. 헌법소원심판청구의 적법요건

가. 수사기관의 통신자료 제공요청이 공권력의 행사인지 여부

헌법재판소법 제68조 제1항에 의한 헌법소원의 대상 중 하나는 '공권력의 행사'이다. 그런데 이 사건 전기통신사업법 제83조 제3항은 수사기관으로부터 통신자료 제공요청을 받은 전기통신사업자는 "그 요청에 따를 수 있다"는 형식으로 규정하고 있으며, 그러한 통신자료 제공요청에 응하지 않았을 때 부담을 가하거나 제재 또는 형사처벌을 한다는 규정을 두지 않고 있다. 즉 표면적으로 그 문언만을 보면 인터넷 서비스 업체나 특정 웹사이트 운영자 등에게 수사기관의 통신자료 제공요청에 응할지 여부를 결정할 재량을 부여하고 있다. 이런 점에서 수사기관의 통신자료 제공요청 행위는 단순한 비권력적 사실행위에 불과하여 헌법소원의 대상이 되는 공권력의 행사에 해당하지 않는다는 논지가 펼쳐질 수도 있다.

그러나 헌법재판소는 국가기관의 사실행위가 권력적인지 비권력적인지는 사안의 성질에 따라 종합적으로 고찰하여야 한다고 하였는바,[1] 이 경우에도 전기통신사업자가 현실적으로 수사기관의 통신자료 제공요청을 거부하기는 어렵다는 점을 고려하여 권력적 사실행위인지 여부를 판단해야 할 것이다. 수사기관의 통신자료 제공요청은 공권력을 기반으로 하여 법적 근거에 의해 행해지는 것이고, 전기통신사업자는 그러한 협조요청을 거절할 경우 수사기관에 비협조적이라는 이유로 직접적이든 간접적이든 불이익을 입을지도 모른다는 우려에 의해 그 자료요청에 협조하지 않을 수 없게 된다. 또한 전기통신사업자가 통신자료 제공요청을 거절할 경우 수사기관은 압수수색영장을 청구하여 정식으로 통신자료의 탐색에 나설 수도 있다. 결국 전기통신사업자로서는 그러한 요청을

---

1) "일반적으로 어떤 행정상 사실행위가 권력적 사실행위에 해당하는지 여부는, 당해 행정주체와 상대방과의 관계, 그 사실행위에 대한 상대방의 의사·관여정도·태도, 그 사실행위의 목적·경위, 법령에 의한 명령·강제수단의 발동 가부 등 그 행위가 행하여질 당시의 구체적 사정을 종합적으로 고려하여 개별적으로 판단하여야 할 것이다"(헌재 1994. 5. 6. 89헌마35, 판례집 6-1, 462, 485-486).

거절하기가 사실상 어렵다고 볼 것이다.

한편 이용자나 가입자로서는 자신의 통신사실 관련 자료가 수사기관에 넘어갈지도 모른다는 불안감을 안고 전자통신행위에 임할 수밖에 없다. 이는 바로 사전 자기검열에 해당하여 표현의 자유에 대한 중대한 제한행위가 된다. 이처럼 수사기관에 의한 통신자료 제공요청 행위는 표현의 자유에 대한 중대한 제한행위가 됨에도 불구하고 법문언 형식상 인터넷 서비스 업체 등이 수사기관의 수사협조의뢰를 거부할 수 있도록 되어 있다는 사유만으로 기본권 침해 여부에 대한 심사대상성을 부인하면 안 된다.[1]

결론적으로 수사기관의 통신자료 제공요청 행위를 '권력적' 사실행위 내지 처분에 해당된다고 보아 이에 대한 헌법소원을 허용하는 것이 타당하다.

나. 자기관련성을 인정할 수 있는지 여부

원래 헌법소원심판 청구인은 공권력작용에 대하여 자신이 스스로 법적으로 관련되어야 한다. 즉 원칙적으로 기본권을 침해당하고 있는 자만이 헌법소원을 제기할 수 있다고 할 것이고, 제3자는 특별한 사정이 없는 한 기본권 침해에 직접 관련되었다고 볼 수 없다.[2] 그런데 수사기관의 통신자료 제공요청의 상대방은 인터넷 서비스 업체나 특정 웹사이트 운영자이지만 전산망이라는 통신수단을 매개로 하여 그에 관련되어 있는 통신주체들이 당해 컴퓨터 통신 서비스의 이용자, 그 인터넷 서비스 업체나 웹사이트 운영자의 직원 및 위 업체들로 나뉘어 있다. 그러므로 그 개별통신주체별로 수사기관의 통신자료 요청 행위 및 그 근거가 되는 통신비밀보호법 및 전기통신사업법 관련 법령에 대하여 헌법소원심판을 청구할 수 있는 자기관련성을 인정할 수 있는지 아니면 단지 간접적·사실적 또는 경제적인 이해관계를 가지고 있을 뿐인지 문제될 수 있다. 차례로 살펴보기로 한다.

1) 이 용 자

전기통신 서비스의 이용자도 자신의 승낙 없이 전기통신사업자의 일방적 판단에 의해 전자게시판에 올린 자신의 글에 관하여 그 통신자료나 통신사실 확인자료, 전기통신사업자의 서버에 보관되어 있는 이메일 등을 수사기관에 제

---

1) 헌재 2002. 6. 27. 99헌마480, 판례집 14-1, 616, 627에서 설시된 다음과 같은 내용 참조. "셋째, 형식적으로는 표현의 자유에 대한 사후제한이지만, 이용자-전기통신사업자 및 전기통신사업자-정보통신부장관의 역학관계에 비추어 볼 때 … 이용자는 스스로 조심할 수밖에 없는, 실질적으로는 상시적인, 자체 검열체계로 기능하기 쉽다."
2) 헌재 1997. 3. 27. 94헌마277, 판례집 9-1, 404, 409.

공하는 것에 대한 위헌소원을 제기할 수 있는 이익이 있다고 보아야 한다. 즉 이용자는 자기관련성과 같은 청구인 적격을 가진다고 보아야 한다.1) 앞서 본 바와 같이 인터넷 서비스 제공업체나 홈페이지 운영자에 대해 수사기관이 통신 자료 등의 제공요청을 한다고 할지라도 그러한 행위는 당해 인터넷 서비스에 가입한 자(subscriber)나 홈페이지에 접속한 인터넷 사용자의 신상정보를 탐색 및 획득하는 것으로서 가입자의 통신의 자유 및 표현의 자유를 침해하고 영장주의 원칙을 위반하는 것이다.

그러므로 당해 가입자가 단지 수사기관의 통신자료 제공요청의 대상자가 아니었다는 이유만으로 자기관련성을 부정할 수는 없다. 대개 통신자료 제공요 청은 그 통신자를 특정하지 않은 채 요청될 수밖에 없기 때문이다.

다만, 다음과 같이 이용자에 대한 자기관련성을 부인할 만한 별도의 사정이 있다면 그 이용자가 제기한 헌법소원심판청구는 부적법하다. 그것은 수사기관 의 통신자료 제공요청에 응하여 인터넷 서비스 업체나 홈페이지 운영자가 당해 수사기관에 보낸 회신문에서 청구인들에 관한 자료가 포함되지 않은 경우이다. 왜냐하면, 원래 기본권 침해의 자기관련성이란 심판대상 규정에 의하여 청구인 의 기본권이 '침해될 가능성'이 있는가에 관한 것이므로, 청구인의 기본권이 침 해될 가능성이 존재하는 한 자기관련성이 인정된다고 할 것이나,2) 인터넷 서비 스 제공업체 등이 수사기관에 제공한 자료에 청구인들에 관한 사항이 포함되어 있지 아니하였다면 기본권 침해사실이나 기본권 침해의 가능성이 없기 때문이 다.3) 즉 자신의 통신자료가 수사기관에 구체적으로 제출되지도 않았는데, 단순 히 수사기관에 의한 통신자료 제출요청이 지속적이고 반복적으로 행해지고 있다

---

1) 그러나 다음과 같이 판단한 미연방의 하급심 판결도 있다. 압수·수색영장을 발부받은 수사기관 이 컴퓨터 및 관련 디스켓을 압수하였는데, 그 컴퓨터는 전자게시판에 게시물을 게시하기 위해 사용되었고, 그 안에 제3의 이용자로부터 온 수통의 이메일이 저장되어 있었다. 이에 그 전자게 시판 이용자들이 수사기관을 상대로 소송을 제기하였다. 그러나 미국 법원은 그 이메일을 보냈 던 시스템 이용자들은 프라이버시를 보호받을 기대권이 없으므로 헌법 수정 제4조 위반을 주장 할 수 있는 청구인 적격이 없다고 판시하였다 Guest v. Leis, 255 F.3d 325(6th Cir. 2001). 그러 나 이 사안은 이미 영장을 발부받아 수사기관이 이메일이 저장되어 있는 컴퓨터를 압수한 경우 이므로, 아예 법관의 영장도 없이 전기통신사업자에게 통신자료 제공을 요청하는 경우와 다르다.
2) 헌재 2000. 6. 29. 99헌마289, 판례집 12-1, 913, 934.
3) 공권력의 행사 또는 불행사로 인하여 헌법상 보장된 자신의 기본권을 현재 직접적으로 침해당한 자만이 헌법소원심판을 청구할 수 있으므로, 공권력의 행사로 인하여 헌법소원을 청구하고자 하 는 자의 법적 지위에 아무런 영향이 미치지 않는다면 애당초 기본권 침해의 가능성이나 위험성 이 없으므로 그 공권력의 행사를 대상으로 헌법소원을 청구하는 것은 허용되지 아니한다. 헌재 2000. 8. 31. 99헌마602, 판례집 12-2, 247, 252-253; 2000. 6. 29. 99헌마289, 판례집 12-1, 913, 934; 1999. 6. 24. 97헌마315, 판례집 11-1, 802, 817.

는 이유만으로 인터넷 서비스 가입자나 웹사이트 이용자가 자신의 기본권 침해를 주장할 수는 없는 것이다. 이 節의 첫머리에 제시한 사안 2.의 헌법소원심판청구인인 b가 이에 해당한다.[1] 다만 현법재판소 스스로의 인정에 의해 청구인의 권리구제에는 영향을 미치지 못한다고 하더라도 객관적 헌법질서 수호를 위해 헌법적 해명의 필요성이 있다고 보아 본안판단을 할 수는 있다고 해야 한다.[2]

2) 전기통신사업자

전기통신사업자가 자신의 직업수행의 자유를 침해하고 영장주의에 반한다고 주장하여 통신사실 확인자료 요청 행위에 대해 위헌을 주장하는 헌법소원을 제기할 수 있다고 해야 함은 의문이 없다. 즉 전기통신사업자에 대해서는 자기관련성을 인정하는데 의문이 없다.

3) 전기통신사업자의 직원

이 節의 첫머리에서 제시한 사안 1.에서 a는 전기통신사업자에 고용된 직원에 불과한데, 그가 수사기관의 통신사실 확인자료 제공요청에 의해 자신의 직업수행의 자유나 통신비밀의 보장 및 자유 등이 침해받았다고 할 수 있는지가 문제된다. 이에 대해서는 다음과 같은 두 가지 견해가 검토될 수 있다.

가) 자기관련성을 긍정하는 견해

헌법 제15조에서 보장하는 직업선택의 자유에서 말하는 "직업"이란 생활의 기본적 수요를 충족시키기 위한 계속적 활동, 즉 총체적이며 경제적 성질을 가지는 모든 소득활동을 의미하며, 이러한 내용을 가진 활동인 한 그 종류나 성질을 불문한다.[3] 그리고 이 규정에 의하여 보장되는 자유 가운데에는 본래의 의미에서의 직업선택의 자유뿐만 아니라 선택한 직업에 종사하면서 그 활동의 내용·태양 등에 관하여도 원칙적으로 자유로이 결정하여 이를 수행할 수 있는 자유까지 포함된다.[4] 그리고 법률에 의한 기본권 침해에 있어 어떠한 경우에 제3자인 청구인의 자기관련성을 인정할 수 있는가의 문제는 무엇보다도 법의 목적 및 실질적인 규율대상, 법규정에서의 제한이나 금지가 제3자에게 미치는 효과나 진지성의 정도 등을 종합적으로 고려하여 판단하여야 한다.[5]

---

1) 헌재 2004. 5. 27. 2002헌마366(이 사건은 전원재판부에서 각하결정 되었다. 다만, 그 결정은 공간되지 않았다).
2) 헌재 1993. 9. 27. 92헌바21, 판례집 5-2, 267.
3) 헌재 1993. 5. 13. 92헌마80, 판례집 5-1, 374.
4) 대법원 1994. 3. 8. 선고 92누1728 판결(공 1994. 5. 1, 1995).
5) 헌재 1997. 9. 25. 96헌마133, 판례집 9-2, 410, 416.

그러므로 이러한 직업수행의 자유는 반드시 법인이나 단체의 대표자만이 기본권의 주체가 된다고 할 수 없고, 그 법인 소속 직원이나 단체 구성원도 그들에 대한 직업수행의 자유를 침해하여 결과적으로 법인이나 단체에 대한 직업수행의 자유를 침해하게 되는 결과에 이르는 공권력의 행사 또는 불행사에 관해 자신의 직업수행의 자유를 침해받았음을 주장할 수 있다고 할 것이므로, 그가 제기한 헌법소원의 자기관련성이 인정된다고 해야 한다.

또한 통신의 비밀보장에 관해서도 인터넷 등 전기통신망 운영사업자나 그 직원은, 이용자가 누리는 위 기본권의 구제를 주장할 수 있는 밀접한 위치에 놓여 있다고 해야 한다. 그 밖에 헌법소원은 개인의 주관적 권리의 구제뿐만 아니라 객관적인 합헌적 규범질서의 유지도 목적으로 하고 있음에 비추어 볼 때에도 그렇게 해석해야 한다. 표현의 자유에 관해서도 마찬가지라고 보아야 한다.

나) 자기관련성을 부정하는 견해의 지지

그러나 헌법소원심판을 청구할 수 있는 청구인은 원칙적으로 자신의 기본권이 현재, 그리고 직접 침해당한 자이어야 한다. 이처럼 그 기본권 침해에는 직접성, 현재성, 자기관련성이 있어야 하므로, 자기가 관련되지 아니한 제3자에 대한 기본권 침해에 관하여 헌법소원을 청구함은 부적법하다.[1] 또한 단지 간접적, 사실적 또는 경제적인 이해관계로만 공권력 작용에 관련되어 있는 제3자에게도 자기관련성을 인정할 수 없다.[2] 그리고 단체와 그 구성원을 서로 별개의 독립된 권리주체로 인정하고 있는 현행 우리나라의 법제 아래에서는 원칙적으로 헌법상 기본권을 직접 침해당한 권리주체인 단체 또는 구성원만이 헌법소원심판절차에 따라 권리구제를 청구할 수 있는 것이다.[3]

따라서 이 節의 첫머리에 제시한 사안 1.에서 수사기관에 의한 통신사실 확인자료 제공요청에 의해 직업수행의 자유권이 침해되었다고 주장할 수 있는 자도 전기통신 사업자 및 그 대표자일 뿐이지 그 직원에 불과한 a라고 하기 어렵다. a는 수사기관의 통신사실 확인자료 제공요청으로 인해 제한받는 기본권에 대해 단지 간접적이고 사실적이며 경제적인 이해관계가 있을 뿐이며 법적인 이해관계인이라고 할 수 없다. 헌법재판소에 의해 통신사실 확인자료 또는 통신자료의 제공요청이나 그 근거가 된 통신비밀보호법 또는 전기통신사업법 규정 등이 위헌이라고 선언된다고 하더라도 a 자신의 기본권을 구제하는데 직접 효과

---

1) 헌재 1989. 9. 6. 89헌마194, 판례집 1, 198.
2) 헌재 1995. 5. 25. 94헌마100, 판례집 7-1, 806, 808; 1997. 3. 27. 94헌마277, 판례집 9-1, 404, 409.
3) 헌재 1991. 6. 3. 90헌마56, 판례집 3, 289, 297.

가 있다고 보기 어려운 것이다.

또한 수사기관의 통신사실 확인자료나 통신자료 제공요청에 의해, 통신의 비밀과 자유권이나 적법한 절차에 따라 법관이 발부한 영장에 의해서만 압수수색을 수인할 권리 등과 같은 기본권을 침해당하였다고 주장할 수 있는 주체도 a 가 아니라 전기통신망 서비스 제공업체가 제공하는 전기통신망 서비스의 이용자들이다.

다. 보충성을 인정할 수 있는지 여부

헌법소원심판 청구인이 헌법재판소법 제68조 제1항에 의한 이른바 권리구제형 헌법소원을 헌법재판소에 직접 제기하여 그 통신자료 제공요청 행위가 위헌임을 확인해 줄 것을 청구한다면 이른바 헌법소원심판 청구의 적법요건 중하나인 보충성의 요건이 흠결되지 않았는가 하는 의문이 생길 수 있다. 위 법제68조 제1항 단서에 의하면 이른바 권리구제형 헌법소원심판청구는 다른 법률에 구제절차가 있으면 그 절차를 모두 거쳐야만 청구할 수 있기 때문이다.

그러나 이에 대해서는 보충성의 요건을 필요로 하지 않는다는 견해를 택하여야 한다고 본다. 그 이유는 다음과 같다. 수사기관의 통신자료 제공요청 행위가 행정소송의 대상이 되는 행정작용으로 볼 수 있는지는 아직 법원에서 행정소송으로 이를 다룬 전례가 없어[1] 분명치 않으므로 이를 다툴 수 있는 구제절차가 있다고 단정하기 어렵다. 설령 행정소송에 의한 구제의 대상이 된다고 하더라도 만약 전기통신사업자가 아닌 그 가입자나 기타 인터넷 이용자가 행정소송을 제기하게 되면 그들은 통신자료 제공요청의 상대방인 전기통신사업자가 아닌 제3자라거나, 그 요청은 단순한 수사협조의뢰일 뿐이지 협력의무를 부과하는 권력적 사실행위로서 행정소송의 대상인 "처분"(행정소송법 제2조 제1항 제1호)이

---

[1] 법원내 종합법률정보 시스템을 이용하여 2014. 4. 23. 현재 전기통신사업법 제83조를 검색조문으로 하여 행정소송사건을 검색해 보아도 검색된 사건이 없다. 다만, 인터넷 종합 정보제공 사업자인 피고 주식회사가 운영하는 인터넷 포털사이트에 개설된 카페 게시판에 원고가 자신의 ID를 사용하여 익명으로 게시물을 게재하였는데, 수사기관으로부터 게시물 작성자의 인적 사항일체를 제공해 달라는 요청을 받은 피고 회사가 원고의 'ID, 이름, 주민번호, 이메일, 휴대폰 번호, 가입일자'를 제공한 사례에서, 피고회사는 원고가 입은 정신적 손해에 대하여 위자료를 지급할 의무가 있다고 한 판결(서울고등법원 2012. 10. 18. 선고 2011나19012 판결), 구 전기통신사업법 제54조 제1항, 제2항의 규정에 의하여 이용자가 직접 전기통신사업자에 대하여 '통신비밀보호청구권'을 가지며, 이용자가 전기통신사업자에 대하여 통신비밀을 누설하였는지 여부의 확인을 구할 수 있다고 판시하고, 이동전화 가입자가 자신의 통화내역을 수사기관에 제공한 전기통신사업자를 상대로 통신사실 확인자료 제공요청 관련 서류의 열람·등사를 신청한 사안에서위 전기통신사업자의 본점 또는 서류의 보관장소에서 영업시간 내에 한하여 열람·등사를 허용한 사례가 있다(서울고등법원 2010. 9. 1. 선고 2009나103204 판결).

라고 할 수 없다는 등의 이유로 행정소송에서 권리구제를 받지 못할 가능성을 배제하기 어렵다. 즉 수사기관 등의 통신자료의 제공요청에 대한 소송상의 권리구제절차가 마련되어 있는지 여부가 객관적으로 불확실하여 그에 대한 마땅한 불복방법이 있다고 단정하기 어렵다. 나아가 소송절차 이외에 권리침해를 구제할 다른 법적 절차도 존재하지 않는다고 볼 수 있다. 그러므로 결국 이에 관한 헌법소원에 대해서는 보충성의 요건을 요구하지 않는 것이 상당하다.

라. 관련 법령조항에 대해 직접 헌법소원을 제기할 수 있는지 여부

이 사건 전기통신사업법 제83조 제3항 등으로 인한 기본권의 침해는 수사기관의 통신자료 제공요청이라는 집행행위를 매개로 하여 발생하게 된다. 이때 헌법소원심판청구인이 헌법재판소법 제68조 제1항에 의한 이른바 권리구제형 헌법소원을 헌법재판소에 직접 제기하여 그 통신사실 확인자료 제공요청 행위와 함께 그 관련 법령조항을 헌법소원심판의 대상으로 삼는다면, 이른바 '직접성' 요건이 흠결되지 않는가 하는 의문이 있다. 일반적으로 법령 또는 법령조항 자체가 헌법소원의 대상이 될 수 있으려면, 청구인의 기본권이 구체적인 집행행위를 기다리지 아니하고 그 법령 또는 법령조항에 의하여 직접 침해받아야 하기 때문이다. 그리고 여기서 말하는 기본권 침해의 직접성이란 집행행위에 의하지 아니하고 법령 그 자체에 의하여 자유의 제한, 의무의 부과, 법적 지위의 박탈이 발생하는 경우를 말하며, 당해 법령에 근거한 구체적인 집행행위를 통하여 비로소 기본권 침해의 법률효과가 발생하는 경우에는 직접성의 요건이 결여된다.[1]

그러나 수사기관에 의한 그러한 통신자료 제공요청 행위가 위헌인 것은, 그 근거가 된 전기통신사업법 제83조 제3항 등이 위헌이기 때문이므로, 청구인은 위 요청 행위뿐만 아니라 그 근거가 된 법령의 위헌도 함께 헌법소원심판절차에서 청구할 수 있다고 해야 한다.

헌법재판소도, 집행행위가 존재하는 경우라도 그 집행행위를 대상으로 하는 구제절차가 없거나 구제절차가 있다고 하더라도 권리구제의 기대가능성이 없고 다만 기본권 침해를 당한 청구인에게 불필요한 우회절차를 강요하는 것밖에 되지 않는 경우에는 당해 법률을 직접 헌법소원의 대상으로 삼을 수 있다는 입장을 확고하게 취하고 있다.[2]

---

1) 헌재 1998. 11. 26. 96헌마55 등, 판례집 10-2, 756, 762.
2) "국가보안법 제19조는 그 규정 자체에 의하여 직접 구속기간이 연장되는 것이 아니라 수사기관의 연장허가신청에 의한 지방법원판사의 연장허가라는 별도의 구체적 처분이 있어야 하기 때문

앞서 본 바와 같이 이 사건의 경우 수사기관의 통신자료 제공요청 행위가 행정소송의 대상이 되는 행정작용으로 볼 수 있는지는 불분명하므로 이를 다툴 수 있는 구제절차가 있다고 보기 어렵고, 구제절차가 있다고 하더라도 전기통신 이용자는 통신자료 제공요청의 대상인 전기통신사업자가 아닌 제3자라는 이유로 행정소송에서 권리구제를 받지 못할 가능성이 있다.

그리고 위 통신자료 제공요청의 근거가 된 전기통신사업법 제83조에 대하여 위헌선언이 되지 않을 경우 통신자료 제공요청에 의한 기본권 침해는 반복적으로 일어나게 된다. 따라서 전기통신사업자나 그 이용자에게는 수사기관의 통신자료 제공요청에 대해 헌법소원을 제기하는 것이 효율적인 구제수단이 될 수 있다.

나아가 헌법재판소법 제75조 제5항에 의하면 이른바 권리구제형 헌법소원인 헌법재판소법 제68조 제1항에 의한 헌법소원을 헌법재판소가 인용할 때 공권력의 행사가 위헌인 법률조항에 기인한 것이라고 인정될 때에는 인용결정에서 당해 법률의 조항이 위헌임을 선고할 수 있음을 규정하고 있음도 유의해야 할 것이다.[1] 즉 법관의 영장에 의하지 않은 통신자료 제공요청이 위헌이라고

에 법률 자체에 대한 헌법소원심판 청구요건으로서의 직접성이 결여된 것임에는 틀림없다. 그러나 구체적 집행행위가 존재한 경우라고 하여 언제나 반드시 법률 자체에 대한 헌법소원심판청구의 적법성이 부정되는 것은 아니다. 예외적으로 집행행위가 존재하는 경우라도 그 집행행위를 대상으로 하는 구제절차가 없거나 구제절차가 있다고 하더라도 권리구제의 기대가능성이 없고 다만 기본권 침해를 당한 청구인에게 불필요한 우회절차를 강요하는 것밖에 되지 않는 경우 등으로서 당해 법률에 대한 전제 관련성이 확실하다고 인정되는 때에는 당해 법률을 헌법소원의 직접 대상으로 삼을 수 있다 할 것이다." 헌재 1995. 12. 28. 91헌마114, 판례집 7-2, 876, 883; 헌재 1997. 8. 21. 96헌마48, 판례집 9-2, 295, 304.

"원천징수되는 조세를 부과하는 금융실명거래및비밀보장에관한법률 부칙 제12조의 경우, 법률에 근거한 구체적인 집행행위가 존재하지 아니하고, 설사 집행행위가 존재한다 하더라도 그 집행행위를 대상으로 하는 구제절차가 없거나 구제절차가 있다고 하더라도 권리구제의 기대가능성이 없고 다만 기본권 침해를 당한 자에게 불필요한 우회절차를 강요하는 것밖에 되지 않는 경우에 해당하므로, 위 법률조항을 직접 헌법소원의 대상으로 삼을 수 있다." 헌재 1999. 11. 25. 98헌마55, 판례집 11-2, 593, 605-606.

"전기통신사업자에게 불온통신 취급의 거부 등을 명할 수 있도록 한 전기통신사업법 제53조 제3항은 정보통신부장관이 전기통신사업자로 하여금 불온통신의 취급을 거부, 정지 또는 제한하도록 명할 수 있다고 규정하고 있어, 이 조항으로 인한 기본권의 침해는 정보통신부장관의 명령이라는 집행행위를 매개로 하여 발생하게 된다. 그런데 이 조항으로 인해 실질적으로 표현의 자유를 규제받는 자는 청구인과 같은 이용자임에도 불구하고, 정보통신부장관의 명령의 상대방인 전기통신사업자가 아닌 제3자라는 이유로 행정소송의 제기를 통한 권리구제를 받지 못할 가능성이 있다. 그러므로 예외적으로 이 조항을 직접 헌법소원의 대상으로 삼을 수 있다고 봄이 상당하다." 헌재 2002. 6. 27. 99헌마480, 판례집 14-1, 616, 626.

1) 헌법재판소는 미결수용자가 변호인과 접견할 때 수사관이 참여하여 대화내용을 듣거나 기록한 공권력행사가 위헌임을 확인하면서, 그것이 미결수용자의 변호인 접견에도 행형법 제18조 제3

해야 함에도 불구하고 이 사건 전기통신사업법 규정을 그대로 둔 채 개별적 통신자료 제공요청 행위에 대해서만 위헌확인을 한다면, 수많은 통신자료 제공요청 행위가 현재의 실상과 큰 차이 없이 계속 있게 될 것이다. 따라서 통신자료 제공요청의 근거가 되는 관련법령 자체에 대해서도 헌법소원심판 청구를 인정해야 한다.

6. 고지제도에 관하여

전기통선 서비스 이용자에 대해 통신자료를 제공한 사실을 사전에 또는 즉시 사후에 통지하는 제도의 도입을 검토해 볼 필요가 있다. 원래 통신비밀보호법 제9조의2는 법원으로부터 통신제한조치 허가를 받거나, 긴급통신제한조치를 하고 법원에 그 허가를 청구하는 경우 통신제한조치의 대상이 된 전기통신가입자에게 통신제한조치를 한 사실과 집행기관 및 그 기간 등을 서면으로 통지하게 하는 제도를 마련하고 있었으나,[1] 통신비밀보호법 제13조에 의한 통신사실확인자료 제공의 경우에 적용되지 않았다. 그러나 수사기관에 의한 컴퓨터 통신

항에 따라 교도관이 참여할 수 있게 한 행형법 제62조의 위헌성에 기인하는 것이라고 인정하여 위 조항에 따라 행형법 제62조 중 관련부분에 대하여 위헌선언한 바 있고(헌재 1992. 1. 28. 91헌마111, 판례집4, 51, 62-63), 미결수용자와 변호인 사이의 서신을 검열한 행위가 위헌임을 확인하면서, 그것이 수형자에 대하여 서신검열을 규정한 행형법 제18조 제3항 및 시행령 제62조를 미결수용자에게도 준용토록 한 구 행형법 제62조에 따른 것이라 하여 역시 동 제62조의 관련부분에 대하여 위헌선언한 바 있다(헌재 1995. 7. 21. 92헌마144, 판례집 7-2, 94, 109).

1) 미국의 Omnibus Crime Control and Safe Streets Act of 1968을 법전화한 18 U.S.C. §2518(8)(d)도 법원의 통신제한조치 허가장에 기재된 통신제한조치 대상자 전원에게 그 통신제한조치 사실을 사후에 통지하도록 하고, 기타 그 통신제한조치에 의해 통신내용을 침해당한 자에게도 법관의 재량에 의해 그 사실을 통지 할 수 있도록 하고 있다. 원문은 다음과 같다.

"Within a reasonable time but not later than ninety days after the filing of an application for an order of approval under section 2518(7)(b) which is denied or the termination of the period of an order or extensions thereof, the issuing or denying judge shall cause to be served, on the persons named in the order or the application, and such other parties to intercepted communications as the judge may determine in his discretion that is in the interest of justice, an inventory which shall include notice of—(1) the fact of the entry of the order or the application; (2) the date of the entry and the period of authorized, approved or disapproved interception, or the denial of the application; and (3) the fact that during the period wire, oral, or electronic communications were or were not intercepted.

The judge, upon the filing of a motion, may in his discretion make available to such person or his counsel for inspection such portions of the intercepted communications, applications and orders as the judge determines to be in the interest of justice. On an ex parte showing of good cause to a judge of competent jurisdiction the serving of the inventory required by this subsection may be postponed."

사실 확인자료의 탐색 및 획득은 통신당사자로 하여금 통신비밀이 누설될지도 모른다는 심리적 압박을 가하여 실질적으로 통신의 내용을 제한하는 것과 같은 효과를 발휘한다. 그러므로 통신사실 확인자료 제공요청 제도를 합헌이라고 보아 존치한다고 하더라도 같은 법 제9조의2에 준하는 정도의 통신사실 확인자료 제공 사실을 전기통신망 이용자에게 사후적으로나마 통지하도록 하는 제도를 만들어, 수사기관으로 하여금 통신사실 확인자료 제공요청에 좀 더 주의를 기울이게 하여 통신비밀, 컴퓨터 통신에 의한 표현의 자유 등과 같은 기본권을 더욱 충실하게 보장할 수 있도록 해야 한다는 의견이 제시되었다.[1]

위와 같은 의견이 제시된 후 2005. 5. 26. 법률 제7503호로 신설된 통신비밀보호법 제13조의3 제1항은 위 법률 제13조의 규정에 의하여 통신사실 확인자료 제공을 받은 사건에 관하여 공소를 제기하거나, 공소의 제기 또는 입건을 하지 아니하는 처분(기소중지결정은 제외)을 한 때에는 그 처분을 한 날로부터 30일 이내에 통신사실 확인자료 제공을 받은 사실과 제공요청기관 및 그 기간 등을 서면으로 통지하여야 한다고 규정하고 있다.

그러나 전기통신사업법 제83조 제3항에 의한 통신자료 제공에 관하여는 위와 같은 통지제도가 아직 마련되어 있지 않으므로 속히 그와 같은 고지를 하는 제도를 마련해야 할 것이다.[2]

7. 결 론

이상에서 본 바와 같이 통신사실 확인자료나 통신자료 등을 포함한 전자통신증거에 대해서도 그에 관련된 통신비밀이나 표현의 자유 등과 같은 기본권을 보장해야 할 근거는 충분하다. 즉 통신사실 확인자료나 통신자료도 인터넷이나 이메일 등을 이용한 전자통신의 비밀을 보호해야 할 대상이 되며 나아가 인터넷이나 이메일 등을 통한 전자통신상 표현의 자유를 보호할 대상이 되는 것이다. 그러나 그러한 기본권 보호 필요성이 있다는 이유만으로 수사기관의 통신사실 확인자료나 통신자료의 제공요청이 당연히 위헌이라는 논증을 할 수는 없으며, 그에 대한 위헌성 심사기준을 제시해야 할 것인데, 그 구체적 심사기준은 다음과 같이 경우를 나누어 달리 적용해야 할 것이다.

---

1) 오기두, 위 "수사상 전자통신자료의 취득에 관한 헌법적 문제", 헌법재판소, 「헌법논총」 제15집 (2004), 406쪽.
2) 같은 취지, Brian D. Kaiser, Ibid, p. 680.

우선, 인터넷 서비스 이용자의 서면이나 약관 등에 의한 동의를 얻어 전자통신자료를 수사기관에 제공하도록 하는 것은 별다른 헌법적 문제를 야기하지 않는다고 보인다. 그들은 기본권을 자발적으로 정당하게 포기하였다고 볼 수 있기 때문이다. 그리고 그러한 이용자의 동의가 없는 경우라고 하더라도 통신사실확인자료나 통신자료를 제출하도록 요구하는 수사기관의 행위에 의해 이용자의 프라이버시에 대한 합리적 기대가 침해되었다는 이유로 위헌논증을 할 수는 없다고 보인다. 인터넷 등의 이용자가 자신의 통신관련 정보를 인터넷 서비스 업체나 특정 홈페이지 운영자 등에게 제공하는 순간 이미 그에 대한 프라이버시를 포기하였다고 할 수 있기 때문이다. 즉 그 이용자는 당해 통신관련 정보를 사적인 비밀영역에 남겨두기를 포기하였다고 볼 수 있는 것이다.

그러나 이용자나 가입자의 동의를 전제로 하지 않는 수사기관의 통신자료 제공요청이나 그 근거가 된 해당 통신비밀보호법령, 전기통신사업법령 등의 규정은 전자통신의 비밀 및 표현의 자유 등을 제한하는 처분이나 법률규정임이 분명하다. 따라서 그 위헌성 여부 심사는 과잉금지원칙의 심사기준인 입법목적의 정당성, 수단의 적합성, 최소 침해성, 법익균형성과 같은 원칙에 의해야만 한다. 그리고 위와 같은 기본권 보장의 절실한 필요성이 있다는 이유만으로 통신사실 확인자료나 통신자료를 탐색 및 획득하게 하는 이 사건 관련법령이나 통신자료 등 제공요청 행위가 당연히 위와 같은 심사기준을 통과하지 못하여 위헌이라고 단정하기는 어렵다. 왜냐하면 범죄수사라는 정당한 목적이 있고, 통신자료 제공을 위한 통제기준이 있으며, 인터넷 서비스 제공업체 등으로 하여금 그 통신자료 제공 기록을 보관하도록 하는 등의 수단도 적절하다고 할 수 있으며, 통신내용에 대한 침해와 달리 통신자료 요청은 비내용적 정보에 대한 침해이므로 그에 관한 통신비밀, 표현의 자유 등에 대한 최소한의 침해라고 할 것이고, 또한 위와 같은 수사목적달성이라는 공익과 이용자의 통신비밀이나 표현의 자유권 보장에 대한 사익은 서로 비례관계를 갖고 있다고 보이기 때문이다. 이처럼 일반적인 기본권 침해의 심사기준인 과잉금지원칙만을 적용한다면 이 사건 관련법령이나 통신자료 제공요청 행위가 위헌이라고 단정 짓기는 어려워 보인다.

그러나 법관의 영장을 발부받지 않고 하는 수사기관에 의한 통신자료 제공요청 및 그 근거가 되는 전기통신사업법 제83조 제3항의 규정은 헌법 제12조 제3항의 문언 자체에 위반되므로 위헌이라는 판단을 비교적 용이하게 내릴 수 있다고 생각된다. 헌법이 명문에 의해 ① 침해가능성에 대한 유보 없이 기본권을 보장하고 있거나(헌법 제37조 제2항에 의한 기본권의 본질적 내용에 대한 보장), ② 그 침해의 한계를 설정하고 있거나(헌법 제11조 제1항에 의한 성별·종교 또는 사회적 신분에 의한 차별금지 등), ③ 그 침해를 위한 절차규정을 마련하고 있으면(헌법 제12조 제3항 에 의한 영장주의), 그러한 심사기준은 해석론에 의해 도출되는 심사기준보다도 훨씬 더 명확하다. 그러므로 그 헌법의 명문규정에 정면으로 위반되는 법령이나 처분은 용이하게 위헌이라고 판단할 수 있다고 생각된다. 따라서 헌법 규정 자체가 엄격심사기준을 부여하고 있다고 보이는 영장주의 원칙에 위반되는 통신자료 제공요청 및 그 근거법령에 대해서는 쉽사리 위헌선언을 할 수 있다고 할 것이다.

위와 같은 법령이나 전자통신자료 탐색 및 획득행위가 갖는 가장 큰 문제는 그것이 형식적으로는 전기통신사업자의 동의에 의한 전자통신 자료제공에 의하고 있다고 할지라도, 그러한 통신자료를 제공하는 전기통신사업자는 사실상 수사기관의 통신자료 제공요청을 거부하기 어려울 뿐만 아니라 가입자나 이용자의 동의 없이 그들의 통신관련 정보를 수사기관에 제공한다는 점에 있다. 그런데도 전기통신사업자 등에 의해 통신관련 정보가 수사기관에 제공된 인터넷 서비스 이용자나 가입자는 수사결과에 따라서는 기소되어 유죄판결을 받고 형사처벌을 받음으로써 그의 생명, 신체나 재산 등에 대한 중대한 기본권의 침해결과를 감수해야 하게 된다. 그러므로 결국 수사기관에 의한 전기통신사업자 등에 대한 통신자료 제공요청은 전기통신 이용자나 가입자의 동의 없이 이루어진다는 점에서 강제수사의 한 방법에 해당한다고 해야 한다. 따라서 수사기관에 의한 통신자료 제공요청은 헌법 제12조 제3항에 규정된 강제처분인 압수·수색에 해당한다고 해야 한다. 그럼에도 불구하고 현재 전기통신사업법에 의한 수사기관의 통신자료 제공요청은 법관의 영장 없이 이루어지고 있다. 이는 헌법에 명문으로 규정된 영장에 의한 압수·수색의 원칙을 정면으로 위반한 것이다. 그러므로 이에 대해 입법자나 관련 행정부처가 무슨 구구한 합리화 논리를 들이댄다고 하더라도 위헌이라는 판단을 벗어나기 어렵다고 보인다. 더욱이 전자증거의 압수·수색에 관해 가장 기본이 되는 일반법이자 전자증거를 압수·수색의 대상으로 명시한 기념비적인 법률이 된 형사소송법 제106조 제3항(2011. 7. 18. 법률 제10864호)이 통신자료를 포함한 모든 전자증거를 압수·수색함에 있어 법관의 영장을 발부받도록 하고 있다. 이점에서 법관의 영장 없이 하는 수사기관의 통신자료 제공요청은 헌법에 위반되는 처분이며, 그것의 근거가 되는 전기통신사업법의 관련규정도 위헌인 법령이라고 하지 않을 수 없다.

다만 헌법재판소에 헌법소원심판을 청구하여 그 위헌성을 확인받기 위해서는 수사기관에 의한 통신자료 제공요청에 의해 인터넷 서비스 업체 등 전기통신사업자가 그 통신자료를 제공하였고, 그 자료 중에 자신에 관련된 통신관련 정보가 포함된 이용자나 가입자 등이 헌법소원심판을 청구해야만 자기관련성과 같은 헌법소원심판청구의 적법요건을 충족할 수 있다.

입법자로서는 이에 관한 위헌 논란을 잠재우기 위해 수사기관으로 하여금 법관의 영장에 의해 통신자료를 제출받도록 하고, 나아가 그 사실을 전기통신 서비스 이용자 등에게 즉시 사후에 통지해주도록 하는 제도를 도입해야 한다고 본다.

제 5 절   전자적 위치정보[1]

〈요   약〉

전자적으로 저장된 개인의 위치정보에 대해 보장되어야 할 기본권은 privacy 권이나 정보에 대한 자기결정권, 통신의 자유 등이다. 수사기관은 개인이 신체를 장소적으로 움직인 흔적이 전자적으로 저장된 위치정보에 관해 일정한 헌법적 원칙에 따라 그 범위와 한계 내에서 수사활동을 폄으로써 위와 같은 기본권을 보장하도록 해야 한다. 그리고 전자적 위치정보에 대한 기본권 보장과 범죄수사를 위한 수사권 보장 사이의 균형점은 기본권 제한의 일반 원리인 비례의 원칙에서 찾아야 한다. 특히 비례의 원칙을 형사절차법 분야에 특수하게 반영하여 놓은 관련성의 원칙 적용에서 찾아야 한다. 관련성은 수사기관이 수사하고 있는 범죄혐의 대상과 객관적, 주관적, 시간적으로 관련된 위치정보만을 추적할 수 있다는 원리로 요약된다. 영장주의는 그러한 관련성의 요건을 구체화하여 법관이 발부한 영장을 집행하는 절차에 의해 전자적 위치정보를 추적해야 함을 의미한다. 따라서 영장을 발부받지 않고 행하는 전자적 위치정보 추적이나 관련성의 요건에 합치하지 않는 영장에 의한 전자적 위치정보 추적, 그 요건에 합치되는 영장을 발부받기는 하였으나 구체적 집행행위 자체가 그 요건을 충족하지

---

1) 이 節은 저자의 "電子情報에 대한 基本權保障과 位置情報追跡 搜査權", 헌법재판소 「憲法論叢」 제21집(2010), 534쪽 이하를 개정한 내용이다.

않는 경우 모두 위헌적인 공권력 행사라고 판단되지 않을 수 없다. 더욱이 위치정보 추적을 허용하는 통신비밀보호법 개정이 이루어지지 않는 상황에서 행한 위치정보 추적 수사활동은 위법한 수사활동이라는 평가도 면하기 어렵다. 그에 대한 구제 방법 및 절차로는 형사절차나 일반적인 민사절차 등 재판절차를 통한 법원의 구제를 들 수 있겠다. 다만, 법관의 영장발부 재판 자체나 수사기관의 영장집행행위 자체에 대해서는 재판소원 문제나 보충성 등의 문제로 인해 헌법소원 제기요건이 충족되기 쉽지 않다. 그렇다고 하더라도 전자적 위치정보 추적을 위한 수사활동에 대하여 관련된 헌법상 기본권을 보장하고 적법절차를 준수하도록 촉구할 필요는 크다. 헌법은 헌법재판소에 의한 헌법재판 이전에 수사기관, 법원 등 모든 국가기관이 따르고 지켜야 할 제1차적 규범이기 때문이다.

1. 서 론

가. 요즘은 우리가 몸을 움직여 어느 장소에 있었는지 하는 점에 관한 위치정보가 전자데이터로 저장되는 시대이다. 컴퓨터를 사용했다면 그 로그기록이 인터넷 포털업체에 저장된다. 휴대전화를 사용하였다면 사용지역과 그 통화기록이 통신기지국을 통해 통신회사의 컴퓨터 서버에 저장된다. 통상의 전화를 사용하여도 전화국에 그 전화기의 소재지와 함께 통화 기록이 남게 된다.[1] 지하철이나 버스를 이용하면서 교통카드를 사용하면 그 사용 장소를 포함한 사용내역이 신용카드 회사 등에 전자적으로 보관된다. 우리가 승용차를 이용하여 고속도로를 통행하면서 통행료를 하이패스로 지불해도 그러하다. 잠시 해외여행을 즐기기 위해 항공기를 이용해도 그 탑승지나 도착지를 포함한 탑승 자료가 모두 전산망에 전자적 데이터로 남게 된다. 약국이나 병원에 들러 약을 사거나 진찰을 받아도 약국이나 병원소재지와 함께 그 이용기록이 국민건강보험공단의 전산망에 고스란히 남는다. 이러한 국민의 위치정보가 전자적으로 남게 되면 국가는 수사활동의 일환으로 그러한 정보를 이용하여 범죄혐의자나 범죄피해자

---

[1] 발신자 추적을 위해 발신전화번호의 통지서비스가 이용 가능한 통신조건은 인터넷 회선상호간, 가입전화의 넘버 디스플레이계약자간, 이동체 통신사업자의 디지털 휴대전화간에 있어서의 통신이다. 또한 대응하는 통신모드는 통화모드 및 디지털통신모드로 되어있다. 발신전화번호 서비스는, 초기설정으로서 발신전화번호가 착신자에 표시되게 되어 있다. 그러나 발신자 측으로부터 번호의 통지 및 비통지의 선택을 행하는 것도 가능하게 되어 있다. 백윤철, "통신의 자유와 개인정보보호", 「인터넷 법률」 통권 제20호(2003. 11.), 139쪽.

등 관련인들의 현재 또는 과거, 나아가 장래의 존재 위치를 용이하게 추적할 수 있다. 예컨대, GPS(Global Positioning System)를 이용한 위치정보나 휴대전화 기지국에 남겨진 통화기록은[1] 범죄의 단서발견과 범인의 검거에 유용한 자료로 이용되고 있다. 특히 오늘날의 유비쿼터스 기술은[2] 개인의 위치에 대한 정보를 추적·수집하고(tracking), 그와 같이 수집된 데이터를 유통할 수 있게 하고 있다.[3]

---

1) 미국에서 휴대전화 통화기록을 조회하여 범죄수사에 활용한 사례로 다음과 같은 것들을 들 수 있다. ① 5세된 女兒를 태운 승용차 운전대에 차량열쇠를 꽂아둔 채 그 女兒의 어머니가 잠시 친척집에 들른 사이 차량절도범이 女兒를 태운 채 그 승용차를 절취하였다. 다행히 그 女兒의 어머니는 위 승용차에 자신의 휴대전화를 놓고 내렸다. 이에 그 어머니가 자신의 휴대전화에 전화를 걸었더니 女兒가 응답하였다. 경찰은 통신기지국의 삼각측정 정보에 의해 차량절취시부터 기산하여 30분 만에 그 차량과 女兒의 위치를 찾아내 무사히 女兒를 구출할 수 있었다. ② 조지아주에서 2명의 부동산중개업자를 살해하고 차량을 렌트하여 위스콘신으로 도주하던 범인의 휴대전화 사용내역을 경찰이 감시하여 결국 그 렌트차량을 추적하여 범인을 체포하였다. ③ 노쓰 다코다주에서 실종된 대학생의 휴대전화 사용내역이 인근 미네소타주 통신기지국에서 확인되자 경찰은 같은 지역에서 살고 있던 강간, 유괴 등 죄로 갓 출소한 범인을 용의자로 지목하여 수사하였는데, 그 범인의 차량 안에서 피해자인 위 대학생의 DNA를 채취할 수 있었다. ④ 한 여자가 총에 맞아 살해되었는데, 그의 전 남자친구가 범인으로 지목되었다. 그는 알리바이를 주장하였지만 살해시각 3분을 전후하여 범행현장에서 그가 휴대전화로 통화한 내역이 통신기지국 통신자료에 의해 밝혀졌다. 이상은 Harvard Journal of Law and Technology, "WHO KNOWS WHERE YOU'VE BEEN? PRIVACY CONCERNS REGARDING THE USE OF CELLULAR PHONES AS PERSONAL LOCATORS", Fall, 2004(WestLaw citation, 8 HVJLT 307), p. 310에 의함.

2) 유비쿼터스는 라틴어로 "언제, 어디서나, 동시에 존재한다."라는 뜻인데, 1991년 제록스 社의 연구원 마크 와이저(Mark Weiser)가 처음 제시한 유비쿼터스 컴퓨팅이 효시가 되었으며 주요 특징은 다음과 같다.
　－첫째, 다수의 작고 값싼 특수 기능의 컴퓨터들이 무선의 네트워크를 통해 완전히 연결
　－둘째, 이러한 컴퓨터들은 사용자의 눈에 보이지 않음
　－셋째, 가상공간이 아닌 실제 세계의 어디에서나 컴퓨터 사용이 가능
　－넷째, 인간화된 인터페이스로서 장소, ID(Identification), 시간, 온도, 날씨 등에 따라 서비스가 변함
　　따라서 유비쿼터스 컴퓨팅이란 주변에 있는 모든 물체(가전제품, 건물, 안경, 옷, 신발, 시계 등)에 네트워킹 기능을 가진 컴퓨터를 내장하여 Intelligent化 하고 이들과 상시 교신 상태를 유지하면서, 필요한 최적의 정보를 주고받을 뿐만 아니라, 그에 상응하는 서비스를 획득하고 Action을 제어할 수 있는 컴퓨팅 환경과 기술을 말한다. 최근에는 이러한 의미가 확장되어 정보통신 네트워크가 고도로 발달된 세상을 지향하며 차세대 정보기술 패러다임으로 자리매김하면서 IT뿐만 아니라, BT, NT, ET, CT 등 관련 분야의 발전 전략·목표가 되고 있다. 이상은 2003. 6. 한국산업은행 산업기술부(부장 심인섭)에서 펴낸 「KDB 테크노 리포트」 중 유비쿼터스 부분, 강민구 2003. 8. 11.자 코트넷 게시물 참조.
　　2014년 현재 IT 업계의 화두 중 하나도 사물인터넷(Internet of things, IOT)이 되고 있다.

3) 이에 관해서는 박정훈, "전자감시와 privacy의 관계 정립에 관한 연구", 「법조」(2010. 6.), 128쪽 이하; 광고호스트가 지정된 위치 근처에 물리적으로 접근함으로써 수신된 전자 광고에 응답하는 등록된 시청자를 신뢰성 있게 감지하는 광고수입을 위한 비즈니스모델 수행 시스템에 관한 특허심판원 2008. 3. 28.자 2007원8933 심결(2005년 특허출원 제115956 '광고자 지정 위치를 방문한 시청자감지 및 추적에 의한 광고수입을 위한 비즈니스 모델실행 시스템 및 방법'의 거

그러나 국민 개개인이 자유롭게 그의 몸을 움직여 장소적으로 이동할 수 있는 기본권은 인간의 존엄과 가치 행복추구권을 규정한 헌법 제10조나 신체의 자유권을 규정한 헌법 제12조 제1항 제1문, 거주·이전의 자유를 규정한 헌법 제14조 등을 근거로 들지 않더라도 당연히 인정되어야 하는 권리이다. 일종의 하늘로부터 부여받은 권리라고 할 수 있는 것이다. 사람이 그 이성이나 감성이 지시하는 바에 따라 자기의 발을 이용하여 가고 싶은 곳으로 걸어가거나 비행기, 승용차, 지하철, 버스 등을 이용하여 신체를 장소적으로 이동하는 것은 실정헌법이 관여하기 이전의 자연상태에서의 권리이다. 자유로운 이동은 존엄한 인간으로 대우받기 위한 매우 기초적인 전제 중의 하나이다. 이러한 의미에서 사람의 자유로운 신체적 이동은 단지 헌법 제14조가 정하는 '거주·이전의 자유' 이상의 의미를 가진다고 하지 않을 수 없다. 국가는 개인 신체의 자유로운 장소적 이동권을 함부로 제한할 수 없다. 그리고 개인은 자기의 장소적 이동 내용을 국가가 몰래 들여다보고 추적하기를 원하지 않는다. 그러니 국민 개개인이 소재위치를 옮겨간 흔적을 국가가 수사권 발동이라는 이름으로 함부로 추적할 수는 없다고 해야 한다. 더욱이 그 위치정보가 전자적으로 저장되어 국가가 이를 쉽게 수집하고 관리, 통제할 수 있는 이른바 오늘날의 전자정보 시대에는 국가의 전자적 위치정보에 대한 권력행사를 제한하여 그에 관한 국민의 자유를 보장해야 한다는 요청이 더욱 커진다. 만연히 있다가는 아마도 국가가 24시간 모든 국민을 감시하게 되는 상태로 진전될지도 모른다.[1] 이런 의미에서 위치정보는 헌법 제17조의 privacy권 보장과도 직접적으로 관련된다. 개인의 위치정보에 대해 보장되어야 할 이러한 여러 기본권의 내용을 살펴보고 동시에 국가의 범죄수사 목적을 달성할 수 있도록 수사활동에 관해 일정한 합헌적 범위를 설정해 주는 노력을 할 필요가 있다.

나. 이 節에서 말하는 '전자적 위치정보'란 '위치정보의 보호 및 이용 등에 관한 법률'(2005. 1. 27. 법률 제7372호로 제정, 2010. 3. 22. 법률 제10166호로 개정) 제2조 제1호와 원칙적으로 같은 의미로 사용한다. 즉, 이동성이 있는 물건 또는 개인이 특정한 시간에 존재하거나 존재하였던 장소에 관한 정보로서 전기통신사업법 제2조 제2호 및 제3호의 규정에 따른 전기통신설비 및 전기통신회선 설비를 이용하여 수집된 정보를 전자적 위치정보라고 일컫는다. 다만, 위 법률상의 '위치

절결정 불복) 사건 등 참조.

1) United States v. Knotts, 460 U.S. 276, 283-84(1983) [이 판결에서 인용하고 있는 Zurcher v. Stanford Daily, 436 U.S. 547. 566(1978)도 참조].

정보'로 포섭할 수 없는 금융정보나 컴퓨터 통신사실 확인자료 등 위 법률의 규율범위를 벗어난 전자적 위치정보도 이 글의 논의대상으로 한다.[1] 아직 수사기관의 위치정보 추적을 일반적으로 허용하는 명시적인 법률이 없고 그에 따라 수사기관의 위치정보 추적활동이 어떤 기술적인 수단을 사용하여 구체적으로 어떻게 이루어지고 있는지 재판실무상 문제된 사건이 뚜렷이 없는 상황이다. 그런데도 그 수사활동에 대해 기본권 보장이나 영장주의 적용 등 헌법재판에 관련된 사항을 논하는 것은 어쩌면 이론적 상상이 될 수도 있다. 그러나 법률에 근거가 없는 위치정보 추적이 헌법상의 적법절차 원칙이나 영장주의에 위반되는 위헌적인 기본권 침해행위임을 논증할 필요는 당연히 있다. 즉, 위치정보 추적을 한 특정 수사활동을 허용하는 법률상 근거를 찾아볼 수 없는데도 수사기관이 그러한 수사활동을 폈을 때 그 수사활동의 위헌성을 평가하기 위해 이 글에서 주장하는 여러 위헌심사요건을 적용할 수 있다.[2] 또한 수사기관의 위치추적활동이 현행 통신비밀보호법 등 관련 법률에 포섭될 수 있을 정도라면 그에 대한 헌법상 영장주의 적용문제도 살펴보아야 한다. 또한 법률에 근거가 없더라도 전자적 위치정보 추적 수사활동이 그 정보주체의 동의를 얻어 행해질 때 영장주의를 적용해야 하는지, 적용한다면 그 기준이나 범위를 어떻게 설정할 것인지 하는 문제도 해결해야 한다. 그리고 향후 수사기관의 전자적 위치정보 추적을 허용하는 방향으로 통신비밀보호법 등이 개정된다면 더 더욱이 전자정보에 대한 기본권 보장과 위치정보 추적 수사권의 헌법적 범위를 탐구해 보아야 하는 것이다.

다만, 범죄수사 목적이 아닌 형의 집행 단계에서, 예컨대 성범죄자나 보호관찰대상자에 대해 전자발찌를 부착시켜 그 위치를 추적하는 문제나[3] 일반적인 행정경찰작용이나 범죄예방경찰 작용과[4] 관련된 위치추적 문제는 이 글의 고찰대상

---

1) 여기에서의 위치정보는 지형·지물·지명 및 경계 등의 위치 및 속성에 관한 정보인 지리정보(geographical information)나 공간정보를 의미하지 않음은 물론이다. 폐지된 '국가지리정보체계의 구축 및 활용 등에 관한 법률' 제2조 제1호, 현행 '국가공간정보에 관한 법률' 제2조 제1호 등 및 함인선, "정보사회에서의 개인위치정보의 보호와 이용에 관한 법적 고찰", 「인터넷 법률」 제44호(2008), 법무부 법무심의관실, 5쪽 참조.

2) 미국에서도 예컨대 GPS에 의한 위치추적을 명문으로 허용하는 법률규정이 없을 때 수사기관의 위치추적의 헌법합치 여부를 바로 미국 연방 헌법 수정 제4조를 근거규범으로 하여 판단하고 있다. 이에 관해서는 April A. Otterberg, "GPS TRACKING TECHNOLOGY : THE CASE FOR REVISITING KNOTTS AND SHIFTING THE SUPREME COURT'S THEORY OF THE PUBLIC SPACE UNDER THE FOURTH AMENDMENT", 「Boston College Law Review」(May, 2005) 참조.

3) 이에 관해서는 대법원 2009. 5. 14. 선고 2009도1947, 2009전도5 판결 및 이춘화, "위치추적 전자장치 부착명령의 위헌성 유무", 형사판례연구회, 「형사판례연구」[18](2010. 6.) 613쪽 이하 참조.

4) 예컨대 경찰이 어린이 유괴나 아동성추행 방지를 위해 아동의 위치를 추적하여 보호하거나 국가적으로 보호해야 할 첨단 정보기술의 해외유출을 방지하며, 정보보안을 강화하는 것 등은 지

에서 제외한다. 이하 본론에서 위치정보 추적을 위한 수사권 행사와 전자정보에 대한 국민의 기본권 보장간의 충돌에서 그 타협의 기준점을 잡아 보기로 한다.[1]

2. 위치정보 추적이 문제되는 상황들

가. 컴퓨터 통신

수사기관은 컴퓨터 IP주소나 인터넷 접속 로그 기록을 통하여 범죄혐의자의 위치를 추적할 수 있다. 인터넷 접속사실에 관한 증거수집 방법은 인터넷 운영자의 서버나 PC방 컴퓨터에 대해 압수·수색 또는 검증을 하여 그에 남은 흔적을 찾아내는 것이다. 이를 통해 범죄혐의자의 위치를 추적한다. 현행 통신비밀보호법 제2조 제11호 마목은 "컴퓨터 통신 또는 인터넷의 사용자가 전기통신 역무를 이용한 사실에 관한 컴퓨터 통신 또는 인터넷의 로그기록 자료"를 통신사실 확인자료의 하나로 규정하여 수사기관이 이를 추적할 때 법관이 발부한 영장에 의하도록 하고 있다. 나아가 수사기관은 인터넷 회선에서 오가는 전자신호를 중간에서 확보함으로써 수사 대상자의 컴퓨터와 똑같은 화면을 실시간으로 재생하여 볼 수도 있다. 데이터 전송단위인 패킷(packet)을 중간에서 확보한다는 의미에서 인터넷 사용에 대한 통신제한 조치는 '패킷 감청'으로 불리기도 한다.[2] 즉 범죄 혐의자의 주거지나 사무실에 설치된 인터넷 전용회선에 대하여 수사기관이 별도의 전용회선을 구성하여 그 전기통신 내용을 직접 채록하는 수

극히 당연한 일이다. 뿐만 아니라 그러한 예방경찰활동이 원활히 수행될 수 있도록 법제도를 마련하고 재판기준을 정하며, 법이론을 전개하는 것이 필요함은 누구도 부정하지 못할 것이다. 전자정보의 유통을 권장하고 그것을 위해 국가와 전자정보 보유 업체, 그리고 일반 개인이 협력하고 정보나 네트워크를 공유하도록 시각을 바꾸는 것은 현대 정보기술 사회에서 새롭게 요청되는 가치관이라고 할 수도 있다. 개인위치정보의 누설이나 오·남용의 경우 정보주체에 대한 생명이나 신체, 재산 등에 대한 침해가능성이 직접적이고 즉시적으로 일어날 수 있기 때문이다. 그러나 그 부분은 헌법이나 형사소송법에 기초하여 재판을 하고 있는 저자의 일반적인 관심영역을 벗어난다. 이상의 점에 관한 아이디어를 얻을 수 있는 문헌으로 위 박정훈, "전자감시와 privacy의 관계 정립에 관한 연구"; 위 함인선, "정보사회에서의 개인위치정보의 보호와 이용에 관한 법적 고찰"; 국가정보원 산업기밀보호센터, "언론이 바라본 국정원의 첨단기술 보호활동"(2007. 9.); 안철수 연구소 김홍선 대표이사의 "컨버전스 시대의 변화 코드 – 스마트폰, 클라우드, SNS와 보안을 중심으로", 2010. 6. 1.자 사법연수원에서 개최된 사법정보화 법관연수의 발표자료; Timothy Stapleton, "THE ELECTRONIC COMMUNICATIONS PRIVACY ACT AND CELL LOCATION DATA", 「Brooklyn Law Review」(Fall, 2007), pp. 415-416 등 참조.

1) 이 節을 작성함에 있어 저자는 법원 내부에만 배포된 「압수·수색영장실무」(2010)에 많이 의존하였는바, 위 책의 집필진 여러분께 특히 깊은 감사를 드린다. 또한 저자는 휴대전화 위치추적이나 GPS에 의한 위치추적의 기술적인 문제에 관해 KT 기업고객부문 FMC 팀장인 장규상 박사의 감수를 거쳤는바, 장박사께도 깊은 감사를 드리지 않을 수 없다.

2) 대법원 2012. 10. 11. 선고 2012도7455 판결 참조.

사활동을 통해 그 범죄 혐의자의 위치를 추적한다.

이 밖에 통신비밀보호법 제2조 제11호에 규정된 통신사실 확인자료, 즉 가입자의 전기통신 일시, 전기통신개시·종료시간, 발·착신 통신번호 등 상대방의 가입자번호, 통신요금을 부과하기 위한 단위인 사용도수도[1] 전자적 위치정보라고 할 수 있다. 또한 컴퓨터의 랜카드에 부여 되어 있는 고유 식별번호인 맥주소(MAC, Media Access Control Address)를 이용하면 인터넷 통신망에 접속한 특정 컴퓨터의 접속지 IP 주소 및 가입자의 인적 사항 등을 추적하여 그 위치를 확인할 수 있다.[2]

나. 휴대전화 기지국의 통신내역 추적

휴대전화(이동전화, cellular phone)[3] 통화내용에 대한 감청뿐만 아니라 기지국의 통신내역 추적이 위치정보 추적의 대표적인 경우이다. 휴대전화, 즉 무선 이동전화 시스템에서 서비스지역은 육각형 벌집모양(honey-comb)인 셀(cell)로 나뉜다. 각 셀(cell)은 낮은 전력(low power)의 송수신기인 기지국(base station, BS)을 갖

---

1) 예컨대 휴대전화의 경우 음성통화는 10초 정도를 1도수로 하여 요금을 부과하고, 문자·음성 메시지는 1건을 단위로 요금을 부과한다.

2) 맥주소는 인터넷 접속을 위한 네트워크 장비인 컴퓨터의 랜카드에 부여되어 있는 고유 식별번호로서 16진법으로 암호화한 12자리의 숫자로 표시된다. 위 고유식별번호는 예컨대 00-16-E6-98-94-0E로 표시된다. 컴퓨터의 모델번호와 제조번호(Serial Number)를 알고 있는 경우에는, 메인보드가 교체된 적이 없다면 제조·판매사를 통하여 제품 생산당시의 맥주소를 확인한 후 그러한 맥주소를 가진 컴퓨터를 사용 중인 사람의 현재 접속지 컴퓨터의 IP 주소 등을 추적할 수 있다. 제조번호를 알지 못하는 경우에는 종전 사용자가 이용한 인터넷 서비스 업체 등의 접속기록을 통하여 IP 주소 및 맥주소가 확인되면 이를 기초로 현재 접속지의 IP 주소 등을 추적할 수 있다. 예컨대 윈도우 2000/XP 사용자의 경우 <시작> ⇒ <실행>의 열기 란에 <cmd> 명령어를 입력하면 자신이 사용 중인 컴퓨터의 맥주소(화면에는 Physical Address로 표시)와 IP 주소를 직접 확인할 수 있다. 이러한 맥주소 역시 피의자의 위치를 추적할 수 있는 정보가 전자적으로 저장된 경우라고 할 수 있다.

3) 정보통신용어사전의 정의에 의하면 이동전화(cellular phone)는 무선통신방식에 의하여 이동체에 설치하는 송수신설비(이와 동등 이상의 기능이 있는 휴대용 송수신 설비를 포함한다)를 가진 사람에 대하여 이동전화 교환설비를 이용하여 주로 음성을 송신하거나 수신하는 전기통신 서비스를 말한다. 한국정보통신기술협회, 「정보통신용어사전」, 988쪽. 그러나 오늘날의 휴대전화는 단순한 이동전화기를 넘어 카메라, 비디오 촬영기, 문자메시지 송수신기, 인터넷접속과 이메일 송수신, 텔레비전 수신, MP3 플레이어 기능 등이 가능한 스마트폰이다. 미국.오바마 대통령 등 미국인들이 많이 사용하는 삼성의 갤럭시폰, RIM(캐나다)사의 블랙베리폰이나 애플사의 아이폰이 대표적이다. 우리나라에서도 스마트폰이 인기를 누리고 있는데 그 이유는 기능적 측면이나 마케팅 측면에서의 우수성과 함께 그것을 사용하면 스마트한 비즈니스맨(남성의 경우) 등 특정계층에 소속됨을 과시할 수 있다는 심리적 효과(이른바 파노플리 효과) 때문으로 생각한다. 같은 취지, 장규상 박사의(KT 기업고객부문 근무 FMC 팀장), "스마트폰 출현과 생활의 변화", 2010. 5. 31.자 사법연수원에서 개최된 사법정보화 법관연수의 발표자료, 14쪽. 더욱이 오늘날 대한민국에서 스마트폰 사용인구는 폭발적으로 증가하여 이제 생활필수품처럼 되었다고 할 것이다.

고 있다. 각 기지국은 각각 서로 다른 고유의 매개변수(parameter)를 사용하여 휴
대전화와 메시지를 수신하거나 송신한다. 즉, 특정 휴대전화 번호로 전화를 걸
면 기지국의 송수신기(transceiver)가 무선공중파 주파수를 사용하여 셀 사이트(cell
site)에 있는 휴대전화와 신호를 송수신한다.1) 셀 사이트(cell site)에서 기지국으로
전달된 신호는 전화선, 광케이블 혹은 무선공중파를 타고 기지국제어기(base
station controller, BSC)를 거쳐 이동통신교환기(mobile switching center, MSC)로 전달된
다. 휴대전화기가 다른 셀(cell)로 이동하면, 기지국제어기(BSC)는 휴대전화기가
위치하는 새로운 셀 사이트(cell site)에 있는 기지국으로 신호를 전송해 준다.2)

휴대전화와 기지국은 통신채널(traffic channel)이라고 불리는 주파수를 통해
서로 통신한다. 한 개의 채널을 형성하기 위해 두 개의 주파수가 짝을 이루는데
한 주파수는 송신을 위한 것이고 다른 한 주파수는 수신을 위한 것이다. 통신채
널에 추가하여, 셀(cell) 기반 이동통신 시스템 자체의 관리를 위한 제어신호(control
signal)를 나르는 채널을 제어 채널(control channel)이라고 한다. 이것은 휴대전화
이용자가 한 셀(cell)에서 다른 셀(cell)로 위치를 이동할 때 채널을 변경하기 위해
정보를 나를 수 있도록 휴대전화와 기지국 사이에 공유하는 주파수이다.3) 셀
사이트(cell site) 범위 내에 있는 휴대전화기는 해당 기지국에 제어신호를 끊임없
이 내보내고 수신한다. 이러한 제어신호에 의해 휴대전화 서비스 제공업자에게
할당된 시스템 확인코드(System Identification Code), 휴대전화 제작업체가 부여한 전
자적 일련번호(Electronic Serial Number), 휴대전화기 확인번호(Mobile Identification Number)
등을 감지한다. 휴대전화 네트워크의 이와 같은 특성은 대부분의 사람들이 자발
적으로 남겨 놓은, 기지국이 위치하는 셀(cell)의 위치정보를 수사기관이 용이하
게 추적할 수 있도록 하고 있다. 즉, 휴대전화 서비스 제공업체에 있는 컴퓨터는
특정 휴대전화에 대해 특정 시간에 반응한 모든 기지국을 자동적으로 추적한다.
만약 휴대전화가 켜져 있어 한 개 이상의 기지국에 그 통화기록이 등록되어 있다

---

1) 셀 사이트(cell site)는 수 개의 셀(cell)의 가장자리에 놓여 있는 것이지 셀(cell)의 가운데 위치하고 있
   는 것이 아니라는 점에 관하여는 Tom Farley, Cellular Telephone Basics : AMPS and Beyond, at
   http://www.privateline.com/Cellbasics/Cellbasics.html 참조.
2) 이상은 미국 전자통신privacy 보호법(ECPA) 제정시 나온 연방상원의 보고서(Senate Rpt. No. 99-
   541, at 11, 1986 U.S. Code Cong & Admin News 355, 3565. 1986년에 재출판된 것으로 1986
   U.S.C.C.A.N. 3555, 3563) 중 cellular telephones에 관한 기술을 참조하고, 여기에 KT 장규상 박
   사의 기술적 조언을 얻어 작성한 것이다.
3) In re Application for Pen Register and Trap/Trace Device with Cell Site Location Authority, 396 F.
   Supp.2d 747, 750-751(S.D. Tex. 2005) ; http://electronics.howstuffworks.com/cell-phone1.htm도
   참조.

면 수사기관은 그 업체의 도움을 받아 신호들을 서로 비교하거나(이른바 삼각측정법, triangulation),[1] GPS를 통해[2] 그 휴대전화의 과거 및 현재의 위치를 찾아낼 수 있는 것이다.[3] 즉, 우리가 휴대전화를 한 번 걸기만 해도 그 신호가 서로 다른 기지국 사이를 이동하거나 하나의 기지국에 감응하여 위치이동 상태를 눈으로 확인할 수 있는 지도를 그리게 되는 것이다.[4] 휴대전화 이용으로 인한 이용자 위치추적의 오용, 남용 현상은 스마트폰 산업의 비약적 성장으로 상징되는 오늘날의 정보기술(IT) 사회에서 중요한 보안이슈로 떠오르고 있기도 하다.[5]

우리나라 현행 통신비밀보호법 제2조 제11호 바목이 규정하고 있는 "정보통신망에 접속된 정보통신기기의 위치를 확인할 수 있는 발신기지국의 위치추적자료"나 같은 호 사목이 규정하고 있는 "컴퓨터통신 또는 인터넷의 사용자가 정보통신망에 접속하기 위하여 사용하는 정보통신기기의 위치를 확인할 수 있는 접속지의 추적자료"도 전자적으로 저장된 위치정보에 해당하며 이들도 기본권의 보호대상이 되어야 한다. 특히 휴대전화 등 이동통신 사용자의 개인위치정보는 통신을 하기 위하여서는 필연적으로 발생되는 정보이며, 이동통신사업자에 의하여 설치된 교환장치로부터 직접 수집할 수 있다는 점에서 이용자가 입력한 일반적인 개인정보(성명, 주소, 주민등록번호 등)와 구별된다.[6] 현재 우리 법원의 영장실무를 보더라도 수사기관이 피의자 검거를 목적으로 통신사실 확인자료인 이들 개인위치정보를 많이 추적하고 있다. 이를 추적할 때는 법관이 발부한 영장에 의하여야 하기 때문이다. 2005. 5. 26. 법률 제7503호로 개정된 통신비밀보호법 제13조는 범죄수사를 위한 통신사실 확인자료 제공절차에 관하여 다음과 같이 규정하고 있다.

---

1) 동일한 휴대전화로부터 2개 이상의 통신기지국이 신호를 받게 되면 그 통신기지국들은 신호를 비교하여 신호의 도착시간차이(Time Difference of Arrival, TDOA)나 도착각도(Angle of Arrival, AOA)를 통해 그 휴대전화의 위치(경도 및 위도의 교차점)를 찾아내는 것이다. Harvard Journal of Law and Technology, "WHO KNOWS WHERE YOU'VE BEEN? PRIVACY CONCERNS REGARDING THE USE OF CELLULAR PHONES AS PERSONAL LOCATORS", p. 308.
2) Ibid.
3) Fishman and McKenna, 「Wiretapping and Eavesdropping」, Part VI, Chapter 28, §28 : 2 FN 5(West Law citation, WIRETAP §28 : 2).
4) 위 Harvard Journal of Law and Technology, "WHO KNOWS WHERE YOU'VE BEEN? PRIVACY CONCERNS REGARDING THE USE OF CELLULAR PHONES AS PERSONAL LOCATORS", p. 309.
5) 같은 취지로, 앞서 든 안철수 연구소 김홍선 대표이사의 "컨버전스 시대의 변화 코드-스마트폰, 클라우드, SNS와 보안을 중심으로", 23쪽 이하.
6) 위 함인선, "정보사회에서의 개인위치정보의 보호와 이용에 관한 법적 고찰", 6쪽.

'① 검사 또는 사법경찰관은 수사 또는 형의 집행을 위하여 필요한 경우 전기통신사업법에 의한 전기통신사업자에게 통신사실 확인자료의 열람이나 제출(이하 "통신사실 확인자료 제공"이라 한다)을 요청할 수 있다.'

'② 제1항의 규정에 의한 통신사실 확인자료 제공을 요청하는 경우에는 요청사유, 해당 가입자와의 연관성 및 필요한 자료의 범위를 기록한 서면으로 관할 지방법원(보통군사법원을 포함한다) 또는 지원의 허가를 받아야 한다. 다만, 관할 지방법원 또는 지원의 허가를 받을 수 없는 긴급한 사유가 있는 때에는 통신사실 확인자료 제공을 요청한 후 지체 없이 그 허가를 받아 전기통신사업자에게 송부하여야 한다.'[1]

위와 같이 법률이 개정되기 이전에는 검사 또는 사법경찰관이 법원의 통제를 받지 않고 관할 지방검찰청 검사장 등의 승인만을 얻어 통신사실 확인자료 제공요청을 하고 있었다. 그러나 그 남용이 심대하여[2] 위와 같이 법률을 개정하여 법원의 허가를 얻도록 한 것이다.

'③ 제2항 단서의 규정에 의하여 긴급한 사유로 통신사실 확인자료를 제공받았으나 지방법원 또는 지원의 허가를 받지 못한 경우에는 지체 없이 제공받은 통신사실 확인자료를 폐기하여야 한다.'

'⑤ 검사 또는 사법경찰관은 제2항의 규정에 따라 통신사실 확인자료 제공을 받은 때에는 당해 통신사실 확인자료 제공요청사실 등 필요한 사항을 기재한 대장과 통신사실 확인자료 제공요청서 등 관련 자료를 소속기관에 비치하여야 한다.'

'⑥ 지방법원 또는 지원은 제2항의 규정에 따라 통신사실 확인자료 제공요청허가청구를 받은 현황, 이를 허가한 현황 및 관련된 자료를 보존하여야 한다.'

'⑦ 전기통신사업자는 검사, 사법경찰관 또는 정보수사기관의 장에게 통신사실 확인자료를 제공한 때에는 자료제공현황 등을 연 2회 미래창조과학부장관에게[3] 보고하고, 당해 통신사실 확인자료 제공사실 등 필요한 사항을 기재한 대장과 통신사실 확인자료 제공요청서등 관련 자료를 통신사실 확인자료를 제공한 날부터 7년간 비치하여야

---

1) 저자는 법관의 영장을 발부받지 않고도 수사기관이 전기통신사업자에게 통신사실 확인자료 제공요청을 할 수 있도록 한 구 통신비밀보호법 제13조가 강제처분인 압수·수색에 대해 법관의 영장을 발부받도록 하고 있는 헌법 제12조 제3항에 위반된다고 주장하였는바[오기두, "수사상 전자통신자료의 취득에 관한 헌법적 문제", 헌법재판소, 「헌법논총」 제15집(2004), 409-410쪽], 그 후인 2005. 5. 26. 법률 제7503호로 개정된 같은 법 제13조 제2항이 법원의 허가를 얻도록 한 것이다.
2) 오기두, 위 "수사상 전자통신자료의 취득에 관한 헌법적 문제", 382쪽의 주 73)에 인용한 한겨레신문 2003. 10. 8.자 15쪽 기사 참조.
3) 과거에는 정보통신부 장관이었다가 방송통신위원회로 바뀐 후 현재 미래창조과학부장관으로 바뀐 것이다(이하 같다).

한다.'1)

'⑧ 미래창조과학부장관은 전기통신사업자가 제7항의 규정에 의하여 보고한 내용의 사실여부 및 비치하여야 하는 대장 등 관련 자료의 관리 실태를 점검할 수 있다.'

'⑨ 이 조에서 규정된 사항 외에 범죄수사를 위한 통신사실 확인자료 제공과 관련된 사항에 관하여는 제6조(동조 제7항을 제외한다)의 규정을 준용한다.'

위와 같은 기존의 휴대전화뿐만 아니라 PC기반 운영체제를 탑재한 스마트폰을2) 이용하여 트위터3) 계정으로 로그인한 다음 촬영한 동영상을 업로드하는 사용자의 위치를 파악해 가까운 지역에서 촬영된 동영상만 모아 보여주는 애플리케이션(응용프로그램)에 의해서도 스마트폰 사용자의 위치를 파악할 수 있다.4)

다. 「위치정보의 보호 및 이용 등에 관한 법률」

원래 미국 국방부에서 사용되기 시작한 전 지구적 위치확인 시스템(Global Positioning System, GPS)이5) 근래에 이르러서는 각종 위치기반 서비스사업에 이용되고 있다.6) 예컨대, 서울시와 경기도에서 사용되는 교통카드, 네비게이션 시스

---

1) 저자는 통신감청뿐 아니라 통신사실 확인자료 제공 사실도 그 대상자에게 통지하는 고지제도를 신설하자고 입법론으로 제안한 바 있는데 [오기두, 위 "수사상 전자통신자료의 취득에 관한 헌법적 문제", 406-7쪽], 그 후인 2005. 5. 26. 법률 제7503호로 신설된 같은 법 제13조의3은 이러한 고지제도를 두고 있다.

2) 스마트폰의 가장 큰 위험요소는 금전적 손실과 이 글의 주제인 정보유출(data steal)이다. 그 정보유출에는 통화기록, USIM Card 정보, GPS 위치정보, 주소록, E-mail 등 개인적 리스트와 사진, Multimedia File 등의 유출이 해당된다[장규상 박사의(KT 기업고객부문 근무), "스마트폰 출현과 생활의 변화", 12쪽]. 2010. 9.경 우리나라에 출시된 애플사의 스마트폰인 iPhone4나 태블릿 PC인 iPad 역시 사용자가 인터넷 접속프로그램(사파리)을 통해 악성코드를 심어둔 PDF 파일을 열람할 경우 사용자의 패스워드, 이메일, 문자메시지, 일정 같은 개인정보가 해킹당할 수 있는 것은 물론 도청이나 위치추적까지도 당할 수 있다고 독일 연방정보보안청이 2010. 8. 4. 발표하였다고 한다. 조선일보 2010. 8. 6.자 A1, 4쪽 기사.

3) 온라인상에서 불특정 타인과의 소통과 인맥을 맺을 수 있는 서비스를 Social Network Service (SNS)라고 하는데 그 중 twitter, yammer, 네이버의 me2DAY 등이 대표적이다. 이에 관해 상세한 것은 위 장규상 박사의(KT 기업고객부문 근무), "스마트폰 출현과 생활의 변화", 53쪽 이하 참조.

4) Wi-Fi(무선랜)는 반경 수십m 이내의 특정지역에서 스마트폰 등으로 무선 인터넷에 접속할 수 있는 서비스이다. 이에 의해 스마트폰 사용자의 위치를 알아낼 수 있는 것이다. Wi-Fi보다 더 가까운 거리에 있는 휴대전화, 컴퓨터, 가전제품 등을 무선으로 연결하는 통신기술을 Bluetooth라고 한다.

5) 1983년 Reagan 대통령때 민간인이 GPS를 이용할 수 있도록 되었다. 위 April A. Otterberg, "GPS TRACKING TECHNOLOGY : THE CASE FOR REVISITING KNOTTS AND SHIFTING THE SUPREME COURT'S THEORY OF THE PUBLIC SPACE UNDER THE FOURTH AMENDMENT", p. 666.

6) 통신망에 접속하지 않고 위치추적이 가능한 유비쿼터스 기술로 IC 카드와 RFID(무선주파수 신원확인장치)가 있다. IC 카드는 현재 국내의 은행에서 발행하는 각종 카드나 전철, 기차표 등에

템, 대리운전의 관제서비스, 이동통신사의 GPS기반 위치확인 부가서비스 등이 그것이다. 지금은 휴대전화 자체에 GPS칩이 장착됨으로써 개인경호서비스나 위치추적 등 각종 서비스가 제공되고 있다.[1] 더욱이 최근의 온라인 인맥구축관리서비스(Social Network Service, SNS)는 위치기반서비스(Location Based Service, LBS)와 만나 한 차원 진화한 서비스로 제공되고 있다고 한다. 예컨대, 스마트폰에 설치하는 애플리케이션인 포스퀘어는 특정 장소에서 사용자가 휴대폰으로 '체크 인(check-in)'하면 지인들이 그의 위치를 지도상에서 파악할 수 있는 서비스이다. 또 특정인이 있는 곳의 정보를 트위터나 페이스북에 남길 수도 있다.[2] 미아 방

응용되고 있다. 이들 IC 카드 자체로도 이용자의 위치, 이용상황 등을 추적할 수 있다. RFID 태그의 기술적 특징의 하나인 위치추적기능은 물품에 첨부되는 RFID 태그를 추적하여 물품의 물리적 이동경로를 추적할 수 있고, 이를 인체에 직접 부착하면 인체의 이동 내역도 추적할 수 있게 하는 기능이다. 「특정성폭력범죄자에 대한 위치추적전자장치부착에 관한 법률」에 의거하여 2008. 9. 1.부터 시행되고 있는 성폭력 범죄자에 대한 전자발찌제도도 RFID 기술을 응용한 것이라고 한다. 박정훈, "전자감시와 privacy의 관계 정립에 관한 연구", 131-133쪽.

[1] 미국의 경우 1999년 연방통신위원회(FCC)가 'E-911'이라는 법률을 제정하여 GPS 장착 휴대전화를 통한 긴급구조요청시 이동통신사업자들이 50-100m의 정확도로 위치정보를 연방방재청 등 구조기관에 보낼 수 있는 GPS 단말기 및 설비를 갖추도록 규정하고 있다고 한다. 그 이후 9·11 테러사건이 발생하면서 FCC는 E-911 법률에 기초하여 2007년 말까지 통신사업자에게 강제적으로 전국의 이동통신기반을 95%까지 GPS 칩이 내장된 휴대전화로 보급한다는 E-911 프로그램을 마련하여 현재 그 목표치를 달성하였다고 한다. 박정훈, "학교안전정보시스템 구축과 아동인권보호의 법적과제", 영남법학 제26호(2008), 14-16쪽; 박정훈, "전자감시와 privacy의 관계 정립에 관한 연구", 131쪽, 주 10).

[2] 다음은 백강녕 기자의 조선일보 2010. 5. 14.자 C1면(Digital Biz) 기사를 옮긴 것이다.
「가입자 숫자의 폭발적 증가에 힘입어 온라인 인맥구축 관리 서비스(SNS·Social Network Service)가 진화하고 있다. 2004년 등장한 대표적 SNS 서비스인 페이스북 사용자 숫자는 4억 명이다. 아이폰 덕분에 요즘 국내에서도 인기인 트위터 사용자 숫자는 1억 명이 넘었고, 지금도 매일 30만 명씩 늘어난다. SNS로 사람들이 모여들자 애플·아마존·구글·MS 등 세계 주요 IT 기업들이 일제히 SNS 진출을 선언했다. 자사의 기술력을 총동원해 한발 더 진화한 SNS를 선보인다는 것이다.
최근 SNS는 위치정보서비스(LBS)와 만나 한 차원 진화한 서비스로 다시 태어나고 있다. 미국에선 이미 위치정보와 SNS를 결합한 서비스가 큰 인기를 끌고 있다. 현재 약 100만 명이 사용하고 있다는 위치정보기반 SNS인 포스퀘어(Foursquare)가 바로 그것. 스마트폰에 설치하는 애플리케이션인 포스퀘어는 특정 장소에서 사용자가 휴대폰으로 '체크 인(Check-in)'하면 지인들이 그의 위치를 지도 상에서 파악할 수 있는 서비스다.
또 내가 있는 곳의 정보를 트위터나 페이스북에 남길 수 있다. 예를 들어 음식점에서 체크인한 뒤 맛에 대한 평가를 트위터나 페이스북에 올려 놓는 것이다. 포스퀘어가 주목받는 이유는 효과적인 지역광고가 가능하기 때문이다. 백화점에서 체크하면 백화점 내 할인행사 중인 점포를 보여줄 수 있다. 포스퀘어는 현재 140만 개가 넘는 장소에 대한 정보를 가지고 있다. 미국 야후는 지난달 포스퀘어를 1억 달러에 인수하겠다는 의사를 밝혔다. 직원 20명 미만의 신생업체(2009년 창업)를 약 1100억 원으로 평가한 것이다.
이처럼 요즘 IT 업계의 최대 화두는 위치정보와 SNS의 결합이다. 미국 애플은 위치정보를 반영한 SNS 애플리케이션 '아이그룹스(iGroups)'를 개발하는 중이다. 아이그룹스의 비즈니스 모델

지용 GPS 단말기도 보급, 이용되고 있다. 운전자들은 자신의 차량 운전 노선을 설정하기 위해 GPS 네비게이션 시스템을 이용할 수도 있다.

GPS는 지구주위를 회전하는 24개 이상의 인공위성과 휴대전화 등 GPS칩 장착 단말기 사이를 신호가 이동하는 시간을 측정하여 그 단말기의 위치를 알아내는 시스템이다. 즉 GPS칩이 인공위성으로부터 동시 송신되는 4개의 신호를 받으면 그 신호의 이동시간에 의해 20m 이내에 있는 단말기의 위도, 경도, 높이 등의 3차원적 위치를 계산해 낼 수 있고,[1] 그에 더하여 단말기 소지자의 이동 속도, 시간까지도 알아내는 것이다.[2] GPS에 의해 수집된 위치정보는 그것을 저장·관리하는 업체의 웹사이트에 접속하는 것만으로도 간단히 확인할 수 있다.[3] 그러므로 GPS에 의한 위치추적은, 전기통신망을 이용하여 통신기지국에 접속한 전자적 자료를 통해 위치를 추적하는 휴대전화에 의한 위치추적과는 기술적인 수단이나 그 추적범위, 추적의 용이성 등의 측면에서 구별된다.

우리나라에서는 이러한 위치정보의 적절한 이용과 규제를 목적으로 「위치정보의 보호 및 이용 등에 관한 법률」이 2005. 1. 27. 제정되어 같은 해 7. 28.부

에 대한 특허도 냈다. 아이그룹스는 같은 장소에 모인 사람들을 무선인터넷을 통해 연결해 연락처를 교환하고, 의견을 나누도록 해 주는 서비스. 회의·콘서트·전시회·결혼식장에 모였던 사람들을 그룹으로 만들어 헤어진 뒤에도 소식을 전할 수 있도록 했다.

인터넷 업계의 최강자 구글도 위치 기반 SNS 서비스를 준비 중이다. 최근 한국을 방문한 구글 휴고 바라 모바일 프로덕트 디렉터는 "내용을 공개할 수는 없지만 구글도 위치 정보를 반영한 SNS 서비스를 준비하고 있다"고 말했다. 이와 관련, 구글은 방송통신위원회로부터 위치기반서비스(LBS) 사업 승인을 받았다.

우리나라에도 SNS와 위치정보를 결합한 서비스가 등장했다. 길안내장치(내비게이터)용 소프트웨어 제조업체 엠앤소프트는 4월말 SNS 기능을 넣은 길안내장치 프로그램 '플레이맵 토크(Talk)'를 선보였다. 아이폰용 애플리케이션인 플레이맵 토크에는 '여기와보니' 기능이 있다. '여기와보니'는 포스퀘어와 같은 개념의 서비스다. 방문한 장소에 대한 정보를 남기고 다른 사람들이 볼 수 있도록 하는 것이다.」

1) 그러나 GPS는 인공위성으로부터 정보를 수신하기 때문에 숲, 빌딩 등의 장애물이 있으면 제대로 작동하지 않을 수도 있다. 이상은 위에 든 「Harvard Journal of Law and Technology」, "WHO KNOWS WHERE YOU'VE BEEN? PRIVACY CONCERNS REGARDING THE USE OF CELLULAR PHONES AS PERSONAL LOCATORS", p. 308, FN 4의 Smithsonian National Air and Space Museum, How Does GPS Work?, 종전의 http://www.nasm.si.edu/exhibitions/gps/work.html; Kevin Keener, "Government Surveillance in Context, for E-mails, Location, and Video : PERSONAL PRIVACY IN THE FACE OF GOVERNMENT USE OF GPS", 「I/S : A Journal of Law and Policy for the Information Society」(2007~2008), p. 473.

2) 위 April A. Otterberg, "GPS TRACKING TECHNOLOGY : THE CASE FOR REVISITING KNOTTS AND SHIFTING THE SUPREME COURT'S THEORY OF THE PUBLIC SPACE UNDER THE FOURTH AMENDMENT", p. 665, fn 32).

3) 위 April A. Otterberg, "GPS TRACKING TECHNOLOGY : THE CASE FOR REVISITING KNOTTS AND SHIFTING THE SUPREME COURT'S THEORY OF THE PUBLIC SPACE UNDER THE FOURTH AMENDMENT", p. 675, fn 100).

터 시행되고 있다.[1] 위 법률 제2조 제2호는 "개인위치정보"라 함은 특정 개인의 위치정보(위치정보만으로는 특정 개인의 위치를 알 수 없는 경우에도 다른 정보와 용이하게 결합하여 특정 개인의 위치를 알 수 있는 것을 포함한다)를 말한다고 규정하고 있다.[2] 위 법률에 의한 위치정보는 ① 그 기술적 특성으로 인해 위치정보의 노출가능성이나 그 노출범위가 컴퓨터 통신 로그기록, 정보통신기기의 발신기지국 위치추적 자료, 정보통신기기 이용자의 정보통신망 접속지 추적자료 등 통신비밀보호법 제2조 제11호 및 제13조에 규정된 통신사실 확인자료보다 훨씬 크고, ② 위치정보를 수집·저장·분석·이용 및 제공할 수 있도록 서로 유기적으로 연계된 컴퓨터의 하드웨어, 소프트웨어, 데이터베이스 및 인적자원의 결합체인 위치정보시스템에 의해 관리되므로[3] 그 위치정보의 유출, 남용으로 인한 기본권 침해 위험성 역시 훨씬 크다는 점 등에서 위 통신사실 확인자료와 구별된다.

누구든지 개인 또는 소유자의 동의를 얻지 아니하고 당해 개인 또는 이동성이 있는 물건의 위치정보를 수집·이용 또는 제공하여서는 안 되는 것이 원칙이다(「위치정보의 보호 및 이용 등에 관한 법률」 제15조 제1항 본문). 또한 누구든지 타인의 정보통신기기를 복제하거나 정보를 도용하는 등의 방법으로 위치정보사업자 등을 속여 타인의 개인위치정보를 제공받아서는 안 된다(같은 조문 제2항). 위치정보를 수집할 수 있는 장치가 부착된 물건을 대여하는 자는 위치정보 수집장치가 부착된 사실을 대여받는 자에게 고지하여야 한다(같은 조문 제3항). 위치정보사업자 등은 위치정보의 누출, 변조, 훼손 등을 방지하기 위하여 위치정보의 취급·관리 지침을 제정하거나 접근 권한자를 지정하는 등의 '관리적 조치'와 방화벽 설치나 암호화 소프트웨어 활용 등의 '기술적 조치'를 취하여야 한다(위 법률 제16조 제1항). 위치정보사업자등은 위치정보 수집·이용·제공사실 확인자료를 위치정

1) 나아가 2010. 7. 30.(금) 14:00-16:00까지 한국광고문화회관에서 방송통신위원회 주최로 '위치정보의 보호 및 이용 등에 관한 법률' 개정안 공청회가 있었다. 그러나 이 글의 주제와 관련된 부분에 관한 논의는 이루어지지 않았다. www.kcc.go.kr[국민참여 – 전자공청회], [알림마당 – 법령정보 – 입법예고]란 참조.
2) 이 법률에서 말하는 위치정보사업자란 위치정보를 수집하여 위치기반서비스사업자에게 제공하는 것을 사업으로 영위하는 자로서(위 법률 제2조 제6호 참조) 통신기지국 정보, GPS, RFID, 기타 무선 통신망 등을 통해 이동성 있는 물건 또는 사람의 위치정보를 수집하여 위치기반서비스사업자와 계약을 맺고 이러한 위치정보를 제공하는 사업자를 말한다. 또한, 위치기반서비스사업자란 위치정보사업자로부터 제공받은 위치정보를 이용하여, 고객에게 직접 위치정보를 기반으로 한 서비스를 제공하는 사업자를 말한다. 한편, 위치정보사업자가 자신이 수집한 위치정보를 다른 사업자에게 제공하지 않고 직접 고객을 대상으로 주변 식당찾기, 길안내 등의 서비스를 제공하는 경우에도 위치기반서비스사업자에 해당된다. 함인선, "정보사회에서의 개인위치정보의 보호와 이용에 관한 법적 고찰", 6쪽, 주 13).
3) 「위치정보의 보호 및 이용 등에 관한 법률」 제2조 제8호.

보시스템에 자동으로 기록되고 보존되도록 하여야 한다(같은 조문 제2항). 위치정 보사업자등과 그 종업원이거나 종업원이었던 자는 직무상 알게 된 위치정보를 누설·변조·훼손 또는 공개하여서는 안 된다(위 법률 제17조). 위치정보사업자가 개 인위치정보를 수집하고자 하는 경우에는 미리 일정한 내용을 이용약관에 명시 한 후 개인위치정보주체의 동의를 얻어야 한다(위 법률 제18조 제1항). 위치정보사 업자등은 개인위치정보주체의 동의가 있는 등의 경우를 제외하고는 개인위치정 보 또는 위치정보 수집·이용·제공사실 확인자료를 이용약관에 명시 또는 고지 한 범위를 넘어 이용하거나 제3자에게 제공하여서는 안 된다(위 법률 제21조). 위 법률 제4장은 긴급구조를 위하여 개인위치정보를 이용할 수 있는 경우에 관한 규정을 두고 있다.

그러나 위 법률은 범죄수사를 위하여 위치정보를 추적할 수 있는 경우에 관하여 직접적으로 규정하고 있지는 않다.[1] 즉 범죄수사를 위해 수사기관이 당 연히 개인의 위치정보를 추적할 수는 없는 것이고 특정 위치정보가 휴대전화 등의 통신수단을 이용해 추적 가능한 경우에 한하여 통신비밀보호법에 의한 영 장을 발부받아서 해야 한다.[2]

라. CCTV

도로, 대중목욕탕, 아파트단지 등에 설치된 CCTV(감시카메라)도 개인의 위치 정보를 전자적으로 저장하기 위한 장치이다. 불법주차단속이나[3] 쓰레기 무단투

---

1) 미국의 경우 수사기관은 이동통신업체(carrier)에 저장된 휴대전화 GPS 칩의 위치에 관한 cell-site에 기록되는 정보를 실시간으로 볼 수 있거나 과거 18개월간의 기록을 볼 수 있다고 한다. 위 Kevin Keener, "Government Surveillance in Context, for E-mails, Location, and Video : PERSONAL PRIVACY IN THE FACE OF GOVERNMENT USE OF GPS", p. 475.
2) 「위치정보의 보호 및 이용 등에 관한 법률」상 수사기관이 개인위치정보를 범죄자의 추적에 이 용할 수 있는지에 대해, 비록 수사기관이 추적중인 범죄자라고 하더라도 확정판결이 있기 전까 지는 무죄추정의 원칙이 적용되어 일반인과 같은 신분이라는 점, 범죄자로 추정되는 자의 수사 단서를 잡기 위한 전자통신의 녹취, 감청 등에는 법관의 영장을 요하는 등 영장주의가 관철되고 있다는 점을 고려하여, 개인위치정보를 취득하려는 경우에도 법관에 의한 영장이 요구된다고 하 는 견해로서, 이영대·최경규, "위치정보규제와 개인정보보호", 「규제연구」 제13권 제2호, 173-174쪽 참조. 통신비밀보호법은 일정한 통신사실 확인자료에 대해 명문으로 법원의 허가를 받을 것을 규정하고 있다(같은 법 제13조 참조). 이 점은 함인선, "정보사회에서의 개인위치정보의 보 호와 이용에 관한 법적 고찰", 주 33) 참조.
3) 다음은 국민일보 2010. 8. 18.자 기사를 인용한 것이다.
「내년부터 장애인 전용 주차장에 차를 대는 일반 차량을 실시간으로 잡아내는 무인감시 시스 템이 운영된다. 18일 행정안전부와 보건복지부에 따르면 10월까지 인천시에 CCTV와 RFID(무선 인식) 기술을 활용해 장애인 주차장 불법주차 차량을 가려내는 시스템을 설치해 시범 운영에 들 어간다. 이 시스템은 장애인 차량에 RFID 칩을 지급해 칩이 있는 차량만 장애인 주차장에 주차 하게 하거나 CCTV로 차량의 번호판을 인식해 장애인 등록 차량인지 가리는 방식이다. RFID나

기 감시, 범죄예방 등을 위해 설치되고 있다.[1] CCTV에 찍히는 사람이 길거리에 나와 가시거리 내에 있는 불특정 다수의 사람에게 자신의 위치를 공개한 이상 그 정보는 더 이상 사적 정보가 아니므로 그의 모습을 CCTV로 촬영하였다고 해서 privacy권에 의해 보호될 여지가 없다고 볼 것인가? 아니면 그런 사람이라고 할지라도 그가 어느 시간에 길거리에 나왔는지, 어느 장소에 나왔는지, 어디로 가려고 하는지, 그리고 그렇게 나온 길거리에서 어떤 행위를 하고 있는지 등에 대해서 자신과 함께 길거리에 있지 않은 제3자(예컨대 수사기관 등)에게 보이고 싶지 않은 영역이 있으므로 그 부분에 대해서도 privacy권 등의 기본권으로 보호해야 할 부분이 있다고 해야 할 것인가? 일단 이 경우에도 privacy권 등의 기본권을 인정하되 그것을 제한할 목적이나 수단의 정당성, 최소침해 여부, 법익균형 등의 헌법적 심사기준을 들이대어 그 침해수단인 CCTV 촬영의 합헌성 여부를 따져야 할 것이다.[2]

마. 교통카드 사용내역

주식회사 한국스마트카드가 판매하고 있는 교통카드(T-money) 자체는 구매자의 신원이 노출되지 않으므로 위치정보가 노출되는 경우는 문제되지 않는다. 그러나 신용카드를 이용하여 지하철이나 버스 이용요금을 결제하는 경우 그 신

번호판 분석을 통해 일반 차량으로 확인되는 차는 전산망을 통해 건물 관리자에게 즉시 통보된다. 건물 관리인은 적발된 일반 차량 운전자에게 차를 옮기게 하거나 심한 경우 구청에 신고해 10만원의 과태료 처분을 받게 한다. RFID 태그가 없는 차량이 장애인 주차장에 차를 대려 하면 경고음이 울려 주차를 원천적으로 막는 방안도 함께 검토되고 있다. 정부는 인천시의 시범 사업이 효과가 있다고 판단되면 다른 지방자치단체로 확대할 예정이다. 지금까지는 장애인 주차장 전담 관리요원이 아예 없거나, 있더라도 직원이 직접 주차장에서 장애인 차량 여부를 확인하는 방식이어서 단속의 실효성이 크지 않았다. 행안부 관계자는 "무인단속 시스템이 운영되면 단속 실적을 떠나 일반 차량 운전자가 장애인 주차장에 차를 대려는 심리가 위축돼 불법주차 관행이 크게 개선될 것으로 기대한다"고 말했다.」

1) 정부는 2008. 8. 12.에 개인정보 보호법제정(안)을 입법예고하였는데, 그 법률안에는 CCTV 등 영상정보처리기기의 설치제한의 근거를 마련하였다. 즉, 영상정보처리기기 운영자는 일반적으로 공개된 장소에 범죄예방 등 특정 목적으로만 이를 설치할 수 있고, 안내판 설치 등 필요한 조치를 취하여야 한다. 이로써 CCTV 등 영상정보처리기기의 무분별한 설치를 방지하여 개인영상정보 보호를 강화할 수 있도록 하였다. 이에 관해서는 위 함인선, "정보사회에서의 개인위치정보의 보호와 이용에 관한 법적 고찰", 16쪽 이하 참조.
   그리고 현재 시행되고 있는 개인정보 보호법(2014. 3. 24. 법률 제12504호 일부개정) 제25조는 영상정보처리기기의 설치·운영 제한에 관하여 규정하고 있다.
2) 이에 관해서는 2003. 10. 10. 헌법재판소에서 개최된 제41회 헌법실무연구회에서 박경신 교수가 발표한 "명예, 초상, privacy 그리고 표현의 자유에 관한 비교법적 분석－한국, 미국, 독일, 프랑스－"의 발표문 및 그에 관해 저자가 토론한 내용 참조. 헌법재판소,「헌법실무연구」제5권(2004), 1쪽 이하, 32-34쪽.

용카드 사용내역을 통하여 이용자의 주민등록번호, 주소, 성명과 함께 그 위치
정보가 고스란히 신용카드 회사의 전산망에 남게 된다.[1]

또한 고속도로를 이용하려는 경우 이용요금을 지급하는 하이패스 단말기도
위치를 추적할 수 있는 장치가 될 수 있다.[2] 하이패스 단말기를 구입하는 경우
구입자의 이름, 주소, 주민등록번호 등의 인적 사항을 밝혀야 한다.[3] 이 단말기
를 장착한 승용차 등을 운전하여 고속도로 이용요금을 결제하는 경우에도 이용
자의 인적 사항이 특정되어 그 위치정보가 고속도로 관리자 컴퓨터 서버에 그
대로 전자적으로 수집·보관되는 것이다.[4]

---

1) 나아가 버스 등 차량의 종점에 설치되어 그 차량으로부터 운행기록을 수신받아 데이터베이스화
하는 메인 컴퓨터를 갖는 운행감시시스템에서 차량에 탑재되어 GPS 위성으로부터 차량위치와
현재시간을 포함하는 차량정보를 수신하게 되면 차량에 현재 탑승한 승객의 실시간 위치추적도
가능하게 된다. 이러한 기술개발이 문제된 특허심판원의 2009. 1. 16.자 2008당2345 심결(특허등
록제429587호발명 '운행감시시스템및운행감시방법'의 무효) 참조.
2) 다음은 http://news.donga.com/3/all/20120606/46790606/1에 올라와 있는 기사내역이다.
"2012년 6월 5일 한국도로공사에 따르면, 위 공사는 2009년 초부터 전국 고속도로변에 교통정
보 수집을 목적으로 한 노변 기지국(RSE) 600여개를 설치하고 하이패스 단말기를 장착한 차량
의 구간별 통과시간 등 차량 위치정보를 수집하고 있다. 하이패스 단말기 중 교통정보 수집이
가능한 RF(라디오 주파수)형 단말기 가입 차량은 2012년 5월 현재 403만대로 국내 등록 차량
(2011년 12월 기준 약 1843만여 대)의 5분의 1에 달한다."
3) 다음은 2012. 10. 9.자 아시아경제 [2012국감] 「하이패스 통과땐 개인정보 수사기관 통보」라는
제목의 기사 내용이다.
"2012년 10월 9일 국회 국토해양위 윤후덕 의원이 한국도로공사에서 제출받은 자료를 분석한
결과 최근 5년간 하이패스를 통과한 차량의 정보를 검찰청, 경찰청, 군수사대 등에 417건이나
넘긴 것으로 나타났다고 밝혔다. 하이패스 이용 정보 제공 건수는 2008년 6건, 2009년 160건,
2010년 87건, 2011년 81건, 2012년 9월 기준 83건이다. … 하이패스 이용정보는 특정 차량의 진
출입 장소와 시간이 포함된 것으로 알려졌다."
4) 다음은 네이버 지식 iN에 올라와 있는 ybk4636, "영웅"의 게시글을 옮긴 것이다.
「1. 하이패스 개요 : 하이패스(Hi-pass)는 주행(무정차) 상태에서 톨게이트의 안테나와 차량내
탑재된 단말기(전자카드가 삽입된 상태)간의 무선통신에 의해 통행료를 지불하는 무인운영시스
템입니다. 하이패스에서 사용하는 무선(적외선 및 주파수)통신 방식은 적외선(IR) 방식, 주파수
통신(RF) 방식 두 가지가 있습니다. 하지만 전파통신 특성상 전파장애를 언제든 받을 수 있기
때문에 1% 이하의 에러율이 발생할 수 있습니다(100대 중 1대 이하로 통신 실패할 가능성이 있
음). 2. 통신 방식 : 카드 ↔ 단말기(OBU : On Board Unit) ↔ 톨게이트 안테나 / 하이패스 결제를
위해서는 하이패스 카드와 OBU로 불리는 단말기가 반드시 있어야 합니다. 우선 카드와 단말기
간의 컨택 방식으로 데이터 통신을 합니다. 요즘은 콤비카드로 컨택과 컨택리스 방식 두 가지로
데이터 통신이 가능해졌습니다. 단말기가 RF(13.56MHz) 통신도 수용할 수 있는 것이지요. 그래
서 교통카드로 하이패스 결제가 가능하다고 하는 것입니다. 교통카드는 ISO 14443 표준의 통신
주파수를 사용하는데 이는 13.56MHz입니다. 그리고 카드와 단말기간의 데이터는 단말기와 톨게
이트 안테나가 무선통신을 합니다. 이때는 IR(적외선)과 RF(무선통신) 두가지 방식으로 이루어
집니다만, 단일 방식으로 표준화 될 것입니다. 아마도 2.4GHz 나 5.8GHz로 단일화되지 않을까
예측해봅니다. 보통의 경우 5.8GHz 통신의 결제방식을 하이패스라 합니다. 차량통제 메카니즘
을 제외하고 하이패스 결제 프로세스만 보면, 먼저 차량을 인지하고 안테나에서 차량으로 결제

바. 금융정보에 의한 위치추적

1) 신용카드 또는 현금카드 사용내역 등의 추적

스포츠 마사지업소나 퇴폐업소 이용자가 신용카드로 이용 요금을 결제한 경우 그 신용카드 사용내역을 추적하면 당해 이용자의 범죄행위지를 추적할 수 있다. 은행 현금인출기에서 현금카드를 사용한 보이스 피싱 범죄자의 위치도 그 현금인출기 사용내역으로 추적할 수 있다. 이처럼 피의자가 휴대전화를 사용하지 않고 거처도 일정치 않으나 특정한 신용카드나 현금카드를 소지하고 있을 경우 그 사용 장소를 파악하여 피의자를 검거하기 위한 목적으로 수사기관이 법원에 신용카드 또는 현금카드의 '사용 일시' 및 '사용 장소' 등 사용내역에 대한 실시간 확인을 허가해 줄 것을 요청하고 있다. 신용카드의 결제는 전자지불 서비스를 대행(payment gateway)하는 신용카드 단말기 설치·관리회사가 신용카드 가맹점과 신용카드사의 통신을 중계하여 이루어진다. 현금카드의 결제도 은행이 직접 설치한 현금자동지급기를 통하여 이루어지기도 하지만 전자지불 서비스를 대행하는 현금자동지급기 설치·관리회사의 중계에 의하여 이루어지는 경우도 있다. 수사상 일정 시간대에 편의점 등에 설치된 현금자동지급기 사용자 위치를 파악하기 위하여 편의점 등에 설치된 현금자동지급기 거래내역에 대한 추적을 하는 경우도 있다. 금융기관 아닌 현금자동지급기 설치회사 또는 신용카드 단말기 설치회사 등이 운영하는 현금자동지급기나 신용카드 단말기 사용자의 이용일시, 개시·종료시간 등에 관한 전산자료도 수사기관이 용이하게 추적할 수 있는 전자적 위치정보에 해당한다.

2) 금융기관의 전산망에 저장된 위치정보

특정인의 계좌개설 여부, 즉 특정인이 어느 금융기관의 어느 지점에 어떤 계좌를 개설하였는지에 관한 정보도 그의 위치를 추적할 수 있는 정보에 해당한다. 예컨대 금융기관이 보유하고 있는 고객정보조회표(CIF : Customer's Information File)에는 계좌명의인의 인적 사항, 해당 은행과 관련된 회사의 신용카드를 소지하고 있을 경우에는 6개월간 월별사용내역, 타행카드를 사용하고 있을 경우에는 타행카드 발행내역 등이 포함되어 있다. 또한 자기앞 수표 지급내역 조회자료나

요청 정보를 보내면, 차량의 OBU가 카드의 결제정보(카드종류/결제방식 등)를 OBU에 보내고 OBU는 다시 톨게이트 안테나로 보낸 후, 결제가 완료된 후 다시 결제완료 정보를 역순으로 카드까지 보내면서 카드에 기록하는 것입니다. 물론, 톨게이트 서버에도 그 기록은 남겨집니다. 사후 정산을 위해 카드 발행사에 결제데이터를 보내고 교통요금을 청구(후불의 경우)하는 등의 또 다른 결제 프로세스가 이어지는 것입니다.」

마이크로필름 또는 수표 스캔파일 자료를 통하여 자기앞수표에 대한 지급제시
정보도 알 수 있다.1) 인터넷 뱅킹으로 접속한 IP주소, 인터넷 뱅킹계정에 접속
하였던 로그기록, 공인인증서로 은행에 접속한 로그기록 등도 전자적 위치정보
에 해당한다. 특히 공인인증서로 금융기관 전산망에 접속하는 경우, 그것이 금
융결제원을 통하여 발급된 공인인증서라면 인터넷 뱅킹관련 로그기록은 해당
발급 은행의 전산망에 남게 된다. 그 발급 은행이 아닌 다른 은행거래에 사용하
거나 카드회사, 보험회사와의 거래에 사용될 경우에는 그 로그기록이 금융결제
원 전자인증센터에 남게 된다. 증권거래나 선물거래의 경우에도 해당 인증서 발
급 증권회사 전산망에 대한 로그기록이 해당 증권회사 전산망에 남게 된다. 이
러한 사항들이 금융기관 전산시스템에 전자적으로 저장되어 있을 때 이를 일컬
어 금융기관 전산시스템에 저장된 위치정보라고 할 수 있다. 이러한 위치정보에
대한 수사활동에 대하여도 privacy 보호 등에 관한 헌법적 심사기준을 적용하여
야 할 것이다.2)

---

1) 자기앞수표, 현금, 타행입금·지급 등이 거래일시별로 전반적으로 표시된 입출금 거래내역서나
   자기앞수표의 수표번호, 발행인 주민등록번호, 지급일자, 지급인 실명번호, 외화송금액, 그 의뢰
   인 인적 사항, 수취인 거래은행의 은행명, 계좌번호 등 외화송금에 관한 자료 등으로도 범죄관
   련자의 위치를 추적할 수 있다. 입출금 무통장 송금전표철, 자동화기기에서 거래된 내용을 담은
   자동화기기전표를 철해 놓은 무전표거래명세서철 등도 마찬가지다.
2) 미국 연방대법원은 은행이 은행비밀법(Bank Secrecy Act)에 의해 보유하고 있는 고객의 금융거
   래정보를 대배심 소환장에 의해 취득하는 수사기관의 행위가 연방 헌법 수정 제4조를 위반하
   는지 하는 쟁점에 관해 다음과 같이 판시하였다[United States v. Miller, 425 U.S. 435(1976)].
   즉 다수의견은, 은행이 보유하고 있는 고객의 금융정보에 대하여 주거지나 재물 등 사생활로서
   보호되는 영역에 대한 침범이 없고, 그 고객이 자발적으로 공중에 제공한 정보이며, 그로써 자
   신이 제공한 정보가 수사기관에 제공될 수도 있다는 위험을 인수한 것이므로 연방 헌법 수정
   제4조에 위반되지 않는다는 것이다[이 Miller 판결에 대한 상세한 분석과 설명은 이창수, "미
   국에서의 계좌추적", 대검찰청, 「형사법의 신동향」(2008. 8.), 63쪽 이하; 위 Kevin Keener,
   "Government Surveillance in Context, for E-mails, Location, and Video : PERSONAL PRIVACY
   IN THE FACE OF GOVERNMENT USE OF GPS", pp. 492-493 등 참조]. 그러나 오늘날 은행거
   래를 하지 않고 경제사회에 동참하는 것은 불가능한 상황인 점을 감안하면 은행에 개인정보를
   제공한 것이 자발적인 제공이라고 보기 어려우며 그 정보가 수사기관이 열람하지 않는다는 점
   에 관한 고객의 합리적인 기대가 인정되어야 한다며 위헌론을 펼친 Brennan 대법관과 Marshall
   대법관의 의견을 더 경청해야 할 것이다. 위 Miller 판결 이후 미연방의회는 수사기관으로 하여
   금 당해 금융정보 추적을 구하는 영장(subpoena) 사본을 그 집행 전에 정보주체인 고객에게
   교부할 것과 그에 대한 고객의 불복제도를 마련하는 것으로 Miller 판결의 적용을 제한하였다
   [12 U.S.C. §3405(2006)]. 그리고 많은 비판자들이 위 Brennan, Marshall 대법관의 논리에 입각하거
   나 Katz 판례에 반한다는 등의 이유로 Miller 판결을 거세게 비판하고 있다[Deidre K. Mulligan,
   "Reasonable Expectations in Electronic Communications : A Critical Perspective on the Electronic
   Communications Privacy Act", 72 Geo. Wash. L. Rev. 1557, 1581(2004); Patricia L. Bellia,
   "Surveillance Law through Cyberlaw's Lens", 72 Geo. Wash. L. Rev. 1375, 1405(2004)].

사. 선거범죄수사와 전자적 위치정보 추적

각급 선거관리위원회 직원은 정보통신망을 이용한 공직선거법 위반혐의가 있다고 인정되는 상당한 이유가 있는 때에는 당해 선거관리위원회의 소재지를 관할하는 고등법원(구·시·군선거관리위원회의 경우에는 지방법원) 수석부장판사 또는 이에 상당하는 부장판사의 승인을 얻어 정보통신서비스 제공자에게 당해 정보통신서비스 이용자의 성명(이용자를 식별하기 위한 부호를 포함한다)·주민등록번호·주소·이용기간·이용요금에 대한 자료의 열람이나 제출을 요청할 수 있다. 특히 해당자의 전자우편주소, 인터넷 로그기록 자료 및 정보통신망에 접속한 정보통신기기의 위치를 확인할 수 있는 자료도 그 대상에 포함된다.[1] 이들도 전자적으로 저장된 개인의 위치정보를 국가가 추적하는 경우에 해당한다.

3. 미국의 위치정보 추적 관련 법제 및 실무

가. 제정법과 법원의 영장실무

1) 통신내용 감청

1968년에 제정된 18 U.S.C.A. §2510(1)이 유선통신(wire communication)을 대상으로 하고 있었기 때문에 무선통신 방식인 휴대전화의 이용자에 대하여 위 법률을 적용할 수 있는지 의문시되었다. 단지 유선전화기와 무선전화기 사이의 통신에 대해 위 법률을 적용할 수 있는 것으로 보았을 뿐이다.[2] 1981년에는 미국 연방 통신위원회(Federal Communications Commission, FCC)가 휴대전화 서비스 이용을 승인하였다. 무선기지국 수사 등 휴대전화 통화 감청을 규율하는 법으로 연방의 경우 1986년 제정된 '전자통신 privacy 보호법'(Electronic Communications Privacy Act, ECPA)이 있다.[3] 위 전자통신 privacy 보호법 §2510(2)는 그 규율대상인 전자통신의 개념을 "표시, 신호, 문자, 영상, 소리, 자료, 정보 등과 같은, 전부 또는 일부가 유선, 전파, 전자, 광전자, 사진광 등의 시스템에 의해 州間 또는 외국간의 거래에 전달되는 것"이라고 정의하였다. 여기에는 §2510(1)을 함께 읽어 볼 때 "유선통신"(wire communication)에 음성 전송이 부분적으로 유선방식으로, 나머지 부분은 무선방식으로 "변환장소"(switching station)에 의해 이루어질 때도 포함되는

---

1) 공직선거법 제272조의3 제1항.
2) State v. Tango, 287 N.J. Super. 416, 671 A.2d 186(App. Div. 1996).
3) 연혁에 대한 설명은 Hon. James Carr and Patricia L. Bellia, Law of Electronic Surveillance, West Law Database(2010. 2.), §3 : 7. Electronic communications 참조.

것이었다. 결국 위 §2510(1)(2)에 의하면 두 개의 휴대전화간 통화내용이건 1개의 휴대전화와 1개의 유선전화간의 통화내용이든 모두 위 법률이 적용되는 "유선통신"에 해당되는 것이다.1) 이처럼 원래 1984년에 '전자통신 privacy 보호법'을 제정할 당시 휴대전화기와 기지국 사이의 무선전송(cordless telephone trans-mission)2) 부분은 위 "전자통신"에서 제외되었으나 그 이후 이를 포함하는 것으로 해석되게 된 것이다. 그리고 1994년 제정된 '법강제기관을 위한 통신조력법'(후술)과 함께 연방법전 제18권 Title III이 명문으로 휴대전화기와 기지국 사이의 무선전송을, 규율되는 감청대상으로 삼게 되었다.3) 디지털식 무선호출기(삐삐)로 전송하는 것도 위 법률상의 "전자통신"(electronic communication)에 해당한다.

18 U.S.C.A. §2510 이하에서 통신감청에 대해 상세히 규정하고 있는데, 검사가 법원에 감청영장을 청구함에 있어서는 감청대상자에 대해 그 동안 어떤 수사수단을 사용하였는지,4) 그리고 아직 사용되지 않은 수사수단이 왜 성공적이지 못할 것인지, 왜 너무 위험한지 등에 관해 상세히 이유를 밝혀야 한다.5) 위 규정은 전송중인 전자통신의 감청에만 적용되며 저장된 전자통신 감청에 관해서는 18 U.S.C.A. §§2701 – 2707이 적용된다.6)

1) Senate Rpt. No. 99-541, supra, at 11, 1986 U.S. Code Cong & Admin News 355, 3565.
2) 보통 전화기(가입 전화기)의 송수화기(handset)와 본체(base)를 연결하는 코드를 무선 링크(radio link)로 대치하여, 실내 등의 짧은 거리 범위에서 음성 신호를 본체로 송수신하여 통화할 수 있는 전화를 코드 없는 전화(cordless telephone: CT)라고 부르는데, 초기에는 본체로부터 수십m 거리에서만 본체에 접속하여 통화할 수 있었으나 점차 전송거리가 길어지고 송수화기에 다이얼링 글쇠판을 장착하여 개인 휴대 통신(PCS)의 전단계로 일명 텔레포인트(telepoint)로 알려진 기지국과 접속하여 옥외의 도로 등에서 일반전화와 통화할 수 있는 발신 전용의 휴대 단말기인 제2세대 코드 없는 전화(CT-2)로 발전하였고, 다시 발착신이 가능한 PCS로 발전한 것이다. 이상은 한국정보통신기술협회, 「정보통신용어사전」 제4판, 1353쪽 설명임.
3) Pub. L. 103-414, Oct. 25, 1994, 108 Stat. 4279; House Rep. No. 103-827, 103d Cong., 2d Sess., 18. §3 : 3
4) 통상적으로 사용할 수 있는 수사수단으로는 (1) 육안이나 청각에 의한 감시, (2) 참고인이나 피의자에 대한 신문, (3) 일반적인 압수·수색영장의 집행, (4) 정보원의 투입 등이 있다. U.S. v. Cline, 349 F.3d 1276(10th Cir. 2003).
5) U.S. v. Shaw, 94 F.3d 438(8th Cir. 1996); U.S. v. Salemme, 978 F.Supp.343(D. Mass. 1997); People v. Truver, 244 A.D.2d 990, 665 N.Y.S.2d 995(4th Dep't 1997).
6) Brown v. Waddell, 50 F.3d 285, 290(4th Cir. 1995). 이 밖에 Com. v. Proetto, 2001 PA Super 95, 771 A.2d 823, 830-31, 92 A.L.R. 5th 681(2001), aff'd, 575 Pa. 511, 837 A.2d 1163(2003)도 참조. 일정한 순간만 계속되는 전자통신, 예컨대 전송 중에 있는 이메일도 ECPA가 규율하는 "전자통신"에 해당한다. 그러므로 채팅룸에서 이루어지는 짧은 순간의 대화를 그 진행 도중에 기록하거나 제3자가 이메일 내용을 읽는 것도 감청에 해당한다[U.S. v. Councilman, 418 F.3d 67, 79(1st Cir. 2005); State v. Lott, 879 A.2d 1167, 1170(N.H. 2005)]. 그러나 휴대전화기에 저장되어 있는 전화번호는 ECPA의 규율대상이 아니다(U.S v. Parada, 289 F.Supp.2d 1291, 1303 판결).

2) 펜기록기와 트랩추적장치법의 적용

미국 수사기관은 펜기록기(pen register)와 트랩추적장치(trap and trace device)를 이용하여 전화통신사실을 확인함으로써 범죄혐의자의 위치를 추적할 수 있다.[1] 그 근거가 되는 법률이 1986년 "전자통신 privacy 보호법"(ECPA)의 일부로 제정된 펜기록기/트랩 추적장치법(Pen/Trap Statute)이다.[2] 펜기록기는 유선통신 또는 전자통신이 이루어지는 기구나 설비에 부착되어[3] 그에 의해 전송되는 신호(통신내용 정보 자체는 제외[4])를 기록하거나 해독하는 장치를 의미한다.[5][6] 그러므로 디지털식 무선호출기(삐삐)는 펜기록기에 해당하지 않는다.[7] 즉 펜기록기는 특정 전화선으로 걸려오는 전화번호들을 확인할 수 있게 해 주는 장치이다.[8] 따라서 특정 전화선에서 발신되는 전화번호만 기재하였을 뿐 그 전화선으로 인입된 전화의 번호를 확인할 수 없는 장치는 여기서 말하는 펜기록기에 해당하지 않는다.[9]

하드웨어나 운영체계 또는 둘의 조합에 의해 작동되는 특별한 형태의 조건 전달점을 트랩(trap)이라 하는데,[10] 트랩추적장치란 유선통신이나 전자통신을 확

1) 특히 USA PATRIOT ACT[18 U.S.C. §3127(3)(2001), USA PATRIOT ACT는 the Uniting and Strengthening America by Providing Appropriate Tools Required to Intercept and Obstruct Terrorism Act.의 첫 글자들을 딴 약어이다]에 규정된 "신호 정보"(signaling information)에 휴대전화 위치 정보가 포함된다는 견해에 의하면 이 펜기록기/트랩추적장치법이 휴대전화 위치정보 추적의 근거 법률이 될 수 있다. S.D.N.Y. I, 405 F.Supp.2d at 438-39.
2) Pub. L. No. 103-414, Title I, §103. 특히 18 U.S.C. §§3123, 3127(3) 참조.
3) State v. Gibson, 255 Kan. 474, 874 P.2d 1122(1994) 참조.
4) 즉 펜기록기는 통신내용 자체를 취득하는 것이 아니므로 감청도구에 해당하지 않는다. U.S. v. New York Tel. Co., 434 U.S. 159, 98 S. Ct. 364, 54 L. Ed. 2d 376(1977).
5) 18 U.S.C.A. §3127(3)의 정의규정을 원문그대로 옮기면 다음과 같다.
 (3) the term "pen register" means a device or process which records or decodes dialing, routing, addressing, or signaling information transmitted by an instrument or facility from which a wire or electronic communication is transmitted, provided, however, that such information shall not include the contents of any communication, but such term does not include any device or process used by a provider or customer of a wire or electronic communication service for billing, or recording as an incident to billing, for communications services provided by such provider or any device or process used by a provider or customer of a wire communication service for cost accounting or other like purposes in the ordinary course of its business;
6) 유선통신, 구두통신, 전자통신 등을 감청하는 도구는 그 제조, 소지, 조립, 판매 등이 금지된다. 18 U.S.C.A. sec. 2512(1)(b), 129 A.L.R. Fed. 549.
7) Brown v. Waddell, C.A.4(N.C.)1995, 50 F.3d 285.
8) 18 U.S.C. §3123.
9) U.S. v. Kail, 612 F.2d 443(9th Cir. 1979) ; State v. Fakler, 503 N.W.2d 783(Minn. 1993) ; People v. Estrada, 97 Misc. 2d 127, 410 N.Y.S.2d 757(Sup 1978).
10) 한국정보통신기술협회, 「정보통신용어사전」 제4판, 1413쪽 설명.

인해 주는 숫자나 정보(통신내용 자체에 관한 정보는 제외)[1]를 특정할 수 있는 인입전 자신호나 그 밖의 펄스를 잡아내는 장치를 말한다.[2][3] 수신전화기로 수신되는 전자펄스를 해독하여 송신전화기의 전화번호를 표시해 주는 발신자 확인장치는 트랩추적장치에 해당한다.[4]

펜기록기와 트랩추적장치의 사용을 신청하는 수사기관의 적절한 청구가 있 기만 하면 법원은 원칙적으로 그러한 장치들의 설치를 허가하는 명령을 해주어 야 한다.[5] 즉 법원의 이러한 영장발부업무는 본질상 수사기관의 청구에 종속되 는 성격을 갖고 있다고 할 수 있다.[6] 검사의 영장청구에 대해 법원이 그러한 장 치의 설치로 수사진행 중인 범죄와 관련된 정보를 획득할 수 있다고 인정하면 미국 내 어디에서든 펜기록기와 트랩추적장치를 설치하여 이를 사용할 수 있다 고 허가하게 된다.[7] 다만, 주 소속 수사관의 청구에 의해 그러한 장치의 설치 및 이용을 허가하는 경우에는 그에 관한 지리적 제한범위를 특정하여야 한다.[8][9] 감청은 이러한 펜기록기나 트랩추적장치를 사용해 본 후에, 또는 그러한 장치의 사용이 수사목적 달성에 성공적이지 못하게 될 이유나[10] 그 장치 사용이 너무 위험한 이유 등에 대한 상세한 소명이 있은 후에야 허용되는 것이고,[11] 일반적

---

1) 특정 전화선에서 발신되거나 착신되는 전화번호를 추적할 수 있는 트랩추적장치는 통신내용자 체를 취득하는 것이 아니므로 연방법상 감청에 해당하지 않으나 주법상으로 감청의 개념에 포 함시키는 주도 있다. Com. v. Mejia, 64 Mass. App. Ct. 238, 832 N.E.2d 693(2005).

2) 18 U.S.C.A. §3127(4)의 정의규정을 법전 원문 그대로 옮기면 다음과 같다.
(4) the term "trap and trace device" means a device or process which captures the incoming electronic or other impulses which identify the originating number or other dialing, routing, addressing, and signaling information reasonably likely to identify the source of a wire or elec-tronic communication, provided, however, that such information shall not include the contents of any communication;

3) 업체의 한 종업원이 다른 동료 종업원에게 걸려오는 전화의 발신자가 누구인지를 알기 위해 설 치한 발신자 확인장치는 이러한 의미의 트랩추적장치에 해당하지 않는다고 한 사례로 Sparshott v. Feld Entertainment, Inc., C.A.D.C.2002, 311 F.3d 425, 354 U.S.App.D.C. 63.

4) U.S. v. Fregoso, 60 F.3d 1314(8th Cir. 1995).

5) U.S. v. Fregoso. Ibid.

6) FEDPROC §22 : 318(WesLaw citation)

7) 18 U.S.C.A. §3123(a).

8) 18 U.S.C.A. §3121(a)(2), 18 U.S.C.A. §3123(b)(1)(C).

9) 주에 따라서는 펜기록기 등 장치의 기능이 음성청취가능 기능으로 전환될 수 있는 경우에는 수 사기관이 상당한 이유(probable cause)를 소명하여야만 그 펜기록기 등 장치를 사용할 수 있도 록 하고 있는 경우도 있다. People v. Bialostok, 80 N.Y.2d 738, 594 N.Y.S.2d 701, 610 N.E.2d 374(1993).

10) 다만 검사는 반드시 감청 외의 수사기법 사용이 실패로 돌아갈 것이라는 정도까지 소명할 필요 는 없고 그 수사기법 사용이 곤란하다는 점만 소명하면 된다. U.S. v. Bellomo, 954 F.Supp. 630(S.D.N.Y. 1997).

11) U.S. v. Castillo-Garcia, 117 F.3d 1179(10th Cir. 1997)(이와 관련 없는 사유로 이 결정을 적용

이고 막연한 주장만 펼쳐서는 허용되지 않는다.[1] 개별 사건마다의 수사에 특수성이 있음을 감안한다고 하더라도[2] 감청은 통신내용을 직접 제한하는 것이기 때문이다.

펜기록기나 트랩추적장치 사용을 허가하는 법원의 영장에는 펜기록기와 트랩추적장치가 부착된 전화선을 이용하는 자의 인적 사항, 범죄혐의자의 인적 사항, 전화번호, 전화선이나 전화기의 위치, 그러한 장치를 이용하여 수집할 수 있는 정보와 관련된 범죄혐의내용 등이 기재되어야 한다.[3] 검사의 청구가 있으면 펜기록기와 트랩추적장치 설치에 필요한 정보제공, 시설제공, 기술지원 등을 명할 수 있다.[4] 그리고 ① 법원의 그러한 명령내용을 공개하지 말 것과, ② 당해 전화선이나 전화설비의 소유자나 임차인, 검사에게 조력할 것을 명령받은 자는 펜기록기나 트랩추적장치의 존재사실이나 전화이용자에 대한 수사가 진행중이라는 사실을 누설하지 않아야 한다는 것 등도 법원이 명할 수 있다.[5] 인터넷 서비스 제공업체에 대해 인터넷 서비스 계정에 펜기록기나 트랩추적장치를 설치할 것을 명령하는 영장에는 추적대상이 된 이메일의 제목란, 응용명령어, 검색어, 파일명, 파일경로 등을 누설하지 말 것과 만약 누설하면 법정모욕죄로 처벌될 수 있음을 경고하는 문구가 기재되어야 한다.[6] 펜기록기나 트랩추적장치를 설치하여 사용할 수 있는 기간은 최장 60일로 제한되나,[7] 기간 연장신청이 있으면 법원이 최장 60일을 넘지 않는 범위 내에서 그 기간의 연장을 명할 수 있다.[8]

그러나 휴대전화 통화에 관련된 셀(cell) 위치추적은 펜기록기, 트랩추적장치법에 의해 할 수 없다.[9] 그러므로 연방 헌법 수정 제4조의 상당한 이유(probable cause)를 소명하지 않는 한 수사기관은 위 법률에 의해 무선통신사업자에 대하여 특정 휴대전화를 이용한 통신의 시작 및 종료에 이용된 셀 탑(cell tower)의 위치정보를 제공해 줄 것을 강제할 수 없다.[10] 나아가 상당한 이유(probable cause)를

하지 않은 U.S. v. Ramirez-Encarnacion, 291 F.3d 1219(10th Cir. 2002)) 참조.
1) U.S. v. King, 991 F.Supp.77(E.D.N.Y. 1998).
2) 위 U.S. v. Castillo-Garcia, 117 F.3d 1179(10th Cir. 1997).
3) 18 U.S.C.A. §3123(b)(1).
4) 18 U.S.C.A. §3123(b)(2).
5) 18 U.S.C.A. §3123(d).
6) In re Application of U.S. for an Order Authorizing use of A Pen Register and Trap On(XXX) Internet Service Account/User Name, (xxxxxxxx@xxx.com), D.Mass.2005, 396 F.Supp.2d 45.
7) 18 U.S.C.A. §3123(c)(1).
8) 18 U.S.C.A. §3121(c)(2).
9) In re U.S., S.D.Tex.2006, 441 F.Supp.2d 816.
10) In re U.S. for Orders Authorizing Installation and Use of Pen Registers and Caller Identification

소명하지 않는 한 수사기관은 ① 펜기록기, 트랩추적장치의 이용을 허가하는 영장과, ② '저장된 통신법'(Stored Communications Act, SCA)[1]에 의해 휴대전화의 셀(cell) 위치 정보를 수집하기 위해 휴대전화 가입자의 가입기록에 접근할 수 있는 권한을 부여한 영장을 모두 발부받았다고 하더라도 그 영장들에 근거하여 당해 휴대전화 가입자의 물리적 위치 자체를 추적할 수는 없다.[2] 즉 미국 법원들은 대개 휴대전화 위치추적을 펜기록기, 트랩추적장치법으로 인정하지 않고 다음에서 보는 '법강제기관을 위한 통신조력법' 및 연방 헌법 수정 제4조에 근거하도록 하고 있다.

3) '법강제기관을 위한 통신조력법' 및 연방 헌법 수정 제4조의 적용

가) 통신업체를 통한 휴대전화 위치 추적의 근거가 되는 법률은 '법강제기관을 위한 통신조력법'(Communications Assistance for Law Enforcement, CALEA)이다.[3] 미국에서도 휴대전화(cell phone)는 기술적으로 특정 지역 내 기지국과 연결되어 대화당사자간 통화가 가능하게 하는 장치이므로 그 기지국에 대한 수사가 이루어지고 있다. 즉 기지국에 대한 송수신자 추적을 통해 수사기관은 범죄혐의자의 통화 당시 소재지를 추적할 수 있다. 셀 사이트(cell site)는 전파송수신기와 기지국 제어기가 위치하는 곳으로 수개 셀(cell)의 가장자리를 일컬으며 셀 탑(cell tower)이라고도 한다. 수사기관은 영장청구시 그 청구서의 기재내용이나 그 청구서에 첨부할 선서진술서에 적절한 기술적 용어를 사용하도록 유의해야 하고 그 용어를 정의하는 내용도 기재하여야 한다고 권고 받고 있다.[4]

1994년 제정된 위 '법강제기관을 위한 통신조력법'은 원격통신서비스 제공업체(telecommunication carrier)들에게 '전화-확인'(call-identifying) 정보를 법강제기관에 제공할 것을 요구하고 있는 점에 특징이 있다.[5] '전화-확인' 정보란 통신의 발생지, 방향, 도착지점, 종료시점 등을·확인할 수 있는 접속 정보 또는 신호 정보를 말한다.[6]

Devices on Telephone Numbers, D.Md.2006, 416 F.Supp.2d 390.

1) 18 U.S.C. §2703(c)(1)(2006) 참조.
2) In re Application for Pen Register and Trap/Trace Device with Cell Site Location Authority, S.D.Tex.2005, 396 F.Supp.2d 747.
3) 법전화된 것은 47 U.S.C. §§1001-1010이다.
4) Fishman and McKenna, 「Wiretapping and Eavesdropping」, Part VI, Chapter 28, §28 : 2 FN 5(West Law citation, WIRETAP §28 : 2).
5) 47 U.S.C. §1002(a)(2).
6) 47 U.S.C. §1001(2). 그러나 위 법률은 가입자의 신체적 위치를 드러낼 수 있는 정보로서 펜기록기, 트랩추적장치(pen register and trap and trace devices)만으로 획득할 수 있는 정보는 수

나) 그러나 위 법률규정만으로 휴대전화 사용자의 물리적 위치를 추적하기에는 근거가 부족하다. 이에 따라 연방법원의 실무는 특정 셀(cell) 위치를 수사기관이 확인함에 있어 영장을 발부받아야 하는지에 관해 처리 사례가 나뉘고 있다.[1] 수사기관은 전기통신서비스 가입자의 통신기록 수집을 허용하고 있는 18 U.S.C. §2703(c) 및 '펜기록기, 트랩추적 장치법' 규정인 18 U.S.C. §3123(a)(1) 등을[2] 종합해보면(이른바 hybrid theory)[3] 진행 중인 수사와 관련성이 있음을 소명하는 것만으로도 제한된 범위 내에서 셀(cell) 위치 정보를 획득할 수 있다고 주장하고 있다. 즉 연방수사관들은 위와 같은 근거에서 통화의 시작과 끝 부분, 그리고 합리적인 범위 내에서 통화의 중간에 한 개의 통신 셀 탑(cell tower)에 관련된 정보를 수집할 수 있도록 해 줄 것을 법원에 청구해 왔다. 그런 정보들은 통신주체의 일반적인 위치를 드러내는 정보이다. 그 정보들은 압수·수색영장발부와 관련하여 통신서비스 업체에 저장된 과거의(historical) 데이터와 현재에부터 장래에 이르기까지 계속되는 휴대전화 통신으로 그 추적을 통해 휴대전화 이용자의 위치를 실시간으로 추적할 수 있는 장래의(prospective) 데이터로 구분해 볼 수 있다.[4] 이러한 수사기관의 주장에 대한 법원의 판단 기준은 다음과 같다.[5]

(1) 수사기관이 순전히 셀 사이트(cell site) 위치정보에 관한 과거의(historical) 정보를 수집하는 것을 허가해 달라고 법원에 청구할 수 있는지에 대해 18 U.S.C. §2703(c)(Stored Communication Act, SCA)의 구체적인 적용과 관련하여 미국 연방법원의 실무는 나뉘고 있다. 어떤 법원들은 범죄혐의 관련성(relevance)에 대한 소명만 하면 영장을 발부해 주고 있는 반면,[6] 어떤 법원들은 범죄혐의를 입증할 증

사기관이 위 법률에 따라 획득할 수 없도록 하고 있다(전화번호로 가입자의 위치를 추적할 수 있는 정도 내에서는 가능함). 47 U.S.C. §1002(a)(2).

1) 이하의 사항은 Hon. James Carr and Patricia L. Bellia, 「Law of Electronic Surveillance」 (Database updated February 2010), Chapter 4. Contents of Applications and Orders for Court-Ordered Electronic Surveillance, XI. Pen Register and Trap and Trace Orders(West Law citation 은 1 Law of Electronic Surveillance §4 : 84)에 의거하여 설명한 것이다.

2) 이밖에도 수사기관이 들고 있는 근거법률 조항은 18 U.S.C. §§2510-2511(감청관련부분), 18 U.S.C. §3117(추적장치), 18 U.S.C. §2703(d)(이메일과 같은 저장된 통신정보) 등이다. Timothy Stapleton, "THE ELECTRONIC COMMUNICATIONS PRIVACY ACT AND CELL LOCATION DATA", 「Brooklyn Law Review」(Fall, 2007), p. 393-4.

3) 396 F.Supp.2d 747, 758 n.13.

4) Timothy Stapleton, "THE ELECTRONIC COMMUNICATIONS PRIVACY ACT AND CELL LOCATION DATA", p. 386 ff.

5) 수사기관의 이러한 실정법규정을 종합하여 보자는(hybrid theory) 입장에 대해 이를 수용하는 입장과 기각하는 입장으로 미국 법원들의 태도를 상세하게 분석한 문헌으로 Timothy Stapleton, "THE ELECTRONIC COMMUNICATIONS PRIVACY ACT AND CELL LOCATION DATA"를 참조.

6) In re U.S., 622 F.Supp.2d 411, 417(S.D. Tex. 2007)(Rosenthal, J.); In re Applications of U.S. for

거를 수집할 수 있다는 연방 헌법 수정 제4조상의 상당한 이유(probable cause)를 소명하여야만 그러한 셀 사이트(cell site) 위치정보에 관한 과거의 데이터를 수집할 수 있는 영장을 발부해 주고 있다.[1] 후자의 사례에 있어 담당 법관들은 다수의 셀 탑(cell tower)에 관련된 데이터를 삼각측정하여 범죄혐의자의 위치를 찾아낼 수 있도록 요구하는 영장청구에 대해 단지 범죄수사와 관련된 정보라는 법률상의 소명만으로는 부족하며, 그 위치정보가 범죄자체에 대한 증거라는 점에 관한 헌법상의 상당한 이유(probable cause)를 소명하여야만 그에 대한 추적영장을 발부해 줄 수 있다고 설시하고 있다.[2]

(2) 아직 현실적인 전화통화가 없다고 하더라도 범죄혐의자의 휴대전화 도달 영역 범위 안에 있는 다수의 기지국에 관련된 데이터를 수사기관이 장래에 획득할 수 있도록 허가하는 영장을 발부할 수 있는지가 문제된다.[3] 그러나 대부분의 법원들은 이러한 장래의(prospective) 정보를 취득하려고 하는 수사기관의 요구를 기각하고 있다.[4] 18 U.S.C. §2703(c)(저장된 통신보호법, SCA)이나 "전자통신

Orders Pursuant to Title 18, U.S.Code Section 2703(d), 509 F.Supp.2d 76(D. Mass. 2007)(Stearns, J.); In re Application of U.S. for an Order for Prospective Cell Site Location Information on a Certain Cellular Telephone, 460 F.Supp.2d 448, 459(S.D.N.Y. Oct. 23, 2006)(Kaplan, J.); In re Application of U.S. for an Order for Disclosure of Telecommunications Records and Authorizing the Use of a Pen Register and Trap and Trace, 405 F.Supp.2d 435, 446-49(S.D. N.Y. Dec. 20, 2005)(Gorenstein, M.J.) ; In re Application for Pen Register and Trap/Trace Device with Cell Site Location Authority, 396 F.Supp.2d 747, 759(S.D. Tex. Oct. 14, 2005)(Smith, M.J.); see also In re U.S. for an Order Authorizing Monitoring of Geolocation and Cell Site Data for a Sprint Spectrum Cell Phone Number, 2006 WL 6217584, *2 n.3(D.D.C. Aug. 25, 2006)(Hogan, J.)(법원은 제2703조에 의해 과거의 셀 사이트 데이터를 공개할 것을 명할 수 있다고 보았음).

1) In re U.S. for an Order Directing a Provider of Electronic Communication Service to Disclose Records to the Government, 534 F.Supp.2d 585(W.D. Pa. Feb. 19, 2008), order aff'd, 2008 WL 4191511(W.D. Pa. 2008)(Lenihan, M.J.); In re U.S., 2006 WL 1876847(N.D. Ind. July 5, 2006)(Lee, J.).

2) In re Application of U.S. for on Order Authorizing Installation and Use of a Pen Register and a Caller Identification System on Telephone Numbers(Sealed), 402 F.Supp.2d 597, 605(D. Md. Nov. 29, 2005)(Bredar, M.J.) ; In re Application for Pen Register and Trap/Trace Device with Cell Site Location Authority, 396 F.Supp.2d 747, 765(S.D. Tex. Oct. 14, 2005)(Smith, M.J.) ; 또한 In re Application of the U.S. for on Order (1) Authorizing the Use of a Pen Register and Trap and Trace Device, 396 F.Supp.2d 294, 15 A.L.R. Fed. 2d 803(E.D.N.Y. Oct. 24, 2005)(Orenstein, M.J.)도 참조(검사가 요구하는 정보의 획득범위는 다른 사건의 경우보다 더 제한되어야 한다고 설시함).

3) In re Application for Pen Register and Trap/Trace Device with Cell Site Location Authority, 396 F.Supp.2d 747, 765(S.D. Tex. Oct. 14, 2005)(Smith, M.J.). 참조.

4) In re Application of U.S. for an Order Authorizing Use of a Pen Register with Caller Identification Device Cell Site Location Authority on a Cellular Telephone, 2009 WL 159187, *6(S.D.N.Y. Jan. 13, 2009)(McMahon, J.) ; In re Application of U.S. for Order, 497 F.Supp.2d

privacy 보호법"(ECPA) §3117이[1]) 이를 허용하고 있지 않다고 보기 때문이다. 반면, 이러한 사안에서 수사기관의 청구를 인용하는 일부 법원들은 통신서비스 제공업자가 그러한 정보를 수집, 저장하게 되므로 수사기관이 이를 수집할 때 그것은 이미 "과거의"(historical) 데이터, 다시 말하면 저장된 고객정보로 변한다는 점을 논거로 하고 있다.[2])

4) 이동추적장치

미연방법전 18 U.S.C.A. §3117은 이동추적장치(mobile tracking device)를 설치할 수 있도록 법원이 영장을 발부하면, 그 법원의 관할구역 내에서 이동추적장치를 사용할 수 있으며, 그 관할구역 내에서 설치된 이동추적장치를 그 관할구역 외에서도 사용할 수 있다고 규정하고 있다. 또한 위 법률은 "추적장치"란 사람이나 물건의 이동경로를 추적하는 전자적 또는 기계적 장치를 말한다라고 규정하여, 전자적으로 작동되는 이동추적장치에 의해 사람이나 물건의 이동경로를 추적할 때는 당연히 법원의 영장을 발부받아야 하는 것으로 규정하고 있다.[3]) 휴

301, 311(D.P.R. July 18, 2007)(McGiverin, M.J.) ; In re U.S. For an Order Authorizing the Disclosure of Prospective Cell Site Information, 2006 WL 2871743, *7(E.D. Wis. Oct. 6, 2006)(Adelman, J.) ; In re U.S., 441 F.Supp.2d 816, 827–36(S.D. Tex. July 19, 2006)(Smith, M.J.) ; In re U.S., 2006 WL 1876847(N.D. Ind. July 5, 2006)(Lee, J.) ; In Matter of Application for an Order Authorizing the Installation and use of a Pen Register and Directing the Disclosure of Telecommunications Records for Cellular Phone assigned the Number Sealed, 439 F.Supp.2d 456, 458(D. Md. June 24, 2006)(Bredar, M.J.) ; In re Application of U.S. for an Order for Prospective Cell Site Location Information on a Certain Cellular Telephone, 2006 WL 468300, *2(S.D.N.Y. Feb. 28, 2006)(Peck, M.J.) ; In re U.S. for Orders Authorizing Installation and Use of Pen Registers and Caller Identification Devices on Telephone Numbers, 416 F. Supp.2d 390, 397(D. Md. Feb. 27, 2006)(Bredar, M.J.) ; In re U.S. for an Order Authorizing Installation and Use of a Pen Register, 415 F.Supp.2d 211, 219(W.D.N.Y. Feb. 15, 2006)(Feldman, M.J.) ; In re U.S. for an Order Authorizing the Release of Prospective Cell Site Information, 407 F.Supp.2d 134, 140(D.D.C. Jan. 6, 2006)(Facciola, J.) ; In re U.S. For an Order Authorizing the Disclosure of Prospective Cell Site Information, 412 F.Supp.2d 947, 958(E.D. Wis. Jan. 1, 2006), decision aff'd, 2006 WL 2871743(E.D. Wis. 2006)(Callahan, M.J.) ; In re Applications of U.S. for Orders Authorizing Disclosure of Cell Cite Information, 2005 WL 3658531, *1(D.D.C. Oct. 26, 2005) (Robinson, M.J.) ; see also In re U.S. for an Order Authorizing Monitoring of Geolocation and Cell Site Data for a Sprint Spectrum Cell Phone Number, 2006 WL 6217584(D.D.C. Aug. 25, 2006)(Hogan, J.)(형사소송규칙 제41조에 의해 장래의 셀 사이트 위치에 대한 정보 공개를 명하는 영장을 발부함).

1) 18 U.S.C. §3117. 다음 라항에서 상술함.
2) In re Application of U.S. for an Order for Prospective Cell Site Location Information on a Certain Cellular Telephone, 460 F.Supp.2d 448, 459(S.D.N.Y. Oct. 23, 2006)(Kaplan, J.) ; In re Application of U.S. for an Order for Disclosure of Telecommunications Records and Authorizing the Use of a Pen Register and Trap and Trace, 405 F.Supp.2d 435, 446–47(S.D.N.Y. Dec. 20, 2005)(Gorenstein, M.J.).
3) 오기두, "수사상 전자통신자료의 취득에 관한 헌법적 문제", 370쪽.

대전화가 그 이동추적 장치에 해당함은 물론이다.[1] 이 법률은 단지 특정 법원의 관할구역 내 및 그 관할구역 외에서 수사기관이 이동추적장치를 사용할 수 있음을 규정하고 있을 뿐이어서 앞서 본 '법강제기관을 위한 통신조력법'이나 연방 헌법 수정 제4조가 통신기지국을 통한 휴대전화 이용자의 위치추적 근거가 되고 있는 것과 다르다.

5) GPS를 이용한 위치추적

미국 연방의 경우 수사기관에 의한 GPS를 이용한 위치추적 수사활동을 직접 규율하는 제정법은 아직 존재하지 않는다.[2] 단지 그 위치추적을 함에 있어 수사기관은 압수·수색영장을 발부받아야 하는지에 관해 연방 헌법 수정 제4조 위반여부를 기존의 판례법을 적용하여 판단하고 있을 뿐이다.[3] 예컨대 수사관이 영장 없이 피고인의 자동차에 GPS칩을 부착하여 그 위치를 추적한 사안에서, 뉴욕북부 연방지방법원은 고속도로를 운행하는 자동차에 대해 피고인의 privacy에 대한 합리적 기대를 인정할 수 없다는 이유로 수사관의 그 GPS칩 신호 감시가 연방 헌법 수정 제4조에 위반되지 않는다고 판시하였다.[4] 또한 피의자 소유의 핸드폰 자체에 내장된 GPS 기능에 의해 피의자의 위치를 추적한다고 하더라도 그 기법이 이른바 ping 기법으로서 피의자의 핸드폰에 대한 물리적 접촉이 전혀 없었고 프라이버시권에 대한 피의자의 합리적인 기대를 인정하기 어려우

---

1) Timothy Stapleton, "THE ELECTRONIC COMMUNICATIONS PRIVACY ACT AND CELL LOCATION DATA", p. 401, fn 124).

2) April A. Otterberg, "GPS TRACKING TECHNOLOGY : THE CASE FOR REVISITING KNOTTS AND SHIFTING THE SUPREME COURT'S THEORY OF THE PUBLIC SPACE UNDER THE FOURTH AMENDMENT", (2005), p. 679. 이 문헌 출판 이후의 사정을 알기 위해 저자가 2010. 8. 11. 현재 WestLaw의 USCA database를 검색해 보았으나 GPS에 의한 위치추적 수사활동을 규율하는 법률을 찾을 수 없었다. 그리하여 미국 미네소타에 있는 WestLaw의 reference attorney인 Amy Albus 변호사에게 전화하여(전화번호 : 001-8000-9378529) 그녀와 함께 WestLaw 컴퓨터 화면을 보아가며 research를 해 보았으나 역시 찾을 수 없었다. 이어 저자와 전화를 끊은 Amy 변호사로부터 계속하여 다시 research를 해보았으나 역시 그러한 법률을 검색할 수 없다는 이메일을 받았다(단지, GPS를 언급하고 있는 법률로 연방항공국의 업무범위를 규정한 49 U.S.C.A. §106, 성범죄자 감시를 규정한 42 U.S.C.A. §16981, 국가에너지정책 프로그램관련 규정인 42 U.S.C.A. §16522, 우주의 상업적 이용촉진에 관한 42 U.S.C.A. §14712, 스토킹등 성범죄행위 방지에 관한 42 U.S.C.A. §14043b-1, 산림자원등 이용에 관한 16 U.S.C.A. §1642, 군사목적 이용에 관한 10 U.S.C.A. §2281 등을 검색할 수 있을 뿐이라고 한다).

3) 위 Kevin Keener, "Government Surveillance in Context, for E-mails, Location, and Video : PERSONAL PRIVACY IN THE FACE OF GOVERNMENT USE OF GPS", p. 476. 이 밖에 GPS 추적장치에 대한 사례를 다룬 판결들로 State v. Campbell, 759 P.2d 1040(Or. 1988) ; State v. Jackson, 76 P.3d 217(Wash. 2003) ; People v. Lacey, 2004 WL 1040676(Nassau County Ct. 2004) 등 참조.

4) United States v. Moran, 349 F.Supp.2d 425(2005) 참조.

므로 미연방 헌법 수정 제4조의 수색에는 해당하지 않는다고 한 제6 연방항소 법원의 판결도 있다.[1]

반면 미국 연방대법원은 마약소지 및 배포 모의 혐의를 받던 Jones가 운전 하는 지프차량에 GPS 전자 추적 장치를 부착하여 4주 동안 24시간 감시한 위치 추적 수사활동은 물리적 침입(physical trespass)과 같이 미국 연방 헌법 수정 제4 조를 위반하는 합리적이지 못한 수색(unreasonable search)에 해당한다고 판시하 였다.[2]

주의 경우 영장을 발부받지 않고 GPS를 이용한 위치추적을 할 수 있는지에 관해, 캘리포니아 주 및 네바다 주 헌법은 영장을 발부받을 필요가 없다는 입장 이고 루이지애나, 오레곤, 워싱턴 등의 주 헌법은 영장을 발부받아야 한다는 입 장이다.[3]

나. 위치정보 추적과 privacy 보호 관련 판례

미국의 경우 전자적 위치정보 추적 등 전산정보의 압수·수색에 대하여 헌 법적 관점에서 접근하여 그 압수·수색이 영장주의를 선언하고 있는 연방 헌법 수정 제4조에 위반되는지 여부를 따진다. 그 심사기준은 주지하듯 당해 위치정 보에 대해 피처분자의 주관적인 privacy에 대한 기대가 있었는지 하는 점과 사 회적으로 그러한 기대를 합리적으로 인정해 줄 수 있는지 하는 두 가지 요건이 다.[4] 즉 위치정보에 대한 privacy를 보호받아야 한다는 개인의 기대가 사회적으 로 보아 합리적이라고 인정되면 수사기관은 그 추적을 위해 영장을 발부받아야 한다는 것이다.

휴대전화 위치추적에 관하여 이 점에 관해 판시한 사례로 U.S. v Forest 사 건 판결을 들 수 있다.[5] 피고인 Forest와 Garner가 마약단속국(DEA)에 의해 코

---

1) United States v. Skinner, 690 F.3d 772(6th Cir. Sept. 26, 2012). 이 판결에 대해 이른바 ping 기 법의 수사는 핸드폰 소유자의 동의 없이 통신회사에 위 핸드폰으로 신호를 보내도록 요구하여 그 핸드폰 소재지의 GPS 좌표를 탐색하는 활동으로서 전자적 침해행위에 해당하므로, 위 법원 은 의회로 하여금 이 새로운 기술에 대해 입법적으로 대응하도록 촉구했어야 한다는 평석이 있 다. Havard Law Review Association, 「Havard Law Review」(2013. 1.), 126 Harv. L. Rev. 802.
2) United States v. Jones, 132 S.Ct. 945(2012), (특히 Scalia 대법관이 작성한 다수의견 부분 참조). 위 판결에 대한 평석으로 Havard Law Review Association, 「Havard Law Review」 vol. 126(2012. 11.), 126 Harv. L. Rev. 226.
3) 위 Kevin Keener, "Government Surveillance in Context, for E-mails, Location, and Video : PERSONAL PRIVACY IN THE FACE OF GOVERNMENT USE OF GPS", p. 480.
4) Katz v. U.S., 389 U.S. 347, 351(1967). 특히 p. 361의 Harlan 대법관의 보충의견 참조.
5) 355 F.3d 942(6th Cir. 2004), cert. denied, 125 S. Ct. 174(2004); 위에 든 Harvard Journal of Law and Technology, "WHO KNOWS WHERE YOU'VE BEEN? PRIVACY CONCERNS REGARDING

케인 거래업자로 확인되었다. 마약단속국은 위 두 피고인간의 휴대전화 통화내역을 감청하고 통신서비스 제공업체에게 모든 이용자 정보, 요금관련 정보, 그 밖의 수사에 관련된 정보를 제공할 것을 명하는 법원의 영장을 발부받았다. 마약수사관들은 피고인들을 눈으로 보면서 직접 감시하고자 하였으나 여의치 않았다. 그러자 마약수사관들은 피고인들이 휴대전화로 통화를 시도할 때까지 기다리지 않고, 직접 피고인 Garner의 휴대전화번호를 눌러 수 회 통화를 시도하되 Garner의 휴대전화가 울리지는 않도록 하였다. 그러면서 마약수사관들은 위 서비스 제공업체의 컴퓨터 데이터를 이용하여 어느 통신기지국에서 Garner의 휴대전화가 반응하는지 알게 되었다. 이를 통해 마약수사관들은 피고인들의 차량 위치를 확인한 다음 그곳에서 눈으로 피고인들을 감시할 수 있게 되었다.

위와 같이 마약수사관들이 취득한 데이터의 증거능력을 배제해 달라는 피고인들의 신청에 대해 제6연방항소법원은 다음과 같은 이유로 그 신청을 기각하였다. 즉, ① 통신기지국과 피고인 Garner의 휴대전화 사이에 오간 신호를 비록 "통신"이라고 볼 수 있다고 할지라도 그것이 "유선" 또는 "구두" 통신이라고 하기보다 "전자" 통신인 것은 분명하므로 증거능력을 배제할 법률상[1] 근거가 없다. ② 전자통신 privacy 보호법(ECPA)은[2] 추적 장치에 의해 획득한 증거의 사용을 금지하고 있지 않다.[3] ③ 공공도로에서 자동차로 이동하는 사람은 장소적 이동에 관하여 어떠한 privacy에의 합리적 기대도 가질 수 없다.[4] 이 사건에 있어 Garner는 셀 사이트(cell site)에 있는 데이터에 관해 privacy에 대한 아무런 합리적인 기대도 가질 수 없다. 왜냐하면 마약수사관들이 공공도로를 운행하는 Garner의 차량을 직접 육안으로 추적하였더라도 그와 동일한 위치정보를 취득할 수 있었을 것이기 때문이다.

그러나 이와 같은 Forest 판결은, 피고인들이 통신기지국 데이터에 관해 privacy 보호에 대한 합리적 기대를 갖고 있었다고 보아야 한다는 이유로 비판을 받고 있다.[5] 피고인들은 마약수사관들에게 통신기지국의 위치정보를 제공하

THE USE OF CELLULAR PHONES AS PERSONAL LOCATORS", p. 314.

1) 18 U.S.C.A. §2518(10)(a) 참조.
2) 18 U.S.C.A. §3117 참조.
3) United States v. Gbemisola, 225 F.3d 753, 758(D.C. Cir. 2000)도 같은 결론임.
4) 수사기관이 무선호출장치(삐삐, beeper)를 클로로포름 통에 부착하였고 피고인이 그 사실을 모른채 위 통을 차량에 싣고 도로를 운행한 사건에 관한 United States v. Knotts, 460 U.S. 276(1983) 참조.
5) 만약 그 장치(삐삐)가 부착된 통을 실은 차량이 피고인의 주거지에 들어간 이후 수사기관이 계속하여 위치를 추적하였다면 이것은 피고인이 자신의 주거지에 대해 갖는 privacy에의 합리적 기대를 침해하는 행위가 될 것이다. United States v. Karo, 468 U.S. 705.

는 통화신호에 어떤 대응도 하지 않았기 때문에 그들은 주관적으로 privacy 보호에 대한 기대를 갖고 있었다. 그리고 보통사람들이라면 그들이 위치하고 있는 장소나 이동상황을 휴대전화 기술로 추적당하는 것을 원하지 않을 것이기 때문이다.[1]

특히 초기 휴대전화 기술발전 단계에서 이동전화 이용자에 대해 연방 헌법 수정 제4조가 적용되는지 여부가 분명치 않았으나 오늘날 법원이나 의회는 휴대전화 이용자도 불합리한 압수·수색에 대하여 위 헌법규정으로 보호해야 한다고 여기고 있다. 즉 휴대전화를 이용한 통화에 대해서도 privacy에 대한 합리적 기대를 인정해야 한다는 것이다.[2]

4. 전자적 위치정보에 관련된 기본권 보장

가. 보호해야 할 기본권

국가권력이 수사활동의 일환으로 개인의 전자적 위치정보를 추적할 때 그 수사권력을 통제하는 헌법상의 근거는 당연히 그 위치정보에 관련된 기본권 조항들이다. 수사기관의 개인 위치정보 추적 수사활동으로부터 보호되어야 할 기본권으로는 다음과 같은 것들을 들 수 있다.

1) 정보에 대한 자기결정권

가) 의의와 연원

정보에 대한 자기결정권은 정보의 조사·취급의 형태, 정보의 내용, 정보처리의 형태를 불문하고 자신에 관해서 무엇인가를 말해주는 정보를 조사·처리해도 되는지 여부, 그 범위 및 목적 등에 대하여 그 정보의 주체인 개인이 스스로 결정할 수 있는 권리를 말한다.[3] 이 권리에는 언제 누구에게 무엇을 알릴 것인

---

1) 위에 든 Harvard Journal of Law and Technology, "WHO KNOWS WHERE YOU'VE BEEN? PRIVACY CONCERNS REGARDING THE USE OF CELLULAR PHONES AS PERSONAL LOCATORS", p. 316.

2) People v. Leon, 32 Cal. Rptr. 3d 421(Cal. App. 2d Dist. 2005), 36 Cal. Rptr. 3d 125, 123 P.3d 155(Cal. 2005), 그리고 40 Cal. 4th 376, 53 Cal. Rptr. 3d 524, 150 P.3d 207(2007) (피고인은 그의 휴대전화 통화내용에 대해 연방 헌법 수정 제4조상의 privacy에 대한 합리적 기대권을 갖는다. 피고인이 비록 휴대전화 회사를 기망하였다고 하더라도 마찬가지이다) 참조.

3) 정보에 대한 자기결정권과 privacy권의 헌법상 근거조문이 어디인지, 두 개의 기본권은 서로 같은 것인지 다른 것인지 하는 점에 관한 지나친 이론적 空論의 논쟁은 저자의 주요 관심대상이 아니다. 본문의 다음 나)에서 보는 우리 헌법재판소의 견해 참조 ; 개인정보자기결정권을 사생활의 비밀과 자유에 들어있는 하나의 권리로 이해해서는 안 되고 사생활의 비밀과 자유를 포괄하는 권리로 이해해야 한다면서, 개인정보자기결정권은 헌법 제10조의 행복추구권을 기초로 한 일

지를 자유롭게 결정할 수 있는 자유권뿐만 아니라 그 후 자신과 관련된 정보의 운명을 추적하여 통제할 수 있는 권리도 포함된다. 따라서 개인정보를 제공하도록 강요하는 것만이 아니라 그 정보를 사용하는 것도 이 권리에 대한 제한을 의미하게 된다.[1]

독일 연방헌법재판소는 1983년에 이른바 國勢調査判決(Volkszählungsentscheidung)을 하면서 인격의 자유로운 발현을 위한 기본적인 권리로 이 情報에 대한 自己決定權(Rechts auf informationelle Selbstbestimmung)을 인정하기 시작하였다.[2] 현대적인 정보처리 기술조건 아래에서 위와 같은 情報에 대한 自己決定權은 개인이 의도하거나 의도하지 않는 행위에 대해 결정의 자유를 갖는다는 것을 의미한다. 위와 같은 독일 연방헌법재판소의 판결이 나오기 이전인 1980년에 經濟協力開發機構(Organization for Economic Co-operation and Development, OECD)는 "privacy 保護와 私的 데이터의 國際的 移轉에 관한 가이드라인"에서 개인정보처리에 관한 8개 원칙을 천명한 바 있다.[3] 그로부터 30여년이 지난 오늘날에도 그 원칙은 여전히 유용하게 적용된다고 하겠다.[4]

나) 헌법재판소의 견해

헌법재판소에 의하면 정보에 대한 자기결정권은 자신에 관한 정보가 언제 누구에게 어느 범위까지 알려지고 또 이용되도록 할 것인지를 그 정보주체가 스스로 결정할 수 있는 권리를 의미한다. 정보에 대한 자기결정권의 헌법상 근거로는 헌법 제17조의 사생활의 비밀과 자유, 헌법 제10조 제1문의 인간의 존엄과 가치 및 행복추구권에 근거를 둔 일반적 인격권 또는 위 조문들과 동시에 우리 헌법의 자유민주적 기본질서 규정 또는 국민주권 원리와 민주주의 원리 등 여러 규정을 고려할 수 있으나, 정보에 대한 자기결정권으로 보호하려는 내용을 위 각 기본권들 및 헌법원리들 중 일부에 완전히 포섭시키는 것은 불가능하다. 그러므

반적 인격권과 헌법 제16조, 제17조, 제18조의 privacy를 보충적으로 적용하는 기본권으로서 헌법 제17조보다는 광의의 개념이라고 설명하는 견해로, 백윤철, "헌법상 자기결정권과 개인정보 자기결정권", 한국헌법학회, 「헌법학연구」 제9권 제3호(2003), 229쪽.

1) 정태호, "개인정보자결권의 헌법적 근거 및 구조에 대한 고찰", 헌법재판소, 「헌법논총」 제14집 (2003), 407, 8쪽.

2) BVerfGE 65.

3) ① 收集制限原則, ② 情報 內容과 品質에 관한 原則, ③ 目的特定原則, ④ 利用制限原則, ⑤ 安全保護原則, ⑥ 公開原則, ⑦ 個人參加原則, ⑧ 責任原則 등. 이 책의 372-3쪽 참조.

4) 樋口範雄(ひぐち・のりお), "個人情報に關する法的課題(上)−EU指令と通産省ガイドラインとの比較の試み", 「ジュリスト」(1998. 11. 15.), 55面 ; 이상의 점은 오기두, "컴퓨터에 저장된 금융정보추적의 제문제", 대검찰청, 「검찰」 통권 111호(2000), 187-189쪽.

로 그 헌법적 근거를 굳이 어느 한두 개에 국한시키는 것은 바람직하지 않으며 오히려 이 정보에 대한 자기결정권은 이들을 이념적 기초로 하는 독자적 기본권으로서 헌법에 명시되지 아니한 기본권으로 보아야 할 것이라고 한다.[1]

다) 정보기술시스템 자체에 대한 기본권

정보에 대한 자기결정권과 더불어 주목해야 할 새로운 개념의 기본권이 '정보기술 시스템의 신뢰성과 완전성에 관한 기본권'이다. 정보에 대한 자기결정권이 개인적 데이터 또는 개별적인 통신과정의 보호에 초점을 둔 반면, '정보기술 시스템의 신뢰성과 완전성에 관한 기본권'은 자유롭고 방해받지 않는 개성신장의 기본조건인 정보기술 시스템 전체를 보호하는 기능을 한다. 이 새 기본권은 정보에 대한 침해에 관련된 것이 아니라 정보기술 시스템의 안정 그 자체에 관한 포괄적 기본권이다. 즉 정보기술 시스템 이용자가 스스로 생성하여 저장한 데이터뿐만 아니라 이러한 데이터에 기초해 그 정보기술 시스템 자체가 생성해 내는 데이터까지 포함된 다수의 다양한 데이터가 그 시스템에 저장된다. 그리고 그 저장된 데이터가 제3자에 의해 이용되는 과정에서 그 정보 시스템의 신뢰성이나 완전성이 침해된다면 그것만으로도 당해 데이터 주체의 인격권이 침해될 수 있는 것이다.[2] 개인의 전자적 위치정보를 저장하고 있는 정보처리 시스템에 대한 추적 수사활동도 그 시스템 자체에 대한 신뢰성과 완전성을 침해하지 않도록 수행되어야 한다.

라) 사기업체의 전자적 위치정보와 정보에 대한 자기결정권

기본적으로 개인 위치정보는 사기업체인 위치정보사업자나 위치기반서비스사업자에 의해 주로 수집된다. 국가기관이 그 위치정보를 수집, 관리, 저장한다면 그에 대해 정보에 대한 자기결정권을 보호함에 문제는 없다. 사적 업체가 보관하고 있는 위치정보에 대한 자기결정권이나 정보기술 시스템에 대한 기본권 대상성을 인정할 수 있느냐 하는 문제에 관해서는 기본권의 제3자효 이론으로 해결할 수 있을 것이다. 그러나 수사기관이 그러한 사적 업체 컴퓨터 내에 전자적으로 저장된 위치정보를 추적하는 수사활동을 폈을 때는 그 수사활동 자체가 공권력 작용이라고 할 것이므로 이에 대해 정보에 관련된 기본권 조항을 직접 적용해야 한다.

---

1) 헌재 2005. 5. 26. 2004헌마190.
2) 1BvR 370/07, 1BvR 595/07[178]; 명재진, "IT(정보기술) 기본권의 체계화에 관한 연구", 헌법재판소, 「헌법논총」 제20집, 296쪽, 310쪽.

2) privacy권

전자적 위치정보를 추적하는 수사활동에 관하여 가장 중요하게 거론해야 할 기본권은 privacy권이다. 개인위치정보의 유출 등 오용 및 남용은 개인 사생활의 비밀을 심각하게 침해할 수 있다. 우리 헌법 제17조는 "모든 국민은 사생활의 비밀과 자유를 침해받지 아니한다"고 규정하고 있다. 사생활의 자유는 사회공동체의 일반적인 생활규범의 범위 내에서 사생활을 자유롭게 형성해 나가고 그 설계 및 내용에 대해서 외부로부터 간섭을 받지 아니할 권리이다.[1] 그러나 오늘날의 전자정보시대에는 모든 국민들이 언제나 감시의 대상이 될 수 있는, 그래서 privacy가 전혀 없는 사회가 될 위험성이 상존한다. 서기 2015년의 현대 사회는 국가에 의한 개인 생활 영역에의 물리적 침입보다 보다 미묘하고 보다 더 깊숙이 침입할 수 있는 정보기술의 발전이 문제되는 사회이다.[2] 사인의 전자적 위치정보가 자신이 의도하지 않는 사이에 수사기관에 의해 추적되면 그것은 바로 그 사인이 체재하고 있는 사생활 영역에 대한 국가의 침해를 가져온다. '사생활의 비밀'은 '국가가 사생활 영역을 들여다보는 것에 대한 보호를 제공하는 기본권'이고, '사생활의 자유'는 '국가가 사생활의 자유로운 형성을 방해하거나 금지하는 것에 대한 보호'를 의미한다.[3][4] 그러므로 인격적인 침해로 이어지는 사생활 영역에 대한 국가의 침해는 정당화를 요구하게 되고, 국가는 이러한 정당화 의무 속에서 과잉적 권력행사를 하지 못하게 된다. 이러한 사생활

---

[1] 헌재 2002. 3. 28. 2000헌마53, 판례집 14-1, 159, 164.
[2] 이에 관해서는 Osborn v. United States, 385 U.S. 323, 341(1966) 사건에서 미국 연방대법원 Douglas 대법관의 반대의견["우리는 privacy가 전혀 없는 시대로 급속히 진입하고 있다. 이 시대에는 누구나 감청에 언제든 노출되어 있다."("[w]e are rapidly entering the age of no privacy, where everyone is open to surveillance at all times")] ; Olmstead v. United States, 277 U.S. 438, 473-74(1928) 사건에서 같은 법원 Brandeis 대법관의 반대의견["현대의 기술진보는 물리적 침입보다 더욱 미묘하고 더 정도가 심한 privacy에의 침입수단을 개발함을 의미한다."("[s]ubtler and more far-reaching means of invading privacy")] 각 참조.
[3] 헌재 2003. 10. 30. 2002헌마518; 헌재 2001. 8. 30. 99헌바92 등.
[4] 「사생활상의 비밀에 속하는 행위에 대하여서는 사람들은 그것이 다른 사람에 의하여 탐지되거나 발각되는 것을 기피하고 나아가 국가의 공권력에 의하여서 그것이 강제적으로 공개되는 것도 불원하며 그것이 외부에 공개되었을 때 수치심을 느끼게 되고 명예심에 상처를 받게 되며 결국 그 점에서 불행감을 느끼게 되기 때문에 행복추구권도 침해당하는 결과가 된다. 그와 같은 사생활 은폐권은 우리 헌법 전문과 제10조 및 제17조의 규정에 의하여 보호되고 있다고 할 것이며 헌법정신에 비추어 볼 때 사생활의 비밀에 속하는 생활 영역에 대하여서는 국가는 최대한도로 각 개인의 이성과 양식에 따른 자율에 맡기는 것이 온당하다고 할 것이고, 따라서 국가는 그러한 사생활의 영역이 다른 사람에 의하여 부당히 침해당하지 않도록 보호함과 동시에 국가 스스로도 그 분야에 대한 간섭과 규제를 최대한으로 자제하여야 하며, 같은 이유에서 사생활 분야에 대한 국가의 형벌권의 발동도 최소한의 범위에 그쳐야 할 것이다.」헌재 1990. 9. 10. 89헌마82.

권에 대한 침해는 정보화 사회에서 정보기술 이용시에 더욱 빈번히 마주치게
된다.[1] 정보화 사회에서는 특히 사이버 감시의 증가로 인해 개인의 생활 영역
이 위축될 수 있기 때문이다.[2]

　　예컨대 휴대전화 이용고객의 경우 비록 자신의 휴대전화를 이용한 통화내
역이 통신기지국에 기록되는 것을 막연히 인식하고 있다고 할지라도 구체적으
로 자신의 위치정보가 통신서비스 제공업체에 의해 자동적으로 수집되고[3] 영구
적으로 보존되어도 무방하다고 생각하는 사람은 거의 없다. 더욱이 수사기관이
통신서비스 제공업체의 협조를 얻어 자신의 위치정보를 삼각측정법으로 알아내
도 흔쾌히 이를 용인하겠다고 여기는 사람은 드물 것이다. 먼저 휴대전화로 전
화를 걸지도 않고 단지 수동적으로 걸려온 전화만을 받은 사람이거나 걸려온
전화에 아예 대꾸도 하지 않은 사람이라면 더욱 그러하다. GPS에 의한 위치정
보수집에 동의하지 않음으로써 자신의 위치정보를 제공하지 않으려고 할 수도
있다. 이들의 privacy에 대한 기대는 사회적으로도 합리적이라고 인정하여 보호
해 주어야 한다.[4] 특정시간에 특정위치에 존재하였다는 것 자체가 사생활의 중
요부분을 차지할 수 있기 때문이다.[5] 휴대전화를 걸거나 받은 사람이 자신의 집
이나 사무실에 있었다면 더 더욱이 그들의 privacy를 보호해야 함은 물론이다.

　　개인이 공공장소에 나왔다고 하더라도 그것만으로 그 위치정보에 관한 privacy
에의 보호기대를 완전히 포기하였다고 하기도 어렵다.[6] 공공장소에 나왔더라도
다른 사람들을 마주보고 침묵한 채로, 또는 群衆속의 익명성을 보장받으며 자유
롭게 거닐고 이동하며 스스로의 머릿속에 떠오르는 생각을 즐기고 반추하거나
의식적으로 생각을 통제하며 깨달음의 상태에 머무는 것을 간섭받지 않을 권리,
즉 남으로부터 "혼자 있는 것을 간섭받지 않을 권리"(right to be let alone)는[7] 보장

1) 사용자 이름이나 접근 암호를 입력해야만 피고인의 컴퓨터에 접근할 수 있다면, 피고인은 그 컴
퓨터에 대해 합리적인 privacy에의 기대권을 갖고 있었다고 해야 할 것이다. U.S. v. Andrus(2007), 제
10연방항소법원의 McKay 판사의 소수의견 참조. 483 F.3d 711.
2) 명재진, 위 논문, 313쪽.
3) 이에 관해서는 미국 텍사스 남부연방지방법원 Stephen Wm. Smith 부판사의 2005. 10. 14.자 다음
결정문 참조. In re Application for Pen Register and Trap/Trace Device with Cell Site Location
Authority, 396 F.Supp.2d 747, S.D. Texas., 2005.
4) 같은 취지, 앞서 든 Harvard Journal of Law and Technology, "WHO KNOWS WHERE YOU'VE
BEEN? PRIVACY CONCERNS REGARDING THE USE OF CELLULAR PHONES AS PERSONAL
LOCATORS", pp. 313-314.
5) 그래서 개인위치정보는 고도의 '민감정보'(sensitive information)라고 할 수 있다. 함인선, "정보
사회에서의 개인위치정보의 보호와 이용에 관한 법적 고찰", 7쪽.
6) Katz, v. United States, 389 U.S. 347, 351-52(1967).
7) Samuel D. Warren & Louis D. Brandeis, "The Right to Privacy", 4 Harv. L. Rev. 193, 205(1890).

받아야 마땅하다. 자신의 위치를 실시간으로 누군가가 계속하여 추적하고 그 추적정보를 어딘가에 저장해 두어 그들이 필요하면 언제든 그 정보를 분석, 가공하고 이를 유출하거나 이용하더라도 괜찮다고 용인하는 사람은 없다. 우리가 어느 특정 시점에 어느 거리를 방문하여 어떤 행동을 무심결에 한 후 까맣게 잊어먹고 있었는데 그 거리모습, 그 주위에 있던 사람들, 그날 우리가 이용한 승용차 번호 등 모든 장면이 담긴 입체동영상을 어떤 통신업체가 수집하여[1] 이를 자신들의 컴퓨터 서버에 영구히 저장해 두고 이를 종합하고, 분석하고, 가공하여 자신들의 영리목적으로 이용한다고 생각해 보라. 아니 그 정보를 국가권력기관의 수사관이 자신의 사무실 책상에 앉아 인터넷을 통해 접속하여 쉽사리 검색하여 들여다 볼 수 있다고 생각해 보라. 끔찍하지 않은가? GPS칩 등 위치정보 추적 장치의 부착을 통하여 밤낮을 가리지 않는 수일간의 개인 위치 추적이 당사자도 모르는 새에 진행될 수 있는 것이 오늘날 정보사회의 상황이다. GPS에 의한 위치추적은 실시간으로, 계속적으로 진행될 수 있다. 그렇게 추적된 위치정보는 개인이 무엇을 좋아하는지, 어떤 친구를 만나는지, 어떤 모임에 가입해 있는지, 이동 습관은 어떤지, 그에게 무언가 이상한 점은 없는지 등 광범위한 사항을 알 수 있게 해 준다.[2] 그 정보들을 종합하여 국가는 개인의 재정상태가 어떠한지, 직업적인 지위는 어떠한지, 정치적 성향은 어떠하고 정치적인 동료는 누구인지(특정 정치집단의 행사에 자주 참석한다면), 그가 머릿속에서 생각하고 있는 것은 무엇인지, 그의 종교는 무엇인지(특정 교회나 예배장소에 자주 들른다면), 어떤 사람들과 어떤 관계를 맺고 있는지, 그의 로맨틱한 관심사는 무엇인지(게이 바나 스트립쇼 클럽에 자주 들른다면), 건강상태는 어떠한지(에이즈에 감염되었거나 낙태를 하러 특정 병원에 자주 간다면) 등등을 알아낼 수도 있다.[3] 그것은 공공장소에서 단지 타인의 눈(naked eye)에 보이는 정도에 그치는 것이라고 할 수 없다.[4] 공공장소에서 그러한 감시를 당한다면 개인은 그 감시자에게 항의를 할 수도 있고 그 감시를

---

1) 2010. 8. 12.자에 실린 국민일보 10쪽 기사에 의하면 구글 맵스의 Street View는 2007년부터 서비스를 시작하면서 거리 모습을 정밀 실사해 사람 모습, 자동차 번호판 등이 그대로 노출되게 해 사생활 침해라는 지적을 받았다고 한다. 미국 전자사생활정보센터(EPIC)의 법률고문인 존 베르디는 "스트리트 뷰 서비스는 예전의 순간적인 정보를 수집해 영구적인 것으로 만든다"면서 "누구나 산책하고 운전하면서 자신의 모습을 노출할 수밖에 없지만 이것이 데이터베이스화돼 일반에 공개될 경우 사생활 침해문제가 발생한다"고 지적했다는 것이다.
2) State v. Jackson, 76 P.3d 217(Wash. 2003), at 223.
3) California v. Greenwood(1988) 사건에서 피고인이 거리에 버린 쓰레기봉투를 수색한 수사기관의 행위에 관한 판결에서 한 미국 연방대법원 Brennan 대법관의 반대의견 참조. 486 U.S. at 50~51.
4) Kyllo v. United States, 533 U.S. at 29 참조[피고인의 집에서 방출되는 열을 수사기관이 열 영상기(thermal imager)로 추적·획득한 사안].

피하여 私的 場所로 도피할 수도 있다. 그러나 GPS에 의한 위치추적, 그것도 수사기관이 어떤 개인을 수사하여 처벌할 목적으로 몰래 하는 위치추적에 대해서는 그렇게 할 기회가 없다.

이렇게 국가로부터 감시당함으로 인하여 초래되는 개인의 자유 제한은 매우 심각하게 된다. 자칫 大兄(big brother)이 언제나 사람들의 움직임을 감시하여 기록하는 전체주의 사회인 오세아니아(Oceania)로[1] 변질될 우려가 더욱 커진 것이 오늘날 상황이다. 개인은 그의 모든 이동상태 하나하나가 추적당할지도 모른다는 두려움에서 벗어날 수 있어야 하며, 그에 관한 헌법적 보호가 부여되어야 한다.[2] 그렇지 않으면 개인은 그 장소적 이동에 관하여 국가로부터의 감시를 두려워하여 소극적이고 방어적인 태세를 취함으로써 인간으로서 가진 잠재능력을 완전히 개발하는데 방해를 받을 것이다. 개인의 행동이 관찰되고 기록된다고 생각하게 된다면 자유의지에 따라 행동한다는 개인의 자유 관념은 소멸되고 말 것이기 때문이다. 오늘날의 고도 정보기술 사회에 살고 있는 우리는 그 기술발전 以前에 누리던 개인의 privacy권에 대한 침해가 최소화 되도록 해야 한다.

수사기관의 위치추적 수사활동에 대해 어느 범위까지 privacy에 대한 헌법적 보호가 부여되어야 하는지에 대한 판단기준은 헌법상의 권력분립 원칙에 의해 사법권을 부여받은 법원이나 헌법재판소가 결정해야 한다. 수사기관의 수사 필요성만에 의해 그 기준이 정해지면 안 된다.[3] 수사대상인 범죄자라고 하더라도 법원의 확정판결이 있기 전까지는 헌법상 무죄로 추정되기도 하기 때문이다.[4]

3) 신체활동의 자유(행복추구권, 인격권, 거주이전의 자유 등)

국민은 헌법 제12조 제1항에서 언급하고 있는 신체의 자유를 가질 뿐 아니

---

1) George Orwell, 「1984」(1949).
2) 미국 오레곤주 대법원은 오레곤주 헌법상 보호되는 privacy는 반드시 그에 대한 기대가 사회적으로 보아 합리적일 것을 요건으로 하지 않고, 단지 privacy 주체가 그에 대한 권리를 갖는지만 요건으로 한다면서, 공공도로에 나온 경우 privacy에 대한 권리를 포기한 것으로 보아야 한다는 연방대법원의 Knotts 판결(United States v. Knotts) 적용을 거부하고 영장 없이 피고인의 자동차에 GPS 칩을 몰래 부착한 수사기관의 행위는 오레곤주 헌법에 위반된다고 판시하였다. State v. Campbell, 759 P.2d 1040(Or. 1988). 같은 취지의 워싱턴주 대법원 판결인 State v. Jackson, 76 P.3d 217(Wash. 2003), 뉴욕주 나쏘 군법원의 판결인 People v. Lacey, 2004 WL 1040676 (Nassau County Ct. 2004); 뉴욕주 헌법 제1조 제12항은 전화나 전신 통신에 대한 불합리한 감청에서 자유로울 권리(the right of the people to be secure against unreasonable interception of telephone and telegraph communications)를 규정하고 있다] 등 참조.
3) 같은 취지로 판시한 Johnson v. United States, 333 U.S. 10, 14(1948) 참조. ("When the right of privacy must reasonably yield to the right of search is, as a rule, to be decided by a judicial officer, not by a policeman or Government enforcement agent").
4) 우리 헌법 제27조 제4항 참조.

라 헌법 제14조가 정하는 '거주·이전의 자유'도 가진다. 신체의 자유는 정신적 자유와 더불어 헌법이념의 핵심인 인간의 존엄과 가치를 구현하기 위한 가장 기본적인 자유로서 모든 기본권 보장의 전제조건이다.[1] 신체의 자유는, 신체의 안정성이 외부로부터의 물리적인 힘이나 정신적인 위험으로부터 침해당하지 아니할 자유와 신체활동을 임의적이고 자율적으로 할 수 있는 자유를 말하는 것이다.[2] 그리고 헌법 제14조의 거주·이전의 자유는 국가의 간섭 없이 자유롭게 거주와 체류지를 정할 수 있는 자유로서 정치·경제·사회·문화 등 모든 생활 영역에서 개성신장을 촉진함으로써 헌법상 보장되고 있는 다른 기본권들의 실효성을 증대시켜주는 기능을 한다.[3] 또한 헌법 제16조가 정하고 있는 것처럼 모든 국민은 주거의 자유를 침해받지 아니한다.

개인이 신체적으로 장소를 이동한 흔적이 전자적으로 저장된 위치정보는 바로 이러한 국민의 신체의 자유, 거주·이전의 자유, 주거의 자유를 표상하는 정보이다. 그에 대한 침해나 제한은 바로 이러한 기본권을 침해하고 제한하는 것이 된다. 그러므로 그에 대한 추적에도 기본권 제한 근거인 헌법 제37조에서 도출되는 비례의 원칙이 적용된다고 하지 않을 수 없는 것이다.

4) 통신의 자유

헌법 제18조는 통신의 비밀을 침해받지 않을 자유를 기본권으로 보장하고 있다. 개인과 개인 간의 관계를 전제로 하는 통신은 다른 사생활의 영역과 비교해 볼 때 국가에 의한 침해의 가능성이 매우 큰 영역이다. 사생활의 비밀과 자유에 포섭될 수 있는 사적 영역에 속하는 통신의 자유를 헌법이 별개의 조항을 통해서 기본권으로 보호하고 있는 것도 국가에 의한 침해의 가능성이 여타의 사적 영역보다 크기 때문이다. 정보통신망에서의 전자적 방식에 의한 음향, 문언, 부호 또는 영상의 송·수신 행위는 '통신'이라고 볼 것이며, 따라서 정보통신망에서의 전자적 방식에 의한 정보의 송·수신에도 통신의 비밀과 자유가 보장되어야 한다.[4] 통신의 비밀 보장은 여러 가지 통신수단에 의해서 이루어지는

---

1) 헌재 1992. 4. 14. 90헌마82, 판례집 4, 194, 206.
2) 헌재 1992. 12. 24. 92헌가8, 판례집 4, 853, 874.
3) 헌재 2004. 10. 28. 2003헌가18, 판례집 16-2하, 86, 95-96.
4) 헌법 제18조의 통신비밀에 관한 자유권은 사람의 사생활 영역이 주거에 국한되지 않고 공간적으로 넓어질 수 있다는 점에서 사생활의 비밀을 보장하려는 규정이라고 할 수 있다. 또한 통신비밀의 보장은 통신행위에 의하여 개인간에 자유로운 의사가 형성된다는 점에서 표현행위의 기초 내지 전제가 되며, 이처럼 표현행위는 의사형성의 과정과 관련이 있는 만큼 양심의 자유, 사상의 자유와도 관련이 있다고 할 수 있다. 헌재 2001. 3. 21. 2000헌바25, 판례집 3-1, 658. 이상은 오기두, "수사상 전자통신자료의 취득에 관한 헌법적 문제", 384쪽에 의함.

의사 및 정보교환의 비밀을 보장해 주는 것을 의미한다. 그로써 사회구성원 상
호간에 커뮤니케이션이 원활히 이루어질 수 있도록 촉진하는 기능을 하며, 이를
통해 국민의 제반 실생활상 정보교환이 가능해진다. 오늘날 휴대전화(핸드폰)로
대표되는 통신기기의 기능의 다양화는 통신의 자유의 중요성을 더욱 증대시킨
다. 전화통화 뿐만 아니라, 문자메시지, 이메일 교환을 통해 다양한 의사교환이
이루어져 국민여론형성과 개성신장에 큰 기여를 하고 있기 때문이다.[1]

헌법상 통신의 비밀보장은 목적론적 해석에 의해 모든 형태의 통신수단에
대해 그 비밀을 보장하는 것으로 해석되어야 하며, 따라서 이는 정보교환의 사상
적 내용, 통신 인접상황, 통신의 원인과 방법 등에 대해서까지도 미친다고 보아
야 한다.[2] 즉 구체적인 통신관계의 발생으로 야기된 모든 사실관계, 특히 통신
관여자의 인적 동일성, 통신장소, 통신시점, 통신시간 등에 대해 기본권으로서
통신의 비밀을 보장해야 하는 것이다.[3] 따라서 통신사실 확인자료의 추적에 의
한 개인의 위치정보 탐색 수색활동도 이러한 통신비밀을 보장하는 차원에서 이
루어져야 한다.

5) 표현의 자유

표현의 자유는 헌법 제21조에 규정되어 있다. 오늘날의 유무선 인터넷 시대
에 휴대전화나 컴퓨터를 이용한 인터넷은 뛰어난 대중적 발언의 수단이자 전자

---

1) 이상은 명재진, 위 논문, 314쪽.
2) 2010. 3. 2. 독일 연방헌법재판소는 전자적 통신서비스 이용자의 통신데이터(Verkerhsdaten)를 6
   개월간 저장하도록 한 독일 전기통신법 및 형사소송법의 관련 규정을 기본법이 보장하고 있는
   통신비밀보호의 기본권을 침해하여 무효라며 위헌으로 판결하였다. 독일 연방헌법재판소가 위
   헌으로 판결한 전기통신법상 규정들은 우리나라의 통신비밀보호법에서 규정하고 있는 통신사실
   확인자료의 저장 규정과 유사하다. 특히 독일 형사소송법 제100g조 1항 1문은 형사소추의 목적
   으로 전기통신데이터의 수집을 규정하고 있다. 이에 의하면 형사소추기관은 우선 구 형사소송법
   제100g조에서와 같이 전기통신법 제96조를 근거로 하여 전기통신사업자가 저장한 통신데이터에
   접근할 수 있다. 뿐만 아니라 형사소송법 제100g조는 전기통신법 제113a조에 의하여 예방용으
   로 저장된 데이터의 수집도 허용하고 있다. 그러나 이러한 법률규정은 다음과 같이 헌법에 위반
   된다. 즉 ① 독일 기본법 제10조 제1항의 통신비밀을 침해한다. 위 기본법규정에 의한 보호는
   통신의 내용만 포섭하는 것이 아니다. 오히려 통신과정의 상세한 상황에 대한 신뢰도 함께 보호
   한다. 상세한 상황이란 특히 언제 얼마나 자주 어떤 사람과 어떠한 통신시설 사이에서 통신이
   이루어졌는지 또는 시도되었는지에 속하는 것을 말한다. ② 데이터의 안전성에 관한 규정, 데이
   터 이용의 목적과 투명성 및 법적 보호에 관한 규정 등이 헌법상의 요구를 충족하지 못하고 있
   다. 따라서 비례원칙에 상응하는 규정의 형성에 전체적으로 결함이 존재한다는 것이다. 이상은
   박희영, "통신사실확인자료의 저장과 통신비밀의 침해(上)(下) - 독일 연방헌법재판소 2010년 3
   월 2일 위헌 결정(BVerG 1 BvR 256/08 vom 2. 3. 2010)의 전문", 법제처 「월간법제」 2010년 5
   월 및 6월호.
3) 오기두, "수사상 전자통신자료의 취득에 관한 헌법적 문제", 385쪽.

민주주의를 구현하는 필수적 도구가 되었다. 그러므로 인터넷 등 컴퓨터 통신망을 통한 표현에 관해서는 정부의 침입으로부터 고도의 보호를 받아야만 하게 되었다. 인터넷을 통한 표현의 자유를 보장함으로써 얻는 순기능은 수많은 의견의 거침없는 표현 및 상호비판과 그것을 통해 불합리하거나 부적절한 의견을 소거하여 최선의 답을 찾아 나가는 정화과정이라고 할 것이다. 그러므로 인터넷 등 컴퓨터 통신망을 통한 표현의 자유는 최대한 보장되어야 하고, 그에 대한 침해는 국가안보 목적이나 범죄수사 등을 위한 최소한의 범위에 국한되어야 할 것이며, 그 침해의 절차도 영장주의의 원칙 등 적법절차의 원칙에 합치되어야 할 것이다. 이미 헌법재판소도 인터넷이야말로 '가장 참여적인 시장'이며, '표현 촉진적인 매체'라고 喝破한 바 있다.[1] 분권적이고 개방적인 인터넷의 구조야말로 언론자유의 진정한 보호자인 것이다. 오늘날 가장 거대하고 주요한 표현매체의 하나로 자리를 굳힌 인터넷상의 표현에 대하여 질서위주의 사고만으로 규제하려고 할 경우 표현의 자유의 발전에 큰 장애를 초래할 수 있다.[2]

전자적으로 컴퓨터 통신망에 저장된 위치정보를 수사기관이 만연히 추적할 수 있도록 허용하면 이러한 표현의 자유 보장에 의한 민주주의 발전에 큰 장애를 가져올 수 있다. 인터넷 등 컴퓨터 통신망과 같은 분권적이고 개방적인 커뮤니케이션 구조에서 언론자유의 가치가 전면적으로 실현되기 위해서는 익명표현의 자유마저 언론자유의 핵심적인 내용으로 인정되어야 한다.[3] 만약 익명으로 인터넷 등에 의견을 표현한 사람이 수사기관의 전자적 위치 추적을 통해 쉽사리 검거될 수 있다면 그러한 익명표현의 자유는 위축되고 말 것이다. 컴퓨터 통신망에 전자적으로 저장된 위치정보 추적활동과 그에 대한 표현의 자유권 보장 사이에 적절한 균형점을 찾아야 할 이유 중 하나가 바로 여기에 있다.

  6) 위치정보사업자 등의 직업수행의 자유

모든 국민은 직업선택 및 수행의 자유를 가진다(헌법 제15조). 법인에 대한 기본권 주체성의 인정 근거를 법인배후에 있는 자연인의 기본권 보장 차원에서 찾든 법인자체의 기본권 보장 차원에서 찾든[4] 수사기관의 전자적 위치정보 획득 수사활동은 그 위치정보를 전자적으로 보관하고 있는 위치정보사업자나 위치기반서비스사업자 등 법인이나 개인의 직업수행의 자유권을 제약한다. 이러

---

1) 헌재 2002. 6. 27. 99헌마480, 판례집 14-1, 616, 632.
2) 오기두, "수사상 전자통신자료의 취득에 관한 헌법적 문제", 390쪽.
3) 정재황, "사이버공간상의 표현의 자유와 그 규제에 관한 연구", 「헌법재판연구」 제13권(2002), 13쪽.
4) 헌법재판소, 「기본권의 주체」, 헌법재판연구 제20권(2009), 179쪽.

한 측면에서도 전자적 위치정보에 대한 수사권 행사의 헌법적 범위를 정하는 선을 그어야 한다.

나. 위치정보수집에 대한 동의와 기본권의 포기 여부

「위치정보의 보호 및 이용 등에 관한 법률」은 개인위치정보의 보호를 위하여 ① 위치정보사업자가 개인위치정보를 수집하고자 하는 경우(제18조 제1항), ② 위치기반서비스사업자가 개인위치정보를 이용하여 서비스를 제공하고자 하는 경우(제19조 제1항), ③ 위치정보사업자등이 개인위치정보 또는 위치정보 수집·이용·제공사실 확인자료를 제3자에게 제공하는 경우(제21조)에는 개인위치정보주체의 동의를 얻어야 하고, ④ 14세 미만 아동의 개인위치정보를 수집·이용 또는 제공하고자 하는 경우(제25조 제1항)에는 법정대리인의 동의를 얻어야 하며, ⑤ 8세 이하의 아동, 금치산자 등의 생명 또는 신체 보호를 위하여 개인위치정보의 수집·이용 또는 제공을 하는 경우(제26조 제1항)에는 보호의무자의 동의를 얻어야 한다고 규정하고 있다.[1]

이러한 "동의"의 문제는 법관으로부터 영장을 발부받아 강제수사의 방식으로 위치정보를 추적하지 않고, 수사 상대방의 동의를 얻어 임의수사의 방식으로 수사를 하는 경우에 문제될 수도 있다. 이는 또한 수사에 관련하여 당해 위치정보주체가 그 정보에 대한 헌법상의 기본권을 포기하였다고 볼 수 있는지 하는 문제와도 관련된다. 이러한 문제는 금융기관과의 금융거래 내역 추적 수사활동에도 동일하게 적용된다.[2]

수사과정상 위치정보사업자나 위치기반서비스 사업자가 그 위치정보를 임의로 수사기관에 제출하고 당해 위치정보주체가 그에 동의하면, 이는 임의수사의 방식에 의한 위치정보 추적으로서 허용된다. 그리고 위와 같은 위치정보주체의 동의는 개별적인 수사협조요청에 의해 그때그때마다 별개로 행해져야 한다고 할 것이다.

그러나 위치정보주체가 위치정보사업자나 위치기반서비스사업자에게 자신의 위치정보수집에 동의하였다고 하여 당연히 수사기관에 의한 추적에서 보호되어야 할 기본권을 포기하였다고 의제되어서는 안 된다. 누구도 스스로에게 형사처벌이 가해질 수도 있다는 정을 알면서 자신의 위치정보를 수사기관에 무차별적으로 제공하고 싶어 하지 않을 것이다. 이는 헌법상 인정되고 있는 "형사상

---

[1] 이에 관한 여러 법률적 문제를 언급한 문헌으로 위 함인선, "정보사회에서의 개인위치정보의 보호와 이용에 관한 법적 고찰", 10쪽.
[2] 이에 관해서는 오기두, "컴퓨터에 저장된 금융정보 추적의 제문제", 210-212쪽.

자기에게 불리한 진술을 강요당하지 아니할"(헌법 제12조 제2항) 권리의 당연한 내용이라고 해야 한다.

위 법률의 적용대상이 아닌 통신사실 확인자료[1]에 관해서도 비록 동의에 의한 privacy권 포기를 인정할 수 있을지 몰라도 신체활동의 자유나 통신의 자유, 거주·이전의 자유 등과 같은 기본권 일반을 포기하였다고 하기는 어렵다. 즉, 통신사실 확인자료는 ① 그 기술적 정확성에 있어서 위치정보의 노출가능성이나 노출범위가 GPS 등에 의한 위치추적 정보보다 뒤지고, ② 위치정보를 수집·저장·분석·이용 및 제공할 수 있도록 서로 유기적으로 연계된 컴퓨터의 하드웨어, 소프트웨어, 데이터베이스 및 인적자원의 결합체인 위치정보시스템[2]에 의해 관리되지 않으며, ③ 오늘날의 정보화 사회에서 개인이 정보통신망 이용을 위해 전기통신사업자에게 자신의 통신관련 정보를 제공하는 순간 이미 그에 대한 privacy권을 포기하였다고 할 수 있는 점[3] 등에 비추어 동의에 의한 privacy권 포기를 인정할 수 있을 것이다. 그렇다고 하여 그 통신사실 확인자료의 통신주체인 위치정보주체가 수사기관에까지 그 위치정보를 넘겨주어도 좋다고 생각하면서 위치정보업자 등에 동의 의사를 표시하였다고 하기는 어렵다. 위치정보가 수사기관에 넘어감으로 인해 그 위치정보주체는 수사 및 재판이라는 고통의 긴 여정을 거쳐야 하고, 그 결과로 생명, 신체, 재산 등에 관한 기본권을 형벌의 형태로 박탈당할 수도 있다. 그러한 점까지 감수하면서 위치정보사업자에게 위치정보를 수집, 관리하도록 위치정보주체가 동의하여 관련된 기본권을 포기하였다고 하기는 어려운 것이다.

5. 영장주의와 위치정보 추적 수사활동 제한

가. 적법절차 원칙과 영장주의

1) 개   설

지금까지 실체적 측면에서 전자적 위치정보에 대한 수사활동과 기본권 보장 원리들을 고찰하였다면 이제 절차적인 측면에서 수사활동의 제한과 전자적 위치정보에 대한 기본권 보장을 살펴보자. 그것은 바로 적법절차의 원칙에 입각한 헌법상의 영장주의 문제라고 할 수 있다. 우리 헌법 제12조 제1항은 "누구든지 법

---

1) 현행 통신비밀보호법 제2조 제11호 가호 내지 사호.
2) 「위치정보의 보호 및 이용 등에 관한 법률」 제2조 제8호.
3) 오기두, "수사상 전자통신자료의 취득에 관한 헌법적 문제", 408쪽.

률에 의하지 아니하고는 … 압수·수색을 받지 아니하며 …"라고 규정하고, 제3항
은 "압수 또는 수색을 할 때에는 적법한 절차에 따라 검사의 신청에 의하여 법관
이 발부한 영장을 제시하여야 한다"고 규정하고 있다. 나아가 주거의 자유권을
규정한 헌법 제16조도 주거에 대한 압수나 수색을 할 때에는 검사의 신청에 의
하여 법관이 발부한 영장을 제시할 것을 의무화 하고 있다. 이러한 헌법상의 영
장주의 원칙에 따라 형사소송법 제215조 제1항은 "검사는 범죄수사에 필요한 때
에는 피의자가 죄를 범하였다고 의심할 만한 정황이 있고 해당 사건과 관계가
있다고 인정할 수 있는 것에 한정하여 지방법원 판사에게 청구하여 발부받은 영
장에 의하여 압수, 수색 또는 검증을 할 수 있다"고 규정하고, 제2항은 "사법경
찰관이 범죄수사에 필요한 때에는 피의자가 죄를 범하였다고 의심할 만한 정황
이 있고 해당 사건과 관계가 있다고 인정할 수 있는 것에 한정하여 검사에게 신
청하여 검사의 청구로 지방법원 판사가 발부한 영장에 의하여 압수, 수색 또는 검
증을 할 수 있다"고 규정하고 있다. 그리고 헌법 제12조 제3항이 정하는 형사절
차에 있어서의 영장주의란 압수 등의 강제처분을 함에 있어서는 사법권 독립에
의하여 그 신분이 보장되는 법관이 발부한 영장에 의하지 않으면 안 된다는 원
칙이다. 따라서 영장주의의 본질은 강제처분을 함에 있어서는 중립적인 법관이
구체적 판단을 거쳐 발부한 영장에 의하여야만 한다는 데에 있다.[1]

2) 적법절차의 원칙
가) 의   미

적법절차의 원칙은 법률이 정한 형식적 절차와 실체적 내용이 모두 합리성
과 정당성을 갖춘 적정한 것이어야 한다는 실질적 의미를 지니고 있다. 특히 형
사소송절차와 관련시켜 적용함에 있어서는 형사소송절차의 전반을 기본권 보장
의 측면에서 규율하여야 한다는 기본원리를 천명하고 있는 것으로 이해하여야
한다.[2] 또한, 현행 헌법이 명문화하고 있는 적법절차의 원칙은 단순히 입법권의
유보제한이라는 한정적인 의미에 그치는 것이 아니라 모든 국가작용을 지배하
는 독자적인 헌법의 기본원리로서 해석되어야 할 원칙이다.[3]

---

1) 헌재 1997. 3. 27. 96헌바28등, 판례집 9-1, 313, 320.
2) 헌재 1992. 12. 24. 92헌가8, 판례집 4, 853, 876-877 ; 1996. 12. 26. 94헌바1, 판례집 8-2, 808,
   819 ; 1994. 12. 29. 94헌마201, 판례집 6-2, 510, 528 ; 1997. 3. 27. 96헌가11, 판례집 9-1, 245,
   259.
3) 헌재 1992. 12. 24. 92헌가8, 판례집 4, 853, 876-878.

나) 법률의 근거와 위치정보 추적

현재 GPS를 이용하여 위치정보사업자등이 수집한 전자적 위치정보는 통신비밀보호법 제2조 제11호에 통신사실 확인자료로 열거되어 있지 않다. 그것을 추가하는 내용으로 위 법률개정안이 국회에 제안된 적이 있을 뿐이다.[1] 이 법률안은 「위치정보의 보호 및 이용 등에 관한 법률」 제2조 제1호의 '위치정보'를 통신사실 확인자료에 포함하는 내용인데 이에 대하여는 ① 기술발전을 입법으로 보완하기 위한 긍정적 측면이 있다는 찬성 입장과[2] ② 통신비밀 및 개인정보에 대한 국가의 개입가능성 확대의 우려가 있다는 반대 입장이[3] 대립하고 있다. 이를 검토한 국회 법제사법위원회 수석전문위원은 "정보통신기기와 관련된 '위치정보'는 대부분 통화내역 등 다른 통신사실 확인자료와 더불어 법원의 사전·사후 엄격한 통제 하에 범죄수사에 이용될 수 있도록 하는 것이 바람직하므로 법에 명시하여 규정하는 개정내용이 타당하다고 생각한다"라는 의견을 표명하고 있다.[4] 현재 위 법률안이 국회를 통과하지는 못한 상태이다. 저자로서는 위치정보 추적 수사활동을 법외의 영역에 방치하는 것보다 법원의 영장심사에 의한 통제 하에 둘 수 있도록 위 법률을 개정하는 것이 옳다고 생각한다. 다만 그 위치추적 요건과 절차는 위 개정안보다 더욱 엄격한 형태로 법률에 규정해야 할 것이다.

문제는 이처럼 통신비밀보호법이 개정되기 이전에 위치추적을 하는 수사활동이 허용되는가 하는 점에 있다. 이는 헌법 제12조 제1항의 강제처분 법정주의에 따라 결정할 문제이다. 전자적으로 저장된 위치정보를 추적하는 수사활동은 개인의 privacy권 등 기본권을 심각하게 침해하므로 그 위치정보주체의 동의 없이 행하는 추적활동은 강제처분으로 보아야 한다. 따라서 아직 위 통신비밀보호법의 개정이 이루어지기 전에 행한 위치정보 추적 수사활동은 그것이 통신비밀

---

1) 국회의장과 국회법제사법위원장에게 2008. 10. 30. 국회에 제출된 「통신비밀보호법 일부개정법률안(이한성 의원 대표발의, 의안번호 제1650호)」, 이 법률안은 2010. 8. 10. 현재에도 아직 법제사법위원회에서 심사중에 있을 뿐이다. 국회 의안정보시스템 http://likms.assembly.go.kr/bill/jsp/BillDetail.jsp?bill_id = PRC_Q0H8K1M0Y3E0A1I8G0Y7Z3R8U3G6T6&list_url = /bill/jsp/MooringBill.jsp%3F. 참조.
2) 한국법제연구원, 「통신비밀보호법 일부개정(이한성의원 대표발의)에 대한 의견서」 2008년 11월 참조; 2009. 2. 법제사법위원회 수석전문위원 이한규의 검토보고서.
3) 국가인권위원회 결정 「통신비밀보호법 개정안에 대한 의견」 2007. 12. 17. 참조; 참여연대, "통신비밀보호법 일부개정법률안(의안번호 제1650호, 이한성의원 대표발의)" 「심사 관련 참여연대 의견서」, 2008년 11월 참조; 민주사회를위한변호사모임, 「통신비밀보호법 개정안(이한성의원 대표발의) 의견서」 2008년 11월 참조; 2009. 2. 법제사법위원회 수석전문위원 이한규의 검토보고서.
4) 위 2009. 2. 법제사법위원회 수석전문위원 이한규의 검토보고서, 9-10쪽.

보호법에 의한 통신사실 확인자료 취득의 요건이나 「금융실명거래 및 비밀보장에 관한 법률」등 특별법에 정한 요건을 갖추고 있지 않는 한 헌법상의 강제처분 법정주의, 나아가 영장주의에 반하는 위헌적인 수사활동이라고 평가하지 않을 수 없다. 또한 형사소송법이나 통신비밀보호법 등 법률에 근거가 없는 상황에서 행해진 강제처분으로서 위법한 수사활동이라는 평가도 할 수 있겠다.1)

그러나 만약 수사기관이, 그 위치정보 추적 활동이 현행법상으로도 허용된다는 견해에 입각하여 위치추적을 한 경우에는 그에 대한 심사기준을 설정해야 한다. 이처럼 위치정보 추적을 한 특정 수사활동을 허용하는 법률상 근거를 찾아볼 수 없는데도 수사기관이 그러한 수사활동을 폈을 때 그 수사활동의 위법성이나 위헌성을 평가할 때에도 이 節에서 주장하는 여러 심사요건을 적용할 수 있다. 만약 위 개정안과 같은 통신비밀보호법이 국회를 통과하여 공포된다면 더 더욱이 그러하다. 또는, 위치정보 추적이 현행 통신비밀보호법에 포섭될 수 있을 정도이고 같은 법 제13조에 의해 법원의 허가를 받거나, 형사소송법상의 압수·수색 요건이나 「금융실명거래 및 비밀보장에 관한 법률」 등 특별법 규정

---

1) 2009. 1. 22.자 국가인권위원회 상임위원회는 이 법률안에 대해 다음과 같은 의견을 표명하였는 바, 이 의견도 아직 통신비밀보호법에 위치정보를 통신사실 확인자료로 규정하지 않는 한 그 추적을 위한 강제처분 성격의 수사는 할 수 없다는 인식을 전제로 하고 있다.
"1. 통신사실 확인자료에 위치정보의 추가(법률안 제2조 제11호 아목)
법률안은 GPS(Global Positioning System)를 활용한 위치정보가 범인의 검거에 유용한 자료가 될 수 있으므로 수사기관이나 정보기관의 장이 합법적인 절차를 통해 이러한 정보를 제공받을 수 있도록 통신사실 확인자료에 "「위치정보의 보호 및 이용 등에 관한 법률」 제2조 제1호의 위치정보"를 추가하고 있다.
그러나 통신사실 확인자료에 위치정보를 추가하는 것은 아래와 같은 이유로 국민의 privacy권을 침해할 우려가 있다.
첫째, 종전 국가인권위원회의 '통신비밀보호법 일부개정법률안에 대한 의견표명(2007. 12. 17. 결정)'에서 밝힌 바와 같이 GPS 기술의 발달로 휴대전화 등 GPS 응용제품을 사용하는 자의 위치정보가 근접 5미터 거리까지 세밀하게 추적이 가능하여 수사기관의 판단과 필요에 따라 수사대상자의 내밀한 사생활 정보까지 추적되고 공개될 우려를 배제하기 어렵다.
둘째, 수사기관은 GPS 위치정보를 이용한 수사는 범인검거에만 제한적으로 사용하여 인권침해의 소지를 최소화할 것이라고 하나, 최근 촛불집회시위의 수사에서 위치정보 추적 대상자를 넓게 지정하고 매 10분단위로 위치정보를 수집한 사례에서 볼 수 있듯이 수사의 효율성만을 이유로 위치정보를 이용한 수사가 오·남용될 위험이 상존하고 있음을 부정하기 어렵다.
개인이 특정시간, 특정위치에 머물렀던 정보는 사생활에 있어서 가장 중요하고도 은밀한 부분으로서 성명·주소·주민등록번호 등 일반 개인식별 정보에 비하여 고도로 민감한 privacy임에도 불구하고 수사기관의 필요와 의도에 따라 범죄와 무관한 사생활 정보마저 실시간으로 수집·이용된다면 개인의 사생활이 철저히 파괴될 수도 있는 것이다. 따라서 법률안 제2조 제11호 아목과 같이 통신사실 확인자료에 위치정보를 추가하는 것은 국민의 privacy권에 대한 심각한 침해를 야기할 우려가 있으므로, 이를 삭제하는 것이 바람직하다."
http://likms.assembly.go.kr/bill/jsp/BillDetail.jsp?bill_id=PRC_H0K9D0Y2R2L7F1P8Y5E4F1I5Z4S2M5

에 정해진 요건을 충족한다면 허용되는 수사활동이라고 할 것이므로 그 적법요건을 판단할 기준도 설정해야 한다. 또한 전자적 위치정보 추적이 그 정보주체의 동의를 얻어 행해질 때 영장주의를 적용해야 하는지, 적용한다면 그 기준이나 범위를 어떻게 설정할 것인지 하는 경우도 생각해 보아야 한다. 이들 모든 경우에 대하여 이 節에서 전자정보에 대한 압수·수색에 관하여 일반적으로 언급하는 영장주의나 그에 대한 합헌성 심사기준이 적용될 수 있겠다.

3) 영장주의에 입각한 전자적 위치정보 취득

수사기관에 의한 전자적 위치정보 취득은 기본적으로 압수·수색활동이므로 위와 같은 적법절차의 원리와 영장주의에 따라야 한다.[1] 법관의 영장발부 재판 자체가 헌법상의 기본권 보장원칙이나 그 밖의 헌법 원리에 합치되어야 함은 물론이다. 그리고 그 영장을 집행하는 행위도 합헌적이어야 한다. 비록 영장발부 재판이나 그 집행행위에 대해 재판소원의 문제나 보충성의 요건으로 인해 헌법재판소가 헌법소원 청구에 대한 심판 등을 통해 관여할 여지가 적다고 하더라도 이 점은 강조되어야 마땅하다. 헌법은 헌법재판소에 의한 헌법재판이 이루어지기 이전에 이미 법관이나 검사, 경찰관들을 포함한 모든 국가공무원들의 권한행사 근거가 되는 제1차적 典範이기 때문이다. 형사재판절차마저 전자화 되어 가는 마당에[2] 오늘날의 전자소송시대를 영위해 가는 사법경찰관, 검사, 법관들은 전자적 개인위치정보에 관련된 기본권을 보장하려는 의식을 한층 투철하게 가져야 할 것이다.

전자적 위치정보에 대한 압수·수색에 있어 적법절차 조항의 형식은 영장주의를 적용함에 의하여, 그리고 그 내용은 수사활동의 비례성 확보에 의하여 구현된다. 먼저 영장주의에 관해 구체적으로 보면 다음과 같다.

---

1) 미국에서 수사기관에 의한 GPS 위치추적과 영장주의 적용에 관해 입법론적 제안을 한 문헌으로 April A. Otterberg, "GPS TRACKING TECHNOLOGY : THE CASE FOR REVISITING KNOTTS AND SHIFTING THE SUPREME COURT'S THEORY OF THE PUBLIC SPACE UNDER THE FOURTH AMENDMENT", p. 703 참조.

2) 2009. 12. 국회를 통과한 「형사사법절차 전자화 촉진법」과 「약식절차에서의 전자문서이용 등에 관한 법률」에 근거하여 2010. 7. 12.부터 음주·무면허 운전 등의 약식기소사건에 관하여 수사부터 기소, 약식명령, 형집행에 이르는 전과정을 전자화하는 '형사사법정보시스템'이 전국의 경찰과 검찰, 법무부(http://www.kics.go.kr), 법원(법원의 경우는 2010. 5. 10. 서울남부지방법원에서 처음 오픈하였고, 2010. 7. 12. 전국법원에서 오픈하게 되었다) 등에 개통되었다. 그러나 우리는 이러한 전자소송의 편의성에만 초점을 맞추어서는 안 되고 전통적 가치인 권력분립과 개인의 기본권 보장의 한계 안에서 그 재판제도를 이용하려는 기본시각을 설정해야 할 것이다.

나. 전자정보의 압수·수색 가능성

형사소송법 제114조, 형사소송규칙 제107조는 압수할 물건, 수색할 장소 또는 물건을 특정하여 영장에 기재하도록 하여 일반영장의 금지원칙을 규정하고 있다. 여기서 유체물을 대상으로 하고 있는 전통적인 압수·수색에 대하여 사인의 전자적 위치정보가 압수·수색의 대상이 될 수 있는지 논의해 볼 수 있을 것이다. 그러나 2011. 7. 18. 신설된 형사소송법 제106조 제3항이 컴퓨터용디스크, 그 밖에 이와 비슷한 정보저장매체인 경우에는 기억된 정보의 범위를 정하여 출력하거나 복제하여 제출받아야 한다고 규정하고 있다. 그러므로 전자적 위치정보에 대한 수색·검증, 압수가 법률상 가능하다고 보되 그 범위를 범죄혐의와 관련되는 부분으로 한정해야 할 것이다. 이에 따라 수색 내지 검증 활동은 넓은 범위에서 허용하되, 그 정보의 압수는 범죄혐의와 관련성이 있는 정보만을 담고 있는 전자기록물이 아닌 한 그 위치정보를 담고 있는 전자기록물에서 당해 범죄에 관련된 위치정보만을 추출하는 방식으로 행해져야 할 것이다. 그리고 그 수색 및 압수활동에서 통신비밀보호법 등 개별 법률에서 규정하고 있는 절차를 준수하여야 한다. 이러한 해석론은 통신사실 확인자료 획득에 의한 휴대전화의 위치추적 뿐만 아니라 GPS를 이용한 위치정보 취득 등 모든 전자적 위치정보 수집에 적용되어야 한다.

다. 피내사자에 대한 위치정보 추적

피의자가 아닌 피내사자에 대한 범죄수사에 필요한 때에도 피내사자에 대한 위치정보를 추적할 수 있는지 문제될 수 있다. 종래 이른바 '내사'와 '수사'의 구별기준에 관해, 즉 피의자가 되는 시기(始期)를 정하는 기준으로 수사기관의 '입건' 유무에 의하여 결정하는 형식설과 수사기관이 '범죄혐의가 있다'고 판단한 시점을 기준으로 결정하는 실질설의 대립을 상정하고 있었다.[1] 대법원은 형식적으로 검찰청 등의 사건접수부에 사건을 등재하는 이른바 '입건'을 하기 전인 '내사' 단계라고 하더라도 수사기관이 대상자에 대하여 범죄혐의가 있다고 판단하였음을 외부적으로 표출하는 일련의 조치를 취하였을 경우에는 실질적으로 수사가 개시되었다고 보고 있다.[2] 사견으로는 헌법상의 기본권이나 법률상의 권리가 침해되는 상황이 발생하였을 때 실질적으로 수사가 개시되었다는 입

---

1) 신동운, "내사종결처분의 법적 성질-헌재 2002. 10. 31. 2002헌마369-", 헌법재판소, 「헌법실무연구」 제5권(2004), 399쪽.
2) 대법원 2001. 10. 26. 선고 2000도2968 판결 등 참조.

장을 택하는 것이 옳다고 본다.[1] 이는 결국 영장실무상으로 위 대법원과 같은 견해를 따른다는 의미이다. 따라서 수사기관이 이른바 피내사자의 전자적 위치정보를 추적하기로 한 순간 그 피내사의 헌법상 권리인 privacy권 등을 침해하는 중대한 상황을 만든 것이므로 형사소송법이나 통신비밀보호법 등이 정한 적법한 절차에 따라 판사의 영장을 발부받아야 한다고 하겠다.

라. 범죄혐의에 대한 소명

피의자의 전자적 위치정보를 추적하려는 수사기관의 압수·수색영장 청구가 있으면 판사는 ① 그것이 통신비밀보호법이나 「금융실명거래 및 비밀보장에 관한 법률」등 법률에 근거가 있다면, 우선 ② 일반적인 압수·수색영장발부 요건을 심사해야 한다. 그러므로 이러한 전자적 위치정보 추적 영장발부 여부를 심사하는 판사로서는 범죄혐의에 대한 소명이 있는지를 우선 심사해야 한다. 따라서 그 범죄혐의 사실의 구체성 및 중대성, 법정형, 당해 위치정보 추적으로 인한 피의자나 위치정보 소지·보관자의 법익 침해가능성, 다른 증거수집방법의 존부 등을 총체적으로 고려하여 범죄혐의에 대한 소명이 있는지를 판단해야 할 것이다. 탐문을 토대로 한 수사기관의 주관적인 판단이나 추측, 의견만이 기재된 경우에는 원칙적으로 범죄혐의에 대한 소명이 있다고 할 수 없다. 영장재판을 담당하는 판사가 진위를 확인할 수 없는 출처불명의 소문, 풍문 등을 수사기관이 영장청구의 근거로 든다고 하여도 범죄혐의에 대한 소명이 있다고 보기 어렵다. 불특정 범죄사실이나 불특정 피의자에 대하여 단순히 수사의 단서를 수집하기 위해 압수·수색영장 청구를 하는 것은 특별한 사정이 없는 한 영장의 발부요건을 갖추지 못한 것이다. 압수·수색영장은 기본적으로 과거에 발생한 범죄 혐의에 대하여 이를 수사하기 위해 필요한 강제처분을 허가하는 것이므로 법률에 특별한 규정이 없는 한 장래에 발생할 가능성이 있는 범죄에 대하여 사전에 압수·수색영장을 청구할 수는 없다. 즉, 이 경우 범죄혐의에 대한 소명이 충분하다고 할 수 없다.

마. 위치정보탐색을 위한 구체적 방법의 영장명시

압수·수색의 본래 목적을 넘어 과도한 기본권 침해가 예견되는 경우라면 판사는 영장에 구체적인 압수·수색의 방법을 기재할 수 있다고 해야 한다.[2] 전

---

1) 2004. 6. 4. 헌법재판소에서 개최된 제46회 헌법실무연구회에서 신동운 교수가 발표한 위 "내사 종결처분의 법적 성질"에 관하여 저자가 토론한 내용 참조. 위 「헌법실무연구」 제5권(2004), 417-420쪽.
2) 이에 대해 판사가 압수·수색 방법까지 제한하여 압수·수색영장을 발부하는 것은 법률에도 규

자적 위치정보를 탐색하는 구체적인 수사활동 내역을 영장에 기재하는 것이 이에 해당한다.[1] 수사기관에 소속되지 않은 중립적이고 정보기술에 능한 사람이 관련성 있는 전자적 위치정보만을 걸러서 수사기관에 넘겨주는 영장집행방식도 특정하여 영장에 기재할 수 있다고 본다.[2] 위치정보를 전자적으로 담고 있는 디스크 등의 하드웨어를 압수할 때에는 그 전자적 위치정보의 改變을 막고 관련된 다툼을 미리 방지할 수 있도록 당해 하드웨어의 봉인,[3] 사본의 쌍방 또는 중립적인 제3자에의 교부 등과 같은 조치를 취해야 한다.[4] 압수·수색영장에 이러한 영장집행방식도 기재할 수 있다고 해야 한다.[5] 통신비밀보호법 제6조 제4항은 통신제한조치허가청구서에 필요한 통신제한조치의 집행방법을 기재하도록 하고 있다. 따라서 통신제한조치허가 영장에도 수사기관이 청구한 집행방법을 구체적으로 기재할 수 있다고 할 것이다.

바. 전자정보 출력, 복사에 대한 영장주의의 적용 여부

전자적으로 저장된 위치정보 그 자체가 아니라 프린터를 이용하여 그 정보

정이 없는 월권행위가 분명하다는 견해가 있긴 하다. 박종근, "디지털 증거 압수·수색과 법제", 대검찰청, 「형사법의 신동향」(2009. 2.), 88쪽.

1) 일본에서도 위치탐색을 실시하는 구체적인 방법 등을 영장에 기재하는 것은 일본 형사소송법 제219조 제1항의 '검증하여야 할 장소 또는 물건'에 관한 기재에 해당하므로 영장에 적절한 방법으로 기재할 수 있는 것으로 보고 있다고 한다. 池田弥生, "携帯電話の位置探索のための令狀請求", 「判例タイムズ」 1097호(2002. 10. 1.), 27쪽 이하, 심활섭, "일본의 수사기관에 의한 수색·압수·검증", (2007. 5. 22.자 코트넷 지식광장 게시 논문임), 17쪽 이하 및 주 22).

2) 박경신 교수의 2010. 7. 24.자 경향신문 23쪽 칼럼, "영장만 있으면 훔쳐가도 되나?"도 같은 취지다.

3) 현행 형사소송법 제244조의2 제2항은 피의자진술을 수사기관이 영상녹화한 경우 그 녹화가 완료된 때에는 피의자나 변호인 앞에서 지체 없이 그 원본을 봉인하고 피의자로 하여금 기명날인이나 서명하게 하여야 한다고 규정하고 있다. 이는 수사기관 영상녹화물의 사후 편집, 소거, 왜곡 등의 가능성을 배제하고자 하여 두게 된 규정이다[수사과정 영상녹화물과 그 증거사용 등에 관하여는 오기두, "영상녹화물과 증거사용", 「형사재판의 쟁점과 과제」, 사법발전재단(2008), 191쪽 이하; 오기두, "영상녹화물의 증거능력 및 증거조사방법", 「형사사법토론회 자료집」, 사법제도개혁추진위원회(2005), 539쪽 이하; 오기두, "수사과정 영상녹화물의 증거조사(상)(하)－2008년 이후의 논의에 대한 답변－", 한국법학원, 「저스티스」 통권 제138호, 제139호(2013. 10. 및 2013. 12.), 각 275－305쪽, 181－207쪽 등 참조]. 컴퓨터 관련 증거물도 쉽사리 전자적으로 소거, 개변될 수 있으므로 그 압수·수색·검증시 이와 유사한 조치를 하여 둘 필요가 있다.

4) 수사기관과 피의자 또는 피압수자간에 다툼 없는 사실에 관하여 합의문서를 작성하도록 하자는 방안도 제시되고 있다. 노명선, "전자적 증거의 수집과 증거능력에 관한 몇 가지 검토", 대검찰청, 「형사법의 신동향」(2008. 10.), 116쪽.

5) 종래 미국 법무부에서 발간한 전자증거에 대한 압수수색 매뉴얼에도 수사기관은 선서진술서에 압수수색 전략에 대해서도 기재하여야 한다고 규정하고 있었다고 한다. U.S. DOJ CCIPS, 「Searching and Seizing Computers and Related Electronic Evidence Issues」, 2002. 7., p. 70. 박종근, "디지털 증거 압수수색과 법제", 41－42쪽; 조국, "컴퓨터 전자기록에 대한 압수·수색영장의 쟁점"(미공간물, 2010. 3. 25. 대법원 사법제도비교연구회 발표문임) 10쪽 및 주 28)도 참조.

를 종이에 출력하거나 수사기관이 준비한 전자적 저장매체(디스켓, CD, USB메모리, 외장하드 등)에 복사나 이미징하는 등의 행위가 압수에 해당하는지 여부에 대하여는 논란이 있을 수 있다. 부정적으로 보는 견해에 입각한다면 전자정보 관리자나 소유자의 전자정보 원본에 대한 접근성이 배제되지 아니하였으므로 압수로 볼 수 없다고 주장할 것이다. 미국 연방대법원은 Arizona v. Hicks 사건에서[1] 경찰관이 무장 강도의 피해품인 전축의 일련번호(serial number)를 베끼는 행위는 압수가 아니어서 영장을 발부받지 않고도 할 수 있는 수사활동임을 인정하였다. 같은 취지에서 압수·수색대상 컴퓨터 서버로부터 전자정보를 수사기관의 컴퓨터 디스크 등으로 복사하거나 그 전자정보의 출력물을 수집하는 것은 수색이지 압수가 아니라는 주장도 할 수 있다. 그러므로 수사기관으로서는 전자정보의 출력이나 전자파일 복사를 위해 적어도 압수영장을 발부받을 필요는 없다는 것이다.

그러나 전자정보에 대한 압수는 유형물에 대한 압수와 달리 정보의 획득에 있는 것이지 그것을 담고 있는 저장매체 또는 원본파일 자체의 수집에 있는 것이 아니다. 그러므로 그 정보의 획득은 이를 압수로 보아야 한다. 즉, 수사기관이 전자정보를 출력하거나 파일을 복사하는 과정에서 전자정보의 소유자나 관리자의 해당 정보 또는 서버 등에 대한 접근을 강제로 배제하고 그 의사에 반하여 관련정보를 수집하는 이상 이를 강제처분인 압수에 해당한다고 보아 압수영장을 발부받아야만 한다고 해야 할 것이다. 전자정보는 다른 문서나 유형물과 그 성질이 매우 다르다. 특히 파일의 복사는 전자적인 정보의 이동(bitstreaming copy)이 일어날 뿐 그 특성상 원본인 파일과 달라지는 것이 없다. 더구나 출력물의 수집이나 파일복사를 통하여서도 컴퓨터서버 등의 소유자나 관리자의 영업권이나 privacy를 침해하게 된다. 그러므로 반드시 원본파일의 수집만이 압수라고 그 범위를 좁혀 해석할 것이 아니라 그 전자적 위치정보를 출력한 물건의 수집이나 파일복사도 압수라고 해야 한다. 따라서 그에 관해서는 압수영장을 발부받아야 한다고 해야 한다. 더욱이 2011. 7. 18. 신설된 형사소송법 제106조 제3항은 전자적 위치정보를 포함한 전자증거를 압수할 수 있음을 전제로 규정하고 있다.

사. 긴급압수 · 수색 · 검증의 문제

1) 전자적 위치정보 추적과 긴급압수 · 수색 · 검증제도의 위헌성

가) 문제의 소재

2007. 6. 1. 법률 제8496호로 개정되기 전의 형사소송법 제217조의[2] 긴급압

---

1) 480 U.S. 321(1987).

2) * 2007. 6. 1. 법률 제8496호로 개정되기 전의 형사소송법

수수색 제도에 관하여 위헌 논란이 있었다. 개정 전의 형사소송법 제217조 제2항

"제200조의4(긴급체포와 영장청구기간)

① 검사 또는 사법경찰관이 제200조의3의 규정에 의하여 피의자를 체포한 경우 피의자를 구속하고자 할 때에는 체포한 때부터 48시간 이내에 검사는 관할지방법원판사에게 구속영장을 청구하여야 하고, 사법경찰관은 검사에게 신청하여 검사의 청구로 관할지방법원판사에게 구속영장을 청구하여야 한다. 검사가 구속영장을 청구하거나, 사법경찰관이 구속영장을 신청할 때에는 제200조의3 제3항의 규정에 의한 긴급체포서를 첨부하여야 한다.

② 제1항의 규정에 의하여 구속영장을 청구하지 아니하거나 발부받지 못한 때에는 피의자를 즉시 석방하여야 한다.

③ 제2항의 규정에 의하여 석방된 자는 영장 없이는 동일한 범죄사실에 관하여 체포하지 못한다.

제217조(동전)

① 검사 또는 사법경찰관은 제200조의3의 규정에 의하여 체포할 수 있는 자의 소유, 소지 또는 보관하는 물건에 대하여는 제200조의4에 규정한 기간내에 한하여 영장 없이 압수, 수색 또는 검증을 할 수 있다. <개정 1995. 12. 29.>

② 전조 제1항 제2호와 전항의 규정에 의하여 압수한 물건은 구속영장의 발부를 받지 못한 때에는 즉시 환부하여야 한다. 단, 압수를 계속할 필요가 있는 때에는 압수·수색영장의 발부를 받아야 한다."

** 2007. 6. 1. 법률 제8496호로 개정된 형사소송법

"제200조의4(긴급체포와 영장청구기간)

① 검사 또는 사법경찰관이 제200조의3의 규정에 의하여 피의자를 체포한 경우 피의자를 구속하고자 할 때에는 지체 없이 검사는 관할지방법원판사에게 구속영장을 청구하여야 하고, 사법경찰관은 검사에게 신청하여 검사의 청구로 관할지방법원판사에게 구속영장을 청구하여야 한다. 이 경우 구속영장은 피의자를 체포한 때부터 48시간 이내에 청구하여야 하며, 제200조의3 제3항에 따른 긴급체포서를 첨부하여야 한다. <개정 2007. 6. 1.>

② 제1항의 규정에 의하여 구속영장을 청구하지 아니하거나 발부받지 못한 때에는 피의자를 즉시 석방하여야 한다.

③ 제2항의 규정에 의하여 석방된 자는 영장 없이는 동일한 범죄사실에 관하여 체포하지 못한다.

④ 검사는 제1항에 따른 구속영장을 청구하지 아니하고 피의자를 석방한 경우에는 석방한 날부터 30일 이내에 서면으로 다음 각 호의 사항을 법원에 통지하여야 한다. 이 경우 긴급체포서의 사본을 첨부하여야 한다. <신설 2007. 6. 1.>

 1. 긴급체포 후 석방된 자의 인적 사항

 2. 긴급체포의 일시·장소와 긴급체포하게 된 구체적 이유

 3. 석방의 일시·장소 및 사유

 4. 긴급체포 및 석방한 검사 또는 사법경찰관의 성명

⑤ 긴급체포 후 석방된 자 또는 그 변호인·법정대리인·배우자·직계친족·형제자매는 통지서 및 관련 서류를 열람하거나 등사할 수 있다. <신설 2007. 6. 1.>

⑥ 사법경찰관은 긴급체포한 피의자에 대하여 구속영장을 신청하지 아니하고 석방한 경우에는 즉시 검사에게 보고하여야 한다. <신설 2007. 6. 1.>

제217조(영장에 의하지 아니하는 강제처분)

① 검사 또는 사법경찰관은 제200조의3에 따라 체포된 자가 소유·소지 또는 보관하는 물건에 대하여 긴급히 압수할 필요가 있는 경우에는 체포한 때부터 24시간 이내에 한하여 영장 없이 압수·수색 또는 검증을 할 수 있다.

② 검사 또는 사법경찰관은 제1항 또는 제216조 제1항 제2호에 따라 압수한 물건을 계속 압수할 필요가 있는 경우에는 지체 없이 압수수색영장을 청구하여야 한다. 이 경우 압수수색영장의

의 규정상 ① 압수 후 48시간 이내에 압수물을 반환한 경우 및 ② '긴급수색'의 경우에는 아무런 견제장치가 없었고, ③ "제203조의3의 규정에 의하여 체포할 수 있는 자"라는 부분에 실제로 체포하지 않고 단지 긴급체포요건에 해당하기만 하여도 영장 없이 압수·수색을 할 수 있는 것처럼 해석될 여지가 있었으며, ④ 압수를 계속하는 경우 별도의 압수·수색영장을 발부받지 않고 인신구속영장만으로도 압수·수색영장을 대신할 수 있도록 하고 있었기 때문이다. 이러한 제도상의 문제점은 긴급체포라는 명목으로 피의자를 체포한 후 48시간 동안 수사기관이 구금하면서도 사후 인신구속영장을 발부받지 않고 석방하는 경우 통제장치가 없었던 문제점과 결합하여 노정되었다. ⑤ 더욱이 개정 전의 위 법률 제216조 제1항 제2호와 제217조 제1항에 비추어 긴급압수·수색 장소를 한정하고 있지 아니하여 긴급체포 현장이 아닌 다른 곳에서 피의자가 소유 또는 보관하는 물건에 대한 압수·수색이 가능하다고 해석될 여지도 있었다.[1]

이에 따라 개정 전 형사소송법 제217조 제1항의 경우 긴급체포 자체가 사후 체포영장에 의해 통제되지 않음에도 영장 없는 대물적 강제처분까지 인정하는 것은 영장주의를 사실상 형해화 시킬 것이기에 이 조항은 위헌의 소지가 있다고 주장하는 견해가 있었다.[2] 이에 반하여 개정 후의 현행 형사소송법의 같은 조문을 대상으로 하여 헌법 제12조 제3항 본문과 단서의 조화로운 해석, 그리고 개정된 법률 제217조 제2항에서 사후적으로 압수·수색·검증영장을 청구할 수 있도록 하였다는 점 등을 논거로 하여 합헌론을 펴는 견해가 있다.[3] 그러나 이 문제는 다음과 같이 경우를 나누어 상술하면서 검토해볼 필요가 있다.[4]

나) 검 토

(1) 합헌적인 측면

현행 형사소송법 제217조 제1항 및 제2항이 긴급압수·수색시 사후영장을

청구는 체포한 때부터 48시간 이내에 하여야 한다.
③ 검사 또는 사법경찰관은 제2항에 따라 청구한 압수수색영장을 발부받지 못한 때에는 압수한 물건을 즉시 반환하여야 한다."
1) 대법원, 「형사법 연구 자료집」(Ⅰ)(2004), 304쪽 이하 참조.
2) 조국, "수사상 검증의 적법성", 한국형사법학회, 「형사법연구」 20호(2003. 12.), 303쪽.
3) 김기준, "독립적 긴급압수수색제도의 도입 필요성에 관한 고찰", 대검찰청, 「형사법의 신동향」 (2008. 8.), 40-42쪽.
4) 헌법재판시 헌법 제12조 제1항은 '신체의 자유'에 관한 일반규정이고, 같은 조 제3항은 수사기관의 피의자에 대한 강제처분절차 등에 관한 특별규정이기 때문에, 수사기관의 피의자에 대한 구속영장청구에 관련된 이 사건 법률조항의 위헌성 여부는 원칙적으로 헌법적 특별규정인 헌법 제12조 제3항의 '영장주의'에 합치되는지 여부에 달려 있고 일반규정인 헌법 제12조 제1항이나 제27조 제4항의 위반 여부 등을 별도로 판단할 필요는 없다. 헌재 2003. 12. 18. 2002헌마593.

인정하고 있는 이 제도 자체는 헌법에 위반되지 않는다고 해야 한다. 헌법 제12조 제3항 본문은 체포·구속뿐만 아니라 압수·수색에 관하여 사전영장을 발부받을 것을 규정하고 있다. 그러면서 그 단서에서 현행범인인 경우 또는 장기 3년 이상의 형에 해당하는 죄를 범하고 도피 또는 증거인멸의 염려가 있을 때에 한하여 사후영장을 청구할 수 있다고 규정하고 있다. 위 본문과 단서를 합쳐서 읽어 보면 이때의 사후영장이란 긴급체포라는 인신구속영장 뿐만 아니라 거기에서 더 나아가 긴급체포에 부수하여 압수·수색·검증을 하는 경우까지 사후영장을 발부받아도 헌법에 위반되지 않는다는 취지로 보아야 한다. 나아가 위 개정된 법률 조항은 개정 전의 조항이 가지고 있던 문제인 ① 실제로 체포되지 않았는데 단지 긴급체포 요건에만 해당하는 피의자에 대해 영장 없이 압수·수색을 할 수 있는 것처럼 해석할 여지를 배제하였고(즉 종전 규정의 "체포할 수 있는 자"를 "체포된 자"로 개정하였다), ② 압수를 계속해야 할 경우 인신구속영장이 아닌 독자적인 압수·수색영장을 발부받도록 하였다. 이상의 점을 종합하면 개정된 위 법률조항은 위와 같이 해석, 적용되는 한에 있어서는 헌법에 위반되지 않는다고 생각한다.

(2) 위헌적인 측면

다만, 긴급체포된 자에 대한 압수·수색에 관해 개정된 위 형사소송법 규정은 전자적 위치정보 등 전자증거의 압수·수색과 관련하여 다음과 같은 헌법상의 문제점을 갖고 있음을 인식할 필요는 있다고 보인다. 즉, ① 체포한 때로부터 24시간 이내에 압수물을 반환한 경우에는 수사기관은 수색·압수에 관해 사후영장을 전혀 발부받지 않아도 되므로 이는 헌법 제12조 제3항 본문에 명문으로 규정된 영장주의 원칙을 지나치게 약화시킨다. 그리고 ② 긴급체포된 자가 소지하고 있는 물건 뿐 아니라 소유 또는 보관하고 있는 물건도 압수·수색·검증을 할 수 있으므로 체포현장 아닌 곳에서의 긴급압수·수색·검증도 가능하게 되어 있다. 즉 장소적 제한을 받지 않는 압수·수색·검증을 하고 난 후 그에 대한 사후영장을 발부받도록 하고 있는 것이다. 이는 헌법상의 영장주의 원칙의 하나인 일반영장 금지원칙에 위반된다고 보인다. ③ 또한 전자증거의 압수·수색·검증에 관하여 여러 가지 해석상의 흠결을 갖고 있는 불명료한 규정이어서 이 규정에 따른 압수·수색·검증은 비록 그에 관한 영장을 발부받았다고 하더라도 헌법 제12조 제1항의 적법절차의 원칙을 충실히 구현하지 못한 압수·수색·검증이 될 수 있다. 위 ①, ②, ③에 관해 차례로 다음에서 본다.

① 우선, 헌법 제12조 제3항 단서를 아무리 읽어 보아도 사후영장을 발부받

지 않아도 되는 긴급압수·수색을 인정하는 구체적 기준이 되는 문구를 찾아볼 수 없다. 오히려 그 본문에 의하면 압수·수색시 사전영장을 제시하여야 하는 것이 원칙이다. 그 예외는 좁게 해석해야 하는데 헌법조문에 위와 같이 사후 영장을 발부받지 않고 할 수 있는 긴급압수·수색을 인정하는 구체적인 기준을 규정하고 있지 않는 것이다. 그런데도 하위 규범인 형사소송법에서 긴급체포시부터 24시간 이내에 압수물을 반환한 경우에는 전혀 사후영장을 발부받지 않아도 된다는 헌법의 예외를 창설할 때는 신중해야 한다. 특히 전자적 위치정보 등 컴퓨터에 저장되어 있는 전자증거를 수사기관이 검증 → 수색 → 압수 등의 절차를 통해 확보할 때는 이렇게 해석할 필요가 더 크다. 수사기관은 피의자를 체포한 때로부터 24시간 이내라면 순식간에 피의자의 신체이동 정보가 담겨 있는 전자적 위치정보를 휴대전화기나 통신업체의 컴퓨터 서버 등 정보저장장치에서 수사기관의 저장장치로 복제하여 옮겨 담을 수 있다. 그리고 그렇게 복제된 전자정보는 수사기관에 의해서 고의든 과실이든 쉽사리 그 원본의 흔적을 발견할 수 없을 만큼 변경되거나 소거될 수 있다. 일반적으로 전자적 데이터는 습기, 온도, 진동, 물리적 손상, 자성물체의 접근 혹은 단순한 컴퓨터 명령어 입력만으로도 순식간에 파괴될 수 있기 때문이다. 즉 그 디지털 정보의 압수에 걸리는 시간이나 디지털 정보의 개변가능성에 비추어 24시간의 법률상 제약이 갖는 의미는 크지 않다고 할 수 있다.

그러므로 24시간 이내에 이루어지는 압수·수색, 검증에 관하여 법관의 사전 영장은 물론이고 사후영장도 발부받지 않고 이를 실행할 수 있게 한 형사소송법 제217조 제1항의 규정은 좀 더 그 요건을 강화하는 방향으로 개정해야 헌법불합치성을 줄일 수 있을 것이다.

② 또한 긴급압수·수색에 관한 형사소송법 제217조 제1항은 피의자가 소지하고 있는 물건뿐 아니라 소유하거나 보관하고 있는 물건도 영장 없이 압수·수색 또는 검증할 수 있도록 규정하고 있다. 그러나 전자적 위치정보 등 컴퓨터에 저장되어 있는 디지털 증거는 누가 소유자이고 보관자인가? 피의자의 전자적 위치정보가, 그 정보가 저장된 하드웨어의 소유자인 인터넷 서비스 업체 등의 소유 내지 보관에 있다고 해석하면 그 업체는 긴급체포된 자가 아니므로 형사소송법 제217조 제1항의 긴급압수·수색 내지 검증의 대상이 될 수 없다. 따라서 수사기관이 그에 대해 별도의 사전영장을 발부받지 않고 압수·수색·검증을 할 수는 없으므로 별다른 해석상의 문제는 발생하지 않는다. 그에 위반되는 수사기관의 압수·수색·검증 등의 행위에 대해 당연히 법률이나 헌법에 위반된다는 판

단을 용이하게 내릴 수 있기 때문이다. 즉 이렇게 해석하는 한 위 법률조항이 헌법에 위반된다고 볼 여지는 없다.

　　그러나 만약 그 소유자나 보관자를 긴급체포된 "피의자"라고 해석하고 수사기관이 피의자의 전자적 위치정보를 긴급체포에 부수하여 영장을 발부받지 않고 통신서비스 업체 등의 네트워크에 접속하여 획득하게 된다면[1] 일반영장 금지원칙을 위반하게 된다. 헌법상의 영장주의 원칙은 일반영장(general warrant)을 금지하는 것도 포함한다.[2] 그리고 형사소송법 제114조에 의하면 압수할 장소·물건 등을 압수·수색영장에 구체적으로 특정하도록 하고 있다. 그리고 같은 법률 제216조 제1항 제2호는 사전 인신구속영장으로 피의자를 구속할 경우 영장 없이 압수·수색을 할 수 있지만 그것도 '체포현장'에서만 가능하도록 하고 있다. 그런데도 같은 법률 제217조에 의해 긴급체포된 자에 대하여 영장 없이 압수·수색을 할 때에는 수사기관이 그 압수·수색 장소에 관하여 아무런 제한을 받지 않는 것이다. 위와 같이 사전영장에 의한 압수·수색의 경우 그 영장에 압수·수색대상인 장소가 특정되도록 한 점이나 사전 인신구속영장으로 피의자를 구속할 경우 영장 없이 압수·수색을 할 수 있지만 그것도 '체포현장'에서만 가능하도록 한 점과 비교할 때 긴급압수·수색의 경우에만 그 장소적 제한을 두지 않을 예외를 인정할 뚜렷한 헌법상 근거를 찾기 어렵다. 헌법해석의 기본원칙도 우선 헌법조문의 명문규정(text)에서 해석근거를 찾아야 한다는 데 있다.[3] 헌법 제12조

---

1) 디지털 증거는 전기통신 네트워크를 통하여 쉽게 여러 장소로 이동되어 보관되는 특징이 있다. 이에 따라 네트워크에 보관되어 있는 정보의 압수·수색에 관한 일반적인 규정이 필요하다며 다음과 같은 형사소송법 개정안이 제안되고 있다(박종근, "디지털 증거 압수수색과 법제", 93쪽 참조).
　「개정안 제115조의3(정보통신망에 의하여 접속가능한 정보의 압수·수색)
　① 정보에 대한 압수·수색을 집행하는 자는 압수·수색 집행 대상인 정보처리장치와 정보통신망으로 연결돼 있고 압수·수색의 대상이 되는 정보를 보관하고 있다고 인정되는 다른 정보처리장치에 대하여 압수·수색 집행대상인 정보처리장치를 통하여 접속한 후 수색을 할 수 있다.
　② 제1항의 경우에 다른 정보처리장치에 보관되어 있는 압수 대상 정보는 이를 압수·수색 집행대상인 정보처리장치로 이전 또는 사본하여 그 정보처리장치를 압수하거나 다른 저장매체에 이전 또는 는 사본하여 그 다른 저장매체를 압수하거나 내용을 인쇄 출력하여 출력물을 압수할 수 있다.」
　현대적인 IT 시대에 걸맞는 형사소송법 규정의 개정노력에 대해서는 치하를 받아 마땅하다고 보인다. 그러나 그 개정방향은 언제나 관련성을 염두에 둔 국민의 기본권 보장과 법원 검찰간의 권력분립 등 헌법원리에 입각해야 함을 잊어서는 안 될 것이다.
2) 미국 연방 헌법 수정 제4조가 어떠한 영장도 "수색될 장소나 압수될 사람 내지 물건을 특정하지 않는 한 발부되어서는 안 된다"고 규정하고 있는 것은 주지의 사실이다. The Fourth Amendment of US constitution : "The right of the people to be secure in their persons, houses, papers, and effects, against unreasonable searches and seizures, shall not be violated, and no Warrants shall issue, but upon probable cause, supported by Oath or affirmation, and particularly describing the place to be searched, and the persons or things to be seized."
3) "법"이란 입법자의 의도라는 주관적인 含意에 나타나 있는 것이 아니라 그것을 만든 주체가 사

제3항의 본문은 사전영장을 발부받아 압수·수색을 할 수 있게 하고 있고, 같은 항 단서는 긴급체포시 사후영장을 발부받을 수 있는 예외를 인정하고 있으며, 그 본문이나 단서의 영장이란 모두 영장집행 장소를 특정한 영장이라고 해야 한다. 위 본문의 일반영장금지에 관한 예외까지 인정하는 문언(text)을 그 단서에 두고 있지 않기 때문이다. 그러므로 긴급체포시 체포현장이 아닌 곳에서, 예컨 대 피의자가 체포되어 있는 경찰서가 아닌 통신업체에 있는 컴퓨터 서버를 영 장 없이 압수·수색할 수 있다고 해석하는 한 위 법률 제217조 제1항은 헌법 제 12조 제3항에 의해 당연히 도출되는 일반영장 금지원칙에 위반된다고 해야 한 다. 긴급압수·수색시 그 압수·수색활동 장소에 제한이 없는 이상 비록 위 법률 제217조 제2항에 따라 압수를 계속할 필요가 있다고 하여 긴급체포시부터 48시 간 이내에 사후 압수·수색영장을 청구하여 이를 승인하는 압수·수색영장을 발 부받았다고 하더라도 마찬가지다. 이미 집행된 수사기관의 압수·수색은, 그 대 상 장소에 아무런 제한을 받지 않았으므로 그에 대한 사후영장발부에 의하여 일반영장 금지라는 헌법상의 영장주의 요건을 위반한 상태가 치유되었다고 하 기는 어렵기 때문이다. 수사기관의 이러한 긴급압수·수색행위는 비록 위 법률에 근거한 행위일지는 몰라도 헌법상의 영장주의 원칙, 그것도 일반영장 금지원칙 에 위반되는 위헌적인 행위라고 생각한다.

결론적으로 형사소송법 제217조 제1항의 "소유" 또는 "보관"을 해석함에 있 어 당해 긴급체포된 자에 관련된 전자적 위치정보 등을 포함한 전자증거로서 제3자가 소유, 보관하고 있는 전자적 저장장치도 위 법률규정에 해당한다고 해 석하는 한 위 법률규정은 헌법에 위반된다고 하지 않을 수 없다. 그러므로 입법 자로서는 이러한 위헌적인 상태를 제거하기 위해 통신서비스 업체 등 긴급체포 된 자의 전자적 위치정보를 소유 또는 보관하는 업체에 대한 압수·수색은 사전 영장을 발부받아야 하고, 긴급체포에 부수한 긴급압수·수색·검증 방식으로는 할 수 없도록 위 법률규정을 명확히 해야 한다.[1]

③ 또한 형사소송법 제217조는 적법절차에 의한 압수·수색·검증을 가능하 게 하기에 불명료한 점이 많다. ㉮ 우선 앞서 본 바와 같이 긴급체포된 자가 소

용한 객관적인 문언 자체에 나타나 있다고 하는 견해로 미국 연방대법원의 ANTONIN SCALIA 대법관, "A MATTER OF INTERPRETATION : FEDERAL COURTS AND THE LAW"(1997), p. 29 참조.

1) 긴급압수·수색의 경우에도 긴급체포된 자가 체포현장에서 소지하고 있거나 보관하는 전자저장 매체에 저장된 위치정보만으로 그 대상을 특정하는 것도 합헌적 법률개정 방법 중 하나가 될 것 이다.

유·소지·보관하는 물건에 제3자인 통신서비스 업체(위치정보사업자, 위치기반서비스
사업자 등 포함)가 그 컴퓨터서버에 보관하고 있는 전자적 위치정보가 포함되는
것인지가 분명치 않다. ⓒ 또한 긴급체포한 때부터 24시간 이내에 어떤 디지털
증거를 압수·수색·검증하여야 하고 따라서 그것으로 그러한 수사활동을 종료해
야 한다고 보아야 하는지, 아니면 그 24시간을 넘긴 시점에서 영장청구시한인
48시간까지 그 24시간 내에 개시된 압수·수색 또는 검증을 계속할 수 있다고
볼 수 있는 것인지 하는 점이 명확하지 않다.1) ⓓ 나아가 사후에 이루어진 압수·
수색영장청구가 법원에 의해 기각될 때까지의 기간 동안, 즉 긴급체포시부터 최
장 "48시간 + 법원이 영장을 기각하여 그 문서가 검찰청에 도착할 때까지"의 장
시간 동안 수사기관이나 제3자에 의한 당해 컴퓨터 데이터의 소거, 개변 위험
성, 추가적인 정보획득 가능성 등도 상존한다. ⓔ 더욱이 사후영장 청구가 법관
에 의해 기각되었을 때 형사소송법 제217조 제3항에 의해 그 압수한 데이터를
반환한다고 할 때 그 반환방법은 무엇인지?(네트워크로 복제된 파일을 피처분자에게 네
트워크를 통해 전송하기만 하면 되고 원래의 데이터는 수사기관이 그대로 보유해도 되는 것인지,
아니면 수사기관의 컴퓨터 저장매체에 남아 있는 데이터를 모두 삭제 내지 폐기해야 한다는 의미
인지? 그렇다면 그 입증은 어떻게 해야 하는지?) 무엇을 반환해야 하는지?(피압수물인 하드
디스크 자체를 이미징한 경우 그 하드디스크를 반환해야 하는지? 거기에 덧붙여 이미징한 수사기
관의 저장매체까지 함께 반환해야 하는지?) 등등의 문제가 위 형사소송법 제217조의 문
언만으로는 해결되지 않는다.

　　적어도 전자적 위치정보 등 컴퓨터 디지털 증거에 적용하였을 때 이러한
불명확한 법률규정은 헌법 제12조 제1항에 규정된 적법절차 원리를 구현할 수
없게 하는 내용의 법률이고, 그에 근거한 압수·수색·검증도 적법절차 원리에 위
반되는 수사활동이라고 평가하지 않을 수 없다.2)

---

1) 신동운, 「신형사소송법」 제2판(2009), 310쪽은 "24시간 이내에 압수물이 발견되었다면 수사기관
은 그 물건을 영장 없이 압수·수색·검증할 수 있다"고 적고 있다. 그 의미가 24시간 이내에 압
수물을 발견하기만 하였다면 48시간에 이르기까지 압수 등을 계속할 수 있다는 취지로 보인다.
그러나 법개정 작업을 하면서 같은 법 제217조 제1항의 24시간과 같은 조 제2항의 48시간을 서
로 다르게 규정하여 이러한 해석상의 혼란을 초래하도록 하였는지 이해하기 어렵다.
2) New York Times 2014. 4. 28.자 A20쪽에 실린 사설인 Smartphones and the 4th Amendment에
의하면, 2014. 4. 29.(화요일) 미국 연방대법원은 체포된 피의자가 소지한 스마트폰을 영장 없이
압수한 경찰관이 그 스마트폰에 저장된 정보를 검색하고 이를 취득할 수 있는지에 관한 쟁점으
로 두 사건의 심리를 벌였다. 한 사건은 Boston 경찰관이 마약혐의로 체포한 피의자의 핸드폰을
압수하여 그 핸드폰에 전화가 걸려오자 그 걸려온 전화 접속기록으로 전화를 건 사람의 아파트
를 알아 낸 다음 아파트로 찾아 가서 마약과 돈, 무기들을 발견한 사안이다. 또 다른 사안은, 교
통질서 위반으로 단속된 운전자의 스마트폰을 압수한 San Diego 경찰관이 위 스마트폰에서 의

2) 肉眼의 原則 적용 문제

미국 헌법이론상 인정되는 육안의 원칙(plain view doctrine)을 전자적 위치정보 추적에 적용할 수 있는지 문제된다. 즉 미국 연방 헌법 수정 제4조의 상당한 이유(probable cause)가 있는 증거로서 육안으로(only look) 알 수 있는 것은 영장 없이 압수할 수 있다는 이 육안의 원칙을 영장주의의 예외로 인정할 수 있는지 하는 것이 문제된다. 그러나 전자증거에 관하여는 이 원칙을 배제해야 할 것이다.[1] 특히 우리 형사소송법 제216조 제3항, 제217조, 관세법 제296조 제1항, 통신비밀보호법 제8조 등에서 긴급압수·수색이 허용되고 있으므로 위 각 법률에서 허용되는 범위를 넘는 육안의 원칙을 도입할 수는 없다. 헌법 제12조 제1항은 "누구든지 법률에 의하지 아니하고는 체포·구속·압수·수색 … 을 받지" 않는다는 강제처분 법정주의를 규정하고 있다. 헌법 제12조 제3항은 영장주의의 예외로 육안의 원칙을 규정하고 있지 않으며 모든 체포·구속·압수·수색에 대해 사전영장주의 원칙 및 사후영장의 예외를 규정하고 있을 뿐이다. 아예 영장을 발부받지 않은 상태에서 압수·수색 등의 강제처분을 할 수 있다고 규정하고 있지는 않는 것이다. 그러므로 위 육안의 원칙을 일반 원리로서 도입할 수는 없다. 뿐만 아니라 컴퓨터 디스크에 담겨 있는 정보의 양이 방대하고 생활에 밀접한 관련이 있는 것들이며, 정보장치의 검색이 장시간 가능한 점 등에 비추어 전자적 위치정보를 영장 없이 육안의 원칙만으로 압수·수색할 수는 없다고 해야 한다.

아. 특별법의 영장주의 적용

1) 금융거래정보

제3절에서 살핀 바와 같이 수사기관이 금융거래정보에 의해 범죄혐의자의 위치정보를 추적하는 경우에는 「금융실명거래 및 비밀보장에 관한 법률」에 따른 금융계좌추적용 압수·수색영장을 발부받아야 한다. 특정인의 계좌개설 여부, 즉 특정인이 어느 금융기관의 어느 지점에 어떤 계좌를 개설하였는지에 관한 정보도 역시 비밀보장의 대상인 금융거래 정보에 해당한다고 할 것이기 때문이다. 다만, 신용카드 사용내역은 금융계좌추적용 압수·수색영장이 아니라 일반

심스러운 문자메시지를 발견하자 그 스마트폰 전부를 검색하여 그 운전자가 갱단에 가입되었음을 입증하는 사진, 비디오 등을 다운로드 받아 조직범죄혐의로 추가기소한 사안이다. http://nyti.ms/PJf83v. 위 사안은 2014. 6. 25. 선고된 사건이다. 134 S. Ct. 2473. 미국 연방대법원은 휴대전화 녹음파일 압수시에도 영장을 발부받아야 한다고 판시하였다. Riley v. California, U.S. v. Wurie.

1) 같은 취지, 조국, 「위법수집증거배제법칙」(2005), 361쪽 ; 미국 연방대법원의 United States v. Carey 사건 및 United States v. Tamura 사건 판결 참조.

압수·수색영장의 대상이 된다. 신용카드 사용내역은 부채내역이어서 금융자산에 대한 거래내역이 아니므로 이를 「금융실명거래 및 비밀보장에 관한 법률」상의 금융정보라고 하기 어렵기 때문이다.

금융계좌추적영장은 「금융실명거래 및 비밀보장에 관한 법률」 제4조 제1항 제1호 등에 근거한 정형적인 영장 양식에 의한다. 이 영장 양식에는 추적 대상인 계좌를 관리하는 금융기관의 점포를 특정하고, 포괄계좌, 연결계좌에 대한 추적의 일정한 제한, 거래기간의 제한 등이 기재되어 있다. 그러므로 계좌추적을 위한 목적에서 청구된 영장이 일반 압수수색영장 방식으로 발부되면 안 된다.

수사상 일정 시간대에 편의점 등에 설치된 현금자동지급기 사용자 위치를 파악하기 위하여 편의점 등에 설치된 현금자동지급기 거래내역에 대한 추적을 하는 경우가 있다. 이것도 결국 전자적 위치정보 추적수사라고 할 수 있는데, 이때 그 현금자동지급기의 관리회사는[1] 금융기관이 아니므로 굳이 금융계좌추적용 압수·수색영장을 발부받을 필요는 없다. 그리고 금융기관이 아닌 현금자동지급기 설치회사 또는 신용카드단말기 설치회사 등은 전기통신사업법이 정한 부가통신사업자에 해당한다. 위 기기 설치회사가 운영하는 현금자동지급기나 신용카드 단말기 사용자의 이용일시, 개시·종료시간 등에 관한 자료는 통신사실 확인자료에 해당하므로, 거래 내역이 아닌 이용일시, 개시·종료시간만을 압수·수색의 대상으로 하는 경우에는 통신비밀보호법상의 '통신사실 확인자료 제공요청' 사건으로 처리하여야 한다.

금융정보를 이용한 범죄혐의자의 위치추적도 헌법상 영장주의의 적용대상이다. 따라서 금융정보를 압수·수색함에 있어서도 일반영장금지의 원칙이 적용된다. 그러므로 금융정보 추적용 영장에는 그 집행대상인 금융기관의 명칭, 소재지 등을 특정해야 하고 압수·수색대상물도 특정해야 하며, '관련자료 일체' 등을 압수할 수 있다는 기재가 되어 있지 않도록 해야 한다. 압수·수색의 혐의주체만 특정한 채 그 혐의자가 모든 금융기관에 개설한 예금계좌 일체, 즉 포괄계좌를 대상으로 금융계좌추적용 압수·수색영장을 발부하면 안 된다. 연결계좌의 경우 특정된 대상계좌의 직전, 직후로 연결된 계좌에 한하여 압수·수색을 허용하고 그 범위를 벗어난 경우는 이를 허용하지 않음이 상당하다(이상은 후술하는 객관적 관련성에 대한 부분). 금융정보에 대한 압수·수색도 혐의사실의 내용이 되는 범죄행위와 밀접한 관련이 있는 거래기간을 특정하여 그 기간 동안에 이루어진 금융정보에 한해 추적하도록 해야 비례성의 원칙에 합당하게 된다. 그러므로 금

---

1) 예컨대 나이스, 한넷, 청호, 게이트뱅크, 효성 등이 금융기관이 아닌 현금자동지급기 관리회사이다.

융정보 추적기간을 "계좌개설일로부터 현재까지"나 "계좌개설일로부터 영장집행일까지" 허용하는 영장은 영장기재의 특정성을 결하였다고 할 것이다(이상은 후술하는 시간적 관련성에 대한 부분).

인터넷 뱅킹과 텔레뱅킹의 경우 이미 이루어진 입·출금원, 입·출금 계좌거래내역 등은 금융정보에 해당한다. 그러므로 이들을 추적하여 피의자의 위치를 특정하고자 할 경우에는 금융계좌추적용 압수·수색영장을 발부받아야 한다. 법원 영장발부 실무상 금융거래정보가 포함된 영장청구가 있으면 금융계좌추적용 압수·수색영장을 발부하여 금융기관이 보유하고 있는 인터넷 뱅킹 또는 텔레뱅킹 이용내역에 관한 자료를 압수·수색하도록 하고 있다. 한편 인터넷을 통한 금융거래와 관련하여 금융거래정보와 함께 접속 컴퓨터의 맥주소나 IP 주소의 확인을 수사기관이 청구하면 이때에도 금융계좌추적용 압수·수색영장을 발부하여 처리하는 것이 법원의 영장업무 실무이다. 이들도 결국 전자적 위치정보 추적에 해당한다.

2) 전기통신의 탐색

가) 서   설

휴대전화 등의 통신을 감청할 경우에는 통신비밀보호법이 규정하고 있는 영장청구 및 발부, 그리고 그 집행 등에 관한 절차가 준수되어야 한다. 통상 감청행위는 전기통신과 동시에 이루어져야 함을 전제로 이미 수신된 전자우편이 저장된 컴퓨터 본체를 가져가는 행위나 그 컴퓨터에 전자적 방식으로 접근하여 이미 수신된 전자우편(email)의 내용을 지득하는 행위는 감청에 해당되지 않는다고 보고 있다.

나) 전자우편(email)의 압수·수색

그러나 통신비밀의 보호를 강화하기 위해서나 통신비밀보호법의 문언에 비추어 보면 송신되어 상대방 컴퓨터 하드디스크나 포털업체의 웹하드 등에 저장 중인 전자우편에 대한 취득도 통신비밀보호법의 적용 대상이라고 해야 한다. 2001. 3. 30.부터 전자우편의 개념을 도입한 통신비밀보호법 제2조 제9호가 "전자우편이라 함은 컴퓨터 통신망을 통해서 메시지를 전송하는 것 또는 전송된 메시지를 말한다"고 규정하고 있고, 나아가 종래부터 같은 법 제9조의2로 있던 통신제한조치 집행사실을 사후적으로 통지하게 한 규정이 전자우편 등에도 적용되어야 함을 분명히 하기 위해 2009. 5. 28. 법률 제9752호로 개정된 통신비밀보호법 제9조의3은 송·수신이 완료된 전기통신에 대해 압수·수색·검증을 한 경우에도 가입자에게 사후통지를 하도록 하는 규정을 마련하고 있기 때문이다.[1] 그러므로 수사기관이 전기통신 감청을 통해 전자우편 서비스 업체의 서버에 보관중인 과거의 전자우편 내용을 열람함으로써 송수신이 완료된 과거의 전자우편 내용을 지득할 때에도 통신비밀보호영장을 발부받아야 한다고 생각한다. 따라서 헌법상의 영장주의 준수 여부를 판명함에 있어서는 통신비밀보호법의 규정 준수에 의한 영장청구→ 발부→ 집행이 이루어졌는지를 심사해야 할 것이다. 그런데도 현행 영장실무는 형사소송법에 의한 일반적인 압수, 수색, 검증 영장방식에 의하고 있어 재고를 요한다.

다) 인터넷에 의한 컴퓨터통신 탐색

컴퓨터통신 내용의 취득도 통신비밀보호법 규정에 의한 감청 영장양식에 의한다. 전화나 fax 내용의 지득도 감청에 해당된다. 대상 내용에 감청이 포함되어 있는 경우에는 영장의 '감청내용'란에 감청대상 통신방법과 그 회선수를 빠짐없이 표시, 기재하여야 한다.[2]

수사기관에 의한 인터넷 사용에 대한 통신제한조치는 집행과정에서 인터넷 상의 대화 및 토론 내용, 파일 업로드 및 다운로드 등 파일 전송내용, 각종 정보 탐색 등 수사 대상자나 제3자의 인터넷 서비스 내용을 수사기관에 실시간으로 노출되게 한다. 그 결과 인터넷 사용과 관련한 사생활의 비밀에 대하여 과도하거나 불필요한 침해가 발생된다. 이때 수사기관에서 인터넷 회선을 통하여 수사대상자의 컴퓨터에 있는 자료까지 해킹하는 행위를 한다면 비록 통신비밀보호영장을 발부받은 집행행위라고 할지라도 명백히 통신제한조치의 허가범위를 위반한 위헌적 행위에 해당한다고 하지 않을 수 없다. 그러한 수사활동을 통해 얻은 증거는 위법수집증거로 보아 증거능력이 부정되어야 할 뿐만 아니라 당해 수사활동을 위헌적인 공권력 행사라고 보아야 할 것이다. 그리고 그에 대한 형사소송법상 준항고 절차에 의한 위헌확인, 관련자에 대한 민사상 손해배상책임

---

1) 통신비밀보호법 제9조의3(압수·수색·검증의 집행에 관한 통지)
   "① 검사는 송·수신이 완료된 전기통신에 대하여 압수·수색·검증을 집행한 경우 그 사건에 관하여 공소를 제기하거나 공소의 제기 또는 입건을 하지 아니하는 처분(기소중지결정을 제외한다)을 한 때에는 그 처분을 한 날부터 30일 이내에 수사대상이 된 가입자에게 압수·수색·검증을 집행한 사실을 서면으로 통지하여야 한다.
   ② 사법경찰관은 송·수신이 완료된 전기통신에 대하여 압수·수색·검증을 집행한 경우 그 사건에 관하여 검사로부터 공소를 제기하거나 제기하지 아니하는 처분의 통보를 받거나 내사사건에 관하여 입건하지 아니하는 처분을 한 때에는 그 날부터 30일 이내에 수사대상이 된 가입자에게 압수·수색·검증을 집행한 사실을 서면으로 통지하여야 한다."
2) 이상은 법원행정처, 「영장실무」(2001), 27쪽 이하 참조.

추궁이나 통신비밀보호법위반죄 처벌 등 형사상의 책임을 물을 수 있다고 해야
한다. 수사 대상자가 인터넷을 통한 금융거래를 할 경우 인터넷 통신의 감청으
로 그 금융거래장면까지 수사기관이 살펴봄으로써 개인의 금융거래정보가 수사
기관에 노출되는 경우에 관하여도 위와 같은 입론을 해야 한다. 그렇게 함으로
써 컴퓨터 통신을 이용한 금융거래(인터넷 뱅킹 등)에 관한 위치정보에 대해 갖는
개인의 통신의 자유, privacy 등을 보호해야 한다.

라) 통신사실 확인자료 추적에 의한 위치정보획득

(1) 영장발부실무에 의한 수사활동 통제[1]

(가) 은행 등 금융기관에 대한 신용카드 사용내역 등의 실시간 위치추적 자
료 제공요청은 은행 등 금융기관이 전기통신회선설비를 임차하여 기간통신역무
외의 전기통신역무를 제공하는 사업을 영위하는 경우에 부가통신사업자로서의
성격도 지니고 있다는 이유로 통신비밀보호법에 의한 영장으로 처리하는 법원
실무례와, 그 업무도 전기통신사업자가 아닌 금융기관의 자격으로 행하는 업무
에 불과하다는 이유로 그것을 부정하는 실무례로 나뉘어 있다. 금융거래에 관련
된 전자적 위치정보 추적은 privacy 등 헌법상 기본권을 침해하는 중대한 강제
처분이므로 당연히 영장을 발부받아야만 할 수 있다고 보아야 하므로 전자의
입장이 합헌적 태도임은 물론이다. 후자의 견해를 취하는 경우에도 사안의 중대
성이나 범죄혐의의 소명 정도, 신속한 검거 또는 추가 범죄로 인한 피해 방지의
필요성 등을 고려하여 일반 압수·수색영장의 대상으로 처리해야 할 것이다. 은
행에 대한 입·출금 그 자체는 타인의 통신을 매개하는 것이 아니나 그 과정에서
각종 입·출금에 대한 문자메시지 알림서비스 등이 제공되고 있다. 이는 타인간
통신의 매개에 해당한다. 실제로 은행은 현금자동지급기를 설치하면서 대부분
우정사업본부에 부가통신사업자로 신고하고 있으며 그 외에도 홈페이지 운영과
관련하여 고객들 사이의 통신을 매개하는 부가통신사업의 성격을 지닌 서비스
를 제공하고 있다. 나아가 수사기관의 수사활동을 통제하기 위해 통신비밀보호
법의 절차규정을 준수하도록 요구할 필요성이 크다. 따라서 금융기관에 대한 신
용카드 사용내역 등의 실시간 위치추적 자료도 통신사실 확인자료에 해당하는
것으로 보아 통신비밀보호법의 요건을 충족한 경우에 한하여 통신비밀보호 영
장을 발부받아 추적하도록 해야 한다.

(나) 인터넷 뱅킹이나 텔레뱅킹 이용내역은 인터넷과 전화를 이용한 회원제

---

1) 이하는 법원 내에 배포된 「압수·수색영장실무」(2010)에 의함.

서비스의 일종이다. 신용카드 회사 및 은행 등에 대하여 그 이용일시, 개시 및 종료시간, 접속지 등의 외형적인 정보에 대한 자료를 추적할 경우 통신비밀보호법상의 통신사실 확인자료 제공요청을 하여 판사로부터 영장을 발부받도록 해야 한다.

(다)「위치정보의 보호 및 이용 등에 관한 법률」규정에 해당하는 위치정보도 피의자 검거를 목적으로 한 실시간 위치추적 자료에 해당하고 통신비밀보호법에 규정된 통신사실 확인자료에 해당한다면 이러한 위치정보의 취득도 통신비밀보호영장을 판사로부터 발부받아서 해야 한다.

(라) 수사기관에 의한 맥주소를 이용한 인터넷 통신망에서의 접속지 IP 주소나 가입자의 인적 사항 등 확인은 실질적으로 인터넷 접속기록에 포함되어 있는 IP 주소나 장래의 인터넷 사용과 관련하여 접속지의 위치를 파악할 수 있는 추적자료를 구하는 것이므로 통신비밀보호법 제2조 제11호 마목 및 사목에서 정한 통신사실 확인자료에 해당한다. 맥주소 자체는 개념상 컴퓨터 장비인 랜카드의 물리적인 식별번호에 불과하여 통신사실 확인자료에 해당하는지 의문이 있을 수 있으나 특정 IP 주소 및 가입자 아이디를 기초로 전기통신사업자(인터넷 서비스 제공업체)에 대하여 인터넷 접속 컴퓨터의 맥주소 확인을 구할 경우 이는 다른 정보와 결합하여 인터넷 접속을 위하여 사용하는 정밀통신기기의 위치를 확인할 수 있는 접속지의 추적자료로서 機能하게 되므로 통신사실 확인자료에 해당한다고 할 수 있다.

(마) 원칙적으로 수사기관은 수사대상자의 성명과 주민등록번호를 제시하고 전기통신사업법상의 개별 통신사업자로부터 가입여부, 아이디 등을 제공받아야 한다. 따라서 그러한 절차를 거치지 않고 사설 검색서비스를 이용하여 인터넷 사이트의 가입여부 및 아이디를 알아내는 것은 안 된다고 하겠다. 그리고 수사기관이 법원으로부터 통신사실 확인자료 제공요청을 허가받은 이후 개별 인터넷 사이트를 이용하여 피의자의 실시간 인터넷 접속 위치에 대한 정보를 제공받아 피의자를 검거하는 것도, 전기통신사업법 등 법령에 근거하지 않는 수사활동이라고 인정되는 경우 이에 대한 헌법 및 형사소송법에 의한 통제가 있어야 할 것이다.

(바) 특정한 시각 및 장소에서 범죄가 발생하였지만, 수사기관이 아무런 단서도 찾지 못하고 있는 경우에 그 특정 범행장소에서 범행 시간대에 사용된 휴대전화 통화내역을 수사의 단서로 삼으려고 각 이동통신사에 그 관할기지국에서 위 범행장소 및 범행시간대에 이루어진 통화내역을 제공해 달라고 요청하기

도 한다. 법원의 영장실무상 통신사실 확인자료 제공요청 허가 청구 사안 중에
는 피의자가 실제 사용하는 전화번호를 파악하기 위하여 다수의 전화번호에 대
한 통화내역자료를 수사기관이 요구하는 경우도 많았다. 이는 가입자가 미리 특
정되지 않은 채 특정시간대에 특정 기지국을 경유하여 된 전화통화의 발신(역발
신), 종료 등에 관한 전화번호내역을 구하는 것이다. 이것은 헌법상 통신의 비밀
에 대한 자유권을 보장하고자 하는 통신비밀보호법의 입법취지 및 같은 법 제2
조 제11호 통신사실 확인자료의 문언해석 등에 비추어 볼 때 통신사실 확인자
료에 해당한다고 해야 한다. 그러므로 그 추적을 위해 법원의 허가를 받아야 함
은 헌법상의 영장주의 원칙상 당연하다. 다만, 법원은 범죄혐의자를 특정하지
않은 채 무차별적으로 신청하는 이러한 통신사실 확인자료 제공요청 허가청구
에 대해 그에 관한 주관적 관련성이 소명되지 않았다고 판단되는 경우 그 청구
를 기각하는 등 엄격한 심사를 해야 한다고 본다(주관적 관련성에 관하여는 후술).

　　(2) 통신사실 확인자료 제공요청 법률규정의 위헌여부

　　범죄수사를 위한 통신사실 확인자료 제공요청 규정인 통신비밀보호법 제13
조의 위헌성도 따져 보아야 한다. 이 법률규정이 헌법에 위반된다는 입장을 택
하게 되면 다음과 같이 주장할 수 있을 것이다. 즉, 이 법률규정에 의할 때 수사
기관이 통신사실 확인자료를 요청하기 위한 요건은 '수사를 위하여 필요한 경
우'이고, 정보기관의 경우 그 요건은 '국가안전보장에 대한 위해를 방지하기 위
하여 정보수집이 필요한 경우'이다. 특히 범죄수사의 경우에는 범죄가 특정되어
있지 않고 모든 범죄에 대하여 자료를 요청할 수 있다.[1] 즉, 단지 수사의 필요
성만을 이유로 통신사실 확인자료 제공을 요구할 수 있게 하고 있는 것이다. 이
는 수사기관의 위치추적 수사활동에 대해 어느 범위까지 privacy권 등 기본권에
대한 헌법적 보호가 부여되어야 하는지에 대한 판단기준은 헌법상 권력분립 원
칙에 의해 사법권을 부여받은 법원이나 헌법재판소가 결정해야 한다는 점을 위
반하고 있는 법률규정이다. 수사대상인 범죄자라고 하더라도 법원의 확정판결
이 있기 전까지는 무죄로 추정해야 하는 것이 헌법상의 요청이기도 한 것이다.

---

1) 이러한 의미에서 이 통신비밀보호법 규정은 2010. 3. 독일 연방헌법재판소 BVerG 1 BvR 256/08
　사건의 심사대상이었던 독일 전기통신법과 독일 형사소송법의 각 규정과 비교하여 볼 때 너무
　나 포괄적일 뿐만 아니라 데이터의 안전성이나 데이터의 사용 목적, 투명성 그리고 권리 보호의
　관점에서 충분히 엄격하고 명확한 규정들을 요구하고 있는 비례성의 원칙이 거의 반영되어 있
　지 않으므로 독일 연방헌법재판소의 결정 기준들에 견주어 보면 위헌의 가능성이 충분하다고
　하는 견해로, 위 박희영, "통신사실확인자료의 저장과 통신비밀의 침해(上)(下)－독일 연방헌법
　재판소 2010년 3월 2일 위헌 결정(BVerG 1 BvR 256/08 vom 2. 3. 2010)의 전문" 참조.

또한 위 법률규정이 들고 있는 '수사를 위하여 필요한 경우'의 의미 자체가 명확하지 않다. 나아가 수사대상인 범죄혐의 사실이 특정되고 그 특정된 범죄혐의사실을 수사하기 위한 목적에 관련성을 갖고 있는 통신사실 확인자료에 한하여 수사기관에 제공할 수 있다는 비례의 원칙 준수 규정을 두고 있지도 않다. 이는 결국 법원이 수사기관의 통신사실 확인자료 제공요청을 허가하는 근거인 위 법률규정의 내용적 정당성을 인정하기 어렵다는 것이 된다. 따라서 위 법률규정은 적법절차 원칙도 준수하지 못하고 있는 것에 해당한다고 할 수 있다.

그러나 저자로서는 위 법률규정의 위와 같은 위헌적인 문제점에도 불구하고 법률의 위헌심사기준인 비례의 원칙을 적용할 때 섣불리 위헌론에 찬성할 수는 없다고 생각한다. 왜냐하면 위 법률규정은 통신사실 확인자료 제출을 요구하기 위해 ① 범죄수사를 위하여 필요한 경우라는 정당한 목적을 요구하고 있고, ② 수사기관이나 인터넷 서비스 제공업체로 하여금 통신사실 확인자료 제공요청 대장과 관련서류를 보관하도록 하는 등의 적절한 수단을 사용하고 있다. 그리고 ③ 통신내용에 대한 침해와 달리 통신사실 확인자료 요청은 비내용적 정보에 대한 침해이므로 그러한 자료제공요청은 통신비밀, 표현의 자유 등에 대한 최소한의 침해라고 할 것이며, ④ 또한 위와 같은 수사목적 달성이라는 공익과 이용자의 통신비밀이나 표현의 자유권 보장에 대한 사익은 서로 비례를 이루고 있다고 보인다. 이처럼 일반적인 기본권 침해 법률에 대한 위헌심사기준인 과잉금지 원칙만을 적용한다면 위 법률 제13조가 위헌이라고 단정 짓기는 어려워 보인다.[1) 더욱이 위 법률 제13조 제2항은 이러한 통신사실 확인자료 제공요청에 대해 법원의 허가를 얻도록 하고 있으므로 헌법상의 영장주의를 위반한 것도 아니다.[2]

자. 영장집행시 당사자의 참여권 보장

전자적 위치정보 추적을 허용하는 영장을 발부받았다고 할지라도 그것을 집행함에 있어서는 피고인, 변호인에게 통지하여 영장집행에 참여할 수 있도록 하여 그 참여권을 보장해야 한다(형사소송법 제219조, 제121조, 제122조).[3] 이것이 헌

---

1) 오기두, "수사상 전자통신자료의 취득에 관한 헌법적 문제", 393쪽, 408-409쪽.
2) 저자는 법관의 영장을 발부받지 않고도 수사기관이 전기통신사업자에게 통신사실 확인자료 제공요청을 할 수 있도록 한 구 통신비밀보호법 제13조가 강제처분인 압수·수색에 대해 법관의 영장을 발부받도록 하고 있는 헌법 제12조 제3항에 위반된다고 주장하였는바[오기두, "수사상 전자통신자료의 취득에 관한 헌법적 문제", (2004), 409-410쪽], 그 후인 2005. 5. 26. 법률 제7503호로 개정된 같은 법 제13조 제2항이 법원의 허가를 얻도록 한 것이다.
3) 수사단계 압수·수색에 대하여 피의자의 참여권을 인정하면 실효성 측면에서 문제를 야기할 수

법 제12조의 적법절차 원리에 부합한다. 국가가 국민의 자유, 재산을 침해할 때
는 반드시 침해사실을 알려주고 이의제기를 할 수 있는 기회를 주어야 하는 것
이 헌법상의 적법절차 원리이기 때문이다.[1] 그 기회에 해당하는 절차가 압수·
수색영장집행시 당사자가 참여하는 절차이고, 그 집행행위에 대해 형사소송법
제417조의 준항고로 법원에 불복하는 절차인 것이다.

6. 전자적 위치정보 추적과 기본권 제한범위

가. 비례의 원칙과 전자정보 취득의 관련성

전자적 위치정보에 대한 여러 기본권을 보장한다고 하더라도 범죄수사 목
적으로 국가가 그것들을 제한하는 것이 필요함은 물론이다. 그 기준은 헌법 제
37조 제2항 자체나 그로부터 도출되는 기본권 제한원리에 따라야 한다고 할 것
이다. 그에 더하여 범죄수사는 단지 헌법 제37조 제2항에 근거한 헌법이론만으
로 해결할 수는 없으므로 그 헌법상의 기본권 제한 원칙으로 구체화한 형사소
송법 이론상의 특수한 제한원리도 적용해야 한다. 그것은 헌법상 비례의 원칙이
구체화된 전자적 위치정보의 압수·수색에 관한 관련성 요건이라고 하겠다. 예컨
대 휴대전화 이용자의 위치이동 정보가 기록된 통신서비스 제공업체의 데이터
베이스 저장능력을 감안하면 수사기관이 단지 범죄혐의자 뿐만 아니라 어느 누
구의 위치정보든 획득하여 그것을 이용할 수 있는 가능성이 상존하고 있다.[2]
그런데도 단지 수사의 필요성이 있다는 이유만으로 전자적 위치정보를 담고 있
는 서버 등의 컴퓨터 저장매체에 대한 무제한한 압수·수색을 허용하는 것은 비
례의 원칙을 위반한 위헌적인 조치라고 하지 않을 수 없다.

비례의 원칙 또는 '과잉금지원칙'(Prinzip des Übermaßverbotes)은 본래 경찰행정
작용에 대한 위헌심사의 기준으로 독일 판례에서 형성·정립되어 온 것인데, 우
리 헌법재판소는 창립 초기부터 이를 받아들여 법률의 위헌심사에 광범하게 적

있으므로 현행 형사소송법의 입법적 타당성은 재검토될 필요가 있다는 견해가 있으나[김기준,
"수사단계의 압수수색 절차에 대한 몇 가지 고찰", 대검찰청, 「형사법의 신동향」(2009. 2.), 6쪽],
압수·수색영장집행시 당사자의 참여권을 배제하는 법률을 만들게 되면 헌법재판소에 의해 헌법
상의 적법절차 규정을 위반한 법률로 위헌이라는 판단을 받을 것이다.

1) 이 점과 관련하여 "영장만 있으면 훔쳐가도 되나?"라는 다소 자극적인 제목 아래 쓰여진 박경신
교수의 경향신문 2010. 7. 24.자 23쪽의 오피니언 기사를 주목할 만하다.

2) 위에 든 Harvard Journal of Law and Technology, "WHO KNOWS WHERE YOU'VE BEEN? PRIVACY
CONCERNS REGARDING THE USE OF CELLULAR PHONES AS PERSONAL LOCATORS", p.
316.

용해 오고 있다. 헌법재판소 판례에 따르면 과잉금지의 원칙은 ① 목적의 정당성, ② 방법의 적절성, ③ 피해의 최소성, ④ 법익의 균형성으로 구성되며 이들 가운데 어느 하나라도 충족하지 못하면 위헌이라는 판단을 면할 수 없다.[1] 즉, "과잉금지의 원칙이라는 것은 국가가 국민의 기본권을 제한하는 내용의 입법활동을 함에 있어서, 준수하여야 할 기본원칙 내지 입법활동의 한계를 의미하는 것으로서 국민의 기본권을 제한하려는 입법의 목적이 헌법 및 법률의 체제상 그 정당성이 인정되어야 하고(목적의 정당성), 그 목적의 달성을 위하여 그 방법이 효과적이고 적절하여야 하며(방법의 적절성), 입법권자가 선택한 기본권 제한의 조치가 입법목적 달성을 위하여 설사 적절하다 할지라도 보다 완화된 형태나 방법을 모색함으로써 기본권의 제한이 필요한 최소한도에 그치도록 하여야 하며(피해의 최소성), 그 입법에 의하여 보호하려는 공익과 침해되는 사익을 비교형량할 때 보호되는 공익이 더 커야 한다(법익의 균형성)는 헌법상의 원칙이다. 위와 같은 요건이 충족될 때 국가의 입법작용에 비로소 정당성이 인정되고 그에 따라 국민의 수인(受忍)의무가 생겨나는 것이다. 이러한 요구는 오늘날 법치국가의 원리에서 당연히 추출되는 확고한 원칙으로서 부동의 위치를 점하고 있으며 헌법 제37조 제2항에 이러한 취지의 규정을 두고 있는 것이다.[2]

이처럼 비례의 원칙은 법률의 위헌심사 기준으로 주로 기능하지만 국가기관, 특히 수사기관의 수사활동에 대한 위헌심사 기준으로도 적용되어야 한다. 물론 수사활동에 대한 심사는 형사소송법등 형사절차를 규정한 법률에 근거한 수사활동인지 여부 심사가 1차적으로 이루어질 것이다. 그러나 법률위반 여부 심사의 지도원리 내지 법률위반 여부 심사기준이 없는 경우의 심사기준은 헌법적인 심사기준이어야 한다. 그리고 그 헌법적 심사기준 중의 하나가 비례의 원칙인 것이다.

또한 헌법상 비례의 원칙은 헌법재판소의 재판규범만으로 작용한다고 할 수 없다. 법원이 수사기관의 영장청구를 심사하거나 형사소송절차나, 행정소송, 민사소송 등 각종 재판절차에서 공권력 행사의 헌법위반 여부를 심사하는 기준도 된다고 해야 한다.[3] 그 중 특히 전자적 위치정보를 추적하는 수사활동의 비

---

1) 이하 관련된 부분은 노희범, "기본권의 제한과 형성", 헌법재판소, 「헌법논총」 제19집, 147, 148쪽.
2) 헌재 1990. 9. 3, 89헌가95, 헌법재판소 판례집 2, 245, 260.
3) 수원지방법원 2010. 8. 3. 고지 2008라609 결정은 공정거래위원회의 과태료부과처분에 대한 이의사건의 항고심에서 사기업체 전산망에 대한 공정거래위원회의 조사행위가 헌법 제12조에서 규정하고 있는 압수·수색에 관한 영장주의를 위반하거나 회피할 수는 없음이 분명하고, 공정거래법 제50조의2는 '조사공무원은 이 법의 시행을 위하여 필요한 최소한의 범위 안에서 조사를

례성을 심사함에 있어서는 당해 위치정보와 범죄혐의와의 관련성을 따져 보아야 한다고 할 것이다. 즉 관련성 요건은 헌법상 비례의 원칙을 수사활동의 심사기준으로 구체적으로 적용하는 영역이라고 할 수 있다. 관련성의 요건에 대해 구체적으로 더 살펴본다.

나. 관련성 요건

관련성은 수사기관이 혐의를 포착하여 압수·수색영장을 청구하고 있는 당해 범죄사실과 컴퓨터 전자기록이 주관적, 객관적, 그리고 시간적으로 관련되어 있어야 한다는 의미로서 그 자연적, 사실적 관련성을 의미하는 것이다.[1] 이를 달리 표현하면 피의사건의 존재여부를 당해 전자기록에 의해 최소한도의 증명력으로나마 입증할 수 있어야 한다는 것이다. 그와 같은 요건을 갖춘 전자기록을 탐색 압수하여 이를 수사에 이용하기 위해서는 피의사건의 중대성, 혐의의 존재, 당해 전자기록 자체의 중요성, 그 전자기록을 추적하여 취득할 필요성, 다른 수단의 유무, 당해 전자기록 보유자나 소지자가 입는 손해의 정도 등과 같은 요소를 고려하여 결정해야 한다. 이 관련성 요건은 헌법상 기본권 제한원리의 하나인 비례의 원칙과 맥을 같이 하는 원칙이라고 할 수 있다. 이를 구체화한 법률상의 근거는 형사소송법 제199조 제1항 단서의 "강제처분은 … 필요한 최소한도의 범위 안에서만 하여야 한다"는 규정이다. 이 관련성 요건은 영장주의와 관련하여 영장기재의 특정성을 판단하는 요건으로 적용할 수도 있으나 헌법상 기본권 제한 기준으로 삼을 수도 있다고 본다.

형사절차상 관련성 개념은 다음과 같은 세 가지 측면으로 구체화해 볼 수 있다.

- 객관적 측면 : 전자적 위치정보는 "물건"이 아니라는 점에 의한 제한(컴퓨터 데이터의 압수·수색 가능성, 영장기재의 특정)
- 주관적 측면 : 범죄혐의자와의 인적 관련성이 없거나 먼 사람이 보관하는 전자적 위치

행하여야 한다'라고 규정하여 이른바 비례성의 원칙을 선언하고 있는 점 등을 고려하여 볼 때, 공정거래법 제50조에서 규정하는 조사권의 범위는 피조사자의 법익침해가 최소화될 수 있도록 가능한 한 엄격하게 새기는 것이 타당하다고 전제한 후「이 사건에서 조사관이 요구한 내부 통신망 전체를 대상으로 한 열람은 법에서 예정하고 있는 전산자료의 조사나 자료의 제출요구라기보다는 영장의 대상인 수색에 더 가까운 행위이다」라고 판시하였다.
1) 이하는 2010. 3. 25. 대법원 사법제도비교연구회에서 서울대학교 법학대학원 조국 교수가 발표한 "컴퓨터 전자기록에 대한 압수·수색영장의 쟁점" 발표에 대한 지정토론문에서 저자가 주장한 내용이다.

　정보의 압수·수색 제한
- 시간적 측면 : 너무 먼 과거, 미래의 전자적 위치정보에 대한 압수·수색의 제한(실효의 원칙 적용 등)

1) 객관적 관련성

　수사절차상 전자적 위치정보 등 전자증거를 압수할 수 있는지 여부에 관하여 당해 전자증거가 범죄혐의 내지 요증사실을 증명할 수 있는 자연적 관련성이 있는가 하는 점 및 당해 전자증거를 압수해야 하는 경우인지 아니면 압수를 위한 전단계로 수색하는 경우인지에 따라 결정해야 한다. 즉,

　① 우선, 형사소송법 제109조, 제219조의 수색대상이 되는 "물건"에는 범죄행위와 관련된 전자적 위치정보만이 저장된 컴퓨터 장비뿐만 아니라 범죄행위와 무관한 자료와 유관한 자료(관련성 있는 전자적 위치정보를 저장하고 있을 가능성)가 함께 저장되어 있는 컴퓨터 장비도 포함된다고 해석해야 한다.

　② 다음으로,

　ⅰ) 당해 범죄행위와 관련된 전자적 위치정보만이 저장된 디스크 등 컴퓨터 장비는 당해 데이터와 일체 불가분으로 결합되어 있으므로 그 컴퓨터 장비를 형사소송법 제106조, 제219조의 증거물 또는 몰수할 것으로 사료되는 물건에 해당된다고 보아 위 법률규정에 의해 압수할 수 있다고 보면 된다. 그러나,

　ⅱ) 당해 범죄행위와 무관한 자료와 유관한 자료가 함께 저장된 컴퓨터 디스크 등 저장매체는 형사소송법 106조의 규정에 의하면 관련성을 인정할 수 있는 자료를 출력하거나 복제하여 제출받는 방식으로 압수할 수 있다. 이때 당해 관련성 있는 전자적 위치정보를 취득하는 방법은,

　ⓐ 형사소송법 제120조에 규정된 압수·수색영장집행에 "필요한 처분"으로서나 제106조 제3항에 의한 처분으로서, 해당 데이터만을 추출하여 수사기관의 컴퓨터 장비에 복제하거나 인쇄물의 형태로 출력하는 방법,

　ⓑ 긴급체포된 자에 대하여 형사소송법 제217조에 의해 그가 소유·소지·보관하는 데이터를 위와 같은 방법으로 복제 또는 출력하는 방법[1]/체포, 구속에 수반한 체포현장에서의 압수·수색 등(법 216조 1항 2호, 2항)/범행 중 또는 범행 직후의 범죄장소에서 긴급을 요하는 압수·수색(법 제216조 3항) 등의 방법.

　ⓒ 최초의 압수수색영장을 발부받은 범죄사실과 무관한 별개의 범죄관련

---

1) 다만 이 긴급체포에 부수한 전자적 위치정보의 압수·수색·검증제도가 갖는 위헌적 문제점에 관하여는 앞서 이미 상세히 논하였다.

데이터를 발견한 경우 별도의 영장을 발부받아 이를 복제, 출력하는 방법(즉 수색 과정에서 원래 발부받은 압수·수색영장에 명기된 범죄행위와 무관한 다른 범죄행위에 관한 파일을 발견하여 이를 수색하고 압수하고자 하면 새로운 영장을 발부받아야 할 것이다, 'Tamura-Carey 식' 접근법 참조),[1] 또는

    ⓓ 그 관련성 있는 전자적 위치정보가 통신비밀보호법 규정에 의해 감청 등이 허용되는 요건을 충족하고 있으면 위 법률에 의한 감청의 방법으로 취득하거나 그 밖에 특별법에 규정하고 있는 요건을 충족하여 수색, 압수하는 것 등이라고 하겠다. 이를 보기 쉽게 도표화 하면 다음과 같다.

    –전자적 위치정보의 수색·압수 가능성
    수색대상 : 관련성 있는 위치정보를 저장하고 있을 가능성
    압수대상 : 범죄혐의와 유관시 → 컴퓨터 전자기록을 유체물로 압수
    무관시 → 압수 불가능(긴급수색·압수 등 / 새로운 영장으로 가능)
    유관 + 무관 → 유관자료 복제, 출력하여 압수, 영장집행에 필요한 처분

---

[1] 1982년의 'United States v. Tamura 판결'은 [694 F.2d 591(9th Cir. 1982)] 범죄 유·무관 증거가 혼합된 서류에 대한 압수·수색 기준을 제시한 지도적 판결이다. 이 사건에서 수사기관은 수천 개의 회계기록에서 범죄혐의를 찾으려 하였으나 기록의 양이 너무 많아 피의자 회사의 직원에게 도움을 요청하였으나 직원이 이를 거부하자 수사기관은 기록 전체를 압수하였다. 이에 법원은 수사기관이 범죄와 무관한 자료와 유관한 자료가 혼합되어 양자를 물리적으로 분리할 수가 없는 경우 수사기관은 당해 자료를 봉하여 소지하면서 전체 자료에 대한 압수·수색을 위한 부판사의 별도의 영장발부를 기다려야 한다고 판시하였다. 그리고 만약 수사기관이 수색 착수 이전 서류 전체의 압수가 필요하다고 판단하고 서류 전체의 압수를 위한 영장을 신청하였다면, 법원은 범죄 무관자료와 유관자료를 수색현장에서 분류하는 것이 불가능하여 전체 압수 이외의 방법이 존재하지 않는 경우에 한하여 영장을 발부해야 한다고 판시하였다. 이와 같은 'Tamura 판결'의 법리를 이은 판결은 1999년 'United States v. Carey 판결'이다[172 F.3d 1268(10th Cir. 1999)]. 이 사건에서 수사관은 마약 압수·수색영장을 받아 피의자의 컴퓨터 속의 텍스트 파일에 대한 수색을 진행하였으나 증거를 발견하지 못하였는데, 경찰관이 컴퓨터 디렉토리 속에 JPG 파일이 있음을 발견하고 이를 열어보니 아동 포르노그래피 이미지를 가지고 있는 파일임을 확인하였다. 이에 수사관은 200개 이상의 JPG 파일을 다운로드 받았고, 이것이 아동 포르노그래피 이미지를 담고 있는지 확인하기 위하여 이 중 다수를 열어 보았다. 이후 수사관은 다시 마약 관련 증거에 대한 수색을 진행하였다. 이 사건에서 피고인은 수색영장에 명기되지 않는 파일에 대한 수색이므로 증거능력이 배제되어야 한다고 주장하였고, 반면 소추측은 무영장 압수가 허용되는 "우연한 육안발견의 예외"(plain view exception)를 주장하였다. 'Carey 판결'은 컴퓨터의 저장능력으로 인해 디지털 증거에 대한 압수·수색에 대하여는 "특별한 접근"(special approach)이 필요하다는 점을 제시하였다. 그러면서 이 사건에서 수사기관이 우연히 열어본 첫 번째 JPG 파일 이외의 다른 모든 JPG 파일은 위법한 수색의 산물이므로 그 증거능력이 배제되어야 하며, 다른 JPG 파일을 수색하기 위해서는 별도의 영장을 발부받았어야 했다고 판시하였다. 이상은 조국, "컴퓨터 전자기록에 대한 압수·수색영장의 쟁점"(미공간물, 2010. 3. 25. 대법원 사법제도비교연구회 발표문임), 13-16쪽에 의하되 저자가 그 판결원문을 WestLaw 검색을 통해 확인하여 작성하였다.

　-특별법의 적용요건 충족

　 * 컴퓨터 통신정보의 탐색, 취득 – 통신비밀보호법의 요건

　** 그 밖에 전기통신사업법/「금융실명거래 및 비밀보장에 관한 법률」/

「위치정보의 보호 및 이용 등에 관한 법률」등의 요건절차 – 법관의 적법한 영장

　　이처럼 전자적 위치정보 등 컴퓨터 데이터 압수시에는 수색과 압수를 구별해야 할 필요가 있다. 우리 형사절차의 종래 관행상 그저 “압수·수색”이라고 표현하여 양자를 구별하지 않는 태도는 시정되어야 한다. 개념적으로나 실무적으로도 수색이 이루어지고 난 후 압수를 하는 것이므로 양자를 구별할 실익도 크다. 미국 연방 헌법 수정 제4조상 이것을 search and seizure라고 표현하고 있는 점을 보아도 그 시사하는 바가 크다고 하지 않을 수 없다. 현재 우리 실무례 상으로도 수사기관에서 압수·수색영장이 아닌 수색·검증영장만을 청구하는 사례가 상당히 있다. 기술상으로도 검색프로그램을 설치하면 컴퓨터 1대당 2~3분 안에 수색대상 프로그램을 검색해 낼 수 있다. 이처럼 컴퓨터 기록에 대한 압수·수색·검증영장발부에는 수색과 압수의 개념이 분명히 구별된다.

　　만약 수사기관이 통째로 상대방의 컴퓨터나 서버를 압수한 후 이를 수사기관의 사무실로 옮겨 수색절차를 수사기관의 사무실에서 행한다면, 범위를 정하여 출력 또는 복제하는 방법이 불가능하거나 압수의 목적을 달성하기에 현저히 곤란하다고 인정되는 사정이 있어야 한다(형사소송법 제106조 제3항 단서). 위치정보 추적 수사활동에 관한 헌법적 통제 중 하나는 비례의 원칙에 입각한 통제라고 할 수 있다. 전산정보를 압수·수색대상으로 하는 경우 사실상 압수집행은 압수목적인 전산정보가 담긴 컴퓨터 디스크 등 저장매체만을 대상으로 하여야 한다. 그 전자적 저장매체를 분리할 경우 전자적 위치정보 추적이 불가능하거나 기기 또는 그 전자적 위치에 관한 전산정보가 손상, 훼손될 우려가 있어야 컴퓨터 본체 등 하드웨어 자체를 압수·수색의 대상으로 삼는 것이 비례의 원칙에 위반되지 않는다고 해야 한다.[1] 예컨대 전자적 위치정보가 저장된 컴퓨터 서버 운영자가 그 서버를 주로 불법영업의 도구로 사용하는 경우를 제외하고는 서버 자체를 압수할 경우 당해 운영자의 영업에 막대한 지장을 초래할 염려가 있다. 그러므로 압수·수색의 방법으로 출력물만을 압수하거나 압수목적인 위치관련 전

---

1) 현재 법원 압수수색영장발부 실무상 전자적 저장매체를 분리할 경우 압수의 목적을 달성할 수 없거나, 기기 또는 전산정보가 손상, 훼손될 우려가 있을 때 컴퓨터 본체 등 하드웨어 자체의 압수·수색을 허용하는 영장을 발부하고 있다.

산정보를 별도의 저장매체에 복사하는 방법으로 압수해야 한다. 전자적 위치정보 추적을 위해 압수·수색영장이 청구되는 경우 압수대상을 열거한 다음 "등 일체"라고 기재하여 영장을 발부하면 일반영장 금지원칙에 위배된다고 하지 않을 수 없다.

수사기관의 영장청구서에 범죄혐의 사실이 기재되어 있다고 하더라도 그것을 심사하는 법관은 압수·수색대상으로 단순히 '혐의사실과 관련된 전자적 위치정보' 정도로 압수의 범위를 특정하면 안 된다. 전자적 위치정보의 특성상 검색방법 또는 검색용어의 선택에 따라 혐의와 관련성 있다고 보이는 전자적 위치정보의 범위가 지나치게 확대될 우려가 있기 때문이다. 나아가 혐의와 관련 없는 위치정보까지 수집될 수도 있는 것이다. 특히 통신회사나 대형 인터넷포털회사, 회사의 메일시스템 등 제3자가 보유하고 있는 전자적 위치정보를 획득하기 위한 압수·수색영장을 발부함에 있어 이러한 관련성의 요건을 엄격히 심사해야 한다.

2) 주관적 관련성

주관적 관련성은 당해 전자적 위치정보와의 인적 관련성을 의미하는 것으로 그 위치정보가 수록된 전자기록의 관리주체 및 그에 수록된 데이터가 대상으로 하고 있는 기본권 향유 주체와 연결되어 있는 데이터에 한해 압수할 수 있음을 의미한다. 즉 그 전자기록은 수사대상인 피의자나 참고인과 관련되어 있어야 하고 범죄사실과 무관한 사람이나 피의자 및 범죄사실과 너무 멀리 떨어진 사람에 대한 컴퓨터 전자기록을 개괄적으로 추적하는 것은 허용되지 않아야 한다.

또한 범죄 혐의를 받고 있는 피의자와 무관한 사람에 관한 전자적 위치정보 추적까지 허용하는 영장이 발부된다면 이는 헌법상의 기본권 침해에 관한 비례의 원칙을 위반한 위헌적인 영장발부이며 그에 기한 영장집행도 위헌적인 국가행위가 된다고 하지 않을 수 없다. 예컨대 범죄혐의자를 특정하지 않은 채 어떤 기지국에 일정시간대에 착발신된 휴대전화의 번호 일체를 압수·수색하는 경우가 이에 해당한다.

3) 시간적 관련성
가) 과거의 전자적 위치정보

수사기관이 추적할 수 있는 전자적 위치정보의 시간적 제약도 있다고 해야 한다. 즉 수사대상인 범죄사실 발생 일시를 기준으로 하여 그 전후의 상당한 기간 내에 존재하는 전자적 위치정보만 추적할 수 있다고 해야 한다. 시간적 관련성은 당해 전자적 위치정보와 혐의대상인 범죄발생 사이에 時期的인 관련성이

있어야 한다는 의미이다. 따라서 범행 당시와 수사기관이 추적하고자 하는 전자
적 위치정보의 존재시기 사이에 상당한 시간적 간격이 있으면 그러한 범행이
지속성을 가지고 있는지 여부와 그 전자적 위치정보의 연속된 저장 상태 등을
고려하여 압수·수색 필요성을 판단하여야 한다. 범행 이후 상당한 기간이 경과
한 전자적 위치정보 추적의 경우에는 별건 압수·수색에 해당하는지 여부를 고
려하여 영장을 발부하여야 한다.

　　이처럼 수사기관이 혐의를 두고 있는 범행사실을 기준시점으로 하여 볼 때
그 전후의 상당한 기간 내에 생성된 전자적 위치정보에 한해 추적할 수 있다고
해야 한다. 달리 말하자면 범행당시보다 지나치게 먼(예컨대 7년 전의) 과거의 전
자적 위치정보를 추적하거나 범행당시보다 지나치게 뒤에(예컨대 공소시효 만료에
임박한 시점에) 생성·수집된 전자적 위치정보를 추적할 수는 없다고 해야 한다.

　　여기서 고려할 헌법원리 중 하나가 失效의 原則(staleness doctrine)이다. 이 원
칙은 미국 연방 헌법 수정 제4조에 의해 이론상 인정되는 원칙인데 압수·수색
대상의 존재 시점으로부터 적정한 기간 내에 청구되어 발부되고, 집행되지 않은
압수수색영장은 효력을 상실한다는 원칙이다.[1] 이 원칙에 의하면 전자적 위치
정보의 생성시점으로부터 너무 먼 기간이 지난 시점에서 그 데이터 탐색·압수
를 허용하는 영장을 청구하거나 발부할 수는 없고, 설령 영장이 발부되었다고
하더라도 그 영장이 너무 오래전에 발부된 영장이라면 그에 근거하여 전자적
위치정보를 수색하고 압수할 수는 없다고 해야 한다.[2] 우리나라 형사소송규칙
제95조 제1항 제4호도 압수·수색영장의 유효기간을 원칙적으로 7일로 제한하고
있다. 압수·수색영장은 그에 기재된 유효기간 내에 집행에 착수하여야 한다.[3]
현행 형사소송규칙은 압수·수색이 7일을 넘는 유효기간을 필요로 하는 때에는
청구서에 그 취지 및 사유를 기재하도록 규정하고 있다.[4] 7일을 넘는 유효기간
을 필요로 하는 영장이 청구된 경우 법관은 그 사유를 심사하여 적정한 기간을
유효기간으로 정하여 발부함으로써 유효기간이 지나치게 장기간이 되지 않도록
유의하여야 한다. 전자적 위치정보를 추적하는 수사활동을 허가하는 영장을 발
부할 때에도 달리 볼 이유가 없다.

---

1) 이에 관해 상세한 내용은 오기두, "證據의 關聯性과 컴퓨터 關聯證據", 159-160쪽.
2) 아동포르노를 다운받은 시점에서부터 10개월이 경과된 후 집행되었어도 그 영장집행은 유효하
　다고 한 United States v Lacy, 119 F.3d 742(9th Cir. 1997), 5개월 반이 경과되었더라도 유효하
　다고 한 United States v Lamb, 945 F.Supp.441, 461(N.D.N.Y. 1996) 등 참조.
3) 후술하는 실효의 원칙 참조. 미국 연방형사소송규칙(Federal Rules of Criminal Procedure) 제41
　조(b)는 수색, 압수 영장은 발부 후 10일 이내에 집행되어야 한다고 규정하고 있다.
4) 형사소송규칙 제107조 제1항 제1호, 제95조 제1항 제4호.

나) 장래의 전자적 위치정보

압수·수색영장은 영장발부 당시를 기준으로 할 때 기본적으로 과거부터 현재에 걸쳐 존재하는 물건을 대상으로 한다고 할 것이다. 그러므로 법관이 압수·수색영장 청구의 당부를 심사하는 시점을 기준으로 할 때 생성여부가 불분명한 장래의 위치정보를 대상으로 압수·수색영장을 발부하기는, 특별한 법률규정이 없는 한, 그 성질상이나 관련성의 요건에 비추어 어렵다고 해야 한다. 예컨대 피의자가 건강보험을 이용할 경우 향후 3개월간 건강보험공단의 전산망에 접속하게 될 자료, 피의자가 항공기를 이용할 경우 향후 3개월간 탑승할 사항에 관한 전산자료, 장래의 기간에 대한 교통카드 실시간 사용내역 등과 같은 전자적 위치정보를 압수·수색하겠다며 수사기관이 영장발부를 청구할 경우 법관은 이를 받아들일 수 없다.

다만, 통신비밀보호법에 의한 통신제한조치는 그 성질상 장래의 통신을 대상으로 한다고 할 것이므로 장래의 통신제한조치는 위 법률의 특별규정으로 허용된다고 할 것이다. 또한 수사실무상 피의자의 검거를 목적으로 수사기관이 요청하는 통신사실 확인자료인 발신기지국 위치추적자료(통신비밀보호법 제2조 제11호 바목)와 접속지 위치추적자료(같은 호 사목)는 앞으로 이루어질 미래의 불특정한 정보를 압수·수색의 대상으로 하는 점에 특색이 있다. 그러나 이러한 미래의 불특정한 정보에 대해 감청을 허용하거나 통신사실 확인자료 수집을 특별법에 의해 허가한다고 하더라도 법관은 그 시간적 관련성을 고려하여 압수·수색영장발부에 신중해야 할 것이다.

통신비밀보호법은 압수·수색영장의 특수한 형태로 통신제한조치 허가서와 통신사실 확인자료 제공요청 허가서를 규정하고 있는데 각각은 사전허가서와 긴급처분 후의 사후허가서로 구분된다. 그러므로 예컨대 수사기관이 범죄혐의자의 인터넷 로그기록 획득을 통해 피의자의 위치를 추적하고자 할 때는 통신비밀보호법이 정한 위와 같은 형태의 영장을 발부받아야 한다. 수사기관이 기왕에 이루어진 통신내역에 관한 통신사실 확인자료 제공요청 허가를 청구하면서, 그 허가서를 발부받은 뒤 현실적으로 집행을 실시할 시기를 예상하여 장래의 특정 시점까지의 통신내역을 제공요청 대상으로 표시하는 경우도 있다. 이때는 그 부분에 관하여 사전적(事前的)인 긴급통신제한조치허가를 청구하였다고 보아야 할 것이다.

7. 위치정보 추적 수사권 행사에 대한 헌법재판

전자적 위치정보 추적 수사활동에 대한 헌법재판은 헌법적 심사기준에 따라 실질적 기본권 침해 여부 심사와 절차적 기본권 침해 여부 심사로 나눌 수 있다. 그 중 실질적 기본권 침해 여부 심사는 ① 전자적 위치정보 관련 기본권의 본질적 영역 침해 여부 심사, ② 비례성(관련성) 심사에 의한 기본권 침해 여부 판단 등을 말하고, ③ 절차적 기본권 침해여부 심사는 적법절차 원리나 영장주의 위반 여부에 대한 심사를 의미한다.[1] 그리고 전자적 위치정보에 대한 헌법재판은 재판주체에 따라 법원에 의한 재판과 헌법재판소에 의한 재판으로 나누어 볼 수 있다. 차례로 살펴본다.

가. 헌법적 심사기준
1) 실질적 심사

특정 전자적 위치정보 추적 수사활동에 대한 헌법적 심사기준은 우선 그 공권력 행사가 당해 위치정보에 관련된 정보에 대한 자기결정권, privacy권, 통신의 자유권, 거주·이전의 자유권 등 기본권의 핵심영역을 침해하였는지 하는 것이다. 그 다음으로 그러한 정도에 이르지 않는 기본권 침해 수사활동에 대해 그것이 활동목적의 정당성, 수사방법 자체의 적절성, 피해의 최소성, 법익의 균형성에 합치하여 합헌적이라고 할 수 있는가 하는 비례성을 심사한다. 이 비례성 심사의 경우 가장 중요한 판단기준은 추적되는 전자적 위치정보와 수사대상인 범죄혐의 사실과 주관적, 객관적, 시간적 관련성을 인정할 수 있는가 하는 점이다. 즉 일단 수사목적으로 전자적 위치정보를 추적하는 이상 수사활동 목적은 정당하다는 평가를 받을 수 있겠으나 그것이 관련성 없는 위치정보에 대한 것이라면 목적 자체의 정당성을 부정할 수 있다. 관련성 없는 위치정보에 대한 압수·수색은 수사방법 자체도 적절하지 못하고 피해의 최소성 원칙도 위반한 수사가 된다. 나아가 관련성 없는 위치정보에 대한 추적은 수사활동을 통해 달성하려는 공익가치는 작은 반면 그 위치정보주체가 제한받는 사익은 현저히 커서 균형을 이루지도 못한다. 그러므로 그에 대해 위헌적인 수사활동이라는 평가

---

[1] 독일 연방헌법재판소는 전자감시에 관하여 '사생활형성의 핵심영역'을 침해하는 감시는 절대적으로 금지되나, 그 이외의 영역에서는 비례의 원칙에 의한 통제를 가한다는 '이단계 구조의 통제법리'를 택하고 있다고 한다(je-desto 공식). BVerfGE 100, 313 ; BVerfGE 115, 320(360 f.) ; 박정훈, "전자감시와 privacy의 관계 정립에 관한 연구", 167쪽.

를 할 수밖에 없다.

이러한 관련성 요건에 대한 심사와 더불어 당해 수사활동에 대한 여타의 비례의 원칙 심사기준을 들이댈 수 있을 것이다. 예컨대 수사목적을 가장하였을 뿐 정치적으로 악용하기 위한 개인감시활동에 해당하는 경우에는 그 위치정보 추적행위 목적의 정당성이 부정될 것이다. 또는 예컨대 통신비밀보호법 등 법률에 정해진 절차를 따르지 않고 스마트폰에 도청파일을 이메일로 전송하여 스마트폰 이용자로 하여금 그 이메일을 열어보게 하여 이용자의 스마트폰에 도청프로그램을 설치한 다음 그 스마트폰을 이용한 통화내용이나 회의 등의 대화내용을 도청하고 이용자의 위치를 추적한다면[1] 이러한 수사활동은 적절한 방법을 사용하였다는 평가를 받기 어려울 것이다. 또는 수사기관이 GPS 추적장치를 개인의 승용차에 몰래 부착해 두고 수개월에 걸쳐 전송되는 신호를 기록한 컴퓨터에 접속하여 이를 수시로 확인한다면 이러한 수사활동은 마치 수사관이 그 승용차의 뒷좌석에 24시간 내내 앉아 운전자를 감시하는 것과 같게 되어 피해의 최소성 원칙에 위반될 것이다.[2]

2) 절차적 심사

전자적 위치정보 추적 수사활동이 영장을 발부받지 않은 상태에서 이루어졌거나 그 영장집행과정이 당사자의 참여권을 보장하지 않은 상태에서 이루어졌다면, 헌법상의 영장주의나 적법절차 원칙을 위반했으므로 위헌이라는 판단을 할 수 있겠다.

나. 헌법재판 주체에 따른 심사

전자적 위치정보를 추적하는 수사활동의 헌법위반 여부를 심사함에 있어 그 심사에 관한 재판절차를 기준으로 하여 보자면, 수사기관의 수사활동이 압수·수색영장의 집행행위의 일환으로 이루어지는 경우와 그렇지 않은 경우를 나누어 살펴야 한다. 전자의 경우 영장발부 행위 자체는 법원의 재판이고 현재 재판소

---

1) 2010. 4. 5. 경기도 과천 소재 지식경제부에서 최경환 장관 등이 참석하여 스마트폰(아이폰) 도청시연회가 열렸는데 본문에서와 같은 방식의 시연을 통해 스마트폰 통화내용이 해커역할을 했던 국가보안기술연구소(NSRI) 소속 직원의 노트북 PC를 통해 그대로 흘러나왔다고 한다. 조선일보 2010. 5. 20.자 A1-3쪽 참조.
2) April A. Otterberg, "GPS TRACKING TECHNOLOGY : THE CASE FOR REVISITING KNOTTS AND SHIFTING THE SUPREME COURT'S THEORY OF THE PUBLIC SPACE UNDER THE FOURTH AMENDMENT", p. 695; 수사기관이 직접 범죄혐의자의 자동차에 GPS 칩을 부착하여 그 위치정보를 획득하는 수사방법을 사용하는 것도 적정한 수단이 아니라고 할 것이다. United States v. Moran, 349 F.Supp.2d 425 참조.

원이 인정되지 않고 있으므로 이에 관해 헌법재판소가 독자적인 재판권을 행사할 여지는 거의 없을 것이다. 그러나 영장을 발부받은 경우 그 구체적 집행행위인 수사활동에 대해서는 형사소송법상의 준항고 제도 등으로 법원이 관여하지 않는 범위에서 헌법소원을 심판하면서 헌법재판소가 관여할 여지가 있으나,[1] 그 가능성은 크지 않다. 후자의 경우, 즉 전혀 영장을 발부받지 않은 전자적 위치추적 활동에 대하여도 마찬가지다. 이상에 관하여 경우를 나누어 다음과 같이 구체적으로 살펴본다.

1) 법원에 의한 위헌적 수사활동의 통제

가) 위법수집증거 배제법칙에 의한 증거능력 배제

원래 위법수집증거 배제법칙은 미국 연방대법원이 연방 헌법 수정 제4조 및 제5조, 제14조 제1항 등의 해석을 통해 수립한 원칙인데, 수사기관이 개인의 헌법상 권리를 침해하여 획득한 증거는 증거능력이 부정된다는 원리이다.[2] 2007. 6. 1. 법률 제8496호로 개정되어 2008. 1. 1.부터 시행되어 오고 있는 우리나라 형사소송법 제308조의2도 '위법수집 증거의 배제'라는 표제 하에 "적법한 절차에 따르지 아니하고 수집한 증거는 증거로 할 수 없다"라는 조항을 마련하여 위법수집증거 배제법칙을 선언하고 있다. 대법원도 2007. 11. 15. 선고 2007도3061 전원합의체 판결을 통하여 「기본적 인권보장을 위하여 압수수색에 관한 영장주의와 적법절차의 근간을 선언한 헌법과 이를 이어 받아 실체적 진실규명과 개인의 권리보호 이념을 실현할 수 있도록 압수·수색절차에 관한 구체적 기준을 마련하고 있는 형사소송법의 규범력은 확고히 유지되어야 한다.」라고 판단하면서 위법수집증거 배제원칙을 천명하고 있다.[3]

이러한 위법수집증거 배제법칙은 헌법상의 기본권 보장조항이나 영장주의 원칙을 위반하여 수집된 전자적 위치정보에 대하여도 그대로 적용되어야 한다.

---

1) 헌재 1994. 9. 30. 94헌마183【검찰수사등위헌확인】은, 검사의 구금·압수 또는 압수물의 환부에 관한 처분에 대하여 불복이 있으면 그 직무집행지의 관할법원 또는 검사의 소속 검찰청에 대응한 법원에 그 처분의 취소 또는 변경을 청구하여야 할 것이고(형사소송법 제417조의 준항고) 또는 검사를 상대로 고소를 하여 그 처리결과에 따라 검찰청법에 정한 항고·재항고의 절차를 거쳐 비로소 헌법소원을 제기할 수 있다고 보아야 할 것이라고 판시하였다. 같은 취지로 헌재 1993. 3. 15. 93헌마36【기망등에의한증거수집위헌확인】 참조.

2) United States v. Leon, 468 U.S. 897 ; United States v. Patane, 542 U.S. 630 ; United States v. Caceres, 440 U.S. 741 ; 강구욱, "위법수집증거배제법칙", 사법발전재단, 「형사재판의 쟁점과 과제」(2008), 65, 66쪽.

3) 이밖에 위 전원합의체 판결을 구체적 사안에 적용한 대법원 2009. 5. 14. 선고 2008도10914 판결 및 그 원심판결인 수원지방법원 2008. 11. 4. 선고 2008노10914 판결 참조.

적법한 절차에 의하여 허가받은 통신제한조치의 범위에 포함되어 있는 감청내용이라고 하더라도 통신제한조치의 목적이 된 대상범죄와의 구체적인 관련성이 소명되지 않으면 그 감청결과를 다른 사람이나 다른 범죄사실의 증거로 사용할 수 없다.[1] 이밖에 적법하게 발부된 압수·수색영장에 의하여 추적 획득된 위치정보라고 할지라도 영장에 기재된 압수대상 목적물의 범위 내에 포함된 것인지, 그 영장에 기재된 구체적 집행방법을 준수하였는지 여부 등에 관하여도 확인하여야 한다.

그리고 전자적 위치정보의 하나라고 할 수 있는 통신비밀보호법 제2조 제11호상의 통신사실 확인자료를[2] 통신비밀보호법 소정의 절차를 거치지 않고 취득한 경우 그 증거능력을 부정할지 여부에 관하여는 다음과 같이 생각해야 한다. 즉 같은 법률 제3조 제1항 제1문은 "누구든지 이 법과 형사소송법 또는 군사법원법의 규정에 의하지 아니하고는 … 통신사실 확인자료의 제공을 하 … 지 못한다."라고 규정하고 있다. 그리고 같은 법 제4조는 "제3조의 규정에 위반하여, … 불법감청에 의하여 지득 또는 채록된 전기통신의 내용은 재판 또는 징계 절차에서 증거로 사용할 수 없다."라고 규정하고 있다. 위 문언만으로만 본다면 통신사실 확인자료는 전기통신의 내용이 아니어서 설령 위 법률규정을 위반하여 획득했다고 하더라도 위법수집증거가 아니라는 입론이 가능한 것처럼 보인다. 그러나 ① 형사소송법 제308조의2에 일반원칙으로서 위법수집증거 배제법칙이 명문화되어 있고, ② 통신비밀보호법의 규정을 위반하여 취득한 통신사실 확인자료는 헌법 및 위 법률상의 적법절차 원칙이나 영장주의 원칙을 위반하여 취득한 증거로서 그 절차위반의 정도가 치유될 수 없을 만큼 중대하다고 할 것이므로, 그 통신사실 확인자료의 증거능력이 부정되어야 한다고 본다.

나) 준항고에 대한 재판을 통한 통제

법원은 판사에 의해 영장이 발부되었고 이것을 수사기관이 집행하여 전자적 위치정보를 취득한 경우 그 영장집행 행위 자체가 헌법상의 기본권 제한 원칙이나 영장주의 원칙을 위반하였다고 인정하면 형사소송법 제417조에 정해진 준항고의 절차에서 그 위반행위를 취소할 수 있다.[3] 다만, 판사의 그 영장발부

---

1) 대법원 2002. 10. 22. 선고 2000도5461 판결.
2) '가입자의 전기통신일시, 전기통신개시·종료시간, 발·착신 통신번호 등 상대방의 가입자번호, 사용도수, 컴퓨터통신 또는 인터넷의 사용자가 전기통신역무를 이용한 사실에 관한 컴퓨터통신 또는 인터넷의 로그기록자료, 정보통신망에 접속된 정보통신기기의 위치를 확인할 수 있는 발신기지국의 위치추적자료, 컴퓨터통신 또는 인터넷의 사용자가 정보통신망에 접속하기 위하여 사용하는 정보통신기기의 위치를 확인할 수 있는 접속지의 추적자료' 등.
3) 사법경찰관 직무취급이 법원의 영장을 얻어 한 압수 처분은 형사소송법 제417조에 의한 취소의

자체에 대하여는 위 법 제416조 제1항 제2호의 준항고로 불복할 수 없다.[1] 아예 영장을 발부받지 않고 검사나 사법경찰관이 전자적 위치정보를 취득한 경우에도 같은 법 제417조에 정해진 준항고 절차에서 그 위반행위를 취소할 수 있다고 할 것이다. 그리고 그 재판의 근거가 되는 규범은 관련 법률뿐만 아니라 헌법이 됨은 물론이다.

다) 민사재판 등을 통한 통제

법관은 위헌적인 위치정보 추적 수사활동을 감행한 수사관에 대해, 그리고 그 소속 국가에 대하여 민사상 불법행위 책임을 지워 손해배상을 명할 수도 있다. 그가 통신비밀보호법위반죄를 범한 경우 형사책임을 물을 수도 있다.

2) 헌법소원청구에 대한 헌법재판소의 헌법적 통제가능성

형사소송법 제416조 제1항 제2호가 '압수'에 관한 재판에 대하여는 준항고로 불복할 수 있게 하고 있는바, 전자적 위치정보 취득을 허가하는 영장의 발부는 준항고 대상에 해당하지 않는다고 보는 것이 법원의 기본적인 입장이다.[2] 이처럼 압수·수색영장의 발부 재판에 대해 준항고의 절차로 불복할 수 없다면 그 영장발부 재판 자체에 대해 바로 헌법재판소에 헌법소원을 제기할 수 있다는 입론이 성립될 수도 있을 것이다. 다만, 저자 사견으로는 재판소원 불허원칙을 고려할 때 쉽사리 그러한 주장에 동조하기는 어렵다고 생각한다. 현재 재판소원이 금지되는 결과 헌법상 영장주의에 위배되는 압수·수색영장을 발부받아 수사기관이 전자적 위치정보를 추적한다고 하더라도 헌법재판소가 법관의 영장발부 행위 자체를 헌법심사의 대상으로 삼을 수는 없다고 보이기 때문이다. 그 영장발부 행위가 「형사소송법」, 「통신비밀보호법」, 「금융실명거래 및 비밀보장 등에 관한 법률」 등에 근거하고 있고 위 형사소송법 등이 주로 법관의 영장발부

대상이 될 수 있다고 한 대법원 1967. 12. 26.자 67모61 결정【압수처분취소결정에대한재항고】[집15(3)형, 065] 참조.

1) 대법원 1997. 9. 29. 고지 97모66 결정【압수영장에대한준항고기각에대한재항고】[공1997. 11. 1.(45), 3352]은 다음과 같이 설시하고 있다.
　「형사소송법 제416조는 재판장 또는 수명법관이 한 재판에 대한 준항고에 관하여 규정하고 있는바, 여기에서 말하는 '재판장 또는 수명법관'이라 함은 수소법원의 구성원으로서의 재판장 또는 수명법관만을 가리키는 것이어서, 수사기관의 청구에 의하여 압수영장 등을 발부하는 독립된 재판기관인 지방법원 판사가 이에 해당된다고 볼 수 없으므로, 지방법원 판사가 한 압수영장발부의 재판에 대하여는 위 조항에서 정한 준항고로 불복할 수 없고, 나아가 같은 법 제402조, 제403조에서 규정하는 항고는 법원이 한 결정을 그 대상으로 하는 것이므로 법원의 결정이 아닌 지방법원 판사가 한 압수영장발부의 재판에 대하여 그와 같은 항고의 방법으로도 불복할 수 없다.」
2) 위에 든 대법원 1997. 9. 29.자 97모66 결정 참조.

에 관한 절차적 요건을 규정하고 있음에 불과하며, 또한 별도로 헌법재판소의 위헌판단을 받은 바 없는 법률인 이상 당해 영장발부행위가 위헌적인 법률을 적용한 재판으로서 헌법소원의 대상이 된다고 볼 여지도[1] 거의 없을 것이다.

또한 헌법상 영장주의 원칙에 합치하거나, 그에 위배되는 영장을 발부받아서 한 수사기관의 수사활동이 위헌적인 공권력 행사라는 의심을 불러일으킬 때 그 수사활동을 헌법소원의 대상으로 삼을 수 있는지에 관하여도 많은 검토가 필요할 것이다.[2] 수사기관의 전자적 위치추적 활동이 그 영장에 따른 집행처분이라고 보인다면 그에 대해 형사소송법 제417조에 의한 준항고로 불복해야 한다.[3] 그러나 이 단계를 통과한다고 하더라도 또 하나의 관문이 있어 헌법소원 제기요건을 충족하기는 어렵게 된다. 바로 재판소원의 문제이다. 즉 현재 상황에서는 재판소원이 금지되므로 그 준항고 재판에 의하여 법원의 판단을 받은 이상 별도로 그 수사활동에 대해 헌법소원심판청구를 할 수는 없다고 할 것이다.[4][5] 그리고 아예 영장을 발부받지 않고 하는 수사활동에 대해서도 형사소송법 제417조에 의한 준항고 제도를 거쳐야 한다는 헌법소원의 보충성 요건이나 재판소원 불허의 원칙상 특별한 사정이 없는 한 헌법소원이 허용되지 않는다고 할 것이다. 결국 현행 제도상으로는 그러한 수사기관의 처분에 대해 헌법재판소가 관여할 여지는 매우 적을 것으로 생각된다.[6]

---

1) 헌재 1997. 12. 24. 96헌마172 등, 판례집 9-2, 842, 862 참조.

2) 법원의 재판작용 자체가 아닌 그 재판의 집행행위, 특히 법원의 형사재판을 수사기관이 집행하는 행위 자체를 헌법소원 대상으로 삼을 수 있는지에 관해 헌법재판소, 「헌법재판실무제요」(제1개정증보판)(2008), 221쪽 이하 등이나, 김현철, "헌법소원의 대상에 관한 소고", 헌법재판소, 「헌법논총」 제1집, 431쪽 이하 등의 문헌에 직접 언급되지 않고 있다.

3) 헌재 2007. 5. 31. 2006헌마1131【피의자접견등금지결정위헌확인】은 피의자의 구금에 관한 처분에 대하여 형사소송법상의 준항고절차를 거치지 아니하고 제기한 헌법소원심판청구를 부적법하다고 판단하였다.

4) 법원의 재판을 거친 행정처분에 대해 헌법소원을 제기할 수 있는가에 관하여는 그 재판이 취소될 수 없는 경우 당해 행정처분에 대한 헌법소원심판청구도 허용되지 않는다. 헌재 1998. 5. 28. 91헌마98 등, 판례집 10-1, 660, 671.

5) 수사기관의 영장집행행위를 헌법소원의 대상으로 삼을 수 있다는 입장을 취한다고 하더라도 일단 영장을 발부받은 이상 위헌심사 기준을 완화할 수밖에 없다. 미국 연방대법원이 probable cause에 기한 상당한 압수·수색활동인지를 판단함에 있어, 일단 영장을 발부받기만 하였으면 대부분의 압수·수색활동을 합헌이라고 판시하고 있는 예를 보더라도 그러하다. Stephen A. Saltzburg & Daniel J. Capra, 「AMERICAN CRIMINAL PROCEDURE」(6th ed.), Chapter Two 참조.

6) 이에 관해서는 이명웅, "비례의 원칙과 판례의 논증방법", 헌법재판소, 「헌법논총」 제9집, 688, 9쪽의 다음과 같은 기술을 참고할 수 있겠다. "만일 재판소원이 인정되어 헌법재판소가 본격적으로 법원의 재판 또는 행정처분에 대하여 기본권 침해 여부를 심사할 수 있다면, 비례의 원칙상의 목적의 정당성에 관련하여서는, 이를 헌법 제37조 제2항에서 유추하여 입법목적 이외의 다른 공권력 행사의 목적까지 포함하는 것으로 보든지, 아니면 법치국가원리에서 파생되는 보다

8. 결 론

오늘날의 정보기술(IT) 시대에, 특히 우리나라처럼 세계적으로 내놓아도 손색이 없는 IT 강국에서 전자적으로 저장된 개인의 위치정보에 대한 기본권을 보장할 시대적 요청은 크다고 하지 않을 수 없다. 사람이 그 의사에 따라 자유롭게 신체를 이동시키며 체재할 자유를 보장하고, 그 흔적을 전자적으로 저장된 정보의 형태로 남겼을 때 그것을 지켜주고 보호해 주어야 할 필요가 큰 시대에 우리가 살고 있는 것이다. 그에 관련된 기본권으로서 privacy권이나 정보에 대한 자기결정권, 통신의 자유 등을 보장해야 한다. 그 보장방식을 수사기관의 수사활동에 초점을 맞추어 생각해 보자면, 개인이 신체를 장소적으로 움직인 흔적이 전자적으로 저장된 위치정보에 관해 일정한 헌법적 원칙에 따라 그 범위와 한계 내에서 수사활동을 폄으로써 개인의 기본권을 보장하도록 해야 한다고 말할 수 있겠다. 가장 위협적으로 국가권력이 개인의 위치정보에 관련된 기본권에 침해의 위협을 가하며 영향을 미치는 것이 바로 그러한 위치정보에 대한 수사권 행사이다. 그러나 범죄수사를 위한 수사활동을 보장하는 것도 헌법 제37조 제2항에 의해 당연히 요청된다. 이때 전자적 위치정보에 대한 개인의 기본권 보장과 수사권 발동의 균형을 잡는 접점은 기본권 제한의 일반 원리인 비례의 원칙과 그것을 특히 형사절차법 분야에 특수하게 투영하여 놓은 관련성의 원칙 적용에서 찾아야 한다. 관련성은 수사기관이 수사하고 있는 범죄혐의 대상과 주관적, 객관적, 시간적으로 관련된 위치정보만을 추적할 수 있다는 원리로 요약된다. 영장주의는 그러한 관련성의 요건을 구체화하여 법관이 발부한 영장을 집행하는 절차에 의해 전자적 위치정보를 추적해야 함을 의미한다. 따라서 영장을 발부받지 않고 행하는 전자적 위치정보 추적이나 관련성의 요건에 합치하지 않는 영장에 의한 전자적 위치정보 추적, 그 요건에 합치되는 영장을 발부받기는 하였으나 구체적 집행행위 자체가 그 요건을 충족하지 않는 경우 모두 위헌적인 공권력 행사라고 판단되지 않을 수 없다. 더욱이 위치정보 추적을 허용하는 통신비밀보호법 개정이 이루어지지 않는 상황에서 행한 위치정보 추적 수사활동은 위법한 수사활동이라는 평가도 면하기 어렵다. 그에 대한 구제로는 형사절차나 일반적인 민사절차 등 재판절차를 통한 법원의 구제를 들 수 있겠다. 그러나 법관의 영장발부 재판 자체나 수사기관의 영장집행행위 자체에 대해 헌법재

일반적인 비례의 원칙을 설정하여야 할 것이다."

판소가 관여할 여지는 크지 않다고 하겠다. 재판소원 문제나 보충성 등의 문제로 인해 헌법소원 제기요건이 충족되기 쉽지 않기 때문이다. 그렇다고 하더라도 전자적 위치정보 추적을 위한 수사활동에 대하여 관련된 헌법상 기본권을 보장하고 적법절차를 준수하도록 촉구할 필요는 크다. 헌법은 헌법재판소에 의한 헌법재판 이전에 이미 검사, 경찰관 등을 포함한 모든 국가공무원들이 따르고 지켜야 할 제1차적 典範이기 때문이다. 또한 헌법은, 법관이 전자적 위치정보에 관한 압수·수색영장을 발부할지 여부를 결정할 때나, 그 정보를 기초로 기소된 피고인에 관한 형사재판이나, 그 이전 단계인 수사절차상의 준항고 절차, 그 밖의 민사재판 절차 등에서 판결이나 결정의 주문을 낼 때 제1차적으로 근거해야 할 재판규범이기도 하기 때문이다.

제3장

전자증거와 전문법칙

제1절 전자증거의 증거능력 인정요건[1]

1. 전자증거의 수집 및 이용에 대한 기본 관점 설정

삶을 살아가면서 닥쳐오는 문젯거리를 대하는 기본태도를 분명하게 견지하고 있으면 해답을 찾기가 쉬워지는 법이다. 우리가 전자증거의 증거능력이라는 쟁점을 고찰함에 있어서도 기본 시각을 설정하면 문제 해결은 쉬워진다. 이 나라라는 헌법공동체에 사는 우리 모두에게 공동체적 삶과 그에서 파생되는 문젯거리들을 해결하는데 빛을 던져주는 것은 바로 헌법에 명문으로 쓰여 있는 사항이다. 거기에 덧붙여 헌법 이론상으로 도출되는 여러 원칙이라고 할 것이다. 아울러 형사소송법에 명문으로 규정되어 있는 사항들이 그 헌법 원칙을 보충하는 원칙으로 기능하여야 한다. 주지하듯, 오늘날은 전자증거의 생성에 거의 모든 국민의 삶이 연결된 시대라고 할 수 있다. 2011년 말을 기준으로 우리나라의 초고속 무선인터넷 보급률은 100.6%를 기록, OECD 34개국 중 1위를 차지했다고 한다.[2] 또한, 2011년 11월 세계은행이 발표한 기업환경보고서에서 한국의 사법제도는 룩셈부르크에 이어 세계 2위를 차지하는 세계 최고 수준에 이르렀으며, 전자소송제도가 그에 크게 이바지하였다고 한다.[3] 이처럼 오늘날 우리 한국사회에서 전자증거의 생성 및 유통은 우리 국민의 삶을 결정하는 중요한 기반이 되었다.

그러한 전자증거를 대하는 기본태도로서 크게 두 가지로 나누어 관점을 세워볼 수 있을 것이다. 그 하나는, 전자증거는 생성주체에 의해 공개될 것을 당연한 전제로 하고 있다고 생각하고, 또 취약성이나 변조 용이성 등 전자증거의

---

[1] 이 節은 저자가 기고한 "전자증거의 증거능력", 법률신문 2012. 8. 27.자 13쪽과 인터넷 법률신문에 게시된 글이다.

[2] 'OECD 브로드밴드 통계'보고서, 연합뉴스 2012. 7. 22.자 인터넷 기사 참조.

[3] 동아일보 2012. 6. 28.자 C07면 기사 참조.

특징을 어쩔 수 없는 것으로 체념하면서, 전자정보의 자유로운 유통을 조장하는 방향으로 법 해석을 하고 법을 운용하자고 주장하는 태도이다. 다른 하나의 입장은, 아무리 전자정보 기술이 발전하였다고 하여도 여전히 국민이 삶 속에서 누려야 하는 전통적인 기본권을 최대한 보장하여야 한다고 보는 관점이다. 위 두 입장 중 어느 것도 다 근거 있는 태도라고 할 수 있으되, 특히 형사 절차에서 전자증거를 수사기관이 수집하고, 법원이 이를 재판절차에서 이용하면서 헌법의 하위규범인 형사소송법을 적용함에 있어서는 후자의 입장을 택하지 않을 수 없다고 본다. 여러 기술적인 cleverness나 수사상 필요하다는 단순 논리, 범인은 처벌해야 하고 실체적 진실은 밝혀야 한다는 전체주의적 사고방식만에 근거하여 헌법의 기본가치를 훼손하는 주장을 할 수는 없다. 특히 형사공판절차에서 전자증거의 증거능력 요건을 설정함에 있어서나 증거능력 있는 증거에 대하여 증거조사를 함에 있어서도 이런 기본 시각을 견지하여야 한다. 헌법이나 형사소송법으로 인정되어 온 전통적인 증거법칙은 위법수집증거 배제법칙, 전문증거의 배제 등이 될 것이다. 나아가 실체적 진실을 발견하고 신속한 재판진행을 도모하여야 한다는 소송법적 이상도 구현하도록 애써야 한다.

언뜻 모순되어 보이는 이러한 여러 이상을 함께 구현하는 기준점은 바로 법률에 명시적으로 규정되어 있는 사항이다. 이러한 증거법 규정을 될 수 있으면 법률 문언 그대로 이해하고, 법률에 규정이 없는 것을 함부로 해석론으로 보충하거나 무시하려고 하지 않는 태도를 보여야 한다. 그렇게 함으로써 피고인의 방어권을 보장해 주고, 소추 측에게 실체적 진실 발견을 위한 증거를 쉽게 제출할 수 있게 해 주어서, 결국, 공정하면서도 효율적이며 신속하게 형사공판을 진행할 수 있도록 할 수 있기 때문이다.

2. 전자증거의 수색·검증, 압수와 위법수집증거 배제법칙 적용

전자증거의 증거능력에 관하여 전문법칙보다 먼저 고찰되어야 할 부분이 위법수집증거 배제법칙이므로 이 분야부터 먼저 살펴보기로 한다.

가. 증거능력 배제기준

저자는 헌법상 비례의 원칙 적용이나 형사소송법상 강제처분 법정주의 및 최소침해의 원칙 등 구현을 위해 전자증거의 수색·검증, 압수에 관한 관련성의 원칙을 적용해야 함을 누누이 강조해 왔고, 이어 대법원 전교조 사건 재항고 결정이 있었으며,[1] 2012. 1. 1.부터 시행된 개정 형사소송법과 곧이어 시행된 형사소송규칙으로 입법화되기까지에 이르렀다.[2] 그런데도 관련성 없는 증거가 수집되었을 때 그 관련성 없는 전자증거나 나아가 관련성 있는 전자증거를 위법수집증거로 배제하는 기준은 형사소송법 제308조의2 및 대법원 2007. 11. 15. 선고 2007도3061 전원합의체 판결이 제시하는 바와 같다고 할 것이다. 위 전원합의체 판결은, 「헌법과 형사소송법이 정한 절차에 따르지 아니하고 수집된 증거는 기본적 인권 보장을 위해 마련된 적법한 절차에 따르지 않은 것으로서 원칙적으로 유죄 인정의 증거로 삼을 수 없고, 이를 기초로 하여 획득한 2차적 증거 역시 유죄 인정의 증거로 삼을 수 없으」되, 「수사기관의 증거 수집 과정에서 이루어진 절차 위반행위와 관련된 모든 사정을 전체적·종합적으로 살펴볼 때, 수사기관의 절차 위반행위가 적법절차의 실질적인 내용을 침해하는 경우에 해당하지 아니하고, 오히려 그 증거의 증거능력을 배제하는 것이 … 형사 사법 정의를 실현하려 한 취지에 반하는 결과를 초래하는 것으로 평가되는 예외적인 경우라면, 그 증거를 유죄 인정의 증거로 사용할 수 있다.」라고 하고 있다.

전자증거의 증거능력과 관련하여 위 대법원 판결이 제시한 위법수집증거 배제기준을 구체적으로 설정해보면 다음과 같아야 할 것이다.[3]

일부 무관한 전자정보가 수집되었다고 해서 당연히 증거능력이 부정된다고 할 수 없다. 단, 관련성 있는 전자정보만을 수집하도록 노력하였음이 전제되어야 한다. 영장청구 및 발부, 집행 등의 모든 단계에서 그 노력이 계속되었어야 한다. 개정법을 준수하기만 한다면 관련성 있는 증거의 증거능력이 부인되는 일은 없을 것이다. 그러나 관련성 있는 증거도 증거능력을 부정해야 할 때가 있다. 과다하게 많은 관련성 없는 증거를 수집한 경우가 이에 해당한다. 객관적, 주관적, 시간적 관련성 요건에 대한 고려를 전혀 하지 않은 때이다. 아니면 너무 방만하게 수색·검증, 압수 영장청구, 그 발부 및 집행이 되었을 때이다. 그렇게 압수된 관련성 있는 증거는 다른 무관증거 때문에 증거능력이 부정되는 것이다.

압수 후 정보주체에 통지하지 않은 경우에도 증거능력이 부정된다. 수색·검증, 압수절차에 참여권을 보장하지 않은 때에도 같다. 국가가 피고인의 정보에 관한 기본권을 침해하면서 할 최소한의 배려를 하지 않았다. 알려주었더라면 피

고인은 자기를 방어할 기회를 잡았을 것이기 때문이다.

영장주의를 위반하여 수집한 증거의 증거배제 예외도 인정하기 어렵다. A 범죄와 관련된 정보만을 대상으로 한 영장을 집행하는 경우이다. 그 집행 중 B 범죄에 대한 정보를 수사기관이 선의(good faith)로 발견했다. 또는 눈으로 뻔히 보이는(plain view) 범죄정보를 발견하였다. 그렇다고 해도 영장 없이 이를 출력·복제하였다면 증거능력을 부정해야 한다. 우리 형사소송법은 제217조에서 긴급 압수·수색을 규정하고 있으므로 이러한 경우에도 영장은 있어야 한다. 헌법 제12조 제1항은 "누구든지 법률에 의하지 아니하고는 체포·구속·압수·수색 …을 받지" 않는다는 강제처분 법정주의를 규정하고 있다. 헌법 제12조 제3항은 영장주의의 예외로 육안의 원칙을 규정하고 있지 않으며, 모든 체포·구속·압수·수색에 대해 사전영장주의 원칙 및 사후영장의 예외를 규정하고 있을 뿐이다. 아예 영장을 발부받지 않은 상태에서 압수·수색 등의 강제처분을 할 수 있다고 규정하고 있지는 않다.[1] 그렇지 않으면 영장주의를 잠탈한다. 일반적, 포괄적 영장을 허용하는 셈이 되기 때문이다. 수사기관의 선의라는 주관적 요소의 입증도 어렵다. A 범죄 만에 대한 수사를 할 때에도 그와 관련 있는 증거만이 수색·검증, 압수 대상이다. 이는 객관적 관련성의 측면이다. 그 증거만을 수색검증·압수하라고 하는 판이다. 그런데 항차 B 범죄 관련 증거까지도 압수하라고 할 수는 없는 노릇이다. 피고인 a에 관해 수집한 전자정보를 피고인 b에 대해 사용할 수도 없다. 이것은 주관적 관련성을 위반하는 것이기 때문이다. 대법원도 적법한 절차에 의하여 허가받은 통신제한조치의 범위에 포함된 감청내용이라고 하더라도 통신제한조치의 목적이 된 대상범죄와의 구체적인 관련성이 소명되지 않으면 그 감청결과를 다른 사람이나 다른 범죄사실의 증거로 사용할 수 없다고 한다.[2]

나. 통째로 하는 전자정보 압수?

사람에 따라서는 전자정보 저장매체의 원본압수나 그 원본에 있는 데이터를 통째로 압수하는 하드카피나 이미징 방법을 허용해야 할 사안이 반드시 있다며, 범죄 관련성 여부를 묻지 않고 통째로 하는 전자정보의 수색·검증, 압수가 원칙적인 방법이 되어야 할 것처럼 주장한다. 나아가 영장담당 판사가 영장 집행방법까지 영장에 기재하여 수사활동을 통제할 근거가 없다는 주장도 펼친

---

1) 오기두, "電子情報에 대한 基本權保障과 位置情報追跡 搜查權", 헌법재판소, 「헌법논총」(2010), 569쪽 참조.
2) 대법원 2002. 10. 22. 선고 2000도5461 판결.

다. 이와 관련하여 전자정보 저장매체 원본을 압수할 수 있는 경우를 열거하고 집행방법에 관한 판단을 수사기관에 맡기자는 법 개정 움직임도 있다.

그러나 전자정보 저장매체 원본 자체의 압수나 하드카피, 이미징 기법은 범죄혐의사실과 무관한 전자정보의 수색·검증, 압수를 허용하는 것이다. 그러한 전자정보 압수는 수사 필요성만에 근거하여 전자정보에 관련된 기본권을 관련성 또는 비례성 등의 헌법 원칙을 위반하는 방법으로 침해한다. 그뿐만 아니라, 오늘날 스마트폰과 SNS 이용으로 대변되는 정치적 표현을 기반으로 한 민주적 가치질서를 파괴하기도 한다. 그러므로 국가의 존립을 무너뜨릴 명백하고 현존하는 위협이 있는 범죄가 아닌 한 그러한 수색·검증, 압수를 허용하는 영장을 발부해서는 안 된다. 그것이 국민의 헌법상 기본권을 최종적으로 수호하는 보루인 법관의 헌법상 책무이다. 다수의 범죄 유무관 정보가 혼재하는 전자증거의 특성상 수사기관에 의한 압수영장의 집행절차 수행은 단순한 영장집행의 문제로 그치는 것이 아니다. 영장집행은 정보에 대한 기본권을 침해당하는 정보주체의 삶의 질을 파괴하는 정도에 이른다. 따라서 법관의 통제 없이 그 집행방법을 수사기관에 일임하는 입법이나 수사 실무를 허용해서는 안 된다. 수색·검증, 압수영장에 그 집행의 방법까지 명시할 권한과 책무가 영장담당 판사에게 있다고 해야 한다. 전자정보 저장매체 원본 압수를 느슨하게 허용하다 보면, 무엇이 원칙(관련성 있는 전자증거만을 그 저장매체 소재지에서 압수해야 한다는 원칙, 법 제106조 제3항 본문)이고 무엇이 예외인지(저장매체 원본압수, 하드카피, 이미징에 의한 압수 등 통째로 하는 정보저장매체의 압수, 법 제106조 제3항 단서) 구별할 수 없도록 실무가 운용될 우려가 크다. 그렇게 하다 보면 대법원의 2009모1190 결정의 취지를 위반할 우려가 크다. 그렇게 하다 보면 개정된 형사소송법 제106조 제3항을 위반하는 사태가 원칙처럼 운영될 우려가 크다. 위법수집증거 배제원칙을 적용하여 그러한 영장이나 그 집행 방법에 따라 취득한 전자증거의 증거능력을 판단함에 있어서도 이 점을 적극적으로 고려하여야 한다.

다. 증거채부 기준

전자증거의 관련성은 공판대상인 범죄와의 관련성이 인정되는 증거에 한하여 증거채택을 하여 조사할 수 있을 뿐이라는 점에서도 의미가 있다. 법원은 요증사실 인정에 무익한 전자증거의 내용을 개별, 구체적으로 선별하여 자연적 관련성조차 없는 무의미한 전자증거에 대한 증거조사 신청을 거부해야 한다. 이처럼 관련성은 증거채부 및 증거조사 시행 여부를 결정하는 중요한 기준이 된다.

3. 증거능력 규정상 무결성·동일성의 체계적 지위

가. 서   론

대법원 2007. 12. 13. 선고 2007도7257 판결은 「압수물인 디지털 저장매체로부터 출력한 문건을 증거로 사용하기 위해서는 디지털 저장매체 원본에 저장된 내용과 출력한 문건의 동일성이 인정되어야 하고, 이를 위해서는 디지털 저장매체 원본이 압수시부터 문건 출력시까지 변경되지 않았음이 담보되어야 한다. 특히 디지털 저장매체 원본을 대신하여 저장매체에 저장된 자료를 '하드카피' 또는 '이미징'한 매체로부터 출력한 문건의 경우에는 디지털 저장매체 원본과 '하드카피' 또는 '이미징'한 매체 사이에 자료의 동일성도 인정되어야 할 뿐만 아니라, 이를 확인하는 과정에서 이용한 컴퓨터의 기계적 정확성, 프로그램의 신뢰성, 입력·처리·출력의 각 단계에서 조작자의 전문적인 기술능력과 정확성이 담보되어야 한다」고 판시한다. 위 판시는 전자정보를 증거로 사용하기 위한 요건으로 전자정보 저장매체 원본내용이 압수한 때부터 출력한 때까지 변경되지 않았다는 무결성이 담보되라고 요구하고, 또 전자정보 저장매체에 수록된 전자정보 원본과 그 출력물 사이의 동일성이 인정되라고 요구하고 있다. 전자를 무결성이라고 하고 후자를 동일성이라고 한다. 이러한 무결성·동일성의 요건을 설정한 위 대법원 판결을 전자증거에 적용되는 새로운 증거능력 요건을 설정하려고 시도한 판결로 이해할 수도 있다. 또는 기존의 증거법규정에 있는 증거능력 요건을 전자증거에 맞게 수정해 본 판결일 뿐이라고 이해할 수도 있다. 저자는 후자의 처지에서 전자증거의 무결성·동일성이 갖는 증거법 체계상의 지위를 고찰해 보고자 한다.

나. 인정 근거나 체계상 지위의 불명료함

우선 무결성과 동일성의 논의 체계상 지위 또는 형사소송법의 증거 법칙상 체계적 지위가 어떤지 위 대법원 판결문만으로 파악하기가 쉽지 않다. 체계가 분명하면 내용도 분명해진다. 집을 잘 지어 놓으면 그 안에 사는 사람도 반듯하게 보이는 것과 같다. 만약 무결성이나 동일성이 인정되는 증거란 위법수집증거가 아닌 증거를 의미한다고 본다면 이는 법에 명문으로 규정된 위법수집증거 배제법칙 영역에 들어가는 부분이다(법 제308조의2). 만약 그것이 원본존재, 진정성립, 신용성 등 법정 증거능력요건과 같은 의미라면 그 각 요건 부분에서 논의해 주어야 한다. 만약 그것이 법상 요구되는 위 요건들과 구별되는 의미로 사용되어 보관의 연속성(chain of custody), 비변조성 등을 뜻하는 개념이라면 현행법이 인정하는 요건도 아니다. 그래서 해석론으로 어느 증거능력 판단 단계에서 어느 정도로 입증해야 하는지를 정해야 하는데, 법에 명문의 규정이 없는 상태에서 그 규범적 근거를 찾기가 쉽지 않다.

저자는 먼저 전자증거의 원본이 존재하고 이를 사본한 저장매체나 출력문서 사이의 동일성이 인정되어야 그 사본인 저장매체나 출력문서를 증거로 사용할 수 있다는 점에서 동일성은 증거능력의 요건으로 된다고 이해한다. 그러나 무결성은 그와 같은 동일성 인정을 위한 한 요소에 불과하고 동일성과 독립한 증거능력 요건이 되지는 않는다고 생각한다. 만약 무결성이 인정된다면, 즉, 전자증거 저장매체 원본을 압수하거나 그 전자증거를 하드카피나 이미징하여 사본인 전자파일을 만든 다음 이를 종이문서로 출력하는 일련의 과정에서 원본에 수록된 내용이 변경되지 않았음이 인정된다면, 결국 전자증거 원본과 그 사본 파일 또는 출력문서 사이의 동일성이 인정된다. 즉, 무결성 자체의 인정이 중요한 것이 아니라 무결성 인정을 통해 동일성을 인정할 수 있기 때문에 무결성 인정 여부를 심리해 보는 것일 뿐이다. 순 논리적으로만 말한다면 무결성이 부인되어도 동일성이 인정될 여지도 있는 것이다. 반면, 무결성이 갖추어졌다고 하여도 동일성이 부정된다면 해당 전자증거 사본 파일이나 출력문서를 증거로 사용할 수는 없다. 결국, 전자증거의 사본(사본 된 전자파일, 출력된 종이문서 등)을 증거로 사용하고자 할 때 요구되는 증거능력 요건은 동일성이다.

이러한 원본, 사본의 동일성 인정 이후의 증거능력 요건 구비 여부 판단단계에서 무결성이나 동일성은 진정성립, 신용성 등의 증거능력 요건을 인정하기 위한 사실 요소로 기능하는 데 불과하고, 그 자체로서 독자적 증거능력 요건이 되지는 않는다. 이에 관해 다음과 같은 논리적 추론에 따라 무결성·동일성의 체계론상 지위를 정해 볼 수 있겠다. 무결성·동일성의 체계론상 지위를 확정해 나가다 보면 자연스럽게 전자증거의 증거능력을 심층적으로 고찰해 볼 수 있다.

4. 논리적 추론 순서

가. 원본과 사본의 문제

1) 증거제출 형식의 차이에 따른 구별

전자증거의 증거능력 구비 여부를 판단함에 있어 가장 우선하여 고려할 사항은, 공소사실을 입증할 전자증거가 어떤 형태로 제출되었느냐이다.

① 해당 전자정보 저장매체의 원본 자체(예컨대 공소사실을 입증할 전자문서 파일
이 저장된 USB 등 저장매체 그 자체)가 증거로 제출되었을 때 증거능력의 요건으로서
동일성, 무결성을 논할 수는 없다. 원본인 저장매체와 비교 대상이 없는 이상
동일성은 문제 될 여지가 없고, 설령 동일성을 비교할 대상(예컨대 피고인이 따로 그
원본 자체를 사본해 둔 다른 파일이나 출력물)이 있다고 주장하면서 그 원본이 변조되
었음을 다툰다고 하더라도 이는 무결성(보관의 연속성, 비변조성)을 다투는 것으로
서 해당 저장매체 원본의 증명력을 탄핵하는 것에 불과하기 때문이다. 즉 전자
증거 원본 자체가 검사에 의해 증거로 제출되면 그 증거능력은 그대로 인정되
는 것이고, 적어도 원본, 사본을 대조하면서 등장하는 동일성의 문제를 검토할
필요가 없다. 해당 저장매체에 공소사실과 무관한 정보가 다수 존재하고 있는
경우 위법수집증거로서 배제되어야 하는 것은 별개의 증거능력 인정 요건이다.
즉 원본인 전자정보 저장매체가 증거로 제출되면 무결성·동일성은 별도로 증거
능력의 요건이 될 수 없다고 해야 한다. 그 이유 중 가장 중요한 것은 이를 증
거능력의 요건으로 요구하는 형사소송법의 규정이 없다는 점이다. 나아가, 법이
요구하지도 않는 증거능력 요건을 설정한 다음 그 인정 여부를 조사하느라 정
작 중요한 유무죄의 본안 판단을 하는 절차가 지연될 수도 있기 때문이다. 특히
증거분리제출을 하는 요즘의 공판절차나, 증거능력 요건 심사자(판사)와 사실인
정자(배심원)가 구별되는 국민참여재판 등에서 법이 명시적으로 요구하지도 않는
불필요한 증거능력 인정요건을 입증하기 위해 공판을 지연시키는 폐단을 가져
오면 안 된다.

② 그러나 원본인 전자증거를 이미징하거나 하드카피한 파일이 제출되거나
원본인 저장매체나 위와 같이 사본한 파일에서 출력한 종이문서의 형태로 증거
가 제출되는 경우에는 원본인 전자증거와 위 사본 사이에 동일성이 인정되어야
한다. 사본을 증거로 사용하기 위해서는 ㉠ 원본의 존재, ㉡ 사본과 원본의 동
일성, ㉢ 원본을 증거로 제출하는 것이 불가능하거나 곤란할 것이 요구된다.
대법원도 「문서의 제출 또는 송부는 원본, 정본 또는 인증등본으로 하여야 하는
것이므로, 원본, 정본 또는 인증등본이 아닌 단순한 사본 만에 의한 증거의 제
출은 정확성의 보증이 없어 원칙적으로 부적법하며, 특히 원본의 존재 및 원본
의 성립의 진정에 관하여 다툼이 있고 사본을 원본의 대용으로 하는 데 대하여
상대방으로부터 이의가 있는 경우에는 사본으로써 원본을 대신할 수 없고, 반면
에 사본을 원본으로서 제출하는 경우에는 그 사본이 독립한 서증이 되는 것이

나, 그 대신 이에 의하여 원본이 제출된 것으로 되지는 아니하고, 이때에는 증거에 의하여 사본과 같은 원본이 존재하고 또 그 원본이 진정하게 성립하였음이 인정되지 않는 한, 그와 같은 내용의 사본이 존재한다는 것 이상의 증거가치는 없다.」고 판시한다.[1] 이는 민사사건에 관한 판결이나, 적어도 사본의 증거능력을 인정함에 있어 형사사건에도 그대로 적용할 수 있는 판결이다. 민·형사 증거를 모두 하나의 증거규칙으로 규율하고 있는 미국에서도 증거로는 원칙적으로 원본을 제출해야 한다는 최량증거의 법칙(best evidence rule)을 요구하면서 컴퓨터 증거에 관해 이를 완화하여 출력물의 증거능력을 인정하되, 그 출력물이 원본을 정확하게 반영하라고 요구하고 있다.[2] 사본을 증거로 사용하기 위한 위와 같은 세 가지 요건 중 우선되는 요건은 원본인 전자 저장매체가 존재하고 그것을 동일성을 유지하면서 사본하고 보존하였어야 한다는 점이다. 그 요건이 인정된 후에야 당해 사본에 대하여 전문법칙 적용 여부를 논할 수 있다. 그 요건이 인정되지 않으면 아예 전문법칙을 적용할 것조차 없다.

검증·수색, 압수영장을 집행하면서 사본의 무결성·동일성을 유지하도록 해야 하고, 그 과정에서 영장제시, 당사자에의 통지나 참여권 보장 등 적법절차 요건을 준수해야 한다. 그렇지 않으면 전자증거 사본의 증거능력이 배제될 수 있다. 그러나 그것은 사본에 고유한 증거능력 요건이 아니라 별도의 증거능력 요건인 위법수집증거 배제원칙 적용의 문제일 뿐이다.

2) 원본과의 동일성 입증 정도

전자정보 저장매체 원본과 이미징 등을 한 사본 파일 또는 출력문서 사이의 동일성을 입증하는 방법 및 정도에 관해서 보자. 만약 증거동의가 있으면 그러한 동일성 입증은 불필요하다. 다만 그것이 전문증거인 경우 형사소송법 제318조에 의해 진정성이 인정되어야 하므로 무결성·동일성 입증이 필요한 때도 있다. 그러나 적어도 해당 전자증거의 원본성을 검토하는 초기 단계에서 그러한 요건은 요구되지 않는 것이다. 그러나 증거 부동의가 있으면 사본과정 또는 출력과정의 정확성을 입증함으로써 원본과의 동일성을 입증할 수 있다. 그 입증은 감정이나 검증으로 또는 그 사본 파일이나 출력문서를 작성한 자를 공판정에 소환하여 증언을 듣는 것 등에 의해서 할 수 있다. 그러나 그러한 고도의 동일성 입증방법을 사용하지 않아도 여러 정황증거나 동일성 입증을 위한 간접사실

---

1) 대법원 2002. 8. 23. 선고 2000다66133 판결; 2004. 11. 12. 선고 2002다73319 판결 등 참조.
2) Federal Rules of Evidence, Rule 1001(3).

을 입증하는 것만으로도 사본의 증거능력을 쉽게 인정할 수 있다고 해야 한다. 동일성을 입증하는 방법을 특히 제한하고 있는 법률규정이 없기 때문이다. 즉 그 동일성 입증방법은 여러 가지 방법에 따라서 가능한 것이지 어떤 특정한 방법만으로 입증하여야 한다고 할 수는 없다. 예컨대 해당 전자증거의 원본을 복제한 전자증거, 또는 그 원본과 사본의 출력물 등에 관하여 무결성, 동일성 입증을 위해 수색·검증, 압수과정을 촬영한 영상물을 재생해 볼 수도 있다. 아니면 그 집행을 담당한 수사관의 증언, 디지털 포렌식 전문가의 증언 등을 들어보거나 그들의 관련 보고서를 살펴보는 것으로 그칠 수도 있다. 모두 사실심 법관의 재량에 따라 할 문제이지 어느 특정한 방법이 정해져 있다고 할 수 없다는 말이다. 즉 동일성, 무결성 입증을 위해 어떤 특정 방식으로 증거를 조사하였다고 해서 그 증거능력이 있다거나 없다고 할 수는 없다. 무슨 방법이든 사실심 법관이 판단하여 적절하다고 생각하는 무결성·동일성 입증방법을 택하여 증거조사 하면 되는 것이다. 이것은 증거능력 인정을 위한 요건사실 입증을 위한 증거조사이지 유무죄 판단을 위한 증거조사가 아니다. 그러므로 그 증거조사방식은 사실심 법관의 광범한 재량에 맡겨 있다고 하지 않을 수 없다. 검사나 피고인·변호인이 신청한 동일성 입증방법을 그대로 채택하여야 한다는 제한도 전혀 없다. 재판부의 결정에 대해서 검사나 피고인·변호인이 본안판결에 독립하여 불복할 수도 없다고 해야 한다. 판결 전의 소송절차에 관한 결정이기 때문이다(법 제403조 제1항). 그것만을 이유로 상급심이 하급심 판결을 파기할 수도 없다. 결국, 무결성·동일성의 입증 정도는 자유로운 증명으로 충분하다.[1]

3) 관련사건 판례 평석

이상에서 본 사본의 증거능력 인정요건의 관점에서 위 대법원 2007. 12. 13. 선고 2007도7257 판결의 판시내용(위 대법원 판결문 5쪽 이하)을 분석해 보면 다음과 같다. 위 대법원 판결도 원본인 전자증거 자체의 증거능력을 설시하면서 동일성 또는 무결성을 요건으로 요구하고 있지는 않다. 대법원 판결문 그대로를 옮겨 보면 그 쟁점은 "압수물인 디지털 저장매체로부터 출력된 문건이 증거로 사용되기 위해서는"이라는 문제이다. 즉 해당 전자 저장매체로부터 출력한 문서의 증거능력 인정을 위해서는 당해 저장매체의 저장내용과 출력된 문서 사이의 동일성 인정을 위해 저장매체의 압수와 봉인, 그 저장매체를 이미징한 복사파일과 원본 파일 각 해쉬값의 동일성 확인, 공판정 검증을 통한 그 복사파일 내용과

---

[1] 무결성·동일성의 입증을 압수·수색 과정을 촬영한 영상녹화물 재생 등의 방법으로만 해야 하는 것도 아니다. 대법원 2013. 7. 26. 선고 2013도2511 판결.

출력문서 사이의 동일성 확인 등이 필요하다는 것이다. 이때 해당 원본인 전자
저장매체의 내용 자체는 전문법칙이 적용되지 않는 진술증거이다(후술). 그렇다
고 할지라도 그 출력문서는 원본인 전자정보 저장매체를 사본하여 이를 출력한
것이므로, 그 문서를 증거로 사용하기 위해서는 원본인 전자증거의 존재와 그것
을 이미징한 파일·출력물 등과 원본 사이의 동일성이 인정되어야 한다. 결국, 이
대법원 판결을 근거로 하여 전자증거의 원본 내용 자체의 증거능력 인정요건으
로 동일성과 무결성이 요구된다고 주장할 수는 없다. 이 대법원 판결이나 원심판
결은 출력물의 증거능력 인정요건을 판시하였을 뿐이다. 다만 그 사본과 원본의
동일성 확인 방법이 대법원이 설시하는 바와 같은 봉인, 해쉬값 비교, 검증으로
제한된다고 할 수는 없다. 압수한 수사관의 증언이나 수사보고서, 디지털 포렌식
전문가의 분석보고서 등의 기재만으로도 그 동일성을 쉽게 인정해서 증거능력을
인정해 주면 충분하다.[1] 전문법칙의 예외 인정요건을 검토하기 이전 단계에서
단지 사본과 원본의 동일성을 확인하는 정도에 그치는 증거능력요건 조사이므로
그 요건의 입증을 위해 너무 많은 사항을 검토하라고 요구할 수는 없다.

나. 비진술증거인 경우

전자증거의 존재 자체가 유죄의 증거로 되는 경우에는 사람의 인식·판단이
있고, 그 인식·판단을 기억하였다가 전자증거에 기술한다는 진술증거로서의 특
성이 없다. 즉 비진술증거에 대해서는 전문법칙을 적용할 여지가 없다. 원래 소
문이라는 것은 '－카더라'라는 말의 전달에서 퍼지는 속성이 있다. 그리고 사람
의 말로 전달되는 소문은 바로 인식, 판단, 기억, 표현이라는 일련의 과정에서
오류가 개재되면서 퍼진다. 그러므로 그 소문(전문)의 피해자(피고인)로 하여금 원
래 소문을 발설한 자를 직접 만나서 따져 볼 기회를 주어야 한다. 그런 이유로
피고인에게 반대신문권을 보장하기 위해 전문증거를 유죄인정의 증거로 사용하
지 못하게 하고 있는 것이다. 나아가 재판을 하는 판사도 소문 만에 근거하여
판단하면 잘못된 판단을 하기 십상이므로 소문의 진원지가 된 사람을 공판정에
불러 그 사람 말을 직접 들어보고 유무죄를 판단하게 하고 있는 것이다. 이것을
전문법칙이라고 하여 형사소송법 제310조의2가 명문으로 그 원칙을 선언하고
있다. 따라서 사람의 말이 개재되지 않는 비진술증거에 대해서는 전문법칙이 적

---

[1] 「증거로 제출된 녹음파일이 대화 내용을 녹음한 원본의 복사본이라는 점도 녹음파일의 생성과
전달 및 보관 등의 절차에 관여한 사람의 증언이나 진술, 원본이나 사본 파일 생성 직후의 해쉬
(Hash)값과의 비교, 녹음파일에 대한 검증·감정 결과 등 제반 사정을 종합하여 판단하면 족하다.」
대법원 2015. 1. 22. 선고 2014도10978 전원합의체 판결.

용되지 않는다. 즉, 그 존재 자체가 유죄의 증거로 되는 비진술증거인 전자증거에 대하여는 전문법칙에 관한 형사소송법 제313조 제1항 등의 여러 법 규정을 적용할 수 없다.

그러므로 전자증거를 증거의 의미에 따라 분류함에 있어서도 전자증거의 존재가 유죄의 증거로 되는 경우와 그 내용이 증거로 되는 경우로 나누는 것은 현행법 적용상 실익이 크지 않다. 진술증거와 비진술증거로 나눔이 상당하다. 인터넷 로그기록 등 컴퓨터에 의해 생성된 기록(computer generated evidence)은, 그 내용이 유죄의 증거로 됨에도 비진술증거로서 전문법칙이 적용될 대상이 아니다. 인간의 말로 이루어진 증거가 아니라 기계인 컴퓨터가 기계적 언어로 만들어낸 증거이기 때문이다. 그러므로 이에 대해서는 전문법칙의 예외 규정인 "기타 특히 신용할 만한 정황에 의하여 작성된 문서"(법 제315조 제3호)를 적용할 여지가 아예 없다. 이 점에서 보아 컴퓨터에 의해 생성된 기록은 그 증거능력을 제한하는 법 규정이 없으므로, 위법수집증거배제, 원본·사본의 동일성 인정 등의 요건만 충족된다면 전문법칙의 예외규정인 법 제315조 해당 여지를 논할 필요조차 없이 당연히 증거능력이 인정된다고 이해해야 한다. 피고인이 포르노그라피 이미지를 올린 뉴스그룹의 호스팅 컴퓨터에 의해 자동적으로 생성된 헤더 정보도 인간의 인식, 판단, 진술, 기록이라는 일련의 과정에 의해 생성된 것이 아니라 기계적으로 생성된 것이므로 진술증거가 아니어서 전문법칙이 적용될 대상이 아니다.[1] 통신서비스 업체로부터 제출된 통신사실 확인자료로서 해당 통신업체의 서버에 저장된 접속 로그인 일시, IP 자료 등에도 전문법칙이 적용될 여지가 없다. 컴퓨터와 달리 감성과 이성, 망각과 기억의 복합 덩어리인 인간이 오감으로 인식하고 판단하여 그 뇌 및 몸속에 간직하여 둔 생각을 역시 편견과 이성, 감성을 조합하여 뱉어내는 말(글)이 아니라 기계적으로 컴퓨터가 생성한 증거이기 때문이다. 오히려 그 전자증거를 분석한 수사관의 분석보고서가 진술증거로서 전문법칙의 적용을 받을 수 있을 뿐이다.

그러한 비진술증거에 대해 전문법칙 예외규정들이 적용될 수는 없고 다른 증거능력 제한 규정이 있을 때 그것이 적용될 수 있을 뿐이다. 예컨대 위법수집증거의 배제법칙이 그것이다. 그 법칙이 현행법에 명시되어 있기 때문이다(형사소송법 제308조의2, 통신비밀보호법 제4조 등). 그러나 그 요건은 전문법칙과는 논의의 영역을 달리하는 별개의 분야일 뿐이다. 법에 명시적으로 규정되어 있지 않은데

---

1) United States v. Hamilton 413 F.3d 1138(10th Cir. 2005).

도 전자증거의 성상에 들어맞는 고유한 요건(무결성·동일성)을 잡아내서 해석론으로 그 증거능력 인정요건을 정할 수는 없다. 헌법적인 요청이나 법률상의 근거 또는 분명한 조리상의 근거(사본이 증거로 제출된 경우 원본과의 동일성) 없이 전자증거에 고유한 성상을 근거로 들어 무결성과 동일성이 증거능력 인정요건으로 필요하다고 주장할 수는 없다. 비유컨대, 노란색의 꽃을 증거로 사용하기 위해 그 꽃의 속성인 노란색을 증거능력의 요건으로 삼아야 한다고 주장할 수는 없다는 것이다. 존재 사실만으로는 당위규범을 끌어낼 수 없다. 노란색을 그 꽃에 대한 증거능력의 요건으로 삼기 위해서는 노란색이 그 꽃의 속성이라는 것 외에 노란색을 증거능력의 요건으로 삼도록 하고 있는 헌법이나 형사소송법 등 법률상의 근거 또는 명백한 조리상의 근거가 있음을 밝혀야 한다. 만약 그런 규범적 근거를 찾아낼 수 없다면 현행법 해석론으로는 부정설을 택해야 한다. 입법론으로 주장하는 것은 그 다음의 문제이다. 법에 명시적으로나 합리적인 범위 내에 있는 추론에 의해서도 규정하고 있다고 보이지 않는 새로운 증거능력 요건을 창설하는 것은 해석론의 한계를 넘어선다. 전자증거라고 해서 다른 증거방법과 차별되는 증거능력 인정요건을 창설할 아무런 이유도 없다. 전자증거의 특성상 무결성·동일성이 증거능력 요건이 되어야 한다고 주장할 수는 없다는 말이다. 법률상의 근거 없는 증거능력 요건을 창설해 놓으면 공판 실무상으로도 유무죄를 가리는데 주력하지 못하고 법이 요구하지 않는 불필요한 증거능력 인정요건을 심사하느라 공판을 지연할 우려가 크다. 신속, 공정한 재판이념 구현에 장애가 될 수 있다는 말이다. 특히 비진술증거인 전자증거의 무결성과 동일성 증명을 위해 그 수집, 보관, 분석, 출력의 각 단계에 든 도구 및 방법의 신뢰성, 분석관의 전문성에 관한 입증을 위해 분석관에 대한 증인신문이나 각 단계를 촬영한 동영상의 재생, 분석방법에 대한 전문기관에 대한 사실조회, 원본과 복제본의 해쉬값 비교, 분석도구에 대한 검증이나 감정의 절차 등을 밟다 보면, 언제 유무죄 판단을 위한 본안심리를 할 수 있을까? 이미 증거능력 요건을 심사하는 과정에서 본안(사건의 실체인 유무죄)에 관한 예단을 형성하게 되기도 할 것이다. 또는 사건의 유무죄 결론에 비추어 문제 되는 전자증거의 증거능력 유무를 가려내는 완전한 논리 역전(logical reverse)이 일어날 수도 있다. 더욱이 증거능력 없는 증거를 아예 재판부가 받지도 말라는 증거분리제출제도나, 증거능력 인정요건 충족 여부를 심사하는 법관과 유무죄를 판단하는 사실인정자(trier of fact)가 확연히 구별되는 국민참여재판 제도 아래에서, 무결성과 동일성을 증거능력요건으로 보게 되면 정작 유무죄 판단을 위해 심혈을 기울이기보다 증거능력요건조사에 장기간의 재판시간을 소비할 수도 있다.

결론적으로 비진술증거인 전자증거의 무결성, 동일성은 증거능력 인정 요건이 아니라, 그 이전 단계인 사본의 증거능력 인정요건이 될 뿐이다. 즉 동일성이 인정되어 사본으로서의 증거능력을 취득하면(그 동일성은 매우 완화된 입증방법으로도 인정 가능함), 위법수집증거 등에 해당하지 않는 한 바로 증거능력이 인정되는 것이지, 별도로 다시 한 번 무결성·동일성이 인정되어야 증거능력을 취득하는 것이 아니다. 원본에 대해서는 사본으로서 증거능력을 취득하기 위한 동일성 입증도 필요하지 않음은 전술하였다. 그러므로 비진술증거인 전자증거는 바로 사실인정자(trier of fact) 앞에 증거조사를 위해 내놓아도 된다. 그때 해당 전자증거에 무결성·동일성이 없다는 피고인의 주장이 제기되어도 이는 증명력판단의 문제가 될 뿐이라고 해야 한다.

5. 진술내용 자체가 요증사실인 경우(진술증거인 비전문증거)

진술증거는 이를 두 가지로 나누어 전문법칙 적용 여부를 결정해야 한다. 해당 진술증거 자체가 증명대상인 공소사실인 경우와 그 진술증거가 공소사실을 입증하는 증거인 경우가 그것이다. 첫째의 경우, 즉, 전자증거에 수록된 진술내용 자체가 실체법(형법)상의 범죄구성요건이 되어 공소사실의 구성요소를 이루는 경우[명예훼손내용, 침해의 대상인 영업비밀, 탐지·수집 대상인 국가기밀, 소지의 대상인 이적표현물, 휴대전화기에 저장된 공포심이나 불안감 조성내용의 문자메시지(대법원 2008. 11. 13. 선고 2006도2556 판결)]에는 증거능력 규정을 적용함에 있어 비진술증거와 같게 보아야 한다. 이러한 진술증거에 대해서는 전문법칙이 적용되지 않는다. 그 전자증거에 수록된 내용에 대하여 반대신문권을 보장할 필요도 없고 직접주의의 요청을 구현함에 아무런 지장도 없기 때문이다. 따라서 그 증거능력을 음미함에 있어서 전문법칙을 적용할 여지는 없다. 위법수집증거에 해당하지 않아야 한다는 점이 증거능력의 요건이 되나(법 제308조의2, 통신비밀보호법 제4조 등), 여기서 논의할 영역이 아니다. 그 진술의 임의성도 증거능력 요건이 아니다. 해당 진술이 임의성 없는 상태에서 되었다면 고의나 책임이 조각되어 실체형법상의 범죄성립요건을 구성하지 못하여 무죄판결의 대상이 될 수 있을 뿐이다(명예훼손죄의 불성립 등). 즉, 이에 대해서는 전문증거인 진술증거에 적용되는 진술의 임의성(법 제317조)도 문제 되지 않는다.

이 진술증거인 비전문증거에 대해서도 비진술증거와 같이 해당 전자증거의 무결성·동일성(전문성, 신뢰성)은 증거능력의 요건이 되지 않는다고 해야 한다. 만약 그 진술증거인 비전문증거가 전자정보 저장매체 원본의 형식으로 제출되었다면 무결성·동일성이 증거능력 단계에서 문제 될 여지가 없다. 만약 검사가 공소사실 입증 증거로 해당 전자정보 저장매체의 사본(하드카피 본, 이미징 본, 출력문서 등)을 제출하였다면 이미 이보다 앞선 단계인 사본의 증거능력 요건으로서 무결성·동일성이 인정된 이상 그 이후의 단계에서 중복하여 무결성·동일성을 증거능력 요건으로 다시 설정할 필요는 없다. 만약 이 단계에서 무결성·동일성을 해석론으로 증거능력의 요건으로 설정하고, 그에 덧붙여 해당 전자증거의 무결성과 동일성 증명을 위해 그 수집·보관·분석·출력의 각 단계에 든 도구 및 방법의 신뢰성, 분석관의 전문성 등의 입증을 위한 증인신문, 위 각 단계를 촬영한 동영상의 재생, 분석방법에 대한 전문기관에 대한 사실조회, 원본과 복제본의 해쉬값 비교, 분석도구에 대한 검증이나 감정 등의 엄격한 절차를 밟아야 한다고 주장하면, 공판절차를 지연시켜 신속·공정한 재판 진행을 어렵게 하고 본안 심리보다 증거능력 심리에 치중하게 하여 본말을 전도시키는 결과에 이르게 할 수도 있다. 그러므로 진술증거인 비전문진술을 담고 있는 전자증거의 원본이나 그 사본에 대하여 동일성이 인정된 후의 이 단계에서 더는 무결성·동일성이 증거능력의 요건이 되는 것은 아니라고 해야 한다. 따라서 그러한 전자증거는 바로 증거능력이 인정되어 증거조사의 대상이 된다. 이렇게 이미 증거로 조사된 전자증거의 원본이나 사본에 대하여 피고인이나 변호인이 거듭하여 무결성·동일성을 다툰다면 이는 이미 증거능력의 관문을 통과하여 증거조사까지 마친 해당 전자증거(원본 또는 사본 불문)의 증명력을 다투는 것으로 보아야 한다. 즉 이것은 증명력 판단의 영역으로 들어가서 유무죄를 인정하는 법관이나 배심원들의 자유로운 심증으로 판단할 문제이다. 피고인이 애초 작성한 전자문서와 동일성이 인정되지 않고 보관의 연속성이 인정되지 않고 오히려 누군가에 의해 변조되었다는 점, 즉 거기에 저장된 전자 데이터가 휘발유처럼 날아가 버렸다고 하는 점, 또는 전자서명이나 메타데이터 등에 의해 당해 피고인이 작성한 문서가 아니라는 점 등은 피고인의 명예훼손 행위, 국가기밀의 탐지·수집 행위 등을 입증할 증명력이 있느냐 하는 문제이지 아예 배심원이나 판사 등 사실인정자(trier of fact) 앞에서 검사가 해당 전자증거를 조사하기 위해 꺼내 놓을 수조차 없다는 의미는 아니다. 이 점은 「부정경쟁방지 및 영업비밀보호에 관한 법률」 위반죄에 있어서 영업비밀이 기재된 전자증거(전자문서)를 피고인이 소지하고 있는 경우에도 마찬가지다. 일단 그 증거의 증거능력을 인정하여 증거조사를 한 후 무결성과 동일성이 없는 것으로 밝혀지거나 그 점에 대한 합리적인 의심이 들면 증명력이 없는 것으로 보아 무죄판결을 해야 할 것이다. 요컨대, 현행법에서 인정하지 않는 증거능력 요건인 무결성과 동일성을 입법론으로는 몰라도 해석론으로 주장할 수는 없다.

이와 같은 기본 이론구성을 바탕으로 대법원 2007. 12. 13. 선고 2007도7257 판결(원심은 서울고등법원 2007. 8. 16. 선고 2007노929 판결)을 검토하면 다음과 같다. 즉, 민주노동당 내부의 상황과 각 지역 모임의 구성원과 동향, 활동 가능한 인맥 군이나 주요 당직자의 인적 사항이나 성향, 활동에 관한 내용을 담고 있는 .hwp 파일 내용이 진술증거에 해당함은 의문의 여지가 없다. 그러나 그 내용 자체가 '국가기밀'을 탐지·수집하였다는 구성요건을 이루고 있으므로 이것은 전문법칙이 적용되지 않는 진술증거로 보아야 한다. 따라서 위 사건에서 전자증거인 위 .hwp 파일 내용을 출력한 문서에 대하여 전문법칙이 적용되는 진술증거로 잘못 이해하고, 형사소송법 제313조 제1항의 전문법칙 예외 인정 요건인 성립의 진정이 인정되었으므로 증거능력이 있다거나(출력문건 53건의 경우), 성립의 진정이 인정되지 않았으므로 증거능력이 없다고(나머지 출력문건의 경우) 판시하였다고 보인다.

6. 전문증거인 진술증거

드디어 우리는 법에 규정된 각종 전문법칙의 예외 규정이 적용되는 전문증거인 진술증거를 살펴볼 단계에 이르렀다.

가. 무결성·동일성이 독립된 증거능력 요건은 아님

우선 전문법칙이 적용되는 진술증거에 관하여 일반적으로 보자면 다음과 같다. 진술증거인 전자증거(원본 또는 원본과 동일성이 인정된 사본)의 증거능력 인정 요건에 관하여는 기존의 전문법칙 규정이 적용된다. 물론 위법수집증거 배제법칙(법 제308조의2, 통신비밀보호법 제4조 등) 및 원본과 동일성이 인정된 사본이라는 증거능력의 관문을 통과한 증거에 한해 이 전문법칙 적용 여부를 검토하게 된다. 전문법칙의 예외로서 증거능력을 인정받기 위해서는 작성자의 특정(서명날인 있는 문서에 준하는 요건), 형식적 및 실질적인 성립의 진정, 신용성의 정황적 보장(이상은 법 제313조, 상세한 내용은 항을 바꾸어 후술함), 진술의 임의성(법 제317조) 등이 인정되어야 한다. 나아가 필요성이 인정되는 증거(법 제314조), 업무기록 등의 증거(법 제315조)에 관해 신용성이 인정될 것을 조건으로 증거능력을 인정한다.

이때 전자증거 사본의 무결성·동일성은 위와 같은 각 증거능력의 요건을 인정할 수 있는 여러 고려요소 중의 하나일 뿐이지 그 자체로 독립된 증거능력 요건이 되지는 않는다. 즉 법에서 규정하고 있는 전문법칙 등 증거능력 인정요건과 독립되어 전자증거에 특수한 무결성·동일성이 증거능력 인정요건으로 되는 것은 아니다. 그것을 증거능력 인정요건으로 삼고 있는 법 규정을 찾아볼 수 없기 때문이다. 무결성·동일성 확인방법을 거쳐 무결성·동일성이 인정된다면 해당 전자증거 사본의 작성자가 쉽게 특정되고, 성립의 진정이 쉽게 인정되며, 신용성이 쉽게 인정될 수는 있다. 그러나 그러한 무결성·동일성의 확인만으로 그와 같은 증거능력 요건들을 바로 인정할 수 있는 것은 아니다. 전자서명의 존재, ID, Password의 확보, 해당 전자정보 저장매체의 발견 장소 및 발견경위 입증 등에 의해 작성자가 특정될 수 있고, 그 작성자의 공판정 진술만으로도 성립의 진정이 인정될 수 있으며, 여타 다른 사정에 의해서도 진술의 '신용성의 정황적 보장'을 인정할 수 있기 때문이다. 반대로 무결성·동일성이 인정되지 않았다고 하더라도 그것만으로 작성자의 특성, 진정성립의 인정, 신용성의 보장과 같은 증거능력 인정요건들이 갖추어지지 않았다고 단정할 수도 없다. 앞서 본 여러 자료나 원진술자나 작성자의 공판정 진술(진정성립은 원진술자나 작성자의 공판정 진술만으로 인정해야 함), 기타 정황증거들에 의해 위 증거능력 인정요건들을 입증할 수 있기 때문이다.

이러한 논의는 진술의 신용상태를 전문진술의 증거능력 요건으로 규정하고 있는 법 제314조의 필요성을 이유로 한 증거능력 인정규정, 법 제315조의 기타 신용할 만한 정황에 의하여 작성된 문서에 관한 증거능력 인정규정 등에도 그대로 적용된다. 즉 이러한 증거법 규정들을 해석함에 있어 무결성·동일성은 '신용성의 정황적 보장'을 판단할 수 있는 하나의 정황사실은 될지 몰라도 그 자체로 독립한 별도의 증거능력 요건이 된다고 할 수 없다.

그러므로 만약 검사가 무결성·동일성을 입증하는 증거를 낸다면, 그 증거는 유무죄 판단을 위한 주요 증거인 전자증거의 증거능력뿐만 아니라 증거가치(증명력)를 높게 평가해달라고 법원에 제출하는 증거가 된다고 보아야 한다. 또는 피고인 측에서 그 무결성·동일성이 인정되지 않는다는 증거를 제출한다면 이 역시 그 전자증거 사본의 증거능력을 부인하기 위해서 뿐 아니라 그 증거가치(증명력)를 낮게 평가해달라고 제출하는 증거가 된다고 할 것이다. 즉 이것들은 유무죄 인정을 위한 증거로서 해당 전자증거의 증명력 판단의 문제에 주안점을

두는 증거이지 그 전 단계로서 해당 전자증거의 증거능력 입증을 위한 증거만
이 된다고 볼 수는 없다.

이상과 같이 해석하면, 증거분리제출이나 국민참여재판을 시행하면서 전문
법칙 예외규정에도 명시되지 않은 무결성·동일성이라는 증거능력 요건이 인정
되는지를 심리하느라 사실인정자(trier of fact) 앞에서 본안인 유무죄 판단을 위한
증거조사를 마냥 지연시키는 비효율성을 제거할 수 있게 된다. 이러한 해석은,
증거능력 요건을 심사하는 문지기(gate keeper)일 뿐 아니라 궁극적인 사실인정자
(trier of fact)인 법관이 증거능력 판단단계에서 본안에 관한 심증을 미리 형성해버
리는, 어떻게 보면 예단을 갖고 재판에 임함으로써 공정한 재판을 하지 못하게
하는 논리적, 실무적 역전을 발생케 하는 불합리를 제거하는 방안이 되기도 한
다. 현행 국민참여재판제도 아래에서 법관은 배심원의 유무죄판단에 얽매이는
것은 아니므로 배심재판을 하는 경우에도 최종적인 사실인정자는 법관이다(「국
민의 형사재판 참여에 관한 법률」 제46조 제5항). 배심재판을 한 사건이 항소되어 고등
법원의 재판을 받는 때도 속심구조인 우리 형사 항소 제도상 최종적인 사실인
정은 고등법원 소속 판사들이 하게 된다. 그렇다면 전자증거의 무결성·동일성이
라는 증거능력 요건을 창설한 다음 판사들로 하여금 그 증거능력 인정요건을
심리하는데 골똘하느라 증명력 판단을 미리 해 버리게 하여 본말을 전도시키거
나 정작 중요한 유무죄 판단을 하는 데 노력을 집중하지 못하게 하면 안 된다.

나. 진술서인 전자증거(법 제313조의 해석론)

여기에서 특히 형사소송법 제313조가 규정하고 있는 전문증거인 진술서의
증거능력을 살펴본다. 공소사실 입증 증거로 전문진술이 기재된 전자문서(전자정
보 저장매체에 수록된 것) 원본이나 그와 동일성이 인정된 전자문서 사본, 위 원본
또는 사본에서 출력된 종이문서가 검사에 의해 증거로 신청되었을 때가 이에
해당한다. 이에 관해서는 다음과 같이 생각해야 한다.

우선 증거법 규정을 명문 규정 그대로 적용하려는 해석론을 견지해야 한다.
그런데 형사소송법 제313조에 의해 요구되고 있는 증거능력 인정요건은 ㉠ 작
성자나 진술자의 자필이나 서명날인이 있을 것 및 ㉡ 진술자에 의한 공판정 진
술로 진정성립을 입증할 것 등이다. ㉢ 단, 피고인의 진술에 대하여는 작성자의
공판정 진술에 의한 성립인정과(공판정에 소환되어 진술할 주체가 진술자에서 작성자로
바뀐 외에는 위 ㉡ 요건과 공통됨), 그 피고인 진술의 신빙상태를 증거능력 인정 요건
으로 특별히 규정하고 있다(1954. 9. 23. 법률 제341호 제정 형사소송법 제313조에는 위 ㉠,

ⓛ 요건으로 해석할 수 있는 규정만이 있었으나, 5·16 이후 급조된 1961. 9. 1. 법 제705호가 위 ㉠, ㉡ 인정요건을 난해하게 수정하면서 위 ㉢ 요건도 추가하였다). 전자증거의 특성에 맞게 가능한 범위 내에서 위 법 규정이 정하는 요건들을 해석해야 한다. 그리고 전자문서와 통상의 종이문서를 달리 취급할 이유가 없다. 그러므로 전자증거에 대해서도 그 성질에 너무나 명백히 반하지 않는 한 위 증거능력 인정 요건들이 모두 요구된다고 보아야 한다.

그 중 ㉠ 자필, 서명, 날인 문제는 종이문서와 같이 볼 수는 없다. 해당 전자증거의 내용을 진술한 자의 확정 문제로 치환하여 보는 것이 옳다. 법령으로 인정된 공신력 있는 전자서명, ID나 Password, IP 정보 또는 진술자의 특정에 충분한 신뢰성 있는 메타데이터, 전자문서 자체에 기재된 전자적 서명, 그림이미지에 의한 날인 등이 확보된 경우에 그 요건이 충족된다고 할 수 있다. 그 밖에 USB 등 전자정보 저장매체 보관 장소의 특정이나 그 발견 경위, 해당 매체의 이용 상황, 해당 파일이 첨부되어 전송된 이메일 계좌, 그 이메일 통신자료 등의 입증으로 진술자를 특정해도 된다고 해석해야 한다. 이러한 요건들은 사본이 원본과 동일함을 인정하는 단계에서 이미 검토되었고, 그때는 그 입증의 정도가 매우 낮아도 되었으나 전문법칙 적용에 있어서는 그보다 높은 입증에 의해야 하는 점에서 구별된다. 입법이 이루어지기 전에는, 자필, 서명, 날인에 친하지 않은 전자증거의 특성을 고려할 때 이러한 해석론을 전개하는 것은 불가피하다. 그러나 도저히 자필, 서명, 날인에 준한다고 볼 수 있는 전자 흔적이나 진술자를 특정할 그 밖의 자료를 찾기 어려운 경우에는 위 ㉠ 요건이 충족되지 않으므로 나머지 ㉡, ㉢의 요건을 고려할 필요도 없이 그 전자증거는 증거능력이 인정되지 않는다고 하지 않을 수 없다. 이러한 점을 고려하여 저자가 속히 유죄인정을 받고자 하는 측에서 진술자의 자필·서명날인이라는 형식적 진정성립의 인정요건을 전자증거에 맞게 고치도록 입법적 조치를 서둘러야 한다고 촉구하였음에도 불구하고,[1) 그로부터 15년이 지난 지금도 법 상태는 그대로다.[2)

나아가 이러한 방법으로 ㉠의 요건이 충족되어도 여전히 ㉡, ㉢의 요건은 필

---

1) 오기두, "컴퓨터에 저장된 금융정보추적의 제문제", 2000년도 검찰지 232쪽.
2) 「원심은, 검사 제출 증거목록 중 공소외1 USB 문건, 피고인3 컴퓨터 발견 문건, 피고인2 이메일 첨부서류, 공소외2 제출 서류에 기재된 내용의 진실성에 대하여는 전문법칙이 적용되는데, 위 각 문서들은 작성자인 피고인1 또는 피고인2의 공판준비 또는 공판기일에서의 진술에 의하여 성립의 진정함이 증명된 바 없고, 법문상으로 볼 때 그 외의 다른 방법으로 진정성립을 인정하는 것은 허용되지 않는다는 이유로 위 각 문서의 증거능력을 인정할 수 없다고 판단하였다. 원심판결은 정당하고, 거기에 상고이유 주장과 같은 법리오해의 위법이 없다.」(대법원 2013. 6. 13. 선고 2012도16001 판결).

요하다. 즉 원진술자(피고인 진술을 기재한 전자증거에 관하여는 작성자[1])가 공판정에서 해당 전자증거의 진정성립을 인정하는 진술도 해 주어야 증거능력이 인정된다. 그러므로 택일적으로 특히 위 ㉠이나 ㉡ 요건 어느 하나만 인정되면 증거능력을 인정할 수 있는 것처럼 말하면 안 된다. 물론 입법론으로 위 ㉠의 요건을 위 해석론과 같이 적용할 수 있도록 개정할 필요는 있다. 반면, 공판중심주의 구현이나 반대신문권의 보장을 위해서는 위 ㉡ 요건을 완화하거나 폐지할 수는 없다고 본다.

그리고 위 ㉡ 요건 중 진정성립요건은 형식적 성립의 진정과 실질적 성립의 진정으로 나뉘고, 그 중 형식적 성립의 진정은 정보처리 과정 주체(진술자, 법제313조 단서의 피고인 진술에 대해서는 작성자)의 특정 문제로서 ID, Password, 도메인, 전자서명, 인증, 고유접속번호, 디스크 라벨, 출력문서에의 정보 생성자나 출력자의 서명·날인, 데이터의 내용 등 직접사실 또는 간접사실의 입증으로 정보처리주체(원진술자, 제313조 단서의 경우 작성자)를 특정함으로써 인정될 수 있다. 다음으로 실질적 성립의 진정은 명의인의 의사에 반한 입력, 저장, 전송, 출력이 존재하지 않고, 컴퓨터 시스템의 이상, 보안규정의 미준수 등이 존재하지 않아 표의자의 진술내용대로 전자증거가 작성되었다는 점의 입증으로 인정될 수 있다. 단, 전술한 바대로 위 진정성립 요건은 모두 정보처리주체의 공판정 진술로 인정되어야 한다. 공판중심주의 구현을 위해 이 요건은 필수적이다. 다만, 그 구체적인 범위는 이 장의 제2절에서 상술한다.

㉢ 다음으로 형사소송법 제313조 단서의 피고인 진술의 신빙상태라는 요건에 관하여 본다. 전자증거에 기재된 피고인 진술의 신빙상태를 판정할 수 있는 몇 가지 요소 중에서 그 증거의 무결성과 동일성이 고려될 수 있다. 그러나 그 무결성과 동일성 입증이 증거능력 인정을 위한 본질적 요소가 될 수는 없다. 무결성·동일성은 진술의 신빙성을 인정할 수 있는 하나의 정황사실에 불과하기 때문이다. 무결성·동일성이 인정되지 않더라도 진술경위나 진술시기 및 진술 장소 등 여러 사정을 종합하여 피고인 진술의 신빙상태를 인정할 수 있다. 반면 무결성·동일성이 인정되더라도 그 진술의 신빙상태를 인정할 수 없는 사정이 있을 수도 있다. 또는 무결성·동일성이 인정되고, 또 여러 진술경위나 시기, 진술 장소, 기타 사정 등을 두루 종합하여 진술의 신빙상태를 인정할 수도 있다.

다. 증거동의와 전자증거의 진정성

전자증거의 동일성과 무결성은 증거동의 분야에서 또 다른 의미가 있다. 증

---

1) 법 제313조 제1항 단서의 해석론으로 완화요건설과 가중요건설이 대립한다.

거동의가 있으면 사본의 원본과의 동일성 여부 심리나 전문법칙 예외 요건 해당 여부 심리를 할 필요는 없다. 그렇더라도 해당 전자증거를 유죄판결의 근거로 사용하기 위해서는 그 증거가 진정한 것으로 인정되어야 한다(법 제318조). 이는 증거동의의 대상이 된 전자증거의 신용성을 의심스럽게 하는 유형적 상황이 없음을 의미한다. 그 판단 기준은 해당 전자증거에 관한 입력, 저장, 관리, 전송, 출력 등 모든 과정에 신뢰성이 있음을 의미한다. 이러한 기준은 전자증거 원본에 그대로 적용된다. 나아가 증거동의가 있는 사본인 전자증거에 대해서도 위와 같은 기준이 적용된다. 동일성과 무결성을 인정함으로써 해당 전자정보 처리 과정의 신뢰성을 입증하고 이로써 해당 전자증거의 진정성을 입증할 수 있으나 반드시 그것이 필수적인 것은 아니다. 무결성·동일성 이외의 여러 정황사실을 입증함으로써도 해당 전자증거의 진정성을 인정할 수 있다. 결국, 여기서도 무결성·동일성이 진정성과 구별되는 별개의 독립한 증거능력 요건이 되는 것은 아니다.

7. 결   론

이상에서 살핀 바와 같이 현행 증거능력 규정 체계에서 전자증거의 증거능력을 판단해 가는 과정은 다음과 같다고 하겠다.

사본저장매체, 출력문서: 원본존재, 원본과의 동일성(매우 자유로운 증명), 사본이용 필요성.

원본저장매체, 위 요건이 인정된 사본:

비진술증거 –* 법률에 특별히 규정한 증거능력요건(위법수집증거배제 등).

        * 그 외의 무결성·동일성 요건은 증명력 판단사실로 고려하면 족함. 법에 명문의 규정이 없으므로.

진술증거 – 비전문증거(위 비진술증거와 동일하게 취급).

        – 전문증거: * 전문법칙(임의성 포함)을 적용하되, 형식적 및 실질적 진정성립, 신용성 등의 법률에 규정된 증거능력요건을 인정할 한 요소로만 무결성·동일성 고려/ 즉, 법률에 규정되어 있지 않은 무결성·동일성 등이 독자적인 증거능력 요건이 되지는 않음.

        * 특히 313조 1항의 적용요건: ㉠ 서명날인과 동일하거나 준할 정도의 작성자·진술자를 특정할 자료의 존재 ㉡ 공판정 진술에 의한 진정성립

의 인정, ㉢ 신용할 정황(무결성·동일성이 한 요소로 고려될 뿐임).

- 피고인, 참고인: ㉠, ㉡(진술자의 공판정 진술) / 피고인 진술 ㉡(작성자의 공판정 진술), ㉢.

제 2 절　피고인의 공판정 진술과 전자문서의 진정성립[1]

1. 서　언

다음과 같이 공판실무상 현실적으로 발생하는 사안을 들어 피고인의 공판정 진술과 전자증거의 증거능력 인정문제를 살펴보기로 한다. 이렇게 하는 것이 연역적으로 추론한 추상적인 이론을 전개하는 것보다 생생하게 전자증거의 증거능력을 이해할 수 있게 해 주는 방법이 될 것으로 믿는다. 특히 이 문제를 검토함에 있어서는 구체적인 형사 공판을 진행하는 재판장(판사)의 입장에 서서 살펴야 한다.

[사례와 문제]

검사는 피고인 A를 「폭력 행위 등 처벌에 관한 법률」 제4조 제1항의[2] 범죄단체 가입죄로 기소한 후 열린 공판기일에서 그 공소사실을 입증할 증거로 컴퓨터 하드디스크에서 출력한 종이문서를 증거로 제출하겠다고 주장하고 있다. 위 컴퓨터는 피고인이 다니는 재수학원 행정실에 설치되어 있고, 평소 피고인이 가끔 사용한 적이 있다(피고인은 이 점을 인정하고 있다). 검사는 수사단계에서 그 하드디스크를 통째로 뜯어 갔다.

검사는 피고인이 해당 범죄단체에 가입되어 있음을 추정케 하는 내용이 위

---

1) 이 節은 사법발전재단, 「사법」(2013. 6.), 147쪽 이하에 수록되어 있다. 이 節의 영역본이 「Supreme Court Law Journal」(Vol. 3 December, 2013), Supreme Court Library, Republic of Korea에 수록되어 있다.

2) 「폭력행위 등 처벌에 관한 법률」 제4조
　① 이 법에 규정된 범죄를 목적으로 한 단체 또는 집단을 구성하거나 그러한 단체 또는 집단에 가입하거나 그 구성원으로 활동한 자는 다음의 구별에 의하여 처벌한다. <개정 1990. 12. 31, 1993. 12. 10, 2006. 3. 24>
　　1. 수괴는 사형, 무기 또는 10년 이상의 징역에 처한다.
　　2. 간부는 무기 또는 7년 이상의 징역에 처한다.
　　3. 그 외의 자는 2년 이상의 유기징역에 처한다.

와 같이 출력한 종이문서에 쓰여 있다면서, 그 컴퓨터에 저장된 파일을 피고인
이 작성하였다고 주장하고 있다. 그러면서 검사는 해당 컴퓨터 하드디스크에 그
와 같은 전자파일문서가 존재하고 있다는 사실만을 증명하기 위해 그 출력물을
"증거물"로 제출하겠다고 하고 있다.

반면, 피고인(변호인)은 공소사실을 부인하고 있고, 위 출력문서에 관해 그것
이 위 컴퓨터 하드디스크에서 출력된 문서임은 인정하면서도 ① 피고인 자신이
위 컴퓨터에 문서를 작성하여 저장한 적이 없으며, ② 전문증거임이 명백하므로
전문법칙이 적용되어야 한다고 주장한다. 즉 피고인(변호인)은 이를 "증거서류"로
서 증거조사를 하여야 한다고 다툰다.

그렇다면 법원은 위 출력문서의 증거능력을 인정하여 증거조사를 한 후 이
를 유죄의 증거로 판결문에 기재할 수 있는가?

[답] 해당 출력물은 형사소송법 제313조가 적용되는 증거서류인데 그 작성
자를 특정할 수도 없고, 원진술자인 피고인의 공판정 진술로 형식적 진정성립이
인정된 것도 아니다. 따라서 증거능력을 인정할 수 없고 결국 증거조사도 할 수
없다. 검사의 증거신청을 기각하고 증거목록의 증거결정 중 내용(채부)란에 X표
를 하여야 한다. 위 출력문서의 기재내용을 근거로 유죄판결을 할 수 없음은 물
론이다. 그 문서 이외에 피고인이 범죄단체에 가입한 사실을 인정할 증거가 없
으면 무죄판결을 하여야 한다. 다른 증거를 들어 유죄판결을 한다고 하더라도
그 판결 이유에 위 출력물을 증거로 열거하면 안 된다. 상소심이 이를 증거로
열거한 하급심의 유죄판결을 발견하였고, 그 잘못이 판결결론에 영향을 미쳤다
고 판단하면 그것을 이유로 원심판결을 파기하여야 한다. 아래에서 위와 같은
결론을 내린 이유를 상세히 풀어가기로 한다.

2. 풀   이

전자증거를 유죄인정 증거로 사용하기 위해서는 A. 증거능력이 인정될 것
→ B. 적법한 증거조사를 거칠 것이 요구된다. 그 중 위 사례의 쟁점은 증거조
사를 하기에 앞서 검토되어야 할 증거능력 부분인 A.에 관한 것이다.

전자증거의 증거능력을 검토함에 있어서는, 1) 원본인지 사본인지? → 2) 사
본이라면 원본과의 동일성(무결성)이 인정되는지? → 3) 원본과 동일성이 인정되
는 사본이라면 진술증거인지, 비진술증거인지? → 4) 진술증거라면 비전문증거
인지, 전문증거인지? → 5) 전문증거라면 형사소송법 제313조 제1항에 규정된

요건들(① 자필·서명·날인 등 작성자를 특정할 흔적이 있고, ② 형식적 및 실질적 진정성립이 ③ 원진술자나 작성자의 공판정 진술로 인정될 것)이 충족되는지를 차례로 따져 보아야 한다.

이 사안에서는 피고인이 사용하는 컴퓨터에서 출력하였다는 종이문서의 증거능력이 문제로 되고 있다. 따라서 컴퓨터에 의해 기계적으로 생성된 전자문서, 수사기관이나 사인인 컴퓨터 전문가가 컴퓨터 조작에 의해 생성한 전자문서 (computer generated evidence),[1] 피고인 이외의 사인이 작성한 전자문서인 진술서

---

1) Computer generated evidence에 관하여 다룬 구체적인 사례로 다음을 들 수 있다. 예컨대 10년 전에 발생한 살인사건 공판에서, 피해자의 가슴에 나 있는 이빨자국 상흔(bite mark)을 찍어 놓은 사진을 Lucis라는 소프트웨어를 사용하여 통상의 사진에서 육안으로 볼 수 없는 세밀한 사물까지 볼 수 있도록 컴퓨터로 畫素비교를 통해 실물 크기로 선명하게 만든(enhance) 사진과, Adobe Photoshop 프로그램을 이용하여 원본 상흔 사진과 피고인의 치열모형을 겹쳐놓은 모양으로 찍어 편집한 이미지 출력물을 증거로 제출한 경우를 상정해 보자. 이도 일종의 computer generated evidence라고 할 수 있다. 저자가 유학했던 Yale Law School이 있는 Connecticut 주 대법원은 Lucis 사진은 증거능력이 있으나, Adobe Photoshop 이미지는 증거능력이 없다고 판시하였다. Lucis 사진에 관해서는, 컴퓨터 전문수사관이 해당 컴퓨터 장비의 표준성을 증언해주었고, 자격 있는 컴퓨터 오퍼레이터가 사진을 제작(enhance)하였으며, 사진이미지를 디지털화하고 출력하는 컴퓨터 처리 과정이 적절하였다는 등의 이유로 증거능력을 인정한 것이다. 반면 Adobe Photoshop 이미지는, 위 프로그램이 디지털 방식의 조작으로 사진의 원본 변경을 가능하게 하며, 3차원 이미지에 2차원 이미지를 겹쳐 놓는 과정에 대한 전자공학적 지식을 가진 증인의 증언도 없었고, 원심 증인인 치열분석 전문 수사관이 위 프로그램으로 어떻게 특정한 이미지의 투명성을 강화하여 그에 다른 이미지를 겹쳐 놓고 서로 투과하여 볼 수 있게 하느냐는 판사의 직접신문에 대하여 "맞습니다. 판사님. 그게 어떻게 가능한지 모르겠습니다. 그렇지만 결과는 그렇게 나왔습니다. 제 생각에는 컴퓨터 기술자에게 물어보아야 할 것입니다."("Judge. you got me. I don't know how they do it, but they do it. I think we really need an engineer.")고 증언하였던 점에 비추어 그 이미지 편집과정에 대한 신용할 만한 증인의 증언이 있다고 할 수 없다는 이유로 증거능력을 부정하였다. 그러면서도, 원심이 위 Photoshop 이미지 출력물의 증거능력을 인정하였다고 하더라도, 이 사건의 핵심 쟁점인 피고인의 치열이 피해자 가슴에 있던 상흔과 일치하는지 여부에 관하여 증언한 위 수사관에 대하여 피고인이 충분히 반대신문권을 행사하였고, 또 피고인 측의 증인도 내세워 이를 반박하였으므로, 공판정에서 헌법상의 대면권(confrontation clause, 연방의 경우 수정헌법 제6조)이 침해되었다고 볼 수 없으며, 다른 증거에 비추어 볼 때 유죄로 인정한 원심 배심원들의 평결의 결론에 영향을 끼친 잘못이 있다고 할 수도 없다(harmless error)고 위 주 대법원은 판시하였다. State of Connecticut v. Alfred Swinton(2004), 268 Conn. 781, 847 A.2d 921.
    그러나 위 사안을 우리 법제에 대입해 검토해 보면 증거능력 부분에서 심각하게 문제될 것은 없다고 보인다. 만약, 위 사진 이미지들을 수사기관이 만들었다면 우리 법상으로는 법 제312조 제6항에 의해 검사 또는 사법경찰관이 검증의 결과를 기재한 조서에 해당하여 적법한 절차와 방식에 따라 작성되고 공판정에서 그것을 작성한 수사관의 공판정 진술로 진정성립이 인정되기만 하면 증거능력이 있기 때문이다. 만약 그것을 사인인 감정인이 작성했다면 법 제313조 제2항에 따라, 증인 등 제3자가 작성했다면 법 제313조 제1항 본문에 따라 ① 작성자를 특정할 수 있고, ② 그 특정된 작성자의 공판정 진술로 진정성립이 인정되어야 한다. 따라서 위 Connecticut 대법원이 문제로 삼은 내역은 우리 법제상으로는 전부 해당 사진 또는 이미지들의 증명력에 관한 문제에 그친다고 할 것이다(다음 쪽의 각주 1) 참조).

등은 이 사안에서 직접 다룰 분야는 아니다. 이 사안의 종이문서 및 그 출력 이
전 단계인 컴퓨터에 저장된 전자문서의 증거능력에 관하여 앞서 든 각 쟁점들
을 순차적으로 살펴본다.

가. 전문법칙을 적용하기에 앞서 검토할 사항

1) 원본인가? 사본인가?

[답] 위 출력문서는 컴퓨터에 저장된 전자문서 자체가 아니므로[1] 적어도
컴퓨터에 저장되어 있는 전자파일 문서와의 관계에서는 그 동일성을 심사해야
하는 사본이다.[2][3] 전자파일 원본 자체에 관해서는 위법수집증거인지 여부가 증

---

1) 컴퓨터에 저장되어 있는 전자문서 자체가 증거로 제시되면 이는 원본이다. 원본에 대해서도 무
   결성, 동일성을 증거능력 요건으로 보아야 한다고 하는 학설이 있다. 그러나 이는 법문에 없는
   증거능력 요건을 창설하는, 법 해석론의 한계를 넘는 주장이다. 뿐만 아니라 법문에도 없는 증
   거능력 요건을 심사하느라 공판절차를 부당하게 번잡하게 하는 주장임에 비추어 수긍하기 어려
   운 견해이다.
   　물론 디지털 증거는 쉽사리, 그리고 흔적도 없이 변조되기 쉽다. 예컨대 살인사건 현장에 도착
   한 경찰관이 범행현장을 디지털 카메라로 찍어 두었다고 하자. 「피해자의 시체가 바닥에 널브러
   져 있고 그의 가슴에는 큰 상처가 나 있다. 거실을 가로지른 마룻바닥에는 커다란 총이 놓여 있
   다. 시체 위의 하얀 벽에는 피해자의 피로 범인이 쓴 '나는 다시 살인을 저지르겠다. 너희들은
   결코 나를 잡지 못하리라'는 문구가 쓰여 있다.」 그러나 이렇게 디지털 카메라로 찍은 사진은 전
   통적인 사진과 달리 흔적도 없이 쉽게 변경될 수 있다. 0과 1이라는 이진법으로 된 디지털 사진
   의 특징 때문이다. 예컨대 이렇게 가정할 수 있는 것이다. 수사관이 商用되는 소프트웨어를 사
   용하여 디지털 카메라에 담긴 영상을 다음과 같이 수정한다. 「벽에 쓰여진 피로 쓴 글씨를 지워
   벽을 깨끗하게 만든다. 피해자 시체의 가슴에 난 상처를 메운다. 그 대신 피해자 시신의 관자놀
   이에서 피가 방울져 떨어지게 한다. 그러고 나서 저쪽에 있던 총을 옮겨와 피해자 시체의 손에
   쥐어 놓는다.」 이제 되었다. 피해자는 자살한 것이다!! UNITED STATES DEPARTMENT OF
   JUSTICE, 「FEDERAL GUIDELINES FOR SEARCHING AND SEIZING COMPUTERS」, VIII. EVIDENCE,
   C. AUTHENTICATING ELECTRONIC DOCUMENTS, 3 L. of Toxic Torts Appendix 22J(2012) 참조.
   　그러나 이 문제는 우리 법제 하에서라면 증명력을 탄핵하는 문제로 될 뿐이지 별도의 증거능
   력 요건이 된다고 할 수는 없다. 진정성(authentication), 그 중에서 특히 증거의 외관, 내용, 내
   부 패턴, 기타 여러 사정을 고려하여 분명한(distinctive) 증거일 때 증거능력을 인정할 수 있다
   며 이를 별도의 증거능력 요건으로 삼고 있는 미국 연방증거 규칙에서의 문제일 뿐이다[Fed. R.
   Evid. 901(a)(b)]. 우리 법은 전문법칙 예외 규정에서 자필, 서명, 날인 등 작성자의 특정사실 인
   정, 원진술자의 공판정 진술에 의한 진정성립 인정 등만을 증거능력 인정요건으로 삼고 있을 뿐
   이다. 디지털 증거의 증거능력을 연구함에 있어서도 우리 법제를 잘 알아야 하며 다른 나라 법
   제를 우리 법제에 그대로 끼워 맞추어 이해하려고 하여서는 안 된다. 우리 법제에서라면 해당
   전자증거 원본의 증거능력을 인정하여 법관이나 배심원 등 사실인정자 앞에 내 놓고 증거조사
   를 실시하되, 그 원본의 진정성은 증명력을 탄핵하는 차원에서 이루어지면 족하다고 하겠다.
2) 우리 형사소송규칙 제134조의7 제1항은, 컴퓨터용디스크 그 밖에 이와 비슷한 정보저장매체에
   기억된 문자정보를 증거자료로 하는 경우에는 읽을 수 있도록 출력하여 인증한 등본을 낼 수 있
   다고 하고 있다.
3) 원래 電磁證據, 그 중에서도 디지털 증거(電子證據)는 반복된 복사과정이나 다른 이전 방법에
   의한 새로운 저장에서도 그 내용에는 질적 저하가 없으나 데이터 생성 시점이나 그에 대한 접근
   시간은 서로 달라진다. 또한 디지털 증거는 단 하나의 명령으로도 수많은 디지털 자료를 삭제하

거법상의 쟁점이다. 이 사건에서 검사가 해당 컴퓨터의 하드디스크를 통째로 검증·수색하고 압수하기까지 하여 관련성 원칙을 위반하였다는 의심이 든다.[1] 즉 그 하드디스크에 대한 수색·검증(탐색) 이후의 압수가 위법하여 위법수집증거로 의심될 여지가 있다고 보이고,[2] 그에 따라 해당 출력문서의 증거능력도 위법수집증거의 과실로서 증거능력이 부정될 수도 있다고 하겠다.[3] 그러나 이 사건에

거나 변경할 수 있고, 그 수집·보존·분석 과정에서 사용되는 각종 소프트웨어나 장비들로 인해 시스템 내의 많은 파일들에 변화가 일어날 수 있다. 예컨대 특정인이 사용한 컴퓨터를 압수하여 분석하기 위해 별도의 조치 없이 시스템을 부팅시켜 로그인 하는 경우 그 컴퓨터 시스템 내부적으로는 시스템 작동과 관련된 많은 파일들이 프로그램된 절차에 따라 자동적으로 생성되거나 변경된다. 나아가 일정한 프로그램을 사용하게 되면 자료가 저장된 매체의 물리적 위치를 찾아 추가 데이터의 생성 없이 이진수 형식으로 된 자료의 일부를 간단하게 수정하는 것도 얼마든지 가능하다[정교일(한국전자통신연구원 연구위원), "디지털증거의 압수와 공판정에서의 제출방안", 대검찰청, 「형사법의 신동향」 25호(2010. 4.), 114쪽]. 따라서 공판정에 증거로 제출된 전자증거가 원본인지 사본인지, 그리고 그들 사이의 무결성이나 동일성이 인정되는지 여부에 따라 바로 증거능력이 문제될 수 있는 것이다. 따라서 전자증거의 증거능력을 검토함에 있어 사본의 무결성·동일성 내지 사본의 증거능력 인정요건이 문제되지 않는다는 주장은 잘못된 주장이다.

1) 전자정보 압수수색에 있어 주관적, 객관적, 시간적 관련성은 헌법상의 비례원칙을 구현하는 중요한 기준이다. 저자는 이 점을 오랜 연구과제로 삼아 연구, 주장해 왔다. 서울중앙지방법원 형사재판부의 2012. 9. 12.자 코트넷 게시물인 「디지털증거 조사방법 모델(안)」에서도 저자의 관련성 개념을 그대로 채용하였다.

2) 이때 관련성 원칙을 위반하여 수집한 디지털 증거를 위법수집증거로서 배제하여야 하는지는 우리나라의 수사현실과 형사사법 운영전통에 비추어 판단해야 한다. 미국과 같이 일반적으로 이를 고려하지 않는 나라의 실무를 우리가 따를 필요는 없다. 디지털 증거수집절차가 위법하다는 주장을 한 피고인의 주장을 쉽게 배척하고 있는 구체적 사례로 People v. Stipo(2011), 195 Cal. App. 4th 664, 124 Cal. Rptr. 3d 688 참조.

3) 수색·검증, 압수 영장의 집행에 있어서도 수사관은 영장에 기재된 바에 따라 주관적, 객관적, 시간적 관련성 원칙을 준수해야 한다. ① 영장에 기재되지 않은 사람에 대한 수색·검증 압수는 주관적 관련성 원칙 위반이다[United States v. Ross, 456 U.S. 798, 824(1982); 영장에 기재되지 않은 환자에 관한 건강보험기록의 압수에 관한 United States v. Lazar, 604 F.3d 230, 236-238(6th Cir. 2010), cert. denied, U.S., 131 S. Ct. 973(2011); 변호사의 모든 고객 관련 파일을 압수하게 한 영장에 기한 압수는 효력이 없다고 한 Klitzman, Klitzman & Gallagher v. Krut, 744 F.2d 955, 958-960(3d Cir. 1984)]. ② 수색·검증, 압수의 대상도 영장에 기재된 파일 등에 국한되어야 한다. 이것은 객관적 관련성 원칙의 준수 문제이다. 무엇을 압수해야 하는지에 관해 "영장을 집행하는 수사관의 재량에 맡겨져 있는 것은 아무것도 없다고 해야 한다."(nothing is to be left to the discretion of the officer executing the warrant.)는 판결도 있다[Marron v. United States, 275 U.S. 192, 196(1927); Stanford v. Texas, 379 U.S. 476, 485 n.16(1965)]. ③ 영장에는 범죄가 범해진 시기와 관련한 시간적 요소(time frame)도 특정되어야 한다{United States v. Kow, 58 F.3d 423, 426-428(9th Cir. 1995); United States v. Ford, 184 F.3d 566, 576-577(6th Cir. 1999), cert. denied, 528 U.S. 1161(2000); United States v. George, 975 F.2d 72, 75-78(2d Cir. 1992) ("범행과 관련된 일체의 증거"라고 기재된 영장은 아무런 한계기준도 설정해 주지 못한 것이다; United States v. Rosa, 626 F.3d 56, 61-66(2d Cir. 2010); United States v. Maxwell, 920 F.2d 1028, 1031-1034(DC Cir. 1990); United States v. Pindell, 336 F.3d 1049, 1052-1054(DC Cir. 2003); 특히 조세범 처벌절차에 관하여, DOJ CTM §4.06[2](7th ed. 1994)}.
해당 전자증거가 컴퓨터 해커와 같은 사인에 의해 수집되어 수사기관에 제출되었거나 수사기

서 검사가 그에 대한 쟁점화를 회피하기 위함인지 하드디스크를 제출하지는 않고 그에서 출력한 문서를 증거로 제출하고 있다. 그러므로 법원은 피고인 측에서 그에 관한 주장을 본격적으로 하고 나서면 해당 하드디스크가 위법하게 수집된 증거가 아닌지에 관하여 충분히 심리해 보아야 한다.

2) 원본과의 동일성이 인정되는 사본인가?

[답] 앞서 본 바와 같이 해당 출력문서가 컴퓨터 내의 원본인 전자문서와 같은 문서라는 동일성(무결성)이 입증되어야 한다.[1)2)] 그런데 이 사건 피고인 측

관이 범죄피해자 회사 소속 컴퓨터 전문가인 사인 등에 의뢰하여 영장을 집행하는 방법으로 수집되었을 때 이를 위법수집증거로 배제할 것인지 하는 문제도 흥미로운 분석 주제라고 하겠다. 우리나라 영장집행실무에서도 이러한 일이 발생하고 있는 것으로 보인다. 이에 관하여 상세히 미국 판례를 분석하고 있는 Ian M. Comisky, Lawrence S. Feld, Steven M. Harris, 「Tax Fraud & Evasion」(2012), Volume 2, Chapter 14. Constitutional Privileges-Fourth Amendment, ¶ 14.02[4][e] Private Searches.(West Law Citation: TEE WGL ¶ 14.02) 참조(위 책은 미국 연방의 특별사법경찰관인 IRS 소속 수사관들의 조세범 수사에 관하여 다루고 있으나 일반적인 미국 연방의 압수수색 실무를 매우 상세히 설명하고 있기도 하다).

1) 이 점에 관하여 대법원 2007. 12. 13. 선고 2007도7257 판결은 다음과 같이 판시한다.

「압수물인 디지털 저장매체로부터 출력한 문건을 증거로 사용하기 위해서는 디지털 저장매체 원본에 저장된 내용과 출력한 문건의 동일성이 인정되어야 하고, 이를 위해서는 디지털 저장매체 원본이 압수시부터 문건 출력 시까지 변경되지 않았음이 담보되어야 한다. 특히 디지털 저장매체 원본을 대신하여 저장매체에 저장된 자료를 '하드카피' 또는 '이미징'한 매체로부터 출력한 문건의 경우에는 디지털 저장매체 원본과 '하드카피' 또는 '이미징'한 매체 사이에 자료의 동일성도 인정되어야 할 뿐만 아니라, 이를 확인하는 과정에서 이용한 컴퓨터의 기계적 정확성, 프로그램의 신뢰성, 입력·처리·출력의 각 단계에서 조작자의 전문적인 기술능력과 정확성이 담보되어야 한다. 그리고 압수된 디지털 저장매체로부터 출력한 문건을 진술증거로 사용하는 경우, 그 기재 내용의 진실성에 관하여는 전문법칙이 적용되므로 형사소송법 제313조 제1항에 따라 그 작성자 또는 진술자의 진술에 의하여 그 성립의 진정함이 증명된 때에 한하여 이를 증거로 사용할 수 있다.」(출처: 대법원 2007. 12. 13. 선고 2007도7257 판결【국가보안법위반(간첩)·국가보안법위반(잠입·탈출)·국가보안법위반(잠입·탈출)교사·국가보안법위반(찬양·고무등)·국가보안법위반(회합·통신등)·국가보안법위반(회합·통신등)교사·국가보안법위반(자진지원·금품수수)】[공2008상,80]).

위 대법원 판결 외에 「피고인과 상대방 사이의 대화 내용에 관한 녹취서가 공소사실의 증거로 제출되어 녹취서의 기재 내용과 녹음테이프의 녹음 내용이 동일한지에 대하여 법원이 검증을 실시한 경우에, 증거자료가 되는 것은 녹음테이프에 녹음된 대화 내용 자체이고, 그 중 피고인의 진술 내용은 실질적으로 형사소송법 제311조, 제312조의 규정 이외에 피고인의 진술을 기재한 서류와 다름없어, 피고인이 녹음테이프를 증거로 할 수 있음에 동의하지 않은 이상 녹음테이프에 녹음된 피고인의 진술 내용을 증거로 사용하기 위해서는 형사소송법 제313조 제1항 단서에 따라 공판준비 또는 공판기일에서 작성자인 상대방의 진술에 의하여 녹음테이프에 녹음된 피고인의 진술 내용이 피고인이 진술한 대로 녹음된 것임이 증명되고 나아가 그 진술이 특히 신빙할 수 있는 상태 하에서 행하여진 것임이 인정되어야 한다. 또한 대화 내용을 녹음한 파일 등 전자매체는 성질상 작성자나 진술자의 서명 또는 날인이 없을 뿐만 아니라, 녹음자의 의도나 특정한 기술에 의하여 내용이 편집·조작될 위험성이 있음을 고려하여, 대화 내용을 녹음한 원본이거나 원본으로부터 복사한 사본일 경우에는 복사과정에서 편집되는 등의 인위적 개작 없이

586 제 2 편 전자증거법론의 분야별 적용

에서 피고인이 사용한 컴퓨터에 저장된 전자파일 문서를 출력한 문서임을 다투

원본의 내용 그대로 복사된 사본임이 증명되어야 한다」고 판시한 판결(출처: 대법원 2012. 9. 13. 선고 2012도7461 판결【특정경제범죄가중처벌등에관한법률위반(공갈)】[공2012하,1715])도 참조.
2) 미국 연방증거규칙(Federal Rules of Evidence, 이것은 미연방대법원이 제정하는 것이므로 우리 식으로 번역하면 '규칙'이라고 해야 옳은 번역이다. 간혹 이를 미국 연방증거법이라고 번역하는 사람들도 있으나 그것은 잘못된 번역이다. 미국 연방의회가 제정하는 형사법 관련 법률은 미연 방법전 Title 18, 즉 USC 18에 수록되어 있다) 제901조(b)는 증거능력을 인정받기 위하여 검토할 요건으로 진정성(Authentication)과 동일성(Identification)을 전문법칙(제8장)의 장 다음인 제9장 에서 규정하고 있다. 그 중 Rule 901(b)는 위와 같은 진정성과 동일성을 증명할 수 있는 증거로, 즉 어떤 유죄입증 증거의 증거능력을 인정하는 소송법상의 증거능력요건 사실을 인정하는 소송 법상의 증거로서 "절차나 체계를 설명하고 그 절차나 체계가 정확한 결과를 산출함을 보여주는 증거"를 들고 있다. 위 해당 조항이 포함된 전체 조문의 원문은 아래와 같다(2015. 2. 5. 현재 WestLaw를 방문하여 검색한 내용이다). 이것은 전자증거의 증거능력 인정을 위한 요건을 규정 하고 있는 것이 아니라 증거능력 인정을 위한 초기 단계에서 일반적으로 검토되어야 할 증거의 동일성(진정성) 인정을 위하여 요구되는 요건일 뿐이다. 즉 그 이후의 단계인 전문증거의 증거 능력 인정요건은, 위 동일성의 요건이 인정되는 증거에 한하여 별도로 검토되어야 하는 것이다. 따라서 전자증거의 증거능력 인정요건으로 동일성(진정성)만이 요구되는 것처럼 해석론으로 주 장하거나 입법론으로 주장하는 것은 옳지 않다. 미국 연방 증거법상 서증(documentary evi-dence)이 증거능력을 인정받기 위해서는 관련성(relevance, FRE Rule 401), 진정성(authenticity, FRE Rule 901(a)), 신뢰성(reliability), 비전문증거성(non-hearsay, FRE Rule 801 이하), 최량증거 성(best evidence, FRE Rule 1001 이하), 증거가치의 편견유발위험에 대한 우월성(probative value vs. prejudicial effect, FRE Rule 403) 등과 같은 6가지 관문을 통과해야 한다[Rashbaum, et al., 「Admissibility of Non-U.S. Electronic Evidence」, *18 Rich. J. L. & Tech. 9, at *6 (2012)*].

Federal Rules of Evidence(Refs & Annos)

Article IX. Authentication and Identification

Rule 901. Authenticating or Identifying Evidence

(a) In General. To satisfy the requirement of authenticating or identifying an item of evidence, the proponent must produce evidence sufficient to support a finding that the item is what the proponent claims it is.

(b) Examples. The following are examples only--not a complete list--of evidence that satisfies the requirement:

(1) Testimony of a Witness with Knowledge. Testimony that an item is what it is claimed to be.

(2) Nonexpert Opinion About Handwriting. A nonexpert's opinion that handwriting is genu-ine, based on a familiarity with it that was not acquired for the current litigation.

(3) Comparison by an Expert Witness or the Trier of Fact. A comparison with an authenti-cated specimen by an expert witness or the trier of fact.

(4) Distinctive Characteristics and the Like. The appearance, contents, substance, internal patterns, or other distinctive characteristics of the item, taken together with all the circumstances.

(5) Opinion About a Voice. An opinion identifying a person's voice--whether heard first hand or through mechanical or electronic transmission or recording--based on hearing the voice at any time under circumstances that connect it with the alleged speaker.

(6) Evidence About a Telephone Conversation. For a telephone conversation, evidence that a call was made to the number assigned at the time to:

(A) a particular person, if circumstances, including self-identification, show that the

지 않는다니[1] 그것만으로도 동일성 및 무결성은 입증되었다.[2] 그 동일성 및 무결성 입증은 증거능력 인정요건에 관한 입증으로서 매우 자유로운 증명의 기준을 충족하기만 하면 인정되기 때문이다.[3] 이런 의미에서 해당 출력물을 원본인 서면으로 보아도 무방하다.[4][5]

---

person answering was the one called; or

   (B) a particular business, if the call was made to a business and the call related to busi
ness reasonably transacted over the telephone.

(7) Evidence About Public Records. Evidence that:

   (A) a document was recorded or filed in a public office as authorized by law; or

   (B) a purported public record or statement is from the office where items of this kind are kept.

(8) Evidence About Ancient Documents or Data Compilations. For a document or data
compilation, evidence that it:

   (A) is in a condition that creates no suspicion about its authenticity;

   (B) was in a place where, if authentic, it would likely be; and

   (C) is at least 20 years old when offered.

(9) <u>Evidence About a Process or System. Evidence describing a process or system and
showing that it produces an accurate result.</u>

(10) Methods Provided by a Statute or Rule. Any method of authentication or identification
allowed by a federal statute or a rule prescribed by the Supreme Court.

1) 디지털 증거를 수색·검증, 압수하는 수사관으로서는 공판정에서 이 동일성 요건에 관한 시비가 일어나지 않도록 필요한 조치를 다 취해두어야 한다. 피압수자로부터 동일성에 관한 확인서를 받아 두는 것도 한 방법이 될 것이다. UNITED STATES DEPARTMENT OF JUSTICE, 「FEDERAL GUIDELINES FOR SEARCHING AND SEIZING COMPUTERS」, IX. APPENDICES, APPENDIX A, 3. Stipulation for Returning Original Electronic Data, 3 L. of Toxic Torts Appendix 22J(2012) 참조.

2) 만약, 그 동일성이나 무결성을 피고인측이 다툰다면, 공판정에서 원본 또는 복제본 파일을 열어 컴퓨터 화면에 띄우고 출력물과 대조하거나 압수물의 양이 방대하여 법정에서 검증하는 것이 곤란하고 변호인이 그 검증절차를 거부하는 경우 객관성과 전문성을 담보할 수 있는 전문기관에 감정을 의뢰하여 그 동일성 인정여부를 판명한다. 서울중앙지방법원 형사부의 2012. 9. 12.자 코트넷 게시물인 「디지털증거 조사방법 모델(안)」 참조.

3) 이러한 동일성 내지 무결성 입증을 위해 하드디스크 등 저장매체 압수 후 피의자 등의 서명을 받아 봉인하고, 그 과정을 녹화하며, 압수대상자가 입회한 가운데 봉인을 풀고 'Encase' 프로그램을 이용하여 이미지 파일을 생성한 후 별도의 저장장치에 이미지 파일을 저장한 다음 이를 복구하고 분석하며, 쓰기방지장치(Fastblock)를 압수한 후 저장매체에 연결한 상태에서 이미지 파일 생성작업을 하고 이미지 파일에 대한 해쉬값을 계산하여 관련자로 하여금 해쉬값이 기재된 서면에 서명·날인하게 하고, 피고인이 법정에서 무결성을 부정하면 압수한 저장장치의 해쉬값과 이미지 파일의 해쉬값을 비교하도록 법원에 검증을 신청한다고 한다[김영기, "디지털 증거의 진정성립부인과 증거능력 부여 방안", 형사판례연구 19호(2011. 6.), 516쪽; 위 정교일(한국전자통신연구원 연구위원), "디지털증거의 압수와 공판정에서의 제출방안", 126쪽]. 전자증거 수집절차의 적법성을 담보하기 위해 수사기관 측에서 위와 같은 조치를 취하는 것은 환영할 만한 일이나, 전자증거 원본과 출력물 사이의 동일성(무결성) 입증은 증거능력 인정요건 사실 증명에 관한 것으로 사실심 법관의 광범한 재량에 맡겨 있는 자유로운 증명으로 족하다는 점도 참고해야 할 것이다. 오기두, "전자증거의 증거능력", 법률신문 2012. 8. 27.자 13쪽; State of Connecticut v. Alfred Swinton(2004), 268 Conn. 781, 847 A.2d 921.

4) 미국 연방 증거규칙 제1001조(d)도, 증거로는 원칙적으로 원본을 제출해야 한다는 최량증거의

이러한 동일성 요건은 피고인이 삭제한 파일이 저장되었던 하드디스크나 휴대전화를 수사기관이 디지털 포렌식 절차를 통해 복구한 경우에도 당연히 요구된다고 할 것이다.[1] 만약 피고인이 그 동일성을 부인한다면 복구한 파일과 삭제된 원본파일, 그리고 그 출력물 등의 동일성 입증에는 디지털 포렌식 전문가의 공판정 증언이나 수사보고서 또는 감정보고서 등에 의한 무결성, 동일성 입증이 필요하고, 그 복구에 사용된 프로그램의 신뢰성, 복구과정의 신뢰성, 해당 복구자의 기술적 전문성 등이 인정되어야만 할 것이다. 이처럼 동일성 인정을 위한 사항들을 입증하기 위해서는 해당 파일의 복구 과정을 진행한 디지털 증거수집 전문수사관이나 제3의 전문가의 진술이 필요할 것이다. 그러나 반드시 그들이 공판정에 출석할 필요는 없고 그 진술을 기재한 수사보고서나 진술서 등을 제출하여도 된다고 하겠다. 동일성 입증도 증거능력에 관한 것으로 법정된 입증방법이 없으며, 자유로운 증명으로 족하기 때문이다.[2]

법칙(best evidence rule)을 요구하면서도 컴퓨터 증거에 관해 이를 완화하여 출력물의 증거능력을 인정하되 그 출력물이 원본을 정확하게 반영하고 있을 것을 요구하고 있다[종전에도 동일한 규정이 있어서 제1001조 제3호로 인용되었으나 2011년도에 개정된 해당 조항은 이를 (d)에서 규정하고 있다].

United States Code Annotated Currentness

Federal Rules of Evidence (Refs & Annos)

Article X. Contents of Writings, Recordings, and Photographs

Rule 1001. Definitions That Apply to This Article

In this article:

(a) A "writing" consists of letters, words, numbers, or their equivalent set down in any form.

(b) A "recording" consists of letters, words, numbers, or their equivalent recorded in any manner.

(c) A "photograph" means a photographic image or its equivalent stored in any form.

(d) An "original" of a writing or recording means the writing or recording itself or any counterpart intended to have the same effect by the person who executed or issued it. For electronically stored information, "original" means any printout--or other output readable by sight--if it accurately reflects the information. An "original" of a photograph includes the negative or a print from it.

(e) A "duplicate" means a counterpart produced by a mechanical, photographic, chemical, electronic, or other equivalent process or technique that accurately reproduces the original.

5) 전자증거의 원본성에 관해서는 오기두,「刑事節次上 컴퓨터 關聯證據의 蒐集 및 利用에 關한 研究」(1997. 2.), 서울대학교 법학박사학위논문, 240쪽 이하 참조.

1) 미국 연방법원에서 요구하는 '보관의 연속성'(chain of custody)도 우리 법제상으로는 이러한 동일성의 요건으로 포섭해야 한다. 따라서 만약 어떤 디지털 정보가 특정 컴퓨터 운영체제나 응용 소프트웨어에 의해 비교, 계산, 평가, 그룹화 또는 선택적 복구 등을 통해 가공되었다면 그 동일성을 인정하기 어렵다. UNITED STATES DEPARTMENT OF JUSTICE,「FEDERAL GUIDELINES FOR SEARCHING AND SEIZING COMPUTERS」, VIII. EVIDENCE, C. AUTHENTICATING ELECTRONIC DOCUMENTS, 3 L. of Toxic Torts Appendix 22J(2012) 참조.

2) 캘리포니아 주 증거법 제1553조(Evidence Code section 1553)도, 비디오나 디지털 매체에 저장된

다만, 디지털 포렌식 전문가의 증언이 단지 서면 형태로만 법정에 현출되는 경우에는 다음의 점을 고려해야 한다. 즉, 해당 전자문서의 동일성을 인정함으로써 결과적으로 피고인에게 불리한 진술을 한 경우에는 피고인의 반대신문권을 침해하여 헌법상의 공정한 재판을 받을 권리를 침해한 결과에 이르지 않을 정도이어야 한다. 그래야 그 디지털 포렌식 전문가의 서면 진술만으로 진정성립을 인정할 수 있을 것이다. 그러나 동일성이 단지 증거능력 인정 요건이 됨에 비추어 헌법상의 공정한 재판을 받을 권리를 침해하는 데까지 이르렀다고 할 경우는 매우 드물 것이다.[1]

3) 진술증거인가? 물건증거인가?

[답] 이 사례에서 컴퓨터 하드디스크 전자파일을 출력한 종이문서에 기재된 내용은 언제든 육성인 말로 전환될 수 있는 문자로 사상과 의견을 표현한 것이다. 그것을 증거로 제출하여 증거조사를 하게 되면 사실인정자는 그 문서에 기재된 내용을 파악할 수밖에 없게 된다. 그러므로 이 출력문서를 비진술증거인 증거물이라고 볼 수는 없고 진술증거라고 해야 함은 의문의 여지가 없다.[2] 그렇다면 해당 출력물은 증거물인 「서면」 또는 「증거서류」가 될 터이다. 즉, 위 출력물은 진술을 문서에 기재한 것으로 적어도 「증거물」은 아니다.

이미지의 출력본은 정확하게 원본을 轉寫한 것이라고 추정한다. 따라서 그 轉寫의 정확성이나 신용성을 의심할 만한 증거가 상대방 측에 의해 제출되면 해당 디지털 이미지 출력본을 제출하려는 당사자가 증거가치의 상대적 우월성에 입각하여 그 정확성 등에 관하여 입증하면 족하다. "A printed representation of images stored on a video or digital medium is presumed to be an accurate representation of the images it purports to represent. This presumption is a presumption affecting the burden of producing evidence. If a party to an action introduces evidence that a printed representation of images stored on a video or digital medium is inaccurate or unreliable, the party introducing the printed representation into evidence has the burden of proving, by a preponderance of evidence, that the printed representation is an accurate representation of the existence and content of the images that it purports to represent." 또한 증거동의를 하였다면 그 진정성을 다투어 trial court의 증거결정에 대해 불복할 수 없다. 2008 WL 1970957(Cal. App. 4 Dist.).

1) 증거능력 요건 인정에 관한 문제는 대부분 반대신문권(대면권) 보장과 같은 헌법상의 권리보장 문제로까지 격상되지는 않는다. State v. Vitale, 197 Conn. 396, 403, 497 A.2d 956(1985); State of Connecticut v. Alfred Swinton(2004), 268 Conn. 781, 847 A.2d 921.

2) 미국 연방 증거규칙 제801조 (a)는 "진술"이란, 구두에 의한 주장, 서면에 의한 주장 또는 주장을 하려고 의도하는 인간의 비언어적 행동이라고 정의한다.
 Federal Rules of Evidence Rule 801, 28 U.S.C.A.
 Article VIII. Hearsay
 Rule 801. Definitions That Apply to This Article; Exclusions from Hearsay
  (a) Statement. "Statement" means a person's oral assertion, written assertion, or nonverbal conduct, if the person intended it as an assertion.

따라서 이때 검사가 위 문서의 내용을 증거로 제출하는 것이 아니라 위 문서의 내용을 기재한 전자문서의 존재만을 입증할 증거로, 즉 「증거물」로서 해당 출력문서를 제출한다고 해도 검사의 그러한 주관적 입증취지에 법원이 구애될 것은 없다. 달리 말하면, 공판관여 검사의 주관적인 입증취지에 따라 해당 출력문서의 증거로서의 성질이 좌우되는 것이 아니다. 증거의 성질은 공소사실과의 관계 및 해당 증거의 특성 자체에서 객관적으로 결정되는 것이다. 그러므로 이 사례에서 검사의 위와 같은 주장은 근거가 없다. 출력문서의 내용을 읽어보게 할 의도로 그것을 증거로 제출하면서 해당 문서의 존재 사실만을 입증하기 위해 증거물로 제출한다고 주장하는 것은 부당하다. 전자증거의 내용 자체가 범죄로 되는 경우(예컨대 협박죄로 기소된 피고인이 '협박한 발언' 자체가 기재된 전자문서로 이른바 증거물인 「서면」)와 전자증거의 내용이 범죄사실 입증 증거로 제출된 경우(예컨대 정치자금 수수죄로 기소된 피고인에 대해 그 범죄사실을 입증할 증거로 그 정치자금 수수사실을 거론하며 피고인을 협박한 정치자금 제공자의 말이 기재된 전자문서로 이른바 「증거서류」[1])를 혼동하여 하는 주장일 수도 있다. 결국, 「증거물」로 위 출력물을 증거로 제출하겠다는 검사의 주장을 고려할 것 없이 해당 출력문서의 기재 내용이 사람의 사실 인식이나 의견을 문자 등으로 기재하여 나타낸 것이므로 증거물인 「서면」 또는 「증거서류」라고 해야 한다. 특히 위 출력문서는 다음에서 보는 바와 같이 범죄단체 가입이라는 이 사건 공소사실과의 관계에서 증거물인 「서면」이 아니라 「증거서류」인 진술증거라고 해야 한다.

4) 전문증거인가? 비전문증거인가?

[답] 서류의 내용만이 증거로 되면 해당 서류를 「증거서류」라고 하고, 그 밖에 서류의 존재[2] 또는 상태도 증거로 되면 증거물인 「서면」이라고 하여 구별하는 것이 확립된 공판실무이다.[3] 피고인이 범죄단체 가입죄로 기소된 이 사안에서 그 출력문서의 원본인 전자문서 작성행위 자체가 범죄사실로 되는 것은 아니다. 그에 기재된 내용이 범죄단체 가입행위라는 범죄사실의 증거가 되는 것일 뿐이다. 그러므로 위 출력문서는 비전문증거인 진술증거가 아니라[4] 범죄단

---

1) 법원행정처, 「법원실무제요 형사[II]」(2008), 82-84쪽(2014년판은 83쪽) 참조.
2) 예컨대 ISP인 Yahoo! 서버에 올린 아동포르노 사진은 그 소지, 수수, 유통을 처벌하는 구성요건(공소사실)에 관한 한 증거물인 서면(substantive evidence)에 해당하고 이에 대해서는 전문법칙이 적용되지 않는다. U.S. v. James M. Cameron(D. Maine, 2011), 762 F.Supp.2d 152.
3) 위 「법원실무제요 형사[II]」, 83쪽(2014년판도 같음).
4) 비전문증거인 진술증거는 그 내용 자체가 증명대상인 공소사실이다. 예컨대 명예훼손내용, 침해의 대상인 영업비밀, 탐지·수집 대상인 국가기밀, 소지의 대상인 이적표현물, 휴대전화기에 저장된 공포심이나 불안감 조성내용의 문자메시지(대법원 2008. 11. 13. 선고 2006도2556 판결) 등

체 가입이라는 공소사실을 입증할 전문증거인 진술증거에 해당한다.[1] 즉 이것은 비록 피고인의 진술을 내용으로 하고 있지만, 적어도 우리 형사소송법상으로는 제313조의 전문증거에 해당한다. 달리 말하자면, 해당 문서는 그 존재나 상태가 증거로 되는 증거물인 「서면」이 아니라,[2] 그 내용이 증거로 되는 「증거서류」이다.

출력물의 원본인 디지털 증거의 내용 자체가 문자로 기록되었을 때 뿐 아니라 동영상, 사진, 음성 등으로 수록되어 있을 때에도 같게 보아야 한다. 즉, 그 수록행위 자체가 공소사실의 범행이 되는 것이 아니라 공소사실 범행을 입증할 증거가 된다면 진술증거인 전문증거라고 해야 한다.

나. 전문법칙의 적용

해당 출력문서가 전문증거라면 전문법칙의 예외 규정에 의해 증거능력을 인정할 수 있는가?[3]

위 질문에 대한 답은 다음과 같다. 위 출력문서는 피고인 작성의 진술서에 관한 형사소송법 제313조 제1항에 의해 그 증거능력 인정 여부를 판정해야 한

이 이에 해당한다. 오기두, "전자증거의 증거능력", 법률신문 2012. 8. 27.자 13쪽.

[1] 타인의 진술을 내용으로 하는 진술이 전문증거인지는 요증사실과 관계에서 정하여지는데, 원진술의 내용인 사실이 요증사실인 경우에는 전문증거이나, 원진술의 존재 자체가 요증사실인 경우에는 본래 증거이지 전문증거가 아니다(대법원 2012. 7. 26. 선고 2012도2937 판결【특정경제범죄가중처벌등에관한법률위반(사기)(피고인2에대하여일부인정된죄명: 사기)·사기·변호사법위반·횡령·업무상횡령】[공2012하,1530]).

[2] 컴퓨터 프로그램의 출력물로서 인간의 손을 거치지 않은 기계적으로 작성된 문서, 예컨대 인터넷 서비스업자에 대한 로그인 기록, 또는 전화통화기록, 은행 자동현금지급기(ATM) 영수증 등과 같은 컴퓨터로 생성된 기록(computer generated evidence)은 여기서 말하는 「증거물인 서면」(또는 디지털 저장매체 자체 형태로 증거로 제출된다면 「증거물」)으로 보면 된다. 그들의 증거능력 인정에 관해서는 해당 컴퓨터 작동의 진정성(authenticity) 및 동일성(identification)을 검토해야 한다.

[3] 디지털 증거는 그 생성, 변경, 저장, 복제, 이동에 있어 전통적인 증거방법과 현격한 차이를 보인다. 그렇다고 해서 법률에 명문으로 규정되어 있는 전통적인 증거능력 요건을 벗어나서 그 독자적인 요건을 적어도 해석론으로 창설할 수는 없다. 디지털 증거라고 해서 특별한 취급을 받아야 한다며 법석을 떨 수는 없다는 말이다. 입법론을 주장하더라도 디지털 증거의 특징만을 입법근거로 드는 정도로는 터무니없이 부족하다. 그에 더하여 왜 디지털 증거의 특징에 기한 별도의 증거능력 규정을 두어야 하는지에 대한 조리나 헌법 등 다른 규범에 터 잡은 근거, 공판실무상의 현실적, 이상적 필요성 등을 함께 제시해 주어야 한다. 수사상 필요하다는 점도 하나의 입법개선 근거가 될 수는 있지만 그것은 매우 보충적으로만 고려할 대상이다. 수사절차의 궁극적인 목적은 결국 공판절차에서 해당 디지털 증거의 증거능력을 인정받는 데 있기 때문이다. 저자는 오래 전부터 이런 생각을 하고 있었는바, 미국 연방 법무부가 작성한 수사 가이드라인도 결국 같은 취지의 기술을 하고 있음을 뒤늦게 발견하고 흡족한 기분에 젖기도 한다. UNITED STATES DEPARTMENT OF JUSTICE, 「FEDERAL GUIDELINES FOR SEARCHING AND SEIZING COMPUTERS」, VIII. EVIDENCE, A. INTRODUCTION, 3 L. of Toxic Torts Appendix 22J(2012) 참조.

다.[1] 위 법 규정에 의하면 해당 출력문서에 작성자인 피고인의 자필이나 서명이나 날인이 있어야 하고, 그에 기재된 내용을 진술하였던 원진술자인 피고인이 공판정에서 형식적 진정성립과 실질적 진정성립을 인정해 주어야 증거능력을 인정받을 수 있다. 출력문서의 원본인 디지털 증거의 내용 자체가 문자로 기록되었을 때 뿐 아니라 동영상, 사진, 음성으로 수록되어 있을 때에도 그 수록행위 자체가 공소사실 범행이 되는 것이 아니라 공소사실 범행을 입증할 증거가 된다면 전문증거라고 할 것이므로, 이에 대해서도 동일하게 피고인의 공판정 진술에 의한 진정성립 인정이 증거능력 요건으로 요구된다.

　　피고인 스스로 작성한 전자문서는, 그 문서 내용의 진술인 피고인이 작성자의 지위를 겸하고 있으므로 작성자와 진술자를 구별할 필요가 없다. 그러나 전문법칙이 원진술자의 공판정 소환에 의한 직접신문을 구현하기 위해 두게 된 제도임을 고려하면, '작성자'라기보다 '원진술자'에 해당하는 피고인에 초점을 맞추어 이해하는 것이 정확하다.[2]

1) 자필·서명·날인의 요건

가) 작성자(진술자)의 특정

　　전자증거 자체나 그로부터 출력한 문서에 전통적인 종이문서에서와 같은 자필이나 서명 또는 날인을 요구할 수는 없다.[3] 전자증거에 워드프로그램으로

---

1) 「컴퓨터 디스켓에 들어 있는 문건이 증거로 사용되는 경우 그 컴퓨터 디스켓은 그 기재의 매체가 다를 뿐 실질에 있어서는 피고인 또는 피고인 아닌 자의 진술을 기재한 서류와 크게 다를 바 없고, 압수 후의 보관 및 출력과정에 조작의 가능성이 있으며, 기본적으로 반대신문의 기회가 보장되지 않는 점 등에 비추어 그 기재내용의 진실성에 관하여는 전문법칙이 적용된다고 할 것이고, 따라서 형사소송법 제313조 제1항에 의하여 그 작성자 또는 진술자의 진술에 의하여 그 성립의 진정함이 증명된 때에 한하여 이를 증거로 사용할 수 있다.」
(대법원 1999. 9. 3. 선고 99도2317 판결【국가보안법위반(반국가단체의구성등)(인정된 죄명: 국가보안법위반(찬양·고무등)·국가보안법위반(회합·통신등)(변경된 죄명, 일부 인정된 죄명: 국가보안법위반(찬양·고무등)·국가보안법위반(찬양·고무등)】[공1999.10.15.(92),2140]).
2) 법 제313조 제1항 본문의 진술서류는 원진술자가 직접 작성한 진술서이든 제3자가 원진술자의 진술을 기재한 서류이든 언제나 원진술자의 공판정 진술에 의해서만 진정성립을 증명할 수 있는 것이다. 법원행정처, 「법원실무제요 형사[II]」(2008), 114쪽(2014년판은 116쪽).
3) 그러므로 다음과 같이 피고인이 자필로 작성한 진술서(유치원 경리가 횡령사실을 시인하면서 변제하겠다고 한 각서에 대해 강압에 의해 작성하였다고 증거 항변한 경우임)에 대해서도 법 제313조 제1항 단서를 적용하여 피고인의 공판정 진술에 불구하고 자유로운 증명에 의한 특신상태 인정만으로 그 증거능력을 인정한 대법원 판결은 자필에 친하지 않은 전자문서에 직접 적용할 수는 없다.
「피고인의 자필로 작성된 진술서의 경우에는 서류의 작성자가 동시에 진술자이므로 진정하게 성립된 것으로 인정되어 형사소송법 제313조 제1항 단서에 의하여 그 진술이 특히 신빙할 수 있는 상태 하에서 행하여진 때에는 증거능력이 있고, 이러한 특신상태는 증거능력의 요건에 해당하므로 검사가 그 존재에 대하여 구체적으로 주장·입증하여야 하는 것이지만, 이는 소송상의

입력된 내용이나 프린트로 그것을 출력한 인쇄물에 사람의 손으로 쓴 자필이
있을 수 없고, 서명이나 날인이 그 본질적인 내용으로 담겨져 있지도 않기 때문
이다. 그렇다고 해서 형사소송법 제313조 제1항의 문언을 그대로 해석하여 자필·
서명·날인에 친하지 않은 전자증거나 그 출력물은 위 조항의 규율대상이 아니
라고 해석할 수도 없다. 전자증거의 증거능력을 법에서 규율하지 못하는 영역에
남겨둔다고 해석하는 것은 기술발전 시대에 동떨어진 주장이기 때문이다. 반대
로 법에 명문으로 씌어 있는 요건을 함부로 해석론으로 무시하여 전자증거나
그 출력물에 관하여는 자필·서명·날인 요건이 필요하지 않다고 주장할 수도 없
다.[1] 해석론의 한계를 넘기 때문이다. 그러므로 위 요건은 작성명의자의 특정
문제로 치환하여 해석함이 옳다.[2] 즉 해당 전자파일에 정보를 입력한 사람을
확정하여야 증거신청도 적법하게 되고,[3] 증거능력도 인정할 수 있는 것이다.

이처럼 이 사건에서 출력된 문서에 관하여 해당 워드프로그램으로 작성된
전자문서 원본이 피고인의 자필이라고 할 수 없음은 물론이고, 프린터기로 출력
한 문서에 쓰여진 글씨가 피고인의 자필이라고 할 수도 없다. 나아가 그 출력문
서에 어떠한 서명, 날인도 없다. 그밖에 해당 재수학원 행정실에 소재한 컴퓨터
하드디스크에 저장된 전자파일 문서에 관해 ID, Password, Email 계좌 및 그것
을 통해 송부된 Email 첨부파일 문서, 메타데이터분석,[4] 해쉬값 비교 등으로 해
당 작성자를 특정할 어떤 자료도 법정에 제시된 바 없다.[5] 해당 출력물의 작성

사실에 관한 것이므로, 엄격한 증명을 요하지 아니하고 자유로운 증명으로 족하다.」(대법원
2001. 9. 4. 선고 2000도1743 판결【업무상횡령】[공2001.10.15.(140),2203]). 이 책의 609쪽, 주 1) 참조.
1) 녹음테이프의 경우 「서명·날인이 없더라도 그것이 대화내용을 녹음한 원본이거나 혹은 원본으
로부터 복사한 사본일 경우에는 복사과정에서 편집되는 등으로 인위적 개작 없이 원본의 내용
그대로 복사된 사본임이 입증되면」 증거능력이 인정된다(대법원 2005. 12. 23. 선고 2005도2945
판결). 그러나 기본적으로 녹음테이프에 녹음된 음성은 아날로그 방식으로 마그네틱 표면에 새
겨진 것으로서 음성자체의 청취에 의해 그 발음자의 동일성을 쉽게 특정할 수 있는 점에서 디지
털 방식으로 기재되어 작성자(진술자)의 특정이 어려운 전자증거와는 구별된다. 전자증거는 자
필, 서명, 날인 등에 준하는 작성자 내지 진술자를 특정할 수 있어야만 증거능력을 인정할 수 있
다고 해야 한다. 디지털 방식으로 녹음한 전자파일도 아날로그 방식으로 녹음된 테이프와는 달
리 그 변경이 용이하므로 진정성립의 요건을 엄격하게 요구해야 할 것이다. 전자증거와 녹음테
이프의 증거능력과의 관계에 관하여는, 오기두, 「刑事節次上 컴퓨터 關聯證據의 蒐集 및 利用에
關한 硏究」, 서울대학교 법학박사학위논문(1997), 259쪽 이하 참조,
2) 오기두, "전자증거의 증거능력", 법률신문 2012. 8. 27.자 13쪽.
3) 형사소송규칙 제134조의7 제2항은 컴퓨터 디스크 등에 기억된 문자정보를 증거로 하는 경우에
증거조사를 신청한 당사자는 법원이 명하거나 상대방이 요구한 때에는 컴퓨터 디스크 등에 입
력한 사람과 입력한 일시, 출력한 사람과 출력한 일시를 밝혀야 한다고 규정하고 있다.
4) 파일 이름, 파일 위치, 파일 포맷 또는 파일 종료, 파일 크기, 파일 날짜, 파일 허가 관련 데이터
가 메타데이터에 해당한다.
5) 해당 전자문서가 피고인의 주거지에서 압수된 컴퓨터에 들어 있었다는 사실, 인터넷 계정으로 접

명의자를 특정할 어떤 흔적도 없는 것이다. 그러므로 이 출력물의 증거능력은 이 단계에서 바로 부정된다. 즉, 검사가 이 출력문서를 피고인이 작성한 전자파일문서에서 출력하였다고 주장하면서 증거로 제출하려고 한다고 해도, 과연 그 출력문서가 검사의 주장과 같이 피고인이 작성한 전자파일문서에서 출력한 문서임을 인정할 수 있는지에 관한 자료가 없어 증거능력을 인정할 수 없는 것이다. 즉, 이 사건에서와 같이 컴퓨터에 저장된 전자파일문서 자체가 피고인에 의해 작성된 것이 아니며, 따라서 그 출력물도 피고인이 작성하지 않은, 처음 보는 문서라고 피고인이 주장하고 나서면 그 증거능력을 인정할 방법은 없게 되는 것이다. 피고인이 해당 출력문서의 무결성·동일성을 부정하여도 그 출력된 문서 자체의 작성명의인을 특정할 수 없으므로 그 출력문서의 증거능력이 부정된다.

　　이 사안에서 굳이 해당 출력문서의 증거능력을 인정하는 하나의 방안으로 다음의 방법을 생각해 볼 수는 있다. 즉, 출력 이전의 전자파일문서를 검사가 제출하고, 그 전자문서 내용과 해당 출력물의 동일성을 법원이 검증한 후 동일성을 인정하는 경우에 한해 출력문서의 증거능력을 인정할 여지를 찾아보는 것이다. 그러나 이 경우에도 만약 원진술자인 피고인 스스로 원본인 위 전자파일문서 자체가 위조되었다며 자신이 작성한 전자문서가 아니라고 주장하면 그 작성명의인을 특정할 수 없다. 그로 인해 원본인 전자문서 자체의 증거능력이 부정되고, 그에 따라 그것을 출력한 출력문서의 증거능력도 부정할 수밖에 없게 되는 것이다. 더욱이 이 사건의 재수학원과 같이 피고인 이외의 불특정 다수인이 사용할 수 있는 컴퓨터에 저장되어 있다는 전자문서를, 피고인이 부인함에도 불구하고, 피고인이 작성한 바로 그 문서라고 단정할 수는 없다. 그래서 원본이 법령 등으로 인정된 공신력 있는 전자서명 등의 기술적 수단을 사용하여 작성명의인을 특정하게 한 전자문서인 때 등 작성명의인을 특정할 수 있는 경우가 아니면,[1] 그리고 이때에도 원진술자인 피고인이 공판정에서 그것이 자신의 전

　　속한 이름과 피고인의 집으로 보낸 서신의 이름, 주소 그리고 전화번호가 일치하면 해당 문서의 진정성(authentication)을 인정할 수 있다[United States v. Simpson, 152 F.3d 1241(10th Cir. 1998)]. 미국 연방 증거규칙 제9장의 진정성(authentication) 및 동일성(identification)은 해당 전자증거에 관해 전문법칙 적용 여부를 검토하기에 앞서 동일성 인정여부로 검토되어야 할 요건이다. 그러나 우리 형사소송법상으로는 전문법칙을 적용하기 위해 성립의 진정을 인정할 객관적 사실, 즉 자필·서명·날인 등에 준하는 작성자(진술자)를 특정할 객관적 사실에 해당하기도 한다.
1) 미국 연방의 경우 전자문서에 그 작성자만이 알고 있는 암호 키에 의한 전자서명이 되어 있다면 그 전자문서의 진정성(authenticity)을 인정할 수 있는 명백한 특성(distinctive character)이 있다고 하게 될 것이다. UNITED STATES DEPARTMENT OF JUSTICE, 「FEDERAL GUIDELINES FOR SEARCHING AND SEIZING COMPUTERS」, VIII. EVIDENCE, C. AUTHENTICATING ELECTRONIC DOCUMENTS, 3 L. of Toxic Torts Appendix 22J(2012) 참조.

자서명임을 인정해 주지 않으면[1] 해당 전자문서 원본의 증거능력은 부정되고 그에 따라 해당 출력문서의 증거능력도 부정된다.

나) 형사소송법 제314조, 제315조에 의한 증거능력 인정 여부

피고인 이외의 사람이 작성한 전자증거에 관해 「필요성」을 이유로 증거능력을 인정하거나(법 제314조), 업무기록에 해당한다고 하여 증거능력을 인정할 수 있음은 물론이다(법 제315조).[2] 그러나 적어도 피고인 자신이 작성한 전자문서에 대해 필요성을 이유로 하거나 업무기록에 해당한다고 하여 증거능력을 인정하기는 원칙적으로 어렵다.[3] 그 이유를 차례로 살펴본다.

① 작성자가 특정되지 않으므로 증거능력 부인

이 사건에 있어 해당 출력문서 내지 그 원본인 전자문서의 작성자(진술자)를 특정할 수 없는 이상 형사소송법 제314조에 의해 필요성을 이유로 하여 증거능력을 부여하거나 같은 법 제315조에 의해 업무기록 등 기타 특히 신용할 만한 정황에 의해 작성한 문서로서 증거능력을 부여하는 방안도 생각할 수 없다.[4] 원래 형사소송법 제314조나 같은 법 제315조도 진술증거를 전제로 하여 그 증거의 내용을 진술한 자를 공판정에 소환하는 것이 어렵거나 불필요하다는 이유로 전문법칙의 예외를 인정한 규정이다. 그런데 진술자를 특정할 수 없는 진술

---

1) 이 책의 620쪽 참조.
2) 오기두, 「刑事節次上 컴퓨터 關聯證據의 蒐集 및 利用에 關한 硏究」, 서울대학교 법학박사학위논문(1997), 285, 286쪽.
3) 이에 대하여 해당 디지털 증거의 형식이나 내용, 피고인이나 그가 소속된 기관·단체의 업무, 작성목적, 다른 문서와의 대조 등 여러 사정을 고려하여 비록 피고인이 작성한 것이라고 하더라도 증거능력을 인정할 수 있다면서, 그 이유로 피고인이 작성한 문서를 업무기록에서 제외한다는 규정이 없다는 점을 근거로 드는 견해가 있다. 그러나 ① 여러 사정을 고려하여 해당 재판부가 알아서 업무기록으로서 증거능력이 인정되는지를 판단하라고 하는 것은 아무 기준도 제공해 주지 못하는 무의미한 주장일 뿐만 아니라, ② 여러 사정을 고려하는 와중에 증거능력 판단이 아닌 증명력 판단을 먼저하고 그에 비추어 유죄인정이 가능하다고 하여 증거능력을 인정하는 논리역전을 일으키는 견해로서 그 자체로 증거능력과 증명력을 혼동하고 공판실무를 부당하게 번잡하게 하는 주장이다. ③ 또한, 법문만으로 읽어 낼 수 없는 전문법칙의 기본배경지식을 간과한 채 하는 주장이라는 비판도 제기할 수 있다. 즉, 업무기록을 전문증거의 예외로서 증거능력을 인정하는 이유에 관해 그것이 작성자를 특정할 수 있는 전문진술이고, 사건과의 무관성 및 진술의 자연성에 의해 신용성을 인정할 수 있다는 이유로 증거능력을 인정하는 점을 간과한 채 하는 주장이다. ④ 그리고 법문에 없는 증거능력 요건을 만들어 내는 것은(+) 해석자가 할 일이 아닌 입법자가 할 일인 반면, 법문의 내용을 전문법칙의 기본 배경 지식에 비추어 제한하는 것은(-) 당연한 법해석의 한 방법이라고 할 것이어서 헌법상의 입법, 사법의 분립을 혼동한 견해라는 점에서도 찬성하기 어려운 학설이라고 할 수 있다.
4) 디지털증거에 관해 적절히 진정성립이 증명된 후에야 법원은 전문법칙의 예외로서 업무기록에 해당한다는 이유로 증거능력을 인정할 수 있는 것이다. United States v. Jackson, 208 F.3d 633, 638(7th Cir. 2000).

증거에 대해 그 진술자를 공판정에 소환하는 것이 어렵거나 불필요한 경우를 상정하는 것 자체가 모순이기 때문이다.[1] 또한, 위 법 제314조나 제315조는 진술에 관한 신용성의 정황적 보장을 이유로 전문법칙의 예외를 인정한 규정인데,[2] 진술자(작성자)가 불분명한 전자증거에 관해 그 진술에 관한 신용성의 정황적 보장이 있다고 하기도 어렵다.[3] 특히 제315조는, 단지 해당 전자문서가 비록

---

1) 「원심은, 피고인이 관련자들과 공모하여, 그 판시 일시와 장소에서 컴퓨터 7대를 설치하고 모집한 도박게임 가맹점들을 통해 손님들로 하여금 도박게임을 할 수 있게 하면서 게임이용료 명목의 금품을 지급받는 방법으로 도박을 개장하는 한편, 영상물등급분류위원회의 등급 분류를 받지 않은 온라인 게임물인 '메트로' 게임을 이용에 제공하였다고 하는 이 사건 공소사실에 대하여, 피고인의 피시방에서 발견되어 압수된 메모지들 중 피고인의 증거동의로 증거능력이 인정된 위 '메트로' 게임의 인터넷사이트 서버 아이피(IP) 주소가 기재된 메모지에 있는 위 아이피 주소를 인터넷에 입력하면 나오는 '메트로' 게임의 총판리스트 현황 등 내용은 그것이 피고인의 피시방에 설치된 컴퓨터의 하드디스크에 저장되어 있는 정보라는 점에 관한 자료가 없는데다가 위 메모지의 작성자가 누구인지도 알 수 없어 피고인을 위 '메트로' 게임 사이트의 운영자라고 증명하기에 충분한 증거가 되지 못하고, 위 압수된 메모지들 중 피고인이 아닌 타인의 성명과 계좌번호 등이 기재된 것들(이하 '이 사건 메모지'라고 한다)은 피고인 또는 피고인이 아닌 자가 작성한 진술서나 그 진술을 기재한 서류로서 형사소송법 제313조 제1항에 따라 그 작성자나 진술자의 자필이거나 그 서명 또는 날인이 있는 것은 공판준비나 공판기일에서의 그 작성자 또는 진술자의 진술에 의하여 그 성립의 진정함이 증명된 때에는 증거로 할 수 있지만, 이 사건 메모지의 경우 그 작성자가 누구인지 알 수 없고 서명 또는 날인도 없으며, 피고인이 증거로 동의하지도 아니한 이상 증거능력이 없고, 나아가 기록에 의하면 위 압수된 메모지들에서 발견된 그 판시 명의자들의 계좌 사이에 금전거래가 있었던 사실은 인정되지만, 위 거래사실과 공소사실 별지 범죄일람표에 기재된 위 '메트로' 게임 본사 및 가맹점인 피시방들 사이의 게임머니 부여 사실과의 상호 관련성을 인정할 아무런 자료가 없는 이상 그것이 피고인과 위 가맹점들 사이의 게임머니 판매대금 수수사실에 대한 증거로 볼 수도 없다고 하여, 이 사건 공소사실에 대한 증명 부족을 이유로 피고인에게 무죄를 선고한 제1심 판결을 그대로 유지하였다.
   원심판결의 이유를 기록에 비추어 살펴보면, 원심이 형사소송법 제313조 제1항을 근거로 그 증거능력을 부정한 이 사건 메모지는 그 작성자 및 작성·보관 등의 경위가 분명하지 아니할 뿐 아니라 그 기재 내용 또한 공소사실과의 관련성이 분명하지 아니함을 알 수 있어 형사소송법 제315조에서 정한 당연히 증거능력 있는 문서에는 해당하지 아니한다 할 것이니, 이러한 사정을 전제로 이 사건 메모지가 형사소송법 제313조 제1항에서 정한 전문증거로서 증거능력 인정을 위한 요건을 구비하지 못하였다 하여 그 증거능력을 배척한 원심의 판단은 정당하다 할 것이다.
   나아가 위와 같은 사정에 비추어 보면, 이 사건 메모지가 피고인의 피시방에서 압수되어 증거물로 제출되었다는 사정만으로는 이 사건 공소사실을 유죄라고 인정하기에 충분한 증거물이 된다고 보기 어렵다 할 것이고, 검사가 제출한 증거가 유죄를 증명할 증거로 삼기에 부족하다고 한 원심판단에는 이러한 취지도 포함되어 있는 것으로 볼 수 있다.」(대법원 2009. 5. 28. 선고 2008도7769 판결【도박개장·음반·비디오물및게임물에관한법률위반(등급분류위반)】).
2) 형사소송법 제314조[증거능력에 대한 예외] 단서: "단, 그 진술 또는 작성이 특히 신빙할 수 있는 상태하에서 행하여졌음이 증명된 때에 한한다."
   형사소송법 제315조[당연히 증거능력이 있는 서류] 제3호: "기타 특히 신용할 만한 정황에 의하여 작성된 문서"
3) 이런 의미에서 반대의 취지로 주장하는 김영기 검사, 위 "디지털 증거의 진정성립부인과 증거능력 부여 방안", 529쪽의 의견은 받아들일 수 없다. 또한, 김 검사의 위 주장은 그 평석 대상으로 삼은 대법원 2007. 12. 13. 선고 2007도7257 판결이, 전문법칙이 적용되지 않는 진술증거를 전문

구체적인 작성자를 특정할 수 없다고 할지라도 업무의 통상과정에서 작성된 문서로서 그 작성자가 해당 업체의 직원 누구인가는 분명 맞을 것이라는 정도의 특정이[1] 있으면 작성자(진술자)를 특정할 수 있고, 그러한 한 업무기록(business record)으로서 증거능력을 취득할 수 있음을 규정한 조문이라고 해야 한다.[2] 따라서 그런 정도로도 작성자를 특정할 수 없는 정체불명의 문서를 '업무기록'이라 하여 그에 증거능력을 부여할 수는 없다.

나아가 형사소송법 제315조 제3호는 같은 조문 제1호, 제2호에 준하는 정도의 신용성이 있는 문서에 대해 업무기록으로서 증거능력을 인정한 조항이다.[3] 그런데 그 전자증거에 관해 디지털 포렌식 전문가가 해당 전자증거의 분석과정의 신빙성을 진술한다고 하더라도 그것은 어디까지나 해당 전자증거를 수색·검증, 압수하던 당시의 상황이나 그 이후 분석과정에서 원본과의 동일성이나 무결성이 있음을 진술하는 것에 불과하다. 즉, 그 전자증거에 수록되어 있는 진술내용 자체에 대한 신용성이나 그 진술을 작성하던 당시 정황의 신용성을 디지털 포렌식 전문 수사관이 진술할 수는 없다. 따라서 디지털 포렌식 전문 수사관의 진술로 해당 전자문서나 그 출력문서가 법 제315조 제3호에 의해 증거능력을 취득한다고 하기도 어렵다.[4]

나아가 인터넷 서비스 업체(ISP) 서버에 이용자에 의해 게시된 게시물이나 이메일이 해당 인터넷 서비스 업체의 업무기록으로 되지 않음은 물론이다. 인터넷 서비스 업체는 단지 그 게시물을 보관하거나 이메일을 전송하는 導管(conduit)을 제공한 것일 뿐 그것을 자신의 업무로서 작성한 것이 아니기 때문이다.[5]

법칙이 적용되는 진술증거로 오해한 판결임을 간과한 주장이어서, 논의의 전제가 틀어져 있다고 할 수 있다. 이 점에 관해서는 오기두, "전자증거의 증거능력", 법률신문 2012. 8. 27.자 13쪽 및 인터넷 법률신문의 위 논문 원본 참조.

1) 예컨대 금융정보의 경우 다수의 금융기관 직원이 통상적인 업무수행과정에서 입력, 출력에 관여하였으면 구체적인 입출력자의 특정이 없더라도 법 제315조 제2호에 의해 증거능력이 인정되는 것이다. 오기두, "컴퓨터에 저장된 금융정보 추적의 제문제", 대검찰청, 「검찰」(2000), 218쪽.

2) 법 제315조의 문서에는 전자적 형태로 이루어진 전자문서 등도 포함되므로 메모리카드에 저장된 파일이 영업상 필요로 작성된 통상문서라면 법 제315조 제2호 소정의 당연히 증거능력 있는 서류에 해당한다(대법원 2007. 7. 26. 선고 2007도3219 판결 참조).

3) 판례상 나타난 사례로 다음과 같은 문서들이 법 제315조 제3호에 의해 증거능력을 취득한다. 즉, 다른 사건에서 공범이 피고인으로서 한 진술을 기재한 공판조서(대법원 1965. 6. 22. 선고 65도372 판결), 다른 피고인에 대한 형사사건의 공판조서 중 일부인 증인신문조서(대법원 2005. 4. 28. 선고 2004도4428 판결), 군사법원의 판결문사본(대법원 1981. 11. 24. 선고 81도2591 판결), 구속적부심사절차에서 피의자를 심문하고 그 진술을 기재한 구속적부심문조서(대법원 2004. 1. 16. 선고 2003도5693 판결) 등이 그에 해당할 뿐이다.

4) 이러한 의미에서 노명선, "전자적 증거의 수집과 증거능력에 대한 몇 가지 검토", 대검찰청, 「형사법의 신동향」(2008. 10.), 97쪽 의견에 수긍하기는 어렵다.

5) United States v. Jackson, 208 F.3d 633(7th Cir. 2000); United States v. James, 762 F.Supp.2d

② 피고인이 출석하여 있으므로 필요성이 없어 증거능력 부인

형사소송법 제314조나 제315조는, 원진술자가 공판정에 출석하여 진술할 필요 없이 신용성이 보장되는 전문증거에 대해 증거능력을 인정하는 규정이다. 그런데 이미 해당 문서의 작성자라고 검사가 지목한 피고인이 공판정에 출석해 있는데, 그 피고인이 공판정에 나오는 것이 불가능하거나 불필요한 경우를 상정할 수는 없다.[1] 즉 ㉠ 제314조에 의해 해당 전자문서의 증거능력을 부여할 요건인 "공판기일에 진술을 요하는 자가 … 진술할 수 없는 때"라는 법문의 요건을 충족할 수 없다. 검사 등 수사기관 앞에서 자백하고 공판정에서 부인한다는 사정이 위 법문의 요건에 해당하지 않음은 물론이다. 즉 소추 측인 검사가 원하는 수사절차에서의 진술을 피고인이 공판정에서 해 주지 않을 때라고 그 법문언을 해석할 수 없음은 분명하다. 피고인에게 진술거부권을 보장하는 것은 헌법상의 요청이기 때문이다.[2] ㉡ 나아가 원진술자의 법정출석이 필요치 않음을 이유로 형사소송법 제315조에 의해 해당 전자증거를 업무기록으로 보아 증거능력을 인정하는 근거도 없어지게 된다. 피고인이 법정에 출정해 있기 때문이다(이 점에 관해서는 아래 항목에서 상술함).

③ 해당 범죄를 저지른 피고인이 작성한 문서라는 것이므로 신용성의 정황적 보장이 없어 증거능력 부인

형사소송법 제315조는 업무수행의 통상과정에서 작성되어 허위 개재의 여지가 없다는 이유로 업무기록에 신용성을 인정하여 증거능력을 부여한 것이다. 그런데 만약 진실한 내용으로 그 기록을 작성하는 행위가 법령상 피고인에게 요구되는 의무이고, 그 의무 불이행에 대해 형사처벌을 하는 경우를 상정해 보자. 그 결과 피고인의 그 의무위반 행위 자체가 공소사실로 되면 해당 기록은 「전문증거 아닌 진술증거」가 된다. 따라서 이때는 전문법칙의 예외규정인 형사소송법 제315조를 적용할 여지가 없게 된다.

나아가 피고인이 그 의무를 위반하여 기재한 전자문서 내지 그 출력문서가 해당 전자문서 작성자인 피고인 자신의 공소사실을 입증할 증거가 되었을 때에

152(2011).

1) 대법원 2012. 5. 17. 선고 2009도6788 전원합의체 판결.

2) 헌법은 모든 국민은 형사상 자기에게 불리한 진술을 강요당하지 아니한다고 선언하고(제12조 제2항), 형사소송법은 피고인은 진술하지 아니하거나 개개의 질문에 대하여 진술을 거부할 수 있다고 규정하여(제283조의2 제1항), 진술거부권을 피고인의 권리로서 보장하고 있다. 현행 형사소송법 제314조의 문언과 개정 취지, 진술거부권 관련 규정의 내용 등에 비추어 보면, 피고인이 증거서류의 진정성립을 묻는 검사의 질문에 대하여 진술거부권을 행사하여 진술을 거부한 경우는 형사소송법 제314조의 '그 밖에 이에 준하는 사유로 인하여 진술할 수 없는 때'에 해당하지 아니한다(대법원 2013. 6. 13. 선고 2012도16001 판결).

도 증거능력을 인정하기 어렵다. 전자문서나 그 출력물이 공소사실을 입증할 전문증거가 된다고 해도, 형사소송법 제315조는 해당 피고인 이외의 신용할 만한 직업을 가진 사람(공무를 수행하는 공무원, 상업장부를 작성하는 기업인, 항해일지를 작성하는 선장 등)이 일상적인 업무수행과정에서 작성한 문서에 대해 신용성의 정황적 보장을 이유로 증거능력을 인정하는 조문이기 때문이다. 피고인이 어떤 전자문서를 작성한 행위가 피고인의 범죄행위를 입증할 수 있다며 그 범죄행위를 처벌해 달라고 검사가 공소를 제기하였는데, 피고인이 작성한 그 전자문서에 대해 신용성을 인정하게 되면, 피고인을 유죄로 추정하는 결과가 된다. 이것은 검사가 입증책임을 진다는 형사절차의 일반적인 입증책임 분배원칙에 반하는 결과를 초래하는 것으로서 부당하다고 하지 않을 수 없다.

원래 업무상 필요로 작성한 통상문서에 대해 증거능력을 부여하는 이유는, 업무의 담당자가 일상적, 무작위적, 계속적으로 기술하는 문서는 일반적인 경험칙상 진술의 태도와 내용의 자연성, 진술자의 양심성, 진술자의 기재내용 진실보유 의무성, 내부의 결재, 사건과의 무관련성 등의 담보 등으로 허위가 개입될 여지가 적고, 작성자를 소환하더라도 서면을 제출하는 것 이상의 의미가 없기 때문이다.[1] 따라서 업무상 필요로 작성한 통상의 문서라고 하더라도 위와 같은 사유에 해당하지 않으면 증거능력이 인정되지 않는다.[2] 그런데 ㉠ 피고인 자신이 해당 문서의 작성자임을 부정하는 이 사건에서 그 문서가 업무상 필요로 진실로 피고인이 작성한 통상문서임을 인정할 자료가 제출되지 않았는데도 위 조항에 의해 증거능력을 인정하기 어렵다. 즉 그 작성자가 피고인으로 특정되지도 않았는데 이를 업무기록이라 하여 증거능력을 인정하기는 어려운 것이다. ㉡ 나아가 설령 디지털 포렌식 전문가의 진술 등에 의해 피고인이 작성한 문서임을 인정할 수 있다고 하더라도, 그 문서작성과 관련된 범죄를 저질렀다고 해당 피고인을 기소하는 검사가 그 피고인이 양심적으로 해당 문서를 진실되게 작성하였다고 주장하면서 이를 증거로 조사해달라고 증거신청하는 것 자체가 모순이다. 범죄를 저지르는 사람의 심리상태상 그 범죄의 발각을 두려워하여 사실(fact)과 달리 거짓으로 해당 문서를 작성하여, 해당 공판절차에서 입증하려고 하는

1) Fed. R. Evid. 803(6)에 의하면, 해당 기록이 규칙적으로 행해지는 업무활동으로서 보관되고, 그 기록 작성이 업무활동의 일상적 수행일 때(if the record was kept in the course of a regularly conducted business activity, and it was the regular practice of that business activity to make the record) 업무기록으로 보아 비록 전문증거라고 하더라도 증거능력을 인정받는다. 따라서 정보의 출처나, 기록 작성 방식, 상황 등에 비추어 신용성이 없다고 여겨지면 증거능력이 인정되지 않는 것이다. United States v. Croft, 750 F.2d 1354, 1367(7th Cir. 1984).
2) 위 법원행정처, 「법원실무제요 형사[II]」, 122-123쪽(2014년판은 126쪽).

범죄와의 관계상 자신에게 유리하게 해당 문서를 작성해 두었으리라고 전제하는 것이 오히려 일반적인 경험칙에 부합한다. 그러므로 그 문서의 진술자인 피고인의 문서작성에 관한 양심성을 인정하기도 어렵고, 따라서 피고인이 해당 문서를 진실된 내용으로 기재하여 이를 보유하였다고 보기도 어렵다. ㉢ 나아가, 피고인이 소속된 단체 내부의 결재 과정을 거쳤다는 이유만으로 해당 문서에 기재된 내용이 진실하다고 하기도 어렵다.[1] 상급자들 모두 피고인의 범죄행위를 지시하였거나, 그에 가담하였거나, 묵인하였거나 또는 모를 수 있기 때문이다. ㉣ 또한, 해당 전자문서에 대해 기소된 범죄사실을 입증할 증거로서 피고인 자신이 작성한 문서라며 증거신청을 검사가 하는 이상, 공소제기된 사건과의 무관련성을 담보로 그 기재 내용에 허위가 개입될 여지가 적어서 증거능력을 인정한다고 하는 해당 조항의 존립근거도 충족하지 못한다. ㉤ 나아가 작성자를 소환하더라도 서면을 제출하는 것 이상의 의미가 없기 때문에 증거능력을 인정한다는 위 법 제315조 제2호의 입법 이유도 무시되는 것이다, 왜냐하면 이미 피고인이 공판정에 출정해 있음에도 불구하고 원진술자인 피고인의 공판정 출석이 불가능하거나 공판정 출석이 불필요함을 전제로 하여 해당 전자문서를 업무기록으로 보아 그에 대해 증거능력을 인정할 수는 없기 때문이다.

결국, 일반 경험칙에 의하더라도 검사가, 피고인이 작성한 전자문서가 업무기록에 해당된다며 해당 전자문서를 증거로 조사할 것을 신청한다고 하더라도 법원으로서는 그에 기재된 내용의 진실성을 담보할 근거를 당연히 인정할 수 있다고 하여 증거능력을 인정할 수는 없다. 따라서 해당 전자문서를 법 제315조 제3호의 기타 특히 「신용할 만한 정황에 의하여 작성된 문서」라고 하기도 어렵게 된다. 위 제3호는 같은 조문 제1호, 제2호에 준할 정도의 신용성의 정황적 보장이 강력한 문서에[2] 대하여 증거능력을 부여하기 위한 규정이기 때문이다.[3]

[1] 대한민국 주중국 대사관 영사가 작성한 사실확인서 중 공인 부분을 제외한 나머지 부분이 비록 영사의 공무수행 과정 중 작성되었지만 공적인 증명보다는 상급자 등에 대한 보고를 목적으로 하는 것인 경우, 형사소송법 제315조 제1호의 '공무원의 직무상 증명할 수 있는 사항에 관하여 작성한 문서' 또는 제3호의 '기타 특히 신뢰할 만한 정황에 의하여 작성된 문서'라고 볼 수 없으므로 증거능력이 없다고 한 사례(대법원 2007. 12. 13. 선고 2007도7257 판결【국가보안법위반(간첩)·국가보안법위반(잠입·탈출)·국가보안법위반(잠입·탈출)교사·국가보안법위반(찬양·고무등)·국가보안법위반(회합·통신등)·국가보안법위반(회합·통신등)교사·국가보안법위반(자진지원·금품수수)】[공2008상,80]).

[2] 앞서 본 바와 같이 다른 사건에서 공범이 피고인으로서 한 진술을 기재한 공판조서(대법원 1965. 6. 22. 선고 65도372 판결), 다른 피고인에 대한 형사사건의 공판조서 중 일부인 증인신문조서(대법원 2005. 4. 28. 선고 2004도4428 판결), 군사법원의 판결문사본(대법원 1981. 11. 24. 선고 81도2591 판결), 구속적부심사절차에서 피의자를 심문하고 그 진술을 기재한 구속적부심문조서(대법원 2004. 1. 16. 선고 2003도5693 판결) 등이 이에 해당할 뿐이다.

마찬가지로 비록 피고인이 당해 전자문서의 작성사실을 수사기관에서 시인하다

3) 공범의 진술을 기재한 법관 면전 조서가 뒤늦게 기소된 다른 공범의 범죄사실 입증 증거로 사용
될 수 있게 한 법 제315조 제3호가 명확성의 원칙을 위반하고, 적법절차 원리 및 공정한 재판을
받을 권리를 침해한다는 이유로 헌법소원이 제기되어 헌법재판소가 2013. 10. 24. 2011헌바79로
합헌판단을 하였다. 그 다수의견의 요지와 보충의견은 다음과 같다(헌법재판소 홈페이지 게시자
료에 의함).
「ㅇ 명확성원칙의 위배 여부
 이 사건 법률조항은 '기타 특히 신용할 만한 정황에 의하여 작성된 문서'의 의미에 관하여 명확
한 정의 규정을 두고 있지 않다. 그러나 전문법칙과 관련된 형사소송법의 규정들의 체계와 규정
취지, 제315조의 제1호, 제2호의 문서를 예시로 삼고 있는 위 조항의 규정형식을 종합해서 고찰
해 보면, 이 사건 법률조항에서 정한 문서가 '굳이 반대신문의 기회 부여 여부가 문제되지 않을
정도로 고도의 신용성의 정황적 보장이 있는 문서'를 의미하는 것으로 합리적인 해석기준을 찾
을 수 있으므로, 이 조항은 명확성원칙에 위배되지 않는다.
 ㅇ 이 사건 법률조항의 과잉금지원칙 위배 여부
 -이 사건 법률조항의 의미가 피고인에게 굳이 반대신문의 기회를 부여할 필요가 없을 정도로
신용성의 정황이 있는 문서로 해석되는 이상, 이미 피고인의 방어권 제한이 최소한의 범위로 축
소되어 있으므로, 위 조항이 피고인의 공정한 재판을 받을 권리를 침해한다고 볼 수 없다.
 ㅇ 이 사건 법률조항에 공범의 공판조서를 포함하는 것으로 해석하는 것의 위헌 여부
 -공판조서는 그 서면 자체의 성질과 작성과정에서 법정된 엄격한 절차적 보장에 의하여 고도
의 임의성과 기재의 정확성, 절차적 적법성이 담보되어 있으므로, 다른 전문증거와 비교하여 문
서의 신용성과 관련된 외부적 정황에 뚜렷한 차이가 있다. 따라서 그 증거능력 인정요건에 차등
을 두는 것이 피고의 방어권을 지나치게 제약하는 것이라고 볼 수 없다.
 -이 사건 법률조항을 적용하지 않고 공판조서의 증거능력을 일률적으로 부정한다면, 공판조
서보다 낮은 신용성의 보장을 가진 수사기관 작성의 조서에 대하여만 증거능력이 인정되는 법
체계상의 모순이 발생하게 되고, 공판조서상의 진술이 법정진술보다 신용성이 있는 경우에도,
이를 증거로 고려할 수조차 없게 되어 실체적 진실의 발견에 중대한 지장을 초래하게 된다. 따
라서 공판조서의 증거능력을 인정하되, 그 신빙성을 법원이 자유심증에 의하여 판단하도록 하는
것이 합리적이다.
 -이 사건에서 공판조서상의 원진술자인 공범이 증인으로 조사된 것처럼, 공판조서상의 진술
을 피고인이 다투고 있는 경우 법원이 원진술자인 공범에 대한 증인채택을 거부할 이유가 없으
므로, 이 사건 법률조항으로 인하여 피고인의 방어권에 대한 현실적인 침해가 일어날 가능성이
크지 않다.
 -따라서 다른 사건에서 공범의 피고인으로서의 진술을 기재한 공판조서가 이 사건 법률조항
에 포함되는 것으로 해석한다고 하여, 피고인의 공정한 재판을 받을 권리를 침해한다고 볼 수
없다.
 □ 보충의견(재판관 이정미, 안창호, 서기석)
 ㅇ 이 사건 법률조항에 정한 문서가 '굳이 반대신문의 기회 부여 여부가 문제되지 않을 정도로
고도의 신용성의 정황적 보장이 있는 문서'만을 의미하는 것이라고 하면서, 공범의 공판조서가
여기에 포함된다는 해석이 피고인의 방어권을 침해하지 않는다고 보는 것은 모순적인 면이 없
지 않다. 공범은 당해사건의 피고인에게 책임을 전가하는 허위진술을 할 가능성이 얼마든지 있
고, 공판조서가 고도의 임의성이나 절차적 적법성 외에 진술의 진실성까지 담보하지는 않기 때
문이다.
 ㅇ 다른 한편 이 사건 법률조항을 위헌으로 선언한다면, 다수의견이 지적한 바와 같은 법체계
상의 모순과 실체적 진실 발견에 중대한 지장이 초래될 것 또한 명백하다.
 ㅇ 이러한 점을 고려하여 다수의견의 결론에 따르기로 하나, 다른 사건에서 공범이 피고인으
로서 한 진술을 기재한 공판조서의 증거능력에 관하여 반대신문권 보장의 취지를 감안한 명확

가 공판정에 와서 부인한다고 해서 위 법 제315조가 요구하는 전자문서의 신용성의 정황적 보장을 인정할 수 없다. 이때의 신용성의 정황적 보장이란 해당 전자문서 작성 당시의 신용성의 정황적 보장을 의미할 뿐이지 수사절차에서 그 작성자가 해당 전자문서 작성사실을 시인하였음을 의미하지 않기 때문이다.

④ 업무기록으로서 증거능력을 인정할 수 있는 예외적인 경우

다만, 경우에 따라서는 비록 피고인의 범죄수행 과정에서 작성되었다고 하더라도 영업상 기록을 목적으로 한 것이라면 그 진실성을 인정할 수 있어 형사소송법 제315조 제2호 또는 제3호에 의해 증거능력을 인정할 수 있는 경우가 있음을 부정할 수는 없다.[1] 예컨대 피고인이 소속된 업체나 단체 전부 또는 대부분의 구성원들이 범죄수행을 한 경우가 이에 해당할 수 있다.[2] 그러나 이때

___

한 입법을 하는 것이, 국민의 기본권 보장과 법치국가원리에 입각한 형사소송제도의 형성을 위해서 바람직하다.」

1) 대법원은 다음과 같이 판시한 적이 있다. 「피고인은 이 사건 수사기록 169면의 피고인에 관한 메모리카드 출력물은 피고인이 이를 증거로 함에 동의한 바 없고 그 성립의 진정함이 증명되지 아니하여 증거능력이 없으며, 그 외 공소외 1 등 38명에 관한 메모리카드 출력물 역시 증거능력이 없음에도, 원심은 위와 같이 증거능력 없는 증거들을 유죄의 증거로 채택한 위법을 범하였다고 주장한다.

그러나 원심판결에 의하면, 원심은 우선 피고인에 관한 메모리카드의 출력물을 유죄의 증거로 삼고 있는 것이 아니라 단지 위 메모리카드의 출처와 그 기록의 주체, 경위, 위 메모리카드에 저장된 내용 및 그 진위 등에 관한 공소외 2, 3의 각 증언 및 각 피의자신문조서상의 진술기재를 유죄의 증거로 삼고 있음이 명백한데, 원심판결 이유와 원심이 적법하게 채택한 증거에 의하면, 위 메모리카드에 기재된 내용은 공소외 2가 고용한 성매매 여성들이 성매매를 업으로 하면서 영업에 참고하기 위하여 성매매를 전후하여 상대 남성의 아이디와 전화번호 및 성매매방법 등을 메모지에 적어두었다가 직접 또는 공소외 2가 고용한 또 다른 여직원이 입력하여 작성된 것임을 알 수 있는바, 이는 실질적으로 형사소송법 제315조 제2호 소정의 영업상 필요로 작성된 통상문서로서 그 자체가 당연히 증거능력 있는 문서에 해당한다고 할 것이니, 그 내용에 관한 공소외 2, 3의 각 증언 및 피의자신문조서상의 진술기재 역시 증거능력이 없다고 할 수 없다. 또한, 공소외 1 등 38명에 관한 메모리카드 출력물의 경우 피고인이 이를 증거로 함에 동의하였음이 기록상 명백하여 증거능력이 있다고 할 것이다. 따라서 원심이 위 각 증거들을 증거로 채택한 것은 정당하고, 거기에 채증법칙을 위배하거나 증거능력에 관한 법리를 오해한 위법이 있다고 할 수 없다.」(출처: 대법원 2007. 7. 26. 선고 2007도3219 판결【성매매알선등행위의처벌에관한법률위반】[공2007. 9. 1.(281),1418]).

그러나 위 대법원 판결도 피고인 자신이 작성한 영업기록인 전자증거를 대상으로 한 판결이 아니라 피고인 운영의 성매매업소에 고용된 성매매여성들이나 다른 직원들이 작성한 메모리카드 기재를 대상으로 한 판결이어서 이 판결을 들어 피고인이 작성한 업무기록이라도 법 제315조 제2호나 제3호에 의해 증거능력을 인정하라고 주장할 수는 없다.

2) 미국의 경우 '범죄업체 예외이론'(fraudulent business exception)에 입각하여 해당 기업체 전부 또는 대부분이 범죄행위에 연루된 영업활동을 하였다고 인정될 때 해당 기업의 모든 장부 등을 검증·수색 압수할 수 있게 한 영장도 영장기재의 특정성 원칙을 위반하지 않는 것으로 보고 있다. United States v. Brien, 617 F.2d 299, 309(1st Cir.), cert. denied, 446 U.S. 919(1980). United States v. Falcon, 959 F.2d 1143, 1147-1148(1st Cir. 1992); United States v. Bradley, 644 F.3d

에도 피고인이 작성한 전자문서를 업무기록이라고 하여 증거능력을 인정하기 위한 요건은 엄격하게 정해야 한다. 자칫 공판중심주의 구현이라는 입법자의 의도와 달리 형사소송법 제313조에 의해[1] 증거능력이 인정되지 않는 진술서가 위법 제315조에 의해 증거조사의 세계로 殺到해 들어 올 우려가 있기 때문이다. 나아가 쉽사리 그 증거능력을 인정하게 되면, 해당 피고인뿐만 아니라 그가 소속된 단체나 업체의 구성원들에 대하여 유죄의 추정을 하는 결과가 된다. 그렇게 되면 무죄추정 원칙을 규정한 헌법을 위반하고 형사절차의 입증책임 분배원칙을 위반할 우려가 있기 때문이다.

따라서 우선 ㉠ 해당 전자문서가 디지털 포렌식 전문가의 진술 등에 의해 피고인이 작성한 문서임을 인정할 수 있고, ㉡ 그 전자문서 작성행위와 관련된 범죄를 저질렀다고 기소된 피고인이 해당 업무의 담당자로서 일상적, 무작위적, 계속적, 반복적으로 수 회 그 전자문서를 작성한 점이 인정되고, ㉢ 해당 공판 과정에서 입증하려고 하는 범죄사실과의 관계상, 피고인에게 불리한 내용으로 전자문서를 작성하는 과정에서 그 진술의 태도와 내용의 자연성을 인정할 수 있어야 한다.

그러므로 피고인이든 누구든 도대체 작성명의자가 누구인지를 특정할 자료가 제출되지 않아 그 작성자를 특정할 수 없는 전자증거는 증거능력을 인정할 수 없다. 또한, 피고인이 현실적으로 수 회 해당 전자문서를 작성하지 않았고, 단지 계속적, 반복적으로 해당 전자문서를 작성할 예정에 있었다는 점만으로는 위 요건을 충족하였다고 하기에 부족하다. 그리고 그 작성은 반복된 일련의 과정으로 계속되어야 하며, 특이한 상황에서 일회적으로 작성한 경우는 증거능력이 인정되는 업무기록이라고 하기 어렵다.[2] 나아가 그 진술기재 내용이 피고인이 재판을 받고 있는 해당 범죄사실과 관련하여 그 범행을 입증할 수 있는 불리

1213, 1258-1260(11th Cir. 2011).

1) 법 제313조의 입법경위에 관하여는 아래 나. 진정성립 부분 중 ** 법 제313조의 입법경위 부분 참조. 이 책의 611쪽.

2) 예컨대 은행이 특정 명의인의 해당 은행계좌로부터 1년간 스위스에 있는 은행계좌로 지급된 수표내역을 공판사건과 관련하여 법원이나 수사기관의 요청으로 특별한 데이터 검색을 실시하여 출력한 결과물을 업무기록이라고 하여 증거능력을 인정할 수는 없다. 공판을 대비하기 위한 특이한 상황에서 일회적으로 작성한 문서이기 때문이다. 미국 연방의 경우에도 이를 업무기록으로 보아 Fed. R. Evid. 803에 의해 증거능력을 인정하는 것이 아니라 별도의 증거능력 인정 조문인 Fed. R. Evid. 1006(방대한 분량의 증거에 대한 도면, 요약분, 계산내역)으로서 증거능력을 인정할 수 있을 뿐이다. UNITED STATES DEPARTMENT OF JUSTICE, 「FEDERAL GUIDELINES FOR SEARCHING AND SEIZING COMPUTERS」, VIII. EVIDENCE, D. THE HEARSAY RULE, 3 L. of Toxic Torts Appendix 22J(2012) 참조.

한 사실이 아니라 적법한 행위라는 피고인의 주장에 부합하는 유리한 사실이라면 굳이 유죄입증 증거로 조사할 필요도 없다. 그런 증거를 검사가 낸다면 법원은 그 증거능력 요건을 따지기에 앞서 해당 공소사실과의 자연적 관련성도 없다고 하여 증거신청을 기각하여야 할 경우가 많을 것이다.

다) 소 결 론

이처럼 제시된 이 사건 사례에서 해당 출력문서의 증거능력을 부여하기 어려운 이상 그 증거능력 인정 요건을 더 논의할 필요는 없다. 그러나 형사소송법 제313조 제1항 본문의 요건을 더 검토하여 해당 출력문서의 증거능력 인정 여부를 깊이 있게 이해하기 위해 다음과 같이 논의를 진척해 보고자 한다. 즉, 이하의 논의는 이 사건 사례에서 검사가 증거신청한 출력문서나 그 원본인 전자파일 문서에 관하여 자필·서명·날인에 준하는 작성자가 특정되고 그것이 피고인이라는 점이 인정되었음을 가정하여 해 보는 것이다. 공판관여 검사로서는 해당 전자증거의 작성자를 명확하게 특정해야 한다. 작성자가 특정되고 난 후에야 그 작성자의 공판정 진술에 의한 진정성립 인정 여부를 논할 수 있기 때문이다.

2) 진정성립과 피고인의 공판정 진술

전통적으로 전문증거인 증거서류에 관하여 우리 판례, 실무나 학설상 진정성립은 형식적 성립의 진정과 실질적 성립의 진정으로 이해해 왔다. 형식적 성립의 진정은 해당 문서에 있는 자필, 서명, 날인 등이 그 문서내용을 진술한 사람의 것이라는 점을 뜻한다. 그리고 실질적 성립의 진정은 진술자의 진술내용대로 문서가 작성되었음을 의미하였다. 그렇다면 디지털 증거에 관해서도 같은 입론을 해야 할 것이다.

디지털 증거가 컴퓨터로 처리되는 속성에 비추어 위와 같은 방식으로 진정성립 개념을 이해하지 않고 예컨대 미국법상의 진정성(authentication)과 동일성(identification)과 같은 개념으로 진정성립 문제를 파악할 것인지가 문제 된다. 컴퓨터 관련 증거에 관해 미국 연방증거규칙 제901조가 정하는 진정성(authentication)과 동일성(identification) 인정을 위해서는, (1) 해당 컴퓨터 장비가 일반적인 표준에 의해 작동되고 있고, (2) 자격 있는 컴퓨터 오퍼레이터가 고용되어 있으며, (3) 적절한 절차에 따라 정보 입력과 출력이 되었고, (4) 신용할 만한 소프트웨어가 사용되었으며, (5) 적절하게 해당 장비가 프로그램되고 동작되었으며, (6) 그 컴퓨터로부터 출력한 대상이 법정에 제출된 증거와 동일함이 소명되어야 한다.[1] 그에 덧붙여 특히 컴퓨터로 생성된 증거(computer generated evidence)에 관하여는 완전한 전자공학적 전문가는 아닐지라도 일정 수준 이상의 컴퓨터 전문가가 해당 컴퓨터의 기능에 대해 법정에서 진술하고, 또 그에 대해 반대 당사자에게 충분한 반대신문 기회가 보장되어야 한다.[2]

그러나 우리 법제는 미국과 다르다. 디지털 형태로 작성된 전자문서를 통상의 종이문서와 달리 특별하게 취급해야 할 증거법 조문상의 근거를 찾을 수 없다. 또, 아래에서 보는 바와 같이 디지털 증거 자체에 대하여 전통적인 진정성립 개념으로 이해해도 위와 같은 미국법상의 진정성과 동일성 관념을 어느 정도 수용할 수 있다. 그 외 나머지 부분은 증명력 판단의 문제로 넘기면 된다. 결국 미국법상의 진정성과 동일성을 별도의 증거능력 요건으로 설정할 필요는 없다고 하겠다.[3]

가) 형식적 진정성립과 피고인의 공판정 진술

형식적 진정성립 요건은 그것을 인정할 객관적·기술적 사실과 이것을 인정하는 피고인의 공판정 진술의 두 부분으로 나누어 살펴야 형사소송법 제313조에서 정한 요건을 모두 살펴보는 것이 된다.[4]

㉠ 객관적·기술적 사실

먼저, 형식적 진정성립 요건 중 그것을 인정할 객관적·기술적 사실에 관해 살펴보면 다음과 같다. 이것은 해당 전자문서 및 출력문서 작성명의인의 특정문제이다. 결국, 앞서 논의한 자필·서명·날인과 같은 논의이다. 작성명의인을 특정할 자료이기만 하면 종이문서의 자필·서명·날인과 같은 흔적이 없다고 할지라도 그 자료만으로도 형식적 진정성립 인정을 위한 객관적인 사실을 인정할 수 있다. 여기에는 다음과 같은 컴퓨터에의 입력, 저장, 관리, 출력, 전송 등 각

---

1) C. Mueller & L. Kirkpatrick, 「Evidence: Practice Under the Rules」(2d Ed. 1999) §9.16, p. 1442; E. Weinreb, " 'Counselor, Proceed With Caution': The Use of Integrated Evidence Presentation Systems and Computer-Generated Evidence in the Courtroom", 23 Cardozo L. Rev. 393, 410 (2001); Commercial Union Ins. Co. v. Boston Edison Co., 412 Mass. 545, 549, 591 N.E.2d 165 (1992); Kudlacek v. Fiat S.p.A., 244 Neb. 822, 843, 509 N.W.2d 603(1994); State v. Clark, 101 Ohio App.3d 389, 416, 655 N.E.2d 795(1995), aff'd, 75 Ohio St.3d 412, 662 N.E.2d 362(1996); Clark v. Cantrell, 339 S.C. 369, 384, 529 S.E.2d 528(2000); Bray v. Bi-State Development Corp., 949 S.W.2d at 97-100.
2) American Oil Co. v. Valenti, 179 Conn. at 359, 426 A.2d 305.
3) 이 점에 관해서는 위 오기두, "전자증거의 증거능력", 법률신문 2012. 8. 27.자 13쪽 및 인터넷 법률신문의 위 논문 원본 참조.
4) 이하에서 논의하는 저자의 기본 생각은 이미 15년 전인 오기두, "컴퓨터에 저장된 금융정보 추적의 제문제", 대검찰청, 「검찰」(2000), 228쪽 이하에서부터 시작되었다.

정보처리 과정에 관한 기술적 사실들이 해당한다.

　─해당 전자문서 원본이나 출력문서에 문서작성자의 이름이 기재되어 있거나, 그림이미지에 의한 서명 또는 날인이 있는 사실

　─법령으로 인정되고 있거나, 공·사단체의 전산시스템으로 인정되는 전자서명이 있는 사실[1]

---

1) 예컨대 「전자서명법」이나, 「본인서명사실 확인 등에 관한 법률」 및 그 시행령에 따른 전자본인서명, 공인인증이 이에 해당한다. 우리나라는 「전자서명법」과 「전자정부법」에서 각각 공인전자서명과 행정전자서명이라는 두 가지 체계를 구축하여 운용하고 있다. 정완용, "행정전자서명에 관한 법적 고찰", 「경희법학」 39권 3호(2005. 2.), 134쪽.
전자서명법 제2조(정의)
"이 법에서 사용하는 용어의 정의는 다음과 같다.
　1. "전자문서"라 함은 정보처리시스템에 의하여 전자적 형태로 작성되어 송신 또는 수신되거나 저장된 정보를 말한다.
　2. "전자서명"이라 함은 서명자를 확인하고 서명자가 당해 전자문서에 서명을 하였음을 나타내는데 이용하기 위하여 당해 전자문서에 첨부되거나 논리적으로 결합된 전자적 형태의 정보를 말한다.
　3. "공인전자서명"이라 함은 다음 각목의 요건을 갖추고 공인인증서에 기초한 전자서명을 말한다.
　　가. 전자서명생성정보가 가입자에게 유일하게 속할 것
　　나. 서명 당시 가입자가 전자서명생성정보를 지배·관리하고 있을 것
　　다. 전자서명이 있은 후에 당해 전자서명에 대한 변경여부를 확인할 수 있을 것
　　라. 전자서명이 있은 후에 당해 전자문서의 변경여부를 확인할 수 있을 것
　4. "전자서명생성정보"라 함은 전자서명을 생성하기 위하여 이용하는 전자적 정보를 말한다.
　5. "전자서명검증정보"라 함은 전자서명을 검증하기 위하여 이용하는 전자적 정보를 말한다.
　6. "인증"이라 함은 전자서명생성정보가 가입자에게 유일하게 속한다는 사실을 확인하고 이를 증명하는 행위를 말한다.
　7. "인증서"라 함은 전자서명생성정보가 가입자에게 유일하게 속한다는 사실 등을 확인하고 이를 증명하는 전자적 정보를 말한다.
　8. "공인인증서"라 함은 제15조의 규정에 따라 공인인증기관이 발급하는 인증서를 말한다.
　9. "공인인증업무"라 함은 공인인증서의 발급, 인증관련 기록의 관리 등 공인인증역무를 제공하는 업무를 말한다.
　10. "공인인증기관"이라 함은 공인인증역무를 제공하기 위하여 제4조의 규정에 의하여 지정된 자를 말한다.
　11. "가입자"라 함은 공인인증기관으로부터 전자서명생성정보를 인증받은 자를 말한다.
　12. "서명자"라 함은 전자서명생성정보를 보유하고 자신이 직접 또는 타인을 대리하여 서명을 하는 자를 말한다.
　13. "개인정보"라 함은 생존하고 있는 개인에 관한 정보로서 성명·주민등록번호 등에 의하여 당해 개인을 알아볼 수 있는 부호·문자·음성·음향·영상 및 생체특성 등에 관한 정보(당해 정보만으로는 특정 개인을 알아볼 수 없는 경우에도 다른 정보와 용이하게 결합하여 알아볼 수 있는 것을 포함한다)를 말한다."
전자정부법 제2조(정의)
"6. '행정정보'란 행정기관등이 직무상 작성하거나 취득하여 관리하고 있는 자료로서 전자적 방식으로 처리되어 부호, 문자, 음성, 음향, 영상 등으로 표현된 것을 말한다.
　7. '전자문서'란 컴퓨터 등 정보처리능력을 지닌 장치에 의하여 전자적인 형태로 작성되어 송

－ID, Password, IP 정보, 메타데이터 등에 의해 전속적으로 피고인만이 이용하는 컴퓨터임을 인정할 수 있는 사실

－피고인만이 사용하는 Email 계좌의 첨부파일 형태로 전송된 문서이거나[1][2] 피고인이 사용하는 스마트 폰 등 휴대전화, 태블릿 PC 등으로 전송한 문자메시지인 사실

－피고인이 회원으로 가입한 ISP 업체가 운영하거나 피고인이 근무하는 공·사단체가 운영하는 전자게시판, 블로그, 인터넷 카페, SNS(BAND, 페이스북, 트위터, 카카오톡, 미투데이, 요즘 등)에[3] 피고인이 사용하는 계좌로 게시하거나 전송한 전자문서인 사실

－그 밖에 디지털 포렌식 과정에서 획득된 파일작성자의 특정자료들, 예컨대 레지스터(register)와 캐시(cash)의 내용, 메모리 내용, 네트워크 연결 상태, 실행 중인 프로그램 상태, 스왑 파일 시스템의 내용, 기타 하드디스크 등에 저장되어

수신되거나 저장되는 표준화된 정보를 말한다.

8. "전자화문서"란 종이문서와 그 밖에 전자적 형태로 작성되지 아니한 문서를 정보시스템이 처리할 수 있는 형태로 변환한 문서를 말한다.

9. "행정전자서명"이란 전자문서를 작성한 다음 각 목의 어느 하나에 해당하는 기관 또는 그 기관에서 직접 업무를 담당하는 사람의 신원과 전자문서의 변경 여부를 확인할 수 있는 정보로서 그 문서에 고유한 것을 말한다.

　가. 행정기관

　나. 행정기관의 보조기관 및 보좌기관

　다. 행정기관과 전자문서를 유통하는 기관, 법인 및 단체

　라. 제36조 제2항의 기관, 법인 및 단체"

1) 이메일의 헤더(header) 정보나 라우팅(routing) 정보도 이에 해당한다. 헤더(header)는 저장되거나 전송되는 데이터 블록의 맨 앞에 위치한 보충데이터를 가리킨다. 이메일에 있어서는 보내는 사람, 받는 사람, 제목, 보내는 시간표, 받는 시간표, 메일전송 에이전트 등이 이에 해당한다. 라우팅(routing)은 어떤 네트워크 안에서 통신데이터를 보낼 경로를 선택하는 과정이다. 이들 이메일의 헤더나 라우팅 정보를 증거법상 어떻게 취급할지 하는 것도 미국에서는 중요한 증거법의 쟁점이다. eDiscovery & Digital Evidence, Database updated November 2012, Jay E. Grenig and William C. Gleisner, III with general consultants Troy Larson and John L. Carroll. Part 1. Practicing in a Digital World, Chapter 3. The Judge's Role in the Digital world. II. Striving for A Rule-Based Solution. §3:5. Digital evidence(West Law 검색결과임).

2) 이메일의 내용이 피고인 이외의 자가 작성한 이메일 첨부파일을 전달하는 이메일이라면, 그에 대해서는 재전문증거로서 원칙적으로 증거능력이 없다고 해야 할 것이다. 이메일의 경우 전문증거내의 전문증거 문제도 증거법상 해결되어야 할 쟁점이다. 위 eDiscovery & Digital Evidence, Database updated November 2012, Jay E. Grenig and William C. Gleisner, III with general consultants Troy Larson and John L. Carroll. Part 1. Chapter 3. II. §3:5. Digital evidence.

3) 장성희, 김승인, "폐쇄형 소셜 네트워크 서비스 애플리케이션 사용성 평가 연구－'네이버 밴드(NaverBand)와 카카오그룹(KakaoGroup)'을 중심으로－Evaluation study about the utilization of applications which provide closed－type social network service－Focusing on 'NaverBand' and 'KakaoGroup'－", 「디지털디자인연구」 vol. 14 no. 1(2014), 377-386쪽.

있는 파일과 디렉토리에 대한 시간속성 정보 등과 같은 휘발성 데이터, 하드디스크, 플로피디스크, CD, DVD, USB 메모리 등 비휘발성 장치로부터 획득된 데이터 분석자료, 전송중인 패킷의 헤더부분이나 통신내용 등과 같은 네트워크 증거분석자료, 프로그램의 원시코드나 프로그램 작동방식, 결과 등을 분석해 내는 프로그램 소스분석 자료, 각종 디지털 전자기기에 대한 인식장치나 분석도구 등을 이용한 분석자료 등[1][2]

─디지털 증거 수색·검증, 압수 과정에서 확보한 피고인의 입력장치에 있는 지문, 필적 메모, 꼬리표, 암호화된 데이터에 접근할 수 있는 손으로 쓴 암호, 그 밖의 모니터, 모뎀, 프린터, 키보드, 스캐너, 팩시밀리에서 확보한 자료 등[3]

ⓒ 피고인의 진술

다음으로 그 진정성립을 인정하는 '피고인의 공판정 진술'이라는 요건에 관해서 본다. 전자증거의 증거능력에 관련된 피고인의 공판정 진술은 크게 다음과 같이 나누어 볼 수 있다. ⓐ 형식적 진정성립을 인정할 객관적 사실의 인정 여부에 관한 진술부분과 ⓑ 결론적으로 형식적 진정성립을 인정하는지 여부에 관한 진술부분, ⓒ 해당 전자문서나 그 출력문서의 증명력 판단에 관한 진술부분이 그것이다. 즉 형사소송법 제313조의 「진술자의 진술에 의하여 그 성립의 진정함이 증명된 때에는」이라는 구절은 원진술자인 피고인이 공판정에서 결론적으로 위 ⓑ와 같이 형식적 진정성립을 인정해 주어야만 진정성립이 인정된다는 의미가 아니라, 위 ⓐ와 같이 형식적 진정성립을 인정할 객관적인 사실을 인정하는 진술만 해주어도 그 진술에 의하여 성립의 진정함이 증명될 수 있음을 의미하는 것이다. 결국 위 법문의 의미는 피고인이 공판정에서 "진정성립을 인정한다"라는 진술을 해야 진정성립을 인정할 수 있는 것이 아니라, 피고인이 공판

---

1) 위 정교일(한국전자통신연구원 연구위원), "디지털증거의 압수와 공판정에서의 제출방안", 126-129쪽 참조.

2) 권양섭, 노명선, 곽병선 등, 「사이버 수사 및 디지털 증거수집 실태조사」 발표자료, 국가인권위원회 2012. 12. 11.자 8쪽 이하에 의하면 다음의 사항들이 전자증거의 작성자 특정을 위한 객관적 사실이라고 할 수 있다. 인터넷 히스토리와 인터넷 임시파일, 쿠키파일, 레지스트리, 휘발성 데이터 수집자료(캐쉬메모리, 메인메모리, 디스크, CD/DVD/DAT, 네트워크 패킷 데이터, 네트워크 서비스 기록, 특정 프로세스의 사용빈도, 파일 변경, 시스템 로그 패턴, 특정 IP주소의 사용빈도, 특정 서비스의 사용빈도, 서비스 패턴, 시스템 시간정보, 시스템 기초정보, 로그인 계정, 윈도우 운영체제상 이벤트 로그) 등.

3) UNITED STATES DEPARTMENT OF JUSTICE, 「FEDERAL GUIDELINES FOR SEARCHING AND SEIZING COMPUTERS」, IV. SEARCHING FOR AND SEIZING INFORMATION, F. UNDERSTANDING WHERE THE EVIDENCE MIGHT BE: STAND-ALONE PCs, NETWORKS AND FILE-SERVERS, BACKUPS, ELECTRONIC BULLETIN BOARDS, AND ELECTRONIC MAIL. 3 L. of Toxic Torts Appendix 22J(2012).

정에서 진정성립을 증명할 수 있는 객관적 사실을 인정하는 진술을 하였을 때 그 진술에서 인정된 사실들에 기초하여 법관이 해당 전자증거의 진정성립을 인정할 수 있는지 여부를 판단하여 결정할 수 있다는 의미라고 보아야 한다. 그렇게 해석하지 않고 오로지 피고인의 입에서 나오는 말만 바라보면서 진정성립 인정을 그 말의 내용에 따라 결정해야 한다고 하는 것은 부당하다. 형사공판절차의 주재자이자 최종적인 증거조사 여부 결정과 증명력 판단을 하는 법관의 존재감을 제로화시키는 주장이기 때문이다.[1]

이 점을 분명히 이해하기 위해, 예컨대 이 사건에서 해당 출력문서에 관해 피고인인 A가 공판준비기일이나[2] 증거조사를 실시하기 이전의 공판기일에서 다음과 같이 진술하였다고 하자.

> 피고인 A: "ⓐ-1 검사가 제출한 위 종이문서가, 제가 다니는 재수학원 행정실에서 학원생들이 사용하는 컴퓨터에 저장된 전자파일문서에서 출력한 문서임은 인정하겠습니다. ⓐ-2 하지만, 누가 작성한 문서인지 알 수 있는 흔적이 전혀 없으며, 더욱이 피고인인 나의 자필로 작성된 문서가 아님은 물론이고 거기에 전자서명도 되어 있지 않습니다. ⓑ 그러므로 나는 위 전자파일문서에 대해 내가 작성한 문서라는 점을 인정할 수

---

1) 그러므로 예컨대 유치원 자금을 횡령한 범죄사실로 기소된 유치원 경리인 피고인이 유치원 원장 및 다른 유치원 교사들이 있는 자리에서 횡령사실을 시인하면서 그 횡령금액을 변제하겠다며 자필로 작성한 각서에 대해 비록 피고인이 공판정에서 그 각서를 강압에 의해 작성하였다고 주장하더라도, 자필로 작성한 각서라는 사실은 인정하고 있는 이상 피고인의 강압에 의한 작성 주장에도 불구하고 법관은 그 각서의 진정성립을 인정할 수 있는 것이다(대법원 2001. 9. 4. 선고 2000도1743 판결【업무상횡령】[공2001.10.15.(140),2203]).

2) 효율적인 공판진행을 위해 공판준비절차에서 공판기일 진행 내역을 잘 계획해 두어야 한다. 특히 배심재판을 하는 경우 공판준비절차에서 행해지는 각종 공판준비내용이 효율적인 배심재판 진행을 위해 중요하다. 컴퓨터 관련 전자증거에 관한 준비도 철저히 해 두어야 한다. 컴퓨터 애니메이션이나 시뮬레이션을 활용하여 배심재판 등 공판을 진행하려고 준비하는 경우 반대 당사자에게도 그 애니메이션이나 시뮬레이션을 구성하는 컴퓨터 파일이 미리 개시되어야 한다. 그 밖의 디지털 증거를 공판절차에서 조사하고자 할 때에도 관련 기술적 용어에 대한 쌍방 당사자간의 합치된 의사를 이끌어내야 하고(예컨대 "디지털적인 원본 변경" digital alteration이란 무엇을 의미하는지?), 해당 애니메이션이나 시뮬레이션을 설명하는 말에 혹여 전문증거가 포함되어 있는 것은 아닌지? 이를 어떻게 공판절차에서 취급할 것인지?, 판사가 해당 디지털 증거의 조사 목적을 어떻게 배심원들에게 설시(jury instruction)할 것인지?, 관련 디지털 데이터의 진정성과 신용성은 어떤지? 그 애니메이션이나 시뮬레이션의 증거능력 인정을 위해 최소한의 공판준비 전에 양 당사자간 합의할 규칙은 무엇인지? 등의 물음에 대한 답을 미리 정해 놓아야 한다. David F. Herr, Annotated Manual for Complex Litigation(West Law, Database updated May 2012), Part I. Overview, 11. Pretrial Procedures, 11.6. Final Pretrial Conference/Preparation for Trial, 11.643 Disclosure of and Objections to Digital Evidence and Illustrative Aids(West Law Citation; MCL-ANN §11.643, Ann. Manual Complex Lit. §11.643(2012 ed.).

없습니다. ⓒ 설령 내가 작성한 문서라고 할지라도 위 문서의 여러 내용 중 내가 범죄단체에 가입되어 있음을 추단케 하는 부분은 나를 옭아 넣으려는 수사관이 임의로 조작해 넣은 것입니다. 이런 믿을 수 없는 문서로 앞날이 구만리 같이 젊은 나를 감옥에 잡아넣어 제 인생을 망치려 하십니까? 억울합니다!!"

위 진술부분은 위에서 기재해 넣은 ⓐⓑⓒ의 각 기호에 따라, ⓐ-1: 형식적 진정성립을 인정할 수 있는 객관적 사실을 인정하는 진술부분, ⓐ-2: 그것을 인정하지 않는 진술부분, ⓑ 결론적으로 진정성립을 부인하는 진술부분, ⓒ 그리고 증명력에 관한 진술부분 등으로 나누어 볼 수 있다. 피고인 진술의 여러 형태에 관해서는 이하의 관련 항목에서 좀 더 구체적으로 유형화해서 고찰해 보기로 한다. 여기서는 우선, 이처럼 전자문서 등 진술서의 증거능력을 규정한 형사소송법 제313조 제1항의 해석을 위한 전제로 원진술자인 피고인의 공판정 진술을 그 진정성립과 관련하여 유형화하는 이유부터 살펴본다.

현행 형사소송법 제313조 제1항의 문면상 쓰여진 요건만을 보면, 해당 전자문서를 작성한 피고인의 공판준비나 공판기일에서의 진술에 의해 진정성립이 인정되어야 그 전자문서나 출력문서의 증거능력이 인정된다. 달리 말하면 아무리 객관적인 컴퓨터 기계적 자료로 위 작성명의인이 피고인임을 입증한다고 하더라도 해당 전자문서의 작성자인 피고인이 위 형식적 진정성립 인정을 위한 객관적 사실을 인정하는 진술을 하지 않는다면, 즉 객관적으로 눈에 뻔히 보이는 컴퓨터 기술적 사실을 피고인이 주관적으로 부인만 한다고 해도 증거능력을 인정할 수 없게 된다. 이것은 명백히 조리에 반한다. 반대신문권의 보장이라는 전문법칙 인정 근거와도 무관한 조문으로 보이기도 한다.[1] 따라서 이러한 규정을 둔 형사소송법 제정자들의 의도를 언뜻 이해하기 어렵다고 여길 수도 있다. 여기서 법 제313조의 입법경위를 살펴봄으로써 그것이 우리 형사공판 절차에 주는 시사점을 찾아보기로 한다.

---

[1] 피고인 스스로의 진술에 대하여 반대신문권을 보장할 필요는 없으므로 피고인 자신이 작성한 진술서에 전문법칙을 적용할 것은 아니다. 미국 캘리포니아 주 증거법 제1421조도 서면을 증거로 제출하는 자에 의해, 해당 서면의 작성자라고 주장되는 자(예컨대 피고인) 이외의 자라면 알 수 없는 내용이 기재되어 있는 서면이라는 점이 입증된 서면은 진정성이 있다고 규정하여, 전문법칙 부분이 아닌 진정성(self-authentication) 부분에서 해당 서면의 증거능력을 규정하고 있다. "A writing may be authenticated by evidence that the writing refers to or states matters that are unlikely to be known to anyone other than the person who is claimed by the proponent of the evidence to be the author of the writing."(Evidence Code section 1421).

** 형사소송법 제313조의 입법경위

우리 정부가 수립된 후 1948. 9. 15. 종전의 법전기초위원회가 법전편찬위원회로 변경되었는바, 김병로 대법원장이 그 위원장이었다. 위 법전편찬위원회에서 만든 형사소송법 초안은 의용형사소송법(대정형사소송법)과 미군정법령 제176호 「형사소송법의 개정」을 토대로 하면서 일본에서 연합군사령부의 영향 아래 단행된 신형사소송법도 참조하였다.[1] 당시 마련된 형사소송법 초안 제300조는 「전 2조(법관면전조서 및 수사조서에 관한 규정: 저자)의 규정 이외에 피고인이나 피고인 아닌 자의 작성한 서류 또는 그 진술을 기재한 서류로서 작성 또는 진술한 자의 자필이거나 서명, 날인 있는 것은 공판준비나 공판기일에 피고인이나 피고인 아닌 자의 진술에 의하여 성립의 진정함이 증명된 때에는 증거로 할 수 있다」고 규정하였다. 위 초안은 당시 국회법제사법위원회에서도[2] 수정되지 않고 그대로 통과되었다. 다만 제정형사소송법(1954. 9. 23. 법률 제341호)은 위 조문을 제313조로 하여 「전 2조의 규정 이외에 피고인 또는 피고인이 아닌 자가 작성한 서류 또는 그 진술을 기재한 서류로서 작성 또는 진술한 자의 자필이거나 그 서명 또는 날인이 있는 것은 공판준비 또는 공판기일에 피고인 또는 피고인 아닌 자의 진술에 의하여 성립의 진정함이 증명된 때에는 증거로 할 수 있다」고 규정하였다. 위와 같은 법 제정 당시 이 제313조 자체에 대해서는 심도 있는 논의가 거의 이루어지지 않은 것으로 보인다.[3] 말하자면 충분한 검토 없이 만들어진 우리 입법자의 창작물이라고 보인다는 것이다. 특히 1954. 2. 16. 국회 본회의 형사소송법안 독회 석상에서 한 엄상섭 의원의 발언; 또는 엄상섭의 '신형사소송법의 민주화'등과 같은 글이나,[4] 법안을 축조심의한 제18회 국회정기회의(단기 4287년 2월 29일) 속기록; '신구형사소송법의 주요차이점'[5] 등에 위 초안 제300조나 법률 제313조에 관한 언급이 전혀 없는 점, 그리고 제정 법안에 대한 대검찰청의 의견; 대한변호사협회의 의견; 정창운, "국회를 통과한 신형사소송법론"(「법정」 64호, 1954년 3월); 엄상섭, "형사재판의 민주화"(「법정」 74호, 1955년 6월) 등 당시 공표된 의견이나 출판된 문헌들에서도 이 제313조에 대한 언급이 전혀 없는 점을 보아도 그러하다.[6] 당시 출판된 서일교, 「형사소송법강의」, 제일문화사(단기 4288년 10

---

1) 1954. 2. 15. 제2대 국회 제18회 정기회에서 법전편찬위원장인 김병로 대법원장의 설명 참조. 신동운, "제정형사소송법의 성립경위", 183-185쪽.
2) 엄상섭 국회의원이 4인의 소위원회 구성원 중 하나였고, 전문위원은 서일교 위원이었다.
3) 신양균 편저, 한국형사정책연구원, 「형사소송법 제·개정 자료집」, 13쪽부터 247쪽 참조.
4) 신동운, 「효당 엄상섭 형사소송법논집」, 서울대학교출판부 81쪽 이하, 109쪽 이하, 115쪽 이하.
5) 엄상섭 감수, 서일교 편, 「신형사소송법」, 일한도서출판사, 단기 4287년 3월, 부록 3.
6) 신동운 편저, 한국형사정책연구원, 「형사소송법제정자료집」(1990).

월) 150쪽에도 형사소송법 제313조의 내용을 소개하면서 「被告人(被疑者)이 作成한 書類로서 犯罪事實에 對한 自己의 刑事責任을 認定하는 書類 例컨대 告白書는 前述한 바와 같이 自白에는 그 方式이 口述이거나 書面이거나를 不問하므로 本條에 該當하는 것이 아니고 第三0九條("피고인의 자백이 고문, 폭행, 협박, 신체구속의 부당한 장기화 또는 기망 기타의 방법으로 임의로 진술한 것이 아니라고 의심할만한 이유가 있는 때에는 이를 유죄의 증거로 하지 못한다.": 저자 첨가함)에 該當하는 것이다.」고 쓰고 있을 뿐이다(그러나 현재 위와 같은 해석론은 없는 것으로 보이며, 법 제309조는 자백의 임의성에 관한 것이고 법 제313조는 그와는 차원이 다른 진술서의 진정성립 문제이므로 피고인 작성 자백서가 위 제309조의 적용대상일 뿐이고 제313조의 적용대상이 아니라는 서일교의 위 주장은 수긍하기 어렵다).

　　1954년 형사소송법 제정 이전까지 사용한 의용형사소송법(대정 형사소송법)에도 현행법 제313조와 같은 규정이 없었다. 다만 필요성을 이유로 한 증거서류의 증거능력 인정에 관한 현행법 제314조의 원형이라고 할 수 있는 조항만이 제343조에 있었을 뿐이다. 그리고 피고인이나 피고인 아닌 자의 진술서에 관한 규정이 아래 신형사소송법과 같이 있었다.[1] 증거법을 규율하지 않은 미군정법령 제176호에서도 현행법 제313조의 원형을 찾아볼 수 없음은 말할 것도 없다.[2] 나아가 1948. 7. 10. 법률 제131호로 공포되고 1949. 1. 1. 시행된 일본 신형사소송법도 대정형사소송법과 같이 제321조 제3호에서 피고인 이외의 자가 작성한 공술서 또는 그 밖의 자의 공술을 녹취한 서면에 공술자의 서명이나 날인이 있는 것은 재판관이나 검찰관 면전조서가 아닌 경우, 공술자가 사망, 정신이나 신체의 고장, 소재불명, 국외거주 등으로 인해 공판준비 또는 공판기일에서 공술할 수 없고, 그 공술이 범죄사실 증명에 없어서는 안 될 경우에 한하여, 그것도 그 공술이 신용할 만한 정황에서 행해진 때에 한하여 증거로 할 수 있다고 규정하고, 제322조에서 피고인이 작성한 공술서 또는 피고인의 공술을 녹취한 서면으로 피고인의 서명 또는 날인이 있는 것은 그 공술이 피고인에게 불이익한 사실의 승인을 내용으로 하는 것으로서 임의로 되었거나, 특히 신용할 만한 정황에서 행해진 공술일 때에 한하여 증거로 할 수 있다는 규정을 두고 있었을 뿐이다. 즉 원진술자가 조서의 진정성립을 인정하여야 하는지에 대해서는 명문규정을 두지 않았다. 요컨대 현행 형사소송법 제313조 본문에 해당하는 제정 형사소송법 제313조는 그 유래를 찾아보기 어려운 우리 입법자의 창작물이라고 할 수

---

1) 법원행정처, 「주요 구법령집(상)」, 재판자료 제41집, 720쪽.
2) 법원행정처, 「주요 구법령집(하)」, 재판자료 제42집, 259쪽 이하.

있다.[1] 피고인 및 피고인 아닌 자가 작성한 서류를 하나의 문장으로 규정하고 그 이중 주어에 연결되는 '작성한 서류 또는 진술을 기재한 서류' 또한 중첩되어서 주어와의 서술관계를 매우 이해하기 어렵게 하였으며, 피고인 아닌 자의 공판정 진술에 의해 진정성립을 인정하게 하고, 나아가 피고인 자신의 진술에 관해서도 피고인의 공판정 진술에 의해 진정성립을 인정하게 하는 등으로 반대신문권보장이라는 전문법칙의 연혁적, 입법례적 근거와도 동떨어지게 하였다. 一見해서는 국어 문장으로서도 매우 졸렬할 뿐만 아니라, 전문법칙 내지 증거법에 관한 충분한 이해나 지식 없이 대충 만들어버린 조문이 아닌가 하는 의심을 떨칠 수 없는 조문이다.

이어 위 규정을 약 7년여 시행하다가 1961. 5. 16. 이후 만들어진 국가재건최고위원회는 같은 해 9. 1. 상임위원회 제39차 회의에서 급조된 「형사소송법 중 개정 법률안」을 가결하여 같은 날 법률 제705호로 공포, 시행하면서 전문법칙의 원칙규정인 제310조의2 규정을 신설하고 다음과 같은 현행법 제313조의 규정을 두게 된 것이다. 「① 전 2조의 규정 이외에 피고인 또는 피고인이 아닌 자가 작성한 진술서나 그 진술을 기재한 서류로서 그 작성자 또는 진술자의 자필이거나 그 서명 또는 날인이 있는 것은 공판준비나 공판기일에서의 그 작성자 또는 진술자의 진술에 의하여 그 성립의 진정함이 증명된 때에는 증거로 할 수 있다. 단, 피고인의 진술을 기재한 서류는 공판준비 또는 공판기일에서의 그 작성자의 진술에 의하여 그 성립의 진정함이 증명되고 그 진술이 특히 신빙할 수 있는 상태하에서 행하여 진 때에 한하여 피고인의 공판준비 또는 공판기일에서의 진술에 불구하고 증거로 할 수 있다. ② 감정의 경과와 결과를 기재한 서류도 전항과 같다.」 그 후로 별다른 개정 노력 없이 위 제313조가 현재까지 존치되고 있다.

형사소송법 제정 배경을 되돌아보면서 우리는 법원을 대표하여 법 제정에 깊숙이 관여한 양원일 부장판사를 회고하지 않을 수 없다. 양원일(梁元一) 부장판사는 형사소송법 제정에 법전편찬위원회 분과위원회 위원으로 참여하여 그 요강 안을 수차례 검토하였다. 그는 1949. 1. 8. 대법원회의실에서 열린 법전편찬위원회 총회에서 형사소송법요강 제7호인 「7. 소위 공판중심주의(당사자주의)를 채택하여 공판수속을 공판청구서로부터 시작하고, 검찰관, 변호인에게 직접신문 및 반대신문의 권한을 인정하고 변호인이 없는 경우에는 피고인에게 그 권한을 인정할 것」에 관하여 다음과 같이 발언하여 형사절차에서 공판중심주의 구현을

---

[1] 신동운 교수도 조서 등의 증거능력 제한은 한국 입법자의 고유한 결단이라고 설명하신다(신동운 역, 「일본형사수속법」, 260쪽).

역설하였다.[1]

> "본 문제는 극히 중대한 것이며 要는 종래의 공판수속에 있어서는 법관이 피고인의 진술을 듣기 전에 미리 기록을 읽고 선입관적인 심증을 얻거나 또는 심증의 기초를 관념해 가지고 비로소 피고인을 대하게 되니 여기에 자타가 용이하게 발견할 수 없는 오류가 混入하기 쉬우므로 우리 今般 신법의 의도는 여기에 착안하여 법관이 검사의 기소장만 가지고 심증에 있어 백지로 피고인에게 대하여 법관의 자유심증의 素地를 純潔케 하자는 데 근본적인 목표가 있는 것이다."

위와 같은 양원일 부장판사의 발언에 기초하여 추론하면 피고인 작성의 수사절차 외의 진술서에 관하여도 피고인의 공판정 진술에 의해 진정성립이 인정되어야 증거능력을 인정하여 법관이 해당 진술서를 읽어 보게 하자는 의도로 위 조문을 성안하였다고 보지 않을 수 없다. 즉, 피고인 자신이 공판정에서 진정성립을 인정하지 않는데도 법관이 미리 제출된 해당 진술서만 읽어 보고 예단을 형성하여 사건에 대한 결론을 이미 내려놓고 피고인을 공판정에서 대면하지 말라는 뜻으로 이러한 조문을 성안한 것이라고 추론하여도 무방할 것이다. 피고인의 수사절차 외의 진술에 관해 반대신문권을 보장할 필요는 없으므로 직접심리주의의 요청 때문에 입법례상 특이하게도 원진술자인 피고인의 공판정 진술에 의한 진정성립을 증거능력 인정요건으로 요구하고 있는 것이 우리 입법자의 태도라고 이해할 수밖에 없고, 그래서 이 조항은 원래의 영미법상의 전문법칙과는 성격을 달리한다고 하지 않을 수 없다. 특히 제정 형사소송법에 현행 형사소송법 제310조의2와 같이 서류에 관하여 전문법칙을 도입하지 않았음에도 (제정 법 제316조에 진술에 한하여 전문법칙을 적용하는 규정을 두었을 뿐이다), 법 제313조 제1항 본문이 이미 도입되어 있던 점이나, 당시 김병로 대법원장께서 스스로 "우리는 대륙법체계만 섭용(攝容)한 것도 아니고 꼭 영·미식 체계만 섭용한 것도 아니고 역시 우리에게 제일 편의한, 이러한 점을 절충해서 이 형사소송법이 편성되었다고 생각합니다"고 발언하신 점을 참작해 보면,[2] 우리 증거법 규정을 순전히 영미식의 전문법칙으로만 이해하기는 어렵다.[3] 오히려 당시 대통령과 국회, 그리고 법원, 검찰간의 권력다툼(power game)에 의해 성안된 형사소송법의

---

1) 신동운, "제정형사소송법의 성립경위", 211쪽
2) 한국형사정책연구원, 신동운 편저, 「형사소송법제정자료집」, 266쪽.
3) 같은 취지를 기재한 책으로 엄상섭 감수, 서일교 편, 「신형사소송법」, 일한도서출판사, 단기 4287년 3월 참조.

입법 과정을 되돌아보면, 그리고 그 권력다툼은 영구히 계속될 수밖에 없는 점을 고려해 보면, 형사절차상 수사기관과 법원의 헌법상 진정한 제자리 찾기와 관련해서 이 조문을 이해하지 않을 수 없다고 하겠다. 이것을 형사소송 구조론과 관련하여 직권주의를 택한 것이라고 설명하는 견해도 있다.[1]

이러한 제정 형사소송법의 입법과정에 대한 공부 없이 우리 증거법 규정이 영미식의 전문법칙을 제대로 이해하지 못하였다거나 혼동하였다고 함부로 평가 절하하는 태도는 참으로 지양해야 한다고 하겠다. 나라를 뺏기고 식민사법의 지배를 받은 후 전쟁의 참화를 겪어가면서 고심에 고심을 거듭하여 만든 법이기 때문이다. 이를 알지 못하고 현행법만 살펴보거나 외국제도만 피상적으로 읽은 후 아직 법도 개정되기 전인데 현행법에 명문으로 쓰여 있는 내용을 무시하려는 것은 연구자의 일천한 지식을 스스로 드러내는 것이라고 하지 않을 수 없다. 현재의 우리가 해당 법률을 해석하거나 개정하는 작업을 할 때에도 항상 이 점을 명심해야 한다.[2]

위와 같이 살펴본 입법경위와 같이, 원래 형사소송법 제정자들은 형사소송법 제313조와 같은 규정을 두는 것에 의해 비록 수사절차 이외에서 작성된 진술서라고 할지라도 사람의 부정확한 진술을 기재한 서면으로 재판하지 말고 해당 진술을 한 자를 직접 공판정에 소환하여 법관이 직접 그 사람 말을 들어 재판하라는 직접심리주의를 구현하려고 하였던 것이다. 그러기 위해 이러한 조문을 두었을 것으로 생각해보면 충분히 이해가 되는 조문이기도 하다. 즉, 이것은 일제 순사가 장기간의 구금상태 하에서 피고인을 고문하여 만든 조서(또는 검사, 사법경찰관이나 예심판사가 만든 조서[3])만으로 식민지 조선 백성을 재판하던[4] 식민사법에

---

1) 신동운, "제정형사소송법의 성립경위", 186쪽 참조.
2) 이상은 저자가 2012. 11. 30. 한국포렌식학회, 한국저작권위원회가 개최한 「2012년 디지털증거 압수수색에 관한 개정법률(안) 공청회 자료집」, 45쪽부터 48쪽에 걸쳐 지정토론한 내용을 기재한 것이다.
3) 신동운, "일제하의 예심제도에 관하여 -그 제도적 기능을 중심으로-", 서울대 「법학」 27권 1호 (1986), 149쪽 이하. 특히 153-156쪽 참조. 즉, 일제하 예심제도는 ① 사법경찰관에게 인정된 14일, 검사에게 인정된 20일의 미결구금기간을 무기한 연장할 수 있는 기능, ② 밀행주의가 지배하는 예심판사의 증거수집활동을 인정하고, 게다가 검사 및 사법경찰관에게 예심판사의 권한을 대부분 행사하게 함으로써, 피고인에게 유무죄 판단 및 형을 선고하는 재판부에 의한 직접심리 원칙 내지 공판중심주의 원칙을 회피하는 기능 등을 하였다고 한다.
4) 대정 형사소송법하에서도 피고인, 피의자, 증인 등의 신문에 관하여는 조서를 작성하도록 되어 있었고(대정형소 제56조), 이 규정은 1924년 조선형사령 제12조 이하에서 인정한 검사 및 사법경찰관의 강제수사에도 적용되므로 이들이 수사상 작성한 각종 조서는 소위 법령에 의하여 작성된 조서로서(대정형소 제343조 참조) 예심판사의 조서와 마찬가지로 그 증거능력을 인정받았다(신동운, "일제하의 예심제도에 관하여", 162쪽). 이러한 점을 고려하면 이른바 조서재판의 뿌

서 탈피하기 위해 1945년 해방 후 1947. 6. 30. 법전기초위원회가 설립된 지로부터[1] 거의 7년여의 장구한 기간에 걸쳐 숙고에 숙고를 거듭하여 만든 여러 증거법 조문 중 하나인 것이다(1954. 9. 23. 법률 제341호).[2] 특히 형사소송법 제313조는 피고인 등이 작성한 수사절차 이외에서의 진술서에 관해서도 피고인 등 원진술자를 일단 공판정에 소환하여 그의 구두 진술을 들어 본 후, 그 진술로 진정성립이 인정되어야 증거능력을 인정하라는 조문이다. 그렇게 증거능력이 인정된 후에야 법관(또는 배심원)이 해당 진술서를 읽어 보게 하자는 조문이다. 요컨대 공판중심주의를 구현하기 위해 만들어진 조문이라고 이해해 볼 수 있는 것이다.[3] 또한 피고인이 진정성립을 인정하지도 않는데 검사가 미리 제출해 둔, 수사절차 외에서 피고인이 작성한 진술서를 판사(또는 배심원)가 읽어 둔 상태에서, 즉 어떤

리는 일제 강점기부터 시작되었다고 하겠다.

1) 남조선과도정부 행정명령 제3호.
2) 신동운, "제정형사소송법의 성립경위", 「형사법연구」 22호(2004, 겨울), 159쪽 이하.
3) 앞서 본문에서 본 양원일 부장판사의 발언 참조. 양원일 부장판사는 제주 4·3 사건 발생시 해당 사건의 제주도민들 재판에도 관여하여 위 사건의 역사적 평가를 위한 중요한 사실관계를 정리해 둔 인물이다. 안타깝게도 양원일 부장판사는 위와 같은 형사소송법 제정 회의에 참석한 후 얼마 지나지 않은 1949. 3. 3. 밤(혹자는 같은 해 4. 4. 저녁 9시 40분경이라고 하기도 한다. 김이조 변호사, 「법조비화 100선」, 고시연구사, 1997년 23쪽 이하) 인의동 숙소(또는 종로 4가에 있는 관사)로 가던 중 회현동 헌병초소 앞에서(또는 동화백화점 뒤 콘세트 국방부 제274대대 앞에서) 카빈 소총을 들이대면서 '누구냐?'고 소리치는 초소헌병에게 '내가 바로 양원일이다. 너는 누구냐?'면서 허리에 찬 권총을 잡으려는 찰나 그 보초병으로부터 발사된 카빈 소총 총알에 의해 복부관통상을 입고 살해되었다. 위 초소헌병은 살인죄로 기소되었으나 무죄판결이 선고되었다(조선일보 1971. 8. 17.자 기획연재기사 참조, 신동운, 「효당 엄상섭 형사소송법논집」, 서울대학교출판부, 2005년, 250쪽, 주 5); 김이조 변호사, 위 「법조비화 100선」, 23쪽 이하). 양원일 부장판사는 1946년에 있었던 朝鮮精版社 위폐사건의 재판장을 맡았었는데(배석 최영환, 김정렬 판사), 좌·우익 양쪽에서 협박을 받다 못해 호신용 권총까지 차고 다니다 끝내는 심야에 참변을 당하고 말았다는 것이다(위 조선일보 기사 및 김이조, 「법조비화 100선」, 127쪽 참조). 서울 중구 소공동에 있던 조선정판사는 일제강점기에 조선은행권을 인쇄하다가 광복 후 조선공산당이 인수하여 해방일보 등을 인쇄하였는데, 사장 박낙종 등이 조선공산당의 재정난을 타개하기 위해 조선은행 100원 권 원판으로 총 1,200만 원의 위조지폐를 인쇄 사용했던 것이다. 1946년 7월 서울지방법원에서 열린 제1회 공판에 많은 군중이 모여들어 '조선공산당 만세'를 외치는 등 소란을 피웠고, 피고인들이 법원에 들어오자 '재판소를 부숴라', '판·검사를 죽여라' 등의 구호를 외치면서 법원 유리창을 깨고 유치장을 습격하는 폭동을 일으켰다. 무장경찰의 동원으로 법정 소요는 진압되었으나, 그 후에도 담당 재판장과 검사(당시 수사검사는 조재천, 김홍섭이었다)에게 협박장이 전달되는 등 좌익계열의 재판방해가 계속되었다. 서울지방법원은 1946년 11월 28일 선고공판을 열어 박낙종 피고인에게 무기징역을 선고하는 등 관련 피고인 9명 모두에게 무기징역 내지 징역 10-15년을 선고했다(이상은 사법발전재단, 「역사속의 사법부」(2009), 43쪽; 김이조, 위 책, 127쪽 이하).
   양원일 부장판사가 앞서 본 바와 같이 살해당한 후 당시 서울지검 차장검사였던 효당 엄상섭은 양원일 부장판사의 성격을 質直(질박하고 정직함)하다고 표현하면서 의리 굳은 사람이었다고 추모하였다(엄상섭, "양원일 군을 보내면서", 「법정」(1949. 4.), 32쪽 이하, 신동운, 위 「효당 엄상섭 형사소송법논집」, 249쪽 이하; 김이조 변호사, 위 「법조비화 100선」, 30쪽).

선입견을 형성한 상태에서 피고인을 공판정에서 대면하여 공판을 시작하지 말라는 뜻으로 만든 조문이라고 이해하여야 한다는 것이다.[1] 일제강점기의 형사재판이나[2] 해방 후 형사소송법 제정 이전의 형사재판, 나아가 그 뒤에 계속되어 온 형사재판 관행이, 검사가 공소장과 더불어 수사기록을 통째로 법원에 던져 놓으면 판사가 제1회 공판기일 전에 그 수사기록을 전부 읽고 피고인에 대한 편견에 휩싸인 채 공판에 임함으로써 피고인의 말은 아예 들어보려고도 하지 않았던 폐단을 노정하였던 점을 회고해 보면, 이 조문이 만들어진 실무적 배경을 충분히 이해하고도 남을 것이다. 나아가 피고인의 진술도 증거방법의 하나인데, 전문증거의 배제 이유로 대륙법계에서 「傳聞證據는 證人(피고인: 저자가 삽입함)의 態度에 依하여 法官이 正確한 心證을 얻는 것, 즉 『態度證據』(demeanor evidence)에 依한 心證形成을 不能하게 하는 點에 그 主要理由가 있는 것이다.」

---

1) 전문법칙의 이론적 근거에 관하여는 반대신문권의 보장, 신용성의 결여, 복합적 설명, 직접주의의 요청(법원이 스스로 조사한 증거에 의하여 재판하여야 한다는 형식적 직접주의, 법원은 범죄사실에 가장 접근한 직접증거에 의하여 사실을 인정해야 한다는 실질적 증거주의를 포함함), 전문진술의 위험성 내지 한계 등이 거론되고 있다[이에 관한 상세한 설명은, 류해용, "전문법칙 강화", 사법연수원, 「형사사법제도 개선을 위한 법관세미나 자료」(2004), 62쪽 이하]. 그러나 피고인 자신의 진술에 대하여 피고인 자신의 공판정 진술로 진정성립을 인정할 것을 요구하는 법 제313조에 관해 그 입법이유로 '전문증거 배제'만을 들 수는 없다. 공판중심주의 구현이라는 우리 형사공판절차의 숙원을 해결하기 위해 만든 조문이라고 이해해야 한다.

2) 예컨대 1926년 1월 어느 날에 있은 마산지청의 이른바 '통영민중소요사건' 재판은 다음과 같이 진행되었다고 한다. 위 사건은 3·1 독립만세 후 이른바 문화정책을 실시한다는 일제가 1925년 3월 1개면에 1개교씩을 설립한다며 소집한 도의회에서, 당시 도의회의원으로 있던 김기정이란 자가 도의회에서 조선사람을 교육시킨다는 것은 마치 불량자를 양성하는 것과 같아서 불필요하다고 발언하였다는 전언이 퍼지면서 그 말을 들은 청년운동가들이 김기정의 집에 찾아가 항의하면서 발생하였다.

「이날 하오 2시께 법정에 들어선 石井 재판장은 서상환, 최천, 김재학 등 16명의 피고인들을 훑어 본 다음 서기에게 예심조서를 읽도록 했다. 서기가 예심결정서를 다 읽고 나자 그는 피고인들을 보고 "대체로 이 정도겠지 재판은 이것으로 종결한다. 검사는 구형하시오." 너무나 일사천리식으로 처리한 재판이었다. 그러자 검사는 재판장의 명령을 기다렸다는 듯이 논고도 없이 각 피고인들에 "징역 2년씩 처한다"고 간단히 구형해 버렸다.

이 광경을 지켜본 변호사 李仁은 화가 머리끝까지 치밀었다. 이럴 수가 있을까. 아무리 식민지 백성을 재판한다지만 이따위 재판이 어디 있단 말인가.

이같이 생각한 李仁은 두말없이 법대로 뛰어 올라가 재판장과 검사의 멱살을 거머 잡은 것이다. 이통에 판사와 검사는 법모를 법대 위에 떨어뜨린 채 법관실로 도망쳤다. 법관실 문을 박차고 뒤따라 들어간 李변호사는 "소송절차를 무시하는 이런 재판이 어디 있느냐. 너희 나라에서는 이렇게 재판하라고 가르치더냐. 왜 인정신문과 사실심리도 하지 않고 재판을 종결하느냐. 나는 너의 나라에서 변호사 자격을 얻었지만 일본 법정개시 이후 이런 재판은 처음 보았다"고 대들었다.」(李仁 변호사, 1972. 5. 17.자 신아일보 기고문, 김이조 변호사, 「법조비화 100선」, 118-121쪽 수록). 이상은 저자가 2012. 11. 30. 한국포렌식학회, 한국저작권위원회가 개최한 "2012년 디지털 증거 압수수색에 관한 개정법률(안) 공청회" 자료집, 45쪽에서 지정토론한 내용을 기재한 것이다.

라고 설명하는, 법 제정 당시의 국회 법제사법전문위원이자 서울법대, 고대 강사를 역임한 서일교(徐壹敎)의 「刑事訴訟法講義」에 적혀 있는 내용을 읽어 보아도 이 조문의 입법이유를 알 수 있다.[1] 즉 피고인의 진술을 수사절차 외에서 기재해 놓은 진술서라고 할지라도 우선은 피고인의 공판정 진술을 들어 그 태도증거를 살펴 재판해야 하고, 그의 진술태도를 정확히 파악하기 어려운 진술서면만으로 재판하지 말라는 뜻을 표현한 조문이 법 제313조라고 할 수 있는 것이다. 그러므로 법 제313조에 관한 입법동기는 직접심리주의 내지 공판중심주의구현이라는 이상 구현을 위해 매우 존중되어야 할 것이다.[2] 더욱이 입법자가 그 조문을 무려 거의 60년에 근접하는 장구한 세월 동안 아직까지 존치시키고 있는 것이다. 그리고 그 오랜 기간 실무에서 적용되어 온 유서 깊은 조문이기도 하다. 더욱이 요새 증거분리제출제도를 시행하여 증거능력 없는 증거를 아예 검사로부터 제출받지도 말라는 원칙을 강조하고 있고 그 구현을 위해 법관들이 많은 노력을 기울이고 있다. 그런데도 여전히 시간관계상 증거서류를 개별적으로 조사하여 증거능력 있는 증거만을 제출받아 증거조사하는 방식을 거치지 못하고, 일건으로 일괄하여 제출받는 일이 왕왕 있다. 그러한 현실을 반성하지 않을 수 없다. 그러니 함부로 후대의 우리가, 그것도 법률을 만드는 것이 아니라 적용하는 일을 직분으로 삼고 있는 우리가 이 조문을 그대로 따라 실무에 구현하는 노력을 하지는 못할지언정, 법규정의 명문에 반하여 함부로 그 조문을 무시해도 좋다고 해석할 수는 없다.[3] 입법론을 생각해 보는 것은 그 다음 일이다.

---

1) 徐壹敎, 「刑事訴訟法講義」, 제일문화사(단기 4288년 10월), 148쪽. 서일교는 단기 4254년 대구시 산격동에서 출생하여 단기 4278년 경성제국대학 법문학부 법학과를 졸업한 후 단기 4280년 조선변호사 시험에 합격하였고, 이어 국회민의원 법제사법위원회 전문위원, 서울법대·고대·국민대 강사를 역임하였다. 위 책의 저자 약력 부분 참조.
2) 참고로 독일 형사소송법 제250조(직접신문주의)는 사실의 증명이 어떤 사람의 지각에 의존하는 경우에는 공판에서 그 사람을 신문해야 하며, 진술서를 낭독하는 것으로 그 절차를 대신할 수 없다고 규정하고 있다(§250 Beruht der Beweis einer Tatsache auf der Wahrnehmung einer Person, so ist diese in der Hauptverhandlung zu vernehmen. Die Vernehmung darf nicht durch Verlesung des über eine frühere Vernehmung aufgenommenen Protokolls oder einer schriftlichen Erklärung ersetzt werden).
   우리 대법원도 2004년 7월경 형사소송법의 대 개정을 준비하면서 당사자주의, 공판중심주의, 직접심리주의 등의 이상을 구현하여 현대문명국가의 수준에 걸맞는 형사사법제도를 마련하기 위해 애썼던 것이다. 대법원, 「바람직한 형사사법시스템의 모색」 자료집(I)(II)(III)(2004) 참조. 특히 위 자료집 (I)권 5쪽 이하의 저자 집필 서론 부분 참조.
3) 법 제313조는 원본증거의 사용이 가능함에도 불구하고 진실발견과 소송경제를 위해 전문증거를 사용하는 것으로서 직접주의를 심각하게 파괴하는 규정이라고 할 수 있기 때문에 장기적인 관점에서는 폐지하는 것이 바람직하다는 극단적인 견해가 있음도 주목해야 한다. 정진연, "형사소송법 제313조 제1항의 해석과 관련한 소고", 「성균관법학」(2005. 12.), 379쪽.

더욱이 아무리 입법을 통해 이 조문을 개정하려고 한다고 하더라도 직접심리주의의 또 다른 한 표현인 공판중심주의를 구현하기 위해서라도 이 요건을 함부로 철폐해도 좋다고 승인해 줄 수는 없다.[1][2]

그래서 현행법의 명문규정을 위반하지 않으면서도 가능한 범위 내에서 피고인의 공판정 진술 내용을 여러 유형으로 나누어 형식적 진정성립 인정 여부를 검토해야 한다고 하겠다.

피고인이 공판준비기일이나 공판기일에서 이 형식적 진정성립에 관하여 하는 진술은 다음과 같이 여러 형태로 제시될 수 있다. 그러므로 피고인이 공판정에서 하는 진정성립 인정에 관한 진술이 다음의 어디에 해당하는지를 분명히 밝혀 이를 기초로 진술서의 증거능력 인정 여부를 판단해야 한다. 또한 상급심의 판단자료로 삼기 위해 그 진술내용을 공판조서에 남겨두도록 애써야 한다. 이 글 첫머리에 제시된 사안의 경우에 있어서도 법원으로서는 피고인 측이 "이 출력물이, 피고인이 사용한 컴퓨터에 저장된 자료라는 것은 다투지 않는다."라고 주장할 때 과연 그 의미가 무결성·동일성을 인정하는 취지로 하는 진술인지, 나아가 다른 진정성립 요건사실도 인정하는 취지의 진술인지 등을 분명하게 해두기 위해 공판정에서 이를 묻고 공판조서에 기재해 두어야 한다.[3]

－형식적 진정성립을 인정할 수 있는 명백히 객관적인 사실들마저 부인하거나 부지(알 수 없다, 모르겠다)**라고 주장하는 경우**

즉, 검사가 디지털 포렌식 전문가의 분석자료를 제시하면서 전자서명, ID, Password, IP 정보, 메타데이터, 전속적으로 피고인만이 이용하는 컴퓨터이고, 피고인만이 사용하는 Email 계좌로 첨부파일 형태로 전송된 문서라는 등의 객관적인 사실에 의해 피고인 당신이 작성한 전자문서가 맞지 않느냐고 추궁함에

---

1) 종래 검사작성 피의자 신문조서에 관하여 그 피의자의 공판정 진술에 의해서만 성립의 진정을 인정하도록 한 구법(2007. 6. 1. 개정되기 전의 조문) 제312조 제1항 본문에 관하여, 피의자가 공판정에서 그 진정성립을 부인하면 그대로 증거능력이 인정되지 않는 것이며, 법원이 무인이나 서명의 필적감정 등을 통해 그 조서의 형식적 진정성립을 인정할 수 없다고 한 대법원 예규가 형사공판 실무의 강력한 기준으로 작용하였다. 송형 61-6 예규.
2) 저자가 2005년도 형사소송법 개정작업에 참여하면서 대법원 형사법연구반에서 법 제313조 개정안을 제안한 내용을 이 글의 말미에 첨부한다. 단, 객관적인 방법에 의한 진정성립 인정요건은 당시의 제안에 추가·수정하였다. 당시에도 원진술자의 공판정 진술에 의한 진정성립 인정요건을 폐기하자는 의견은 전혀 제시되지 않았다.
3) 따라서 법원 참여관은 피고인이 증거능력 요건에 관하여 어떤 진술을 하는지 유심히 듣고 이것을 공판조서에 분명하게 기재하도록 유의하여야 한다. 재판장으로서도 피고인이 어떤 의미로 형식적 진정성립을 인정하거나 부인하는 취지의 진술을 하는지 유심히 듣고 불명료한 사항은 이를 법률요건에 맞추어 정확히 진술하도록 석명해야 한다.

대하여, 그 전자문서의 작성자인 피고인이 이를 단순히 모르겠다거나 그런 적이 없다고 부인하는 경우가 이에 해당한다. 피고인의 공판정 진술에만 의존하여 그 증거능력을 인정하게 하는 현행법 제313조 제1항의 직접심리주의 요청상, 피고인이 깡그리 형식적 진정성립을 부인하는 진술을 하거나 '부지'라고 진술하는 경우 그 형식적 진정성립을 인정할 수 없다. 그러므로 해당 전자증거나 이를 출력한 문서의 증거능력을 인정할 수 없다.

피고인 측이 해당 출력문서의 무결성·동일성을 인정하면서도(소극적으로 이 무결성·동일성을 그저 다투지 않는다고 진술하는 경우 포함) 원본인 전자파일문서 자체를 피고인이 작성한 바 없다면서 그 형식적 진정성립을 인정할 수 있는 객관적인 사실을 인정하는 진술을 전혀 하지 않는 경우에도 해당 출력문서의 증거능력을 부정할 수밖에 없다.

물론, 이상의 경우에 증거능력을 부인하면 불합리하다고 볼 여지가 있고, 그것을 위해 공판중심주의 구현을 훼손하지 않는 범위에서 법을 개정할 필요가 있다고 보인다.[1]

또한, 위와 같은 경우에는 앞서 본 바와 같이 일정한 제한 요건 하에서 형사소송법 제315조에 의해 증거능력을 인정할 수는 있다. ① 해당 문서가 디지털 포렌식 전문가의 진술 등에 의해 피고인이 작성한 문서임을 인정할 수 있고, ② 그 문서 작성행위와 관련된 범죄를 저질렀다고 기소된 피고인이 해당 업무의 담당자로서 일상적, 무작위적, 계속적, 반복적으로 수 회 그 문서를 작성한 점이 인정되고, ③ 해당 공판과정에서 입증하려고 하는 범죄사실과의 관계상 피고인에게 불리한 내용으로 전자문서를 작성하는 과정에서 그 진술의 태도와 내용의 자연성을 인정할 수 있어야 한다는 것이 그 요건이다.

- 형식적 진정성립을 인정할 수 있는 객관적인 사실들을 다 순순히 인정하고, 진실로 피고인이 해당 전자문서를 작성하였다는 점도 인정하는 경우

여기에는 피고인이 원본 파일을 작성했음을 인정하고 나아가 수사관이 이

---

1) 구체적인 개정안은 이 글의 말미에 첨부하였다. 이처럼 비록 피고인이 형식적 진정성립을 인정할 사실이 객관적인 자료로 소명됨에도 불구하고 단순히 부인하는 경우에는 그 증거능력을 인정하는 방향으로 법을 개정할 수는 있겠다. 그리고 그 객관적인 자료의 소명에는 디지털 포렌식 전문가의 분석보고서나 공판정 증언으로 가능하다고 하겠다. 이때 해당 디지털 포렌식 전문가의 분석이 컴퓨터로 생성된 증거(computer-generated exhibit) 형태로 이루어졌다면, 검사는, (1) 그 증거물을 생성한 정보처리과정에 대해 주신문 및 반대신문을 받기에 충분한 컴퓨터 지식을 갖고 있는 디지털 포렌식 전문가라는 점과 (2) 그 증거물을 생성하는데 이용된 정보처리과정과 장비가 적절한 것이었다는 점 등을 그 전문가를 증인으로 소환하여 신문하는 방식으로 입증하여야 할 것이라는 견해로 State v. Polanco, 69 Conn. App. 169, 797 A.2d 523, 533(2002).

를 압수하고 수사기관에 보관하면서 출력하여 증거로 제출하는 모든 과정에서
위작, 변작 등이 개입되지 않았음을(즉, 무결성·동일성을) 모두 인정해 주는 경우가
포함된다. 피고인이 컴퓨터를 이용하여 작성한 전자문서를 그대로 출력한 문서
임을 인정하는 진술을 공판정에서 하면 형식적 진정성립이 인정되는 것이다. 작
성명의인이 피고인임을 특정하는 진술을 한 것이기 때문이다. 이때 "그대로 출
력한 문서"라는 의미는, 원본인 전자파일문서를 피고인이 작성하였고, 그 전자
파일문서를 수사기관이 피고인 참여하에 봉인 등을 거쳐 압수하여 수사기관 사
무실에 옮긴 후 이를 보관하다가 출력하여 종이문서로 만들고 이를 법원에 증
거로 제출하기까지의 일련의 과정에서 위작, 변작이 없다는 의미이다(이른바 무결
성·동일성).[1]

나아가 전자서명, ID, Password, IP 정보, 메타데이터 등이, 피고인이 작성
한 문서임을 보여주고 있으며, 전속적으로 피고인만이 이용하는 컴퓨터에 저장
된 전자문서이며, 피고인만이 사용하는 Email 계좌로 첨부파일 형태로 전송된
전자문서임을 인정하면서, 따라서 진실로 피고인이 그 전자문서를 작성하였다
고 인정하는 경우에도 형식적 진정성립은 인정된다. 이때 검사나 법원이 해당
전자문서의 증거능력 인정을 위해 컴퓨터 작동에 관한 사실을 입증할 기술적
증거를 찾으려고 애쓸 필요도 없다.

**─ 형식적 진정성립을 인정할 수 있는 객관적인 사실들은 다 순순히 인정하
면서도, 그럼에도 불구하고 피고인 자신이 작성한 문서가 아니라고 다투는 경우**

피고인이 공판정에서 전자서명, ID, Password, IP 정보, 메타데이터, 전속적
으로 피고인만이 이용하는 컴퓨터인지, 피고인만이 사용하는 Email 계좌로 첨부
파일 형태로 전송하였는지 등에 관해 다 '그렇다'고 인정하면서도, 그러나 피
고인 자신이 이를 작성하지 않았으며, 수사관에 의해 압수, 보관, 출력 등의
과정에서 변조되었다거나(무결성·동일성을 부인하는 경우[2]), 제3자가 피고인의 ID,
Password 등을 도용하거나,[3] 해킹하거나 무단히 피고인의 컴퓨터를 사용하여

---

1) 앞서 든 대법원 2007. 12. 13. 선고 2007도7257 판결 참조.
2) 무결성·동일성은 이를 전문법칙상의 증거능력 인정요건으로 삼는 명문규정이 없다. 그러므로
   피고인측이 그 무결성·동일성을 부인한다고 해도 이를 증거능력 요건으로 인정하여 그 심사를
   위해 아까운 공판시간을 낭비하면 안 된다. 이 점에 관해서는 저자가 이미 충분히 논증하였다.
   오기두, "전자증거의 증거능력", 법률신문 2012. 8. 27.자 13쪽 및 그 논문원본인 인터넷 게시물
   참조.
3) 지구상 어디에선가는 분명 이런 주장을 하는 사람이 있을 수 있다. GM에 소속된 근로자 C가 자
   신의 이메일 계정으로 위 회사의 컴퓨터 서버를 이용하여 음란물을 다른 근로자들에게 보냈다는
   이유로 해고당하자 위 회사를 상대로 소송을 제기하였다. 위 소송에서 근로자 C는 위 회사의 컴

문서를 작성하였다고 주장하는 경우가 이에 해당한다. 이 경우에는 피고인의 공판정 진술에 의해 형식적 진정성립을 인정할 객관적인 사실들을 인정해 주고 있는 이상 그 증거능력은 인정되며, 나머지 진술부분, 즉 무결성·동일성을 다투거나 적극적으로 제3자의 작성 가능성을 제시하면 이는 증명력을 낮게 평가해 달라는 주장을 하는 것에 불과하다.[1] 즉, 피고인 측에서 이런 주장을 한다면 일단 증거능력을 인정하여 해당 출력문서를 증거로 조사하되, 피고인이 주장하는 위와 같은 무결성·동일성 부인사유나 제3자에 의한 해당 전자문서 작성사유를 인정할 증거를 조사해서 위 출력문서 기재내용의 증명력을 자유로운 심증으로 평가한 다음 유·무죄를 판단해야 할 것이다.[2] 전자문서의 일부에 관한 위작, 변작의 주장이 있어도(출력물의 기재 내용이 컴퓨터에 저장된 피고인 작성의 전자파일문서 내용과 비슷하기는 하지만 검사가 증거로 내고자 하는 부분을 컴퓨터에 입력하여 쓴 적이 없는데, 검사가 증거로 제출하고자 하는 출력문서에는 피고인의 유죄를 인정하게 하는 조작, 개변 부분이 있다는 등으로 주장하는 경우가 이에 해당한다), 문서 전체로서는 작성명의인을 특정할 수 있으므로 형식적 진정성립은 인정하되, 위 주장은 증거능력에 대한 주장이 아닌 증명력에 관한 주장이라고 인정하여 유무죄 판단 단계로 나아가 자유심증으로 증명력을 평가하면 된다.

퓨터 전산실 직원 K가 근로자 C 자신의 Password를 알고 있었고, C가 자신의 이메일 계정에 로그온 된 상태에서 자리를 비우면 위 직원 K가 C의 이메일을 이용하여 음란물을 다른 근로자나 위 전산실 직원 자신의 메일계좌로 보내기도 하였다고 주장하였다. 그러면서 C는 위와 같은 음란물을 전송한 적이 없으며, K가 C의 메일계정을 이용하여 이를 전송하였는데도 白人인 K는 해고되지 않고 히스패닉인 C만 해고 되었다고 주장한 사례를 다룬 판결로, Court of Appeals of Michigan. David MARTINEZ and Chris Martinez, Plaintiffs-Appellees, v. GENERAL MOTORS CORPORATION, Defendant-Appellant, and Ken Mueller, Defendant. David Martinez and Chris Martinez, Plaintiffs-Appellants, v. General Motors Corporation, Defendant-Appellee, and Ken Mueller, Defendant. Docket Nos. 266112, 267218.(May 15, 2007.)(WestLaw citation: 2007 WL 1429632(Mich. App.).

1) 법원이 진정성립을 인정하면 전자적 기록의 부정확성 또는 실질적인 변조는 증거능력 문제가 아니라 증거가치의 문제라고 한 United States v. Meienberg, 420 F.3d 1177, 1180-81(10th Cir. 2011) 참조.
2) 피고인 J의 컴퓨터를 압수하여 수사기관 사무실에서 이를 분석하는 과정에서 피고인 J가 피고인 W와 통신한 디지털 증거를 발견하자 이를 출력하여 W를 기소하면서 W에 대한 범행을 입증할 증거로 그 출력물을 제출한 사안에서, 전문수사관이 J의 컴퓨터 압수, 분석 및 위 출력물 작성과 정에서 보관의 연속성이 있음을 trial court에서 증언하였다면 보관의 연속성(chain of custody)은 입증되었으므로 그 출력물의 증거능력이 인정되며, 구체적인 보관의 연속성을 방해할 사정을 주장, 입증하지 않고 막연히 그것을 다투는 피고인 W의 진술은 그 증명력을 낮게 평가해달라는 주장에 불과하다, 2008 WL 1970957(Cal. App. 4 Dist).
   우리 법제 아래에서라면, 위와 같은 사례에서 영장주의 위반 및 주관적 관련성 원칙 위반의 문제가 등장하리라고 본다.

－형식적 진정성립을 인정할 수 있는 일부 사실만 인정하고, 그러나 형식적 진정성립을 인정할 수 있는 나머지 사실은 인정하지 않는다고 주장하고, 따라서 결국 피고인 자신이 작성한 문서가 아니라고 다투는 경우

피고인이 공판준비기일이나 공판기일에서 피고인이 작성한 전자문서가 아니라고 부인하면서, 전자서명, ID, Password, IP 정보, 메타데이터, 전속적으로 피고인만이 이용하는 컴퓨터인지, 피고인만이 사용하는 Email 계좌로 첨부파일 형태로 전송되었는지, 도메인 네임, 인증, 고유접속번호, 전자문서에 기재된 피고인의 성명, 인장 이미지, 디스크나 출력문서에의 서명 날인 등의 형식적 진정성립 인정을 위한 객관적 사실 중 일부 사실만 진실이라고 주장하면서, 그러나 나머지 객관적 사실은 피고인이 인정하지 않는다고 주장하는 경우이다. 이때는 법원이 판단하여 피고인이 인정하는 객관적인 사실이 '형식적 증거능력 인정에 얼마나 중요하고 기계적으로 신뢰할 만한가?'에 의해 나머지 객관적 사실을 인정하지 않는다는 피고인의 진술에 불구하고 그 형식적 증거능력을 인정하거나 부정하면 된다고 할 것이다. 즉 해당 객관적인 사실이 전자문서에 기재된 진술의 진술자나 작성자를 특정함에 얼마나 중요한 사실인가에 의해 형식적 증거능력 인정 여부를 결정하면 된다. 예컨대 이 사건 사례에서 피고인이 해당 전자문서의 전자서명이 자신의 것임을 인정하면서도 그 전자문서를 작성하기 위해 이용된 컴퓨터가 재수학원에 있는 컴퓨터로서 학원생 전원이 이용할 수 있으며 자신이 전속적으로 사용하지 않는 컴퓨터라고 주장한다고 가정하자. 이때에도 전자서명 자체는 법령으로 인정되거나 해당 학원의 전산시스템에 의해 허용되는 것으로 고도의 기계적 신뢰성을 인정할 수 있으므로 피고인의 위와 같은 진술에도 불구하고 이때에도 전자문서의 형식적 증거능력을 인정할 수 있다. 그러나 거꾸로 피고인이 자신의 집에서 개인적이고 전속적으로 사용하는 컴퓨터임을 인정하면서도(전자), 법령으로 인정되거나 특정 금융기관이나 단체에서 사용하는 전자서명 자체가 자신의 것이 아니라고(후자) 주장하는 경우에는 후자의 사실이 전자의 사실보다 형식적 증거능력 인정에 있어서는 중요하다고 할 것이므로 비록 전자를 인정하는 진술을 한다고 해도 후자를 부인하는 이상 해당 전자문서나 그 출력물의 증거능력을 부정해야 한다. 피고인의 위와 같은 진술에 대하여 검사는 다른 증거를 들이대서 해당 전자서명이, 피고인이 평소에 사용하던 공신력 있는 전자서명임을 입증하려고 시도할 것이다. 이러한 검사의 시도에 대해 피고인이 주장을 바꾸어 위 전자서명이 자신의 것이라고 인정하면 해당 전자증거의 증거능력을 인정할 수 있다. 그러나 그럼에도 피고인이 끝까지 자신의

서명이 아니라고 주장하면(우겨대면) 해당 전자증거의 증거능력을 부정할 수밖에 없다는 것이 형사소송법 제313조 제1항을 문언대로 해석한 견해이다. 그러나 그것이 불합리함은 누구나 수긍할 것이다. 속히 법을 개정하여 이 경우에는 증거능력을 인정할 수 있도록 해야 한다.[1]

　　－일부 공소사실에 대해서는 증거능력이 인정되고, 일부 공소사실에 대해서는 증거능력이 인정되지 않는 경우

　　나아가 만약 해당 출력문서가 경합범으로 기소된 피고인에 대한 특정 범죄 a에 대하여는 증거능력이 인정되고, 함께 공소제기된 다른 범죄 b에 관해서는 증거능력이 인정되지 않는 경우를 상정해 보자. 예컨대, 국가기밀탐지수집누설죄(a)로 기소된 피고인에 대하여 국가기밀이 수집된 전자문서 자체는 전문증거 내지 증거서류가 아니라 증거물인 서면이 되어 그 출력물에 관해 무결성·동일성만 인정되면 증거능력이 인정된다고 할 것이다. 그러나 위 죄와 함께 기소된 다른 공소사실 범죄(b)에 관해서도 동시에 해당 출력문서가 증거로 제출된다면 그 다른 범죄에 관해서는 전문증거 내지 증거서류로 되어 피고인이 공판정에서 진정성립을 인정하지 않으면 증거능력이 부정될 수 있다.[2] 이 경우 어떤 범죄사실에 관해서건 사실인정자가 증거능력이 인정되지 않는 증거의 내용을 살펴보아서는 안 된다고 할 것이다. 그러므로 그 출력문서의 증거능력은 범죄사실 b에 관해서는 물론이고, 범죄사실 a에 관해서도 부정된다고 할 것이다. 그러나 그 전자증거의 내용을 분리하여 증거능력이 인정되는 범죄사실 부분만 사실인정자가 내용을 알 수 있도록 하는 기술적 방법이 있다면 그 부분에 한하여 증거능력을 인정할 수 있다.

　　－공동피고인이 작성한 전자문서인 진술서의 경우

　　공범자인 피고인(별개사건으로 기소되어 사건이 병합되지 않은 경우)이나 공동피고인(처음부터 함께 기소되거나 후에 사건이 병합된 공범자인 공동피고인), 공범자가 아닌데 단지 사건이 병합심리되고 있는 공동피고인이 하는 성립인정에 관한 진술에 대

---

[1] 검사 작성 피의자신문조서, 검사나 사법경찰관 작성 진술조서 등에 관해서는 원진술자가 공판정에서 그 진정성립을 인정하는 진술을 하지 않더라도 영상녹화물 등 객관적인 방법으로 진술내용대로 기재되었음을 인정할 수 있으면 증거능력을 인정하고 있다. 2008. 1. 1.부터 시행되고 있는 2007. 6. 1. 법률 제8496호로 개정된 형사소송법 제312조 제2항, 제4항 각 참조.

[2] 이때 국가기밀에 관해서는 해당 전자문서 자체가 증거가 되므로 전문증거가 아니나, '탐지·수집' 행위를 입증함에 있어서는 전문증거라고 해야 한다는 견해도 제시될 수 있을 것이다. 그러나 검사가 입증하고자 하는 공소사실은 '국가기밀의 탐지·수집'을 일체로 기소한 것이지 이를 분리하여 '국가기밀' 따로, '탐지·수집' 따로 기소하여 입증하려는 것이 아니다. 따라서 해당 전자문서는 국가기밀 탐지·수집 전부에 관하여 전문증거는 아니라고 할 것이다.

해서 살펴보자.

공범이건 아니건 간에 상피고인인 공동피고인 B가 작성한 전자문서는 해당 피고인 A에 대하여는 피고인 아닌 자가 작성한 진술서이므로 원진술자인 그 상피고인 B에 의해 앞서 본 바와 같은 성립의 진정을 인정할 객관적 사실에 관한 진술이 행해지고, 그 진술로 인정되는 진정성립 인정 사실에 기초하여 법원이 성립의 진정이 증명되었다고 판단되면 이를 해당 피고인 A에 대한 증거로 사용할 수 있다.

만약 B의 공판정 진술로 진정성립이 인정되는 전자문서 기재 내용이 A의 진술을 내용으로 하는 것이라면 법 제313조 제1항 단서에 기해 A의 그 진술이 「특히 신빙할 수 있는 상태 하에서 행하여진 때」에는 그 증거능력을 인정할 수 있다. 예컨대 범행을 극구 부인하는 피고인 A에 대해 상피고인 B의 스마트폰에 저장되어 있던 문자메시지에 기재된 내용이 'A가 범행을 인정하는 발언을 하였음을 B가 들었다'는 것이고, 그 진술 상황에 신빙성이 있는 경우가 이에 해당한다.[1]

나) 실질적 진정성립과 피고인의 공판정 진술

원래 종이문서로 기재된 전문증거의 증거능력 인정요건인 진정성립은 앞서 본 형식적 진정성립 뿐만 아니라 실질적 진정성립을 포함하는 개념이고, 그 중 실질적 진정성립은 그 문서의 내용이 원진술자가 진술한 대로 기재되었음을 의미한다.[2] 그런데 전자문서에 관한 한 이 실질적 진정성립은 해당 출력문서의 원본인 전자파일 문서의 입력, 저장, 전송, 보관, 출력 등의 모든 정보처리 과정에 이용된 컴퓨터 시스템이나 관련 프로그램에 기계적·기술적 신뢰성이 있다는 것을 의미한다.[3] 예컨대 위 컴퓨터 정보처리 과정 중 보관, 출력 과정에서 이미지 파일생성이나 파일복구, 파일분석 등에 사용된 포렌식 프로그램이 세계 각국의 많은 법집행기관과 업체들이 사용하는 프로그램이라고 가정하자. 그리고 그

---

1) 본문에서 든 사례는 저자가 형사부 재판장을 하면서 실제로 처리한 간통범행 사건을 논지전개에 맞게 약간 변형해 본 것이다. 저자는 나머지 2명의 같은 재판부 판사들과 함께 간통범행을 자백하는 상피고인 B남뿐만 아니라 성교사실을 부인하는 피고인 A녀에 대해서도 유죄판결을 하였고, 위 판결은 대법원에서 확정되었다. B남의 휴대폰에 저장된 문자메시지 내용이 성교사실을 인정하고 있었고, 그 스마트폰 문자교신에 사용된 단어도 성교까지 한사람들만 사용할 수 있는 단어였으며, B남은 성교사실을 수사기관이나 법원에서 자백하고 있는 점, 두 피고인의 교제기간이나 교제경위 등을 종합해보면 그 진술상황에 신용성이 보장되어 증거능력을 충분히 인정할 수 있었고, 위 스마트폰 문자메시지 내용의 증거가치도 높다고 보았기 때문이다. 다만, 최근 헌법재판소는 간통죄를 처벌하는 형법 제241조가 헌법에 위반된다고 선언하였다. 헌재 2015. 2. 26. 2009헌바17 등.
2) 대법원 1995. 10. 13. 선고 95도1761 판결; 대법원 1994. 11. 11. 선고 94도343 판결.
3) 오기두, 위 "컴퓨터에 저장된 금융정보추적의 제문제", 229쪽, 232쪽 이하.

것을 이용한 분석자료에 기해 특정 전자문서에 기재된 원 진술의 신용성을 인
정할 수 있다고 하자. 그렇게 되면, 위 전자문서의 실질적 진정성립 인정을 위
한 신뢰성이 담보된다고 할 것이다.[1] 문제는 현행법 규정상 이러한 실질적 진
정성립의 요건이 되는 사실들도 원진술자인 피고인이 공판정에서 진술해주어야
증거능력을 인정할 수 있다는 데 있다. 이에 관한 피고인의 진술도 다음과 같이
유형화해 볼 수 있다.

- ㉠ 입력, 저장, 전송, 보관, 출력 등 정보처리 과정의 진실성을 인정하는 진술을 원진
  술자가 적극적으로 하는 경우,
- ㉡ 표면적으로는 그 정보처리 과정의 진실성을 부인하면서도 실질적으로는 입력, 저
  장, 전송, 출력 등 정보처리 과정의 진실성을 인정할 수 있는 구체적 사실을 진술
  하는 경우,
- ㉢ 위 정보처리 과정의 진실성에 관해 부인하지도 않고 긍정하지도 않으면서 그것을
  인정할 구체적 사실에 관해서도 아무런 진술을 하지 않는 경우(즉, 피고인의 태도
  에 비추어 진술거부권을 행사하는 것이 아니라, 단지 이 부분 증거능력 요건을 묵시적으로
  승인하는 태도를 보인다고 여겨지는 경우),
- ㉣ 위 정보처리 과정의 진실성을 적극 다투면서 바이러스 감염이나 해킹 등에 의해 입
  력, 저장, 전송, 보관, 출력 등 정보처리 과정에서 진술내용대로 기재되지 않았음
  을 다투는 경우

등이 그것이다.

그러나 오늘날 IT 사회와 같은 전자정보 시스템의 완전성을 신뢰하는 사회
에서는 형식적 진정성립이 인정되면 실질적 진정성립을 사실상으로 쉽게 추정
할 수 있다고 해야 할 것이다.[2] 그러므로 피고인이 공판준비기일이나 공판기일
에 위 ㉠㉡㉢과 같은 진술을 한다고 할지라도 실질적 진정성립이 인정되어 증
거능력이 인정된다고 해야 한다. 더욱이 위 ㉣도 증거능력 판단 단계에서 논할
성질의 것은 아니고 본안인 유무죄 판단을 위한 증거조사를 하면서 심리하면
족한, 증명력 판단의 문제라고 해야 한다.[3] 결국, 실질적 진정성립은 사실상 추

---

1) 김영기, 위 "디지털 증거의 진정성립부인과 증거능력 부여 방안", 517쪽.
2) 종래 대법원은 형식적 진정성립을 피고인이 시인하면 그 조서에 피고인이 진술한 내용대로 기
   재된 것으로 추정하였다. 대법원 1994. 6. 14. 선고 94도484 판결.
3) 종래 「원진술자가 공판기일에서 진술조서에 서명·무인한 것은 맞으나 그 진술조서의 기재 내용
   과 같이 진술하지는 아니하였다고 진술함으로써 그 진술조서의 실질적인 성립의 진정을 부인하
   는 경우, 그 진술조서에는 증거능력을 부여할 수 없고, 그 진술조서를 작성한 경찰관이 공판기

정되는 요건이라고 할 것이다. 그러므로 실질적 진정성립은 적어도 증거능력 인정단계에서는 특별히 문제 삼을 것 없이 그것이 인정됨을 추정해야 한다. 그렇게 하여 해당 디지털 증거의 증거능력을 인정한 후 증거조사를 하면 된다.[1]

3. 결 론

이 사안에 돌아와 살펴보면, 피고인은 공판정에서 범죄사실을 부인하면서 위 출력문서의 출처로서 재수학원의 컴퓨터 하드디스크에 저장되어 있다는 원본 전자파일을 피고인 자신이 작성하지 않았다고 주장하고 있다. 그러면서 피고인이 작성하였음을 인정할 수 있는 객관적인 컴퓨터 기술적 사실들을 진술해 주지 않고 있다. 즉, 이 사건에서는 피고인의 공판정 진술에 의해서는 원본인 전자파일 문서의 작성명의인을 특정할 수도 없고, 형식적 진정성립을 인정할 수도 없다. 따라서 형사소송법 제313조 제1항에 의할 때, 그로부터 출력하였다는 종이문서의 증거능력은 부정된다. 그러므로 검사가 증거신청한 이 출력문서를 증거조사하면 현행법상으로는 위법한 증거조사를 하는 것이 된다.

법원은 증거능력이 인정되지 않는 이 사건 사안의 출력문서를 공판관여 검사로부터 제출받아 증거기록에 묶어 두면 안 된다. 설령 충분한 검토 없이 공판 진행 중에 공판정에서 제출받아 두었다고 하더라도 그 내용을 읽어 보지 말고 바로 다음 공판기일에 검사에게 반환해야 한다. 그것은 증거물이 아니므로 검사가 입증취지로 주장하는 바와 같이 「증거물」로 보아 이것을 피고인 측에 제시할 대상도 아니다(법 제292조의2 참조). 나아가 증거능력 없는 이 출력문서를 일단 증거로 받아 「증거물인 서면」 또는 「증거서류」에 관한 증거조사방식인 낭독, 내용고지, 열람 등으로(법 제292조) 증거조사하는 것도 위법하다. 증거능력이 인정되

일에서 원진술자가 진술하는 내용대로 조서를 작성하고 진술인이 서명·무인하였다고 진술하고 있다 하여 증거능력이 있게 되는 것이 아니다」라고 이해해 왔다(대법원 2002. 8. 23. 선고 2002도2112 판결). 원진술자의 공판정 진술에 의해 진정성립이 인정되어야 증거능력이 있다는 법문언의 규정을 매우 엄격하게 따르고 있는 해석론이라고 할 것이다. 그러나 이미 위와 같은 진술조서에 관하여는 2007. 6. 1. 법률 제8496호로 개정된 법 제312조 제4항이 영상녹화물 또는 그 밖의 객관적인 방법에 의해서도 진술내용과 동일하게 작성되었음이 증명되면 그 증거능력을 인정하고 있는 점이나, 종래의 대법원 판결들도 형식적 진정성립이 인정되면 실질적 진정성립을 추정하고 있던 점(대법원 1994. 6. 14. 선고 94도484 판결 등), 그리고 오늘날 전자정보기술 발전에 따른 전산정보시스템의 완전성에 대한 매우 높은 신뢰 수준 등을 고려하면 실질적 진정성립을 쉽게 추정할 수 있다고 해석하지 않을 수 없다.

[1] 법 제313조에 따라 증거로 할 수 있는 서류가 피고인의 자백 진술을 내용으로 하는 경우에는 범죄사실에 관한 다른 증거를 조사한 후에 이를 조사하여야 한다. 형사소송규칙 제135조.

지 않는 이상 어떤 방식의 증거조사도 할 수 없기 때문이다. 항차 이를 증거기록에 끼워 두어 상소심까지 그대로 송부하면 더더욱 안 될 일이다.

그러므로 법원은 검사의 해당 증거신청을 기각하여야 하고, 참여관은 공판조서에 재판장과 검사, 피고인(변호인)이 공판정에서 이에 관해 나누는 대화를 상세히 기재하고 증거목록의 증거결정 중 내용(채부)란에 'X표시'를 해야 한다.[1] 판결문을 작성하는 판사는 이를 유죄판결의 증거요지란에 기재하지 않도록 유의해야 한다. 항소심 법원이 1심 법원에서 위 출력물을 증거로 조사하고 이를 유죄판결의 증거요지란에 기재한 것을 발견하고, 또 그것이 주문에 영향을 미쳤다고 판단하면 그것을 이유로 원심판결을 파기하고 그 증거를 없는 것으로 한 채 다시 다른 증거능력 있는 증거를 조사하여 유무죄 여부를 판단해야 한다. 이 때 해당 출력물을 항소심 공판관여 검사에게 돌려주어야 하는가? 견해의 대립이 있을 수 있으나, 돌려주는 것이 원칙적인 처리 방법이다.[2]

[첨부: 법 제313조 개정안]

본문에서 살핀 바와 같이 명백히 컴퓨터 기술적으로 분명한 진정성립 인정자료를 피고인 등 원진술자가 공판정에서 부인하면 진정성립을 인정할 수 없다는 것이 현행 형사소송법 제313조의 규정이다. 이것이 조리상 부당함은 말할 것도 없다. 따라서 이를 적절히 개정할 필요가 있다. 이때 법 개정 방향은 공판중심주의 구현이라는 형사소송법 제정 당시부터 추구해 온 이상을 전자증거에 대해서도 실현하도록 하는데 있어야 한다. 따라서 해당 전자증거의 진정성립에 관해 피고인이 공판기일이나 공판준비기일에 의견을 진술하거나 그 기회를 보장받고, 또한, 작성자를 특정할 증거를 검사가 제출하여 그 진정성립을 객관적인 방법으로 입증하게 하는 방식으로 해야 할 것이다. 그 객관적인 방법에는 예컨대, ① 수사기관 아닌 제3자인 디지털 포렌식 전문가의 공판정 진술이나 서면에 의한 의견진술, ② 해당 전자증거의 수색·검증, 압수, 보관, 분석, 출력, 증거제출의 모든 단계의 동일성·무결성이 인정됨에 대한 봉인물, 그 과정의 촬영물, ③ 또는 해당 컴퓨터 시스템 운영과 사용법에 대한 정확한 기술과 충분한 지식을 갖고 그 전자증거를 입력, 저장, 전송, 출력하는 과정을 설명할 수 있는 정도의 능력을 가진 수사관이 작성한 수사보고서나 그의 공판정 진술 등이[3] 포함될

---

1) 법원행정처, 「법원실무제요 형사[II]」, 168쪽(2014년판은 179쪽).
2) 오기두, "상소심법원의 원심 증거조사과정 평가방법", 한국형사판례연구회 편, 「형사판례연구」 18집 (2010. 6.), 483-4쪽 참조.
3) 미국 연방의 Federal Rules of Evidence, Rule 702 참조. United States v. Scott-Emuakpor, 2000

것이다. 나아가 그 전자증거에 수록된 진술이 신용할 만한 정황 아래에서 행해졌음이 인정될 것을 조건으로 하여서도 증거능력을 부여해야 한다고 하겠다. 이를 구체화하여 조문화 하여 보면 다음과 같다.

제313조(진술서등[1])　① 전2조의 규정 이외에 피고인 또는 피고인 아닌 자가 작성한 진술서 및 감정의 경과와 결과를 기재한 서류로서 그 작성자의[2] 자필이거나 그 서명 또는 날인이 있는 것은 공판준비 또는 공판기일에서 그 작성자의 진술에 의하여 성립의 진정함이 증명된 때에는 증거로 할 수 있다.

② 전2조의 규정 이외에 피고인 아닌 자의 진술을 기재한 서류로서 그 진술자의[3] 자필이거나 그 서명 또는 날인이 있는 것은 공판준비 또는 공판기일에서 그 진술자의 진술에 의하여 성립의 진정함이 증명된 때에는 증거로 할 수 있다.

③ 전2조의 규정이외에 피고인의 진술을 기재한 서류로서 피고인의 자필이거나 그 서명 또는 날인이 있는 것은 공판준비 또는 공판기일에서 피고인의 진술에 의하여[4] 성립의 진정함이 증명되고 피고인의 그 진술이 특히 신빙할 수 있는 상태 하에서 행하여진 때에 한하여 피고인이 공판준비 또는 공판기일에서 그 내용을 부인하더라도[5] 증거로 할 수 있다.

④ 피고인 또는 피고인 아닌 자의 진술이나 진술에 유사한 정보,[6] 감정의 경과와 결

WL 288443(W.D. Mich. 2000); Galaxy Computer Services, Inc. v. Baker, 325 B.R. 544, 562 (E.D.Va. 2005).

1) 조항을 4개로 만드는 것이 현행법처럼 복잡한 규정형식을 탈피하는 길이라고 할 수 있다.
2) 제2판 「법원실무제요 형사」(1998), 509쪽(법원의 명에 의해 작성된 감정서), 515, 516쪽(2014년판 「법원실무제요 형사[II]」, 118쪽) 등 참조.
3) 위 「법원실무제요 형사」, 516쪽(2014년판 「법원실무제요 형사[II]」, 116-7쪽) 참조. 즉 검사·사법경찰관 이외의 공무원 또는 일반인이 타인의 진술을 기재한 서류(보험회사 직원이 사고조사를 하면서 작성받은 문답서, 회사 감사반이 피감사자와 문답한 내용을 기재한 서면 등)가 이에 해당한다.
4) 위 「법원실무제요 형사」, 516쪽에 의하면 작성자가 성립의 진정을 공판정에서 진술해야 한다. 피고인이 작성자이어도 이 제3항에 의하여 증거능력이 인정될 수 있다. 대법원 2001. 9. 4. 선고 2000도1743 판결 참조. 반대취지로는 2014년판 「법원실무제요 형사[II]」, 116-7쪽 참조.
5) 위 「법원실무제요 형사」 516쪽 참조. 가중요건설을 지지하는 2014년판 「법원실무제요 형사[II]」, 117쪽 참조. 그러나 대법원 2012. 9. 13. 선고 2012도7461 판결은 완화요건설을 택하고 있다.
6) 컴퓨터 증거 등 새로운 증거방법을 진술증거로 보아 전문법칙을 적용해야 함은 말할 나위도 없는데, 이때 명백한 진술증거뿐만 아니라 범행현장 사진 등 진술에 유사한 정보를 담고 있는 경우에도 전문법칙을 적용할 필요가 있다. 예컨대 살인사건 재판에서 감시카메라가 찍어 놓은 녹화테이프에 피고인이 세탁실(laundromat)에서 피해자를 공격하는 장면이 수록되어 있었는데, 검사가 이를 정지화면으로 만들어 사진을 찍은 다음 그 사진을 법원에 증거로 제출한 경우 그 사진의 내용은 엄격한 의미의 진술증거로 보기 어렵지만 범행현장을 법정에 전달해주는 것으로서 전문법칙을 적용해야 할 진술유사증거(정보)라고 해야 한다. 이에 관해 미국의 한 법원은, 비록 그 사진이 녹화테이프 원본보다 확대되어 있고 명암이나 그 대조(contrast)에 변경이 있었지만

과 등을 기록한 컴퓨터용디스크·전산망으로 전송한 정보·그 진술과정 및 진술내용의
전부나 일부를 촬영, 녹취, 녹화한 사진·녹음테이프·비디오테이프,[1] 그밖에 그 진술과
정이나 진술내용, 진술에 유사한 정보 등을[2] 담기 위하여 만들어진 물건 등에 관하여
는 그 작성자나 진술자의 자필, 서명, 날인 등이 없더라도[3] 작성자나 진술자를 특정할
수 있으면, 제1항 내지 제3항의 규정을 준용한다. 단, 그 작성자나 진술자가 공판준비
기일 또는 공판기일에서 성립의 진정함을 부인하더라도 공신력 있는 전자서명, 전자정보
기술 전문가의[4] 의견 등 객관적인 방법에 의해 성립의 진정함이 인정되고, 피고인이 그
진술성립에 관하여 의견을 진술하거나, 그 의견을 진술할 기회를 보장받았고,[5] 원래의

그렇다고 해도 그 비디오테이프의 내용에는 변경이 없었고, 수명의 증인이 그 확대과정의 정
확성을 증언하였으며 그 사진뿐만 아니라 비디오테이프 원본도 배심원들이 시청하였으므로
그 사진의 증거능력을 부정할 수 없다고 판시하였다. Nooner v. State(1995) 322 A 87, 907
SW2d 677. Jordan S. Gruber, "Foundation for contemporaneous videotape evidence", §4.4
Surveillance(criminal), 16 Am. Jur. Proof of Facts 3d 493 참조.

위 사안을 이 개정안에 비추어 설명하면 다음과 같다. 이 사진은 검사나 사경 아닌 자가 만든
것이므로 개정한 제313조를 적용해야 하고, 그 중 사진에 관한 증거능력을 규정한 제4항에 의해
그 사진에 자필, 서명, 날인이 없더라도, 그리고 엄밀한 의미의 진술증거가 아니라고 할지라도
진술에 유사한 정보인 범행 장면을 진술하는 증거로 보아야 한다. 그리고 제3항에 의하면 비록
피고인이 그 사진의 진정성립이나 내용을 부인하더라도 그 사진을 작성한 자(촬영자) 등이 비디
오테이프 내용을 변경함이 없이 정확히 사진촬영하였음을 증언하여 그 성립의 진정을 증명하고,
배심원들(또는 법관)이 비디오테이프 원본을 시청하여 피고인의 진술(범행장면)이 신빙할 수 있
는 상태 하에서 촬영되었음이 인정되면 증거능력을 인정하여 배심원들(또는 법관)에게 제시될
수 있는 것이다.

한편, 우리 대법원은 「이 사건 문자메시지는 피해자가 피고인으로부터 풀려난 당일에 남동생
에게 도움을 요청하면서 피고인이 협박한 말을 포함하여 공갈 등 피고인으로부터 피해를 입은
내용을 문자메시지로 보낸 것이므로, 이 사건 문자메시지의 내용을 촬영한 사진은 증거서류 중
피해자의 진술서에 준하는 것으로 취급함이 상당할 것인바, 진술서에 관한 형사소송법 제313조
에 따라 이 사건 문자메시지의 작성자인 피해자 공소외 1이 제1심 법정에 출석하여 자신이 이
사건 문자메시지를 작성하여 동생에게 보낸 것과 같음을 확인하고, 동생인 공소외 3도 제1심 법
정에 출석하여 피해자 공소외 1이 보낸 이 사건 문자메시지를 촬영한 사진이 맞다고 확인한 이
상, 이 사건 문자메시지를 촬영한 사진은 그 성립의 진정함이 증명되었다고 볼 수 있으므로 이
를 증거로 할 수 있다.」고 판시한다(출처: 대법원 2010. 11. 25. 선고 2010도8735 판결【강도상해
(인정된죄명: 공갈·상해)·상해·컴퓨터등사용사기·절도·감금】).

1) 피스톨에 의한 살인사건 공판에서 경찰 도착 이전에 이웃사람이 피고인이 정원에서 피스톨을 흔
   들어대는 모습을 촬영한 비디오테이프에 대해 당시 현장에 대한 증언을 설명하기 위한 제한된
   목적으로 사용된 이상 증거능력이 인정된다고 판시한 State v. Price(1995, NC App) 참조. 이때
   개정안대로라면 비디오테이프 작성자인 촬영자가 공판정에 나와 진정성립을 인정하면 증거능력
   이 인정될 것이다.
2) 미연방증거규칙 제801조 (a)는 구두 또는 서면 주장 이외에, 주장이 내재된 비언어적 인간의 행
   동도 "진술"로 본다고 규정하고 있다.
3) 이러한 특수매체기록이 서명, 날인, 자필 등에 친하지 않기 때문이다. 그러나 전자인증, 전자서
   명 등이 되어 있으면 더욱 용이하게 진정성립을 인정할 수 있을 것이다.
4) 디지털 포렌식 전문가가 이에 해당한다.
5) 특정 정보의 신용성이 인정되고, 그 정보를 컴퓨터에 입력한 과정에 관하여 반대당사자에게 충

진술이 특히 신빙할 수 있는 상태에서 행하여졌으면[1] 이를 증거로 할 수 있다.[2]

분한 반대신문 기회가 보장되어야 컴퓨터 관련 증거의 증거능력을 인정할 수 있을 것이라고 한 사례로 American Oil Co. v. Valenti, 179 Conn. 426 A.2d 305, at 358-9 참조.

1) 여기서 '그 진술이 특히 신빙할 수 있는 상태에서 행하여졌으면'이라는 것은, 그 진술을 하였다 는 것에 허위 개입의 여지가 거의 없고, 그 진술 내용의 신빙성이나 임의성을 담보할 구체적이 고 외부적인 정황이 있는 경우를 가리킨다(대법원 2004. 4. 27. 선고 2004도482 판결).

2) 이러한 새로운 증거방법의 진정성립이나 신빙성의 인정요건이나 그 방법을 법률에 미리 규정하 는 것보다 해석론에 맡기는 것이 합리적이다. 다양한 증거방법에 대해 통일적인 요건을 미리 법 률에 규정하기가 입법기술상 어렵기 때문이다. 예컨대 무장강도 피고사건에서 감시카메라 비디 오필름에 수록된 일부 장면을 촬영한 사진은, ① 검사와 피고인이 그 사진이 증거로 제출되기 이전에 이미 그 감시카메라를 사용하기 어렵다는 점을 알고 있었고, ② 경찰관들이 그 비디오테 이프를 틀어 보았으며 피고인이 그 비디오테이프에 수록되어 있는 자와 동일인이라는 증언을 법정에서 했으며, ③ 검사에게 악의나 편견이 있다는 소명이 전혀 없는 경우 증거능력이 인정된 다는 미국법원의 판결이 있는바(State v. Sartain, 746 So. 2d 837(La. Ct. App. 4th Cir. 1999); Jordan S. Gruber, Ibid), 위와 같은 비디오필름 중 일부 장면을 촬영한 사진의 진정성립이나 신 빙성 판단은 미리 법률에 규정하기보다 개별 구체적 사건에서 법관이 해결하도록 맡겨 두고 법 률에서는 "진정성립이 인정될 때", "신빙성이 인정되는 때" 등과 같은 다소 추상적인 문구를 사 용하는 것이 적절하다.

판례색인

[미 국]

[독 일]

[일 본]

사항색인

저자약력

오 기 두

서울대학교 정치학과 졸업
서울대학교 법과대학원 석사
서울대학교 법과대학원 박사
미국 Yale Law School 초빙 연구원
고려대학교 ICP 최고위정보통신과정 제36기 수료
제30회 사법시험합격, 제20기 사법연수원 수료
1994년 전주지방법원 판사 임관
2003년 헌법재판소 파견 법관
2010년 서울중앙지방법원 부장판사
현 서울동부지방법원 부장판사
서울 광진구 선거관리위원회 위원장

전자증거법

초판인쇄	2015년 6월 20일
초판발행	2015년 6월 30일
지은이	오기두
펴낸이	안종만
편 집	김선민 · 배우리
기획/마케팅	조성호
표지디자인	홍실비아
제 작	우인도 · 고철민
펴낸곳	(주) 박영사
	서울특별시 종로구 새문안로3길 36, 1601
	등록 1959. 3. 11. 제300-1959-1호(倫)
전 화	02)733-6771
f a x	02)736-4818
e-mail	pys@pybook.co.kr
homepage	www.pybook.co.kr
ISBN	979-11-303-2635-1 93360

copyright©오기두, 2015, Printed in Korea

정 가   45,000원